NomosPraxis

Prof. Dr. iur. Thomas Trenczek, M.A.
Dr. iur. Detlev Berning
Prof. Dr. iur. Cristina Lenz

Mediation und Konfliktmanagement

Prof. Dr. Nadja Alexander | Rudi Ballreich | Prof. Walter Samuel Bartussek | Prof. em. Dr. Reiner Bastine | Eberhard Carl | Ilse Erzigkeit | Kurt Faller | Dr. Nikola Friedrich, M.A. | Franziska Geier | Kirsten Gieseler | Prof. Dr. Dr.h.c. Friedrich Glasl | Prof. Dr. Ulla Gläßer, LL.M. (UC Berkeley) | Prof. Dr. iur. Reinhard Greger | Christine Haberlehner, Mag. rer. soc.oec. | Dr. Ulrich Hagel | Ingrid Holler | Mag. Elisabeth Hubner, MSc | Prof. Dr. Gerald Hüther | Dr. Wilfried Kerntke | Stefan Kessen, M.A. | Sybille Kiesewetter | Prof. Dr. Lars Kirchhoff | Peter Knapp, M.A. | Heiner Krabbe | Dr. Anne Isabel Kraus | Marianus Mautner, Mag. theol. | Prof. Dr. Dr. habil. Claude-Hélène Mayer | Prof. em. Dr. Leo Montada | Antje Niewisch-Lennartz | Andreas Novak | Christian Prior | Dr. Harald Pühl | Linda Reijerkerk | Angelika Ribler | Lis Ripke | Thomas Robrecht | Jupp Schluttenhofer | Dr. Hansjörg Schwartz | Matthias Tann | Dr. Markus Troja | Felix Wendenburg

Die Deutsche Nationalbibliothek verzeichnet diese Publikation in
der Deutschen Nationalbibliografie; detaillierte bibliografische
Daten sind im Internet über http://dnb.d-nb.de abrufbar.

ISBN 978-3-8329-6886-1

In Kooperation mit BAFM, BM und BMWA.

Vorwort

Über Mediation wird viel geredet und geschrieben. Mittlerweile gibt es bereits eine nahezu unüberschaubare Menge auch an deutschsprachigen Veröffentlichungen zum Thema Konfliktmanagement und Mediation. Hinzu kommen mehrere regelmäßig erscheinende Fachzeitschriften, die eine einzelne, am inhaltlichen Diskurs über Stand und Standards der Mediation interessierte, Person kaum noch überblicken kann. Warum also noch ein Handbuch?

Den Ausschlag für die konzeptionelle Entwicklung und Realisierung des Handbuches gaben vor allem die Teilnehmer[1] unserer Ausbildungsgänge, die um Literaturhinweise bzw darum baten, die zur Einführung in die Mediation wesentlichen Texte in die Hand zu bekommen. Damit entstand die Idee eines Readers, der die **Basis- und Kerntexte** zu den verschiedenen Aspekten der Mediation (Grundlagen, Methoden, Verfahren, Kompetenzen, Recht, Arbeitsfelder) versammelt, die für Ausbildung und Praxis der Mediation unverzichtbar sind. Das Handbuch richtet sich aber nicht nur an die Teilnehmer von Mediationsausbildungen, sondern an Praktiker aus allen Arbeitsfeldern und Quellberufen, die sich mit Mediation und Konfliktmanagement beschäftigen. Deshalb haben wir größten Wert auf einen aktuellen Praxisbezug gelegt. Die von uns angesprochenen Autoren haben es sich nicht nehmen lassen, ihre zum Teil bekannten (Grundlagen-)Texte zu aktualisieren oder gar völlig neu zu konzipieren, und ihre Erfahrungen und Einsichten auf dem aktuellen Stand zu präsentieren.

Das Handbuch gliedert sich im Wesentlichen in **sieben Teile**. Im ersten Teil werden die Entwicklung sowie die derzeitigen Situation von ADR und Mediation im deutschsprachigen Raum zusammengefasst. In Teil 2 führen die Autoren in die wissenschaftlichen Grundlagen der Mediation und des Konfliktmanagements in verständlicher Weise ein. Im dritten Teil werden ohne Anspruch auf Vollständigkeit eine Reihe methodischer Aspekte, Verfahren, Techniken, Interventionen und Werkzeuge der Mediation und des Konfliktmanagements beschrieben. Die wesentlichen Aspekte zum Thema Mediation und Recht werden im vierten Teil dargestellt, bevor im Teil 5 eine Vielzahl von Arbeitsfeldern der Mediation und Praxiserfahrungen beleuchtet werden. Zuletzt wird im Teil 6 der Blick über die Grenzen des deutschsprachigen auf den europäischen Raum hinaus und die weltweite Entwicklung der Mediation in einer globalen Perspektive gerichtet. Im Anhang sind eine Reihe in der Ausbildung bewährter (ein- bzw doppelseitiger) Handouts mit zusammenfassenden Kurzinformationen zu den im Handbuch behandelten Themen sowie eine Reihe nützlicher Hinweise, Links etc. versammelt.

Der **Fokus des Handbuches** ist in den Kap. 2–5 auf den deutschsprachigen Raum ausgerichtet, ohne dass wir die Entwicklungen in Europa und in der übrigen Welt völlig ausblenden wollen (zur historischen Entwicklung, vgl. Kap. 1.1). Als jemand, der sowohl in den USA und Australien gelebt, dort wie hier verschiedene Mediationsausbildungen und die Mediationspraxis erlebt hat, erlaube ich mir die Feststellung, dass die deutschsprachige Fachdiskussion im Hinblick auf ihre qualitative Güte der angelsächsischen Diskussion in nichts nachsteht, wenngleich die angelsächsische Mediationspraxis derzeit bei weitem quantitativ stärker und vielfältiger ist. Für einen wissenschaftlich denkenden wie in der Praxis tätigen Mediator ist die mitunter gnadenlos pragmatische Vorgehensweise mancher Mediationsanbieter in den USA und Australien faszinierend wie verstörend zugleich. Wenn man die Mediation konzeptionell wie fachlich entwickeln will,

---

[1] Aus Gründen der besseren Lesbarkeit wird in diesem Handbuch soweit wie möglich für die Vertreter beiderlei Geschlechts Gender-korrekt die Pluralform (diese ist weiblich und das ist gut so!) und im Übrigen die sprachlich traditionelle Form verwendet. Sämtliche Personenbezeichnungen gelten – soweit nicht anders gekennzeichnet – für beiderlei Geschlecht.

gibt es freilich keinen Grund, sich immer nur die USA als Beispiel zu nehmen. Wir hoffen, dass unser Handbuch insoweit Maßstäbe setzen kann.

68 Beiträge von 44 Autoren auf rund 700 Seiten – eine gewaltige Ansammlung von verschiedenen Beiträgen aus unterschiedlichen Perspektiven. Das kann nicht aus „einem Guss" sein und dies war auch nicht intendiert, weder vom Inhalt noch vom Stil der Beiträge. Die unterschiedlichen Ansätze und Perspektiven sollen sich ergänzen, zur Diskussion anregen und spiegeln den eklektizistischen Charakter der Mediation wider. Was die Autoren eint, ist die Orientierung im Wesentlichen an dem für die Mediation grundlegenden Autonomiegrundsatz und dem daran anknüpfenden Modell der an den Interessen orientierten, unterstützenden Mediation (interest-based, facilitative mediation, hierzu Kap. 1.1.3.2 und 1.1.3.3).

Leider ließen sich aus kurzfristigen persönlichen und gesundheitlichen Gründen nicht alle Beiträge der von uns geplanten Themen (zB Umgang mit Gefühlen in der Mediation, Umgang mit Machtungleichgewichten, Mediation in der Projektentwicklung, Mediation in steuerrechtlichen Konflikten) realisieren, teilweise werden die Stichworte in anderen Beiträgen angerissen, ohne erschöpfend behandelt zu werden. Die zweite Auflage, für die wir die entsprechenden Beiträge vorgesehen haben, wird aber gewiss kommen. Weitere **Anregungen und Hinweise** nehmen gerne entgegen.

Ein Handbuch mit so vielen Mitwirkenden zu koordinieren ist nicht immer leicht und wir haben von unseren Autoren viel erwartet und ihnen zum Teil viel zugemutet. Wir bedanken uns bei den Autoren, die zuverlässig und zeitgerecht ihre Texte geliefert haben; wir bedanken uns über die rege inhaltliche Diskussion, zum Teil im Ringen um die bestmögliche Präsentation, dafür dass uns die gemeinsame Arbeit alle ein Stück weitergebracht hat. Sehr gefreut habe ich mich darüber, dass ich nicht nur die mit mir freundschaftlich verbundenen Kollegen, Mediatoren und Lehrtrainer, Cristina Lenz und Detlev Berning, zum Mitmachen als Herausgeber motivieren konnte, sondern das Handbuch in Kooperation mit den Fachverbänden **BAFM**[2], **BM** und **BMWA** erscheint. Ein besonders herzlicher Dank gilt Frau Barbara Urlaub und Frau Julia Klöpfer vom Nomos Verlag, die mit großer Gelassenheit, Kompetenz und Konsequenz die Herausgabe dieses Handbuches betreut haben.

Hannover im September 2012   Thomas Trenczek

---

2 Aufgrund des Vorstandswechsels bei der BAFM zur Zeit der Konzeptions- und Arbeitsphase am Buch ließ sich der ursprüngliche Plan, auch ein/e Vertreter/in des BAFM in das Herausgeberteam aufzunehmen, leider nicht realisieren.

Grußwort der Verbände

Der BM, die BAFM und der BMWA haben vor einiger Zeit eine intensive Kooperation beschlossen. Voraussetzung dessen waren insbesondere folgende Faktoren: die Übereinstimmung in wesentlichen Grundanschauung zur Mediation, vergleichbare Ausbildungsanforderungen und persönliches Vertrauen untereinander.

Auf diesen Grundlagen ist die Idee entstanden, das vorliegende Handbuch in Kooperation herauszugeben. Das Werk wendet sich vornehmlich an zwei Zielgruppen: Allen praktisch tätigen MediatorInnen soll ein Leitfaden an die Hand gegeben werden, der auch für komplexere Fragestellungen fundierte Antworten bereithält. Für die werdenden MediatorInnen enthält das Buch eine vertiefte Darstellung von Konzept und Praxis der Mediation, womit die Ausbildungsmaterialien ergänzt und zusammenfasst werden. Die AutorInnen sind alle PraktikerInnen und ausgewiesene ExpertInnen aus allen Verbänden, die Mehrzahl ist auch in der Ausbildung tätig. Das neue Werk repräsentiert daher auch eine verbandsübergreifende Bestandsaufnahme, über deren Gelingen wir stolz sind.

Wir wünschen dem neuen Werk, dass es seinen individuellen Verwendern von Nutzen ist. Möge es aber auch verbandsübergreifende, öffentliche Diskussionen um die wünschenswerten Inhalte von Mediationsausbildungen fördern und vertiefen. Denn letztlich liegt es im Interesse aller Mediatoren, kraft ihrer Befähigung von der Bevölkerung, den staatlichen Institutionen sowie ganz wesentlich auch von der Wirtschaft anerkannt zu werden. Der Zugriff auf eine profunde Darstellung der Ausbildungsinhalte stellt hierzu ein unentbehrliches Fundament dar.

Das Erscheinen des vorliegenden Werkes fällt mit dem ersten gemeinsamen Mediationskongress unserer Verbände zusammen. Hierüber freuen wir uns sehr, denn die gemeinsame Gestaltung der Konfliktkultur in Deutschland – im Sinne der Mediation – bleibt auf allen Ebenen unsere künftige Aufgabe.

BM e.V.	BAFM e.V.	BMWA e.V.
Für den Vorstand	Für den Vorstand	Für den Vorstand
Jutta Hohmann	Uwe Bürgel	Dr. Arnim Rosenbach

Inhaltsübersicht

Autorenverzeichnis

Prof. Dr. iur. Thomas Trenczek, M.A., eingetragener Mediator (BMJ, Wien) (BMWA) (AMA). Nach dem Studium der Rechts- und Sozialwissenschaften in Tübingen und Minneapolis/USA 1. u. 2. jurist. Staatsexamen sowie M.A. sozwiss. und Dr. iur. Seine Mediationsausbildungen erfolgten seit 1986 in Deutschland, USA und Australien. Praxiserfahrungen hat er u.a. in der Verwaltung, dem Management, der Justiz und der Rechtsanwaltschaft. Seit 1996 ist er Hochschullehrer für Recht und Mediation/ Konfliktmanagement. Er ist Mitbegründer und 1. Vors. der Waage Hannover e.V., Inhaber des SIMK Hannover, Mitglied u.a. im BM, BMWA, EMNI, AMA Konsens, e.V. sowie Lehrtrainer (BMWA); Visiting Scholar u.a. Griffith University Law School.

Dr. iur. Detlev Berning, Wirtschaftsprüfer, Rechtsanwalt, Steuerberater und Mediator BM. Seit 1984 in eigener Praxis in Hannover tätig. Nach Studium der Rechtswissenschaften in Göttingen und München Promotion bei Prof. Dr. Uwe Diederichsen (Göttingen). Erste Berufserfahrungen als Regierungsassessor in der Nds. Finanzverwaltung. In 2000 Mediationsausbildung mit Anerkennung als Mediator BM. Seit 2001 im Bundesverband Mediation e.V. (BM) zuständig für die Finanzen und seit 2009 für Öffentlichkeitsarbeit und Außenbeziehungen (bis Ende 2011). Mitglied im Vorstand von MiKK e.V. (Mediation bei internationalen Kindschaftskonflikten) sowie Stv. Vorstand von Konsens e.V. Verein zur Förderung der Mediation in Niedersachsen. Lehrauftrag an der Kommunalen Hochschule für Verwaltung in Niedersachsen für Mediation und Zivilrecht.

Prof. Dr. iur. Cristina Lenz lehrt Mediation, Verhandlung, Konfliktmanagement, Kommunikation und ganzheitliche Unternehmensführung an den Universitäten Graz und Salzburg. Sie ist Schlichterin (eingetragene Gütestelle nach BaySchlG), Wirtschaftsmediatorin und Lehrtrainerin BMWA®, beim BMJ in Österreich staatlich eingetragene Mediatorin sowie mehrfache Buchautorin. Seit 14 Jahren ist sie Vorstand des BMWA und leitet seit Anbeginn die BMWA-Zertifizierungsstelle. Prof. Dr. Lenz arbeitet und forscht insbesondere in Deutschland, Österreich und der Schweiz sowie mit dem Schwerpunkt Interkulturelle Kommunikation u.a. auch in Indien. Als Vice Chair der EMNI (European Mediation Network Initiative) treibt sie die internationale Entwicklung der Mediation voran.

Prof. Dr. Nadja Alexander is Director of the International Institute of Conflict Engagement and Resolution at Hong Kong Shue Yan University. She is regularly engaged as a mediator, speaker and commentator in Europe, Australia, Asia and the Pacific. Policy appointments include the Hong Kong Mediation Taskforce, NADRAC (Australia), the International Mediation Institute and previously the German Advisory Council on Mediation. Nadja is a multi-award winning writer (1998, 2007, 2011) and trainer (1995, 1996, 1997, 2001). She edits the Kluwer Mediation Blog and the book series Global Trends in Dispute Resolution. During 2011-2014 Nadja is leading a mediation initiative in Samoa.

Rudi Ballreich, M.A. war als Lehrer und im Schulmanagement tätig. Seit 1994 arbeitet er als Organisationsberater, Managementtrainer und Wirtschaftsmediator. Seit vielen Jahren bildet er Organisations- und WirtschaftsmediatorInnen aus (Ausbilder BM und BMWA). Er ist Co-Autor der Lehrbücher „Mediation in Bewegung", „Konfliktmanagement und Mediation in Organisationen" sowie des umfangreichen Lehrfilms „Konfliktbearbeitung mit Teams und Organisationen". Er ist Mitglied des Redaktionsbeirates der Zeitschrift „Konfliktdynamik", Gesellschafter der Trigon Entwicklungsberatung sowie Co-Geschäftsführer des Concadora Verlages.

Prof. Walter Samuel Bartussek (Bruckner Konservatorium) ist Universitätslehrer für Körpersprache und Bewegungstraining an der Anton Bruckner-Privatuniversität (Institut Schauspiel) in Linz und an der Konservatorium-Wien-Privatuniversität. Daneben ist er Pantomime und international tätiger Trainer für Körpersprache, nonverbale Kommunikation und der eigenen MimoSonanz®Coaching-Methode (Problemdarstellung und Lösungsfindung durch den Körper).

Prof. em. Dr. Reiner Bastine ist Diplom-Psychologe, psychologischer Psychotherapeut, em. Professor für klinische Psychologie und Psychotherapie der Universität Heidelberg, Mediator BAFM und Mitbegründer des Heidelberger Instituts für Mediation. Er ist seit 1988 stark im Bereich Mediation engagiert bezüglich Etablierung der Mediationspraxis, Ausbildung und Supervision im In- und Ausland, Forschung. Bis zu seiner Emeritierung leitete er die Praxis- und Forschungsstelle für Psychotherapie und Beratung der Universität Heidelberg. Von ihm liegen zahlreiche Veröffentlichungen zur klinischen Psychologie, zur Psychotherapie und zur Mediation vor sowie eine Reihe konzeptueller und empirischer Arbeiten.

Eberhard Carl arbeitete zunächst als Arbeitsrichter und als Familienrichter an einem Amtsgericht und von 1994 bis 2002 als Richter am Oberlandesgericht Frankfurt/Main an dem für Kindesentführungsverfahren zuständigen Familiensenat. Seit 1995 ist er auch als Mediator tätig. Von 2006 bis 2012 leitete er das Referat „Mediation, Schlichtung und Beilegung internationaler Kindschaftskonflikte" im Bundesministerium der Justiz und war dort maßgeblich an der Ausarbeitung des am 26. Juli 2012 in Kraft getretenen Mediationsgesetzes beteiligt. Seit seinem Ausscheiden aus dem BMJ arbeitet er verstärkt als Mediator und Mediationstrainer insbesondere auf dem Gebiet der internationalen Familienkonflikte.

Ilse Erzigkeit ist Architektin, Stadtplanerin und Mediatorin. Schwerpunkte ihrer Arbeit sind die Durchführung von Mediations- und Dialogprozessen mit Wirtschaft, Verwaltung, Politik und Öffentlichkeit bei kontrovers diskutierten Stadtentwicklungsvorhaben sowie die Begleitung von Veränderungsprozessen in mittelständischen Wirtschaftsunternehmen. In Seminaren und Workshops vermittelt sie Führungskräften aus der Bau- und Planungsbrache den konstruktiven Umgang mit schwierigen Verhandlungssituationen.

Kurt Faller ist geschäftsführender Gesellschafter der MEDIUS GmbH-Konfliktmanagement und Organisationsentwicklung mit Sitz in Münster/Westfalen. Er ist zudem Gesellschafter der MEDIUS GmbH Österreich mit Sitz in Linz. In seiner praktischen Arbeit verbindet er systemische Wirtschaftsmediation, systemische Organisationsentwicklung und Coaching. Schwerpunkte sind daher innerbetriebliche Konfliktbearbeitungen, Implementierung von Konfliktmanagementsystemen und Führungskräfteentwicklung. An der Ruhr Universität Bochum leitet er seit 2001 das 2-jährige Weiterbildende Studium „Konfliktmanagement und Mediation in Wirtschaft und Arbeitswelt" Ebenfalls an der RUB, der Universität Linz und der Fachhochschule Nordwestschweiz bietet er die vertiefende Ausbildung „Systemdesign-Entwicklung von Konfliktmanagementsystemen" an. Er ist Mitglied des BMWA und arbeitet in der Zertifizierungskommission mit.

Dr. Nikola Friedrich M.A., ist Richterin am Sozialgericht München und Mediatorin nach dem Studium der Philosophie und Rechtswissenschaften. 2007 bis 2009 wissenschaftliche Begleitforschung des zweijährigen Modellprojekts „Mediation in der Sozial-gerichtsbarkeit in Bayern" am Max-Planck-Institut für ausländisches und internationales Sozialrecht in München. Im März 2012 erhielt sie für ihre Dissertation „Mediation in der Sozialgerichtsbarkeit" den Mediations-Wissenschaftspreis 2011.

Franziska Geier, Jahrgang 1957, ist M.A. (phil.) – Sprach- und Politikwissenschaften, Ass. jur. – Schwerpunkt Medien- und Wettbewerbsrecht, zertifizierte Coach, Mediatorin sowie Lehrtrainerin BMWA, Supervisorin und Moderatorin. Sie begleitet einzelne Führungskräfte, Management-Ebenen und Teams (Special: Musik als Transferebene), entwickelt Strategiekonzepte, schreibt PR- und journalistische Texte sowie Reden als Ghost und lektoriert verschiedene Textsorten.

Kirsten Gieseler, Jahrgang 1968, ist Juristin. Sie promovierte 1998 zum Thema „Unterlassene Hilfeleistung 323 c StGB"; seit 2000 lebt und arbeitet sie in Bremen, seit 2002 auch als Mediatorin. Ihre Schwerpunkte liegen auf Nachbarschaftskonflikten und Trennung/Scheidung. Weiterhin führt sie Beteiligungsprojekte für die Wohnungswirtschaft durch. Ferner hat sie eine Gewaltfreie Kommunikations-Ausbildung (nach M. Rosenberg) und ist Konfliktmanagerin im Beschwerde- und Forderungsmanagement von Unternehmen, Co-Leitung von Mediationsausbildungen sowie Gastdozentin in Mediations-Ausbildungen.

Prof. Dr. Dr. h.c. Friedrich Glasl, geb. 1941 in Wien, studierte Politikwissenschaft, Psychologie und Philosophie, Während des Studiums berufstätig in Druckereien, Verlagen, in der Stadtverwaltung Linz (A). 1966–1985 in den Niederlanden, Senior Consultant am NPI-Institut für Organisationsentwicklung (NL) und Dozent der Interfakultät Organisationswissenschaften. Seit 1985 in Salzburg, Mitbegründer der „TRIGON Entwicklungsberatung" in Graz (A). Eingetragener Mediator BMJ, Mediator BM und Mediationstrainer BM, dozierte Organisationslehre und Konfliktforschung an Unis Klagenfurt, Salzburg, Wuppertal, Ashridge Business School, Gastprofessuren innerhalb und außerhalb Europas. Berater/Trainer für Unternehmensentwicklung und Konfliktmanagement in Wirtschaft, Verwaltung und Kultur, Mediator bei politischen Konflikten in Armenien, Georgien, Israel und Palästina, Kroatien, Nord-Irland, Russland, Südafrika. Er ist Autor von Standardwerken und Lehrfilmen zu Mediation und Konfliktmanagement, Mitglied der Redaktion der perspektive mediation und Mitgründer des Verlags Concadora, Stuttgart.

Prof. Dr. Ulla Gläßer, LL.M. (UC Berkeley), ist wissenschaftliche Leiterin des Master-Studienganges Mediation und des Instituts für Konfliktmanagement an der Europa-Universität Viadrina Frankfurt (Oder) und Gründungspartnerin von TGKS – Troja Gläßer Kirchhoff Schwartz, Berlin/Oldenburg. Praxisschwerpunkte liegen im Bereich Wirtschaftsmediation sowie in der mediativen Begleitung von Vertragsverhandlungen, Strategiesitzungen und Veränderungsprozessen. Daneben umfangreiche Lehr- und Ausbildungstätigkeit sowie zahlreiche Veröffentlichungen u.a. zu den Themen „Commercial Dispute Resolution", „Mediation und Beziehungsgewalt", „Qualitätssicherung von Mediation" sowie zu diversen Fragen der Mediationsmethodik.

Prof. Dr. iur. Reinhard Greger, Jahrgang 1946, war von 1975 bis 1993 als Richter und Staatsanwalt in München sowie als Referatsleiter im Bayerischen Staatsministerium der Justiz, von 1993 bis 1996 als Richter am Bundesgerichtshof tätig. Nach seiner Berufung auf den Lehrstuhl für Bürgerliches Recht, Zivilprozessrecht und freiwillige Gerichtsbarkeit an der Universität Erlangen-Nürnberg beschäftigte er sich hauptsächlich mit Fragen der Justizreform und der außergerichtlichen Konfliktbeilegung. In bislang sechs Forschungsprojekten hat er sich im Auftrag verschiedener Ministerien mit der Implementation der Mediation in das Rechtssystem befasst. Auch nach dem Eintritt in den Ruhestand setzt er seine Beratungs- und Publikationstätigkeit fort, u.a. mit einem gemeinsam mit Prof. Dr. Hannes Unberath verfassten Kommentar zum Mediationsgesetz.

Christine Haberlehner, Mag. rer.soc.oec., beschäftigt sich mit Wirtschaftspädagogik, Informationstechnologie, Mediation, Projektmanagement, Kommunikationsmanagement, Lehrgangsleitung und Lehrtraining an der Kirchlichen Pädagogischen Hochschule Wien/Krems für Mediation und Peer-Mediation. Sie hat die Leitung des Peer-Mediations-Systems am International Business College Hetzendorf und die Leitung der Akademie für Mediation und Persönlichkeitsbildung inne.

Dr. Ulrich Hagel ist Senior Expert Dispute Resolution bei Bombardier Transportation, sowie Rechtsanwalt und Wirtschaftsmediator in der Konsenskanzlei Berlin. Dr. Hagel ist im Beirat der Deutschen Institution für Schiedsgerichtsbarkeit („DIS"), Mitherausgeber der SchiedsVZ, Fachbeirat der Online-Magazine „Konflikt & Lösung" und „AnwaltSpiegel" und des „Center on the Legal Profession" der Bucerius Law School in Hamburg. Dr. Hagel ist als Repräsentant von Bombardier Transportation Gründungs- und Vorstandsmitglied des Round Table Mediation & Konfliktmanagement der Deutschen Wirtschaft.

Ingrid Holler ist Mediatorin und Ausbilderin (BM). Institutleiterin „Lets train! – Ingrid Holler & Team". Neben ihrer Tätigkeit als Seminarleiterin, Mediatorin und Coach veröffentlicht sie verschiedene Bücher zu den Themen Gewaltfreie Kommunikation und Mediation.

Mag. Elisabeth Hubner, MSc, ist Geschäftsführende Gesellschafterin von CONSULTING TEAM GRAZ nach einem Studium der Wirtschaftspädagogik und des Masterstudiums Supervision, Coaching & Organisationsentwicklung. Sie ist Unternehmensberaterin mit den Schwerpunkten Konzeption und Begleitung von Veränderungsprozessen im Bereich Organisationsentwicklung, Personalentwicklung, Teamentwicklung, Konfliktmanagement, Betriebsübergabe in Familienunternehmen. Ferner ist sie eingetragene Wirtschaftsmediatorin, Managementtrainerin, Coach & Supervisorin (ÖVS). Elisabeth Hubner hat eine Trainerausbildung in Gewaltfreier Kommunikation nach Marshall Rosenberg und ist Lehrbeauftragte der Universität Graz und diversen Fachhochschulen.

Gerald Hüther, geb. 1951 in Emleben, Dr. rer. nat. Dr. med. habil, ist Professor für Neurobiologie und leitet die Zentralstelle für Neurobiologische Präventionsforschung der Psychiatrischen Klinik der Universität Göttingen und des Instituts für Public Health der Universität Mannheim/Heidelberg. Wissenschaftlich befasst er sich mit dem Einfluss früher Erfahrungen auf die Hirnentwicklung, mit den Auswirkungen von Angst und Stress und der Bedeutung emotionaler Reaktionen. Er ist Autor zahlreicher wissenschaftlicher Publikationen und populärwissenschaftlicher Darstellungen.

Dr. Wilfried Kerntke ist Mediator und Berater. 1997 gründete er mit Lj. Wüstehube inmedio. Er ist langjähriger Vorsitzender des deutschen Bundesverbandes Mediation sowie derzeit Co-Präsident von Worldwide Negotiation mit Sitz in Paris. Als Projektleiter in umfangreichen Mediations- und Beratungsaufträgen arbeitet Dr. W. Kerntke für Unternehmen in Europa (v.a. Deutschland, Italien, Slowenien, Schweiz), Westafrika, Mittelamerika und Südostasien. Es liegen zahlreiche Fachpublikationen zur Organisationsmediation vor. Für sein Friedensengagement wurde er mit der Fritz Bauer Medaille ausgezeichnet.

Stefan Kessen, M.A., ist Mediator, Moderator und Trainer, daneben geschäftsführender Gesellschafter der MEDIATOR GmbH, Berlin. Seit 1993 ist er als Mediator und Konfliktmanager in Deutschland, Österreich und der Schweiz zwischen Privatpersonen, in und zwischen Unternehmen sowie im öffentlichen Bereich – Planung, Bau, Umwelt – tätig. Darüber hinaus ist er Ausbilder in Mediation und führt zahlreiche Trainings und Qualifizierungsmaßnahmen in Unternehmen und Organisationen zu den Themen Mediation, Kreativität und Kommunikation durch. Ferner unterstützt er Teamentwicklungen sowie Gestaltungs- und Veränderungsprozesse in Unternehmen und Organisationen und moderiert Dialogverfahren im öffentlichen Raum.

Sybille Kiesewetter ist Dipl.-Psychologin, Mediatorin und Geschäftsführerin des Vereins Mediation bei internationalen Kindschaftskonflikten – MiKK e.V., Lead Trainerin des EU-Projektes „Training in international Family Mediation".

Prof. Dr. Lars Kirchhoff ist Wissenschaftlicher Direktor am Institut für Konfliktmanagement an der Europa-Universität Viadrina Frankfurt (Oder).

Peter Knapp, M.A., ist Romanist und geschäftsführender Gesellschafter der Peter Knapp GmbH. Er hat mehr als 25 Jahre Berufspraxis als Berater. Daneben ist er Trainer für Konfliktmanagement, Verhandlungstechniken und Führung , Ausbilder (BM) für Wirtschaftsmediation und Ausbilder für Coaching (Knapp und Keydel Coaching), Coach, Mediator (BM) und Moderator. Er ist Autor zahlreicher Artikel sowie eines Buches zu effizienten Verhandlungstechniken und Herausgeber der Bände 1 und 2 der Konfliktlösungstools.

Heiner Krabbe ist Dipl.-Psychologe, Psychotherapeut, und Mediator (BAFM). Er erhält regelmäßig Fort- und Weiterbildungsaufträge für psychosoziale u. juristische Einrichtungen. 1996 war er Mitbegründer des Ausbildungsinstituts Mediationswerkstatt Münster; seit 1986 führt er eine Psychotherapeutische Praxis.

Dr. Anne Isabel Kraus, ist die Co-Leitung des Center for Peace Mediation der Europa-Universität Viadrina. Sie hat einen Magister in Komparatistik und Germanistik, mit Spezialisierung auf Verfahrensethik und -methodik in interkulturellen Kontexten im Rahmen der Promotion in Philosophie/Angewandter Ethik und als Fellow des EU-China Programms des Centrum für Angewandte Politikforschung München und der Renmin University Beijing. Sie absolvierte ihre Mediationsausbildung am Centrum für Verhandlungen und Mediation, München. Referententätigkeit übte sie u.a. für die Internationale Diplomatenausbildung des Auswärtigen Amts, den Master-Studiengang Mediation und den Master of Human Rights & Humanitarian Law - LL.M (Viadrina) aus.

Marianus Mautner, Mag. theol., beschäftigt sich mit Religionspädagogik, Freizeitpädagigik, Mediation, Supervision, Lebens- und Sozialberatung, Lehrgangsleitung und Lehrtraining an der Kirchlichen Pädagogischen Hochschule Wien/Krems für Mediation und Peer-Mediation. Daneben hat er die Leitung des Peer-Mediations-Systems am International Business College Hetzendorf und die Leitung der Akademie für Mediation und Persönlichkeitsbildung inne.

Prof. Dr. Dr. habil. Claude-Hélène Mayer, Promotion in Ethnologie/Interkulturelle Didaktik, Phd in Management, Habilitation in Psychologie (Arbeits- Organisations- und Kulturpsychologie). Seit 2009 ist sie Professorin für Interkulturelle Wirtschaftskommunikation an der HAW, Hamburg, Senior Research Associate, Rhodes University, Grahamstown, Südafrika. Sie ist zudem Systemische (Familien-)Therapeutin (SG); Hypnosetherapeutin (TMI), Systemaufstellerin; Mediatorin und Ausbilderin (BM). Ihr Forschungen beschäftigen sich mit Transkulturelles Konfliktmanagement, Mediation, Gesundheit und Identität in transkulturellen Kontexten.

Prof. em. Dr. Leo Montada, Jahrgang 1938, ist Psychologe. Seine Forschungsthemen sind Gerechtigkeitsprobleme im sozialen, persönlichen und politischen Leben, Ungerechtigkeit und soziale Konflikte, Steuerung und produktive Nutzung von Emotionen, Sozialisation und Entwicklung normativer Überzeugungen. Prof. Dr. Leo Montada hatte einen Lehrstuhl für Angew. und Pädag. Psychologie an der Universität Trier, war Gründungspräsident der Intern. Society for Justice Research ISJR, ist Mitglied der Berliner Akademie der Wissenschaften und der Deutschen Nationalakademie Leopoldina.

Antje Niewisch-Lennartz, Jahrgang 1952, ist Vorsitzende Richterin am Verwaltungsgericht. Sie absolvierte ihr Studium der Rechtswissenschaften und evangelische Theologie an der Philipps-Universität Marburg, es folgten das 1. und 2. jur. Staatsexamen. Zunächst war sie stellvertretende Geschäftsführerin des Studentenwerks der Gesamthochschule Kassel. Seit 1986 ist sie Richterin am Verwaltungsgericht, seit 2005 Vorsitzende einer Kammer für Wirtschaftsrecht. Sie begann die Ausbildung zur Mediatorin im Rahmen des Modellprojekts „Gerichtsnahe Mediation" in Niedersachsen durch u.a. die Drs. Mähler, München, Lies Ripke, Heidelberg, Jack Himmelstein und Gary Friedman, beide New York. Laufende Mediatorentätigkeit seit September 2002.

Andreas Novak hat Sinologie (M.A.) studiert und in Ethnologie über Unternehmenskultur zum Dr. phil. promoviert. Er ist seit gut 20 Jahren in der Management-Beratung in verschiedenen Unternehmen tätig. Seine Schwerpunkte liegen im Bereich von Change Management, Konfliktmanagement und Mediation, Verhandlungs- und Kreativitätstrainings sowie der Begleitung von Unternehmensnachfolgen. Darüber hinaus lehrt er an verschiedenen Hochschulen und engagiert sich ehrenamtlich für die weltweit tätige Antikorruptionsorganisation Transparency International.

Christian Prior arbeitet seit 1996 als selbständiger Managementtrainer, Systemberater und vor allem als Klärungshelfer in Unternehmen, Ministerien und Kliniken. Er hat Psychologie, Germanistik und Elektrotechnik studiert und Zusatzausbildungen in systemischer Therapie & Organisationsberatung (SG) und Gendertraining (HBS) absolviert. Er ist zertifizierter Ausbilder für Klärungshilfe (IfK) und Mediation (BM). Zusammen mit Christoph Thomann Autor von „Klärungshilfe 3". Er ist Gründungsmitglied des Instituts für Klärungshilfe (IfK).

Dr. Harald Pühl ist Mediator (BM, BMWA), Supervisor (DGSv) und Organisationsberater. Er ist Leiter von „TRIANGEL-Institut für Supervision, Organisationsberatung und Mediation" in Berlin. Daneben ist er Fachbuchautor (u.a. Mediation in Organisationen, Berlin 3. Aufl. 2008; Konfliktklärung in Teams und Organisationen, Berlin 2010; Mut zur Lösung: Konflikte in Klinik, Praxis und Altenpflege – Ein Leitfaden zur Anwendung von Mediation, Berlin 2012).

Linda Reijerkerk has been working as a mediator since 1997 for business and workplace related disputes, as well as for public law disputes (environmental, multiparty mediation). In 2006 Linda Reijerkerk joined as a partner and trainer the Centre for Conflict Management a company specialised in training on mediation and negotiation and of the Amsterdam ADR Institute. As a professional coach and mediator she has further specialized in multiparty and intercultural conflict resolution, business mediation, consensus building and interactive policy formulation. As a trainer she has more than 20 years experience. Since 2006 she has been training on behalf of CVC in the Netherlands, as well as abroad, i.e.: Macedonia, Croatia, Belgium, South Africa, Bosnia, etc.

Angelika Ribler, Jahrgang 1962, wohnhaft in der Nähe von Frankfurt/Main, ist Dipl. Psychologin, Dipl. Sportwissenschaftlerin. Sie absolvierte eine Weiterbildung zur Sportmediatorin; seit 1994 ist sie Referentin für Jugend- und Sportpolitik bei der Sportjugend Hessen. Daneben ist sie freiberuflich tätig als (Projekt-)Coach beim Institut für SportMediation und Konfliktmanagement (Hanau) – derzeit für das Programm „Zusammenhalt durch Teilhabe" des Bundesinnenministeriums.

Lis Ripke ist Mediatorin BAFM und BM, Studienleiterin des postgraduierten Weiterbildungsprogramms Mediation an der Universität Heidelberg, von der BAFM anerkannte Ausbildungsleiterin sowie Ausbilderin BM®. Sie gründete zusammen mit Prof. Dr. Reiner Bastine das Heidelberger Institut für Mediation und leitet es bis heute. Mit der Mediation ist sie seit 1988 verbunden und übte sie zunächst zusätzlich zu ihrer Arbeit als freiberufliche Rechtsanwältin aus. Seit 2003 ist sie ausschließlich auf dem Gebiet der Mediation tätig – gleichgewichtig auf dem Sektor der Ausbildung wie auf dem Sektor der praktischen Mediation. Dabei schöpft sie für die Ausbildertätigkeit aus den Erfahrungen von über 700 durchgeführten Mediationen aus dem Feld Familie, Wirtschaft und Gesundheitswesen. Lis Ripke veröffentlichte das erste deutsche Lehrvideo für Mediation, Verlag CH Beck, 1998. 2012 folgte die Lehr-DVD „Inside Mediation".

Thomas Robrecht ist Mediator BM, Ausbilder BM, Gesellschafter der Beratergruppe SOKRATeam und Vorstandsvorsitzender im Bundesverband Mediation. Dort ist er verantwortlich für den Organisationsentwicklungsprozess. Schwerpunkt seiner Arbeit ist die Entwicklung von zukunftsfähigen Organisationskulturen mit Wertebewusstheit in Management und Führung. Zu seinen Tätigkeiten gehört die Begleitung der Entwicklung von Führungskräften in Seminaren, Workshops und Coachings sowie Mediationen in Organisationen zwischen Einzelpersonen, Teams und Organisationseinheiten.

Jupp Schluttenhofer ist Typograph, Immobilienfachmann und Wirtschaftsmediator,. 1997 absolvierte er die Ausbildung bei Prof. Angela Mickley in Berlin, seit 1998 ist er Mitglied im BMWA. Seit 2003 ist er im Vorstand und leitet die Geschäftsstelle. Er ist Gestalter des BMWA Logos sowie der Entwicklung und Betreuung Internetseite. Ferner entwickelte er eine E-Mediation Plattform in Zusammenarbeit mit Binary Objects Berlin.

Dr. Hansjörg Schwartz, Dipl.-Psychologe, ist seit Mitte der 1990-er Jahre als Mediator tätig. Zunächst im Bereich Trennung und Scheidung dann überwiegend im wirtschaftlichen Kontext. Schwerpunkte sind Konflikte in und zwischen Unternehmen sowie Gesellschafterauseinandersetzungen. Neben der Mediation berät er Unternehmen, Institutionen und Personen in anspruchsvollen Verhandlungssituationen (Tarifverhandlungen, Fusionen, Vertragsverhandlungen u.a. im Profisport). Ferner ist er als Dozent und Ausbilder für Mediation, Verhandlungs- und Konfliktmanagement bei verschiedenen Instituten, Hochschulen und Unternehmen in Deutschland, Österreich und der Schweiz tätig.

Matthias Tann, Jahrgang 1960, studierte nach seiner Ausbildung zum Landwirt Agrarwissenschaften. Anschließend war er mehrere Jahre in den Bereichen internationales Marketing und Vertrieb in Europa aktiv. Während dieser Tätigkeiten übernahm er Personalverantwortung und sammelte Erfahrungen in den Bereichen Kommunikation, Teambildung, Personalführung und -entwicklung. Seit 2006 arbeitet er als Mediator und systemischer Coach mit Schwerpunkt Landwirtschaft. Matthias Tann ist Mitglied in der Deutschen Landwirtschaftsgesellschaft e.V., im Bundesverband Mediation in Wirtschaft und Arbeitswelt e.V. (BMWA) und Konsens e.V.

Dr. Markus Troja ist Mediator und Ausbilder in Mediation (BM) sowie Systemischer Coach und Teamentwickler (ISB). Er absolvierte ein Studium der Politikwissenschaft, Wirtschaftspolitik, Kommunikationswissenschaft und Germanistik an der Universität Münster. Er promovierte an der Universität Oldenburg. Er ist Gründungspartner von TGKS – Troja Gläßer Kirchhoff Schwartz. Seine Tätigkeitsschwerpunkte sind Mediationsverfahren in Unternehmen, zwischen Gesellschaftern und im öffentlichen Bereich. Zudem ist er Gründer und Herausgeber der Fachzeitschrift KONFLIKTDYNAMIK - Verhandeln, Vermitteln und Führen in Organisationen (Klett-Cotta).

Felix Wendenburg ist Jurist und Mediator. Er hat die stellvertretende wissenschaftliche Leitung des Master-Studiengangs Mediation (Europa-Universität Viadrina/Humboldt-Universität) inne; zudem die Co-Leitung des Kernbereichs Wirtschaft am Institut für Konfliktmanagement (Europa-Universität Viadrina). Er absolvierte die Ausbildung in Mediation bei der Rechtsanwaltskammer Celle, an der Boston College Law School, Boston, an der Fordham University School of Law, New York City, und am U.S. District Court for the Northern District of California, San Francisco. Er übernimmt Lehr- und Ausbildungstätigkeit an der Europa-Universität Viadrina, an der Bucerius Law School Hamburg sowie in Fortbildungsprogrammen für Richter, Rechtsanwälte und Steuerberater. Sein Tätigkeitsschwerpunkt liegt im Bereich Wirtschaftsmediation, insbesondere in Gesellschafterkonflikten und im innerbetrieblichen Konfliktmanagement.

Abkürzungsverzeichnis

aaO	am angegebenen Ort
Abs.	Absatz
ADRJ	Australian Dispute Resolution Journal
aF	alte Fassung
Anm.	Anmerkung
Art.	Artikel
AT	Außergerichtlicher Tatausgleich
BGB	Bürgerliches Gesetzbuch
BGBl.	Bundesgesetzblatt
BR-Drucks.	Bundesratsdrucksache
BT-Drucks.	Bundestagsdrucksache
BVerfG	Bundesverfassungericht
BVerfGE	Entscheidungen des Bundesverfassungsgerichts
BVerwG	Bundesverwaltungsgericht
BVerwGE	Entscheidungen des Bundesverwaltungsgerichts
bzw	beziehungsweise
CP	Collaborative Practice
dh	das heißt
ebd	ebenda
etc.	et cetera
EWE	Erwägen-Wissen-Ethik (Zeitschrift)
et al.	und andere
f, ff	folgende Seite, folgende Seiten
FamRZ	Zeitschrift für das gesamte Familienrecht
Fn	Fußnote
gem.	gemäß
GG	Grundgesetz
ggf	gegebenenfalls
Hs	Halbsatz
idF	in der Fassung
idR	in der Regel
iS	im Sinne
iVm	in Verbindung mit
Kap.	Kapitel
LPK	Lehr- und Praxiskommentar
MediationsG	Mediationsgesetz
Mio.	Millionen
mwN	mit weiteren Nachweisen
nF	neue Fassung
NSchlG	Niedersächsisches Schlichtungsgesetz
NJW	Neue Juristische Wochenschrift
Nr.	Nummer
OLG	Oberlandesgericht
RberG	Rechtsberatungsgesetz (nicht mehr in Kraft)
RDG	Rechtsdienstleistungsgesetz
Rn	Randnummer

s.	siehe
S.	Seite, Satz
StGB	Strafgesetzbuch
TA	Tatausgleich
TOA	Täter-Opfer-Ausgleich
u.a.	und andere / unter anderem
usw	und so weiter
VG	Verwaltungsgericht
VGH	Verwaltungsgerichtshof
v.H.	vom Hundert
vgl	vergleiche
VwGO	Verwaltungsgerichtsordnung
zB	zum Beispiel
Ziff.	Ziffer
ZKJ	Zeitschrift für Kindschaftsrecht und Jugendhilfe
ZKM	ZKM – Zeitschrift für Konfliktmanagement

1 Einführung

1.1 Außergerichtliche Konfliktregelung (ADR) – Verfahren, Prinzipien und Modelle

Literatur: Alexander, N. (Hrsg.), Global Trends in Mediation, 2. Aufl. 2006; Besemer, C., Mediation – Vermittlung in Konflikten, 12. Auf. 2007; Breidenbach, S., Mediation, 1995; Christie, N., Conflicts as Property, British Journal of Criminology 1977, 5 ff; Glasl, F., Konfliktmanagement, 10. Aufl. 2011; Goldberg, S. et al., Dispute Resolution, 4. Aufl. 2003; Trenczek, T., Streitregelung in der Zivilgesellschaft; Zeitschrift für Rechtssoziologie, Bd. 26, Dez. 2005, 3 ff.

„Conflicts have either become other peoples' property – primarily the property of lawyers – or it has been in other people's interest to define conflicts away. ... It is the conflict itself that represents the most interesting property taken away, not the goods originally taken away from the victim."[1]

1.1.1 Konflikte und die Grenzen der gerichtlichen Konfliktregelung

Konflikte zwischen Menschen[2] kommen täglich und überall vor, in der Familie, in Unternehmen, bei Bauvorhaben, in der Nachbarschaft, in der Schule; sie sind normal, sie werden aber sehr häufig nicht konstruktiv bearbeitet. Konflikte resultieren häufig aus unterschiedlichen Wahrnehmungen und Missverständnissen. In Konflikten ist die Kommunikation mit der anderen Konfliktpartei oft gestört oder abgebrochen. Die Parteien nehmen oft gegensätzliche (Rechts-)Positionen ein, ohne die diesen Standpunkten tatsächlich zugrunde liegenden Interessen in den Blick zu bekommen (hierzu vgl Kap. 2.7). Vielfach wissen die Betroffenen nicht, wie sie einen Streit lösen können. Es bleibt dann

1

---

1 Christie, Conflicts as Property, British Journal of Criminology 1977, 5.
2 Wenn hier von „Konflikt" die Rede ist, ist immer der sog. soziale Konflikt zwischen mindestens zwei Akteuren/Personen gemeint, nicht die intra-personale Spannung als Gegenstandsbereich therapeutischer Ansätze, auch wenn sich diese in der Beziehung zu anderen Menschen widerspiegeln. Zur Konflikt-Definition vgl Glasl Kap. 2.1.

offenbar nur das streitige Verfahren, der Gang zum Gericht, womit die Parteien die Kontrolle über das Verfahren und dessen Ergebnis weitgehend aus der Hand geben.

2 Nicht jeder Streit muss aber vor Gerichten ausgetragen werden. Im öffentlich-rechtlichen Bereich gibt es eine Reihe unterschiedlicher Möglichkeiten der außergerichtlichen Verwaltungskontrolle (zB das Widerspruchsverfahren).[3] Im Bereich des allgemeinen Zivilrechts stehen den Parteien zB bei Leistungsstörungen zunächst zahlreiche Gestaltungsrechte wie Kündigung, Rücktritt oder die Minderung zur Verfügung. Es kann aber auch hilfreich sein, Dritte einzuschalten, die das Gespräch unparteiisch wieder in Gang bringen, um Sichtweisen und Interessen zu klären, ohne den Streit vor ein Gericht zu bringen. Jederzeit möglich ist ein sog. freiwilliges Güteverfahren vor einer staatlich anerkannten Gütestelle,[4] durch das die Verjährung von Ansprüchen gehemmt wird (§ 204 Abs. 1 Nr. 4 BGB) und den Parteien die Möglichkeit verschafft, eine außergerichtliche Einigung mit dem Anspruchsgegner zu erarbeiten. Eine von der Gütestelle schriftlich dokumentierte Einigung (Vergleich) der Parteien hat vollstreckungsrechtlich die gleiche Wirkung wie ein gerichtliches Urteil (§ 794 Abs. 1 Nr. 1 ZPO).

3 Das deutsche BVerfG hat mit Nachdruck auf den **Vorrang einvernehmlicher Regelungen** hingewiesen.[5] Kommt es gleichwohl zur gerichtlichen Auseinandersetzung, so soll das Gericht in jeder Lage des zivilgerichtlichen Verfahrens auf eine gütliche Beilegung des Rechtsstreits oder einzelner Streitpunkte bedacht sein (§ 278 Abs. 1 ZPO). Das Gericht kann den Parteien auch eine Mediation oder ein anderes Verfahren der außergerichtlichen Konfliktbeilegung vorschlagen (§ 278 a ZPO). Bei einer Privatinsolvenz hat der Schuldner die Pflicht, sich im Vorfeld des gerichtlichen Verfahrens um eine außergerichtliche Einigung zu bemühen (§ 305 Abs. 1 InsO). Im **Familienrecht** soll in jedem Verfahren, das ein Kind betrifft, stets und so früh wie möglich auf eine einvernehmliche Regelung hingewirkt werden (§ 156 FamFG). Das Familiengericht kann eine Mediation vorschlagen (§ 36 a FamFG), es kann in Scheidungsverfahren sogar nach § 135 Abs. 1 FamFG anordnen, dass die Ehegatten einzeln oder gemeinsam an einem kostenfreien Informationsgespräch über Mediation (nicht die Mediation selbst) oder eine sonstige Möglichkeit der außergerichtlichen Streitbeilegung bei einer von dem Gericht benannten Person oder Stelle teilnehmen und eine Bestätigung hierüber vorlegen (zur Familienmediation Kap. 5.1).[6] Auch in **arbeitsrechtlichen Streitigkeiten** (hierzu Kap. 5.6) soll stets auf eine einvernehmliche Regelung hingewirkt werden (§ 57 Abs. 2 ArbGG); außerdem ist in § 54 ArbGG ein obligatorisches Güteverfahren von den Arbeitsgerichten nach Klageerhebung vorgesehen, um eine informelle Streiterledigung zu ermöglichen. Im kollektiven Arbeitsrecht gibt es Einigungsverfahren zur Beilegung von Meinungsverschiedenheiten zwischen Arbeitgeber und Betriebsrat, zu dessen Durchführung eine betriebliche Einigungsstelle eingerichtet wird (§ 76 BetrVG). Das Einigungsstellenverfahren ist erzwingbar, sofern die Meinungsverschiedenheiten Gegenstände betreffen, bei denen eine Einigung zwischen Arbeitgeber und Betriebsrat durch das Gesetz zwingend vorgeschrieben sind. Ansonsten sind Vereinbarungen über die Anrufung einer Einigungsstelle aber auch auf freiwilliger Basis möglich. Darüber hinaus sieht das Tarifrecht zur Vermeidung oder Beendigung von Arbeitskämpfen eine im Grundsatz zwar freiwillige Schlichtung vor, die jedoch für etwa zwei Drittel aller Arbeitnehmer in entsprechenden Tarifverträgen verbindlich geregelt ist. Schließlich werden auch im **Strafrecht** die allermeisten Verfahren informell, dh ohne ein Gerichtsverfahren, im Rahmen der (zu-

---

3 Trenczek, Grundzüge des Rechts 2011, Kap. 5.2.
4 Vgl zB www.hamburg.de/oera/; www.waage-hannover.de; vgl auch Greger NJW 2011, 1478.
5 BVerfG Beschluss vom 14.2.2007 – 1 BvR 1351/01, Rn 35: „Eine zunächst streitige Problemlage durch eine einvernehmliche Lösung zu bewältigen, ist auch in einem Rechtsstaat grundsätzlich vorzugswürdig gegenüber der richterlichen Streitentscheidung", vgl auch ZKM 2007, 128 m.Anm. von Greger.
6 Ausführlich Trenczek FPR 2009, 335 ff.

Trenczek

meist staatsanwaltlichen) Diversion erledigt, in Delikten mit persönlich betroffenen Opfern insb. auch nach Durchführung eines sog. außergerichtlichen Tatausgleichs/Täter-Opfer-Ausgleich (hierzu Kap. 5.16). Damit sieht das deutsche Recht ungeachtet der materiellrechtlichen Regelung von Rechtsansprüchen eigentlich vielfältige Regelungen zu einer einvernehmlichen und informellen Streiterledigung vor. Allerdings waren diese normativ vorgesehenen Alternativen zur justiziellen Streitentscheidung in Deutschland in der Praxis lange Zeit nicht mit Verfahren und Leistungsanbietern untersetzt, die über eine mit dem Gericht vergleichbare Professionalität und Akzeptanz in der Bevölkerung verfügen. Von den Streitparteien werden diese Möglichkeiten bislang, wenn überhaupt, zumeist zu spät wahrgenommen, häufig in einer Phase, in dem ein Konflikt bereits verhärtet und/oder bereits ein formelles, gerichtliches Verfahren in Gang gesetzt worden ist.

Allerdings stößt die **justizielle Bearbeitung von Konflikten** zunehmend an ihre **Grenzen** **4** und lässt die Rechtsverfolgung mitunter als langwierig, teuer und nicht effizient erscheinen. „Richterliches Entscheiden ist, um es auf eine vereinfachte Formel zu bringen, in einer Vielzahl von Konflikten aufgrund ihrer strukturellen Grenzen nicht zur Konfliktregelung geeignet, darüber hinaus sehr aufwendig und nur bis zu einem bestimmten Punkt mit Geschäftsanfall belastbar."[7] Die Kritik[8] richtete sich insb. gegen:

■ **Soziale und ökonomische Barrieren** sowie durch die Rechtspflege bedingte Zugangshindernisse
  – Kosten des Gerichtsverfahrens und der anwaltlichen Rechtsberatung,[9]
  – lange Warte- und Verfahrenszeiten durch Geschäftsanfall,
  – Scheu und Schwellenangst durch formalisierte Verfahrensweisen und Sprachcodes;
■ **Nachteile der Verrechtlichung des Konflikts**
  – fehlende Planbarkeit und unsicherer Ausgang,[10]
  – mangelnde Flexibilität der Verfahrensgestaltung,
  – adversative (auf Gegnerschaft angelegte), kontradiktorische (widersprechende) Natur des gerichtlichen Streitverfahrens (Gefahr der Zerstörung von Geschäfts- und sozialen Beziehungen),
  – Komplexitätsreduktion unter Außerachtlassung der ökonomischen oder sozialen Betrachtungsweise,
  – mangelnde Zukunftsorientierung und binäre Struktur von Gerichtsentscheiden (Gewinner-Verlierer);
■ **Internationalisierung und Globalisierung** des Dienstleistungs- und Warenverkehrs
  – komplexe Normen- und Zuständigkeitskonflikte im Hinblick auf nationale Rechtssysteme,
  – geringer werdende Relevanz nationaler Rechtsordnungen.

---

7 Gottwald 1981, 30.
8 Vgl Alexander 2009; Breidenbach 1995, 30 ff; Goldberg et al. 2003, 3 ff; Gottwald 1981, 9 ff; Trenczek et al. 2011, 188 ff.
9 So gibt es im Prozessrecht mancher angelsächsischer Staaten weder eine die Kosten begrenzende Gebührenordnung noch eine gesetzliche Kostenerstattungspflicht der unterlegenen Prozesspartei.
10 Diese liegt zum einen per se in der Interpretationsbedürftigkeit des Rechts (zB Auslegung von unbestimmten Rechtsbegriffen), wie auch an den Ermessensspielräumen bei Rechtsfolgenentscheidungen (zu den Grundlagen der Rechtsanwendung s. Trenczek et al, Grundzüge des Rechts, 2011, 116 ff). Im angelsächsischen Recht kommt der bestimmte Einfluss von Laien (der sog. „Jury") bei der Entscheidungsfindung in Geschworenenverfahren hinzu.

1.1.2 Außergerichtliche Konfliktregelung – ADR

5 Als Folge der Kritik an der gerichtlichen Streitentscheidung haben sich seit Ende der 1960er Jahre vor allem in den USA und im übrigen angelsächsischen Rechtsraum des common laws eine Reihe unterschiedlicher Verfahrensalternativen entwickelt,[11] die in Abgrenzung zum Gerichtsverfahren als „Alternative Dispute Resolution" und dem Akronym ADR (für *alternative dispute resolution*) bezeichnet wurden. Im Wesentlichen lassen sich diese Verfahren in die drei Bereiche Verhandlung – Vermittlung – Schiedsverfahren unterteilen:[12]

- **Verhandlung**
  - Negotiation: Autonome, direkte Verhandlungen der Streitparteien ohne Einbeziehung von Dritten.[13]
  - Collaborative/Cooperative Practice: Direkte Verhandlungen zwischen Parteien, wobei auf beiden Seiten besonders geschulte Berater tätig sind, die sich einer kollaborativen Verfahrenspraxis verschrieben haben.[14]

- **Vermittlung**
  - Facilitation: Bei der Prozessbegleitung wird eine dritte Person zur Moderation einbezogen, diese interveniert aber ausschließlich verfahrensorientiert (im Unterschied zur Mediation keine Klärungshilfe).
  - Mediation: Verhandlungen unter Anleitung und Unterstützung unparteiischer Dritter, die sowohl auf der Sach- wie Beziehungsebene des Konflikts, insb. durch die Neugestaltung der Kommunikation intervenieren, aber inhaltlich keine Vorschläge unterbreiten oder Streitentscheidung treffen (hierzu nachfolgend 1.1.3).
  - Conciliation: Mitunter stärkere Rechtsgebundenheit als Mediation, nicht völlig ergebnisoffen (Einführung von normativen Teilzielen); ggf Vermittlergremium bzw Ausschuss; häufig im Vorfeld administrativer oder (verwaltungs-)gerichtlicher Entscheidungen. Hierzu zählt auch der sog. außergerichtliche Tat- bzw Täter-Opfer-Ausgleich (hierzu Kap. 5.17) sowie das family group conferencing genannte Verfahren aus Anlass sozialschädlichen Verhaltens von Kindern und Jugendlichen.

- **Schiedsverfahren** (arbitration): Verhandlungen vor einem neutralen Dritten
  - Nicht-bindende Schiedsverfahren (Non-Binding-Arbitration): Schlichtungs- oder Sachverständigenverfahren (s. Kap. 2.19.3), bei der die dritte Person am Ende des Verfahrens häufig eine Bewertung des Sach- und Streitstands vornimmt, deren Bewertung (Schiedsspruch) die Konfliktparteien akzeptieren können, aber nicht müssen (zB Schlichtung im Tarifstreit). Hierzu gehören zB die Güteverfahren vor den Schiedsleuten[15] und die von den (zB Industrie- und Handels-, Handwerks-)Kammern und Verbänden getragene Schlichtungsverfahren (zB bei Verbraucherbeschwerden);
  - Ombudsleute: Durch öffentliche Träger oder Wirtschaftssysteme (zB Bank- und Versicherungswesen) beauftragter Mittler können den Parteien einen Lösungs-

---

11 Mittlerweile kann man feststellen, dass sich gerade die Mediation auch in anderen Rechtskulturen, zB Japan, erfolgreich etablieren kann; hierzu Alexander 2009; Hopt/Steffek 2008.
12 Alexander 2009; Goldberg et al. 2003, 3 ff; Trenczek et al. 2011, 188 ff.
13 Goldberg et al. 2003, 17 ff; Spegel et al. 1998.
14 Engel Collaborative Law 2010; ders. ZKM 2010, 112 ff; Lenz et al. 2010; Pirrie ZKM 2008, 8 ff; Mähler/Mähler ZKM 2009, 70 ff; Ponschab/Schweizer 1997.
15 Jansen, Parteiautonomie im Vermittlungsverfahren? Empirische Ergebnisse zum Güteverfahren vor dem Schiedsmann; Zeitschrift für Soziologie 1988, 328 ff.

vorschlag unterbreiten, der für die dem System angeschlossene Partei bindende Wirkung haben kann, nicht aber für den Verbraucher.

– Schiedsgerichtsbarkeit: Schiedsgerichte sind öffentliche oder private, dh nichtstaatliche Gremien (zB die sog. Sportgerichte), die über bestimmte Streitigkeiten abschließend durch einen die Parteien bindenden Schiedsspruch entscheiden (hierzu Kap. 2.19). Für das Privat- und Handelsrecht ist das Schiedsverfahren in den §§ 1025 ff ZPO geregelt, sofern der Verfahrensort in Deutschland liegt und soweit die Parteien für ihr Schiedsverfahren keine davon abweichenden (zulässigen) Regelungen treffen. Zu der Gruppe der öffentlichen, aufgrund eines Gesetzes (zB §§ 78 a SGB VIII; § 114 SGB V; § 80 SGB XII) eingerichteten Schiedsstellen gehören zB die Schieds- und Spruchstellen im Sozialbereich.[16] Auch im Arbeitsrecht gibt es Regelungen über ein Schiedsverfahren (vgl §§ 101 ff ArbGG).

Daneben gibt es noch weitere, hybride Formen nicht-gerichtlicher Streiterledigung (hierzu Kap. 2.19), bei denen es sich als im Wesentlichen um an rechtlichen Aspekten ausgerichtete, mehr oder weniger verbindliche Bewertungsverfahren durch Dritte handelt[17] bzw Aspekte verschiedener Bereiche kombinieren.[18] Die Unterschiede der verschiedenen ADR-Verfahren liegen insb. im Grad der Einbeziehung, der **Funktion** und dem inhaltlichen Einfluss **der „neutralen" Dritten** bei der Konfliktbearbeitung sowie darin, welche **Bedeutung rechtlichen Normen** bei der Regelung der Streitfragen eingeräumt wird. Ergebnisse lassen sich in Streitfragen entweder durch Macht erzwingen, durch Recht regeln oder durch eine einvernehmliche Berücksichtigung beidseitiger Interessen lösen.[19] Schiedsverfahren sind aufgrund ihrer stärkeren rechtlichen Orientierung eine Form der Streitbeilegung, die eher einer justizförmigen Regelung als den „alternativen" Verfahren der Konfliktlösung ähnelt, insb. sofern sie mit einem Schiedsspruch abgeschlossen werden.   6

Mediation und andere außergerichtliche Formen der ADR haben sich in den Rechtstraditionen des **common law**, wie zB in den USA oder Australien, leichter entwickeln können als in Deutschland. Die Erfahrungen dieser Länder lassen sich nicht einfach auf unser Rechtssystem übertragen. So basiert das common law System weniger auf einem in Gesetzbüchern auskodifizierten materiellen Recht (wie zB dem BGB) als auf einem stärker an Einzelfällen orientierten Präzedenzrecht und einem stärker verfahrensorientierten Gerechtigkeitskonzept („fairness" – **Verfahrensgerechtigkeit**, hierzu Kap. 4.1.2),[20] so dass die informellen ADR-Verfahren insoweit keine Akzeptanzprobleme hatten. Wesentlich für das rasante Wachsen und die (auch politische) Akzeptanz von ADR vor allem in den USA und Australien waren allerdings schlichtweg die Ressourcenprobleme des Justizsystems.[21]   7

---

16 Trenczek et al. 2011, 192 f; Schnapp 2004.
17 ZB sog. Schiedsgutachten, Expertenvotum, Early-Neutral-Evaluation/Case Appraisal, Adjudikation, Mini Trial, Summary Jury Trial oder Private-Judging durch einen von den Parteien beauftragten (Schieds-)Richter („rent-a-judge"); hierzu Alexander 2009; Goldberg et. al. 2003, 5 ff und 285 ff.
18 So werden zB im sog. Med-Arb-Verfahren Elemente der Mediation mit denen des Schiedsverfahrens kombiniert. Wenn in der ersten Phase der durch einen Mediator unterstützen Verhandlungen keine konsensuale Regelung getroffen werden kann, soll in der zweiten Phase ein Schiedsrichter entscheiden (s. Goldberg et al. 2003, 293 ff).
19 Vgl Ury/Brett/Goldberg 1991, 19 ff.
20 Justice as fairness – Gerechtigkeit als Fairness – lautet der Titel eines Aufsatzes den der Philosoph John Rawls (1921 – 2002) im Jahre 1958 veröffentlichte. Unter anderem auf diesen Gedanken basiert sein Hauptwerk „A Theory of Justice" von 1971, das als eines der wichtigsten Werke der Rechtstheorie und gleichzeitig ein Fundament des angelsächsischen Rechtsverständnisses angesehen werden kann. hierzu Kap. 4.1.2; zum Gerechtigkeitsthema in der Mediation vgl auch Montada Kap. 2.9.
21 Hierzu Trenczek ZfRsoz 2005, 14 sowie ders. Entwicklung und Situation der Mediation in Australien ZKM 5/2012 (im Erscheinen).

8 Im deutschen Recht scheint dagegen die materielle Richtigkeit der Entscheidung im Vordergrund zu stehen und mehr die Justizförmigkeit des Verfahrens als das Konzept der Fairness Beachtung zu finden.[22] Allerdings kann Fairness als Verfahrensprinzip in einem Rechtsstaat überhaupt nicht in Frage gestellt werden (vgl Art. 6 EMRK). Zudem kann man ohne nationalen Stolz durchaus feststellen, dass die **Effektivität und Berechenbarkeit der Rechtsprechung** in Deutschland, Österreich und der Schweiz (nicht zuletzt aufgrund der vergleichsweise höheren „Richterdichte") größer, die durchschnittliche Verfahrensdauer niedriger und gleichzeitig die Rechtsverfolgung nicht so kostenintensiv ist wie zB in den USA oder Australien, so dass sich die Frage nach den Alternativen lange nicht so dringend wie dort gestellt hat.

9 Zwar eint die „ADR-Bewegung" das Ziel, eine effektive und effiziente Alternative zur streitigen Konfliktregelung anzubieten, die unterschiedlichen ADR-Ansätze und Anbieter (und ggf ihre Mitarbeiter) verfolgen durchaus unterschiedliche theoretische bzw (rechts-)politische (Meta-)**Ziele**.[23] In der Anfangszeit der zunächst stark gemeinwesenorientierten ADR-Bewegung ging es vielen Projekten zunächst um einen besseren, niedrigschwelligen Zugang zu einem fairen Konfliktregelungsverfahren (Access-to-Justice),[24] andere sahen ADR-Verfahren (insb. auch die Mediation) als Instrument zur (Wieder-)Herstellung von Verständigung und ggf Versöhnung zwischen Konfliktparteien (zB die stark von den Mennoniten getragene Vicitim-Offender-Reconciliation-Programme)[25] oder gar als Motor zur gesellschaftlichen Veränderung (Social-Transformation).[26] Demgegenüber überwogen zunehmend eher „pragmatische", Anbieter, die ihre ADR-Angebote als ganz „normale" Dienstleistung zur schnellen Erledigung von Rechtsstreitigkeiten ansehen (Service-Delivery). Kommerziell genutzt versprachen ADR-Verfahren dem Anwalts- und Beratungssektor gute Marktchancen und Einnahmen, trafen sie doch auch ein wachsenden Interesse der Politik und Justizverwaltungen, die Überlastung im Geschäftsanfall der Gerichte abzubauen und Kosten einzusparen. Nicht immer müssen sich die Ziele und Interessen der verschiedenen Anbieter und politischen Entscheidungsträger widersprechen, sie sind freilich wesentlich im Hinblick auf die Frage, was bzw ob ein Angebot, ein Projekt etc. als Erfolg angesehen wird oder nicht. So kommt es in den gerichtsorientierten Programmen zumeist auf quantitative Ziele, insb. eine möglichst hohe Zahl von möglichst schnell zu erledigten Streitverfahren an, während qualitative Ziele aus dem Blick geraten. Es verwundert deshalb nicht, dass in den USA vor allem durch justizinterne, sog. „Multidoor Courthouse" oder „Multi-Option-Justice" genannte Initiativen versucht wurde, die Vielfalt der ADR-Ansätze in das Justizsystem zu integrieren.[27] Kennzeichen dieser innergerichtlichen Verweisungsprojekte war und ist freilich, dass die Konflikte bereits bei Gericht gelandet sein mussten. Zudem obliegen das sog. Screening und die Zuweisung zu den verschiedenen „Gerichtstüren" allein der

22 Vgl Hörnle 2004, 176 mwN.
23 Hierzu vgl Alexander, in: Global Trends 2006, 9 ff; Breidenbach 1995, 114 ff; Goldberg et al. 2003, 6 ff; McEwen, Differing Versions of Alternative Dispute Resolution and Formal Law, The Justice System Journal 1987 (vol 12), 247 ff.
24 Access-to-justice meint den „Zugang zum Recht" und damit vor allem den Zugang zu einem fairen Verfahren, nicht zwingend aber Gerichtsverfahren. „Access to Justice goes beyond access to courts" (Alexander in Global Trends 2006, 10).
25 Hierzu vgl Coates/Gehm, Victim meets Offender, 1985; Coates in Galaway/Hudson, Criminal Justice, Restitution and Reconciliation, 1990, 125 ff sowie die von Howard Zehr (2002/2010) stark beeinflusste Restorative Justice Bewegung; hierzu auch Kap. 5.17.
26 ZB das San Francisco Community Boards Program, vgl Shonholtz, Neighborhood Justice Systems, Mediation Quarterly 1984, 3 ff.
27 Vgl Birner, Das Multi-Door-courthouse; Köln 2003; Sander, Varieties of Dispute Processing, Federal Rules Decisions, vol. 70, 1976, 111 ff (131). Goldberg et al. 2003, 382 ff; Sander/Goldberg, Fitting the Forum to the Fuss, Negotiation Journal (vol. 10) 1994, 49 ff. Aktuell zB http://www.dccourts.gov/dccourts/superior/multi/index.jsp.

Justiz (Richtern oder sog. registrars), womit den betroffenen Konfliktparteien nur eingeschränkte Optionen gelassen werden.

Die **Kritik an den ADR-Verfahren** konnte nicht ausbleiben, kam aus allen politischen 10 (konservativen wie feministischen) Lagern und lässt sich im Wesentlichen im Vorwurf zusammenfassen, die Alternativen zum gerichtlichen Verfahren seien nur eine zweitklassige Art von Konfliktregelung („second-class-justice"), die insb. neue Zugangsschwellen errichte und die Machtunterscheide zwischen den Konfliktparteien nicht auffangen könne.[28] ADR-Verfahren fehle es an Qualitätsstandards, sie seien besonders anfällig für Manipulation der Beteiligten vor allem durch nicht qualifizierte und im Hinblick auf ihre Reputation und Vermarktung an hohen Einigungsquoten interessierte Anbieter, die keiner Kontrolle unterlägen.[29] Die Kritik richtete sich gegen nahezu alle Aspekte, die auf der anderen Seite als Vorzüge der ADR-Verfahren propagiert wurden (Informalisierung, Nicht-Öffentlichkeit, usw). ADR-Verfahren führten im Vergleich zum Gerichtsprozess zu ungerechten Ergebnissen.[30] Es handele sich nur um einen scheinbaren besseren Zugang zum Recht, Mediation schließe große Bevölkerungsgruppen aus[31] und sei andererseits frauenfeindlich,[32] weshalb man mit den ADR-Verfahren eine gefährliche Entwicklung einschlage. Die Kritik ist in manchen Aspekten durchaus Ernst zu nehmen, insb. wenn es um mangelnde Transparenz und Qualität geht. Sie ist allemal zutreffend, wenn es nur um einen anderen „Zugang zum Recht" bzw eine verbindliche Streitentscheidung geht, denn dann scheint eine effektiv organisierte staatliche Justiz, also das Original der verbindlichen Drittentscheidung, allen anderen Streiterledigungsformen überlegen zu sein. ADR nur deshalb anzubieten, weil es keinen Zugang zum Recht gibt, ist ein Merkmal einer geradezu zynischen Rechtspolitik. Für den nachhaltigen Erfolg und die Expansion der ADR-Bewegung bzw die unterschiedliche Rezeption der verschiedenen ADR-Ansätze außerhalb des angelsächsischen Raums hinaus war und ist es deshalb wichtig, dass den vorrangig Anbieter-orientierten Perspektiven von Anfang an auch Ansätze mit einer die **Selbstbestimmung der Bürger** betonenden Grundphilosophie (Autonomieansatz; s. 1.1.3.2) gegenüber standen, nach denen Konflikte das Eigentum der Betroffenen sind und die ADR-Verfahren der autonomen Entscheidungsfindung dienen sollen.[33]

Schon der Begriff „**Konfliktmanagement**" impliziert die Nichtfestlegung auf ein be- 11 stimmtes Verfahren, sondern die Offenheit im Hinblick auf unterschiedliche Verfahrensalternativen.[34] Deshalb wird mit dem Akronym **ADR** im angelsächsischen Raum mittlerweile nicht mehr nur eine „alternative", sondern die „appropriate dispute resolution", also das „passende", angemessene Verfahren der Konfliktregelung bezeichnet.[35]

---

28 Vgl zB Delgado, ADR and the Dispossessed, Law and Social Inquiry (vol. 13) 1988, 145; Edwards, Alternative Dispute Resolution. Panacea or Anathema? Harvard Law Review (vol. 99) 1986, 668 ff; Jennings, Court-Annexed Arbitration and Settlement Pressure: A Push Towards Efficient Dispute resolution or "Second Class" Justice? Ohio State Journal on Dispute Resolution (vol. 6) 1991, 313 ff; dagegen aber Ray, Community Mediation Centers: Delivering First-Class Services to Low Income People for the Past Twenty Years; Mediation Quarterly vol. 15 1997, 39 ff; s.a. Kap. 2.21.

29 ZB Fiss, Against Settlement, Yale Law Journal (vol. 93) 1964, 1073 ff; Harrington, Shadow Justice: The Ideology and Institutionalization of Alternatives to Court, 1985.

30 Abel, The Contradictions of Informal Justice', in: Abel (Hrsg.), The Politics of Informal Justice, New York, 1982, 267 ff; Auerbach, Justice Without Law? 1983; Harrington, Shadow Justice: The Ideology and Institutionalization of Alternatives to Court, 1985.

31 Kovach, Costs of Mediation, Mediation Quarterly vol. 15, 1997, 13.

32 Grillo, The Mediation Alternative: Process Dangers for Women, Yale Law Journal (vol. 100), 1991, 1545 ff.

33 Christie, British Journal of Criminology 1977, 5 ff

34 Breidenbach 1995, 47 ff; Troja/Stubbe, Konfliktmanagementsystem, ZKM 2006, 121 ff; Goldberg et al. 2003, 306 ff „Dispute System Design"; Ury/Brett/Goldberg, 1991.

35 Dekliniert man ADR im Hinblick auf die Selbstbestimmung konsequent durch, schließt dies auch die bewusst gewollte gerichtliche Streitentscheidung ein.

Freilich mischen sich insoweit anbieter- und nutzerorientierte Perspektiven, wobei in diesem Zusammenhang auch auf die unterschiedlichen Interessen von Konfliktparteien und ihren Anwälten hinzuweisen ist.[36] Ungeachtet der vielfältigen, zT auch regional höchst unterschiedlichen ADR-Praxis kann man für die USA wie für die anderen Common Law-Länder feststellen, dass sich dort Mediation als das primäre Konfliktregelungsverfahren etabliert hat.[37]

12 Im deutschsprachigen Raum haben die hybriden Formen der Konfliktregelung – soweit es sich nicht nur um das Einbringen von Sachverständigengutachten handelt – keine praktische Relevanz, weshalb – anders als im angelsächsischen Raum – unter „alternativem" Konfliktmanagement neben Schiedsverfahren im Wesentlichen **Mediation** verstanden wird. Nicht immer ist aber Mediation das für die Beteiligten geeignete Verfahren (s. hierzu 1.1.3.3). Entscheidend ist, dass die Selbstbestimmung der Betroffenen auch in der Wahl des Konfliktbearbeitungsverfahrens gewahrt bleibt. Im Wesentlichen geht es um die Wahl zwischen einem Verfahren mit Drittentscheidung (inkl. einer gerichtlichen Entscheidung) oder einem Verfahren, in denen die Parteien die Entscheidungshoheit behalten (Moderation, Prozessbegleitung, Vermittlung/Mediation, Coaching, Supervision). Während sich im angelsächsischen Raum mittlerweile eine ganze Beratungsindustrie mit dem Dispute Resolution Design beschäftigt,[38] also der Wahl und der Gestaltung des passenden Konfliktregelungsvefahrens, haben sich in Europa mittlerweile die differenzierten Betrachtungsweisen eines **situationsadäquaten Konfliktmanagements** eher innerhalb der Mediationsbewegung, vor allem im Hinblick auf das Methodenspektrum, etabliert, um ausgehend von einer eingehenden Konfliktdiagnose konflikt-adäquate Interventionsformen zu wählen (sog. Kontingenzmodell, s. Kap. 3.3).[39] Unterschiedliche Situationen müssen unterschiedlich behandelt werden. Die Wahl der Intervention darf sich nicht nach dem Konfliktgegenstand, sondern sollte sich nach dem Konflikttypus und -eskalationsgrad sowie den Perspektiven und Ressourcen der Konfliktparteien richten.

1.1.3 Mediation

1.1.3.1 Wurzeln und Grundlagen

13 Die **Wurzeln** der informellen, nicht-staatlichen Konfliktregelung reichen historisch weit über den Beginn unserer Zeitrechnung zurück,[40] wobei darauf hinzuweisen ist, dass der Ausgleichs- und Vermittlungsgedanke keine originäre Idee der westlichen Gesellschaften ist (zu den ethnologischen Gesichtpunkten s. Kap. 2.3). Etymologisch weisen die Begriffe „Mediation" (vgl altgriechisch: mesiteía; lat.: mediātiō = Vermittlung), „mediieren" (vgl lat. medius = dazwischenliegend; aber: vermitteln = conciliare) und „Mediator" (vgl altgriechisch: mesítäs; lat.: medius fratris et sororis = Vermittler [zwischen Bruder und Schwester]; conciliator = Vermittler/Fürsprecher) auf die Position des „Mittlers" und das Dazwischengehen ebenso wie auf das Verbinden von zwei Parteien hin und wurde sowohl im Bereich der Konfliktregelung wie auch in der Handelssprache benutzt.

---

36 Vgl Goldberg et al. 2003, 332 f; vgl auch Wasilewski, Streitschlichtung durch Rechtsanwälte, 1990, 36 u. 72.

37 Vgl Bush, Substituting Mediation for Arbitration: The Growing Market for Evaluative Mediation, and What It Means for the ADR Field; Pepp. Disp. Resol. Law Journal (vol. 3) 2002, 111; Goldberg et al. 2003, 333. Für Australien vgl Sourdin, in: Alexander (Hrsg.) Global Trends 2006, 37 ff; Trenczek ZKM 5/2012 (im Erscheinen).

38 Goldberg et al. 2003, 306 ff „Dispute System Design"; Sourdin 2002, 135 ff.

39 Glasl, in: Ballreich/Glasl 2011, 23 und 223 ff.

40 Zur Genealogie der Mediation vgl Duss-von Werdt 2005, 26 ff; Gläser/Sinner ZKM 2005, 64.

Ignoriert man einmal die historischen Wurzeln, so ist es durchaus richtig festzustellen, dass „mediation" seit Mitte der 1960er Jahre zunächst in den USA und dann im gesamten Raum des Common Law als Teil der ADR-Bewegung wieder entdeckt wurde (s. Rn 5 ff). „Mediation" heißt allerdings wörtlich übersetzt zunächst auch nichts anderes als „Vermittlung", weshalb sich damit unterschiedlichste Philosophien und Ideologien verbunden sowie in der ADR-Praxis höchst unterschiedliche Vermittlungsansätze/Ausrichtungen und infolgedessen aus unserer heutigen (deutschsprachigen) Sicht zT verwirrende Begriffschöpfungen entwickelt haben, die sich auf unterschiedliche Grundlagen berufen und Ziele verfolgen (hierauf wird noch zurückzukommen sein, s. 1.1.3.4).[41] Im Hinblick auf die **Grundlagen der Mediation** werden – häufig verkürzt – nur zwei Ansätze unterschieden. Auf der einen Seite ein ökonomisch und spieltheoretisch ausgerichtetes Modell, das sich vor allem auf das sog. Harvard Modell für erfolgreiches Verhandeln stützt (hierzu Kap. 2.7),[42] auf der anderen Seite der sog. transformative Ansatz,[43] der sich v.a. auf die Vorbilder indigener Systeme sozialer Kontrolle beruft und nach dessen (extremer) Ausrichtung nicht die Lösung eines konkreten (Sach-)Konflikts, sondern die Transformation der Beziehung im Vordergrund einer Mediation stehe. Sichtbar werden damit allenfalls „idealtypische", oft verzerrt dargestellte Extrempositionen.   14

So wird insb. das Harvard Modell mitunter verkürzt als rein ökonomisches Modell kritisiert, in dem für Emotionen kein Raum sei und nach dem der Konflikt durch möglichst sachliche Verhandlungen sowie rationale und objektive Bewertungen gelöst werden solle.[44] Es bedarf insoweit freilich keines „entweder-oder" – ebenso wenig wie in einer Mediation. Fischer und Ury haben zB selbst auf die Bedeutung der Beziehungsebene im Konflikt und auf den Einfluss der Gefühle hingewiesen: Emotionen – die eigenen und die des Verhandlungspartners – müssen erkannt und zugelassen werden; manchmal muss man erst Dampf ablassen, um sich dann der Sache zuwenden zu können.[45] Das deckt sich mit dem im Rahmen wohl jeder Mediationsausbildung anhand des „Eisbergmodells" visualisierten, auf dem systemtheoretischen Kommunikationsmodell von Paul Watzlawick basierenden Axiom, nachdem jeder Konflikt mindestens eine Sach- und Beziehungsebene aufweist und ohne Berücksichtigung der personellen Ebene, der sog. Beziehung, die Lösung des Sachkonflikts nicht möglich erscheint (s. Kap. 2.1, 2.8, 7.1.3).[46] Erfolgreiches Verhandeln setzt nach Fischer und Ury aber voraus, dass man Sach- und Beziehungsebenen analytisch trennt, weil deren Vermischung die Eskalation fördert. Nur dann ist es möglich, bestimmt in der Sache zu sein, ohne „persönlich zu werden": „be hard on the problem, soft on the people."[47] Andererseits ist es für nachhaltig tragfähige Lösungen nicht sinnvoll, Beziehungs-Probleme durch Zugeständnisse in der Sache lösen zu wollen.   15

Auf der anderen Seite wird bei der mitunter überschwänglichen Preisung indigener Vorbilder mitunter übersehen, dass diese eben gerade auf traditionellen kulturell-spezifischen (Werte-)Systemen beruhen, deren Kennzeichen eine hoher Grad an sozialer Kohärenz sowie ein hoher Grad von sozialer Kontrolle ist (s.a. Kap. 2.3). Es ist zu bezwei-   16

41 Vgl Boulle 1996, 3 ff; Goldberg et al., 2003, 3 ff und 111 ff; Friedman/Himmelstein, 2009; Menkel-Meadows, 2001; Moore, 1986, 12 ff; Moffitt, Schmediation and the dimensions of definition, Harvard Negotiation Law Review vol. 10, 2005, 69 ff; Riskin, Understanding Mediator Orientations, Strategies and Techniques, Harvard Negotiation Law Review, 1996, 7–51 (35); Riskin, Decision-Making in Mediation: The New Old Grid and the New New Grid System, Notre Dame Law Review, 2003, 1–53.
42 Hierzu Fischer/Ury 1981, 30 ff; vgl Fischer/Ury/Patton 1997.
43 Vgl Bush/Folger, 1994, insb. 102 ff; Friedman/Himmelstein, 2009.
44 Vgl zB Montada Erwägen-Wissen-Ethik 20/2009, 501 ff.
45 Fisher/Ury 1981, 30 ff.
46 Watzlawick et al. 2003.
47 Fisher/Ury 1981, 55.

feln, ob sich diese in die heutige Moderne übertragen lassen bzw ob eine solche Form sozialer Kontrolle in der heutigen Zeit überhaupt gewünscht ist. Deshalb kommt Laurence Boulle zu dem Ergebnis: „... *traditional dispute resolution processes were transformative in nature, while the introduced modern systems are more facilitative.*"[48]

17 Neben den beiden oben genannten gibt es zahlreiche weitere „Mediations-Theorien" bzw Zuschreibungen, was Mediation alles sein oder bewirken soll. Mediation scheint sich für alle möglichen Ziele nutzen zu lassen. Das unterstreicht einerseits den pluralistischen Charakter der Mediation, wenn aber Mediation – wie der Vermittlungsbegriff in der englischen Sprache – zum inhaltsleeren Container(begriff) bzw Zylinder verkommt, in den jeder das hineinpacken bzw herauszaubern kann, was er will, dann sind Missverständnisse und Irritationen bei den Nutzern vorprogrammiert. Ebenso wenig förderlich ist, wenn Mediation als Allheilmittel für alle Probleme der Welt („Weltfrieden") präsentiert und damit selbst als Ideologie präsentiert wird. Alle diese Konzepte haben eine begrenzte Reichweite. Wenn es aber ein **Axiom der Mediation** gibt, dann das folgende: Konflikte sind das Eigentum der Betroffenen, sie sind grundsätzlich selbst in der Lage, ihre offenen (Streit-)Fragen zu klären.[49] Diese kategorische Formulierung mag vor dem Hintergrund der begrenzten Reichweite von Definitionen als Widerspruch erscheinen. Allerdings liegt die vorbehaltlose Anerkennung der **Selbstbestimmung** (Autonomie), die Achtung des Menschen als mündigen Bürger, jenseits aller anbieterorientierten Ziele. Ausgangspunkt der Mediation sind die Konflikte bzw offenen (nicht zwingend konfliktbelasteten) Fragen und Entscheidungssituationen der Betroffenen, also ihre Lebenswirklichkeit und ihre Interessen und Bedürfnisse.[50] Die Parteien bestimmen Anfang und Ende des Mediationsverfahrens sowie Inhalt und Ziel der Mediation. Mediation knüpft an die Selbstbestimmung an (s. 1.1.3.2.1), fördert diese und die Fähigkeiten der Betroffenen gerade auch in der Konfliktbearbeitung (empowerment). Alle weiteren Wesensmerkmale der Mediation lassen sich hieraus begründen (s. 1.1.3.2).

18 Dabei geht die Mediationsidee[51] von einem aufgeklärten, freiheitlichen, positiven **Menschenbild** wie **Konfliktverständnis** und infolgedessen als autonomiebezogener Konfliktmanagementansatz im Wesentlichen von folgenden Grundannahmen[52] aus:

- Konflikte sind normal, sie werden zwar zunächst als Störung erlebt (s. Kap. 2.1), mitunter führen sie zu Krieg und Verderben, nicht immer sind sie aber nur negativ, sondern können Chancen für eine Entwicklung eröffnen. Ein Fehlen von Konflikten mag mitunter auf Gleichgültigkeit schließen. Nicht bearbeitete Konflikte führen aber sehr häufig zu destruktiven bis zu aggressiven Verhaltensweisen.

- Häufig resultiert ein Konflikt aus einer unterschiedlichen, selektiven Wahrnehmung (hierzu Kap. 2.2), einer gestörten Kommunikation (hierzu Kap. 2.8) oder nur weil die Parteien nicht wissen, wie sie ein Problem angehen können.

---

48 Boulle 2005, 49.
49 Vgl Christie, British Journal of Criminology 1977, 5 ff; Hanak et al 1989; Mähler/Mähler, in: Krabbe, Scheidung ohne Richter, 1991, 148 ff (154); Breidenbach 1995, 123 ff spricht zwar auch von einem „Individual-Autonomy-Projekt", schreibt diesem aber in Abgrenzung zum Service-Delivery-Ansatz auch einen pädagogisch-therapeutischen Impetus zu und kritisiert zB die allparteiliche, beide Parteien unterstützende Haltung der Mediatoren, die sich „gestatten, zur Sicherung der Fairness des Verfahrens die neutrale Rolle zumindest graduell zu verlassen.".
50 Vgl zB Duss-von Werdt, Erwägen-Wissen-Ethik (20) 2009, 528.
51 Diese lässt sich nicht auf nur eine Philosophie(strömung), sondern auf eine ganze Reihe klassischer Denker/innen aus unterschiedlichen (politischen) Lagern seit der Antike, über die Aufklärung bis zur Moderne zurückführen, zB Sokrates (Dialog), Locke (Pursuit of Happiness), Rawls (Justice as Fairness), Rousseau (Gesellschaftsvertrag); Kant (Die Metaphysik der Sitten), Habermas (Theorie des kommunikativen Handelns); Carl Rogers, Paul Watzlawick, Gustav Radbruch, Rosa Luxemburg, Alice Salomon, Kurt Tucholsky, Carl von Ossietzky; Nils Christie, Peter Noll, u.v.a.m.
52 Vgl zB Besemer 2007, 37.

■ Die an einem Streit beteiligten Personen können grundsätzlich bessere Entscheidungen für ihr Leben treffen als eine Autorität von außen. Die Betroffenen sind die Experten ihrer Lebenswelt und -wirklichkeit. Die Tragfähigkeit und Akzeptanz einer Regelung/Vereinbarung ist größer, wenn die Parteien selbst für das Ergebnis verantwortlich sind.

■ Konflikte und deren Bearbeitung dürfen nicht als Nullsummenspiele (in denen der Verlust der einen den Gewinn der anderen Partei ausmacht)[53] begriffen werden; Wertschöpfung (win-win) ist nur durch kooperatives Verhandeln (hierzu Kap. 2.7) möglich.

■ Der konstruktive Umgang mit Konflikten schließt die zukunftsorientierte Veränderung zumeist notwendig mit ein.

Es mag Nichtjuristen vielleicht anfangs etwas irritieren, dass ein ADR-Ansatz und die [19] Idee des Rechts einen identischen Ausgangspunkt teilen. Die vorrangige Berücksichtigung der Selbstbestimmung stellt als sog. **Privatautonomie** gerade auch einen Grundpfeiler des Privatrechts dar (zum Verhältnis von Mediation und Recht, s. Kap. 4.1). Wesentlich ist aber, dass die Mediationsidee diese Autonomie nicht nur auf der Ebene der (materiellen) Rechtsposition, sondern vor allem im Hinblick auf das Verfahren der Konfliktbearbeitung realisiert. „Der Privatautonomie wird damit der Vorrang vor jeder Form von obrigkeitlicher Bevormundung – sei es durch einen staatlichen – ‚königlichen' Richter, sei es durch einen privaten Schiedsrichter, sei es durch einen weisen Schiedsmann oder Schlichter – zugebilligt."[54] Damit unterscheidet sich Mediation auch von anderen Formen der außergerichtlichen Streitregelung. Der Dritte ist „nur" Unterstützer und Klärungshelfer der Konfliktparteien, nicht Anwalt, Ratgeber oder Entscheider (zur Rolle und Funktion der Mediatoren s. Kap. 2.12).

Zwar basiert die „Mediationsphilosophie" auch auf ökonomisch-spieltheoretischen [20] Überlegungen, sie stößt aber – wie das Harvard-Konzept[55] – vor allem deshalb auf einen positiven Widerhall, weil sie ein – im positiven Sinn (!) – **pragmatisch-eklektizistisches Konzept** ist, das sich aus verschiedenen Fachgebieten und Wissenschaftsdisziplinen bedient und das zusammenfügt, was Sinn macht. Mediation ist aber nicht theorielos. Ergänzt und untersetzt wurde die interdisziplinärer Mediationskonzepte unter anderem von konflikttheoretischen Überlegungen[56] (hierzu Kap. 2.1), von Erkenntnissen der Neurobiologie und Wahrnehmungspsychologie (s. Kap. 2.2), von ethnologisch-interkulturellen Perspektiven (s. Kap. 2.3), von kommunikationswissenschaftlichen (s. Kap. 2.8), von (erkenntnis- und verhaltens-)theoretischen Ansätzen, die am Konstruktivismus bzw symbolischen Interaktionismus[57] ausgerichtet sind und eine systemische Betrachtungsweise konflikthafter Beziehungen einnehmen (s. Kap. 2.10), ebenso wie von rechtsphilosophischen Fragen nach Fairness und Gerechtigkeit (s. Kap. 2.9), um nur einen Teil der (hier im Handbuch behandelten) Grundlagen anzusprechen. Mediation ist ein interdisziplinäres, ja **transdisziplinäres Konzept**, in dem sich die verschiedenen Fachrichtungen und Professionen nicht nur ergänzen, sondern ineinander verschränken.

Die Orientierung mehr zu der einen oder zur anderen Seite/Disziplin/Ausrichtung prägt [21] freilich die Sichtweisen und Interventionsstile der Vermittler, wobei es ignorant wäre,

---

53 Vgl Watzlawick 1983, 121 ff.
54 Haft, in: Haft/v. Schlieffen Handbuch 2009, 73, § 2 Rn 11.
55 Fischer/Ury (1991, 91, 118, 121) weisen bereits an verschiedenen Stellen darauf hin, dass die Einschaltung eines Dritten als Mediators für ein erfolgreiche Verhandlung förderlich ist.
56 Vgl zB die Konfliktmodelle der sog. sozialwissenschaftlichen Akteurstheorien in Bonacker, Sozialwissenschaftliche Konflikttheorien, 3. Aufl. 2005, 381 ff; Glasl Konfliktmanagement 1980/10. Aufl. 2011.
57 Konstruktivismus und symbolische Interaktionismus weisen eine große Nähe auf. Während der symbolische Interaktionismus eine Theorie des sozialen Handelns des Menschen darstellt, basiert die (neuere) konstruktivistische Erkenntnistheorie vor allen auf Kenntnisstand der (neuro-)biologischen Forschung.

zu glauben, ökonomisch-spieltheoretisch und rechtliche Aspekte wären nur etwas für die Wirtschaftsmediation, während sich nur die Familienmediation an den „weichen" Themen orientieren müsste.[58] Wenn einmal der Begriff „ganzheitlich" eine Berechtigung hat, dann ist es in der Konfliktvermittlung, wohl wissend, dass die menschliche Wahrnehmung notwendig selektiv und subjektiv ist und deshalb nie ganzheitlich sein kann (s. Kap. 2.2). Wird dies berücksichtigt, dann ist es unproblematisch, im deutschsprachigen Raum von einem transdisziplinären **Grundmodell einer Mediation** zu sprechen. Grundmodelle lassen sich ausdifferenzieren, sie lassen sich in einem bestimmten Kontext den Ressourcen und Bedürfnissen der Nutzer und Anwender (zB im Hinblick auf ihren professionellen Hintergrund und ihre interdisziplinäre Kompetenz) sowie des Arbeitsfeldes und seinen kontextuellen Rahmenbedingungen anpassen. Mediation ist ein flexibles Verfahrensmodell und zeichnet sich durch eine große Vielfalt aus, Mediation darf aber **nicht beliebig** oder gar willkürlich sein, sondern muss auf ethischen, wissenschaftlichen und methodischen Grundlagen basieren, um Akzeptanz und Legitimation gewinnen zu können. Es geht darum, Mediation in seiner „Kernprägnanz" zu verstehen und ihre Unterschiede zu anderen Formen der Konfliktbearbeitung deutlich zu machen, wobei die Übergänge durchaus fließend sind.[59] Mediation ist ein nicht-öffentliches Verfahren, welches – anders als das gerichtliche – nicht in ein durch verschiedene Instanzen verschränktes Kontrollsystem eingebunden ist. **Legitimation** kann Mediation deshalb nur dann erhalten, wenn essentielle Charakteristika die Mediation als unverwechselbar und in **Standards** verbindlich beschrieben werden, auf deren Einhaltung sich die Nutzer verlassen können.

22 Es geht mithin nicht um die Festlegung einer starren Einheitsform oder eines unerreichbaren Ideals, sondern um eine fachliche Grundlage wie einem Kompass zugleich, es geht um Erdung und Orientierung. Diese ist notwendig, ist doch die Mediation ein „äquibrilistischer Tanz zwischen den Welten",[60] bei dem man schnell die Balance verlieren kann. Letztlich sind es die konkreten Menschen, die in (wirtschaftlichen, sozialen usw) Beziehungen stehen und miteinander Konflikte haben. Von entscheidender Bedeutung ist deshalb, ob die Parteien – aus welchen Gründen auch immer – an einer (familiären, partnerschaftlichen, wirtschaftlichen usw) Beziehung interessiert sind oder nicht. Jeder Konflikt ist anders und subjektive Elemente gewinnen in der Konfliktdynamik an Bedeutung. Hierauf müssen die Mediatoren bereits im Rahmen der Auftragsklärung (s. Kap. 3.1) achten und sich im weiteren Verfahren darauf einstellen. Das heißt nicht, dass „in der Praxis immer alles ganz anders" ist. Ein solch künstlicher wie banalisierender Gegensatz von Theorie und Praxis ist Ausdruck von Bequemlichkeit und wird den Herausforderungen und der Komplexität des Lebens nicht gerecht. Mediatoren sind keine nur handelnden Praktiker, sondern orientieren sich (mehr oder weniger bewusst) an den wissenschaftlichen Grundlagen und theoretischen Konzepten. Es gibt deshalb nichts Praktischeres als eine gute Theorie.[61] Pragmatisch zu sein heißt deshalb auch nicht theorielos, sondern mit Sinn für das Sinnvolle zu handeln und damit fachkundig zu sein. Ein interdisziplinär-eklektizistisches Mediationsmodell ist geeignet, die notwendige Orientierung zu geben, ohne die Mediatoren in ein Korsett zu zwängen. Mediation ist

---

58 Vgl zB einerseits zur Transformativen Mediation in einem „reinen Dollarkonflikt" Troja, ZKM 2004, 22–27, andererseits zur Bedeutung rechtlicher Regelungen in der Trennungs- und Scheidungsmediation, Trenczek ZKJ 2007, 138 ff.

59 Vgl zB Kreuser/Robrecht, Schreiben an die Mitglieder der Mediationsverbände zur online Befragung „Mediationskompetenzen" v. 7.6.2011.

60 Watzke, 1997.

61 „ [...] there is nothing so practical as a good theory." Lewin, Problems of Research in Social Psychology, in: Cartwright (Hrsg.), Field Theory in Social Science; Selected Theoretical Papers, 1951, 169; vgl Kant, „Über den Gemeinspruch: Das mag in der Theorie richtig sein, taugt aber nicht für die Praxis", in: Kant-Werke, Bd. 11, 1977, 127–130 (Original 1793).

nicht nur ein Verfahrensmodell, sondern eine spezifische **Haltungsfrage** (s. 1.1.3.2.10 und Kap. 2.13).

1.1.3.2 Definition und Wesensmerkmale der Mediation

Es ist geradezu banal, darauf hinzuweisen, dass Definitionen immer nur eine begrenzte **23** Reichweite haben und deshalb kein Definitionsversuch einen Absolutheitsanspruch erheben kann. Definitionen können einerseits deskriptiv, andererseits normativ sein; deshalb sind sie häufig nicht kongruent und führen mitunter zu Verwirrung. Um das oben (s. Rn 17) erwähnte Bild vom Container aufzugreifen: Nicht überall, wo Mediation drauf steht, ist Mediation drin. In der deutschen Sprache wie im europäischen Rechtsraum hat sich der Begriff Mediation mittlerweile zum Fachterminus gewandelt und – ungeachtet vielfältiger Anwendungsformen, Interventionsstile und Kontexte – ein **Leitbild** durchsetzt, welches auch zur Grundlage von normativen Regelungen (Legaldefinitionen) wurde:[62] So bezeichnet Art. 3 a der EU-Mediations-Richtlinie (15003/5/07 REV 5 – 23. 04 2008) Mediation als *strukturiertes Verfahren unabhängig von seiner Bezeichnung, in dem zwei oder mehr Streitparteien mithilfe eines Mediators auf freiwilliger Basis selbst versuchen, eine Vereinbarung über die Beilegung ihrer Streitigkeiten zu erzielen.*" Nach § 1 Abs. 1 des (deutschen) Mediationsgesetzes ist Mediation *„ein vertrauliches und strukturiertes Verfahren, bei dem Parteien mithilfe eines oder mehrerer Mediatoren freiwillig und eigenverantwortlich eine einvernehmliche Beilegung ihres Konflikts anstreben."* Nach Abs. 2 ist ein Mediator *„eine unabhängige und neutrale Person ohne Entscheidungsbefugnis, die die Parteien durch die Mediation führt."* Etwas ausführlicher kann man die **Grunddefinition der Mediation** wie folgt fassen: Mediation ist ein nicht öffentliches **Verfahren**[63] konstruktiver Regelung offener Fragen und Konflikte,[64] bei dem die Parteien unter Anleitung und mit Unterstützung unabhängiger und unparteiischer Dritter, den Mediatoren, selbst nach einvernehmlichen Regelungen bzw Lösungen suchen, die ihren Bedürfnissen und Interessen dienen. Die Mediatoren unterstützen die Parteien dabei, die strittigen Themen zu identifizieren sowie Lösungsoptionen zu erarbeiten, sie entscheiden aber nicht inhaltlich in der (Streit-)Sache (zur Funktion und Aufgaben der Mediatoren s. Kap. 2.12). Mediation ist eine Sonderform der im angelsächsischen Bereich **„Alternative Dispute Resolution"** (ADR) genannten, ursprünglich außergerichtlichen (s. 1.1.3.2.9) Konfliktregelung, bei der die eingeschalteten Dritten (Mediatoren) im Hinblick auf den Streitgegenstand weder inhaltliche Entscheidungen treffen noch Lösungsvorschläge unterbreiten (zu den evaluativen Konfliktregelungsverfahren s. Kap. 2.19).

Damit lassen sich nun ungeachtet unterschiedlicher Schwerpunktsetzungen und indivi- **24** dueller Handlungsstile in Abgrenzung zur streitigen Konfliktregelung vor Gericht und anderen außergerichtlichen Konfliktregelungsverfahren (s. Rn 5) die **Wesensmerkmale des Mediationsverfahrens** aus dem Autonomiegedanken ableiten und auf die nachfolgenden, sich teilweise überschneidenden Kernaspekte verdichten, die als Orientierungsrahmen dienen sollen, um im Rahmen dieses Praxishandbuchs sinnvoll Ausführungen

---

62 Vgl Breidenbach, 1995; Trenczek ZfRsoz 2005, 3; vgl auch die Definitionen der drei Mediationsverbände BAFM, BM und BMWA.

63 In Abgrenzung zum inflationär verwendeten Methodenbegriff wird Mediation hier als **Verfahren** begriffen, nicht als eigenständige Methode. Die Mediatoren handeln freilich „methodisch" in dem sie mit verschiedenen Techniken intervenieren. Zum Unterschied zwischen Methode – Verfahren – Technik vgl Kreft/Müller 2008, 134 ff; Spiegel 2008.

64 Nicht jede offene Frage wird als Konflikt erlebt (vgl Kap. 2.1), Mediation ist deshalb nicht nur ein Konfliktlösungsverfahren, sondern ein spezifisches Vorgehen im Rahmen eines offenen Entscheidungsprozesses. Deshalb kann man gerade Mediation auch präventiv zur Vermeidung einer möglichen Konflikteskalation einsetzen (zB Mediation zur Aushandlung von Regelwerken; Mediation vor dem Erbfall zusammen mit den Erblassern).

zu den Grundlagen sowie den fachlichen Standards der Mediation und ihrer Anwendungsfelder[65] machen zu können.

1.1.3.2.1 Autonomie – Nutzerorientierung

25 Die Parteien bestimmen Anfang und Ende des Mediationsverfahrens sowie Inhalt und Ziel der Mediation. Sie bestimmen, welchen Konfliktstoff sie thematisieren, wie viel Emotionen sie in die Konfliktklärung hineinlegen und welche inhaltlichen Optionen und Lösungen ihren Interessen entsprechen. Aus der Gewährleistung der Selbstbestimmung der Parteien im Verfahren zur Regelung und ggf Lösung von Konflikten zieht die Mediation ihre Legitimation und ihren emanzipatorischen Charakter. Mediation ist eine **nutzerorientierte Dienstleistung**, es geht stets um die Interessen der Parteien. Mediatoren strukturieren zwar das Verfahren, machen Angebote, die Kommunikation neu zu gestalten, letztlich entscheiden aber die Nutzer, wie viel Vertrauen sie diesem Verfahren schenken und wie weit sie mit den Mediatoren mitgehen. Das Wesentliche zum Mediationsverfahren (insb. Rolle und Funktion der Mediatoren) muss bei der Auftragsklärung transparent gemacht werden (s. Kap. 3.1). Ohne eine die Selbstbestimmung der Parteien respektierende Grundhaltung ist die Vermittlung fehlgeleitet.

26 Wenn von den Grundprinzipien der Mediation die Rede ist, findet sich immer wieder der Begriff **Freiwilligkeit** (s.a. § 1 Abs. 1 MediationG; Kap 4.6.4), um den allerdings seit Jahren heftig gerungen wird, weil er sehr diffus ist und auch in den Debatten selten operationalisiert wird. Sinn macht der Freiwilligkeitsaspekt in Abgrenzung zum gerichtlichen Streitverfahren; hier kann man sich als Beklagter oder Angeklagter ohne Rechtsverlust nicht aussuchen, ob man sich dem Konflikt stellt. Demgegenüber ist ein Mediationsverfahren (begrenzt) freiwillig, allerdings nicht im dem Sinn, dass jemand „aus freien Stücken" an einer Mediation teilnimmt. Der Zugang zur Mediation ist in der Wahrnehmung und im Empfinden der Beteiligten kein ersehntes, freudiges Ereignis wie zB ein Treffen mit Freunden (wer begibt sich schon gerne freiwillig in Konflikte?), sondern idR einem Mangel an weniger schmerzhaften Alternativen bzw einer Abwägung der sozialen, ökonomischen oder rechtlichen Folgen einer Nichtbearbeitung bzw Drittentscheidung geschuldet (zu den Nichteinigungsalternativen – sog. BATNA[66] – s. Kap. 2.7). Insoweit reduziert sich die Freiwilligkeit in eine **Bereitschaft**, aus welchen Gründen auch immer, die Option Mediation zu wählen und den Konflikt eigenverantwortlich zu lösen bzw zu regeln. Die **Selbstbestimmung**, dh die Freiheit zur Selbstregulierung, und die durch das Mediationsverfahren eröffnete Erweiterung von Entscheidungsoptionen sind ein Mehrwert gegenüber der mit staatlichem Zwang verbundenen gerichtlichen Streitregelung. Umstritten ist freilich, ob auch der Zwang, sich einem Mediationsversuch zu stellen, mit dem Freiwilligkeitspostulat vereinbar ist.[67] Nach Ansicht des Verfassers ist dies bei Abwägung mit höherrangigen Interessen der Fall (zB Kindeswohl verpflichtet die Eltern, sich einem Einigungsversuch zu stellen), nicht aber wenn – wie in manchen angelsächsischen Staaten – der hohe Geschäftsanfall die Gerichte veranlasst, zum Abbau ihrer Aktenberge eine verpflichtende Mediation anzuordnen.[68] Freiheit ist eine vom Rechtssystem geschützte **Entscheidungsfreiheit**. Der Autonomiegedanke erfordert unabdingbar die Freiheit, sich nicht einigen zu müssen. Ein Kontrahierungszwang ist der Mediation wesensfremd. Ebenso können die Parteien eines Mediationsverfahrens – wiederum im Hinblick auf ihre Alternativen mehr oder weniger freiwillig – dieses „jederzeit" abbrechen, wenn sie im weiteren Fortgang keinen Sinn mehr sehen. Die „Frei-

---

65 Die Ausführungen in Kap. 5 werden deshalb gerade die Besonderheiten der jeweiligen Anwendungsfelder hervorheben.
66 „Best alternative to a negotiated agreement", vgl Fisher/Ury 1981, 101 ff.
67 Vgl zB die Kontroverse zwischen Marx ZKM 2010, 132 ff und Keydel ZKM 2011, 61 ff.
68 Vgl Trenczek Entwicklung und Situation der Mediation in Australien; ZKM 5/2012 (im Erscheinen).

heit" besteht in der bewussten Entscheidung, also **Selbstverpflichtung**, am Mediations-verfahren teilzunehmen, ein ausgehandeltes Ergebnis einvernehmlich mitzutragen bzw die Möglichkeit zum „Nein", sowohl im Hinblick auf ein Ergebnis bzw auch dem Fort-gang des Verfahren. Nicht immer ist eine Einigung möglich, es gibt Konflikte, die lassen sich nicht lösen (sondern nur durch Dritte regeln), es gibt Beziehungen, die lassen sich nicht harmonisieren.[69] Mediationsverfahren müssen daran „scheitern" dürfen – im Rechtsstaat ist der Rechtsweg nicht ausgeschlossen.

Dagegen wird das Freiwilligkeitspostulat im Hinblick auf den **Zugang zur Mediation** in den verschiedenen Rechtsordnungen zum Teil eingeschränkt: So findet man insb. in manchen angelsächsischen Staaten die gesetzliche Verpflichtung eines obligatorischen bzw die Möglichkeit eines vom Gericht verbindlich angeordneten Mediationsverfahrens (mandatory mediation).[70] In vielen Staaten, so auch in Deutschland, wird die Zulässig-keit eines streitigen Gerichtsverfahrens in bestimmten Kontexten von der obligatori-schen Durchführung eines außergerichtlichen Einigungsverfahrens abhängig gemacht.[71] In Deutschland kann zwar Mediation von den Gerichten noch nicht angeordnet wer-den, aber die Verweigerung einer Mediation in Familienverfahren durchaus zu negati-ven Kostenentscheidungen führen.[72] 27

Mag der Zwang zur Mediation also mitunter – sei es durch gesetzliche Regelungen, dem ökonomischen Druck oder mangels anderer Alternativen – erheblich sein, in der Mediation darf kein Zwang herrschen, vielmehr müssen die Mediatoren einen mög-lichst „herrschaftsfreien Diskurs"[73] und selbstbestimmte Entscheidungen sicherstellen (s. Rn 34). Selbstbestimmte Entscheidungen kann nur treffen, wer über die Alternativen informiert ist. Das betrifft das Konfliktregelungsverfahren ebenso wie ein Ergebnis im Hinblick auf den Konfliktgegenstand. Konfliktparteien sollten deshalb über ihre Nicht-einigungsalternativen gut informiert und (ggf rechtlich) beraten sein. Die (rechtliche, parteiliche) Beratung ist nicht die Aufgabe der Mediatoren (hierzu Kap. 2.12 und 4.1), wohl aber ist die reflexive Thematisierung der **Nichteinigungsalternativen** (sog. BAT-NA) mit den beteiligten Konfliktparteien Pflicht und Grundhandwerkszeug der Ver-mittler. 28

1.1.3.2.2 Vermittlung durch unabhängige, unparteiische, „allparteiliche" Dritte ohne Entscheidungsgewalt im Hinblick auf den Streitgegenstand

Kongruent mit dem Autonomiegedanken – allerdings noch nicht hinreichend – ist die von Goldberg et al. geprägte minimalistische Definition der Mediation als **Verhandlung zweier** (oder mehrerer) **Parteien unter Begleitung eines Dritten**.[74] Das Modell der unter-stützenden Vermittlung (facilitative mediation) basiert auf einer klaren Verantwor-tungsteilung. Die Parteien sind für Inhalt des Konflikts (bzw der zu klärenden Fragen) und das Ergebnis seiner Bearbeitung verantwortlich (Konflikt- und Ergebnis-„Herr-schaft"), die Mediatoren für die Verfahrensgestaltung, die Strukturierung der Kommu- 29

---

69 Vgl v. Schlieffen, in: Hafft/v. Schlieffen, Handbuch der Mediation, 2008 § 1 Rn 256.

70 Dies ist in einigen angelsächsischen Rechtsordnungen insb. in Sorge- und Umgangsverfahren der Fall, vgl die Aufstellung bei Alexander Global Trends 2006, 451 ff; für Australien: Soudin, in: Alexander (Hrsg.), Global Trends 2006, 37 ff; für die USA Kovach, in: Alexander (Hrsg.), Global Trends 2006, 389, 407.

71 Solche Regelungen finden sich in einigen deutschen Bundesländern aufgrund der in § 15 EGZPO eingeräum-ten Öffnungsklausel, nach der in zivilrechtlichen Streitigkeiten der Rechtsweg zu den Zivilgerichten erst nach einem zuvor durchzuführenden Güteverfahren bzw „Schlichtungsversuch" eröffnet ist (s. Kap. 1.2 Rn 12).

72 Trenczek, Einvernehmliche Regelungen in Familiensachen, FPR 2009, 335 (338).

73 Habermas, Theorie des kommunikativen Handelns, 1981.

74 Goldberg et al. 2003, 111: „Mediation is negotiation carried out with assistance of a third party." Vgl auch Menkel-Meadow 2001 : „In its simplest and purest form, mediation is a process of facilitated negotiation among two or more parties, assisted by a third-party neutral, to resolve disputes, manage conflict, plan fu-ture transactions or reconcile interpersonal relations and improve communication.".

nikation und die Unterstützung der Medianten („Prozessherrschaft"). Mediatoren sind weder Richter noch Schlichter noch Berater oder Erzieher (zur Rolle und Aufgaben der Vermittler ausführlich Kap. 2.12).

30 **Neutralität und Allparteilichkeit** werden zwar weithin als fundamental und „selbstverständlich" für die Mediation angesehen, die Begriffe sind allerdings selten genau definiert (und in der Mediation empirisch schon gar nicht erforscht).[75] Im Wesentlichen geht es um Offenheit und Vorurteilslosigkeit, Äquidistanz zu und Unparteilichkeit gegenüber den Parteien (s. Kap. 2.12 Rn 6). Im Unterschied zu Neutralität meint Allparteilichkeit nicht passive Zurückhaltung, sondern das aktive Gewährleisten dieser mediativen Grundhaltung, mit der die Balance und Symmetrie zwischen den Parteien sicherbzw mitunter erst einmal hergestellt werden soll.

1.1.3.2.3 Interessensorientierung

31 Bei einer Mediation werden Konflikte nicht auf unterschiedliche Rechtspositionen (Forderungen, Ansprüche und Einwendungen) der Parteien reduziert, vielmehr können von den Parteien alle wirtschaftlichen und sozialen, persönlichen und emotionalen Aspekte und Anliegen eines Konflikts in die Diskussion eingebracht werden.[76] Diese Interessen[77] (Wünsche, Sorgen, Ziele, Motivationen, Überzeugungen usw) reichen mitunter weit in den Bedürfnisbereich hinein, also den Bereich der elementaren Wünsche und Notwendigkeiten für das Wohlbefinden, die nahezu alle Menschen teilen (Zuwendung und Anerkennung, Sicherheit, Identität, Selbstverwirklichung, Zugehörigkeit).[78] Gläßer und Kirchhoff definieren Interessen als „operationalisierte Bedürfnisse" und „Leitmotive für die Entscheidungsfindung rational agierender Menschen", als die „im Einzelfall relevanten Kriterien, die in einer Konfliktlösung berücksichtigt werden müssen."[79] Damit können selbstverständlich auch normative Aspekte eine Rolle spielen, aber weniger im Sinne eines „objektiven" Rechts, sondern individueller Erwartungen und Gerechtigkeitsvorstellungen der beteiligten Konfliktparteien: Was ist fair? Was ist gerecht? Das Thema von Fairness und Gerechtigkeit ist aus einem so stark prozessorientierten Mediationskonzept nicht wegzudenken (s. Kap. 2.9).[80] Die gesetzlichen Regelungen sind in aller Regel nur ein Maßstab, einen Konflikt zu lösen (s. Kap. 4.1). In der Mediation werden die Parteien darin unterstützt, die (normative) Positionsebene zu verlassen, um auf der Interessensebene Möglichkeiten der Verständigung und ggf Übereinstimmung auszuloten. Dabei stellt sich häufig heraus, dass die Parteien ihr distributives Denken und „entweder – oder" überwinden und nicht nur einen Kompromiss (zB Verteilung „50/50") schließen, sondern beide – mitunter sogar über den ursprünglichen Streitgegenstand hinaus – „gewinnen", dh eine **wertschöpfende Lösung** finden können, die ihren Interessen (und damit auch Gerechtigkeitsvorstellungen) gleichermaßen dient (sog. **win-win-Situation**).[81] Auch wenn dies in „reinen" Verteilungskonflikten (sollte es so etwas geben) nicht immer möglich erscheint, ermöglicht das Mediationsverfahren einen Konsens im Hinblick auf ein faires Verfahren zur Entscheidungsfindung.

---

75 Astor, Rethinking Neutrality. A Theory to inform Practice, Australasian Dispute Resolution Journal 2000, 73 ff und 145 ff; Cobb/Rifkin, Practice and Paradox: Deconstruction Neutrality in Mediation, Law & Social Inquiry vol 16, 1991, 35 ff.
76 Die Unterscheidung zwischen „positional" und „interest-based bargaining" wurde besonders im sog. Harvard-Modell von Fischer & Ury (1981, 41 ff) hervorgehoben, welches als eine der wesentlichen Grundlagen des interessensorientierten Verhandlungs- und Mediationsansatzes angesehen werden kann. Hierzu s. Kap. 2.7, sowie Spegel et al. Negotiation 1998, 22 ff.
77 Montada (Erwägen-Wissen-Ethik 20/2009, 503) kritisiert den Begriff „Interessen" und empfiehlt, diesen wegen einer damit einher gehenden negativen Konnotation „Eigeninteresse" zu vermeiden.
78 Hierzu zB Maslow 2002.
79 Gläßer/Kirchhoff, Interessensermittlung, ZKM 2005, 130 ff (131).
80 Vgl zB Trenczek, Justice as Fairness – Gerechtigkeit durch Fairness, Spektrum der Mediation 11/2011, 54.
81 Fisher/Ury 1981, 41 ff.

Auch die sog. **Beziehungsfrage** betrifft die Interessensebene. Nicht jedem Konflikt liegt   32
eine vorausgehende Beziehung zugrunde; in den sog. situativen Konflikten treffen die
Beteiligten zum ersten Mal aufeinander, der Konflikt hat sie zusammen gebracht, sie befinden sich in einer konflikthaften Beziehung, aus der sie in aller Regel möglichst
schnell wieder heraus wollen. Mediation ist zwar vor allem ein geeignetes Verfahren,
wenn die Parteien ein Interesse an einer zukünftigen Beziehung haben. Wie das Beispiel
des außergerichtlichen Tat-/Täter-Opfer-Ausgleiches zeigt, eignet sich die Mediation zur
Klärung und Bewältigung von Verletzungen und Wiedergutmachungen, selbst wenn
keine (vorherige) Beziehung besteht oder aufrecht erhalten werden soll (s. Kap. 5.17).
Ob und inwieweit die Parteien auf das Beziehungsthema eingehen wollen, ist ihre Sache. Die Mediation hat eine einvernehmliche, interessensgerechte Regelung von Sachfragen zum Ziel. Eine Harmonisierung oder gar „Transformation" der Beziehungen
(transformative mediation) ist nicht ausgeschlossen, sie ist infolge des Watzlawick'schen
Kommunikationsaxiom sogar in aller Regel erforderlich, um auf der Sachebene interessensgerechte Lösungen zu finden. Die Mediation besitzt insoweit ein erhebliches Potential,[82] kann aber kein von den Mediatoren vorgegebenes Ziel sein.

Die **Interessensklärung** in beide Richtungen, dh die Klärung der eigenen (Selbstbehaup-   33
tung) wie auch die Interessen des Konfliktpartners (Wechselseitigkeit), insb. im Rahmen
der sog. Exploration (hierzu Kap. 3.2.3), ist für das zentrale Merkmal wertschöpfender
Verhandlungsmodelle und gleichzeitig das „Kernelement", „Fundament" und „Herzstück" der Mediation.[83] Nur wenn die hinter den Positionen stehenden Interessen sorgfältig erfasst und transparent gemacht werden, können Wertschöpfungspotentiale und
Einigungsspielräume erarbeitet werden. Gleichzeitig fungieren die Interessen als Maßstab für die Qualität der Lösung.[84] Kein Konflikt ist wie ein anderer und subjektive Elemente gewinnen im Verlauf der Konflikteskalation zunehmend an Bedeutung.[85] Es ist
Aufgabe der Mediatoren, die Parteien bei der Interessenklärung zu unterstützen (Klärungshelfer, s. Kap. 2.12).[86] Nicht immer decken sich die Interessen der Parteien (und
ihrer Anwälte) bzw lassen sich in der Sache interessensgerechte Lösungen erzielen;
manchmal reduziert sich das gemeinsame Interesse auf die Durchführung eines fairen
Verfahrens als solches.

1.1.3.2.4 Partizipation und Dialog: Einbeziehung und direkte Kommunikation aller Konfliktparteien

Mediation ist ein **partizipatives und kommunikatives Konfliktlösungsverfahren**, womit   34
im Unterschied zu (gerichtlichen) Drittentscheidungsverfahren – und ganz im Sinne von
Nils Christie[87] – eine Rückaneignung der Konflikte stattfinden kann. Wesentlich hierfür
ist die **Neugestaltung der Kommunikation**. Die Konfliktparteien nehmen die Unterstützung der Mediatoren insb. dann in Anspruch, wenn ihre bisherigen Kommunikationsmuster einer einvernehmlichen Regelung der Streitfragen im Wege standen. Ziel ist die
Gestaltung eines kooperativen Diskurses, welcher die „Abkoppelung von System und
Lebenswelt" überwindet und sich an einer „idealen Sprechsituation" (Habermas) orien-

---

82 Bush/Folger 1994 insb. 102 ff.
83 Alexander, 1999, 63 ff; Kessen, in: Hennseler/Koch (Hrsg.), 2004, 271 (277); Gläßer/Kirchhoff ZKM 2005,
    130. Zum Ablauf und den Phasen der Mediation, s. Kap. 3.2.
84 Gläßer/Kirchhoff ZKM 2005, 131.
85 Glasl, 2004, 29 ff und 197 ff; hierzu ausführlich Glasl in Kap. 2.1.
86 Nicht unberücksichtigt dürfen hier die eigenen (Verfahrens-)Interessen der Mediatoren bleiben, zB in Hin-
    blick auf die „Erfolgsquote", die Erledigungszahlen oder anderer Erwartungen von Auftraggebern und Fi-
    nanziers, denn sie prägen nicht nur den Vermittlungsstil, sondern haben „das Potential, nicht nur den Pro-
    zess selbst, sondern auch die Art und Inhalt der Lösung zu prägen" (Gläßer/Kirchhoff, ZKM 2005, 133).
    Eigene inhaltliche Interessen am Verfahrensausgang disqualifizieren den „Vermittler".
87 Christie, Conflicts as Property, British Journal of Criminology 1977, 5 ff.

tiert.[88] Freilich sind Mediatoren nicht so naiv, an die reale Existenz eines „herrschaftsfreien Diskurs"[89] bzw daran zu glauben, es gebe zwischen den Parteien keine Machtungleichgewichte. Das Mediationsverfahren erfüllt die Habermas'schen Diskursnormen
(prinzipielle Gleichheit der Teilnehmer, prinzipielle Problematisierbarkeit aller Themen
und Meinungen) schon deshalb nur zum Teil, weil es ja gerade ein nicht-öffentliches
Verfahren ist. Mediatoren arbeiten aber – ganz im Sinne des herrschaftsfreien Diskurses
– mit den authentischen Gefühlen der Parteien und es ist ihre Aufgabe (hierzu Kap.
2.12), vorhandene Ungleichgewichte durch ihre Interventionen und Gesprächsführung,
die allparteiliche Wertschätzung und Stärkung der Parteien (**empowerment**) zumindest
in der Mediation soweit auszubalancieren, damit eine Verständigung möglich erscheint.[90] Jedem Diskurs liegen zwar bestimmte Machtstrukturen und Interessen zugrunde, gleichzeitig erzeugt er aber auch eine neue Realität.[91] Der Konflikt, die Bedeutung der Dinge kann durch den interaktiven Prozess verändert werden (zu den interak-
tionistisch-konstruktivistischen Aspekten der Mediation s. Kap. 2.10).

35   Deshalb sind in einer Mediation in aller Regel die Konfliktparteien anwesend, damit die
unterschiedlichen Wahrnehmungen, Gefühle, Interessen etc. authentisch transparent
werden und gleichzeitig ein Perspektivwechsel möglich ist.[92] Wie wichtig dies ist, zeigt
sich in der Praxis daran, dass gelegentlich ausgehandelte Lösungen scheitern, weil nicht
anwesende, aber mit entscheidungsbefugte Personen (zB Lebenspartner, Versicherungen
usw) oder einflussreiche Berater (zB Rechtsanwälte) die Dynamik der Verständigung
nicht nachvollziehen können und deshalb im Positionsdenken verhaftet bleiben. In der
Mediation gibt es keine die Parteien ersetzende Vertretung durch Rechtsanwälte oder
andere Dritte; allerdings wird in manchen Anwendungskontexten auf die persönliche
Begegnung der Parteien verzichtet (zB mitunter im Bereich des außergerichtlichen Tatausgleichs, wenn eine Geschädigte den Beschuldigten nicht treffen will, aber an einer
außergerichtlichen Regelung eines Schadenausgleiches interessiert ist) und die Vermittlung indirekt durchgeführt. Auch im Bereich der Vermittlung zwischen Unternehmen
(B 2 B, vgl Kap. 5.7 und 5.8) wird die Vermittlung nach der anfänglichen Darstellung
der unterschiedlichen Standpunkte mitunter als shuttle diplomacy durchgeführt.

1.1.3.2.5 Nicht-Öffentlichkeit und Vertraulichkeit

36   Im Hinblick auf die Durchführung des Verfahrens gelten die Nicht-Öffentlichkeit und
Vertraulichkeit als Wesensmerkmale und besonders hervorgehobenen Vorzüge der Mediation.[93] Weder die Tatsache, dass eine Mediation stattfindet, noch die in der Mediation offen gelegten Informationen und Aspekte werden – wenn nicht anders vereinbart –
an Dritte weitergegeben (hierzu und zu den Grenzen der Vertraulichkeit s. Kap. 4.3).
Anders ist dies aber in der Mediation im öffentlichen Bereich (s. Kap. 5.14)[94], wobei
diese von mehr oder weniger gelungenen „Schlichtungsverfahren", sei es im Tarifstrei-

---

88 Habermas, Theorie des kommunikativen Handelns, Bd. 1, 2, 1997; Nothhafft, Mediation oder: Das Ge-
     heimnis des weiten Weges, EWE 4/2009, 549.
89 Habermas, Theorie des kommunikativen Handelns, 1981.
90 Hierzu v.a. Bush/Folger, 1994, 84 ff. S.a. aber auch Spencer, Exploding the Empowerment Myth of Alterna-
     tive Dispute Resolution, Commercial Dispute Resolution Journal vol. 3, 1996, 13 ff Besemer (2007, 103):
     Mediation kann Ungleichgewichte punktuell überbrücken, aber nicht Machtverhältnisse ändern.
91 Foucault, Die Ordnung des Diskurses, 1974.
92 Im Rahmen der sog. **Online- oder E-Mediation** (hierzu Kap. 3.16) werden zwar einige Prinzipien der Media-
     tion umgesetzt (insb. Moderation aber keine inhaltliche Entscheidungsfindung durch Dritten), allerdings fin-
     det hier die „Neugestaltung der Kommunikation" virtuell statt.
93 Vgl Deason, The Quest for Unifomity in Mediation Confidentiality; Marquette Law Review vol 85,
     2001/02, 79 ff.
94 ZB Lenz, Prozessproviding am Beispiel des Mediationsverfahrens Flughafen Wien, 2004; Zilleßen/Troja/
     Meuer, Projektbericht „Mediation im Öffentlichen Bereich – Status und Erfahrungen in Deutschland 1996 –
     2002", 2004; Oppermann/Langer, Umweltmediation in Theorie und Praxis, 2004.

tigkeiten oder Planungskonflikten (zB Stuttgart 21), abgegrenzt werden muss.[95] Aber auch in der nicht-öffentlichen Mediation ist die Vertraulichkeit allein durch die Verschwiegenheitspflicht und ein Zeugnisverweigerungsrecht für Mediatoren garantiert, zwischen den Parteien muss sie zumindest vereinbart werden (vgl auch § 2 Abs. 4 MediationsG) und findet ihre Grenzen im strafrechtlichen Bereich (hierzu Kap. 4.3).[96]

1.1.3.2.6 Konstruktivistische Lösungs- und Zukunftsorientierung

Wesentlich ist die selbst bestimmte, interessengerechte Regelung/Lösung des Konflikts. 37 In aller Regel geht es nicht nur um die Verbesserung der Kommunikation der (Streit-)Parteien als solche, sondern um eine verbindliche, in die Zukunft weisende Vereinbarung. Freilich bedeutet dies nicht, dass die Themen aus der Vergangenheit, die Konfliktgeschichte, die zurückliegende Beziehung etc. keine Rolle spielen (können). Ganz im Gegenteil, allerdings eben mehr oder weniger, je nach Arbeitsfeld (zB sind die Verletzungen des Opfers in strafrechtlichen Konflikten notwendiger Ausgangspunkt jeder Vermittlung) und professioneller (zB eher psychologisch, therapeutischer) Ausrichtung der Mediatoren. In vielen Fällen können Zukunftslösungen nur dann tragfähig und nachhaltig sein, wenn die zurückliegende Geschichte, die damit verbundenen Verletzungen, Wahrnehmungen etc. thematisiert worden sind. Besonders heilsam ist die Übernahme von Verantwortung und eine authentische Entschuldigung, wie sich sowohl im „kleinen" außergerichtlichen Tat-/Täter-Opfer-Ausgleich wie in den „großen" Versöhnungskonferenzen zB in Südafrika gezeigt hat. In der Mediation gibt es also kein Tabu, sich mit der Vergangenheit zu beschäftigen.

Sofern es aber um die Konfliktgeschichte und deren Entwicklung geht, verzichten Mediatoren aus ihrer **konstruktivistischen Perspektive** auf eine Ermittlung der „objektiven" Sachlage (s. Kap. 2.12). Die sogenannte Wahrheit ist das Ergebnis menschlicher Kommunikation.[97] Es geht in einer Mediation nicht darum, welche Version der Geschichte „richtig" ist, wer Recht hat, wer Schuld hatte, etc., sondern zunächst einmal darum, die Geschichten zu de-konstruieren, um die unterschiedlichen Sichtweisen und Wirklichkeitsentwürfe transparent zu machen (was vielfach alleine schon zu mehr Verständnis führt) und darum, welche Konsequenzen sich aus den unterschiedlichen Perspektiven für die Beteiligten ergeben. Wenn von „Bereinigung der Vergangenheit"[98] die Rede ist, sollte dies also nichts mit Wahrheitsermittlung zu tun oder ein Schuldeingeständnis zum Ziel haben, sondern es geht um das Verstehen. Anders als in einem ausschließlich an der Anwendung von Rechtsnormen orientierten, streitigen Gerichtsverfahren wird dabei die Komplexität des Lebens nicht reduziert, sondern erweitert. Was für die Lösung des Konflikts relevant ist, entscheiden die Parteien, und wenn es aus der Sicht des einen die Schuhgröße der Großmutter und für den Anderen die Wetterlage zu Weihnachten ist. Allerdings, wie stark auch immer die mediative Bearbeitung des Konflikts in die Vergangenheit zurückreicht, irgendwann wird der „Hebel umgelegt", um Klärungen für die Zukunft zu erarbeiten: Wenn Sie jetzt einmal nach vorne schauen, was muss/darf in der Zukunft (nicht) passieren? Was ist Ihnen bei der Regelung von xy wichtig? Was bedeutet das für Sie für Ihre zukünftige Zusammenarbeit?

Die konstruktivistische Ausrichtung der Mediation zeigt sich auch daran, dass Mediatoren darauf verzichten, die Parteien bei der Suche nach der „blauen Blume" zu unterstützen. Es geht nicht um das romantische oder metaphysische Streben nach Reinheit und 39

---

95 Morawe, Warum musste die Schlichtung Stuttgart 21 scheitern?, Spektrum Mediation 42/2011, 16 ff.
96 Vgl Bernauer, Confidentiality, Australasian Dispute Resolution Journal vol. 16, 2005, 135.
97 Förster et al., Einführung in den Konstruktivismus, 2010; Kleve, Konstruktivismus, 2010; Watzlawick, 2010.
98 Montada, Mediation – Pfade zum Frieden, EWE 4/2009, 508.

Vollkommenheit, sondern um eine tragfähige, möglichst nachhaltige Regelung oder gar Lösung der Streitfrage.

1.1.3.2.7 Prozesscharakter: Strukturierung der Kommunikation durch Verfahren

40 Die Lösungsorientierung verneint nicht den Prozesscharakter der Mediation. Mediation ist nicht nur ein informelles Zusammentreffen zur Diskussion streitiger Punkte, sondern eine **strukturierte Verhandlung**, die durch einen Dritten begleitet wird (zum Ablauf des Mediationsverfahrens s. Kap. 3.1 und 3.2). Die Mediatoren arbeiten prozessorientiert, indem sie den Konfliktstoff strukturieren und die Kommunikation zwischen den Parteien durch spezifische Interventionen fördern. Konflikt- und Lösungsebene werden durch die (Neu-)Strukturierung der Kommunikation (Abbau eskalierender Kommunikationsmuster und Aufbau kooperativer Verhandlungen) miteinander verbunden (hierzu ausführlich insb. Kap. 2.8 und 3.3). Dabei kommt es nicht darauf an, in wie viele Phasen man das Verfahren teilt[99] und wie man diese bezeichnet, wichtig ist viel mehr, dass das Mediationsverfahren in den aufeinander bezogenen Verfahrensschritten einer methodisch begründeten, spezifischen Logik zur Konsensfindung (Themensammlung – Exploration – Lösungssuche; ausführlich hierzu Kap. 3.2) folgt. Letztlich bleibt Mediation aber immer ein „Management der Ungewissheit",[100] Mediation ist keine mechanistisch-technische Produktion von Ergebnissen, sondern ermöglicht durch die konstruktive Kommunikation eine Ko-Produktion von selbstbestimmten Lösungen durch die Parteien.

1.1.3.2.8 Ergebnisoffenheit und Konsensorientierung:

41 Der Autonomiegedanke der Mediation respektiert die Selbstbestimmung der Medianten zuvörderst im Hinblick auf Inhalt und Lösung des Konflikts. Das korrespondiert mit der aus der Systemtheorie (hierzu Kap. 2.10) stammenden Überzeugung, dass die Konfliktparteien in ihrem Konflikt ein selbstreferentielles System bilden, dass durch Entscheidungen von außen durch Dritte nicht verändert, sondern nur ver- und zerstört werden können. Demgegenüber können in einer Mediation durch die Neugestaltung Kommunikation selbstbestimmte Veränderungsprozesse initiiert werden. Unabdingbare Voraussetzung hierfür ist, dass das Ergebnis nicht bereits zu Beginn eines Mediationsverfahrens feststeht (zB dürfen im Hinblick auf das konkrete, zu mediierende Streitthema keine Vorgaben durch die fallzuweisenden Agenturen gemacht werden) und dass auf einseitige Machtentscheidungen zugunsten einer konsensualen Lösung verzichtet wird.

42 Die Ergebnisoffenheit findet ihre Grenze im nicht-dispositiven Recht (hierzu Kap. 4.1).[101] Die jeweilige Rechtsordnung setzt also einen verbindlichen (Orientierungs-)Rahmen. So ist die Normverletzung im Rahmen der Bearbeitung strafrechtlich relevanter Konflikte im außergerichtlichen Tat-/Täter-Opfer-Ausgleich (TOA) nicht verhandelbar – was freilich nicht heißt, dass im Rahmen des TOA Vorgaben der Justiz im Hinblick auf das Ergebnis zwischen den Beteiligten akzeptiert werden (s. Kap. 5.17). Entsprechendes gilt in anderen Bereichen der Mediation im Hinblick auf das „zwingende Recht".[102] Innerhalb des vom Recht gesetzten Rahmens verzichten die Parteien aber

---

99 ZB 9 Phasen nach Kovach (Mediation 1994), 12 Phasen nach Moore (Mediation Process 1996) oder das hier im Handbuch vorgestellte (3 x) 5-Phasen-Modell (Kap. 3.1 und 3.2).
100 Nothhafft EWE 4/2009, 549.
101 Sowie aufgrund der Auftragsklärung: In manchen Mediationsfeldern (zB im Bereich der Unternehmensmediation, Kap. 5.7 und 5.8) sind aufgrund des Zuweisungskontextes bzw der Vorgaben der Auftraggeber Mediationen nicht immer völlig ergebnisoffen und eingeschränkte Ergebnisrahmen nicht selten.
102 ZB kann auf bestimmte Unterhaltsansprüche kann nicht für die Zukunft, sondern nur für die Vergangenheit verzichtet werden, insb. ist ein Verzicht auf Trennungsunterhalt, also solange die Ehe noch nicht geschieden ist, unwirksam (vgl §§ 1360 a Abs. 4, 1614 BGB).

auf Machtentscheidungen und einseitige Rechtsdurchsetzung. Sind die Parteien erst einmal zur Mediation bereit, kommt es nahezu immer zu einer Einigung.[103] Das Fehlen einer Vereinbarung ist aber kein Zeichen des Misserfolges, wenn Mediation ergebnisoffen gestaltet ist. Ziel und Wesensmerkmal der Mediation ist die autonome, konsensuale Regelung der Streitfragen, ggf sogar Konfliktlösung durch die beteiligten Parteien. Zur Selbstbestimmung gehört auch und gerade das „Nein" zu einer Einigungsofferte.

1.1.3.2.9 Mediation als nicht-förmliches, außergerichtliches Verfahren

Historisch und konzeptionell hat sich Mediation als nicht-förmliche Alternative zum   43
gerichtlichen Streitverfahren entwickelt. Mediative Verfahrensmethoden werden allerdings mittlerweile auch innerhalb des Gerichtssystems als „gerichtsinterne Mediation" angewandt. Die zum Teil auch als Güte- oder erweitertes Vergleichsverfahren bezeichnete Vorgehensweise ist aus fachlich-methodischen (zB zeitlicher Umfang der Interessensklärung), systemischen, dienst- und wettbewerbsrechtlichen Gründen nicht unumstritten.[104] In jedem Fall geht es auch bei diesen um die Vermeidung eines streitigen Urteils und um eine einvernehmliche Regelung.

Von Mediation kann man aber nur dann sprechen, wenn Mediation seinen flexiblen,   44
nicht-förmlichen Charakter behält, nicht in das Korsett enger Verfahrensordnungen gezwängt wird und die Mediatoren im konkreten Fall flexibel auf die Bedürfnisse der Parteien reagieren können (zum sog. Setting s. Kap. 3.1). Auch insoweit muss die Selbstbestimmung der Parteien gewahrt bleiben, Ort und Zeit der Mediationsverfahren dürfen nicht autoritativ vorgegeben, sondern müssen im Konsens vereinbart werden.

1.1.3.2.10 Wesensmerkmale der Mediation und Mediatorenhaltung

Die Auffassungen über die wesentlichen Merkmale und Prinzipien der Mediation sind   45
abhängig von Raum und Zeit, also auch davon, wann und wo, bei welcher „Schule" die Mediatoren ihre Ausbildung absolviert, welche Prägung, welche methodischen Handlungskompetenzen sie hier vermittelt und welche sie erlernt und daraus insgesamt, welche **Haltung** sie entwickelt haben (hierzu Kap. 2.12 und 2.13).[105] Neben dem Kerngedanken der Autonomie handelt es sich bei allen weiteren, als Merkmale einer Mediation beschriebenen Aspekten einerseits um einen unmittelbaren Ausfluss des Autonomiegedankens und andererseits um Ausprägungen und Handlungsstile mit einer mehr oder weniger großen Bandbreite. Laurence Boulle hat dies an einem Mediation-Abakus verdeutlicht, der nachfolgend vor dem Hintergrund der deutschsprachigen Diskussion und Praxis angepasst wurde (s. Übersicht 1). Auf der Basis weniger Essentials werden sich Mediationsanbieter in verschiedenen Kategorien mehr oder weniger stark links oder rechts von der Mitte zuordnen. Entscheidend ist dabei die Haltung, die Selbstbestimmung der Medianten vorbehaltslos zu respektieren, ihre Interessen und Bedürfnisse zu klären und keine inhaltliche Verantwortung für die Lösung des Konflikts zu übernehmen. Eine solche sensible wie spezifische Mediatorenhaltung ist auch bei sog. „Naturtalenten" selten vorhanden, sie kann nicht hergestellt werden, sondern bildet sich allmählich heraus.

---

103   Die Einigungsquoten bei Durchführung eines Mediationverfahrens betragen in der Regel über 70%, in der außergerichtlichen Mediation idR über 80%, vgl Alexander u.a. 2006, 242 f mwN; Brett u.a. Negotiation Journal 1996, 261 ff.

104   Vgl zB Greger, Prozessinterne Mediation durch externe Mediatoren? ZKM 5/2007, 142 (143); Trenczek/ Mattioli, Spektrum der Mediation 40/2010, 5 ff; Spindler ZKM 2007, 79 ff; Volkmann, Mediation im Zivilprozess (Diss. Göttingen) 2006, 16 ff.

105   Vgl Duss v. Werdt/Schramm-Grüber, Auswirkungen der Ausbildung in Mediation auf meine Praxis; Familiendynamik 3/2003, 428 ff; Wandrey, Der Konfliktwürfel. Eine Orientierungshilfe zum Fallverstehen; Perspektive Mediation 2/2004, 62 ff.

46 Übersicht 1: Mediation Essentials und Abakus[106]

◄─────────── Essentials ───────────►		
Hoch: nur Gestaltung und Steuerung der Verfahrensebene/ Kommunikation	**Berücksichtigung der Selbstbestimmung der Parteien**	Gering: Einflussnahme auf die Streitinhalte Bewertung von Sach- und Rechtsfragen

◄─────────── Abakus ───────────►		
Freiwillig, konsensualer Zugang	**Zugang**	Obligatorisch, nicht-freiwilliger Zugang
keine Vorgaben oder Grenzen	**Ergebnisoffenheit**	Verbindlicher Rahmen der Ergebnismöglichkeiten
nicht-öffentliches Verfahren absoluter Vertrauensschutz	**Öffentlichkeit Vertraulichkeit**	öffentliche Diskussion
direkt	**Kommunikation zwischen den Parteien**	indirekt
hoch	**Strukturiertheit des Verfahrens**	niedrig
vorrangige Prozessorientierung	**Prozess- und Ergebnisorientierung**	vorrangige Ergebnisorientierung
Reine Zukunftsorientierung alles, was die Parteien auf den Tisch bringen wollen	**Zeitspektrum Themenspektrum**	Aufarbeitung der Vergangenheit rechtlich relevante Streitfragen
hoch	**Interessensorientierung**	niedrig
Ökonomisch-lösungsfokussiert, vorrangige Sachebene	**Handlungsansatz und -stil**	sozial-psychologisch orientiert, systemischer Ansätzen qualitative Veränderung (Transformation) der Beziehung
Win-win	**Wertschöpfung**	Kompromiss
hoch (unmittelbare Vollstreckbarkeit)	**Rechtsverbindlichkeit des Ergebnisses**	niedrig
außergerichtlich	**Mediation und Justiz**	gerichtsinterne Vermittlung
Auswahl durch die Parteien	**Auswahl der Vermittler**	Zuweisung durch Anbieter
Hilfe zur Selbsthilfe	**Interventionsniveau der Vermittler**	Anwaltschaft, Einbringen eigener Lösungsvorschläge
besonders qualifiziert in Mediations-/Kommunikations-methoden; keine spezifischen Fachkenntnisse im Hinblick auf den Streitgegenstand	**Qualifikationsniveau der Vermittler**	Vermittler ohne spezifische Mediationsqualifikation Expertenwissen in Sachfragen

---

106 Mediation Abakus in Anlehnung an Boulle Mediation 1996, 3 ff.

1.1.3.3 Vermittlungsmodelle – Notwendige Abgrenzungen

Mediation ist nutzerorientiert, flexibel, pragmatisch. Mediation ist aber nicht beliebig. 47 Allerdings wird so manches als Mediation bezeichnet, nur weil die Konfliktbearbeitung von einer dritten Person moderiert wird und die Streitparteien selbst zu Wort kommen. Mediation ist zu unterscheiden zB von Formen der Moderation und Prozessbegleitung, von Coaching (s. Kap. 3.4) und Supervision (Kap. 3.6), ebenso wie von Schieds- und Schlichtungsverfahren (s. Kap. 2.19) oder von den richterlichen und anwaltlichen Vermittlungsaufgaben, zB in Konflikten um das Umgangsrecht mit Kindern (§ 165 FamFG), bei Erbauseinandersetzungen (§ 363 FamFG) oder der Verpflichtung der Gerichte, in jeder Lage des Verfahrens auf ein Einvernehmen (§ 156 FamFG) bzw eine gütliche Beilegung des Rechtsstreits oder einzelner Streitpunkte bedacht zu sein (§ 278 Abs. 1 ZPO). Zwar werden auch bei dieser Art von Vermittlung verschiedene Positionen (Forderungen) durch einen Dritten so aufeinander zugeführt, dass ein Kompromiss und Vergleich möglich wird. Mediation zielt darüber hinaus auf eine interessengerechte Konfliktbewältigung. Nicht jede Vermittlung ist eine Mediation im engeren Sinne, nimmt man die oben beschriebenen Charakteristika Ernst, so wird eine Vermittlung erst dann zur Mediation, wenn der Vermittler bestimmte fachlich-methodische Standards (s.a. 1.1.4.2) einhält.[107]

Es wurde ja bereits auf die Genealogie des Mediationsbegriffs und darauf hingewiesen, 48 dass sich in der angelsächsischen ADR-Praxis unterschiedliche Vermittlungsstile und Ausrichtungen entwickelt haben, die in der Übersetzung zT zu verwirrenden Begriffschöpfungen geführt haben.[108] Im Hinblick auf die unterschiedlichen Ausrichtungen und Begriffschöpfungen ist es für die deutschsprachige Praxis und deren Standards deshalb notwendig, Mediation von anderen Vermittlungsansätzen abzugrenzen (vgl die nachfolgende Übersicht 2).[109] Allen Spielarten ist gemeinsam, dass es sich um nicht-öffentliche/vertrauliche, nicht-förmliche, ursprünglich außergerichtliche und konsens-orientierte Verfahren unter Einbeziehung eines Dritten handelt. Wesentliches Unterscheidungskriterium zwischen den unterschiedlichen Vermittlungsansätzen ist die **Rolle und Funktion** und damit das **methodische Vorgehen des Dritten**. Dieser Fokus vereint dabei die von Nadja Alexander verwendeten Dimensionen auf der Skala von rein prozessualer bis hin zur inhaltlichen Intervention sowie einem distributiven bis hin zu dem integrativen Verhandlungsansatz.[110] Ziel des hier vertretenen Mediationsansatzes ist eine einvernehmliche, interessengerechte und zukunftsorientierte Regelung bzw (im Idealfall sogar wertschöpfende win-win-) Lösung. Hierfür bieten die Mediatoren ihre Unterstützung an. Man bezeichnet diese „reine" Form der Mediation im internationalen Sprachgebrauch als **interest based, facilitative mediation**. Im Rahmen einer solchen Mediation geht es nicht darum, die Rechtspositionen der Parteien und die Rechtslage zu bewerten (so aber „evaluative mediation"; Kap. 2.19) oder schnelle Kompromisse und Deals zu schließen (sog. „settlement mediation" – „Vergleichsvermittlung", insb. durch sog. shuttle mediation, Kap. 3.11), noch soziale Harmonie durch eine Transformation der Beziehungen („transformative mediation") herzustellen. Die evaluative Form der Vermittlung basiert auf den spezifischen Problemen des Common Laws und des angelsäch-

---

107 So ausdrücklich http://www.bmj.bund.de -> Themen – Rechtspflege – Mediation (Stand 3.11.2007).
108 Vgl Boulle 1996, 3 ff; Goldberg et al., 2003, 3 ff und 111 ff; Friedman 1993; Moore 1986, 12 ff; Riskin (Fn 41) 1996, 7–51 (35); Riskin (Fn 41) 2003, 1–53.
109 Übersicht in Anlehnung an Boulle 1996, 28 ff. Vgl auch Alexander, Mediation – ein Metamodell, perspektive mediation 2004, 72 ff, die ihrem Metamodell neben settlement, facilitative, transformative noch tradition-based, expert advisory unterscheidet und mit dem „wise-elder mediation" eine weitere Kategorie hinzufügt, die sich insb. im Kontext indigener Konfliktlösungssysteme finden lässt; siehe auch Alexander, The Mediation Meta-Model: Understanding Practice, 26 (1) Conflict Resolution Quarterly 2008, 97–123 (vgl 6.2.2); vgl auch Riskin (Fn 41) 1996, 35; Trenczek ZRP 2008, 186 ff.
110 Alexander (Fn 112) 2004, 75 f.

sischen Justizsystems.[111] In Anbetracht einer funktionierenden Rechtspflege (mit einer wesentlichen höheren Richterdichte), wie sie in den deutschsprachigen Staaten unterhalten wird, besteht für eine evaluative Mediation schlichtweg kein Bedarf. Aufgrund des nicht-öffentlichen, vertraulichen Verfahrens und mangels eines durch Instanzen kontrollierten Beschwerdesystems darf Mediation allein fördernd-unterstützenden („facilitative") (also nicht evaluativen) Charakter haben. Diese, die Autonomie der Parteien respektierende Definition ist ein **Wesenmerkmal der Mediation** im Unterschied zu anderen Konzepten, die eine Kompromisslösung anstreben bzw für eine bewertende oder sogar sozial-kohäsive Orientierung stehen. Freilich sind diese Ansätze nicht so diskret, dass nicht verschiedene Elemente miteinander vermengt werden könnten. Zudem kann man auch innerhalb des Grundmodells der (facilitative) Mediation zwischen eher ökonomisch lösungsfokussierten sowie sozial-psychologisch orientierten bzw systemischen Ansätzen und Handlungsstilen differenzieren.[112] Die notwendig klare Abgrenzung der Mediation von evaluativen Vermittlungsverfahren diskreditiert weder deren Bedeutung, noch schließt sie Übergangsformen (zB Verfahren mit einer partiell bindenden Wirkung wie zB Schiedsgutachten, Adjudikation, Dispute Board) aus (hierzu ausführlich Kap. 2.19).

49

Übersicht 2: Vermittlungsansätze – Unterschiede in der Drittintervention				
Art der Dritt-intervention	Evaluation Bewertung	Settlement Schlichtung	Facilitation Moderierende Mediation	Transformation/ Reconciliation/ Versöhnung
Wesens-merkmale	(Rechts-)beratende, expertengestützte Intervention, Bewertung der Rechtspositionen durch Dritten, Regelungsvorschlag	Vermittlung zum Ausgleich von Forderungen/ (Rechts-)Positionen, zielt auf eine (möglichst schnelle) Einigung	Fördert einvernehmliche Regelungen/ Lösungen unter Berücksichtigung der sozialen, emotionalen, prozeduralen und wirtschaftlichen Interessen der Parteien	vorrangig gerichtet auf die Beseitigung von Beziehungsstörungen in sozialen Systemen; indigene Vorbilder; mitunter therapeutischer Ansatz
Ziel	Entscheidung auf der Basis von Rechtspositionen	Kompromiss, Vergleich, Deals	Zukunftsorientierte win-win-Lösung; konkrete Ziele werden durch die Parteien bestimmt	Wiederherstellung der sozialen Kohäsion des Systems; Transformation der Beziehung, mitunter Versöhnung (Reconciliation)
Konfliktdefinition	Unvereinbarkeit von Rechtspositionen/rechtlichen Ansprüchen vs. Einwendungen	Unterschiede in/ Unvereinbarkeit von (Rechts)Positionen	als Beeinträchtigung erlebte Unvereinbarkeit insb. von Zielen, Interessen, Wahrnehmungen	Störungen im System; Störungen auf der Gefühls- und/oder der Beziehungsebene

---

111 Hierzu zB Trenczek ZfRsoz 2005, 14 ff; ders. ZKM 5/2012 (im Erscheinen). Die Kritik an der evaluativen Vermittlung wird auch in den angelsächsischen Ländern stärker; vgl Kovach/ Love, „Evaluative" Mediation is an Oxymoron, CPR Dispute Resolution vol. 3/14, 1996, 31; Love, Why mediators should not evaluate, Florida State University Law Review (vol 24) 1997, 937.
112 Vgl Ballreich/Glasl 2011, 237 ff u. 247 ff.

Aufgaben/ Funktion der Vermittler	Berät die Parteien in Rechts- und Sachfragen, bringt zusätzliche Informationen und Sachkenntnis ein, wirbt und überredet zu Lösungen	Ermittelt die Schmerzgrenzen der Verhandlungsbereitschaft der Parteien und wirbt für Kompromissmöglichkeiten; mitunter Einigungsvorschlag	Unterstützt die Parteien in ihren Verhandlungen bzw bei der einvernehmlichen Lösung ihres Konflikts durch Verfahrenskontrolle, Gesprächsmoderation und Klärungshilfe	Verantwortlich für den sozialen Zusammenhalt des Systems (in indigenen Systemen oft „the elders"); Helfer/Berater in Beziehungsfragen, (systemischer); Therapeut
Methodik	Expertise, Regulierung, tendenziell Drittentscheidung	Regulierung, „shuttle-mediation"	Klientenzentrierte Kommunikation, Empowerment, systemische Interventionen	Systemorientierung; (Community) Conferencing, Empowerment
Anforderungen an Vermittler	Expertise und Rechtskenntnis im Themenfeld des Konflikts, keine spezifischen Mediationsfähigkeiten erforderlich	Hoher Status, Verhandlungsgeschick; keine spezifischen Mediationsfähigkeiten erforderlich	Expertise in Methode und Verfahren der Mediation, Kommunikationsexperte, Allparteilichkeit	Hoher Status und Legitimation; Experte in therapeutischer/psycho-sozialer Beratung; mitunter Diagnosekompetenz für intra-personale Probleme/ Störungen
Vorteile	Bewertung mündet in Regelungsvorschlag; Regelung orientiert sich weitgehend an einer justiziellen Regelung/Gerichtsentscheidung	entspricht häufig dem Vorverständnis der Parteien im Hinblick auf Drittintervention	prozess- und lösungsorientiert; ermöglicht interessensgestützte, nachhaltige Regelungen/ Lösungen; Autonomie/ Inhaltskontrolle durch die Parteien, zukunftsorientiert	prozessorientiert, Aufarbeitung auch lang anhaltender Beziehungsstörungen und Neustrukturierung von Beziehungen möglich
Nachteile	Regelung muss nicht den Interessen der Parteien entsprechen; Parteien verlieren die Kontrolle über Verlauf und Inhalt der Konfliktregelung; Grenzen zur Schiedsgerichtsbarkeit (*arbitration*) verwischen; vergangenheitsorientiert	geht nicht angemessen auf die Interessen und Bedürfnisse der Parteien ein; Dritter ist nur vermeintlich objektiv, kennt nicht die Lebenswirklichkeit der Parteien	erfordert Kommunikationsfähigkeit und -bereitschaft der Parteien benötigt Zeit, Einigung/Regelung ist nicht garantiert	keine Lösungsorientierung im Hinblick auf Sachfragen; sehr zeitintensiv setzt hohe soziale Kohäsion und soziale Kontrolle voraus

Der in der deutschen Sprache häufig verwendete Begriff „Schlichtung" intendiert eine 50
eher rechtsbezogene Entscheidung und unterscheidet sich im Hinblick auf die Vorschlags- und Entscheidungskompetenz des Dritten (zB des Schlichters in tarifrechtlichen Konflikten) semantisch wie konzeptionell von dem der Mediation. Er entspricht eher dem „settlement-Gedanken", wird aber hierzulande häufig – wenn auch nicht korrekt (vgl die Falschbezeichnungen im Hinblick auf die Schlichtung im Tarifkonflikt zB von

Bahn AG und GdL, dem öffentlichen Anhörungsverfahren zu Stuttgart 21;[113] die Rolle des ehemaligen Bundespräsidenten Wulff im Sarazin-Skandal[114] oder die Tätigkeit der Schiedsleute[115]) – auch als Synonym für die Vermittlungstätigkeit in Mediationsverfahren verwendet.[116] Die teilweise methodisch „schlichten" Vorgehensweisen der Vermittler insb. im Hinblick auf die Konfliktklärung und die Art und Weise der Ergebnisfindung unterscheiden sich methodisch deutlich von der Konfliktbearbeitung im Rahmen eines Mediationsverfahrens.

1.1.3.4 Vor- und Nachteile, Grundbedingungen sowie Anwendungsfelder der Mediation

51 Mit den Wesensmerkmalen hängen gleichzeitig die – im Vergleich zur streitigen Konfliktregelung – zu nennenden **Vorteile der Mediation** zusammen, also Selbstbestimmung und Planungssicherheit: informelle/außergerichtliche Konfliktbearbeitung, unbürokratisches, flexibles Verfahren (u.a. abgestimmte Terminplanung), angemessene Berücksichtigung der Standpunkte, Interessen und Ziele der Parteien; zukunftsorientierte und interessengerechte Lösung, bei der alle Seiten gewinnen können (win-win-Situation); Erzielung wirtschaftlich sinnvoller und nachhaltiger Ergebnisse; Erhaltung, Wiederherstellung oder Neugestaltung und Verbesserung der geschäftlichen bzw persönlichen Beziehungen; Vertraulichkeit (Bewahrung von Privat- und Geschäftsgeheimnissen, keine Gefahr der Rufschädigung und Imageverlusten, keine Presse).[117] Darüber hinaus wird als Vorteil der konsensualen Streiterledigung durch Mediation die Zeitersparnis gegenüber Gerichtsverfahren,[118] insb. bei mehreren Instanzen,[119] die Reduzierung der (Rechtsverfolgungs-)Kosten, die Schonung personeller und betrieblicher Ressourcen, die Vermeidung von Reibungsverlusten (zB Abstellen von Mitarbeitern, interne und externe Besprechungen zur Vorbereitung von Gerichtsverfahren), die Verringerung emotionaler Kosten in Streitverfahren, die nachhaltige Zufriedenheit mit Verlauf und Ergebnis des Mediationsverfahrens sowie ggf auch Steigerung der persönlichen und betrieblichen Produktivität durch die Erfahrung konstruktiver Konfliktlösungsverfahren hervorgehoben. Ob und inwieweit diese Versprechen zu realisieren sind, ist nur schwer messbar. Sind die Parteien zu einer Mediation bereit, finden die Parteien zumeist eine einvernehmliche Regelung und sind mit Ergebnis und Verfahren in hohem Maße zufrieden.[120]

---

113 Morawe, Warum musste die Schlichtung Stuttgart 21 scheitern?, Spektrum Mediation 42/2011, 16 ff.

114 Risse, Der Sarazin-Skandal und die Mediation, ZKM 2011, 36 ff.

115 Hierzu Janssen, Parteiautonomie im Vermittlungsverfahren?, Zeitschrift für Soziologie 1988, 328 (330 f); Siegel, Der Schiedsmann, in Blankenburg et al. (Hrsg.); Alternativen in der Ziviljustiz, 1982, 55; Trenczek ZfRsoz 2005, 229.

116 Zu welchen Blüten die Begriffsverwirrung führen kann, zeigt der von der Bundesregierung eingesetzte sog. „Kreditmediator", der bei Finanzierungsproblemen von Unternehmen intervenieren soll, dessen Aufgaben aber eher der klassischen Darlehensvermittlung von Kreditmaklern entsprechen.

117 Aus Sicht der Wirtschaft (zB Sessler 2012, 13 ff) v.a. Parteiautonomie, Nicht-Öffentlichkeit, Vermeidung von Kosten und langer Verfahrensdauer. Für Mediation entscheide man sich insb. auch bei einer Chance für Wertschöpfungen durch eine nicht nur juristische, sondern interessensgerechte, wirtschaftliche Gesamtlösung. Die Schwäche der Mediation läge in der systematischen Nähe zur Verhandlung und den mäßigen Erfolgserfahrungen von etwa 50%. Demgegenüber garantiere ein Schlichtungsverfahren zumindest eine abschließende Regelung.

118 Vgl Hopt/Steffek 2008, 77 ff. Zeitersparnis bei einer erfolgreichen Mediation von ca. 1/3, umgekehrt führt eine gescheiterte Mediation zu einer Verlängerung von einem Drittel. Bei einer Erfolgquote von 80% rechnet sich also das Risiko auf alle Fälle gerechnet aus.

119 Dieser Aspekt führt mitunter zu dem Missverständnis, dass das Mediationsverfahren stets schnell in kurzer Zeit erledigt sei. Diese Vorstellung wird mitunter gerade durch die Versprechen des Schlichtungs- bzw Evaluationsansatz gefördert.

120 Vgl zB Proksch, Kooperative Vermittlung (Mediation) in streitigen Familiensachen, 1998; Dölling/Henninger, in: Dölling et al. (Hrsg.) Täter-Opfer-Ausgleich in Deutschland; 1998, 203 ff; Bastine/Link/Lörch, Bedeutung, Evaluation, Indikation und Rahmenbedingungen von Scheidungsmediation, in: Duss- von Werth, Mediation – Die andere Scheidung, 1995, 144; Weinmann-Lutz, Kooperation und Konfliktlösung bei Scheidungspaaren in Mediation. Eine theoretische und empirische Untersuchung von Geschlechterunterschieden und Effekten, 2001.

Trenczek

Mediation ist als Verfahren der kommunikativen Konfliktbearbeitung **universell einsetzbar** (vgl hierzu die Beschreibung einiger wesentlicher Arbeitsfelder in Kap. 5). Die Grundbedingungen ergeben sich aus den Wesensmerkmalen (s.o. zB Ergebnisoffenheit). Die **Eignung** der Mediation ist nicht von einem bestimmten Konfliktgegenstand abhängig. Insoweit lässt sich keine Positiv-Liste aufstellen. Grds. lassen sich alle Konflikte mediieren, wenn die Parteien hierzu bereit und in der Lage sind; insoweit gibt es keine „ungeeigneten Fälle" (wohl aber ungeeignete Parteien, s. Rn 55), selbst in Konflikten, in denen die Atmosphäre aufgrund von erheblichen Enttäuschungen und Verletzungen vergiftet ist und eine gütliche Einigung unmöglich erscheint. Man kann vielmehr anders herum feststellen: Mediation ist vor allem in komplexen Konflikten geeignet, wenn die „Sach- und Rechtslage" umstritten ist, und gerade dann angebracht, wenn der Konflikt so weit eskaliert ist, dass die Beteiligten außerstande sind, alleine in direkten Verhandlungen die Probleme kooperativ zu lösen.[121] Die Eignung stellt sich also zumeist erst im Laufe des Verfahrens heraus.[122] Entscheidend sind letztlich die Ressourcen und die Bedürfnis- und Interessenlage der Parteien, die Bereitschaft, „trotz allem" einvernehmliche Lösungen zu erarbeiten. Mediation ist stets eine zusätzliche Option, der Rechtsweg ist durch Mediation grds. nicht ausgeschlossen. **52**

Eine Mediation kommt in jeder Art von Streitigkeiten, insb. in den folgenden Konfliktfeldern, in Betracht (im Einzelnen hierzu Kap. 5): **53**

- im **Privatbereich**
  - zwischen (sich trennenden) Ehepartnern sowie
  - in anderen Familien- und Generationenkonflikten (zB auch aufgrund von Erbstreitigkeiten),
  - im Mieter-/Vermieter-Verhältnis,
  - in Wohnungseigentümergemeinschaften,
  - im Nachbarschaftsverhältnis;
- in **Organisationen und im Wirtschaftsbereich**
  - in Gesellschaften und zwischen Gesellschaftern,
  - in Teamkonflikten in Betrieben und sonstigen (sozialen) Organisationen, insb. in Veränderungsprozessen (zB aufgrund Umstrukturierungen),
  - bei Konflikten in der Gesundheits- und Altenpflege (Patienten, Angehörige, Pflegekräfte),
  - bei Konflikten zwischen Arbeitnehmern, Vorgesetzten und Mitarbeitern, insb. auch in beamtenrechtlichen Streitigkeiten,
  - im Bereich der sog. commercial mediation, zB im Handel und Handwerk bei Mängelgewährleistung (zB auch bei Verbraucherbeschwerden),
  - in Baustreitigkeiten (mit privaten und Firmenkunden);
- im **öffentlichen Bereich/Gemeinwesen**
  - Mediation in interkulturellen Konflikten,
  - in politisch-administrativen Entscheidungsprozessen zur Gestaltung und Nutzung des öffentlichen Raums,

---

121 Im Glasl'schen Eskalationsstufenmodell findet Mediation seinen Anwendungsbereich auf der Stufe 5–7, also in einer hoch eskalierten Phase, in der die Selbstheilungskräfte nicht mehr ausreichen und das gemeinsame Interesse der Parteien sich mitunter darauf beschränke, weiteren Schaden abzuwenden; vgl Glasl 2011, 418 ff; Glasl, in: Ballreich/Glasl Konfliktmanagement und Mediation, 2011, 237 f.

122 Bastine, Konflikte klären, Probleme lösen – die Psychologie der Mediation, in Haynes et al. 2004, 11 ff.

– in Konflikten zwischen öffentlichen Sozialleistungsträgern und freien Einrichtungsträgern und Leistungserbringern.

54 Mediation ist aber **kein Allheilmittel** und hat ihre Grenzen. Mediation ist aufgrund ihrer Charakteristika (s. 1.1.3.2), also ihrer „Natur" nach ausgeschlossen, wenn der Konfliktgegenstand gesetzlich der Disposition der Parteien entzogen ist. Schwierig und – wie sich dann herausstellt nicht erfolgreich – ist Mediation, wenn auf einer Seite keine Verhandlungsbereitschaft oder -möglichkeit besteht. Dies ist im Hinblick auf das Gesetzlichkeitsprinzip der Verwaltung bei Behörden zum Teil der Fall, insb. dann, wenn der Verwaltung im Rahmen der Entscheidungsfindung kein Ermessen zusteht. Gleichwohl hat sich Mediation auch in sozial- und verwaltungsrechtlichen Streitfällen bewährt (Kap. 5.17 u. 5.18). Eine Mediation ist ungeeignet, wenn eine der Parteien oder die Gesellschaft ein Interesse an einer öffentlichen Diskussion (zB lässt sich die Zulässigkeit der Verklappung von Umweltgiften nicht im bilateralen Verhältnis mediieren) oder höchstrichterlichen Grundsatzentscheidung (Präzedenzfall) haben. Mediation kann zudem keine Entscheidung garantieren.

55 Mediation scheidet auch dann aus, wenn eine Partei aus gesundheitlichen oder anderen Gründen (zB Sucht)[123] seine Interessen nicht verantwortlich wahrnehmen kann. Mediative Verfahren können aber in „Streitschlichterprojekten" für Kinder und Menschen mit (geistigen) Behinderungen so angepasst werden, dass sie in ihrem Verantwortungsbereich einvernehmliche Regelungen treffen können.[124]

56 Die darüber hinaus in der Literatur diskutierten Ausschlussgründe reflektieren mitunter eine Experte-weiß-es-besser-Haltung und berücksichtigen die Autonomie der Parteien selten in einem ausreichenden Maße. Ein typisches Beispiel hierfür sind die in empirischen Studien festgestellten Unterschiede in der Einschätzung der Bereitschaft von Kriminalitätsopfern, an einem sog. außergerichtlichen Tatausgleich teilzunehmen. Juristen sind deutlich weniger der Ansicht, dass Opfer von Straftaten hierzu bereit sind als die Bevölkerung und diese wiederum deutlich weniger als Personen, die bereits konkrete Opfer von Straftaten waren.[125]

1.1.4 Mediation als Teil der modernen Zivilgesellschaft

57 Konflikte sind normal und es gibt unterschiedliche Möglichkeiten, sie zu bearbeiten. Gerichtliche Streitverfahren sind oft teuer, kosten Zeit und Nerven und führen nicht immer zum gewünschten Erfolg. Von nachhaltiger (Prozess-, Ergebnis- und Struktur-)Qualität einer Konfliktregelung kann man nur sprechen, wenn das Verfahren den **Geboten der Fairness**, das Ergebnis den Gerechtigkeitsvorstellungen und den **Interessen der Parteien** entspricht. Die gerichtliche Auseinandersetzung garantiert nicht immer eine gerechte, schon gar keine interessengerechte Lösung des Konflikts, ja, vielfach steht eine (Rechts)Positionen bezogene Verhandlungsführung einer interessengerechten Lösung im Wege. Den Konsens – ein Grundelement der Privatautonomie – anzustreben, zu versuchen, ihn ggf mithilfe der Mediation zu entwickeln, lohnt sich dagegen immer. Freilich, nicht immer gelingt eine Konfliktlösung, nicht immer kann eine Einigung erzielt werden. Der Rechtsweg ist im Rechtsstaat nicht ausgeschlossen und soll (darf) auch durch die Mediation nicht ersetzt werden. Beide zusammen, die konsensuale Konflikt-

---

123 Das schließt suchtkranke Menschen nicht generell aus, sondern nur wenn sie während des Verfahrens aufgrund ihrer Alkoholisierung oder Sucht keine selbstverantwortlichen Entscheidungen treffen können.
124 Vgl Faller/Faller, Kinder können Konflikte lösen, 2002; Spektrum der Mediation Schwerpunkt Mediation im Elementarbereich, Heft 31/2008; Spektrum der Mediation Schwerpunkt „Mediation von und mit Menschen mit geistiger Behinderung" Heft 26/2007.
125 Dölling/Henninger, in: Dölling et al. (Hrsg.) 1998, 360 ff.

klärung durch Mediation und die gerichtliche Streitentscheidung in einem rechtsstaatlichen Verfahren, ergänzen sich.

Aufgrund ihrer Wesensmerkmale gewinnt die ADR-Philosophie unabhängig von den   58
Spezifika des Common Law bzw von den Ressourcenproblemen der angelsächsischen
Rechtspflege weltweit an Akzeptanz – es ist mittlerweile ein „globales Konzept".[126] Die
Informalisierung (und Entbürokratisierung) der Streitregelung bei unmittelbarer Beteiligung der Konfliktparteien trifft in der Moderne auf den Nerv einer sich bewusster werdenden Zivilgesellschaft (civil society),[127] die Wert legt nicht nur auf ein durch formale
Korrektheit abgesichertes Rechtssystem (sog. Justizförmigkeit), sondern auf einen beteiligungsorientierten Zugang zum Recht (Partizipation). Die Mediation gibt den Beteiligten ihre Konflikte zurück – so wie dies Nils Christie 1977 gefordert hatte.[128] Eine Verständigung im individuellen Konflikt zu fördern, leistet dabei gleichzeitig einen wichtigen Beitrag für den sozialen Rechtsfrieden in einer (zivilen) Gesellschaft.

---

126 Für einen wissenschaftlich denkende wie in der Praxis tätige Mediatoren ist die mitunter gnadenlos pragmatische Vorgehensweise mancher Mediationsanbieter in angelsächsischen Staaten faszinierend wie verstörend zugleich. Wenn man die Mediation konzeptionell wie fachlich entwickeln will, gibt es freilich keinen Grund, sich immer nur die USA als Beispiel zu nehmen.
127 Hierzu Trenczek ZfRsoz 2005, 3 ff.
128 Christie, Conflicts as Property. British Journal of Criminology, 1977, 5 ff.

1.2 Mediation in Deutschland, Österreich und der Schweiz – Entwicklung, Stand und Standards

Literatur: Lenz, C., Mediation und ihre gesetzliche Verankerung in Deutschland, 2008; Trenczek, T., Zur aktuellen Situation der Mediation in Deutschland, Spektrum der Mediation, Nr. 37, 2010, 4 ff.

1.2.1 Orientierung

1 Eine zunächst streitige Problemlage durch eine einvernehmliche Lösung zu bewältigen, ist auch in einem Rechtsstaat grds. vorzugswürdig gegenüber der richterlichen Streitentscheidung.[1] Im Februar 2007 hat das deutsche Bundesverfassungsgericht in dem eingangs zitierten Satz den Vorrang konsensorientierter Regelungsverfahren vor der gerichtlichen Streitentscheidung in aller Deutlichkeit hervorgehoben. Gleichwohl hat die Mediation bislang ihr Anwendungs- und Wirkungspotential in Deutschland wie auch im deutschsprachigen Raum Österreichs und der Schweiz nicht annähernd ausschöpfen können. Hierzulande wird zwar sehr viel über Mediation geredet, aber noch vergleichsweise wenig mediiert. Im Unverständnis über die wesentlichen Prinzipien und Unterschiede konsensorientierter Streitverfahren wird zudem manches als Mediation bezeichnet, nur weil die Konfliktbearbeitung von einer dritten Person moderiert wird und die beteiligten Streitparteien selbst zu Wort kommen. Allerdings ist nicht jede Vermittlung eine Mediation im engeren professionell-fachlichen Sinne (hierzu ausführlich Kap. 1.1).[2] Eine Vermittlung wird erst dann zur Mediation, wenn der Vermittler bestimmte fachlich-methodische Standards einhält, um das **Autonomieversprechen** der Mediation tatsächlich sicherzustellen.

2 Nachfolgend wird zunächst ein **Überblick über die Entwicklung der Mediation** und – da sich fachliche Standards vor allem auch in den allgemeinverbindlichen gesetzlichen Regelungen widerspiegeln – des Mediationsrechts in Deutschland, Österreich und der Schweiz gegeben. Der Fokus auf den deutschsprachigen Raum soll die Entwicklungen in **Europa** und der übrigen Welt nicht ausblenden (hierzu Kap. 6.1 und 6.2).[3] Für die Entwicklungen der Mediation im deutschsprachigen Raum waren insb. europäische Dokumente und Erfahrungen von wesentlicher Bedeutung. Das betrifft zum Beispiel die bereits in den 1990er Jahren gegebenen Empfehlungen R 99/19 des Ministerkomitees des Europarates zur Mediation in Strafsachen (Kap. 5.16), den von der Europäischen Kommission 2004 herausgegebenen European Code of Conduct on Mediation oder schließlich die vom Rat der Europäischen Union und dem Europäisches Parlament beschlossene EU-Richtlinie über bestimmte Aspekte der Mediation in Zivil- und Handelssachen bei grenzüberschreitenden Streitigkeiten (15003/5/07 REV 5 – 28.2.2008).[4] Schließlich sollten bei allen wichtigen und interessanten Erfahrungen im angelsächsi-

---

1 BVerfG Beschluss vom 14.2.2007 – 1 BvR 1351/01, Rn 35.
2 Vgl Bundesjustizministerium http://www.bmj.bund.de → Themen – Rechtspflege – Mediation (3.11. 2007).
3 Vgl zB Hopt/Steffek 2008, 329 ff; Pelikan/Trenczek 2006, 63 ff; Rüssel, Mediation im übrigen Europa, in: Haft/von Schlieffen 2009 § 54; Steffek, RabelsZ 2010 (Bd. 74), 841 ff; Trenczek/Mattioli, Mediation und Justiz im internationalen Rechtsvergleich; Spektrum der Mediation 40/2010, 13 ff.
4 Alle Dokumente zugänglich unter http://www.simk.net → Arbeitshilfen (vgl auch Anhang Materialien).

schen Raum nicht die Praxiserfahrungen insb. in den skandinavischen und Benelux-Ländern unberücksichtigt bleiben.[5]

1.2.2 Entwicklung der Mediation in Österreich, Deutschland, und der Schweiz

Die historische Entwicklung der Mediation und des Mediationsrechts im deutschspra- 3 chigen Raum[6] lässt sich aus der nachfolgenden Übersicht entnehmen, für die freilich nicht alle, sondern nur einige besonders markante Etappenschritte ausgewählt wurden, ohne auf die historischen Vorläufer konsensorientierter Streiterledigung einzugehen. Bereits die wenigen Daten signalisieren, dass die Mediation im deutschsprachigen Raum einem langen, oft steinigen Weg folgte, von frühen, etwas zögerlichen Anfängen in einer zunächst vorwiegend theoretisch-akademischen Diskussion, initiiert von einer Handvoll engagierter Personen aus der Sozialen Arbeit, von Kriminologen, Soziologen und Psychologen sowie einigen Juristen. Heute existiert nun ein reiches Mosaik in nahezu allen Arbeitsfeldern und Professionen. Anders als im angelsächsischen war es im deutschsprachigen Raum wie in Europa insgesamt – nicht zuletzt aufgrund der konzeptionellen Arbeiten von Nils Christie, dem Wissenschaftler am Institut für Rechtssoziologie in Wien, und anderer kritischer Sozialwissenschaftler[7] – gerade der frühe Fokus auf die Ansätze der sog. Restorative Justice (hierzu Kap. 5.16), die neben der einvernehmlichen Regelung von Trennungs- und Scheidungskonflikten der Mediation auf die Beine halfen. Wesentlich für die unterschiedliche Entwicklung der Mediation in Europa im Vergleich zu den angelsächsischen Ländern war einerseits die Existenz einer funktionierenden und effektiven Rechtspflege, die anders als zB in Australien oder den USA nicht unter den gravierenden Zugangsproblemen zum Recht leidet, weshalb sich die Notwendigkeit für Alternativen nicht so drängend stellte.[8] Das ist ein Grund dafür, dass die Zivilrechtsmediation erst seit Ende der 1990er Jahre ernsthaft im politischen Raum angekommen ist. Als erstes Land in Europa hat Österreich im Jahr 2004 mit dem Zivilrechts-Mediations-Gesetz (ZivMediatG) eine eigenständige, „allgemeine" Regelung der Mediation in Kraft gesetzt (s. 1.2.2.2). Deutschland hat nun mit Inkrafttreten des Mediationsgesetzes am 26.7.2012 eine gesetzliche Regelung (hierzu Kap. 4.6).

Table 1: Entwicklung der Mediation im deutschsprachigen Raum	
1975	Erste Mietschlichtungsstellen in Deutschland
1977	Arbeitstagung von Rechtssoziologen in Berlin zu „Alternativen Rechtsformen und Alternativen zum Recht"[9]
1980	Tagung des Stuttgarter Familienrechtsforum e.V., im Anschluss daran erste Mediationsprojekte im Bereich Trennung und Familie („Stuttgarter Modell")

4

---

5 So gilt insb. Norwegen in der Anwendung und Entwicklung von Mediation in den unterschiedlichsten Bereichen als Pionierland (vgl zB Hareide, Konfliktmegling – et nordisk perspektiv, Nordisk Forum for Megling o.g. Konflikthåndtering 2006). In Belgien ist die Mediation seit 2005 im „Code Judiciaire", der belgischen Zivilprozessordnung, geregelt. In den Niederlanden sind seit 2007 an jedem Gericht Mediationsbüros für die gerichtsnahe Mediation durch externe Mediatoren eingerichtet. Der Staat beteiligt sich mit einem pauschalen Zuschuss an den Mediationskosten; die ersten 2,5 Stunden Mediation sind für die Medianten gratis. Für hilfsbedürftige Parteien wird eine Mediationskostenhilfe mit einem geringen Eigenanteil gewährt (vgl Schmiedel, in: Hopt/Steffek 2008, 329 ff). Als Verband hat sich im europäischen Raum mittlerweile die European Mediation Network Initiative (EMNI; www.mediationeurope.net) etabliert, an der von deutscher Seite die drei Bundesverbände BAFM, BM, BMWA im Wechsel vertreten sind.

6 Zur Vermeidung der Verwechselung der rechtlichen Regelungen wird den österreichischen sowie den schweizer Gesetzesbezeichnungen jeweils ein „A" für „Austria" bzw ein „CH" für die Schweiz vorangestellt.

7 Christie, Conflicts as Property, British Journal of Criminology 1977, 5; Hanak et al 1989.

8 Trenczek ZfRsoz 2005, 14; ders. ZKM 5/2012 (im Erscheinen).

9 Vgl Blankenburg/Klausa/Rottleuthner 1980.

1981/1990	Erste Vermittlungsbemühungen der Ev. Akademie Loccum bzgl der Abfalldeponie Münchehagen; 1990 Gründung des Runden Tisches Münchehagen
1985	Österreich: Beginn des Modellversuches „Konfliktregelung in Jugendstrafsachen" durch den Verein für Bewährungshilfe und Soziale Arbeit in den Landesgerichtssprengeln Wien, Linz, Salzburg und Innsbruck
1985	Erste Mediation anwendende Täter-Opfer-Ausgleichsprojekte in Deutschland im Jugendbereich (Braunschweig, Köln, Reutlingen)
1988	Pilotversuch Mediation in der Trennungs- und Scheidungsberatung in Bülach/ Schweiz
1988/89	Verankerung der Mediation in strafrechtlichen Konflikten als Außergerichtlicher Tatausgleich (ATA) im österreichischen Jugendgerichtsgesetz
1988	Organisation eines internationales Kolloquiums über die Familienmediation durch „Parents for ever" in Genf
1990/1991 1992–1997	Modellprojekt Kooperative Vermittlung (Mediation) in streitigen Familiensachen im Jugendamt Erlangen und Jena[10]
1990	Erstes Projekt in Deutschland zur Anwendung der Mediation in strafrechtlich relevanten Konflikten nach Allgemeinem Strafrecht (Waage Hannover eV)
1991	Einführung des § 17 SGB VIII zur Unterstützung der Eltern bei der Entwicklung eines einvernehmlichen Konzepts für die Wahrnehmung der elterlichen Sorge
1991	Veranstaltung „Mediation als alternative Konfliktlösungsmöglichkeit" durch das Schweizerische Institut für Rechtsvergleichung in Zusammenarbeit mit der Rechtsfakultät von Genf
1991, 1994, 1999	Änderungen des StGB und der StPO mit Bezug zum Täter-Opfer-Ausgleich
1992	Gründung der BAFM und des BM (ursprünglich „Mediation e.V.")
1992	Gründung des Schweizerischen Vereins für Familienmediation (SVFM-ASMF) in Neuchâtel – seit 1998 Schweizerischer Verein für Mediation (SVM-ASM)
1993	Modellprojekt „Familienberatung bei Gericht – Mediation – Kinderbegleitung bei Scheidung oder Trennung der Eltern" in Salzburg und Wien Floridsdorf[11]
1995	Gründung des österreichischen Berufsverbands der Mediatoren (ÖBM), seit 1997 Österreichischer Bundesverband der MediatorInnen; seit 2008 Österreichischer Bundesverband für Mediation
1994	Veröffentlichung der TOA-Standards (TOA-Servicebüro Bonn)
1996	Gründung des BMWA
1998	Erste Ausgabe der Zeitschrift Kons:sens (mittlerweile ZKM)
1999	European Committee of Ministers (CoE-R 99-19 – Appendix I): Recommandation No R (99) 19 – Mediation in Penal matters
1999	In Österreich Regelung erster Aspekte der Mediation im EherechtsänderungsG, u.a. Einführung des Zeugnisverweigerungsrechts
1999	Gesetz zur Förderung der außergerichtlichen Streitbeilegung; Einführung des § 15 a EGZPO in Deutschland
2000	Diversionsgesetz in Österreich, damit auch Verankerung des Außergerichtlichen Tatausgleichs für erwachsene Tatverdächtige im allgemeinen Strafrecht
2000	Gründung des Schweizerischen Dachverbandes (SDM-FSM) als Organisation ex novo in Bern

---

10 Proksch 1998.
11 Ferz u.a. 2004, 23 ff.

2000/2001	Verabschiedung der Ausbildungs-/Mediationsstandards des BM bzw der BM-WA
2001	Gesetz zur Reform des Zivilprozesses in Deutschland: §§ 278 f ZPO
2002	Pilotprojekt zur gerichtsinternen Mediation in Niedersachsen
2002	Modellprojekt zur Ausbildung und Einbindung ehrenamtlicher Mediatoren in professionelle Strukturen gemeinnütziger Anbieter (Waage Hannover e.V.)
2003	Zivilrechtsmediationsgesetz in Österreich
2004	Ausbildungsverordnung zum Zivilrechtsmediationsgesetz in Österreich
2004	European Code of Conduct on Mediation
2005	Erstmalige Verleihung des TOA-Gütesiegels an Einrichtungen in Deutschland
2007	Entscheidung des BVerfG 14.2.2007 – 1 BvR 1351/01
2007	Entwurf eines Mediationsgesetzes in Niedersachsen
2008	Gesetz zur Neuregelung des Rechtsdienstleistungsrechts in Deutschland
2008	EU-Council and EU-Parliament: Directive on Certain Aspects of Mediation in Civil and Commercial Matters (15003/5/07 REV 5 – 23.4.2008) mit Bezug zu grenzüberschreitenden Konflikten.
2011	Mediation in der Eidgenössischen Zivilprozessordnung
1.12.2011	Dt. Bundestag beschließt einstimmig das Mediationsgesetz
26.7.2012	Inkrafttreten des Mediationsgesetzes in Deutschland

1.2.2.1 Österreich

Neben dem seit Mitte der 1980er Jahre praktizierten außergerichtlichen **Tatausgleich** 5 (ATA) in strafrechtlich relevanten Konflikten (Kap. 5.16) wurde die Mediation in Zivilsachen in Österreich seit Anfang der 1990er Jahre zunächst in familienrechtlichen Angelegenheiten entwickelt.[12] Das 1993 begonnene Modellprojekt „Familienberatung bei Gericht – Mediation – Kinderbegleitung bei Scheidung oder Trennung der Eltern" bildete die Grundlage für erste Initiativen des österreichischen Gesetzgebers. Mit dem Eherechtsänderungsgesetz (EheRÄG) 1999 wurden erste Aspekte der Mediation bei Scheidungskonflikten geregelt, u.a. die Verschwiegenheitspflicht der Mediatoren und die Hemmung der Verjährungsfrist (§ 99 EheG). Außerdem wurden mit § 320 A-ZPO (Vernehmungsverbot des Mediators in Bezug auf seine Verschwiegenheitspflicht) und § 152 A-StPO (Zeugnisverweigerungsrecht) erstmals verfahrensrechtliche Vorkehrungen getroffen. Weiter wurde 1999 durch Änderung des Familienlastenausgleichsgesetzes mit § 39 c FLAG eine Bestimmung eingeführt, durch die Mediation in Scheidungs- und Trennungsangelegenheiten durch den Bundesminister für Umwelt, Jugend und Familie gefördert werden soll. Es folgte das Kindschaftsrechts-Änderungsgesetz 2001 und damit eine Ausdehnung der Bestimmungen des EheRÄG auf Obsorge- und Besuchsrechtsstreitigkeiten. Im Jahr 2003 wurde schließlich das ZivMediatG beschlossen, welches am 1.5.2004 in Kraft getreten ist.[13]

Wesentliches Anliegen des Gesetzgebers war die Sicherstellung der Qualität in der Me- 6 diation. Dies sollte durch die Festlegung von Kriterien für die **Ausbildung der Mediatoren** sowie die Regelung über die Ausbildungseinrichtungen und Lehrgänge erreicht wer-

---

12 Hierzu Ferz u.a. 2004; Fuchshuber 2004; Hopf ÖJZ 2004, 41; Lenz 2008; Töpel/Pritz 2004; Scheuer ZKM 2012, 21.
13 Ferz/Filler 2003; Hopf, Das Zivilrechts-Mediations-Gesetz, ÖJZ 2004, 41 (43 f).

den.[14] Die einzelnen Anforderungen hinsichtlich der fachlichen Qualifikation finden sich im § 10 ZivMediatG und in der nach § 29 ZivMediatG vom Bundesminister für Justiz zu erlassenden Verordnung (ZivMediat-AV).[15] Mediatoren sind demnach fachlich qualifiziert, wenn sie aufgrund ihrer Ausbildung über Kenntnisse und Fertigkeiten der Mediation verfügen sowie mit deren rechtlichen und psychosozialen Grundlagen vertraut sind.[16] Alle Mediatoren, die ihre Ausbildung entsprechend dieser Verordnung absolviert sowie eine Haftpflichtversicherung abgeschlossen haben, können sich in der beim Justizministerium geführten **Mediatorenliste** für die Dauer von fünf Jahren eintragen lassen (§§ 9, 13 ZivMediatG).[17] Es handelt sich dabei nicht um eine Berufs- oder Tätigkeitszulassung, sondern eher um ein Gütesiegel.[18] Wer in die Liste der Mediatoren eingetragen ist, ist nach § 15 ZivMedG nicht nur berechtigt, sondern bei Ausübung der Mediation auch verpflichtet, die Bezeichnung „eingetragener Mediator" zu führen.[19] Auch nach Eintragung in die Mediatorenliste sind die „eingetragenen Mediatoren" zur **Fortbildung** verpflichtet, wollen sie ihre Eintragung nach den ersten fünf Jahren aufrecht erhalten (§ 13 ZivMediatG). Als angemessen wird derzeit eine mediationsspezifische Fortbildung von mindestens fünfzig Stunden innerhalb eines Zeitraums von fünf Jahren angesehen (§ 20 ZivMediatG).

7   Mit dem ZivMediatG war bewusst keine Normierung des (nicht förmlichen) Mediationsverfahrens beabsichtigt.[20] Es beschränkt sich im Hinblick auf das Streitverhältnis auf einige wenige Verfahrensregelungen.[21] Geregelt wurden allerdings einige wesentliche **Verhaltenspflichten.** Für eingetragene Mediatoren gelten wichtige Aufklärungs- und Informationspflichten gegenüber den Parteien (§ 17 ZivMediatG) sowie das Verbot der Vor- und Nachbefassung (§ 16 Abs. 1 ZivMediatG), um deren Neutralität/Allparteilichkeit sicherzustellen.[22] Zudem sind die eingetragenen Mediatoren zur Verschwiegenheit verpflichtet, wovon sie selbst durch die Parteien nicht rechtswirksam entbunden werden können (§ 18 ZivMediatG). Darüber hinaus gilt für eingetragene Mediatoren das Beweisaufnahmeverbot (Zeugnisverweigerungsrecht) nicht nur im Zivilverfahren (§ 320 Nr. 4 A-ZPO), sondern auch im Strafverfahren (§ 157 Abs. 1 Nr. 3 A-StPO).

---

14   Nach § 10 Abs. 1 S. 2 ZivMedG ist die Ausbildung „tunlichst" in Lehr- und Praxisveranstaltungen solcher Einrichtungen, einschließlich der Universitäten, zu absolvieren, die der Bundesminister für Justiz in die Liste der Ausbildungseinrichtungen und Lehrgänge für Mediation in Zivilrechtssachen eingetragen hat. Durch das Wort „tunlichst" wird eine Ausnahmeregelung für jene Antragsteller geschaffen, die ihre Ausbildung entweder vor Bestehen des ZivMediatG oder im Ausland und auch für jene, die ihre Ausbildung in nicht zertifizierten Instituten absolviert hatten.

15   Nach der ZivMediat-AV muss die Mediationsausbildung grds. 365 Unterrichtsstunden (273,75 Zeitstunden) betragen; bei Juristen sowie Angehörigen psychosozialer und ökonomischer Berufsgruppen beträgt die Ausbildung mind. 220 Unterrichtseinheiten.

16   Gemäß § 10 Abs. 2 ZivMediatG sind Kenntnisse und Fertigkeiten, die im Zuge einer anderen Berufsausbildung sowie Berufserfahrung erworben wurden und für die Ausübung der Mediation wichtig erscheinen, bei der Beurteilung der fachlichen Qualifikation ebenso zu berücksichtigen. Es handelt sich dabei um bestimmte der Mediation nahestehende Berufe, so genannte „Quellenberufe". Das Gesetz nennt hier beispielsweise Psychotherapeuten, Psychologen, Rechtsanwälte, Richter, Wirtschaftstreuhänder sowie Lebens- und Sozialberater. Inwieweit die in diesen Berufen erworbenen Fähigkeiten angerechnet werden, ist von Fall zu Fall zu beurteilen. Die vom Bundesminister für Justiz erlassene Ausbildungsverordnung sieht pauschale Anrechnungsregeln für die der Mediation besonders nahe stehenden Berufsgruppen vor.

17   http://www.mediatoren.justiz.gv.at/mediatoren/mediatorenliste.nsf/docs/home.

18   Hopf ÖJZ 2004, 41 (46).

19   Anfang 2012 waren knapp 2.400 „eingetragene Mediatoren" registriert (Scheuer ZKM 2012, 21).

20   Hopf ÖJZ 2004, 42.

21   ZB Hemmung von Verjährungs- und Ausschlussfristen (§ 22 ZivMediatG).

22   Wer selbst Partei, Parteienvertreter, Berater oder Entscheidungsorgan in einem Konflikt zwischen den Parteien ist oder gewesen ist, darf in diesem Konflikt nicht als Mediator tätig sein. Desgleichen darf ein Mediator in einem Konflikt, auf den sich die Mediation bezieht, nicht vertreten, beraten oder entscheiden. Jedoch darf er nach Beendigung der Mediation im Rahmen seiner sonstigen beruflichen Befugnisse und mit Zustimmung aller betroffenen Parteien zur Umsetzung des Mediationsergebnisses tätig sein.

Im Hinblick auf die Umsetzungsverpflichtung der EU-MediationsRL vom 21.5.2008 **8**
entschied man sich in Österreich dafür, das ZivMediatG nicht zu ändern, um die hohen
Standards der Mediation für die innerstaatliche Konfliktbearbeitung aufrecht zu erhalten. Stattdessen wurde das sog. EU-MediationsG nahezu als wörtliche Übernahme der
EU-MediationsRL erlassen (in Kraft seit 1.5.2011).[23] Im Wesentlichen geht es um die
Vollstreckbarkeit der in einem Mediationsverfahren getroffenen Vereinbarungen. Soweit die Parteien über den Streitgegenstand verfügen können (sog. dispositives Recht,
hierzu Kap. 4.1), haben sie nun die Möglichkeit, den Inhalt der zwischen ihnen getroffenen schriftlichen Vereinbarung vor jedem Bezirksgericht als gerichtlichen und damit
vollstreckbaren Mediationsvergleich abzuschließen (§ 433 a A-ZPO). Dabei ist es unerheblich, ob es sich um eine grenzüberschreitende Streitigkeit handelt und ob das Mediationsverfahren von einem (nicht) eingetragenen Mediator durchgeführt wurde. Für eingetragene Mediatoren gelten darüber hinaus weiterhin die strengeren Regeln des ZivMediatG. Alle nicht eingetragenen Mediatoren sind verpflichtet, die Parteien darüber
ausdrücklich zu informieren (§ 5 EU-MediationsG).

1.2.2.2 Deutschland

Durch die Erfahrungen in den USA angeregt, begannen auch in Deutschland die ersten **9**
Mediationsprojekte in den frühen 1980er Jahren vor allem im Bereich der Trennungs-
und Scheidungsberatung (s. Kap. 5.1) sowie im Bereich der strafrechtlichen Konflikte
als sog. Täter-Opfer-Ausgleich (s. Kap. 5.16).

In den 1990er Jahren kam es zur Gründung der ersten **Mediationsvereinigungen**, 1992 **10**
zunächst des Bundesverbands Mediation (BM)[24] und der Bundes-Arbeitsgemeinschaft
für Familien-Mediation (BAFM). Der BM beschreibt sich heute als „wesentliche Motor von Mediation als Breitenbewegung" und widmet sich vor allem der qualifizierten
Ausbildung in Mediation, mit dem Ziel, durch Standards- und Ausbildungsrichtlinien
eine Qualitätssicherung zu schaffen.[25] Die BAFM wurde zur Förderung und Fort- bzw
Weiterbildung in Familienmediation eingerichtet und sieht für ihre Mitglieder entsprechende Richtlinien vor.[26] 1996 wurde der Bundesverband Mediation in Wirtschaft und
Arbeitswelt (BMWA) gegründet, der sich v.a. der Qualitätssicherung im Bereich der
Wirtschafts- und Organisationsmediation widmet und hierzu u.a. strenge Aus- und
Fortbildungsstandards vorsieht.[27] Alle drei Verbände verpflichten ihre Mitglieder, die
von ihnen erarbeiteten und im Wesentlichen wechselseitig anerkannten fachlichen Standards bzw Mediationsordnungen einzuhalten (im Hinblick auf die Ausbildung im Wesentlichen 200 Std. plus Fortbildungen; im Einzelnen s. hierzu Kap. 4.4.2.2). Auf privatrechtlicher Ebene existieren somit bereits fachliche Standards, denen sich Mediatoren durch ihre Mitgliedschaft bei den diversen Verbänden unterwerfen können. Die
Mindestanforderungen an die Ausbildung der Mediatoren wird durch eine (wechselseitig anerkannte) Zertifikation der einzelnen Mediationsverbände bestätigt. Im Unterschied zu Österreich existiert aber noch keine deutsche Gesamtliste für Mediatoren.[28]

---

23 Scheuer ZKM 2012, 23 ff.
24 Der Bundesverband Mediation (BM) wurde 1992 ursprünglich als „Mediation e.V." gegründet.
25 Bundesverband Mediation, Positionierung, unter: http://www.bmev.de/index.php?id=positionierung
    (31.1.2012).
26 BAFM, Organisation, Richtlinien der BAFM für die Mediation in Familienkonflikten, unter: http://
    www.bafm-mediation.de/organisation/richtlinien-der-bafm/ (31.1.2012).
27 BMWA, Richtlinien für Mediation in Wirtschaft und Arbeitswelt, 1, abrufbar unter: http://www.bmwa.de/
    dokumente/richtlinien_10_04.pdf.
28 Für den Bereich Niedersachsen/Bremen fungiert der Verein Konsens als Kooperationspartner aller drei Verbände, um die Zusammenarbeit auf Landesebene zu intensivieren. Konsens veröffentlicht eine Liste der in
    Niedersachsen/Bremen tätigen Mediatoren, die die Anforderungen der B-Verbände im Wesentlichen (insb.

11 Schon zwischen 1991–1999 lieferten gesetzliche **Änderungen in den strafrechtlichen Regelungen** (StGB, StPO, JGG)[29] und seit 1999 in zivilrechtlichen Regelungen die rechtlichen Grundlagen für die Berücksichtigung außergerichtlicher Vermittlungsversuche bzw der Vermittlungsergebnisse in gerichtlichen Verfahren.[30] Bis zum Erlass des deutschen Mediationsgesetzes 2012 (Rn 20) fanden aber nur einige wenige Bestimmungen in die Gesetzgebung Einlass, die ausdrücklich auf die Mediation Bezug nehmen (zB § 7 a BORA; zum FamFG Rn 19).

12 Mit dem „Gesetz zur Förderung der außergerichtlichen Streitbeilegung" und der Einführung des § 15 a EGZPO im Jahre 1999 wurde den Ländern die Möglichkeit eröffnet, eine **obligatorische Streitschlichtung** einzurichten (s. Kap. 4.5 Rn 5 f).[31] Danach sollen die Konfliktparteien vor Inanspruchnahme eines Gerichtsverfahrens auf den außergerichtlichen Weg vor einer anerkannten Gütestelle[32] verwiesen werden können. Die obligatorische außergerichtliche Streitbeilegung sollte aber nicht uneingeschränkt zur Anwendung kommen, sondern nur in den bestimmten Fällen des § 15 a Abs. 1 Nr. 1–3 EGZPO:

■ in vermögensrechtlichen Streitigkeiten vor dem Amtsgericht über Ansprüche, deren Gegenstand an Geld oder Geldeswert die Summe von 750 Euro nicht übersteigt;

■ in Streitigkeiten über Ansprüche aus dem Nachbarrecht nach den §§ 910, 911, 923 BGB und nach § 906 BGB sowie nach den landesgesetzlichen Vorschriften im Sinne des Artikels 124 EGBGB, sofern es sich nicht um Einwirkungen von einem gewerblichen Betrieb handelt;

■ in Streitigkeiten über Ansprüche wegen Verletzung der persönlichen Ehre, die nicht in Presse oder Rundfunk begangen worden sind;

■ in Streitigkeiten über Ansprüche nach Abschnitt 3 des Allgemeinen Gleichbehandlungsgesetzes,

die mit Ausnahme der letzten Gruppe ganz überwiegend dem sog. Bagatellbereich zugeordnet werden können. Nicht zuletzt deshalb haben nur einige Bundesländer von der Ermächtigung des § 15 a EGZPO Gebrauch gemacht und entsprechende Gesetze erlassen.[33] Reinhard Greger hat im Rahmen einer differenzierten Evaluation festgestellt, dass die Auswirkungen eher gering sind, was v.a. auf den „Bagatellbereich" der Bestimmungen zurückzuführen sei.[34] Er spricht in diesem Zusammenhang von einem mäßigen Erfolg des Gesetzgebers.[35]

13 Der zweite Schritt des Bundesgesetzgebers zur Förderung der außergerichtlichen Streitbeilegung erfolgte durch das Gesetz zur Reform des Zivilprozesses vom 27.7.2001, mit dem die **Güteverhandlung** in die ZPO eingeführt wurde (§§ 278 f ZPO). Der Gesetzgeber wollte damit an den § 15 a EGZPO anknüpfen und die Streitparteien auf eine obligatorische Streitschlichtung verweisen.[36] So stellt § 278 Abs. 2 ZPO klar, dass vor einem Gerichtsverfahren ein Güteverfahren stattfinden sollte. Zudem wurde dem Gericht

---

Ausbildung von 200 Std.) erfüllen (s. http://www.mediation-in-niedersachsen.de/html/mediatoren.html). Die eingetragenen Mediatoren haben sich angemessen, mindestens im Umfang 10 Std im Jahr bzw 30 Stunden innerhalb von 3 Jahren, fortzubilden; ansonsten werden sie aus der Liste wieder gestrichen.

29 Trenczek ZKM 2003, 104 ff.
30 Lenz 2008, 10.
31 Hierzu Rüssel NJW 2000, 2800.
32 Hierzu zählen neben den Schiedsämtern auch jede andere Mediations- und Schlichtungstelle, die die außergerichtliche Streitbeilegung betreiben (zB § 1 Abs. 5 NSchlG).
33 ZB Dieckmann, Das nordrhein-westfälische Ausführungsgesetz zu § 15 a EGZPO, NJW 2000, 2802 f; Trenczek, Obligatorische Streitschlichtung in Niedersachsen – ein Schritt zurück; ZKM 2009, 183.
34 Greger 2004 und 2007, 2.
35 Greger 2007, 4.
36 Van Els, Das ZPO-Reformgesetz, FF 2002, 4.

die Möglichkeit eingeräumt, verstärkt auf eine außergerichtliche Einigung hinzuwirken und zu diesem Zweck gemäß § 278 Abs. 5 iVm § 251 ZPO das Ruhen des Verfahrens anzuordnen.[37] Schließlich kann das Gericht nach § 278 Abs. 5 S. 2 ZPO in „geeigneten Fällen" den Parteien eine „außergerichtliche Streitschlichtung vorschlagen". Allerdings mussten die Verfasser der von der Bundesregierung im Auftrag gegebenen Evaluationsstudie feststellen, dass die mit dem ZPO-Reform-Gesetz eingeführte Güteverhandlung (§ 278 Abs. 2 ZPO) in der gerichtlichen Praxis nur wenig ausgewirkt hat, die Möglichkeit, den Prozess unter Verweisung auf ein außergerichtliches Streitbeilegungsverfahrens zum Ruhen zu bringen (§ 278 Abs. 5 S. 2, 3 ZPO), äußerst selten genutzt wird und letztlich die Wahrscheinlichkeit für eine gütliche Einigung nicht gestiegen ist.[38]

Seit dem im Jahr 2002 begonnen Pilotprojekt zur **gerichtsinternen**[39] Mediation in Niedersachsen haben mehrere Bundesländer durch eigene Projekte (zunächst) zu klären versucht, ob und unter welchen Voraussetzungen es sinnvoll ist, die konsensuale und eigenverantwortliche Streitbeilegung durch Mediation als Alternative zum gerichtlichen Verfahren in das Angebot der Justiz aufzunehmen. Von großen Teilen der Politik und Justiz vor allem wegen der hohen Einigungs- und Erledigungsquoten als Erfolg gefeiert, waren und sind die Projekte gerichtsinterner Vermittlung aus inhaltlich methodischen (insb. begrenzte Zeitressourcen, Erledigungs- und Einigungsdruck), rechtlichen wie wettbewerbsrechtlichen Gründen umstritten.[40] Zwar vermeldete die Begleitforschung,[41] dass auch die gerichtinterne Mediation sich auf die Beziehung zur gegnerischen Konfliktpartei in den meisten Fällen positiv auswirke und die allermeisten Parteien bei einem neuen Konflikt wieder auf Mediation zurückgreifen (wollen). Allerdings könne die im Rahmen einer Mediation intendierte umfassende Konfliktklärung unter Einbeziehung weiterer Streitthemen und tiefer liegender Ursachen in der Regel im gerichtlichen Setting nicht erfolgen. Zudem sei das Ziel der Akzeptanzsteigerung in und außerhalb der Justiz trotz des hohen Engagements der in den Projektgerichten tätigen „Richtermediatoren" nicht erreicht worden.[42] Die positiven Ergebnisse der gerichtsinternen Mediation resultieren im Wesentlichen aus einem Vergleich der internen Gerichtsmediation mit dem traditionellen gerichtlichen Streitverfahren. Allerdings fehlt es an der Klärung der viel interessanteren Frage, ob und welche Ergebnisse die Mediation außerhalb der Gerichte erzielen kann, wie sie im Vorfeld des gerichtlichen Verfahrens gefördert worden wäre.

Anders als in den meisten Projekten der gerichtlichen Mediation (Rn 14), setzt der seit 2005 zunächst an acht Landgerichten durchgeführte bayerische Modellversuch **Güterichter** bei der Güteverhandlung nach § 278 Abs. 2 ZPO an, um zu erproben, ob durch eine differenzierte Konfliktzuweisung, dh personelle Trennung von richterlicher Entscheidungs- und Vermittlungstätigkeit, Einsatz von im Konfliktmanagement geschulten Richtern und besondere Gestaltung der Verhandlungsatmosphäre, zusätzliche Einigungspotenziale aktiviert werden können.[43] Zwar wird zu diesem Zweck ebenfalls die in § 278 Abs. 5 S. 1 ZPO vorgesehene Möglichkeit genutzt, die Güteverhandlung auf

14

15

---

37 Lenz 2008, 16.
38 Hommerich/Prütting/Ebers/Lang/Traut, Rechtstatsächliche Untersuchung zu den Auswirkungen der Reform des Zivilprozessrechts auf die gerichtliche Praxis, 2006, 82 ff.
39 Im Unterschied zu manchen Projektbezeichnungen wird in diesem Beitrag folgende **Definitionen** verwendet:
   ■ Gerichtsinterne bzw gerichtliche Mediation: richterliche Mediation nach Klageerhebung.
   ■ Gerichtsnahe Mediation: nicht-richterliche Mediation nach Klageerhebung.
   ■ Außergerichtliche Mediation: nicht-richterliche Mediation vor Klageerhebung.
40 Bercher/ Engel JZ 2010, 226; Monßen, ZKM 2006, 86; Spindler, ZKM 2007, 80; Volkmann, Mediation im Zivilprozess 2006, 44 ff; Trenczek/Mattioli, Spektrum der Mediation 40/2010, 4.
41 Zenk u.a. 2006, 71 ff.
42 Zenk 2006, 116, 165.
43 Greger 2007, 109.

einen ersuchten Richter zu übertragen. Allerdings ist den Güterichtern die Verhandlungsmethode freigestellt, ob sie wie ein Mediator agieren oder ein qualifiziertes Vergleichsgespräch führen. Wie stark die juristische Seite des Konflikts eingeblendet wird und ob der Richter eigene Bewertungen oder Vorschläge einbringt, bleibt den Beteiligten überlassen. Der für das Mediationsgesetz (Rn 20) zuständige Rechtsausschuss hat sich dieses „Güterichtermodell" zum Vorbild genommen und durch die Neufassung des § 278 Abs. 5 ZPO die Figur des Güterichters in die ZPO eingeführt.

16 Einen ersten legislativen Schritt zur Etablierung eines eigenständigen **Mediationsgesetzes** vor allem zur Absicherung fachlicher Mindeststandards wurde im April 2007 in Niedersachsen mit dem Entwurf des Mediationsgesetzes (MG-E) gemacht, welches Mindeststandards für die Ausbildung und Anerkennung von Mediatoren normierte.[44] Aufgrund der vorzeitigen Beendigung der Legislaturperiode kam es allerdings nicht mehr zu einem Abschluss des Gesetzgebungsverfahrens, wobei auch eine Rolle gespielt hat, dass der Bund aufgrund der EU-Richtlinie handeln musste und ein Mediationsgesetz auf Bundesebene entstehen sollte.

17 Eine besondere, in der Praxis freilich noch nicht ausreichend wahrgenommene Bedeutung hat die **Entscheidung des deutschen Bundesverfassungsgerichts** aus dem Jahr 2007, in der es mit aller Deutlichkeit feststellte: „Eine zunächst streitige Problemlage durch eine einvernehmliche Lösung zu bewältigen, ist auch in einem Rechtsstaat grundsätzlich vorzugswürdig gegenüber der richterlichen Streitentscheidung."[45]

18 Im Jahr 2008 beendete das neue deutsche **Rechtsdienstleistungsgesetz** die lange geführte Kontroverse zum Verhältnis von Mediation und anwaltlicher Rechtsberatung. Nach § 1 Abs. 4 Nr. 4 RDG ist Mediation und jede vergleichbare Form der alternativen Streitbeilegung keine den Rechtsanwälten vorbehaltene Rechtsdienstleistung, sofern die Tätigkeit nicht durch rechtliche Regelungsvorschläge in die Gespräche der Beteiligten eingreift (hierzu Kap. 4.1 Rn 4 u. 4.4.3).

19 Zum 1.1.2009 ist das **FamFG** in Kraft getreten (zuletzt geändert durch das MediationsG [Rn 20]: Einfügung § 36 a FamFG), in dem der Gesetzgeber **einvernehmlichen Regelungen in Familiensachen** (zB §§ 36, 133 Abs. 1 Nr. 2, 135, zur Trennungs- und Scheidungsmediation s. Kap. 5.1), insb. in Kindschaftssachen (§ 156 Abs. 1 FamFG; s. Kap. 5.2 u. 5.3), eine besondere Bedeutung zugemessen und dem Gericht auch eine Hinweispflicht bzgl Mediation oder anderer außergerichtlicher Streitbeilegung auferlegt hat.[46] Das FamG kann zB in Scheidungsverfahren (§ 135 Abs. 1 FamFG) wie in Kindschaftssachen (§ 156 Abs. 1 S. 4 FamFG) auch anordnen, dass die Ehegatten bzw Eltern an einem Informationsgespräch über Mediation teilnehmen.[47] Der Gesetzgeber hat allerdings von einer **Verpflichtung zur Mediation** abgesehen, obwohl dies durchaus möglich und mit Blick auf das vorrangige Kindeswohl sinnvoll gewesen wäre (s. Kap. 1.1 Rn 26).[48] Die Anordnung einer Beratung über die Mediation ist nicht mit Zwangsmitteln durchsetzbar. Allerdings können Kostenfolgen an die Weigerung geknüpft werden (§ 81 Abs. 2 Nr. 5 FamFG).

20 Am 15.12.2011 hat der Deutsche Bundestag den Gesetzesentwurf über das „Gesetz zur Förderung der Mediation und anderer Verfahren der außergerichtlichen Konfliktbeilegung" (**Mediationsgesetz**) in einer äußert seltenen Einstimmigkeit aller Parteien angenommen. Die Abgeordneten der Fraktionen feiern das Gesetz als „Meilenstein der au-

---

44 Entwurf des Nds. Mediations- und Gütestellengesetz (NdsMedG) vom 11.4.2007, LT-Drucks. 15/3708, ZKM 5/2007, 136 ff; vgl Kirchhoff ZKM 2007, 138 ff.
45 BVerfG Beschluss vom 14.2.2007 – 1 BvR 1351/01, Rn 35.
46 Trenczek FPR 2009, 335; Münder u.a. 2012 § 17 Rn 56 ff u § 50 Anhang Rn 13 ff.
47 Bergmann ZKJ 2010, 52.
48 Münder u.a. § 17 Rn 48, § 50 Anhang Rn 15.

ßergerichtlichen Streitbeilegung", weshalb es um so überraschender war, dass der Bundesrat auf Initiative einiger Länder das Gesetzgebungsverfahren verzögerte und im Wesentlichen aus einem terminologischen Streit über die Bezeichnung der gerichtsinternen Vermittlungsarbeit (Richtermediatoren vs Güterichter) den Vermittlungsausschuss anrief. Der Bundestag hat dann am 28.6.2012 die Beschlussempfehlung des Vermittlungsausschusses (BR-Drucks. 377/12) angenommen,[49] in der klargestellt wurde, dass auch Richter als nicht entscheidungsbefugte Vermittler tätig sein können, diese als Güterichter bezeichnet werden und alle Methoden der Konfliktbeilegung einschließlich der Mediation einsetzen können (Kap. 4.5 Rn 23 ff). Der Güterichter ist – anders als ein Mediator – nicht gehindert, rechtliche Hinweise und Vergleichsvorschläge zu unterbreiten. Damit werden die Unterschiede zur Mediation deutlich und die Rolle des Güterichters als Richter unterstrichen (BT-Drucks. 17/8058, 21).

1.2.2.3 Schweiz

Die Entwicklung der Mediation in der Schweiz begann etwa 1992 u.a. mit der Gründung des Schweizerischen Vereins für Familienmediation. In diesem Bereich ist sie nach wie vor stark verbreitet. Die Wirtschaftsmediation ist besonders im innerbetrieblichen Bereich in größeren Unternehmen etabliert. Die Gerichte sind im Unterschied zu Deutschland sehr zurückhaltend. Im Strafrecht gibt es Mediation nur in den Kantonen Zürich, Freiburg, Luzern. **21**

Am 1.1.2011 trat die Schweizerische Zivilprozessordnung (CH-ZPO) in Kraft, die erstmals den Zivilprozess auf nationaler Ebene vereinheitlicht. Durch die Aufnahme von Mediationsbestimmungen in die CH-ZPO wurde den Parteien – ergänzend zu den traditionellen Schlichtungsverfahren vor den sog. Sühnerichtern – eine weitere Möglichkeit eröffnet, ihre Konflikte außergerichtlich zu bereinigen. Im Gegensatz zu Österreich wollte man mit der Integration der Mediation in die CH-ZPO **kein Berufsrecht für Mediatoren** schaffen.[50] Das Gesetz stellt deshalb keine Anforderungen an die Ausbildung von Mediatoren. Die Parteien können sich bzgl der Auswahl geeigneter Mediatoren an die bestehenden Mediationsorganisationen wenden, die Listen mit entsprechend qualifizierten Mediatoren führen (vgl §§ 215 und 216 CH-ZPO). **22**

Darüber hinaus haben die einzelnen Kantone Einführungsgesetze zur CH-ZPO erlassen, die jedoch nicht zwingend Regelungen hinsichtlich der Mediation beinhalten müssen, weil die CH-ZPO diesbezüglich klare, bundesweit gültige Bestimmungen hat. Landesrechtliche Regelungen müssen nur dann getroffen werden, wenn die Kantone weitere Kostenerleichterungen vorsehen (§ 215 Abs. 3 CH-ZPO). Die Kantone Genf und Waadt haben mithin ausführliche Bestimmungen zur Mediation in ihre Gesetze aufgenommen. Im Kanton Genf benötigen Mediatoren eine Genehmigung des Regierungsrates, um ihre Tätigkeit ausüben zu können (Art. 66 bis 75 LOJ). Um diese zu erlangen, müssen die Mediatoren eine gewisse Stundenanzahl (mehr als 100 Stunden) eines Mediationstrainings nachweisen und sich für die Eintragung an die „commission de préavis" (Vorprüfungs-Kommission) wenden, die eine Mediatorenliste erstellt und berufsethische Regeln festsetzt. **23**

Nach Art. 40 des Code de droit privé judiciaire vaudois (Kanton Waadt) erstellt das Kantonsgericht eine Liste der anerkannten Mediatorinnen und Mediatoren und regelt in Abs. 2 leg cit Voraussetzungen für die Anerkennung von Mediatorinnen und Mediatoren. Bestimmungen über die Ausbildung wurden aber weder vom Kanton Genf noch vom Kanton Waadt getroffen. **24**

---

49 Parallel dazu hat der Bundesrat in seiner Sitzung vom 29.6.2012 beschlossen, gegen das Mediationsgesetz in seiner geänderten Fassung keinen Einspruch mehr einzulegen.
50 Pfisterer, Unterwegs zur Einigung mit Mediation in der schweizerischen ZPO?, SJZ 2007, 541.

1.2.3 Mediationsanbieter und Stand der Mediationspraxis

25 Mit Blick auf die Anbieter und Leistungsträger von Mediation lassen sich im deutschsprachigen Raum im Wesentlichen die folgenden **Anbietersysteme** unterscheiden:

- die v.a. von Rechtsanwälten, psychosozialen und betriebswirtschaftlichen Professionen freiberuflich angebotene Mediation;

- systeminterne Konfliktmanager/Mediatoren (zB in Unternehmen, Einrichtungen; hierzu Kap. 5.7);

- die durch die Schiedsstellen der Kammern und Verbände getragene Mediationsverfahren (soweit es sich hierbei nicht nur um ein Schlichtungsverfahren handelt), um bei Beschwerden von Verbrauchern zu einer außergerichtlichen Einigung zu kommen;

- Vermittlungsangebote durch Beratungsstellen öffentlicher oder freier Träger (zB Jugendämter bzw Familien- und Lebensberatungsstellen);

- Mediationsangebote öffentlicher oder gemeinnütziger Ausgleichs- und Schlichtungsstellen (Kap. 5.21) sowie

- vom Justizsystem bereitgestellte gerichtsinterne Vermittlung durch Güterichter (Rn 15 u. Kap. 4.5 Rn 23 ff; früher sog. Richtermediatoren) in bereits rechtsanhängigen Streitsachen.

26 Das Angebot der einzelnen Mediationsinitiativen und Projekte ist zwar vielfältig, die einzelnen Anbieter und Bereiche sind aber bislang noch weithin unvernetzt, was – nicht zuletzt aufgrund der erheblich unterschiedlichen fachlichen Standards – zu einer nicht gerade nutzerfreundlichen Unübersichtlichkeit führt. Im Unterschied zu Österreich (Rn 6) existiert in Deutschland und der Schweiz noch keine Gesamtliste für Mediatoren. Die drei Fachverbände BAFM, BM und BMWA erkennen immerhin ihre Zertifizierungen wechselseitig an. Der Großteil der als Mediatoren in Deutschland tätigen Personen verfügt allerdings derzeit nicht über ein solches durch die Zertifizierung anerkanntes Ausbildungsniveau, den etwa 1.000+ zertifizierten Mediatoren stehen etwa 2.000+ nicht zertifizierte Rechtsanwälte (§ 7 a BORA) und Steuerberater (§ 57 StBerG) mit einer Ausbildung von 90 Std. sowie eine Vielzahl selbsternannter Vermittler ohne anerkannte Ausbildung gegenüber. Freilich ist es nicht das Zertifikat, was einen „guten Mediator" ausmacht, sondern die dahinter stehende Qualifikation, also Ausbildung und Erfahrung, Persönlichkeit und Haltung (Kap. 2.12.1). Letztlich geht es immer um die **Frage: Ist Mediation drin, wo Mediation drauf steht?**

27 Die allermeisten Mediatoren – sofern sie nicht in betriebsinternen Konfliktmanagementsystemen oder psychosozialen Beratungsstellen eingebunden sind – arbeiten freiberuflich auf **Honorarbasis**, was bedeutet, dass die Medianden grds. selbst dafür bezahlen müssen. Nicht alle Streitparteien können sich dies aber leisten. Anders als in Österreich (§ 39 c FLAG, Rn 6) und anders als in Deutschland bei der Prozess- bzw Verfahrenskostenhilfe im Fall streitiger Gerichtsverfahren wird der Zugang zur einvernehmlichen Konfliktregelung nicht durch eine vergleichbare **Mediationskostenhilfe** geebnet.[51] Derzeit gibt es nur eine kleine Zahl gemeinnütziger Mediationsanbieter, die ihre Leistungen unterhalb des üblichen Marktpreises anbieten können. Allerdings haben mittlerweile nahezu alle Rechtsschutzversicherer die einvernehmliche Konfliktregelung durch Mediation in ihre Vertragsbedingungen aufgenommen, teilweise allerdings nur durch „hauseigene", vielfach nur recht unzureichend ausgebildete Vermittler.

---

51 Dies ist gleichzeitig der mit am heftigsten kritisierte Mangel des neuen deutschen Mediationsgesetzes (zB Trenczek/Mattioli Stellungnahme zum Referentenentwurf Mediationsgesetz – R A 7 – 9340/17-2-R4 554/2010; http://www.simk.net Arbeitshilfen).

Mittlerweile hat die Mediation im deutschsprachigen Raum ein **weites Anwendungsfeld** 28
erobert. Selbst die in Kap. 5 exemplarisch beschriebenen Arbeitsfelder erschließen nur
einen Teilausschnitt. Weder ist überall Mediation drin, wo Mediation drauf steht, noch
wird Mediation immer selbstbewusst – sondern aus Furcht vor reflexartiger Ablehnung
und Missverständnissen („Meditation") als Moderation, Prozessbegleitung u.a. – angeboten. Demgegenüber scheint auf den ersten Blick der Versuch zu überzeugen, „Mediation" „integrierend" in alle Arbeits- und Konfliktfelder, in bestehende Institutionen und
deren angewendete Verfahren zu verankern. Daran ist vor allem richtig, dass eine Mediationsausbildung einen Eigenwert, ja oft die eigene Persönlichkeit verändernde Qualität hat und nicht jede/r, die/der eine Mediationsausbildung durchlaufen hat, geschäfts-
mäßig Mediationen anbieten muss. Mediatives Handeln kann seine friedensstiftende
Wirkung in vielen Aspekten des Alltags unter Beweis stellen. Soweit aber mit dem inte-
grierenden Ansatz nahezu jede Vermittlungsleistung als Mediation goutiert wird, wird
darauf verzichtet, die Spezifika (Alleinstellungsmerkmale) und das notwendige Qualifikationsniveau des Mediationsverfahrens herauszustellen. Wie gesagt: nicht überall, wo
Mediation drauf steht, ist Mediation drin.

Bislang gibt es keine verlässliche statistische Datenbasis über Zahl und Verlauf von Me- 29
diationsverfahren, spielt sich Mediation doch notwendig „im Verborgenen", im nicht-
öffentlichen, das Vertrauen und die (wirtschaftliche, private usw) Intimsphäre schützen-
den Raum ab. Aufgrund von Schätzungen und Erhebungen im Rahmen von Begleitfor-
schungen kann man derzeit in Deutschland von etwa 50.000 Mediationen im Jahr ausgehen.[52] Dies ist immer noch eine relativ kleine Zahl angesichts der etwa 1,2 Mio. Zivilverfahren vor den Amtsgerichten, 370.000 Verfahren auf Landgerichtsebene und etwa 215.000 Scheidungsverfahren vor den Familiengerichten.[53] Hohe **Fallzahlen** (mehrere Hundert im Jahr) vernimmt man teilweise aus den Projekten der gerichtinternen Vermittlung durch Richter, wobei allerdings nicht immer klar ist, ob es sich hierbei um
Mediationen oder um erweiterte Vergleichsgespräche mit mediativen Anteilen handelt.[54]
Entsprechendes gilt auch für die Jugendämter, die im Rahmen der Trennungs- und
Scheidungsberatung nach § 17 SGB VIII auch ein Mediationsverfahren anbieten könnten, allerdings häufig weder über entsprechend ausgebildete Mitarbeiter, noch über die
erforderlichen zeitlichen Ressourcen verfügen.[55] Demgegenüber scheint Mediation als
Konfliktklärungsinstrument mittlerweile in vielen Familien-, Lebens- etc. Beratungsstellen zum festen Bestandteil des professionellen Handlungsrepertoires zu gehören. Hier
haben sich vor allem die psychosozialen Fachkräfte zu Mediatoren ausbilden lassen.
Aus den anderen Arbeitsfeldern, insb. im institutionellen Bereich, ist bis auf einzelne
Projektberichte (zB im Gesundheitswesen, in Schulen und anderen Bildungseinrichtun-
gen[56]) noch weniger bekannt. Häufig werden mit viel Einsatz und Elan Projekte ange-
stoßen, die dann in der alltäglichen Praxis am Mangel an Nutzern leiden. Zunehmend
erkennen auch Rechtsanwälte, dass eine fachgerechte Mediation mehr ist als ein in einer kurzen, nach § 7 a BORA obligatorischen Schulung vermitteltes Verfahrensmodell.
Es gibt freilich nur eine kleine Zahl von (freiberuflichen) Mediatoren, welcher Fachrichtung auch immer, die tatsächlich von ihrer Vermittlungstätigkeit leben können.

---

52 Das beinhaltet insb. die etwa 25.-30.000 Mediationen in Trennungs- und Scheidungsverfahren sowie ca.
  30.000 sog. Täter-Opfer-Ausgleich-Fälle, von denen etwa die Hälfte der Fälle mediativ bearbeitet werden.
  Zu einzelnen statistischen Angaben und Schätzungen s. Trenczek Spektrum der Mediation 1/2010, 5.
53 Statistisches Bundesamt (Fachserie 10 Reihe 2.1 Rechtspflege) Wiesbaden 2011.
54 Mattioli/Trenczek Spektrum der Mediation 40/2010, 4 ff.
55 Proksch, in: Münder/Meysen/Trenczek 2012 § 17 Rn 58.
56 Hierzu spektrum mediation Nr. 35 und 36/2009.

30 Auch für **Österreich** liegen keine genauen Daten über die durchgeführten Mediationen vor.[57] Schätzungen gehen von etwa 10.000 Wirtschaftsmediationen und 9.000 Vermittlungen im Bereich des (strafrechtlichen) Tatausgleichs (Kap. 5.16) aus. Über die Zahl der Mediationen im Familienrechtsbereich ist nichts genaues bekannt. Umfragen zufolge läge aber der Hauptanwendungsbereich der Mediation mit etwa 40% gerade in diesem Arbeitsfeld. Allerdings wird insoweit auch herausgestellt, dass etwa die Hälfte der (eingetragenen) Mediatoren nur ein bis drei Mediationen im Jahr durchführen. Länger tätige (und als solche eingetragene) Mediatoren können aber ihre Fallzahlen offenbar steigern, wobei die weitaus meisten Mediatoren angeben, weniger als 10 Stunden ihrer wöchentlichen Arbeitszeit für die Mediationstätigkeit aufzuwenden. Nur 4% der Befragten gibt an, hauptberuflich als Mediator zu arbeiten.

31 Im Bereich des **internationalen Wirtschaftsverkehrs** (zumindest in der Privatwirtschaft) und innerhalb international agierender Konzerne sind dagegen informelle Streitregelungsverfahren (ADR) mittlerweile üblich.[58] Nach der gemeinsamen Studie von PricewaterhouseCoopers und der Europa-Universität Viadrina bewerten die befragten deutschen Unternehmen die Mediation nach der Konfliktbearbeitung in direkten Verhandlungen (negotiation) zumeist auf dem zweiten Platz der ADR-Verfahren; insb. im Hinblick auf die Verfahrensdauer, Fortführung der Geschäftsbeziehung sowie Vertraulichkeit des Verfahrens wird die Mediation als nahezu gleich vorteilhaft erachtet wie die Verhandlung.[59] Allerdings steht die konkrete Verfahrensnutzung der befragten Unternehmen mit den abstrakten Einstellungsmustern zur Konfliktbearbeitung in zentralen Punkten nicht im Einklang. In der Tat machen im deutschsprachigen Raum nur wenige Unternehmen öffentlich bekannt, dass sie Mediation und andere konsensorientierte Verfahren zur internen wie externen Konfliktregelung einsetzen.[60] Zwar erklärt eine Reihe von Unternehmen, dass sie Mediation sinnvoll finden und gerne anwenden würde, dies aber aus unterschiedlichen Gründen noch nicht tun.[61] Eine interessante Ausnahme sind insoweit die am sog. Round Table Mediation und Konfliktmanagement in der deutschen Wirtschaft teilnehmenden Unternehmen.[62] Obwohl es mancherorts noch als Makel angesehen wird, Konflikte im eigenen Unternehmen (offiziell) wahrzunehmen und dann auch ggf mit externer Hilfe aktiv zu bewältigen, nimmt die Zahl der Mediationen hier zu. Viele große Konzerne stellen mittlerweile Teams von ausgebildeten Mediatoren bereit, die unternehmensinterne Konflikte konzernintern lösen helfen. Der Einsatz von Mediation in externen Konflikten zwischen Unternehmen (sog. B2B) ist dagegen im deutschsprachigen Raum im Vergleich mit der Nutzung in den angelsächsischen Rechtsordnungen noch relativ gering, mittlerweile fördern aber einige IHKs (insb. die HK in Hamburg sowie die IHK München) die Mediation nicht nur mit Informationsveranstaltungen, Aktionstagen, Schulungen und einer guten Internetpräsenz, sondern auch mit eigenen Mediatorenpools.[63]

---

57 Hierzu und nachfolgend Scheuer ZKM 2012, 25 mit Bezug auf Erhebungen von Unterrainer und Brineks.
58 Vgl Klowait/Hill SchiedsVZ 2007, 83; Sessler 2011, 9 ff; s.a. Kap. 5.7.
59 PricewaterhouseCoopers/Europa-Universität Viadrina 2005, 12 ff.
60 Die etwa 100 bei der Mediationsstelle für Wirtschaftskonflikte der Handelskammer Hamburg gelisteten Wirtschaftsmediatoren vermitteln etwa 150-200 Fälle im Jahr.
61 Soweit noch ein zögerlicher Einsatz von ADR-Verfahren festzustellen sei, liege das vor allem an erheblichen Praxis- und Theoriemängeln den Unternehmen; PricewaterhouseCoopers/Europa-Universität Viadrina 2007, 17 ff.
62 U.A. SAP AG, E.ON Kernkraft GmbH, Aareon AG, ABB AG, AUDI AG, Bayer AG, Bilfinger Berger AG, Bombardier Transportation GmbH, Deutsche Bahn AG, Deutsche Bank AG, Deutsche Lufthansa Technik AG, Deutsche Telekom AG, E-Plus Mobilfunk GmbH & Co. KG, EnBW AG, ERGO AG, Fraunhofer Gesellschaft, GRUNDIG Intermedia GmbH, Nokia Siemens Networks GmbH & Co. KG, Porsche AG, Siemens AG, ZDF; vgl hierzu auch PricewaterhouseCoopers/Europa-Universität Viadrina 2011.
63 www.hk24.de → Recht und Steuern → Schiedsgerichte/ Mediation/ Schlichtung → Mediation; http://www.muenchen.ihk.de → Recht & Steuern → Mediation / Schiedsgericht.

Die im internationalen Vergleich dennoch relativ geringe Nachfrage und Inanspruch- 32
nahme von Mediation im deutschsprachigen Raum kann man wohl auf eine Vielzahl
unterschiedlicher Gründe zurückführen, u.a. auf die unterschiedlichen Rechtssysteme,
eine unterschiedliche Kommunikations- und Konfliktkultur, aber auch auf die Unterschiede im Hinblick auf die Verfügbarkeit und Effizienz des Gerichtswesens, weshalb
sich in Deutschland die Frage nach Alternativen lange nicht so dringend wie dort gestellt hat.[64] Die **Zugangschwellen** zur Mediation sind zudem hierzulande für die meisten
Bürger und Unternehmen offenbar noch zu hoch. Trotz Unzufriedenheit mit den streitig
ausgetragenen Konflikten vor den Gerichten konnte bislang hierzulande die Unsicherheiten im Hinblick auf Kosten und Nutzen der Mediation noch nicht überwunden werden. Potenzielle Nutzer, Bürger, Einrichtungen und Unternehmen werden bei der Frage,
auf welche Weise ein Konflikt geregelt werden kann, nicht immer mediationsfreundlich
unterstützt. Anwaltschaft und Justiz in Deutschland haben noch ein eher angespanntes
Verhältnis zur Mediation, befürchten sie doch, Mandate bzw an Bedeutung zu verlieren.[65] Insb. bei Richtern ist bislang noch eine deutliche Zurückhaltung gegenüber der
Mediation festzustellen, machen sie doch von der Verweisungsmöglichkeit nach § 278
Abs. 5 ZPO, insb. zu einem externen Mediator, nur sehr selten Gebrauch.[66] In Unkenntnis der methodischen Besonderheiten und aufgrund ihrer beruflichen Sozialisation
setzen Juristen oftmals ihre Vermittlungsaufgaben mit einer Mediation gleich und sehen
deshalb gerade nach Scheitern ihrer Vermittlungsbemühungen zumeist keine Chancen
(mehr) für eine einvernehmliche Regelung.

1.2.4 Erfolg und Standards der Mediation

Erfolg ist davon abhängig, welche Ziele man mit der Mediation verfolgt, welches 33
Grundmodell der Vermittlung und damit welche Erfolgskriterien man zugrunde legt.
Da nach dem – in diesem Handbuch vertretenen – die Autonomie der Parteien gewähr-
leistenden Mediationsmodell (facilitative, interest-based mediation; hierzu Kap. 1.1.3.4)
die zu regelnden Inhalte den Wünschen und Interessen und damit stets Aushandelungs-
prozessen und Interpretationen der betroffenen Parteien unterliegen, lassen sich deren
Ergebnisse nicht technisch oder in linearer Umsetzung wissenschaftlich-empirischen Re-
gelwissens bewirken oder gar herbei entscheiden.

Dies muss und darf nicht bedeuten, dass sich keine Arbeitsziele und hierauf bezogene 34
Planungen und Schritte, transparente Verfahren und nachvollziehbare „Spielregeln" angeben lassen, die dann als „**Gütekriterien**" der Arbeit und Qualitätsstandards von der
Zunft angesehen werden.[67] Hierbei verschiebt sich der Fokus in der Mediation weg von
den Ergebnissen hin zu den Verfahrensabläufen. Wenn schon Mediatoren das Ergebnis
einer Mediation nicht inhaltlich beeinflussen dürfen, müssen sie das, was sie tun (dürfen), richtig, dh fachgerecht tun. Die Ergebnisqualität folgt aus der **Prozessqualität**. Gemessen werden kann die Qualität von Vermittlungsleistungen weniger an Einigungsquoten, sondern in aller erster Linie an der **Einhaltung fachlicher Verfahrensstandards**
und professioneller Gütekriterien.

---

64 Trenczek ZfRsoz 2005, 227 ff; ders. ZKM 5/2012 (im Erscheinen).
65 Vgl Wasilewski 1990, 36 u. 72.
66 Greger 2007, 142 (143); Gottwald, in: Deutscher Juristentag (Hrsg.), Die Reform der ZPO – eine Wir-
    kungskontrolle, 2004, A 107 (110); Hommerich/Prütting, u.a. Rechtstatsächliche Untersuchung zu den Aus-
    wirkungen der Reform des Zivilprozessrechts auf die gerichtliche Praxis 2006, 84 ff.
67 Zwar betont Duss-von Werdt (in Erwägen-Wissen-Ethik [20], 2009, 529), dass sich Mediation „per defini-
    tionem der Standardisierung" entziehe, freilich darf dies nicht missverstanden werden in dem Sinne, dass es
    keine fachlichen Gütekriterien bzw Standards gebe.

35 Die Normierung informeller Streitverfahren ist kein Paradox; es geht um Standards einer vorbildlichen Praxis (best practice).[68] Dieser Standard muss sich an den Wesensmerkmalen der Mediation (hierzu Kap. 1.1.3.2) und dem vom BVerfG in 2007[69] formulierten – hier der Kapitelüberschrift vorangestellten – Auftrag messen lassen, wonach die Streitparteien ihre Konflikte vorzugsweise selbst lösen sollen (Autonomieversprechen). Mediatoren wollen und sollen dabei dienlich sein.

36 Evaluationen, Kosten-Nutzen-Analysen und Erfolgskriterien sollten sich dabei vorrangig auf die Perspektive der Nutzer konzentrieren, denn letztlich wird sich jedes Mediationskonzept durch dessen **Akzeptanz** beweisen müssen. Mediation wird erfolgreich angenommen werden, wenn die Konflikte zur Zufriedenheit der Parteien mediiert und von den Streitparteien geregelt werden, sie den Verhandlungs- und Entscheidungsprozess – also das Verfahren – als fair und gerecht erleben (hierzu s. Kap. 2.9).[70]

37 Mediation kann nur erfolgreich sein, wenn es einen (niedrigschwelligen) **Zugang** (hierzu Kap. 3.1.1) zu ihr gibt und das Vertrauen in die einvernehmliche Streiterledigung durch ein Qualität verbürgendes, weil durch **fachliche Standards** gesichertes, die Bürger zufrieden stellendes Mediationsangebot gerechtfertigt wird. Die derzeit noch relativ geringe Nutzungshäufigkeit von Mediation scheint angesichts unserer traditionellen Konflikt- und Rechtskultur mitunter Problem und Ursache zugleich zu sein. Mangels umfangreicher Nutzung bestehen nur wenige Erfahrungen, die in der Öffentlichkeit angemessen kommuniziert und publiziert wurden, mangels positiver Erfahrungen entwickelt sich das Vertrauen in die Mediation und die Zahl tatsächlich mediierter Fälle nur langsam. Dort wo Mediation praktiziert wird, kommt sie an, wird sie wertgeschätzt. Beschwerden sind vor allem dann zu hören, wenn ein methodisch schlichtes Schlichtungsmodell praktiziert, die Autonomie der Parteien nicht Ernst genommen und stattdessen Einigungsdruck erzeugt wird. Gleichwohl fällt es der Mediations-Zunft noch schwer, Mediation als überzeugendes und mit der gerichtlichen Streiterledigung vergleichbares Angebot zu präsentieren. Der gute Ruf der Mediation (bzw der Mediatoren) muss sich erst entwickeln. Bislang ist der Markt für die potenziellen Nutzer aufgrund einer unübersichtlichen Schar von Anbietern von höchst unterschiedlicher Qualität sowie einer zersplitterten Verbandslandschaft nicht transparent. Für die Steigerung der Akzeptanz der Mediation ist vor allem das Vertrauen in die Güte und den Nutzen des Verfahrens von entscheidender Bedeutung. Auch wenn im Bereich der Wirtschaftsmediation Marktmechanismen (eher) zu funktionieren scheinen, weil hier ökonomische Interessen überwiegen und eine fachgerechte Mediation ihren Preis wert sein darf – im Hinblick auf die Nutzer (zumindest außerhalb des Wirtschaftsbereich) bedarf es eines Qualität verbürgenden institutionellen Rahmens durch eine einerseits Verbraucher schützende und andererseits die Berufsfreiheit garantierende **Regelung fachlicher Mindest- und Qualitätsstandards der Mediation**. Ob dies schon mit dem neuen Mediationsgesetz in Deutschland (hierzu Kap. 4.6) gelungen ist, mag angesichts der Erfahrungen in Österreich (Rn 30) bezweifelt werden. Es ist aber ein sehr wichtiger Schritt – jetzt kommt es auf die Praxis an, ein qualitativ hochwertiges, die fachlichen Standards gewährleistendes Mediationsangebot vorzuhalten und ein entsprechendes Gütesiegel zu etablieren. Potenzielle Nutzer sollten darauf achten, nur nach den Ausbildungsstandards der Bundesverbände BAFM/BM/BMWA bzw des ÖBM und des SDM-FSM anerkannte und zertifizierte Mediatoren einzuschalten.

---

68 Trenczek, Formalisierung der informellen Streitregelung, ZKM 2005, 153 ff; ebenso Nierhauve, Standards der Mediation – Best Practice, § 48 in: Haft/von Schlieffen (Hrsg.), Handbuch Mediation, 2009, 1173.
69 BVerfG Beschluss vom 14.2.2007 – 1 BvR 1351/01, Rn 35.
70 Vgl Bierbrauer, Gerechtigkeit und Fairness im Verfahren, in: Blankenburg u.a., Alternativen in der Ziviljustiz, 1982, 317; Müller ZKM 2003, 200.

2 Grundlagen

2.1 Eskalationsdynamik sozialer Konflikte

Literatur: Ballreich, R./Glasl, F., Konfliktmanagement und Mediation in Organisationen, 2011; Dahrendorf, R., Elemente einer Theorie des sozialen Konflikts, in: Gesellschaft und Freiheit, 1961; Glasl, F., Konfliktmanagement, 2011; Hüther, G., Biologie der Angst. Wie aus Stress Gefühle werden, 1999; König, K., Abwehrmechanismen, 2003; Rubin, J.Z./Pruitt, D.G./Kim, S.H., Social conflict. Escalation, stalemate and settlement, 1994.

2.1.1 Geht es um Differenzen oder Konflikte?

In vielen Lehrbüchern zu Konfliktmanagement und Mediation wird unter (sozialem, dh zwischenmenschlichem) **Konflikt** Uneinigkeit[1] oder Gegensätzlichkeit[2] von Ideen, Zielen oder Interessen oder die gegenseitige Unvereinbarkeit von Handlungstendenzen[3] verstanden. Das Problem einer so breiten Definition ist, dass damit jeder mit jedem in der Welt Konflikte hätte, weil nicht anzunehmen ist, dass zwei Menschen gleiche Ideen, Ziele und Interessen hätten. Folglich wird in diesem Beitrag grundsätzlich **Differenzen** von Konflikten unterschieden. Differenzen bezüglich Ideen, Werten, Zielen, Arbeitsstilen, Interessen, Handlungsmustern etc. sind an sich noch keine Konflikte. Unterschiede sind Ausdruck einer Vielfalt, die eine Bereicherung darstellen kann. In der Biologie, in der Kultur, in arbeitsteiligen Organisationen etc. sind sie sogar lebensnotwendig. Es kommt nur darauf an, **wie** wir mit diesen Differenzen umgehen, ob sie uns inspirieren oder befruchten und sich daraus kreative Synthesen oder Konflikte ergeben. Deshalb lautet die Definition[4] wie folgt:

1

---

1 S. Berlew, Conflict, an underutilized resource, 1977; Hanschitz, Konflikte und Konfliktbegriffe, in: Falk/Heintel/Krainz (Hrsg.), Handbuch Mediation und Konfliktmanagement, 2005.
2 Dahrendorf, 199 ff.
3 Von Rosenstiel, Grundlagen der Organisationspsychologie, 1980, 165. Ähnlich auch Billmann, Entwicklung und exemplarische Erprobung eines handlungstheoretischen Verfahrens zur Supervision von Konfliktberatern. Forschungsbericht 103, 1978; Kriesberg, The sociology of social conflict, 1973, 17; Schwarz, Konfliktmanagement, 1977, 121 f; Werbik, Grundlagen einer Theorie des sozialen Handelns, in: Zeitschrift für Sozialpsychologie, 1976, 248 ff.
4 Glasl, Konfliktmanagement, 16 ff. Ähnlich auch Thomas, Conflict and conflictmanagement, in: Dunnette, (ed.), Handbook of industrial and organizational psychology, 1976, 891; Prein, Conflicthantering door een derde partij, 1982, 1. Rüttinger, Konflikt und Konfliktlösen, 1980, 22; und andere Autoren.

2 „Sozialer Konflikt ist eine Interaktion
- zwischen Aktoren (Individuen, Gruppen, Organisationen usw),
- wobei wenigstens ein Aktor
- eine Differenz bzw Unvereinbarkeit
  im Wahrnehmen
  und im Denken bzw Vorstellen
  und im Fühlen
  und im Wollen
- mit dem anderen Aktor (den anderen Aktoren) in der Art erlebt,
- dass beim Verwirklichen dessen, was der Aktor denkt, fühlt oder will eine **Beeinträchtigung**
- durch einen anderen Aktor (die anderen Aktoren) erfolge."

3 Für Konflikte sind also **erlebte Differenzen** auf mehreren Ebenen konstitutierend, wenn sie zu Verhaltensweisen führen, die als behindernd erlebt werden. Darum sind bloße Wahrnehmungs- oder Meinungsdifferenzen oder gegenseitige negative Gefühle, unterschiedliche Interessen oder zufällig aufeinanderstoßende Verhaltensweisen noch nicht als Konflikt zu bezeichnen. Entscheidend ist, ob das Erleben der Differenz wenigstens bei einem Aktor zu **Handlungskonsequenzen** führt. Darum sind kognitive oder emotionale oder intentionale Differenzen anders zu bearbeiten als soziale Konflikte.

2.1.2 Wie Spannungen zu Konflikten werden können

4 Im Alltag fangen Konflikte zumeist mit schwachen Signalen an und werden zunächst nicht beachtet. Erst wenn Spannungen öfters auftreten, werden sie als Problem wahrgenommen, und der Umgang damit kann konstruktive oder destruktive Folgen haben. Abb. 1 zeigt, wie durch wechselseitige Verstärkung zwischen den verschiedenen Ebenen 1 bis 4 eine anfänglich leichte Spannung zu einem Konflikt werden kann, der sich letztlich sogar bis zur Besessenheit steigern könnte.[5]

5

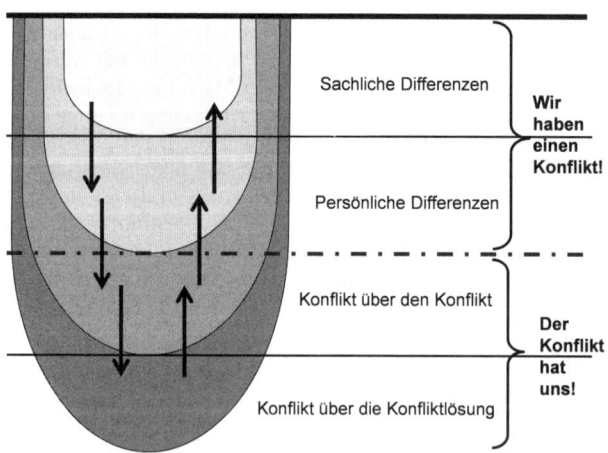

Abb. 1: Zirkuläre Verstärkungsprozesse im Konflikt[6]

---

5 Rubin/Pruitt/Kim, Social conflict. Escalation, stalemate, and settlement, 1994.
6 Glasl, Selbsthilfe in Konflikten, 2011, 31 ff.

(1) In der Regel treten erst sachliche Differenzen auf: Argument steht gegen Argument. 6
Durch eine konstruktive Auseinandersetzung könnten Innovationen gefunden werden.
Es kann aber auch anders kommen.

(2) Beim Bemühen um Sachlichkeit kann Ärger aufkommen und zu persönlichen Differenzen führen. Das treibt beide Seiten dazu, extremere Standpunkte einzunehmen und gelegentlich Seitenhiebe auszuteilen, was sich belastend auf die gegenseitigen Beziehungen (2) auswirkt. Die wechselseitige Verstärkung der Ebenen (1) und (2) ist voll im Gange: Die Argumentation wird schwarz-weiß und die Verärgerung darüber nimmt auf beiden Seiten zu.

Solange die Differenzen nur die Ebenen (1) und (2) betreffen, können die Betroffenen 7
sagen: „Wir haben einen Konflikt!" Sobald die beiden Ebenen einander verstärken, wird auch Schicht (3) angesteckt: Die Streitenden beginnen über Ursachen, Vorder- und Hintergründe des Konflikts zu streiten. Sie bekommen zusätzlich einen Konflikt über den Konflikt. Wenn sie doch eine Lösung des Konflikts wollen, kann auch noch (4) ein Konflikt über die Konfliktlösung entstehen. Jetzt müssten die Betroffenen sagen: „Der Konflikt hat uns!" Sie können zum Konflikt keine mentale Distanz mehr schaffen, auch nicht in der Freizeit und wo immer sie sind. Die einmal aktivierten psychosozialen Mechanismen treiben die Eskalation voran.

2.1.3 Die Eskalationstreiber: Dynamisierende psychosoziale Mechanismen[7]

In und zwischen Menschen haben durch den Stress[8] psychosoziale Mechanismen zu 8
wirken begonnen, die ihre Wahrnehmung trüben, ihr Denken einschränken, ihr Gefühlsleben beherrschen, ihr Wollen einseitig auf Kampf ausrichten und eine Verarmung ihrer Verhaltensvielfalt zur Folge haben. Die wichtigsten werden hier kurz vorgestellt.

2.1.3.1 Projektionsmechanismen

Wenn sich eine Person bedroht fühlt, neigt sie zu der Annahme, dass andere Menschen 9
ihr Schaden zufügen wollen. Die Konfliktparteien misstrauen einander, bauen Feindbilder auf. Sie sehen im Gegner oft negativen Eigenschaften, die sie – wenn sie ehrlich wären – auch an sich selbst erkennen müssten. Weil ihnen diese aber unangenehm sind, weisen sie diese in sich ab, oder leugnen und schreiben sie dem Gegner zu. Ihre eigenen Fehler werden somit auf den Feind projiziert und dort bekämpft.[9] Das ist der Kern des Sündenbockmechanismus.

2.1.3.2 Streitpunktlawine und Simplifizierungen

Im Zuge der Auseinandersetzung werden neue Streitpunkte eingebracht, um auf andere 10
Themen auszuweichen oder um die eigene Position breiter zu untermauern. Zusätzlich strahlt der Gegensatz in einer Sache auf andere Sachen aus und macht weitere Themen strittig. Damit wachsen die Streitpunkte zu einer Lawine an. Gleichzeitig fällt es den Beteiligten schwer, diese Komplexität zu bewältigen: Um nicht die Übersicht zu verlieren, neigen die Streitenden dazu, alles zu simplifizieren und den Blick einzuengen zum „Röhrenblick".

2.1.3.3 Zunehmende soziale Komplexität und Personifizierung

Im Konflikt tendieren die Streitparteien dazu, andere Personen zur Bestätigung oder 11
Unterstützung in ihre Sache hineinzuziehen. Die Konfliktarena wächst von mikro-sozial

---

7 Glasl, Konfliktmanagement, 39 ff.
8 Hüther, Biologie der Angst. Wie aus Stress Gefühle werden, 1999.
9 König, Abwehrmechanismen, 2003.

zu meso-sozial und schließlich zu makro-sozial.[10] Durch „soziale Ansteckung" werden die Konfliktparteien immer größer und man kann im Kollektiv immer weniger den einzelnen Personen begegnen. Auch hier wird simplifiziert: Groll und die Aggression konzentrieren sich auf wenige Personen, die als der Kern des Übels betrachtet werden und die zur Projektionsfläche vieler negativer Eigenschaften werden, dh es wird personifiziert.

2.1.3.4 Pessimistische Antizipation

12 Sobald gegenseitiges Misstrauen vorherrscht, erwarten die Parteien voneinander wenig Gutes. Sie stellen sich darauf ein, dass sie unerwartet angegriffen werden und rechnen „mit der schlechtesten der Möglichkeiten". Deshalb rüstet jede Partei mental auf und möchte der anderen Seite zuvorkommen. Das gegenseitige Aufrüsten verführt jedoch dazu, die vorbereiteten Kampfmittel schon früher einzusetzen als ursprünglich gedacht war. Dadurch wird herbeigeführt, was eigentlich verhindert werden sollte. Das ist die Paradoxie des Rüstungswettlaufs, die immer wieder zu mehr konventionellen Kriegen geführt hat, anstatt davor abzuschrecken.[11]

2.1.3.5 Teufelskreise und Spiegelverhalten

13 Die miteinander verkoppelten Mechanismen bewirken eine Kettenreaktion der negativen Gefühle, der Skepsis und des Zweifels, des wachsenden Misstrauens, der Unsicherheit und Angst, vielleicht auch der beginnenden Panik. Teufelskreise[12] treiben die Dynamik der Eskalation voran. Jede Seite ärgert sich (über sich selbst und) über den Gegner, und so nimmt auf beiden Seiten die Gereiztheit zu. Zwischen den Konfliktparteien kommt es zum Verhalten „Wie du mir – so ich dir!", sog. Spiegelverhalten. Durch diese Konfliktdynamik verhalten sich die Parteien mehr und mehr fremdgesteuert. Wenn sie affektgetrieben aufeinander reagieren – statt besonnen und überlegt zu agieren – verlieren sie Selbststeuerung und Selbstkontrolle. Dadurch treten gewollte und ungewollte Wirkungen auf.

2.1.4 Die dämonisierte Zone

14 Ethisch gesehen gibt es einen Unterschied zwischen gewollten (und bewussten) Wirkungen und solchen Wirkungen, die ungewollt (und unbewusst) aufgetreten sind. Aber für die Beteiligten macht es emotional keinen Unterschied, was der Gegner wirklich gewollt hatte und was nicht. Bei ihnen kommen beide Wirkungen als ein Gesamteffekt an, und entsprechend reagieren sie. Sie ziehen den Gegner für die Gesamtwirkung seines Tuns zur Verantwortung.

---

10 S. den Beitrag von Glasl in Kap. 2.5.
11 Richardson, Arms and insecurity, 1960.
12 Schulz von Thun, Miteinander reden: Fragen und Antworten, 2010, 77 ff.

1. Anna handelt:

gewollte Wirkung = Hauptwirkung

ungewollte Wirkung=Nebenwirkung

Bruno erlebt Gesamtwirkung:

B macht **A** für **alles** verantwortlich, unterscheidet nicht nach „gewollt" und „ungewollt"

Anna erlebt die Gesamtwirkung:

A macht **B** für **alles** verantwortlich, unterscheidet nicht nach „gewollt" und „ungewollt"

2. Bruno handelt:

gewollte Wirkung = Hauptwirkung

ungewollte Wirkung=Nebenwirkung

3. Anna handelt:

gewollte Wirkung = Hauptwirkung

ungewollte Wirkung=Nebenwirkung

Bruno erlebt Gesamtwirkung:

B macht **A** für **alles** verantwortlich, unterscheidet nicht nach „gewollt" und „ungewollt" ...

Und handelt... usw. ...

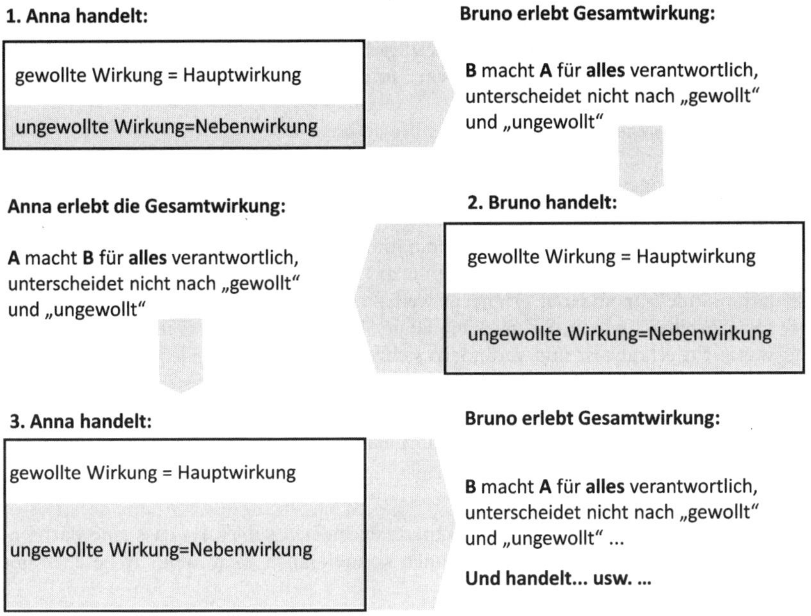

Abb. 2: Wie die dämonisierte Zone entsteht

Der in Abb. 2 dargestellte Teufelskreis-Mechanismus führt zur Kumulation der nicht gewollten Wirkungen, die ich „dämonisierte Zone"[13] nenne, weil sich die handelnden Personen (in dem Beispiel Anna und Bruno) der vollen Wirkung ihres Tuns nicht bewusst sind und deshalb gar nicht erkennen können, dass sie das Gegenüber mehr verletzt oder geschädigt haben als in ihrer Absicht lag. Wenn sie von der Gegenseite für die gesamten Folgen ihres Tuns zur Verantwortung gezogen werden, lehnen sie dies als bösartige Unterstellung ab, weil der vorgehaltene Schaden von ihnen gar nicht beabsichtigt war. Und deshalb – so meinen sie – kann das mit ihnen nichts zu tun haben. Es entsteht also ständig Unheil, aber niemand will es getan haben. Wer hat es dann getan?

Es mischen sich hier regressive Kräfte ins Spiel, die schrittweise zur Dämonisierung[14] des Geschehens und zur gegenseitigen Verteufelung treiben können. Es treten nämlich Wirkungen des sog. „Schattens"[15] bzw des „moralischen Doppelgängers"[16] der Konfliktparteien auf, weil die nicht selbstgesteuert, sondern affektgetrieben handeln. Dadurch haben sie unbewussten, verdrängten oder verleugneten Kräften Tür und Tor so weit geöffnet, so dass diese nun das Geschehen bestimmen. Sind sie dafür verantwortlich? Hier ist eine Unterscheidung Max Webers[17] in „Gesinnungsverantwortung" und „Handlungsverantwortung" wichtig: Wenn auch die ungewollten Wirkungen im Sinne der Gesinnungsverantwortung nicht als schuldhaft zu bezeichnen sind, so hat der Täter dafür doch Handlungsverantwortung, weil er einen – wenn auch ungewollten – Anteil

13 Glasl, Konflikt, Krise, Katharsis und die Verwandlung des Doppelgängers, 2008, 48 ff.
14 Omer/Alon/von Schlippe, Feindbilder. Psychologie der Dämonisierung, 2007.
15 Kast, Der Schatten in uns, 2002.
16 Glasl, Konflikt, Krise, Katharsis und die Verwandlung des Doppelgängers, 2007, 34 ff.
17 Weber, Politik als Beruf, 1992, 51 ff.

an den Folgen hat. Deshalb ist bei der Konfliktbehandlung auf die dämonisierte Zone einzugehen, zB mit der von Glasl entwickelten „Mikro-Analyse kritischer Episoden".[18] Dabei wird sich klar herausstellen, was nicht (bewusst) gewollt war, dennoch aber eingetreten ist. Die Klärung einer „kritischen Episode" dient einerseits dem Auflösen von Schuldzuschreibungen, andererseits bereitet sie ein gegenseitiges Verzeihen vor.

2.1.5 Die neun Eskalationsstufen

18 Ein Konflikt eskaliert nicht allmählich, sondern – wie Abb. 3 symbolisiert – sprunghaft und in Stufen (vgl auch die Abbildung der Eskalationstufen im Anhang 7.1.1). Auf jeder Stufe werden von den Beteiligten andere Verhaltensweisen erwartet und toleriert. Dies ist eine „implizite Erwartungskoordination" („tacit agreement").[19] Die Erfahrung zeigt, dass sich die Konfliktparteien gut an das Überschreiten einer Schwelle von einer Eskalationsstufe zur anderen erinnern, weil dies für sie dramatische „Wendepunkte" bzw „Bruchstellen" waren. Sie markieren eine Schwelle dessen, was in der Folge erlaubt und was nicht erlaubt ist und verändern sich von Stufe zu Stufe. Jede Eskalationsstufe weist eine Vielzahl von Merkmalen auf, die zusammen ein konsistentes „Muster" bilden.

19 Die neunstufige Eskalation lässt drei Hauptphasen erkennen:

- Stufen 1–3 „win-win": Die Streitparteien meinen, dass eine Lösung noch für beide Seiten vorteilhaft wäre.

- Stufen 4–6 „win-lose": Die Konfliktparteien meinen subjektiv, dass eine Partei nur auf Kosten der anderen etwas gewinnen könne – auch wenn objektiv besehen noch „win-win" möglich wäre.

- Stufen 7–9 „lose-lose": Die Kämpfenden sind sich dessen bewusst, dass keine Seite mehr etwas gewinnen könne, sondern auf jeden Fall Verluste in Kauf nehmen müsse.

20

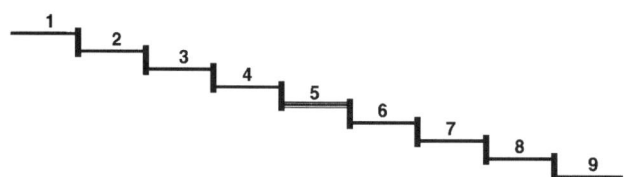

Abb. 3: Schwellen (vertikale Linien) und Stufen der Eskalation

21 In den Stufen 1 bis 3 geht es sowohl um Kooperation als auch um Konkurrenz. Misslungene Lösungsversuche tragen meistens zur weiteren Verschärfung des Geschehens bei, dennoch bemüht sich jede Seite, mit der Gegenpartei die Konflikte konstruktiv zu lösen.

2.1.5.1 Stufe 1: Verhärtung

22 In verbalen Auseinandersetzungen verhärten sich Standpunkte allmählich zu schwer veränderbaren Positionen. Die Konfliktparteien schwanken zwischen kooperativer und kompetitiver Einstellung hin und her und werden mehr und mehr verspannt. Die Kommunikation leidet darunter, dass jede Seite selektiv zuhört. Durch zunehmende Gereizt-

---

18 Glasl, Konflikt, Krise, Katharsis und die Verwandlung des Doppelgängers, 2007, 80 ff.
19 Schelling, Bargaining, communication and limited war, in: Journal of Conflict Resolution, vol. 1, 1957, 20 ff.

heit kommt es gelegentlich zu unkontrollierten Aussagen und gegenseitiger Verärgerung, die aber aufgelöst werden, wenn für den Lapsus um Entschuldigung gebeten wird. Wenn Gespräche zeitweilig zum Stillstand kommen, bemüht sich jede Seite wieder um eine Fortsetzung der Problemlösungsbemühungen. Die Haltung der Kooperation ist trotz allem stärker als die der aufkommenden Konkurrenz.

2.1.5.2 Stufe 2: Debatte und Polemik

Unterschiedliche Standpunkte werden jetzt polarisiert und in starren Positionen fixiert. 23 Denken, Fühlen und Wollen bewegen sich in Extremen, die sich gegenseitig auszuschließen scheinen. Jede Seite scheint ihre eigene Sprache zu sprechen und kann die Gedanken des Partners nicht mehr unvoreingenommen anhören. Die Auseinandersetzung wird von scheinlogischen Taktiken und Tricks[20] bestimmt: Argumente werden benutzt, um die Gegenpartei im Gefühlsleben zu verunsichern. Die Auseinandersetzung ist nicht mehr lebendig und kreativ: Schlag auf Schlag folgt auf ein Argument ein Konterargument und darauf wieder ein Gegenargument. Jede Seite möchte der anderen durch „Imponiergehabe" ihre Überlegenheit beweisen. Zum Verstehen dieser Dynamik wie auch zum Auflösen der Verspannungen bieten die Erklärungsmodelle der Transaktionsanalyse[21] praktische Hilfen. Wenn Menschen in der Umgebung in den Debatten bisher noch nicht Stellung bezogen haben, wird jetzt um deren Zustimmung geworben. Kooperation und Konkurrenzhaltung wechseln einander ständig ab und tragen zur größeren Verwirrung der Parteien bei.

2.1.5.3 Stufe 3: Taten statt Worte

Die Streitenden können einander mit Worten nicht mehr überzeugen. Darum tun sie 24 jetzt einseitig das, was sie selbst gut finden und stellen die Gegenseite vor vollendete Tatsachen. Jede Seite beobachtet die Taten der Gegenseite und interpretiert sie voll Argwohn. Durch die Diskrepanz zwischen verbalem und nonverbalem Verhalten[22] nehmen Misstrauen und Missverständnisse weiter zu. Die Parteien schließen sich als Gruppe gegenseitig ab und die gegenseitige Empathie geht dabei völlig verloren. Sie können sich in die andere Seite nicht mehr einfühlen, projizieren aber desto mehr ihre Vermutungen und Unterstellungen auf sie. Innerhalb der Gruppen als Parteien tritt sog. „Rollenkristallisation" auf, dh dass einzelne Personen auf die Verhaltensweisen festgelegt werden, mit denen sie den Gegner besser beeindrucken können. In den Gruppen entsteht ein zwingendes Wir-Gefühl und erzeugt starken Anpassungsdruck. Damit ist bereits der Konflikt über den Konflikt gegeben.

Aufgrund der Erfahrungen der vorhergegangenen drei Eskalationsstufen sind die Parteien der Ansicht, dass sie die Konflikte nicht mehr miteinander lösen können, sondern dass es nur noch um „gewinnen oder verlieren" gehe. In dieser Phase treten durch Projektionen und Spiegelverhalten die Mechanismen der „self-fulfilling prophecy" auf, welche die pessimistischen Antizipationen der Konfliktparteien bestätigen und verstärken. Ab jetzt haben wir es mit einem Konflikt über die Konfliktlösung zu tun.

2.1.5.4 Stufe 4: Sorge um Images und Koalitionen

Jede Partei macht sich von der eigenen Seite ein besonders positives Bild und von der 26 Gegenseite ein übertrieben negatives Bild: Der Gegner ist in Sach- und Führungsangelegenheiten nicht genügend kompetent und sollte eigentlich das Feld räumen. Diese pauschalisierten Bilder werden fixiert und auch durch gegenteilige Fakten nicht mehr korri-

---

20 Gelner, Die Kunst des Verhandelns, 1967; Rother, Die Kunst des Streitens, 1976.
21 Berne, Games people play, 1964.
22 Argyle, Körpersprache und Kommunikation, 1992.

giert. Jede Seite sieht nur noch das, was das eigene stereotype (Vor-)Urteil über den Gegner bestätigt: In der Gegenpartei werden vor allem die Eigenschaften als störend erkannt, die sie sich als eigene Schwächen selber nicht eingestehen wollen oder können. Auf der Suche nach Bestätigung und Unterstützung werden mit Image-Kampagnen, dem Streuen von Gerüchten etc. Verbündete geworben, die das Selbst- und Feindbild teilen. Die Konfliktparteien manövrieren einander in extreme Rollen und bekämpfen einander heftig in diesen Rollen. Bei den Auseinandersetzungen sind die Mechanismen erkennbar, die als „doppelte Bindungen" und „paradoxe Beziehungen"[23] die Konfliktparteien noch mehr aneinander fesseln, obschon die Kämpfenden vordergründig zueinander auf Distanz gehen.

2.1.5.5 Stufe 5: Gesichtsangriff und Gesichtsverlust

27 Die Parteien greifen jetzt gegenseitig auch das Gesicht des Gegners öffentlich an, dh seine moralische Integrität. Es geht ihnen nicht mehr um den Vorwurf der Inkompetenz und schlechter Gewohnheiten, sondern sie meinen, die moralische Verwerflichkeit des Feindes durchschaut zu haben, sein „wahres Gesicht"! Und deshalb sei es ihre Pflicht, den Feind, der sie bisher über sein wahres Wesen getäuscht habe, vor den anderen zu „entlarven". Menschen erklären dann öffentlich, dass sie das Vertrauen in den Anderen gekündigt hätten, weil sie ihn als Lügner, Betrüger, Verräter erkannt haben und weil sie andere vor diesem kriminellen oder kranken Subjekt schützen müssten. Sie sehen im Gegner nur noch negative Persönlichkeitsmerkmale, nur noch die Schattenseite bzw den unmoralischen Doppelgänger, aber nicht mehr die Lichtseite, das höhere Selbst des Gegners.[24] Ein positiv überhöhtes Selbstbild und extrem negatives Feindbild stehen einander als Gute und Böse, als Engel und Teufel gegenüber. In der Folge werden jetzt Ausstoßungsrituale[25] inszeniert: Jede Partei meint, dass es ihre heilige Pflicht sei, die Gegenseite als Personifizierung des Bösen auszustoßen. Durch das Zerstören der Vertrauenswürdigkeit des Feindes sollen sich dessen Verbündete von ihm abwenden und an der Ausstoßung mitwirken. Dem Feind wird die Legitimität seines Zugangs zu seinen Ressourcen abgesprochen und somit abgeschnitten. Ehrenrührige Vorwürfe, Verhöhnung, Bloßstellung, Beschämung und Verachtung sollen dem Feind jegliche moralische Legitimierung entziehen. Die ausgestoßene Partei wird sozial weitgehend isoliert und boykottiert. Sie sieht sich selbst in allem nur als Sündenbock und als Opfer von Intrigen. Deshalb strebt sie verbittert nach Rehabilitation, koste es was es wolle. Oft setzt sie zum Gegenschlag an, der auch zum Gesichtsverlust des Anklägers führt.

2.1.5.6 Stufe 6: Drohstrategien und Erpressung

28 Wenn der Konflikt noch weiter eskaliert, werden die Anliegen skrupellos verfolgt. Die Parteien möchten einander zum Nachgeben zwingen und sprechen Forderungen aus; sollten diese nicht erfüllt werden, dann wird eine gewaltsame Sanktion als Strafaktion in Aussicht gestellt, die erheblichen Schaden verursachen wird. In der Regel werden Drohungen mit Gegendrohungen beantwortet, und damit sie ernst genommen werden, wird die angedrohte Sanktion bereits teilweise ausgeführt.[26] Jede Seite erhöht den Druck auf den Feind, indem sie sich öffentlich an die angedrohte Sanktion bindet und somit nicht mehr zurück kann. Die Folgen der Drohung greifen um sich, es werden

---

23 Watzlawick/Beavin/Jackson, Pragmatics of human communication, 1968.
24 Goffman, On face work, in: Psychiatry, vol. 18, 1955, 211–231.
25 Garfinkel, Bedingungen für den Erfolg von Degradierungszeremonien, in: Gruppendynamik, 5. Jg., 1974, Heft 2, 78–82.
26 Schelling, Bargaining, communication and limited war, in: Journal of Conflict Resolution, vol. 1, 1957, 19–36.

mehr Koalitionspartner in den Konflikt gezogen. Der Konflikt zieht immer weitere Kreise und ist schwer einzudämmen, weil die Parteien zu Überreaktionen neigen. Die Eskalationsstufen 4 bis 6 haben zu einer ungeheuren Radikalisierung geführt. Die Konfliktparteien behandeln einander jetzt als ein „Ding", sie rechnen hauptsächlich mit quantitativen Größen. In den letzten Stufen geht es nur noch um „Verlieren gegen Verlieren" (lose-lose), zu gewinnen gibt es nichts mehr. | 29

2.1.5.7 Stufe 7: Begrenzte Vernichtungsschläge

Um den Gegner an der Ausführung der Drohung zu hindern, gehen die Parteien zu Aktionen über. Die Forderungen treten dabei in den Hintergrund. Oft werden vorerst nur die Mittel zerstört, mit denen die Sanktion ausgeführt werden sollte, danach fügen sie einander gezielt Schaden zu, um zum Einlenken zu zwingen. Moralische Werte werden in ihr Gegenteil verkehrt: Wenn der Feind Schaden erleidet, wird dies als Gewinn verbucht; der Gegner wird gezwungen, Güter zu opfern; Lüge wird zur „Kriegstugend". Mit jeder Aktion und Gegenaktion verschiebt sich die Begrenzung der Schädigungsaktionen, bis sie ganz aufgegeben wird. | 30

2.1.5.8 Stufe 8: Totale Zerstörung, Zersplitterung des Feindes

Die Schadenfreude steigert sich zum Hass, und es gilt jetzt, den Feind materiell oder psychisch oder physisch zu zerstören. Bei Konflikten in Organisationen werden durch Sabotage die vitalen Funktionen des Gegners angegriffen und funktionsuntüchtig gemacht. Dadurch kann das ganze System zerstört werden. | 31

2.1.5.9 Stufe 9: Gemeinsam in den Abgrund

Die totale Konfrontation erscheint unvermeidlich, es gibt keinen Weg mehr zurück. Jede Partei ist zum Äußersten bereit und hat die endgültige Vernichtung des Gegners zum Ziel, auch wenn dies den eigenen Untergang zur Folge hat. Ihr Triumph ist, dass mit ihnen auch der Gegner in den Abgrund stürzt. | 32

2.1.6 Regressive Kräfte

Bei der Diagnose von Konflikten in meso-sozialen Systemen ist darauf zu achten, welche Personen oder Gruppen sich auf welcher Stufe befinden. Manche haben vielleicht bereits Stufe 5 erreicht, andere sind vielleicht nur auf Stufe 3 involviert und wieder andere sind nur auf Stufe 1 aktiv. Denn die Interventionen müssen auf die unterschiedlichen Eskalationsgrade abgestimmt sein. | 33

In Kap. 2.5 dieses Bandes werden zwei Tendenzen der Konfliktaustragung beschrieben: Heiße und kalte Konflikte. Es gibt Unterschiede in der Art und Weise, wie heiße oder kalte Konflikte eskalieren. In den Abschnitten 2.1.5.1 bis 2.1.5.3 konnten nur die gemeinsamen Merkmale beider Formen angeführt werden, doch für professionelles Konfliktmanagement muss eine vertiefte Lektüre empfohlen werden.[27]

Mit welchen Kräften hat man es bei der Konflikteskalation zu tun? In Konflikten können Menschen enorme zerstörerische regressive Kräfte zulassen und mobilisieren, die im Unterbewusstsein schlummern. Wenn sie einmal entfesselt sind, drohen sie, uns mit sich zu reißen. Unbewusst verfügen wir über ein negatives Kraftpotenzial, das uns zu ungeheuren Taten befähigt. Im Konflikt wecken wir dieses Potential gegenseitig, wir gehen in die tiefsten Regionen der Unterwelt, wie sie in Mythologien beschrieben werden.[28] | 34

---

27 Ballreich/Glasl, 227 ff.
28 S. von Gleich, Die Umwandlung des Bösen, 1975; Glasl, Selbsthilfe in Konflikten, 2011, 291 ff.

35 Aber Konflikte brauchen nicht automatisch bis zur letzten Stufe zu eskalieren. Die Schwellen geben Bewusstseinsanstöße und können bewirken, dass wir rechtzeitig vor dem Überschreiten der Schwelle zur nächsten Stufe wach werden und beschließen, den Konflikt nicht weiter eskalieren zu lassen. Wenn wir jedoch diese Bewusstseinssignale ignorieren und uns von den aufkommenden Trieben und Leidenschaften völlig beherrschen lassen, wird die Zerstörung in der Selbstvernichtung enden.

2.1.7 Das soziale Immunsystem im Konflikt

36 Für die Konfliktbehandlung ist die richtige Diagnose der Eskalationsstufe von eminenter Bedeutung für eventuelle Sofortmaßnahmen sowie für die Wahl der richtigen Rollen und Strategien. Kap. 1.1.3.4 in diesem Band stellt Kriterien für die Auswahl der Rolle und Strategie vor.

37 Jede Eskalationsstufe konfrontiert die Drittpartei mit anderen Unzulänglichkeiten und Chancen. Welche Interventionen auf welcher Eskalationsstufe wirksam sind, hängt davon ab, inwieweit die Konfliktparteien wieder ihre Selbstheilungskräfte mobilisieren können. In jeder Gemeinschaft bzw Organisation gibt es Verfahren und Organe, die zusätzlich aktiviert werden sollen, wenn heftigere Konflikte die Funktiontüchtigkeit des Systems gefährden. Dafür gibt es „Konfliktregulatoren", zB Beschwerdekommissionen, paritätische Schlichtungsstellen, Ombudsfunktionen, die gewählte Personalvertretung, Vertrauenskreise, Konfliktlotsen, Konflikt-Coaches, interne Mediatoren und ähnliches mehr. Man spricht bei solchen institutionalisierten Konfliktregulatoren – analog zum menschlichen Körper mit seinem Immunsystem – auch bei sozialen Systemen von einem „Immunsystem", das für die Bewältigung von Spannungen, Konflikten und Krisen vorgesehen ist.

38 In Abb. 4 sind die wesentlichen Veränderungen des Selbstheilungspotenzials im Zuge der Eskalation schematisch dargestellt.

Das Selbstheilungspotenzial ist auf den jeweiligen Eskalationsstufen ...

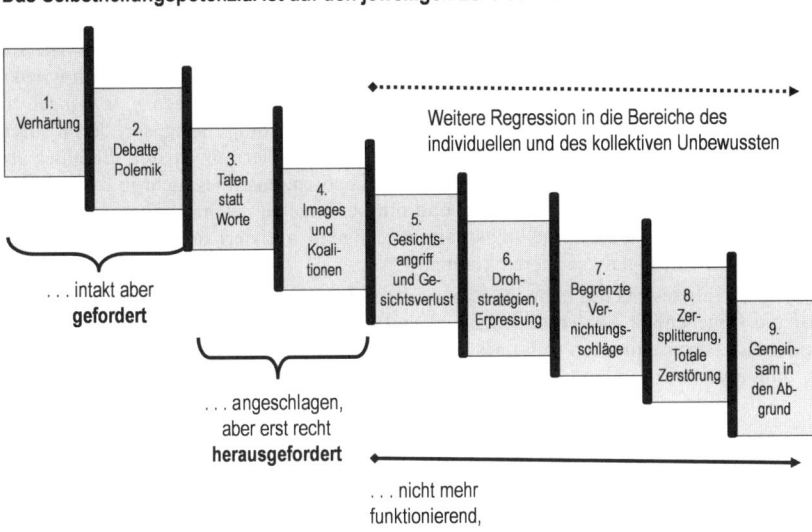

Abb. 4: Eskalationsstufen und Selbstheilungspotenziale

In Lehrbüchern zur Mediation wird auf die Eigenleistungen der Medianden größten 39
Wert gelegt. Mediatoren müssen sich deshalb aus Fragen des Inhalts der Konflikte völlig heraushalten, weil die Konfliktparteien eigene Ideen für die Lösung bzw Regelung ihres Konflikts finden sollen. Auch die Wahl des Settings und der Methodik der Konfliktbearbeitung soll einvernehmlich mit den Beteiligten geschehen. Diese Empfehlungen beruhen auf der Annahme, dass die Selbstheilungskräfte der Konfliktparteien intakt sind.

Für Konflikte der Eskalationsstufen 1 und 2 trifft das tatsächlich zu, doch auf den Stu- 40
fen 3 und 4 sind bekanntlich die Deformationen[29] der Wahrnehmung, des Denkens, Fühlens und Wollens bereits so weit fortgeschritten, dass durch psychische Blockaden die Beweglichkeit und Kreativität des Denkens eingeschränkt ist. Deshalb muss Mediation vorrangig darauf gerichtet sein, diese Beschränkungen wieder aufzulösen, um die Menschen gesprächs- und problemlösefähig zu machen. Erst dann können die vorhandenen Ressourcen der Beteiligten wieder für die Lösungssuche verfügbar werden. Die Streitparteien sind also gefordert, sich aus eigenen Kräften – oder unterstützt von eventuellen Vertrauenspersonen, Konfliktlotsen etc. – an die bestehenden Konfliktregulatoren zu halten.

Sobald die Schwelle zur Eskalationsstufe 5 überschritten ist, wirken jedoch die Defor- 41
mationen und Blockaden so behindernd, dass die Konfliktparteien überfordert wären, wenn sie nur aus eigenen Kräften Lösungsideen finden sollten. Weil sie das vorläufig beim besten Willen nicht schaffen könnten, würde das ihre Frustration noch verstärken und Verhärtungen erzeugen. Gunther Schmidt[30] formuliert diesen Sachverhalt sehr tref-

---

29 S. Ballreich/Glasl, 103 ff.
30 Schmidt, Geleitwort, in: Leeb/Trenkle/Weckenmann (Hrsg.), Der Realitätenkellner, 2011, 26.

fend: „Außerdem zeigt es sich in den meisten Fällen, dass Klienten so absorbiert sind in zum größten Teil unbewusst ablaufende Problemmuster, dass von ihnen gar nicht erwartet werden kann, dass sie von sich aus die enorme Sogkraft dieser Muster unterbrechen und transformieren können." Darum arbeiten Drittparteien als erstes an der Auflösung der psychosozialen Mechanismen, indem sie in professioneller Verantwortung ein adäquates Setting schaffen und zielführende Methoden einsetzen – sozusagen als „Schrittmacher". Auch inhaltlich sind Denkanstöße unbedingt nötig, um den Röhrenblick der Betroffenen zu überwinden. Allerdings geht es hier nur darum, die blockierte Kreativität anzuregen, und es ist dabei darauf zu achten, dass dies nicht in die Entscheidungsautonomie der Parteien eingreift und nur so lange zu geschehen hat, bis die Konfliktparteien in ihren Selbstheilungskräften genügend aktiviert und gestärkt sind und aus eigener Kraft Ideen generieren können.

42 In Kap. 3.3 dieses Buches habe ich näher ausgeführt, wie Interventionen der Drittpartei auf die Gegebenheit der verschiedenen Eskalationsstufen abgestimmt werden können und welche Konsequenzen sich daraus für die Rollen und Strategien der Konfliktbearbeitung ergeben.

2.2. Neurobiologische Aspekte der Entstehung und Bearbeitung von Konflikten

Literatur: Hüther, G., Biologie der Angst – Wie aus Streß Gefühle werden, 9. Aufl. 2009; Hüther, G., Bedienungsanleitung für ein menschliches Gehirn, 9. Aufl. 2010; Hüther, G., Die Macht der inneren Bilder. Wie Visionen das Gehirn, den Menschen und die Welt verändern, 5. Aufl. 2009; Hüther, G., Was wir sind und was wir sein könnten – ein neurobiologischer Mutmacher, 2011.

2.2.1 Einleitung

Wo immer Menschen auf der Suche nach Lösungen zur Bewältigung bestimmter Probleme zusammentreffen, sind sie gezwungen, ihre jeweiligen, aus ihren bisher gemachten Erfahrungen abgeleiteten Vorstellungen und Überzeugungen abzugleichen. Die Unterschiedlichkeit individuell gemachter Erfahrungen und der daraus entstandenen subjektiven Überzeugungen führt zu Konflikten, die so tiefgreifend werden können, dass die gemeinsame Lösung des ursprünglichen, den Konflikt auslösenden Problems in den Hintergrund gerät und unmöglich wird. 1

Der einfachste und deshalb wohl auch am häufigsten beschrittene Weg bei dieser Suche nach einer Lösung für ein bestimmtes Problem läuft darauf hinaus, dass sich der Eine mit seinen Überzeugungen durch- und über den Anderen hinwegsetzt, sei es aufgrund seiner überlegenen rhetorischen Fähigkeiten, seiner besonders kompromisslos vertretenen Haltung oder seiner als kompetenter und überlegener erscheinenden Fähigkeiten und Fertigkeiten bei der Einschätzung und Lösung der betreffenden Problematik. Die mit derartigen Überrumpelungstechniken erreichten Übereinkünfte zeichnen sich in erster Linie durch ihre zwangsläufig zustande gekommene Einseitigkeit aus. Was bei dieser Art von Disputen gefunden wird, sind zwar sehr schnelle, dafür aber wenig tragfähige Lösungen. 2

Eine ganz andere, aber weitaus bessere Strategie, die Menschen mit unterschiedlichen Erfahrungen und ihren daraus abgeleiteten unterschiedlichen Vorstellungen zur Lösung gemeinsamer Probleme einschlagen können, besteht darin, einander Fragen zu stellen. Fragen, die nicht so sehr darauf abgerichtet sind, wie **sich ein bestimmtes Ziel am besten und am schnellsten erreichen lässt**, sondern Fragen, die uns in all unserer Verschiedenheit zwingen, darüber nachzudenken, **welches gemeinsame Ziel wir eigentlich verfolgen**, was uns wichtig und deshalb vorrangig zu behandeln ist und was uns weniger wichtig erscheint und daher nebensächlich bleiben kann. Aber dazu müssten wir vielleicht etwas genauer betrachten, woher eigentlich unsere Vorstellungen stammen und wie sie in unsere Köpfe gelangen. Und genau hier, in unserem Verständnis dessen, was sich in unserem Gehirn abspielt, etwa wenn wir es zum Lösen von Problemen einsetzen, wenn wir damit neue Erfahrungen machen, oder wenn wir an der Richtigkeit eines einmal eingeschlagenen Weges zu zweifeln und über uns selbst nachzudenken beginnen, hat sich in den letzten Jahren ganz Entscheidendes verändert. 3

Die in unserem Gehirn angelegten, unser Fühlen, Denken und Handeln bestimmenden Nervenzellverschaltungen, so lautet die wichtigste Erkenntnis der modernen Hirnfor- 4 schung, sind wesentlich anpassungsfähiger, durch die Art ihrer Nutzung formbarer, auch verformbarer, als bisher angenommen. Eigene Erfahrungen, die wir machen, werden strukturell in Form neuer Verschaltungsmuster im Gehirn verankert, und das nicht nur am Anfang unserer Entwicklung, sondern zeitlebens. Die aus diesen eigenen Erfahrungen erwachsenden inneren Einstellungen, Vorstellungen und Überzeugungen bestimmen darüber, was wir wahrnehmen, wie wir bestimmte Wahrnehmungen bewerten und schließlich handeln. Da die wichtigsten Erfahrungen, die wir mit unserem Gehirn machen, immer Erfahrungen im Zusammenleben mit anderen Menschen sind, wird die Strukturierung des menschlichen Gehirns ganz wesentlich durch soziale Erfahrungen, also durch Erziehung, durch kulturelle Tradierungen und nicht zuletzt durch soziale Kanalisierungsprozesse bestimmt. Unser Gehirn ist also ein soziales Konstrukt und damit weniger ein Denk-, als vielmehr ein Sozialorgan (das man glücklicherweise und unter bestimmten Voraussetzungen auch zum Nachdenken nutzen kann).

2.2.2 Die Strukturierung des menschlichen Gehirns durch Beziehungserfahrungen

5 Weil das sich entwickelnde Gehirn nicht „weiß", welche Nervenzellverschaltungen und synaptischen Verbindungen in welcher Weise auszuformen und miteinander zu verknüpfen sind, wird in allen Regionen zunächst ein enormer Überschuss an Nervenzellen, Fortsätzen und Synapsen produziert. Erhalten bleiben im weiteren Verlauf des Reifungsprozesses davon jedoch nur diejenigen Nervenzellen, Fortsätze und Synapsen, die funktionell genutzt, dh in größere funktionelle Netzwerke integriert und auf diese Weise stabilisiert werden können. Der Rest wird wieder abgebaut (nutzungsabhängige Strukturierung). Dieser Prozess verläuft in einer charakteristischen zeitlichen Abfolge, von hinten beginnend (Rückenmark) über Stammhirn, Mittelhirn (Thalamus, Hypothalamus, limbisches System) zum Vorderhirn. In den sich zuletzt entwickelnden Bereichen des Gehirns wird der Prozess der nutzungsabhängigen Strukturierung (Bildung und Elimination überschüssiger synaptischer Verschaltungen) zunehmend durch die individuell vorgefundenen äußeren Nutzungsbedingungen (familiäres und soziales Umfeld, Erziehung und Sozialisation) und den unter diesen Bedingungen gemachten oder von nahestehenden Bezugspersonen übernommenen Erfahrungen bestimmt.

6 Die strukturelle Verankerung von Erfahrungen ist eng an die Aktivierung emotionaler, limbischer Hirnregionen geknüpft. Zu einer Aktivierung dieser Bereiche kommt es immer dann, wenn etwas Neues, Unerwartetes wahrgenommen wird. Das kann entweder als Bedrohung (Angst) oder als Belohnung (Freude) empfunden werden. Die damit einhergehende Aktivierung limbischer Zentren führt zu einer vermehrten Ausschüttung einer ganzen Reihe von Signalstoffen mit trophischen, neuroplastischen Wirkungen (Transmitter, Neuromodulatoren, Hormone) in den höheren assoziativen kortikalen Regionen. Unter dem Einfluss dieser Signalstoffe (zB Katecholamine, Neuropeptide), die die Bildung und Bahnung synaptischer Verschaltungen stimulieren, kommt es zur Festigung und Stabilisierung insbesondere all jener Nervenzellverschaltungen, die im Verlauf der emotionalen Aktivierung besonders intensiv genutzt werden (strukturelle Verankerung positiver oder negativer Erfahrungen, „emotionales Gedächtnis" für erfolgreiche oder erfolglose Bewältigungsstrategien).

7 Aufgrund seiner individuell und im Zusammenleben mit anderen Menschen gemachten und im Hirn in Form bestimmter Nervenzell-Verschaltungen entsprechend verankerten Erfahrungen gelangt jeder einzelne Mensch im Lauf seines Lebens zu bestimmten Annahmen und entwickelt bestimmte Vorstellungen über die (soziale) Welt, über die Art seiner Beziehungen zur äußeren (sozialen) Welt und über seine Möglichkeiten zur Mitgestaltung dieser Welt. Diese Vorstellungen werden als inneren Orientierungen, Selbstwirksamkeitskonzepte und eigene Leitbilder im Hirn verankert. Sie bieten einem Men-

schen Halt und Sicherheit, bestimmen seine Entscheidungen, lenken seine Aufmerksamkeit in bestimmte Richtungen und sind daher ganz entscheidend dafür, wie und wofür der Mensch sein Gehirn benutzt und daher auch strukturiert. Die konkrete Form dieser inneren Bilder und Orientierungen, die ein Mensch im Lauf seines Lebens für seine weitere Lebensgestaltung findet, hängt im hohen Maß von den jeweils vorgefunden und als besonders „erfolgreich" bewerteten Vorbildern ab, die er als Heranwachsender innerhalb seines Kulturkreises und der dort herrschenden sozialen (familiären und gesellschaftlichen) Beziehungen vorfindet. Zwangsläufig ergibt sich daraus, dass die „Denkmuster", die „Gefühlsstrukturen" und die im Lauf des Lebens erworbenen Fähigkeiten und Fertigkeiten von Menschen aus verschiedenen Kulturkreisen – und innerhalb eines Kulturkreises, von Menschen aus unterschiedlichen Familien und Sippen, von Männern und Frauen, von Erstgeborenen und Nachgeborenen – mehr oder weniger stark voneinander abweichen. Da nirgendwo auf der Welt identische Bedingungen herrschen, unter denen die Menschen identische Erfahrungen machen, ist jedes menschliche Gehirn ein einzigartiges Konstrukt. Es wird herausgeformt durch das Zusammenspiel einzigartiger mitgebrachter Anlagen und selbstgemachter Erfahrungen, und die auf diese Weise entstandenen und gefestigten neuronalen Verbindungen und Verschaltungsmuster verleihen dem betreffenden Menschen seine individuellen Begabungen, Fähigkeiten und Fertigkeiten. Je größer die Vielfalt individuell unterschiedlicher Denk-, Gefühls- und Handlungsmuster in einer menschlichen Gemeinschaft ist, desto reichhaltiger ist der Schatz innerer Bilder, aus dem diese Gemeinschaft die geeignetste Lösung zur Bewältigung ihrer Probleme auswählen kann.

Es gibt bestimmte neuronale Aktivierungsmuster, die abgerufen werden können, um **8** komplexe motorische Handlungsabläufe in Gang zu setzen und zu steuern. Die einfachsten sind bereits zum Zeitpunkt der Geburt herausgeformt (angeboren), schwierigere Handlungsmuster (für Greifbewegungen, für das koordinierte Krabbeln, später für den aufrechten Gang, das Schwimmen oder Fahrradfahren) müssen erst anhand von Vorbildern und wiederholtem Üben etabliert, gebahnt und stabilisiert werden. Das bei einer intendierten Handlung über dem motorischen Cortex ableitbare Bereitschaftspotential ist die von außen messbare Entsprechung der Aktivierung eines solchen „inneren Handlungsbildes". Die interessantesten und für die Art der weiteren Nutzung und Strukturierung des Gehirns maßgeblichsten „inneren Bilder" werden in den höchsten und am stärksten vernetzten assoziativen Bereichen des menschlichen Gehirns gebildet. Eine herausragende Funktion spielt hierbei die präfrontale Rinde (Stirnlappen oder frontaler Cortex), also diejenige Hirnregion, deren endgültige Verschaltungsmuster während der Individualentwicklung zuletzt herausgebildet wird und deren Strukturierung in besonderer Weise durch eigene Erfahrungen im Verlauf der frühen Kindheit, durch Erziehung und Sozialisation bestimmt wird. Hier werden diejenigen inneren Bilder generiert und als charakteristische neuronale und synaptische Aktivierungsmuster gebahnt und gefestigt, die für die höchsten Leistungen des menschlichen Gehirns entscheidend sind: Die Fähigkeit, eine Vorstellung von sich selbst (Selbstbild) und seiner eigenen Wirkungen (Selbstwirksamkeitskonzept) zu entwickeln, sich in andere Menschen hineinzuversetzen (sich ein Bild von anderen zu machen), seine Handlungen zu planen und seine eigenen inneren Impulse zu kontrollieren und in eine bestimmte Richtung zu lenken (sich ein Bild von dem zu machen, was man will).

Mithilfe dieser inneren Bilder entscheidet ein Mensch, was ihm wichtig ist, womit er **9** sich beschäftigt, wofür er sich einsetzt, worauf er seine Aufmerksamkeit fokussiert und wie er seine Vorstellungen umsetzt. Der Umstand, dass diese inneren Vorstellungsbilder bis heute in unserem Kulturkreis als belanglose, wirklichkeitsferne Illusionen und Konstrukte abgetan werden, macht deutlich, wie sehr die Macht dieser inneren Bilder gegenwärtig noch völlig unterschätzt wird. Das gilt sowohl für die Kräfte, die durch der-

Hüther   81

artige innere Bilder zur Gestaltung, Umgestaltung oder auch Zerstörung bestimmter Bereiche der äußeren Welt oder menschlicher Beziehungen freigesetzt werden. Das gilt aber auch für die Kraft, mit der diese Vorstellungsbilder die weitere Nutzung des Hirns der betreffenden Menschen bestimmen und damit nutzungsabhängige Strukturierungsprozesse in Gang setzen, die später nur noch schwer wieder auflösbar sind.

2.2.3. Die neurobiologischen Auswirkungen von Konflikten

10 Jede Veränderung der Beziehung eines Menschen zu den wahrnehmbaren Phänomenen seiner äußeren Welt hat also immer auch messbare neurobiologische Auswirkungen. Die bedeutungsvollsten und daher in ihren Wirkungen auf die innere Organisation und Struktur des Gehirns nachhaltigsten Störungen der dort etablierten neuronalen Beziehungsmuster resultieren beim Menschen aus seinen Beziehungen zu anderen Menschen. Das gilt natürlich oder vielleicht sogar in besonderer Weise für die Beziehungen zwischen den Beteiligten eines Konflikts.

11 Trotz der enormen Weiterentwicklung neurobiologischer Messtechniken, nicht zuletzt durch die Einführung der sog. funktionellen bildgebenden Verfahren, bleibt das Bild der durch solche Konflikte im Gehirn nachweisbaren Veränderungen unvollständig und verschwommen. Was von dem im Gehirn tatsächlich ablaufenden Vorgängen sichtbar wird, hängt davon ab, mit welchen Scheinwerfern man das Geschehen beleuchtet und wohin man schaut. Und selbst im noch immer recht trüben Licht der gegenwärtig eingesetzten Messinstrumente wird bereits das nächste, noch viel schwerer wiegende Problem unübersehbar: Die im Gehirn (und im Körper) eines Konfliktpartners ausgelösten Veränderungen sind in erster Linie von dessen subjektiver Bewertung des Geschehens abhängig. Deshalb kann ein und dieselbe Konfliktursache im Gehirn der beteiligten Personen zu völlig unterschiedlichen, zT sogar gegenteiligen neurobiologischen, neuroendokrinen, kardiovaskulären und sogar immunologischen Reaktionen führen. Entscheidend für die subjektive Bewertung einer Konfliktsituation sind die jeweiligen Vorerfahrungen der betreffenden Personen.

12 Die wichtigsten Erfahrungen machen Menschen immer dann, wenn sie gezwungen sind, bestimmte Probleme eigenständig zu bewältigen. Dabei eignet sich jeder Mensch neben bestimmten Fähigkeiten und Fertigkeiten auch Wissen an, das er für die Lösung künftiger Probleme nutzen kann. Dieser Anpassungsprozess funktioniert um so besser, je häufiger eine Person mit unterschiedlichen Problemen konfrontiert ist, mit Problemen, die sie betroffen macht, die sie innerlich aufwühlt, emotional berührt und die gelöst werden müssen. Immer dann, wenn es zu einer solchen Störung des emotionalen Gleichgewichts kommt, werden im Gehirn tieferliegende Zentren aktiviert und bestimmte Botenstoffe ausgeschüttet, die dazu beitragen, all jene Nervenzellverschaltungen zu festigen und zu stabilisieren, die von der betreffenden Person zur Lösung des Problems und damit zur Wiederherstellung ihres emotionalen Gleichgewichtes besonders intensiv benutzt werden.

13 Welche Prozesse im Zuge einer solchen Störung des emotionalen Gleichgewichts aktiviert werden und welche langfristigen neuronalen Veränderungen dadurch ausgelöst werden, hängt davon ab, ob das Problem von den jeweiligen Konfliktpartnern als lösbar oder unlösbar erlebt und bewertet wird.

14 Zu einer kontrollierbaren Stressreaktion kommt es immer dann, wenn die bisher angelegten Verschaltungen im Gehirn zwar prinzipiell geeignet, aber einfach noch nicht effizient genug sind, ein Problem vollständig und gewissermaßen routinemäßig zu lösen. Eine derartige Belastung ist besser mit dem Begriff „Herausforderung" zu beschreiben. Sie beginnt, wie jede Reaktion auf etwas Neues, Fremdartiges oder gar Bedrohliches, mit einer unspezifischen Aktivierung in assoziativen Bereichen der Hirnrinde, die sich

rasch auf tiefer liegende Regionen des Gehirns ausbreitet. Sobald im Zuge dieser unspezifischen Aktivierung eine Möglichkeit zur Lösung der betreffenden Anforderung gefunden wird, kommt es mit der Aktivierung der an dieser Verhaltensreaktion beteiligten neuronalen Verschaltungen zum Erlöschen der initialen unspezifischen Aktivierung. Vor allem die verstärkte Ausschüttung sog. neuroplastischer Botenstoffe in den initial aktivierten cortikalen und limbischen Hirnregionen führt zu einer ganzen Reihe von funktionellen und metabolischen Veränderungen in Nerven- und Gliazellen, die direkt oder indirekt zu einer Stabilisierung und einer Verbesserung der Effizienz der in die Antwort involvierten neuronalen Verschaltungen beitragen.

Wiederholt auftretende, kontrollierbare Belastungen (oder besser: Herausforderungen) führen so zu einer sukzessiven Stabilisierung, Bahnung und verbesserten Effizienz der in die Antwort involvierten neuronalen Netzwerke und Verbindungen. Sehr komplexe, verschiedenartige und vielseitige kontrollierbare Belastungen sind offenbar notwendig, um die individuellen genetischen Möglichkeiten zur Strukturierung eines entsprechend komplexen Gehirns, wie das des Menschen, nutzen zu können. 15

Die Erfahrungen, die jeder Konfliktpartner im Lauf seines Lebens gemacht hat, sind in Form bestimmter neuronaler Verschaltungsmuster in seinem Gehirn verankert. Wichtige und häufig gemachte Erfahrungen haben daher gewissermaßen eingefahrene Spuren im Gehirn hinterlassen, die seine Wahrnehmung, sein Denken, Fühlen und Handeln bestimmen und ihn auf diese Weise immer wieder zu einer ganz bestimmten Art und Weise der Benutzung seines Gehirns zwingen. Durch das, was die Hirnforscher „nutzungsabhängige Plastizität" nennen, entstehen eben aus anfänglich noch sehr labilen Nervenwegen allmählich immer breitere Straßen und – wenn man nicht aufpasst – womöglich gar fest betonierte Autobahnen. Auf denen kann man dann uU mit rasanter Geschwindigkeit vorankommen, aber leider führen sie bisweilen in die falsche Richtung. 16

Leider führen solche stressmediierten zentralnervösen Anpassungsprozesse allzu oft zur Stabilisierung und Bahnung und damit zur zunehmenden Verfestigung von Vorstellungen und Überzeugungen, die sich für die spätere Bewältigung von Lebensaufgaben und Beziehungsgestaltung als ungeeignet erweisen. Wenn bestimmte Herausorderungen sehr häufig auftreten, werden die zu ihrer Bewältigung entwickelten und deshalb immer wieder eingeschlagenen Strategien für allgemeingültiger gehalten, als sie das in Wirklichkeit sind. Im Ergebnis dieser Bahnungsprozesse kann es zu einer Vielzahl „erfolgsgebahnter psychischer Erblindungsphänomene" kommen. Dann sehen die an einem Konflikt beteiligten Personen allzu oft nicht das, was ist, sondern nur noch das, was ihnen aufgrund ihrer bisherigen Erfahrungen als besonders wichtig erscheint. 17

Durch solche immer wieder eingeschlagene, und subjektiv als erfolgreich bewertete Lösungsstrategien, wird eine zunehmende Verfestigung von Denkmustern und Verhaltensweisen gefördert, die das Gefühl von Verunsicherung, Angst und Stress eine zeitlang durchaus abmildern können, aber die zugrunde liegenden Probleme nicht lösen. Personen, die solche einfachen einseitigen Lösungen gefunden haben, halten ihre einmal entwickelten Strategien für allgemeingültiger, als sie in Wirklichkeit sind, und neigen dazu, neue Herausforderungen immer wieder mit den alten, gebahnten Strategien bewältigen zu wollen. Menschen, bei denen solche Autobahnen im Hirn entstanden sind, werden in ihren Haltungen immer rigider, verlieren zunehmend an Flexibilität und stehen sich immer stärker selbst im Wege, wenn es darum geht, nach neuen Lösungen zu suchen. Und wenn sie irgendwann endlich bemerken, wie brüchig das Fundament geworden ist, auf dem sie stehen, ist es nicht selten bereits zu spät. Dann werden die Angst und die damit einhergehende Stressreaktion immer unkontrollierbarer. Den destabilisierenden Wirkungen dieser Reaktion sind sie hilflos ausgesetzt. Ihr Immunsystem bricht zusammen, das Hormonsystem verliert seine integrative Funktion, die Testosteronspiegel rutschen 18 mitsamt der Libido in den Keller, das Kreislaufsystem spielt verrückt, die Verdauung funktioniert auch nicht mehr richtig, Schlafstörungen werden zu einem Dauerproblem, Ängste machen sich breit und verhindern jeden klaren Gedanken. Jeder, der an diesem Punkt angekommen ist, weiß, dass es so nicht weitergehen kann, dass er eine Möglichkeit finden muss, um diese Reaktion und die damit einhergehenden Destabilisierungsprozesse anzuhalten.

19 Das allerdings ist gerade unter den Bedingungen von Konflikten nicht so leicht. Jede schwerwiegende Irritation oder Belastung erzeugt im Hirn eine sich ausbreitende Erregung, die dazu führt, dass nur noch auf der Ebene der besonders stabilen, durch bisherige Erfahrungen bereits gut gebahnten Verschaltungsmuster ein entsprechendes, handlungsleitendes Aktivierungsmuster aufgebaut werden kann. Deshalb kommt es dann meist zum Rückfall in bereits bewährte Strategien. Bisweilen sogar zu Reaktionen, die schon während der frühen Kindheit gebahnt worden sind oder – wenn es besonders bedrohlich wird – sogar zum Rückfall in archaische Notfallreaktion. Die sind im Hirnstamm nicht nur bei uns, sondern auch bei Tieren angelegt und führen, wenn sie aktiviert werden, zu Angriff oder Verteidigung, zu panischer Flucht und zuletzt – wenn gar nichts mehr geht – zu ohnmächtiger Erstarrung.

20 Je größer die Belastung und die dadurch sich im Gehirn ausbreitende Erregung wird, desto tiefer geht es also auf der Stufenleiter der noch aktivierbaren, handlungsleitenden Muster wie in einem Fahrstuhl hinab. Das Verhalten wird einfacher. Regression nennen das die Psychologen. Und weil dann im Hirn weniger regionale Netzwerke miteinander synchronisierbar sind und miteinander in Beziehung treten können, werden die Reaktionen auch entsprechend robuster und eindeutiger.

21 Umsichtige und nachhaltige Lösungen können von Konfliktbeteiligten, die mit ihrem Gehirn in einem solchen Zustand geraten sind, nicht gefunden werden.

2.2.4 Die mit der Lösung von Konflikten einhergehenden neurobiologischen Veränderungen

22 So unzweckmäßig das Festhalten an alten, gebahnten Denkmustern auch sein mag, so leisten sie doch etwas sehr Bedeutsames: Sie sind vertraut und bieten – vor allem dann, wenn viele andere Menschen auch so denken und mit denselben Einstellungen und Überzeugungen herumlaufen – Sicherheit. Sich davon zu lösen macht Angst. Deshalb müssen Menschen, die neues Denken wollen, diese Angst annehmen und überwinden. Das einzige Gegenmittel gegen Verunsicherung und Angst – auch das können die Hirnforscher inzwischen mithilfe ihrer bildgebenden Verfahren objektiv und empirisch nachweisen – ist Vertrauen. Wer kreativ sein und alte Muster durchbrechen will, braucht also Vertrauen in sich selbst, in seine eigenen Fähigkeiten und Fertigkeiten, in die eigenen Erfahrungen und das eigene Wissen.

23 Um den Fahrstuhl im Gehirn in umgekehrter Richtung zu benutzen und von einfacheren zu komplexeren handlungsleitenden Mustern zu gelangen, muss also logischerweise der äußere Druck nachlassen bzw das innere Erregungsniveau abgesenkt werden. Erst dann können wieder komplexere, subtilere und fragilere Beziehungsmuster zwischen möglichst vielen Nervenzellen aus möglichst unterschiedlichen Bereichen des Gehirns aufgebaut und als handlungs- und denkleitende Muster aktiviert werden. Erst dann kann man auch wieder anders Denken als bisher, und erst dann wird man auch in der Lage sein, alternative Lösungen für ein Problem zu finden.

24 Das Gehirn kann sich verändern, aber nur dann, wenn es auch anders als bisher genutzt wird. Aber was muss passieren, damit wir unsere Gedanken auf ganz neue Wege schicken und neue Vorstellungen über das, worauf es im Leben ankommt entwickeln können? Auch diese Frage ist inzwischen mithilfe der neuen Erkenntnisse der Hirnforscher

recht leicht beantwortbar, wenngleich diese Erkenntnisse im Grunde nur das bestätigen, was wir alle längst wissen: Es muss etwas passieren, dh eine Person muss etwas erleben oder erfahren, was ihr „unter die Haut geht". Es darf nicht so stark sein, dass sie gleich in Angst und Panik gerät. Es sollte als Gefühl vielleicht noch nicht einmal so eindringlich sein, dass es sie betroffen macht, sie also uU gar beschämt. Es müsste etwas sein, was sie im Innersten berührt oder irgendwie anrührt. Und anrühren kann einen Menschen nur etwas, was eine alte Sehnsucht in ihm wiedererweckt, was etwas in ihm wachruft oder an etwas in ihm anknüpft, das ihm irgendwie abhanden gekommen oder von anderen Erfahrungen verschüttet worden ist.

Damit ein Mensch in die Lage versetzt wird und den Mut findet, seine im Lauf des Lebens gewonnenen, sowohl individuell als auch kollektiv erfolgsgebahnten Ideen und Vorstellungen loszulassen, müsste er also die Gelegenheit geboten bekommen, etwas wiederzufinden, was er verloren hat: seine Fähigkeit, die Welt wieder so offen, so vorurteilsfrei und so neugierig zu betrachten, wie das noch immer als frühe Erfahrung in den damals herausgeformten und inzwischen „nach unten abgesackten" und von anderen Erfahrungen überlagerten Schichten seines Gehirns verankert – und deshalb auch wieder reaktivierbar – ist. Genau das zu ermöglichen, ist die Aufgabe eines Mediators: die Konfliktparteien einzuladen, sie zu ermutigen und vielleicht sogar zu inspirieren, das Problem, das ihnen so sehr zu schaffen macht, mit anderen Augen, aus einer anderen, für die Lösung dieses Problems günstigeren Perspektive zu betrachten.

25

2.3 Kulturpsychologische und ethnologische Einsichten: Transkulturelle Mediation

Literatur: Augsburger, D.W., Conflict Mediation across Cultures, 1992; Mayer, C.-H., Trainingshandbuch Interkulturelle Mediation und Konfliktlösung. Didaktische Materialien zum Kompetenzerwerb, 2006; Mayer, C.-H./Boness, C., Interkulturelle Mediation und Konfliktbearbeitung. Bausteine deutsch-afrikanischer Wirklichkeiten, 2004; Treichel, D./Mayer, C.-H., Lehrbuch Kultur. Lehr- und Lernmaterialien zur Vermittlung kultureller Kompetenzen, 2011.

2.3.1 Einleitung

1 Dieser Beitrag nimmt sich der Aufgabe an, die Themen Mediation, Kultur, Interkulturalität und Transkulturalität zu betrachten und – soweit in diesem Rahmen möglich – zu klären. Der Text gibt einen ersten Einblick in die Themen und ihre Zusammenhänge und schließt somit an den Text in Kapitel 2.4 an.

Das Thema Mediation ist bereits aus vielen unterschiedlichen Perspektiven und Fachrichtungen betrachtet worden. Sobald es um Mediation in interkulturellen bzw transkulturellen Kontexten geht, so könnte man meinen, seien besonders ethnologische, kulturwissenschaftliche oder kulturpsychologische Ansätze vertreten.

2 Betrachtet man die Werke, die sich mit Kultur und Mediation beschäftigen, so stößt man bald auf das Standardwerk „Mediation across Cultures".[1] Dieses Buch gibt einerseits Aufschluss über Mediation und mediative Konfliktlösungsansätze in unterschiedlichen Kulturen und stellt andererseits ein „nordamerikanisches" Mediationsmodell dar. Unterschiede zwischen den sogenannten „traditionellen Mediationsmodellen" nichtwestlichen Ursprungs und dem „nordamerikanischen Mediationsmodell" werden herausgearbeitet. Dieses Werk schlägt somit eine Brücke von ethnologisch erfassten Mediationsmodellen und einem „modernen" Mediationsmodell, verweist jedoch vorwiegend auf Unterschiede, die zwischen den kulturspezifischen Mediationsmodellen zu finden sind.

Ethnologische Perspektiven auf Mediation zeigen sich vor allem in Forschungen zu ethnischen,[2] strukturellen bzw. kriegerischen[3] Konflikten und Texten zum Umgang mit ethnospezifischen Lösungsmechanismen.[4] Jüngste ethnologische Untersuchungen jedoch befassen sich mit der Analyse von ethnospezifischen Konfliktprozessen bspw. in Gambia[5] oder mit Begriffen und Konzepten von Mediation in unterschiedlichen Arbeitskontexten in Tansania auf Basis ethnologisch-konstruktivistischer Forschungsmethodologi-

---

1 Augsburger 1992.
2 ZB Horowitz, Ethnic Groups in Conflict. Revised Version 2000.
3 Aijmer/Abbink, Meanings of violence. A cross-cultural perspective, 2001.
4 Comaroff/Stern, Perspectives on Nationalism and War. 1995; Ury, The Third Side, 1999; Mayer, Fließende Grenzen. Wertorientierungen und Konfliktrealitäten in multi-kulturellen Räumen in Cape Town. Eine Feldstudie im Rahmen von Kirchen und Nicht-Regierungs-Organisationen in Post-Apartheid-Südafrika, 2004.
5 Davidheiser, Social Behavior, Cultural Perspectives, and Conflict Mediation: A Multi-Variate Analysis of Gambian Dispute Processing, in: Busch/Mayer/Boness, International and Regional Perspectives on Cross-cultural Mediation, Vol. 5, Studien zur Interkulturellen Mediation, 2010.

en.[6] Weitere Forschungen[7] beziehen sich auf regionalspezifische Konfliktlösungsansätze und geben somit Einblicke in Mediation in unterschiedlichen Regionen.

Aus einer politischen Perspektive zeichnet sich das Themenfeld der „internationalen Mediation" ab, welches politisch orientiert ist und auf theoretische Zusammenhänge und Herausforderungen der Mediation in internationalen und sozio-politischen Zusammenhängen hinweist.[8]

Andere Studien nähern sich dem Thema der Mediation und Kultur aus sozialpsychologischer, sozialwissenschaftlichen bzw. sozialpädagogischen Perspektiven und führen eine Bestandsaufnahme beachtenswerter und herausfordernder Aspekte in Mediationen in interkulturellen Kontexten durch.[9]

Kulturpsychologische Ansätze, die sich mit den kulturspezifischen Ursachen menschlichen Denkens, Fühlens und Handelns befassen und den Zusammenhang von Kultur und Psyche betrachten, betonen zB die Wichtigkeit der Identitätsarbeit in der Mediation in ausgewählten sozio-kulturellen Kontexten, wie bspw in Management und Organisationen.[10]

Deutlich wird, dass Vertreter unterschiedlicher Fachdisziplinen ihren fachspezifischen Blick auf das Thema „Mediation und Kultur" geworfen haben. Gleichzeitig zeigt sich ein Bedarf an interdisziplinären und transkulturellen Ansätzen, die kulturspezifische Herangehensweisen aufgreifen und diese synergetisch zusammenführen, um der Komplexität gegenwärtiger Konflikte und Konfliktlösungsprozesse gerecht zu werden.

2.3.2 Inter- und Transkulturalität

Im deutschsprachigen Raum ist in den vergangenen Jahren eine Debatte um die Begriffe der Interkulturalität und Transkulturalität entbrannt. Im Folgenden sollen die Konzepte kurz dargestellt, ihre Unterschiede erläutert und ihr Zusammenhang zur Mediation reflektiert werden.

2.3.2.1 Der Begriff der Interkulturalität

Der Begriff der Interkulturalität ist seit Mitte des 20. Jahrhunderts in den Wissenschaften eingeführt und diskutiert worden und hat in den letzten zwei Dekaden an Popularität über die klassischen Fachdisziplinengrenzen hinaus gewonnen. Entsprechend wurden aus unterschiedlichen Perspektiven interkulturelle Kompetenzmodelle entwickelt.[11]

Das interkulturelle Kompetenzmodell nach Bolten[12] bspw setzt sich aus klassischen Kompetenzen – Fachkompetenz, individuelle Kompetenz, soziale Kompetenz und stra-

6 Mayer/Boness/Kussaga,Terms and conceptsof intercultural mediation and conflict management from Tanzanian perspectives, in:Busch/Mayer/Boness, International and Regional Perspectives on Cross-cultural Mediation, Vol. 5, Studien zur Interkulturellen Mediation, 2010.

7 Abu-Nimer, Conflict Resolution Approaches. Western and Middle Eastern Lessons and Possibilities, in: Chew, The Conflict and Culture Reader, 2010.

8 Bercovitch, Resolving International Conflicts: The Theory and Practice of Mediation, 1996.

9 ZB Haumersen/Liebe, Multikulti: Konflikte konstruktiv. Trainingshandbuch. Mediation in der interkulturellen Arbeit, 1999; Schramkowski, Interkulturelle Mediation. Mediation als eine Methode des konstruktiven Umgangs mit Interkulturellen Konflikten in Städten mit hohem multikulturellen Bevölkerungsanteil, 2001.

10 Mayer/Boness/Kussaga, 2010.

11 Hinz-Rommel, Interkulturelle Kompetenz – Ein neues Anforderungsprofil für die Soziale Arbeit, 1994; Koray, Interkulturelle Kompetenz – Annäherungen an den Begriff, in: Beauftragte der Bundesregierung für Ausländerfragen, Handbuch zum interkulturellen Arbeiten im Gesundheitsamt, 2000, 23-26; von Schlippe/El Hachimi, Konzepte interkultureller systemischer Beratung, in: Heimannsberg/Schmidt/Lellek, Interkulturelle Beratung und Mediation. Konzepte, Erfahrungen, Perspektiven, 2000, 87-114; Müller/Gelbrich, Interkulturelle Kompetenz als neuartige Anforderung an Entsandte: Status Quo und Perspektiven der Forschung, in: Schmalenbacher Zeitschrift für betriebswissenschaftliche Forschung, 5/2001.

12 Bolten, Interkulturelle Kompetenz, 2. Aufl. 2003.

tegische Kompetenz – zusammen. Mayer[13] weist darauf hin, dass zudem eine wichtige interkulturelle Kompetenzkomponente die (fremd-)sprachliche bzw rhetorische Kompetenz ist, die besonders in der interkulturellen Mediation Wichtigkeit erlangen kann.

Betrachtet man diese interkulturellen Kompetenzen hinsichtlich der Mediation in interkulturellen Kontexten, so wird deutlich, dass die MediatorInnen folgende Kompetenzen für die erfolgreiche Vermittlung in interkulturellen Kontexten benötigen:[14]

- Fachkompetenz (zB Konfliktlösungs- und Gesprächsführungskompetenz, Mediationskompetenz, berufliches Fachwissen, ethisches Selbstverständnis);
- Individuelle Kompetenz (zB Fähigkeit zur Selbstkritik, Eigenmotivation, Selbstorganisation, kulturelle Selbstreflexion, Fähigkeit zur Oberhandsicherung, optimistische Grundhaltung);
- Soziale Kompetenz (zB Toleranz- und Empathiefähigkeit, kulturelle Fremdreflexion, Fähigkeit zur Meta-Kommunikation, Teamfähigkeit);
- Strategische Kompetenz (zB Organisationsfähigkeiten, Problemlöse- und Entscheidungsfähigkeiten, Möglichkeit des Synergiedenkens, Hinzuziehen eines Dolmetschers bzw Kulturdolmetschers);
- Sprachkompetenz (zB Sprachverständnis und Sprachausdruck, Kenntnisse der Arbeits- und Verkehrssprache, Kenntnis um die Bedeutungsfelder von Sprache in interkulturellen Zusammenhängen, Fremdsprachenfertigkeit).

6 Oftmals ist das Konzept der Interkulturalität auf einen Kulturbegriff aufgebaut, der auf den Herderschen Kulturbegriff zurückgeht (s. Kap. 2.4) und zudem Kultur eher als einen abgrenzenden als einen dynamisch-inklusiven Begriff definiert. Mayer[15] jedoch weist darauf hin, dass in der interkulturellen Mediation Kultur im konstruktivistischen Sinn verstanden werden muss. Interkulturelle Mediation in diesem Sinn muss flexibel genug sein, auf die kulturellen und transkulturellen Konstrukte einzugehen, sie zu verstehen, die Ressourcen zu erkennen und unterschiedliche kulturelle Konstrukte synergetisch zu einem neuen Konstrukt zu rekonstruieren. Entsprechend sind die interkulturellen Kompetenzen besonders in der Mediation dazu geeignet, um interkulturelle Differenzen zu überwinden, ressourcen- und lösungsorientiert vorzugehen und neue Kulturen im Konfliktmanagement zu (re-)konstruieren.

In den vergangenen Jahren sind jedoch Begriff und Konzept der Interkulturalität stark kritisiert und vom Begriff und gedanklichen Ansatz der Transkulturalität teilweise sogar ersetzt worden, da die Transkulturalität eher auf verbindende, als auf trennende Aspekte von Kulturen blickt und eher einen Beitrag zur Verständigung leistet als der interkulturelle Diskurs.

2.3.2.2 Der Begriff der Transkulturalität

7 Das Konzept der Transkulturalität wurde im deutschsprachigen Raum von Wolfgang Welsch[16] propagiert und impliziert das Überschreiten konstruierter kultureller Grenzen. Nach Meinung Welschs sind Kulturen heute so heterogen und so stark ineinander verflochten, dass sie in sich bereits transkulturell, hybrid, dynamisch und von Durchmischung durchdrungen sind. Entsprechend sind der herkömmliche Kulturbegriff und die Zuschreibung kultureller und nationaler Identitäten hinfällig bzw entkoppelt. Die innere Transkulturalität einer Person, die sich in sozio-kulturellen Identitätsteilen spiegelt,

---

13 Mayer 2006.
14 Mayer/Boness 2004.
15 Mayer 2006.
16 Welsch, Transkulturalität – Lebensformen nach der Auflösung der Kulturen, 1990; Welsch, Transkulturelle Gesellschaften, in: Merz–Benz/Wagner, Kultur in Zeiten der Globalisierung. Neue Aspekte einer soziologischen Kategorie, 2005, 39–67.

wie zB Gender, Klasse, Beruf und anderer sozio-kultureller Zugehörigkeiten, unterstützt die Auseinandersetzung und Ankopplung an externe Transkulturalität in Gesellschaften.[17]

Transkulturelle Kompetenz setzt sich aus unterschiedlichen Grundpfeilern zusammen. Nach Treichel[18] besteht transkulturelle Kompetenz vor allem aus der Wertschätzung und dem Respekt gegenüber unterschiedlichen Konstruktionen von Wirklichkeiten, wie bspw sozio-kulturellen Systemen, und der Anerkennung ihrer inneren Komplexität. Zudem ist ein weiterer wichtiger Aspekt der transkulturellen Kompetenz, konstruktiv und ressourcenorientiert mit Diversität umzugehen und entsprechende Ressourcen zu aktivieren und Gemeinsamkeiten in den Blickpunkt des Geschehens zu rücken. Schließlich ist auch die Fähigkeit zur Selbst- und zur Fremdreflexion wichtig, um aus einer inneren sensiblen Stärke heraus Synergien zu konstruieren.   **8**

Überträgt man dieses Konzept der transkulturellen Kompetenz auf die transkulturelle Mediation, so wird deutlich, dass grundlegende Werte die Wertschätzung und der Respekt gegenüber Wirklichkeitskonstruktionen, die kulturell geprägt sind, wichtig werden. Auch die Ressourcenorientierung , die in jeder Mediation als grundlegend angesehen werden sollte, gewinnt an Wert. Schließlich ist die Herausforderung die kulturelle Selbst- und Fremdreflexion, die es in den Mediationsprozess einzufädeln gilt und konstruktiv zu einer gemeinsamen Reflexion der sozio-kulturellen Kontexte zu erweitern.   **9**

2.3.3 Der Einfluss von Inter- und Transkulturalität auf die Mediation

Mit der Definition des Kulturbegriffs und seiner Einbettung in eine konstruktivistische Perspektive stellt sich nun die Frage, was unter „interkultureller bzw transkultureller Mediation" zu verstehen ist. Bisher existiert kein gängiges und allgemein akzeptiertes Modell der transkulturellen Mediation. Eine Möglichkeit, transkulturelle Mediation zu definieren, wird nachstehend erläutert.[19]   **10**

Wie bereits angedeutet, zeigt sich der theoretische Hintergrund des Konstruktivismus im transkulturellen Mediationsdiskurs als grundlegend.[20] Denn hier werden Bereiche des Umgangs mit (kultureller) Identität, mit Selbst- und Fremdbildern, mit kulturellen Wahrnehmungen und Erwartungen, wie auch mit kulturspezifischen Vorstellungen des Erlebens, des Austragens und des Lösens von Konflikten angesprochen und synthetisiert.   **11**

Bis heute ist kein spezifisches Verfahren entwickelt worden, welches sich ausschließlich mit der Bearbeitung und Definition transkultureller Konflikte und Mediation auseinandersetzt. Vielmehr gibt es unterschiedliche Annäherungen an die Thematik. In der westlichen Literatur wird der Begriff der interkulturellen Mediation oftmals auf drei unterschiedlichen Ebenen verwendet (vgl Mayer/Boness):[21]   **12**

Ebene 1

„Interkulturelle Mediation ist eine Variante von Mediation, in der zwischen Individuen, Gruppen oder Staaten mit unterschiedlichen kulturellen Prägungen verhandelt wird: In solch einem Fall verläuft Mediation in interkulturellen Kontexten. Es wird ein westlicher Mediationsprozess in westlichen Kontexten genutzt, um zwischen Menschen aus unterschiedlichen kulturellen Kontexten zu mediieren. In westlichen Kulturen prägt da-

---

17 Welsch, Kultur aus transkultureller Perspektive, in: Treichel/Mayer, Lehrbuch Kultur. Lehr- und Lernmaterialien zur Vermittlung kultureller Kompetenzen, 2011, 174 ff.

18 Treichel, Entwicklung des Kulturbegriffs in großen Sprüngen, in: Treichel/Mayer, Lehrbuch Kultur. Lehr- und Lernmaterialien zur Vermittlung kultureller Kompetenzen, 2011, 8 ff.

19 Mayer 2006.

20 Mayer/Boness 2004.

21 Mayer/Boness 2004, 50.

bei der westliche Mediationsprozess die Mediation, in asiatischen oder afrikanischen Kulturen, bspw, liegt der jeweils vorherrschende kulturspezifische Mediationsprozess zugrunde. "

13 In solch einem interkulturellen Mediationsprozess stehen die Herausarbeitung und das Verstehen kultureller Wertorientierungen und ihrer Handlungsimplikation im Vordergrund des Interesses.

Ebene 2

In diesem Modell arbeiten Mediatoren, die in transkulturellen Zusammenhängen tätig sind u.a. mit Mediationsmodellen, die in anderen sozio-kulturellen Kontexten vorherrschen und die in der einschlägigen (ethnologischen) Literatur oftmals als „traditionelle Mediationsmodelle" oder „Ethnomediation" bezeichnet werden.[22]

14 Eine Hauptaufgabe der Mediatoren ist demnach die Herausarbeitung, Offenlegung und Bewusstmachung differenter sowie gemeinsamer Wertorientierungen und der kulturspezifischen Philosophien mit ihren Grundsätzen und Regeln, sowie ihr Einfluss auf den aktuellen Konflikt. Andererseits kann der Begriff der interkulturellen Mediation auch eine sogenannte „traditionelle" Mediation oder „Ethnomediation" beschreiben. Diese Mediationsmodelle unterscheiden sich normalerweise in Philosophie und Grundsätzen der Mediation, Wertorientierungen, Konfliktlösungsstrategien, Ablauf und Reihenfolge der Mediationsphasen, Techniken der Mediation, Gesprächsführung und Kommunikationsstilen, Rolle der MediatorInnen und Konfliktparteien und dem Anspruch bezüglich des Ergebnisses bzw der Lösung des Problems. In Ethnomediationen ist beispielsweise das Ziel oftmals die Herstellung von Harmonie und nicht unbedingt die Lösung des Konflikts im westlichen Sinn. In diesen Mediationen orientieren sich die Mediationsphasen u.a. am Status der Teilnehmenden und somit an den hierarchischen Anordnungen von Redebeiträgen und weniger an abstrakten Mediationsphasen.

Ebene 3

Es wird deutlich, dass ein Modell transkultureller Mediation im oben genannten Sinn nicht nur Wertorientierungen hervorheben, sondern auch Aspekte kulturspezifischer Mediationsmodelle einbeziehen muss, wenn es darum geht, grundlegend kulturelle Werte, Handlungsoptionen und Präferenzen zu respektieren – und diese aus einem inneren Komplexitätsverständnis heraus zu verstehen. Nur wenn auf allen Systemebenen der Mediation die Transkulturalität gewahrt wird, kann von transkultureller Mediation die Rede sein. Dies erfordert dann jedoch eine hohe kulturspezifische Kompetenz auf der einen Seite als auch eine hohe kulturübergreifende Kompetenz auf der anderen Seite, die es dem Mediator ermöglichen, die unterschiedlichen und gemeinsamen kulturspezifischen inhaltlichen und strukturellen Aspekte der transkulturellen Mediation zu erkennen, zu verstehen, durch sie und mit ihnen zu vermitteln und davon ausgehend ein neues, synergetisches und transkulturelles Mediationsmodell, welches auf Transkultur beruht, gemeinsam mit den Konfliktparteien zu konstruieren.

15 Im Blick bleiben dabei besonders die Vorerfahrungen mit kulturspezifischen und kulturübergreifenden Konflikten und Konfliktlösungsmechanismen, das Herausarbeiten der Gemeinsamkeiten und Unterschiede und der Festlegung eines optimalen Mediationsmodells für die spezifische Mediationssitzung, die Verhandlung kulturspezifischer Mediationstechniken sowie die Definition von Rollen und ihre Ausführung im Mediationsprozess. Oftmals nimmt auch die Identitätsarbeit, die Arbeit mit kulturellen Identitätsanteilen, mit kulturellen Vorurteilen und Stereotypen und die Besinnung auf

---

22 Augsburger 1992; Mayer/Boness 2004, 51.

menschliche Potenziale eine wichtige Rolle im Mediationsprozess. Optimal wäre, wenn die interkulturellen Kompetenzen[23] durch den Mediationsprozess bei allen Beteiligten erweitert wird. Die Mediationsarbeit erstreckt sich somit über die Ebenen der affektiven (emotional-motivationalen), der konativen (fertigkeitsbezogenen) und der kognitiven (wissensbezogenen) Kompetenz und trägt entsprechend zur Persönlichkeitsentwicklung bei. Schließlich spielt eine wesentliche Rolle die (fremd-)sprachliche und rhetorische Kompetenz des Mediators, um kultursensibel auf verbaler Ebene das Gespräch zu lenken. Die grundlegenden Unterschiede von Inter- und Transkultur liegen zusammenfassend darin, dass transkulturelle Ansätze eher den Blick auf Ressourcen, Diversität und Synergien legen, als auf Differenzen und Abgrenzungen.[24] Der ressourcenorientierte Blick ist besonders für die transkulturelle Mediation von Wichtigkeit, die Grenzen überwinden und Gemeinsamkeiten schaffen möchte.

2.3.4 Fazit

Transkulturelle Mediation zeichnet sich vor allem dadurch aus, dass auf allen **Systeme-benen** der Mediation (Mediationsmodell, Inhalte, Identitätskonstruktionen) kulturelle Konstrukte erkannt, verstanden, respektiert und wertgeschätzt werden. Dies kann mit Unterstützung der **interkulturellen Kompetenz** geschehen. Diese sollte bei den Mediatoren auf kulturspezifischer – und kulturübergreifender – Weise gegeben sein, um ein flexibles **transkulturellen Mediationsprozess** mit den Konfliktparteien gemeinsam zu konstruieren und kulturelle Themen angemessen in den Prozess einzubeziehen.   16

Ethnologische und kulturpsychologische Modelle transkultureller Mediation können einen Beitrag dazu leisten, kulturspezifische Mediationsmodelle kennen zu lernen, sie zu verstehen, Gemeinsamkeiten und Unterschiede verschiedener Modelle herauszuarbeiten, ihre sozio-kulturellen Spezifika nachzuvollziehen und somit nationale Vorurteile und Stereotype zu reflektieren und im Kontext transkultureller Situationen neu zu betrachten. Sie geben weiterhin Aufschluss über selbst- und fremdkulturelle Präferenzen von Konfliktlösungswegen, ermöglichen somit den Blick über den Tellerrand und erweitern die Perspektive auf Konfliktlösungsmöglichkeiten.   17

Abgesehen von den Beiträgen der Ethnologie und der Kulturpsychologie zum praktischen Arbeiten im transkulturellen Mediationsfeld, können auch Beiträge im Bereich der theoretischen Verankerung von Mediation und ihrer Erforschung festgestellt werden. So tragen diese Fachdisziplinen dazu bei, Themen wie Emotionen, Konfliktlösungsstile, Konfliktmanagementinstrumente, Identität sowie ihren Einfluss auf Konflikte und ihre Bearbeitung im Kontext von Mediation theoretisch zu reflektieren. Sie erweitern somit die kulturspezifischen Wissensbestände und leisten entsprechend einen Beitrag zu Verständigung auf praktischer und theoretischer Ebene. Weiter gefasst bedeutet dies, dass kulturspezifische und transkulturelle Mediationsansätze einerseits an Spezifität gewinnen andererseits zur transkulturellen Synergie in der Konfliktlösung beitragen können.   18

---

23 Bolten 2003.
24 In Anlehnung an Treichel 2011, 429.

2.4 Diversität – Gender – Kultur – Differenz: Vielfältige Herausforderungen in Konflikten

Literatur: Mae, M./Saal, B., Transkulturelle Genderforschung. Ein Studienbuch zum Verhältnis von Kultur und Geschlecht. Geschlecht und Gesellschaft, 2007; Mayer, C.-H., Managing conflict across cultures, values and identities. A case study in the South African automotive industry, 2008; Mayer, C.-H., Managerial Worlds. Konstruktionen kultureller Differenz undGleichheit in Südafrika, Interculture Journal, 9(11), 27-41; Treichel, D./Mayer, C.-H., Lehrbuch Kultur. Lehr- und Lernmaterialien zur Vermittlung kultureller Kompetenzen, 2011.

2.4.1 Einführung

1 Diversität, mit Gender, Kultur und Differenzen sind zentrale Thema der Mediation, die oberflächlich und sichtbar, aber auch untergründig und vorerst unsichtbar erscheinen können. In der Mediation werden sie oftmals zu zentralen Themen der Auseinandersetzung.

In diesem Beitrag geht es vorwiegend um die Auseinandersetzung mit den Definitionen der Begriffe Konflikt, Diversität, Gender, Kultur und Differenz und ihren potenziellen Herausforderungen. Die Begriffe werden definiert und ihre Verbindungen zu den Themen Konflikt und Konfliktlösung dargestellt. All die genannten Themen sind heutzutage in sich weit gefasste, eigenständige Forschungsthemen in unterschiedlichen Praxisbereichen. Entsprechend können in diesem Artikel lediglich ausgewählte Aspekte aufgegriffen werden. Der Beitrag dient somit der Einführung in die angesprochenen Themen, um Interesse zu wecken und eine Beachtung und Reflektion der Themen Diversität, Gender, Kultur und Differenz in Mediation und Konfliktmanagement anzuregen.

2.4.2 Konflikte und Diversität in Konflikten

2 Konflikte sind kleine Episoden im Leben eines Menschen, die dazu führen können, dass Menschen die Existenz multipler Realitäten wahrnehmen und Unterschiede bewusst erleben.[1] Diese Realitäten, die von Individuen und Gruppen konstruiert werden, sind an intra- und inter-personale Erlebnisse und Prozesse gebunden.[2] Konflikte manifestieren sich oftmals im Erleben von Differenzerfahrungen bzw sind auf diese zurückzuführen. Diese Differenzerfahrungen verlangen in Konflikten häufig eine Verhandlung, welche idealer Weise zu der Konstruktion gemeinsamer Bedeutungszuschreibungen, eines gemeinsamen Sinnes oder Verständnisses führt.[3] Die Herausforderung liegt in diesem Sinn in der Überwindung von Differenzen.

3 Diversität wird als ein „Mosaik" beschrieben, welches durch all seine sich zusammensetzenden Komponenten und Merkmale zu einem ganzheitlichen Bild wird.[4] Wenn von Diversität gesprochen wird, geht es um die Wahrnehmung von Vielfalt und gleichzeitig

---

1 Lederach, Of Nets, Nails and Problems. A Folk Vision of Conflict in Central America. Unveröffentlichte Doktorarbeit, 1998, 39 ff.
2 Rahim, Toward a Theory of Managing Organizational Conflict, The International Journal of Conflict Management, 13(3), 2002, 206-235, 207.
3 Lederach (o. Fn 1), 39.
4 Kandola, Managing Diversity: New Broom or Old Hat?, International Review of industrial and Organizational Psychology, 10(3), 1995, 131-167, 131.

um Unterschiede. Diese können individuell oder auch kulturell begründet sein. Diversität bedeutet Vielfalt und Unterschiede in sichtbaren Merkmalen, wie Rasse, Gender, Kultur und Ethnizität. Weiterhin bedeutet Diversität auch Vielfalt bezüglich nicht unbedingt sichtbarer Charakteristika, wie bspw Religion, professioneller oder sozialer Hintergrund oder sexuelle Präferenzen.[5] Sichtbare und unsichtbare Diversitätsmerkmale stehen in Verbindung zu Identitäts- und Wertekonzepten und sind mit Ihnen eng verbunden.[6]

Durch die weltweiten Globalisierungs- und Lokalisierungstendenzen sowie durch starke   4
Migrationsbewegungen wird es immer wichtiger, kreative Lösungen, Konzepte und praktische Umsetzungsmöglichkeiten für die Integration von Diversitätsmerkmalen zu finden, da sie leicht zu Konflikten führen. Gleichzeitig sollen Diskriminierungspraktiken, die auf der Konstruktion von Differenz und Ungleichheit basieren, durch Wertschätzung und Respekt gegenüber Hybridität, Andersartigkeit und kultureller Vielfalt verringert bzw gänzlich aufgelöst werden.[7] Dieser Anspruch liegt – Konzepten zum konstruktiven Umgang mit Diversität zugrunde, die im Folgenden Beachtung finden.

2.4.3 Diversity-Management

Durch **Diversity-Management-Konzepte**, die in Organisationen heutzutage oftmals kon-   5
zeptionell und strukturell im Human Resource Management integriert werden, kann Bewusstheit und Bewusstsein bei Mitarbeitern hinsichtlich Diversität geschaffen werden.[8] Durch diese Bewusstwerdungsprozesse wird ein verbessertes Verständnis für Vielfalt, vielfältige Wertorientierungen und Identitätskonstruktionen kreiert und eine erhöhte Toleranz für gesellschaftliche, kulturelle und sozio-ökonomische Vielfalt innerhalb von Organisationen und Gesellschaften aufgebaut. Es werden Umgangsweisen installiert, die Konflikte, die durch Vielfalt entstehen und häufig mit Diskrepanzen in der Verhandlung von Werten,[9] Identitätsaspekten[10] sowie unterschiedlichen Einstellungen und Umsetzungspraktiken organisationaler Prozesse verbunden sind,[11] durch eingeführte Diversity-Management-Systeme gelöst.

Der Umgang mit Diversität ist umfänglich untersucht und Konzepte, wie mit Diversität   6
in Teams und Gruppen effektiv und konstruktiv umgegangen werden kann, sind weitgehend dokumentiert worden.[12] Dieser Umgang hängt in Organisationen u.a. auch damit zusammen, wie sehr die Organisationskultur die Vielfalt in der Organisation abbildet und ob diese entsprechend der Kultur als Kreativitäts- oder als Konfliktpotenzial gesehen und genutzt wird.[13]

---

5   Francesco/Gold, International Organizational Behaviour (2nd ed.), 2005, 194.
6   Mayer 2008; Mayer, Managerial Worlds. Konstruktionen kultureller Differenz und Gleichheit in Südafrika, Interculture Journal, 2010, 9(11), 27–41.
7   Jackson, The management of people across cultures. Valuing people differently. Human Resource Management 41(4), 2002, 455–475.
8   Horwitz/Bowmaker-Falconer/Searll, Human resource development and managing diversity in South Africa, International Journal of Manpower, 17(4/5), 1996, 134–151, 134.
9   Berkell, Wertkonflikte als Drama – Reflexion statt Training, Wirtschaftspsychologie, Themenheft Konfliktprozesse in der betrieblichen Lebenswelt – Theorie, Konzepte, Pragmatik, 4(1), 2005, 2–8.
10 Kriesberg, Factors Shaping the Course of Intractable Conflict, in: Burgess/Burgess, Beyond Intractability. Conflict Research Consortium, University of Colorado, 2003, http://www.beyondintractability.org/m/ factors_shaping_intractable_conflict.jsp [Zugriff am 2.2.2012].
11 Gandal/Roccas/Sagiv/Wrzesniewski, Personal value priorities of economists, Human Relations, 58(10), 2005, 1227–1252.
12 Thomas/Bendixen, The Management Implications of Ethnicity in South Africa, Journal of International Business Studies, 31(3), 2000, 507–519.
13 Pool, Organizational culture and its relationship between job tension in measuring outcomes among business executives, Journal of Management Development, 19(1), 2000, 32–49.

Oftmals wird der professionelle Umgang mit kultureller Diversität als eine der wichtigsten Aufgaben institutionalisierter Bildung gesehen. Der Anspruch liegt darin, die Differenzen der Individuen als Bereicherung und als Chance wahrzunehmen und sie als Ausgangspunkt gemeinsamer Entwicklung zu betrachten.[14] Vielfältigkeiten im Umgang mit individuellen Differenzen, Bedürfnissen und Erwartungen müssen anerkannt werden.[15] Wird Vielfalt als „Störung von vermeintlich erwünschter Homogenität" empfunden, führt sie zu Konflikten.[16] Gleiches gilt für den Fall, dass mit Diversität nicht professionell und angemessen umgegangen wird:[17] eine (Über-)Betonung der Differenz kann ebenso zu Konflikten führen wie ihre Verleugnung. Daher stellt sich grundlegend die Frage, wie mit Schnittstellen der Quellen von Vielfalt umgegangen werden kann.[18] Der gezielte Umgang mit Diversität muss wohl als Maßnahme verstanden werden, Anerkennung für Vielfalt zu schaffen und diese als bereichernde Ressource zu nutzen. Im Sinne eines „inclusive environment", werden Identitätsaspekte, Gender und Religion, aber auch Wertorientierungen, Lebensstile und Autobiographien als bereichernde Ressourcen verstanden, die zur Ganzheit beitragen.[19]

7 Wird Diversität als Ressource erkannt und konstruktiv genutzt[20], können sich neue Formen von Zugehörigkeiten in Organisationen etablieren.[21] Dafür muss die „äußere Differenzierung" radikal hinterfragt und das „Miteinander des Verschiedenen" über die Schaffung von Zugehörigkeit und Gemeinsamkeit zur Gruppe und gleichzeitig über die Förderung der Individualität betont werden.[22] Auf einer wertschätzenden und anerkennenden Grundhaltung können im Folgenden die auftretenden Konflikte gelöst werden.

2.4.4. Gender

8 Die Auseinandersetzung mit Diversität und dem Umgang mit dieser führt unumgänglich auch zu dem Thema **Gender**. In der deutschsprachigen Literatur zu Gender sind zum Beispiel die Gleichberechtigung der Geschlechter und die bestehenden Geschlechterverhältnisse wichtige Themen.[23] Dabei wird die gesellschaftliche Dominanz von Männern in gesellschaftlichen Bereichen wie Politik, Wissenschaft, Kultur und Religion sowie die geschlechtsspezifische Segmentierung von Arbeitsfeldern und Arbeitsmarkt als auch die Gewalt von Männern gegenüber Frauen dargestellt und kritisiert.[24] Angesprochen werden patriachale Männerbilder, männliches Dominanzverhalten, Drohgebärden und Gewalt gegenüber Frauen auf der einen Seite.[25] Auf der anderen Seite zeigt sich aus Sicht der Konfliktforschung jedoch auch, dass Frauen ihre Stimme in (militärischen) Konflik-

---

14 Mayer/Krause, Das Team-Ombuds-Modell: Ein didaktisches Modell zur Förderung von Gesundheit in interkulturellen Kontexten, Bildung und Erziehung, 63(1) 2010, 91–107.
15 Kohnen 2003, Diversity Management Ramifications, MBA independent study, Calgary, 4.
16 Kleve, Differenz und Soziale Arbeit. Von Wegen im Umgang mit dem Verschiedenen, in: Das gepfefferte Ferkel. Online-Journal für systemisches Denken und Handeln, 2001, http://www.ibs-network.de/altesferkel/kleve-differenz.shtml. 2.
17 Church, Diversity in work-group setting: A case study, Leadership and Organizational Development Journal, 16(6), 1995, 3–9.
18 Krüger-Potratz/Lutz, Sitting at a Crossroad. Rekonstruktive und systematische Überlegungen zum wissenschaftlichen Umgang mit Differen, in: Tertium Comparations, 8 (6), 2002, 81–92, 8.
19 Dietz, Keyword: Cultural Diversity. A Guide through the Debate, in: Zeitschrift für Erziehungswissenschaft, 10 (1), 2007, 7–30.
20 Mayer/Krause (s.o. Fn 14).
21 Sicakkan 2005.
22 Adorno, Negative Dialektik, 1967, 153.
23 Rommelspacher, Männliche Gewalt und gesellschaftliche Dominanz, in: Otto/Merten, Rechtsradikale Gewalt im vereinigten Deutschland, 1993.
24 Holzkamp, Jugendgewalt: männlich – weiblich; in: Berliner Forum Gewaltprävention, BFG 2/2001.
25 Böhnisch/Winter, Männliche Sozialisation. Bewältigungsprobleme männlicher Geschlechtsidentität im Lebenslauf, 1993.

ten erheben sollten, um an tragfähigen und geschlechtsübergreifenden Lösungen von Konflikten und Problemen mitzuwirken.[26]

Weitere wichtige ideologische Diskussionen kreisen um die Frage der Gender-Ideologi- 9
en, die zur Unterdrückung von Frauen und zur ungleichen Verteilung von Macht beitragen.[27] Das Bild von „women as victims and men as perpetrators" bleibt häufig unangetastet und Stereotype von passiven Frauen werden bis heute propagiert, obwohl Frauen oftmals stark in Konflikten und kriegerisch-militärischen Auseinandersetzungen involviert sind.[28]

Die Debatte um „doing gender", also um die Auseinandersetzung damit, wie sich Menschen performativ als männlich oder weiblich zu erkennen geben und mittels welcher Verfahren das so gestaltete kulturelle Geschlecht im Alltag relevant gesetzt wird,[29] basiert auf Harold Garfinkels „Agnes-Studie"[30] und lehnt sich an Erving Goffman[31] an. Hier geht es um die kulturgebundenen Methoden der Geschlechterstilisierung – von Kleidung über Körpersprache bis zum Gesprächsstil – und Ritualisierungen des Weiblichen und Männlichen.

Gender wird in der Soziologie oftmals als eine Rolle behandelt, eine Art „master identi- 10
ty", die sich durch alle Situationen ziehe.[32] Explizite Referenzen zur Geschlechternorm, wie bspw der Ausdruck „Ladies first", haben jedoch in der Alltagsinteraktion im Vergleich zu den Genderstilisierungen eher eine untergeordnete Rolle eingenommen.[33]

Cahill beschreibt, welche Aktivitäten und Zuschreibungen Kinder bereits im Kindergar- 11
ten gender-aktiv annehmen und welche Kinder als jungen- und mädchenhaft bezeichnen.[34] Bilden stellt fest, dass der Umgang mit dem eigenen Äußeren und die Art des Einwirkens auf andere Menschen erste Gender-Performanzen seien.[35] Hierbei geht es immer wieder um die Themen Dominanz und Kontrolle – wer unterbricht wen? –, Kommunikationsverhalten – wie sprechen Mann und Frau miteinander –, Unterschiede im Erklären und Zuhören, Beziehungssprache und Berichtsprache und das Hervorheben von Asymmetrien zwischen den Geschlechtern.[36]

Diese Themen können in Konflikten eine Rolle spielen und verlangen in Mediationen Beachtung. Einige Forschungsartikel haben sich mit dem Thema Gender und Mediation als auch der Wahrnehmung von Mediatoren und Mediatorinnen hinsichtlich Gender beschäftigt.[37] Dabei wird in der Verhandlungs- und Mediationsliteratur betont, dass Frauen eher beziehungsorientiert und weniger – wie Männer – aufgaben- und sachorientiert in der Kommunikation vorgehen. Mediatorinnen neigen zudem eher zur trans-

---

26 Wieczorek-Zeul, Vorwort, in: Farr/Cukier/Bakoru/Mpagi/El Jack/Ochieng,/Kobusingye/Gebre-Wold, A Gendered Analysis of International Agreements on Small Arms and Light Weapons: Regional and International Concerns, 2002, 5.
27 S.o. Fn 26, 14–24, 17.
28 Farr, 2002, 18.
29 Kotthoff, Was heißt eigentlich „doing gender"? Zu Interaktion und Geschlech, in: Wiener Slawistischer Almanach, Sonderband 55, 2002, 1–27.
30 Garfinkel, Studies in Ethnomethodology, 1967; Geertz, Dichte Beschreibung. Beiträge zum Verstehen kultureller Systeme, 1987.
31 Goffman, The Arrangement between the Sexes. Theory and Society 4, 1977, 301–331; Goffman, Gender Advertisement, 1979.
32 Kotthoff (o. Fn 29).
33 Schegloff, Whose text? Whose context? Discourse & Society, 1997, 8 k, 165–187.
34 Cahill, Childhood Socialization as a Recruitment Process. Sociological Studies of Child Development 1, 1986, 163–186.
35 Bilden, Geschlechtsspezifische Sozialisation, in: Hurrelmann/Dieter, Neues Handbuch der Sozialisationsforschung, 1991, 279–303.
36 Tannen, Du kannst mich einfach nicht versehen. Warum Männer und Frauen aneinander vorbeireden, 5. Aufl. 1998.
37 Nelson/Zarankin/Ben-Ari, Transformative Women, Problem-Solving Men? Not Quite: Gender and Mediators' Perceptions of Mediation, Negotiation Journal, 26(3), 2010, 287–308.

formativen Mediationspraxis als die männlichen Kollegen. Nelson, Zarankin und Ben-Ari fügen hinzu, dass weibliche Mediatorinnen gegenüber männlichen Mediatoren zudem wesentlich zufriedener mit ihrem Beruf und gleichzeitig eher bereit sind, Fehler wahrzunehmen.[38] Grundsätzlich zeigt die Debatte um Mediation und Gender auf, dass Mediatoren und Mediatorinnen sowie Konfliktparteien durch das eigene Geschlecht, als auch durch Genderthemen in der Mediation beeinflusst werden. Dabei können diese sehr vielfältig gelagert sein, wie bspw in individuellen Wertediskursen um Selbstbestimmung der Geschlechter. Entsprechend beschäftigen sich Mediationen zum Teil mit der Bearbeitung von Genderrollenkonflikten. Gleichzeitig können Mediationen auch politisch-gesellschaftliche Gender-Diskurse abbilden und widerspiegeln, wie zB das Aushandeln von Gleichberechtigung der Geschlechter, Karriere, Mobilität, Leistung und Leistungserwartung und das Ausfüllen bestimmter Lebensbereiche. Gender kann also direkt und indirekt in Mediationen eine ausschlaggebende Rolle spielen und Mediatoren und Mediatorinnen wie auch Konfliktparteien sollen das Thema Gender im Blick behalten, wenn es um das Besprechen und die Lösung von Konflikten geht.[39] Gender Mainstreaming – also die Berücksichtigung von Gender in Analysen, Planungen und Maßnahmen – in Mediationen ist entsprechend ein wichtiges Thema in Mediationsprozessen.[40]

2.4.5 Kultur

12 Wie Gender ist auch **Kultur** ein wichtiger Aspekt der Diversitätsdebatte und in Diversitäts-Management-Konzepten. Der Begriff und das Konzept von Kultur ist bereits seit Jahrhunderten immer wieder besprochen und diskutiert worden und konnte sich „nicht entscheiden zwischen homogener Ganzheit und dynamischer Differenz".[41] Kultur wird im engeren Sinn oftmals als etwas Soziales verstanden, das die Spezifika von Gruppen ausmacht und was sie von einander unterscheidet.

Entsprechend grenzt sich die Kultur in vielen Definitionen von der Natur ab. Bei Herder[42] ist Kultur die Substanz eines Volkes, die zudem den Charakter dieses bestimmt und sich in Abgrenzung zu anderen Kulturen entwickelt. Nach Albert Schweizer[43] ist Kultur materieller und geistiger Fortschritt von Einzelpersonen und Kollektivitäten, wohingegen Kultur bei William Durant[44] als soziale Ordnung gilt. Bei Geertz[45] ist Kultur ein Bedeutungsgewebe und ein Text, ein Gefüge von Symbolsystemen aus Religion, Ideologien, Kunst und Wissenschaft und über deren **common sense** sich Menschen orientieren und Sinngabe erfahren. Nach Mayer[46] besteht Kultur aus Normen, Werten, Verhaltensweisen und Gewohnheiten einer bestimmten Gruppe. Entsprechend wird Kultur als sozio-kulturelles Konstrukt begriffen, das als Ergebnis kontinuierlicher Verhandlungen, Konstruktion und Rekonstruktion von Werten und deren Bedeutungen von Mitgliedern einer Organisation und ihrer Umgebung angesehen wird und dynamisch ist.[47]

---

38 Nelson/Zarankin/Ben-Ari, o. Fn 37.
39 Moreno, Race, Gender, and Class: How Much Of A Role Do They Play In Mediation?, 2009, http://www.mediate.com/articles/morenoE24.cfm.
40 Schilling, Gender Mainstreaming und Mediation. http://www.es-c-o-m.de/Mediation_und_Gender_Mainstreaming.pdf.
41 Treichel, Entwicklung des Kulturbegriffs in großen Sprüngen, in: Treichel/Mayer, 8 ff.
42 Herder, Auch eine Philosophie der Geschichte zur Bildung der Menschheit, in: ders., Schriften zu Philosophie, Literatur, Kunst und Altertum 1774–1787, Bd. 4, 1994.
43 Schweitzer, Kultur und Ethik, 1960.
44 Durant, Kulturgeschichte der Menschheit, 1981.
45 Geertz, 1987, 9.
46 Mayer, The dynamics of conflict management. A practitioner's guide, 2000, 72.
47 Seel, Culture and complexity. New insights on organisational change. Organisations and People, 2(7), 2000, 2–9.

Der Begriff „transkulturell" impliziert entsprechend das Überschreiten konstruierter   13
kultureller Grenzen einer (sozio-)kulturellen Gruppe bzw von Personen dieser Gruppen
bzw Organisationen durch bspw Kommunikation bzw Interaktion.

Der Begriff der **Transkultur** wurde 1992 von Wolfgang Welsch[48] in die deutsche Kul-
turdebatte eingeführt und bezeichnet die veränderte Verfassung heutiger Kulturen. Dabei wird angenommen, dass heutige Kulturen extern vernetzt, übergreifend, grenzüber-
schreitend und hybrid sind. Das bedeutet, Transkultur ist etwas Gebündeltes und Ge-
mischtes. Kulturen befinden sich im stetigen Wandel und sind kulturell stark durch-
mischt: „Die kulturelle Unterschiedlichkeit tendiert jetzt dazu, innerhalb von Nationen
ebenso groß zu sein wie zwischen ihnen."[49]

Bei der Überschreitung kultureller Grenzlinien und der Kreation neuer, synergetischer   14
„Transkulturen" kann es zu „transkulturellen Konflikten" kommen.[50] Diese entstehen
durch kulturelle Differenzerfahrungen der Konfliktpartner.[51] Um diese Differenzerfahrungen und die daraus resultierenden Konflikte zu verstehen, ist es notwendig, Identitätsaspekte und Wertorientierungen in spezifisch-kulturellen Kontexten zu erfassen,[52]
um anschließend alternative Haltungs- und Verhaltensoptionen zu erschließen. Diese
können individuell, aber auch organisational angelegt sein. So können sich Manager in
internationalen Organisationen beispielsweise über das „Vater-Sein", das „Golfspieler-
Sein" oder die Zugehörigkeit zur Organisation definieren und somit kulturelle Synergi-
en mit Mitarbeitern schaffen und Grenzlinien verschieben.

Um eine gemeinsame Basis der Zusammenarbeit zu schaffen, werden in solch einem
Fall Gemeinsamkeiten und Gleichheit (institutionell) kreiert. In der interkulturellen
Pädagogik mit anti-rassistischer Zielsetzung, bspw, ist das Gleichheitsmotiv von Wich-
tigkeit, da der Rassismus oftmals als Rechtfertigung von Ungleichheit fungiert.[53] Die
Auseinandersetzung mit Differenz, die Akzeptanz der Identitätsproblematik und das
„Engagement für Gleichheit und gegen Diskriminierung" stehen im Vordergrund.[54]
Gleichheitskonstrukte dienen somit der Stärkung der gegenseitigen Beziehungen, der
Harmonieherstellung und dem Ziel, transkulturelle Konflikte auf individueller Ebene,
aber auch im Organisationskontext zu deeskalieren und zu lösen.

In Mediationen können Themen von Kultur, kultureller Gleichheit, Differenz und kulturellen Grenzüberschreitungen aufgegriffen und thematisiert werden. Sie können somit
zu einem transkulturellen Dialog beitragen und- zu einem transkulturellen Konfliktmanagement-Tool werden, mit dem kulturelle und individuelle Werte-, Identitäts- und
Gender-Konflikte bearbeitet werden.

2.4.6 Fazit und Ausblick

Die Themen Diversität, Gender und Kultur sind geprägt von der Debatte um Differenz   15
und Gemeinsamkeit. Die Auseinandersetzung mit dem Thema Differenz hat in jüngster

---

48 Welsch, Transkulturalität – Lebensformen nach der Auflösung der Kulturen. Information Philosophie 2,
    2009.
49 Hannerz, Cultural Complexity. Studies in the Social Organization of Meaning, 1992, 231.
50 Waters, Race, culture and interpersonal conflict. International Journal of Intercultural Relations, 16(4),
    1992, 437–454, 438.
51 Wolf, Erfolgreiches Konfliktmanagement. Differenzen erkennen, Spannungen nutzen, Konflikte lösen, 2006,
    http://www.brainguide.de/erfolgreiches-konfliktmanagement-differenzen-erkennen-spannungen-nutzen-kon-
    flikte-loesen1.
52 Wall/Callister, Conflict and Its Management. Journal of Management 21(3), 1995, 515–558.
53 Auernheimer, Gleichheit und Anerkennung als Leitmotive interkultureller Pädagogik. Vortrag auf dem Kon-
    gress- und Studienwoche des Instituts für Lehrer/innenbildung der Universität und des Kantons Bern,
    11.-13.10.2004, http://www.hf.uni-koeln.de/30815.
54 Auernheimer, Grundmotive und Arbeitsfelder interkultureller Bildung und Erziehung, in: Bundeszentrale für
    politische Bildung (Hrsg.), Interkulturelles Lernen. Arbeitshilfen für die politische Bildung. 1998, 18–27, 20.

Zeit an Bedeutung gewonnen und findet auf unterschiedlichen Ebenen in der Wissenschaftsdebatte, aber auch in der Praxis statt.[55]

Aus Sicht der Mediation sind die Konstruktionen von Vielfalt, Differenz, aber auch von Gemeinsamkeiten wichtige Aspekte der Reflektion, der Bearbeitung und der Lösung von Konflikten. Dabei erscheint die Mediation als ein Verfahren der Konflikttransformation als besonders geeignet, Differenzen zu überwinden und Gemeinsamkeiten zu rekonstruieren, um Gedanken-, Handlungs- und Verhaltensspielräume zu erweitern.[56] Sowohl die Konstruktion von Differenz als auch ihre Rekonstruktion wird dabei besonders deutlich, wenn es um sichtbare, aber auch um unsichtbare Aspekte von Diversität geht. Dabei erweisen sich die Themen Gender und Kultur als beachtenswert in der Wissenschaft sowie als herausragend in der Konflikt-, Konfliktlösungs- und Mediationspraxis, da sie Konflikte und ihre Lösung durch ihre Komplexität verstärken.

Die komplexen Aspekte, die oftmals unterschwellig Einfluss auf Konflikte und ihre Bearbeitung nehmen, bleiben von den Konfliktparteien, die sich in einer Konflikttrance befinden, oftmals unreflektiert und ungelöst. Mediatoren und Mediatorinnen sollten sich diesen wichtigen Themen, die eine Reflexion der Gesellschaft darstellen, annehmen und diese – wenn von grundlegender Wichtigkeit – angemessen und konstruktiv in den Prozess der Konfliktlösung einbinden. Somit kann die Mediation nicht nur im kleinen, sondern auch im großen Rahmen zu neuen, kreativen und synergetischen transkulturellen Konfliktlösungs- und Gesellschaftsprozessen beitragen und ein wichtiges Handwerkszeug des Diversity-Managements werden.

---

55 Dreher/Stegmaier, Zur Unüberwindbarkeit kultureller Differenz. Grundlagentheoretische Reflexionen, 2007; Mae/Saal 2007; Schmidt, Kollegialität trotz Differenz, 2006; Welsch, Transkulturelle Gesellschaften, in: Merz–Benz/Wagner, Kultur in Zeiten der Globalisierung. Neue Aspekte einer soziologischen Kategorie, 2005, 39–67.
56 Mayer 2008.

2.5 Konfliktdiagnose

Literatur: Ballreich, R./Glasl, F., Konfliktmanagement und Mediation in Organisationen, 2011; Besemer, Ch., Konflikte verstehen und lösen lernen, 2002; Diez, H., Werkstattbuch Mediation, 2005; Glasl, F., Konfliktmanagement, 2011; Montada, L./Kals, E., Mediation, 2001.

2.5.1 Ist eine Konfliktdiagnose überhaupt nötig?

Eine Sichtung der Fachliteratur für Konfliktmanagement und Mediation lässt sehr un- **1** terschiedliche Haltungen zu Fragen einer Konfliktdiagnose erkennen. Manche Vertreter des Lösungs-fokussierten Ansatzes[1] meinen, auf eine Diagnose gänzlich verzichten zu können, weil sie Diagnose primär als Ursachenforschung verstehen, während andere – zB Ballreich und Glasl,[2] Filley,[3] Pesendorfer,[4] Rubin mit Pruitt und Kim,[5] Thomas,[6] Schwarz[7] etc. – ausführliche Analysen empfehlen. Diesen Autoren geht es darum, je nach den Diagnosebefunden Situations-adäquat intervenieren zu können.[8]

In mikro-sozialen Konflikten (zwischen wenigen Personen) können sich Mediatoren re- **2** lativ leicht ein Bild verschaffen, weil sie mit den relevanten Personen direkt zu tun ha-ben. Für eine Mediation in einer meso-sozialen Konfliktsituation, in der viele Menschen unterschiedlich involviert sind, ist eine eingehende Situations-Orientierung unerlässlich. Es geht dabei niemals um Ursachenforschung oder um kriminalistisches Fact-Finding, sondern um die Suche nach den besten Ansatzpunkten für eine wirkungsvolle Konflikt-behandlung.

2.5.2 Konfliktdiagnose und Hypothesenbildung

Wenn sich Menschen an eine professionelle Drittpartei um Hilfe wenden, wird im Erst- **3** kontakt der Konflikt aus der Sicht dieser Konfliktparteien geschildert. Das wird immer einseitig und gefärbt sein, weil im Konflikt die Wahrnehmung der Betroffenen defor-miert wird. Deshalb sollten Mediatoren schon in den ersten Gesprächen betonen, dass sie an der subjektiven Sicht der erzählenden Personen interessiert sind, weil die Wahr-nehmung und Deutung des Geschehens durch die Betroffenen schließlich deren Verhal-

---

1 De Shazer, Keys to solution in brief therapy, 1985; vgl auch Bannink.
2 Ballreich/Glasl. 2011.
3 Filley, Interpersonal conflict resolution, 1975.
4 Pesendorfer, Diagnose-Instrumente für Konflikte, in: Falk/Heintel/Krainz. (Hrsg.), 271–281.
5 Rubin/Pruitt/Kim, Social Conflict. Escalation, stalemate and settlement, 1994.
6 Thomas, Conflict and Conflictmanagement, in: Dunetta, (ed.), Handbook of industrial and organizational psychology, 1976.
7 Schwarz, Konfliktmanagement, 1995.
8 Glasl 2011, 317 ff.

ten im Konflikt bestimmt. Nun stehen Mediatoren vor einer schwierigen Aufgabe: Um beim Anhören der Parteien nicht parteilich zu werden und vorschnell zu urteilen, müssen sie viele Eindrücke sammeln und ihre eigenen Interpretationen zurückhalten. Weil wir jedoch wegen der Beschaffenheit unseres Wahrnehmungsapparats Interpretationen nicht zur Gänze ausschalten können, sollten Mediatoren bereit sein, ihre Eindrücke und Vermutungen („Hypothesen") jederzeit zu korrigieren. Denn wenn professionelle Drittparteien ihre Urteile in die Mediation einbringen, werden sie schnell selber zur Konfliktpartei; doch wenn sie den Konflikt nicht deuten und verstehen, sind sie orientierungslos und können nicht richtig handeln.

4 Für eine ganzheitliche Konfliktdiagnose leiten sich daraus folgende Empfehlungen ab:[9]

1. Nimm gut wahr, was in den Darstellungen der Konfliktparteien im Vordergrund steht – denn sie haben dafür gute Gründe.

2. Nimm zur Kenntnis, wie die Konfliktparteien ihr eigenes Handeln und das der Gegenpartei erklären und versuche, ihre eigene Logik zu verstehen.

3. Wenn sich dir eine Erklärung für das Verhalten der Konfliktparteien aufdrängt, gestehe es dir ehrlich ein, aber betrachte sie als zusätzliche Deutung neben der durch die Betroffenen – und stelle sie wieder infrage.

4. Gib den Konfliktparteien paraphrasierend möglichst unverfälscht ihre eigenen Sichtweisen und Deutungen wieder, bitte sie um Überprüfung und halte deine eigenen Deutungen heraus.

Es sollte deshalb primäre Aufgabe von Mediatoren und Beratern sein, die Konfliktparteien zu unterstützen, dass sie gegenseitig ihre Anliegen und Deutungsmuster erkennen und verstehen. Dazu sind kritische und oft auch konfrontierende Fragen hilfreich, weil die Konfliktparteien durch sie ihre Wahrnehmungs- und Denkmuster hinterfragen und durch die Mediation korrigieren können.

2.5.3 Diagnose in drei Schritten

5 Bei einer Konfliktdiagnose geht es also um das Sichten der Situation, in der eine konstruktive Konfliktbearbeitung gewünscht wird. Die Konfliktbearbeitung ist in drei Hauptphasen zu gliedern:

1. **Orientierungsphase:** Die Konfliktparteien und die professionelle Drittpartei orientieren sich gegenseitig, worauf sie sich mit der Konfliktbearbeitung einlassen, und schaffen die Voraussetzungen für eine Mediation: Sie klären die Zielsetzung, Bereitschaft, Vorgehensweise, Spielregeln, gegenseitige Rollenvereinbarungen, Bedingungen, Zeit und Geld, und den Auftrag zur Mediation.

2. **Konfliktbehandlungsphase:** Bei stark eskalierten Konflikten wird in dieser Phase zuerst an den psychosozialen Mechanismen und an der Qualität der Beziehungen gearbeitet, damit die Konfliktparteien möglichst unvoreingenommen aus eigenen Kräften an den strittigen Themen arbeiten können.

3. **Konsolidierungsphase:** Sobald die ehemals zerstrittenen Menschen wieder gesprächsfähig geworden sind, arbeiten sie miteinander und nicht gegeneinander an Problemlösungen. Dabei werden die Verbesserungen in den gegenseitigen Beziehungen vertieft und gefestigt, dh konsolidiert.

6 In den drei Hauptphasen finden verschiedene diagnostische Aktivitäten statt. In überschaubaren mikro-sozialen Konflikten gestaltet sich dies relativ einfach. Schwieriger ist dies in komplexen Situationen, vor allem bei einer Organisationsmediation. Dann ist ein diagnostisches Vorgehen in drei Schritten erforderlich (s. Abb. 1):

---

9 Ausführlicher in Ballreich/Glasl, 42 f.

- Schritt 1: Prä-Diagnose, dh eine erste grobe Orientierung;
- Schritt 2: Eine gediegene professionelle Diagnose durch die Drittpartei (Mediator oder Beraterin), um an den richtigen Stellen mit den dafür passenden Methoden ansetzen zu können;
- Schritt 3: Wenn die Eskalation nicht bereits zu weit fortgeschritten ist, wird die Diagnose zur Selbstdiagnose der beteiligten Konfliktparteien, indem sie selbst die Hintergründe ihres Handelns und der Gesamtsituation reflektieren und Veränderungen beschließen und umsetzen.

Diese drei Diagnoseschritte decken sich nicht vollständig mit den drei Hauptphasen einer komplexen Konfliktbearbeitung. Denn der Diagnoseschritt 2 leitet schon zur Konfliktbehandlungsphase über, und der Diagnoseschritt 3 bereitet die Konsolidierungsphase vor.   7

8

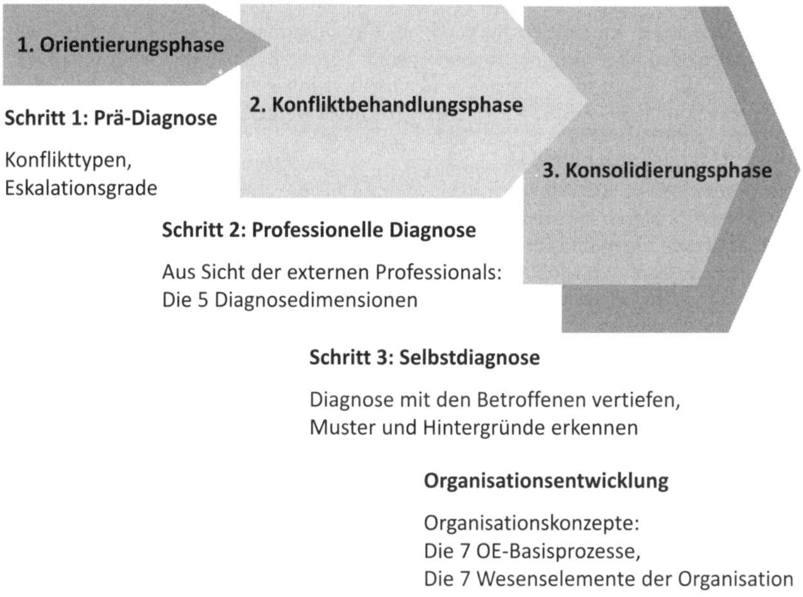

1. Orientierungsphase

Schritt 1: Prä-Diagnose   **2. Konfliktbehandlungsphase**

Konflikttypen,
Eskalationsgrade   **3. Konsolidierungsphase**

Schritt 2: Professionelle Diagnose

Aus Sicht der externen Professionals:
Die 5 Diagnosedimensionen

Schritt 3: Selbstdiagnose

Diagnose mit den Betroffenen vertiefen,
Muster und Hintergründe erkennen

Organisationsentwicklung

Organisationskonzepte:
Die 7 OE-Basisprozesse,
Die 7 Wesenselemente der Organisation

Abb. 1: Drei Diagnoseschritte in den Hauptphasen der Konfliktbearbeitung

2.5.4 Schritt 1: Prä-Diagnose

Zu Beginn einer Mediation haben Externe nur wenige Informationen. Dennoch können   9
sie sich orientieren, wie sie weitere Informationen beschaffen und erste Interventionen
setzen können. Dazu dient die Einschätzung des Konflikttypus[10] der aktuellen Situation:

- Wie weit ist die Konfliktarena, der räumliche Umfang des Konflikts: Spielt der Konflikt in kleinstem Rahmen oder hat er sich ausgeweitet?

---

10   Glasl 2011, 53 ff.

- Wie betrachten die Konfliktparteien die Reichweite des Konflikts: Geht es den Streitparteien nur um begrenzte Themen oder um mehr?
- Welche Austragungsform ist erkennbar: Wie heiß oder kalt wird gestritten?

Die nächsten Abschnitte geben dazu genauere Orientierungshilfen.

2.5.4.1 Die Konflikt-Arena

2.5.4.1.1 Mikro-soziale Konflikte

10 Mikro-soziale Konflikte spielen zwischen wenigen Personen (Freunde, Paar, Familie, Kleingruppe), und die Betroffenen wollen nicht weitere Personen in den Konflikt einbeziehen. Diese Konflikte erfordern Kenntnis der Paar- und Familiendynamik bzw der Gruppendynamik und können mit den klassischen Mediationsmethoden[11] bearbeitet werden.

2.5.4.1.2 Meso-soziale Konflikte

11 Meso-soziale Konflikte spielen in Vereinen, Organisationen, Nachbarschaften, wobei mehrere Personen oder Gruppen involviert sind. Für die Bearbeitung dieser Konflikte ist Kompetenz für Fragen der Führung und Organisation geboten, um den persönlichen und organisationalen Konfliktpotenzialen gerecht zu werden.

2.5.4.1.3 Makro-soziale Konflikte

12 Makro-spziale Konflikte erfordern Kompetenzen für die gesellschaftliche und politische Dynamik, weil hier Interessensvertretungen, staatliche Institutionen, Medien usw als Konfliktparteien aktiv sind. Professionelle Vermittler in Friedensprozessen arbeiten hier zB mit den Ansätzen von Johan Galtung,[12] Paul Lederach[13] oder der „Multi-Track Diplomacy".[14] In Konflikten größeren Umfangs finden sich auch Konflikte der kleineren Arena.

2.5.4.2 Die Reichweite des Konflikts

2.5.4.2.1 Friktionen

13 Die Konfliktparteien begrenzen deutlich ihre Auseinandersetzungen auf einige Streitthemen und stellen alles andere außer Streit. Wenn diese Konflikte nur geringfügig eskaliert sind, kann Konflikt-Moderation[15] empfohlen werden; wenn aber schon größere Unstimmigkeiten gegeben sind, ist ein Vorgehen nach der Harvard-Methode[16] geboten (zum Ablauf des Mediationsverfahrens vgl Kap. 3.2).

2.5.4.2.2 Positionskampf

14 Der Streit bezweckt in erster Linie Veränderungen der Einfluss- und Machtausübung. Für die Mediation solcher Konflikte sind Ansätze der transformativen Mediation[17] zu empfehlen und bei heftiger Eskalation system-therapeutische Mediation,[18] klassische Pendelmediation, Schiedsverfahren oder Machteingriffe.

2.5.4.2.3 Systemveränderungs-Konflikte

15 Bei diesen Konflikten geht es um mehrere miteinander verknüpfte Anliegen, zB die Positionierung einer Abteilung im Unternehmen, Neugestaltung von Abläufen, Veränderun-

---

11 S. dazu die Beiträge in diesem Band in Kap. 3 sowie Besemer und Diez.
12 Galtung, Konflikte und Konfliktlösungen. Die Transcend-Methode und ihre Anwendung, 2007.
13 Lederach, Building peace, 2008.
14 Diamond/McDonald, Multi-Track Diplomacy, 1996.
15 S. Redlich, Konflikt-Moderation, 1997; Seifert, Moderation und Kommunikation, 1999.
16 S. Fisher/Ury/Patton 1995; Friedman/Himmelstein 2008.
17 Vgl Bush/Folger 2009. Zur Abgrenzung der verschiedenen Vermittlungsformen vgl Kap. 1.1.3.4.
18 Glasl, 2011, 398 ff.

gen der Organisationskultur oder -struktur usw. Für Mediationen dieser Konflikte ist gediegene Organisations-Kompetenz gefordert.

2.5.4.3 Die Austragungsform des Konflikts

Es lassen sich zwei Tendenzen der Konfliktaustragung erkennen: Heiße Konflikte und kalte Konflikte.[19] In der Übersicht von Abb. 2 werden die auffälligsten Verhaltensmuster dieser Formen idealtypisch beschrieben, wenngleich manchmal nicht alle Merkmale so klar auftreten.

16

17

Heiße Konflikte	Kalte Konflikte
Die Streitenden ereifern sich für ihre Ideale als „Erreichungsziele", auch wenn sie dadurch die Gegenpartei behindern müssen.	Die Konfliktparteien verfolgen überwiegend „Verhinderungsziele", weil sie nicht wirklich an positive Ideal und Ziele glauben können.
Die Konfliktparteien wollen die Gegner „bekehren" und für ihre Anliegen gewinnen.	Die Parteien blockieren und desillusionieren die Gegner mit Ironie, Zynismus und Sarkasmus.
Bei den Auseinandersetzungen kommt es zu emotionalen „Explosionen": Ärger, Wut, Triumph werden gezeigt, oft auch übertrieben zur Schau gestellt. Extrovertiertes Verhalten ist für das Klima bestimmend; negative Emotionen steigern sich und entladen sich immer wieder eruptiv.	Die Kämpfenden zeigen ihre wahren Emotionen nicht; vorhandene negative Emotionen entladen sich nicht am Gegner, sondern der Ärger der Konfliktparteien richtet sich immer mehr gegen sich selbst. Selbstvorwürfe und Selbstabwertung bewirken „Implosionen", dh Zusammenbrüche.
Direkte Reibungen und Konfrontationen werden gesucht. Häufig kommt es zu Reibungen, wie beim Gedränge auf einem „überfüllten Marktplatz", und die Streitenden stürzen sich mit Lust ins Kampfgetümmel. Die Liste der strittigen Themen wächst laufend.	Angriffe erfolgen aus dem Hinterhalt, direkte Begegnungen werden vermieden. Dadurch entsteht gleichsam „soziales Niemandsland", das nur unter Gefahr betreten werden kann. Immer mehr Themen werden unbesprechbar und Entscheidungen werden hinterrücks getroffen.
Die Konfliktparteien setzen sich über beengende Normen und Vorschriften hinweg. Durch die Ausübung persönlicher Gewalt werden sie als Angreifende sichtbar.	Die Konfliktparteien wenden Regeln und Sachzwängen vor. Damit mobilisieren sie „Systemgewalt" („strukturelle Gewalt") statt persönlicher Gewalt.
Die Kampfaktionen überstürzen und beschleunigen sich. Unüberlegte Aktionen lösen immer mehr unerwünschte Nebenwirkungen aus.	Durch den schleppenden Konfliktverlauf kann kein Erfolg erlebt werden. Die Konfliktparteien resignieren und finden sich mit der Situation ab.
Ein überhöhtes Vitalitätsempfinden nährt bei den Streitparteien Selbstüberschätzung und euphorischen Siegesrausch.	Durch gegenseitige Blockaden kommen Ohnmachtsgefühle auf, das Selbstwertgefühl wird zerstört und führt zu kollektiver Depression.

Abb. 2: Verhaltenstendenzen bei heißen und kalten Konflikten

Abb. 2 beschreibt den Zustand, wie ihn Mediatoren zu Beginn antreffen können. Im Laufe des Konflikts kann ein kalter Konflikt heiß werden oder umgekehrt; eine Friktion kann zu einem Positionskampf werden und ein meso-sozialer Konflikt kann auf das gesellschaftliche Umfeld überschwappen. Es kommt somit für die Interventionen immer darauf an, den aktuellen Zustand zu erfassen.

18

In heißen Konflikten kann mit Ansätzen der Lösungs-fokussierten Mediation[20] in relativ kurzer Zeit viel erreicht werden. In kalten Konflikten kann eine Mediation erst beginnen, wenn die Konfliktparteien ihre Scheu vor Konflikten überwunden haben und Vertrauen zur Drittperson fassen. Die Bearbeitung kalter Konflikte erfordert viel Geduld, weil sich die Menschen oft mit der „ausweglosen" Situation arrangiert haben.

19

---

19 Glasl, 2010, 103 ff.
20 Bannink, Praxis der lösungs-fokussierten Mediation, 2009.

2.5.5 Schritt 2: Professionelle Diagnose

20 Die folgenden fünf Diagnosedimensionen ermöglichen die Entscheidung, an welchen Themen mit welchen Beteiligten in welcher Weise gearbeitet werden kann, und inwieweit diese dabei noch auf ihre Selbstheilungspotenziale zurückgreifen können.

■ **Streitpunkte ("Issues"):** Die Streitthemen, die von den Konfliktparteien vorgebracht werden, ergeben Einblick in die Beschaffenheit des Konflikts (Reichweite des Konflikts) und in die akute Konfliktdynamik.

■ **Konfliktprozess:** Mediatoren müssen ihr Vorgehen auf den Eskalationsgrad abstimmen, um die destruktiven Verhaltensmuster der Affektlogik[21] auflösen zu können. Vom Grad der Deformationen[22] der seelischen Funktionen (Wahrnehmen, Denken, Fühlen, Wollen, Handeln) hängt es ab, inwieweit Selbstheilungskräfte angesprochen, gestärkt und genutzt werden können.[23]

■ **Konfliktparteien und Stakeholders:** Mit welchen Personen ist an welchen Themen zu arbeiten? Wer ist in den Konflikt einbezogen (mikro-, meso- oder makro-soziale Arena)? Wo und wie kann das Interventionsfeld begrenzt werden?

■ **Beziehungen zwischen den Konfliktparteien:** Welche Beziehungsmuster behindern die Lösung der Probleme? Welche Beziehungsqualität sollte vorrangig erarbeitet werden, damit die Betroffenen danach gemeinsam die weiteren Konfliktpotenziale bearbeiten können? In Organisationen können dies problematische Strukturen, Abläufe, Funktionsumschreibungen und dergleichen sein.

■ **Grundverständnis des Konflikts** (philosophisch, religiös, weltanschaulich): Wie denken die Konfliktparteien grundsätzlich über Konflikte? Wie ist ihr Strategie-Kalkül, dh wie sehen die Konfliktparteien subjektiv den Nutzen und die Kosten des Konflikts? Schätzen sie noch Gemeinsamkeiten ("Connectors")?[24] Bei Konflikten in Organisationen: Wie scheint sich die Organisationskultur auf die Haltungen der Parteien auszuwirken? Fördert sie Streitlust oder Konfliktscheue?

21 Für das Sammeln und Sichten der Information zu den fünf Diagnosedimensionen braucht es in erster Linie offene Ohren und Augen und andere Sinne, um unbefangen und ohne zu bewerten nur zu registrieren, wie die Konfliktparteien selbst den Konflikt wahrnehmen und interpretieren. In den folgenden Abschnitten werden die wichtigsten Fragen zu den fünf Diagnosedimensionen angeführt.

2.5.5.1 Die Streitpunkte ("Issues")

22 Welche Streitfragen (Themen, Reibungspunkte usw) bringen die Parteien selbst vor? Welche Streitpunkte nennen die Konfliktparteien – in aller Subjektivität? Die von ihnen selbst definierten Themen sind der Ausgangspunkt der Diagnose. Eine Drittpartei kann vielleicht vermuten, dass im Hintergrund andere Fragen stehen, doch diese sind erst von Bedeutung, wenn die Diagnose zusammen mit den Konfliktparteien weiter gediehen ist.

■ Sind die Streitpunkte für alle Parteien gleich? Weichen sie sehr voneinander ab? Wenn sich die Issues sehr unterscheiden, reden die Parteien aneinander vorbei. Denn während die eine Partei sich für etwas Wesentliches einsetzt, findet dies die andere Partei überhaupt nicht relevant. Das führt zum Konflikt über den Konflikt.[25]

---

21 Ciompi, Die emotionalen Grundlagen des Denkens. Entwurf einer fraktalen Affektlogik, 1999.
22 Ballreich/Hüther, Du gehst mir auf die Nerven. Neurobiologische Aspekte der Konfliktberatung. DVD mit einem Booklet, 2012.
23 Bannink.
24 Glasl/Weeks, 36.
25 Glasl, Selbsthilfe in Konflikten, 2011, 31 f.

- Kennen die Parteien gegenseitig die Issues? Können sich die Parteien die Konflikt-punkte der Gegenpartei vorstellen? Oder sieht jede Partei ausschließlich ihre eigenen Punkte („Issue-Egozentrizität")?

- Hängen die strittigen Themen nach Meinung der Betroffenen zusammen?

- Geht es um isolierte Streitpunkte oder werden diese als ein „Paket" gesehen?

- Welche Themen sind die Kern-Issues? Was verstehen die Konfliktparteien als zen-trale Anliegen? Und welche Streitfragen sehen die Parteien nur als „abgeleitete Pro-bleme", die zweitrangig sind?

- Bei welchen Issues zeigen die Parteien heftige Emotionen? Mit welchen Fragen ge-hen die Parteien fanatisch um? Auf welche sind sie weniger stark fixiert? Beziehen sich die Streitthemen auf die „Objektsphäre" oder „Subjektsphäre" des Konflik-tes?[26] Issues der „Objektsphäre" sind Sachfragen der Organisation, der Mittel, der Prozeduren, der Funktionsbeschreibungen usw, dh Faktoren außerhalb der Akteure des Konfliktes. Issues der „Subjektsphäre" beziehen sich auf die Persönlichkeits-merkmale der Parteien, auf Verhalten und Arbeitsstil, Machtausübung usw. Wenn die Konflikte einigermaßen eskaliert sind, durchmischen sich „Objektsphäre" und „Subjektsphäre". Welche Themen sind für die Konfliktparteien trotz aller Kontro-versen unstrittig?

- Können sie bei allem, was sie entzweit, noch immer Gemeinsamkeiten, Verbinden-des (sog. „Connectors") sehen?

Es ist vorläufig ohne Bedeutung, ob manche Streitpunkte für die Konfliktparteien wirk-lich eine große Rolle spielen, oder ob sie nur als Vorwand dienen. Denn jede Konflikt-behandlung muss beim Erleben der Konfliktparteien anknüpfen, und dies drückt sich in den vordergründigen Issues aus. Erst mit Diagnoseschritt 3 (s. Rn 29) können die hin-tergründigen Streitfragen des Konfliktes mit den Betroffenen bearbeitet werden. 23

2.5.5.2 Der Konfliktprozess

Die Mediation muss sich an erster Stelle nach der Konfliktintensität richten, die zum Zeitpunkt der Mediation sichtbar ist. Darum ist folgendes zu prüfen: 24

- Ist der Konflikt relativ stabil oder explosiv? Ist zu erwarten, dass in kurzer Zeit viele nuvorhergesehene Dinge geschehen werden? Oder haben sich die Parteien schon so verschanzt, dass der „Stellungskrieg" auf diese Weise noch lange Zeit weitergehen könnte?

- Lassen sich die Momente erkennen, an denen der Konflikt an Umfang gewonnen hat?

- Wann wurde der Kreis der aktiv Betroffenen wesentlich erweitert, so dass sich der Konflikt von der mikro- zur meso- oder makro-Arena ausgeweitet hat? Wann sind auffallend viele neue Streitthemen oder Tabuthemen dazu gekommen?

- Wann hat der Konflikt an Intensität gewonnen?

- Mit welcher Episode ist die Haltung der Parteien feindseliger oder fanatisch gewor-den? Wann und wie sind sie auf andere Kampfmethoden übergegangen?

- Was erleben die Parteien als kritischste Momente der Konfliktgeschichte?

- Was erleben die Betroffenen als „Bruchstellen", weil sie das Vertrauen verloren ha-ben? Was sind also die sichtbaren Wendepunkte im Konfliktverlauf?

- Auf welchem Eskalationsgrad[27] befindet sich der Konflikt gerade?

---

26 Glasl, 95 ff.
27 S. in diesem Band Glasl Kap. 2.1 zu den Eskalationsstufen.

- Welche Personen oder Gruppen befinden sich miteinander zB auf der Eskalationsstufe fünf, während andere Gruppen auf Eskalationsstufe vier oder drei miteinander verkehren?
- Wie blicken die Betroffenen auf die weniger spannungsreichen Zeiten ihrer Beziehung zurück? Wie haben sie damals die Spannungen bewältigt?
- Was war für sie ausschlaggebend, dass sie im Rückblick nur noch das Negative sehen?
- Erwarten die Parteien demnächst eine Intensivierung oder De-Eskalation des Konflikts? Auf welchen Wahrnehmungen beruhen diese Erwartungen?
- Was haben die Konfliktparteien bisher zur Eindämmung des Konflikts versucht? Was ist ihnen dabei gelungen? Über welche Fähigkeiten haben sie dabei offensichtlich verfügt? Wie könnten diese Bemühungen verstärkt werden?

25 Mediatoren sollten durch ihre Fragen nicht dazu beitragen, dass der Blick der Konfliktparteien nur auf die negativen Erfahrungen fokussiert wird.

2.5.5.3 Die Konfliktparteien und Stakeholders

26 Als Konfliktparteien sind Individuen oder Gruppen zu verstehen, die das Konfliktgeschehen aktiv beeinflussen. Stakeholders sind Menschen, die das Konfliktgeschehen beobachten, ohne sich mit eigenen Aktionen einzumischen. Sie können jederzeit zu Konfliktparteien werden, wenn dies ihre Interessen stärker berührt.

- Wer sind eigentlich die Parteien: Individuen oder Gruppen?
- Ist zu erkennen, ob Individuen miteinander streiten, die sich als Exponenten einer Gruppe verstehen, oder ob Individuen ihre Gruppen in den Konflikt hineinziehen?
- Sind eigentlich Gruppen und nicht Individuen Konfliktparteien:
- Sind die Parteien ziemlich formlos oder straff organisiert? Gibt es explizite und offizielle Spielregeln für das parteiinterne Verhalten?
- Sind die Gruppen als Konfliktparteien gegeneinander abgegrenzt? Ist die Abgrenzung zu den anderen Gruppen deutlich? Bilden sich vielleicht um bestimmte Issues Parteien?
- Sind die Parteien „exklusiv", dh achten sie darauf, dass kein „Spion" oder „Doppelspion" in ihren Reihen ist? Zeigt sich innerhalb der Gruppen starkes Zusammengehörigkeitsgefühl?
- Welche Personen spielen im Konflikt eine zentrale Rolle?
- Welche Positionen haben die Kernpersonen bzw Exponenten in ihrer eigenen Partei oder „Hintermannschaft"? Üben sie auf die Hintermannschaft starken Einfluss aus, so dass sie die Stimmung der Hintermannschaft maßgeblich steuern (Typus des „Senators")? Oder sind die Exponenten stark von der Stimmung der Hintermannschaft abhängig (Typus des „Volkstribunen")? „Senatoren" sind sehr selbstständig und unabhängig, während „Volkstribune" sehr abhängig sind, auch wenn sie für die Außenwelt als selbstsicher auftreten mögen. Wie sehen die Rollen und Beziehungen innerhalb der Konfliktparteien aus? Wie sehr sind Rollen fixiert? Wer hat viel Einfluss?
- Welchen Personen oder Gruppen ist es bisher gelungen, sich in den Konflikt nicht hineinziehen zu lassen? Wie werden diese Personen von den Konfliktparteien geschätzt?

■ Welche Personen oder Gruppen haben in der Vergangenheit versucht zu vermitteln bzw den Konflikt zu de-eskalieren? Was ist ihnen dabei gelungen? Wie wurde das von den Konfliktparteien wahrgenommen?

2.5.5.4 Beziehungen zwischen den Konfliktparteien

Bei den Fragen zu den Beziehungen zwischen den Parteien geht es um die formellen und 27 informellen Aspekte. In einer Familie können die Beziehungen der Ehepartner durch einen Ehevertrag geregelt sein, in einer Organisation sind die formellen Positionen der Konfliktparteien im Organisationsschema, in Stellenbeschreibungen, Prozeduren etc. festgelegt.

■ Wie sind die Position und die Beziehungen zwischen den Parteien formell definiert?

■ Akzeptieren oder bekämpfen die Parteien die formellen Umschreibungen? Wie wird das sichtbar?

■ In einer Organisation: Welche Abhängigkeitsbeziehungen werden durch Verfahrensvorschriften oder durch die Technologie geschaffen?

■ In einer Organisation: Wie sehen die Konfliktparteien den Einfluss der Organisationskultur, der Struktur, der Führung usw auf ihr Verhalten?

■ Welche Bilder haben sich die Parteien voneinander gemacht? Welche Perzeptionen hat jede Partei von sich selbst, welche von den Gegenparteien? Wie weit sind die Perzeptionen fixiert? Kann man im Feind auch noch positive Seiten sehen?

■ Welche Gefühle, welche innere Einstellung haben die Parteien zueinander?

■ Inwieweit respektiert man einander? Besteht Feindschaft, Eifersucht, Wettbewerb usw?

■ Wie ist das gegenseitige Verhalten der Parteien? Wie gehen die Parteien miteinander um? Auf welche Weise beeinflussen sie einander?

■ Wird sichtbar, mit welchen Mitteln sie versuchen, eine starke Position aufzubauen?

■ Manövrieren sich die Parteien gegenseitig in bestimmte Rollen? In welchen Rollen sehen sie einander?

■ Wehrt sich jemand gegen eventuelle Rollenzwänge, die von der Gegenseite ausgeübt werden?

2.5.5.5 Die Grundhaltungen und das Strategie-Kalkül

Die Grundhaltungen zu Konflikten werden von den Lebensauffassungen der Menschen 28 bestimmt. Das Strategie-Kalkül besteht aus der subjektiven und konkreten Einschätzung der Chancen und Risiken des Konflikts:

■ Wie denken die Konfliktparteien grundsätzlich über Konflikte? Kommt ihre Konfliktphilosophie im Allgemeinen zum Ausdruck? Gibt es große Unterschiede in den Grundauffassungen der Konfliktparteien?

■ Zum Strategie-Kalkül: Was wollen die Parteien mit diesem Konflikt konkret erreichen? Was wollen sie verhindern?

■ Welches Risiko wollen die Konfliktparteien dafür in Kauf nehmen? Zu welchen „Kosten" sind die Parteien bereit? Wie hoch geht ihr „Einsatz"?

■ Wie schätzen die Parteien ihre Chancen ein, ihr Ziel zu erreichen?

■ Wie stehen die Konfliktparteien zu den in der Organisation vorhandenen Konfliktregulatoren?

Die Diagnose des Konfliktes anhand dieser Fragen kann zunächst ein verwirrendes Bild ergeben. Darum empfiehlt sich, auch künstlerische und holistische Methoden anzuwenden. Diese erfordern viel Übung und Erfahrung. An dieser Stelle können wir nur darauf hinweisen.[28]

2.5.6 Schritt 3: Selbstdiagnose

29 Es ist im Interesse einer nachhaltigen Konfliktlösung sehr wichtig, dass nicht nur die Drittpartei ein deutliches Bild von der Konfliktsituation hat, sondern dass die Parteien so viel wie möglich selbst gut durchschauen, in welcher Situation sie sich befinden. Auf diese Art kann die Selbstdiagnose zur Selbstheilung führen. Deshalb ist Ziel des dritten Diagnoseschrittes, dass die Betroffenen die Konfliktpotenziale ihrer Gesamtsituation reflektieren und bearbeiten. Die Konfliktparteien sprechen selbst ihre Vermutungen und Hypothesen zu ihrem Konflikt aus und überprüfen sie miteinander. Nun kann auch eine Drittpartei ihre Vermutungen und vorläufigen Hypothesen in Form von Fragen zur Diskussion stellen und von den Konfliktparteien überprüfen lassen. Denn in dieser Phase ist die Gefahr, als Mediator selbst parteilich zu werden, kaum mehr gegeben. Sollte doch der Verdacht aufkommen, wäre dies ein guter Anlass, die Beziehung zwischen den Konfliktparteien und der Drittpartei zu reflektieren und gegebenenfalls zu verändern.

30 Bei der Bearbeitung der weiteren Konfliktpotenziale kommen jetzt vermehrt Konzepte und Instrumente der Organisationsentwicklung zum Einsatz.[29] Während an den Sachfragen gearbeitet wird, können auf der Beziehungsebene gelegentlich wieder Trübungen und Störungen auftreten, an denen in der Phase der eigentlichen Konfliktbehandlung zwar schon gearbeitet worden ist, die aber vielleicht wiederholtes Bearbeiten erfordern. Dadurch wird direkt und indirekt das konsolidiert, was schon in den vorherigen Interventionen erreicht worden ist.

2.5.7 Konklusion

31 Konfliktbehandlung geschieht meistens unter Zeitdruck, und die Drittpartei muss bereits intervenieren, obschon sie noch keine vollständige Diagnose durchführen konnte. Selbst wenn noch vieles unklar und lückenhaft ist, und wenn mehr Vermutungen als gesicherte Informationen das Bild bestimmen, kann doch eine Strategie der Konfliktbehandlung entworfen und umgesetzt werden. Eine Drittpartei muss deshalb dem Drang nach einer kompletten und völlig gesicherten Diagnose widerstehen können. Aber bei den meisten Diagnose-Dimensionen braucht eine Drittpartei gar nicht zu wissen, welche tieferen Themen sich zB hinter den vordergründigen Streitthemen verbergen. Und dann ist es keine Frage, dass trotz des eventuellen Zeitdrucks die dafür benötigte Zeit aufgewendet werden muss. Sobald einmal der dritte Diagnoseschritt der Selbstdiagnose begonnen hat, finden die Konfliktparteien durch entsprechende Interventionen selbst zu den bisher verdeckten oder halbbewussten Hintergrund-Themen.

32 Wenn die Konfliktparteien die vertiefende Diagnose als Produkt ihrer Selbsterkenntnis anerkennen, sind auch die gefundenen Problemlösungen ihre eigenen Lösungen. Der Erkenntnisprozess der Konfliktparteien wird dadurch zu einem Willensprozess und ist somit die Grundlage für nachhaltig wirksames Konfliktmanagement!

---

28 S. Glasl, Konflikt, Krise, Katharsis und die Verwandlung des Doppelgängers, 2008, 113 ff.
29 Ballreich/Glasl, 309 ff.

Glasl

2.6 Konfliktprophylaxe und Konfliktbearbeitungsmechanismen

Literatur: Berning, D./Novak, A., Erfolgsfaktoren der Kanzleinachfolge, 2010; Edward De Bono, De Bonos neue Denkschule, 2002; Kirchhoff, L., „Konfliktmanagement(-syteme) 2.0", Konflikt ´Dynamik 1/2012, 4 ff; PriceWaterhouseCoopers (Hrsg.) in Kooperation mit Studiengang „Mediation" an der Europa-Universität Viadrina, Praxis des Konfliktmanagements deutscher Unternehmen – Ergebnisse einer qualitativen Folgestudie zu „Commercial Dispute Resolution – Konfliktbearbeitungsverfahren im Vergleich", 2007.

2.6.1 Grundsätzliches

2.6.1.1 Konfliktbegriff[1]

Zu Beginn sei kurz ausgeführt, was einen Konflikt ausmacht. Auf die vollständige Definition kann verzichtet werden, weil nur Aspekte von Interesse sind, die für eine Bearbeitung von Konflikten notwendig bzw sinnvoll sind.   **1**

Mindestens eine Konfliktpartei ist sich der Unvereinbarkeit einer Situation mit ihren Interessen und Bedürfnissen bewusst und drängt auf Veränderung. Einher geht diese Verfassung mit einer gespannten Gefühlslage, die es nicht zulässt, dass diese Konfliktpartei einen Ausweg aus dem Dilemma finden kann, sei es für sich oder in Kommunikation mit dem Konfliktgegner.   **2**

2.6.1.2. Das Denken[2]

Es geht nicht um das, was wir üblicherweise unter Denken verstehen; es geht um das (kreative) Finden von Alternativen.   **3**

Befinden sich Menschen im Konflikt, fehlt es an der Übereinstimmung von Erwartung und erlebter Realität. Als Denkende neigen wir von Natur aus dazu, einen Standpunkt zu verteidigen, den wir bereits eingenommen haben. Unser Geist strebt nach Gewissheit, Sicherheit und Arroganz, denn er ist ein System, das Muster bildet und benutzt. So besteht der Hauptzweck unseres Denkens darin, richtiges Denken überflüssig zu machen. Unser Geist will Verwirrung und Ungewissheit überwinden. Er will draußen in der Welt **vertraute Muster** erkennen. Sobald er ein solches Muster entdeckt hat, passt er sich ihm an und folgt ihm – und braucht nicht mehr zu denken. In gewisser Weise ist unser Denken eine ständige Suche nach vertrauten Wegen, die das Denken unnötig machen. So ist es auch im Konflikt: Ist die Konfliktlage ausgemacht, befinden wir uns auf einem „vertrauten Weg". Die weitere Entwicklung geht in Richtung Eskalation, weil das Denkmuster eine Alternative nicht zulässt.   **4**

Was bedeutet das für den Menschen im Konflikt? Er hat etwas wahrgenommen, von dem er fest überzeugt ist, dass seine Interessen und Bedürfnisse nicht erfüllt werden.   **5**

---

1 S. dezidiert in Kap. 2.4.
2 Das gedankliche und argumentative Konzept ist der „Denkschule" von De Bono entnommen.

Diese Wahrnehmung geschieht regelmäßig unreflektiert, was in Bezug auf Denkmuster bedeutet, dass sich die Konfliktpartei mit ihrer Sicht auf die Dinge in einem Muster befindet. Das, was dieser Mensch wahrnimmt, deckt sich perfekt mit seiner **Vorannahme**. Die „Arroganz des Denkens" liegt jetzt darin, zu unterstellen, dass seine Wahrnehmung als richtig im Sinne von „das einzig Mögliche" ist. Die Lösung, sich im Konflikt zu erleben, kommt uns Menschen so offensichtlich und adäquat vor, dass wir gar nicht erst nach besseren Alternativen suchen. Als Mediatoren wissen wir, wie schnell sich in der Mediation diese Vorannahme als Irrtum entlarvt. Solange sich die Konfliktparteien nichts Besseres vorstellen können, haben sie auch kein Motiv, Alternativen finden zu wollen. Diese „bessere Vorstellungskraft" entsteht regelmäßig in der Mediation, so dass in der Phase der Konfliktlösung nach Optionen = Alternativen gesucht werden kann.

6 An dieser Stelle sei betont, dass diese **Funktionsweise unseres Denkapparates** in unserer Kultur völlig normal und mit dieser Feststellung keine Kritik verbunden ist. Wir brauchen dieses Denken in den Strukturen von Wissen und Erfahrung, um uns sicher bewegen zu können. Auf der anderen Seite sind wir Gefangene dieser Struktur, denn wir geben das Denken auf, suchen nicht mehr nach Alternativen.

Dieses sei am Beispiel der wissenschaftlichen Praxis verdeutlicht.

Die wissenschaftliche Praxis hält an einer Hypothese so lange fest, bis sie widerlegt ist. Erst dann geht sie zu einer besseren über. Um eine Hypothese zu widerlegen, macht die Wissenschaft Experimente, mit denen die Hypothese eigentlich nur bestätigt werden soll. Das Unangenehme an diesem Vorgehen ist, dass die vorhandene Hypothese unsere Wahrnehmung beeinflusst und somit auch die Art von Beweisen, nach denen die Wissenschaft eigentlich sucht. Aus diesem Grund sind oft Fehler oder Zufälle notwendig, um den unerwünschten Beweis zu finden, nach dem Wissenschaftler nie gesucht hätten, wenn sie an der orthodoxen Hypothese festgehalten hätten.

7 Was also ist zu tun? Die einfache Antwort ist: Anstatt sich an die beste Hypothese zu klammern, verbringen wir die Zeit damit, **Alternativen** zu **produzieren**. Nicht um sie zugunsten der Besten abzuweisen, sondern um einen breiteren Blickwinkel zu bekommen. Dieses Vorgehen ist für uns Mitteleuropäer so mühsam, wie es klingt. Für einen emotional gestressten Menschen, der sich im Konflikt befindet, ist die Suche nach Alternativen, um einen guten Weg aus dem Konflikt zu finden, ein Ding der Unmöglichkeit. Selbst Mediatoren sind sich in der Regel über diese Zusammenhänge nicht im Klaren.

2.6.1.3. Alternativen finden

8 Was muss passieren, um Alternativen zu generieren? Mediatoren kennen die Suche nach neuen Wegen, wenn es darum geht, Lösungskonzepte für den Konflikt zu finden. Edward De Bono (vgl auch Kap. 3.14) hat das dafür notwendige Denken „Laterales Denken" genannt. Laterales Denken ist mehr als der Begriff Kreativität umschreibt. Beim lateralen Denken geht es nämlich darum, die Wahrnehmung zu ändern und an der neuen Wahrnehmung festzuhalten. Laterales Denken ist also ein Musterwechsel innerhalb eines musterbildenden Systems. Es ist die Fähigkeit, die Welt aus einem anderen Blickwinkel zu sehen. Intelligente Menschen sind oft Konformisten. Sie lernen die Spielregeln und nutzen Sie, um bequem leben zu können. In der Schule lernen sie, dem Lehrer zu gefallen, mit minimaler Anstrengung Prüfungen zu bestehen und mit anderen Menschen auszukommen. Die Kreativität bleibt den Rebellen überlassen, die aus verschiedenen Gründen die Regeln nicht einhalten wollen oder können.

9 Das System des Gehirns, Muster zu bilden und zu benutzen, ist wundervoll. Wie schon früher ausgeführt verdanken wir es ihm in der Welt einen Sinn zu finden und darin leben zu können. Das Gehirn hat v.a. die Aufgabe, brillant unkreativ zu sein. Das ist richtig so. Von Zeit zu Zeit aber ist ein Musterwechsel notwendig. Dieser **Musterwechsel**

ist schwierig, weil wir dafür keinen Mechanismus haben. Er entsteht durch Fehler, Zufälle, provozierte Muster und auch durch Humor. Es geht also bei der Bildung von Alternativen darum, die gewohnten Muster zu verlassen.[3]

Einen ganz speziellen Eindruck davon, wie schwer es auch reflektierten Menschen fällt, 10
lateral zu denken, bekommen Mediatoren immer wieder dann, wenn sie die Konfliktparteien auffordern, mehr als nur eine Lösung für ihren Konflikt zu finden. Mit dem Wissen, wie bequem es ist, in der gewohnten Struktur zu bleiben und wie anstrengend, neue Wege zu beschreiten, ist es immer wieder faszinierend, die beschriebenen Denkmuster konstatieren zu können. Das laterale Denken ist anstrengend, jedenfalls anstrengender als die gewohnte Denkweise. Und liegt eine neue Idee auf dem Tisch, sind die Protagonisten nur allzu bereit, unter Hintanstellung ihrer Bedenken diesen Weg zu gehen. Erst wenn drei bis fünf Alternativen auf dem Tisch liegen, zeigt sich in der Abwägung, dass vielleicht eine ganz andere Lösung die richtige ist, den Konflikt nachhaltig zu beenden.

2.6.2 Konfliktbearbeitungsmechanismen

Grundsätzlich kann unterschieden werden zwischen Konfliktbearbeitung, die die Konflikt- 11
parteien selbst leisten und der Konfliktbearbeitung, die von außen kommt.

2.6.2.1 Konfliktregelung durch Dritte

Das gesetzte Recht, gehandhabt durch **Gerichte**, ist das typische Beispiel für eine Kon- 12
fliktbearbeitung von außen. Im strafrechtlichen Bereich existiert ein gesellschaftlicher Auftrag, tätig zu werden; im zivilrechtlichen Bereich liegt es in der Autonomie eines oder beider Konfliktparteien, ein Gericht anzurufen. Im internationalen Bereich existieren vergleichbare Strukturen, die teilweise auch für den Einzelfall geschaffen werden (zB Transitional Justice wie im Kosovo). Der Mechanismus ist in all diesen Fällen, dass der zu regelnde Sachverhalt mit den typisierenden Regelungen (dem Recht) in Deckung gebracht wird. Das Ergebnis ist dann die Ordnung des Konflikts nach allgemeingültigen Maßstäben (Werten). Unbefriedigend ist häufig, dass auf diesem Weg der Konflikt nicht befriedet wird. Das hängt damit zusammen, dass die Konfliktparteien darauf verzichtet haben, die Lösung für ihren Konflikt selbst zu finden. Das Recht als Ordnungssystem ist ein gesellschaftlicher Konsens zu Gerechtigkeit. Abgesehen davon, dass das kodifizierte Recht wegen der Vergangenheit, in der es entstanden ist, vielfach mit dem aktuellen Werteverständnis in Spannung steht, kann es vom System her der individuellen Gerechtigkeit nie passgenau dienen. Diese, dem kodifizierten Recht schon immer innewohnende Spannung wird in jüngster Zeit durch die gesellschaftlichen, ökonomischen und politischen Veränderungen bis zur Unerträglichkeit gedehnt.

2.6.2.2 Konfliktregelung durch die Konfliktparteien

Die Alternative ist, Konfliktparteien lösen ihren Konflikt selbst. Bei Betrachtung der 13
Vielzahl von Konflikten ist dies der **Normalfall.** Konflikte gehören zum Leben und werden im Regelfall mehr oder weniger problemlos von den Betroffenen selbst einer Lösung zugeführt. Interessanter sind allerdings die Fälle, die von den Betroffenen selbst nicht gelöst werden können. Hier vollzieht sich seit gut zwei Jahrzehnten ein Kulturwandel. Üblich war und ist in Westeuropa, dass Konflikte mit einer gewissen Bedeutung einem Dritten (dem Richter) zur Entscheidung vorgelegt werden. In manchen Bereichen wie etwa den Tarifstreitigkeiten hat ein Umdenken noch nicht wirklich begonnen. Man kann allerdings davon ausgehen, dass in absehbarer Zeit überall zunächst

---

3 S.a. Kap. 3.14 zu Kreativitätstechniken in der Lösungsphase.

ernsthaft darüber nachgedacht wird, ob die Konfliktparteien ihren Konflikt nicht selbst lösen können, bevor eine externe Instanz anrufen wird.[4]

2.6.2.3 Die Mechanismen

14 Wenn konstatiert ist, dass die Selbstregelung von Konflikten der Normalfall ist, interessiert natürlich eine Antwort auf die Frage, warum die Konfliktlösung in den Ausnahmefällen so ohne Weiteres nicht funktioniert. Diese Frage sei beantwortet, indem die erfolgreichen Lösungskonzepte rückwärts betrachtet werden. Als ein funktionierendes und damit erfolgreiches Konzept sei die Mediation gewählt.[5]

15 Rückwärts betrachtet beginnt die Konfliktlösung mit der **Vereinbarung**, die auf der Basis zuvor kreierter Lösungsansätze geschlossen werden konnte. Übersetzt bedeutet das, dass die Konfliktparteien jederzeit in der Lage gewesen wären, ihren Konflikt zu lösen, hätten sie die (neuen) Ideen gefunden. Warum das nicht ging, beleuchten die vorausgehenden Phasen der **Konflikterhellung** und der **Konfliktdarstellung**. In der Konflikterhellung reibt sich jede Konfliktpartei sich den Sand aus den Augen und erkennt, was und wer der andere (der ehemalige Gegner) ist und was er eigentlich will. Dh, dass die Protagonisten von ihrer Wahrnehmung, ihrer Vorstellung vom Geschehen und dem Kontrahenten Abstand nehmen. Objektiv hat sich nichts geändert! Die Grundlage für die Bereitschaft und damit auch die Fähigkeit, von der lieb gewonnenen Sichtweise auf den Konflikt Abstand zu nehmen, schafft die erste Phase in der Mediation. Die Konfliktparteien können ihre Version ungeschminkt darlegen und werden akzeptierend gehört. Wir wissen, dass allein dieses aktive Zuhören für eine frappierende Beruhigung der Gemüter sorgt.

16 Diese drei Stationen zusammenfassend kommt heraus, dass die Konfliktparteien ihren Konflikt dadurch lösen, dass sie nach **alternativen Wegen** suchen. Indem jeder einen Fächer von Ideen einbringt, gelingt es, die passende Alternative tatsächlich zu finden.

17 Zurück zu den Ausführungen zum Denken: Je mehr es gelingt, die eigene Denk- und Vorstellungsstruktur zu verlassen, desto besser ist die **Ergebnisqualität** der Konfliktlösung. Aus diesem Grund wird empfohlen, den Konfliktparteien in dieser Phase mit lateralem Denken (und anderen Kreativitätsmethoden) auf den Weg zu helfen. Dieser Teil jeder Konfliktlösung ist deshalb der entscheidende, weil es darum geht, wie die Konfliktparteien die richtige Alternative, ihren Weg finden. Es besteht Einigkeit, dass es darum geht, die **richtige Alternative** zu generieren.

2.6.2.4 Fazit

18 Kurz gefasst ist also für die Lösung von Konflikten zum einen die Bereitschaft erforderlich, als Ausweg aus dem Konflikt nach alternativen Wegen zu suchen und zum anderen die Fähigkeit, durch Denken die richtige Alternative zu finden. Zu den Konfliktbearbeitungsmechanismen zählen dann natürlich auch die verschiedenen Wege/Techniken, die Bereitschaft der Konfliktparteien lebendig werden zu lassen, neue Ideen kreieren zu können.

2.6.3 Konfliktprophylaxe

19 Konflikte kosten Geld – und nicht nur das. Die Dimension der Konfliktkosten ist noch kaum erfasst. Fest steht allerdings, dass die **Schadensneigung** inzwischen dazu geführt hat, dass sich das Management in den Industrieunternehmen ausnahmslos mit Konflikt-

---

4 Diese Einschätzung wird genährt durch den Beschluss des BVerfG vom 14.2.2007 – 1 BvR 1351/01 (vgl Kap. 4.1) sowie das MediationsG.
5 Zur Kommunikation in der Mediation s. Kap. 2.8.

management befasst. Verwiesen sei auf die Ausführungen zu Konfliktkosten in Kap. 2.15.

2.6.3.1 Begriffliches

Prophylaxe oder Prävention weisen schon begrifflich den Weg: 20

- Unter einer **Prophylaxe** versteht man Maßnahmen zur Vorbeugung (zB von Krankheiten und gesundheitlichen Komplikationen). Dazu zählen alle allgemeinen oder individuellen (gesundheitlichen) Vorkehrungen.[6]

- Als **Prävention** (vom lateinischen praevenire für „zuvorkommen, verhüten") bezeichnet man vorbeugende Maßnahmen, um ein unerwünschtes Ereignis oder eine unerwünschte Entwicklung zu vermeiden. Ganz allgemein kann der Begriff mit „vorausschauender Problemvermeidung" übersetzt werden.[7]

Es geht also bei der Konfliktprophylaxe um vorbeugende Maßnahmen, die Konflikte entweder gar nicht entstehen lassen oder – wenn Konflikte unvermeidlich sind – die Handlungsfähigkeit der Betroffenen und aller übrigen Beteiligten hin zu einer Konfliktlösung zu verbessern.

Im Sinne der vorausgegangenen Analyse (Rn 18) muss jede Prophylaxe dort – jedenfalls   21 systematisch – ansetzen. Weil es im Kern darum geht, Konflikte dadurch zu lösen, dass Alternativen in Bezug auf die Konfliktumstände gefunden werden, müssen die Menschen das (laterale) Denken lernen. Laterales Denken mit einem Fokus, der persönliche Betroffenheit beinhaltet, ist auch für einen guten Denker eine Herausforderung. Dieser systematische Ansatz von Konfliktprophylaxe macht also nur Sinn, wenn ein „Kreativteam" existiert, das zur Entwicklung von Alternativen im Konfliktfall genutzt werden kann. Ein Baustein von Konfliktprophylaxe unter diesem Gesichtspunkt ist aber bereits das Wissen um die Systematik unseres Denkens, aus dem sich zwingend ergibt, dass es in unserer Kultur das menschliche Bedürfnis nach Sicherheit ist, das uns so schwerfällig beim Auftun alternativer Vorgehensweisen sein lässt.

Dazu ein kleines Beispiel: 22

Tritt in einer Organisation ein Teamkonflikt auf, mag es darum gehen, die Verhältnisse in der Zusammenarbeit unter den Kollegen neu zu ordnen. Solange die am Konflikt Beteiligten nicht wissen, dass ihre Unbeweglichkeit in der Gestaltung der Verhältnisse einem ganz normalen Denkmuster entspricht, das sich aber auch verändern lässt, kommen sie gar nicht auf die Idee, die Suche nach Alternativen als Aufgabe zu sehen. Wissen die Beteiligten darum und ist Ihnen vertraut, dass sie diese Denkstrukturen verlassen können und müssen, um einen Ausweg aus der Krise zu finden, haben sie einen wesentlichen Schritt hin zur Lösung bereits getan. Entwickeln sie dann fünf oder zehn neue Optionen, werden sie mit großer Wahrscheinlichkeit den Konflikt eigenverantwortlich gelöst haben.

Konfliktmanagement beginnt mit der **Ursachenforschung:** Feststellung der Konfliktfelder und Konfliktauslöser wie   23

- Analyse und Bewertung des bestehenden Konfliktsystems, also der konkreten Ist-Situation, zB durch Überprüfung aller geführten Rechtsstreitigkeiten in einem bestimmten Zeitraum. Welches sind laufende und welches erst kürzlich aufgetretene Streitfragen? Welche Konfliktarten sind aufgetreten? Wer sind die Konfliktparteien? Welche Ursachen sind für die aufgetretenen Konflikte zu finden?

- Analyse und Bewertung der Konfliktsysteme bei den Subunternehmen, Zulieferern, eingeschalteten Dienstleistungsunternehmen etc.

---

6 S. Wikipedia.
7 S. Wikipedia.

- Zusammenstellung gesetzlicher Vorgaben, Betriebsvereinbarungen und Tarifverträge, die bei der Gestaltung eines neuen Konfliktsystems beachtet werden müssen.

- Qualitative Bewertung der Verfahren und Strategien nach Kosten, Zufriedenheit, Auswirkungen auf die Zukunft des Unternehmens und Lösungspotenzial für bearbeitete Konflikte.

24 Die Auseinandersetzung mit Kritik ist zeitaufwändig. Es kann passieren, dass bestehende Strukturen oder Abläufe in einem Unternehmen geändert werden müssen. Letztlich ist dies kostensparenderer und mit Sicherheit der menschlichere Weg. Kritik und Konflikte nicht zu vermeiden, sondern als Motor für **Innovationen** anzunehmen, hilft den Mangel zu beseitigen und Optimierungsprozesse zu erschließen. Dies wiederum ermöglicht eine Effektivität der Arbeit, Zeitaufwände werden reduziert und Erträge und Motivation können sich verbessern. Eine konstruktive Streitkultur ohne dominierende Unterschiede der Hierarchie-Ebenen und ein Schritt weg von der Gewinner- und Verlierermentalität sollten das Ziel sein.

2.6.3.2 Konfliktdesign

25 Konflikte sind eine erstens unvermeidliche und zweitens nützliche Begleiterscheinung menschlichen Zusammenlebens und -arbeitens. Denn sie tragen zB dazu bei, dass unterschiedliche Sichtweisen abgeglichen und gegenläufige Handlungsintentionen koordiniert werden. Auf diese Weise stärken sie den Realitätsbezug und die Einheitlichkeit des Handelns. Teuer werden Konflikte nur dann, wenn falsch mit ihnen umgegangen wird.

26 Es macht also Sinn, sich mit den **positiven Seiten** eines Konfliktes zu beschäftigen. Konflikte erfüllen durchaus positive Funktionen:

- Sie weisen auf Probleme hin.

- Sie fördern Innovation.

- Sie erfordern Kommunikation.

- Sie verhindern Stagnation.

- Sie regen Interessen an.

- Sie lösen Veränderungen aus.

- Sie stimulieren Kreativität.

- Sie festigen Gruppen.

- Sie führen zu Selbsterkenntnissen.

- Sie verlangen nach Lösungen (Alternativen).

27 Der Aspekt „Konflikt als Chance" soll an dieser Stelle nicht vertieft werden (vgl Kap. 2.14).

2.6.3.3 Konfliktverhinderung

28 Kommt es an einer bestimmten Straßenkreuzung immer wieder zu Unfällen, wird das Straßenbauamt diese Ecke umbauen. Der Zweck ist, dass künftig an dieser Stelle keine Unfälle mehr passieren. Mit dieser Intention erfolgt die Veränderung.

29 In solcher Weise lassen sich auch **ausgemachte Ursachen** für das Entstehen von Konflikten beseitigen. Beispielsweise kann ein Vorgesetzter, der in seinem Bereich immer wieder Konflikte verursacht, von seiner Aufgabe entbunden werden. Wenn es eindeutige Ursachen gibt, lassen sich die Ausgangsbedingungen sicherlich verändern. Solange allerdings in diese Veränderung Menschen eingebunden sind, gibt es keine Garantie für das Ausbleiben künftiger Konflikte. Weil dieses Betrachtungsfeld noch so neu ist, kann unterstellt werden, dass unter dem Gesichtspunkt der Konfliktverhinderung technische

Möglichkeiten noch viel zu wenig angedacht sind. Der Vorteil von Technik liegt darin, dass durch die Automatisierung eine konfliktverhindernde Qualität garantiert werden kann.

Eine reine Konfliktverhinderung wird kaum ein realistisches Ziel sein. Es wird vielmehr – zumindest auch – immer Bestandteil von Vorbeugung sein.   30

2.6.3.4 Vorbeugung

Systematisch kann differenziert werden   31
1. Der Einführung von **standardisierten Abläufen** im Konflikt.
2. Dem Schaffen von **Strukturen**, die Konflikte im laufenden Betrieb vermeiden helfen.
3. Der **Information** mit dem Ziel, die Konfliktdynamik zu beeinflussen (Aufklärung).
4. Der Einführung von „**Vorwarnsystemen**".
5. Der Einführung von „**Frühwarnsystemen**".

An erster Stelle (und Beispiel für Nr. 1) sei das **Recht** angeführt. Sowohl mit dem kodifi-   32
zierten Recht als auch der Individualvereinbarung ist Prävention verbunden, weil die (Rechts-)Folgen bekannt sind bzw bekannt sein können (Transparenz). Beim kodifizierten Recht mag das auf den ersten Blick weniger einleuchtend sein, wenn man vom Strafrecht einmal absieht. Betrachten wir jedoch die **Verträge**, wird der präventive Charakter deutlich.

So schließen bspw Eheleute einen Ehevertrag ab, der im Wesentlichen Rechtsfolgen regelt, die im Konfliktfall von Trennung und/oder Scheidung relevant werden. In vielen Fällen ist der Zweck dieser Vereinbarung erklärtermaßen der, die ohnehin in der Trennungssituation belastete Atmosphäre nicht noch dadurch zu verschärfen, dass Rechtsfragen zur Lösung anstehen.

Als weiteres Beispiel: Unternehmenskaufverträge. Anwälte verfolgen das Ziel, alle denkbaren Konfliktlagen im Vertragswerk erfasst und mit Rechtsfolgen belegt zu wissen. So kommen Vertragsmuster von weit über 100 A-4 Seiten zustande. Der Sinn dieser Sammelwut ist eindeutig: das umfangreiche Vertragswerk soll dazu dienen, dass sich die Vertragsparteien in Sicherheit sehen, weil sie alle denkbaren Konfliktbereiche geregelt wähnen. An diesem Beispiel zeigt sich sehr schön die Zwiespältigkeit insbesondere solcher vorbeugender Maßnahmen, die suggerieren, Konflikte seien entscheidend entschärft.

Die beiden Beispiele zeigen, dass Verträge allerdings sehr wohl geeignet sind, entschär-   33
fend in Konfliktlagen zu wirken.

Unter dem Begriff „**Konfliktmanagement**" entwickeln sich zur Zeit eine Vielzahl von   34
Handlungsempfehlungen für das Aktionsfeld in Organisationen.[8] Es geht darum, die im normalen Betrieb üblicherweise auftretenden Konflikte „in den Griff" zu bekommen. Sie sind ein Mix aus Organisationsentwicklung und Konfliktbearbeitung (iSv Milderung des Verlaufs durch frühzeitiges und wirkungsvolles Handeln) und zielen damit auf die Ansätze 1 bis 3 in der Eingangsdifferenzierung. Ausführlich befasst sich damit das Kap. 2.14. Aus diesem Grund seien hier nur Blitzlichter angeführt: Effektivität durch Schnittstellenmanagement; Konfliktanlaufstellen, Konfliktbearbeiter, Herstellung von Konfliktfähigkeit, Diversity-Management und Implementierung von Verfahrensstandards.[9]

Dem Konfliktmanagement zuzuordnen sind die **Konfliktprophylaxe** am Arbeitsplatz,[10]   35
Entwicklung von **Konfliktkultur**, Konfliktcoaching von Führungskräften, Betriebsvereinbarungen u.a.m.

---

8 PWC 2007.
9 Kirchhoff, Konfliktmanagement(-systeme) 2.0.
10 S. Kap. 2.12 von Ballreich.

36 Die Übertragbarkeit dieser für Organisationen und da allen voran gewerblichen Unternehmen entwickelten Maßnahmen in andere Bereiche ist zulässig, wie Lars Kirchhoff[11] nachvollziehbar darstellt. Das erscheint auch logisch angesichts der oben beschriebenen Systematik erfolgreicher Konfliktbearbeitung, die darauf zielt, Alternativen zur „störenden" Situation zu finden. Konfliktmanagement definiert akzeptierte Muster, die im Einzelfall für Entspannung und Neuorientierung sorgen. Was all diese Systeme nicht leisten ist die Eigenständigkeit im Denken, die Fähigkeit, dass die Menschen im Konfliktfall ihre Alternative selbst finden. Das ist nachvollziehbar, weil das laterale Denken eine Schulung erfordert, die am besten schon in der Schule hätte stattfinden müssen.

37 Eine Sonderrolle nimmt die **Mobbingprävention** ein. Mobbing ist teuer, und Mobbing ist unter ethischen Gesichtspunkten nicht akzeptabel. Je weiter ein Mobbingprozess fortgeschritten ist, desto schwieriger ist es, den Konflikt zu beenden. Hauptanliegen ist daher, nicht nur im Mobbingfall zu reagieren, sondern wirksame Maßnahmen zur Mobbingprävention zu finden. Der erste Schritt zur Mobbingprävention ist Information (s. Nr. 3 in der Systematik). Mobbing gilt es frühzeitig zu erkennen und zu stoppen, um konstruktiv handeln zu können. Die Sondersituation ergibt sich daraus, dass Mobbing ein Handeln nach Täter-Opfer-Kriterien zur Folge hat (eine Konfliktschlichtung zwischen den Kontrahenten auf Augenhöhe ist damit ausgeschlossen) und sich der Verantwortliche dem Eingreifen schon rechtlich nicht entziehen kann. Dennoch sind es schlicht hoch eskalierte Konflikte, bei denen Vorbeugung schon fast eine Handlungsverpflichtung des Verantwortlichen begründet. Information und frühes Eingreifen sind auch deshalb eine gute Prophylaxe, weil in etlichen Fällen der Begriff Mobbing im Rahmen einer Verteidigungsstrategie vom „Opfer" eingeführt wird, tatsächlich aber ein mediierbarer Konflikt vorliegt.

38 Maßnahmen der **zur Vermeidung von gerichtlichen Verfahren** entwickeln sich gerade stark. Sie stellen eine Prophylaxe gem. Nr. 3 der vorangestellten Systematik dar. So haben sich die Rechtschutzversicherungen fast flächendeckend dazu bekannt, im Rahmen ihrer Eintrittspflicht auch die Kosten von Mediation zu tragen. Ja, sie sind sogar noch einen Schritt weiter gegangen, indem sie mit dem Ziel der Verhinderung von zivilprozessualen Auseinandersetzungen eigene Abteilungen eingerichtet haben, die damit befasst sind, die Konflikte ihrer Versicherungsnehmer zu mediieren. Dahinter steht ein schnödes wirtschaftliches Kalkül: Die Investition in eine Konfliktklärung durch Mediation ist für den Rechtsschutzversicherer finanziell günstiger als die Finanzierung des Prozesses. Man kann davon ausgehen, dass diese Einsicht zu vergleichbaren Maßnahmen auch in anderen Bereichen führen wird. Im medizinischen Bereich nehmen die Auseinandersetzungen zwischen Patient und Behandler (Arzt, Klinik) zu. Die Konfliktkosten sind enorm und offenkundig. Kieferorthopäden wird inzwischen ein frühzeitiger Gang in die Konfliktschlichtung durch Mediation angeraten.[12] Von Haftpflichtsachen anderer Freiberufler wie Rechtsanwälten und Steuerberatern habe ich ähnliches noch nicht gehört, gehe aber davon aus, dass sich auch hier über kurz oder lang die Versicherungen für eine Konfliktschlichtung durch Mediation einsetzen werden. Die Prozessverhinderung zähle ich deshalb zur Prophylaxe, weil wesentliche Beteiligte wie die einbezogenen Versicherer mit ihrer Haltung zu Mediation neue Wege in der Konfliktbearbeitung propagieren und damit das Bewusstsein ihrer Kunden und letztlich damit der gesamten Öffentlichkeit verändern, die eine Veränderung der Konfliktkultur in unserem Land zur Folge haben werden. Schlussendlich ist dazu auch die gerichtsinterne Mediati-

---

11 Kirchhoff, Konfliktmanagement(-systeme) 2.0.
12 Fuhrmann, Forensische Kieferorthopädie und Konfliktprophylaxebei Problempatienten und Mehrfachbehandlungen.

on[13] zu zählen, mehr noch die gerichtsnahe Mediation, bei der Rechtsstreitigkeiten vom angerufenen Gericht in die Mediation verwiesen werden. Mediationskostenhilfe[14] als Modell im „Mediationsgesetz"[15] erwähnt geht in dieselbe Richtung.

Bei den **Vorwarnsystemen** (Nr. 4 der Systematik) geht es um Änderungen, die kommen   39 werden und die Menschen verarbeiten müssen. Änderungen führen zu Konflikten, weil die betroffenen Menschen sich von Gewohnheiten verabschieden und auf Neues einlassen müssen. Diese Veränderungen sind unterschiedlich gravierend und in der Folge auch die Konflikte von unterschiedlicher Intensität.

Der hier einzuordnende Klassiker sind **Unternehmensnachfolgen**. Geht die Führung/   40 Leitung eines Unternehmens auf eine andere Person über, sei es durch Verkauf, Nachfolge in der Familie oder auf anderem Wege, kommt es typischerweise zwischen dem Abgeber und dem Übernehmer zu Konflikten. Die Dramatik ergibt sich aus der trügerischen Gewissheit der Beteiligten, alles würde nach der Veränderung besser: Der Übernehmer freut sich auf die neuen Gestaltungsspielräume und der Abgeber auf die freie Zeit, die er vielleicht schon mit Reisen o.ä. Schönem verplant hat. Durch Analyse der Persönlichkeiten und deren Umfeld sowie des Unternehmens selbst lassen sich die Konfliktpotentiale relativ leicht erheben.[16] Erleben sich die Protagonisten als Rollenspieler in diesen denkbaren Konfliktsituationen und schlichten diesen ihren Konflikt (der ja eigentlich gar nicht existiert sondern nur im Rollenspiel), erleben Sie zweierlei: Zum Einen erfahren Sie, dass die Zukunft Konfliktpotentiale in sich birgt, die sie nicht gesehen haben und zum Anderen haben sie erlebt, dass auftretende Konflikte von ihnen selbst gelöst werden können.[17]

Ein anderer großer Bereich sind **öffentliche Planungsvorhaben**. Die Bedeutung eines   41 Einbezugs denkbarer Beteiligter in der Bauleitplanung bspw zeigt sich darin, dass in gesetzlich definierten Planungsvorhaben die Beteiligung der Öffentlichkeit vorgeschrieben ist. Letztlich entpuppt sich dieses allerdings als Papiertiger, wie das Beispiel Stuttgart 21 zeigt. Es reicht eben nicht aus, Planungsvorhaben öffentlich auszulegen. So gehen die Beteiligten zunehmend mehr dazu über, die interessierte Öffentlichkeit in solche Planungsvorhaben frühzeitig aktiv einzubeziehen. Die Gestaltung der dann erfolgenden Kontaktaufnahme und Information orientiert sich daran, frühzeitig Konfliktpotentiale kennenzulernen und darauf schon im Stadium der Planung reagieren zu können. Im Prinzip folgen die Vorgehensweisen dem Muster, das vorab zu den Unternehmensnachfolgefällen beschrieben ist: Es wird zunächst festgestellt, wer von dem Projekt betroffen sein kann. Dann wird dieser Kreis informiert und eingeladen, zu dem Planungsvorhaben Stellung zu nehmen. Sind dann die Interessen und Bedürfnisse bekannt, wird in einem moderierten Gespräch die beste Alternative gesucht. Dieses Gespräch (idR eine Konferenz) kann eine Mediation sein; in Betracht kommen aber auch andere Formate mit mediativen Elementen.

Dieses Feld von Konfliktprophylaxe wird sich **voraussichtlich künftig stark ausweiten**.   42 Das Modell passt auf alle Veränderungssituationen wie zB Jobwechsel, Fusionen, Schließung von Kirchengemeinden.

---

13 Künftig auch der Güterichter nach MediationsG.
14 § 7 des „Gesetz zur Förderung der Mediation und anderer Verfahren der außergerichtlichen Konfliktbeilegung".
15 Gesetz zur Förderung der Mediation und anderer Verfahren der außergerichtlichen Konfliktbeilegung, vom BT am 15.12.2011 verabschiedet.
16 Berning/Novak, 2mal5gleich1 – Leitung übergeben, Führung übernehmen, Frischer Wind für Mediation, Schriftenreihe des BM Band 3, 2009, 71 ff.
17 Speziell für die Nachfolge in freiberuflichen Unternehmen: Berning/Novak, Erfolgsfaktoren der Kanzleinachfolge, 2010.

43 **Frühwarnsysteme** sind regelmäßig Bestandteil des Konfliktmanagements. So haben etwa die Konfliktlotsen oder Konfliktnavigatoren die Aufgabe, frühzeitig bereit zu stehen, wenn Konflikte auftreten. Gleiches gilt für Ombudsstellen, die in vielen Unternehmen eingerichtet wurden. IdR ist es aber (noch) so, dass ein schnelles Reagieren bei eingetretenen Konflikten intendiert ist. Die Analyse von Konflikthäufigkeit in bestimmten Bereichen führt regelmäßig zu organisatorischen Maßnahmen, kann aber auch die Implementierung eines Beobachtungspostens zur Folge haben, der konfliktträchtige Entwickelungen beobachtet und so ein frühzeitiges Eingreifen ermöglicht. Frühwarnsysteme mit dieser Orientierung haben aber noch Seltenheitswert. Das kann sich ändern, wenn die Dimension der Konfliktkosten von den Verantwortlichen realisiert ist und zur Erkenntnis einer Handlungsnotwendigkeit führt. Mit dem Auftrag eines Frühwarners hat der Autor den Ressourcenscout konzipiert.

2.7 Verhandeln

Literatur: Fisher, R./Ury, W, Getting to Yes, 3rd ed., rev. ed., 2011 (dt. Fischer, R./Ury, W./ Patton, B., Das Harvard-Konzept, 23. Aufl. 2009); Ury, W.,Getting past No 1. Aufl. 1993; Ury, W., The Power of a Positive No, 2008; Schwartz, H./Troja, Lehrmodul 16: Verhandeln, M, ZKM 2010, 186–190.

2.7.1 Einleitung

Die Prinzipien des **Harvard Konzepts sachgerechten Verhandelns** können neben dem 1 Transformationsansatz als das prägende Leitbild für die moderne Mediation betrachtet werden (hierzu Kap. 1.1.3.1). Teilweise finden sie sich direkt im Phasenmodell wieder (Interessen statt Positionen, Optionen zu beiderseitigem Vorteil), teilweise laufen sie als übergeordnete Orientierung mit (Menschen und Probleme getrennt voneinander behandeln). Der vorliegende Beitrag beschäftigt sich im ersten Teil mit einer genaueren Betrachtung der einzelnen Prinzipien und bezieht dabei auch die Arbeit an der „Besten Alternative, BATNA (Best Alternative to Negotiated Agreement)" mit ein. Neben der reinen Darstellung wird analysiert, in welcher Weise die einzelnen Elemente ihren Niederschlag in der Mediation gefunden haben. Im zweiten Teil wird den Fragen nachgegangen, warum in der Verhandlungspraxis die Prinzipien des Harvard Konzeptes, trotz ihrer enormen Popularität, nicht durchgängig umgesetzt werden und warum sich daraus, speziell für Mediatoren, interessante Perspektiven ergeben.

2.7.2 Die Prinzipien des Harvard Konzepts

Die **Prinzipien des Harvard Konzepts** sind Ausfluss wissenschaftlicher Studien zur Stei- 2 gerung der Effizienz von Verhandlungsmethoden an der Harvard Universität im Rahmen des Harvard Negotiation Projects in den 1970er und 1980er Jahren. Im Fokus standen dabei Verhandlungen, die von den Parteien direkt geführt wurden, also nicht notwendigerweise unter Beteiligung eines neutralen Dritten, wie etwa eines Mediators. Zu den Prinzipien des Harvard Konzept im engeren Sinne gehören (vgl auch die zusammenfassende Kopiervorlage im Anhang Kap. 7.1.9):

- Menschen und Probleme getrennt voneinander behandeln.

- Auf Interessen konzentrieren, nicht auf Positionen.

- Entscheidungsmöglichkeiten (Optionen) zum beiderseitigem Vorteil entwickeln.

- Auf Anwendung neutraler Beurteilungskriterien bestehen.

Neben diesen Kernelementen kommt einem weiteren Aspekt besondere Bedeutung zu:

- Eine „Beste Alternative" zur Verhandlungsübereinkunft entwickeln.

2.7.2.1 Menschen und Probleme getrennt voneinander behandeln:

3 **Trenne Sache und Person**, dieser scheinbar so einfache Vorsatz stellt in Verhandlungen für die Beteiligten eine große Herausforderung dar. Hintergrund ist die Tatsache, dass neben den Zielen und Motiven, die mit dem Verhandlungsgegenstand verknüpft sind, also der Sache selber, auch Bedürfnisse und Interessen handlungsleitend werden, die die Verhandlungssituation und die Beziehung der Verhandlungspartner zueinander betreffen. Als einfaches Beispiel mag der Wunsch nach einem respektvollen Umgang miteinander dienen. Schon in Verhandlungen, die von einer beidseitigen Kooperationsbereitschaft getragen werden, vermischen sich die beiden Ebenen schnell, ohne dass sich die Beteiligten darüber im Klaren sind. Bei zunehmenden Eskalationsgrad sind die Verhandlungspartner häufig damit überfordert, weiterhin sachgerecht und respektvoll miteinander zu agieren. Verhandlungen scheitern dann paradoxerweise, obwohl es aus sachlicher Sicht vernünftig gewesen wäre, sich zu einigen. Da dieses Phänomen bekannt ist, gibt es im wirtschaftlichen Kontext Strategien, um professionell damit umzugehen. Stellen die Verhandlungspartner fest, dass der Erfolg der Verhandlungen durch eine zunehmend belastete Beziehung gefährdet wird, kann ein hilfreicher Schritt darin bestehen, die Verhandler auszuwechseln und durch Personen gleicher oder höherer Hierarchiestufe zu ersetzen. Diese Maßnahme kann sich auf die gesamten Verhandlungsdelegationen beziehen, da die Gefahr der Vermischung von sachlicher und persönlicher Ebene in Gruppen keineswegs reduziert, sondern eher verstärkt wird. Die neuen Verhandlungspartner haben dann die Chance, ohne die Belastung durch persönliche Verstrickungen in der Sache weiterzukommen. Trenne Sache und Person, wie das Prinzip häufig in Kurzform benannt wird, erschöpft sich jedoch keineswegs darin, dem anderen wertschätzend, respektvoll gegenüberzutreten. Dies ist ein erster, wichtiger Schritt. Die besondere Herausforderung drückt sich jedoch eher in der Formulierung, „hart in der Sache, aber weich zu den Personen" aus. Sachgerechtes Verhandeln besteht aus der Perspektive dieses Prinzips folglich darin, den Versuch zu unternehmen, die sachbezogenen Interessen in einer Lösung zu verwirklichen, ohne sich in dem Prozess durch persönliche Verstrickungen zu falschen Entscheidungen verleiten zu lassen. Diese können, wie bereits erwähnt, zum einen darin bestehen, mögliche sinnvolle Übereinkünfte nicht zu realisieren, zum anderen aber auch darin, etwa aus dem Wunsch nach Harmonie Zugeständnisse zu machen oder Lösungen zuzustimmen, die sachlich nicht geboten sind. In beiden Alternativen ist die Vermischung von persönlicher und sachlicher Ebene ursächlich für einen suboptimalen Verhandlungsprozess. Professionelle Verhandler sind sich darüber bewusst, dass diese psychologischen Mechanismen wirksam sind. Da diese höchst individuell sind, bedarf es einer sorgfältigen Selbstreflektion, um die eigenen „Empfindlichkeiten" und Reaktionsmuster zu kennen und in der Praxis angemessen damit umgehen zu können. Bei wichtigen Verhandlungen bietet sich die Unterstützung durch einen **Verhandlungscoach** an, der selber nicht in der Verhandlungsdynamik steckt und hilfreiche Anregungen zur Selbstklärung macht. Die Fähigkeit, das gesamte Geschehen von Zeit zu Zeit aus der Metaperspektive betrachten zu können, ist ein entscheidender Baustein für sachgerechtes Verhandeln.

4 Eine Mediation kann als Sonderfall einer Verhandlung betrachtet werden, bei der sich die Beteiligten darauf geeinigt haben, die Verantwortung für den Prozess an einen allparteilichen Dritten zu delegieren (s. Kap. 1.1.3.2.2). Eine Hauptaufgabe des Mediators besteht darin, das Prinzip der Trennung von Sache und Person vor dem Hintergrund der bestehenden Spannungen in größtmöglichem Umfang zu fördern (hierzu ausführlich Kap. 2.14). Ein Schwerpunkt liegt dabei auf der Festlegung des Verfahrensrahmens.

Hier wird geklärt, was die Beteiligten brauchen, um gut miteinander verhandeln zu können. Nur dann, wenn über die wesentlichen Bedingungen der Zusammenarbeit eine Einigung erzielt werden kann, kommt die Mediation zustande. Im weiteren Verlauf des Prozesses wird das Prinzip durch die Umsetzung der Verfahrensstruktur unterstützt. Der Mediator konzentriert sich auf die Erarbeitung der Informationen, die in der jeweiligen Phase gefordert sind (Themen, Interessen, Optionen) und bietet den Verhandlungspartnern somit einen sicheren Orientierungsrahmen. Nichtsdestotrotz ergeben sich im Gesprächsverlauf immer wieder Situationen, in denen sich einer der Beteiligten durch Äußerungen des anderen provoziert oder auch verletzt fühlt. Mag an vielen Stellen die reine Umformulierung des Gesagten durch den Mediator ausreichen, um eine Eskalation zu vermeiden, ist es manchmal jedoch notwendig, auf die aktuellen Gefühle einzugehen und sie zu bearbeiten (s.a. Kap. 2.13.5), um den Blick für die Sache wieder frei zu machen.

2.7.2.2 Auf Interessen konzentrieren, nicht auf Positionen

Kern dieses Prinzips ist, nicht bei der Frage stehen zu bleiben, **was** die Beteiligten wünschen oder fordern, sondern **warum** ihnen dies wichtig ist. Die Vorteile dieser Verlagerung der Verhandlungsebene liegen auf der Hand. Auf der einen Seite lassen sich in der Regel mehrere Wege finden, um ein Interesse zu befriedigen, der Lösungsraum erweitert sich demnach automatisch. Auf der anderen Seite wird eine Einigung nur dann nachhaltig zufriedenstellend sein, wenn sich in ihr die wesentlichen Interessen der Beteiligten wiederfinden. In Wechselwirkung mit der Trennung von Sache und Person erleichtert der Austausch von Interessen auch den konstruktiven Umgang miteinander. Während Positionen iSv Forderungen stets das Potential haben, Widerspruch und Ablehnung bei dem Verhandlungspartner hervorzurufen, ist dies bei der Äußerung der eigentlichen Beweggründe nicht der Fall und es besteht im Gegenteil eher die Chance für den Aufbau von Verständnis. Obwohl der Sinn der Fokussierung auf Interessen unmittelbar einleuchtet, ist ihre Umsetzung in der Verhandlung höchst anspruchsvoll. Dies hat mehrere Gründe. Den Verhandlungspartnern ist das Denken und Sprechen in Positionen wesentlich vertrauter als der Austausch von Interessen und Bedürfnissen. Es fällt viel leichter dem anderen mitzuteilen, was ich von ihm möchte, als ihm die dahinterliegenden Beweggründe verständlich zu machen. Die Offenlegung der eigenen Motive setzt ein gewisses Maß an Selbstreflektion voraus, da diese nicht immer bewusst sind. Erschwerend kommt hinzu, dass mit der Öffnung psychologisch die Sorge verknüpft ist, sich angreifbar zu machen. Gerade in schwierigen Verhandlungssituationen erfordert dieser konstruktive Schritt Mut. Selbiges gilt für die innere Bereitschaft, sich mit den Interessen des Verhandlungspartners auseinanderzusetzen. Auch hier wirkt eine psychologische Schwelle. Vorrangiges Ziel in der Verhandlung ist es, die eigenen maßgeblichen Anliegen „durchzusetzen". Auf den ersten Blick steht dieses Ziel im Widerspruch zu einer empathischen Haltung gegenüber dem Anderen. Bei einer differenzierteren Betrachtung wird jedoch deutlich, dass auch das Herausarbeiten der Interessen des Gegenübers die Wahrscheinlichkeit erhöht, für sich selbst eine gute Lösung zu erreichen. Das Überwinden der Spannung zwischen Selbstbehauptung und Empathie setzt ein gewisses Maß an persönlicher Souveränität voraus. Zum Tragen kommt dabei eine innere Haltung. Nur wenn der Verhandlungspartner wirkliche Empathie wahrnimmt, wird er dazu bereit sein, die eigenen Interessen mitzuteilen bzw zunächst einmal herauszuarbeiten.

Eine besondere Schwierigkeit beim Umgang mit diesem Harvard Prinzip besteht bei **Verhandlungen zwischen Vertretern**, dh zwischen Personen, die im Auftrag eines anderen verhandeln. Typischerweise ist das Mandat, mit dem der Vertreter ausgestattet ist, nicht das Ergebnis einer intensiven Interessenanalyse. Vielmehr handelt es sich in der Regel eher um Unter- oder Obergrenzen bzw einen Einigungsrahmen, also um klassi-

Schwartz 121

sche Positionen. Der Ausgangspunkt für konstruktive Verhandlungen zwischen Vertretern liegt demnach bereits bei der Aushandlung des Mandates. Hier besteht die Herausforderung auf Seiten des Vertreters darin, auf ein **interessenorientiertes Mandat** hinzuarbeiten. Dieses setzt einen intensiven Dialog mit dem Auftraggeber in der Vorbereitung und auch im Verlauf der anschließenden Verhandlung voraus.

7 Dem **Herausarbeiten der Interessen** kommt in der Mediation überragende Bedeutung zu (hierzu Kap. 3.2 Rn 4 und 19). Aus diesem Grund stellt die Interessenklärung in allen Mediationsmodellen die Kernphase dar. An dieser Stelle entscheidet sich regelmäßig, ob es gelingt, die oft konfrontative Haltung der Beteiligten in Richtung einer zunehmenden Kooperationsbereitschaft zu verändern. Im intensiven Dialog zwischen Mediator und Mediand wird in einem ersten Schritt die Selbstklärung, dh die Auseinandersetzung mit den eigenen Interessen vorangetrieben. Gegenüber der Verhandlungssituation ohne Dritten besteht der Vorteil darin, dass dem Mediator von den Beteiligten eine empathische, wertschätzende Grundhaltung eher zugesprochen wird als dem Verhandlungspartner. Die Bereitschaft, auf die vertiefenden Fragen des Mediators zu antworten, ist demnach größer. Die Tatsache, dass der jeweils andere Beteiligte bei diesem Selbstreflexionsprozess anwesend ist, fördert das gegenseitige Verständnis. Durch die Sicherheit stiftende Struktur sowie die respektvoll nachdrücklichen Fragen gelingt es, einerseits die Autonomie und Selbstbehauptungsfähigkeit der Beteiligten auszubauen und gleichzeitig die wechselseitige Empathie zu fördern.

2.7.2.3 Entscheidungsmöglichkeiten (Optionen) zum beiderseitigem Vorteil entwickeln

8 Die Grundannahme bei Verhandlungen ist in der Regel die eines **Nullsummenspiels**. Die Beteiligten gehen davon aus, dass es eine beschränkte Verteilungsmasse gibt, um die verhandelt wird. Ziel ist es, ein möglichst großes Stück von dem Kuchen zu bekommen. Die Verhandlungspartner stehen sich dabei als Konkurrenten gegenüber, weil es um die Verteilung einer begrenzten Ressource geht, dh der Anteil, den Person A für sich beansprucht, von dem Anteil der Person B abgezogen werden muss und umgekehrt. Es kommen Verhandlungsstrategien zum Einsatz, die die Beziehung belasten und das gegenseitige Vertrauen beschädigen (drohen, übertreiben, unter Druck setzen, misstrauen, lügen etc.). Diese Orientierung ist ausschließlich positionsorientiert und widerspricht den bereits vorgestellten Prinzipien. Nichtsdestotrotz stellt sie die dominierende Grundeinstellung in Verhandlungen dar. Ursache dafür sind die Sozialisation und persönliche Erfahrungen. Begünstigend wirken die internationale Gültigkeit sowie die Tatsache, dass die Annahme eines Nullsummenspiels die enorme Komplexität vieler Verhandlungen auf ein handhabbares, wenn auch nicht adäquates Maß reduziert.

9 Ausgehend von diesen Beobachtungen stellt das dritte Harvardprinzip einen echten Paradigmenwechsel dar. An Stelle der eindimensionalen Fokussierung auf Positionen tritt die Überzeugung, dass es in fast jeder Verhandlung möglich ist, Lösungselemente zu finden, die entweder beiden Beteiligten zu Gute kommen oder aber für einen Verhandlungspartner vorteilhaft sind ohne den anderen zu beeinträchtigen. In einem ersten Schritt geht es nicht darum, die eine, alle glücklich machende Lösung zu finden, sondern zunächst einmal nach Möglichkeiten zu suchen, den Kuchen, die Verhandlungsmasse zu vergrößern. Statt um Verteilung geht es um **Wertschöpfung**. Dieser, durchaus bescheidenere Ansatz, befreit von dem oft als idealistisch und damit blockierend wahrgenommenen „Win-Win"-Anspruch, der die notwendige Kreativität im Keim erstickt. Die Umsetzung dieses Prinzips basiert wiederum auf den wechselseitigen Interessen, wobei sowohl gemeinsame als auch unterschiedliche Interessen Ausgangspunkt für eine Erweiterung des Lösungsraums sein können. Daneben stellen Unterschiede in Überzeugungen, Einschätzungen und Risikoorientierungen eine wertvolle Grundlage für kreative Ideen dar. Für die Verhandlungspartner besteht die Herausforderung darin, zunächst

einmal intensiv die wechselseitigen Präferenzen zu erarbeiten und dann im nächsten Schritt, unter Zuhilfenahme von Kreativitätstechniken, nach Möglichkeiten zu ihrer Befriedigung zu suchen. Obwohl die Techniken eine wichtige Unterstützung bieten, liegt der Schwerpunkt wiederum auf der Haltung der Beteiligten. Die Verhandlung, speziell die Suche nach Entscheidungsmöglichkeiten zum beiderseitigem Vorteil, ist nicht von Konkurrenz geprägt, sondern idealerweise durch das Verständnis, einen gemeinsamen **Problemlöseprozess** zu durchlaufen.

Die kooperative Grundhaltung wird im Verlaufe der Verhandlung immer wieder auf die Probe gestellt und ist keine verlässliche Konstante. Die größte Herausforderung steckt in einem psychologischen Dilemma. Kreativität setzt ein gewisses Maß an Autonomie und auch Sicherheit voraus. Der Prozess der Ideenfindung ist umso effektiver je kooperativer die Einstellung der Beteiligten ist. Gleichzeitig sind sich jedoch alle darüber im Klaren, dass es, egal auf welchem Niveau, am Ende zwangsläufig eine Sequenz der reinen **Verteilung** geben muss. Bildlich gesprochen geht es also darum, möglichst lange zu versuchen, den Kuchen zu vergrößern, ohne sich dabei zu früh durch die Notwendigkeit der späteren Verteilung mit den entsprechenden Dynamiken blockieren zu lassen. Die Bereitschaft und Fähigkeit, beide Phasen zu trennen, setzt sowohl die Überzeugung der Sinnhaftigkeit als auch wiederum die persönliche Souveränität voraus.

Die beschriebene Spannung zwischen „Win-Win"-Orientierung und notwendiger an- 10 schließender Verteilung gilt selbstverständlich auch in der Mediation. Wie bereits erwähnt stellt die intensive Phase der Interessenklärung die Basis sowohl für das Verständnis der eigenen Beweggründe als auch für den Aufbau gegenseitigen Verständnisses dar. Die Bewusstheit über das, was einem in der Verhandlung wirklich wichtig ist, schafft Sicherheit und Flexibilität. Das Verständnis für die Motive des anderen erhöht die Bereitschaft, in „Win-Win"-Kategorien zu denken. Aufbauend auf der gewachsenen Kooperationsbereitschaft im Rahmen der Interessenklärung begegnet der Mediator der psychologischen Herausforderung in der Lösungsphase durch eine strikte **Trennung zwischen der kreativen Ideensuche und der anschließenden Bewertung.** Im ersten Schritt nutzt der Mediator Techniken, die die Beteiligten in die Lage versetzen, angstfrei und ohne Filter eine möglichst große Bandbreite von Alternativen und Einzelideen zu entwickeln. Gängige Techniken sind u.a. das Brainstorming, die Umkehrmethode, Perspektivenwechsel und Wunderfragen. In einem zweiten Schritt erfolgt dann die Bewertung der einzelnen Optionen. Nur bei den Optionen, die in die engere Wahl kommen, erfolgt dann die Konkretisierung mit Zahlen und Daten. Zwar kommt es an dieser Stelle auch in der Mediation wieder zu einem Rückfall auf Positionen, dieser ist jedoch geprägt durch die vorangegangene konstruktive Arbeit in der Interessenklärung und kreativen Ideensuche und kann daher meist zügig zu einem einvernehmlichen Abschluss gebracht werden.

2.7.2.4 Auf Anwendung neutraler Beurteilungskriterien bestehen

Das Verhandeln über Positionen wird häufig dadurch erschwert, dass bei dem Verhand- 11 lungspartner ein Gefühl von Willkür entsteht. Auch wenn die jeweiligen Standpunkte mit Nachdruck vertreten werden, bleibt doch vielfach offen, wodurch sie legitimiert werden können. Eine zukunftsorientierte, nachhaltige Einigung basiert auf wechselseitigem Verständnis. Wie bereits erwähnt, wird dieses durch die Konzentration auf Interessen gefördert. Ein weiterer wichtiger Baustein besteht in der **Einigung auf beidseitig akzeptierte Kriterien,** denen die Lösung gerecht werden soll. Gelingt es, sich auf neutrale, dh von dem Einfluss der beteiligten Personen unabhängige Faktoren, wie etwa einen üblichen Marktpreis, zu einigen, die bei der Beurteilung herangezogen werden sollen, ergeben sich mehrere positive Effekte für den Verhandlungsprozess. Zunächst einmal fördert jede Form der Übereinkunft die Kooperationsbereitschaft der Beteiligten. Des

Weiteren fällt es leichter, sich mit Vorschlägen, Ideen oder auch Forderungen auseinanderzusetzen, wenn man die zugrundeliegenden, zur Legitimation herangezogenen Kriterien nachvollziehen und teilen kann. Je intensiver das Gespräch über diese Faktoren geführt wird, desto mehr rückt die Willkür, der bloße Wille der Beteiligten und die damit verbundene Konfrontationsgefahr in den Hintergrund. Ein wesentlicher Teil der bestehenden Unsicherheit und damit verbundenen Spannung wird reduziert. Die Beschäftigung mit neutralen Kriterien ist auch geeignet, die eigenen Standpunkte zu hinterfragen und gegebenenfalls zu korrigieren. Wird in einem Verkaufsprozess etwa die Verwendung eines „üblichen Vertrages" vorgeschlagen, so sollte die Frage erlaubt sein, ob dieser auch Verwendung finden würde, wenn der Verkäufer seinerseits als Käufer agiert. Ist dies nicht der Fall, besteht Klärungsbedarf.

12 In der Mediation werden verschiedene Vorgehensweisen praktiziert, um neutrale Kriterien in den Prozess einfließen zu lassen. Die direkteste Umsetzung dieses Prinzips besteht in der Einführung einer eigenen Phase, üblicherweise im Anschluss an die Interessenklärung oder aber die kreative Ideensuche. In dieser Phase werden sogenannte Fairnesskriterien zusammengetragen und verabschiedet. Im Anschluss an die kreative Ideensuche bieten diese Kriterien dann neben den individuellen Interessen die Grundlage für die Bewertung und die Auswahl der Optionen. Ein anderer möglicher Weg der Arbeit mit neutralen Kriterien besteht in der Phase der Interessenklärung. Hier besteht die Möglichkeit, zu hinterfragen, welche Bewertungsmaßstäbe aus Sicht des Einzelnen einbezogen werden sollten und warum. Antwortet ein Beteiligter etwa auf die Frage, was ihm hinsichtlich des Verkaufes seines Geschäftsanteiles wichtig ist, er lege Wert auf einen fairen, marktüblichen Preis, so bietet es sich an, den Hintergrund der Äußerung zu erfragen. Für den Konfliktpartner aber auch für den Befragten selber ist es wichtig und keinesfalls trivial zu erfahren, warum ein marktüblicher Preis für ihn wichtig ist. In manchen Mediationen besteht eine Kernaufgabe darin, sich auf einen gemeinsamen Sachverständigen sowie den entsprechenden genauen Auftrag zu einigen.

2.7.2.5 Eine „Beste Alternative" zur Verhandlungsübereinkunft entwickeln

13 Ein gutes Verhandlungsergebnis ist eines, das die eigenen Interessen im Wesentlichen befriedigt und zu dem es keine bessere Alternative gab. Ein Verhandlungsexperte zeichnet sich dadurch aus, dass er nur Vereinbarungen trifft, die diesen Kriterien gerecht werden und dazu in der Lage ist, in anderen Fällen „Nein" zu sagen. Die systematische Arbeit an der **Nichteinigungsalternative** stärkt die eigene Verhandlungsmacht und gibt Sicherheit. Dass es sich dabei um wirkliche Arbeit handelt, wird deutlich, wenn man sich insbesondere das Harvard Prinzip „Auf Interessen konzentrieren, nicht auf Positionen" bewusst macht. Bei der Entwicklung der eigenen **BATNA** ist es nicht damit getan, sich ein Limit zu setzen, bis zu dem man bereit ist zu gehen, sondern auf Grundlage der eigenen Interessen nach besseren Alternativen für ihre Befriedigung zu suchen. Dies setzt in einem ersten Schritt einen Reflexionsprozess hinsichtlich der eigenen Bedürfnisse voraus. In einem zweiten Schritt erfolgt dann die Analyse von Möglichkeiten, diesen Bedürfnissen gerecht zu werden. Um zu verhindern, dass bei der Bewertung der BATNA Fehleinschätzungen, wie zB Überoptimismus zum Tragen kommen, müssen die Alternativen einer Realisierbarkeitsprüfung unterzogen werden. Die systematische Beschäftigung mit der eigenen Nichteinigungsalternative sowie mit der des Verhandlungspartners ist ein wesentlicher Bestandteil sachgerechten Verhandelns. Die Umsetzung erfordert ein hohes Maß an Disziplin, insbesondere bei der Verhandlungsvorbereitung. Sie bewahrt den Verhandler sowohl davor, „vernünftige" Verhandlungsergebnisse abzulehnen, als auch „unvernünftigen" Vereinbarungen zuzustimmen. Eine besondere Herausforderung bei der Entwicklung von Nichteinigungsalternativen besteht wiederum bei Verhandlungen zwischen Vertretern. Hier stattet der Auftraggeber seinen Ver-

handler üblicherweise mit einem positionsorientierten Limit aus. Der Beauftragte tut gut daran, sein Mandat durch die gemeinsame Entwicklung interessenorientierter, realistischer Nichteinigungsalternativen zu flexibilisieren.

Das Ziel einer Mediation ist es, die Beteiligten dabei zu unterstützen, für sich gute Entscheidungen zu treffen (zur Definition s. Kap. 1.1.3.2). Diese Entscheidung kann sowohl darin bestehen, eine Vereinbarung abzuschließen als auch darin, nach sorgfältiger Analyse auf eine Alternative zurückzugreifen, die zumindest für einen der Beteiligten vorteilhafter ist. Ihren Niederschlag findet diese Orientierung in dem **Prinzip der Freiwilligkeit** (hierzu Kap. 1.1.3.2.1). Bereits zu Beginn der Mediation macht der Mediator deutlich, dass das Verfahren nur ein möglicher Weg ist, zu einem Ergebnis zu kommen. Daneben werden andere Alternativen, wie etwa das gerichtliche Verfahren, transparent gemacht und hinsichtlich ihrer Vor- und Nachteile erörtert. Die Beteiligten entscheiden sich an dieser Stelle nach sorgfältiger Abwägung für oder auch gegen das Mediationsverfahren. Der Einbezug der BATNA auf inhaltlicher Ebene erfolgt in jedem Fall bevor eine verbindliche Vereinbarung getroffen wird. Die Beteiligten werden mit der im Raum stehenden Lösung einzeln zu externen Beratern geschickt, um eine Abwägung hinsichtlich bestehender Alternativen vorzunehmen. Das Ergebnis dieser Beratungen kann zu einer Annahme des Ergebnisses, dem Wunsch nach Nachverhandlungen oder auch der Ablehnung der Vereinbarung führen. Eine Herausforderung für den Mediator besteht darin, sicherzustellen, dass der Abwägungsprozess mit den Beratern auf realistischen Einschätzungen beruht.

2.7.3 Ursachen für die mangelnde Anwendung der Harvard Prinzipien in der Praxis

Obwohl davon ausgegangen werden kann, dass erfahrene Verhandler sich theoretisch mit dem nach dem Harvard Konzept sachgerechten Verhandeln auseinandergesetzt haben, ist die konsequente Umsetzung in der Praxis immer noch die Ausnahme. Vielmehr dominiert das positionsorientierte, distributive Verhandeln. Die Gründe dafür sind vielfältig. Die Annahme eines Nullsummenspiels bei der Verteilung begrenzter Ressourcen wird früh gelernt, ist international verbreitet und ritualisiert. Der eigene Erfolg kann durch Übung und Erfahrung maximiert werden. Verhandeln nach dem Harvard Konzept stellt ganz andere Anforderungen an die Beteiligten. Zunächst einmal handelt es sich weniger um die Anwendung spezieller Techniken, sondern um eine grundlegend veränderte Orientierung gegenüber dem Verhandlungsprozess. An die Stelle einer eher konfrontativen Auseinandersetzung tritt der Versuch einer gemeinsamen Problemlösung. Dem Aufbau und der kontinuierlichen Aufrechterhaltung dieser Einstellung stehen verschiedene psychologische und systematische Prozesse entgegen. Wie bereits erwähnt gründet die Suche nach einer „Win-Win"-Lösung einerseits auf der empathischen Auseinandersetzung mit den Interessen des Verhandlungspartners bei gleichzeitiger Bewusstheit über die eigenen Beweggründe. Das Aushalten der damit verbundenen Spannung setzt ein hohes Maß an persönlicher Autonomie und Selbstsicherheit voraus. Fehlt diese, liegt der Rückfall auf positionsorientiertes Denken nahe. Ähnliches gilt für das unter 2.7.2.3 beschriebene Phänomen, dass auch bei konsequenter Umsetzung der Harvard Prinzipien in jeder Verhandlung eine Phase der Distribution zu erwarten ist. Gefordert ist folglich die Fähigkeit der Beteiligten, trotz des Wissens um die spätere positionsbezogene Auseinandersetzung möglichst lange eine Win-Win-Einstellung aufrechtzuerhalten. Geht man realistischerweise davon aus, dass der interessenorientierte Verhandler nicht damit rechnen kann, dass sein Partner mit einer vergleichbaren Einstellung ausgestattet ist und er vielmehr den teilweise konfrontativen Dynamiken ausgesetzt ist, kann man ermessen, welche Disziplin und innere Stabilität ihm abverlangt werden. Ist der Verhandler darüber hinaus als Vertreter tätig, sieht er sich nicht nur dem tatsächlichen Verhandlungspartner gegenüber, sondern muss zusätzlich kontinuierlich an einem interessenbasierten Mandat seitens seines Auftraggebers arbeiten.

2.7.4 Fazit: Konsequenzen für Mediatoren

16 In der Theorie überzeugen die Prinzipien des Harvard Konzepts unmittelbar. Ihrer praktischen Umsetzung stehen die oben genannten Hürden gegenüber. Die konsequente Anwendung basiert zunächst auf einer kooperativen Grundhaltung. Des Weiteren werden spezielle Methoden und Techniken für das praktische Vorgehen benötigt. Erfahrenen Mediatoren sind beide Bereiche aus ihrer täglichen Arbeit vertraut. Sie sind es gewohnt, in spannungsreichen Situationen handlungsfähig zu bleiben. Sie sind in der Lage, die maßgeblichen Interessen der Beteiligten herauszuarbeiten und mittels kreativer Techniken nach einvernehmlichen Lösungen zu suchen. Wesentliche Grundlagen für die Tätigkeit als Verhandler sind somit gegeben. Auch wenn der Wechsel der Rolle von einem allparteilichen Dritten zu einem selbst Betroffenen anspruchsvoll ist und insbesondere die Auseinandersetzung mit dem eigenen Verhandlungs- und Konfliktverhalten voraussetzt, erschließt sich ein hochinteressantes, bisher weitgehend vernachlässigtes Tätigkeitsfeld.

2.8 Grundlagen der Kommunikation

Literatur: Habermas, J., Theorie des kommunikativen Handelns, 2 Bände, 1981; Maslow, A., Motivation und Persönlichkeit, 21. Aufl. 2002; Rosenberg, M. B., Gewaltfreie Kommunikation, 7. Aufl. 2007; Schulz von Thun, F., Miteinander reden, Band 1, Störungen und Klärungen, 48. Aufl. 2010; Watzlawick, P./ Beavin, J. H./Jackson, D. D., Menschliche Kommunikation – Formen, Störungen, Paradoxien, 12. Aufl. 2011.

Die Gesprächsführung innerhalb eines definierten Verfahrens folgt dessen Grundsätzen 1 und Zielen. Die Grundlagen für die Kommunikation im Kontext der Mediation lassen sich mithin wesentlich nach den Prämissen dieses Verfahrens, des „underlyings", in dessen Zusammenhang die Kommunikation stattfindet, beschreiben (hierzu Kap. 1.1.2). Die allgemeinen wissenschaftlichen Erkenntnisse über Kommunikation und Interaktion, Sprache und Wahrnehmung (...) konkretisieren sich im Zuge dieser angewandten Darstellung. Die rahmensetzenden Parameter eines bestimmten professionellen Kommunikationsprozesses sind von hoher Bedeutung. Sie machen das spezifische Gesprächsführungsmodell in seiner Besonderheit aus und die Unterschiede zu anderen Verfahren erkennbar. Sie sind die Identität gebenden Bezugspunkte dieser intendierten Vorgehensweise und prozessualen Zielsetzung. Sie geben der Gesprächsführung das Fundament, auf dem diese steht und sich entfalten kann.

Die Vorannahmen und Paradigmen der Mediation machen dieses Verfahren zu einem 2 abgrenzbaren Kommunikationsprozess und die mediative Gesprächsführung zu einer eigenständigen „Kunst". Die Gesprächsführung entlang des Phasenmodells (hierzu Kap. 3.2) schließlich macht die Mediation zu einem kommunikativ in besonderer Weise strukturierten Gestaltungsprozess. Die Grundlagen des mediativen Kommunikationsprozesses in seiner modellhaften Form werden im Folgenden aus verfahrens- und kommunikationstheoretischen Perspektiven abgeleitet und prozessual verknüpft dargestellt.

2.8.1 Allgemeine Prinzipien mediativer Kommunikation

Ebenso wie Kommunikation nicht im luftleeren Raum stattfindet, sondern stets einen 3 Kommunikationszusammenhang besitzt, werden auch Kommunikations- und verfahrenstheoretische Grundsätze nicht im Vakuum entwickelt, sondern basieren neben wissenschaftlichen Erkenntnissen auf **Vorannahmen, Erfahrungen, Vorstellungen, Leitbildern**. Der „Herrschaftsfreie Diskurs" (Habermas)[1] oder „Gewaltfreie Kommunikation" (Rosenberg,[2] hierzu s. Kap. 3.11) etwa sind solche Vorstellungen, das Harvardkonzept (Fisher/Ury/Patton)[3] bietet insofern seine Win/Win-Maxime und den spezifischen Interessenbegriff an (vgl Kap. 2.7), Mediation konstruiert eine freiwillige Verhandlungssi-

---

1 Habermas, Theorie des kommunikativen Handelns, 2 Bände, 1981.
2 Rosenberg 2007.
3 Fisher/Ury/Patton 2009.

tuation. Machen wir uns im Folgenden bewusst, welchen allgemeinen Erkenntnissen, Grundsätzen und Leitbildern das Kommunikationsmodell der Mediation im Wesentlichen folgt und welche Kommunikationsprinzipien sich hieraus ergeben.

2.8.1.1 Die Natur des Menschen

4 Die erste Grundlage für die Entwicklung eines Kommunikationsmodells resultiert aus der Frage: Was traue ich Menschen von Natur aus zu? Diese Frage nach dem ideengeschichtlichen **Menschen- und Gesellschaftsbild** entscheidet im Kontext Mediation letztlich darüber, ob eine Kommunikation, die Optionen frei „aus- und verhandelt", überhaupt erfolgreich sein kann. Ob also gesellschaftliches Zusammenleben neben Macht und Regeln auch die Ebene des Verhandelns als dritte Möglichkeit, nämlich durch (ergebnis-)offene Kommunikation zu Entscheidungen zu kommen, beinhaltet. Voraussetzung dafür wäre ja, dass der Mensch „als Idee und Vorstellung" zu echter Kooperation fähig wäre und sich nicht nur kompetitiv und konfrontativ um die Achse seiner eigenen Belange drehte.

5 Vertreter des politischen Denkens von der Antike bis heute haben diesem aushandelnden Konsens- und Partizipationsprinzip entsprechend ihrer Einschätzung zu den naturgegebenen Möglichkeiten menschlichen Verhaltens sehr unterschiedliche Chancen eingeräumt.[4] Das Mediationsverfahren und damit auch das Kommunikationsmodell der Mediation nun gehen in ihrer Leitidee davon aus, dass Verhandeln als dritter Entscheidungsweg prinzipiell funktionieren könnte, da der Mensch rational und emotional naturgemäß die Fähigkeit zum sozialverträglichen (Ver-)Handeln besitze und reflektiert Verantwortung für sich unter Berücksichtigung des gemeinschaftlichen Ganzen übernehmen könne. Damit liegt der Mediation eine **optimistische Gesellschaftskonstruktion** zugrunde, die jedem Mitglied einer sozialen Gemeinschaft grundsätzlich im Kern positive und damit gesellschaftlich akzeptable Absichten und Motive unterstellt sowie die Möglichkeit, durch Reflexion und den Austausch mit anderen seinen Fokus zu erweitern und sein Handeln bewusst zu verändern.

6 The Pursuit of Happiness, so nennt etwa John Locke als einer der Hauptvertreter dieser positiven Menschenbildtheorie seine Leitvision, die ganz besonders (bereits im 17. Jahrhundert) den Gedanken mediativen Verhandelns trägt.[5] Jeder strebt in seinem Handeln nach Glück und dieses parallele Streben jedes einzelnen nach persönlichem Glück muss in einer Gesellschaft verwirklicht werden können und sich unter den Glücksuchenden konstruktiv austarieren lassen, konstatiert Locke. Seine Gesellschaftskonstruktion verankert fundamental den Grundsatz: Jeder hat ein Recht auf Glück und formuliert damit implizit die Zielsetzung Win/Win des Harvardkonzeptes als ihr erstes Prinzip. Daraus lässt sich das **erste Kommunikationsprinzip ableiten:** Der Mensch kann (aussichtsreich) verhandeln.

2.8.1.2 Motivation

7 Die zweite Frage: Was motiviert uns, zu kommunizieren und zu verhandeln? Bei Locke und seiner programmatischen Leitidee des Pursuit of Happiness klingt es bereits an und seit Maslows Konstruktion seiner berühmten Pyramide[6] und anderen Vertretern der humanistischen Psychologie wissen wir es genau: Es sind unsere **Bedürfnisse**, die uns motivieren zu unseren kommunikativen und sonstigen Handlungsweisen. Diese Erkenntnis nehmen das Harvardkonzept und die Mediation mit dem Synonym des **Interessenbe-**

---

4 Nachzulesen in Maier/Denzer (Hrsg.), Klassiker des politischen Denkens, 2 Bände, 3. Aufl. 2007.
5 Locke, An Essay Concerning Human Understanding, London 1690, Book 2, Chapter 21, Section 51, Deutsche Textausgabe, Versuch über den menschlichen Verstand, Band 1, 2006, Zweites Buch, Kapitel XXI, 519.
6 Maslow, Motivation und Persönlichkeit, 21. Aufl. 2002, 74 ff.

griffs in die Konstruktion ihres Kommunikationsmodells auf. „Freiwillig" verhandeln wir also besonders gern immer erst dann, wenn wir glauben, dass diese Vorgehensweise mutmaßlich die aussichtsreichste ist, um unsere Bedürfnisse zu erfüllen. Unsere Bedürfnisse, unsere Interessen sind unsere Leitmotive.

Ohne Bedürfnisrisiko, ohne innere Drucksituation und ohne vermutete Chance auf Er- 8 füllung unserer Interessen besteht keine Verhandlungsoption. Erst die gefühlte Gefährdung bzw die prognostizierte günstige Realisierung unserer Wünsche, unseres Pursuit of Happiness, machen uns verhandlungsbereit und offen dafür, uns auch den anderen beteiligten Perspektiven und Interessen zu widmen. Unsere motivationalen Hintergründe schaffen in kongruenter Weise Bereitschaft, Freiwilligkeit, Konsens für interessenorientiertes Verhandeln. Und genau dort, beim Interessenaustausch, begegnen wir uns am intensivsten in der Verhandlung, werden einverstanden und sagen okay zur Perspektive Win/Win (vgl Kap. 2.7). **Zweites Kommunikationsprinzip**: Interessen/Bedürfnisse in den kommunikativen Fokus nehmen.

2.8.1.3 Wahrnehmung

Die dritte Frage, die anschließt: Wie nehmen wir wahr? Diese Frage wird in Kap. 2.2 9 ausführlich erörtert. Im Ergebnis funktioniert unsere Wahrnehmung selektiv, lückenhaft, individuell gefärbt, und zwar aus biologischen wie (sozial-) psychologischen Gründen. Von unseren Erfahrungen, aktuellen Emotionen und Zielsetzungen geleitet, lassen wir Dinge weg, fügen Dinge hinzu, interpretieren. Zudem sind unsere Wahrnehmungskanäle, etwa Auge und Ohr, ebenso wie alle Sinne individuell unterschiedlich ausgeprägt. Hieraus folgt das **dritte Kommunikationsprinzip**: Anerkennung der eigenen Wahrnehmungsperspektive als relativ, subjektiv, unvollständig.

2.8.1.4 Realität und Wahrheit

Die vierte Frage: Wie erkennen und verstehen wir die Dinge, die wir wahrnehmen? Vie- 10 le Einflussfaktoren prägen unseren hermeneutischen Aneignungsprozess der Welt (vgl im Einzelnen Kap. 2.10, 2.11). Schlussendlich konstruieren wir kontinuierlich unsere eigene Wirklichkeit und bestätigen diese – für uns sinnvolle – Konstruktion lieber, als wir sie infrage stellen. Die Konsequenz ist: Es gibt keine übergeordnete Wahrheit, nach der wir in einem aufklärenden Kommunikationsprozess zusammen forschen könnten, es gibt nicht die Realität, sondern viele unterschiedliche persönlich-reale Perspektiven, die alle gleichermaßen von Bedeutung sind. Kommunikationsziel ist somit nicht, einer „eigentlichen" Wahrheit auf die Spur zu kommen, sondern alle subjektiven Erinnerungen als gleichermaßen wahr zu betrachten und im Lichte dieser verschiedenen Wirklichkeiten miteinander zu kommunizieren. Daraus lässt sich das **vierte Kommunikationsprinzip** formulieren: Unterschiedliche Perspektiven mit „und" verbinden.

2.8.1.5 Sender und Empfänger

Die fünfte Frage: Was passiert, wenn wir miteinander reden? Paul **Watzlawick** be- 11 schreibt Kommunikationsprozesse als input-/output-Relationen mit einem menschlichen Bewusstsein dazwischen, das wie eine Black Box funktioniert und in deren „Dunkelkammer" alle Unterschiede zwischen input und output produziert werden (vgl Kap. 2.10, 2.11, 7.2.1).[7] Er formuliert folgende **Annahmen für Kommunikation**:[8]

- Man kann nicht nicht kommunizieren. Auch ohne etwas zu sagen, werden wir körpersprachlich wahrgenommen. Schweigen und Nichts-tun haben Mitteilungscharakter.

7 Watzlawick/Beavin/Jackson 2011, 45 ff.
8 Watzlawick/Beavin/Jackson 2011, 45 ff.

- Kommunikation ist nicht über Kausalketten auflösbar. Niemand kann genau sagen, wie eine Diskussion, ein Streit angefangen hat.
- Kommunikation hat zwei Ebenen: Inhalt und Beziehung. Wir senden unsere Botschaften stets auf beiden Kanälen.

12 Das Kommunikationsmodell von Friedemann Schulz von Thun erweitert diese Annahmen um zwei weitere Ebenen: Appell und Selbstoffenbarung.[9] Schulz von Thun unterscheidet **vier Seiten einer Nachricht**, über die der „Sender" sich mitteilt und entsprechend vier Ohren auf der Seite des Empfängers, mit denen dieser das Gesagte aufnimmt (s. Kap. 7.1.3).

- Sachinhalt: Was sagt der Sprechende?
- Appell: Was will er bewirken?
- Beziehung: Wie steht er zum Empfänger?
- Selbstoffenbarung: Was teilt er über sich mit?

13 Hieraus ergeben sich viele Kombinationsmöglichkeiten, die deutlich machen, wie komplex Kommunikation ist und wie leicht Missverständnisse und Störungen im Gespräch auftauchen können, ohne dass sie von den Gesprächspartnern als solche identifiziert werden. Vielmehr entfalten diese versteckten Dissense unterschwellig ihre Wirkung und führen im Weiteren zu Überraschungen, wenn etwa deutlich wird, dass der vermutete Konsens ein (gemeinsamer oder einseitiger) Irrtum war, und schüren so im Verborgenen das Konfliktfeuer. Kommunikationsstörungen dieser Art sind das Normale, das sollten wir uns immer wieder bewusst machen. Denn Sender und Empfänger verbinden stets (auch) unterschiedliche Assoziationen und Bedeutungen mit einem Wort, je nach ihrem aktuellen persönlichen Erkenntnis- und Erfahrungshorizont. Sie senden und empfangen selten auf derselben Ebene. Und wir kommunizieren als Sender und Empfänger von Nachrichten, wie wir wahrnehmen und verstehen: lückenhaft, selektiv, interpretativ gefärbt, konstruiert. Wir müssen im Prinzip also davon ausgehen, dass wir uns nicht ganz genau verstanden haben und dass es schon viel bedeutet, wenn wir in unseren „Kommunikationsergebnissen" ungefähr übereinstimmen.

Und weil das so ist, müssen wir miteinander reden über das, was gerade besprochen wurde. Wir brauchen den Austausch mit anderen auf einer **Meta-Kommunikationsebene**, um abzusichern, wie wir uns gerade verstanden haben, um die Wirkung der persönlichen blinden Flecke und die Bedeutung der Black Box durch Feedback und Selbstreflexion zu verringern, damit wir in der Zielsetzung uns selbst, die anderen und die Dinge um uns herum besser verstehen. Hieraus ergibt sich als **fünftes Kommunikationsprinzip**: Hypothesen des Verständnisses anbieten und absichern durch gemeinsame Überprüfung – love the black box!

2.8.1.6 Dynamik

14 Die nächste Frage: Was passiert, wenn wir uns im Konflikt erleben? Wenn wir kommunizieren, findet Dynamik statt, die positiv oder negativ erlebt wird und entsprechend zu emotionalen und verbalen Wellen führt. Wir kennen verschiedene Eskalationsmodelle, die Entstehung und den Verlauf von dynamischen Prozessen beschreiben (vgl dazu Kap. 2.1, Anhang 7.1.3) sowie die Vorstellung der Schutzhaltungen Dominanz/Durchsetzung, Rückzug/Vermeidung, Beschwichtigung/Anpassung als individuelles Phänomen. Auf der Ebene der Dynamik gibt es nur „Beiträge" und gemeinsame Verantwortung für den weiteren Eskalations- oder Deeskalationsprozess (vgl Kap. 2.1, 2.12). **Als Sechstes Kommunikationsprinzip** lässt sich hieraus herleiten: Kommunikation und (De-)Eskala-

---

9 Schulz von Thun 2010, 30 ff.

tion sind gemeinsame Verantwortung und damit auch gemeinsamer (kommunikativer) Weg.

2.8.2 Besondere Prinzipien mediativer Kommunikation

Die Kommunikation im Mediationsverfahren folgt zunächst den sechs gerade erläuter- 15
ten allgemeinen Kommunikationsprinzipien: **Mediative Gesprächsführung** zielt darauf
ab, einen Kommunikationsprozess abzubilden, der den Konfliktbeteiligten an sich in jeder Phase konstruktives (win/win-orientiertes) Verhandeln zutraut, der aufzeigt, was
sich mit Wahrnehmung beschreiben lässt und alle Sichtweisen zum Bezugspunkt für die
intendierte Konsensbildung macht. Der sämtliche Perspektiven ausleuchtet und diese
mit „und" verbindet, der Verständnis-Hypothesen aufstellt und überprüft, Interessen in
den Fokus nimmt und gemeinsame Verantwortung zum kommunikativen Grundsatz erhebt. Außerdem nutzt mediative Kommunikation die Struktur des Phasenmodells und
bewirkt in phasenzielorientierten Prozessbögen das intendierte vertiefte Verständnis der
Konfliktthematik bei den Konfliktbeteiligten. Im Folgenden werden die beiden besonderen struktur- und funktionsspezifischen Prinzipien des Kommunikationsprozesses der
Mediation beschrieben.

2.8.2.1 Strukturaspekte mediativer Kommunikation

Was passiert nun, wenn wir mediativ verhandeln und kommunizieren? Das Verfahren 16
der Mediation in seiner kommunikativen Struktur bewegt sich irgendwo „dazwischen":
Zwischen Entwicklungs- und Ergebnisorientierung in der Prozess-Steuerung, zwischen
Effektivität und Stabilität in der Zielsetzung, zwischen stärkendem Empowerment &
Recognition und konfrontativer Transparenz in der Haltung, zwischen Vergangenheit,
Gegenwart und Zukunft in der Perspektive und schließlich zwischen den Interessen aller beteiligten Seiten in der Verhandlungsführung (zum Ablauf des Mediationsverfahrens vgl Kap. 3.2). Dieses „Dazwischen sein" (In-Between), dieses Hin- und Her-
Schwingen am Gerüst des Phasenmodells zwischen verschiedenen Bezugspunkten mediativer Prozessgestaltung macht in struktureller Hinsicht das Besondere und Einzigarti-
ge des Verfahrens und seiner Gesprächsführung aus. Alles in allem ist Mediation eine
kontinuierliche **Einladung zum mentalen Turnaround**, ein stetiges Angebot zum „getting to yes".

Ein „**Loop of Understanding**" (Kreislauf des Verstehens) ist gefragt, also keine lineare 17
Moderation vom Problem über die Auffächerung der damit verbundenen Themenbereiche hin zur Lösung, sondern eine Gesprächsführung, die „loopt", dh Schleifen dreht,
Gesagtes aufnimmt und weiterentwickelt und im Zuge dessen eintaucht unter die Wasseroberfläche des Eisbergs und aus den tieferen Verständnisschichten des Konfliktzu-
sammenhangs Dinge an die Wasseroberfläche holt und diese sichtbar sowie – rational
und emotional – verstehbar macht und dieses Verständnis absichert.

Es gilt im Kommunikationsprozess der Mediation mit den Mitteln der Gesprächsfüh- 18
rung die Gesprächsinhalte in jeder Phase immer wieder und so lange vertiefend auf den
Punkt zu bringen, bis das Wesentliche verstanden ist, Fenster emotionaler Entspannung
aufgehen und Einverstandensein wahrnehmbar wird, Kooperation die Konfrontation
zunehmend ablöst und insgesamt so etwas wie eine **Energiewende** spürbar wird. Das ist
der wiederkehrende **mediative Entwicklungsprozess**, der durch die entsprechende Kommunikation des Mediators initiiert wird. Im Zuge dessen wird – synchron – in jeder
Phase ein Prozessziel verhandelt und in ein konsensuales Ergebnis überführt.

Mediative Gesprächsführung nutzt in dieser Weise die fallspezifischen Bezugspunkte in 19
ihrer Kommunikation gleichermaßen für entwicklungs- und ergebnisorientierte Prozess-
Schritte. Beide Gestaltungsebenen, die der inneren, persönlichen Situation der Beteilig-

ten und die der äußeren sachlichen Verhandlungssituation, sind nicht voneinander zu trennen, sondern verändern sich parallel und beeinflussen sich wechselseitig. Durch die zunehmend aufhellende innere Situation der Beteiligten gestaltet sich auch die äußere Situation in Bezug auf den Verhandlungsgegenstand immer konstruktiver und umgekehrt. Damit lässt sich als **Siebtes Kommunikationsprinzip** zusammenfassen: Mediative Kommunikation verbindet in den Schleifen und Phasenbögen ihrer Gesprächsführung innere Entwicklungsprozesse der Beteiligten mit äußeren Ergebniszielen in der Verhandlungssache.

2.8.2.2 Kommunikative Rollen, Aufgaben- und Zielstellungen

20 Welche Form der Gesprächsführung entspricht nun dieser Struktur der vernetzenden Prozesssteuerung? Professionelle Kommunikation ist zum einen bewusste Kommunikation, zudem stets konstruktiv, weil sie auf ein Ziel hin motivieren will. Auf dieses bewusste, konstruktive Kommunizieren mit klarer (prozessualer) Zielvorstellung kommt es auch in der Mediation an – vor allem anderen. Und erheblich mehr als auf den Einsatz vielschichtiger Interventionstechniken. Weniger ist hier oft genug. Wichtig ist, dass es „passt". Genau das macht die Qualität der Kommunikation des Mediators aus, dass er rollenkonform, beteiligtenadäquat und phasenzielorientiert den Mediationsprozess durch seine bewusste Gesprächsführung mit wohl dosierten Impulsen steuert (hierzu Kap. 2.12 und 2.13). Diese Passung, diese Angemessenheit, dieses Minimalprinzip trägt Früchte. Der Mediator ist der Kommunikator, der initiiert, vermittelt und die Beteiligten maximal aus sich selbst schöpfen lässt. Er arbeitet rein auf der Prozessebene und gleichermaßen mit allen beteiligten Perspektiven.

21 Die übergeordneten, phasenunabhängigen Aufgaben und Ziele seiner Kommunikation sind wesentlich darauf ausgerichtet, wechselseitiges Verständnis herzustellen und abzusichern, positives Denken in den Köpfen zu initiieren, Zuversicht zu bewirken, Neugier und Lust auf Anderes zu wecken und die innere Souveränität zu erhöhen, auf Chancen und das Wesentliche zu fokussieren sowie die Vorteile von Kooperation wahrnehmbar und plausibel zu machen. Die Kommunikation innerhalb der einzelnen Prozessbögen hin zu den Phasenzielen folgt einerseits einem gleichförmigen Kompositionsprinzip (mehr dazu unter Kap. 3.7.1), das individuell im konkreten Klärungsprozess ausgestaltet wird und genau die Melange aus Entwicklungs- und Ergebnisorientierung produziert, die **diesen** Konfliktbeteiligten maximal nützt. Die besonderen kommunikativen Aufgaben des Mediators und seiner Gesprächsführung variieren in den einzelnen Phasen je nach anzusteuerndem Prozessziel (vgl im Einzelnen Kap. 3.2). **Achtes Kommunikationsprinzip**: Mediative Gesprächsführung folgt dem Neutralitäts- und Minimalprinzip, den persönlichen Belangen der Beteiligten in ihrem individuellen Verständnisprozess und der Struktur des Phasenmodells.

2.8.3 Zusammenfassung: Das Kommunikationsmodell der Mediation

22 Das Kommunikationsmodell Mediation lässt sich nach dem Verständnis der Autorin in seiner prozessualen Gestalt zusammenfassend etwa wie folgt beschreiben und darstellen (s. nachfolgend Abb. 1): Mediative Prozess-Steuerung ist bewusste Rolle, Haltung und Gesprächsführung – zielfokussiert **und** beteiligtenzentriert – im Rahmen eines strukturierten Verfahrens, dessen Kommunikationsprozess sich in jeder Phase zwischen Entwicklungs- und Ergebnisorientierung bewegt.

Kommunikationsmodell Mediation

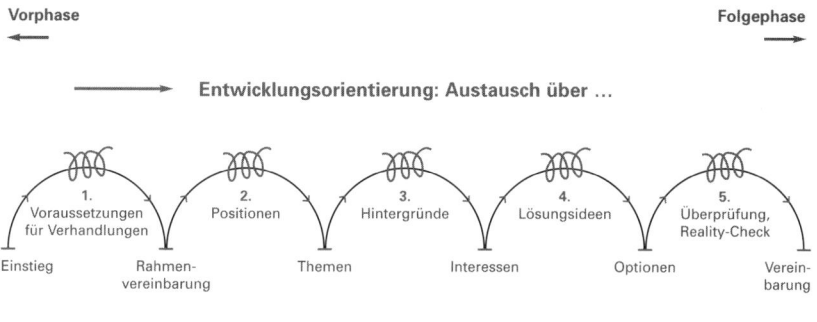

Die Grafik zeigt das Kommunikationsmodell mediativen Verhandelns zwischen seinen beiden Bezugslinien Entwicklungs- und Ergebnisorientierung. In fünf Gesprächsbögen (Phasen) werden fünf kommunikative Schritte des Austausches und der Verständigung (Phasenziele) bis hin zur Abschlussvereinbarung verfolgt. Auf dem Verhandlungsweg hin zu dem jeweiligen Zwischenergebnis (Phasenziel) werden so viele Loopings (Verständnisschleifen, Kreisläufe des Verstehens, Loops of understandig) gedreht, wie gebraucht werden, um ein für alle beteiligten Perspektiven klares und akzeptiertes (Zwischen-)Ergebnis zu erzielen.

Soviel zu den „Grundlagen der Kommunikation" im Mediationsverfahren. Unter Kap. 3.7. (Kommunikation in der Mediation) werden Gesprächsführung und Prozess-Steuerung in der Mediation im Einzelnen unter die Lupe genommen, wesentliche Grundtechniken im angewandten Mediationsprozess ausführlich beschrieben und es wird aufgezeigt, wie die Verknüpfung einzelner Interventionen die kommunikativen Schleifen und Prozessbögen entlang des Phasenmodells entstehen lässt. 23

2.9 Was ist fair, was ist gerecht? Das Gerechtigkeitsthema in der Mediation

Literatur: Elster, J., Local Justice, 1992; Kals, E./Maes, J. (Hrsg.), Justice and conflicts,2012; Montada, L., Mediation – Pfade zum Frieden. EWE Erwägung, Wissen, Ethik, 20, Heft 4, 2010, 501–511; Montada, L./Kals, E., Mediation. 2. Aufl. 2007; Rawls, J., A theory of justice, 1971; Schmidt, V., Bedingte Gerechtigkeit. Soziologische Analysen und philosophische Theorien, 2000; Sen, A., Die Idee der Gerechtigkeit, 2010; Walzer, M., Spheres of Justice: A Defense of Pluralism and Equality, 1983.

1 Die Thematik dieses Kapitels wird in fünf Thesen spezifiziert. (1) Soziale Konflikte resultieren aus Verletzungen normativer Erwartungen, die subjektiv als gerecht angesehen werden. (2) Wir haben keinen Zugang zu universellen Wahrheiten über Gerechtigkeit, sondern nur zu subjektiven Überzeugungen. (3) Es gibt in Mediationen verschiedene Ansatzpunkte und Möglichkeiten, Konflikte beizulegen, der normative Kern der Konflikte sollte aber im Fokus stehen. (4) Vereinbarungen wirken nur dann nachhaltig befriedend, wenn sie von den Kontrahenten als gerecht erlebt werden. (5) Der Gewinn an Weisheit hinsichtlich Gerechtigkeit ist einer der „Mehrwerte" der Mediation im Vergleich zu anderen Verfahren der Konfliktlösung.

2.9.1 Soziale Konflikte resultieren aus Verletzungen normativer Erwartungen, die subjektiv als gerecht angesehen werden

2 Umgangssprachlich werden alle möglichen Divergenzen und Unvereinbarkeiten als Konflikte bezeichnet (vgl Kap. 2.1). Wir reden zB von Interessen-, Meinungs-, Rollen-, Ziel-, Wertekonflikten und vielem mehr. Törnblom und Kazemi konstatieren zu Recht eine konzeptuelle und typologische Konfusion in der Verwendung des Begriffs.[1] Soziale Konflikte, für deren Beilegung eine Mediation erwogen wird, sind spezifischer zu defi-

---

1 Törnblom/Kazemi, Advances in Justice Conflict Conceptualization, in: Kals, /Maes, (Hrsg.), Justice and Conflicts, 2012, 22–23.

Montada

nieren. Divergenzen und Unvereinbarkeiten mögen Konfliktpotential bergen, sind aber als solche noch keine Konflikte.

- Wettbewerb auf den Märkten oder im Sport ist kein Konflikt, wenn er allseits als legitim und als fair geführt angesehen wird. Es gibt Gewinner und Verlierer. Wenn es fair zugegangen ist, haben die Verlierer den Gewinnern nichts vorzuwerfen. Erst wenn normative Erwartungen verletzt werden, kommt es zu einem Konflikt. Ein verlorenes „Spiel" begründet noch keine Empörung, keine Ansprüche auf Kompensation und weckt keine Motive der Bestrafung oder Vergeltung. Nur ein als ungerecht bewerteter Nachteil begründet solche Ansprüche, im Sport etwa wegen Dopings oder einer ungeahndeten Regelwidrigkeit, auf den Märkten wegen Bestechung, Dumpingpreisen oder Kartellabsprachen.

- Wenn Verkäufer und Käufer unvereinbare Vorstellungen über den Preis haben, kommt es nicht zu einem Geschäft, es sei denn Verkäufer oder Käufer sind in einer Notlage. Wenn die Ausnutzung einer Notlage als illegitim angesehen wird, löst das Empörung aus. Das ist bei allen Vertragsverhandlungen ebenso, zB auch bei Gehaltsverhandlungen.

- Divergierende Ansichten können als legitim akzeptiert werden, vielleicht sogar erwünscht sein, weil ihre Erwägung zu besseren Einsichten, Problemlösungen und Entscheidungen führt, aber auch als illegitim und empörend bewertet werden, etwa als Egoismus, als respektlose Verletzung der Statushierarchie oder als Angriff auf „heilige" Werte einer Gemeinschaft.

Sich als **Opfer illegitimen Handelns oder Unterlassens** zu sehen, ist etwas anderes, als 3
suboptimal verhandelt zu haben, seine Interessen nicht erfüllt zu bekommen, in einem fairen Wettbewerb zu unterliegen oder andere nicht von der eigenen Ansicht überzeugen zu können.

2.9.1.1 Quellen normativer Erwartungen

Das soziale Leben ist von normativen Erwartungen durchzogen, von nahen Beziehun- 4
gen über berufliche Kontexte bis zu politischen Ebenen. Selbst in virtuellen Interaktionen, etwa zwischen Autoren und Lesern gibt es normative Erwartungen. Autoren müssen mit der Empörung von Lesern rechnen, die Regeln der politischen Korrektheit oder ihre religiösen oder andere normative Überzeugungen verletzt sehen. Und Autoren sind vielleicht empört, wenn ihre Texte von Lesern falsch oder ohne Zitierung wiedergegeben werden.

Normative Erwartungen haben **vielfältige Quellen**: Menschenrechte, Verfassungen, 5
staatliche Gesetze, Gebote und Verbote in Religionsgemeinschaften, kulturelle Rollenerwartungen, Konventionen und Gerechtigkeitsmaximen, Verträge und Versprechen u.a.m. Aus all diesen Quellen ergeben sich zu beanspruchende Rechte und zu erbringende Pflichten, deren Verletzung durch andere Empörung auslöst, wenn man von ihrer normativen Geltung überzeugt ist.

Die in diesen Quellen enthaltenen **Normen sind nicht widerspruchfrei**. ZB können 6
staatliche Gesetze unvereinbar sein mit einer Gerechtigkeitsmaxime, mit einzelnen Menschenrechten, mit den Normen einer Religion oder einer Kultur. Außerdem sind Normen und Maximen unterschiedlich auslegbar: Ist zB universell bestimmbar, was Verletzungen der Menschenwürde sind? Oder ist das kulturgebunden? Oder hat jede Person das Recht zur Mitsprache, wie ihre Würde zu respektieren sei, nicht nur in einer Patientenverfügung?

Außerdem ist es umstritten, welcher Norm oder welcher Normquelle höhere Geltung 7
zukommt, zB den Menschenrechten oder staatlichen Gesetzen oder religiösen Vorschriften oder den tradierten Rollenmustern und Ehrenkodices einer Kultur.

8 Konflikte wegen divergierender normativer Erwartungen sind **Gerechtigkeitskonflikte**, weil ein Geltungsanspruch von Normen und Maximen nur dann erhoben wird, wenn sie – subjektiv – als gerecht bewertet werden.

2.9.1.2 Empörung – der Leitindikator von sozialen Konflikten

9 Konflikte haben viele Ausdrucksformen, die alle als Antworten auf selbst erfahrenes oder wahrgenommenes **Unrecht** zu verstehen sind: Vorwürfe, Drohungen, Abbruch der Beziehung, physische, materielle, psychische, soziale Vergeltungen his zu Terror und Krieg.[2] Empörung ist der Leitindikator für soziale Konflikte. Empörung impliziert einen **Schuldvorwurf**, den Vorwurf illegitimen Handelns oder Unterlassens, den Vorwurf, gegen eine geltende Norm verstoßen zu haben.

10 Nicht jede Normverletzung löst gleich starke Empörung aus. Empörung variiert mit der persönlichen **Bedeutung der tangierten Anliegen**, wenn man selbst betroffen ist. Mit Anliegen ist alles gemeint, was Menschen wichtig ist, was sie für sich selbst und für andere anstreben, verteidigen und einfordern: Freiheit, Sicherheit, Frieden, Gerechtigkeit, Status, Liebe, das Gemeinwohl, die Menschenrechte, religiöse Glaubensinhalte und vieles mehr.

11 Empörung variiert auch mit der **Nähe zu betroffenen Dritten**. Ein Foul der gegnerischen Mannschaft löst bei vielen mehr Empörung aus als ein Foul der eigenen Mannschaft, die Verleumdung eines Politikers, mit dem man sympathisiert, mehr als die eines politischen Gegners.

12 Was auch immer die normativen Erwartungen sein mögen, wenn ihre Verletzung Empörung auslöst, werden sie als gerecht angesehen, als Rechte, die einzufordern sind, als Pflichten, die andere zu erbringen haben.

2.9.1.3 Manifeste und latente Konflikte

13 Ein Konflikt wird manifest, wenn ein **Schuldvorwurf** gegenüber den als verantwortlich betrachteten Akteuren erhoben wird und wenn diese ihre Verfehlung weder eingestehen, noch mit überzeugenden Gründen rechtfertigen, noch die Verantwortung für ihr Tun mit einsehbaren Gründen abstreiten. Jede dieser Optionen könnte einen Konflikt vermeiden oder beenden.[3]

14 Konflikte bleiben latent, wenn ein solcher Vorwurf nicht artikuliert wird. Das kann vielerlei Gründe haben: Ohnmacht, Vermeidung des Risikos einer Niederlage oder des Bruchs einer Beziehung, aber auch Warten auf eine Gelegenheit zur Vergeltung. Um Konflikte beizulegen, müssen sie erst einmal artikuliert werden. **Latente Konflikte** bergen das **Risiko weiterer Konflikte**, wenn sie Vergeltungsaktionen motivieren, die von der Gegenseite als illegitim angesehen werden, weil ihr Anlass nicht verstanden wird oder weil sie als unverhältnismäßig bewertet werden.

2.9.2 Gibt es Wahrheiten über Gerechtigkeit oder nur subjektive Überzeugungen?

15 Es gibt ausreichend empirische Evidenz für die Annahme, **das Gerechtigkeitsmotiv** sei eine „anthropologische Universalie", sei also allen Menschen eigen, und zwar als ein eigenständiges Motiv, das nicht auf andere Motive reduziert werden kann, sicher auch nicht auf Eigeninteresse, wie die ökonomische Theorie des Verhaltens glauben machen will.[4]

---

2 Bierhoff, Ärger, Aggression und Gerechtigkeit, in: Bierhoff/Wagner (Hrsg.), Aggression und Gewalt, 1998, 26–47; Deutsch, Justice and Conflict, in: Deutsch/Coleman/Marcus, (Hrsg.), The Handbook of Conflict Resolution, 2. Aufl., 2006, 43–68; Mikula/Wenzel, International Journal of Psychology, 2000, 126–135.
3 Montada/Kals, Mediation, 2. Aufl. 2007, Kap. 5.
4 Einen Überblick vermitteln Ramb/Tietzel, (Hrsg.), Ökonomische Verhaltenstheorie, 1993.

Menschen wollen und beanspruchen Gerechtigkeit – nicht nur für sich selbst, sondern   16
vielfach auch für andere. Sie leiden unter selbst erfahrener und wahrgenommener Ungerechtigkeit,[5] wenn auch individuell in unterschiedlichem Maße und bei unterschiedlichen Anlässen, wie die Forschung über dispositionelle Sensibilitäten für Ungerechtigkeit
zeigt.[6]

Wie verbreitet **Gerechtigkeitsbewertungen** sind, wird erkennbar, wenn man sich be-   17
wusst macht, was alles hinsichtlich Gerechtigkeit bewertet wird:

■ Verteilungen – von Wohlstand, Chancen, Freiheit, Status, Rechten, Pflichten, Lasten, Risiken, Gewinnen und Verlusten, in allen sozialen Einheiten und Systemen bis
hin zur internationalen Ebene;

■ der Austausch von materiellen Gütern, Informationen, Leistungen, Liebe, Loyalität,
Respekt, Anerkennung wie auch der Austausch von Kritik, Aggressionen, Beeinträchtigungen, Behinderungen u.a.m.; gemeint ist der Austausch zwischen Personen
und der Austausch innerhalb und zwischen sozialen Systemen;

■ Bewertungen und Vergeltungen von Leistungen und Versagen, von Handlungen,
Heldentaten und Straftaten;

■ die Ordnungen in sozialen Systemen, in Staaten zB Verfassungen, Gesetze, Institutionen und ihre Aufgaben;

■ die Verfahren bei Wahlen und bei Entscheidungen in Parlamenten, Gerichten, Verwaltungen, Betrieben, Familien und überall;

■ auch Schicksale und die dafür Verantwortlichen.

2.9.2.1 Gerechtigkeit ist ein universelles Anliegen, die Überzeugungen bezüglich Gerechtigkeit sind keineswegs universell

Gerechtigkeit ist zwar ein universelles Anliegen, es gibt aber keinen universellen Kon-   18
sens darüber, was gerecht und was ungerecht ist oder wäre. Wozu auch immer man he-
terogene Stichproben befragt, man erhält unterschiedliche Antworten.

Zwar gilt **Gleichheit** als **das Grundprinzip der Gerechtigkeit,** aber was heißt das? Men-   19
schen sind in vielen Hinsichten ungleich. Sind alle Ungleichheiten ungerecht? Wer wäre
dafür verantwortlich zu machen? Sind alle Menschen gleich zu behandeln oder sind nur
Gleiche gleich zu behandeln? Die Debatten über Gerechtigkeit beginnen mit der Frage,
welche Ungleichheiten zu berücksichtigen sind.

Bezüglich **Gerechtigkeit der Verteilungen** von Gütern und Lasten, Freiheiten, Rechten   20
und Pflichten können u.a. folgende **Ungleichheiten** als **relevant** angesehen werden: Geschlecht, Alter, Status, Bedürftigkeiten, erworbene Verdienste und Besitzstände, Fähigkeiten und Expertise, Schicksale, Entwicklungschancen, verwandtschaftliche, staatliche,
ethnische Zugehörigkeit, Verantwortlichkeiten (etwa für Erkrankungen und Verletzungen, die den Solidargemeinschaften hohe Kosten verursachen)?

Für die Berücksichtigung dieser und weiterer Unterschiede bei der Bewertung der   21
(Un-)Gerechtigkeit von Verteilungen lassen sich Gründe anführen, dh diese Unterschiede lassen sich als „Gerechtigkeitsprinzipien" vertreten. Jede Entscheidung für nur eines
der Prinzipien bedeutet eine Verletzung aller anderen.

Gütergleichheit zB lässt sich auf gesellschaftlicher Ebene nicht bei gleicher Freiheit aller   22
Bürger realisieren, auch nicht ohne wohl erworbenen Besitz zu requirieren und ohne die
Selbstverschuldung von Bedürftigkeiten zu ignorieren. Wie steht es mit der **Verteilung**

---

5 Montada, Gerechtigkeit: Nur eine rationale Wahl? Deutsche Akademie der Naturforscher, Jahrbuch 48,
   475–490, 2003,
6 Schmitt/Gollwitzer/Maes/Arbach, Justice Sensibility, European Journal of Psychological Assessment, 21,
   2005, 202–211.

der Lasten? Direkte Steuern werden abhängig von Einkommen oder Vermögen erhoben, „den stärkeren Schultern" mehr an Lasten aufgebürdet.

23 **Chancengleichheit** bei betriebsbedingten Entlassungen wäre per Losentscheid möglich, würde aber nicht nur Prinzipien wie Senioritätsrechte, erworbene Verdienste oder Leistungsfähigkeit verletzen, sondern könnte auch das Überleben des Betriebs gefährden, was als ungerecht bewertet werden kann.

24 Auch bei **Austauschbeziehungen** können spezifische Ungleichheiten als relevant angesehen werden, auf gesellschaftlicher Ebene etwa sozialer Status und soziale Rollen mit ihren jeweiligen Rechten und Pflichten. In vielen primären Gemeinschaften wird es nicht als ungerecht angesehen, wenn Leistungen und Gegenleistungen je nach Fähigkeiten und Möglichkeiten erbracht werden. Außerdem ist das, was „ausgetauscht" wird in vielen Beziehungen inkommensurabel, weshalb im Binnenverhältnis einer Beziehung oder Gemeinschaft die subjektiven Bewertungen der Gerechtigkeit entscheidend sind. Viele Leistungen in nahen Beziehungen sind mit Dankbarkeit, Anerkennung und Liebe auszugleichen, was nicht ausschließt, dass im Konfliktfall, etwa einer Scheidung, die Bewertungen ganz anders gesehen werden und in der „Bilanz" neu gewichtet werden.[7]

25 Bei **Leistungen** und **Handlungen** wird nicht nur das objektive Ergebnis bewertet, es können auch Bedingungen berücksichtigt werden. Deshalb werden Wettkämpfe im Sport zB getrennt nach Alter und Geschlecht ausgetragen, manche auch nach Gewichtsklassen. Schulische Leistungsanforderungen und -bewertungen variieren nach Schultypus und Klassenstufen. Bei der Bewertung von Straftaten gilt das Schuldprinzip: Für die Bewertung der Schuld sind die Schuldfähigkeit, die Tatumstände, oft auch die Entwicklungsumstände relevant.

26 Wie ist das bei **Wahl- und Entscheidungsverfahren**? Das Drei-Klassen-Wahlrecht gibt es schon lange nicht mehr, das Wahlrecht von Frauen gibt es noch nicht so lange. Die Altersgrenzen des aktiven Wahlrechts wurden erst vor wenigen Jahren gesenkt. Im passiven Wahlrecht soll durch Quotenregelungen mehr an Gleichheit gesichert werden. Diese **Änderungen** wurden **durch Konflikte** erreicht. In den aktuellen Disputen über Volksentscheide vs. Parlamentsentscheide wird deutlich, dass es über die Gleichheit der Bürger hinsichtlich politischer Urteilsfähigkeit konfligierende Meinungen gibt. Die **Stimmrechte** sind zivilrechtlich unterschiedlich geregelt, im Aktienrecht etwa nach der Zahl der Aktien, während im Wohnrecht bei Gemeinschaftseigentum alle Eigentümer gleiches Stimmgewicht haben unabhängig von ihren Eigentumsanteilen. Auch darüber wären Dispute möglich.

27 Selbstverständlich sind in allen Feldern bei der Vielzahl von gerechtigkeitsrelevanten Variablen und Gegebenheiten nicht nur Meinungsunterschiede, sondern Konflikte darüber zu erwarten, welche Ungleichheiten zu berücksichtigen sind.

2.9.2.2 Versuche, Gerechtigkeit herzustellen, erzeugen nicht selten neue Ungerechtigkeiten in sozialen Systemen

28 Das ist insofern nicht verwunderlich, vielfach auch nicht vermeidbar, als alle Entscheidungen, sowohl in Einzelfällen als auch in der Normgebung verzweigte systemische Wirkungen haben, die nicht von allen Entscheidern bedacht werden, die auch nicht (sicher) vorhersehbar sind, was mit einigen Fragen zu illustrieren ist:

- Ist vorgesorgt, dass die gerechte **Bestrafung von Delinquenten** nicht zu einer ungerechten Stigmatisierung ihres sozialen Umfelds führen kann, etwa von ihren Kindern, die nicht verantwortlich für die Delikte der Eltern sind?

---

7 Montada, Justice, Equity, and Fairness in Human Relations, in: Weiner, (Ed.), Handbook of Psychology, Vol. 5, 537–568, 2004.

- Die **Unschuldsvermutung für Tatverdächtige** kann als gerecht bewertet werden, sogar als große Errungenschaft im Strafrecht. Sie impliziert aber Zweifel an der Glaubwürdigkeit der Schuldvorwürfe durch die Opfer, die diese als ungerecht erleben. Gibt es Gründe, nicht mit gleichem Gewicht eine **Glaubwürdigkeitsvermutung für Opfer und Zeugen** zu fordern?

- Die **historische Benachteiligung von Frauen** lässt kompensatorische Privilegierungen bei Personalentscheidungen gerecht erscheinen. Aber sind die so privilegierten jungen Frauen gegenüber den konkurrierenden jungen Männern benachteiligt worden? Kann eine historische Ungerechtigkeit auf der Ebene sozialer Kategorien (zB der Frauen) ausgeglichen werden durch aktuelle **positive Privilegierungen junger Frauen**, die nicht selbst Opfer von Benachteiligungen geworden sind, gegenüber jungen Männern, die nicht privilegiert waren?[8] Was auf der Ebene sozialer Kategorien als gerecht erscheinen mag, kann auf der Ebene der nunmehr privilegierten und benachteiligten Personen durchaus ungerecht sein.

- Eine **Ökosteuer auf fossile Energieträger** ist mit dem Verursacherprinzip zu rechtfertigen. Sind aber „sozial ungerechte" Auswirkungen auf die Lebensqualität von Geringverdienern zu bedenken, die sich zB Autofahren nicht mehr leisten können?

- Der fiktive **Generationenvertrag** enthält erkennbare Risiken des ungerechten Austauschs zwischen den Generationen wegen des historischen Wandels der Altersstruktur der Gesellschaft: Schrumpfende Generationen berufstätiger Beitragszahler haben die Renten eines relativ stark wachsenden Altersanteils in der Population aufzubringen, auch Teile von deren Kranken- und Pflegeversicherungen. Diese Lasten sind auch für jene Ältere aufzubringen, die kinderlos geblieben sind und insofern nicht über ihre Steueranteile hinaus in die nun durch Umlagen belastete Generation investiert haben.

Was ist aus solchen Fällen zu folgern? Langfristiges und verzweigtes **systemisches Denken und Beobachten** wäre erforderlich, wenn es um **Urteile über Gerechtigkeit** geht. Je verzweigter das systemische Denken ist, umso mehr Folgen sind hinsichtlich ihrer Gerechtigkeit zu bewerten. Daraus sind **eine Erwartung** und **eine Empfehlung** abzuleiten. 29

Erwartet werden muss, dass die Diversität von Gerechtigkeitsurteilen mit der Menge der bedachten oder erfassten Folgen wächst. Das erhöht die Wahrscheinlichkeit von Konflikten. Zu empfehlen ist erstens, notwendige Gesetzgebungen über Mediationen vorzubereiten, weil Mehrheitsbeschlüsse, die von der unterlegenen Minorität als Oktroy erlebt werden, keinen Rechtsfrieden schaffen. Zweitens sollten Evaluationen nach angemessenen Fristen vereinbart werden, um die Wirkungen und Nebenwirkungen der Gesetze zu überprüfen und ggf Justierungen vorzunehmen. 30

2.9.2.3 Gibt es normative Wahrheiten über Gerechtigkeit?

In normativen Disziplinen war und ist die Idee verbreitet, universalistisch geltende Maximen der Gerechtigkeit identifizieren zu können.[9] Allerdings zeigen die Kontroversen darüber, welche Maximen denn als wahr oder geltend anerkannt werden sollten, die Problematik dieser Idee.[10] 31

---

8   Weitere Fallbeispiele in Tayler/Moghaddam, Theory of intergroup relations, 1994.
9   In jüngerer Zeit einflussreich wurde zB die politische Philosophie von John Rawls (Rawls, Theory of Justice, 1971).
10 ZB Walzer, Spheres of Justice, 1983; Sen, Die Idee der Gerechtigkeit, 2010. Einen Überblick über verschiedene Ansätze vgl Schmidt, Bedingte Gerechtigkeit, 2000.

32 Was immer hinsichtlich Gerechtigkeit bewertet wird, es gibt **divergierende Überzeugungen** dazu, zwischen Personen, und zwischen „Kulturen".[11] Familien und andere primäre Gemeinschaften, Institutionen und Unternehmen, Staaten und Religionen usw bilden Kulturen. Die Identität von Personen und von Kulturen wird wesentlich durch ihre Gerechtigkeitsüberzeugungen bestimmt.

33 Diese Fakten führen aber nicht generell zur Einsicht, dass es eine allgemein gültige Wahrheit über Gerechtigkeit nicht gibt. **Viele Menschen vertreten ihre Überzeugungen als gültige Wahrheiten**, nicht selten als „heilige" Werte, die zu schützen und durchzusetzen sind, die „nicht verhandelbar" sind. Viele sehen sich auch in der Pflicht, diese „Wahrheiten" zu verbreiten. Der Begriff „unverhandelbar" ist ein Kampfbegriff, Ausdruck der Konfliktbereitschaft und beinhaltet die Ablehnung einer kritischen diskursiven Erörterung der Geltung der eigenen subjektiven Überzeugung.

34 Vielleicht suggeriert der ausschließliche Gebrauch des Begriffs Gerechtigkeit im Singular – „die" Gerechtigkeit –, es gebe in jedem Fall und für jedes Problem eine und nur eine gütige Maxime oder gerechte Lösung,[12] und was sollte gelten außer den eigenen subjektiven Überzeugungen, die dann mit Wahrheitsanspruch vertreten werden, wie das in Konflikten oft der Fall ist.

35 Für die Beilegung von Konflikten ist die Erkenntnis hilfreich, dass Gerechtigkeit in der sozialen Realität den Status von subjektiven Überzeugungen hat, die von mehr oder weniger großen Kollektiven geteilt werden mögen. **Die Annahme einer Wahrheit wäre kontraproduktiv in Mediationen.**

36 Aus dieser Erkenntnis resultiert eine zweite: **Konflikte über Gerechtigkeit sind legitim**, insofern als für keine der konfligierenden Überzeugungen a priori alleinige Geltung beansprucht werden kann.

37 Wenn Konflikte über Gerechtigkeit als legitim angesehen werden, besteht die Chance, dass sie **diskursiv** ausgetragen werden, dass Argumente und Gegenargumente ausgetauscht, bedacht und erörtert werden. Wenn man dabei zu einvernehmlichen Sichten und Bewertungen kommt, ist der Konflikt beigelegt.

38 Die einseitige Durchsetzung einer strittigen Überzeugung würde den Konflikt nicht auflösen, auch wenn die Machtverhältnisse der Kontrahenten (etwa durch Entscheidungsbefugnis einer Seite oder durch Sanktionsgewalt) oder die Rechtsordnung (zB parlamentarische Mehrheiten bei der Gesetzgebung) eine Entscheidung über die Geltung ermöglichen. Geltung heißt dann aber nicht mehr als „Durchsetzbarkeit" in einem sozialen System.

39 Die Überzeugung, die eigenen normativen Vorstellungen seien wahr oder heilig, damit unverhandelbar, ist das schwierigste Problem in Konfliktmediationen, die nur dann erfolgreich sein können, wenn universelle Geltungsansprüche aufgegeben werden.

40 Diese Erkenntnisse legen einen **Perspektivewechsel** nahe: **vom Streit über die Wahrheit zur Bemühung um Frieden** im Sinne einer nachhaltigen Beilegung von Konflikten.

2.9.3 Für eine Beilegung von Konflikten sollte eine diskursive Erörterung divergierender normativer Überzeugungen versucht werden

41 In einem verbreiteten „**Standardmodell**" der Mediation wird nicht der hier postulierte normative Kern von Konflikten fokussiert. Man versucht stattdessen, relevante Interessen zu ermitteln und einen **Interessenausgleich** zu erreichen. Es kann durchaus eine produktive Strategie sein, den normativen Konflikt zu transzendieren und seine Wich-

---

11 Montada, The Normative Impact of Justice Research, in: Kals/Maes, (Eds.), Justice and Conflicts, Heidelberg, 2012.

12 Rüthers, Das Ungerechte an der Gerechtigkeit: Defizite eines Begriffs, 1991.

tigkeit zu relativieren, wofür es unterschiedliche Optionen gibt, nicht nur die Thematisierung von Interessen und deren Ausgleich.[13] Um nachhaltigen Frieden zu erreichen, ist insbesondere bei fortbestehenden sozialen Beziehungen eine Befassung mit konfligierenden normativen Erwartungen zu empfehlen.

Die Hypothese, dass soziale Konflikte im Kern normative Konflikte sind, wird auch durch die Beobachtung belegt, dass aufrichtiges **Schuldeingeständnis** und **die Bitte um Verzeihung** befriedende Wirkung haben, wohl weil die „Täter" damit zum Ausdruck bringen, dass sie die Vorwürfe der Opfer für berechtigt halten, also dass sie eine geltende Norm verletzt haben, und zwar sträflich.[14] Der normative Konflikt ist damit beigelegt.   **42**

Konflikte können auch durch **überzeugende Rechtfertigungen** beigelegt werden. Die **43** „Täter" anerkennen die grundsätzliche Geltung der verletzten Norm, bringen aber gute Gründe für ihr Handeln vor. Rechtfertigungsversuche können allerdings auch einen neuen Konflikt auslösen, etwa wenn das eigene Handeln als berechtigte Vergeltung vorausgegangenen Fehlverhaltens seitens des „Opfers" begründet wird.

Eine Annäherung hinsichtlich der Geltung ihrer normativen Überzeugungen kann durch **44** **normative Diskurse** versucht werden. Die idealen Anforderungen an Diskursteilnehmer, wie sie in der Diskursethik hinsichtlich Bildung, Kompetenzen und Haltungen begründet wurden,[15] werden in realen Konfliktmediationen kaum je erfüllt sein. Diskurse in Mediationen haben allerdings nicht das Ziel, ethische Wahrheiten zu finden, sondern die Geltung vermeintlicher Wahrheiten argumentativ infrage zu stellen.

Es geht darum, die für emotionalisierte Konflikte charakteristische Überzeugung zu re- **45** lativieren, man selbst sei mit seiner Sicht im Recht, die andere Seite im Unrecht. Es ist die Einsicht zu vermitteln, dass es auch gute Gründe für die von der Gegenseite vertretenen normativen Überzeugungen gibt, dass – wie oft – ein **normatives Dilemma oder Polylemma** vorliegt, also dass nicht für eine Position alleinige Geltung beansprucht werden kann.

2.9.4 Vereinbarungen wirken nur dann nachhaltig befriedend, wenn sie von den Kontrahenten als gerecht erlebt werden

In Mediationen versuchen **die Streitparteien**, ihren Konflikt durch eine Vereinbarung **46** beizulegen. Sie treffen die Entscheidung eigenverantwortlich. Sie sind insofern in der Rolle der **Gesetzgeber für ihr Binnenverhältnis**, sofern nicht übergeordnetes, etwa staatliches Recht ihre „Privatautonomie" einschränkt.

2.9.4.1 Gerechtigkeit von Vereinbarungen im Binnenverhältnis der Streitparteien

Damit Vereinbarungen nachhaltig befriedend wirken, müssen sie eingehalten werden. **47** Dafür ist die beste Voraussetzung, dass sie von den Parteien als gerecht angesehen werden. Gerecht sind sie nur, wenn die Parteien **gleiche Freiheit** haben, zuzustimmen oder abzulehnen,[16] und wenn sie **gleich gut informiert** sind über alle relevanten Gegebenheiten und möglichen Folgen, zB über ihre rechtlichen Ansprüche, über die Ansprüche Dritter, über die Kosten und Risiken der Vertragserfüllung, über relevante sachliche Rahmenbedingungen.

---

13 Montada, Mediation – Pfade zum Frieden, EWE 2010, 504 f.
14 Schon Goffmann hat diese Beobachtung gemacht und gedeutet (vgl Goffman, Relations in public: Microstudies of the public order, 1971). Empirisch bestätigt wurde die Hypothese erstmals von Ohbuchi/Agarie / Kameda, Apology as aggression control: Its role in mediation appraisal of and response to harm, Journal of Personality and Social Psychology, 1989, 56, 219–227.
15 Apel, Transformation der Philosophie. Das Apriori der Kommunikationsgemeinschaft, Bd. 2, 1976.
16 Das entspricht dem Grundsatz „Consenti non fit iniuria" im römischen Vertragsrecht.

48 Verträge dürfen nicht oktroyiert sein durch Zwang und Drohung, nicht aufgenötigt durch Reziprozitäts- oder andere normative Verpflichtungen, nicht ausbeuterisch unter Ausnutzung von Notlagen, von falschen oder fehlenden Informationen, von Machtquellen wie Charisma, Autorität, Status, Rhetorik, Vertrauen, Zuneigung.[17]

49 Einvernehmliche, freie und informiert getroffene Vereinbarungen sind zwischen den Parteien gerecht. Das heißt, sie sind bezogen auf den Konfliktfall und die daran Beteiligten **intersubjektiv gerecht** und nicht etwa im Sinne einer objektiven Wahrheit über Gerechtigkeit. **Durch einen gerechten Vertrag ist der Konflikt beigelegt.**

50 Mediationen sind von der Hoffnung getragen, dass die eigenverantwortliche Gestaltung eine Selbstbindung der Parteien an ihre Vereinbarung erzeugt. Für die **Erhaltung des Friedens** sind **einvernehmliche Evaluierungen** zu empfehlen, auch die Möglichkeit von Ergänzungen und Revisionen der Verträge bei neuer Sachlage, unerwarteten Entwicklungen, neu aufkommenden nicht bedachten Lösungsoptionen, auch bei veränderten Sichten der Gerechtigkeit.

51 Dritte mögen die Vereinbarungen unter anderen Perspektiven und mit anderen Maßstäben werten und auch bezüglich des Binnenverhältnisses als ungerecht kritisieren. Weil solche Kritik die Zufriedenheit der Parteien mit ihrer Vereinbarung schmälern kann, sollte man in Mediationen voraussehbare **Kritik** bedenken. Das einzubringen, wäre eine Aufgabe der Mediatoren.

2.9.4.2 Gerechtigkeit von Vereinbarungen gegenüber betroffenen Dritten und der Allgemeinheit

52 Vereinbarungen können im Binnenverhältnis der Vertragsparteien gerecht sein, aber Dritte belasten und benachteiligen, wie das etwa bei Kartellabsprachen offensichtlich und beabsichtigt ist. Das ist rechtswidrig, wie es auch rechtswidrig wäre, wenn in einer Scheidungsmediation Vereinbarungen über Unterhaltszahlungen getroffen würden, die letztlich die Allgemeinheit belasten würden.

53 Aber auch in Fällen, in denen mögliche Kosten und Belastungen Dritter nicht rechtlich geschützt sind, ist es ratsam, diese zu erwägen, um neue Konflikte zu vermeiden. Zur Illustration sei etwa an die Beziehung zwischen Großeltern und Kindern in Familienmediationen oder an Belastungen Dritter bei Mediationen über kommunale Verkehrsregelungen erinnert.

54 Wenn man Mediation als Verfahren zur nachhaltigen Beilegung und präventiven Vermeidung von Konflikten versteht, haben Mediatoren die Aufgabe, die Belange möglicherweise betroffener Dritter bei der Bewertung von Vereinbarungsoptionen zur Sprache zu bringen. Wie und durch wen die Belange Dritter erfasst und vertreten werden, ist nicht nur fallspezifisch zu entscheiden, sondern hängt davon ab, welches Mediationsmodell realisiert wird.

55 Diese möglichen Konflikte beim Abschluss einer Vereinbarung in Mediationen zu bedenken und in Form einer „**virtuellen Konfliktbearbeitung**" einzubeziehen, würde der Mediationsidee durchaus entsprechen.

2.9.5 Der Gewinn an Weisheit hinsichtlich normativer Überzeugungen und Gerechtigkeit ist ein wichtiger Mehrwert der Mediation

56 Wenn in einer Mediation ein aktueller Konflikt so beigelegt wird, dass gegenseitige Beeinträchtigungen und Feindseligkeiten eingestellt werden, ist das ein Erfolg. Mediation bietet aber in der aktiven, facettenreichen Bearbeitung eines konkreten Konfliktes weitergehende **Chancen auf nachhaltige Entwicklungsgewinne**, die über die Beilegung des

---

17 Bei kollektiven Entscheidungen sind auch Mehrheiten eine problematische Machtquelle.

Montada

aktuellen Konflikts hinaus zu einer produktiven Gestaltung sozialer Beziehungen befähigen.[18]

Die Medianden können Erkenntnisse über sich selbst und über die Gegenseite gewinnen, Wissen über konfliktträchtige und über Frieden stiftende Kommunikationsformen erwerben, auch Kompetenzen, Konflikte zu klären und beizulegen. Ein Indiz für solche Entwicklungsgewinne liefert der replizierte empirische Befund,[19] dass die Mediation sehr häufig auch dann als persönlich fruchtbar bewertet wird, wenn es nicht zu einer Vereinbarung gekommen ist. 57

Aus vielen möglichen Entwicklungsgewinnen soll abschließend der **Zuwachs an Weisheit** hinsichtlich normativer Überzeugungen thematisiert werden. 58

In emotionalisierten Konflikten werden die eigenen normativen Überzeugungen oft als objektiv gültige Wahrheiten vertreten, oft als heilige, unverhandelbare Werte. Diese Überzeugung führt zu Konflikten und erschwert ihre Beilegung. Weisheit hinsichtlich Normen und Gerechtigkeit hat mehrere **Facetten**, die in Mediationen als Wissen und Einsichten und als Haltungen zu fördern sind. 59

Einsicht kann vermittelt werden, dass **Normen keine transzendentalen Wahrheiten, sondern Menschenwerk** sind, dass Normen nicht universell anerkannt werden, dass es große Kulturunterschiede gibt und dass alle sozialen Systeme – Familien, Gruppen, Organisationen usw – auch eigene Normen bilden, auf unterschiedliche Weisen. 60

Normen können vorgegeben und durchgesetzt sein durch machtvolle Personen, etwa die Gründer einer Religion. Sie können in einem Prozess der Erörterung kreiert werden, zB die Gesetze in einem demokratischen Staat, die Aufgabenverteilung und Ordnung in einer Wohngemeinschaft oder auch die in einem aktuellen Mediationsverfahren zu beachtenden Regeln. Es gibt Normen, die eher emergent entstanden sind wie viele Konventionen und Rollenmuster einer Kultur. 61

Es kann hilfreich sein, den Medianden bewusst zu machen, dass viele tradierte soziale und moralische Normen per Sozialisation internalisiert werden. Sie werden dann als geltend vertreten, ohne dass Gründe für ihre Geltung reflektiert werden. In Konflikten ist aber eine rationale diskursive Erörterung produktiv. 62

Wer all das verstanden hat, wird einsehen, dass **Konflikte unvermeidbar und legitim** sind, auch dass man sich für ein gutes Zusammenleben oder für gedeihlichen Austausch verständigen muss, welche Normen gelten sollen. Dazu gehört auch die Option, sich auf **Grenzziehungen**[20] unterschiedlicher Art zu verständigen, von Zuständigkeiten, Autonomiefeldern, Zonen des Privaten bis hin zur Vermeidung von Austausch. Die vereinbarten Grenzziehungen oder Trennungen müssen respektiert werden. Auch dafür braucht man Normen, die zu vereinbaren sind. 63

Ohne Bereitschaft zum Diskurs wird eine tragfähige Vereinbarung nicht möglich sein. Die **Befähigung zum Diskurs** über normative Überzeugungen, zur Reflexion von Gründen und Gegengründen, von Funktionalitäten und Dysfunktionalitäten von Normen, auch der eigenen normativen Überzeugungen, kann in Mediationen gefördert werden. **Frieden durch Weisheit** wäre ein Motto der Mediation. 64

---

18 Montada, Mediation – Pfade zum Frieden, EWE, 20, 2010, 510; Dörflinger-Khashman, Nachhaltige Gewinne aus der Mediation, 2010; Bush/ Folger, The Promise of Mediation, 2005.
19 ZB Pruitt et al., Long-term Success in Mediation. Law and Human Behavior, 17, 1993, 313–333.
20 Montada, Mediation – Pfade zum Frieden, EWE, 506.

2.10 Konstruktivistische und systemtheoretische Grundlagen systemischer Mediation

Literatur: Bateson, G., Ökologie des Geistes. Anthropologische, psychologische, biologische und epistemologische Perspektiven, 9. Aufl. 2011; Luhmann, N., Legitimation durch Verfahren, 8. Aufl. 2010; Maturana, H. R./Varela, F. J., Der Baum der Erkenntnis. Die biologischen Wurzeln des menschlichen Erkennens, 3. Aufl. 2011; Schmidt, S. J. (Hrsg.), Der Diskurs des radikalen Konstruktivismus, 9. Aufl. 2003; Varga von Kibéd, M., Theoretische Grundlagen systemischen Denkens, 3 CDs, 2007.

„Alles, was gesagt wird, wird von einem Beobachter gesagt." (Maturana 1970)[1]

1 Das Motto dieses Beitrages stammt aus dem Aufsatz „Biology of Cognition" des chilenischen Biologen Humberto R. Maturana. Der Aufsatz ist eine Art Gründungsdokument des konstruktivistischen Denkens. Bei genauerem Nachdenken führt dieser einfache Satz zu der Erkenntnis, dass wir die Welt um uns mit ihren Konflikten und Verständigungsversuchen auf eine Art erkennen und verstehen, die sich von dem traditionellen Wissenschaftsverständnis und auch von unserem Alltagsverständnis radikal unterscheidet. Der Satz formuliert einen Leitgedanken des sogenannten Konstruktivismus, der für die systemische Mediation die wichtigste erkenntnistheoretische Grundlage darstellt. Die Bedeutung der theoretischen Überlegungen für die Mediatonspraxis wird in diesem Beitrag immer wieder an einem Fallbeispiel veranschaulicht.

2.10.1 Wer hat Recht? Wirklichkeiten statt Wahrheit

2 Wenn alles, was gesagt wird, von einem Beobachter gesagt wird, dann kann Erkenntnis und Wissen nicht mehr als Eigenschaft betrachtet werden, sondern wird als aktiver Konstruktionsprozess des einzelnen verstanden. Der „Radikale Konstruktivismus" beruht auf der Annahme, dass alles Wissen nicht eine objektive Realität darstellt, sondern nur in den Köpfen von Menschen existiert, und dass der Mensch sein Wissen nur auf der Grundlage eigener Erfahrung konstruieren kann. Die Welt, in der wir leben, wird allein aus dem gebildet, was wir aus unserer Erfahrung machen.[2] Das bekannte Experi-

---

1 Vgl auch Maturana, Kognition, in: Schmidt (Hrsg.), Der Diskurs des radikalen Konstruktivismus, 4. Aufl. 1991, 110–112.
2 Glasersfeld, Radikaler Konstruktivismus. Ideen, Ergebnisse, Probleme, 1. Aufl. 2008.

ment zum sogenannten blinden Fleck gibt einen ersten Hinweis darauf.[3] Die Erklärung für den blinden Fleck im optischen Sinne ist, dass der Sehnerv in dem Bereich der Netzhaut austritt und keine lichtempfindlichen Sinneszellen dort sind. Die entscheidende Frage ist jedoch, warum wir ohne gezielte Experimente die Welt nicht mit einem visuellen Loch wahrnehmen. Das Faszinierende ist: Wir sehen nicht, dass wir nicht sehen.[4] Unser Gehirn konstruiert – von uns selbst unbemerkt – ein Bild, in dem die Lücke geschlossen wird. Und das gilt für alle Formen der Wahrnehmung, nicht nur für das Sehen. Der sprichwörtliche blinde Fleck meint, dass wir aus der eigenen Perspektive vieles nicht wahrnehmen und Lücken oder Widersprüchliches mit eigenen inneren Vorstellungen über die Welt ersetzen, ohne dass wir dies merken.

Für unser Handeln und Kommunizieren im Alltag ist das in der Regel kein Problem, im Gegenteil: Wir sind sogar darauf angewiesen, mit unseren selbst konstruierten Bildern der Welt so umzugehen, als wären sie real, um uns bei der Vielzahl und Komplexität der zu verarbeitenden Informationen schnell zurecht zu finden. Es hat aber für das Erkennen, Verstehen und Handeln sowohl von Parteien als auch Mediatoren in Konflikten praktische und ethische Konsequenzen, auf die hier genauer eingegangen wird.

2.10.1.1 Richtungen des Konstruktivismus

Wichtige „Konstruktivisten" wie Humberto Maturana, Heinz von Foerster und Ernst J. Glasersfeld zeigen mit ihrer eigenen Vita, ihren Interessenschwerpunkten und Arbeiten, dass der Konstruktivismus ein interdisziplinäres Feld mit unterschiedlichen Forschungsrichtungen ist. Ihre Grundideen sind vor allem in den letzten 30 Jahren intensiv diskutiert worden und die weitreichenden Konsequenzen werden einem oft erst nach längerer Auseinandersetzung damit klar.

Der Konstruktivismus hat unterschiedliche Theoriestränge hervorgebracht. Für die Mediation sind vier Richtungen interessant.[5]

(1) Eine naturwissenschaftliche Begründung konstruktivistischer Annahmen liefert der **neurobiologisch fundierte Konstruktivismus** mit Vertretern wie den Biologen Maturana und Varela oder dem deutschen Hirnforscher Gerhard Roth. Zentral für das Verständnis von Kognitionsprozessen sind hier zB Heinz von Foersters und Gerhard Roths Hinweise auf undifferenzierte Codierung von Reizen durch Sinneszellen sowie Maturanas Autopoiesis-Konzept (s. 2.10.1.2 und 2.10.2.1).

(2) Wichtige Vertreter eines **psychologischen Konstruktivismus** sind u.a. George A. Kelly und Jean Piaget. Deren Arbeiten zeigen, dass kognitiver Wandel und Lernen als Fähigkeit, die Welt wahrzunehmen und in ihr zu handeln, vor allem durch Bestätigung und Enttäuschung von Erwartungen geprägt wird. Auf dieser Grundlage wird entweder das Handeln der wahrgenommenen Wirklichkeit angepasst oder die Wirklichkeitswahrnehmung den eigenen Handlungsmustern. Die Therapieschulen, zB das Mental Research Institute im kalifornischen Palo Alto um Paul Watzlawick, die sich auf die Arbei-

---

3 Zeichnen Sie ein Kreuz und einen Punkt nebeneinander auf ein Blatt Papier mit einem Abstand von ca. 10 cm dazwischen. Fixieren Sie das Kreuz auf der linken Seite, halten Sie Ihr linkes Auge zu und bewegen Sie das Blatt in einem Abstand von ca. 40 cm vor den Augen vor und zurück. Sie werden bemerken, wie der Punkt verschwindet.
4 Vgl Maturane/Varela, Der Baum der Erkenntnis. Die biologischen Wurzeln des menschlichen Erkennens, 1. Aufl. 1987, 21–23.
5 Vgl Fischer/Schmidt (Hrsg.), Wirklichkeit und Welterzeugung, 2000; für eine Kurzdarstellung vgl Pörksen, Schlüsselwerke des Konstruktivismus. Eine Einführung, in: Pörksen (Hrsg.), Schlüsselwerke des Konstruktivismus, 2011, 16–20.

ten von Gregory Bateson beziehen,[6] teilen das Interesse an den Prozessen der Wirklichkeitskonstruktion. Hinzu kommt die pragmatische Ausrichtung darauf, leidvolle und konflikterzeugende Kommunikations- und Interaktionsmuster durch bestimmte Interventionen zu verändern. Diese Theorieschule hat sich als sehr produktiv für systemische Therapieformen erwiesen und bildet auch eine wichtige Grundlage für die systemische Mediation (s. 2.10.3).

6 (3) Auch Kenneth Gergen mit seinem Konzept des Sozialen **Konstruktionismus**[7] zählt zu den Vertretern eines psychologischen Konstruktivismus. Auch dieser Ansatz geht von einer unerfassbaren objektiven Realität aus. Anders als im radikalen Konstruktivismus entsteht Wirklichkeit in dieser Vorstellung aber nicht aus individueller Konstruktion, sondern aus Kommunikation in einem spezifischem Kontext, aus sprachlich vermitteltem Austausch. Wenn ein Sachverhalt aus unterschiedlichen Perspektiven zu unterschiedlichen Konsequenzen, Urteilen, Entscheidungen führt, dann verliert die Sache selbst zunehmend an Bedeutung. Stattdessen geht es darum, wie die Beteiligten die Sache sehen, das heißt genauer, wie sie sie benennen und kategorisieren. Hier setzen viele für die Mediation interessante Interventionen an, die sich auf die Art und Weise konzentrieren, wie die Parteien die Geschichte ihres Konfliktes erzählen und die mit Bildern und Metaphern arbeiten. Anknüpfend an eine entsprechende Therapierichtung erschließt zB die narrative Mediation[8] Lösungswege in Konflikten, die durch die Ideen des sozialen Konstruktionismus erklärt werden können.

7 (4) Philosophen haben sich sehr grundsätzlich damit auseinandergesetzt, dass Denken und Sprache als innerer und sozialer Prozess der Welthervorbringung verstanden werden kann. Wichtige Vertreter sind Immanuel Kant und Ludwig Wittgenstein. Der **philosophische Konstruktivismus** beruft sich auf diese Tradition. Wittgenstein[9] hat darauf hingewiesen, dass wir die Welt immer über Sprache verstehen und beschreiben und die Bedeutung der verwendeten Worte und Sätze vom Kontext, in dem gesprochen wird, von den Gewohnheiten und der sozialen Praxis abhängen. Die Grundidee fasst Wittgenstein in einem zentralen Satz zusammen: *„Man kann für eine große Klasse von Fällen der Benützung des Wortes ›Bedeutung‹ – wenn auch nicht für alle Fälle seiner Benützung – dieses Wort so erklären: Die Bedeutung eines Wortes ist sein Gebrauch in der Sprache."* (Philosophische Untersuchungen, § 43). Da wir nichts über eine vom Sprecher unabhängige äußere Wirklichkeit sagen können, stellt er nicht die Fragen nach dem **Was** einer äußeren Welt in den Mittelpunkt seiner Überlegungen (in Konflikten sind das oft Fragen danach, was Wahrheit, Gerechtigkeit, Schuld, Wertschätzung usw ist). Vielmehr fragt er nach dem **Wie**, danach, **wozu** und in welchem Rahmen bestimmte Worte, Sätze, Aussagen benutzt werden. Er hebt den Dualismus von Sprache einerseits und einer sprachlich beschriebenen Wirklichkeit andererseits auf.

Im weiteren Verlauf will ich nur auf die ersten beiden genannten Richtungen genauer eingehen und beginne mit Erkenntnissen der Hirnforschung als wichtige Erklärungsgrundlage des Konstruktivismus.

---

6 Vgl Watzlawick/Beavin/Jackson, Menschliche Kommunikation. Formen, Störungen, Paradoxien, 9. Aufl. 1996; Watzlawick, Wie wirklich ist die Wirklichkeit? Wahn, Täuschung, Verstehen, 10 a. Aufl. 2011; Bateson, Ökologie des Geistes. Anthropologische, psychologische, biologische und epistemologische Perspektiven, 3. Aufl. 1990.
7 Vgl die zusammenfassende Darstellung bei von Schlippe/Schweizer, Lehrbuch der systemischen Therapie und Beratung, Band 1, 10. Aufl. 2007, 78–81.
8 Winslade/Monk, Narrative mediation. A new approach to conflict resolution, 1. Aufl. 2000.
9 Vgl hierzu Fischer, Konfliktdynamik 2012, 78–81.

2.10.1.2 Kognition und Wirklichkeitskonstruktion

Wie nehmen Menschen im Konflikt den anderen und den Konflikt selbst wahr, ordnen 8
Aussagen und Handlungen ein und geben dem Geschehen eine Bedeutung? Wie tun dies
die Mediatoren mit dem, was sie im Mediationsgespräch wahrnehmen? Und vor allem:
Welche Schlussfolgerungen ergeben sich für die Mediation daraus, wenn wir mehr darüber wissen, wie solche Wahrnehmungs- und Interpretationsprozesse ablaufen? Ausgangspunkt für die Beantwortung dieser Fragen sind die Erkenntnisse der Neurobiologie und Kognitionspsychologie. Die Ausgangsfrage lautet: „Was findet in lebenden Systemen in einer solchen Weise statt, dass sie in der Lage sind, in einem bestimmten Bereich – einschließlich der Sprache – wirksam und erfolgreich zu operieren?"[10]

Unsere Wahrnehmung[11] dient der Orientierung in der Umwelt und ist immer selektiv, 9
erfasst nie die „ganze Wahrheit". Wir erfassen die Welt nur in dem Maße, wie es für
unser (psychosoziales) Überleben wichtig ist. Die Geschehnisse der Umwelt müssen dabei nicht „richtig" (im Sinne einer äußeren Objektivität) erkannt werden, sondern nur
angemessen erfasst werden, so dass das (Über-)Leben gesichert ist. Wahrnehmungen
sind daher Hypothesen über die Umwelt.

Wie funktioniert nun Wahrnehmung organisch? Sinneszellen übersetzen die Reize der
Umwelt in die Sprache des Gehirns. Diese Sprache besteht aus chemischen und elektri-
schen Signalen der Nervenzellen, die als solche nicht spezifisch sind, sondern neutral.
„Die Erregungszustände einer Nervenzelle codieren nur die Intensität, aber nicht die
Natur der Erregungsursache. (Codiert wird nur: „So-und-so viel an dieser Stelle meines
Körpers" aber nicht „was".) (...) Das heißt, „Klick" ist das Vokabular der Nervenspra-
che (...). Das Erstaunliche nun ist, dass jede Sinneszelle (...) alle nur die Sprache
„Klick" sprechen: Die physikalische Ursache der Erregung einer Nervenzelle ist nicht in
ihrer Aktivität enthalten, sondern ausschließlich die Intensität der Störung, die ihre Aktivität verursachte. Die Signale, die dem Gehirn zugeführt werden, sagen also nicht,
blau, heiß, cis, au, usw, sondern nur „Klick, Klick, Klick", dh sie sprechen nur von der
Intensität einer Störung und nicht von „was", nur von „wieviel" und „woher"."[12]

Diese **Undifferenziertheit** oder auch **Neutralität des neuronalen Codes** hat weitreichende Konsequenzen für die Erklärung menschlicher Erkenntnisprozesse. Die Interpretation der Umwelt, die Bedeutungszuweisung, hängt davon ab, wo, in welcher Intensität
und Quantität, in welcher Dauer und Synchronizität die Reize im Gehirn verarbeitet
und zugeordnet werden. Kognition arbeitet mit Repräsentationen bzw Stellvertretungen
und mit internen Modellen der Welt. Wahrnehmung bildet daher die Wirklichkeit nicht
ab, sondern konstruiert sie nach eigenen Kriterien des Beobachters, die zT angeboren
sind, teilweise frühkindlich erworben werden und vor allem sich nach dem Vorwissen
und Erfahrungen richten.

Emotionen sind dabei der erlebte Ausdruck dessen, wie das Gehirn Wahrnehmung und 10
Verhalten selbst bewertet. Diese Bewertung nach dem Grundkriterium Lust/Unlust wird
im Gedächtnis festgehalten und bildet wiederum die Grundlage für zukünftige Bewertungen. Gleichzeitig entscheiden Bewertungen darüber, was im Gedächtnis abgespei-
chert wird. Wie tief Dinge gespeichert und wie leicht sie damit erinnert werden können,
hängt ganz wesentlich von den begleitenden Emotionen ab. Bewertung und Gedächtnis
stehen also in einem engen Wechselverhältnis. Gefühle leiten uns, sie warnen uns vor

---

10 Maturana, Kognition, in: Schmidt (Hrsg.), Der Diskurs des radikalen Konstruktivismus, 4. Aufl. 1991, 91.
11 Zum Folgenden s. Roth, Das Gehirn und seine Wirklichkeit. Kognitive Neurobiologie und ihre philosophi-
    schen Konsequenzen, 9. Aufl. 2010; Singer, Der Beobachter im Gehirn. Essays zur Hirnforschung, 1. Aufl.
    2007.
12 Foerster, Erkenntnistheorien und Selbstorganisation, in: Schmidt (Hrsg.), Der Diskurs des radikalen Kon-
    struktivismus, 4. Aufl. 1991, 138 f.

Handlungen und lenken uns zu anderen. Gefühle sind somit „konzentrierte Erfahrungen".[13]

11 Wahrnehmung bedeutet also, dass wir die Welt konstruieren. Vieles in der Außenwelt wird bei dieser Konstruktion von Wirklichkeit ausgeblendet. Gleichzeitig enthält unsere subjektive Wahrnehmungswelt vieles, was keine Entsprechung in der Außenwelt hat, insbesondere die Dinge, nach denen wir unsere persönliche Erlebniswelt ordnen, wie Aufmerksamkeit, Selbstbewusstsein, Vorstellungen und Sprache. Das zeigt bspw die Kanizsa-Täuschung, bei der wir die Illusion eines weißen Dreiecks haben, das ein anderes Dreieck und drei schwarze Scheiben überdeckt. Aufgrund unserer Erfahrungen mit geometrischen Formen konstruiert unser Gehirn ein weißes Dreieck, wo tatsächlich nichts ist.

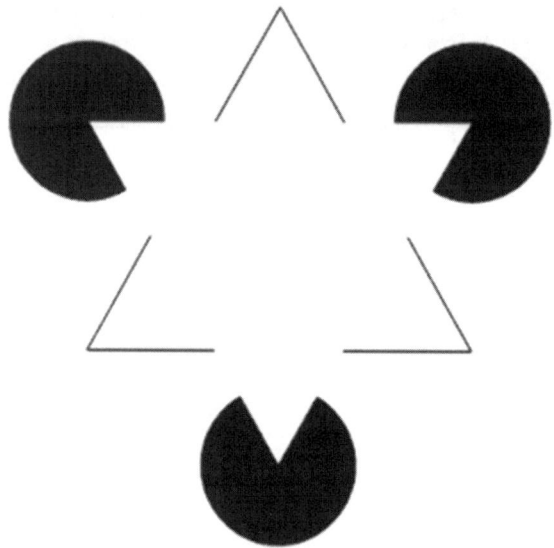

Abb. 1: Kanisza-Täuschung: Unser Gehirn konstruiert die Wirklichkeit eines weißen Dreiecks, wo tatsächlich nichts ist

12 Experimentelle Ergebnisse von Bartlett aus den 1930er Jahren über das Erinnern sowie neuere Experimente zB von Loftus und Kriz zeigen, dass die Konstruktion von Sinn und Bedeutung mithilfe von inneren Schemata und Modellen stattfindet. Auch in der Ökonomie wurden solche „mentalen Modelle" als Erklärungsansatz dafür untersucht, dass Menschen in komplexen Handlungssituationen auf subjektive „mentale Modelle" zurückgreifen, um bewerten und handeln zu können.[14] Bereits in der ersten Hälfte des 20. Jahrhunderts untersuchte die Gestalttheorie das Phänomen, dass wir die Wirklichkeit so wahrnehmen, wie es unseren inneren Bildern einer „guten Gestalt" entspricht. Für das Verstehen und Bearbeiten von Konflikten ist das insofern wichtig, als die Experimente zeigen, dass diese **Konstruktionsprozesse vom visuellen Bereich auf andere kognitive**

---

13 Roth, Das Gehirn und seine Wirklichkeit. Kognitive Neurobiologie und ihre philosophischen Konsequenzen, 9. Aufl. 2010, 108–111.
14 Vgl Karpe, Rationalität und mentale Modelle, 1997; North, Institutionen, institutioneller Wandel und Wirtschaftsleistung, 1992, 110 ff; Troja, Umweltkonfliktmanagement und Demokratie, 2001, 401.

Prozesse übertragbar sind, zB auf die Zuschreibung von Personeneigenschaften, Intentionen und zu erwartenden Konfliktverläufen. Die Konfliktparteien schätzen den anderen und die Situation ein und treffen ihre Entscheidungen aufgrund von Teilinformationen und hinreichend konsistenten, „sinnvollen" Konstruktionen oder auch Narrationen.[15] Wir können also nur etwas über unsere subjektiven Wirklichkeiten sagen, nicht aber über eine objektive, äußere Realität, auch wenn diese existieren mag. Daher ist ein Ziel in der Mediation, die Streitparteien nicht bei dem zwecklosen Versuch zu unterstützen, herauszufinden, was denn nun die Wahrheit ist und wer Recht hat, sondern ein Gespräch über die unterschiedlichen subjektiven Wirklichkeiten zu führen.

2.10.1.3 Die Landkarte ist nicht die Landschaft – Beobachten durch Unterscheidung

Der polnisch-amerikanische Ingenieur, Philosoph und Sprachwissenschaftler Alfred Korzybski hat darauf hingewiesen, dass äußere Welt und innere Abbildung unterschieden werden müssen und hat das in seinem Hauptwerk Science and Sanity von 1933 mit der berühmt gewordenen Metapher ausgedrückt: Die Karte ist nicht die Landschaft (the map is not the territory it represents). Magritte macht dies in seinem berühmten Bild einer Pfeife hintersinnig klar. Es ist ein Bild und keine Pfeife. 13

Abb. 2: „La trahison des images (Ceci n'est pas une pipe)" von Magritte. Der Maler macht deutlich, dass wir unser Bild von der Welt nicht mit der Welt selbst verwechseln sollten. Zu sehen ist ein Bild, und ein Bild ist keine Pfeife

Auch mein Bild vom anderen, meinem Gegenüber im Konflikt, ist mein Bild über ihn, aber nicht der andere Mensch. Ganz im Sinne Wittgensteins betont Korzybski, dass ein Phänomen niemals identisch ist mit der sprachlichen Kategorie, mit welcher es beschrieben wird. Sprache ist gleichsam ein Symbol, eine Landkarte der Wirklichkeit. Korzybski beschreibt, dass der Mensch fähig ist, allein auf die Landkarte zu reagieren und das dar-

---

15   Vgl von Schlippe/ Kriz Familiendynamik 2011, 142, 146–148.

gestellte Gelände zu vergessen. Das bedeutet, dass das menschliche Gehirn dazu fähig ist, etwas für wahr zu halten beziehungsweise zu glauben, was es nicht gibt, und dann damit aufhört, dies zu überprüfen. Das kann zu einem Konfliktverhalten führen, das für jemand anderen, also einen Beobachter, unangemessen erscheint.[16]

Korzybski hatte Einfluss auf viele Beratungs- und Therapieschulen, u.a. auf Gregory Bateson, der wiederum Begründer der Schule von Palo Alto und Lehrer von Paul Watzlawick war und bis heute die vielleicht wichtigsten Gedanken für den systemischen Ansatz formuliert hat. Bateson beschäftigt sich mit den Konsequenzen für die Kommunikation und fragt sich, was von der Landschaft auf unsere innere Landkarte gelangt. Gehen wir dafür kurz zurück zum Ausgangsbild. Wenn die Landschaft völlig einförmig wäre, dann wären auf der Karte nur die Grenzen, weil dort ein Unterschied zum übrigen größeren Umfeld besteht. Auf die Karte kommen also Unterschiede zB in der Höhe, Vegetation, politischen und administrativen Zuständigkeit, Bevölkerung etc. Für die menschliche Kommunikation heißt das, von den unendlich vielen potenziellen Unterschieden in der äußeren Welt wählen wir ständig aus, sei es bewusst oder unbewusst. Und das nennt Bateson Information. „Was wir tatsächlich mit Information meinen – die elementare Informationseinheit –, ist ein **Unterschied, der einen Unterschied ausmacht** (...)".[17]

14 Im Konstruktivismus wird der **Beobachter** bei allen Kognitionsprozessen berücksichtigt.[18] Wir bestimmen als Beobachter mit unseren **Unterscheidungen**, nach welchen Kriterien wir wahrnehmen, was der Fokus unserer Aufmerksamkeit ist und damit, was für uns relevante Wirklichkeit ist. So wie in der berühmten Darstellung von Figur und Grund die Entscheidung darüber, ob ich schwarz oder weiß als Hintergrund betrachte, dazu führt, ob ich Kelch oder Gesichter, Saxophonist oder Gesicht wahrnehme.

Abb. 3: Figur und Grund: Der eigene Fokus auf schwarz oder weiß, die eigene Unterscheidung von Vordergrund und Hintergrund bestimmt, ob man Kelch oder Gesichter, Saxophonist oder das Gesicht einer Frau sieht

---

16 Dieses Phänomen illustriert Watzlawick mit seiner berühmten Geschichte vom Hammer, in der ein Mann vom Nachbarn einen Hammer borgen will und sich vorher selbst in die Vorstellung steigert, dass der Nachbar ihm diesen aus Gemeinheit bestimmt nicht geben will. Entsprechend aggressiv spricht er den völlig überraschten Nachbarn an. Vgl Watzlawick, Anleitung zum Unglücklich sein, 2011, 37 f.
17 Bateson, Ökologie des Geistes. Anthropologische, psychologische, biologische und epistemologische Perspektiven, 3. Aufl. 1990, 582.
18 Maturana/Varela, Der Baum der Erkenntnis. Die biologischen Wurzeln des menschlichen Erkennens, 1. Aufl. 1987, 146–148.

Dabei ist das Unterscheidungsmerkmal selbst dem Beobachter nicht bewusst, so wie ein blinder Fleck. Will er sich dieser Unterscheidungen, die er ständig macht, bewusst sein, müsste er sein Beobachten beobachten. Ein solches Beobachten zweiter Ordnung zeigt dann, dass jede Wahrnehmung einer Situation, eines Geschehnisses oder einer Beziehung einen großen Teil dessen ausblendet, wie dasselbe Geschehen, dieselbe Beziehung auch sein kann.

Daraus ergibt sich die im konstruktivistischen Denken angelegte Verantwortung. „Unsere Entscheidungen sind Entscheidungen für eine bestimmte Art und Weise des Sehens und darüber, **wie** über einen „Gegenstand" gedacht und kommuniziert wird. Wir können und müssen den „Standort" zur Welt, den Blickwinkel, die Perspektive, dh (lat. von perspicere) die „Durchsicht", durch die wir unsere Welt und uns selbst, die wir ja Teil dieser Welt sind, wahrnehmen, selbst wählen."[19]

Wahr oder falsch, gerecht oder ungerecht, angemessen oder nicht, all das hängt also vom Referenzbereich des Betrachters ab. Schauen wir uns das am Beispiel eines Mediationsfalles an:[20]   15

Herr Dr. Tauber (Mitte 50) und Herr Dr. Janssen (Mitte 30) führen zusammen eine tierärztliche Gemeinschaftspraxis. Die Zusammenarbeit läuft schlecht. Herr Tauber beklagt mangelnde fachliche Kompetenz und Einsatzbereitschaft bei seinem Partner. Das Niveau und in Folge auch der Ruf der Praxis leiden aus seiner Sicht darunter, dass in letzter Zeit vermehrt Tiere unter der Behandlung von Dr. Janssen verstorben seien. Auch die leitende Arzthelferin tue sich zunehmend schwer mit Dr. Janssen. Herr Dr. Tauber überlegt sich, die Zusammenarbeit wieder zu beenden. Andererseits hat er bei diesem Gedanken ein schlechtes Gewissen gegenüber seinem Partner, den er dazu bewogen hatte, mit seiner jungen Familie in die Stadt zu ziehen und den er in der schlechten wirtschaftlichen Lage nicht allein lassen möchte. Auf den Rat eines Freundes kommen sie in die Mediation.

Wo zeigt sich in diesem Fall beispielsweise das beschriebene Beobachten mittels Unterscheidung? Ein Thema in den Mediationsgesprächen betrifft die Kommunikation mit den Kunden. Sowohl Dr. Tauber als auch Dr. Janssen sprechen vor und während den Behandlungen mit den Besitzern der Tiere. Dr. Tauber ärgert sich aber darüber, dass Dr. Janssen so viel „quatscht" und sich bei den Besitzern „einschmeichelt", obwohl vieles davon nicht abrechenbare Zeit ist. Für ihn dient das Gespräch zB mit den Hundebesitzern dazu, schnell aufgezeigt zu bekommen, über welche Beschwerden er sich dann selbst ein fachliches Bild machen kann. Für Dr. Janssen geht es dagegen darum, Verhaltensauffälligkeiten des Tieres als Hintergrund von Beschwerden zu verstehen, die sich aus der Interaktion zwischen Hund und Haltern ergeben. Er schüttelt innerlich den Kopf über die „Ignoranz" seines Kollegen. Das ist nicht einfach ein Missverständnis aufgrund einer fehlenden Information, sondern ein unterschiedliches Bild der Wirklichkeit aufgrund der andersartigen Unterscheidungen, die bestimmen, was für Dr. Tauber und was für Dr. Janssen eine Information ist. Ganz ähnliche unterschiedliche Wirklichkeiten treffen bei ihnen aufeinander, wenn es um den Umgang mit den Mitarbeiterinnen geht. Beide betrachten das Verhalten des anderen mit ihren eigenen Beobachtungskriterien und halten es für unangemessen.

In der Mediation können diese Beobachtungskriterien selbst thematisiert und genauer   16
als im Alltag diskutiert werden. Allerdings muss sich der Mediator darüber im Klaren sein, dass auch er durch seine Unterscheidungen seine eigene Konfliktwirklichkeit

---

19 Fischer, Sehen mit anderen Augen. Coaching als Kunst des entfremdeten Umweges, in: Tomaschek (Hrsg.), Systemische Organisationsentwicklung und Beratung bei Veränderungsprozessen. Ein Handbuch, 2006, 103.
20 Der Mediationsfall ist real, aber natürlich – um gleich das Thema dieses Textes auf sich selbst zu beziehen – mein Bild der Wirklichkeit, wie ich sie aus der Erinnerung rekonstruiere.

schafft. Zum einen betrachtet er den Konflikt schnell durch die ihm besonders vertraute Brille der eigenen, zB beruflichen Erfahrung und definiert ihn als vor allem rechtliches, organisatorisches, psychodynamisches oder gesellschaftliches Problem, womit auch jeweils andere Lösungswege in den Blick geraten. Zum zweiten wählt er während der Mediationsgespräche ständig einen Fokus, einen Unterschied, der festlegt, was als relevante Information in die Konfliktbearbeitung einfließt. Er kann auf die jeweilige Person mit ihren inneren Konflikten fokussieren und beispielsweise das schlechte Gewissen Dr. Taubers in den Mittelpunkt rücken, über das dieser sich selbst ärgert und diesen Ärger auf Dr. Janssen projiziert. Er kann das System der Interaktion betrachten und die Beziehung zwischen formal gleichberechtigten Partnern thematisieren, zwischen denen aber sowohl ein Altersunterschied liegt als auch eine unterschiedliche Geschichte, was die Verbindung mit der Gemeinschaftspraxis angeht. Er könnte sich die Aufgabenverteilung als Konfliktfaktor anschauen oder die Strukturen und Abläufe in der Praxis und schließlich auch die Veränderungen im gesellschaftlichen und wirtschaftlichen Umfeld, die Auswirkungen auf die Situation der Tierärzte haben. Jeder Fokus des Mediators führt zu Unterschieden, die einen Unterschied machen. Für die eigene Steuerung kann sich der Mediator seine Unterscheidungen und damit verbundenen Entscheidungen für einen bestimmten Fokus bewusst machen, also sein Beobachten beobachten. Er kann seinen Fokus infrage stellen und ggf auf einer anderen Ebene Fragen stellen, die möglicherweise hilfreicher sind für die weitere Konfliktbearbeitung.

17 Die Streitparteien haben ihre jeweiligen inneren Landkarten vom Konflikt. In der Mediationssitzung kann es gelingen, über die Kriterien, nach denen diese Landkarten Wirklichkeit beschreiben, zu sprechen. Für den Mediator sind diese Landkarten der Konfliktparteien, ihre Schilderungen, wiederum die Landschaft. Er macht sich sein Bild darüber, er arbeitet ebenfalls mit einer eigenen Landkarte, sozusagen einer Landkarte oder Beobachtung zweiter Ordnung. Wenn er dann bspw in einer Supervision oder in der kollegialen Beratung über seinen Fokus, seine Interventionen, seinen Stil reflektiert, thematisiert er seine Landkarte. Die Betrachtung in der Supervision ist wiederum eine Landkarte, man könnte sagen eine Landkarte oder Beobachtung dritter Ordnung (in der Supervision wird beobachtet, wie der Mediator seine Beobachtung in der Mediation beobachtet). Das führt zu einem unendlichen Regress, weil wir immer nur mit Karten von Karten von Karten arbeiten können, nie mit der Landschaft selbst, dh wir können nie etwas über den Konflikt an sich sagen.

2.10.2 Systemtheoretisches Konfliktverständnis

18 Im ersten Teil dieses Beitrags wurde gezeigt, dass wir alles, was wir wahrnehmen, durch eine Unterscheidung erzeugen und die Welt immer eine Konstruktion des Beobachters ist, der aber nie alles sehen kann. In der Mediation geht es abstrakt gesprochen darum, die Unterscheidungskriterien, mit denen beobachtet wird, zu thematisieren. Das ist aber noch nicht die Lösung des Konfliktes, sondern erst die Bewusstmachung. Die Widersprüche werden nur klarer kommuniziert. Nach dem deutschen Soziologen Niklas Luhmann kommt es kurz gesagt zum Konflikt, wenn soziale Systeme ihre Beobachtungen kommunizieren, die damit beobachtet werden können, und der beobachteten Beobachtung widersprochen wird.[21] Luhmann hat untersucht, welche Funktionsweisen von Systemen nicht nur für technische und biologische Systeme gelten, sondern auch auf zwischenmenschliche und gesellschaftliche Kommunikation übertragbar sind. Seine konstruktivistische Systemtheorie enthält auch eine Konflikttheorie.

---

21 Vgl Bonacker, Sozialwissenschaftliche Konflikttheorien. Eine Einführung, 4. Aufl. 2008, 271.

2.10.2.1 Autopoiese und strukturelle Kopplung

Diese beiden Begriffe klingen kompliziert, sind aber zentral für das Verständnis der 19
konstruktivistischen Systemtheorie und sollen daher kurz und möglichst einfach erläutert werden. Lebende Systeme sind dadurch charakterisiert, dass sie sich andauernd
selbst erzeugen und zu erhalten suchen. Daher werden sie, der Terminologie von Maturana und Varela folgend, **autopoietische Systeme** (griechisch autos = selbst; poiein =
machen) genannt.[22] Systeme, seien es technische Systeme, Zellen, Menschen oder soziale Systeme, sind in ihrem Verhalten dabei durch ihre eigenen inneren Strukturen bestimmt.

Bei lebenden Systemen bezeichnen wir Strukturen als angeboren oder Instinkt, wenn
sich im Laufe der Evolution bei der gleichen Spezies Strukturen unabhängig von der individuellen Interaktionsgeschichte entwickeln. Das sind die phylogenetischen Strukturen. Erlernt oder ontogenetisch nennen wir Strukturen, die sich nur bei einer besonderen Interaktionsgeschichte entwickeln.

Dass Systeme **strukturdeterminiert** sind, also zB durch Veranlagung oder Lernerfahrun-
gen bestimmt sind, heißt nicht, dass sich die Strukturen nicht verändern können. Die
Umwelt hat immer Einfluss und ein System verändert sich so, dass es in seiner Umwelt
bestehen kann. Die auslösende Umwelt legt aber die Entwicklung nicht fest, sondern die
Systemstrukturen tun dies. Wäre das anders, müssten zB Lebewesen im selben Milieu,
etwa Meeresbewohner in bestimmten Gebieten, die gleichen Formen der Fortbewegung
oder Verständigung entwickeln. Die Vielfalt des Lebens ist aber groß, trotz gleicher
Umweltbedingungen. Veränderungen und Lernprozesse sind möglich, denn Systeme
sind zwar funktional geschlossen, aber gleichzeitig mit ihrer Umwelt über Material-,
Energie- oder Informationsaustausch verbunden, was als **strukturelle Kopplung** bezeichnet wird.

Die Einwirkungen aus der Umwelt auf das System stellen Anregungen oder **Perturbationen** dar (lat. perturbare = durcheinander wirbeln, beunruhigen, verwirren), die zu einem Wandel führen können, solange das System in seiner Umwelt Bestand haben kann.
Allerdings wird dieser Wandel eben immer durch die jeweils aktuellen Strukturen des
Systems bestimmt und nicht durch die möglicherweise auslösenden Außeneinflüsse
selbst. Ein und derselbe Impuls von außen, zB eine strikte Anweisung, wird von unterschiedlichen Empfängern unterschiedlich wahrgenommen und verarbeitet. Das führt zu
unterschiedlichen Reaktionen wie Trotz, Aktionismus, Schuldgefühlen, Vorwürfen usw.

Luhmann überträgt die Idee der Autopoiese, die ursprünglich für die Ebene der Zellen
entwickelt wurde, auf psychische Systeme,[23] auf das System der Interaktion, auf Organisationen als Systeme und auf gesellschaftliche Systeme und Subsysteme. Er betrachtet
sie also auch als operationell geschlossene Systeme, die sich unter der Maßgabe der
Selbsterhaltung und -reproduktion entsprechend ihrer internen Strukturen von der Umwelt abgrenzen. Das tun sie durch Kommunikation.

2.10.2.2 Der Konflikt als System und die Konfliktlösung durch Mediation

Auch ein Konflikt ist nach Luhmann ein autopoietisches System, das alles aus der Um- 20
welt nutzt, um sich zu erhalten, um den Streit fortzusetzen. Er wählt die Metapher von
Konflikten als **Parasiten** sind. Die Erwartung gegenseitigen Widerspruchs funktioniert
bei wechselnden Themen und Anlässen. Luhmann weist darauf hin, dass „(...) Konflikte an sich zur *Generalisierung tendieren, zur Ausdehnung auf alle Eigenschaften, La-*

---

22 Vgl Maturana/Varela, Der Baum der Erkenntnis. Die biologischen Wurzeln des menschlichen Erkennens,
    1. Aufl. 1987, 50 f.
23 Um klar zu machen, dass es dabei nicht um füreinander transparente Subjekte geht, spricht Luhmann nicht
    von Personen, sondern psychischen Systemen.

gen, Beziehungen und Mittel der Gegner. In dem Maße, als Dissens und wechselseitige Behinderung bewusst werden, ergreifen sie mehr und mehr Themen, und zugleich ziehen die Gegner mehr und mehr soziale Beziehungen mit in den Konflikt, die an sich miteinander verträglich wären."[24]

21 Erst das **Rechtssystem** mit seinem Gewaltmonopol sorgt für Konfliktfähigkeit, in dem es im gerichtlichen Verfahren den Parteien die Konfliktentscheidung entzieht und die Möglichkeit zur Entscheidung absichert. Damit wird verhindert, dass sich Konflikte wie Parasiten ausbreiten, bis sie nicht mehr beherrschbar sind. Die Verfahrensregeln als akzeptierte Norm und die Ausklammerung von Themen ermöglichen die Begrenzung und Bearbeitung des Konfliktes. Das Rechtssystem ist für Luhmann das Immunsystem der Gesellschaft, das die Gesellschaft nach Konflikten durchsucht, die es dann nach der Logik Recht/Unrecht entscheidet und so Normierungen schafft. Auch die Entscheidung eines Vorgesetzten bei einem Konflikt am Arbeitsplatz dient der Beendigung eines Konfliktes, reduziert die Unsicherheit und sichert die Handlungsfähigkeit der Organisation. Die höhere Instanz entscheidet aber nach eigenen Kriterien, die evtl nichts mit den Konstruktionen der Beteiligten oder der Sache zu tun haben. Die Konfliktbeendigung kann unbefriedigend bleiben, wenn gerade die ausgeklammerten Aspekte, zB Emotionen auf der Beziehungsebene, nicht objektivierbare Aspekte oder nicht justiziable Wünsche wesentlich sind für die Lösung. Die Mediation soll daher wiederum eine Alternative zur gerichtlichen oder hierarchischen Streitentscheidung sein, bei der die Entscheidung doch wieder den Konfliktparteien überlassen ist. Sie kann auch angesichts des parasitären Charakters von Konflikten dann funktionieren, wenn die Entscheidung durch eine höhere Instanz als Alternative bei Nichteinigung gesichert ist. Mediation findet also „im Schatten des Rechts statt". Beziehen wir das einmal auf unseren Fall: Dr. Janssen und Dr. Tauber wissen, dass sie die Möglichkeit zur Einigung haben, aber auch die Möglichkeit einer gesellschaftsrechtlichen Auseinandersetzung vor Gericht. Eine Abwägung der Vor- und Nachteile, zB bezogen auf die Beziehungsebene, den Ruf der Praxis, Zeit und Geld, Suchaufwand für eine neue berufliche Konstellation etc. kann wichtiger Gesprächsgegenstand in der Mediation sein. Die Nichteinigungsalternative beeinflusst als Vergleichsmaßstab die Bereitschaft und Energie für eine Lösungssuche. Im Vergleich zum Konfliktsystem ist dann auch die Mediation bereits ein Verfahren, dass Konfliktfähigkeit verbessert, in dem es verfestigte Kommunikationsmuster verändert, und zwar durch die Einbeziehung eines fragenden und „übersetzenden" Dritten, durch Verfahrensregeln und durch den klar strukturierten Ablauf.

22 Dennoch gilt auch für die Mediation: Wenn ein Konflikt ein autopoietisches System ist, wird er Impulse von außen so verarbeiten, dass er sich erhalten kann. Zwei Funktionen von Konflikten machen dies besonders deutlich. Die erste wird als **Triangulation** bezeichnet.[25] Dabei wird eine Beziehung, zB zwischen Dr. Tauber und seiner wichtigsten Mitarbeiterin, dadurch konfliktfrei und stabil gehalten, dass es einen Konflikt mit einem Dritten gibt, in unserem Fall mit Dr. Janssen. Die enge Beziehung zwischen Dr. Tauber und seiner Mitarbeiterin ist Teil des Konfliktes zwischen den beiden Chefs. Triangulation gibt es auch bei inneren psychischen Konflikten, die nicht erlebt werden, solange ein Konflikt mit anderen läuft. So kann Widerstand der Parteien gegen Bemühungen zur Konfliktlösung auch dadurch entstehen, dass dann die Auseinandersetzung mit eigenen inneren Spannungen unausweichlich wird. Und damit sind wir bei der zweiten Funktion von Konflikten. Sie sind mitunter ein Schutz davor, dass andere Teile des Organisations- oder Interaktionssystems als Problem sichtbar werden. Eine Partei kann sozusagen einen sekundären **Konfliktgewinn** haben. In unserem Fallbeispiel stünde zB die

---

24 Luhmann, Legitimation durch Verfahren, 1. Aufl. 1983, 101.
25 Vgl zB Simon, Einführung in die Systemtheorie des Konflikts, 1. Aufl. 2010, 99 f.

schwierige Aufgabe an, die leitende Mitarbeiterin, die die Praxis bisher als „ihre Praxis" betrachtet hat und für den Chef eher eine behütende Rolle spielt, darauf zu verpflichten, zwei Partnern gleichberechtigt als Mitarbeiterin zuzuarbeiten.

Ist der Widerstand gegen Lösungen sehr groß, kann es für den Mediator sehr sinnvoll sein, sich und evtl auch den Konfliktparteien die Frage zu stellen, welche Probleme oder Nachteile sich ergeben könnten, wenn der Konflikt jetzt einfach gelöst würde, was dann zu erwarten ist oder was sich verändern würde, wenn man plötzlich eine gemeinsame Linie verträte.

Aus systemtheoretischer Sicht verbietet sich also eine vorschnelle **Lösung** im Sinne von **Auflösung** oder ist besser gesagt auch gar nicht möglich, da Konflikte wichtige Funktionen erfüllen. Wenn diese Funktionen ersatzlos wegfielen, könnte das die Stabilität eines Systems gefährden, was zu erheblichen Widerständen des Systems gegen solche Lösungsversuche führt. In der Mediation geht es eher darum, sich widersprechende und verfestigte Wirklichkeitskonstrukte, an denen die von den Beteiligten gewünschte Kooperation scheitert, zu lösen in dem Sinne, dass diese Wirklichkeitskonstrukte in Bewegung kommen, flexibler werden und andere Unterscheidungsmöglichkeiten und Sichtweisen in den Blick geraten. Mediation kann immer auch dazu führen, dass Konflikte erst richtig deutlich werden und ausbrechen. Die Sorge davor kann Misstrauen und Widerstände gegenüber dem Verfahren oder den Mediatoren mit sich bringen. Diese tuen daher gut daran, in der ersten Phase explizit nach Befürchtungen oder Vorbehalten mit Blick auf eine anstehende Mediation zu fragen und zu besprechen, wie diesen Rechnung getragen werden kann. 23

2.10.2.3 Konfliktparteien sprechen nicht die gleiche Sprache – Kommunikation in systemspezifischen Codes

Einfach gesagt geht Luhmann davon aus, dass sich Menschen gegenseitig nicht ohne Weiteres verstehen können. Sie können nicht die Gedanken des anderen lesen, nicht in den anderen hinein schauen, nicht seine Wirklichkeit sehen. Die damit verbundene Unberechenbarkeit oder **Kontingenz**, also die Vielzahl an Möglichkeiten in der Interaktion, bedeutet ein hohes Maß an Unsicherheit über das, was sein oder geschehen kann. In Beziehungen besteht prinzipiell ein hohes Maß an wechselseitiger Unsicherheit über die Handlungsalternativen. Luhmann spricht hier von **doppelter Kontingenz**. Die Interaktionspartner bewältigen diese doppelte Kontingenz über Kommunikation, indem sich Erwartungsregeln herausbilden, die über spezifische Situationen hinaus verallgemeinert werden. Die Doppelte Kontingenz, aus der Kommunikation entsteht, wird auf drei Arten gelöst, die drei Arten sozialer Systeme darstellen: als Interaktion, als Organisation und als Gesellschaft.[26] Bei Interaktionssystemen sorgen gesellschaftliche Normen und unterschiedliche Subsysteme mit spezifischen Rollen für zeit- und raumübergreifende Erwartungsbildung und Stabilität. Die Ausdifferenzierung der Gesellschaft in verschiedene Subsysteme mit je eigenen Kommunikationscodes führt zu einer höheren Konflikttoleranz. So können sich Dr. Janssen und Dr. Tauber über Politik oder Sport streiten, ohne dass dies gleich ihre Arbeitsbeziehung infrage stellt oder verhindert, dass sie gemeinsam zum Volksfest gehen. 24

Kommunikation läuft in Sozialsystemen über spezifische Codes wie Zahlen/Nicht-Zahlen oder Recht/Unrecht sowie Medien wie Geld, Macht, Recht, Wahrheit. Diese Codes sind die Sprache, die im jeweiligen System verstanden wird. In Konflikten werden die Wirklichkeits- und Sinnkonstruktionen der Parteien vor dem Hintergrund unterschiedli-

---

26 Zum Folgenden vgl Bonacker, Sozialwissenschaftliche Konflikttheorien. Eine Einführung, 4. Aufl. 2008, 268–270.

cher Sozialsysteme als unterschiedlich angemessen erlebt.[27] Die Systemlogiken und Rollen geraten unausgesprochen durcheinander bzw die Parteien agieren aus unterschiedlichen Systemlogiken heraus. Sie kritisieren, dass man offenbar nicht „die gleiche Sprache" spreche.

Ein Beispiel aus unserem Mediationsfall sind Gespräche über schwierige Behandlungsfälle, die immer wieder zu Streit und Frust führen. Wenn Dr. Janssen Probleme in der Behandlung bei einem seiner Fälle anspricht, tut er dies mit der Vorstellung einer Fallbesprechung zwischen gleichberechtigten Partnern und Fachkollegen. Er empfindet die „besserwisserische" und „bevormundende" Art von Dr. Tauber als unangemessen, reagiert zunächst trotzig, später mit Rückzug und Einstellung der Kommunikation. In den Mediationsgesprächen schildert er aber auch, dass das bei ihm zu größerer Verunsicherung und dann auch tatsächlich zu mehr Fehlern führt, was wiederum Dr. Tauber zu immer massiverer Kritik veranlasst. Beide empfinden die Reaktion des anderen aus ihrer Sicht als unangemessen und geraten in einen Teufelskreis von Kritik – Verunsicherung und Rückzug – noch mehr Kritik – noch mehr Rückzug. Die unterschiedlichen Rollen und Systemlogiken, die hier durcheinander geraten, werden in der Mediation erst durch gezielte Nachfragen bewusst, u.a. danach, in welcher Rolle sich beide jeweils angesprochen fühlen und in welche Rolle sie sich durch die Reaktion des anderen versetzt fühlen. Dabei stellt sich Folgendes heraus: Wenn Dr. Janssen mit Fragen zur Behandlung schwieriger Fälle kommt, fühlt sich Dr. Tauber als der ältere und erfahrenere Tierarzt um Rat gefragt. Oft hört er auch die Frage, wie er etwas bewerte und ob er sein OK geben könne. Entsprechend verärgert ist er, wenn seine Kritik dann „persönlich" genommen wird und sich sein Partner „in sein Schneckenhaus" zurückzieht. Dr. Tauber kommuniziert in der Systemlogik von Senior/Lehrer zu Junior/Schüler, Dr. Janssen dagegen in der Systemlogik von gleichberechtigten Partnern. Für Dr. Tauber geht es darum, ob und wie er den formalen Status von Dr. Janssen als gleichberechtigter Partner auch im konkreten Miteinander akzeptieren kann. Für Dr. Janssen stellt sich heraus, dass er selbstbewusster adressieren muss, wann er um Rat des Erfahrenen fragt, und wann er mit dem Kollegen gleichberechtigten fachlichen Austausch wünscht.

2.10.2.4 Konflikt als enttäuschte Erwartung

25 Ein Konflikt liegt nach Luhmann dann vor, *„(...) wenn Erwartungen kommuniziert werden und das Nichtakzeptieren der Kommunikation zurückkommuniziert wird".*[28] Wie kann das in der Praxis aussehen? Dr. Tauber wirft bspw seinem Kollegen immer wieder massiv vor, er sei zwar gleichberechtigt, arbeite aber immer noch mit der Mentalität eines Angestellten und nicht wie ein Unternehmer. Immer wieder sagt er kopfschüttelnd, dass er sich von einem gleichberechtigten Partner mehr erwartet habe, mehr Eigeninitiative, konsequentes Dranbleiben an Aufgaben, die zB den Außenauftritt der Praxis betreffen usw. Dr. Janssen hat sich zwischenzeitlich psychologischen Rat gesucht, weil das ständige Niedermachen durch Dr. Tauber ihm alle Energie und jegliches Selbstbewusstsein raube. Dafür habe er nicht so viel Geld in die Praxis investiert und seinen Lebensmittelpunkt verändert.

Für Dr. Tauber und Dr. Janssen ist ihre Zusammenarbeit aufgrund der doppelten Kontingenz sehr komplex. Sie können nicht in den anderen hinein schauen und nicht wissen, wie sich alles entwickeln wird. Kommunikation reduziert eine solche Komplexität durch Erwartungen, die jeder auf der Basis von eigenen Annahmen und Sinn hat. Jeder geht von bestimmten Verhaltensnormen aus. Diese Normen oder Strukturen „(...) reduzieren die äußerste Komplexität der Welt auf einen stark verengten und vereinfachten

---

27 Vgl von Schlippe/Kriz Familiendynamik 2011, 142, 148 f.
28 Zitiert nach Bonacker, Sozialwissenschaftliche Konflikttheorien. Eine Einführung, 4. Aufl. 2008, 272.

Bereich von Erwartungen, die als Verhaltensprämissen vorausgesetzt und normalerweise nicht hinterfragt werden. Sie beruhen also immer auf Täuschungen, nämlich auf Täuschung über die wirkliche Komplexität der Welt, insbesondere über das wirkliche Handlungspotential der Menschen, und sie müssen deshalb auf Enttäuschungen eingerichtet sein."[29]

Erwartungen können manchmal nicht mehr korrigiert werden. Die Parteien halten an   26
ihnen entgegen der Faktenlage fest und sie werden als enttäuschungsfeste Normen in
die Struktur eingebaut. Man arrangiert sich mit seinem Unglück. Bleibt der Konflikt
aber bestehen, gibt es zwei Strategien für den Umgang mit solchen **Enttäuschungen**: Die
Konfliktparteien können bei ihren Erwartungen bleiben und Enttäuschungen abarbeiten
oder durch Lernprozesse Erwartungen und damit Strukturen des Systems verändern.[30]
Auf Lernen geht der nächste Abschnitt ein. Das **Abarbeiten** von Enttäuschungen geschieht, indem

- die Enttäuschung dem anderen zugerechnet wird und er die Schuld an der Diskrepanz zwischen Erwartung und Handlung bekommt,

- plausible Erklärungen für das enttäuschende Verhalten gefunden werden, zB moralische Böswilligkeit, soziale oder psychische Probleme des anderen,

- Ausdrucksmöglichkeiten für das Festhalten an der Erwartung trotz Enttäuschung gesteigert werden, durch ständige Missbilligung, Entrüstung, wenn möglich Sanktionierung,

- Gefühle irgendwie abreagiert werden.

All das dient dazu, die Systemstruktur zu stabilisieren, die latent bedroht ist. Der Konflikt organisiert sich selbst. Die Parteien gehen davon aus, dass sie nicht wertgeschätzt und akzeptiert werden. Sie schreiben die Schuld für die eigenen Gefühle dem anderen zu und denken, was der andere sicherlich denkt und welche Absichten er hat. Das entsprechende Verhalten wirkt wie eine sich selbst erfüllende Prophezeiung, bestätigt die eigenen Annahmen und die Konfliktdynamik durch Erwartungserwartungen[31] nimmt ihren Lauf.

Der Mediator will verfestigte und sich widersprechende Wirklichkeitskonstruktionen beweglicher machen. Auch die intensive Klärung von tieferliegenden Interessen und Beweggründen hinter den Positionen, Forderungen und Ansprüchen hat dieses Ziel: Ddie Sichtweisen von Problem und Lösung flexibler werden zu lassen, sich Beweggründe nicht widersprechen müssen und unterschiedliche Wege zur Erreichung in den Blick kommen. Als ein Interesse von Dr. Tauber stellt sich bspw heraus, dass er seine Erfahrungen als eigenen Wert einbringen möchte, um eine sinnstiftende Rolle zu finden, nachdem er sich, anders als Dr. Janssen, nicht mehr ständig auf dem aktuellsten Stand von Forschung und Behandlungsmethoden halten will und kann. Ist das durch wertschätzendes Nachfragen irgendwann mal formuliert, kommt Bewegung in den Konflikt. Dr. Janssen fühlt sich in Teilaspekten plötzlich nicht nur als gleichberechtigt anerkannt, sondern als Partner mit ganz eigenen, komplementären Kompetenzen. Seine Erwartung, dass sein Partner ihn eigentlich gar nicht haben will, ist irritiert und diesmal im positiven Sinne enttäuscht worden. Damit kommt ein Lernprozess in Gang.

---

29 Luhmann, Legitimation durch Verfahren, 1. Aufl. 1983, 233 f.
30 Luhmann, Legitimation durch Verfahren, 1. Aufl. 1983, 235–237.
31 Von Schlippe/Schweitzer, Systemische Interventionen, 2. Aufl. 2010, 9–14; Watzlawick/Beavin/Jackson, Menschliche Kommunikation. Formen, Störungen, Paradoxien, 9. Aufl. 1996, 111 f.

2.10.2.5 Strukturelles Lernen durch Konflikte

27 Neben dem Abarbeiten ist die andere Strategie zum Umgang mit Enttäuschungen das **Lernen**, bei dem sich ein System strukturell verändert und anpasst. Konflikte lösen Erwartungsunsicherheit aus und die unangemessen reduzierte Komplexität bricht als Eigenkomplexität im Konflikt wieder auf. Der Konflikt zeigt, dass mehr möglich ist als aktualisiert wurde und stellt Kontingenz wieder her. Bei einem Widerspruch zwischen Erwartung und beobachteten Ereignissen kann sich die Erwartungshaltung ändern und Lernen stattfinden. „Konflikte eröffnen dem System die Chance, flexibel zu bleiben und Kontingenz bereit zu halten. Sie ermöglichen die Lernfähigkeit des Systems".[32] Voraussetzung dafür ist in der Mediation ein Rahmen, in dem die unterschiedlichen Erwartungen identifiziert und als normal und legitim aus Sicht des jeweiligen Erwartungsträgers thematisiert werden, mit anderen Worten *„(...) die Organisation eines Umlernens von Erwartungen, das frühere Erwartungen nicht deskreditiert."*[33]

28 Dr. Tauber erkennt bspw im Laufe der Gespräche, dass die Investition von Dr. Janssen für den Kauf der Gesellschafteranteile für diesen nicht nur eine formale rechtliche und betriebswirtschaftliche Dimension hat, sondern auch eine Entscheidung war, mit der er den Anspruch auf Anerkennung als gleichberechtigt und zugehörig verbindet, unabhängig von den Unterschieden in Umsatz und Erfahrung. Er stellt fest, dass er selbst beeinflusst, ob und wie Dr. Janssen bei den Arzthelferinnen und bei den Kunden als Partner positioniert wird. Das beginnt bei der Veränderung kleiner Gewohnheiten bezüglich Arbeitsanweisungen an die Helferinnen und geht bis zu Sprachregelungen, wenn er in der Öffentlichkeit auf vermeintliche Behandlungsfehler seines Kollegen angesprochen wird. Dr. Janssen seinerseits merkt, dass er sich stärker einen eigenen Tätigkeitsbereich aufbauen muss, der sich auch fachlich von dem Dr. Taubers unterscheidet, wenn er in der Wahrnehmung nicht dauerhaft als Juniorpartner wahrgenommen werden möchte.

29 Insbesondere der Ansatz der **Transformativen Mediation** sieht in Lernprozessen, die durch die Klärung von Konflikten ausgelöst werden, das wichtigste Potenzial von Mediation.[34] Der Mediator sucht nach Gelegenheiten im Gespräch, bei denen die Sichtweisen und Beweggründe des einen für den anderen erkennbar und nachvollziehbar werden (**Recognition**). Das führt dazu, dass das Verhalten verständlicher und besser einschätzbar wird. Dieses höhere Maß an Sicherheit verringert Angst, die meistens zu konfrontativem und abwehrendem Verhalten führt. Bei weniger Angst fällt es leichter, auch die eigenen Beweggründe zu hinterfragen und dem anderen verständlich zu machen (**Empowerment**). Damit wird ein Kreislauf in Gang gesetzt, der zu Lernprozessen im Umgang mit Konflikten führt, bei dem auch konkrete Lösungen herauskommen, aber eher als erwünschtes Nebenprodukt. Fokus der Mediation ist nicht die Lösung, sondern die Suche nach Gelegenheiten für Empowerment und Recognition. Das entspricht Batesons Lerntheorie, wonach Menschen beim Lernen nicht nur das Mittel zum Zweck lernen, zB eine andere Haltung und Kommunikation, um das Gegenüber kooperationsbereiter zu machen, sondern diese Erfahrung in ihre Lebensanschauung und Einstellung einbauen. Neben der Konfliktlösung ist damit der Kontext wichtig, über den für zukünftige Konfliktsituationen gelernt wird.[35] Die Parteien lernen in gewisser Weise zu Lernen und können zunehmend besser oder schneller zukünftige Konflikte lösen.

---

32 Bonacker, Sozialwissenschaftliche Konflikttheorien. Eine Einführung. 4. Aufl. 2008, 274.

33 Luhmann, Legitimation durch Verfahren, 1. Aufl. 1983, 236.

34 Vgl Bush/Holger, The promise of mediation. The transformative approach to conflict, 2005; Troja, Transformative Mediation in einem „reinen Dollarkonflikt", Zeitschrift für Konfliktmanagement 1/2004, 22–27.

35 Vgl Bateson, Ökologie des Geistes. Anthropologische, psychologische, biologische und epistemologische Perspektiven, 3. Aufl. 1990, 224–231.

2.10.3 Systemisches Denken in der Mediation

Aus den erkenntnistheoretischen Grundlagen des Konstruktivismus und dem system-   30
theoretischen Konfliktverständnis lassen sich Eckpunkte einer systemischen Mediation
ableiten.

2.10.3.1 Was heißt eigentlich systemisch

Der Begriff systemisch hat nichts mit systematisch zu tun, sondern etwas mit den sys-   31
temtheoretischen Grundlagen dieser Denkrichtung. Die **Systemtheorie** will auf einer abstrakten Ebene Funktionsabläufe erklären, die allen Systemen gemeinsam sind. Das systemische Denken ist aus der Übertragung kybernetischer Prinzipien auf die menschliche
Kommunikation entstanden. In der Kybernetik geht es verkürzt gesagt darum, wie über
Input und Feedback ein System gesteuert werden kann, wenn es zu einer Differenz zwischen Soll- und Ist-Werten kommt. Konflikte können als eine solche Differenz von Soll-
und Ist-Zustand definiert werden. Unter anderem Margret Mead und Gregory Bateson
machten Erkenntnisse der Kybernetik für die Humanwissenschaften und die Untersuchung von kulturellen Prozessen fruchtbar. Eine allgemeine Systemtheorie wurde durch
Ludwig von Bertalanffy und sein Forschungsteam in den 1950er Jahren begründet. Sein
Systembegriff ist Grundlage vieler kommunikationspsychologischer Modelle. Der auf
die Systemtheorie zurückgehende systemische Ansatz ist mittlerweile in der systemischen Therapie als wissenschaftliche Methode anerkannt und wird zB in der Familien-
therapie, in der Management- und in der Organisationsberatung sehr produktiv eingesetzt.[36] Analog lässt er sich auch in der Mediation als Grundlage für das Konfliktverständnis sowie für die Methoden und Interventionen nutzen.

Als System können je nach Grenzziehung zu einer äußeren Umwelt unterschiedliche
Einheiten betrachtet werden: eine Zelle, ein Organ, ein Organismus, eine Person (psy-
chisches System), das Zusammenspiel von Personen im Konflikt (Interaktionssystem),
deren Eingebundenheit in eine größere Struktur (Familie, Abteilung, Organisation) und
ein größerer gesellschaftlicher Zusammenhang (gesellschaftliche Subsysteme).

Nach einer allgemeinen Definition von Mark und Picard[37] enthält ein System folgende
Merkmale:

- eine abgegrenzte Struktur mit einer Gesamtheit interagierender Elemente,
- die durch ein Kommunikationsnetz verbunden sind,
- in der jede Veränderung eines Elementes Veränderungen bei allen anderen Elementen nach sich zieht,
- wobei durch das Netz der Kommunikation Energie, Material und Information zir-
  kuliert.

2.10.3.2 Kontext statt Eigenschaften – Framing und Reframing in der Mediation

Die Definition von Mark und Picard führt direkt zu einer Grundannahme des systemi-   32
schen Denkens: Es ist offenbar nicht sinnvoll, einem Element, zB einer Person in einem
Konflikt, Eigenschaften zuzuschreiben. Ein Element existiert nicht für sich, nur im Zusammenhang mit anderen. Ein Verhalten im Konflikt wird nicht als Wesensmerkmal
oder Charaktereigenschaft gesehen, sondern als Interaktionsgeschehen, das vom jeweiligen Rahmen oder Kontext beeinflusst wird. Die Konfliktparteien erleben sich nur in bestimmten Rollen und in bestimmten Kontexten. So kann der vermeintlich zwanghaft
überstrukturierte Kollege zu Hause im Verhältnis zu einer sehr ordnungsliebenden Part-

---

36 Vgl als Standardwerk Schlippe/Schweitzer, Lehrbuch der systemischen Therapie und Beratung, 10. Aufl.
    2007.
37 Zitiert nach Varga von Kibéd, Theoretische Grundlagen systemischen Denkens, CD 1, 2008.

nerin eine erstaunliche Unordentlichkeit zeigen. Alle Persönlichkeitsmodelle, die mit Verhaltenstypologien arbeiten (zB beziehungsorientiert oder distanziert, aktiv und kämpferisch oder flexibel anpassungsfähig usw) beschreiben aus systemischer Sicht keine Menschen mit ihrem Temperament oder ihren Charaktereigenschaften, sondern Verhaltensmuster, die in einem bestimmten Kontext, unter bestimmten Bedingungen aktiviert werden.

33 Wenn wir annehmen, dass eine Person durch Eigenschaften charakterisiert ist, dann wäre Veränderung nur sehr langsam möglich, zB durch bestimmte Langzeittherapien. Wenn wir aber annehmen, dass sich bestimmte Eigenschaften bei Person unter bestimmten Bedingungen zeigen, ist plötzlich die Veränderung von Eigenschaften möglich.[38] Unter dieser Voraussetzung kann auch Mediation funktionieren, da sie in der Regel eine relativ kurze Intervention darstellt, zB im Rahmen eines Workshops oder von zB drei bis fünf einzelnen Sitzungen. Wenn also eine bestimmte Eigenschaft zur Lösung eines Konfliktes hilfreich wäre, dann stellt der Mediator eher Fragen nach den Bedingungen, unter denen die Konfliktpartei leichter oder motivierter so oder so handeln würde. Eine typische Interventionsform, die in diese Richtung geht, ist beispielsweise die Wunderfrage,[39] die die Konfliktparteien hypothetisch in den Zustand versetzt, dass der Konflikt – wie durch ein Wunder und ohne dass man es bemerkt hat – gelöst ist und danach fragt, woran sie dies merken würden, was anders wäre, was sich verändert hätte.

34 Beziehen wir die Überlegungen zur Kontextabhängigkeit von Verhalten einmal auf unser Fallbeispiel: Dr. Tauber hält seinen Kollegen für überempfindlich bei Kritik an dessen Behandlungsmethoden und wirft ihm vor, dass er sich dann sofort „in sein Schneckenhaus" zurückziehe. Er sieht das Problem in der Überempfindlichkeit als Eigenschaft von Dr. Janssen. Dieser wiederum hält seinen Kollegen für cholerisch und belehrend. Jetzt könnte ich folgende Frage stellen:[40] Wenn in einer Gemeinschaftspraxis Partner A Kritik übt an den Methoden von Partner B und diesem empfiehlt, es statt dessen so zu machen wie A, wird das dazu führen, dass

a) B die Methoden von A wertschätzen oder ablehnen wird.

b) B seine eigenen Methoden ändern wird.

c) B Kritik wertschätzen oder ablehnen wird.

d) B den Partner A wertschätzen oder ablehnen wird.

Bei genauerem Nachdenken wird schnell klar, dass wir für die Beantwortung dieser Fragen Informationen über den Kontext brauchen und darüber, welche „Bedeutung" A und B dem jeweiligen Verhalten (Kritik äußern oder entgegennehmen und Behandlungsmethoden beibehalten oder ändern) geben. Zu dem Kontext zählt auch, unter welcher Fragestellung, also nach welchem Beobachtungskriterium sie ein und dasselbe Verhalten betrachten. Betrachten sie die Kritikgespräche zB anhand der Frage, wie die fachliche Qualität in der Gemeinschaftspraxis sichergestellt wird, oder anhand der Frage, wie beide ihr Verhältnis als Partner gestalten.

Für die beiden Streitparteien setzt der Kontext unbewusst (wir sehen nicht, dass wir nicht sehen) den Rahmen für ihre Sinnkonstruktionen, den Fokus der Wahrnehmung.

---

38 Vgl Varga von Kibéd, Theoretische Grundlagen systemischen Denkens, CD 1, 2008.
39 Vgl de Shazer, Worte waren ursprünglich Zauber. Von der Problemsprache zur Lösungssprache, 2. Aufl. 2010.
40 Das Gedankenexperiment lehnt sich an ein Beispiel von Bateson an (Bateson, Ökologie des Geistes. Anthropologische, psychologische, biologische und epistemologische Perspektiven, 3. Aufl. 1990, 17), in dem eine Mutter ihren kleinen Sohn mit Eiscreme belohnt, wenn er Spinat isst. Auch hier benötigen wir Informationen über den Kontext, um der Frage nachgehen zu können, ob der Sohn langfristig Spinat lieben oder hassen wird, Eiscreme lieben oder hassen wird oder die Mutter lieben oder hassen wird.

Diese Kontexte sind im Konflikt aber oft unklar oder vermischt.[41] In der Gemeinschaftspraxis gibt es eine Gleichzeitigkeit von Unternehmenskontext und Beziehungskontext. So formuliert Dr. Tauber möglicherweise im Kommunikationscode der Entscheidungslogik eines Unternehmens seine Hinweise zu Behandlungsmethoden und ordnet die Reaktionen von Dr. Janssen entsprechend ein, während Dr. Janssen in der Beziehungslogik die Unterscheidung zwischen Partner- oder Lehrer-Schüler-Beziehung macht, auf dem Beziehungsohr hört und entsprechend reagiert.

Wenn sich der Mediator diese Kontextabhängigkeit bewusst macht, verhindert das zu   35
schnelle Bewertungen und erleichtert die für die Rolle notwendige Allparteilichkeit. Er kann sich bei einem Verhalten, über das er innerlich den Kopf schüttelt, fragen, in welcher Welt, unter welchen Bedingungen genau diese Verhaltensweise großen Sinn macht, um sie nicht abzuwerten. Das stärkt nicht nur die Allparteilichkeit, sondern ermöglicht auch ein **Reframing**, also das Bewusst-machen der positiven Seiten, des Sinns hinter dem Verhalten, der auch für die andere Konfliktpartei nachvollziehbar ist. Das ist der Wechsel zwischen Figur und Grund wie in einem Kippbild oder die Möglichkeit von zwei Perspektiven auf eine Sache wie beim Neckerschen Würfel.

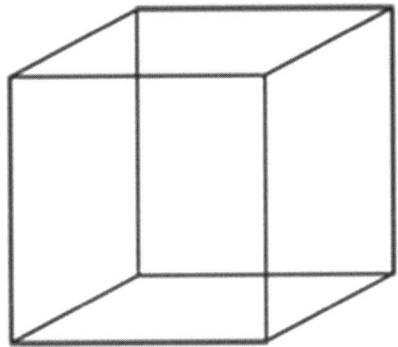

Abb. 4: Beim Betrachten ändert der Würfel seine Lage im Raum. Der nach dem Schweizer Geologen Louis Albert Necker (1786–1861) benannte Neckersche Würfel zeigt, dass die gleiche äußere „Realität" mit unterschiedlichen Perspektiven wahrgenommen werden kann. Unser Gehirn ist in der Lage, zwei unterschiedliche sinnvolle Wirklichkeiten zu konstruieren, obwohl sich an den Linien nichts ändert

Die cholerische Kritik zeigt eben auch das enorme Engagement für die Qualität und den Wunsch danach, sich auch mit der Arbeit des Partners identifizieren zu können. Die empfindliche Dünnhäutigkeit ist auch mit wachen Antennen dafür verbunden, dass durch die Routinen im Alltag immer auch die Beziehung gestaltet wird und damit eine Kultur der Achtsamkeit entstehen kann. Vor dem Hintergrund unterschiedlicher Kontexte und Systemlogiken werden die Sinnkonstruktionen als unterschiedlich angemessen erlebt. In der Mediation sollen daher die festgefahrenen Sinnkonstruktionen und überstabilen Ordnungen im wahrsten Sinne des Wortes infrage gestellt und damit flexibler werden. Dazu dienen auch typisch systemische Fragen wie die genannte Wunderfrage oder Fragen nach Unterschieden und Ausnahmen, zB danach, wann, in welchem Rah-

---

41   Vgl von Schlippe/Kriz Familiendynamik 2011, 142, 150.

men Dr. Janssen Kritik gut annehmen kann und sie ihn motiviert, oder wann und bei wem Kritik von Dr. Tauber konstruktiv ankommt und was dort anders ist.

36 Auf einer einfachen, aber für die Mediationspraxis sehr wichtigen Ebene heißt systemisch auch, sich die Systemgrenzen und Systemlogik bewusst zu machen und zu hinterfragen, ob die Grenzziehung und der gewählte Rahmen angemessen sind. Möglicherweise ist es sinnvoll, noch andere Personen oder Perspektiven in das Verfahren einzubeziehen, sei es physisch, sei es über Fragen des Mediators nach Außenperspektiven oder symbolisch, zB durch einen freien Stuhl. Vielleicht ist es in unserem Fall bspw sinnvoll, zu bestimmten Themen oder sogar generell die leitende Arzthelferin einzubeziehen, oder wenn dies eigentlich geplant ist, das gerade nicht zu tun und damit die Systemgrenze zwischen den Partnern und der Mitarbeiterin wieder deutlicher zu machen.

37 Darüber hinaus weisen Mark und Picard in der Systemdefinition darauf hin, dass Veränderungen bei einem Element zu Veränderungen bei allen anderen Elementen führen. Für die Bearbeitung von Konflikten bedeutet dieser **Mobileeffekt,**[42] dass Veränderungen zB in der Kommunikation zwischen zwei Personen nicht ohne Auswirkungen auf andere Personen und Prozesse im System bleiben werden. Das Beispiel mit der leitenden Angestellten in der Praxis ist ein Hinweis darauf. Es bedeutet aber auch, dass man in der Mediation nicht für alle Themen und jedes Teilproblem Lösungen finden muss, um etwas zu bewirken. Auch kleine Veränderungen in einem Bereich werden zu Veränderungen in anderen Bereichen führen.

2.10.3.3 Komplexität lässt sich nicht steuen, auch vom Mediator nicht

38 Wir haben gesehen, dass Konflikte und ihre Bearbeitung zu strukturellem Lernen führen können. Dabei gilt auch für das Lernen, dass es immer eine Beschreibung eines Beobachters ist. Selbst wenn ich den Namen meines Hundes sage und dieser mich aufmerksam anschaut, weil er seinen Namen „gelernt" hat, ist das eine Beschreibung des Verhaltens durch meine Beobachtung. Was mir als **Lernen** erscheint, ist tatsächlich strukturelle Kopplung zwischen System und Milieu, in der Veränderungen sich gegenseitig auslösen und so selektiert werden, dass weiteres Operieren möglich ist. Das Verhalten selbst ist aber strukturdeterminiert, dh von den jeweils aktuellen inneren Strukturen meines Hundes abhängig und nicht von meinem Befehl. Lernen ist also – konstruktivistisch-systemtheoretisch gesprochen – nicht ein Aufnehmen von etwas aus dem Milieu, sondern Strukturkoppelung, in der die Verträglichkeit der Arbeitsweise des Systems mit dem Milieu aufrechterhalten wird.[43]

Die Zustandsveränderungen in der Struktur der Konfliktparteien oder ihrer Interaktion werden vom Umfeld, in diesem Fall durch die Interventionen in der Mediation, möglicherweise angeregt und ausgelöst, aber nicht verursacht oder bestimmt. Für solch komplexe lebende Systeme sind die Interventionen nur **Perturbationen** im Sinne von Irritationen oder Verstörungen, die aber entsprechend der eigenen inneren Strukturen verarbeitet werden (s. Kap. 2.10.2.1). Bateson betont diesen fundamentalen Unterschied zwischen lebenden und toten oder technischen Systemen und warnte davor, bei der Steuerung von Systemen Analogien aus der Physik zu nutzen, die für Personen und Gruppen mit ihren eigenen inneren Geschichten und Strukturen unangemessen sind: Er bringt das folgendermaßen auf den Punkt: „*Wenn ich gegen einen Stein trete, wird die Bewegung des Steins durch die Handlung mit Energie gespeist, trete ich aber einen Hund, (...) kann er eine Newtonsche Flugbahn beschreiben, wenn ich fest genug trete, aber das ist bloße Physik. Entscheidend ist, daß er Reaktionen zeigen kann, die nicht durch*

---

42 Vgl Königswieser/Hillebrand, Einführung in die systemische Organisationsberatung, 3. Aufl. 2007, 40 f.
43 Vgl Maturana/Varela, Der Baum der Erkenntnis. Die biologischen Wurzeln des menschlichen Erkennens, 1. Aufl. 1987, 186–190.

den Tritt, sondern durch seinen Stoffwechsel mit Energie gespeist werden; er kann sich umdrehen und beißen. "[44]

Wir haben es bei lebenden Systemen also mit einer Eigendynamik zu tun, die von außen [39] nicht genau gesteuert werden kann, weil ihr keine lineare Kausalität zugrunde liegt. Stattdessen liegt der Fokus bei der systemischen Mediation auf den **Kommunikations-mustern** der Parteien, zB auf den Verflechtungen beim Kommunizieren auf Sach- und Beziehungsebene, dem Teufelskreis aus wahrgenommenem Verhalten, innerem Erleben und gegenseitigem Reagieren aufeinander usw.[45] Dafür werden auch die Beziehungen zu weiteren Akteuren und die Strukturen des jeweiligen Systems in den Blick genommen. Diese Muster werden im Mediationsgespräch bewusster, evtl auch auf einer meta-kommunikativen Ebene von den Parteien oder als Außenwahrnehmung vom Mediator angesprochen. So können die Konfliktparteien etwas mehr Distanz zum Geschehen und zu ihrem eigenen Blickwinkel aufbauen, um die Muster zu erkennen und schon dadurch einen ersten Schritt zu deren Veränderung zu tun.

Ein auffälliges Muster zwischen den Tierärzten war bspw, dass sich Dr. Tauber selbst in die für ihn unattraktive Rolle desjenigen gedrängt fühlte, der immer Kritik äußert und Vorwürfe macht, während Dr. Janssen das Gefühl hatte, es nie recht machen zu können. Bei der Klärung der individuellen Interessen wurde etwas wichtiges deutlich: hinter dem Vorwurf, Dr. Janssen arbeite nicht wie ein selbstständiger Unternehmer, sondern immer noch wie ein Universitätsangestellter, stand bei Dr. Tauber der Wunsch nach Entlastung, und zwar verbunden mit der Angst, die zukünftigen Aufgaben nicht mehr wie früher alleine bewältigen zu können. Dahinter stand aber auch der Wunsch, von dem jungen Kollegen motiviert zu werden, sich selbst wieder mehr mit neuen Ent-wicklungen in der tierärztlichen Forschung zu beschäftigen. Als er dies aussprach, ver-änderte sich die gesamte Körpersprache von Dr. Janssen, der später viele Ideen hatte, wie durch eine bestimmte Form der Fallbesprechung konstruktive Kritik institutionali-siert werden und der fachliche Austausch gefördert werden kann.

In der Mediation versucht die vermittelnde Person, die bezogen auf den Konflikt außen- [40] stehend ist, Einfluss zu nehmen auf ein System, in unserem Fall auf Dr. Tauber und Dr. Janssen oder auf das System ihrer Interaktion. Die Intervention kann Wirkungen auslö-sen, zu Irritationen führen. Der Effekt wird – streng konstruktivistisch gedacht – aber nicht durch die Intervention selbst bestimmt, sondern von den inneren Strukturen, also von den Erfahrungen und Einstellungen von Dr. Tauber und Dr. Janssen oder von den Strukturen ihrer Zusammenarbeit in der Gemeinschaftspraxis oder von den gesell-schaftlichen und ökonomischen Rahmenbedingungen, innerhalb derer die Gemein-schaftspraxis besteht usw, je nachdem, wo ich die Systemgrenze ziehe. Dabei können kleine Interventionen, ein kurzes Gespräch, wenige Fragen oder Hinweise bereits eine große Wirkung auslösen und zu großen Veränderungen führen, getreu dem Motto klei-ne Ursache (genauer gesagt kleiner Auslöser und eben nicht Ursache), große Wirkung. Umgekehrt können aber auch erhebliche Anstrengungen von außen relativ wirkungslos bleiben oder zumindest keine großen Veränderungen bringen.

Mit diesem Phänomen beschäftigt sich die **Synergetik**, die auf den Physiker Hermann [41] Haken und seine Forschungen zur Ordnungsbildung in physikalischen Systemen zu-rückgeht mit dem Laser als bekanntestem Beispiel. Die Erkenntnisse werden zB von Günter Schiepek oder Peter Kruse auf Veränderungsprozesse in Organisationen über-

---

44 Bateson, Ökologie des Geistes. Anthropologische, psychologische, biologische und epistemologische Per-spektiven, 3. Aufl. 1990, 303.
45 Vgl die kommunikationspsychologischen Erklärungsmodelle für solche Muster von Schulz von Thun und Thomann in Thomann, Klärungshilfe 2. Konflikte im Beruf. Methoden und Modelle klärender Gespräche, 2004, 214–242.

tragen.[46] Die Synergetik untersucht unter anderem den Übergang von einem Ordnungssystem in ein anderes entsprechend der Veränderung von Kontrollparametern, zB der Temperatur bei physikalischen Prozessen oder bei sozialen Systemen Parameter wie Informationen, Emotionen, Ressourcen etc. Ist ein System in einem Zustand relativ großer innerer Stabilität, löst auch eine relativ große Einwirkung nur wenig Veränderung aus. Befindet sich ein System dagegen in einem Zustand der Instabilität, zB in einem Übergang zwischen zwei Entwicklungsphasen, können auch kleine Impulse von außen zu massiven Reaktionen führen. Das bedeutet für den Mediator, dass er keinen direkten Einfluss auf das Verhalten der Parteien hat, sie nicht steuern kann. Aber er kann durch seine Interventionen wie Fragen, Reframing, Zusammenfassung, Metaphern, Visualisierungen etc. zu Irritationen in den verhärteten Sinnkonstruktionen führen und muss je nach Zustand des Konfliktsystems mit erheblichen Beharrungstendenzen oder zum Teil erschreckend schnellen und deutlichen Reaktionen rechnen.

2.10.4 Konsequenzen für die Grundhaltung in der Mediation

42 Aus der systemischen Sicht ergibt sich die Möglichkeit einer wertschätzenden Haltung gegenüber den Konfliktparteien in der Mediation. Bei jedem Verhalten, sei es im Konflikt oder im Klärungsgespräch über den Konflikt, kann sich der Mediator fragen, wie ein Kontext und eine Wirklichkeit aussehen müssen, in der genau dieses Verhalten Sinn macht oder möglicherweise sogar die einzige oder beste Handlungsstrategie ist. Reicht die Empathie aus, um sich ernsthaft diese Frage zu stellen, erfahren die Parteien in der Mediation das, was ihnen im Konflikt am meisten fehlt: Akzeptanz und Wertschätzung.

43 Der Mediator ist nicht Entscheider oder fachlich beurteilender Schlichter, sondern Gestalter eines Kommunikationsrahmens, der einen Unterschied macht. Da jedes Problem und jeder Konflikt eine subjektive Wirklichkeitskonstruktion ist und nicht zielgerichtet steuerbar ist, geht es nicht um die Lösung von außen, sondern um Lernprozesse beim einzelnen und im Miteinander. Dann sind die Parteien selbst die Experten für ihren Konflikt und ihre Lösung. Für diese Arbeit brauchen Mediatoren eine weitere wichtige Grundhaltung, und das ist Geduld.

44 Es geht in der systemischen Mediation nicht um ein Entscheiden im Sinne eines Entweder–Oder, weil es kein richtig oder falsch, wahr oder unwahr gibt. Es geht um ein Vermitteln anhand der Frage, wie ein Weder–Noch oder ein Sowohl–Als auch aussehen könnte, oder eine andere Haltung zu etwas, das sich nicht ändern lässt.[47] Die dafür notwendige Zurückhaltung bezogen auf die eigene Expertise und Perspektive bedeutet nicht Meinungslosigkeit, aber konstruktivistisch gedacht das Signal, dass der Mediator keine höhere Wahrheit besitzt oder Normativität vertritt. Fritz Simon[48] unterscheidet dazu drei Formen von Neutralität:

- Konstrukt-Neutralität: Parteien haben unterschiedliche Konstrukte bei der Beschreibung, Erklärung und/oder Bewertung des Geschehens. Der Mediator sollte sich mit keiner identifizieren, sondern Alternativen in allen drei Bereichen suchen helfen, zB andere Erklärungen, Interpunktionen, Reframing usw.

- Partei-Neutralität: Allparteilichkeit im Sinne einer empathischen und gleichberechtigt verteilten Unterstützung ist nach Simon sicher gut, aber nicht Voraussetzung.

46 Haken/Schiepek, Selbstorganisation verstehen und gestalten, 1. Aufl. 2006; Kruse, Next practice. Erfolgreiches Management von Instabilität. Veränderung durch Vernetzung, 5. Aufl. 2010.
47 Vgl die Arbeiten zum Tetralemma von Varga von Kibéd, zB in Varga von Kibéd/Sparrer, Ganz im Gegenteil. Tetralemmaarbeit und andere Grundformen Systemischer Strukturaufstellungen, für Querdenker und solche, die es werden wollen, 2009, 77–85.
48 Vgl Simon, Einführung in die Systemtheorie des Konflikts, 1. Aufl. 2010, 113–116.

- Veränderungsneutralität: Psychische und soziale Systeme verändern sich permanent, es sei denn, ein Zustand wird aktiv aufrechterhalten. Das gilt auch für Konflikte. Daher kann es auch viele Gründe für die Aufrechterhaltung eines Konfliktes geben. Der Mediator nutzt seine Sicht lediglich, um die Möglichkeiten der Parteien sichtbar und bewusst zu machen, Konflikt anzuheizen oder abzukühlen. Dazu fokussiert er auf Wirklichkeitskonstruktionen der Beteiligten. Simon nennt dies die Paradoxie des Mediators, die darin besteht, *„dass er sein Ziel, die Lösung für den Konflikt, nur erreichen kann, wenn er sich diesem Ziel gegenüber neutral zeigt."*[49]

Die dritte Form der Neutralität ist vielleicht die schwierigste, weil vielleicht viele Mediatoren oft den Auftrag verspüren, zur Kooperation und Einigung beitragen zu wollen. Neutralität heißt aber Verantwortung für den Prozess, die Gestaltung des Gesprächsrahmens, für die Aufmerksamkeitsfokussierung, nicht für die Entscheidung, auch nicht für die Entscheidung, einen Konflikt beizulegen, weiter laufen zu lassen oder zu verschärfen. Der Anspruch an den Mediator ist lediglich, dass die Parteien das möglichst bewusst tun, unter Abwägung der subjektiv zu bewertenden Vor- und Nachteile.

Nachdem das Motto dieses Beitrages von Humberto Maturana stammt, sollen er und sein Kollege Francisco Varela auch das Schlusswort haben:

„Wollen wir mit anderen Personen koexistieren, müssen wir sehen, dass ihre Gewißheit – so wenig wünschenswert sie uns auch erscheinen mag – genau so legitim und gültig ist wie unsere. (...) Die einzige Chance für die Koexistenz ist also die Suche nach einer umfassenderen Perspektive, einem Existenzbereich, in dem beide Parteien in der Hervorbringung einer gemeinsamen Welt zusammenfinden. Ein Konflikt ist immer eine gegenseitige Negation. Er lässt sich niemals in dem Bereich lösen, in dem er stattfindet, wenn die beiden Parteien sich ihrer Sache sicher sind. Ein Konflikt ist nur zu überwinden, wenn wir uns in einen anderen Bereich bewegen, in dem Koexistenz stattfindet. Das Wissen um dieses Wissen ist der soziale Imperativ jeder auf dem Menschlichen basierenden Ethik. (...) Wir haben nur die Welt, die wir zusammen mit anderen hervorbringen, und nur Liebe ermöglicht uns, diese Welt hervorzubringen."[50]

---

49 Simon, Einführung in die Systemtheorie des Konflikts, 1. Aufl. 2010, 116.
50 Maturana/Varela, Der Baum der Erkenntnis. Die biologischen Wurzeln des menschlichen Erkennens, 1. Aufl. 1987, 264–268.

2.11 Gruppendynamik und Teamkonflikte

Literatur: Antons, K., Die dunkle Seite von Gruppen, in: Edding, C./Schattenhofer, K., Alles über Gruppen 2009; Ballreich, R., Mediation mit Gruppen und Teams, in Ballreich, R./Glasl, F., Konfliktmanagement und Mediation in Organisationen, 2011, 277–308; Ballreich, R., Intergruppenkonflikte bearbeiten, Konfliktdynamik 2/2012, 120—130; Ballreich, R./Glasl, F., Konfliktbearbeitung mit Teams und Organisationen. Ein Lehrfilm zur Team- und Organisationsmediation, 2010; König, O./Schattenhofer, K., Einführung in die Gruppendynamik, 2007.

2.11.1 Einleitung

1 Konfliktarbeit mit Gruppen verlangt ein anderes Bewusstsein als die Vermittlung zwischen zerstrittenen Einzelpersonen. Denn Interventionen der vermittelnden Drittpartei wirken nicht auf ein oder zwei Menschen, sondern sie bewirken in und zwischen den Beteiligten eine Vielzahl von Veränderungen, die meistens gar nicht offen zum Vorschein kommen, sich aber im Verhalten oder in der Gruppenatmosphäre äußern. Wie bei einem Mobile sind alle Faktoren miteinander verbunden und beeinflussen sich gegenseitig, wenn sich an einer Stelle etwas verändert. Weil wir normalerweise gewohnt sind, von den einzelnen Personen her zu denken, erfordert es eine Umwendung der Aufmerksamkeit, um die wechselseitige Bezogenheit der einzelnen Akteure, die sich in unsichtbaren Bindungen, Gräben und Schutzmauern usw zeigt, in den Blick zu bekommen. Die nachfolgenden Ausführungen versuchen deshalb von verschiedenen Perspektiven den Blick auf die vernetzten Kräfte zu richten, die in Gruppenkonflikten zur Geltung kommen. Mediatoren können durch das Verständnis dieser Zusammenhänge ihr Vorgehen in der Konfliktbearbeitung besser auf die konkrete Situation abstimmen und dann auch den Konfliktparteien helfen, ihre Verstrickungen zu verstehen und zu überwinden. Beispielhaft sind dazu auch einige Diagnosemethoden beschrieben.

2.11.2 Ein systemischer Blick auf Teamkonflikte

2 Konflikte bewirken bei den Beteiligten eine Verengung des Blicks auf bestimmte Streitthemen und Personen. Damit Mediatoren nicht von dieser Dynamik aufgesogen werden

Ballreich

und damit sie das Zusammenwirken der unterschiedlichen Kräfte bemerken, sollten sie sich um einen ganzheitlichen Blick auf das Team- und Konfliktgeschehen bemühen. Das sogenannte TZI-Dreieck von Ruth Cohn ist dafür eine große Hilfe.[1] Ruth Cohn hat im Rahmen des Gruppenansatzes der Themenzentrierten Interaktion (TZI) dieses Modell entwickelt, um in der Arbeit mit Gruppen die wechselseitigen Beziehungen zwischen vier Dimensionen einer Gruppe im Blick zu haben:

- Wir: die psychosoziale Dynamik zwischen den Gruppenmitgliedern (die Gruppendynamik).
- Ich: die einzelnen Gruppenmitglieder.
- Es: die Sachthemen und Arbeitsziele.
- Globe: das Organisationsumfeld und der weitere Kontext der Gruppe.

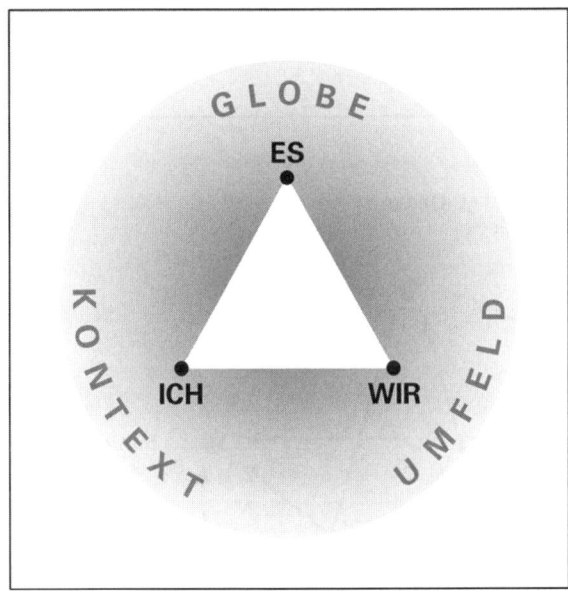

Abb. 1: Das TZI-Dreieck mit Umkreis (aus Ballreich 2011)

Diese Dimensionen sind vernetzt miteinander und beeinflussen sich gegenseitig. In Gruppen geht es ständig darum, die passende **Balance** zwischen ihnen zu finden. In Gruppenkonflikten verschieben sich aber die Gewichte und es entstehen starre und einseitige Strukturen. Diese vier Dimensionen werden hier nacheinander beschrieben, beim Betrachten einer Konfliktsituation ist es aber wichtig, ihr Zusammenwirken zu sehen und in der Konfliktbearbeitung geht es darum, eine stimmige Balance zwischen diesen Faktoren herzustellen.

2.11.2.1 Das Wir – die gruppendynamischen Prozesse

Das Zusammenwirken der Gruppenmitglieder geschieht einerseits durch die offiziell definierten Funktionen, wer mit wem an welchen Arbeitsprozessen beteiligt ist. Andererseits bilden sich in Gruppen aber auch informelle Rollen, Beziehungen, inoffizielle Re- 3

---

1 Cohn, Von der Psychoanalyse zur themenzentrierten Interaktion, 1992.

geln usw. Alle Interaktionen zwischen den Gruppenmitgliedern bewirken ein spezifisches Wir-Gefühl und Werte, die sich in der **Gruppenidentität** bündeln. Wenn sich Konflikte in einer Gruppe entfalten, kommt das im Umgang der Menschen miteinander zum Vorschein. Die Beziehungen stimmen nicht mehr und die Zusammenarbeit leidet. Es entstehen aber nicht nur Feindschaften zwischen einzelnen Personen, sondern auch die Rollen, Regeln und andere gruppendynamische Faktoren nehmen spezielle Prägungen an. In der Mediation ist es wichtig, diese Veränderungen zu verstehen und mit Gruppe zu bearbeiten. In den nachfolgenden Kapiteln sind diese Themen genauer beschrieben.

2.11.2.2 Die einzelnen Gruppenmitglieder

4   Die einzelnen Mitglieder prägen durch ihr Verhalten das Geschehen in ihrer Gruppe mit. Für das Verständnis der Dynamik eines Konfliktes, aber noch mehr für die Konfliktbearbeitung ist ein Verständnis der psychischen Faktoren hilfreich, die dem äußeren Verhalten der einzelnen Gruppenmitglieder zugrunde liegen. Das Modell des **Bewusstheitsrades** (Abb. 2) regt dazu an, die seelischen Faktoren zu unterscheiden und ihre gegenseitige Beeinflussung zu erfassen. [2]

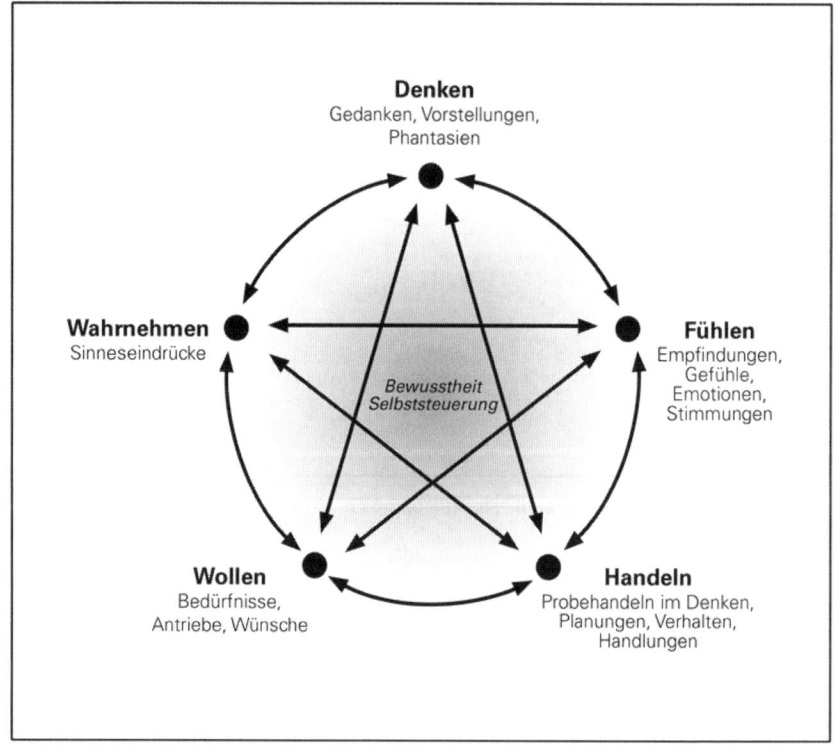

Abb. 2: Das Bewusstheitsrad[3]

---

2   Miller/Nunally/Wackmann, The Minnesota Couples Communication Program. Couples Handbook, 1972.
3   Aus: Ballreich, Die Konfliktdynamik in und zwischen Menschen, in: Ballreich/Glasl, Konfliktmanagement und Mediation in Organisationen, 2011, 103–126.

Wenn eine Person von den **Konfliktemotionen** (zB Ärger) gepackt wird, befindet sie sich in einer Stress-Situation, in der es um Sieg und um das soziale Überleben geht. Durch das Einsetzen der auch physiologisch bedingten Stressreaktion verändern sich die seelischen Funktionen. Je stärker der Konflikt eskaliert, desto mehr werden sie egozentriert und verlieren dadurch ihre Fähigkeiten zum Verstehen der Anderen und zur kreativen Anpassung an Situationen. Verstehendes Zuhören, **Perspektivenwechsel** und Mitfühlen mit anderen ist im Konflikt deshalb kaum möglich. Das Wahrnehmen wird eng und selektiv, es entwickelt sich ein sogenannter Röhrenblick. Das Denken ist geprägt von fixierten Selbst-, Feind- und Situationsbildern. Das Fühlen wird hart und unbeherrscht und die Fähigkeit zur Empathie geht verloren. Das Wollen ist von Sturheit und von **regressiven Antrieben** beherrscht. Diese seelischen Funktionen sind miteinander verbunden und sie beeinflussen sich gegenseitig. Im äußeren Verhalten und Handeln zeigen sich die Auswirkungen, denn sie werden im Konflikt unflexibel und folgen stereotypen Mustern. [4]

2.11.2.3 Die Sachthemen in Gruppenkonflikten

Jede offiziell definierte Gruppe in einer Organisation bezieht ihren Sinn aus den sachbezogenen Zielen, die sich durch die Arbeitsteilung am gesamten Wertschöpfungsprozess der Organisation orientieren. Aus diesen **Gruppenzielen** ergeben sich Arbeitsschwerpunkte und Tätigkeiten, die allerdings meistens nicht nur gruppenintern bearbeitet werden können, sondern mit den Tätigkeiten in anderen Gruppen und Abteilungen verknüpft sind. Wenn Gruppen in Konflikte involviert sind, verlieren die Sachthemen an Bedeutung und die Menschen sind mehr mit ihrer Frustration, ihrem Ärger, ihren Befürchtungen und Erwartungen sowie mit ihren Verteidigungs- und Angriffsstrategien beschäftigt. Das hat massive Folgen für die Qualität der Arbeitsergebnisse und teilweise auch für die Gesundheit der Beteiligten. Im Streit werden dann zwar Vorwürfe laut, die sich auf Sachthemen beziehen, dahinter stehen aber heftige Emotionen, die mit **unerfüllten Bedürfnissen** zusammenhängen. 5

2.11.2.4 Das Organisations-Umfeld in Gruppenkonflikten

Mediatoren sollten einen guten Blick für den **organisationalen Kontext** eines Konfliktes entwickeln, denn jede Gruppe ist eingeordnet in die Aufbaustruktur der Organisation und hat eine bestimmte Funktion für das Ganze. Durch die Verantwortung für bestimmte **Arbeitsprozesse** ergeben sich Spannungsfelder mit anderen Gruppen oder Abteilungen. Bei einer Gruppe der Qualitätssicherung stehen zB andere Ziele und Werte im Vordergrund als beim Einkauf, das Management-Team hat teilweise andere Interessen als die Gruppe der Betriebsräte, die Montage ist darauf angewiesen, dass die Teilefertigung rechtzeitig liefert, usw. Auch die Beziehung von Gruppen zu ihren hierarchisch übergeordneten Führungsgruppen enthält natürliche **Spannungsfelder**. 6

Glasl bezeichnet solche Spannungsfelder in Organisationen als Konfliktpotenziale, die erst dann zu Konflikten werden, wenn es den Beteiligten nicht mehr gelingt, mit den Gegensätzen konstruktiv umzugehen. Bei der Bearbeitung von Konflikten zwischen Gruppen ist es deshalb wichtig, diesen organisationalen Hintergrund im Blick zu haben. Denn die zwischenmenschlichen Konflikte im Team können uU lediglich Symptome sein für Unstimmigkeiten in den Arbeitsprozessen, Funktionen, Strukturen oder auch in Normen und Werten der Organisationskultur. In Ballreich/Glasl[5] ist die Wechselwir- 7

---

4 Ballreich, Die Konfliktdynamik in und zwischen Menschen, in: Ballreich/Glasl, Konfliktmanagement und Mediation in Organisationen, 2011, 103–126.
5 Ballreich/Glasl 2011, 127–174.

kung des Organisationskontextes mit den Konflikten zwischen Menschen und Gruppen genauer ausgearbeitet.

2.11.2.5 Diagnosemethode: Die Konfliktsituation ganzheitlich anschauen

8 Ausgehend vom Bild des TZI-Dreiecks können Mediatoren am Beginn einer Konfliktbearbeitung die Gruppe dazu anleiten, ihre Situation in den vier Dimensionen und ihrer Beziehungen zueinander zu beschreiben. Das sollte auf einer Pinnwand visualisiert werden. Dieses Bild kann im Verlauf des Mediationsprozesses weiter ausdifferenziert werden. Das ist eine sehr starke Intervention, denn das Bewusstsein überwindet dabei wenigstens partiell die Fixierung auf das unmittelbare Konfliktgeschehen. Das ganze Feld der Gruppe rückt in den Blick und die **Verantwortung** für die Gruppe im Ganzen der Organisation kann gespürt werden.

2.11.3 Die drei Prozessebenen in Teambesprechungen

9 Teamkonflikte entfalten sich häufig in Besprechungen, wenn eigentlich sachliche Themen zu klären wären. Emotionale Ausbrüche, beleidigtes Zurückziehen, sarkastische Bemerkungen und andere Symptome von **psychosozialen Spannungen** verhindern ein offenes und sachorientiertes Gespräch. Zwischen den psychosozialen Prozessen, in denen sich die Konflikte ausdrücken und den **sachorientierten Denkprozessen**, die sich in Konflikten nicht mehr fruchtbar entfalten können, finden in Besprechungen **organisatorisch-methodische Prozesse** statt, die eigentlich das ganze Geschehen steuern sollten. Abb. 3 zeigt die drei wesentlichen Prozessebenen in Teambesprechungen.

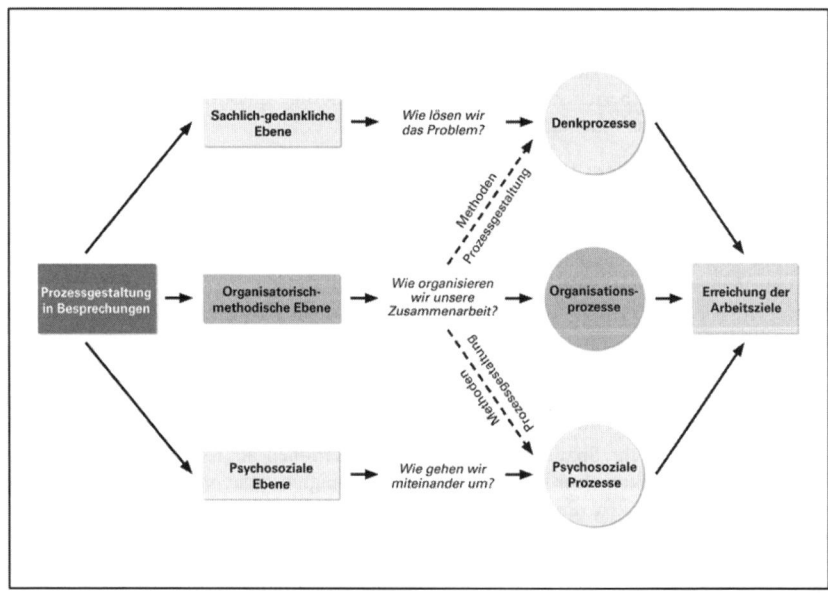

Abb. 3: Die drei Prozessebenen in Teambesprechungen

2.11.3.1 Die gedanklich-sachlichen Prozesse

10 Besprechungen finden normalerweise statt, um Informationen auszutauschen, Themen zu beraten und Entscheidungen vorzubereiten oder auch zu treffen. Das gilt für regelmäßige Teammeetings oder Projektgruppen-Sitzungen wie auch für Workshops in de-

nen es zB um Strategiefragen oder um Innovationen geht. In diesen Besprechungen ist es hilfreich, wenn Gedanken klar formuliert werden und wenn beim Zuhören der Wille vorhanden ist, die Gedanken der Anderen zu verstehen. Für Beratungen und Entscheidungen ist es wichtig, nicht nur in engen Bahnen zu denken, sondern auch offen zu sein für neue Ideen. Wenn es gut läuft, dann regen sich die Sprechenden gegenseitig an und in einer inspirierenden Atmosphäre entstehen gute Ideen, die dann auch in der Weiterbearbeitung von allen mitgetragen werden.

Solche gemeinsamen Denkerlebnisse sind kaum möglich, wenn in Gruppen Spannungen   11
und Konflikte vorherrschen. Die Bereitschaft, zuzuhören, was andere sagen, ist schwach ausgeprägt. **Ping-Pong-Diskussionen** entwickeln sich, bei denen es nicht um das beste Argument, sondern um Gewinnen oder Verlieren geht. Oder es herrscht lähmendes Schweigen. Die **Denkprozesse** in der Gruppe können sich nicht entfalten, denn sie werden für Ziele benutzt, die mit Schutz, Abwehr, Geltung und anderen psychosozialen Anliegen der Beteiligten zu tun haben. Die Sachlogik wird von der Pscho-Logik dominiert.

2.11.3.2 Die psychosozialen Prozesse

Jede Gruppe, die sachliche Themen zu bearbeiten hat, braucht als Grundlage ein Min-   12
destmaß an **Vertrauen**. Vertrauen lässt sich aber nicht verordnen, es muss sich im Umgang miteinander entwickeln. Wie sich die Gruppenmitglieder gegenseitig erleben, was sie voneinander denken, was sie befürchten oder erhoffen, ist dafür wichtig. Hier spielt auch herein, wie sich die Einzelnen zur Gruppe zugehörig fühlen, wie sie Einfluss auf das Geschehen haben, welche Rollen sie in der Gruppen übernehmen können und andere Themen der **Gruppendynamik**, die in den folgenden Kapitel genauer beschrieben werden. Wenn die Gruppe im Umgang miteinander soweit harmoniert, dass eine gute Vertrauensbasis vorhanden ist, um auch kritische Gedanken offen zu äußern, dann bilden die psychosozialen Prozesse eine gut Grundlage für inhaltliche Auseinandersetzungen.

Sobald sich in einer Gruppe **Spannungen** und Konflikte entfalten, schwindet das Ver-   13
trauen. Misstrauen und Angst bewirken zurückhaltendes Taktieren und Ärger über Andere führt zu verdeckten oder offenen Angriffen. **Subgruppen** von Gleichgesinnten bilden sich und die Gedanken und Gefühle sind besetzt mit den Konfliktthemen. Eine fruchtbare gedanklich-sachliche Zusammenarbeit ist kaum mehr möglich.

2.11.3.3 Die organisatorisch-methodischen Prozesse

Teammeetings werden mehr oder weniger organisiert. Der Zeitpunkt, die Beteiligten   14
und die Besprechungspunkte stehen meistens fest. Auch die Gesprächsleitung bzw Moderation kann geregelt sein. Wenn die Verantwortlichen für eine Besprechung nicht nur das sachliche Vorgehen bei den einzelnen Themen bedenken, sondern auch die psychosozialen Prozesse im Blick haben, dann werden sie zB auch die Erwartungen und Befürchtungen der Beteiligten einbeziehen. Vorhandene Konfliktpotenziale können so frühzeitig bemerkt und bearbeitet werden.

Wenn sich soziale Spannungen verstärken und sich Konflikte entfalten, dann ist es sehr   15
schwer, die **gedanklich-sachlichen Prozesse** zu steuern. Die Emotionen können so mächtig werden, dass das Meeting „aus dem Ruder läuft". Hat ein Team nicht gelernt, mit solchen Situationen umzugehen, kann die Zusammenarbeit stagnieren. Wenn untergründig Angst vorherrschend ist und der Konflikt kalt ausgetragen wird, dann sitzt man zusammen, weil es den Termin gibt, aber es ist schwer für die Besprechungsleitung, eine fruchtbare Arbeit in Gang zu bringen. Wenn Ärger und Wut vorherrschend sind und der Konflikt heiß ausgetragen wird, dann machen sich die Teammitglieder gegenseitig

das Leben schwer und die Besprechungsleitung muss gegen starke Emotionen ankämpfen. Die steuernde Funktion der organisatorisch-methodischen Prozesse ist in Konflikten massiv eingeschränkt, denn die psychosoziale Dynamik ist so mächtig, dass sie alles andere beherrscht.

2.11.3.4 Diagnosemethode: Prozessreflexion

16 Für die Konfliktarbeit mit Gruppen ist es für Mediatoren und vor allem auch für die Konfliktbeteiligten wichtig, diese drei Prozessebenen unterscheiden zu können, denn mit dem Ruf „Seid doch bitte sachlich!" wird ständig auf die gedanklich-sachlichen Prozesse verwiesen, die nicht mehr gut funktionieren. Und gleichzeitig werden die psychosozialen Kräfte der Gruppendynamik normalerweise nicht thematisiert. Im Gegenteil, es wird vielfach erwartet, dass die „funktionieren". In Konflikten stehen sie aber im Mittelpunkt und müssen in ihrer Wichtigkeit für das Geschehen erkannt und akzeptiert werden. Psychosoziale und sachlich-gedankliche Prozesse werden gesteuert von den organisatorisch-methodischen Prozessen. Das funktioniert aber in Konflikten nicht mehr. Neben der Lösungsfindung für die unmittelbaren Streitpunkte bestehen deshalb wichtige Ziele der Konfliktbearbeitung darin, neue Regeln und auch Methoden für die zukünftige Zusammenarbeit zu finden. Und dabei geht es um die Gestaltung der organisatorisch-methodischen Prozesse.

17 Um der Gruppe bewusst zu machen, was auf den **drei Prozessebenen** geschieht, kann nach einer Besprechung eine systematische Prozessreflexion durchgeführt werden. Abb. 3 kann die Idee der drei Prozessebenen bewusst machen. Drei Fragen können den Blick lenken:

- Sachlich-gedankliche Prozesse: Wie verlaufen die Denkprozesse in unserer Gruppe?
- Psychosoziale Prozesse: Wie gehen wir miteinander um?
- Organisatorisch-methodische Prozesse: Wie organisieren und gestalten wir unsere Zusammenarbeit?

2.11.4 Der gruppendynamische Raum

18 Die psychischen Prozesse in den einzelnen Gruppenmitgliedern sind eng verknüpft mit den sozialen Beziehungen. In der gruppendynamischen Forschung hat sich ausgehend von Yalom das Konzept des „gruppendynamischen Raums" entwickelt.[6] Die drei Dimensionen des gruppendynamischen Raums sind:

- Zugehörigkeit: Bin ich drinnen in der Gruppe oder draußen?
- Intimität und Beziehungen: Bin ich nah zu den Anderen oder fern?
- Macht und Einfluss: Bin ich oben in der Gruppe oder unten?

---

6 S. dazu: Yalom, Theorie und Praxis der Gruppenpsychotherapie, 1996; Antons, Der gruppendynamische Raum, in: Antons et al. (Hrsg.) Gruppenprozesse steuern. Gruppendynamische Forschung und Praxis, 2003, 309–314; Amann, Gruppendynamik als reflexive Vergemeinschaftung, in Antons et al. (Hrsg.) Gruppenprozesse steuern. Gruppendynamische Forschung und Praxis, 2003, 295–308.

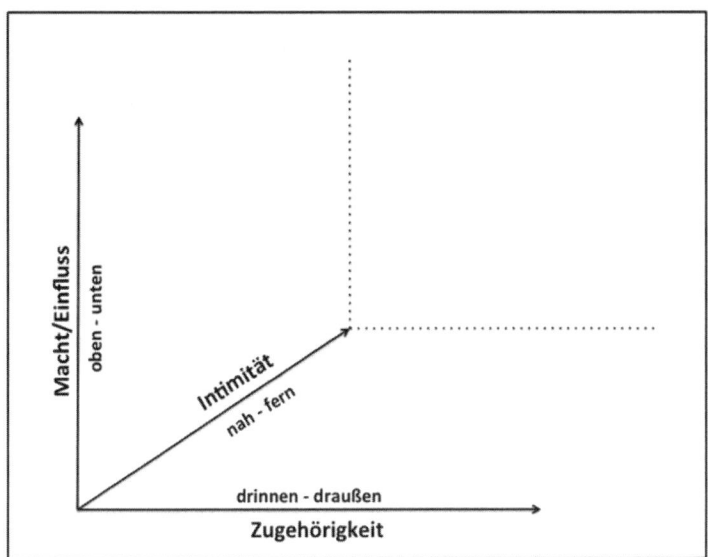

Abb. 4: Der gruppendynamische Raum

Diese sozialen **Spannungsfelder** wirken in jeder Gruppe und sobald jemand den sozialen Raum einer Gruppe betritt, ist diese Person diesen Kräften ausgesetzt und prägt sie auch mit. Jede Gruppe hat ihre spezielle **Kräftedynamik**, die davon bestimmt wird, wie Beziehungen gestaltet werden, welche Rolle Macht und Konkurrenz oder auch die Frage der Zugehörigkeit spielen. Mediatoren, die sich mit diesen drei Dimensionen auskennen, haben es leichter, die psychosozialen Kräfte zu bemerken, die das Verhalten der Gruppenmitglieder wesentlich mitbestimmen. Und sie können auch schneller erkennen, wie sie selbst bei der **Teammediation** von dem gruppendynamischen Raum beeinflusst werden. Abb. 4 zeigt die drei Dimensionen dieses Raumes im Bild. Bei der folgenden Charakterisierung dieser Dimensionen sollte man immer im Bewusstsein haben, dass sie fortwährend ineinander wirken. Es ist eine fließende Dynamik, die zwar immer wieder dieselben Muster hervorbringt, sich aber auch durch kleinste Ereignisse verändern kann. Diese Betrachtungsweise steht in der Tradition von Kurt Lewin, der die Dynamik von Anziehung und Abstoßung besonders hervorhebt.[7]

2.11.4.1 Zugehörigkeit

Wenn sich Gruppen neu bilden, entsteht meistens schon nach kurzer Zeit eine eigene Identität und ein Wir-Gefühl. Das ist mit der Entstehung der Gruppenkohäsion und der Ausbildung von Gruppengrenzen verknüpft und es geschieht in Abgrenzung zu anderen Gruppen. Gruppenintern bilden sich Werte und Normen aus, deren Befolgung die Zugehörigkeit zur Gruppe ermöglicht. Wer sich durch seine Herkunft, sein Verhalten oder seine Einstellungen im Widerstreit zu den **Gruppennormen** befindet, wird als Außenseiter behandelt oder ausgeschlossen. Manche Gruppen haben undurchlässige Grenzen, andere sind flexibler.

19

---

7 S. dazu: Lewin, Feldtheorie, 1982 sowie Ballreich, Feld- und Systemorientierung in der Organisationsmediation, in: Ballreich/Glasl, Konfliktmanagement und Mediation in Organisationen, 2011, 45–70.

20 Die Dynamik der Grenzziehung, der identitätsstiftenden Werte begegnet bei den einzelnen Gruppenmitgliedern dem mehr oder weniger starken Bedürfnis nach **Zugehörigkeit**.
Von einer Gruppe, zu der man gerne gehören möchte, nicht angenommen oder gar ausgeschlossen zu werden, berührt bei vielen Menschen eine sehr empfindliche Stelle. Denn
in der Kindheit war die Zugehörigkeit zur Familiengruppe die Möglichkeit Geborgen-
heit, Zuwendung und Kontakt zu erfahren und dadurch Verlassenheitsängste und Ein-
samkeitsgefühle zu vermeiden. Die einzelnen Gruppenmitglieder stehen immer wieder
vor der Frage: Passe ich mich an, um dazuzugehören oder folge ich meinen Wünschen,
Interessen und Werten auch dann, wenn sie nicht mit denen der Gruppe übereinstimmen? Von den systemischen Kräften her gesehen zeigt es sich in solchen Momenten, wie
die Gruppe mit Abweichungen von den **identitätsstiftenden Normen** umgeht, welche
Rolle Toleranz spielt, bzw wie starr die Gruppengrenzen gehalten werden. Wenn in
Gruppen Wertekonflikte ausgetragen werden und es um „richtig" und „falsch" geht,
dann steht diese Dimension des gruppendynamischen Raums im Vordergrund.

2.11.4.2 Intimität und Beziehungen

21 Die soziale Atmosphäre in Gruppen wird wesentlich davon mitbestimmt, wie die Beteiligten mit **Nähe** und **Distanz** umgehen. Sachlich-kühle Formen des Umgangs miteinander bewirken eher eine kühle Atmosphäre, von Offenheit und Herzlichkeit getragene
Beziehungen bewirken eine warme Atmosphäre. Das hängt vor allem auch damit zusammen, wie sehr die Gruppenmitglieder einander vertrauen. Je stärker das Vertrauen
untereinander und in die ganze Gruppe ist, desto mehr trauen sich die einzelnen Gruppenmitglieder, sich zu öffnen und auch persönlichere Themen mitzuteilen.

Wenn im Streit diese Dimension des gruppendynamischen Raums vorherrschend ist,
dann stehen **Beziehungskonflikte** im Vordergrund. Der haltende Raum des Vertrauens
zerreißt und Gräben bilden sich. Wer sich gut versteht und zusammenhält, bildet eine
Gruppe in der Gruppe. Hier herrscht Vertrauen und man öffnet sich füreinander.
Gleichzeitig geschehen Abgrenzungsbewegungen gegen andere Subgruppen. Wer hält zu
wem? Wem kann man vertrauen? sind wichtige Fragen in solchen Konflikten. In stärker
eskalierten Konflikten werden aus Angst vor Verrätern Überwachungsmethoden und
Zwangsmittel eingesetzt, um die Mitglieder der eigenen Gruppe bei der Stange zu halten.

2.11.4.3 Machtund Einfluss

22 In jeder Gruppe haben die einzelnen Mitglieder unterschiedlich viel Einfluss. Manche
werden bei fachlichen Fragen besonders beachtet, andere sind in informellen Situationen einflussreicher. Die **Einfluss-Hierarchie** kann sich je nach Situation verändern, in
vielen Gruppen ist sie aber relativ stabil. Einerseits sind es persönliche Eigenschaften,
die bewirken, welchen Einfluss auf das Gruppengeschehen jemand hat: soziale und
fachliche Fähigkeiten und Erfahrung, Auftreten und Ausstrahlung. Andererseits kommen diese Eigenschaften aber nur zu Geltung, wenn sie in der Gruppe von den anderen
Mitgliedern als wichtig angesehen werden. Wenn diese Dimension des gruppendynamischen Raums im Vordergrund steht, dann geht es um *Positionskonflikte*, dh um Konkurrenz, um Einfluss und Macht.

2.11.5 Methoden: Vorderbühne und Hinterbühne

23 Mediatoren können sich die vorherrschende Dynamik und das Zusammenspiel der drei
Dimensionen des gruppendynamischen Raums klar machen. Und sie können bemerken,
wo die einzelnen Gruppenmitglieder in diesem Raum stehen und welchen Kräften sie in
den drei Dimensionen ausgesetzt sind. Für die Arbeit mit den Streitenden an diesen
Themen können Darstellungen mit Farben oder Aufstellungen hilfreich sein. Auch die

Metapher „Vorderbühne – Hinterbühne" kann hilfreich sein. Nach der Erklärung der drei Dimensionen des gruppendynamischen Raums kann man fragen: Beschreiben Sie bitte, was in diesem Raum auf der Hinterbühne ihrer Gruppe vor sich geht, dh verborgen hinter den offiziellen „Bühnendarstellungen"?

2.11.6 Rollen und Rollenarrangements in Gruppen

Damit eine Gruppe bestehen kann, müssen bestimmte Funktionen erfüllt werden, die ei-   24
nerseits offiziell bestimmt sind und sich andererseits informell bilden. Die **Rollenangebote** der einzelnen Gruppenmitglieder treffen dabei auf die Systemdynamik der Gruppe, die von den Kräften des gruppendynamischen Raums bestimmt ist. Diese systemische Dynamik zeigt sich in **Rollenerwartungen** an einzelne Gruppenmitglieder. Es ist nicht einfach, sich den Erwartungen der Gruppe zu entziehen, wenn die eigenen Wünsche nicht damit übereinstimmen, denn die anderen Gruppenmitglieder zeigen durch Sanktionen in Form von Ablehnung oder auch durch Belohnungen in Form von Anerkennung, wie sie mit dem **Rollenverhalten** eines Mitgliedes einverstanden sind. Wer oben oder unten ist, wer wichtigere oder unwichtigere Rollen „spielt" wird in einem unbewusst verlaufenden Aushandlungsprozess entschieden und in einem ungeschriebenen Rollenvertrag befestigt.

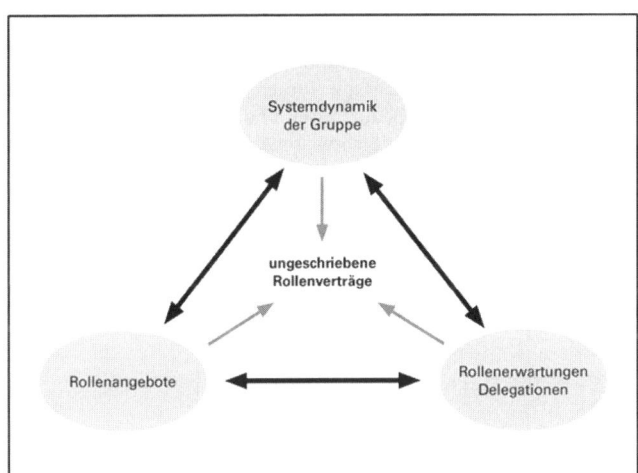

Abb. 5: Rollen- Entstehung in Gruppen[8]

Die Rollen in einer Gruppe können sich in Konflikten in Rollenarrangements verfesti-   25
gen. Ein typisches Muster bildet sich, wenn die direkte Auseinandersetzung mit gruppeninternen Spannungen vermieden wird, indem einem Gruppenmitglied Schwächen, Fehler usw zugeschoben werden. Über dieses Opfer wird geschimpft. Es wird isoliert. Dabei ist ein Projektionsmechanismus wirksam: Die „Guten" können ihre Schwächen und Unsicherheiten verdrängen und gleichzeitig unbewusst ihre eigenen Schwächen dem Opfer zuschieben und dort bekämpfen. Das Opfer dient dann als **Sündenbock**, der aus der Gruppe gedrängt werden kann. Wenn das geschieht, kann sich dieselbe Dynamik wiederholen, aber mit neuer Besetzung.[9]

---

8 Aus: Glasl/Ballreich, Team and Organisational Development as a Means for Conflict Prevention and Resolution, in: Austin/Fischer/Ropers (eds.), Transforming Ethnopolitical Conflict, 2004.
9 S. dazu Antons, Praxis der Gruppendynamik, 2000.

2.11.7 Normen in Gruppen

26 Jenseits der offiziell verlautbarten Regeln gibt es in Gruppen inoffizielle Gebote, Verbote und Tabus, die als heimliche Spielregeln das Verhalten der Beteiligten steuern. Jeder Neuling in einer Gruppe wird sehr schnell bemerken, „was geht und was nicht geht". Diese heimlichen Spielregeln bestimmen auch, wie eine Gruppe mit Konflikten umgeht, ob es zB erlaubt ist, Diskrepanzen offen anzusprechen oder nicht. Wenn Konflikte ausbrechen, können bestimmte Regeln sehr mächtig werden, zB „Wer rücksichtslos die eigenen Interessen verfolgt, setzt sich durch!". Das Bewusstwerden dieser Regeln ermöglicht ihre Veränderung und dadurch kann eine neue Kultur etabliert werden.

2.11.8 Die Dynamik der Gruppenentwicklung

27 Gruppen sind keine stabilen Gebilde. Selbst kleine Veränderungen können die psychosoziale Dynamik stark verändern. Häufig werden die Gruppenentwicklungsphasen Forming, Storming, Norming, Performing nach Tuckmann beschrieben.[10] Weil sich Gruppen aber selten so gesetzmäßig entwickeln, erscheint es sinnvoller, die Kräfte darzustellen, die den Veränderungen in Gruppen zugrunde liegen und die in Gruppenkonflikten eine besondere Bedeutung bekommen.

2.11.8.1 Polaritäten treiben die Gruppenentwicklung voran

28 König und Schattenhofer (2007) stellen dar, wie durch die Spannung zwischen den polaren Kräften der Differenzierung und der Integration Entwicklungsbewegungen in Gruppen entstehen. Die Kräfte der Differenzierung wirken, wenn sich die einzelnen Gruppenmitglieder mit ihren Ich-bezogenen Bedürfnissen und Interessen zu Wort melden und ihnen Einfluss, persönliche Werte oder Sichtweisen wichtig sind. Die Kräfte der Integration wirken, wenn die Gruppenmitglieder ihren sozialen Bedürfnissen folgen und ihnen Zugehörigkeit, Kontakt und Harmonie wichtig ist.

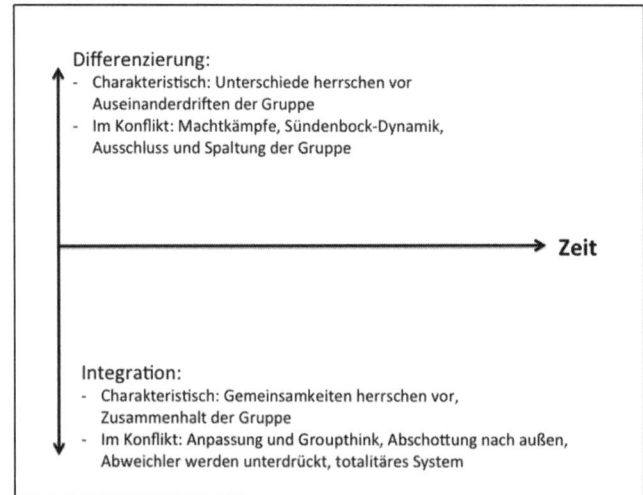

Abb. 6: Differenzierung und Integration in der Gruppenentwicklung (nach König/Schattenhofer 2007)

---

10 Tuckman, Developmental sequences in small groups, in: Psychological Bulletin n.r. 63/1965, 1965, 384–399.

Antons (2009) beschreibt typische Konfliktdynamiken, die mit diesen polaren Kräften zusammenhängen. Wenn sich die Kräfte der Differenzierung sehr verstärken, dann kann es zu Machtkämpfen, Aufspaltung der Gruppe, zur Sündenbock-Dynamik und zum Auseinanderfallen der Gruppe kommen. Und wenn sich die Kräfte der Integration stark entfalten, dann entwickelt sich eine Kultur der Anpassung, die keine abweichenden Meinungen erlaubt (Groupthink). Abweichler werden unterdrückt und ein totalitäres System kann sich etablieren.

2.11.8.2 Die Gruppendynamik bei Konflikten zwischen Teams

In Organisationen entwickeln sich häufig Konflikte zwischen Teams oder Abteilungen. 29
Aber auch bei Konflikten in einer Gruppe können sich Subgruppen bilden und gegenseitig bekämpfen. Das Verständnis der Dynamik von Intergruppen-Konflikten ist deshalb sehr wichtig. Im Folgenden werden einige Eigenheiten dieser-Konflikte beschrieben.[11]

2.11.8.3 Stereotype Selbst- und Feindbilder

Ähnlich wie beim Streit zwischen Einzelpersonen entstehen auch bei Intergruppen-Kon- 30
flikten stereotype Selbst- und Feindbilder, die mit Gefühlen verbunden sind. Über die gegnerische Gruppe wird herablassend und verächtlich geredet, bei stärkerer Konflikteskalation werden die Anderen als Lügner und Betrüger bezeichnet und ihnen wird jegliche Ehrenhaftigkeit aberkannt. Das kann begleitet sein von intensiven Ekel- und Abscheugefühlen. Gleichzeitig wird das Bild von der eigenen Gruppe glorifiziert: „Wir sind die Guten, die anderen sind die Bösen!". Bei der Entstehung dieser einseitigen Selbst- und Feindbilder spielt die **Verdrängung** der eigenen Schattenseiten und die **Projektion** dieser verdrängten Eigenschaften auf die andere Gruppe eine wichtige Rolle.[12] Für die Konfliktbearbeitung ist das Verständnis dieser Dynamik wichtig, denn mit jeder Partei kann an der Annahme der eigenen Schattenseiten gearbeitet werden. Wenn die Streitenden diese Projektionsdynamik verstehen, kann sich die Bereitschaft entwickeln, die Selbst- und Feindbilder und die dahinter stehenden Erfahrungen zu besprechen. In solchen Klärungsprozessen können sich die Selbst- und Feindbilder verändern.

2.11.8.4 Soziale Schutz- und Abwehrarrangements in Intergruppenkonflikten

In Konflikten zwischen Gruppen spielt die **systemische Dynamik** in den einzelnen Grup- 31
pen eine genauso wichtige Rolle wie das Geschehen zwischen den Gruppen. Denn der Feind außerhalb kann eine stabilisierende Wirkung auf das Geschehen in der Gruppe haben. Richter beschreibt drei Leitmotive, die als „Sanatorium", „Festung" und „Theater" jeweils unterschiedliche Rollenarrangements in den Gruppen bewirken.[13] Glasl ergänzt mit der „Kreuzritterschaar" ein weiteres Muster.[14] Gemeinsam ist diesen Mustern die unbewusste Verlagerung von gruppeninternen Spannungen nach außen. Das kann aber nur gelingen, indem die Realität massiv verdreht wird und alle Gruppenmitglieder auf diese Sicht der Dinge eingeschworen werden. Und dazu bedarf es spezieller Rollen, die als Autoritäten oder als Wächter das System in Griff haben.

Sanatorium: Wenn in einer Gruppe starke Unsicherheiten und Ängste vorherrschen, kann durch den psychischen Mechanismus der Projektion die feindliche Gruppe als Bedrohung aufgebaut werden. Innerhalb der Gruppe wird aber zwanghaft eine Atmosphäre der Harmonie aufrecht erhalten. Die Gruppenmitglieder werden in helfende Rollen gedrängt und die Gruppe schließt sich wie in einem Sanatorium von der Umwelt ab.

---

11 S. dazu ausführlicher Ballreich, Intergruppenkonflikte bearbeiten, Konfliktdynamik 2/2012, 120–130.
12 S. dazu: Kast, Der Schatten in uns. Die subversive Lebenskraft, 2002.
13 Richter, Patient Familie. Entstehung, Struktur und Therapie von Konflikten in Ehe und Familie, 2007.
14 Glasl, Konfliktmanagement, 2010.

Festung: Starke Gefühle der Aggression innerhalb der Gruppe können nach demselben Muster auf eine andere Gruppe projiziert und dann dort bekämpft werden. Die Gruppenmitglieder rücken wie in einer Festung zusammen und kämpfen als die Guten geschlossen gegen den äußeren Feind.

Theater: Die Flucht vor der Auseinandersetzung mit starken Gefühlen der depressiven Leere in der Gruppe kann durch übertriebene Theatralik geschehen. Wie auf einer Bühne wird fortwährend Theater gespielt, um sich zu faszinieren und nach innen und außen als attraktive Gruppe wahrgenommen zu werden.

Kreuzritterschaar: Wenn die Auseinandersetzung mit gruppeninternen Konkurrenz- und Machtauseinandersetzungen vermieden wird, kann diese Dynamik in einem unbewusst verlaufenden Projektionsprozess nach außen verlagert werden. Die Gruppe kann dann wie Kreuzritter mit hohem Sendungsbewusstsein wirken, wenn sie andere überzeugen oder Märkte erobern will. Gruppenintern bilden sich dazu passende Rollenarrangements mit einer hierarchischen Ordnung.[15]

2.11.8.5 Teammediation als Weg vom Konflikt zum Dialog

32 Je nach Konfliktsituation sollten sich Mediatoren überlegen, welches Vorgehen in der jeweiligen Situation das geeignete ist. Denn die Konfliktarbeit mit Teams kann mit lösungsfokussierter Moderation direkt bei den einzelnen Streitpunkten ansetzen oder mit transformativer Mediation an der Verwandlung der stressbedingten Veränderungen des Wahrnehmens, Denkens, Fühlens, Wollens sowie des Verhaltens im Umgang miteinander arbeiten. Für nachhaltige Lösungen ist es oft auch notwendig, mit systemischer Mediation an den Rollenstrukturen, den heimlichen Spielregeln und der Verflechtung der Gruppe mit dem organisationalen Umfeld zu arbeiten. Mediation kann dann in Organisationsentwicklung übergehen.[16]

15 Glasl, Konfliktmanagement, 2011.
16 In „Mediation mit Gruppen und Teams" und in „Mediation als Organisationsentwicklung" in Ballreich (2011) sind Diagnosemethoden, verschiedene Formen der Teammediation und auch Ansätze der mediativen Organisationsentwicklung genauer beschrieben. In dem Lehrfilm „Konfliktbearbeitung mit Teams und Organisationen" (Ballreich/Glasl 2010) werden viele Ansätze und Methoden der Teammediation gezeigt.

2.12 Aufgaben, Funktion und Kompetenzen von Mediatoren

Literatur: Duss-von Werdt, J., homo mediator. Geschichte und Menschenbild der Mediation, 2005.

2.12.1 Ziel: Gute Mediatoren

Mediatoren müssen von allen Konfliktbeteiligten akzeptiert und respektiert werden. Es muss sich um eine Person handeln, die das Vertrauen der Streitparteien genießt oder sich erwirbt und deren Kompetenz nicht bestritten wird. Doch was zeichnet „gute Mediatoren" aus? Worin besteht Ihre **Kompetenz**? Nach Ian Hanger, einem angesehenen Anwaltsmediator in Australien, erkenne man einen erfolgreichen Mediator im Wesentlichen an drei Eigenschaften: An einem höheren Alter, der Rechtskenntnis im spezifischen Konfliktbereich sowie drittens – in dieser Reihenfolge mit abnehmender Bedeutung – an „einigen" Mediationsfähigkeiten.[1] In der Tat scheint „der Markt" aus Ermangelung verlässlicher Gütesiegel vielfach „natürlichen" Zeichen der Erfahrung und des Erfolgs zu vertrauen. Allerdings machen (mitunter Lebensweisheit symbolisierendes) graues Haar, Rechtskenntnisse und ein hoher Status noch keinen guten Mediator aus. Vielmehr handelt es sich um Zuschreibungen. Ein hoher Status (zB als ehemaliger Richter) und Mitglied im Club der bekannter Rechtsanwaltskanzleien scheinen in den angelsächsischen Ländern die Kriterien zu sein, aufgrund derer Mediationsmandate vergeben werden.[2] Das ist nicht verwunderlich, denn in der gerichtsnahen Mediation haben die Parteien in Australien nicht die Möglichkeit, ihren Mediator selbst auszuwählen.[3] Entsprechendes ist freilich auch in Deutschland festzustellen, der „Stallgeruch" gewinnt an Bedeutung, wenn auf einer oder beiden Seiten Rechtsanwälte tätig werden. [1]

Verlässt man die Ebene der Zuschreibungen und befasst man sich ernsthaft mit den notwendigen Kompetenzen von Mediatoren, betritt man schnell ein reich vermintes Gelände angesichts der wachsamen Augen unterschiedlicher **Primärprofessionen**. Das soll uns nicht schrecken, freilich lässt sich die Frage nach der Fachlichkeit von Mediatoren nur beantworten, wenn man Mediation an sich definiert (Kap. 1.1) und die Kriterien einer fachgerechten Mediation bestimmt hat (Kap. 1.2). Mit Bezug auf diese Vorfestlegungen kann man es wagen, die Charakteristika guter Mediatoren zu beschreiben. [2]

2.12.2 Rolle und Funktion von Mediatoren

Mediatoren sind unabhängige und unparteiische Vermittlungspersonen, die die Parteien bei ihrer autonomen Konfliktregelung bzw -lösung unterstützen. Mediatoren haben keine Entscheidungsgewalt im Hinblick auf den Streitgegenstand, sie entscheiden nicht [3]

---

1 Hanger, Discussion of some ethical issues that have arisen in mediations, LEADR Aug. 31, 2005. Im Bereich der Wirtschaftsmediation wird neben der Neutralität die starke, überzeugende Persönlichkeit des Mediators als erste Priorität hervorgehoben. Wichtig sei, dass die Parteien, von der Kompetenz des Dritten überzeugt sind und dessen Autorität anerkennen. Dieser müsse sich in Verhandlungsgeschick, praktischen Erfahrungen und wirtschaftliches Denken auszeichnen. Theorielastige, psychologisch geschulte Mediatoren seien für das Unternehmen weniger interessant (Sessler, 2011, 13 u. 23).
2 Hierzu Trenczek, Entwicklung und Situation der Mediation in Australien, ZKM 5/2012 (im Erscheinen).
3 Clarke/Davis ADRJ 1997, 70.

„für" oder „über" die Parteien, sie schlagen weder einen Kompromiss vor, noch drängen sie die Parteien in den Vergleich. Wesentlich ist die Gewährleistung der Selbstbestimmung durch Partizipation und einen autonomen Interessensausgleich. Die **Aufgaben der Mediatoren** bestehen im Wesentlichen darin, den Verhandlungsprozess zwischen den Parteien unterstützend zu begleiten, in dem sie die spezifische Struktur und methodischen Interventionen des Mediationsverfahrens einsetzen. Diese beinhaltet insb.:

- **Verfahrenskontrolle:** Starten, Führen und Leiten durch die spezifischen Phasen des Mediationsverfahrens, Agenda-Setting, Strukturgebung;

- **Gesprächsmoderation:** Neugestaltung und Steuern der Kommunikationsverläufe, Aktives Zuhören, klientenzentrierte wie mediationsspezifische Kommunikation und Fragekunst;

- **Klärungshilfe:** unterstützende Problemdefinition, Interessens- und Bedürfnisanalyse, systemische Wahrnehmungsrekonstruktion, Sichtbarmachen von Wahrnehmungsdissonanzen, Interessens- und Bedürfnisanalyse, Realitätstest und Klärung der Nichteinigungsalternativen (BATNA).[4]

4   Mediatoren sind weder Schlichter noch Richter, sondern zunächst „nur" **Initiatoren für neue Regelungsprozesse.** Deshalb unterstützen sie die Parteien bei der Erarbeitung von interessensgerechten Lösungsoptionen, sie führen die Konfliktparteien durch einen Klärungsprozess, der die Kontrahenten befähigt, die mitunter bislang verborgenen eigenen Interessen, Bedürfnisse und Gefühle zu erkennen, diejenigen der anderen Seite wahrzunehmen und (in ihrer systemischen Bedingtheit) zu verstehen und gemeinsame, selbst bestimmte Lösung im Konsens zu finden. Mediatoren ermitteln nicht die Wahrheit, sie bewerten und urteilen nicht, sondern arbeiten zur Rekonstruktion der Geschehnisse mit der (selektiven) Wahrnehmung der Konfliktparteien (hierzu Kap. 2.2 u. 2.10), benennen Differenzen und versuchen, einen Wechsel der Perspektiven und die Konstruktion einer gemeinsamen Geschichte zu ermöglichen. Mediatoren schlagen in aller Regel keine Lösungen vor, denn die Lösung liegt in den Parteien. Diese sind die Experten ihrer Lebenswelt.

5   Mediatoren sind für die Parteien transparent, gehen aber mit den ihnen anvertrauten Daten und Gehörten verschwiegen um und unterliegen der **Schweigepflicht** (s. Kap. 4.2).

6   Von den Mediatoren wird gemeinhin höchste **Neutralität** verlangt, wobei allerdings nicht immer klar zu sein scheint, was damit gemeint ist (vgl Kap. 1.1.3.2.2).[5] Im Wesentlichen geht es um die gleichzeitige Sicherstellung von:

- **Offenheit und Vorurteilslosigkeit:** keine Voreingenommenheit im Hinblick auf die Sachfrage,

- **Äquidistanz** („gleich großer Abstand" zu beiden/allen Parteien) und

- **Unparteilichkeit** gegenüber den Parteien,

was in Neusprache mit „**Allparteilichkeit**" bezeichnet wird. Mediatoren dürfen zudem kein eigenes (persönliches wie institutionelles) Interesse an einem bestimmten Konfliktausgang haben (zB Quote der Einigungen). Es ist ihre Aufgabe, einen Konflikt ergebnisoffen zu mediieren. Mediatoren sind aber nicht neutral im Sinne von teilnahmslos, sondern ihre Aufgabe ist es, die Selbstbestimmung der Parteien durch Stärkung ihrer persönlichen Ressourcen zu fördern (Empowerment). Sie arbeiten dabei als **Klärungshelfer**

---

4   „Best alternative to a negotiated agreement", vgl Fisher & Ury, Getting to Yes 1981, 101 ff.
5   Cobb/Rifkin, Practice and Paradox: Deconstruction Neutrality in Mediation, Law & Social Inquiry vol 16, 1991, 35 ff; Astor, Mediator Neutrality: Making Sense of Theory and Practice, Social & Legal Studies 16(2) 2007, 221 ff.

für beide/alle Parteien (Allparteilichkeit) mit einer mediativen Grundhaltung (s. Kap. 2.12.4), wodurch die Balance und Symmetrie zwischen den Parteien (wieder) hergestellt werden soll, bei gleichzeitiger inhaltlicher Enthaltung im Hinblick auf die Regelungsoptionen.

Neutralität und erst recht Allparteilichkeit sicherzustellen, scheint unmöglich. Es kann   7
deshalb nur darum gehen, aktiv daran zu arbeiten, sich seiner eigenen Orientierungen, Befangenheit, Hypothesen, Neigungen und Gefühle sowie der damit zusammenhängenden Gefährdungen bewusst zu werden, um den Parteien in einer Weise gegenüberzutreten, die es ihnen erlaubt, die Mediatoren als **unparteiisch** zu erleben, sie zu akzeptieren, sich ihnen anzuvertrauen und sich von ihnen in dem Verfahren leiten zu lassen. Jede Intervention der Mediatoren basiert – bewusst oder unbewusst – auf einer Hypothese, also (hoffentlich kompetenzgestützte) Vermutungen über den Konflikt und ihre Beteiligten. Mediatoren müssen das Ergebnis ihrer Konfliktanalyse/-diagnose (hierzu Kap. 2.5), ihre vorläufigen Hypothesen in Form von Fragen zur Diskussion stellen, dadurch transparent machen und von den Konfliktparteien überprüfen lassen. Entscheidend ist nicht ein wie auch immer definierter Neutralitätsstandard, sondern die **Sicherstellung der Autonomie der Parteien** durch die größtmögliche Selbst-Kontrolle über ihren Konflikt. Ungeachtet des heftigsten Bemühens der Mediatoren, sind es letztlich immer die Parteien, die die Dienstleistung wahrnehmen, abnehmen, testen und beurteilen. Schon das leiseste Misstrauen der Parteien in die Allparteilichkeit der Mediatoren gefährdet deren Interventionsmöglichkeiten.

Wollen Mediatoren nicht in Gefahr geraten, ihre Allparteilichkeit und das damit zu-   8
sammenhängende Vertrauen der Parteien aufs Spiel zu setzen, dürfen sie zu den Parteien nicht gleichzeitig in einem **Beratungskontext** stehen (insb. Vorbefassung). Hierbei macht es keinen Unterschied, ob dieser eher ökonomischer, psycho-sozialer oder rechtlicher Natur ist. Von der Rechtsberatung unterscheidet sich die Mediation insb. insoweit, als im Mediationsverfahren zwar das Recht als ein Orientierungspunkt für mögliche Konfliktlösungen erörtert werden kann, eine konkrete rechtliche Beratung über die dem Konflikt zugrundeliegenden Rechtsfragen jedoch nicht erfolgen darf (zum Umgang mit Rechtsfragen in der Mediation s. Kap. 4.1).[6] Auch in der psychosozialen Praxis (zB der Jugendämter) sind die fachlich-methodischen Mediationsstandards durch organisatorische Strukturen sicherzustellen. So sollte zB im Hinblick auf ein Mediationsverfahren im Trennungs- und Scheidungskonflikt (Kap. 5.1) oder im sog. Täter-Opfer-Ausgleich (Kap. 5.16 Rn 16), die **personelle Trennung** von (allparteilichen) Mediatoren einerseits und (parteilichen) Beratern bzw Entscheidern (zB über Inhalte von Stellungnahmen, Leistungen nach SGB VIII) andererseits selbstverständlich und unabdingbar sein.[7] Eine Rollendiffusion, insb. die Aussicht, dass bei Scheitern der Mediation der vorgeblich „allparteiliche" Vermittler ggf dann doch einen Entscheidungsvorschlag unterbreitet, muss sich aus der Perspektive der Betroffenen destruierend auf das für die Vermittlung unverzichtbare Vertrauensverhältnis auswirken und wird dazu führen, dass die Medianten taktisch und nicht kooperativ verhalten.

2.12.3 Interdisziplinarität und der schwierige Umgang mit dem Recht

Von Beginn an wurde in Mediatorenkreisen darüber diskutiert, über welches „Fachwis-   9
sen" Mediatoren verfügen sollten, wie wichtig die berufliche Grundqualifikation ist, ob Mediatoren qualifizierte Rechtskenntnisse besitzen und Experten im konkreten Kon-

---

6 Vgl Begründung der Bundesregierung zum Entwurf des Gesetzes zur Förderung der Mediation und anderer Verfahren der außergerichtlichen Konfliktbeilegung vom 12.1.2011, 14.
7 Vgl Coester FamRZ 1992, 617; Buchholz-Graf ZfJ 2001, 214; Oberloskamp KindPrax 2002, 3; Trenczek 1996, 96; ders. ZKM 2003, 105; Münder/Trenczek 2012 Vor § 50 Rn 42.

fliktthema sein sollten oder ob sich ihre Expertise vor allem auf das spezifische Verfahren und die Kommunikationsmethoden beschränken sollte.[8] Für Mediatoren, Klärungshelfer und Gesprächsmoderatoren ist die erfahrungsgestützte Expertise in Verfahren, Methoden und Kommunikation unabdingbar – darüber hinaus stellt sich die Frage, ob eine darüber hinausreichende Sachkenntnis im konkreten Konfliktfeld, bzw insb. Rechtskenntnis, für den Mediationsprozess schädlich ist.

10 Im Hinblick nicht nur auf das Verfahren, sondern auch auf die Grundqualifikation der Mediatoren wird die **Bedeutung des Rechts** in der Mediation allenthalben überschätzt, insb. von Juristinnen und Juristen. Es geht in der Mediation nicht in erster Linie um die Regelung rechtlicher Verhältnisse, sondern um die Klärung der hinter den Rechtspositionen stehenden Interessen. Nicht rechtliche Fragen, sondern ökonomische, soziale und persönliche **Interessen und Bedürfnisse** stehen im Vordergrund, ganz gleich ob es sich um eine Familienmediation, eine sog. Wirtschaftsmediation, um die Mediation in Nachbarstreitigkeiten oder in strafrechtlich relevanten Konflikten handelt. Rechtskenntnisse sind sogar schädlich, wenn sie zu einer auf Rechtspositionen orientierten Verfahrensführung verleiten und damit den Blick auf die Interessen und Bedürfnisse der Medianten verstellen. Andererseits sollten sich Mediatoren begrifflich und inhaltlich auf dem zugrunde liegenden Konfliktfeld, mit den strukturellen Rahmenbedingungen und Verkehrssitten sowie dem nicht-dispositiven (dh zwingend geltenden, von den Parteien nicht abdingbaren) Recht (hierzu Kap. 4.1.1) auskennen, um die branchentypische Terminologie, die zugrunde liegenden Sachverhalte, Verfahrensweisen und damit letztlich die Konflikte und ihre Hintergründe zu verstehen, um die Parteien mit Fragen und anderen Interventionen auf von ihnen zu leistende Klärungen hinzuweisen und selbst nicht über Fallstricke, insb. die Grenzen dispositiven Rechts,[9] zu stolpern. Statt eines detaillierten Fachwissens geht es mehr um den Erwerb der jeweils spezifischen **Systemkompetenz**. Dieses Systemwissen „beinhaltet die Strukturen, Rollen und Abläufe eines Systems, das Wissen darum, wie sich ein System erhält und reproduziert."[10]

11 Mediation ist keine juristische Technik, sondern wurde ja gerade als Alternative zur rechtsorientierten und rechtsförmlichen Streitregelung entwickelt (ADR – alternative dispute resolution). Mediation ist im positiven Sinne eklektizistisch und zeichnet sich durch ihre transdisziplinäre Basis und Ausrichtung aus.[11] In der Mediation geht es um einen „Tanz zwischen den Welten",[12] für die die **interdisziplinär** gewonnen **Erkenntnisse** u.a. aus der Konfliktforschung (Kap. 2.1), der Kognitionswissenschaft (Kap. 2.2), der Emotions- und Motivationsforschung, der Kommunikationswissenschaft (Kap. 2.8) sowie der Gerechtigkeitsforschung (Kap. 2.9) konstitutiv sind. Vorwiegend rechts- und vergleichsorientiert arbeitende Vermittler, Anwalts- und Richtermediatoren stoßen deshalb recht schnell an die Grenzen ihrer Vorgehensweise. Die gelegentlich zu hörende Behauptung, Rechtsberatung gehöre zum „Kern der mediativen Aufgabe", hat ein (auch methodisch) schlichtes Vermittlungsmodell (settlement, evaluative mediation) im Blick, welches der justiziellen Verfahrenslogik verhaftet bleibt (hierzu Kap. 1.1.3.4). Ein solches mag auf die traditionell kompromiss- und vergleichsorientierte Tätigkeit von

---

8 Vgl Troja/Schwitters/Kessen, in: Haft/v. Schlieffen (Hrsg.,) Handbuch der Mediation, 1. Aufl. 2002, 1297 ff; Kreuser/Robrecht, Schreiben an die Mitglieder der Mediationsverbände zur online Befragung „Mediationskompetenzen" v. 7.6.2011.

9 ZB im Bereich der Familienmediation die Grenzen des Unterhaltsverzichts, vgl Trenczek, Trennungs- und Scheidungsmediation. Regelungsbedürftige Aspekte und Vereinbarungsmöglichkeiten; ZKJ 2007, 138 ff.

10 Troja et al., in: Haft/v. Schlieffen (Hrsg.), Handbuch der Mediation, 1. Aufl. 2002, 1308.

11 Vgl Kirchhoff/Schroeter, Mediations„wissenschaft", ZKM 2006, 56 ff.

12 Watzke, Äquilibristischer Tanz zwischen den Welten, 1987.

Rechtsanwälten und Richtern zutreffen, es hat aber mit dem, was als (interest based, facilitative) Mediation angesehen wird, wenig gemeinsam.[13]

Selbstverständlich können auch **Juristen** transdisziplinäre Kompetenzen erwerben. Es ist aber abwegig, wenn von einem offenbar als „natürlich" angesehenen Qualifizierungsvorsprung und einer entsprechenden Mediator-Eignung juristischer Vermittler ausgegangen wird.[14] Was Juristen mitunter als Vorkenntnisse im Hinblick auf das Recht (zB als Nichteinigungsalternative) einzubringen haben, haben sie im Hinblick auf andere Mediatorenkompetenzen (s. Kap. 2.12.4) zumeist nachzuholen. Um beim äquilibristischen Tanz zwischen den Welten die Balance nicht zu verlieren sind transdisziplinäre Erkenntnisse und Handlungskompetenzen (Tanzschuhe, Rhythmus und Gefühl) unabdingbar, über die Juristinnen und Juristen nicht immer verfügen.[15] Freilich, Selbstüberschätzungen, Dünkel und die Grenzen der eigenen Mediationskompetenzen erfahren zu müssen, ist kein Alleinstellungsmerkmal von Juristen. Selbst wenn Mediatoren aus den psychosozialen Berufsgruppe einen Wissens- und Erfahrungsvorteil in den sozialwissenschaftlichen Grundlagen und den Kommunikationsmethoden haben sollten, haben sie einen Nachholbedarf in anderen Feldern und bedürfen im Hinblick auf die besonderen Anforderungen der Mediation und zur Ausprägung der spezifischen Mediatorenhaltung ebenso einer spezifischen Mediations(aus)bildung.

2.12.4 Kompetenzen: Wissen, Können, Haben, Sein – Haltung

Der Wissens- und Kompetenzbegriff umfasst eine Vielfalt von Wissenskategorien und Kompetenzfeldern: Fachwissen, Kulturelles Wissen, Praxis- und Handlungswissen, System- und Orientierungswissen, Vernetztes Wissen, Schlüsselqualifikationen und Soziale Kompetenzen,[16] Kommunikations- und (Fremd-)Sprachenkompetenz usw. All das kann sicher auch für Mediatoren nicht schaden. Grob unterscheiden kann man in Fachwissen und Methodenkompetenz, personaler Kompetenz (insb. Empathiefähigkeit) und sozialkommunikative Kompetenz, die in der nachfolgender Übersicht mit den Alltagsbegriffen **Wissen, Können und Haben** überschrieben wurden, um in einer ersten, nicht abschließenden Annäherung die Rolle und Aufgaben von Mediatoren (**Sein**) ausfüllen zu können.

---

13 Vgl Trenczek, Fachgerechte Mediation – Qualitätsstandards in der Konfliktvermittlung, Zeitschrift für Rechtspolitik 2008, 186 ff.
14 Vgl Gesetzentwurf Nds. Mediationsgesetzes v. 25.4.2007. Entsprechendes gilt freilich auch, wenn aus berufsständischen Interessen Sozialarbeiter/-pädagogen meinten, nur sie könnten eine fachgerechte, den Mediationsstandards entsprechende Vermittlung durchführen (hierzu Kap. 5.17 Fn 29).
15 Illustriert wird dies in hervorragender Weise zB von Ed Watzke in seinen „Anleitungen für Sozialarbeiter im Umgang mit Juristen" (in Äquibrilistischer Tanz zwischen den Welten, 1998, 79 ff). Diese sollte freilich nur diejenigen lesen, die über eine Portion Humor und Selbstdistanz verfügen und auch bereit sind, die ebenso scharfen „Anleitungen für Juristen im Umgang mit Sozialarbeitern" zu verdauen.
16 Vgl Kanning, Soziale Kompetenz – Definition, Strukturen und Prozesse, Zeitschrift für Psychologie, 2002, 154 ff.

14 Übersicht: Kompetenzbereiche: Was muss ein Mediator (nicht abschließend)

Sein:

- Mediator/Vermittler (nicht Ratgeber, Erzieher, Entscheider …)
- Initiator für neue Regelungsprozesse
- Klärungshelfer
- Mediationsgesprächsmoderator
- (Kommunikations-)Filter
- Dolmetscher
- empathisch, verständnisvoll
- authentisch, kongruent
- neutral/allparteilich
- interkultuerell offen
- reflexionsfähig
- optimistisch,
- akzeptiert
- ....

Können:

- (aktiv) Zuhören
- Moderieren, mediativ Kommunikation steuern
- gut strukturieren
- mediative Grundtechniken, zB Paraphrasieren/Loopen/Zusammenfassen
- Reframing (spezifische Kunstform des Umformulierens)
- narrative Dekonstruktionen
- Transitionen (Finden von Übergängen)
- angemessen Fragen (zB systemische, zirkuläre Fragen; sokratische Methode)
- Klärungshilfe, Doppeln
- Verstehen und Analysekompetenz
- Deeskalationstechniken
- Vermitteln
- Reflektieren
- ...

Wissen:

- Wahrnehmungspsychologie/Kognitionswissenschaft
- Konfliktforschung
- Kommunikationswissenschaften
- Emotions- und Motivationsforschung
- Gerechtigkeitsforschung
- Ethnologische/interkulturelle Kenntnisse
- Verhandlungsmanagement
- Recht (insb. Grenzen dispositiven Rechts)
- Recht der Mediation
- Prozesswissen: Verfahrensmodell Mediation u.a. Konfliktregelungsverfahren, Ablauf gerichtliche Verfahren
- Konstruktivismus
- Organisations-/Systemtheorie
- sich selbst kennen (zB Vorurteile, Grenzen …)
- ...

Haben:

- Mediatoren-Haltung
- Persönlichkeit und Ausstrahlung
- Kommunikationsfähigkeit
- Soft-skills und „emotionale Intelligenz"
- Gute Auffassungsgabe
- Verfahrenskompetenz und -kontrolle
- Erfahrung
- Vertrauen in eigene Fähigkeiten/Souveränität
- Unabhängigkeit
- Balance, Äquidistanz
- Supervision
- Geduld
- Humor
- angemessene Räumlichkeiten
- Flip-Chart, Moderationskoffer, sonst. Materialien
- Co-Mediator

15 Zu Beginn der Ausbildung sind viele Trainees der Ansicht, dass für eine erfolgreiche Mediation vor allem das spezifische **Prozesswissen** im Hinblick auf ein Mediationsverfahren (Kap. 3.2) sowie die Kenntnis des weiten Spektrums an Interventionen (Kap. 3.3) und Kommunikationstechniken (Kap. 3.7) entscheidend sei. Die Steuerung des Prozesses stellt in der Tat eine zentrale Kompetenz der Mediatoren dar, denn sie leiten „die Konfliktparteien durch einen Entwicklungsprozess, in dem die Konfliktinhalte systematisch aufgearbeitet und schrittweise einer Regelung zugeführt werden."[17] Dazu müssen

---

17 Troja/Schwitters/Kessen 2002 (o. Fn 8), 1308 f.

Trenczek

die angehenden Mediatoren alle Phasen und Schritte des Mediationsverfahrens verinnerlicht haben und die Parteien angemessen und flexibel hindurchführen können. Da Mediatoren nicht über inhaltliche Entscheidungsmacht verfügen, sind sie auf ihre **16** Verfahrensleitung und **Kommunikationskompetenzen** zurückgeworfen (vgl Kap. 2.8). Mediation ist in der Tat ein strukturiertes Verfahren, spezifisches Prozesswissen ist notwendig, aber nicht ausreichend. Die Kommunikation zwischen sich streitenden Parteien gerät auch in Mediationsverfahren gelegentlich in schwierige Situationen. Gerade im Hinblick auf die Interessensklärung, zur Überwindung von Kommunikationsbarrieren, wenn das Gespräch droht im Kreis zu laufen oder stillzustehen, sind das Verständnis über psychosoziale Prozesse und spezifische Kommunikationsfähigkeiten erforderlich, um aus Sackgassen herauszukommen.[18] Hier ist es dann eine große Hilfe, wenn die Mediatoren nicht nur die Abläufe und Fallstricke von Kommunikationsprozessen (er)kennen,[19] sondern zu deren Überwindung eine Vielzahl an **Methoden und Techniken der Gesprächsführung** beherrschen, die im Wesentlichen an die Modelle klientenzentrierter, nicht-direktiver Kommunikation[20] anknüpfen und die Besonderheiten des allparteilichen Zwei- bzw Mehrparteiengesprächs berücksichtigen.

Dieses „Handwerkzeug", die **Grundtechniken** (hierzu Kap. 3.7) wie zB aktives Zuhören **17** und Fallverstehen, Paraphrasieren/Loopen/Spiegeln, Reframing (spezifische Kunstform des Umformulierens),[21] Doppeln, narrative Dekonstruktionen, Transitionen (Finden von Übergängen) und angemessene Fragetechniken (zB systemisches, zirkuläres Fragen, s. Kap. 3.8) sollte man in der Mediationsausbildung erlernen, in der Praxis der Mediation aber nicht unreflektiert und schematisch einsetzen, sondern mit sich führen und bedarfsgerecht anwenden können. Ebenso wichtig wie sprachliche Fähigkeiten ist dabei die Fähigkeit zum strukturierten Denken, um den Parteien im Verfahren Orientierung zu geben (zB Agenda Setting, s. Kap. 3.2.2.2) und sie nach aufmerksamen Zuhören und Zusammenfassen immer wieder „zum Punkt" zu bringen statt sie dem Gefühl auszuliefern, sie drehten sich im Kreise.[22]

Die Mediatorenkompetenz erschöpft sich aber nicht in der Kenntnis des Verfahrensmo- **18** dells und spezifischer Kommunikationstechniken, sondern ist ein Aspekt emotionale Intelligenz und sozialer Kompetenz. Kompetenz zeigt sich dabei in der Sicherheit im Umgang mit unbekannten (unsicheren) Situationen in Konflikten, eine **Steuerung des Ungewissen** im Prozess.[23] Wichtig ist deshalb in allererster Linie nicht eine bestimmte Technik, sondern die hierin zum Ausdruck kommende spezifische wie authentische **Mediatoren-Haltung**, in der sich die Allparteilichkeit und Offenheit, Empathie und Professionalität authentisch widerspiegelt (hierzu Kap. 2.13).

Viele Mediatoren haben eine ausstrahlende Persönlichkeit, eine positive Grundhaltung **19** und verfügen über innere Ruhe und Gelassenheit. Sie können schon damit für ein gutes Gesprächsklima und dafür sorgen, dass sich die Parteien ihnen anvertrauen. Nach Ste-

---

18 Cf. Mnookin, Why negotiations fail. – An exploration of barriers to the resolution of conflict; Ohio State Journal on Dispute Resolution, Vol. 8, 1993, pp. 235 (248).
19 Vgl die Grundlagen der kommunikationstheoretischen Ansätze des symbolischen Interaktionismus (zB Mead 1975) sowie der sog. pragmatischen Kommunikationstheorie (zB Watzlawick et al 2011).
20 Vgl hierzu zB Rogers 1972; Schulz v. Thun 1981–1998; Thomann et al. 2003–2007.
21 Vgl Gläßer/Kirchhoff ZKM 2005, 132 „...gerade die positive oder zumindest neutrale (Um-)Formulierung von Interessen [ist] ein elementarer Teil des Unterstützungsleistung des Mediators"; aA Eidenmüller, in: Duve u.a., Mediation in der Wirtschaft 2003, 158 ff (160), der darin bereits eine Manipulation zu erkennen vermag.
22 V. Schlieffen, in: Haft/v. Schlieffen, Handbuch der Mediation, 2009, § 1 Rn 146.
23 Ernst Pöppel (Süddeutsche Zeitung 11.5.2011, S. 2 „Gehorsam muss nicht blind sein"): Kompetenz zeigt sich „nicht nur im expliziten Wissen über einen Sachverhalt, sondern im implizit oder intuitiv gewordenen Können, auch mit unbekannten Situationen umgehen zu können. Man lernt, sich auf sich selbst zu verlassen, wenn nötig auf andere zu hören, und vor allem die selbstreflexive Fähigkeit, zu erkennen, wann das eine oder andere notwendig ist.".

phen Goldberg könne eine solche Mediatorenhaltung nicht gelehrt und vermittelt werden, sondern nur von innen kommen.[24] In der Tat mag es irgendwo einige „Naturtalente" geben, die eine hohe personale Kompetenz, eine allparteiliche Haltung und entsprechende Kommunikationskompetenzen mitbringen und auch ohne eine umfassende **Mediationsausbildung** ziemlich gute Vermittler abzugeben scheinen. Häufiger ist freilich der andere Fall, dass sich Vermittler für (gute) Mediatoren halten bzw meinen, Mediation sei das, was sie „schon immer" getan haben. Chris Currie unterscheidet deshalb zwischen „traditionellen" und „professionellen Mediatoren", wobei erstere Mediation vielfach als natürliche Fortsetzung ihrer bisher durchgeführten Tätigkeit ansehen, ohne eine interdisziplinäre Ausbildung für notwendig zu halten:

„The traditionalists became mediators as a natural extensions of who they already were ... Once [she] believes that she understands the needs of both parties, she interprets these needs and proposes some options, may subtly encourage (or coerce) both sides to ' voluntarily' accept what appears to be the best option from their perspective. ... On the other side are professionals – those who qualify as mediators as result of their commitment to the study of conflict and how to promote movement to a mutually satisfactory solution that is independent of the mediator's assessment. While professionals taught to distance themselves from their prior profession, ... many traditionalists are guarding their status, their ease of entry and their caseloads, while denying the idea that any additional education in mediation might be necessary."[25]

20 Die spezifische Mediatorenhaltung ist nicht erlernbar, wenn sie der persönlichen Grundhaltung eines Menschen widerstrebt. Ein **persönlicher Entwicklungsprozess** auf Seiten der angehenden Mediatoren ist notwendig für die Veränderung eingefahrener Kommunikationsmuster. Diese zeigen sich in alltäglichen Gesprächen durch Bewerten, sich Solidarisieren, Interpretieren, Bagatellisieren und Lösungsvorschläge anbieten. Veränderungen dieser Art brauchen Zeit. Sie lassen sich autodidaktisch kaum, nicht in einem Wochenend- oder 90 Std.-Kurs[26] vermitteln bzw erwerben, sondern erfordern eine gründliche, spezifische (Aus- und Fort-)Bildung, andauerndes Üben/Training, begleitete Praxis, Feedback von anderen Menschen, kontinuierliche Reflexion und Supervision. Es bedarf nicht nur eines Trainings und Schulung (von Abläufen), sondern einer **Mediations-Bildung**. Die Persönlichkeit und die Handlungsstile der Mediatoren werden dabei entscheidend davon geprägt, bei wem, wann und wo, bei welcher „Schule" sie ihre Ausbildung absolviert, welche Prägung, welche methodischen Handlungskompetenzen sie hier vermittelt und welche sie erlernt und daraus insgesamt, welche **Haltung** sie entwickelt haben.[27]

2.12.5 Fallstricke der Mediation und Mediatorenkrankheiten

21 Es gibt eine ganze Reihe von Gründen, warum eine Mediation scheitern kann. Nicht alle haben etwas mit dem Verhalten der Mediatoren zu tun, doch soll an dieser Stelle auf einige „typische Fehler" und Fallstricke hingewiesen werden.[28] Eine verbreitete **Mediatorenkrankheit** ist es, die „objektive Wahrheit" zu suchen, zu ermitteln statt mit den (konstruierten) Geschichten der Parteien zu arbeiten, die eigene Sichtweise für objektiv

---

24 Goldberg, The Secrets of Successful Mediators, Negotiation Journal, 2005, 365 ff (372).
25 Currie, Mediation of the grid, Dispute Resolution Journal, (vol 59, 2), 2004, 4.; Trenczek ZKM 5/2012 (im Erscheinen).
26 Vgl die Ausbildungserfordernisse für Rechtsanwälte (vgl § 7 a BORA) und für Steuerberater (§ 57 StBerG).
27 Vgl Duss v. Werdt/Schramm-Grüber, Auswirkungen der Ausbildung in Mediation auf meine Praxis; Familiendynamik 3/2003, 428 ff; Wandrey, Der Konfliktwürfel. Eine Orientierungshilfe zum Fallverstehen; Perspektive Mediation 2/2004, 62 ff.
28 Vgl auch Döbler/Neujahr, „Wie versemmle ich eine Mediation?" oder 11 (fast) todsichere Tipps für Mediatoren, um eine Mediation garantiert zum Scheitern zu bringen, 2009.

zu halten und von eigenen Werten auszugehen, sich in eigene (Lösungs-)Ideen zu verlieben und „offenkundige" Lösungen vorzuschlagen statt die Verantwortung bei den Betroffenen zu belassen. Von hier ist es nicht weit zur Manipulation der Parteien, nicht selten, um hohe Einigungsquoten vorweisen zu können. Vor allem Personen, die gewohnt sind, Entscheidungen zu treffen, fällt es sehr schwer, die in der Ausbildung vermittelten Kenntnisse in praktisches Handeln umzusetzen und den Parteien Zeit zu lassen, um geduldig die hinter den Positionen liegende Interessen herauszuarbeiten. Als Mediatoren tätige Juristen berichten in Supervisionen und Fallreflexionen regelmäßig, dass es aus ihrer Sicht aufgrund ihrer bisherigen beruflichen Ausbildung und Sozialisation am schwierigsten ist, die rechtliche Perspektive nicht in den Vordergrund zu rücken, keine (inhaltlichen) Lösungsvorschläge zu machen und insgesamt eine **mediative Grundhaltung** zu entwickeln, aus denen ein solches Handeln fließt. Demgegenüber täuschen sich manche Anwaltsmediatoren immer wieder selbst, wenn sie davon ausgehen, rechtliche Bewertungen und Mediatorenrolle trennen zu können (s. Kap. 4.1).

Manchen Mediatoren ist es sichtlich unangenehm, **Emotionen** Raum zu geben und   22 Spannungen zuzulassen. Sie zeigen eine erhebliche Scheu im Umgang mit den emotionalen Bedürfnissen und Gefühlen der Parteien. Werden allerdings diese Gefühle und die zugrunde liegenden Interessen und Bedürfnisse sowie die subjektiven Gerechtigkeitsvorstellungen der Parteien von den Mediatoren nicht angemessen wertgeschätzt und bearbeitet, ist die Wahrscheinlichkeit groß, dass sie die nachfolgenden Verhandlungen blockieren bzw später unkontrolliert zum Ausbruch kommen. Dies gilt nicht nur für Nachbarschafts- und Familienkonflikte, sondern selbstverständlich auch für Mediationsverfahren in Unternehmen und der Wirtschaft.

Freilich sind Mediatoren auch „nur" Menschen und deshalb nicht davor gefeit, ihre   23 Vorerfahrungen, subjektiven Wahrnehmungen und Interpretationen, Übertragungen und Gegenübertragungen zu erliegen. Allerdings werden Fehler, Irrtümer, mangelhafte Kompetenzen und mangelnde Standards nicht immer offen gelegt und es gibt bislang im deutschsprachigen Mediationsraum – anders als zB in den Niederlanden[29] – kein Beschwerdemanagement. Professionelle Mediatoren versuchen zumindest sich ihrer **eigenen Grenzen** bewusst zu machen und bewusst damit umgehen, zB mit im Rahmen der kollegialen Beratungspraxis, Reflexion und Supervision.

2.12.6 Professionalisierung und/oder Kunsthandwerk?

Da Mediatoren das Ergebnis einer Mediation nicht inhaltlich beeinflussen dürfen, müs-   24 sen sie das, was sie tun (dürfen) richtig, dh fachgerecht, tun und sich die Nutzer hierauf verlassen können. Die Ergebnisqualität folgt aus der Prozessqualität. Gemessen werden kann die Qualität von Vermittlungsleistungen damit nicht an den Einigungsquoten, sondern in aller erster Linie an der Einhaltung **fachlicher Standards** insb. im Hinblick auf Verfahren und Interventionen (hierzu Kap. 1.2). Bei der Implementation der Mediation ist darauf zu achten, dass die fachlichen Standards in einer angemessenen Ausbildung vermittelt, von den Mediatoren eingehalten und durch ein Qualitätssicherungssystem ständig überprüft und reproduziert werden. Die Selbstverpflichtung der Mediatoren auf europäischer Ebene[30] kann nur ein erster Schritt sein, sie ist aber nicht ausreichend, wenn man Mediation als Alternative neben einem qualitativ hochwertigen Gerichtssystem etablieren will, welches Qualitätssicherung durch eine mehrere Instanzen umfassendes Kontrollsystem garantiert. Sind die Pflichten der Mediatoren nicht justiziabel, geraten die Rechte der Parteien in Gefahr.[31] Soll Mediation als konsensuale „Alter-

---

29 http://www.nmi-mediation.nl/english/nmi_rules_and_models/nmi_complaints_scheme.php (5.1.2012).
30 Vgl European Code of Conduct for Mediators, ZKM 4/2004, 48.
31 Unberath ZKM 1/2011, 4.

native" neben der streitigen Gerichtsentscheidung akzeptiert werden, so ist ein durch rechtliche Normen abgesichertes System der Qualitätssicherung erforderlich,[32] welches nicht nur verbindliche fachliche Standards, ein Mindeststandards dokumentierende Gütesiegel, sondern auch ein Beschwerdemanagement[33] vorsieht.

25 In Deutschland waren Berufsbild sowie Aus- und Fortbildung der „Mediatoren" bislang nicht geregelt (hierzu Kap. 4.2). Jeder kann sich als „Mediator" bezeichnen, unabhängig davon, ob sie/er eine intensive Zusatzausbildung, einen Wochenendkurs oder überhaupt keine Ausbildung in diesem Bereich absolviert hat. Das mag angesichts des Tätigkeitsprofils und der Verantwortung der Mediatoren verwundern und rückte sie – nicht zuletzt wegen des Fremdworts – in der breiten Öffentlichkeit gelegentlich immer noch in die esoterische Ecke. Die Sorge im Hinblick auf die Qualitätssicherung scheint den deutschen Gesetzgeber letztlich doch bewogen zu haben, im neuen Mediationsgesetz die Anforderungen an die Grundkenntnisse und Kernkompetenzen eines Mediators in § 5 Abs. 1 MediationsG zu präzisieren[34] sowie in § 5 Abs. 2 MediationsG die Bezeichnung „zertifizierter Mediator" gesetzlich zu verankern (hierzu Kap. 4.3).[35] Gleichzeitig wurde das Bundesministerium der Justiz in § 6 MediationsG ermächtigt, nähere Bestimmungen über die Ausbildung und Fortbildung zertifizierter Mediatoren sowie Anforderungen an Aus- und Fortbildungseinrichtungen zu erlassen. Freilich, wichtiger als eine nur an Ausbildungsstunden orientierten Ausbildung ist der interdisziplinäre Ausbildungsinhalt sowie die Verpflichtung zur kontinuierlichen Fortbildung. Auch eine angemessene Abschlussprüfung sollte wie in jedem professionellen Arbeitsfeld selbstverständlich sein.

26 Zwar ist auch in Österreich der Begriff „Mediator" als solches nicht geschützt, doch gelten eine Reihe von gesetzlichen Privilegierungen nur für die Gruppe der sog. „eingetragenen Mediatoren", die auf Basis einer Mindestqualifizierung auf einer vom Bundesministerium der Justiz administrierten Liste registriert sind (Kap. 1.2 Rn 6).[36] Auch in vielen anderen europäischen wie Ländern des Common Law (zB USA, Australien) sind offizielle Listungen entweder bei den Gerichten oder staatlich beauftragten Organisationen (zB Nederlands Mediation Institut in den Niederlanden,[37] in Australien bei den sog. Recognised Mediation Accreditation Bodies)[38] üblich, allerdings mit einem sehr weit auseinander gehenden Qualifikationsniveau (in den Niederlanden zwischen 6 und 20 Tagen, in Australien 40 Std).

27 Gute Mediatoren verfügen neben der mediativen Grundhaltung über überdurchschnittliche Mediations- und Kommunikationskompetenzen. Sie besitzen erfahrungsgetestetes Wissen und Kunstfertigkeit in der sozialen Kommunikation. Soweit sie über eine juristische Grundqualifikation verfügen, haben sie gelernt, die Bedeutung des Rechts im Hin-

---

32 Trenczek ZKM 2005, 153 ff; vgl Greger ZRP 2010. 209; Steffek RabelsZ 2010, 841.

33 Vgl zB in den Niederlanden: http://www.nmi-mediation.nl/english/nmi_rules_and_models/ nmi_complaints_scheme.php.

34 Der Gesetzgeber hat bereits selbst einen Hinweis auf Ausbildungsinhalte und den Ausbildungsumfang von 120 Std. gegeben (vgl BT-Drucks. 17/8058, 18 ff).

35 Hierzu Greger ZKM 2012, 36.

36 Die auf Grundlage des öZivMediatG erlassene Ausbildungsverordnung (ZivMediat-AV) fordert von Juristen und Angehörigen psychosozialer und ökonomischer Berufsgruppen eine Ausbildung von 220 Einheiten, im Übrigen muss die Ausbildung 365 Unterrichtsstunden (273,75 Zeitstunden) betragen. Darüber hinaus haben „eingetragene Mediatoren" mediationsspezifische Fortbildungen im Umfang von mind. 55 Std. innerhalb von 5 Jahren nachzuweisen, um Ihre Akkreditierung aufrecht zu erhalten.

37 In den Niederlanden registriert und zertifiziert das Nederlands Mediation Institut (NMI) die Mediatoren. Im Rahmen der gerichtsnahen Mediation durch externe, auf einer Gerichtsliste gelistete Mediatoren können nur vom NMI zertifizierte Mediatoren tätig sein. Neben dem Nachweis einer anerkannten Mediationsausbildung (je nach Anbieter zwischen 6 und 20 Tagen) erfordert die Zertifizierung das Bestehen eines Wissenstests und die erfolgreiche Absolvierung eines Assessmentcenters (vgl http://www.nmi-mediation.nl/ nmi_mediator_worden/nmi_mediator_worden.php; Schmiedel, ZKM 2011, 14 ff).

38 Trenczek ZKM 5/2012 (im Erscheinen).

Trenczek

blick auf die Regelung von Konflikten angemessen ein- und nicht zu überschätzen. Hilfreich ist auch das Verständnis konstruktivistischer Erkenntnisprozesse und systemischer Interventionsansätze, die Fähigkeit zum Querdenken[39] ebenso wie Gelassenheit, Zutrauen, Geduld und eine Portion Humor. Nur wenige Mediatoren vereinen alle diese Eigenschaften und Fähigkeiten in ihrer Person. Schon deshalb ist **Co-Mediation** (s. Kap. 3.12) von eingespielten Teams insb. von Kollegen/innen mit unterschiedlichen professionellen Hintergründen und unterschiedlichen Geschlechts von Vorteil. Zum einen wird dadurch schon körperlich eine möglichst ausbalancierte Haltung der Mediatoren (hierzu Kap. 2.13) symbolisiert. Zum anderen wird dadurch die Überprüfung von Wahrnehmungen und Dynamik der Konfliktbearbeitung sowie die fortwährende Reflexion und das gegenseitige Lernen gefördert im Unterschied zur Isolation von Alleinkämpfern, die durch die Vertraulichkeit des Prozesses unbeobachtet in einer **black box** agieren.

In angelsächsischen sowie in einigen europäischen Ländern wie zB Norwegen und Slowenien ist die Einbeziehung sog. (ehrenamtlich tätiger) **Freiwilliger** (volunteers) in öffentliche wie gemeinwesenorientierte Mediationsprogramme üblich (s. Kap. 5.21.2). In diesen Ländern ist der Gedanke der lokalen Gemeinschaft (community) und eines entsprechenden „ehrenamtlichen" Engagements noch lebendig. Demgegenüber spielen in Deutschland und Österreich freiwillig/ehrenamtlich tätige Mediatoren (noch) eine sehr begrenzte Rolle[40] und es wird in einer teilweise erhitzten Debatte bestritten, dass Ehrenamtliche „gute Mediatoren" sein können. Im Anschluss an das zuvor Gesagte, kann ich mich hier kurz fassen. Im Hinblick auf die Fachlichkeit von Mediatoren ist weder die berufliche Grundqualifikation noch der Umstand entscheidend, ob ein Mediator ehren- oder hauptamtlich, angestellt oder freiberuflich, gemeinnützig oder wirtschaftlich-kommerziell tätig ist. Entscheidend ist die Einhaltung **professioneller Qualitätsstandards,** insb. im Hinblick auf die mediationsspezifische Aus- und Fortausbildung, die hierin und durch ständige Praxis und Reflexion erworbenen fachlichen Kompetenzen sowie eine „professionelle" Haltung der Mediatoren.

Mediation ist anspruchsvoll. Die notwendigen wie spezifischen Qualifikationen und Kompetenzen, Ausbildung und Erfahrung machen Mediatoren aber weder zu „kleinen" Juristen, Therapeuten, Psychologen etc., sondern im besten Fall zu guten Mediatoren. Mediation kann man mit einem **Kunsthandwerk** vergleichen. Kunst hat immer Elemente des nicht Messbaren, der Inspiration und Intuition – ein Kunsthandwerk erfordert darüber hinaus Kunstfertigkeit, Fachlichkeit und Können. Wichtig ist deshalb eine entsprechende Einstellung[41], damit sich Fachlichkeit und die spezifische (Mediatoren-)Haltung ausbilden können. Einer mangelhaften Praxis und Mediatorenkrankheiten kann vorgebeugt werden: Durch eine gründliche, intensive und umfassende Mediationsausbildung, eine fortwährende Weiterbildung und Übung (lebenslanges Lernen), Co-Mediation, einen kritisch-reflexiven Umgang mit sich und der eigenen Praxis zusammen mit anderen Mediatoren sowie Supervision – das Alles ist eine gute Prävention, leider kein Impfstoff, der im Hinblick auf mögliche Gefahren und Fallgruben immun machen würde.

28

29

---

39 Vgl zB De Bono, Lateral thinking: creativity step by step, 1970.
40 Allerdings gibt es mittlerweile auch eine Reihe gemeinwesenorientiert ausgerichtete Mediationsstellen, in denen intensiv (200 Std.) geschulte Freiwillige in die professionellen Strukturen hauptamtlicher Teams eingebunden sind; vgl Trenczek/Klenzner/Netzig ZKM 2004, 14 ff; Trenczek et al. 2006.
41 Das Geheimnis des Könnens liegt im Wollen (Guiseppe Mazzini, ital. Jurist und Demokrat, 1805–1872).

2.13 Haltung des Mediators – Ein persönlicher Beitrag

Literatur: Martens, E., Sokratische Mäeutik und Mediation heute, ZKM 1/2001, 16–18; Rogers, C., Entwicklung der Persönlichkeit, 1985; Riskin, L., Further Beyond Reason. Nevada Law Journal, USA 2010.

2.13.1 Einleitung

1 Ob wir wollen oder nicht: Wir wirken am stärksten durch unsere Haltung auf die Medianten und die Konfliktbearbeitung. Haltung ist das intensive Bindeglied zwischen Medianten und Mediatoren, das Rückenmark der Mediation. Mediationsteilnehmer reagieren seismographisch – und nicht immer bewusst – auf unsere Haltung: Ob sie sich auf den spannenden und risikoreichen **Übergang von Fremd- zur Selbstbestimmung**[1] einlassen, oder ob sie aus dem Korsett der Mediation ausbrechen, indem sie uns für sie, aber auch vielleicht für uns, angenehmere und attraktivere Rollen zuschreiben wie zB Entscheider, Ratgeber, Therapeut, Freund, Coach, um nur einige zu nennen, wird durch unsere Haltung bestimmt.

2 Was wird unter Haltung verstanden?

■ Haltung sind verinnerlichte Methoden.

■ Haltung ist stark von den vielen Facetten der **Persönlichkeit** und der **Lebenserfahrung** des jeweiligen Mediators abhängig und damit verbunden.

■ Haltung wird in erster Linie **erfahren**.

3 Es ist nicht einfach, sich diesem Thema wissenschaftlich zu nähern. Es gibt sicherlich konkrete Grundlagen, die im Folgenden auch beleuchtet werden. Der Haltung als individueller Ausgestaltung der Begegnung von Mensch zu Mensch wohnt ein spezieller Zauber inne, so dass dieser Beitrag eher als **Erfahrungsbericht** aus vielen durchgeführten oder supervidierten Mediationen gedacht ist. Nach Ausführungen zu Ethik als Hilfe für verantwortbare Praxis in der verwirrenden Welt der Konfliktbearbeitung, wird sich den aus der Literatur bekannten Begriffen der Neutralität und Allparteilichkeit zugewandt und danach die Eigenschaften beleuchtet, die diese Ideale verwirklichen helfen – wie Kongruenz, Akzeptanz und Empathie. Einzelne Beispiele aus dem Leben und Mediationssequenzen sollen die Ausführungen veranschaulichen. All das ist gedacht als Anregung an den geneigten Leser, über seine eigene Haltung und seine Erfahrungen aus seinen Mediationen nachzudenken.

2.13.2 Ethik

4 Zunächst also zur Ethik: Sich die eigene ethische Basis bewusst zu machen, gewährt Sicherheit für eine verantwortbare Praxis der Konfliktbearbeitung. Hier vor allem die **Demut** wichtig: Demut als Anerkennung einer höheren Ordnung, hier der Welt der Medianten. Darin werden mit der Hilfe des Mediators die Werte und Ziele eines guten Lebens (Sokrates) – bezogen auf den Konflikt – herausgearbeitet. Die Kunst des Mediierens besteht in erster Linie in der Umsetzung dieser ein bisschen aus der Mode gekommenen Eigenschaft. Der Mediator sollte den Medianten **dienen**, bescheiden und respekt-

---

1 Martens ZKM 1/2001, 16 ff.

Ripke

voll in deren Welt eintreten und sich zur Verfügung stellen, in der Annahme, dass die Betroffenen in der Lage sind, eigenverantwortlich gute – ist gleich faire und als von beiden gerecht empfundene – Lösungen zu erarbeiten.

Die Haltung des Mediators ist daher im Wesentlichen vom **Auf-den-Anderen-gerichtet-** 5 **Sein** bestimmt: Der Fähigkeit, sich selbst beiseite stellen zu können. Demütig sein heißt, dass die Klienten durch die Haltung des Mediators Sicherheit für den Prozess gewinnen: Der Mediator wird alles tun, um für alle gleichermaßen teilnehmend da zu sein. Der Mediator wird ferner seine eigenen Einstellungen zurückstellen, um die Welt der Mediationsklienten zu erfassen und Hilfe zur Selbsthilfe zu geben. Ein großes Ego ist für die Rolle des Mediators nach meiner Erfahrung eher hinderlich – „...*It is just me...*" (Gary Friedman) ist eine gute ethische Einstellung.

Demut sollte vom Mediator auch im Hinblick auf die **Methode** gelebt werden, wohl 6 wissend um deren **Grenzen**. Es stellt immer wieder eine große Herausforderung dar, dem Impuls zu widerstehen, außerhalb der Mediationssitzung viele Informationen zu bekommen, sei es vom Auftraggeber einer betrieblichen Mediation, sei es in einem Telefonat mit einem der Mediationsteilnehmer oder einer Person aus deren Umfeld. Dies entspringt dem verständlichen Wunsch, mehr Sicherheit für sich zu gewinnen, gepaart mit dem Anspruch der Wahrheitsermittlung. Der Mediator sollte jedoch wissen, dass sich Situationsbeschreibungen nach dem Kontext richten und sich dementsprechend verändern (hierzu Kap. 2.10). Der Kontext der Mediation ist im Kernbereich die Triade und das gemeinsame Durcharbeiten des Konflikts. Das heißt, den Mediator interessieren – in Akzeptanz dieser Beschränkung – nur die Informationen, die im Kontext der Mediation, dh im Beisein der anderen Konfliktbeteiligten enthüllt werden. Wohl wissend – um das Bild des Eisbergs zu benutzen – dass die größere und interessantere, in allen Farben schillernde und viele Aspekte sich aufteilende, innere und auch äußere Welt, somit die subjektive Wahrheit des einen, in Anwesenheit des störenden anderen Konfliktbeteiligten, nicht voll zum Vorschein kommt.

In Hinblick auf Demut gegenüber der Methode ist es daher empfehlenswert, der Versu- 7 chung zum Einzelgespräch zu widerstehen. Die Aufgabe des Mediators ist, um im Bild des Eisbergs zu bleiben, das Wasser in gemeinsamer Anstrengung herunterzudrücken, was möglicherweise nur für 2 cm möglich ist, und mit diesen 2 cm zu arbeiten, auch wenn er weiß, dass noch ein ganzer schillernder Eisberg darunter liegt. Die Anstrengung ist, eine gemeinsame subjektive Wahrheit zu erschaffen und die Selbstbestimmung der Klienten zu respektieren, sich nicht zu verletzlich darzustellen.

Dies ist im Gegensatz zu der herrschenden Meinung, wie sie im Gesetz vom 21.7.2012 8 zur Förderung der Mediation und anderer Verfahren der außergerichtlichen Konfliktbeilegung, § 2 Abs. 3 S. 2, kulminiert: *Er (der Mediator) kann im allseitigen Verständnis getrennte Gespräche mit den Parteien führen.*

Demut als ethische Haltung gegenüber der Methode heißt bewusste Entscheidung und Abgrenzung zweier wichtiger, aber doch unterschiedlicher Methoden: Schlichtung und Mediation. Diese Methoden sind je nach Fallgestaltung methodentreu vom allparteilichen Dritten durchzuführen. Mediation passt angesichts der Verhärtung vieler Konflikte nicht immer, Schlichtung ist hier eine zweite, sehr sinnvolle und oft die einzig mögliche Methode, den Konflikt außergerichtlich zu lösen. Bezogen auf die Haltung des Mediators gilt der Satz auf Seite 1: „Haltung sind verinnerlichte Methoden" und es ist eben die Haltung eines Mediators von der eines Schlichters zu unterscheiden.

2.13.3 Allparteilichkeit und Neutralität

Jedem Klienten ist zu raten: „Misstraue einem Mediator, der von sich sagt, er sei neu- 9 tral und allparteilich." Beides ist **kein Zustand**, sondern ein Ziel, eine **Selbstverpflich-**

tung, die immer wieder im Prozess hergestellt werden muss (hierzu Kap. 1.1.3.2.2 sowie 2.13.2).

Ein Beispiel zu Allparteilichkeit

Zu Beginn einer Mediation über Differenzen zu Mitarbeiterführung, Investitionen und Marketing zwischen dem Aufsichtsrat und dem Vorstand einer AG sagt der Vorstand des Unternehmens mahnend zur Mediatorin: „Ich erwarte von Ihnen – und Sie sind ja wohl gesetzlich dazu verpflichtet – Allparteilichkeit – dh ich möchte auf jeden Fall nicht schlechter als mein Kollege vom Aufsichtsrat von Ihnen behandelt werden ..."

Mediatorin ernst: „Ich bin dem Prinzip der Allparteilichkeit verpflichtet und werde alle meine Kräfte dafür einsetzen – ob mir das gelingt, können aber nur Sie selbst einschätzen, also sprechen Sie mich bitte sofort darauf an – und das gilt für sie beide –, wenn einer von Ihnen der Meinung ist, dass ich vom Pfad der Gleichbehandlung abweiche."

Mit diesem Dialog ist neben dem **Erfahren der allparteilichen Haltung** – die Mediatorin hat gleich den anderen Teilnehmer mit ins Boot der Mediation genommen – das **Prinzip der Eigenverantwortung** in die Mediation eingeführt. Die Medianten haben auch Verantwortung für den Prozess – es wird gemeinsam konstruktiv daran gearbeitet, das Gleichgewicht immer wieder herzustellen. Indem die Mediatorin der Versuchung widerstanden hat zu beteuern, dass sie selbstverständlich allparteilich ist, werden darüber hinaus „Fehler" im Zusammenarbeiten normalisiert und ein **soziales Lernen** im Umgang damit ermöglicht.

10 **Ein Beispiel zu Neutralität:**

Der junge Vater, der mit Frau und seiner Schwiegermutter in die Mediation gekommen ist, um die Differenzen bezüglich des Verhaltens der Großmutter mit den Enkelkindern beizulegen – bezogen auf Bettgehzeiten, Pünktlichkeit des Zurückbringens, Geschenke, Fernsehkonsum – sagt zur Mediatorin: „Ich sehe an den hier aufhängten Fotos, dass Sie auch Großmutter sind, und weiß nicht so recht, ob Sie die geeignete Person für uns sind – können Sie sich überhaupt neutral uns gegenüber verhalten, oder gehen Sie wie meine Schwiegermutter auch vom Prinzip der Schokooma aus?"

Mediatorin lacht: „Da haben Sie einen wichtigen Punkt angesprochen – klar lebe ich nach bestimmten Werten mein Großmutterdasein – ich versuche aber als Mediatorin meine eigenen Einstellungen hinten anzustellen und möchte Ihre Prinzipien und die Ihrer Frau und die Ihrer Schwiegermutter kennenlernen und damit arbeiten – es ist Ihre Situation – verschieden von der meinen – die wir hier bearbeiten. Das heißt, ich höre Ihnen allen zu und versuche Sie alle mit Ihren – sicher auch zu mir – unterschiedlichen Auffassungen zu verstehen."

Mit diesem Dialog ist **Neutralität der Mediatorin von den Medianten erfahren** worden dadurch, dass die Mediatorin der Versuchung widerstanden hat, auf die Frage des Vaters zu antworten und etwas aus ihrem Großmutterdasein und von ihren süßen Enkeln zu erzählen, ob sie eher verwöhnt oder eher versucht, Erziehungsfehler der Eltern durch Strenge auszugleichen, sondern es wurden von ihr bewusst und transparent für die Klienten ihre eigenen Werte zurückgestellt und die Haltung „Die Werte aller Klienten sind die bestimmenden" eingenommen.

11 Mit den obigen Situationsbeschreibungen wird die Begriffsbestimmung von Allparteilichkeit und Neutralität (vgl auch Kap. 1.1.3.2.2) wie folgt vorgenommen:

- **Neutralität** des Mediators bezieht sich auf den Inhaltsaspekt des Konfliktes.

- **Allparteilichkeit** des Mediators bezieht sich auf die Stellung zu den Konfliktbeteiligten.

Natürlich stehen die Begriffe in Zusammenhang und auch in Spannung zueinander – wenn die Neutralität in Gefahr ist, wirkt sich das auf die Allparteilichkeit aus und umgekehrt. In der Praxis sind sie daher nicht immer scharf zu trennen. Wie können die Werte von Neutralität und Allparteilichkeit hergestellt werden?

2.13.4 Kongruenz/Authentizität

Unser Einfluss auf die Klienten ist groß. Dies sollte dem Mediator jederzeit bewusst 12 sein. Der Mediator wird seine Klienten in der sie sehr einschränkenden Konfliktsituation von Zeit zu Zeit auch abstoßend und unverständlich erleben und die Atmosphäre der Mediation ihn oft belasten. Wenn der Mediator sich uneingeschränkt den Klienten zur Verfügung stellt und dies eine große Kraft entfalten soll, dann muss er selbst als Person „fully functioning" sein, tief geerdet in sich selbst ruhen, ohne Scheu seine Person tatsächlich als Spielball, Reflexionsmöglichkeit oder Grenze zur Verfügung stellen, eine Kraft ausstrahlen, die in ihm liegt, die die Klienten beruhigt, trägt und sie sich entfalten lässt. *„Echtheit heißt, innerhalb der Beziehung zum Klienten frei und tief sich selbst zu sein, wobei gegenwärtige Erfahrung exakt vom Bewusstsein, das man selbst von sich hat, repräsentiert ist. Es ist das Gegenteil davon, eine Fassade zu repräsentieren, sei es wissentlich oder unwissentlich"*.[2] Die wohl wichtigste Eigenschaft für die Arbeit als Mediator ist daher, eine **gut integrierte Persönlichkeit** zu sein. Gerade in der Arbeit mit Konfliktsituationen ist dies wichtig, weil die negative Konnotation von Konflikten sehr ansteckend ist – Konflikte werden von den Betroffenen als schwächend und unangenehm empfunden und nicht als Zeichen für eine zu verändernde und nicht mehr funktionierende Situation – somit als befreiend und weiterbringend. Dieser Aspekt muss in der Regel in der Mediation erst zum Vorschein kommen und erarbeitet werden.

Wenn der Mediator sich, aus welchen Gründen immer, unsicher und geschwächt fühlt, 13 ist er sehr stark der Gefahr ausgesetzt, in den Konflikt mit hineingezogen zu werden und damit die Prinzipien der Neutralität und Allparteilichkeit zu verletzen. Die Unsicherheit kann sich auf eine **persönliche Lebensphase** beziehen.

Ein Beispiel aus meinem eigenen Leben:

In der Zeit nach dem Tod meines Mannes war ich sicher keine gut integrierte Persönlichkeit und somit nicht in der Lage, Konfliktsituationen gut zu begleiten. Selbst zu stark erschüttert durch dieses elementare Ereignis fand ich alle Konflikte „peanuts" und alle Klienten idiotisch, sich darüber so energieverschwendend zu zerfleischen. Auf der anderen Seite benötigte ich Sicherheit in meinem eigenen Leben und wenigstens die Berufstätigkeit sollte beständig sein: Aus diesem Grund habe ich zunächst meine Mediationsarbeit fortgesetzt und bin erst nach einer Weile zu dem richtigen Schluss gekommen und zog mich für ein halbes Jahr aus der Mediationsarbeit zurück.

Die Unsicherheit kann sich auch auf das **professionelle Handwerkszeug** beziehen. 14

Ein Beispiel:

In einer Familienmediation wird die Mediatorin mit ihr bis dahin neuen Sexualpraktiken des Paares konfrontiert – getoppt davon, dass der neunjährige Sohn die Eltern dabei beobachtet hat. Beides hat sie zunächst sehr erschreckt und sie war sicher, in dieser Hinsicht keine gut integrierte Mediatorenpersönlichkeit zu sein. Zunächst behalf sie sich mit der Fassade: „Offenbar ist das normal und ich muss jetzt auch so tun, als sei es normal". Im zweiten Schritt las sie sich in Schriften von Koryphäen der Sexualwissenschaft ein und lernte, dass tatsächlich in den letzten 20 Jahren sich der Begriff, was in der Sexualität normal ist, sehr gewandelt hat. Gleichzeitig beriet sie sich mit Entwicklungspsychologen und erarbeitete mit dem Paar das Setting, dass zur

---

2 Rogers 1985, 276.

Ripke   193

Unterstützung der Familienmediation das Paar eine Sexualberatung und erziehungspsychologische Beratung in Anspruch nimmt.

15 Jeder Mediator wird hier eigene Beispiele finden können, wann er persönlich oder beruflich in Gefahr war, seine Kongruenz zu verlieren. Es ist ausgeschlossen, dass dies nicht passiert, und es wird in sehr unterschiedlichen Formaten – offensichtlich oder schleichend unbewusst – vorkommen. Wichtig ist dabei, dass sich der Mediator der Gefahr bewusst ist und sich immer genügend Zeit zum **Reflektieren** seiner Rolle nimmt inklusive Supervision – dadurch stellt sich in der Regel die integrierte Persönlichkeit wieder her.[3]

16 Ausnahmslos erleben es die Medianten als sehr hilfreich, dass der Mediator als Person sehr sichtbar während des Mediationsverfahrens für sie ist. Es vermittelt ihnen **Sicherheit**. Viele Klienten antworten spontan auf die Frage, was ihnen in der Mediationssitzung am meisten geholfen hat, mit: „die Authentizität des Mediators". Im Konflikt eine starke **Reflektionsfläche** im Mediator zu haben, ist offenbar unabdingbar. Neutralität des Mediators ist daher nicht als Rückzug oder Verstecken seiner Person zu verstehen („Ich weiß gar nicht, was der denkt."), sondern sich als Person zu zeigen und in die direkte persönliche Beziehung zu gehen. Um wieder in den Worten Gary Friedmans zu sprechen: *„... den Rolladen hochzuziehen ..."* Wie gesagt ist Authentizität/Kongruenz die unabdingbare Grundlage für eine gute Mediatorenhaltung – was sicher ganz allgemein für Erfolg im Leben – beruflich wie persönlich – gilt. Zur Kongruenz muss der Mediator noch weitere Haltungen entwickeln, um als neutral und allparteilich wahrgenommen zu werden:

2.13.5 Akzeptanz und Empathie

17 Durch welche Methode kann Akzeptanz und Empathie hergestellt werden?

Sicherlich durch das Zuhören. Der Anfang einer Mediation sollte nicht in Small talk („Wie geht es ihnen?" oder „Schönes Wetter heute") bestehen, sondern die Haltung des Mediators sollte sein, **Stille** eintreten zu lassen, abzuwarten, bis die Klienten anfangen, und die **Kraft des Zuhörens** sich entwickeln lassen. Auf den ersten Blick mag diese Vorgehensweise irritieren. Es sieht vielleicht so aus, als ob mit dieser Haltung nicht gearbeitet wird, als ob es keine Arbeitshaltung wäre und Klienten sich dann fragen könnten: „Wofür bezahle ich eigentlich?" Müssen wir als Mediatoren nicht schillern und aktiv werden und die Leute von unserer Methode im Eingangsmonolog überzeugen? Ich meine eher, die Haltung des Mediators sollte sein, den Raum zur Verfügung zu stellen – füllen müssen ihn die Klienten und auch die Verantwortung dafür übernehmen, wie sie ihn füllen. Mit dem Zuhören schafft der Mediator in sich Platz, jeden Aspekt der Erfahrung seiner Medianten als Teil von diesen zu akzeptieren und ihnen dadurch „bedingungslose positive Zuwendung" (Carl Rogers) zu geben.[4]

18 Wenn sich die Erfahrenswelt und das Verhalten der Medianten mit den Werten und dem Verhaltens des Mediators decken, ist Akzeptanz und positive Zuwendung leicht herzustellen. Schwierig wird es, wenn die Medianten sehr unterschiedlich zu den Werten des Mediators agieren.

Ein Beispiel aus einer Teammediation in einem internationalen Konzern, bestehend aus 15 Personen aus neun Nationen und damit von sehr unterschiedlichen Kulturen geprägten Persönlichkeiten.

Die Entwickler und Supply-Manager hatten Streit über Kosten der Entwicklung, Beschaffung der notwendigen Teile und Behandlung des Endkunden. Die Thematik war der Mediatorin aus

---

3 Riskin 2010, 289.
4 Rogers 1985, 277.

anderen Mediationen durchaus bekannt, die Herausforderung bezüglich der Akzeptanz bestand bei ihr vor allen Dingen in dem Kommunikationsverhalten dreier Personen:

Der holländische Teilnehmer agierte durchgängig mit Ironie. Er begrüßte sie gleich mit den Worten: „Willkommen im Club", „Na, dann machen Sie mal schön", „Sie werden schon sehen, wie angenehm es ist, hier zu arbeiten", mit einem beständigen Grinsen und Schnipsen seiner Finger.

Der deutsche Teilnehmer verlor sich in sehr prinzipiengetreuen allgemeinen Auseinandersetzungen, immer wieder mit den Beteuerungen „Ich habe nichts gegen andere Teammitglieder, aber ein Team muss ein Team sein", ohne je konkret zu werden.

Der japanische Teilnehmer saß abwesend dabei und fand das einzige Problem, dass er keine klaren Anweisungen bekommt, er würde alles mitmachen und habe selbst keine eigene Meinung. Befragt, was ihm wichtig sei, antwortet er wiederum: „Ich möchte wissen, was die anderen wollen".

Alle drei Interaktionen machten die Mediatorin ungeduldig: Ironie hat sie noch nie leiden können, weil derjenige sich so unangreifbar macht. Bei Prinzipenreiterei auf hoher Politik ohne Bezug zu der Person erlebt sie sich ohnmächtig und wenn einer nicht sagt, was er will, fragt sie sich, ob sie nicht lieber Skilaufen gehen will. Aber: Sie muss ja haltungsmäßig zur Akzeptanz kommen. Wie erreicht sie das?

Mit der Haltung der Empathie, dh über einen „Umweg" kommt der Mediator zur Akzeptanz. Carl Rogers definiert Empathie wie folgt: Die Welt des Klienten zu spüren, als ob es die eigene wäre, ohne jemals die Qualität des „als ob" zu verlieren.[5] In dem o.g. Beispiel hat die Mediatorin bewusst die sehr stark empfundene Nicht-Akzeptanz des Verhaltens der Klienten beiseite gestellt und sich gefragt: „Welche **Gefühle** hat wohl jemand, der ironisch reagiert? Welche Gefühle hat derjenige, der Prinzipenreiterei betreibt? Welche Gefühle hat derjenige, der nicht sagt, was er will?" Und sie spürte vor allen Dingen sehr negative Gefühle: Der holländische Teilnehmer fühlte sich gereizt, gleichgültig und demotiviert. Ironie war die einzige Möglichkeit, sich selbst zu schützen. Der deutsche Teilnehmer fühlte sich hilflos und verzweifelt. Er wollte eben erst recht und mit noch mehr Worten kämpfen. Der japanische Teilnehmer fühlte sich unbehaglich und verwirrt, wollte sich selbst nicht in den Mittelpunkt stellen. Indem die Mediatorin selbst die negativen Gefühle gespürt hat, konnte sie die Klienten wieder akzeptieren und für sie mäeutisch arbeiten, dh die zugrundeliegenden Ziele und **Sinnfindung** eines guten (Team-)Lebens herausarbeiten.[6] Dabei sollte jeder Mediator darauf achten, nicht zu früh die positiven umsetzbaren Ziele zu nennen, sondern im Sinn der Akzeptanz zunächst die negativ empfunden Gefühle auszusprechen. Das fällt Mediatoren eher schwer, ein Mediator will gern das positive Erfüllbare benennen. Nach meiner Erfahrung ist es jedoch unbedingt notwendig, auch zunächst die negativen Gefühle stehen zu lassen und den Betroffenen und seine Konfliktpartner mit auf die Reise zu nehmen und Schritt für Schritt die emotionale **Katharsis** zuzulassen. Darauf folgt gewöhnlich ein Nachspüren beim Klienten selbst: Er erkennt, worin die persönliche Schwierigkeit besteht, was deren Ursache ist. Bewusstheit tritt ein. Damit erwirbt der Mediant Schritt für Schritt die Befähigung, selbst eine positive Wahl treffen zu können und eine Lösung für das Problem zu finden.

Um akzeptierend sein zu können, muss der Mediator daher auch hinsichtlich der negativen Gefühle empathisch sein. Er sollt den sehr negativen Gefühlen nachfühlen, sie zulassen und besprechen – diese dann, da in jedem negativen Gefühl auch der Hilfeschrei nach einem positiven Sinn ist, dahingehend verändern. Durch diese kleinen Empathie-Schritte und des Bewegens in der Gefühlswelt der Klienten reaktiviert der Mediator de-

19

20

---

5 Rogers 1985, 277.
6 Martens 2001.

Ripke   195

ren Vermögen, sich selbst zu lenken, das Problem des anderen zu erkennen und damit die Möglichkeit, konkrete Schritte gemeinsam zu beschließen.

21 Es ist ein **Paradox:** Geht der Mediator zu früh – ohne sich in Empathie mit dem Klienten bezüglich des Negativen zu begeben – in das positive Erfüllbare – akzeptiert er eben dessen Welt in diesem Moment noch nicht und erzeugt eher Widerstand zur Veränderung. Jeder Mediator hat sicher schon das Paradox erlebt: Indem er das Negative erst einmal zulässt, war dies der erste Schritt beim Klienten, sich aus dem Negativen tatsächlich befreien zu wollen, aus dem Graben herauszukommen und akzeptierend und empathisch vom Mediator begleitet erste behutsame Schritte zur Veränderung vorzunehmen. Das ist es, was letztendlich durch unsere Haltung hervorgerufen werden sollte: Dass der Klient bewusst erlebt, wie er sich im Zusammenwirken mit anderen und sich selbst in einer negativen Situation darstellt und aus diesem Bewusstsein ein Veränderungswille entsteht.

22 Zusammenfassend für die Haltung des Mediators gilt folgender Satz von Carl Rogers:

*„Wenn der Mensch am Vollständigsten ist, wenn er sein ganzer Organismus ist, wenn die Bewusstheit des Erlebens, diese spezifische menschliche **Eigenschaft**, voll wirksam wird, dann kann man ihm vertrauen, dann ist sein Verhalten konstruktiv: nicht immer konventionell und konform, sondern **individualisiert**, aber immer auch sozialisiert. Sozialisiert bedeutet in diesem Zusammenhang im Zusammenwirken mit anderen und sich selbst."*[7]

---

7 Rogers 1985, 112.

Ripke

2.14 Systemdesign – Die Entwicklung von Konfliktmanagementsystemen

Literatur: Constantino, C./Sickles Merchant, C., Designing Conflict Management Systems, 1996; Doppler, K./Lauterburg, C, Change Management, 2005; Faller, K./Kerntke, W., Konflikte selber lösen, 2009; Ury, W./Brett, J./Goldberg, S., Konfliktmanagement, 1991; Weick, K./Sutcliff, K., Das unerwartete Mangen, 2007.

„Systeme für Konfliktlösungen zu entwickeln kommt fast der Entwicklung eines Schleusensystems gleich. Ein Konflikt ist wie Regen unvermeidlich. Richtig kontrolliert, kann er eine Wohltat sein; zu viel am falschen Platz kann zum Problem werden. Wir brauchen Systeme, die Konflikte ohne zu großen Aufwand wieder in die richtige Bahn lenken und deren Bewältigung ermöglichen." (W.Ury)

Ein systematischer Umgang mit Konflikten in Unternehmen und Verwaltungen wird angesichts der sich ständig verändernden gesellschaftlichen, politischen und ökonomischen Rahmenbedingungen immer wichtiger. Hohe Unsicherheit und hohe Komplexität im Arbeitsleben führen verstärkt zu schwierigen Situationen und Konflikten.

Ein Konfliktmanagementsystem bündelt die Anstrengungen im Unternehmen, auftretende Konflikte zu bearbeiten, absehbare Konflikte schon im Vorfeld zu entschärfen und Erkenntnisse aus der Konfliktbearbeitung für die Weiterentwicklung der Organisation zu nutzen.

2.14.1 Zum Begriff

Prof. William Ury ist einer der Autoren des berühmten Buches „Das Harvard-Konzept – Sachgerecht verhandeln – Erfolgreich verhandeln", das 1981 erschien. In der Folge hat er sich intensiv mit schwierigen Verhandlungen und Konflikten in Verhandlungen beschäftigt. 1988 veröffentlichte er das Buch „Konfliktmanagement". In diesem Buch entwickelte er einige Prinzipien und Verfahren zur Entwicklung von Konfliktmanagementsystemen. Dabei benannte er den Entwurf eines Konfliktmanagementsystems ein Konfliktmanagement-Design und prägte den Begriff des „Systemdesigners". Diesen Ansatz entwickelten Cathley A. Costantino und Christina Sickles Merchant in ihrem Buch „Designing Conflict Management Systems" (1996) weiter. Im Vorwort zu diesem Buch schreibt W. Ury: *„The designer is, interestingly both, consultant and mediator, assisting the parties in designing their own system, one that works best for them. In this sense, the process of dispute systems design can be considered a kind of „meta-mediation", a mediation about mediation and other processes of conflict management.* "[1]

In den USA nennen sich seither die Mediatoren, die Mediation und Organisationsentwicklung verbinden „Mediator und Systemdesigner". Sie sind organisiert im Dispute Systems Design/Organisation Development sector of the Society of Professionals in Dispute Resolution (SPIDR).

2.14.2 Verbindung von Mediation und Organisationsentwicklung

2

Das MEDIUS-Konzept „Systemdesign"

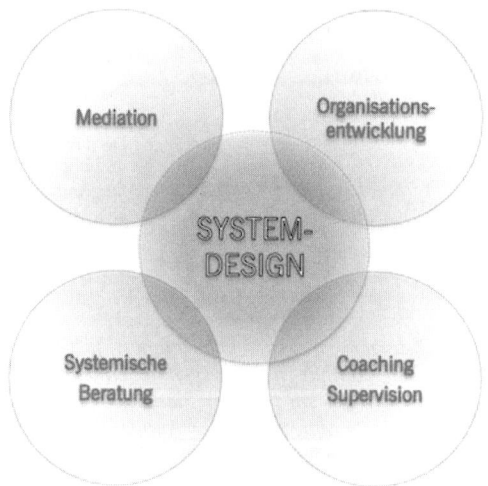

Abb. 1: Systemdesign

3 Mediation, Organisationsentwicklung, systemische Beratung und Coaching haben sich als eigene professionelle Bereiche entwickelt. In den Grundlagen und Techniken der Gesprächsführung gibt es allerdings große Überschneidungen. Auch gibt es in allen Bereichen Ideen und Ansätze zum Umgang mit Konflikten und schwierigen Situationen. Für den Fokus „Entwicklung von Konfliktmanagementsystemen" geht es darum, die jeweiligen Ideen zur Konfliktbearbeitung, die Ansätze zur Implementierung in Organisationen und die Erfahrungen zur Projektsteuerung zu nehmen und etwas Neues zu schaffen. Interessante Ideen zur Konfliktbearbeitung haben neben den Harvard-Leuten Fritz Glasl und auch Klaus Doppler im Rahmen „Change Management" entwickelt. Für den Blick auf Organisationen und Organisationsentwicklung sind K. Lewin, P. Drucker, E.

---

1 Costantino/Merchand 1996.

Schein, aber auch P. Senge, Chr. Argyris und O. Scharmer vom MIT (Massachusetts Institute of Technology) und in Deutschland R. Wimmer, B. Schmid und R. Königswieser bedeutsam. Im Coaching hat sich A. Schreiyögg mit Konfliktcoaching beschäftigt. Für Management und Unternehmen sind die Arbeiten von K. Weick, K. Bleicher und J. Rüegg-Stürm (St Gallen) und H. Mintzberg wegweisend. Alle diese Ideen und Ansätze bilden die Grundlage des Konzepts Systemdesign.

Im Folgenden wird dargestellt, wie aus der Verbindung dieser Ansätze und konzentriert auf den Fokus „Entwicklung von Konfliktmanagementsystemen" bezogen auf Grundlagen, Prinzipien, Elemente und Schritte der Umsetzung das neue Konzept Systemdesign entsteht.

2.14.3 Meta-Mediation

Wenn W. Ury[2] von **Meta-Mediation** spricht, dann bedeutet das keine Abwertung des   4
bisherigen Herangehens, sondern Erweiterung für die Anwendung in Unternehmen. Das klassische Setting der Mediation ist nach wie vor die Grundlage für die Arbeit der Systemdesigner. Für die Entwicklung und Implementierung ist es aber notwendig, diese Grundlage weiterzuentwickeln. Es sind folgende Punkte, die neu bedacht werden müssen:

- der Blick auf Konflikte in Organisationen,

- die Verantwortung des Mediators und Systemdesigners,

- die Struktur der Konfliktbearbeitung in Unternehmen,

- die Erweiterung der Techniken der Konfliktbearbeitung,

- die Ebenen des Konfliktmanagements in Unternehmen.

2.14.3.1 Konflikte in Organisationen

Konflikte in Organisationen sind immer komplex. Sie sind immer eingebettet in die   5
Struktur und Kultur des Unternehmens und tangieren die Arbeitsabläufe und das Arbeitsklima. Vordergründig sind es Konflikte zwischen Personen. Beim genauen Hinsehen sind es häufig Auseinandersetzungen um Budgets oder Positionen. Es sind also eher materielle Ursachen, die zu einer Verschlechterung der Beziehungen geführt haben. Oder es sind Unklarheiten in der Struktur, den Rollen oder Schnittstellen. Diese strukturellen Konflikte sind in der Regel wichtige Hinweise, dass etwas in Struktur und Rollenklärung nicht stimmt und verändert werden muss.

---

2 Ury/Brett/Goldberg 1991.

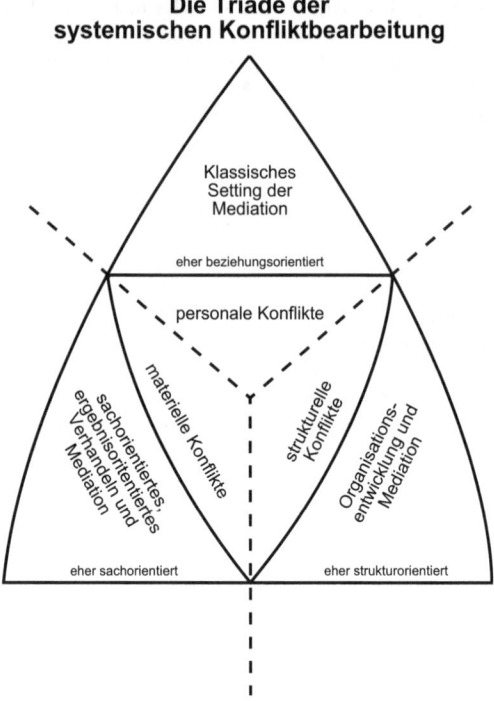

Abb. 2: Die Triade der systematischen Konfliktbearbeitung

6 In vielen komplexen Konflikten finden wir Aspekte aus allen drei Ebenen. Wenn wir diese Aspekte einordnen, wird nach einiger Zeit deutlich, dass eine Seite dominierend ist. Und diese Einordnung hilft uns nun, die Richtung der Konfliktbearbeitung zu bestimmen.

Ist es ein überwiegend personaler Konflikt, dann bearbeiten wir den Konflikt nach der Logik des klassischen Settings der Mediation. Bei überwiegend materiellen Konflikten bevorzugen wir eher eine sach- und ergebnisorientierte Arbeitsweise und nutzen Herangehensweisen nach dem Harvard-Verhandlungskonzept. Bei überwiegend strukturellen Konflikten wird die Konfliktbearbeitung mit Herangehensweisen der Organisationsentwicklung und des Coaching verbunden. Konfliktbearbeitung ist hier stärker als „Mediation nach vorne" zu sehen und kann als ein Element der lernenden Organisation genutzt werden.

2.14.3.2 Rolle des Mediators

7 Allparteilichkeit, Neutralität, Ergebnisoffenheit und Verantwortung für das Verfahren – das sind die klassischen Eckpunkte für die Haltung des Mediators.

Für den Wirtschaftsmediator kommt jetzt noch der Blick auf die Organisation und die Verantwortung für die Beachtung der Ziele und Kultur der Organisation dazu.

Und für den Systemdesigner erweitert sich die Rolle noch einmal, wie W. Ury in seiner prägnanten Form ausgedrückt hat: *„Im Umgang mit den Konfliktparteien spielen Sie als Systemdesigner zusätzlich zu den Rollen des Experten, Schlichters und Unterhändlers noch die Rollen des Lehrers, des Statistikers und Wanderpredigers. Sie fungieren als*

Experte, wenn Sie das bestehende System analysieren und mögliche Alternativen in Erwägung ziehen. Als Schlichter verhandeln Sie mit den Konfliktparteien, um sie von der Annahme der Veränderungsvorschläge zu überzeugen. Indem Sie den Parteien zu Anfang helfen, das neue System zu benutzen, wirken Sie aufgrund der Zusammenarbeit als Lehrer. Sie unterstützen sie dabei, ihre Fertigkeiten zu entwickeln, muntern sie auf, wenn Vereinbarungen nicht erzielt werden können. Durch die Systembewertung helfen Sie darüber hinaus den Parteien festzustellen, wie gut es funktioniert und welche Anpassungen durchgeführt werden sollten. Bei der Verbreitung spielen Sie als Systemdesigner wiederum eine andere Rolle – die des Wanderpredigers."[3]

Um diese Rollen qualifiziert wahrnehmen zu können, braucht der Systemdesigner neben der Prozesskompetenz auch eine gewisse Feldkompetenz in den Unternehmen und Organisationen, in denen er arbeitet.

2.14.3.3 Die Struktur der Bearbeitung

Das Ziel von Wirtschaftsmediation ist es, Unternehmen dabei zu unterstützen, Probleme zu lösen, die Kooperation in Teams zu verbessern und Prozesse flüssiger zu gestalten. Dabei ist es wichtig, vom Kundensystem her zu denken und die Konfliktbearbeitung entsprechend der Struktur und Kultur des Unternehmens aufzubauen. So hat es sich bewährt, die Phase der Konfliktbearbeitung quasi einzurahmen durch die Vorphase zur Gestaltung des Settings und durch die Phase der Konsolidierung zur Implementierung der Ergebnisse der Mediation.   **8**

Besonders die Vorphase ist bei innerbetrieblichen Konfliktbearbeitungen von großer Bedeutung. Sie umfasst bei komplexen Konflikten vier Schritte: **9**

1. **Die Klärung des Auftrags**

   In Organisationen haben wir es mit zwei Ebenen der Auftragsklärung zu tun. Mit dem Äußeren Auftrag durch die Verantwortlichen der jeweiligen Organisation und mit dem Inneren Auftrag der Konfliktbeteiligten. Beide Auftraggeber haben unterschiedliche Blickwinkel und Interessen. Daraus muss in Vorgesprächen ein für beide Seiten akzeptabler Auftrag entwickelt werden.

2. **Die Konfliktanalyse**

   Wie sieht der Konflikt aus? Wer ist daran beteiligt? Welche Bedeutung hat er für das Unternehmen? Wie hoch sind die Konfliktkosten? Welche Ebenen sind betroffen? Welche Wirkungen hat der Konflikt im Unternehmen?
   Das sind einige Fragen, die in Einzelgesprächen eruiert werden.

3. **Der Mediationsplan**

   Die Informationen werden in einem Mediationsplan geordnet, indem der Mediator seine „Leitenden Gedanken" für die Konfliktbearbeitung, die konkreten Vorgehensschritte und die anzuwendenden Techniken beschreibt.

4. **Das Angebot**

   Aus dem Mediationsplan wird nun ein konkretes Angebot für den Kunden erarbeitet, präsentiert und verhandelt. Erst mit der Annahme des Angebots ist die Auftragsklärung abgeschlossen.
   Nach diesem Plan wird dann die Konfliktbearbeitung durchgeführt. Wenn ein Ergebnis erreicht wurde, geht es nun darum, dass es in der Phase der Konsolidierung in die Regelstrukturen und die Regelarbeit des Unternehmens integriert wird.

---

3 Ury 1996, 108–109

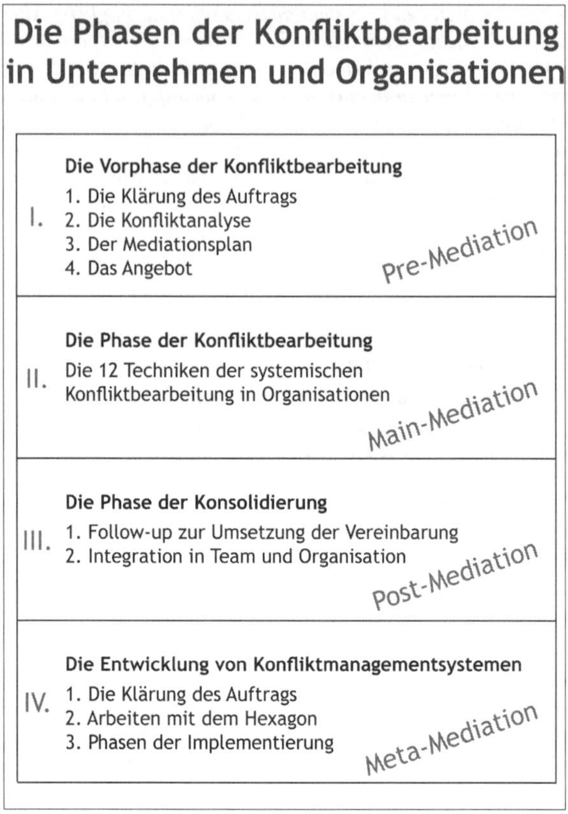

Die Phasen der Konfliktbearbeitung in Unternehmen und Organisationen

I.
Die Vorphase der Konfliktbearbeitung
1. Die Klärung des Auftrags
2. Die Konfliktanalyse
3. Der Mediationsplan
4. Das Angebot

Pre-Mediation

II.
Die Phase der Konfliktbearbeitung
Die 12 Techniken der systemischen Konfliktbearbeitung in Organisationen

Main-Mediation

III.
Die Phase der Konsolidierung
1. Follow-up zur Umsetzung der Vereinbarung
2. Integration in Team und Organisation

Post-Mediation

IV.
Die Entwicklung von Konfliktmanagementsystemen
1. Die Klärung des Auftrags
2. Arbeiten mit dem Hexagon
3. Phasen der Implementierung

Meta-Mediation

Abb. 3: Die Phasen der Konfliktbearbeitung in Unternehmen und Organisationen

2.14.3.4 Techniken der systemischen Konfliktbearbeitung

10 Für unterschiedliche Situationen und Konfliktkonstellationen sind unterschiedliche Techniken notwendig. Die vom Autor entwickelten und beschriebenen 12 Techniken sind wie ein variabel einsetzbarer Werkzeugkasten zu nutzen.

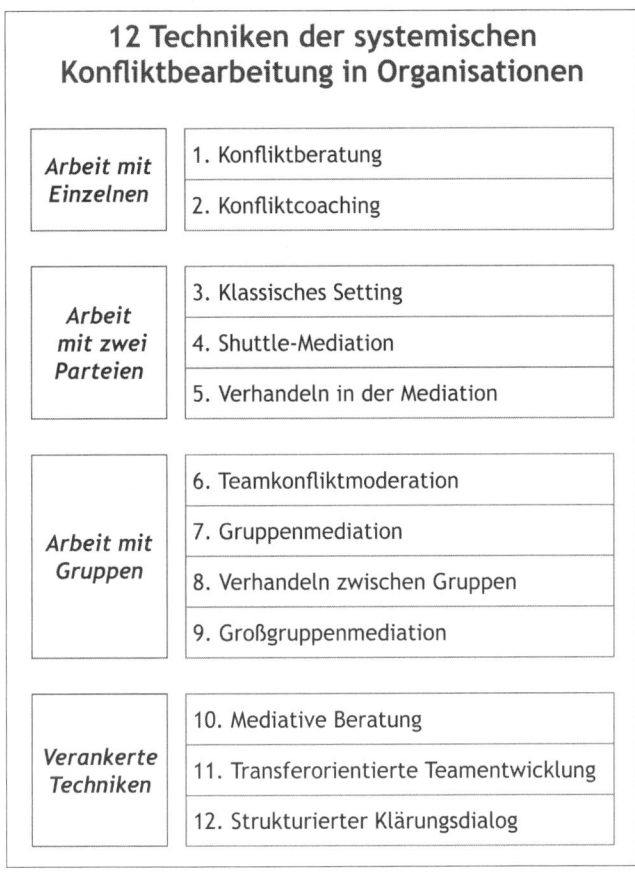

12 Techniken der systemischen Konfliktbearbeitung in Organisationen

| *Arbeit mit Einzelnen* | 1. Konfliktberatung |
| | 2. Konfliktcoaching |

Arbeit mit zwei Parteien	3. Klassisches Setting
	4. Shuttle-Mediation
	5. Verhandeln in der Mediation

Arbeit mit Gruppen	6. Teamkonfliktmoderation
	7. Gruppenmediation
	8. Verhandeln zwischen Gruppen
	9. Großgruppenmediation

Verankerte Techniken	10. Mediative Beratung
	11. Transferorientierte Teamentwicklung
	12. Strukturierter Klärungsdialog

Abb. 4: Techniken der systematischen Konfliktbearbeitung in Organisationen

Nr. 1 – Konfliktberatung und Nr. 2 – Konfliktcoaching sind in der Arbeit mit einzelnen 11 Personen einsetzbar.
Die klassischen Mediationstechniken Nr. 3 – Das klassische Setting, Nr. 4 – Shuttle-Mediation sowie Nr. 5 – Verhandeln in der Mediation finden Anwendung bei Konflikten zwischen zwei Personen.
Bei Konflikten in Gruppen kann man Nr. 6 – Teamkonfliktmoderation, Nr. 7 – Gruppen-Mediation und Nr. 8 – Verhandlung zwischen Gruppen sowie Nr. 9 – Großgruppenmediation wählen.
Etwas komplizierter sind die sogenannten „verankerten" Techniken Nr. 10 – Arbeit mit Mediativen Beratern, Nr. 11 – Transferorientierte Teamentwicklung und Nr. 12 – Strukturierter Klärungsdialog.
Diese Techniken sind vor allem bei sich wiederholenden Konflikten in Veränderungsprozessen als Teil eines strategischen Konfliktmanagements sinnvoll.

2.14.3.5 Ebenen des Konfliktmanagements

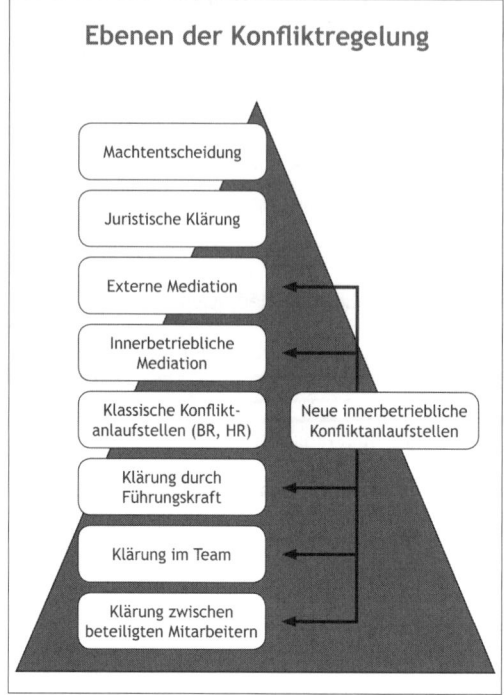

Abb. 5: Ebenen der Konfliktregelung

12 Die Ebenen 1–3 von unten beschreiben die Konfliktregelung im direkten Arbeitsbereich. Entstehende Konflikte können von Mitarbeitern untereinander oder durch Unterstützung von Kollegen im Team geklärt werden.

Wenn die Probleme nicht untereinander geregelt werden können, sind die Führungskräfte gefragt.

Werden die Konflikte nicht innerhalb der Abteilung geklärt, werden die klassischen Konfliktanlaufstellen einbezogen. Die Mitarbeiter wenden sich an den Betriebsrat und die Führungskräfte an das Personalmanagement.

Damit sind in der bisherigen Struktur die Regelungsmöglichkeiten erschöpft. Es bleiben nur noch der Gang zum Gericht oder eine Entscheidung der oberen Leitung. Beide Varianten sind für die Beteiligten und für die Organisation mit erheblichen Risiken und Kosten verbunden.

Durch die Mediation werden die bestehenden Möglichkeiten gestärkt und neue Ebenen der Konfliktregelung eingeführt.

2.14.3.6 Prinzipien der Erarbeitung von Konfliktmanagementsystemen

Es sind vor allem vier Prinzipien, die die Haltung und Arbeitsweise des Systemdesigners 13 charakterisieren:

1. Ressourcenorientierung

   Ressourcenorientiert arbeiten heißt, von vorneherein mit einer positiven Grundhaltung auf Personen und Organisationen zuzugehen und an den Dingen anzuknüpfen, die sich bewährt haben. Dh, dass ein Systemdesigner immer erst einmal an den Formen anknüpft, die schon vorhanden sind und sie durch den mediativen Ansatz stärkt und erweitert. Damit hat das Systemdesign eine dienende Funktion für Ziele und Kultur des Unternehmens.

2. Prozessorientierung

   Die Entwicklung von Konfliktmanagementsystemen tangiert viele Ebenen und Strukturen der Organisation und ist ein längerer Prozess. Notwendig sind daher ständige systemische Schleifen und die Bereitschaft, den ursprünglichen Plan neuen Entwicklungen anzupassen.

3. Beteiligungsorientierung

   Der Grundsatz, „Betroffene zu Beteiligten machen" gilt auch hier. Unabdingbar ist es, die bestehenden Konfliktanlaufstellen in die Entwicklung eines Konfliktmanagementsystems einzubeziehen.

4. Transferorientierung

   Die Entwicklung eines Konfliktmanagementsystems ist ein Lernprozess für die ganze Organisation. Der Prozess sollte so angelegt sein, dass er eine Quelle für organisationales Lernen und für die Weiterentwicklung der allgemeinen Umgangs- und Konfliktkultur im Unternehmen wird.

2.14.4 Architektur-Elemente für ein Systemdesign

Ziel der Entwicklung eines Systemdesigns ist es, ein für das Unternehmen oder die Organisation **passgenaues und kostengünstiges Konfliktmanagementsystem** zu entwickeln. 14 Es gibt also kein allgemeines Modell, das durch den Systemdesigner umgesetzt werden kann. Jedes Konfliktmanagementsystem sieht je nach der Struktur und Kultur des Unternehmens anders aus. Gleichzeitig ergeben sich aus der Logik des Konflikts und der Konfliktbearbeitung spezielle Elemente, die in allen Konfliktmanagementsystemen auftauchen. Auch für die Entwicklung und Implementierung gibt es allgemeine Erfahrungswerte. Aus den langjährigen Erfahrungen hat der Autor ein Set von 10 Architektur-Elementen zusammengestellt, die in einer Co-Produktion mit dem Unternehmen zu einem passenden KMS zusammengeführt werden.

Oder anders ausgedrückt: Die Entwicklung eines Systemdesigns ist ressourcen-, beteiligungs-, prozess- und transferorientierte Konstruktionsarbeit nach dem **Baukastenprinzip**.

Der Systemdesigner ist – wie W.Ury sagt – „*both, consultant and mediator*", dh er ist Experte für die Grundlagen und Elemente und systemischer Mediator für den Prozess der Erarbeitung.

Der MEDIUS-Baukasten enthält 10 Elemente, die im Folgenden erläutert werden. 15

10 Architekturelemente für ein Systemdesign

Der MEDIUS-Baukasten

1 Das Hexagon		2 Die Beteiligungs- orientierte Diagnose			3 Die Projektsteuerung	
4 **Das Modell-Raster**						
1	2	3	4	5	6	7
5 Die Ausbildungs-Settings		6 Das Design			7 Das Handbuch	
8 Die Betriebsvereinbarung		9 Dokumentation Qualitätssicherung Evaluation			10 Interne und Externe Mediation	

Abb. 6: 10 Architekturelemente für ein Systemdesign

2.14.4.1 Das Hexagon konstruktiver Konfliktbearbeitung in Organisationen

16   Das Hexagon konstruktiver Konfliktbearbeitung ist ein grundlegendes Tool für die Erarbeitung und Umsetzung eines Konfliktmanagementsystems. Es schafft eine Struktur, um die Logik der Konfliktbearbeitung und die Logik der Kultur und Struktur des Unternehmens verbinden zu können.[4]

Das Hexagon umfasst sechs zentrale Punkte. Die drei Punkte im oberen Teil des Hexagons (Ebene A) sind Grundlage für die Entwicklung eines Systemdesigns, die unteren drei Punkte (Ebene B) beziehen sich auf die Umsetzung.

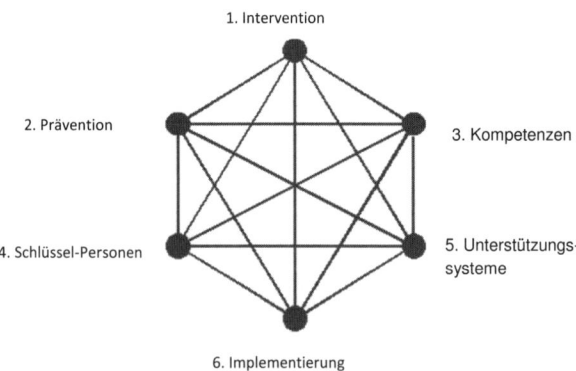

---

4   Faller 1998, 76 ff.

Die Arbeit mit dem Hexagon bei der Entwicklung eines Systemdesigns erfolgt in drei 17
Schritten:

1. Schritt: Analyse der bestehenden Unternehmens- und Konfliktkultur 18

Dabei geht es im Bereich Intervention darum, die bestehenden Konflikte, ihre Kosten und die bisherige Konfliktkultur zu erkennen. Im Bereich Prävention, orientiert an den Kernprozessen, geht es darum, die Spannungsfelder und die bisherigen präventiven Strategien zu sehen. Im Bereich Kompetenzen gilt es, eine Einschätzung der Ressourcen und Fähigkeiten der Mitarbeiter im Umgang mit schwierigen Situationen zu erreichen. Im Bereich Schlüsselpersonen die Bereitschaft der Führungskräfte zu einer Veränderung der Konfliktkultur zu erkunden. Außerdem ist es wichtig wahrzunehmen, welche Unterstützungssysteme es in der Organisation und im Systemumfeld gibt und darauf zu achten, wie ein verändertes Konfliktmanagement in der Organisation implementiert werden kann.

2. Schritt: Erarbeitung eines Konzepts für ein verändertes Konfliktmanagementsystem 19

Dabei geht es um neue, ergänzende Formen der Konfliktbearbeitung (Intervention), um Maßnahmen zur Vermeidung und Früherkennung von Konflikten (Prävention) und um Qualifizierungsmaßnahmen für Mitarbeiter und Führungskräfte (Konfliktkompetenzen).

3. Schritt: Umsetzungsschritte planen und ausführen 20

Mit den Schlüsselpersonen und den Unterstützungssystemen erarbeiten wir das Design der Umsetzung und die Voraussetzungen für das Projektmanagement. Die Implementierung eines Konfliktmanagement-Systemdesigns erfolgt in den bekannten Phasen des Projektmanagements.

2.14.4.2 Die Beteiligungsorientierte Diagnose

Die Beteiligungsorientierte Diagnose ist ein Workshop-Konzept, um möglichst viele 21
Mitarbeiter und Führungskräfte in den Prozess der Entwicklung eines KMS einzubeziehen. Ziel ist eine beteiligungsorientierte Bestandsaufnahme der bestehenden Spannungs- und Konfliktfelder und eine Sammlung von Ideen zur Verbesserung.

Für diese Workshops gibt es ein Grundkonzept, das die Untersuchung der Spannungs- und Konfliktfelder, die genaue Betrachtung von systemisch-bedeutenden Konflikten, die Berechnung von Konfliktkosten und die Analyse der bestehenden Streitbeilegungsverfahren umfasst.

1. Schritt	Darstellung des Systems Übersicht
2. Schritt	Untersuchung der Organisations- und Konfliktkultur
3. Schritt	Herausarbeiten der Spannungsfelder
4. Schritt	Identifizieren der Konfliktpotentiale
5. Schritt	Aufplanen eines typischen Konflikts „Referenzprojekt"
6. Schritt	Berechnung der Konfliktkosten (Hard)
7. Schritt	Analyse der Streitbeilegungsverfahren (Soft)

Abb. 8: Beteiligungsorientierte Diagnose

22 Dieses Grundkonzept wird in jedem Einzelfall entsprechend der Unternehmenskultur variiert. Wenn ein größerer Anteil der Mitarbeiter einbezogen wird, wird ein **einheitliches Workshop-Design** erarbeitet, um die Ergebnisse vergleichbar zu machen. Dabei gibt es unterschiedliche Formate für den Einsatz:

- Der Vorstand einer Bank bat die ca. 250 Mitarbeiter an der Beteiligungsorientierten Diagnose teilzunehmen. 150 Mitarbeiter erklärten sich zur Mitarbeit bereit. Mit ihnen wurden sechs eintägige Workshops nach einem einheitlichen Konzept durchgeführt. Die Ergebnisse wurden auf einer Betriebsversammlung präsentiert.

- In einem Industrieunternehmen mit sieben Standorten wurden Workshops an allen Standorten durchgeführt. Für den Workshop an jedem Standort wurde eine repräsentative Gruppe ausgewählt. Die Ergebnisse wurden der gesamten Führungsebene präsentiert. Die Ergebnisse und die ersten Beschlüsse zur Behebung von Mängeln wurden veröffentlicht.

- In einer Einrichtung im Bereich der sozialen Dienstleistung wurde die Beteiligungsorientierte Diagnose von einer Pilotgruppe in zwei mal zwei Tagen bearbeitet.

23 Im Rahmen der Entwicklung eines KMS kann die Beteiligungsorientierte Diagnose einmal zu Beginn des Prozesses eingesetzt werden, um für die Erarbeitung des Systemdesigns möglichst viele Informationen zu sammeln. Oder aber in der Implementierungsphase, um ein beschlossenes KMS schneller mit der Regelarbeit zu verbinden.

2.14.4.3 Projektsteuerung

24 Die Entwicklung eines KMS verändert die Unternehmenskultur, tangiert viele Abläufe und hat Auswirkungen auf alle bisherigen formellen und informellen Prozesse zur Konfliktregelung. Daher ist eine sorgsame und konsequente Steuerung der Entwicklung, Erprobung und Implementierung notwendig, Es ist auch hier klar – das zeigen alle Erfah-

Faller

rungen –, dass diese Steuerung intern verankert und von einem externen Berater unterstützt werden muss.

Dazu gibt es unterschiedliche Möglichkeiten.   25

■ **Interne Projektleitung**
   Eine oder mehrere Personen werden von der Führung als interne Projektleiter benannt.

■ **Pilotgruppe**
   Die Pilotgruppe hat die Aufgabe, mit Unterstützung der Systemdesigner die Analyse des bestehenden Konfliktmanagements durchzuführen oder die Ergebnisse aus der Beteiligungsorientierten Diagnose auszuwerten und den Entwurf eines KMS zu entwickeln. Sie wird immer dann wieder einberufen, wenn neue Entscheidungen vorbereitet werden müssen. Wichtig ist die Zusammensetzung der Pilotgruppe. So sollten möglichst Vertreter der wichtigsten Konfliktanlaufstellen, einige Führungskräfte und Mitarbeiter, die in der Belegschaft über hohes Ansehen verfügen, in dieser Gruppe vertreten sein.

Konfliktanlaufstellen

1.	Sozialberatung
2.	Rechtsabteilung
3.	Personalwesen
4.	Risikomanagement
5.	Qualitätsmanagement
6.	Beschwerdemanagement
7.	Betriebsrat
8.	Kostenkontrolle

Abb. 9: Konfliktanlaufstellen

■ **Dialoggruppe**
   Diese Gruppe dient der Abstimmung zwischen Projektleitung, der Pilotgruppe und dem Topmanagement. Denn Konfliktmanagement ist in erster Linie Management. Durch den regelmäßigen Austausch ist die Führung immer informiert und die Projektleitung hat Sicherheit für ihr Handeln.

■ **Sounding Board**

Das Sounding Board wird einberufen, um Resonanz und Feedback von Schlüssel-personen und Mitarbeitern zu erhalten. Besonders sinnvoll ist eine solche Veranstaltung vor Abschluss der Erprobungsphase, um das ganze Systemdesign und die Abläufe noch einmal auf die „Rüttelstrecke" zu stellen und nachzujustieren.

2.14.4.4 Das Modell-Raster

26 Um einen passgenauen Entwurf für ein KMS zu entwickeln, ist es hilfreich, mögliche, in anderen Unternehmen eingeführte Modelle, in die Diskussion einzubeziehen.

Ziel der Arbeit mit dem **Modell-Raster** ist es, die vorhandenen Modelle zu prüfen und Ideen zu entwickeln, welche Variante oder welche Kombination von Varianten für das Unternehmen sinnvoll sein könnten. Es sind sieben Struktur-Modelle, die in unterschiedlichen Formen in Unternehmen und Organisationen bestehen.

2.14.4.4.1 Das „Ombuds"-Modell

27 Angelehnt an das skandinavische Modell der Ombudsstellen wird eine eigene **Anlauf-und Vermittlungsstelle** im Unternehmen etabliert. Diese Stelle ist unabhängig von den klassischen Konfliktanlaufstellen und genießt einen Vertrauensschutz. Jeder in der Organisation kann sich bei Problemen an diese Stelle wenden.

2.14.4.4.2 Umprofilierung und Erweiterung bestehender Konfliktanlaufstellen

28 Viele Unternehmen haben in den letzten Jahren die klassischen Konfliktanlaufstellen ausgebaut und neue – eher neutrale – Stellen zur Sozialberatung, Personalentwicklung oder Organisationsentwicklung eingerichtet, die viel zur internen Konfliktregelung tun können. In diesem Modell geht es darum, diese bestehenden Stellen für Verhandlungs- und Vermittlungstätigkeiten zu qualifizieren und damit den Handlungsrahmen für Konfliktregelung in der Organisation zu erweitern. Das Führen von Klärungsgesprächen und Arbeitsplatzkonfliktmoderation sind neue Angebote, die die bisherige Arbeit dieser Stellen gut ergänzen.

2.14.4.4.3 Das Konzept mediative Berater oder Konfliktlotsen

29 Das Konzept mediativer Beratung hat das Ziel, eine Art soziales Frühwarnsystem und niedrigschwellige Anlaufstellen im Unternehmen zu etablieren. Als mediatve Berater oder **Konfliktlotsen** agieren Beschäftigte, die in ihrer Abteilung als Ansprechpartner für Probleme zur Verfügung stehen. Sie kennen die bestehenden Möglichkeiten und Verfahren zur Konfliktregelung, beraten Betroffene in der Frage, welche Schritte zur Lösung ihres Problems sinnvoll sind und führen Klärungsgespräche.

2.14.4.4.4 Das Kommissions-Modell

30 Das Kommissions-Modell hat das Ziel, die Kooperation der bestehenden Konfliktanlaufstellen im Sinne eines professionellen Konfliktmanagements zu verstärken. Diese Kommission hat die Aufgabe, Regeln und Verfahrensweisen für die Konfliktregelung zu verabreden und Vorschläge für die Konfliktvermeidung zu entwickeln. Dazu wird ein System interner und externer Mediation aufgebaut.

2.14.4.4.5 Umfassendes Konfliktmanagementsystem

31 Konfliktmanagement im Unternehmen ist in erster Linie Management, also Teil der Zielentwicklung, Strukturgestaltung und Weiterentwicklung der Organisation. Ein umfassendes Konfliktmanagementsystem orientiert sich neben der Intervention bei Konflikten vor allem an Prävention und Qualifizierung. Es ist ein wesentliches Element einer lernenden Organisation.

2.14.4.4.6 Konfliktmanagement als Baustein von Change-Management

Change-Management – also die Gestaltung von Veränderungsprozessen im Unternehmen – ist vor allem Widerstands- und Konfliktmanagement. In der Regel wird über Konfliktregelung aber erst nachgedacht, wenn Probleme auftreten und Kosten entstanden sind. In diesem Modell geht es darum, mögliche Spannungs- und Konfliktfelder schon bei der Planung von Veränderungsprozessen zu identifizieren und entsprechende Konfliktregelungsstrukturen und -techniken bereitzuhalten. 32

2.14.4.4.7 Entwicklung einer Verantwortungskultur

Verantwortung spielt im Arbeitsleben heute eine zentrale Rolle. Verantwortung ist nicht nur eine Frage der Haltung, sondern muss auch organisatorisch und methodisch umgesetzt werden. Die Gestaltung einer Verantwortungskultur im Unternehmen durch Aufbau eines Verantwortungssystems und Entwicklung eines **Verantwortungsdialogs** ist Ziel dieses Modells. 33

2.14.4.5 Ausbildungssettings

Ziel eines neuen KMS ist eine langfristige Verhaltensänderung im Umgang mit Konflikten im Unternehmen. Dazu ist es notwendig, einen sorgsamen Lernprozess zu gestalten. In der Tendenz sind alle Mitarbeiter der Organisation in diesen Prozess einbezogen. In der Entwicklung sind besonders die internen Mediatoren und die Führungskräfte beteiligt. 34

Es gibt daher zwei Ausbildungssettings, die in den meisten Fällen zum Einsatz kommen. 35
1. Ausbildung der internen Mediatoren
   Die internen Mediatoren – die je nach Branche und Organisationskultur als Konfliktberater, Mediative Berater oder Konfliktlosten bezeichnet werden – erhalten eine verkürzte, auf ihre Aufgaben bezogenene ca. 60-stündige Ausbildung. Sie sollen nur bei niedrigschwelligen Konflikten selbst aktiv werden.[5] Bei tiefer eskalierten Konflikten sorgen sie für die Weiterleitung an die Konfliktkommission oder eine entsprechende Stelle.
2. Conflict Ressource Management (CRM)
   Sicherheit in der Produktion und Stabilität in den Arbeitsprozessen hängen sehr stark davon ab, wie Führungskräfte mit schwierigen Situationen, Problemen und Konflikten umgehen.
   In diesen CRM-Trainings lernen die Führungskräfte, wie sie mediative Herangehensweisen und Techniken in ihre Führungsarbeit integrieren können.
   Diese Trainings sind daher ein entscheidender Faktor für die Verankerung eines neuen KMS. So haben sich die besten Erfolge in den Unternehmen gezeigt, in denen ein Großteil der Führungskräfte an diesen Trainings teilgenommen hat.

2.14.4.6 Das Design

Die Entwicklung eines KMS ist ein längerer Prozess und tangiert verschiedene Bereiche der Organisation zu unterschiedlichen Zeitpunkten. Es ist daher für die Verantwortlichen wichtig, immer genau zu wissen, an welcher Stelle des Prozesses sie sich befinden und dies auch den verschiedenen Akteuren transparent zu machen. Daher verstehen wir unter Design in erster Linie die grafische Darstellung des Gesamtprozesses oder von Teilen des Prozesses. 36

Bewährt hat sich dafür eine Matrix-Zeichnung. Auf der horizontalen Achse stehen die Elemente wie – Steuergruppe, Projektleitung, Dialoggruppe, Ausbildung, Konfliktlot- 37

---

5 Glasl 1997, 215 ff.

sen, Training, Führungskräfte, Evaluation usw. In der Vertikalen oben die Zeitachse, unten die Phasen des Prozesses.

Design:

Zeit	Jan	Feb	März	April	Mai	Juni	Juli
Steuergruppe							
Projektleitung							
Dialoggruppe							
Ausbildung Konfliktlotsen							
Training Führungskräfte							
Evaluation							
Phasen	Vorphase			Entwicklungsphase			

2.14.4.7 Das Handbuch

38 Um das KMS in dem Unternehmen transparent und personenunabhängig darzustellen, wird ein **Konfliktmanagement-Handbuch** erstellt.
In dem Handbuch werden die beschlossenen Rahmenbedingungen und Strukturen des KMS, die Verfahrensregeln der Fallaufnahme, die Gestaltung des Settings und der Beauftragung, die Techniken der Konfliktbearbeitung und die verabredeten Formen der internen Kommunikation beschrieben. Dieses Handbuch ist die Arbeitsgrundlage der internen Mediatoren und steht auch den Führungskräften zur Verfügung.

2.14.4.8 Die Betriebsvereinbarung

39 Um das KMS auf Dauer im Unternehmen zu verankern, wird in der Regel eine Betriebsvereinbarung zwischen Arbeitgeber und Betriebsrat abgeschlossen. In dieser Betriebsvereinbarung wird das vereinbarte KMS dargestellt, die Rolle der internen Mediatoren und die Rahmenbedingungen ihrer Arbeit definiert und damit gesichert, dass das KMS auf Dauer implementiert werden kann.

Betriebsvereinbarung

Einführung von innerbetrieblicher Mediation

(Konfliktmanagementsystem)

Präambel

Arbeitgeber und Betriebsrat sind sich darüber einig, dass das Betriebsklima positiv weiter entwickelt werden soll. Eine wesentliche Voraussetzung auf dem Weg dazu besteht darin, ungelöste oder eskalierte Konflikte in geordneter Weise intern zum Thema zu machen und zu bearbeiten. Es soll verhindert werden, dass das Betriebsklima negativ beeinflusst wird und damit die Motivation von Mitarbeitern beeinträchtigt wird. Zudem soll der Zweck eines vorausschauenden Gesundheitsmanagements erreicht werden, weil die Belastungen betroffener oder beteiligter Mitarbeiter aus innerbetrieblichen Konflikten auf diese Weise reduziert werden sollen. Letztlich soll verhindert werden, dass die Produktivität und die Qualität der Arbeitsergebnisse gemindert werden. Eine Unternehmenskultur, die sich durch partnerschaftliches und wertschätzendes Verhalten auszeichnet, bildet hingegen die Basis für ein positives Arbeitsklima.

Arbeitgeber und Betriebsrat setzen sich daher für eine frühzeitige Konfliktbearbeitung im Betrieb ein. Sie sind der Überzeugung, dass eine konstruktive und interessenorientierte Konfliktbearbeitung möglich ist und ein entsprechendes Konfliktbearbeitungssystem wesentlich zum individuellen und wirtschaftlichen Wohlbefinden und zum Erfolg von Mitarbeitern und Betrieb beitragen wird.

Die Betriebspartner sind weiterhin davon überzeugt, dass die Methoden der Konfliktbearbeitung erlernbar sind und daher das Erlernen dieser Fähigkeiten nach Möglichkeit gefördert werden soll. Auch stimmen sie darin überein, dass innerbetriebliche Auseinandersetzungen möglichst eigenverantwortlich und damit intern gelöst werden sollen.

Im Hinblick darauf schließen die Parteien gemäß den §§ 86, 87 Abs. 1 Nr. 1 Betr.VG die nachfolgende Betriebsvereinbarung:

2.14.4.9 Dokumentation, Qualitätssicherung, Evaluation

Schon in der Entwicklungsphase des KMS sollte überlegt werden, wie die Fälle doku- 40
mentiert werden, wie die Qualität der Konfliktbearbeitung durch eine ständige Evaluation gesichert und verbessert werden kann.

2.14.4.10 Interne und externe Mediation

KMS werden in der Regel in der Kooperation von externen und internen Mediatoren 41
und Systemdesignern entwickelt. Dabei ist es das Ziel des Externen, die internen Mediatoren so zu stärken und auszubilden, dass sie ihre Aufgaben möglichst eigenständig bewältigen. Der Systemdesigner bildet mit den internen Verantwortlichen eine Rhythmus-Gruppe, in der die Internen den Takt aufnehmen und immer mehr übernehmen.

2.14.5 Der Prozess der Entwicklung und Implementierung

Mit den sechs Aspekten der Meta-Mediation und den zehn Elementen für ein Systemde- 42
sign wird nun in einem sorgsamen und systematischen Prozess für das Unternehmen ein passgenauer Entwurf für ein KMS erarbeitet, in der Praxis erprobt und in die Organisation implementiert. Dieser Prozess verläuft in vier Phasen, der Vorphase, der Entwicklungsphase, der Erprobungsphase und der Implementierungsphase.

2.14.5.1 Der Auftrag

Ziel der Vorphase ist die **Auftragsklärung** für die Entwicklung eines KMS. Nach der 43
Anfrage und ersten Vorgesprächen präsentiert der Systemdesigner Grundlagen und Verfahren der Erarbeitung eines KMS. Zumeist folgen noch weitere Gespräche mit den wichtigsten Konfliktanlaufstellen (Personalmanagement und Betriebsrat). Daraus wird ein Angebot erstellt und mit dem Auftraggeber diskutiert. Mit dem grundsätzlichen Beschluss des Unternehmens, ein KMS zu entwickeln, und der Annahme des Angebots ist der erste Meilenstein erreicht.

2.14.5.2 Die Entwicklung des Konzepts

44   Nun werden durch eine umfangreiche Beteiligungsorientierte Diagnose oder eine intensive Arbeit in einer **Pilotgruppe** die Spannungs- und Konfliktfelder analysiert, die bestehenden Formen der Konfliktregelung eruiert und bewertet und dann ein neues, erweitertes KMS entwickelt. In enger Abstimmung mit der Leitung werden ein Umsetzungsplan und ein entsprechendes Design erarbeitet. Dieses Ergebnis wird den verantwortlichen Leitungsgremien präsentiert. Mit einem Beschluss, der Leitung zu Entwurf und Design ist der zweite Meilenstein erreicht.

2.14.5.3 Die Erprobung in der Praxis

45   Wenn die Voraussetzungen im Unternehmen geschaffen sind, wird das KMS eine gewisse Zeit – meist ein Jahr – in der Praxis erprobt. Dabei werden die ersten Erfahrungen begleitet und supervidiert. Die Handhabbarkeit der Verfahrensregeln und des Handbuchs wird geprüft und bei Bedarf überarbeitet. Die Betriebsvereinbarung wird vorbereitet.

46   Zum Ende der Probezeit wird die Arbeit mit dem KMS evaluiert und das KMS entsprechend verändert. Wenn die Struktur des KMS und das Handbuch von der Leitung beschlossen und die Betriebsvereinbarung unterschrieben wurde, ist der dritte Meilenstein erreicht.

2.14.5.4 Die Implementierung

47   Jetzt geht es darum, die Mitarbeiter und Führungskräfte über das KMS zu informieren. Dies geschieht mit den üblichen Formen der internen Kommunikation, meist noch ergänzt durch eine große Kick-off-Veranstaltung. Die Conflict-Ressource-Management-Trainings für Führungskräfte werden im vereinbarten Umfang durchgeführt.

48   Wenn das KMS etabliert ist, werden Schritt für Schritt die Verbindungen mit Controlling, Qualitätsmanagement und Mitarbeiter- und Führungskräftequalifizierung ausgebaut. Je mehr das KMS Teil der Regelarbeit wird, um so stärker wird es ein Element der lernenden Organisation und erreicht sein Ziel, die Konfliktkosten zu senken, die Ergebnisse zu verbessern und ein positives Arbeitsklima zu entwickeln.

Schritte der Implementierung

1. Vorphase: Auftragsklärung und Vorbereitung

1. Vorgespräch zur Auftragsklärung.
2. Präsentation des Angebots vor Management und Konfliktanlaufstellen.
3. Auftragsverhandlung.
4. Vertragsgestaltung.

2. Entwicklungsphase: Erarbeitung eines passgenauen Konzepts

1. Arbeit mit einer Pilotgruppe:

   - Analyse der Spannungs- und Konfliktfelder – Konfliktlandkarte;
   - Untersuchung der bestehenden Konfliktregelungsstrukturen und -abläufe (obere Triade) A-B-Übung;
   - Berechnung der Konfliktkosten;
   - Arbeit mit dem Modell-Raster;
   - Erarbeitung eines Systemdesigns.

2. Die Erarbeitung des Umsetzungsplans (untere Triade).
3. Die Projekt-Struktur:

   - Projektstrukturplan;
   - Struktur des Handbuches.

4. Präsentation und Beschlussfassung.

3. Erprobungsphase: Die Integration in das System

1. Definition der Erprobungsphase – Struktur, Umgang, Tiefe, Zeit.
2. Ausbildung interne Mediatoren.
3. Praktische Erprobung, Reflexion der Erfahrungen.
4. Erarbeitung des Handbuches und der Betriebsvereinbarung.
5. Evaluation und Überarbeitung.
6. Präsentation und Beschlussfassung.

4. Implementierungsphase: Element einer lernenden Organisation

1. Kick-off und Information der Organisation.
2. Qualifizierung von Führungskräften.
3. Schaffung und Festigung der Strukturen – Betreuungssystem für die internen Mediatoren.
4. Integration in Struktur und Abläufe (Qualitätsmanagement, Mitarbeiterbefragung).
5. Berichtswesen.
6. Evaluation und Veränderung.

Abb. 10: Schritte der Implementierung

2.15 Kosten nicht bearbeiteter Konflikte

Literatur: Berner, W., Mehr Leistung durch den Abbau innerbetrieblicher Reibungsverluste, Praxishandbuch Unternehmensführung, Gruppe 3, 2000, 81–108; Berning, D., Konflikte kosten Unternehmen Geld – aber wieviel?, Sonderdruck Spektrum der Mediation zu Heft 23/2006; Studie von KPMG in Kooperation mit dem Lehrstuhl Controlling der Hochschule Regensburg und der Fachhochschule Bern, Konfliktkostenstudie – Die Kosten von Reibungsverlusten in Industrieunternehmen, KPMG 2009.

2.15.1 Grundsätzliches

1 Beim Thema Konfliktkosten taucht sofort das Bild einer Organisation auf, in der Menschen miteinander ein „Produktionsziel" verfolgen. Das können Profit-Unternehmen sein aber auch Non-Profit-Organisationen bis hin zu öffentlichen Einrichtungen wie Behörden, Schulen und Universitäten.

2 Kann es Konfliktkosten im privaten Bereich überhaupt geben? Da, wo Konflikte zB in einem gerichtlichen Verfahren landen, ist es offenkundig und damit ein zusätzlicher Fokus in diesem Beitrag.

3 In wirtschaftlich schwierigen Zeiten steigt in Unternehmen die Kostensensibilität. Auch die öffentlichen Haushalte stehen unter Druck. Die Sparschraube wird überall angezogen. Bewusstsein oder Transparenz für die effektiven Konfliktkosten jedoch fehlen meist. Damit verschenken Unternehmen – von anderen Organisationen ganz zu schweigen – einen **zentralen Gestaltungsansatz**. Streitigkeiten berühren und belasten sowohl Menschen als auch Unternehmen in vielfältiger Weise. Sie beeinträchtigen das Wohlbefinden der Betroffenen mit negativen Folgen für Ressourcen und Betriebsklima. Wo und wann immer Menschen zusammenarbeiten, treffen unterschiedliche Persönlichkeiten, Arbeitsweisen und Meinungen aufeinander. Reibungsverluste in Form von Konflikten in Organisationen sind somit ganz natürlich. Konflikte wirken sich dabei bereits auf die Zusammenarbeit von Menschen aus, lange bevor sie eskalieren oder offen zutage treten. Gleichzeitig sind Konflikte nicht nur anstrengend, sondern kosten auch Arbeitszeit und Geld.

4 Konflikte sind andererseits alltäglich und nützlich, wenn sie als „Veränderungsmotor" und Hinweis auf Verbesserungspotentiale verstanden werden. Das erleben Mediatoren immer wieder bei Ihrer Arbeit. Auch wenn im Folgenden Mediation wenig erwähnt wird: Es geht immer um die Ausgangssituation von Konfliktbearbeitung, nämlich den Konflikt. So zählt Mediation zu einer der Maßnahmen, mit denen Konfliktkosten begegnet werden kann. Insgesamt ist der Fächer breiter und erfordert das gesamte Konfliktmanagement.

Erst in jüngster Zeit hat sich der Blick auf die Konfliktkosten intensiviert und damit ei-   5
ne Diskussion entfacht, die bis heute andauert. Konfliktmanagement erfährt seine zunehmende Akzeptanz daraus.

Kosten möglichst gering zu halten und damit auch die Kosten von Reibungsverlusten zu   6
minimieren, wird für Unternehmen angesichts des zunehmenden Wettbewerbs, des
schwierigen konjunkturellen Umfelds sowie der veränderten Kreditkonditionen auf den
Finanzmärkten immer wichtiger.

2.15.2 Dimension Konfliktkosten

Schon immer war klar, dass Auseinandersetzungen vor Gericht **Prozesskosten** zur Folge   7
haben und diese Kosten konfliktbedingt sind. Ob das allerdings wirtschaftlich wirklich
nachteilig ist, wurde lange infrage gestellt. Seit ADR[1] und daraus Mediation als alternative Art des Umgangs mit Konfliktlagen bekannter wird, sind die Blicke zumindest
schon einmal geschärft auf die Frage, ob Mediation nicht billiger als ein Prozess ist.

2.15.2.1 Konfliktkosten in Organisationen

„In der Regel können die wenigsten Unternehmen Konfliktkosten konkret benennen,   8
geschweige denn beziffern. Lediglich die durch Mitarbeiterfluktuation entstehenden
Kosten sind den meisten Unternehmen bekannt (93 Prozent). Über die durch Krankheit
verursachten Kosten in Form von Fehlzeiten oder eingeschränkter Leistungsfähigkeit
können drei Viertel der Unternehmen Auskunft geben. Nur jedes zweite Unternehmen
kann konkret sagen, wie hoch die durch kontraproduktives oder gar betriebsschädigen-
des Verhalten von Mitarbeitern verursachten Kosten sind. Und am wenigsten wissen die
Firmen eigenen Angaben zufolge über die Kosten, die ihnen durch Kundenfluktuation
und entgangene Aufträge entstehen. Hierzu kann nicht einmal die Hälfte der Befragten
Angaben machen."[2]

Bis etwa Mitte 2005 rätselte die interessierte Fachwelt, mit welchen EUR-Werten man   9
in Bezug auf Konfliktkosten operieren müsse.

Die **österreichische Wirtschaftskammer**[3] hat in 2006 eine Studie erstellen lassen, nach   10
der das Einsparpotential der auf Konflikte zurückzuführenden Kosten auf 19% der Gesamtkosten geschätzt wurde. 82% des Verbesserungspotenzials wurden im Personalbe-
reich gesehen, nämlich 52% durch die Reduktion von Krankenstandstagen und 30%
durch eine Verringerung der Fluktuation und dem damit verbundenen Wegfall von Ein-
arbeitungskosten neuer Mitarbeiter.

Die **KPMG-Experten** unterscheiden insgesamt neun Konfliktkostenkategorien, die sich   11
in drei Ebenen gliedern: Person, Team und Organisation. In ihrer Studie wurden in jedem zweiten Unternehmen die jährlichen Kosten für aufgrund von Konflikten gescheiterte oder verschleppte Projekte mit mindestens 50.000 EUR beziffert, bei zehn Prozent
rechnet man sogar mit 500.000 EUR oder mehr. Eine differenzierte Betrachtung enthält
diese Studie nicht.

Die neuesten Zahlen stammen aus der **Gallup-Studie** 2010:[4] Der deutschen Wirtschaft   12
entstehen durch fehlende oder nur geringe emotionale Bindung der Beschäftigten zu ihrem Unternehmen Kosten in Höhe von 3,7 Milliarden EUR im Jahr – nur aufgrund von
Fehlzeit (15 Millionen Fehltage). Würde man bei einem Unternehmen mit der untenste-

---

1 Abkürzung für „Alternative Dispute Resolution".
2 Eine Feststellung von KPMG nach Veröffentlichung der Studie 2009 http://www.kpmg.de/Presse/14276.htm..
3 Konfliktkosten – Neue Wege der Ergebnisverbesserung (Studie 2006), Österreichische Wirtschaftskammer
   http://www.wkw.at/docextern/ubit/wirtschaftsmediatoren/Studie_Konfliktkosten.pdf.
4 nink, Kosten durch Fehlzeit – Gallup 2011.

henden Anzahl an Mitarbeitern die Fehlzeit auf die Größenordnung der Beschäftigten mit hoher emotionaler Bindung an ihr Unternehmen reduzieren (5,4 Tage pro Jahr), so hätte dies eine Kostenentlastung in folgender Höhe zur Folge:

Mitarbeiterzahl	jährliche Einsparung
500	55.000,00 EUR
2.000	220.000,00 EUR
30.000	3.300.000,00 EUR

13 Eine andere Schätzung lautet: Die **Fluktuationskosten** betragen pro Arbeitsplatz im Schnitt 100 bis 150% eines Jahresgehalts.

14 Nach Studien des **Hernstein-Instituts** sind in Deutschland ca. 15% der täglichen Arbeitszeit in Konflikten gebunden. Jeder Mobbing-Fall kostet das Unternehmen durchschnittlich 25.000 bis 50.000 EUR. Einbezogen hierbei sind Kosten für Fehlzeiten, Arbeitszeit für versuchte Problemlösungen, Kosten für die Umsetzung von Problemlösungen, zB Versetzungen oder Abfindungen, Neubeschaffung und Einarbeitung von Ersatzmitarbeitern sowie die Kosten rechtlicher Auseinandersetzung. Kosten für Minderleistungen (geringere Servicequalität u.a. können gerade in Dienstleistungsunternehmen enorm hoch sein) sind hier aber noch nicht berücksichtigt.[5]

15 Gallup hat – bezogen auf die US-Wirtschaft folgende Werte veröffentlicht:

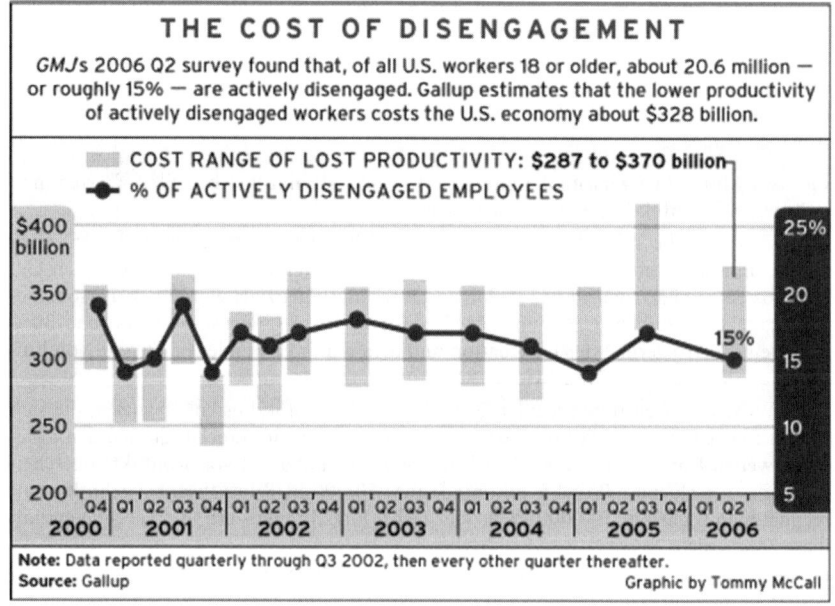

Es geht bei dieser Studie „nur" um das Engagement von Mitarbeitern und die „Kosten", die auf mangelnden Einsatz zurück zu führen sind. Für die Bundesrepublik hatte Gallup den wirtschaftlichen Schaden in 2006 auf 241 Mrd. EUR geschätzt!

---

5 „Konfliktkosten für das Unternehmen" http://www.ifb.de/mobbing-konflikt-betriebsrat/konfliktkosten.html.

Markus Sikor[6] hat die unterschiedlichen Erhebungen wie folgt zusammen gestellt: 16

- 10 bis 15 % der Arbeitszeit in jedem Unternehmen werden für Konfliktbewältigung verbraucht;

- 30 bis 50 % der wöchentlichen Arbeitszeit von Führungskräften werden direkt oder indirekt mit Reibungsverlusten, Konflikten oder Konfliktfolgen verbracht;

- Fehlzeiten aufgrund betrieblicher Ängste und Mobbing am Arbeitsplatz belasten Unternehmen jährlich mit ca. 30 Milliarden EUR;

- die Kosten pro Mobbingfall betragen im Durchschnitt 60.000 EUR;

- Fluktuationskosten, Abfindungszahlungen, Gesundheitskosten aufgrund innerbetrieblicher Konflikte belasten Unternehmen jährlich mit mehreren Milliarden EUR;

- 1 % der Mitarbeiterkosten p.a. gehen für unverarbeitete Konflikte verloren;

- ca. 25 % des Umsatzes hängen von der Kommunikationsqualität ab.

Die Konfliktkosten haben eine Dimension erreicht, die niemand mehr unbeachtet lassen   17
kann. Nicht umsonst hat KPMG als Dienstleister der Großunternehmen mit seiner Studie den Finger in die Wunde gelegt. Seit 2009 reagiert die deutsche Industrie gut sichtbar im Engagement des „Round Table Mediation und Konfliktmanagement der deutschen Wirtschaft".[7]

2.15.2.2 Konfliktkosten im privaten Bereich

Erbfälle: Etwa 200–300 Millionen EUR werden derzeit jährlich in der Bundesrepublik   18
vererbt. Viele Erbschaften führen zu Konflikten. Über deren Konfliktkostendimension gibt es bis heute keine Untersuchungen.

Baustreitigkeiten: Ein anderes Feld, auf dem zivilprozessuale Auseinandersetzungen üb-   19
lich sind und bei dem jeder Leser plastisch vor Augen hat, was diese Konflikte an Eingriff in das Leben bedeuten – nicht nur finanziell –, sind Baustreitigkeiten. Auch hierzu gibt es bislang keine Konfliktkostenerhebung.

Auf die Auflistung weiterer Bereiche sei an dieser Stelle verzichtet.

2.15.3 Begriff Konfliktkosten

Volkswirtschaftliche Konfliktkosten sind solche wirtschaftliche Nachteile, die einer   20
Volkswirtschaft aufgrund von Konflikten entstehen. Typische Kostenverursacher in diesem Bereich sind **Kriege**, Kriminalität sowie Streiks, die sich auf relevante Indikatoren einer Volkswirtschaft auswirken.

Kosten stehen **betriebswirtschaftlich** gesehen für den bewerteten Verbrauch an Produk-   21
tionsfaktoren in Geldeinheiten, die zur Erstellung der betrieblichen Leistung in einer Abrechnungsperiode notwendig sind. Der Begriff „Kosten" in Konfliktkosten ist somit betriebswirtschaftlich falsch, weil es sich nicht um gewollte, zielorientierte Aufwendungen handelt. Um das Verständnis der Begriffsdiskussion zu fördern, soll vorab die betriebswirtschaftliche Begrifflichkeit in seinen Ansätzen wiedergegeben werden.

Werteorientierter Kostenbegriff: Kosten stehen – betriebswirtschaftlich gesehen – für   22
den bewerteten Verbrauch an Produktionsfaktoren in Geldeinheiten, die zur Erstellung der betrieblichen Leistung in einer Abrechnungsperiode notwendig sind. Per **betriebswirtschaftlicher Definition** ist somit unter Kosten der ordentliche, betrieblich bedingte, bewertete Verzehr von Gütern und Dienstleistungen in einer Periode zu verstehen oder

---

6 http://www.markus-sikor.de/blog/2010/05/21/konfliktkosten.
7 http://rtmkm.de.

anders formuliert: Der Werteinsatz von Gütern und Dienstleistungen zur Leistungserstellung.

Pagatorische Kosten: Pagatorische Kosten sind im betriebswirtschaftlichen Rechnungswesen die Kosten, die durch reale Auszahlungsströme verursacht werden.

Entscheidungsorientierte Kosten: Der entscheidungsorientierte Kostenbegriff wird verwendet, um Handlungsalternativen zu bewerten, deren Realisierung diese Kosten auslösen würde. Anders als bei dem wertorientierten Kostenbegriff sollen hier keine Opportunitätskosten berücksichtigt werden, da diese allenfalls als verdrängter Deckungsbeitrag in die Bewertung einfließen.

Opportunitätskosten: Opportunitätskosten (selten auch Alternativkosten, Verzichtskosten oder Schattenpreis) sind entgangene Erlöse, die dadurch entstehen, dass vorhandene Möglichkeiten (Opportunitäten) zur Nutzung von Ressourcen nicht wahrgenommen werden. Allgemein: Opportunitätskosten sind der entgangene Nutzen, der bei mehreren Alternativen durch die Entscheidung für die eine und gegen die andere Möglichkeit entsteht.

23 Der pagatorische Kostenbegriff ist eigentlich für die Betrachtung unbedeutend, wäre da nicht die pagatorische Sicht vieler Finanzverantwortlicher wenn es um **Geldausgabe für Konfliktschlichtung** geht. Das Argument ist dann: Es wird Geld für etwas ausgegeben (zB eine Mediation), deren wirtschaftlicher Wert vorher nicht fassbar ist – und damit nicht gerechtfertigt werden kann.

24 Mit Ausnahme der Opportunitätskosten unterstellen alle Definitionen, dass die Kosten sinnvoll sind, weil sie durch den Betrieb veranlasst sind. Die Beschäftigung von Personal löst unzweifelhaft auch dann Kosten aus, wenn es schlecht motiviert arbeitet, hohe Fehlzeiten aufweist etc. Wenn also Ressourcen, die Kosten sind, nicht optimal genutzt werden, hat das erst einmal mit den entstandenen Kosten betriebswirtschaftlich nichts zu tun. Opportunitätskosten erweitern den Blick, weil nicht beabsichtigte Folgen des Geschehens einbezogen werden (müssen). Da jedoch Konflikte normal sind und damit auch die dadurch verursachten „Kosten", ist der Ansatz, unter dem das Geschehen auch betriebswirtschaftlich zu betrachten ist, ein anderer.

2.15.3.1 Konfliktkosten in Organisationen

25 Ganz allgemein versteht die Fachwelt unter **Konfliktkosten** solche in Geld messbaren Nachteile, die Unternehmen „erwirtschaften", die Konflikte nicht bearbeiten mit der Folge, Ressourcen ungenutzt zu lassen oder zu verschwenden. Die Begriffsinhalte sind allerdings weder eindeutig noch einheitlich.

26 KPMG[8] unterscheidet erst einmal in funktionale (dem Unternehmen zuträgliche und unvermeidbare) und dysfunktionale (dem Unternehmen abträgliche und vermeidbare) Konfliktkosten. Das Ergebnis einer Subtraktion ergibt dann das Einsparpotential (das sind die „richtigen" Konfliktkosten). Konfliktkosten werden als „jede geplante und besonders jede ungeplante Störung der gewinngerichteten Ressourcenverwendung im Unternehmen" definiert. Opportunitätskosten sind somit von dieser Sichtweise nicht erfasst.

27 Die **österreichische Wirtschaftskammer** hatte in 2006 die Frage gestellt, wieviel durch positiven Umgang mit Konflikten eingespart werden kann. Untersucht wurden die Bereiche Recht, Personal, Kunden- und Lieferantenbeziehungen. Hier fallen also nur definierte Felder in die Betrachtung des Entstehens von Konfliktkosten – eine begriffliche Fassung war den Autoren damit entbehrlich.

---

8 KPMG-Studie 2009.

Berner unterscheidet zwischen acht Aspekten:[9]   28

„1. *Direkte Konfliktkosten: Die Vollkosten für die Arbeitszeit der beteiligten Mitarbei-*
ter, die sie entweder für direkte Auseinandersetzungen benötigen oder für das Nachsin-
nen über den Konflikt und das Aushecken der nächsten Spielzüge oder auch dafür, an-
deren von der Sache zu erzählen und sich ihre Unterstützung zu sichern.
2. *Opportunitätskosten:. Hierzu zählt zum einen der entgangene Nutzen, der hätte ge-*
schaffen werden können, wenn die beteiligten Mitarbeiter in der entsprechenden Zeit,
statt Grabenkriege zu führen, etwas Nützliches getan hätten, zum anderen – oft noch
gravierender – die zusätzlichen Erlöse, die das Unternehmen hätte erzielen können,
wenn Entscheidungen schneller, besser, sauberer getroffen werden.
3. *Unnötige Ausgaben oder Mehrausgaben, die infolge einer ungeeigneten Konfliktbe-*
wältigung entstehen, wie etwa die Einschaltung externer Berater, die keine neuen Er-
kenntnisse bringen, sondern nur den eingeschlagenen Weg bestätigen sollen.[10]
4. *Abstrahleffekte auf nachgeordnete Ebenen und Verbündete. Wie der Konfliktfor-*
scher Friedrich Glasl beschrieben hat, haben eskalierende Konflikte eine Tendenz zur
Ausweitung der Kampfarena: Die Parteien suchen Verbündete und fordern Gefolg-
schaft ('Wer nicht für mich ist, ist gegen mich!'). Die Folge ist, dass sich im Laufe der
Zeit auch die Zusammenarbeit zwischen Personen und Bereichen verschlechtert, die mit
dem Konflikt eigentlich gar nichts zu tun haben.
5. *Konflikt- oder schadensbegrenzende Maßnahmen wie zB die Kosten für die Ein-*
schaltung eines Konfliktmoderators oder eines Rechtsanwalts, aber zum Beispiel auch
die vorsorgliche Investition in Not- oder Alternativlösungen im Rahmen eines verant-
wortungsbewussten Risikomanagements.
6. *Belastung der künftigen Zusammenarbeit: Je heftiger und verletzender ein Konflikt*
ausgetragen wurde, desto mehr wird davon auch das Verhältnis der beteiligten Perso-
nen beschädigt, und zwar oft dauerhaft und manchmal irreparabel. Das ist vor allem
dann fatal, wenn eine gute Zusammenarbeit der Betreffenden im Interesse des Unter-
nehmens zwingend erforderlich ist, wie zum Beispiel zwischen den Mitgliedern eines
Vorstands oder zwischen den Partnern in einer Wertschöpfungskette.
7. *Folgeschäden: Von langwierigen, destruktiv ausgetragenen Konflikten werden oft*
Dritte in Mitleidenschaft gezogen: Mitarbeiter, aber auch Kunden werden frustriert,
was sich in einer erhöhten Abwanderungsbereitschaft niederschlägt, Lieferanten werden
'sauergefahren`, interne Kunden werden nicht optimal bedient, so dass sie ihre eigene
Leistung nicht optimal oder nur mit zusätzlichem Aufwand erbringen können. Dieser
Kostenfaktor lässt sich oft recht gut bestimmen: Man muss nur den gleichen Betrag,
den die Gewinnung eines neuen Kunden kostet, für jeden abgewanderten Kunden ein-
setzen.
8. *Kulturveränderung hin zu einem politischen Umfeld. Wenn ein Konflikt im Topma-*
nagement größere Kreise gezogen und lange genug angehalten hat, dann hat er die Kul-
tur möglicherweise dauerhaft verändert. Nicht nur die Beteiligten selbst, sondern auch
ihr näheres und weiteres Umfeld werden oft vorsichtiger, taktischer und zynischer, was
sich zB in übertriebener Absicherung (noch einmal passiert mir das nicht!) niederschla-
gen kann."

Die unterschiedlichen Begrifflichkeiten sind idealistische Orientierungen und führen nur   29
teilweise zu „gefühlten" Werten (Berner geht es in erster Linie nicht darum, Konflikt-

---

9 Berner, Mehr Leistung durch den Abbau innerbetrieblicher Reibungsverluste, Praxishandbuch Unternehmensführung, Gruppe 3, 2000, 81–108.
10 Der Auszug aus dem Zitat ist nicht zu Ende geführt.

kosten erfassen zu wollen). Das Vorgehen hat den Vorteil, die Lage in der Organisation mit dem kritischen Blick zu betrachten, wo Schwachstellen existieren könnten – im Sinne von „Einsicht ist der erste Weg zur Besserung".

30 Es gibt einen Weg, die konfliktbedingten Kosten für jede Organisation konkret zu ermitteln. Es lassen sich die Werte des Jahresabschlusses – vorzugsweise der Gewinn- und Verlustrechnung – daraufhin untersuchen, ob Erlöse und Aufwendungen bezogen auf die Organisation angemessen sind. Haben sich die Kosten gegenüber den Vorjahren statistisch verschlechtert, gilt erst einmal die Hypothese, dass dort Konfliktkosten aufgetreten sind. In gleicher Weise kann man über die Statistik die Ertragsseite kalkulieren. Auch hier gilt, wenn die Indikatoren einen höheren Umsatz ausweisen, liegen Opportunitätskosten vor. Das wurde an zwei Beispielen vorgestellt.[11] Diese Konfliktkostenermittlung nimmt jede Illusion, dass die Konfliktkostenschätzungen reflektierter Manager überzogen seien. In einem Beispiel sind die Kosten nur um gut 10% gestiegen; gleichzeitig ist der Umsatz allerdings um 17% gesunken, so dass die Ergebnisverschlechterung 27% betrug. „Das persönliche Leid, die Ängste und die häuslichen Auseinandersetzungen [werden] bei dieser Darstellung nicht in Euro bewertet".[12]

2.15.3.2 Konfliktkosten im privaten/persönlichen Bereich

31 Auch im privaten Bereich können die Konfliktkosten am besten durch den Blick auf die Relation Ressourceneinsatz – Erfolg erfasst werden. Das bedeutet für die oben erwähnten Erbschaftsstreitigkeiten: Die hohen Werte haben bei einer Auseinandersetzung vor Gericht auch hohe Prozesskosten zur Folge. Die Kostengegenüberstellung Prozess zu Mediation und Schiedsverfahren errechnet der interessierten Kundschaft ein Konfliktkostenrechner.[13] Dieser wirft aber nur die reinen Verfahrenskosten aus. Hinzu kommen weitere Nachteile, die der Zeitfaktor mit sich bringt. Zieht sich die Auseinandersetzung über Jahre hin, was in diesen Fällen keine Seltenheit ist, treten am Nachlass Veränderungen auf, die regelmäßig wirtschaftlich nachteilig sind. Verändert sich etwa die Verkaufsmöglichkeit einer Immobilie wegen Deflation oder leidet ein Familienunternehmen, weil die Geschäftsführung in die Querelen einbezogen ist, liegen sowas wie Opportunitätskosten vor, die weit über den reinen Verfahrenskostennachteil hinaus gehen.

32 Der Gedanke, der im betrieblichen Bereich hinter den Opportunitätskosten steckt, lässt sich anhand der privaten Konflikte mit der Dimension der Reduzierung der Ressource Mensch mit seinen Kräften gut verdeutlichen. Dazu ein **Beispiel:**

Freiberufler erbringen ihre Dienstleistung idR persönlich für ihre Auftraggeber, so dass deren Einschränkung in ihrer Leistungsfähigkeit regelmäßig unmittelbar wirtschaftliche Folgen hat. Steuerberater Hausmann lebt in einem Trennungs- und Scheidungskonflikt mit seiner Ehefrau. Sie haben drei gemeinsame Kinder. Hausmann sieht sich in verschiedene Prozesse verwickelt, die seine Noch-Ehefrau angezettelt hat. Es geht um die Nutzung des gemeinsamen Einfamilienhauses, um Unterhaltszahlungen für Ehefrau und Kinder sowie Zugewinnausgleich in Millionenhöhe. Hausmann sieht die Insolvenz auf sich zukommen. Tag und Nacht beschäftigt ihn diese Situation und er überlegt, was er tun kann, um die Lage in seinem Sinne zu verändern. So steht er in intensivem Kontakt mit seinem Rechtsanwalt, der ihn dann allerdings auch immer wieder mit unangenehmen Überraschungen überfällt, die sich in den Schriftsätzen seiner Ehefrau finden. Hat Hausmann bis zur Trennung werktäglich ca. zehn Stunden konzertiert in der Praxis gearbeitet, ist er dazu jetzt schon physisch gar nicht mehr in der Lage. Er hat einen Bandscheibenvorfall erlitten und hält sich mit Schmerzmitteln und Antidepressiva über Wasser.

---

11 Berning, Konflikte kosten Unternehmen Geld – aber wieviel?, Sonderdruck Spektrum der Mediation zu Heft 23/2006.
12 Christian Bähner, Mitglied der Fachgruppe MiO/W im BM.
13 http://mediation-works.de/kostenrechner/.

Dass die **Leistungsfähigkeit** dieses Steuerberaters deutlich eingeschränkt ist, liegt auf der 33 Hand. Dass seine **Lebensqualität** gegen null geht ist auch offensichtlich. Wenn er allerdings seine Zeit in Arztbesuche und physiotherapeutische Behandlungen investieren muss, also Zeiten, in denen er keinen Umsatz in seiner Praxis machen kann, haben wir so was wie Opportunitätskosten. Die persönliche Situation des Steuerberaters hat unmittelbare Auswirkungen auf sein Unternehmen. Seine **Ressource**, sich als Unternehmer einbringen zu können, ist stark reduziert. Die Atmosphäre, die er in seiner persönlichen Betroffenheit um sich herum verbreitet, hat Folgen für die Stimmung in seiner Kanzlei. Das Beispiel macht deutlich, in welchem Umfang private Konflikte Konfliktkosten zur Folge haben, die weit über das hinausgehen, was die reine Bearbeitung des Konflikts angeht.

2.15.4 Konfliktbegriff im Kontext Konfliktkosten

KPMG hat seinen Konfliktkostenansatz an einen eigenen Begriff von Konflikt gekop- 34 pelt: Konflikte im Sinne der Studie sind „jede Planabweichung oder Plangefährdung bei der Umsetzung der wirtschaftlichen Ziele eines Unternehmens durch den Einsatz seiner Ressourcen, vor allem den Einsatz von Arbeitszeit". Mit dieser Definition koppelt KPMG jede Planabweichung an die Konsequenz einer Konfliktlage und hat sich damit von der Abweichungsursache gelöst.

Üblich ist der Konfliktbegriff, der die Situation der Menschen im Konflikt beschreibt 35 (vgl Kap. 2.4).

Gibt es einen guten Grund, einen **separaten Konfliktbegriff** einzuführen, wenn es um 36 Konfliktkosten geht? Im Zentrum der Betrachtung steht der Mensch, der nicht operationalisiert werden muss (im Sinne einer anonymen Funktion im Leistungsprozess), um Konfliktkosten Konflikten zuordnen zu können. Im Gegenteil: Auch für die notwendige Reaktion auf Situationen, in denen Konfliktkosten anfallen, muss der Mensch im Fokus stehen. Das KPMG-Modell unterstellt, dass der Plan richtig ist. Das mag auf Großunternehmen vielleicht zutreffen, gilt aber für den Mittelstand nicht.

Richtig ist sicherlich, mit der Planabweichung zu operieren, um Handlungsfelder aufzu- 37 tun. Dafür ist es ausreichend, die Tatsache der Abweichung des Ist vom Soll festzustellen.

2.15.5 Konfliktkosten im Organisationsalltag

Die Wiedergabe des Diskussionsstandes soll abgeschlossen werden durch eine Betrach- 38 tung zur **praktischen Relevanz**. Das Arbeitsfeld ist – wie bereits ausgeführt – noch neu und in der Praxis nur in Ansätzen erprobt. Die bekannten Konzepte müssen den Praxistest noch bestehen.

Drei Aspekte sollen hier genannt sein: 39

1. **Erkenntnis** und Einsicht der Organisationsleitungen.

2. **Botschaft** in die Organisation hinein.

3. Anlass zum weiteren **Handeln.**

Zu 1: Der erste Schritt ist sicherlich, dass die Leitungen von Unternehmen und anderen 40 Organisationen anerkennen, dass es Konfliktkosten in ihrem Verantwortungsbereich gibt, deren Höhe betriebswirtschaftlich unvertretbar hoch ist. Aus dieser Erkenntnis ergibt sich der Auftrag, etwas gegen die Konfliktkosten zu unternehmen. Das Konfliktmanagement geht in 3 Richtungen:

- ■ **Vergangenheitsorientiert** als Beleg für die Höhe der Konfliktkosten in einer Periode.

- Vergangenheitsorientiert aber aktuell, indem ein Controlling **unterjährig** mit Soll-Ist-Werten arbeitet und so die Bereiche erkennt, in denen Konfliktarbeit gefordert ist (zur Vermeidung weiterer Konfliktkosten in diesem Bereich).

- **Aktuell und vorbeugend** zur Verhinderung von Konflikten bzw zeitnahem Eingreifen (zB Konfliktmanagement und Ressourcenscout).

41   Zu 2: Hat die Geschäftsführung belastbare Werte zu den Konfliktkosten in der eigenen Organisation, die Grundlage für künftiges Handeln sind, bedeutet das den Einstieg in ein Konfliktmanagement, das für die Organisation in der Regel neu ist. Sowohl die Erkenntnis der Geschäftsführung als auch das Reden darüber verändern die **Organisationskultur** unter Umständen grundlegend. Diese Veränderung werden die Mitarbeiter nur dann als positiv erleben, wenn die Geschäftsleitung **Transparenz** herstellt. In mitbestimmten Unternehmen ist die **Verteilungsgerechtigkeit** ein permanentes Thema zwischen Geschäftsführung und Mitarbeitervertretung; in anderen Organisationen ist es auch dann ein Thema, wenn darüber nicht offen gesprochen wird. Wenn jetzt die Botschaft der Organisationsleitung dahin geht, dass etwa 20 % der Kosten/Ausgaben eingespart werden können, weil sie konfliktbedingt anfallen, steht das in einem unmittelbaren Zusammenhang mit dieser Frage von Verteilungsgerechtigkeit: Wem kommen die ersparten Aufwendungen zugute?

42   Können es alle Beteiligten gemeinsam erreichen, dass die Konfliktkosten sinken, wird dadurch natürlich zuallererst eine Stabilisierung des Unternehmens am Markt und damit der **Arbeitsplatzsicherheit** erreicht. Darüber hinaus werden finanzielle Ressourcen frei, die auch für **Investitionen** im Unternehmen zur Verfügung stehen. Geht die Geschäftsleitung mit dem Appell ins Unternehmen, die Senkung der Konfliktkosten zu unterstützen, kommuniziert sie am besten auch gleich, was sie mit den frei werdenden finanziellen Ressourcen zu tun gedenkt. Denn das Risiko, dass diese allein in Gewinnmaximierung fließen, wird die Belegschaft demotivieren, wobei da allein ein Verdacht reicht.

43   Zu 3: Nach dem Entschluss der Organisationsleitung sowie der entsprechenden Kommunikation in die Organisation muss ein **Konfliktmanagement** folgen. Zum Konfliktmanagement äußern sich andere Beiträge (vgl Kap. 2.14, 2.16 und 2.17). Wer das Konfliktmanagement unter dem Fokus der Konfliktkosten angeht, wählt einen sehr speziellen Zugang. Es geht dann darum, solche Bereiche gezielt anzugehen, in denen Konfliktkosten entstehen, wo also Ressourcen nicht ergebnisorientiert genutzt werden.

2.15.5.1 Konfliktkosten – akzeptierte Werte?

44   Während das Management der deutschen Industrieunternehmen inzwischen weiß, dass das Investment in Konfliktmanagement sinnvoll ist und sich wirtschaftlich rechnet, tut sich der deutsche **Mittelstand** unverändert schwer. KPMG hat mit seiner Konfliktkostenstudie viel dazu beigetragen, dass Großunternehmen beim Thema Konfliktkosten nicht mehr weggucken. Das Management mittelständischer Unternehmen ist dagegen nur selten bereit, dieses Thema wirklich an sich heranzulassen. Man kann nur vermuten, dass die Menschen in den **Geschäftsführungen** ganz persönlich befürchten, in die Konfliktlagen involviert zu sein, die solche hohen „Kosten" verursachen. Wenn Wirtschaftsprüfer im Managementgespräch auf Konfliktkosten hinweisen, die zu Drohverlustrückstellungen in der Handelsbilanz geführt haben und in diesem Zusammenhang die Möglichkeit aufzeigen, dass die Geschäftsführung etwas dagegen unternehmen kann, passiert nichts. Auch die Aufsichtsräte sind insoweit nur halbherzig aktiv mit dem Ergebnis, dass sich nichts ändert. Wenn diese Geschäftsführungen mit der Situation ganz gut leben, dann deshalb, weil sie sich einreden, dass ihr Unternehmen besser dasteht als der Schnitt. Ein Hingucken findet nicht statt – von einer exakten Analyse,

wie hoch die Konfliktkosten tatsächlich sind, ganz zu schweigen. Insofern ist es von Bedeutung, wie sich diese Manager erreichen lassen.

Eine große Hilfe ist ganz sicher die Studie von KPMG, in der die Bereiche benannt sind, 45 in denen typischerweise Konfliktkosten auftreten. Der detaillierte Fragebogen lädt ein zum virtuellen Gang durchs Unternehmen, der dann bei entsprechender Bereitschaft sehr schnell die Schwachstellen erkennen lässt. Es bleibt bei dieser Vorgehensweise allerdings immer bei **Schätzungen**, deren Sicherheitsgrad angezweifelt werden kann. Vermutlich wird erst der Druck am Markt die Einsicht bringen.

Eine **Motivation zum Handeln** liegt bereits vor, wenn Konfliktkosten regelmäßig ge- 46 messen und vergleichbar gemacht werden. Das kann über eine spezielle Aufbereitung der Jahresabschlusswerte geschehen. Es ist auch möglich – und zwar sogar unterjährig – über den Ansatz von KPMG, Planzahlen im Rahmen der Überwachung durch das Controlling zur Aufdeckung der dysfunktionalen Konfliktkosten zu verwenden, um so zu den Interventionsbereichen zu gelangen. Entscheidende Vorarbeit ist, die unternehmensindividuellen Sollwerte zu definieren. Hilfreich können für die Ermittlung der unternehmensindividuellen Werte mE die Bewertungsvorschriften nach IAS/IFRS sein. So geben etwa die §§ 12 ff IAS 2 eine gute Orientierung zur **Findung von Sollwerten** bei der Herstellung von Produkten. Im Übrigen ergänzen natürlich Benchmark und Branchenkennzahlen die Sollwerte-Findung.

2.15.5.2 Konfliktkosten – wo?

Die KPMG Konfliktkostenstudie identifiziert neun verschiedene Bereiche, in denen 47 Konflikte aufzufinden sind:

Auf der Ebene der Person:

- Mitarbeiterfluktuation,
- Krankheit,
- kontraproduktives Verhalten.

Auf Team-Ebene:

- Kundenfluktuation,
- Mängel in der Projektarbeit,
- entgangene Aufträge.

Auf Organisations-Ebene:

- Über- und Unterregulierung von Organisationen,
- Verbesserungsbedürftige Anreizsysteme,
- Arbeitsrechtliche Sanktionen.

2.15.5.3 Konfliktkosten – Indikatoren

An Indikatoren seien beispielhaft genannt: 48

- Rechtsstreitigkeiten,
- zunehmende Fluktuation oder innere Kündigung,
- Fehlzeiten,
- Krankheit und Stress (burn out),
- abnehmende Produktivität einzelner oder ganzer Teams,
- Arbeitsbelastung der Manager für Konflikte und ihre Konsequenzen,
- unterschiedliche Wertvorstellungen,

- Unzufriedenheit mit der Leistung anderer,
- Nachlässigkeit im Umgang mit Material und Technik.

2.15.5.4 Maßnahmen

49 Werden Konfliktkosten regelmäßig gemessen und vergleichbar gemacht, schließt sich die Frage an, welche Interventionen sinnvoll sind, um Fortschritte zu erzielen. Wie zuvor schon ausgeführt, müssen die Konfliktkosten identifiziert, quantifiziert und, sofern sie – nach der Terminologie von KPMG – dysfunktional sind, durch ein wirksames Konfliktmanagement reduziert werden. Vor einem Konfliktmanagement ist somit das **Konfliktkosten-Controlling** ein erster Schritt.

50 Das so entstehende umfassende Konfliktkostenmodell, der „Circle of Conflict", ist visualisierbar und ermöglicht innovative und dynamische Methoden zur Messung, Berechnung und Reduzierung von Konfliktkosten. So forscht dazu etwa das ZfKKf[14] mit der Orientierung, das Konfliktkostenmodell von KPMG als zentralen Baustein in einem ganzheitlichen Konfliktkosten-Controlling werden zu lassen. Dies soll dann ermöglichen, dass Konfliktkosten **systematisch gemanagt** und gesteuert werden können.

51 Hier eine stichwortartige kurze Auflistung konkreter Maßnahmen:

- Führungskräfteschulung zu Konfliktkosten,
- Mediative Kompetenz und professionelles Konfliktmanagement der Führungskräfte,
- Konzepte wirksamer Konfliktprophylaxe,
- Konfliktkostenanalyse,
- Konfliktkosten-Controlling (Frühwarnsystem),
- Konflikte effizient und effektiv lösen zB durch Mediation und andere Konfliktgespräche, Konfliktmoderation u.a.,
- Orientierung: „Der Mitarbeiter muss wissen, was zu tun ist und wo seine Ziele liegen.",
- Wertschätzung: „Sie muss auch abseits von Highlights im Arbeitsjahr erfolgen.",
- Anerkennung: „Das bedeutet nicht zwangsläufig Lob, sondern zu sehen, was die Mitarbeiter leisten und es in eine transparente Form bringen.".

2.15.6 Ausblick

51 Es wird sich in den nächsten fünf bis zehn Jahren in diesem Bereich viel ändern. Insbesondere wird das Konfliktmanagement (vgl Kap. 2.14) ganz neue Wege entwickeln und „kultivieren".

---

14 Zentrum für Konfliktkostenforschung (ZfKKf) an der HUMBOLDT-VIADRINA School of Governance.

2.16 Kosten und Nutzen der Mediation bei Konflikten zwischen Unternehmen – im Vergleich zur traditionellen Konfliktbearbeitung

Literatur: Ditges, Th., Mediation und Rechtsstreit – Ein Kosten- und Effizienzvergleich, IDR 2005, 74; Duve, C./Eidenmüller, H./Hacke, A., Mediation in der Wirtschaft, 2. Aufl. 2011; Hacke, A., Rechtsanwälte als Parteivertreter in der Wirtschaftsmediation, SchiedsVZ 2004, 80; Hagel, U., Der Unternehmensjurist als Risikomanager, SchiedsVZ 2011, 65; Hobeck, P./Mahnken,V./Koebke, M., Schiedsgerichtsbarkeit im internationalen Anlagenbau – Ein Auslaufmodell? SchiedsVZ 2007, 225; Neuenhahn, H.U./Neuenhahn, S., Erweiterung der anwaltlichen Dienstleistung durch systematisches Konfliktmanagement, NJW 2007, 1851; Risse, J./Altenkirch,M., Kostenerstattung im Schiedsverfahren: fünf Probleme aus der Praxis, SchiedsVZ 2012, 5.

Unternehmen betrachten die Austragung von externen Wirtschaftskonflikten ganz überwiegend unter rein wirtschaftlichen Gesichtspunkten. Der Unternehmer macht den Konflikt zum „Business-Case". Dabei interessiert ihn zunächst die Beurteilung der Erfolgsaussicht der Geltendmachung bzw Abwehr des streitigen Anspruchs.[1] Zudem bezieht er in seine wirtschaftliche Überlegung die mit der Konfliktbearbeitung und -beilegung verbundenen Kosten mit ein. Letztlich interessieren ihn sonstige Auswirkungen der Durchführung einer streitigen Auseinandersetzung. Die simple Frage des Unternehmers lautet: „Was bleibt unter dem Strich übrig?" beziehungsweise „Wie hoch ist am Ende der Preis, den ich bezahlen muss?" **1**

Da die Erfolgsaussichten verfahrensunabhängig sind, die sonstigen Auswirkungen der Durchführung einer streitigen Auseinandersetzung, wie beispielsweise der Abbruch der Geschäftsbeziehung, Reputationsverlust oder Reaktionen des Aktienmarktes, sehr stark einzelfallabhängig sind, sollen nachfolgend die Verfahrenskosten ausgewählter Konfliktbeilegungsverfahren aufgezeigt und der Versuch unternommen werden, sie miteinander zu vergleichen. **2**

Den Parteien bieten sich vielzählige Möglichkeiten, ihren Konflikt beizulegen, insbesondere Verfahren der außergerichtlichen Konfliktbeilegung[2] sowie der gerichtlichen und schiedsgerichtlichen Konfliktbeilegung.[3] Auch wenn es neben dem Kostengesichtspunkt zahlreiche Unterscheidungskriterien für die Wahl des geeigneten Konfliktbeilegungsver- **3**

---

1 S. hierzu ausführlich Hagel SchiedsVZ 2011, 65.
2 Neben der Mediation sind bei externen Wirtschaftskonflikten insbesondere die Adjudikationsverfahren (Dispute Boards), Schiedsgutachtenverfahren und Mini-Trials von Relevanz. Vgl zu Verfahren der außergerichtlichen Konfliktbeilegung Hagel, in: Jahrbuch 2011/2012 Deutscher AnwaltSpiegel, 127 und Kap. 1.1.
3 Vgl hierzu auch Kap.2.19.

fahrens gibt,[4] soll hier allein der Kostengesichtspunkt[5] dem Nutzen der Konfliktbeilegungsverfahren gegenübergestellt werden. Verglichen werden die Mediation und als traditionelle Konfliktbeilegungsverfahren der Zivilprozess vor staatlichen Gerichten und vor dem Schiedsgericht.[6]

2.16.1 Die Unmöglichkeit des generellen Kostenvergleichs

4   Eine generelle Gegenüberstellung ist nahezu nicht möglich, werden doch die Kosten der Verfahren von mehreren Faktoren beeinflusst.

5   Bei **Gerichtsverfahren** sind die Gerichtskosten zwar streitwertabhängig und damit noch einfach bezifferbar. Häufig sind jedoch Wirtschaftskonflikte nicht ohne Beweiserhebung durch Einholung von Sachverständigengutachten und/oder Zeugenvernehmungen zu entscheiden. Diese Kosten können je nach Einzelfall erheblich variieren, so werden beispielsweise die Kosten für gerichtlich bestellte Gutachter nach dem Zeugen- und Sachverständigenentschädigungsgesetz und damit aufwandsabhängig bestimmt. Als weitere Variable ist die Anzahl der Instanzen zu berücksichtigen. Regelmäßig stehen den Parteien zwei Instanzen, teilweise sogar drei Instanzen bis zum rechtskräftigen Urteil zur Verfügung. Die Anwaltskosten können über das RVG zwar ebenfalls streitwertabhängig berücksichtigt werden, in der Praxis von Wirtschaftskonflikten erfolgt die Vergütung der externen Anwälte jedoch regelmäßig auf der Grundlage von Stundensatzvereinbarungen, gelegentlich auch auf der Vereinbarung von Pauschalhonoraren oder erfolgsabhängigen Vergütungsvereinbarungen.[7]

6   Beim **Schiedsgerichtsverfahren** sind die Verfahrenskosten zunächst von der gewählten Schiedsgerichtsinstitution abhängig.[8] Die Gesamtsumme der Vergütung der Schiedsrichter hängt maßgeblich von deren Anzahl[9] ab. Für die Schiedsrichtervergütung gibt es zwei unterschiedliche Honorierungskonzepte, nämlich einerseits die Abrechnung nach tatsächlichem Aufwand („Time spent Method")[10] und andererseits abhängig vom Streitwert („ad valorem").[11] Bei Streitwertabhängigkeit wird dem Schiedsgericht aber häufig ein Rahmen für eine dem Fall angemessene Vergütung eröffnet.[12] Zu den Verfahrenskosten kommen zudem die Raummieten für die Schiedsverhandlungen, die Kosten für die Protokollierung der Sitzungen und Beweisaufnahmen sowie – gegebenenfalls – Übersetzungskosten.[13] Bei Schiedsgerichtsverfahren besteht grundsätzlich kein Anwaltszwang, so dass Kosten für eine externe anwaltliche Vertretung nur dann anfallen, wenn sich die Partei(en) für die anwaltliche Vertretung entschieden haben, was in der

---

4   Der Arbeitskreis B2B des Round Table Mediation & Konfliktmanagement der Deutschen Wirtschaft hat 43 Unterscheidungskriterien identifiziert.

5   Unter alleiniger Berücksichtigung der Transaktionskosten (hier Verfahrens-, Anwalts- und Parteikosten); vgl zu den Kostenbegriffen Kap. 2.15.

6   Auch wenn Gerichts- und Schiedsgerichtsverfahren nicht die präferierten Konfliktbeilegungsverfahren von Unternehmen sind, so sind sie nach wie vor die mit Abstand am häufigsten genutzten Verfahren. Vgl hierzu: Konfliktstudie I von PricewaterhouseCoopers zusammen mit der Europa-Universität Viadrina Frankfurt (Oder), 2005, 7.

7   Zur Verwendung von Erfolgshonorarvereinbarungen durch die Anwaltschaft: Kilian AnwBl 2/2012, 148; zu den Voraussetzungen der Zulässigkeit der Vereinbarung eines Erfolgshonorars nach § 4 a RVG und dem grundsätzlichen Verbot von Erfolgsvergütungen nach § 49 b BRAO: Vogeler JA 2011, 321.

8   Verfahrenskosten (Administrationskosten und Schiedsrichterkosten) können abhängig von der gewählten Institution bis zum Dreifachen ausmachen (vgl Flannery/Garel, Arbitration Costs compared, gar 18.11.2010, 1–7, abrufbar unter: http://www.globalarbitrationreview.com/news/article/28915/arbitration-costs-compared/9.

9   In aller Regel entweder Einzelschiedsrichter oder ein Gremium mit drei Schiedsrichtern.

10 Bspw LCIA, ICDR, ICSID, WIPO Arbitration Rules.

11 Bspw DIS, ICC, ASA, SCC Arbitration Rules.

12 Vgl Article 31 (2) der ICC Rules of Arbitration; eingehend dazu Bühler 2011, 105.

13 Nicht nur für Dokumente als Anlagen zu den Schriftsätzen sondern auch für schriftliche und mündliche Gutachten und Stellungnahmen von Zeugen.

Hagel

Praxis aber ganz überwiegend der Fall ist. Sofern externe Anwälte beauftragt werden, erfolgt dies zumeist auf der Grundlage von Stundensatzvereinbarungen, Pauschalhonoraren oder erfolgsabhängigen Vergütungsvereinbarungen, so dass die Anwaltskosten je nach Fall auch bei gleichem Streitwert sehr unterschiedlich ausfallen können.[14] Erschwerend kommt hinzu, dass bei Schiedsverfahren häufig nicht nur über den eigentlichen Streitgegenstand gestritten wird, sondern zudem über die Einzelheiten des Schiedsverfahrens, da dieses in aller Regel in einem weniger starren prozessualen Korsett abläuft, als staatliche Gerichtsverfahren.[15] Letztlich sind noch die Kosten der Beweisführung zu berücksichtigen. Partei- und Gerichtsgutachter, Zeugen und, abhängig von den anzuwendenden Beweisregeln, Kosten für die Dokumentenfertigung („document production") oder Dokumentensichtung („discovery" einschließlich „e-discovery").

Bei der **Mediation** sind hinsichtlich der Kosten zunächst administrierte Mediationen 7 von ad hoc Mediationen zu unterscheiden, da bei administrierten Mediationen auch Verfahrensgebühren für die Institution anfallen. Die Kosten für die Mediatoren hängen von der Anzahl der an der Mediation beteiligten Mediatoren ab; gerade bei Wirtschaftsmediationen sind Co-Mediationen nicht selten, insbesondere wenn bei grenzüberschreitenden Verfahren kulturelle Aspekte der Konfliktparteien eine Rolle spielen oder wenn die Parteien von den Mediatoren unterschiedliche Fachkompetenzen erwarten, beispielsweise technischen und juristischen Sachverstand neben der Fertigkeit der Verfahrensführung. Für die Vergütung der Mediatoren gibt es zumeist keine Vergütungsordnung, sie ist vielmehr zwischen Medianden und Mediator(en) frei verhandelbar. Bei Wirtschaftsmediationen ist eine Vergütung auf Stundenbasis bzw nach Tagessätzen üblich.[16] Die Sätze schwanken ganz erheblich, orientieren sich jedoch an den Vergütungen von beratenden Wirtschaftsanwälten.[17] Hinzu kommen die Kosten für die Räumlichkeiten der Mediationssitzung(en). Auch für Mediationen besteht kein Anwaltszwang, weswegen selbst bei Wirtschaftsmediationen nicht selten auf die Unterstützung von externen Anwälten verzichtet wird.[18] Sind externe Anwälte involviert, erfolgt deren Vergütung zumeist auf der Basis von Stunden- bzw Tagessätzen.

All dies zeigt, dass eine generelle Aussage darüber, welches Verfahren unter Kostengesichtspunkten zu bevorzugen ist, nicht vorgenommen werden kann. Selbst im Einzelfall ist ein genauer vorheriger Kostenvergleich nur mit großer Unschärfe möglich.

2.16.2 Der exemplarische Kostenvergleich

Dennoch soll exemplarisch der Versuch eines Kostenvergleichs unternommen werden. 8 Für den Vergleich wird von einem Konflikt mit einem Streitwert von 5 Mio. EUR ausgegangen.[19] Verglichen werden eine in Deutschland bei der Deutschen Institution für Schiedsgerichtsbarkeit („DIS") durchgeführte Mediation, ein Schiedsgerichtsverfahren der DIS und ein Gerichtsverfahren vor Deutschen Zivilgerichten. In einem ersten Schritt

---

14 Stundenbeeinflussend sind neben der Anzahl der (vereinbarten) Schriftsatzrunden und der Anzahl bzw zeitlichen Dauer der prozessvorbereitenden bzw -begleitenden Besprechungen („procedural hearings") und mündlichen Verhandlungen nebst Beweisterminen insbesondere auch die Besprechungen mit Zeugen und Gutachtern, was im Schiedsverfahren zulässig ist.
15 Diese Flexibilität wird häufig als großer Vorzug der Schiedsgerichtsbarkeit gepriesen; in der Praxis führt dies aber regelmäßig zu zeit- und kostenintensiven weiteren Auseinandersetzungen.
16 Hacke SchiedsVZ 2004, 80, 82.
17 Hacke SchiedsVZ 2004, 80, 82; s.a. den von Duve/Eidenmüller/Hacke, Mediation in der Wirtschaft, 2. Aufl. 2011, 298 Fn 2 angesetzten Stundensatz von 350 EUR.
18 Illustrativ, wenn auch nicht repräsentativ: bei etwa 40 Mediationen, an denen Bombardier Transportation („BT") beteiligt war, war BT in 50 % der Mediationen von externen Anwälten begleitet, die andere Konfliktpartei sogar nur in 40 %. AA: Duve/Eidenmüller/Hacke, Mediation in der Wirtschaft, 2. Aufl. 2011, 99, wonach in Wirtschaftsmediationen die Parteien in der Regel anwaltlich vertreten sind.
19 S. Beispielsfall in Fn 33.

sollen die absoluten Kosten der Verfahren miteinander verglichen werden. In die Kostenbetrachtung werden einbezogen:

- die Verfahrenskosten,
- die Anwaltskosten und
- die Parteikosten.

In einem zweiten Schritt werden die Kosten der Verfahren für einen realistischeren Vergleich um die Eintrittswahrscheinlichkeiten korrigiert. Abschließend wird die Kostentragungslast, einschließlich der Vorschusspflicht und der Kostenerstattung im Falle des Obsiegens berücksichtigt.

2.16.2.1 Verfahrens- und Anwaltskosten im direkten Vergleich: Der klassische Konfliktkostenvergleich

2.16.2.1.1 Verfahrenskosten

9 **Gerichtsverfahren vor Zivilgerichten**

Bei einem Prozess vor dem Zivilgericht fallen bei einem Streitwert von 5 Mio. EUR für die erste Instanz Gerichtskosten bei Beendigung durch Urteil in Höhe von 49.368 EUR zuzüglich gerichtlicher Auslagen an.[20] Für die zweite Instanz belaufen sich die Gerichtskosten auf 65.824 EUR, für die dritte Instanz auf 82.280 EUR. Bei Durchlaufen aller drei Instanzen würden somit Gerichtskosten von insgesamt 197.472 EUR zuzüglich gerichtlicher Auslagen anfallen.

10 **Schiedsgerichtsverfahren bei der DIS**

Bei einem Streitwert von 5 Mio. EUR und einer Beteiligung von zwei Parteien beträgt die Bearbeitungsgebühr der Institution DIS 25.000 EUR.[21] Bei der Regelbesetzung von drei Schiedsrichtern liegt das Gesamthonorar bei 146.685 EUR, zusammengesetzt aus den Honoraren für die beiden Beisitzer von jeweils 44.450 EUR und dem Honorar des Vorsitzenden von 57.785 EUR.[22] Hieraus errechnen sich die Gesamtkosten für das Verfahren in Höhe von 171.685 EUR.

11 **Mediationsverfahren gemäß DIS-Mediationsordnung**

Würde für dieselbe Streitigkeit eine Mediation von derselben Institution (DIS) administriert, so würden 250 EUR als Verfahrensgebühr anfallen[23] und für die Benennung eines Mediators, sofern die Parteien sich nicht selbst auf einen Mediator einigen, weitere 250 EUR.[24] Das Honorar des Mediators beläuft sich auf 300 EUR pro Stunde, sofern die Medianden mit dem Mediator keine abweichende Honorierung vereinbart haben.[25] Auch wenn Mediationen von sehr unterschiedlicher Länge sind, so wird in der Literatur angegeben, dass Wirtschaftsmediationen häufig an einem[26] oder zwei Sitzungstagen abgeschlossen werden und der Gesamtaufwand des Mediators in der Regel zwischen 20–40 Stunden liegt.[27] Dies deckt sich mit den Erfahrungen des Autors aus der Analyse von etwa 40 Wirtschaftsmediationen unter Beteiligung von Konzernunternehmen. Die Ana-

---

20 3,0 Gerichtsgebühren gemäß § 34 GKG iVm Anlage 1 Nr. 1210.
21 Gebührenrechner der DIS unter http://www.dis-arb.de/de/22/gebuehrenrechner/uebersicht-id0.
22 Gebührenrechner der DIS unter http://www.dis-arb.de/de/22/gebuehrenrechner/uebersicht-id0.
23 § 2 Abs. 4 MedO der DIS und Kostentabelle für Mediationsverfahren der DIS, Anlage zu § 11 Abs. 5 MedO der DIS.
24 § 4 Abs. 6 MedO der DIS und Kostentabelle für Mediationsverfahren der DIS, Anlage zu § 11 Abs. 5 MedO der DIS.
25 Dann in der Regel vergleichbar mit den Stundensätzen wirtschaftsberatender Anwälte; vgl Hacke SchiedsVZ 2004, 80, 82; s.a. den von Duve/Eidenmüller/Hacke, Mediation in der Wirtschaft, 2. Aufl. 2011, 298 Fn 2 angesetzten Stundensatz von 350 EUR.
26 Hacke SchiedsVZ 2004, 80, 82.
27 Duve/Eidenmüller/Hacke, Mediation in der Wirtschaft, 2. Aufl. 2011, 298 Fn 2 gehen von 21–30 Stunden aus.

lyse ergab, dass über 85 % der Mediationen an einem oder zwei Tagen beendet wurden und keine Mediation länger als fünf Sitzungstage dauerte. Dies zugrunde gelegt, ergibt sich ein Honorar des Mediators von 6.000–12.000 EUR. Damit belaufen sich, unter Ansatz der jeweiligen Höchstgrenzen, die Gesamtkosten auf 12.500 EUR. In Mediationsverfahren werden die Kosten in aller Regel zwischen den Parteien hälftig geteilt. Dies berücksichtigend sind für den Kostenvergleich lediglich 6.250 EUR als Verfahrenskosten anzusetzen.

2.16.2.1.2 Anwaltskosten

Gerichtsverfahren vor Zivilgerichten 12

Im Beispielsfall ist aufgrund des Streitwertes das Landgericht als erste Instanz zuständig,[28] so dass es sich um einen Anwaltsprozess nach § 78 Abs. 1 ZPO handelt, bei dem sich die Parteien zwingend durch einen Anwalt vertreten lassen müssen. Die Anwaltsgebühren für das erstinstanzliche Verfahren nach RVG belaufen sich auf 41.260 EUR (ohne Umsatzsteuer).[29] Für die zweite Instanz fallen weitere 46.208,80 EUR an und für die dritte Instanz nochmals 62.704,80 EUR. Insgesamt ergibt dies maximale Anwaltskosten für drei Instanzen von 150.173,60 EUR.

Schiedsgerichtsverfahren bei der DIS 13

Sofern sich die Partei(en) beim Schiedsgerichtsverfahren anwaltlich vertreten lassen, fallen bei Gebührenabrechnung nach RVG Gebühren in Höhe von insgesamt 41.260 EUR an (ohne Umsatzsteuer). Dies errechnet sich bei Schiedsverfahren nach § 36 RVG. Häufig werden Rechtsanwälte bei Schiedsgerichtsverfahren jedoch nicht auf der Grundlage des RVG sondern auf der Grundlage von Stundensätzen vergütet, was regelmäßig zu weit höheren Anwaltskosten führt.[30]

Mediationsverfahren 14

Auch bei Mediationsverfahren besteht kein Anwaltszwang, so dass Anwaltskosten nur dann anfallen, wenn sich die Partei in der Mediation anwaltlich begleiten lässt. Bei Abrechnung nach RVG steht dem Anwalt eine Geschäftsgebühr[31] in Höhe von 21.444,80 EUR zu. Kommt es bei der Mediation zu einer Einigung und war der Anwalt an der Vergleichsverhandlung beteiligt, steht ihm zudem eine Einigungsgebühr[32] in Höhe von 24.744 EUR zu. Die Anwaltskosten einer erfolgreichen Mediation belaufen sich somit auf 46.208,80 EUR.[33] Bei einer Mediation ohne Abschlussvereinbarung verbleibt es bei Kosten für die anwaltliche Begleitung in der Mediation in Höhe von 21.444,80 EUR zuzüglich Auslagen.

---

28 § 71 Abs. 1 GVG iVm § 23 Nr. 1 GVG wonach Landgerichte in Zivilsachen ab einem Streitwert von 5.000 EUR erstinstanzlich zuständig sind.
29 1,3 fache Verfahrensgebühr in Höhe von 21.444,80 EUR, 1,2 fache Terminsgebühr in Höhe 19.795,20 EUR und Auslagenpauschale in Höhe von 20,00 EUR.
30 Nach den Statistiken der ICC (ICC Publication 843 – Techniques for Controlling Time and Costs, Arbitration, 2) ist das Schiedsgerichtsverfahren noch unwirtschaftlicher. Lediglich 18% der erstattungsfähigen Kosten entfallen auf die Schiedsgerichts- und Schiedsrichtergebühren, die restlichen 82% auf andere Kosten der Parteien, wie Rechtsanwaltsgebühren, Kosten für Gutachter und Zeugen, was im vorliegenden Fall 686.740 EUR bedeuten würde.
31 § 13 RVG. Ansatz 1,3 Geschäftsgebühr Nr. 2300 VV RVG, Regelwert kann bei komplexen oder schwierigen Verfahren bis maximal zur 2,5-fachen Geschäftsgebühr anwachsen, vgl hierzu Greger/von Münchhausen, Verhandlungs- und Konfliktmanagement für Anwälte, 2010, § 18 Rn 513; Enders, in: Beck'sches Rechtsanwaltshandbuch, 10. Aufl. 2011, § 54 Rn 68; Ditges IDR 2005, 74, 79.
32 1,5 Einigungsgebühr nach Nr. 1000 VV RVG.
33 Unter Einschluss der Auslagenpauschale in Höhe von 20 EUR gemäß § 11 RVG ivm Nr. 7002 VV RVG.

2.16.2.1.3 Zwischenergebnis

15 Ein Vergleich der reinen Prozesskosten (Verfahrens- und Anwaltskosten) ergibt im Beispielsfall folgendes Bild:

Streitwert: 5 Mio. EUR	Mediation		Schiedsgericht	Gericht		
	ohne Anwalt	mit Anwalt	mit Anwalt	Eine Instanz	Zwei Instanzen	Drei Instanzen
Verfahrenskosten						
Administration	250,00	250,00	25.000,00	49.368,00	115.192,00	197.472,00
Schiedsrichter / Mediator	6.000,00	6.000,00	146.685,00	0,00	0,00	0,00
Anwaltskosten	-	46.208,80	41.260,00	41.260,00	87.468,80	150.173,60
Gesamtkosten	6.250,00	52.458,80	212.945,00	90.628,00	202.660,80	347.645,60

Der isolierte Kostenvergleich zeigt, dass das Mediationsverfahren mit Abstand das günstigste der drei Konfliktbeilegungsverfahren ist. Das Gerichtsverfahren ist bis einschließlich der zweiten Instanz kostenseitig günstiger als das Schiedsgerichtsverfahren, bei Durchlaufen aller drei Instanzen aber das mit Abstand teuerste Verfahren.

16 Mit Ausnahme des ohne Anwalt betriebenen Mediationsverfahrens sind die Prozesskosten der verglichenen Verfahren streitwertabhängig, stehen aber nicht in linearer Abhängigkeit. Die Verfahrenskosten (Administrations- und Anwaltskosten) in Abhängigkeit des Streitwertes zeigt folgende Grafik:

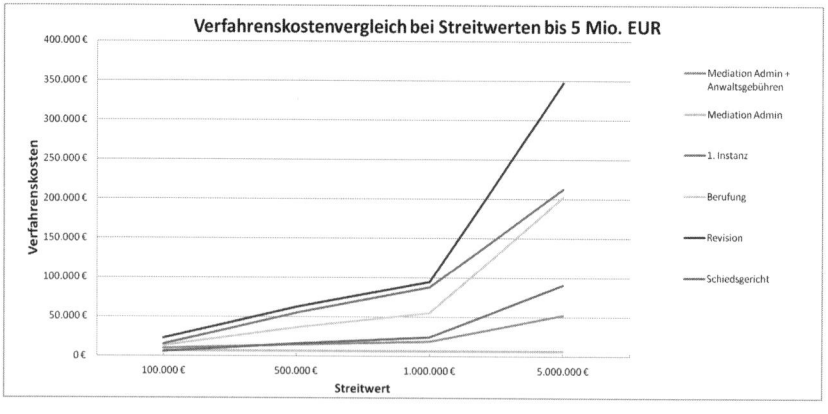

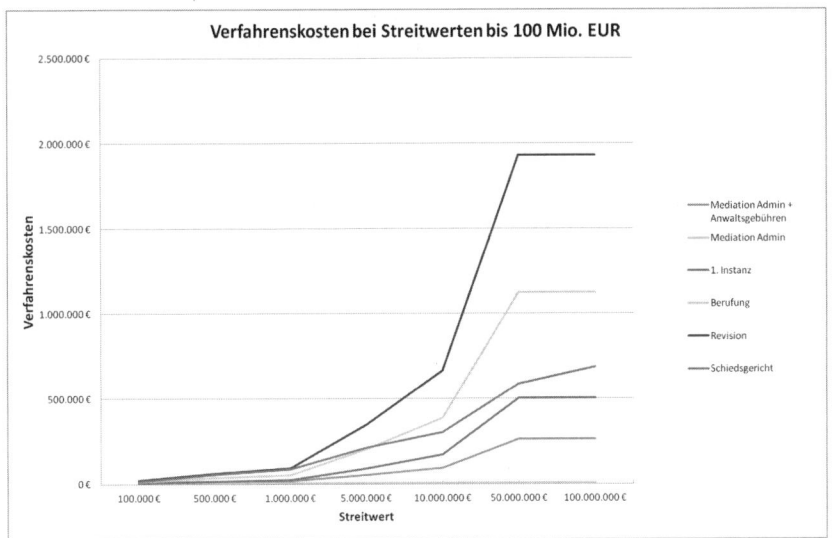

Es zeigt sich, dass die Mediation bereits bei Streitwerten von 100.000 EUR günstiger 17
ist, als konventionelle Streitbeilegungsverfahren. DIS-Schiedsgerichtsverfahren sind bis
zu einem Streitwert von 1 Mio. EUR in etwa gleich teuer wie Gerichtsverfahren mit drei
Instanzen, bis 5 Mio. EUR teurer als zwei Gerichtsinstanzen und unabhängig vom
Streitwert teurer als Gerichtsverfahren mit nur einer Instanz.

2.16.2.2 Konflikte verursachen weitere Kosten — Der erweiterte Konfliktkostenvergleich

2.16.2.2.1 Kosten der Parteien

Häufig unberücksichtigt oder unterschätzt, zumeist aber nicht unerheblich sind die Kos- 18
ten der Parteien. Sie gewinnen zudem dadurch an Bedeutung, dass sie in aller Regel
nicht erstattungsfähig sind (vgl zur Kostenerstattung Rn 34). Jeder Wirtschaftskonflikt
erfordert eine mehr oder weniger intensive Auseinandersetzung des Unternehmens mit
dem Konfliktbeilegungsverfahren und dem diesem zugrundeliegenden Konflikt. Die Beteiligung des Unternehmens ist zunächst zwingend erforderlich in der Vorbereitung des
geltend zu machenden Anspruchs, bzw der Anspruchsabwehr, insbesondere in der Aufarbeitung des Sachverhalts und der Beibringung der Beweismittel.[34] Im Beispielsfall[35]
würden beide Parteien ein Vorbereitungsteam zusammenstellen. Beim Anlagenbauer
wären sicher der Projektleiter und der Unternehmensjurist involviert. Hinzu kämen
Mitarbeiter aus der Angebots- und Vertragsverhandlungsphase, die genauere Angaben

---

34 Dokumente, Gutachten und/oder Zeugen.
35 Ein Anlagenbauer gewinnt eine Ausschreibung zur Erstellung einer Großanlage im Wert von 100 MEUR.
    Dabei hat der Kunde dem Anlagenbauer das Land zur Verfügung zu stellen, auf dem die Anlage errichtet
    werden soll. Die Fertigstellung und Abnahme der Anlage erfolgt deutlich nach dem vertraglich vereinbarten
    Termin. Der Kunde zieht daher die vertraglich vorgesehene Vertragsstrafe von 0,5% des Auftragswertes bis
    zur Höhe der Vertragsstrafenbegrenzung von 5% des Auftragswertes, mithin 5 MEUR von der Schlusszah-
    lung ab. Der Anlagenbauer verlangt nun vom Kunden die Zahlung des Restbetrages mit der Begründung,
    der Kunde habe das Land zu spät zur Verfügung gestellt und insbesondere die erforderliche Zustimmung
    der Umweltbehörde nicht beigebracht. Der Kunde argumentiert, dass der Anlagenbauer für die Errichtung
    der Anlage notwendige Materialien so spät bestellt habe, dass die Verspätung auch bei rechtzeitiger Zurver-
    fügungstellung des Landes eingetreten wäre und zudem das Beiholen der Zustimmung der Umweltbehörde
    im Leistungsumfang des Anlagenbauers läge. Die Parteien verhandeln über den Zahlungsanspruch des Anla-
    genbauers, können aber trotz grundsätzlicher Einigungsbereitschaft zu keiner gütlichen Einigung finden.

zum offensichtlich unklaren Leistungsumfang im Hinblick auf die Einholung der Zustimmung der Umweltbehörde beisteuern können. Dies schließt die Beibringung der – hoffentlich gut abgelegten und somit leicht auffindbaren[36] – Unterlagen aus dieser Zeit, die oft Jahre zurückliegt, ein. Techniker werden gebraucht, um die behaupteten Mängel widerlegen zu können und entsprechende Beweismittel, einschließlich technischer Gutachten, beizusteuern. Zudem werden Projektplaner,[37] Einkäufer[38] und Vertreter der Finanzabteilung[39] hinzugezogen. Selbstverständlich wird, nicht zuletzt aufgrund der Größenordnung, die Geschäftsführung einbezogen.[40] Die weitere Beteiligung bei der Schriftsatzerstellung und den prozessleitenden Maßnahmen ist stark fall- und unternehmensabhängig. Bei den Anhörungen, Sitzungen und Verhandlungen können sich die Verfahren – bezogen auf die Transaktionskosten – unterscheiden.

19   Beim **Gerichtsverfahren** kann das Gericht das persönliche Erscheinen der Parteien anordnen,[41] wovon die Gerichte zunehmend auch in Streitigkeiten zwischen Unternehmen Gebrauch machen.

Beim **Schiedsgerichtsverfahren** besteht grundsätzlich keine Anwesenheitspflicht der Parteien, sie können sich vielmehr durch Anwälte vertreten lassen. Dies hat kostenseitig natürlich den Vorteil, dass keine weiteren Parteikosten während der Sitzungen anfallen. In aller Regel sind die Unternehmen als Partei aber durch mindestens einen Vertreter im Verfahren repräsentiert.

Mediationen hingegen leben von der Anwesenheit der Parteien, es gilt der Grundsatz der Delegationsfeindlichkeit.[42] Regelmäßig nehmen in Wirtschaftsmediationen mehrere Unternehmensvertreter teil.[43]

20   Die Einbindung der Partei in die Vorbereitung und Begleitung der Verfahren verursacht dem Unternehmen Personal- und Reisekosten (Transaktionskosten im engeren Sinne).[44] Bei der Bindung eigenen Personals muss der Unternehmer zudem berücksichtigen, dass die an der Konfliktbearbeitung beteiligten Mitarbeiter während dieser Zeit keine anderen, gewinnbringenden Aufgaben erledigen können. Die damit verbundenen Kosten sind so genannte Opportunitätskosten und gehören zu den Transaktionskosten im weiteren Sinne.[45]

Da die Parteikosten ganz überwiegend aus Personalkosten bestehen, ist zur Ermittlung der durch die einzelnen Verfahren verursachten Parteikosten ein Vergleich der Dauer der Einbindung erforderlich.

21   Zu Verfahren vor den Zivilgerichten gibt es genauere Erfassungen. So dauern streitige Verfahren in Zivilsachen bei Landgerichten von Rechtshängigkeit bis zum streitigen Ur-

---

36   Gelegentlich erweist sich die Dokumentensuche als „archäologische" Fleißaufgabe.

37   Nicht nur zur Beistellung und Erklärung des Soll- und Ist- Ablaufplanes („Project Schedule"), sondern auch zur Verzugsanalyse und Ermittlung des „kritischen Pfades" bei konkurrierenden Ursachenbeiträgen.

38   Zur Aufklärung und eventuellen Entkräftung des Arguments der späten Materiallieferung.

39   Nicht nur zur Kalkulation der geltend gemachten Vertragsstrafe, sondern auch zur buchhalterischen Erfassung (Rückstellung bzw Forderungseinbuchung oder -abschreibung), der Cash-Flow Betrachtung, der Zinsberechnung und der Budgetierung und Erfassung der Konflikt- und Nebenkosten.

40   Bei Konzernen kann diese – operativ – auch mehrgliedrig sein.

41   § 273 Abs. 2 Nr. 3 ZPO. Für die Güteverhandlung sieht § 278 Abs. 3 ZPO sogar ausdrücklich vor, dass das persönliche Erscheinen der Parteien angeordnet werden soll.

42   Risse, in: Münchener Anwaltshandbuch Erbrecht § 68 Rn 63; vgl auch Raeschke-Kessler AnwBl 2011, 441, 443.

43   Bei den von Bombardier Transportation („BT") untersuchten 40 Mediationen nahmen auf beiden Seiten im Schnitt 3 Mitarbeiter teil.

44   Neuenhahn/Neuenhahn NJW 2007, 1851, 1853.

45   Neuenhahn/Neuenhahn NJW 2007, 1851, 1853, Steinbrecher Systemdesign 2008, 37; Greger/von Münchhausen, Verhandlungs- und Konfliktmanagement für Anwälte, 2010, Rn 63; Hobeck/Mahnken/Koebke SchiedsVZ 2007, 225, 227; Hagel SchiedsVZ 2011, 65, 69.

teil im Durchschnitt 13,2 Monate.[46] Verfahren in der zweiten Instanz beim Oberlandesgericht dauern im Schnitt 28,5 Monate bis zum streitigen Urteil.[47] Verfahren vor dem BGH dauern weitere ein bis zwei Jahre bis zur Entscheidung durch das höchste Zivilgericht.

Schiedsverfahren, die nicht durch Vergleich beendet werden, dauern etwa 2 Jahre,[48] häufig sogar bis zu 5 Jahre.[49] Die erfassten Zeiten werden ab Rechtshängigkeit gerechnet, die 3- bis 6-monatige Vorbereitungszeit, einschließlich Klageschrift nicht betrachtend.

Mediationen in Wirtschaftskonflikten dauern in aller Regel 3–6 Monate von der Vereinbarung zur Durchführung einer Mediation bis zur Beendigung der Mediation.

Die Intensität der Einbindung der Parteien, insbesondere in langlaufenden Verfahren ist jedoch nicht konstant, sondern sehr schwankend. 22

Um ein Gefühl für die Auswirkungen der Parteikosten auf die Gesamtkosten der Verfahren zu bekommen, soll nachfolgend eine Vergleichsbetrachtung unter folgenden Annahmen vorgenommen werden:

Bei **Gerichtsverfahren** sind die Parteien drei Monate mit der inhaltlichen Aufarbeitung und dem Zusammentragen von Beweismitteln und – zusammen mit den externen Anwälten – der Ausarbeitung der Klageschrift bzw der Klageerwiderung beschäftigt. Die zweite Schriftsatzrunde nimmt die Partei weitere drei Monate in Anspruch, die Vorbereitung und Durchführung des Termins zur mündlichen Verhandlung einschließlich der Zeugenvernehmung und Anhörung von Sachverständigen erfordert ungefähr einen Monat Personalbindung der Parteien. In Gerichtsverfahren sind die Parteien auch in den weiteren Instanzen eingebunden, jedoch mit abnehmender Intensität. In der zweiten Instanz sind weitere 5 Monate Personalbindung zu kalkulieren, in der dritten Instanz weitere zwei Monate. Insgesamt erfordert das Gerichtsverfahren bei Durchlaufen der drei Instanzen 14 Monate Personalbindung.

Schiedsgerichtsverfahren erfordern im Schnitt 4 Monate zur inhaltlichen Aufarbeitung, Ausarbeitung der Schiedsklage bzw des Erwiderungsschriftsatzes und – gegebenenfalls zusammen mit den externen Anwälten – der Schiedsrichterauswahl. Die zweite Schriftsatzrunde nimmt die Partei weitere drei Monate in Anspruch. Die Vorbereitung und Durchführung des Termins zur mündlichen Verhandlung einschließlich der Zeugenvernehmung und Anhörung von Sachverständigen erfordert drei Monate[50] Personalbindung der Parteien. Die Schriftsatzrunde nach der mündlichen Verhandlung („Post Hearing Brief") erfordert ungefähr einen weiteren Monat Personalbindung bei den Parteien. Dies bedeutet eine Personalbindung von insgesamt 11 Monaten bei Schiedsgerichtsverfahren.

Bei **Mediationsverfahren** sind die Parteien im Schnitt drei Monate mit der Vorbereitung und Durchführung der Mediation beschäftigt. Dies beinhaltet die inhaltliche Vorberei-

---

46 Bericht des Statistischen Bundesamtes Fachserie 20, Referat 2.1 von 2010; mit einer Spanne von 9,8 Monaten in Stuttgart bis zu 17,3 Monaten in Bremen.
47 Bericht des Statistischen Bundesamtes Fachserie 20, Referat 2.1 von 2010; mit einer Spanne von 20,8 Monaten (OLG-Bezirk Stuttgart) bis zu 36 Monaten (OLG-Bezirk Mecklenburg-Vorpommern).
48 Eigene Erfahrung des Verfassers aus ca. 20 analysierten Schiedsgerichtsverfahren; Leiss, Zur Effizienz außergerichtlicher Verfahren im Wirtschaftsrecht, 144 (bis zu zwei Jahre), Lachmann BRAK-Mitt. 2005, 217, 220, spricht von ein bis zwei Jahren; CIArb Costs of International Arbitration Survey 2011, 12 (durchschnittliche Verfahrensdauer von 17–20 Monaten); Kollender nennt bei seinem Vortrag bei den 10. Petersberger Schiedstagen 2012 einen Schnitt von 23,6 Monaten bei M&A-Schiedsgerichtsverfahren von Evonik.
49 Hobeck/Mahnken/Koebke SchiedsVZ 2007, 225, 229, nennen eine Verfahrensdauer für Schiedsverfahren von drei bis vier Jahren keine Seltenheit; so auch Hagel SchiedsVZ 2011, 65, 71, 2–5 Jahre; das Toll Collect Schiedsverfahren war bei Redaktionsschluss bereits sieben Jahre anhängig und noch nicht beendet.
50 Der höhere Aufwand ergibt sich aus der intensiveren Einbindung in die Zeugen- und Sachverständigenvorbereitung und der in aller Regel mehrtägigen mündlichen Termine.

tung, Auswahl des Mediators, Fertigung des Mediationsschriftsatzes („Statement of Mediation")[51] und der Teilnahme an den Mediationssitzungen. Die Vorbereitungszeit ist auch im Falle des Scheiterns der Mediation nicht verloren. Die intensive inhaltliche Vorbereitung kann vielmehr zugleich als Vorbereitung auf das eventuell notwendige Folgeverfahren gesehen werden, denn der Sachverhalt ist aufbereitet, die rechtliche Bewertung durchgeführt, die Beweismittel zusammengestellt und gesichtet und ein Mediationsschriftsatz gefertigt. Es fehlt „lediglich" noch die Ausfertigung einer Klageschrift und im Schiedsgerichtsverfahren die Auswahl des von der Partei zu benennenden Schiedsrichters. Erfahrungsgemäß können in etwa 2/3 der Vorbereitungszeit aufs Folgeverfahren angerechnet werden. Dies ergibt eine Personalbindung bei durchgeführter erfolgloser Mediation mit anschließendem Gerichtsverfahren von bis zu 15 Monaten (bei drei Instanzen) und von 12 Monaten bei nachgeschaltetem Schiedsgerichtsverfahren.

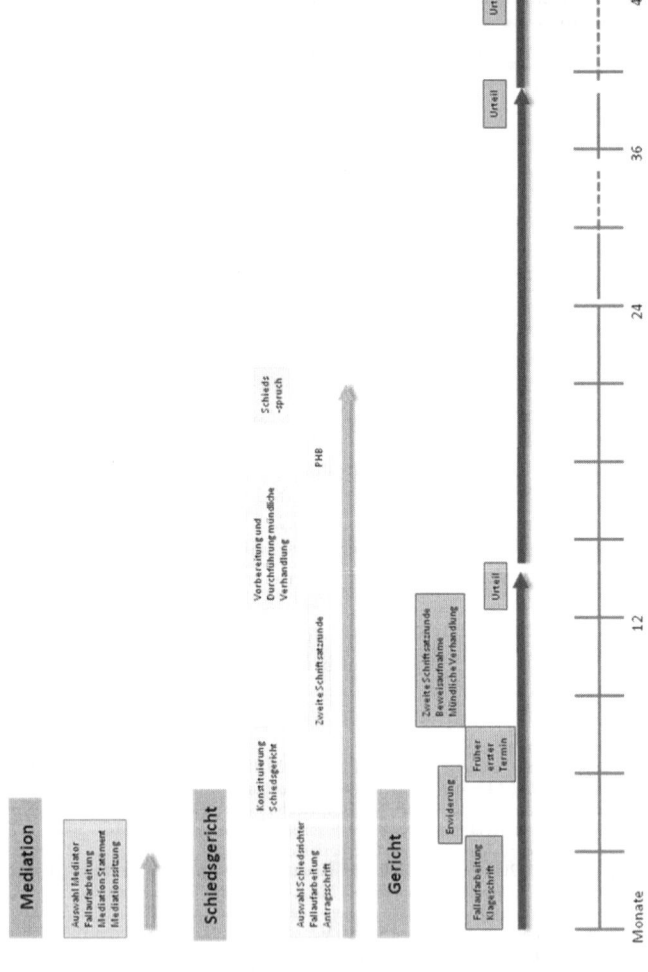

---

51 In aller Regel eine nur wenige Seiten umfassende Darstellung des Konfliktes.

Angenommen die eingebundenen Mitarbeiter der verschiedenen Fachabteilungen wen- 23
den pro Monat zusammen 200 Stunden auf, und der durchschnittliche interne Stundensatz liegt bei 120 EUR,[52] so würden allein für die Verfahrensbetreuung (ohne Opportunitätskosten) folgende Parteikosten anfallen:

- Mediation: 3 Monate x 200 Stunden x 120 EUR = 72.000 EUR

- Schiedsgerichtsverfahren: 11 Monate x 200 Stunden x 120 EUR = 264.000 EUR

- Gerichtsverfahren (1 Instanz): 7 Monate x 200 Stunden x 120 EUR = 168.000 EUR

- Gerichtsverfahren (3 Instanzen): 14 Monate x 200 Stunden x 120 EUR = 336.000 EUR

- Gescheiterte Mediation mit folgendem Schiedsverfahren: 12 Monate x 200 Stunden x 120 EUR = 288.000 EUR

- Gescheiterte Mediation mit folgendem Gerichtsverfahren (1 Instanz): 8 Monate x 200 Stunden x 120 EUR = 192.000 EUR

- Gescheiterte Mediation mit folgendem Gerichtsverfahren (3 Instanzen): 15 Monate x 200 Stunden x 120 EUR = 360.000 EUR

2.16.2.2.2 Gesamtkosten

Unter Berücksichtigung der Verfahrens-, Anwalts- und Parteikosten ergibt sich für den 24
Beispielsfall bei einem Streitwert von 5 Mio. EUR folgende Kostengegenüberstellung
für die Kosten einer Partei:

	Mediation		Schiedsge-richt	Gericht	
	ohne Anwalt	mit Anwalt		Eine Instanz	Drei Instan-zen
Verfahrenskosten					
Administration	250,00	250,00	25.000,00	49.368,00	197.472,00
Schiedsrichter/ Mediator	6.000,00	6.000,00	146.685,00	0	0
Anwaltskosten	-	46.208,80	41.260,00	41.260,00	150.173,60
Parteikosten	72.000,00	72.000,00	264.000,00	168.000,00	336.000,00
Gesamtkosten	78.250,00	124.458,80	476.945,00	258.628,00	683.645,60

2.16.2.3 Verfahren haben nicht immer den gleichen Verlauf: Der wirtschaftlich betrachtende Konfliktkostenvergleich

Für den Kostenvergleich der Konfliktbeilegungsverfahren können die isolierten Gesamt- 25
kosten der einzelnen Verfahren jedoch nicht einfach gegenübergestellt werden. Dies deswegen, weil

- die Verfahren nicht zwingend alle Eskalationsstufen (Instanzen) durchlaufen;

- Entscheidungsverfahren auch durch Vergleich oder in anderer Weise beendet werden können;

- die Verfahren hinsichtlich des Verfahrensausgangs nicht vergleichbar sind.

---

52 Ein die Gemeinkosten deckender Stundensatz; vgl zur Kalkulation Ditges IDR 2005, 74, 82 Fn 38. Richti-
gerweise müssten die individuellen Stundensätze der am Konflikt Beteiligten herangezogen werden. Risse/
Altenkirch SchiedsVZ 2012, 5, 12, nennen daher für den Syndikusanwalt in ihrem Beispielsfall einen Stundensatz von 200 EUR.

Bei einem bereinigten Kostenvergleich müssen die möglichen Alternativen des Verfahrensverlaufs berücksichtigt und mit den Eintrittswahrscheinlichkeiten versehen werden. Dies soll nachfolgend dargestellt werden.

Bei **Gerichtsverfahren** wurden beispielsweise 2010 nur 24,9 % der erstinstanzlichen zivilrechtlichen Verfahren beim Landgericht durch streitiges Urteil beendet, weitere 15,2 % durch Anerkenntnis-, Verzichts- oder Versäumnisurteil, 9,7 % durch Klagerücknahme, 24,0 % durch Vergleich und die verbleibenden 26,2 % in sonstiger Weise.[53] Von den beim LG in erster Instanz begonnen Verfahren kommen 14,3 % in die zweite (Berufungs-)Instanz zum OLG. In 2010 wurden dort 26,1 % der Verfahren durch streitiges Urteil beendet, 15,5 % durch Zurückweisung der Berufung, 30,1 % durch Zurücknahme der Berufung, 17,6 % durch Vergleich und die restlichen 10,7 % in sonstiger Weise. Lediglich 0,2 % der beim Landgericht begonnenen Verfahren sind revisionsfähig.[54] Beim BGH als dritter und letzter Instanz wurden von den 2010 insgesamt 3.392 erledigten Verfahren nur 784 (23,11%) durch streitiges Urteil entschieden, 1.514 (44,63%) durch Ablehnungsbeschluss, die restlichen in sonstiger Weise ohne nähere Angabe,[55] wobei BGH-Verfahren nahezu nicht durch Vergleich beendet werden.[56]

Für den Kostenvergleich ergeben sich bei Gerichtsverfahren folgende mögliche Verfahrensabläufe, Kosten und Eintrittswahrscheinlichkeiten:

Verfahrensbeendigung	Prozesskosten (Gerichtskosten + Anwaltskosten)	Eintrittswahrscheinlichkeit	Erwartungswert
1. Instanz		85,7 %	
Durch rechtskräftiges streitiges Urteil	90.628,00	10,6 %	9.606,57
Durch Vergleich	65.985,00	24,0 %	15.836,40
Sonstige Beendigung	57.716,00	51,1 %	29.492,88
2. Instanz		14,1 %	
Durch streitiges Urteil	202.660,00	2,9 %	5.877,14
Durch Vergleich	150.054,00	2,6 %	3.901,40
Sonstige Beendigung	169.748,00	8,6 %	14.598,33
3. Instanz		0,2 %	
Durch streitiges Urteil	347.645,00	0,05 %	173,82
Durch Ablehnung	273.533,00	0,1 %	273,53
Sonstige Beendigung	314.733,00	0,05 %	157,37
Durchschnittliche Kostenerwartung		100 %	**79.916,44**

---

53 Bericht des Statistischen Bundesamtes Fachserie 20, Referat 2.1 von 2010, Tabelle 5.1.2.

54 14,3 % der erstinstanzlichen LG-Verfahren kommen zum OLG, wovon 26,1 % durch streitiges Urteil enden, wovon 5,1 % revisionsfähig sind (vgl Bericht des Statistischen Bundesamtes Fachserie 20, Referat 2.1 von 2010, Tabelle 8.1.2.), mithin 0,2 % der bei den Zivilgerichten anhängig gemachten Verfahren. Wie viele Verfahren dann tatsächlich in die Revision zum BGH kommen, ist der Statistik nicht zu entnehmen. Die Fallzahlen des BGH in den Tabellen 9.1 und 9.2 sind nicht direkt vergleichbar, da sie andere Rechtsstreitigkeiten, wie zB Familiensachen mit einbeziehen.

55 Bericht des Statistischen Bundesamtes Fachserie 20, Referat 2.1 von 2010, Tabelle 9.1, wobei die Zahlen nicht nur Zivilsachen betreffen, sondern auch andere Verfahren, wie bspw Familiensachen, umfassen. Die Prozentsätze der Verfahrensbeendigung werden der Einfachheit halber auf die Zivilverfahren übertragen.

56 Raschke-Kessler, in: FS Glossner, 257: Vergleichsquote seit Jahren konstant gering bei ca. 8 Vergleichen pro 3000 Verfahren.

Die im Vergleich zu den im schlechtesten Fall zu bezahlenden Maximalkosten von 347.645 EUR relativ geringen durchschnittlich zu erwartenden Prozesskosten in Höhe von 79.917,94 (jeweils ohne Übernahme der außergerichtlichen Kosten der Gegenseite) überraschen. Sie sind aber darin begründet, dass in etwa die Hälfte aller Verfahren in erster Instanz nicht durch streitiges Urteil oder Vergleich beendet werden, sondern prozesskostengünstig durch Klagerücknahme, Anerkenntnis oder Verzichtsurteil. Ähnliches gilt in der Berufungsinstanz aufgrund der mit 30 % relativ hohen Zahl der Berufungsrücknahmen.

Unter Einbeziehung der Parteikosten in die wirtschaftliche Betrachtung ergibt sich folgende Situation: 26
Gerichtsverfahren:

Verfahrensbeendigung	Gesamtkosten	Eintrittswahrscheinlichkeit	Erwartungswert
1. Instanz		85,7 %	
Durch rechtskräftiges streitiges Urteil	258.628,00	10,6 %	27.414,57
Durch Vergleich	161.985,00	24,0 %	38.876,40
Sonstige Beendigung	129.716,00	51,1 %	66.284,88
2. Instanz		14,1 %	
Durch streitiges Urteil	490.660,00	2,9 %	14.229,14
Durch Vergleich	366.054,00	2,6 %	9.517,40
Sonstige Beendigung	361.748,00	8,6 %	31.110,33
3. Instanz		0,2 %	
Durch streitiges Urteil	683.645,00	0,05 %	341,82
Durch Ablehnung	573.533,00	0,1 %	573,53
Sonstige Beendigung	617.733,00	0,05 %	308,87
Durchschnittliche Kostenerwartung		100 %	188.656,94

Auch bei **Schiedsverfahren** kann nicht zwingend von einer Verfahrensbeendigung durch 27
Schiedsspruch ausgegangen werden. Aufgrund des vertraulichen Charakters der Schiedsgerichtsverfahren gibt es keine absoluten Zahlen und Statistiken. Ad-Hoc Schiedsgerichtsverfahren werden schon gar nicht in Fallzahlen erfasst. Nach der Studie „International Arbitration 2008"[57] enden immerhin 32 % der Verfahren durch Vergleich.[58] Andererseits werden 6 % der durch Schiedsspruch beendeten Verfahren der Überprüfung durch staatliche Gerichte, beispielsweise im Aufhebungsverfahren[59] unterzogen.[60] Bei Schiedsgerichtsverfahren ergeben sich folgende Verfahrensabläufe, Kosten und Eintrittswahrscheinlichkeiten:

---

57 Die Studie wurde von der School of International Arbitration der Queen Mary University London zusammen mit PriceWaterhouceCoopers durchgeführt.
58 25 % der Verfahren enden mit einem direkten Vergleich, weitere 7 % mit einem Schiedsspruch mit vereinbartem Wortlaut. Raechke-Kessler, in: FS Glossner, 257 geht von einer Vergleichsquote von über 50 % unter Verweis auf die Statistik des Bundesministeriums der Justiz aus. Für 2010 wird dort eine Vergleichsquote von 54,2 % angegeben, allerdings bezogen auf die obligatorische Streitschlichtung.
59 In Deutschland: § 1059 ZPO.
60 Studie International Arbitration (2008) der School of International Arbitration der Queen Mary University London zusammen mit PriceWaterhouceCoopers.

Hagel   239

Verfahrensbeendigung	Prozesskosten (Gerichtskosten + Anwaltskosten)	Eintrittswahrscheinlichkeit	Erwartungswert
Schiedsgericht			
Durch rechtskräftigen Schiedsspruch	212.945,00	62 %	132.025,90
Durch Vergleich	229.441,00	32 %	73.421,12
Aufhebungsverfahren[61]	303.573,00	6 %	18.214,38
Durchschnittliche Kostenerwartung		100 %	223.661,40

Die beim Schiedsgerichtsverfahren im Durchschnitt zu erwartenden Prozesskosten sind vergleichsweise hoch. Dies ist einerseits bedingt durch die nicht unerheblichen Kosten der Schiedsrichter, andererseits durch die ungleich höheren Gesamtkosten für den Fall eines durchgeführten Aufhebungsverfahrens, wobei die Kosten für das Folgeverfahren nach Aufhebung des Schiedsspruchs noch gar nicht berücksichtigt sind.

28 Unter Einbeziehung der Parteikosten ergibt sich bei Schiedsgerichtsverfahren folgendes Bild:

Verfahrensbeendigung	Gesamtkosten	Eintrittswahrscheinlichkeit	Erwartungswert
Schiedsgericht			
Durch rechtskräftigen Schiedsspruch	476.945,00	62 %	295.705,90
Durch Vergleich	373.441,00	32 %	119.501,12
Aufhebungsverfahren	627.573,00	6 %	37.654,38
Durchschnittliche Kostenerwartung		100 %	452.861,40

29 Das **Mediationsverfahren** ist im Unterschied zu den Gerichts- und Schiedsgerichtsverfahren, die Entscheidungsverfahren sind, ein Konsensualverfahren, das nur dann zur Beilegung des Konfliktes führt, wenn sich die Parteien entsprechend einigen. Kommt eine solche Einigung nicht zustande, müssen weitere Verfahren nachgeschaltet werden, deren Kosten dann ebenfalls in den Kostenvergleich einfließen müssen.[62] Mediationen enden zu drei Vierteln mit einem Vergleich.[63] Hinsichtlich der nicht durch Vergleich beendeten Mediationen (25 %) wird für den Kostenvergleich davon ausgegangen, dass die Konfliktbeilegung in einem Folgeverfahren fortgesetzt wird.[64] Bei der **Mediation** sind folgende Verläufe, Kosten und Eintrittswahrscheinlichkeiten zu betrachten:

---

61 Das Aufhebungsverfahren ist gebührenrechtlich ein eigenes Verfahren. An Gerichtskosten entstehen für das Aufhebungsverfahren 2,0 Gebühren gemäß §§ 3 Abs. 2, 48 Abs. 1 S. 1 GKG iVm KV Nr. 1620. Die Rechtsanwälte verdienen die „normalen" Gebühren, also 1,3 Verfahrensgebühren gemäß Nr. 3100 VV RVG sowie 1,2 Termingebühren gemäß Nr. 3104 VV RVG. Nicht berücksichtigt sind die Kosten des der Aufhebung des Schiedsspruchs nachfolgenden (Schieds-)Gerichtsverfahrens.
62 Duve/Eidenmüller/Hacke, Mediation in der Wirtschaft, 2. Aufl. 2011, 298.
63 Tümpel KonfliktDynamik 2012, 152, 155: bei ICC Mediationen 73% (nach dem Erstgespräch mit dem Mediator sogar 84%); Duve/Ponschab Konsens Zeitschrift für Mediation 1999,. 263, 266:: 80%; Beckmann DStR 2007, 583 584: 80%; Duve/Eidenmüller/Hacke, Mediation in der Wirtschaft, 2. Aufl. 2011, 235: 75%; Hartung/Müller Deutscher AnwaltSpiegel 01/2012, 11: über 80%; EU-Survey The Costs of Non-ADR 2010, 42: 70 % bei verpflichtender („mandatory") Mediation und 80 % bei freiwilliger („voluntary") Mediation.; Trenczek DS 2009, 66, 69: 80–90%.
64 Dies ist nicht zwingend, da auch ein Verzicht der weiteren Geltendmachung des Anspruchs denkbar ist.

Mediationsverfahren (mit Anwaltsbeteiligung):

Verfahrensbeendigung	Prozesskosten (Gerichtskosten + Anwaltskosten)	Eintrittswahrscheinlichkeit	Erwartungswert
Mediation (Vergleich)	52.458,80	75 %	39.344,10
Mediation mit nachfolgendem Gerichtsverfahren	107.630,44	25 %	26.907,61
Durchschnittliche Kostenerwartung		100 %	66.251,71
Mediation (Vergleich)	52.458,80	75 %	39.344,10
Mediation mit nachfolgendem Schiedsgerichtsverfahren	251.351,40	25 %	62.837,85
Durchschnittliche Kostenerwartung		100 %	102.181,95

Mediationsverfahren (ohne Anwaltsbeteiligung):

Verfahrensbeendigung	Prozesskosten (Gerichtskosten + Anwaltskosten)	Eintrittswahrscheinlichkeit	Erwartungswert
Mediation (Vergleich)	6.250,00	75 %	4.687,50
Mediation mit nachfolgendem Gerichtsverfahren	86.167,94	25 %	21.541,98
Durchschnittliche Kostenerwartung		100 %	26.229,48
Mediation (Vergleich)	6,250,00	75 %	4.687,50
Mediation mit nachfolgendem Schiedsgerichtsverfahren	229.911,40	25 %	57.477,85
Durchschnittliche Kostenerwartung		100 %	62.165,35

30   Unter Berücksichtigung der Parteikosten ergibt sich für die Mediation folgendes Kostenbild:

Mediationsverfahren (mit Anwaltsbeteiligung):

Verfahrensbeendigung	Gesamtkosten	Eintrittswahrscheinlichkeit	Erwartungswert
Mediation (Vergleich)	124.458,80	75 %	93.344,10
Nachfolgendes Gerichtsverfahren	240.340,94	25 %	60.085,23
Durchschnittliche Kostenerwartung		100 %	153.429,33
Mediation (Vergleich)	124.458,80	75 %	93.344,10
Nachfolgendes Schiedsgerichtsverfahren	504.694,00	25 %	126.173,50
Durchschnittliche Kostenerwartung		100 %	219.517,60

Mediationsverfahren (ohne Anwaltsbeteiligung):

Verfahrensbeendigung	Gesamtkosten	Eintrittswahrscheinlichkeit	Erwartungswert
Mediation (Vergleich)	78.250,00	75 %	58.687,50
Nachfolgendes Gerichtsverfahren	218.906,94	25 %	54.726,73
Durchschnittliche Kostenerwartung		100 %	113.414,23
Mediation (Vergleich)	78.250,00	75 %	58.687,50
Nachfolgendes Schiedsgerichtsverfahren	483.111,40	25 %	120.777,85
Durchschnittliche Kostenerwartung		100 %	179.465,35

31   In der Gesamtkostenbetrachtung zeigt sich streitwertunabhängig, dass sich das Vorschalten einer Mediation unter Berücksichtigung der Verlaufswahrscheinlichkeiten einschließlich der Möglichkeit des Scheiterns der Mediation allein aus Kostengründen immer lohnt.[65] Bei einem Streitwert von 5 Mio. EUR können beispielsweise die zu erwartenden Kosten bei Gerichtsverfahren um 19 %[66] bis 40 %[67] durch Vorschalten einer Mediation gesenkt werden, bei Schiedsgerichtsverfahren gar um 51 %[68] bis 60 %[69] gesenkt werden.

---

65   Vgl auch Duve/Eidenmüller/Hacke, Mediation in der Wirtschaft, 2. Aufl. 2011, 299.
66   Unter Beteiligung der Anwälte in der Mediation.
67   Wenn die Mediation ohne Anwälte durchgeführt wird.
68   Unter Beteiligung der Anwälte in der Mediation.
69   Wenn die Mediation ohne Anwälte durchgeführt wird.

2.16.2.4 Investitionskosten und Kostenerstattung

Neben der Höhe der zu erwartenden Kosten ist für den Kaufmann unter Liquiditäts-   32
und Kapitalkostengesichtspunkten auch von Bedeutung, wann Zahlungsflüsse erfolgen.
Dabei interessiert zunächst, wann das Unternehmen in den Konflikt investieren muss.
Zudem muss bei einer wirtschaftlichen Betrachtung berücksichtigt werden, wann Zah-
lungsrückflüsse erfolgen. Dies hängt davon ab, ob bzw in welchem Umfang die Investi-
tionskosten zu einem späteren Zeitpunkt erstattet werden.

2.16.2.4.1 Investitionszeitpunkt (Cash-Flow-Betrachtung)

Unterschiede bei der Finanzierung von Prozesskosten ergeben sich lediglich hinsichtlich   33
der Verfahrenskosten.

Im Zivilprozess vor den staatlichen **Gerichten** stellt das Gericht nach § 12 Abs. 1 GKG
eine Klage an den Gegner in aller Regel erst zu, wenn der Kläger die vollen Gerichtsgebühren gezahlt hat. Im Beispielsfall hätte der Kläger einen Gerichtskostenvorschuss in
Höhe von 49.368,00 EUR mit Einreichung der Klage zu bezahlen.

Bei **Schiedsgerichtsverfahren** unterscheiden sich die Verfahrensordnungen hinsichtlich
der Vorschusspflicht. Manche Verfahrensordnungen, beispielsweise die DIS-SchiedsO,[70]
verlangen vom Schiedskläger den vollen Kostenvorschuss, andere, wie zB die ICC, verlangen von beiden Parteien jeweils einen Kostenvorschuss in Höhe der halben Kosten.

Bei **Mediationen** können sich die Verfahrensordnungen ebenfalls unterscheiden. Bei
dem Mediationsverfahren nach der Mediationsordnung der DIS wird die Antragsge-
bühr der DIS, § 11.4 MedO, mit dem Mediationsantrag fällig, die Gebühr für die Bestellung eines Mediators mit dem entsprechenden Antrag. Nach § 11.1 MedO sind die
Verfahrenskosten hälftig von den Parteien zu tragen, wobei die Parteien aber nach § 11.
4 S. 2 MedO gesamtschuldnerisch haften. Der Mediator rechnet seine Vergütung gemäß
§ 11.3 MedO nach Aufwand ab. Reise- und Übernachtungskosten sind auf Nachweis
zu erstatten, so dass insoweit der Mediator keinen Anspruch auf Kostenvorschuss hat.
Nach § 11.3 S. 2 MedO steht ihm aber ein Anspruch auf angemessene Abschlagszahlungen, die von den Parteien je zur Hälfte zu leisten sind, zu. In unserem Beispielsfall
hätten beide Parteien mit Antrag auf Durchführung des Mediationsverfahrens jeweils
die hälftige Gebühr der DIS und – sofern sie die Bestellung des Mediators durch die DIS
beantragt haben – auch die dafür erforderliche Gebühr zu gleichen Teilen zu entrichten.
Jede Partei hätte 250 EUR zu Beginn des Verfahrens zu bezahlen. Die Kosten des Mediators fallen überwiegend für die Mediationssitzungen an und wären demnach von den
Parteien je zur Hälfte nach Durchführung der Mediation zu entrichten, wobei sie dem
Mediator gegenüber nach § 11.2 S. 2 MedO gesamtschuldnerisch haften.

Hinsichtlich der **Anwaltskosten** unterscheiden sich die Verfahren nicht. Nach § 9 RVG
kann der Rechtsanwalt für die entstandenen und die voraussichtlich entstehenden Gebühren und Auslagen einen angemessenen Vorschuss fordern.

2.16.2.4.2 Kostenerstattung

Beim **Gerichtsverfahren** findet nach § 91 ZPO eine Aufteilung der Kostentragungslast   34
der Parteien entsprechend dem Obsiegen statt. Berücksichtigt werden dabei jedoch nur
die Gerichtskosten einschließlich der Kosten der Beweisaufnahme und bei den außergerichtlichen Kosten diejenigen der Rechtsanwälte auf der Basis des RVG.[71] Von den Parteikosten werden nur Kosten der Terminwahrnehmung bei der Kostenerstattung berücksichtigt.[72]

---

70 § 7.1 DIS-SchiedsO.
71 § 91 Abs. 2 ZPO; vgl hierzu Risse/Altenkirch SchiedsVZ 2012, 5, 10.
72 Pilcher SVR 2011, 370.

Für die wirtschaftliche Betrachtung bedeutet dies, dass einerseits die Chance gesehen werden muss, im Falle des vollständigen Obsiegens auch die Verfahrenskosten (Gerichtskosten und außergerichtliche Kosten) erstattet zu bekommen, andererseits aber auch das Risiko, im Falle des Unterliegens neben den eigenen Kosten auch die außergerichtlichen Kosten der Gegenseite tragen zu müssen.[73]

Beim **Schiedsgerichtsverfahren** gibt es kein einheitliches Bild. Bei manchen institutionellen Verfahren findet keinerlei Kostenerstattung statt,[74] bei anderen eine Erstattung der Schiedsgerichts- und Parteikosten,[75] worunter zumindest die Anwalts-, Zeugen- und Sachverständigenkosten zu verstehen sind. Bei DIS-Schiedsgerichtsverfahren gibt es keine klare Regelung, ob die Anwaltskosten nur auf der Grundlage des RVG erstattungsfähig sind oder aber in Höhe der tatsächlich aufgewandten (häufig deutlich höheren) Kosten.[76] Zudem sind die Kosten der Syndikusanwälte der Parteien notwendige Kosten der Rechtsverfolgung und daher, beispielsweise nach § 1057 Abs. 1 ZPO und § 35.1 DIS-SchiedsO erstattungsfähig.[77] Soweit eine Kostenerstattung vorgesehen ist, steht den Schiedsrichtern häufig ein Ermessen hinsichtlich der Kostentragungslast zu,[78] die sich zwar nach dem Verhältnis des Obsiegens richtet,[79] jedoch auch andere Aspekte berücksichtigt, wie beispielsweise die Verursachung des Streitverfahrens[80] und das Prozessverhalten.[81] Insgesamt gibt es bei Schiedsgerichtsverfahren sowohl hinsichtlich der Kostentragungslast aber auch dem Umfang eventueller Kostenerstattungen und damit auch im Hinblick auf Zahlungsfluss-Betrachtungen des Unternehmers erheblich größere Unsicherheiten als bei staatlichen Gerichtsverfahren.

Bei **Mediationen** gibt es in aller Regel keine Regelung zur Kostenerstattung und naturgemäß gibt es auch keine Kostenentscheidung. Da die Mediation ein freiwilliges Verfahren ist und einer Parteivereinbarung bedarf, ist ein Scheitern der Mediation auch keiner Partei zuzurechnen. Im Falle einer erfolgreichen Mediation gibt es kein Verlieren oder Obsiegen, an dem eine Kostentragungslast festgemacht werden könnte. Es bleibt den Parteien jedoch unbenommen, sich in der Abschlussvereinbarung auch über die Verteilung der Kosten zu einigen.[82]

Für die wirtschaftliche Betrachtung bedeutet dies, dass die Kosten planbar sind, da weder mit einer Erstattung zu rechnen, noch die Übernahme der Kosten der Gegenseite ins Risikokalkül einzubeziehen ist.

35 Bei der **Cash-Flow-Betrachtung** schneidet das Mediationsverfahren hinsichtlich der Zahlungsabflüsse am besten ab, da nahezu keine Prozesskostenvorschüsse getätigt werden müssen. Zudem sind die Kosten von den Parteien hälftig zu tragen. Ein Kostenrückfluss hingegen erfolgt nicht, da keine Kostenerstattungspflicht besteht. Dies bedeu-

---

73 Vgl zur Einbeziehung der Grundsätze der Kostenerstattung in die Risikoanalyse: Hagel SchiedsVZ 2011, 65, 70.
74 Bei Schiedsgerichtsverfahren in den USA entscheidet das Schiedsgericht nur bei entsprechender Parteivereinbarung; vgl Risse/Altenkirch SchiedsVZ 2012, 5.
75 Vgl § 35.1 DIS-SchiedsO und Art. 31 (1) ICC-Rules. Nur Anwaltskosten zB nach Art. 38 (e) UNCITRAL Arbitration Rules.
76 Für eine Erstattung nur nach RVG: Lachmann, Handbuch für die Schiedsgerichtspraxis, 2008, Rn 1947; Für die Erstattung tatsächlicher Anwaltskosten, soweit sie üblich (und damit notwendig) sind: Risse/Altenkirch SchiedsVZ 2012, 5, 9; für ein Ermessen des Schiedsgerichts: Bredow/Mulder, 778 Rn 15.
77 Risse/Altenkirch SchiedsVZ 2012, 5, 12; Sessler SchiedsVZ 2012, 15, 16; vgl auch Bredow/Mulder, 779 Rn 19.
78 Vgl Risse/Altenkirch SchiedsVZ 2012, 5.
79 Vgl § 35.2 DIS-SchiedsO; zu Art. 31 ICC Arbitration Rules: Bühler/Webster, 31–94; Gantenberg SchiedsVZ 2012, 17, 20; zum allgemeinen Grundsatz „costs follow the event": Risse/Altenkirch SchiedsVZ 2012, 5, 6.
80 Bühler/Webster, 31–95.
81 Bühler/Webster, 31–97.
82 Was nach Risse, in: Münchener Anwaltshandbuch Erbrecht, § 68 Rn 64 in der Praxis aber selten vorkommt.

tet in der Zahlungsfluss-Bilanz, dass sie am Ende in jedem Fall zu einem Zahlungsabfluss führt und daher negativ ausfällt.

Gerichts- und Schiedsgerichtsverfahren, zumindest DIS-Verfahren, haben für die klagende Partei den Nachteil des vollständigen Kostenvorschusses, was zu Beginn des Verfahrens zu großen Zahlungsabflüssen führt. Bei Prozessbeendigung besteht dann einerseits die Gefahr des weiteren Kostenabflusses, andererseits aber auch die Chance des Kostenrückflusses im Falle des Obsiegens. Damit können diese Verfahren bestenfalls kostenneutral enden, im schlechtesten Fall mit zwei erheblichen Zahlungsabflüssen.

2.16.3 Fazit

Der isolierte Vergleich der internen und externen Kosten der einzelnen Konfliktbeile- 36
gungsverfahren zeigt, dass die Mediation bei Wirtschaftskonflikten das deutlich kostengünstigste Verfahren ist. Da aber bei Mediationen die Gefahr des Scheiterns nicht ausgeschlossen werden kann, muss man in das Kostenszenario auch diejenigen Konflikte in die Kostenbetrachtung einbeziehen, die dann in anderen (Entscheidungs-)Verfahren fortgeführt werden. Selbst um die Eintrittswahrscheinlichkeit der Verfahrensverläufe der einzelnen Konfliktbeilegungsverfahren bereinigt bleiben die mit der Mediation begonnen Verfahren im Durchschnitt jeweils deutlich kostengünstiger als die Verfahren ohne vorgeschaltetes Mediationsverfahren.

Der Business-Case Mediation ist somit überzeugend. Im Vergleich zu den Gesamtkosten nur unwesentliche Mehrkosten im Falle eines unwahrscheinlichen Scheiterns der Mediation steht die große Wahrscheinlichkeit einer erheblichen Kostenersparnis gegenüber. Bildlich gesprochen ist die Mediation das günstige Los mit großer Gewinnchance (mindestens drei von vier Losen gewinnen) und ansehnlichem Gewinn, der neben der Kostenersparnis auch weitere positive Effekte einer erfolgreichen Mediation beinhaltet, nämlich den Erhalt der Geschäftsbeziehung und das Erreichen einer nachhaltigen, da interessengerechten Konfliktbeilegung.[83] Unter wirtschaftlichen Gesichtspunkten ist die Mediation, abgesehen von Fällen, in denen sie ungeeignet ist[84] oder aber mit der anderen Konfliktpartei nicht vereinbart werden kann, nicht nur eine Alternative, sondern geradezu ein Muss.

---

83   Risse, in: Münchener Anwaltshandbuch Erbrecht,3. Aufl. 2010, § 68 Rn 67: „Der Kostenvorteil der Mediation gegenüber dem Zivilprozess liegt auf einer anderen Ebene als der finanzielle Verfahrensaufwand.".
84   Bspw wenn eine Präzedenzentscheidung benötigt wird, einstweiliger Rechtsschutz begehrt wird, gesetzliche Klagefristen beachtet werden müssen oder eine streitige Frage (technisch, rechtlich oder kommerziell) zu klären ist; vgl zur Auswahl des geeigneten Konfliktbeilegungsverfahrens: Hagel,Jahrbuch 2011/2012 Deutscher AnwaltSpiegel, 127, 130; Hagel/Steinbrecher Konfliktdynamik 2012, 24, 30.

2.17 Mediation und Organisationsentwicklung

Literatur: Fechler, B., Mit der Moral am Ende? Zum Umgang mit Diskriminierungsvorwürfen in der Mediation, Spektrum der Mediation, 3/2010; Glasl, F./Lievegoed, B., Dynamische Unternehmensentwicklung, 2011; Kerntke, W., Mediation als Organisationsentwicklung 2009; Kerntke, W., Über den Einbezug von Stakeholdern in der Organisationsmediation, Spektrum der Mediation 1/2010; Kerntke, W., Die Feedbackschleife der Organisationsmediation, in: Röhl et al., Werkzeuge des Wandels. Die 30 wirksamsten Tools des Change Managements, 2012.

2.17.1 Ausgangspunkt

1 Mediation und Organisationsentwicklung (OE) stehen fachlich in Beziehung. Beide wollen Veränderungen durch die maßgebliche **Partizipation** der Betroffenen auf den Weg bringen. Sie operieren mit der gleichen **Grundannahme:**

Die Betroffenen sind die besten Experten ihres Problems. Lösungen, die mit ihrer Expertise gewonnen werden, sind besonders geeignet; sie haben eine gute „Passform" für die tatsächlichen Verhältnisse und sie werden von den Beteiligten besonders engagiert umgesetzt.

Diese Grundannahme ist zwar nicht beweisbar, jedoch leiten sich aus ihr die Tugenden der Praktiker ab. Mediatoren tun alles dazu, die Grundannahme wahr zu machen, immer wieder neu. Mediatoren wie auch Organisationsentwickler legen großen Wert auf die Stärkung der Problemlösungskompetenz der Betroffenen. Dies verlangt von den Mediatoren/Beratern eine weitgehende **Lösungsabstinenz.** Die Mediatoren, unter dem besonderen Umstand des Konflikts, müssen darüber hinaus **Neutralität** wahren und **Allparteilichkeit** herstellen.

2 Die Geschwisterlichkeit der beiden Disziplinen Mediation und OE wird gelegentlich dadurch deutlich, dass ein und dasselbe Berater-Team beide Dienstleistungen anbietet. In diesem „gleichartig und doch anders" ist aber noch mehr enthalten. Was brauchen die Mediatoren von der Organisationsentwicklung? Was trägt die OE bei, damit Mediation wirklich gut werden kann? Bis zu welchem Punkt lässt sich Mediation in Organisationen ohne Zusatzausbildung in Organisationsentwicklung ausüben? Wie viel Kompetenz für Konfliktbehandlung birgt die Organisationsentwicklung? Es fehlt ein gemeinsamer Grundstandard der Konfliktbehandlung von Mediatoren, OE-Beraterinnen, Coaches und Supervisoren.[1] Die Initiative zu seiner Erarbeitung könnte von den Mediatoren ausgehen – für sie ist Konfliktbehandlung das Kerngeschäft.

3 Organisationsentwicklung als eigene Fachdisziplin hat, mehr als Mediation, Zugang zur **Organisationstheorie** und zu erweiterten Formen der Beratungspraxis. So kann sie Mittlerin werden. Ihre Beiträge sind vor allem deshalb unverzichtbar, weil es die Mediatorenzunft bislang im Großen und Ganzen versäumt hat, eigene Zugänge zur Organisati-

---

1 Kunkel-van Kaldenkerken/Kaldenkerken, Erfahrungen aus der Mediation für die Unternehmensberatung, in: Bamberg et al., Beratung, Counseling, Consulting, 2006.

Kerntke

onstheorie für sich zu schaffen und in den Kanon des Fachs zu integrieren. Allerdings gehört dies zu den Aufgaben der fachlichen Entwicklung von Mediation in den nächsten Jahren. Dass weder Mediation noch Organisationsentwicklung die Bildung einer eigenen Profession erreicht hat, kann sich an dieser Stelle vorteilhaft auswirken – die Profession als solche verwehrt ihren Angehörigen immer wieder den Zugang zu einer freien Entwicklung. Das beklagen insbesondere Juristen.

Im vorliegenden Artikel geht es um die **Verfahrensweisen,** die durch den Kontakt mit der Organisationsentwicklung Eingang in die Mediation gefunden haben, und die es ermöglicht haben, das Fachgebiet der **Organisationsmediation** zu entwickeln. Für eine geglückte Beziehung von Organisationsentwicklung und Mediation steht das Werk von Friedrich Glasl.[2] Wir können für unser Fach heute auf vielem aufbauen und vieles weiterführen, was er angeregt hat. 4

2.17.2 Der Anspruch an Mediation in Organisationen

Von mehreren Seiten werden deutliche Ansprüche an Mediation in Organisationen gestellt. Sie gehen weit über das hinaus, was von einer Mediation abseits eines organisationalen Kontextes erwartet wird. An exponierter Stelle kommen diese Ansprüche vom de-jure Auftraggeber der Mediation. Meist ein Vorgesetzter der Konfliktbeteiligten, sieht er sich in der Pflicht, einen Konflikt in seinem Verantwortungsbereich zu einem guten Ende zu bringen. Gelegentlich hat die **Auftraggeberschaft** zwei Komponenten – Geschäftsleitung und Personalvertretung. Dies dient der Wahrung oder Herstellung einer zumindest näherungsweisen Allparteilichkeit der Auftraggeberschaft. Wenn diese nicht gegeben ist – weil beispielsweise einer der Medianden die Beauftragung der Mediation durch seine Vorgesetzte von vornherein als üble Machenschaft zugunsten der anderen Mediandin einschätzt – dann sind die Chancen der Mediation insgesamt geschmälert. Dem potenziellen Auftraggeber leuchtet das ein. Zu den **Erfolgsfaktoren** für Organisationsmediation gehört oft auch die (einvernehmliche) Suche nach dem geeigneten Auftraggeber. 5

Das Hinzutreten eines Auftraggebers für die Mediation, der nicht mit den Parteien identisch ist – meist aus einer Vorgesetzten-Ebene der Medianden –, bildet quasi den **Urknall der Organisationsmediation.** Jetzt erwarten die Medianden verstärkt Schutz ihrer Integrität; der Mediator erwartet den Schutz der Integrität des Verfahrens und – ganz neu – der Auftraggeber hat Erwartungen in Bezug auf die Wahrung organisationaler Interessen. Das Besondere an Organisationsmediation besteht in der Berücksichtigung wichtiger Belange und Interessen der Organisation in der Weise, dass die Rechte der Medianden nicht geschmälert werden und die fachliche Handlungsfreiheit der Mediatoren nicht eingeschränkt wird. Dies muss prozedural verankert werden. Organisationsmediation hat ihre eigenen Vorgehensweisen. Organisationsmediation ist ein Beitrag nicht nur zur Entwicklung der Menschen in einer Organisation, sondern auch zur **Weiterentwicklung der Organisation.** 6

---

2 Fröse, Organisationsentwicklung und Konfliktmanagement – Biografische Meilensteine im Leben von Friedrich Glasl, in: Ballreich et al., Organisationsentwicklung und Konfliktmanagement, 2007.

2.17.3 Die Prozesslinien der Organisationsmediation

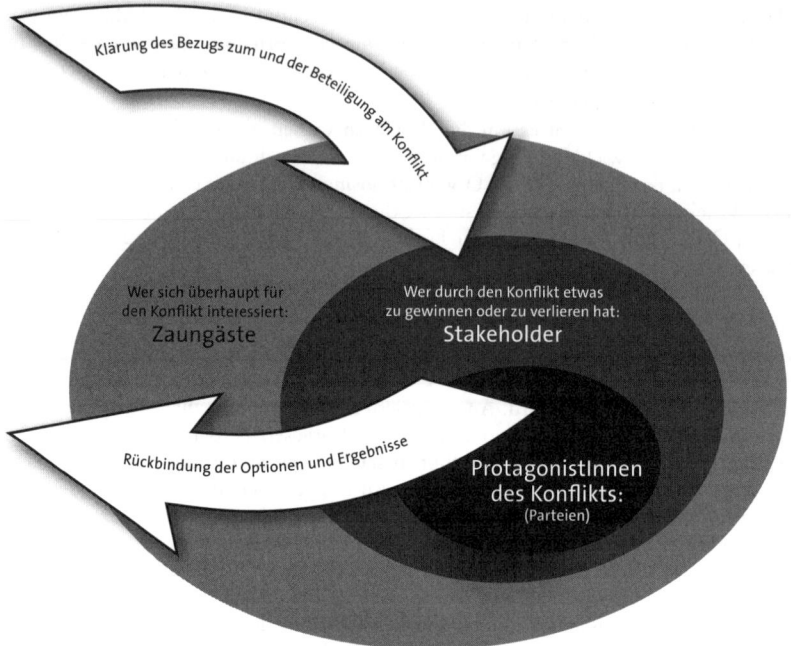

Klärung des Bezugs zum und der Beteiligung am Konflikt

Wer sich überhaupt für
den Konflikt interessiert:
Zaungäste

Wer durch den Konflikt etwas
zu gewinnen oder zu verlieren hat:
Stakeholder

Rückbindung der Optionen und Ergebnisse

**ProtagonistInnen
des Konflikts:**
(Parteien)

7   Für viele spezifische Vorgehensweisen der Organisationsmediation gewinnt man Orientierung, wenn man auf die wichtigsten Prozesslinien blickt: Einerseits **Einbindung** von Beteiligten durch Klärung, in welcher Weise sie am Konflikt beteiligt sind und was sie sich von der Konfliktbehandlung erwarten. Und andererseits **Rückbindung** von Themen, Optionen, Ergebnissen aus dem Mediationsgespräch an diese vielen Beteiligten. Organisationsmediation ist ein vielschichtiger Vorgang, in den für einzelne Wegstrecken weit mehr Beteiligte einbezogen werden als nur die Protagonisten des Konfliktgeschehens.

8   In der Organisationsmediation zeigt sich eine zunehmende **Auflösung des Parteien-Begriffs**. Es geht um abgestuften Einbezug ins Verfahren der Konfliktbehandlung und nicht darum, ob jemand in einem gegebenen Konflikt Partei ist, ja oder nein. Die prinzipielle **Offenheit des Verfahrens** („wen brauchen wir im nächsten Prozess-Schritt zusätzlich?") ist dem Einfluss der Organisationsentwicklung geschuldet.

2.17.4 Entwicklungsorientierung

9   Organisationen stehen nicht still, vor allem nicht in Zeiten heftiger Konflikte. Das Entwicklungsphasen-Modell von F. Glasl und B. Lievegoed[3] veranschaulicht, wie aus den besonderen Stärken jeder Phase ihre eigene Krise entsteht und wie die Grundzüge der nachfolgenden, neuen Phase durch Bedürfnisse und Anliegen der Beteiligten in diesen Krisen entstehen. Dem Praktiker fällt erstens auf, dass in der **Pionier- (oder Gründungs-) Phase**, in der **Differenzierungsphase** und in der dann folgenden **Integrationsphase** im Konfliktfall Appetit auf eine jeweils **spezifische Grundform der Konfliktregulie-**

---

3   Glasl/Lievegoed 2011.

rung herrscht: Zunächst auf das autoritätsvolle Machtwort (auf Autonomie und Gestaltungsfreiheit), dann auf den Rekurs auf Regelwerke (also auf die Schaffung einer übersichtlichen Ordnung) und schließlich auf Aushandlungs- und Vermittlungsprozesse zwischen den unterschiedlichen Interessen oder Bedürfnissen.[4] Zweitens fällt auf, dass erlebte Kulturunterschiede die Erscheinungsform der unterschiedlichen Phasen sind. Aus Sicht der Pioniere sind die Differenzierten „Erbsenzähler", während umgekehrt die Pioniere als „Chaoten" gelten. Die Exponenten der Integrationsphase hingegen werden oft als „Schönredner mit viel Beratungsfolklore" angesehen. Das weckt nicht nur ein Empfinden von Fremdheit, sondern vor allem von Macht-Asymmetrie.

Für Organisationsmediatoren gibt der Blick auf den Zusammenhang von Entwicklungs-   10 phasen und Grundformen der Konfliktregulierung eine gute Orientierung. Neben der Vielzahl von „Konflikten ohne großen Nährwert" (die wir gerne einfach wegorganisieren würden) gibt es immer wieder die Konflikte, die symptomatisch sind für die Krise einer Phase. Wir unterscheiden also **funktionale und dysfunktionale Konflikte**. Für einen gut gelingenden Übergang in die nächste Phase der Entwicklung einer Organisation ist die sorgsame und gerne auch aufwändige Behandlung der fuktionalen Konflikte wichtig.

2.17.5 Beratung für den Auftraggeber

Der Auftraggeber hat insofern eine Schlüsselstellung, als er weitgehend definiert, welche   11 Veränderung die Mediation der Organisation bringen soll und auch wie daran gearbeitet werden darf. Die Vorstellung von Mediation als einem festgefügten Regelwerk, an das der Auftraggeber sich anzupassen habe, ist dabei nicht nützlich – sie gehört zu den Hindernissen bei der Verbreitung von Mediation. Vielmehr geht es darum, den Auftraggeber beratend zu unterstützen in der Klärung seiner Anliegen, und wie diese zu einer guten Passung mit einer Mediation gebracht werden können.

Anliegen des Auftraggebers:

Immer wieder geht es dem Auftraggeber darum, dass die folgenden Belange der Organisation gut gewahrt bzw gefördert werden:

- **Nachhaltigkeit** der Konfliktbeilegung – der Konflikt soll nicht wieder neu aufflammen.
- **Organisationales Lernen** aus dem Konflikt – das Wissen über die Ursachen eines Konflikts soll in künftigen Handlungsstrukturen verankert werden.
- **Stärkung der Rollen** der Beteiligten – die Beteiligten sollen stärker werden, nicht schwächer.
- Die **Unterschiedlichkeit** unterschiedlicher Unternehmensbereiche bzw unterschiedlicher Berufskulturen innerhalb des Unternehmens respektieren und zugleich zu einem guten Zusammenspiel bringen.
- Einhaltung oder gar Stärkung der **Werte**, welche die Organisation vertritt.
- Wahrung der **Vertraulichkeit** – der gute Ruf der Organisation soll nicht leiden – er soll im Gegenteil gestärk werden.
- **Kompatibilität** der Lösungen mit dem Auftrag und den Abläufen der Organisation.
- Haushälterischer **Ressourcen-Einsatz**: Also Begrenzung der Zeit, welche die Beschäftigten mit dem Mediationsverfahren zubringen. Begrenzung der Honorarsummen für die Mediatoren.

Das sind umfangreiche Wünsche. Sie erfüllen sich nicht allein durch den Einsatz von   12 Mediation. Im Wesentlichen sind sie **Beratungsanliegen**, die mit der Vorannahme eingebracht werden, dass Mediation als Kern des gesamten Verfahrens geeignet sein könnte. Der De-Jure-Auftraggeber ist in diesem Sinne der erste Klient des Mediators. Dass er

---

4 Kerntke 2009, 85 ff.

sich selbst aber nicht als Klient sieht, stellt ein Dilemma dar, dem man vor allem mit Fingerspitzengefühl begegnen muss. Das Dilemma löst sich auf, wenn der Auftragnehmer als Leistung von vornherein nicht Mediation vereinbart, sondern eine Beratung des Unternehmens hinsichtlich seiner Konflikte. Das schließt nicht notwendig eine Mediation ein, aber jedenfalls die Beratung der Leitungsverantwortlichen. Wir beobachten in den letzten Jahren ohnehin die Tendenz, dass Anfragen potenzieller Kunden sich nicht auf ein Mediationsverfahren im engeren Sinne beziehen, sondern darauf, dass bestimmte **Management-Prozesse**, die ins Stocken gekommen sind, wieder gangbar gemacht werden sollen.

13 Der Auftraggeber kommt in den Genuss eines nichtdirektiven Beratungsprozesses, der ihn in seiner Rolle und seinem Handeln in Beziehung zum Konflikt setzt. Der Mediator exploriert mit ihm seine Wünsche und **Handlungsoptionen**. Die Frage, ob der Auftraggeber vielleicht gar auch **Anteile am Konfliktgeschehen** hat, kommt dabei auch in den Blick, jedoch hat sie keine Dramatik. Der Auftraggeber ist ohnehin in jedem Fall Stakeholder des Geschehens – sonst wäre er nicht motiviert, einen Auftrag zur Konfliktbehandlung zu erteilen. Er sollte aber im Blick der Medianden zumindest näherungsweise als allparteilich gesehen werden – durch Perspektivwechsel zu den Medianden kann dies unser Gesprächspartner selbst erschließen. Unterstellt einer der Medianden eine einseitige Parteilichkeit des Auftraggebers, wäre dies eine zusätzliche Anfangslast für die Mediation. Das muss nicht sein. Es bietet es sich an, dass wir zur Entlastung des Mediationsprozesses gemeinsam mit diesem potenziellen ersten Auftraggeber einen neuen Auftraggeber suchen. In der Regel finden wir diesen weiter oben auf der Hierarchieleiter. Unser erster Gesprächspartner bleibt weiterhin wichtig als **Impulsgeber** der Mediation. Die relativ große Offenheit des Verfahrens Organisationsmediation – offen für die zeitweiligen Einbezug neuer Mitspieler und offen für eine deutliche Beteiligung des Auftraggebers – macht es uns leicht, auch damit umzugehen, wenn der Auftraggeber/ Vorgesetzte wegen seiner Beteiligung am Konflikt für einen Wegabschnitt dazu geholt werden muss. Die Offenheit des Verfahrens reduziert die gewichtige Frage der Wahl unserer Gesprächspartner zu revidierbaren Punkten einzelner Prozess-Schritte.

14 Nur eine tragfähige, vertrauensvolle Beziehung zum Auftraggeber über die gesamte Dauer der Mediation gibt uns die Basis für diese Gestaltung. Fehlt sie, dann entfällt damit auch eine wichtige Steuerungsmöglichkeit für die Mediation. Der Auftraggeber mit seiner Verantwortung für die Organisation und der Mediator mit seiner Prozessexpertise müssen gemeinsam überlegen und entscheiden können, auf welche Weise das Verfahren aufgesetzt und dann fortgeführt wird – vor allem immer dann, wenn es gerade nicht den vorher schon vereinbarten Bahnen folgt.
Es versteht sich, dass die Mediatoren gegenüber den Medianden offen legen, welche anderen Beratungsprozesse durch sie die Organisation im Hinblick auf den Konflikt geführt werden.

15 **Mobbing ohne Mobber im Planungsbüro:**

Ein Planungs- und Architekturbüro mit 90 Mitarbeitern. Die Leiterin eines der Projektteams erlebt seit längerer Zeit, dass sie von ihren Kollegen ausgeschlossen, an den Rand geschoben und lächerlich gemacht wird. Ihr Vorgesetzter sieht, wie seine Teamleiterin leidet. Er sieht sich selbst in der Verantwortung, das abzustellen, zumal wiederum sein Vorgesetzter, der Geschäftsführer, sich offenbar nicht kümmert. Also führt er Gespräche mit der Teamleiterin, stellt ihre Kollegen zur Rede, versucht immer wieder zu klären, weshalb ihr so zugesetzt wird und stellt klar, dass dies nicht geschehen darf.

Die Mediatoren führen eine Serie von Klärungsgesprächen mit der Protagonistin und einzelnen ihrer Kollegen und begleiten mehrere Begegnungen in Form von Mediationsgesprächen im engeren Sinn. Die Regie unterscheidet innerhalb des gesamten Mediationsprozesses Einzelgesprä-

che, Beratung für den Geschäftsführer, Mediationsgespräche zwischen Konfliktbeteiligten, Feedback der Medianden an den Geschäftsführer. Im Mittelpunkt der Behandlung dieses Konflikts stehen die Mediationsgespräche ieS. Bei ihnen wird, da der Rahmen gut vorbereitet ist, viel echte Verständigung erreicht. Wie dies geschieht, steht für die Darstellung der „Beratung für den Auftraggeber" nicht im Vordergrund.
Die Fähigkeit zur Zusammenarbeit in der Organisation war durch den Konflikt sehr geschwächt. Damit die Leitung künftig für eine Stärkung wirksam werden kann, muss sie in die Konfliktbehandlung einbezogen werden. Zuallererst bedarf die Leitung der Beratung – schließlich wird das von ihr formulierte Anliegen behandelt. Dann werden auch die Konfliktbeteiligten beraten. In anderen Worten: Hier müssen alle etwas Neues lernen – Leitung, Führungskräfte und Team, jeweils für ihre eigene Rolle. Das ist nicht der Spezifik des geschilderten Falles geschuldet, sondern entspricht einer systemischen Auffassung vom Konflikt und seiner Behandlung.
Die Stationen der insgesamt vier gesonderten Beratungsgespräche mit dem Auftraggeber waren:
1. Das Auftragsgespräch: „Was geschieht nach Ihrer Wahrnehmung, wie wirkt es sich aus, was soll jetzt in Gang kommen?"
2. Exploration der Wirkung seiner Interventionen: „Als Vorgesetzter intervenieren Sie aus echtem Verantwortungsbewusstsein. Jedoch feuern Ihre Interventionen die Konflikte an statt sie zu klären. Um den Klärungsprozess zu unterstützen, sollten Sie in den nächsten Monaten auf diese Interventionen verzichten". Diese Bitte hatten die Mediatoren bereits im ersten Auftragsgespräch geäußert und die Antwort war ein rasches „Ja selbstverständlich!". Jedoch braucht es einen guten und tragfähigen Kontakt mit dem Auftraggeber, um auf seiner Seite das lange eingeübte Muster zu unterbrechen.
3. Interventionen der Mediatoren für behutsame Veränderung des Führungsverhaltens: „Wir möchten gerne mit Ihnen und dem Geschäftsführer gemeinsam darüber beraten, wie Sie Ihr Zusammenspiel in Bezug auf dieses Team so verändern können, dass es die Heilung im Team unterstützt. Wie verhält sich das Konfliktgeschehen zu den Werten, die in Ihrem Unternehmen gelten sollen? Und wie können Sie sich verhalten, um diese Werte gerade im Hinblick auf den Konflikt lebendig zu halten?" Der Wandel, den die Leitenden im Umgang mit den Werten wahrnehmen, wird in den Begriffen der Entwicklungsphasen von Organisationen beschrieben. „Was zeigt Ihnen der Konflikt darüber, wo Ihr Unternehmen steht – und wohin soll es gehen?"
4. Impulse des Auftraggebers für eine Verstetigung der Arbeit: Im geschilderten Fall wandten sich Auftraggeber und Geschäftsführer gemeinsam an die Mediatoren: „Wir möchten mit Ihnen überlegen, welche Art von Teamentwicklungsmaßnahme nach Abschluss der Mediation geeignet wäre, ihren Erfolg zu festigen."
Hätten die Mediatoren ihr Handlungsfeld nur bei den Konfliktbeteiligten gesehen, wäre eine nachhaltige Konfliktbehandlung im Sinne des Unternehmens nicht möglich gewesen. Stattdessen wurde die Unternehmensleitung in einen Beratungsprozess eingebunden, dessen Gesprächszeiten zu etwa 25 % den Leitern gewidmet war und zu 75 % den Konfliktbeteiligten sowie ihrem direkten Umfeld. Die Fokussierung auf die Konfliktbehandlung ging also nicht verloren, aber der gesamte Prozess war getragen von der Beratungsleistung für die Organisation und ihre verantwortlichen Repräsentanten.

Für Organisationsentwicklungs-Berater ist diese Verteilung der Aufmerksamkeit auf unterschiedliche Schichten der Organisation selbstverständlich. Mediatoren klassischer Prägung könnten zunächst den Grundsatz der Vertraulichkeit infrage gestellt sehen. Im nächsten Kapitel wird dargestellt, auf welche Weise die Kommunikation so ausbalanciert wird, dass **Vertraulichkeit** gewahrt bleibt. Vielleicht sollte man dafür in der Organisationsmediation besser von einem **durch die Medianden gemeinsam kontrollierten Kommunikationsdesign** sprechen. 16

2.17.6 Organisationales Lernen aus dem Konflikt fördern – Verantwortung ausbalancieren

Für Organisationsentwickler ist es selbstverständlich, an den wichtigsten Stellen **Prozessschleifen** einzubauen, durch welche entscheidende Informationen und Einschätzun- 17 gen zu den dafür Zuständigen transportiert werden. Mediatoren tun sich damit oft schwer – es scheint ihnen auf den ersten Blick nicht vereinbar mit dem prinzipiellen Gebot der Vertraulichkeit. An dieser Stelle muss Mediation von der OE lernen, ohne ihre eigene Rollenklarheit aufzugeben.

18 „Angenommen, die Medianden (Ihre Mitarbeiter) stoßen in der Mediation darauf, dass ihr Konflikt durch strukturelle Bedingungen hier im Unternehmen nahegelegt war – würde Sie das interessieren?"
Diese Frage im Auftragsgespräch beantworten die allermeisten Auftraggeber mit einem klaren Ja. Damit entsteht eine solide Auftragsgrundlage für ein **gemeinsames Feedback der Medianden an ihre Vorgesetzten-Ebene** nach Abschluss der Mediation. Das Feedback wird vom Mediator mit den Medianden vorbereitet und dann auch moderiert.[5]
Im Feedback geht es um Punkte, die im Mediationsgespräch nicht aufgehen konnten (da bleibt ein Rest), obgleich sie wichtig gewesen wären – einfach weil sie nicht in der **Gestaltungsmacht** der Medianden liegen. Die am häufigsten angesprochene Rahmenbedingung ist das Führungsverhalten des Vorgesetzten. Feedback darüber muss sensibel formuliert werden; dafür ist die Mitwirkung der Mediatoren wichtig.

19 Das **Feedbackgespräch** ist kein Anlass, alte Rechnungen zu präsentieren oder einen Forderungskatalog aufzumachen. Es geht ausschließlich um die **Rahmenbedingungen**, die rückblickend im Konflikt als auslösend oder eskalierend gesehen werden – in der Wahrnehmung der Protagonisten. Für den Vorgesetzten als Feedback-Empfänger ist klar, dass hier etwas bei ihm deponiert wird, das im Gestaltungsbereich der Medianden keinen Platz hatte. Wieweit er selbst es daraufhin gestaltend angehen wird, bleibt seiner Einschätzung überlassen. Erfahrungsgemäß steht die Bereitschaft, ein solches Feedback zu nehmen, in klarem Verhältnis zur Annahme der Führungskraft darüber, wie viel Gestaltungsmacht sie auf ihrer Hierarchie-Ebene hat. Die „**Feedbackfrage der Organisationsmediation**" ist zunächst einmal eine implizite Frage an die **Selbstwirksamkeits-Erwartung** des Auftraggebers. Die Feedbackschleife ist der in der Organisationsmediation prozedural verankerte Weg zum organisationalen Lernen aus dem Konflikt, Schritt für Schritt. Letztlich wird dabei, je nach Tragweite des Konflikts, in einem gewissen Bereich die **Verteilung der Verantwortung zwischen den Hierarchie-Ebenen** neu überdacht. Mit einer gelungenen Feedbackschleife führt ein Prozess der Organisationsmediation zu einem erneuerten Arbeitskontrakt zwischen der Führungskraft und ihren Mitarbeitern.[6]

Das Versicherungsunternehmen ist im Prozess einer **Restrukturierung:** Übermäßig hohe Verwaltungskosten für die Einlagen der Versicherten müssen aufgefangen werden, sonst wird die Aufsichtsbehörde eingreifen. Das bedeutet Stress für alle Beteiligten. Die Führungskräfte direkt unter dem Vorstand haben es besonders schwer, die beschlossenen Maßnahmen umzusetzen. Revierdenken und Rivalität, aber auch die Fürsorge gegenüber ihren Mitarbeitern lassen sie die notwendigen Schritte hinauszögern. Der Vorstand beschließt, dass die Bereichsleiter unterstützt werden sollen. Ein Mediator als Softskill-Experte soll in einer Serie von zweitägigen Workshops „Seelenmassage" leisten.
Der Mediator verweist darauf, dass er Seelenmassage nicht, Mediation hingegen gut leisten kann. Und er fragt den Vorstandsvorsitzenden: „Angenommen einmal, in den Mediationen zeigt sich, dass einzelne Konflikte zwischen den Bereichsleitern aufgrund von strukturellen Bedingungen, die sie selbst nicht gestalten konnten, angefacht wurden – würde Sie das interessieren?" Unter dem Umstand der erzwungenen Restrukturierung konnte der Vorstand zunächst seine eigenen Handlungsspielräume nicht mehr gut sehen und antwortete spontan mit „Nein, da kann ich doch auch nichts machen", lenkte dann aber ein zu einem deutlichen und klaren „Ja, das möchten wir dann gerne hören", damit wir das in unseren Möglichkeiten Stehende tun können, damit die Bereichsleiter ein weniger konfliktreiches Handlungsfeld haben."

---

5 Kerntke 2012.
6 Darauf weist die Kölner Organisationsberaterin Susanne Fest hin.

Für die zunächst skeptisch-reservierten Führungskräfte war diese Auskunft auslösend, ja, erlösend, ihre eigene **Handlungsfähigkeit** zurückzugewinnen. Nach vier Mediationen zwischen Bereichsleitern gab es dann eine gemeinsame Feedback-Sitzung der Medianden mit dem Vorstand. Dieses Meeting wurde zu einem Meilenstein in der Umsetzung der Restrukturierung. Die Beteiligten – der Vorstand eingeschlossen – erlebten erstmals ihren wechselseitigen Bezug bei der Umsetzung der Restrukturierungsmaßnahmen. Die Klarheit ihrer jeweiligen Rollen wurde gestärkt. Das schloss mit ein, dass der Vorstand mehr Fürsorge für die Handlungsgrundlagen der Führungskräfte zeigte.

Exkurs über Öffentliche Verwaltungen:

Organisationsmediation, in Unternehmen oder in öffentlichen Verwaltungen ausgeübt, ist ein 20
und dasselbe Fach. Konfliktdynamik und Notwendigkeiten der Behandlung sowie die Grundlinien des Vorgehens sind die gleichen. Unterschiede sind vor allem Kulturunterschiede. Viele Behörden sind, unter dem Aspekt der Entwicklungsphasen von Organisationen, stark in der Differenzierungsphase verankert. Das hat seinen guten Grund in ihrem Auftrag, ihren Arbeitsgegenstand regelhaft und ohne Ansehen der Personen zu behandeln. In den Untergliederungen großer **Behördenapparate** bringt dies oft mit sich, dass Führungskräfte in ihrem Verantwortungsbereich nur geringe Möglichkeiten sehen, **strukturelle Bedingungen** zu gestalten. Mit der Grundannahme „Da kann ich nicht viel ändern" sinkt die **Selbstwirksamkeitserwartung** einer Führungskraft und damit auch ihr Interesse an einem Feedback der Medianden über strukturelle Gründe für den Konflikt. Während wir auf die „Feedbackfrage" im Auftragsgespräch („angenommen einmal, die Medianden stoßen darauf, dass strukturelle Gründe....") in Unternehmen fast immer ein deutliches „Na klar interessiert mich das" hören, ist die Reaktion von Führungskräften in öffentlichen Verwaltungen oft zurückhaltend bis skeptisch („Wie meinen Sie das?"). Der beraterische Kontakt des Mediators zum Auftraggeber ist hier besonders wichtig um auszuloten, welche Gestaltungsräume eben doch bestehen.

2.17.7 Diversität im Unternehmen konstruktiv nutzen – Diskriminierung nachhaltig abstellen

Zu den ständigen Aufgaben jeder Organisationsmediation gehört es, die Verständigung 21
zwischen Angehörigen unterschiedlicher Gruppen zu fördern und zugleich nachhaltig zu vermitteln, wie ein konstruktiver Umgang mit **Unterschiedlichkeit** erreicht werden kann.

Bei der Aufeinanderfolge der Entwicklungsphasen gibt es innerhalb ein und desselben 22
Unternehmens immer wieder Ungleichzeitigkeiten – will heißen, nicht alle stehen zugleich am gleichen Punkt. Manche verharren (aus guten Gründen) in der einen Phase länger, andere streben rascher in die nächste Phase. Dies führt häufig zu diskriminierenden oder als diskriminierend erlebten Zuweisungen. Die Vokabel **Diskriminierung** besagt ja zunächst nichts Anderes als Unterscheidung – erst **die Verweigerung von Anerkennung**, die mit vielen Unterscheidungen absichtlich oder unabsichtlich einhergeht, verschärft Konflikte oder provoziert sie überhaupt erst.

Im Hinblick auf Konflikte in Organisationen sind zwei Darstellungen von Bernd Fech- 23
ler[7] zentral für unser mediatorisches Verständnis der **Auftrittsformen von Diversität,** und sie sind zugleich geeignet, den Angehörigen der Organisation ihre konflikthafte Diversität besprechbar zu machen. (S.a. Kap 2.4).

Fechler geht von der Beobachtung aus, dass kulturelle und andere Diversität im Kon- 24
flikt stets unter einem **Machtgesichtspunkt** erlebt wird – wer hat das Sagen, wer gilt mehr, wer muss sich anpassen, wem wird weniger Sachkenntnis unterstellt, wer darf das Spiel bestimmen? Das ist nicht absolut gesetzt, sondern ist vom Kontext abhängig. Der Frankfurter Börsenmakler steht mit dem indischen Verkäufer (und Freizeit-Yogalehrer) im Supermarkt um die Ecke in einer anderen Status-Balance als mit eben diesem

7 Fechler 2010.

indischen Yogalehrer in dem Yoga-Zentrum, das der Börsenmakler am Abend besucht. Interessant ist vor allem, an welchem Punkt der Auseinandersetzung einer der beiden sich herabsetzend über die Kulturdifferenz äußern wird: „Typisch der arrogante Deutsche!"/„Diese Inder nerven immer!". Herkunftskultur und Rollenunterschiede überlagern sich. Doch hat der US-amerikanische Mediationslehrer in Deutschland allemal mehr Geltung als der italienische – und beide verhalten sich zueinander und gegebenenfalls auch gegeneinander im ständigen Wissen um diese Asymmetrie.

25 Die **Hochstatus/Tiefstatus-Matrix** zeigt, wie sich das im Verhältnis der Angehörigen unterschiedlicher Gruppen auswirkt:

	Wir	Die Anderen
Hochstatus	Normal und angemessen	Arrogant und rücksichtslos
Tiefstatus	Deplatziert und falsch behandelt	Nervend und nörglerisch

© B. Fechler 2003

26 Wenn das lange genug wirken kann, dann entsteht aus der Wahrnehmung des Verhältnisses von Hoch- und Tief-Status aus der Sicht der Tief-Status-Angehörigen beim Blick auf die Hoch-Status-Angehörigen möglicherweise ein **Diskriminierungsvorwurf**. Dem Vorwurf muss nachgegangen werden.

27 Die **Diskriminierungs-Matrix** hingegen hilft dabei, zu einer Beschreibung zu kommen und die Dinge besprechbar zu machen – ohne dass dadurch Diskriminierung etwa hinnehmbar würde. Jedoch wird erklärbar und in gewissem Maß sogar vorhersehbar, was geschehen mag:

wissend / unwissend	auf interpersonaler Ebene	auf struktureller Ebene
beabsichtigt	D_1 Gesinnungstat	D_2 legalisierte Diskriminierung
nicht beabsichtigt	D_3 Verstrickung	D_4 institutionelle Diskriminierung

© B. Fechler 2003

Beispiel:

Wenn sich ein Rollstuhlfahrer in der Kleinstadt mehrmals beim Bürgermeister darüber beschwert hat, dass der Zugang zur Rathaustür nach wie vor nicht barrierefrei gestaltet ist (D4), und jedes Mal wird er darauf hingewiesen, dass da eben beim Bau des Rathauses eine Planungspanne passiert ist – das sei doch kein böser Wille – und es wird keinerlei Abhilfe geschaffen, dann wird der Rollstuhlfahrer früher oder später dazu übergehen, dem Bürgermeister zu unterstellen, dass der ihn diskriminieren will (D1).

27

Die Gesellschaft in den deutschsprachigen Ländern zeigt eine immer deutlichere (wenngleich nicht etwa einheitliche) Kontur als **Einwanderungsgesellschaft.** Zusätzlicher Druck entsteht durch massive Veränderungen in einzelnen Berufsgruppen. Stellvertretend sei hier die Verlags- und Druckindustrie genannt mit dem Verschwinden ganzer Berufe und der Verlagerung ihrer bisherigen Tätigkeiten und Verantwortungsbereiche auf andere Berufe in derselben Branche. Solche Veränderungen machen den Umgang mit Diversität zu einer vordringlichen Aufgabe der Organisationsmediation. Diversität (auch Kulturdiversität) lässt sich nicht durch **Übersetzungsgleichungen** der unterschiedlichen kulturellen Codes managen, sondern durch unerschrockenen Blick auf die von den Asymmetrien provozierten Verwerfungen, auf das **Gerechtigkeits-Empfinden** der Betroffenen und auf ihre legitime Forderung nach Gerechtigkeit.[8]

28

2.17.8 Stakeholder-Einbezug[9]

Konflikte in Organisationen, selbst wenn sie rein privater Natur zu sein scheinen, werden von anderen Angehörigen der Organisation stets aufmerksam zur Kenntnis genommen, (siehe 2.17.3, Prozesslinien der Organisationsmediation). Unterschiedliche Formen der Aufmerksamkeit zeigen die **Zaungäste** des Konflikts („Bühnenreif! Und noch dazu während der Arbeitszeit! Wie unterhaltsam!" – „Das ödet mich allmählich an. Ich hab genug davon!"). **Stakeholder** sind diejenigen, die je nach Ausgang des Konfliktes etwas zu gewinnen oder zu verlieren haben. Angetrieben von ihren Interessen beginnen sie oft zu agieren – vor allem, wenn sie allzulang unberücksichtigt bleiben. Sie beobachten nicht nur. Zwischen Stakeholdern und **Konfliktparteien** besteht kein prinzipieller Unterschied; die Grenzen sind fließend. Deshalb sprechen wir in diesem Zusammen-

29

---

8 Wüstehube, Mediation im interkulturellen Kontext, iln: Forum Mediation 2 /2002.
9 Kerntke 2010.

hang lieber von „**Protagonisten des Konflikts**" und nicht von Parteien. Dann sind feinere Abstufungen möglich. „Wer hat sich in dieser Sache am weitesten aus dem Fenster gelehnt? Wer ist am stärksten exponiert – und wer nicht ganz so sehr? Wer ist am heftigsten beeinträchtigt und wer weniger? Wer hat die höchsten Einsätze im Spiel?" So ergeben sich Abstufungen, die sowohl die Konfliktparteien im engeren Sinn wie auch die Stakeholder erfassen. Der Auftraggeber ist immer ein Stakeholder. Es wäre ein schwerer Fehler, die wichtigsten Stakeholder nicht in die Konfliktbehandlung einzubeziehen.

30 Auf diesem Gebiet gibt es für die Organisationsmediation viel aus der Organisationstheorie zu lernen. „**Stakeholder Theory**" ist ein eigenes Genre der Organisationstheorie.[10] Die **normative** wie auch die **angewandte Stakeholder-Theorie (Stakeholder-Management)** haben zahl- und umfangreiche Forschung und Publikationen hervorgebracht. Interessant für die Praxis ist vor allem die Forschung zu den Auswirkungen unzureichenden Einbezugs sowie zu den abgestuften Möglichkeiten und Formen des Einbezugs.

31 Bei Mediationen empfiehlt sich der **konsultative Stakeholder-Einbezug**. Wir nehmen die Stakeholder und ihre Interessen ernst, räumen ihnen jedoch keine Kontrolle über die Konfliktbehandlung ein, sondern wir erbitten in mediativer Weise ihre Erwägungen und Beiträge zum Geschehen. „Wenn Sie hören, dass ihre beiden Vorgesetzten jetzt beginnen, konstruktiv an ihrem Konflikt zu arbeiten – was geht Ihnen dann durch den Kopf? Worauf kommt es aus Ihrer Sicht an? Was möchten Sie den beiden mitgeben?" Stakeholder-Einbezug heißt immer wieder, das **Gerede** und das Grübeln über den Konflikt vom Pausenraum, vom Flur, vom Parkplatz in den Konferenzraum zu holen und ihm dort einen guten Raum zu geben. Dann wird **konstruktives Nachdenken und Sprechen** daraus.

32 Zwei Aspekte gewinnen mit der Praxis der Organisationsmediation immer mehr Kontur: Ein beherzter Einbezug der Stakeholder **beschleunigt** das Mediationsgespräch im engeren Sinn, während die **Entschleunigung** der Gesprächsinterventionen beibehalten wird. Die Protagonisten des Konflikts erfahren einen kräftigen Anschub, der aus der Mischung von Getragenwerden („gute Wünsche") und **sozialem Druck** („nun seht mal zu, dass Ihr das endlich schafft – es ist sehr wichtig für uns") besteht. Zugleich unterstützt die Perspektive der Stakeholder die Parteien dabei, sich auf **organisationale Aspekte** ihres Konflikts zu fokussieren und dafür gute Lösungen zu suchen. Zweitens wird deutlich, dass die **Wahl der Stakeholder**, die in die Konfliktbehandlung einbezogen werden, nicht nur von fachlich pragmatischen Gesichtspunkten geleitet wird, sondern vom **Wertesystem** des Unternehmens. Hier zeigt sich, wessen Interessen innerhalb des Unternehmens Geltung beanspruchen dürfen, und hier ist wiederum Beratung des Auftraggebers durch die Mediatoren sinnvoll.

33 **Krise im Verein**

Ein Verein für Selbsthilfe und Hilfe bei einer schweren chronischen Erkrankung ist in die Krise geraten. Eine Spaltung des Vereins droht durch den schon lange andauernden Konflikt zwischen einem früheren Vorstandsmitglied des Vereins und seinem aktuellen Geschäftsführer. Der zuständige Landesverband erwägt aufgrund der unordentlichen Verhältnisse den Ausschluss. Dadurch verlöre der Verein den Zugang zu den meisten öffentlichen Fördergeldern. Auf Vorschlag der Mediatoren wird eine außerordentliche Mitgliederversammlung einberufen. Dort soll der Konflikt geklärt werden. Mit dem Auftraggeber, dem Vorstandsvorsitzenden, hatten die Mediatoren verabredet, dass alle, die sich in irgend einer Weise über den Konflikt Sorgen machen oder vielleicht auch daraus einen gewissen Nutzen ziehen, zu dieser Veranstaltung ein-

---

10 Miles, Stakeholders. Theory and Practice, 2006.

Kerntke

geladen werden. Außer den aktuellen Mitgliedern werden also zusätzlich ausgewählte frühere Mitglieder eingeladen sowie der Vorstand des Landesverbands. Einziger Tagesordnungspunkt: Die Behandlung des Konflikts. Alle Stakeholder sollen am Morgen beim Auftakt der Mediation dabei sein und dann wieder am Spätnachmittag, wenn Optionen oder gar eine Einigung präsentiert werden können. Und da man die zum Teil von weither angereisten Gäste nicht zwischendurch wegschicken kann, arbeitet mit ihnen zeitgleich zur Mediation einer der Mediatoren über Zukunftsfragen der Organisation.

Zu Beginn wendet sich der Mediator an die große Runde: „Wir sind heute hier, um an wichtigen Fragen Ihrer Organisation zu arbeiten. Bei den knappen Vorgesprächen habe ich von dem früheren Vorstandsmitglied und von dem heutigen Geschäftsführer erfahren, wie sie sich in den letzten Monaten, jeder für sich und oft auch heftig gegeneinander, für die ihnen wichtigsten Fragen eingesetzt haben. Das war oft aufreibend und Kräfte zehrend. Ich bin deshalb sehr froh, dass beide sich bereit erklärt haben, heute mit unserer Unterstützung gemeinsam in einer Mediation an diesen Fragen zu arbeiten." (zu den beiden gewandt): „Haben Sie herzlichen Dank dafür, dass Sie diese Bereitschaft mitbringen."

„Wenn Sie alle hier – in ihren ganz unterschiedlichen Funktionen – hören, dass der Geschäftsführer und das frühere Vorstandsmitglied heute gemeinsam am Problem arbeiten wollen – was geht da bei Ihnen vor? Welche Wünsche tauchen bei Ihnen auf? Was möchten Sie den beiden mitgeben? Worauf sollen beide achten?"

Dieselben Menschen, die sich in den letzten Monaten in der Öffentlichkeit oft herabsetzend die Protagonisten des Konflikts geredet hatten, sprechen jetzt, wo sie im Konferenzraum angehört werden, so, dass es für das Weg zu Lösungen beiträgt. Manche der Antworten beziehen sich auf frühere, freundschaftliche Zeiten: „Ich weiß, dass Ihr das eigentlich könnt. Ich wünsche Euch sehr, dass Ihr es speziell heute gut schafft." Andere Antworten sind auf ganz andere Weise unterstützend. Ein Vorstandsmitglied des Landesverbandes sagt: „Wir standen bereits unmittelbar vor dem Entschluss, Ihren Verein auszuschließen. Ich bin heute hier angereist mit der Erwartung, dass Sie unter Beweis stellen, dass eine förderliche Zusammenarbeit mit Ihnen wieder möglich wird. Das möchte ich heute erleben.".

Danach geht es mit den beiden Protagonisten ins Mediationsgespräch und mit den Stakeholdern und Zaungästen in den Zukunfts-Workshop. Zwei Stunden sind für die nächste Arbeitsphase verabredet. Dann zurück ins Plenum: die einen mit Optionen, die sie in der Mediation erarbeitet haben, die anderen mit Anhaltspunkten dafür, was in der Zukunft der Organisation wichtig sein würde. Nach dem Austausch darüber folgt wieder eine einstündige, getrennte Arbeitsphase. Im abschließenden Plenum präsentieren zunächst die Protagonisten des Konflikts ihr Lösungspaket. Die Stakeholder erarbeiten dann in einem moderierten Prozess mit den Protagonisten die ganz spezifische Unterstützung, die sie in ihren unterschiedlichen Funktionen den Lösungen bieten können. Das ist durchaus nicht nur sonnig und harmonisch, sondern hier zeigen sich selbstverständlich weitere Konfliktlinien zwischen anderen Teilen der Organisation. Aber anders als bisher gibt es nun die Hoffnung und Erwartung, dass Konflikte bearbeitet werden können.

2.17.9 Ausblick

Wenn Organisationsmediation fachlich gut und angemessen betrieben wird, dann ist bei vielen Unternehmen ihre logische Fortsetzung die Installierung eines **innerbetrieblichen Konfliktmanagement-Systems**. Seine Erarbeitung, das **Systemdesign** (s.a. Kap. 2.14), ist die Arbeitsaufgabe, bei der sich **Mediatoren und Organisationsentwickler gemeinsam** wiederfinden, gelegentlich ergänzt von Coaches, die ebenfalls weitreichende Einblicke in die Funktionsweise und die Entwicklungsbedürfnisse von Unternehmen gewinnen. Zugleich ist hier fachlich der Punkt erreicht, an dem Mediatoren mit ihrer alleinigen Mediationsausbildung nicht mehr weit genug greifen können. Bis dorthin noch trägt sie die eigene Fachdisziplin.

34

35 Mit der Gründung der **Gesellschaft für Systemdesign** im Jahr 2012 wurde eine Plattform für die gleichberechtigte Arbeit von Organisationsentwicklern und Mediatoren dafür geschaffen. Sie bietet den Angehörigen beider Disziplinen einen angemessenen Raum für die Zusammenarbeit.

2.18 Berater, Experten und Anwälte in der Mediation

Literatur: Diez, H./Krabbe, Th., Familien-Mediation und Kinder, Grundlagen – Methodik – Techniken, Bundesanzeiger Verlagsgesellschaft, 3. Aufl. 2009.

2.18.1 Grundsätzliches

In der Mediation geht es um die Lösung eines Konflikts durch die Konfliktparteien 1 selbst. Sie allein sind die Experten in der Bearbeitung ihres Konflikts. Dieser Beitrag findet seine Bedeutung darin, dass es unbestritten Dritte geben muss, die als Experten hinzugezogen werden können oder müssen. Das Thema wird eher weiter gefasst in dem Sinne abgehandelt, dass es generell um Dritte (nicht nur Experten) in der Mediation geht, also Dritte außerhalb der Konfliktparteien und dem Mediator bzw dem Mediatorenteam. Die weitere Differenzierung geht dann dahin, dass Berater und Experten auf zwei Seiten relevant sein können:

- als Dritter für und auf Seiten der Konfliktparteien,
- der Dritte als Unterstützer des Mediators.

Der Beitrag ist zunächst nach den Phasen der Mediation gegliedert und nimmt dabei 2 Bezug auf Kap. 3.2. (Ablauf der Mediation,) um abschließend einige besondere Situationen zu reflektieren.

2.18.2 Der Auftrag[1]

Am Beginn einer jeden Mediation steht der **Auftrag** (vgl Kap. 3.1), der den Mediatoren 3 erteilt wird. Zu differenzieren ist dabei zwischen der Situation, dass die Konfliktparteien selbst die Mediatoren beauftragen oder aber ein Dritter bspw der Arbeitgeber.

2.18.2.1 Auftrag durch die Konfliktparteien

Bezahlen die Konfliktparteien ihre Mediatoren selbst, verhandeln sie direkt mit den Me- 4 diatoren und haben dabei auch die Chance, sich im Erstkontakt kennen zu lernen. Insofern ist es nicht allein der juristische Akt des Vertragsschlusses, sondern weit mehr, was in dieser Situation passiert. An Expertenwissen besteht in aller Regel kein zusätzlicher Bedarf. Denkbar ist, dass das Vertragswerk selbst einen oder alle Beteiligten veranlasst, eine rechtskundige Person, vorzugsweise einen Rechtsanwalt, hinzuzuziehen. Das Einschalten eines Rechtsberaters ist dann zu empfehlen, wenn eine Konfliktpartei das Vertragswerk nicht uneingeschränkt akzeptieren kann. Es sollte nicht so sein, dass aus der

---

1 S. im Einzelnen Kap. 3.1 zu Auftragsklärung.

Arbeitsgrundlage Vertrag[2] irgendeine Irritation in die Mediation getragen wird; denn die Basis des Arbeitsbündnisses zwischen Konfliktparteien und Mediatoren ist Vertrauen.

5   In manchen Situationen sind die Konfliktparteien bereits durch Anwälte vertreten. Schon heute kommt es vor, dass in dieser Situation nicht der Gang zum Gericht gewählt wird, sondern die Mediation. Dabei sind es durchaus auch die Parteivertreter, die eine Mediation empfehlen. Da sie als Mediatoren ausscheiden, erledigen die Anwälte in ihrer Funktion als Parteivertreter das Finden eines geeigneten Mediators, mit dem sie dann auch die vertraglichen Dinge für die Konfliktparteien regeln. Dieser Sonderfall, dass die Konfliktparteien in die Mediation mit ihrem Beistand gehen, wird gesondert behandelt (vgl Kap. 2.18.7), weil sich diese Situation durch alle Phasen der Mediation zieht.

2.18.2.2 Auftrag durch Dritte

6   In der Wirtschaftsmediation ist es üblich, dass Auftraggeber nicht die Konfliktparteien sind, sondern ein Dritter. Das kann der Arbeitgeber sein, wenn es sich um Arbeitnehmerkonflikte handelt, es kann auch der Aufsichtsrat sein, wenn ein Konflikt im Vorstand einer Aktiengesellschaft durch Mediation gelöst werden soll. In diesen Fällen muss der Mediator besondere Sorgfalt darauf verwenden, seinen Auftrag zu klären. Das ist die höchstpersönliche Aufgabe des Mediators und er ist der Experte für seinen Leistungsanteil bei der Auftragsklärung und dem Vertragsschluss. Auf der anderen Seite, der Seite der Organisation, handeln in aller Regel Beauftragte. Diese werden allerdings weniger als Experten tätig sondern als die organisational Zuständigen. Es ist aber nicht unüblich, dass bspw der Personalleiter einen Vertragsentwurf durch die Rechtsabteilung prüfen lässt. An dieser Stelle sei auf weitere Ausführungen mit dem Verweis auf Kap. 3.1 (Auftragsklärung) verzichtet.

2.18.3 Standpunkte der Konfliktparteien und Strukturierung der Themen

7   In dieser Phase haben die Konfliktparteien Gelegenheit, ihre Sicht darzustellen. Der Mediator verfolgt dies aktiv zuhörend und wertschätzend. Es kommt immer wieder vor, dass Konfliktparteien in die Mediation mit einer großen **Verunsicherung** gehen, auf was sie sich einlassen. Manche dieser Konfliktparteien legen deshalb Wert darauf, dass sie in Begleitung ihres Rechtsbeistandes erscheinen dürfen. In anderen Fällen ist diese Begleitung ein Mensch, in dessen Beisein sich die Konfliktparteien sicher fühlen.

8   Die Mediatoren sind darauf angewiesen, dass zwischen ihnen und den Konfliktparteien ein Arbeitsbündnis entsteht, das auf **Vertrauen** beruht. Menschen, die Mediation noch nie erlebt haben, können sich nur schwer vorstellen, dass ein Mensch mit ihnen und dem Konfliktgegner gleichermaßen emphatisch sein kann und sich die Vertrauensfrage erübrigt. So ist es durchaus hilfreich, wenn die Konfliktparteien eine Person ihres Vertrauens mitbringen.

9   Begleiter von Konfliktparteien in dieser Phase der Mediation sind also weniger Experten im fachlichen Sinne als vielmehr **Stabilisatoren der psychischen Verfassung**. Dies hat einen wichtigen Effekt unter dem Aspekt **Augenhöhe**: Konfliktparteien begegnen sich am Beginn der Mediation selten auf Augenhöhe. Die Mediatoren müssen für ein Gelingen ihres Einsatzes gewährleisten, dass sie in den getrennten Kontakten mit den Konfliktparteien Augenhöhe haben und halten. Erst wenn das gelungen ist, können sich die Konfliktparteien in den folgenden Phasen auf Augenhöhe begegnen. Die Grundlage da-

---

2   Wie umfangreich solche Rechtsgrundlagen sein können ist in Kap. 4.4 „Mediationsvertrag" nachzulesen.

für wird entscheidend in der ersten Phase gelegt, in der die Kontrahenten ihre Sichtweise auf den Konflikt darlegen.

Die Begleitungen haben darüber hinaus den Vorteil, dass sie weit weniger emotional in 10
die Konfliktdarstellung gehen als die Betroffenen selbst. Sie unterstützen die Mediatoren, die Themensammlung (Agenda) präzise und vollständig zu fassen; arbeiten die Mediatoren ohne Co-Mediator, können Begleiter auch bei der Visualisierung behilflich sein (als Assistenz des Mediators).

In Wirtschaftsmediationen kann es vorkommen, dass der zugrunde liegende Sachverhalt 11
unterschiedlich wiedergegeben wird aber objektivierbar ist. So ist es bspw möglich, dass bei einem Baustreit die streitrelevante Abfolge der Gewerke sehr wohl **verifizierbar** ist. In solchen Fällen macht es Sinn, einen Experten einzuschalten, der das vorhandene Material sichtet und im Hinblick auf den streitigen Sachverhalt klärt. Der **sachverständige Dritte** hat in dieser Situation den Vorteil, dass er für die Konfliktparteien verbindlich einen Teilaspekt des Streits klären hilft, indem ein Sachverhalt unstreitig gestellt wird.

2.18.4 Exploration

Diese Phase enthält verschiedene Stufen, die in Bezug auf das Thema Experten und Anwälte in der Mediation differenziert zu betrachten sind. 12

2.18.4.1 Ausarbeitung der Interessen und Bedürfnisse

In erster Linie geht es darum, hinter benannten Positionen stehende Interessen zu fassen. Die Interessen und Bedürfnisse kann niemand so präzise nennen wie die Konfliktparteien selbst. Hat sich der begleitende Berater mit dieser Seite seines „Schützlings" beschäftigt, weil er zB ein Coaching durchgeführt hat, kann dessen Unterstützung nützlich sein. Wichtig ist es allerdings, dass (spätestens) jetzt die Konfliktparteien selbst beginnen, sich **verbal einzubringen**. Sind diese mit Denken und Formulieren gefordert, wird für die Mediatoren mit der Interaktion ein wesentlicher Bestandteil der Konfliktdynamik sichtbar. Aus diesem Grund sollten die Mediatoren in Absprache mit den Begleitern die Konfliktparteien persönlich zum agieren bringen. Zu den Absprachen mit begleitenden Anwälten (als typischer Begleiter in Mediationen) wird auf die separaten Ausführungen (vgl 2.18.7) verwiesen. 13

Schon in dieser Phase der Mediation kann es zu **Einzelsitzungen** kommen, von denen 14
Begleiter nicht ausgeschlossen werden sollten. Da es in Einzelsitzungen immer um die eine Konfliktpartei geht, mit der – persönlich – etwas geklärt werden soll, ist der Begleiter für den Mediator in aller Regel ein wertvoller Helfer, der sich gut einbringen kann.

2.18.4.2 Konflikterhellung

Diese Phase ist idR eine besonders intime und für den weiteren Verlauf der Mediation 15
entscheidende. Gefordert ist die volle Konzentration der Konfliktparteien auf das, was sie im Rahmen der Konflikterhellung beizutragen haben sowie darauf, zu verstehen, was mit dem Konfliktgegner ist. Aus diesem Grund ist es wichtig, dass sich Dritte jeder verbalen Mitwirkung enthalten. Mediator und Konfliktparteien begegnen sich so intensiv und nahe wie in keiner anderen Phase der Mediation. Da ist es wichtig, dass diese Dreiecksbeziehung durch nichts und niemanden gestört wird, geht es doch auch darum, dass die Konfliktparteien die Blicke einander wieder zuwenden, dass sie einander zuhören und in die **unmittelbare Kommunikation** gelangen. In diesem Herzstück der Mediation ist die Kunst des Mediators gefragt, und niemandes sonst. Experten sind allein die beiden Konfliktparteien als die alleinig Kompetenten bezogen auf den Konflikt sowie der Mediator als Prozessverantwortlicher.

16 Wie der Mediator die Konfliktparteien begleitende Dritte (insb. Anwälte) in dieser Phase begegnet, wird später ausgeführt (vgl 2.18.7).

2.18.4.3 Entwicklung von Optionen

17 In diesem Stadium der Mediation erfolgt eine **Öffnung**: Die Konfliktparteien sind wieder im Kontakt miteinander und können **gemeinsam kreativ** sein. Zur Herausforderung, die das Erarbeiten von Optionen darstellt, wird auf Kap. 2.6 verwiesen. Es ist eine Kunst (jedenfalls in unserer Kultur), lateral zu denken. Um möglichst viele Optionen auftun zu können, kann die Unterstützung durch einen Experten sinnvoll sein. Auch die Mediatoren selbst können sich mit ihrer Kreativität einbringen, solange klar ist, dass deren Beiträge (Optionensammlung) keinen Empfehlungscharakter hat. Ideen sind allein durch ihre Kreation wertvoll; ob und inwieweit sie im Einzelfall wirklich von Bedeutung sind, wird in einem separaten Schritt geklärt.

18 Aus diesen Ideen werden Optionen, indem sie – zunächst einmal grob – mit der Situation der Konfliktparteien abgeglichen werden. Das lässt sich gut mit den „six thinking hats" bewerkstelligen. Zu den Kreativitätstools s. Kap. 3.14.

19 Diese Phase bietet sich für eine **online-Mediation** an: Jede Konfliktpartei kann für sich – und gern mit Unterstützung durch Dritte – Ideen entwickeln, die zumindest für die kreierende Konfliktpartei als Lösungsansatz vorstellbar sind. Wen sich die Parteien dann zur Unterstützung hinzuziehen, können die Mediatoren ihnen überlassen; die Konfliktparteien werden schon den für sie richtigen Helfer finden.

2.18.5 Verhandlungen und Lösungserarbeitung

20 In dieser Phase der Mediation geht es darum, die zuvor erarbeiteten Optionen auf ihre Passig- und Machbarkeit hin zu prüfen. Die Aufgabe der Mediatoren liegt vornehmlich darin, das Gespräch zu moderieren. Bei der Abwägung der früher gefundenen Optionen geht es um Argumente, wobei auch das Gefühl als Argument seinen Platz haben muss. Eine effektive Moderationstechnik sind die six thinking hats. Für die Mediatoren kann es entlastend sein, wenn sie sich einen **Moderationsexperten** hinzu ziehen. Für den Mediator – insbesondere beim Arbeiten ohne Co-Mediator – hat es den Vorteil, dass er die Kommunikation der Konfliktparteien beobachten kann; außerdem wird er darauf achten, dass die früher dokumentierten Issues in die Betrachtung einbezogen sind. Die Konfliktparteien brauchen für diesen Prozess der Abwägung keinen Experten, weil sie allein beurteilen können, was für sie denkbar und richtig ist.

21 Bei etlichen Lösungsideen ist die Mitwirkung eines Dritten erforderlich, der nicht Konfliktpartei ist. Denkbar sind auch Lösungen, bei denen die **technische oder wirtschaftliche Machbarkeit** geklärt werden muss. Für solche Details ist die Einbeziehung von Dritten häufig notwendig und in anderen Fällen sinnvoll. Dieser Dritte kann der Auftraggeber in einer Wirtschaftsmediation sein, der als Arbeitgeber gewünschte Gegebenheiten bereitstellen soll. In anderen Fällen mag ein Ingenieur gebraucht werden, der die Idee einer technischen Lösung in seiner Umsetzbarkeit beurteilt. Die Aufgaben dieser Experten, Berater oder sonstiger Dritte begrenzen sich auf spezielle Punkte. Bis auf den Moderationsexperten, der vom Mediator als Unterstützer hinzugezogen wird, sind Experten eher seltener benötigt und dann auf Seiten der Konfliktparteien.

22 Eine besondere Rolle spielen in dieser Phase die Rechtsberater (vgl auch Kap. 4.1). In vielen Fällen ist es sinnvoll, die favorisierte Lösung einem **Rechtsberater** bzw den rechtskundigen Parteivertretern zur Prüfung vorzulegen ob und inwieweit die beabsichtigte Gestaltung **rechtlichen Bedenken** begegnet. Schließlich ist es den Mediatoren verwehrt, sich zur Rechtslage auch dann zu äußern, wenn sie Rechtsanwälte sind. Ein Rechtsgutachten kann dasselbe erreichen.

Eine andere Situation lädt zusätzlich ein, dass die Konfliktparteien ihren Rechtsanwalt 23
hinzuziehen, nämlich dann, wenn Bestandteil der Lösungsoption eine **Verhandlung** ist.
Dieses ist regelmäßig der Fall, wenn ein Verteilungskampf zu beenden ist. Auch da
macht es Sinn, dass sich die Parteien von ihrem Berater begleiten lassen, auch, um die
Mediatoren davor zu schützen, sich in diese Auseinandersetzung inhaltlich einzubringen.

2.18.6 Vereinbarung und Beendigung

Vereinbarungen zum Abschluss einer Mediation sollen schriftlich erfolgen (vgl Kap. 24
3.2). Diese letzte Phase der Mediation ist eng angebunden an die vorhergehende. Mit
ihrer **Unterschrift** unter die Vereinbarung erklären die Konfliktparteien, dass sie sich in
beschriebener Weise die gemeinsame Zukunft vorstellen können und nach den dort aufgestellten Regeln handeln werden. Bei Alltagskonflikten können die Protagonisten die
Verantwortung problemlos übernehmen, weil die Einschätzung dessen, was sie unterschreiben, vollumfänglich von ihnen beurteilt werden kann. Sobald jedoch Experten an
der Lösungsfindung mitgearbeitet haben, ist die Grenze schnell überschritten, dass die
verantwortlichen Parteien abschließend beurteilen können, was sie unterschreiben.
Wenn etwa ein technischer Experte (beispielsweise die Konstruktion, wie ein Baumangel beseitigt werden kann) eine angedachte Lösung als möglich beurteilt hat, vertrauen
die Konfliktparteien darauf, dass die **Auskunft dieses Experten** richtig ist. Auch wenn
ein Vertrag unter rechtlichen Aspekten formuliert ist, können die Grenzen des Begreifens überschritten sein. Den Experten kommt also bei der Vereinbarung eine exponierte
Rolle dadurch zu, dass sie einen Teil der **Verantwortung** für das übernehmen, was die
Konfliktparteien unterzeichnen. Denn der Grund, weshalb die Unterzeichnenden das
tun, hat sein Fundament im Vertrauen zu den Experten.

2.18.7 Ausgewählte Fallgestaltungen

Nachfolgend sollen einige Mediationsprozesse betrachtet werden, die Herausforderun- 25
gen in Bezug auf bestimmte Fähigkeiten mit sich bringen. Inwieweit müssen das die Mediatoren leisten und was kann externen Experten zugewiesen werden? Derartige Fragen
stellen sich immer wieder auch in „ganz normalen" Mediationen und können anhand
der Leitfäden, die die Beispiele aufzeigen, geklärt werden.

Leitlinie ist immer, dass die Mediatoren ihre Arbeit souverän und entspannt tun kön- 26
nen. Verfügt ein Mediator über eine schlecht leserliche Handschrift, kann er einen
„Schreibassistenten" in die Mediationssitzung mitnehmen, wenn er das mit den Konfliktparteien so vereinbart. Wie gesagt: Es darf die mediative Arbeit nicht behindern.
Anders formuliert: Alles, was die **Arbeit fördert** ist möglich oder vielleicht sogar geboten. Wichtig ist diese Differenzierung, um Mediatoren einzuladen, sich mit ihrer Kompetenz kritisch zu sehen und durch **Hinzunahme von Unterstützern** Defizite auszugleichen. Das geschieht in der Praxis viel zu wenig und beginnt bei der Überlegung, einen
Co-Mediator einzuschalten.

2.18.7.1 Anwälte in der Mediation

Diese Reflexion beschränkt sich auf begleitende Rechtsanwälte in der Mediation, weil 27
das die Variante ist, die in der Praxis häufiger vorkommt. Die Konfliktparteien sind in
diesen Fällen anwaltlich verbandelt. In der Wirtschaftsmediation ist die Konstellation
der Regelfall; es sind die Rechtsanwälte, die eine Konfliktlösung durch Mediation ins
Gespräch bringen. Die treibende Kraft sind in diesen Fällen oft nicht die Konfliktparteien selbst, sondern ihre Berater. Wenn sich die Konfliktparteien auf eine Mediation einlassen, dann deshalb, weil sie ihrem **Rechtsberater vertrauen**. Für die Mediatoren be-

deutet das, dass sie idR während der gesamten Mediation die Rechtsanwälte mit am Tisch haben. Inhaltlich ist die Hauptfunktion der begleitenden Rechtsanwälte dann die eines **Beistandes** und weniger die eines Rechtsexperten. Das gilt natürlich nicht für solche Phasen, in denen die Expertise in juristischer Hinsicht gebraucht wird.

28 Zuvor sind die Phasen der Mediation daraufhin betrachtet worden, ob und inwieweit Dritte oder Experten in der Mediation notwendig oder sinnvoll sind. Danach gibt es Abschnitte, in denen Dritte keine förderliche Funktion einnehmen können. Rechtsanwälte lassen ihre Mandanten aber nicht allein, und schon gar nicht dann, wenn sie ihnen geraten haben, eine Mediation zu machen. Die Anwälte wissen genau, dass es ihre Vertrauensbeziehung zum Mandanten ist, die den Mandanten veranlasst, sich auf eine Mediation einzulassen. Aus diesem Grund macht es keinen Sinn, die Anwälte auch nur zeitweise auszuladen. Sinnvoll ist es, die Anwälte zu einem **separaten Vorgespräch** zu bitten. Dieses verfolgt unterschiedliche Ziele:

■ Zuallererst geht es darum, mit den Anwälten eine **Vertrauensbeziehung** zu schaffen, wie sie zwischen Mediatoren und Konfliktparteien zustande kommen muss. Steht ein Rechtsanwalt den Mediatoren kritisch gegenüber, wird es den Mediatoren kaum gelingen, die für die Mediation erforderliche Vertrauensbeziehung zu dessen Mandanten herzustellen. Haben die Mediatoren im Blick, dass die Anwälte wertgeschätzt werden wollen, tun sie viel für den Kontakt zu den Streitparteien.

■ Gelingt das nicht, sagt der Bauch, dass die Zusammenarbeit mit einem der beteiligten Anwälte schwierig werden könnte, sollte das thematisiert werden; der Auftrag steht dann zur Disposition. Diese Offenheit und Unabhängigkeit erweist sich regelmäßig als besonders wertschätzend gegenüber dem **kritischen Rechtsberater** mit dem Ergebnis, dass auch dieser die Beauftragung stützt.

■ Ist diese entscheidende Hürde genommen, können die Mediatoren mit den Rechtsberatern die **Zusammenarbeit** verabreden. Die Mediatoren erklären ihnen anhand der Phasen – wie oben beschrieben – wo sie als Helfer gebraucht werden und wie sie zum Gelingen beitragen können. Damit verbunden ist die Einigung, dass sich die Anwälte in der Phase, in der es allein um das Expertenwissen der Konfliktparteien geht, aus jeder Mitwirkung raushalten. Wie das konkret aussieht, sollte ebenfalls kommuniziert werden. So kommt es hin und wieder dazu, dass die Berater selbst den Vorschlag machen, in dieser Phase die Mediationssitzung zu verlassen.

■ Schließlich ist zu klären, inwieweit die Anwälte sich selbst als **Rechtsexperten** ihrer Mandanten sehen und wo sie denken, dass ihre Expertise gebraucht wird. In der Regel lassen sich diese Vorstellungen gut in den Ablauf der Mediation integrieren und finden ihren Platz häufig gegen Ende der Mediation, wenn es um Rechtsfragen bei der anstehenden Einigung geht.

29 Sofern nicht schon früher geschehen, ist die für die **Zeitplanung** notwendige terminliche Verfügbarkeit der Rechtsberater zu klären, damit die erforderlichen Zeiten stressfrei verabredet werden können.

30 Nehmen Anwälte an einer Mediation teil, sollte die Mediatoren das **Setting** in keinem Fall dem Zufall überlassen. Viele Mediatoren favorisieren das klassische Setting eines Dreiecks, bei dem die Orientierung (Blickrichtung) der beiden Konfliktparteien auf die Mediatoren gerichtet ist. Die Rechtsanwälte sollten neben den Konfliktparteien, also ihren Mandanten, Platz nehmen und zwar so, dass sie zwischen ihren Mandanten und den Mediatoren sitzen. Diese Sitzordnung hat den Vorteil, dass sich die Mandanten nie zu ihrem Anwalt umdrehen müssen, wenn sie dessen „Schutz" suchen. Derjenige, der die Blickrichtung immer wieder verändern muss, ist bei dieser Sitzordnung der Anwalt. Dieses Grundmodell lässt sich problemlos anpassen, wenn eine Konfliktpartei aus meh-

reren Personen besteht oder wenn die Anzahl der Parteien über zwei hinausgeht. Egal, wie der Mediator die Frage der Sitzordnung löst: Es ist ein **wichtiges Thema**. Die Sitzordnung sollte den Respekt zum Ausdruck bringen, den der Mediator der Vertrauensbeziehung Rechtsanwalt-Mandant entgegenbringt aber gleichzeitig den Aufbau einer unmittelbaren Beziehung zu den Konfliktparteien nicht unnötig behindern. Das ist häufig dann gefährdet, wenn die Konfliktparteien nicht ohne Irritationen den Blickkontakt zum Mediator finden und halten können – und umgekehrt.

Einzelgespräche und **Pausen** sind weitere Aspekte, die betrachtet werden sollen. Insbesondere dann, wenn der Mediator die Mediation ohne Co-Mediator führt, sind die begleitenden Anwälte hilfreich. Bei Einzelgesprächen wollen die Anwälte immer dabei sein. Das gilt auch für Einzelgespräche in den Phasen, in denen es eigentlich nur um das geht, was allein die Konfliktparteien wissen (Phase der Konflikterhellung). Wenn Einzelgespräche stattfinden, erscheint die Progression im Verlauf der Mediation gefährdet. Anwälte wirken in Einzelsitzungen nie störend; im Gegenteil unterstützen sie den Mediator regelmäßig, wenn die Beziehung zwischen Mediator und Anwalt vorgeklärt und damit vertrauensvoll ist. Ein großer Vorteil ist, dass die andere Konfliktpartei, die während des Einzelgesprächs Pause hat, diese Pause nicht allein verbringen muss. Es ist nicht selten, dass die pausierende Konfliktpartei mit ihrem Rechtsberater die Situation reflektiert und förderlich gestimmt in die Mediation zurückkehrt. Die Erfahrung zeigt, dass gut voreingestimmte Rechtsanwälte den Fortgang der Mediation auch in Abwesenheit der Mediatoren förderlich. 31

2.18.7.2 Interkulturell

Entstammen Konfliktparteien unterschiedlichen Kulturen, haben die Mediatoren die Herausforderung zu bewältigen, sich in der Verständniswelt der Konfliktparteien zurechtzufinden. Am einfachsten ist es natürlich, wenn für jede vertretene Kultur ein Mediator tätig wird, der dieser Kultur entstammt und damit native verbunden ist. Das entsprechende Anforderungsprofil ist in Kap. 2.3 beschrieben. Doch was, wenn es diesen Mediator nicht gibt? Kann dann eine Mediation nicht stattfinden? 32

Können sich die Konfliktparteien auf einen Mediator einigen, der dem idealen Anforderungsprofil nicht entspricht, kann angenommen werden, dass dieser Mediator mit der gebotenen Feinfühligkeit und dem **Respekt vor Andersartigkeit** ihm fremder Kulturen auf die Konfliktparteien zugegangen ist. Sofern die Protagonisten damit einverstanden sind, ist es vorstellbar, dass dieser Mediator seine fehlende kulturelle Kompetenz dadurch ausgleicht, dass er sich einen geeigneten Experten an die Seite holt. Diese Organisation ist sicherlich ressourcensparender, als sich durch Fragen und Verstehen in die fremden Kulturen während der Mediation einzuarbeiten. 33

2.18.7.3 International

Stammen die Konfliktparteien aus fremden Ländern und sind sie der **deutschen Sprache** nicht uneingeschränkt mächtig, kann die Kommunikation zwischen Mediator und Konfliktpartei wegen Schwierigkeiten beim Sprechverstehen erschwert sein. Da es in der Mediation entscheidend um Sprechen und Verstehen geht, wird in diesen Fällen regelmäßig empfohlen – ja gefordert, das jede Konfliktpartei durch einen sprachkompetenten native-speaker im Mediatorenteam vertreten ist. Das gilt bspw bei den HKÜ-Unfällen (vgl Kap. 5.2). Theoretisch könnten die Mediatoren mit Übersetzern arbeiten. Voraussetzung ist, dass sich sowohl die Konfliktparteien als auch die Mediatoren mit dem Übersetzer gut verstehen, präzise Absprachen getroffen haben und dadurch ein vertrauensvolles Zusammenarbeiten gewährleistet ist. Auch hier gilt, dass die Mediatoren durch die Übersetzungssituation nicht in Unruhe gebracht werden. Der große Vorteil 34 bei Zusammenarbeit mit einem Übersetzter ist, dass die Mediatoren die nonverbale Kommunikation viel konzentrierter im Auge haben können.

35 Häufig ist die Internationalität auch verbunden mit Interkulturalität. In aller Regel wird ein Übersetzer auch beim Kulturverstehen behilflich sein können, so dass es unterschiedlicher Experten nicht bedarf.

2.18.7.4 Unternehmensnachfolge (Familienunternehmen)

36 Konflikte bei der Unternehmensnachfolge (vgl Kap. 5.4) dienen als beispielhaft für alle Konfliktsachverhalte, bei denen dem ersten Eindruck nach eine Feldkompetenz des Mediators gefordert scheint. Kommt es bei Unternehmensnachfolgen zu Konflikten, können beide Vertragsparteien in aller Regel auf **Positionen** verweisen, die sie aus Absprachen (Verträgen) herleiten. Etwas komplizierter ist es regelmäßig bei Unternehmensnachfolgen innerhalb der Familie, weil dort vieles nicht in Verträgen formuliert ist. Aber auch dort wird auf Absprachen verwiesen, auf Erwartungen, übernommene Pflichten. Wenn eine Partei mit dem Ergebnis einer **Due Diligence** operiert, haben es die Mediatoren schwer, wenn sie nicht wissen, welche Bedeutung ein solches Gutachten im Rahmen der Unternehmensnachfolge hat. Für einen Nichtjuristen ist es regelmäßig auch nicht leicht, das **Vertragswerk** zu verstehen, das den reibungslosen Ablauf nach Übergabe gewährleisten soll. Häufig hat sich eine oder haben sich beide Konfliktparteien auch im Vorfeld der Auseinandersetzung durch ihren Anwalt und/oder **Steuerberater** beraten lassen. Regelmäßig sind die Konfliktparteien in dieser Situation ohnehin durch Anwälte vertreten. In diesem Fall liegt die Herausforderung für die Mediatoren darin, die Akzeptanz dieser Berater zu finden (vgl Kap. 2.18.7). Dabei geht es nicht um die Frage, ob eine Feldkompetenz tatsächlich erforderlich ist, um den Konflikt gut mediieren zu können. Es geht allein darum, wie es die Mediatoren schaffen, das Vertrauen der die Konfliktparteien begleitenden Fachleute zu erlangen und damit letztlich auch das Vertrauen der Konfliktparteien selbst.

37 Während die Konfliktparteien „ihre" Experten bemühen, um die den Konflikt tragenden Positionen plausibel darstellen zu können, werden sich die Mediatoren Gedanken darum machen, ob sie durch die Hinzuziehung eines Experten ihre **Feldkompetenz** belegen. Klar ist, dass diese „Aufrüstung" nur für die Eingangssituation in der Mediation wirklich interessant ist. Die Mediatoren müssen ihre Kompetenz im Vorgespräch mit den Anwälten belegen können. Haben sie deren Vertrauen gewonnen, gibt es in aller Regel keine Vertrauensfrage mehr im Verhältnis zu den Konfliktparteien – jedenfalls was den Aspekt der Feldkompetenz angeht. Die Konfliktparteien brauchen ihre Experten insbesondere in der Phase der Konfliktdarstellung. Häufig sind die Konfliktparteien nicht in der Lage, die Issues so präzise zu fassen, wie es der Anwalt, der Steuerberater oder der Wirtschaftsprüfer kann. Nach der Phase der Konfliktdarstellung spielen diese Experten regelmäßig keine Rolle mehr. Das gilt insbesondere dann, wenn die Konfliktparteien über die gesamte Mediation durch ihre Anwälte begleitet werden(vgl Kap. 2.18.7). In den Phasen von Lösungsfindung und Vereinbarung kann die Expertise etwa eines Steuerfachmanns noch einmal relevant werden.

38 Spannend ist die Frage, wie nicht feldkompetente Mediatoren dieses Handicap in der Eingangsphase in den Griff bekommen. Vermutlich spielt dieses Thema in der Praxis auch keine große Rolle, weil die Expertise den Zugang zu einem bestimmten Mediator begründet. Diese Expertise ist vornehmlich Empfehlung, kann aber auch auf beruflicher Qualifikation beruhen. Interessant sind diese Überlegungen für all die Mediatoren, die in diesem Segment gern aktiv wären, zum Markt aber keinen Zugang finden. Vielfach fehlt einfach der Mut, sich diesen Themenbereichen zuzuwenden. Wenn sich diese Mediatoren einen Experten an die Seite holen, der sie unterstützt, wobei sich die Unterstüt-

zung ebenfalls allein auf die Eingangssequenz beschränken kann, könnte das ihren Zugang zu diesem Geschäftsfeld eröffnen.

2.18.7.5 Mediation im öffentlichen Bereich/Planen und Bauen

Im Verwaltungsrecht (vgl Kap. 5.19) kann wegen der **Bindung an Recht und Gesetz** 39
(Art. 20 Abs. 3 GG) über gebundene Verwaltungsentscheidungen nicht verhandelt wer-
den. Mediation ist nur da sinnvoll, wo der Verwaltung Entscheidungsspielräume bei
Planungen (vgl Kap. 5.10), bei Ermessens- oder bei Beurteilungsspielräumen eröffnet
sind.[3] Indes ist bei der Verhandlung über Ermessensentscheidungen die Bindung der
Verwaltung an Verwaltungsvorschriften oder eine etablierte Verwaltungspraxis zu be-
achten. Über Art. 3 Abs. 1 GG ist die Verwaltung an diese Vorgaben gebunden und das
Mediationsresultat darf hiervon nicht zugunsten oder zulasten des Bürgers abweichen.
Hinzu kommt, dass – anders als im Zivilrecht – die Ergebnisse einer Mediation im Verwaltungsrecht **nicht unmittelbar verbindlich** werden, sondern in speziellen Formen des
Verwaltungsrechts, dh in einen Verwaltungsakt mit Nebenbestimmungen oder einen öffentlich-rechtlichen Vertrag umgesetzt werden müssen. Interessante Rechtsgebiete für
Mediation sind Nachbarrechtsstreitigkeiten, Streitigkeiten im Bau-, Gewerbe- und Umweltrecht. Das öffentliche Recht setzt also der Mediation Grenzen, die sowohl die Konfliktparteien als auch die Mediatoren kennen müssen. Die hoheitliche Seite im öffentlich-rechtlichen Konflikt ist sich dieser **Grenzen** sehr wohl bewusst, setzt diese erfahrungsgemäß allerdings auch manipulativ ein. In der Praxis werden die Grenzen eines
Ermessens- oder Beurteilungsspielraums nicht unbedingt verfassungsgemäß genutzt,
sondern so, wie es die Behörden für opportun hält. Insbesondere den Fall der unzulässigen Einengung von Gestaltungsspielräumen sollten die Mediatoren erkennen können.

Das Bild einer Begegnung auf **Augenhöhe** passt auf ein Über-Unterordnungsverhältnis 40
irgendwie nicht. Wie eingangs bereits dargestellt, beschränkt sich die Gestaltung im
Rahmen einer Mediation auf zu definierende Bereiche. Nur wenn diese Bereiche den
Konfliktparteien in einer Mediation bekannt und bewusst sind, begegnen sie sich gleich-
wertig. Wenn die Mediatoren als Dritter im Konflikt gleich zu Beginn mit beiden Konfliktparteien auf Augenhöhe umgehen wollen, müssen sie die dafür notwendigen Voraussetzungen mitbringen. Diese Bedingung erfüllt ein Verwaltungsjurist mit einschlägiger Erfahrung sicherlich; doch auch hier ist vorstellbar, dass sich ein Mediator durch
Einschaltung eines Experten an seiner Seite mit dem erforderlichen Know-how wapp-
net.

Weitere Besonderheit ist, dass die Mediation idR viele Beteiligte hat (**Mehrparteienme-** 41
diation). Die beteiligten Personen sind dabei in der Regel Vertreterinnen und Vertreter
von Institutionen oder Gruppierungen. Alle Konfliktbetroffenen persönlich an den Me-
diationsverhandlungen teilnehmen zu lassen, ist aufgrund der Gruppengrößen meist weder praktikabel noch produktiv. In der Regel wird mit **Repräsentanten** gearbeitet, die
von den Gruppen dazu autorisiert werden (müssen). Eine Vertretung durch professionelle Bevollmächtigte wie im Gerichtsverfahren würde der Zielsetzung der Mediation,
die unmittelbar Betroffenen persönlich in die Konfliktlösung einzubeziehen, zuwider-
laufen und wird normalerweise auch nicht praktiziert.[4] Denkbar ist aber auch dieser
Weg. Dann spielen Sachfragen im Planungsbereich grundsätzlich eine große Rolle. Diese werden häufig in sog. Hearings durchgeführt. Die bedürfen nicht nur der Fachleute,
sondern auch geeigneter Moderatoren. Dieses sind regelmäßig nicht die Mediatoren –
jedenfalls nicht ausschließlich.

---

3 Beaucamp, Mediation im Widerspruchsverfahren?, Die öffentliche Verwaltung, Heft 22, 11/2011.
4 Schmidt/Kostka, Mediation im Kommunalrecht und innerbehördlicher Mediation, Script an der Verwal-
tungshochschule Speyer 2006, 36 f.

2.18.7.6 Mediation bei Trennung/Scheidung

42 Geht es bei Trennung und Scheidung auch um die gemeinsamen **Kinder (und Jugendlichen)**, sind diese – systemisch betrachtet – Konfliktparteien. Die Verantwortung für eine Konfliktbearbeitung liegt allerdings allein bei den **Eltern**. Vor diesem systematischen Hintergrund sind Kinder Experten besonderer Art, weil sie – wie die Konfliktparteien selbst – als Konfliktbeteiligte unmittelbares Konfliktwissen haben. Sie sind aber Dritte in der Mediation, weil sie **keine Lösungsverantwortung** trifft.

43 Der direkte Einbezug von Kindern in das Verfahren war lange umstritten.[5] Emery & Jackson sprachen sich dezidiert gegen die Einbeziehung von Kindern aus, um die Gefahr auszuschließen, dass ihnen die Verantwortung für die Entscheidungen, die von den Eltern zu treffen sind, zugeschoben wird. Demgegenüber vertrat Florence Bienenfeld schon einige Jahre früher engagiert und familiensystemisch begründet ein Vorgehen, bei dem gerade herausgearbeitet wird, wie bedeutsam der direkte Einbezug des Kindes ist.

44 Nach Evaluationen von Pearson & Thoennes zur Mediationspraxis blieb der Einbezug des Kindes offenbar der Entscheidung des einzelnen Mediators überlassen oder hing davon ab, ob die Eltern das Kind mitgebracht hatten. Unklarheiten über das Mediationsverfahren konnten Kinder zusätzlich verwirren. Wurde aber ein Gespräch zwischen Kind und Mediator geführt, bewerteten die Kinder dies positiv.

45 In der Evaluation von Mediation von Familien in Scheidung in Baden-Württemberg in den 1990er Jahren zeigte sich, dass überdurchschnittlich viele Scheidungspaare mit Kindern Mediation suchten und die Intervention für sich und für die Kinder positiv bewerteten.[6] Wenn sich die Eltern über das Kind austauschen und die weitere Erziehung klären konnten, war dies erleichternd für Eltern und Kind. Das Einbeziehen der Kinder in die Mediation blieb dabei unbeachtet.

46 Nach einem australischen Untersuchungsbericht[7] fanden Eltern die direkte Einbeziehung des Kindes positiv, wenn dies von Fall zu Fall (a) nach den Bedürfnissen des Kindes geschah, (b) wenn dies den Wünschen der Eltern entsprach und (c) wenn sie die Erfahrung und das Können der Berater positiv einschätzten. Insgesamt äußerten sie sich sehr positiv in Hinsicht auf die Fähigkeiten der Berater, die Gefühle der Kinder einzuschätzen. 57 Kinder von 4 bis 17 Jahren haben zudem in einstündigen Interviews mit Gesprächen, Zeichnungen und Spiel Elternkonflikte besprochen und diskutiert, was ihnen helfen würde. Die Kinder äußerten die Auffassung, es sei positiv für sie gewesen, wenn sie im Elternkonflikt einen Ansprechpartner gehabt hatten. Den Kindern half die Scheidungsberatung/Mediation am besten, wenn die Auswirkungen elterlicher Konflikte auf die Kinder mit den Eltern erörtert wurden, oder wenn die Kinder direkt mit dem Berater/Mediator ihre Reaktionen auf die Familiensituation besprechen konnten.

47 Vor diesem systematischen Hintergrund ist klar, in welchen **Phasen** der Einbezug von Kindern und Jugendlichen in Betracht kommt: mit der Auftragssituation haben die Kinder und Jugendlichen nichts zu tun. Der Mediator sollte die Kinder aber in separaten Gesprächen über das Mediationsverfahren und die Rolle der Kinder aufklären. Bei der **Themensammlung** sind die Kinder dabei; in die Konfliktbearbeitung können sie teilweise einbezogen werden (abhängig vom Thema sowie dem Alter der Kinder). Beim Finden von Lösungsoptionen, deren Verhandlung sowie der **Lösung** sind die Kinder einzubeziehen. Als wichtig wird bei Durchführung der Vereinbarung das Abschiedsritual gewertet. Ob Kinder und Jugendliche einbezogen werden, obliegt in erster Linie der Entscheidung der Eltern.

---

5 Alle Informationen und Quellen aus: Diez/Krabbe, Familien-Mediation und Kinder, 2009.
6 https://www.familienhandbuch.de/familienforschung/trennung-und-scheidung/bewaltigungshilfen-fur-scheidungskinder.
7 Thomsen/Krabbe u.a. (o. Fn. 5).

2.18.7.7 Täter-Opfer-Ausgleich (TOA)

Täter-Opfer-Ausgleich steht als Begriff im Gesetz (zB § 155 a StPO, §§ 46 a und 59 a 48 StGB). Darunter versteht man eine außergerichtliche Konfliktschlichtung, auch Mediation in Strafsachen genannt. Neben Anwälten, die Täter und Opfer vertreten, spielen hier die Staatsanwaltschaft als verweisende Instanz und später auch das Gericht sowie bei Minderjährigen die Eltern eine Rolle.[8]

Im Täter-Opfer-Ausgleich kommt es regelmäßig vor, dass das Opfer (und teilweise auch 49 der Täter) konstitutionell gar nicht in der Lage ist, ein Konfliktgespräch zu führen. In vielen Fällen befinden sich eine oder beide Parteien in **psychotherapeutischer Behandlung**. Für den Mediator macht es Sinn, über dieses Umfeld informiert zu sein und mit dem Psychotherapeuten Kontakt aufzunehmen. Psychisch destabilisierte Menschen brauchen den besonderen Schutz, um sich auf eine Konfliktgespräch einlassen zu können. Der Täter-Opfer-Ausgleich spielt – ebenso wie das Verwaltungsrecht – im **öffentlichen Recht**, berührt also Aufgaben des Staates und damit der Gesellschaft. So sehen sich Mediatoren im Täter-Opfer-Ausgleich auch oft als halbe Sozialarbeiter, die Täter und Opfer darin unterstützen, nach dem Erlebten im Alltag wieder Fuß zu fassen. Auch wenn psychosoziale Experten nicht unmittelbar an den Gesprächen teilnehmen, spielen sie doch für die Mediation und das Gelingen eine große Rolle. Ihre Rolle ist bezogen auf die Mediatoren die eines externen Experten und für die Konfliktparteien die einer funktionsnotwendigen Begleitung.

Wie bereits eingangs ausgeführt ist die Mediation im Täter-Opfer-Ausgleich eingebettet 50 in die **Verweisung** durch Staatsanwaltschaft oder Gericht und die Entgegennahme einer Abschlussvereinbarung ebenfalls durch diese Einrichtungen. Damit ist die Mediation in einen strikten Rahmen eingebunden, der den Mediationen in allen anderen Bereichen fremd ist. Als Verfügende und Bewertende spielen Juristen eine große Rolle. Aus diesem Grund ist es nicht nur sachdienlich, sondern schon fast notwendig, dass die Konfliktparteien anwaltlich begleitet sind. Das gilt nicht zuletzt für eine Wiedergutmachungsvereinbarung.

---

8 Middelhoff, Prozessleitplan zum TOA, TOA-Infodienst Nr. 23 und 24http://www.toa-servicebuero.de/files/ Middelhof_2004.pdf.

2.19 Evaluative Konfliktregelungsverfahren

Literatur: Greger, R./v. Münchhausen, C., Verhandlungs- und Konfliktmanagement für Anwälte, 2010; Greger, R./Stubbe, C., Schiedsgutachten – Außergerichtliche Streitbeilegung durch Drittentscheidungen, 2007; Unberath, H., Mediation und Evaluation – Die Quadratur des Kreises, ZKM 2011, 44.

2.19.1 Übersicht

1 Evaluation heißt **Bewertung**. Evaluative Methoden der Konfliktlösung stehen somit in diametralem Gegensatz zum mediativen Vorgehen, bei dem die Einigung autonom, ohne Beeinflussung durch einen Dritten, von den Konfliktpartnern selbst erarbeitet werden soll (s. Kap. 1.1.3.4). In der Tat ist es wichtig, die beiden unterschiedlichen Methoden der Konfliktvermittlung klar auseinanderzuhalten. Falsch wäre es aber, konsensuale Konfliktlösung auf das reine Mediationsmodell zu verengen. So wie es immer Konflikte geben wird, die der judikativen, am objektiven Recht orientierten Entscheidung bedürfen, ist für viele andere der von einem evaluierenden Dritten unterstützte Diskurs der richtige Weg zu einer einvernehmlichen Lösung. Ein sachgerechtes **Konfliktmanagement** (s. Kap. 1.1 Rn 11) muss deshalb die evaluativen Methoden mit in den Blick nehmen, zumal es Übergangs- und Kombinationsformen gibt.

2 In einem weiteren Sinn gehört auch das **Gerichtsverfahren** zu den evaluativen Formen der Konfliktlösung, denn der Richter nimmt eine den Normen des objektiven Rechts entsprechende Beurteilung des Sachverhalts vor. Anders als bei den im Folgenden näher zu behandelnden Verfahren der einvernehmlichen Konfliktregelung ist diese hier allerdings fremdbestimmt: Die Entscheidung des Richters ist für die Parteien verbindlich und kann ggf mit den Mitteln staatlicher Gewalt vollstreckt werden.

3 Dasselbe gilt für die **Schiedsgerichtsbarkeit**. Hier wird lediglich das staatliche Gericht durch ein von den Parteien vertraglich eingesetztes Entscheidungsorgan ersetzt. Der Schiedsrichter bzw das Schiedsrichterkollegium führt ein in den §§ 1025 ff ZPO eingehend geregeltes Verfahren durch,[1] welches regulär mit einem Schiedsspruch endet; dieser kann vom staatlichen Gericht auf grobe Rechtsfehler überprüft und ggf (auch im Ausland) für vollstreckbar erklärt werden. Zwar bietet das Schiedsgerichtsverfahren gegenüber dem Zivilprozess vor dem staatlichen Gericht gewisse Vorteile (Einfluss auf die Auswahl der Richter und die Gestaltung des Verfahrens, Nichtöffentlichkeit, in der Regel kürzere Dauer), dennoch sollte es, da auf streitige Auseinandersetzung und Fremdentscheidung gerichtet, nur die ultima ratio des Konfliktmanagements sein.

---

1 Zu Einzelheiten s. Lachmann, Handbuch für die Schiedsgerichtspraxis, 3. Aufl. 2008.

Den Vorzug verdienen die nachstehend beschriebenen nicht judikativen, sondern **auto-** 4
nomen Evaluationsverfahren, die sich dadurch auszeichnen, dass der Dritte die Konfliktlösung mit einer Beurteilung unterstützt, ohne sie den Parteien mit einer Verurteilung abzunehmen. Sein Votum entscheidet den Streit nicht mit abschließender Wirkung.
Es liefert den Streitenden lediglich eine **Orientierungshilfe** für ihre weiteren Bemühungen, den Konflikt im Verhandlungswege einvernehmlich zu lösen. Im Sinne des Har-
vard-Konzepts (s. Kap. 2.7) liefert es ein parteiunabhängiges Kriterium, anhand dessen
die Parteien ihre Lösungsoptionen bewerten können.

Je nach dem Bezugspunkt der Bewertung und dem Grad ihrer Verbindlichkeit können 5
folgende **Formen nichtjudikativer Evaluationsverfahren**[2] unterschieden werden (vgl
Kap. 1.1.2):

■ Schlichtung: Vorschlag für die Lösung des Konflikts insgesamt;

■ Schiedsgutachten: fachkundige Bewertung einer Streitfrage mit Bindungswirkung;

■ Expertenvotum: wie Schiedsgutachten, aber ohne Bindungswirkung;

■ Adjudikation: wie Schiedsgutachten, aber mit vorläufiger Bindungswirkung;

■ Konfliktbewertung: Bewertung der Prozessaussichten.

Von diesen Verfahren haben die drei erstgenannten in der Rechtswirklichkeit eine große 6
und ständig zunehmende **Bedeutung**. Ungezählte Schieds- und Schlichtungsstellen legen
in Deutschland Jahr für Jahr viele Tausende von Streitfällen bei; die Zahl der Konfliktlösungen mithilfe von Gutachtern ist unübersehbar. Große Wirtschaftsunternehmen haben Konfliktmanagementsysteme entwickelt, mit deren Hilfe das im konkreten Fall am
besten geeignete Verfahren gefunden werden soll. Die EU arbeitet an Rechtsakten, mit
denen die außergerichtliche Beilegung von Streitigkeiten aus Verbraucherverträgen[3] und
dem Online-Handel[4] europaweit gefördert werden soll. Der nationale Gesetzgeber hat
den evaluativen Verfahren aber bisher keine besondere Aufmerksamkeit geschenkt. Das
„Gesetz zur Förderung der Mediation und anderer Verfahren der außergerichtlichen
Konfliktbeilegung" vom 21.7.2012 (hierzu Kap. 4.6) erwähnt sie lediglich in seinem Titel; die nähere Ausgestaltung dieser Verfahren überlässt es der autonomen Rechtsschöp-
fung. Im Folgenden werden die rechtlichen Grundlagen dieser Verfahren dargestellt, sodann, in den Kapiteln 2.19.3 – 2.19.7 die Besonderheiten der einzelnen Verfahrensarten. Abschließend wird untersucht, wie Elemente dieser Verfahren auch in die Mediationspraxis eingebracht werden können.

2.19.2 Rechtliche Grundlagen

Wie bei der Mediation (s. Kap. 4.4) ist auch das **Zustandekommen** evaluativer Verfah- 7
ren davon abhängig, dass die Konfliktparteien eine diesbezügliche Vereinbarung treffen
(Schlichtungsabrede, Schiedsgutachtenabrede usw) und sodann gemeinsam den Dritten
mit der entsprechenden Funktion beauftragen (Schlichtervertrag, Schiedsgutachterver-
trag usw). Eine institutionelle Güte- oder Schlichtungsstelle kann aber – je nach Regelung in ihrer Verfahrensordnung – uU auch ohne vorherige Einigung angerufen werden
(s.u. Rn 21); sie übernimmt dann die Gewinnung des Konfliktpartners für die Teilnahme an diesem Verfahren.

---

2 Ausführliche Darstellung der methodischen und rechtlichen Aspekte dieser Verfahren in Greger/v. Münchhausen, §§ 16 und 18–20; vgl auch Trenczek et al., 2011, 186 ff.
3 Vorschlag für eine Richtlinie über Formen der alternativen Beilegung verbraucherrechtlicher Streitigkeiten
v. 29.11.2011 – KOM (2011) 793 endgültig.
4 Vorschlag für eine Verordnung über die Online-Beilegung verbraucherrechtlicher Streitigkeiten v. 29.11.2011
– KOM (2011) 794 endgültig.

8 Über die **Modalitäten des Verfahrens** müssen sich die Parteien untereinander und mit dem Dritten verständigen, sofern für das Verfahren keine Verfahrensordnung besteht. Gesetzliche Vorgaben gibt es hierfür nur ansatzweise (dazu bei den einzelnen Verfahrensarten); das Mediationsgesetz gilt nur für die in seinem § 1 definierte Mediation, die auch in der Gesetzesbegründung[5] klar von Schieds- und Schlichtungsverfahren abgegrenzt wird.

9 Soweit Regelungen in anderen Gesetzen für die Mediation und für sonstige Verfahren der außergerichtliche Konfliktbeilegung gelten sollen, hat der Gesetzgeber dies ausdrücklich kenntlich gemacht. Zu nennen sind insbesondere:

- § 41 Nr. 7 ZPO, wonach ein Richter, der „an einem Mediationsverfahren oder einem anderen Verfahren der außergerichtlichen Konfliktbeilegung mitgewirkt hat", in dieser Sache von der Ausübung des Richteramts ausgeschlossen ist;

- § 253 Abs. 3 Nr. 1 ZPO, wonach in der Klageschrift angegeben werden soll, „ob der Klageerhebung der Versuch einer Mediation oder eines anderen Verfahrens der außergerichtlichen Konfliktbeilegung vorausgegangen ist";

- § 278 a ZPO, wonach das Gericht „den Parteien eine Mediation oder ein anderes Verfahren der außergerichtlichen Konfliktbeilegung vorschlagen" und, wenn dem gefolgt wird, das Ruhen des Verfahrens anordnen kann.

Den Vorschriften der ZPO entsprechende Regelungen finden sich auch in anderen Verfahrensgesetzen (zB §§ 36 a, 135, 156 FamFG; §§ 54 a, 87 Abs. 2 ArbGG).

10 Ob die Vereinbarung eines Evaluationsverfahrens ein vorübergehendes **Prozesshindernis** darstellt,[6] ist durch Auslegung zu ermitteln (zur entsprechenden Wirkung der Mediationsabrede s. Kap. 4.5.2.2).

11 **Berufsrechtliche Anforderungen** bestehen für den Erbringer von Evaluationsleistungen nicht. Die Parteien bestimmen selbst, wem sie die gewünschte Dienstleistung zutrauen; dabei wird fachliche Kompetenz oftmals wichtiger sein als Rechtskenntnis. Nachdem selbst Schiedsrichter, die vollstreckungsfähige Entscheidungen fällen können, keiner juristischen Ausbildung bedürfen,[7] muss dies für Schlichter und andere Konfliktbewerter erst recht gelten.

12 Einschränkungen der Betätigungsfreiheit können sich jedoch aus dem **Rechtsdienstleistungsgesetz** ergeben. Dieses stellt von der Erlaubnispflicht frei:

- die Erstattung wissenschaftlicher Gutachten (§ 2 Abs. 3 Nr. 1 RDG),

- die Tätigkeit von Einigungs- und Schlichtungsstellen sowie Schiedsrichtern (§ 2 Abs. 3 Nr. 2 RDG),

- unentgeltliche Rechtsdienstleistungen, die aber außerhalb enger persönlicher Beziehungen von einem Volljuristen erbracht oder zumindest angeleitet werden müssen (§ 6 RDG),

- Rechtsdienstleistungen durch gerichtlich oder behördlich bestellte Personen (§ 8 Abs. 1 RDG) wie zB Schiedsleute oder Schlichter in staatlich anerkannten Gütestellen.

13 Außerhalb von Schlichtungs- oder Gütestellen iSv § 2 Abs. 3 Nr. 1, § 8 Abs. 1 RDG dürften demnach nur Rechtsanwälte und Notare als Schlichter fungieren. Zur Vermeidung von Wertungswidersprüchen wird indessen die Schlichtung (trotz der grundlegenden Unterschiede) als mit der Mediation „vergleichbare Form der alternativen Streitbeilegung" zu werten sein, so dass § 2 Abs. 3 Nr. 4 RDG auch auf sie angewendet werden

---

5 BT-Drucks. 17/5335, 14 f.
6 So für Schlichtungsabreden BGH NJW 1999, 647; 1984, 669 = ZZP 99 (1986) m. krit. Anm. Prütting.
7 Zöller/Geimer 2012, § 1034 Rn 6.

kann. Demnach besteht **keine Erlaubnispflicht**, solange der Schlichter nicht „durch rechtliche Regelungsvorschläge in die Gespräche der Beteiligten eingreift" (s. dazu Kap. 4.2). Er darf also einen Lösungsvorschlag unterbreiten, nicht aber an dessen rechtlicher Umsetzung, zB einer vertraglichen Regelung, mitwirken.

2.19.3 Schlichtung

2.19.3.1 Merkmale

Kennzeichen der Schlichtung ist, dass der Dritte beauftragt wird, für den Fall des Schei-   14
terns seiner Vermittlungsbemühungen einen **Lösungsvorschlag** zu unterbreiten. Dieser Schlichterspruch soll für die Parteien **nicht verbindlich** sein, sondern ihnen eine Orientierungshilfe für die eigenständige Konfliktlösung bieten. Anders als der Mediator teilt der Schlichter den Parteien mit, auf welche Weise sie nach seiner Einschätzung ihren Konflikt beilegen sollten.[8]

2.19.3.2 Wirkung

Das Votum des von den Parteien als neutrale Vertrauensperson eingeschalteten Schlich-   15
ters erleichtert die Lösungsfindung im Wege kooperativen Verhandelns. Die Parteien erfahren, welche Lösung ein neutraler Dritter als angemessen und fair betrachtet. Das Gespräch konzentriert sich trotz der Unverbindlichkeit des Schlichterspruchs auf die für und gegen ihn streitenden Argumente. Dadurch wird der Verhandlungsspielraum faktisch verengt, eine Aufgabe vorher eingenommener Positionen ohne Gesichtsverlust erleichtert.[9]

Kommt es im Schlichtungsverfahren zu einer Einigung, können die Parteien auf ihrer   16
Grundlage einen **Vergleich** (§ 779 BGB) schließen. Dieser kann als Anwaltsvergleich oder durch Errichtung einer notariellen Urkunde vollstreckbar gemacht werden. Wurde das Schlichtungsverfahren vor einer staatlich anerkannten Gütestelle geführt, kann der Vergleich auch dort als Vollstreckungstitel beurkundet werden (§ 794 Abs. 1 Nr. 1 ZPO).

Bis zum Scheitern der vereinbarten Schlichtung ist eine **Klage unzulässig**, soweit sich   17
aus den Abreden der Parteien nichts anderes ergibt (s. Rn 10).

2.19.3.3 Erscheinungsformen

Schlichtungsverfahren finden breite Anwendung bei **Verbraucherstreitigkeiten**.[10] Für   18
zahlreiche Branchen bestehen Ombuds-, Schieds- oder Schlichtungsstellen, die sich um eine neutrale Vermittlung von Streitigkeiten aus der Kundenbeziehung bemühen. Teilweise erkennen die Unternehmen den Schlichterspruch von vornherein als für sie bindend an, während dem Verbraucher das Beschreiten des Rechtswegs offen gelassen wird. Die Stellen arbeiten zumeist kostenfrei.

Auf gesetzlicher Grundlage (§ 191 f Abs. 5 BRAO) wurde bei der Bundesrechtsanwalts-   19
kammer eine unabhängige Schlichtungsstelle für **Streitigkeiten zwischen Anwälten und Mandanten** eingerichtet.[11]

Große Bedeutung haben die **Gutachter- und Schlichtungsstellen der Landesärztekam-**   20
mern, die bei Streit um die Ordnungsmäßigkeit ärztlicher Behandlungen angerufen werden können.[12] Auch ihre Voten haben keine rechtliche Bindungswirkung, finden aber

---

8   Prütting 2003, Rn 5; Greger/v. Münchhausen Rn 385.
9   Näher Greger/v. Münchhausen Rn 387 f.
10   Zusammenstellung bei Greger/v. Münchhausen Rn 417 ff.
11   Näher dazu Heese SchiedsVZ 2011, 30.
12   Ausführlich Meurer, Außergerichtliche Streitbeilegung in Arzthaftungssachen, 2008; Katzenmeier AnwBl.
2008, 819, 820.

hohe Akzeptanz, weil sie aufwendige Kunstfehlerprozesse, die letztlich auch mithilfe von Gutachten entschieden werden müssen, vermeiden. Im Schlichtungsverfahren können die Beteiligten hingegen kurzfristig und kostenfrei Klarheit über die Haftungsfrage gewinnen.

21 Durch Landesrecht wurden in den meisten Bundesländern staatlich anerkannte Gütestellen errichtet.[13] Dort können Vergleiche auch als Vollstreckungstitel beurkundet werden (s. Rn 17). Bereits der einseitige Antrag bei einer solchen Stelle hemmt die Verjährung (§ 204 Abs. 1 Nr. 4 BGB), unabhängig von der Zuständigkeit der Gütestelle.[14] Die vorgeschriebene Form muss aber gewahrt sein.[15]

2.19.4 Schiedsgutachten

2.19.4.1 Merkmale

22 In diesem Verfahren beauftragen die Konfliktparteien einen sachkundigen, neutralen Dritten mit der **verbindlichen Entscheidung** einer Streitfrage, um dadurch den Weg zu einer einvernehmlichen Lösung zu ebnen.[16] Sie delegieren also nicht die Lösung ihres Konflikts, sondern nur die Entscheidung einer Vorfrage. Darin unterscheidet sich das schiedsgutachterliche vom schiedsrichterlichen Verfahren im Sinne der §§ 1025 ff ZPO (s. Rn 3).

2.19.4.2 Wirkung

23 Durch die gemeinsame Auswahl und Beauftragung des Gutachters entsteht bei den Konfliktparteien eine so große Vertrauensbasis, dass sie sich im Vorhinein seiner Entscheidung unterwerfen. Dadurch wird die Verhandlungsblockade, die das streitige Sachthema hervorruft, rasch und endgültig ausgeräumt, ohne dass eine Seite von sich aus die bisher eingenommene Beurteilung aufgeben muss. Die aus den Feststellungen des Gutachters zu ziehenden Konsequenzen lassen sich zumeist konsensual regeln. Aber auch wenn darüber noch ein Rechtsstreit geführt werden muss, kann dort die im Schiedsgutachten getroffene Feststellung nicht mehr bestritten werden.

2.19.4.3 Anwendungsbereich

24 In erster Linie kommt das Schiedsgutachten zur Klärung streitiger Tatsachen in Betracht (zB des Vorliegens eines Sachmangels, eines Behandlungsfehlers, der Ursache eines Schadens, des Wertes eines Grundstücks, der Bedeutung einer Vertragsklausel usw). Die Parteien können dem Schiedsgutachter auch rechtliche Bewertungen übertragen;[17] an diese wäre aber ein später mit der Sache befasstes Gericht nicht gebunden.[18]

2.19.4.4 Rechtliche Behandlung

25 Die Kenntnis des zu begutachtenden Sachverhalts, der sog. **Anknüpfungstatsachen**, müssen die Parteien dem Gutachter verschaffen. Der Schiedsgutachter kann von ihnen entsprechende Informationen verlangen, hat aber keine rechtliche Handhabe, sondern muss den Auftrag beenden, wenn ihm die erforderlichen Informationen nicht erteilt werden.[19] Die Parteien können ihn auch dazu ermächtigen, selbst entsprechende Auf-

---

13 Übersicht bei Greger NJW 2011, 1478 ff.
14 BGH NJW-RR 1993, 1495; Friedrich NJW 2003, 1781, 1782.
15 BGH NJW 2008, 506.
16 Näher Greger/v. Münchhausen Rn 514 ff. Zur DIS-Schiedsgutachtensordnung Stubbe SchiedsVZ 2010, 130 ff. Zur Unterscheidung des evaluierenden Schiedsgutachtens von der Leistungsbestimmung nach § 317 BGB Greger/Stubbe Rn 129 ff.
17 Bayerlein/Bock, Praxishandbuch Sachverständigenrecht, 4. Aufl. 2008, § 26 Rn 3.
18 Greger/v. Münchhausen Rn 516.
19 Bayerlein/Bock, Praxishandbuch Sachverständigenrecht, 4. Aufl. 2008, § 26 Rn 27; Greger/Stubbe Rn 145 f.

klärung zu betreiben; er darf aber nicht von sich aus Ermittlungen tätigen, etwa Zeugen vernehmen.[20] Von Untersuchungshandlungen, zB einer Ortsbesichtigung, hat er die Parteien vorher zu verständigen.[21]

Mit der verbindlichen Tatsachenfeststellung übt er eine quasirichterliche Funktion aus. **26** Er muss deshalb das Gebot des **rechtlichen Gehörs** beachten.[22] Für seine Entscheidung relevante Informationen, die er von einer Seite oder durch eigene Aufklärung erlangt hat, darf er nur verwerten, wenn die Parteien Gelegenheit hatten, sich dazu zu äußern.[23]

Das Ergebnis seiner Begutachtung muss nachvollziehbar **begründet** werden.[24] Hierfür **27** genügt (anders als beim Gerichtsgutachten, welches dem Richter eigene Sachkunde vermitteln muss) die Mitteilung der tragenden Gründe.[25]

Gravierende Mängel des Begutachtungsverfahrens können zur Unwirksamkeit der Fest- **28** stellungen führen;[26] die Parteien können den Auftrag auch außerordentlich kündigen.

Offenbare Unrichtigkeit des Gutachtens führt nach der Rechtsprechung zum Wegfall **29** der Bindungswirkung analog § 319 Abs. 1 BGB.[27] Sie ist nur dann zu bejahen, wenn das Gutachten mit einem Fehler behaftet ist, der sich einem sachkundigen und unbefangenen Beobachter bei eingehender Prüfung sofort aufdrängen muss.[28] Um zu verhindern, dass nach der Erstattung des Gutachtens Streit über dessen Richtigkeit entsteht, können die Parteien diesen Einwand abbedingen.[29] Für die Folgen eines unrichtigen Gutachtens haftet der Schiedsgutachter,[30] sofern kein wirksamer[31] Haftungsausschluss vereinbart wurde.

Die Schiedsgutachtenabrede bewirkt zwar **kein Prozesshindernis**.[32] Eine Klage ist je- **30** doch als zurzeit unbegründet abzuweisen, wenn der beweispflichtige Kläger die rechtserhebliche Tatsache, deren Feststellung dem Schiedsgutachter übertragen ist, nicht durch Vorlage des Schiedsgutachtens nachweist.[33] Dies gilt nicht, wenn die Beauftragung des Schiedsgutachters durch die hierzu verpflichtete Partei verzögert wird.[34]

2.19.5 Expertenvotum

2.19.5.1 Merkmale

Die Parteien geben hier gemeinsam ein Gutachten in Auftrag, dieses soll aber, anders **31** als das Schiedsgutachten, keine rechtliche Bindung erzeugen.[35]

2.19.5.2 Wirkungen

Während das einseitig in Auftrag gegebene Privatgutachten bei der Gegenseite in der **32** Regel keine Akzeptanz findet, hat die gemeinschaftliche Beauftragung eines neutralen

---

20 Greger/Stubbe Rn 146.
21 Greger/Stubbe Rn 148.
22 Schwab/Walter, Schiedsgerichtsbarkeit, 7. Aufl. 2005, Kap. 2 Rn 11.
23 Greger/v. Münchhausen Rn 541.
24 BGH NJW-RR 1988, 506.
25 Greger/Stubbe Rn 150.
26 Greger/Stubbe Rn 162 ff.
27 Zur Unterscheidung von der Unbilligkeit der Leistungsbestimmung nach § 319 BGB BGH NJW 1984, 43.
28 BGHZ 81, 229, 237; BGH NJW-RR 2004, 760, 761; Greger/Stubbe Rn 172.
29 Näher zu dieser empfehlenswerten Vertragsgestaltung Greger/v. Münchhausen Rn 547.
30 Greger/Stubbe Rn 179; für Begrenzung auf grobe Unrichtigkeit BGHZ 43, 374, 376.
31 Unwirksam ist zB ein Ausschluss in Allgemeinen Geschäftsbedingungen oder Formularverträgen, wenn er auch grobe Fahrlässigkeit umfasst, § 309 Nr. 7 lit. b BGB.
32 BGH SchiedsVZ 2006, 217; MüKo/Münch 2008, vor §§ 1025 ff ZPO Rn 47; Greger/Stubbe Rn 138; aA Wagner, Prozessverträge, 1998, 666. Abweichendes kann aber vereinbart werden.
33 BGH NJW-RR 2011, 1059; NJW 1960, 1462, 1463.
34 BGH NJW-RR 2011, 1059.
35 Nicklisch, Schieds- und Schlichtungsstellen, in: Festschrift für Bülow, 1981, 176 f spricht von „Gutachten mit empfehlendem Charakter".

Experten eine hohe Befriedungswirkung. Auch wenn sein Votum keine Bindungswirkung hat, eine Verfechtung des gegenteiligen Standpunkts in einem Prozess also nicht hindern würde, findet dies im Allgemeinen nicht statt, weil die Parteien nicht damit rechnen, dass der vom Gericht beigezogene Sachverständige zu einem anderen Ergebnis kommen wird als der von ihnen gemeinsam ausgewählte Experte. Das Expertenvotum hat daher eine hohe **faktische Bindungswirkung.**[36] Es hat Verwandtschaft mit dem Schlichterspruch (s.o. 2.19.3), aber höhere Überzeugungskraft. In seiner Verabredung liegt, wie bei der Schlichtung (Rn 17), in der Regel ein vorübergehender Klageverzicht.[37]

2.19.5.3 Erscheinungsformen

33 Die Verständigung auf ein unverbindliches Gutachten wird häufig mit einem Schlichtungsauftrag verbunden, insbesondere bei institutionellen Schiedsstellen: Hier soll der Experte zunächst ein Gutachten erstatten und, falls dies noch nicht zu einer Einigung führt, einen Vorschlag zur Lösung des Konflikts unterbreiten. Verbreitet ist auch das **einseitig bindende Schiedsgutachten:**[38] Hier erklärt die eine Partei, dass sie das Gutachten als rechtsverbindlich behandeln wird, während die andere sich das Beschreiten des Rechtswegs vorbehält. Davon wird insbesondere von wirtschaftlich stärkeren oder erfahreneren Konfliktpartnern Gebrauch gemacht, um die andere Seite für die Wahl des außergerichtlichen Gutachterverfahrens zu motivieren. Der einigungsfördernde, prozessvermeidende Effekt wird wegen der faktischen Bindungswirkung auch hier meistens erreicht.

2.19.6 Adjudikation

2.19.6.1 Merkmale

34 Hier vereinbaren die Parteien die Einholung eines kurzfristigen Expertenvotums mit einer **vorläufigen Bindungswirkung.**[39] Das Gutachten soll für ihr außergerichtliches Verhalten, nicht aber in einem eventuellen Gerichts- oder Schiedsgerichtsverfahren verbindlich sein.[40]

2.19.6.2 Wirkung

35 Die Parteien gewinnen hier schnell[41] Klarheit darüber, wie ein neutraler Sachverständiger ihre Streitfrage (etwa die Vollständigkeit oder Mangelfreiheit einer Bauleistung) beurteilt, und können auf dieser Grundlage entscheiden, ob sie eine einvernehmliche Lösung oder eine letztverbindliche Entscheidung in einem streitigen Verfahren suchen. Die Schnelligkeit des Verfahrens ist von besonderer Bedeutung, wenn während der Abwicklung eines Vertrags (zB bei einem größeren Bauvorhaben) ein Konflikt entsteht, der den weiteren Fortgang blockiert. In der Regel verhindert die faktische Bindungswirkung des Votums auch den an sich möglichen Prozess und fördert einvernehmliche Lösungen.

---

36 Greger/v. Münchhausen Rn 551.
37 Greger/v. Münchhausen Rn 552.
38 Dazu Greger/Stubbe Rn 183 ff.
39 Vorbild ist das in England für viele Baustreitigkeiten obligatorische Verfahren nach Sec. 108 des Housing Grants, Construction and Regeneration Act 1996; s. dazu Greger/Stubbe, Rn 30; Borowsky ZKM 2007, 54; Teubner Oberheim/Schröder NZBau 2011, 257. In Deutschland kann es im vertraglich vereinbart werden (näher Stubbe/Schramke BauR 2011, 1715 ff). Musterverfahrensordnungen finden sich auf den Websites von DIS, ICC und FIDIC; s. dazu Schramke/Yazdani BauR 2004, 1073; Harbst/Mahnken SchiedsVZ 2005, 35 f.
40 Eingehend zur vorläufigen Bindungswirkung Stubbe/Schramke BauR 2011, 1715 ff.
41 Nach der englischen Regelung beträgt die Frist für den Adjudicator 28 Tage mit Verlängerungsmöglichkeit um 14 Tage; s. hierzu Lembcke ZZP 120 (2207) 78 f.

2.19.6.3 Rechtliche Behandlung

Die Adjudikationsabrede erzeugt eine vertragliche Verpflichtung zwischen den Parteien, 36
das Votum des Sachverständigen solange zu respektieren, bis es – je nach Vereinbarung
– mit einer (Schieds-)klage angegriffen wird oder zu der streitigen Frage eine (schieds-)
gerichtliche Entscheidung ergangen ist. Handelt eine Partei dem Votum des Adjudikators zuwider, haftet sie für einen daraus entstehenden Schaden.

2.19.6.4 Besondere Erscheinungsformen

Die hauptsächlich im Baubereich verwendete Adjudikationsabrede kann auf vielfache 37
Weise abgewandelt werden. So können die Parteien dem Votum des Adjudikators auch
eine lediglich **empfehlende Wirkung** zuerkennen (dann handelt es sich um eine Sonderform der Schlichtung) oder vereinbaren, dass es nach Ablauf einer **Widerspruchsfrist** die
Wirkung eines verbindlichen Schiedsgutachtens haben soll.

Soweit vereinbart wird, dass der Adjudikator nicht nur Feststellungen, sondern sogar 38
Anordnungen (etwa einer Zahlung) treffen kann, bedarf es vertraglicher Regelungen
hinsichtlich der Durchsetzbarkeit und evtl Sicherheitsleistung für den Fall, dass im späteren Gerichtsverfahren anders entschieden wird.[42] Soll der Adjudikator zu **vollstreckbaren** einstweiligen Anordnungen befugt sein, wird ihm eine schiedsrichterliche Funktion beigelegt, so dass die hierfür geltenden Regeln (§§ 1025 ff ZPO) einzuhalten sind. Es
handelt sich dann um ein dem Schiedsgerichtsverfahren (Rn 3) vorgeschaltetes Verfahren einstweiligen Rechtsschutzes.

Im Großanlagenbau, vor allem bei internationalen Projekten, ist es üblich, ein **Dispute** 39
Board zu bestellen, welches das Projekt von Anfang an begleitet und im Konfliktfall
sehr rasch und sachkundig die Funktion des Adjudikators übernimmt.[43]

2.19.7 Konfliktbewertung

2.19.7.1 Merkmale

In diesem in den USA unter der Bezeichnung *Early Neutral Evaluation*[44] in wirtschafts- 40
rechtlichen Auseinandersetzungen viel genutzten, in Deutschland wenig bekannten Verfahren moderiert ein neutraler Dritter, der forensisch erfahren und mit der streitigen
Materie vertraut sein sollte, eine Verhandlung, bei der unter Beteiligung maßgeblicher
Repräsentanten der Konfliktparteien die beiderseitigen Standpunkte, wie in einer mündlichen Verhandlung vor Gericht, ausgetauscht werden. Wenn die Parteivertreter nicht
schon – wie häufig – unter dem Eindruck dieser Prozesssimulation zu einer einvernehmlichen Lösung finden, gibt er eine **unverbindliche Beurteilung** des mutmaßlichen Aus-
gangs des beabsichtigten Rechtsstreits ab.[45]

2.19.7.2 Wirkungen

Diese Evaluation bindet weder die Parteien noch das spätere Prozess- oder Schiedsge- 41
richt. Sie führt aber regelmäßig zu einer realistischeren Beurteilung der beiderseitigen
Positionen und öffnet damit den Weg zu Vergleichsverhandlungen. In Fällen, die sich
für eine vergleichsweise Lösung eignen, bleibt den Parteien der zeitraubende, belastende
Weg zum Prozessvergleich erspart. Die Wirkung wird häufig schon dadurch erzielt,
dass die Entscheidungsträger der Parteien den juristischen Schlagabtausch vor dem ima-

---

42 Näher dazu Stubbe/Schramke BauR 2011, 1715 ff.
43 Vgl zu den unterschiedlichen Gestaltungsmöglichkeiten die Dispute Board Rules der ICC; dazu Harbst/
    Mahnken, SchiedsVZ 2005, 34 ff.
44 Dazu Hilber BB 2001 (Beil. 2) 22 f.
45 Näher Risse 2003, § 15 Rn 50; Greger/v. Münchhausen Rn 582 ff.

ginären Gericht unmittelbar miterleben. Oftmals wird der Auftrag des Dritten daher auf die Moderation der simulierten Gerichtsverhandlung (*mini trial*) beschränkt.[46]

2.19.8 Evaluation und Mediation

42 Nach dem kontinentaleuropäischen Verständnis gehört der Verzicht auf eine evaluierende Beeinflussung des Lösungsprozesses durch den Mediator zu den **Wesensmerkmalen der Mediation** (s. Kap. 1.1.3.2, zur anderen Sichtweise in *common law*-Ländern s. Kap. 1.1.3.4). Nicht selten gelangt das Mediationsverfahren aber an einen Punkt, an dem die Beteiligten wegen unvereinbarer Beurteilungen eines Sachthemas, überoptimistischer Einschätzung ihrer Chancen vor Gericht oder aufgrund des konflikttypischen Tunnelblicks nicht in der Lage sind, zu einer gemeinsamen Lösung zu finden. Eine neutrale Bewertung der Sachfrage, der Prozessaussichten oder der Sichtweisen könnte den Weg zu einer Einigung ebnen, wird zuweilen von den Parteien auch gewünscht. Sie ist mit dem vorgenannten Mediationsverständnis aber nicht vereinbar (hierzu Kap. 1.1.3.2 und 2.13).[47]

43 Hält man sich die Erfolge evaluativer Konfliktlösungsmethoden vor Augen, entstehen indessen Zweifel, ob die Verweigerung einer entsprechenden Hilfestellung durch den Mediator sachgerecht wäre. Dem kann auf abgestufte Weise Rechnung getragen werden.

2.19.8.1 Evaluative Impulse

44 Auch eine an den Grundsätzen der rein unterstützenden, facilitativen Mediation orientierte Gesprächsleitung schließt es nicht aus, dass der Mediator die Lösungssuche der Parteien mit Hinweisen auf Gestaltungsmöglichkeiten, noch nicht bedachte Aspekte und Konsequenzen fördert. Der Mediator ist nicht nur Moderator, sondern **Förderer des Einigungsprozesses** (hierzu Kap. 2.13). Impulse der genannten Art werden von seiner Aufgabe daher oft geradezu gefordert. Sie sollten allerdings nicht zu früh und dann in einer Form eingebracht werden, die den Eindruck einer Einflussnahme auf die Konfliktlösung (und erst recht den Anschein fehlender Neutralität) vermeidet. Hierfür bieten sich Fragen und Denkanstöße an, während eigene Bewertungen und Stellungnahmen zu vermeiden sind. Soll einer Partei eine fragwürdige Einschätzung ihrer Situation vor Augen geführt werden, bietet sich das Einzelgespräch (hierzu Kap. 3.2.3.4 und 3.11) an.

2.19.8.2 Einbindung eines Evaluators

45 Ein wesentlich intensiveres, aber immer noch mediationsverträgliches Einbringen evaluativer Elemente besteht darin, dass der Mediator vorschlägt, eine andere Person als Evaluator hinzuzuziehen. Hierfür kommen alle vorgenannten Evaluationsformen in Betracht. Die Verständigung auf eine dieser Vorgehensweise ist Sache der Parteien; der Mediator sollte sie aber durch Information über die bestehenden Möglichkeiten und mediative Verhandlungen über den *modus operandi* fördern.

46 Denkbar ist zB, dass die Parteien ein schriftliches Schiedsgutachten oder Expertenvotum in Auftrag geben, ein Sachverständiger in der Mediationssitzung oder bei einem gemeinsamen Ortstermin ein mündliches Statement zu der unterschiedlich beurteilten Tatsache abgibt, ein Experte für Steuer- oder spezielle Rechtsfragen an der Mediationsverhandlung teilnimmt, ein Konfliktbewertungsverfahren in Form einer Prozesssimulation durchgeführt wird usw.

---

46 Dazu Risse 2003, § 15 Rn 44 ff; Greger/v. Münchhausen Rn 607 ff.
47 Statt vieler: Unberath ZKM 2011, 44, 47.

Nicht nur das Verfahren, sondern auch die Person des Dritten ist von den Parteien zu   47
bestimmen. Der Vertrag mit diesem wird von ihnen (oder vom Mediator in ihrem Namen) geschlossen, die Vergütung von ihnen getragen.

Nach der eingeschobenen Evaluation wird die Mediation fortgesetzt. Die Parteien ver-   48
fügen nunmehr über ein parteiunabhängiges Bewertungskriterium für ihre weiteren integrativen Verhandlungen, haben neue Einsichten gewonnen, etwaigen Überoptimismus
abgebaut und können sich gesichtswahrend weiter aufeinander zu bewegen.

2.19.8.3 Übergang in Evaluationsverfahren

Lehnen die Parteien die Einbindung einer weiteren Person in ihr Konfliktlösungsverfah-   49
ren ab oder erscheint ein Vorgehen der vorgenannten Art in der gegebenen Konstellation nicht zielführend, so dass ein Scheitern der Mediation nur durch evaluierende Ein-
griffe des Mediators in den Lösungsprozess verhindert werden könnte, stellt sich für ihn
die Frage, ob ihm das eigene Rollenverständnis wichtiger ist als die Aktivierung einer
Einigungschance. Diese Entscheidung muss jeder Mediator für sich treffen. Er muss sich
aber dessen bewusst sein, dass ein **Verlassen der Mediatorenrolle** nur mit Einverständnis der Parteien statthaft ist – anderenfalls verstieße er gegen seine Pflichten aus dem
Mediatorvertrag – und dass es **irreversibel** ist. Hat sich der Mediator etwa mit einem
Schlichtungsvorschlag auf eine bestimmte Lösung festgelegt, wird er von den Beteiligten
nicht mehr als allparteilich wahrgenommen. Er kann daher nur noch in der neuen Rolle
weiterverhandeln, sollte dies aber, wenn er sie schon auf Wunsch der Parteien übernommen hat, auch tun. Selbst eine Rolle als Streitentscheider (Schiedsrichter) kann der
Mediator bei entsprechender Umgestaltung der Vertragsbeziehung übernehmen.[48]
Nicht sachgerecht ist es dagegen, wenn der Mediator mit den Parteien von vornherein
vereinbart, bei Erfolglosigkeit der Mediation als Evaluator (oder gar Entscheider) zu
fungieren. Hierdurch könnte die Offenheit des Mediationsgesprächs schwer beeinträchtigt werden. In allen Fällen muss er den Rollenwechsel mit den Parteien erörtern und
auf die damit verbundenen Folgen hinweisen.[49]

---

48 Beispiele bei Risse 2003, § 15 Rn 24 ff.
49 Unberath ZKM 2011, 44, 46.

3 Methoden: Verfahren, Techniken, Interventionen, Werkzeuge

3.1 Vor der ersten Mediationssitzung – Vorbereitung und Auftragsklärung

Literatur: v. Schlieffen, K., § 1 – Propädeutikum, in: Haft/v. Schlieffen, Handbuch der Mediation, 2. Aufl. 2009, 3 ff.

1 Mediation ist ein **strukturiertes Verfahren**, dessen Ablauf nach einer sorgfältigen Vorbereitung in mehreren Phasen erfolgt.[1] Zunächst kann zwischen dem eigentlichen Mediationsgespräch (hierzu Kap. 3.2) und der vorausgehenden Vorbereitungsphase bzw der nachfolgenden Umsetzungsphase unterschieden werden (vgl Übersicht 1):

2 **Übersicht I: Das 3x5 Phasenmodell der Mediation[2]**

I. Vorbereitungsphase
- Fallzuweisung/Beauftragung (Intake)
- Informationssammlung und Vorprüfung (Screening)
- Kontaktaufnahme mit den Parteien – ggf vorbereitendes Treffen mit den (einzelnen) Parteien
- Auftragsklärung
- Mediationsvereinbarung

II. Vermittlungsphase – Mediationsgespräch[3]
- Einführung
- Standpunkte/Problemdefinition/Agenda
- Exploration: Konflikterhellung und Interessensklärung
- Entwicklung von Optionen/Verhandlungen
- Problemlösung/Vereinbarung

III. Post-Mediations-Phase/Umsetzungsphase[4]
- Überprüfung der Vereinbarung durch Dritte (zB Rechtsanwälte der Parteien);
- ggf offizielle Anerkennung und Ratifikation (zB notarielle Beurkundung, Gericht)
- Überprüfung der Einhaltung der Vereinbarung (monitoring)

---

1 In der Mediationsliteratur und -praxis werden unterschiedliche Verfahrens- und Phasenmodelle vertreten. Die Vermittlung in unterschiedlichen Konflikten, im Bereich der Wirtschaft und Arbeitswelt, in Nachbarschaftsstreitigkeiten, in der Familienmediation, zwischen peers in der Schule oder im Täter-Opfer-Ausgleich usw bedarf der Anpassung an die spezifischen Zusammenhänge.
2 Trenczek et al 2011, 199.
3 Hierzu ausführlich Kap. 3.2.
4 Hierzu Kap. 4.4.3.

Berning/Trenczek

■ Reflexion der Mediatoren (debriefing)

■ ggf follow-up

Im Folgenden geht es um die Vorbereitungen der Mediatoren vor dem ersten Kontakt   3
und insb. um die sog. **Auftragsklärung** mit den Mediationsparteien.

3.1.1 Fallzuweisung – Zugang zur Mediation

Auf irgendeine Weise ist der Fall zu den Mediatoren gekommen, sei es über eine direkte   4
Kontaktaufnahme zumeist einer Partei oder eine Fallzuweisung (zB im Rahmen des
TOA oder familien- bzw arbeitsrechtlichen Verfahrens). Es gibt verschiedene **Zugangs-
wege zur Mediation**, im Wesentlichen sind das:

■ die „ad hoc", „freiwillige" Inanspruchnahme ggf auf Anraten anwaltlichen Berater
(zur Freiwilligkeit s. Kap. 1.1.3.2.1);

■ die Selbstbindung zur Mediation aufgrund vertraglicher Beziehungen durch Nebenabreden (sog. ADR- oder Mediationsklauseln, hierzu Kap. 4.4.3);

■ die Aufforderung der Parteien im Rahmen einer Hierarchie (zB in Unternehmen) an
einer Mediation teilzunehmen;

■ das Angebot im Rahmen öffentlicher Aufgabenerfüllung (zB § 17 SGB VIII mediative Beratung in Trennungs- und Scheidungssituationen). In Scheidungsverfahren
kann das Familiengericht nach § 135 FamFG anordnen, dass die Beteiligten an einem kostenfreien Informationsgespräch über Mediation (nicht an einer Mediation
selbst) teilnehmen;

■ obligatorische Streitschlichtung: § 15 a EGZPO eröffnet den Ländern für bestimmte
zivilrechtliche Streitigkeiten („Bagatellsachen" bis 750 EUR) die Möglichkeit zur
Einführung einer obligatorischen außergerichtlichen Streitschlichtung (s. Kap.
1.2.2.2 Rn 12);

■ gerichtsvermittelte/-angeordnete Mediation: Auch nach Erhebung der Klage soll in
Zivilverfahren eine gütliche Einigung angestrebt werden (§ 278 Abs. 1 ZPO). Das
Gericht kann deshalb den Parteien eine außergerichtliche Mediation vorschlagen
(§ 278 a ZPO; zum Güterichter nach § 278 Abs. 5 ZPO; s. Kap. 4.5 Rn 23). Wäh-
rend des Mediationsverfahrens ordnet das Gericht das Ruhen des gerichtlichen
Streitverfahrens (§ 278 a Abs. 2 ZPO) an;

■ außergerichtlicher Tatausgleich und Wiedergutmachung im Rahmen eines sog Täter-Opfer-Ausgleichs (TOA) im (jugend-)strafrechtlichen Verfahren nach § 46 a
StGB, §§ 153 a Nr. 5, 153 b, 155 a StPO, §§ 45 Abs. 2, 47 Abs. 1 Nr. 2, 10 JGG;
(hierzu Kap. 5.17).

Die unterschiedlichen Wege, auf denen die Parteien zur Mediation gekommen sind, haben Einfluss auf ihre Motivation und ihre Erwartungen.

3.1.2 Vorbereitung und Setting

Bevor es zu einem ersten persönlichen Kontakt mit den Parteien kommt, bereiten sich   5
die Mediatoren gründlich auf das Verfahren vor. Leitlinie für das Vorgehen der Mediatoren in der Vorbereitungsphase muss das Wissen sein, nur dann erfolgreich tätig sein
zu können, wenn Vertrauen existiert – **Vertrauen** insb. aller Konfliktparteien zu den
Mediatoren aber auch die Sicherheit der Mediatoren (Selbstvertrauen), mit den Streitparteien arbeiten zu können. Da sich Streitparteien und Mediatoren in der Regel noch
nicht kennen, beginnt der entscheidende Teil der das Vertrauen fördernden Beziehungs-
arbeit in der Vorbereitungsphase – jedenfalls dann, wenn es zu einer persönlichen Begegnung kommt.

6 Die Auftragsklärung und Auftragsannahme ist erst dann erfolgt, wenn der Mediationsvertrag (hierzu Kap. 4.4) zustande gekommen ist. Dem ist vorausgegangen:

■ die Anfrage der Konfliktparteien bzw der Auftraggeber bei den Mediatoren,

■ erste Informationen und die erste Klärung (Stufe 1), dass sie den Auftrag annehmen
können,

■ Verabredung auf einen ersten Termin,

■ die persönliche Begegnung mit Klärung beidseitig bestehender Fragen und Information durch die Mediatoren,

■ die Verhandlung über die Vertragsbedingungen, die regelmäßig auch Klärung über
den tatsächlichen Ablauf der Mediation (Ort und Zeit, Anzahl von Terminen und
Dauer der jeweiligen Sitzungen etc.). Wenn Auftraggeber und Konfliktparteien nicht
identisch sind (zB bei einer Mediation im Unternehmen) müssen die Konfliktparteien-
en gesondert über die Mediation informiert und ihre grundsätzliche Teilnahmebe-
reitschaft erfragt werden.

7 Die Mediatoren müssen also klären, ob sie den Fall annehmen wollen/können oder ablehnen (müssen). Für die **Fallannahme/-ablehnung** sind idR folgende Aspekte von Bedeutung:

■ berufsrechtliche (Ausschluss-)Gründe (Vorbefassung, Befangenheit, u.a. s. Kap.
4.3);

■ sachliche Ausschlussgründe (Notwendigkeit bestimmter Rechtskenntnisse, wie zB
bei Trennung- und Scheidungskonflikten, oder Feldkompetenz);

■ die zeitliche Verfügbarkeit der Mediatoren;

■ Wahrung der Allparteilichkeit: Wenn Mediatoren im Kontakt mit den Streitparteien
spüren („ungutes" Gefühl, irritiertem Selbstvertrauen; Antipathie), dass sie die Allparteilichkeit nicht wahren können, müssen sie das Mandat ablehnen. Häufig beruht die Inkompatibilität auf Gegenseitigkeit, dh auch die Konfliktparteien zweifeln,
ob der Mediator für sie der Richtige ist;[5]

■ Erfüllung sonstiger Voraussetzungen und Zuweisungskriterien (zB bei manchen gemeinnützigen Einrichtungen Beschränkung auf natürliche Parteien oder einen regio-
naler Einzugsbereich).

8 Hin und wieder ist zu klären, auf welche Weise mit der anderen Partei **Kontakt** aufgenommen wird. Sofern die Fallzuweisung über die Konfliktparteien selber erfolgt, also
nicht über einen Dritten als Auftraggeber (zB Unternehmen, Gericht und Staatsanwaltschaft), liegt es grundsätzlich im Verantwortungsbereich der Konfliktpartei, dass der
Streitgegner in die Vorauswahl des Mediators bereits eingebunden ist. Es kommt aber
immer wieder vor, dass eine Partei die Mediation wünscht und vom Mediator erwartet,
dass dieser mit dem Gegner klärt, ob dieser zu einer Mediation bereit ist. Manche Mediatoren lehnen einen solchen Auftrag ab, weil sie davon ausgehen, dass die Beziehung
zu beiden Konfliktparteien damit nicht synchron zustande komme und dies Irritationen
in der Vertrauensbeziehung zur Folge haben könnte. Andere Mediatoren sind da unbe-
fangener; sie wissen um die Problematik und begegnen ihr. Im TOA oder im familiengerichtlichen Verfahren werden die Mediatoren aufgrund der Fallzuweisung regelmäßig
von sich aus den Kontakt mit den Konfliktparteien aufbauen (Kap. 5.16).

---

5 Hierbei handelt es sich um ein interessantes Abgrenzungsmerkmal zur gerichtsinternen Mediation, bei der
dieser Aspekt nie von Relevanz ist; offenbar ein Ausfluss der richterlichen Autorität, derer sich der Richtermediator bedient.

Weiter ist zu klären, wer die **Teilnehmer des Mediationsverfahrens** sind, insb. wenn – **9**
wie in unternehmensinternen Konflikten – mit einer Vielzahl von Teilnehmern zu rechnen ist.

Hierzu – aber nicht nur dann – kann es notwendig sein, sich **Informationen über die** **10**
Parteien bzw ihr institutionelles System zu verschaffen. Die Mediatoren können den
Auftraggeber bzw die Konfliktparteien im Vorfeld um entsprechende Informationen
bitten (zB Zusendung eines Organigramms o.Ä.). Zum einen ist das direkt über die
Auftraggeber möglich); viele Mediatoren beschaffen sich auch über das Internet Informationen zu und über die Konfliktparteien. Diese Recherchen zeigen freilich Ergebnisse
nur über die (formelle) Organisationen. Die Mediatoren bilden dann – regelmäßig unbewusst – Hypothesen. Diese werden umso deutlicher, je intensiver sie sich mit dem
Material beschäftigen. Dadurch entsteht ein Voreindruck, der immer eine Hypothesenbildung zur Folge hat. Da ist es gut, wenn die Mediatoren diese Vororientierung (etwa
in der Supervision) für sich und gegenüber den Mediationsparteien transparent machen.
In komplexen Beziehungs- und Systemkonfliten kann auch die (laufend revidierte) Erstellung eines Soziogramms (zB das konfliktbelastete Team im System der Organisation) sinnvoll sein, um sich über die Beziehungen in der Gruppe ein Bild zu machen.

Sind Konfliktparteien und Auftraggeber nicht personenidentisch (zB im Bereich der Un- **11**
ternehmensmediation oder im TOA), sollte es stets ein **Angebot zu einem Vorgespräch**
geben, insb. weil abgeklärt werden muss, ob die Konfliktpartei grundsätzlich zur Teilnahme an der Mediation bereit ist. Weiterhin kann die Klärung administrativer Aspekte
wie zeitliche Verfügbarkeit, Vertragsgestaltung, Einbeziehung von Beratern ua notwendig sein. Aufgrund der mangelnden Transparenz für die andere Konfliktpartei und der
damit einhergehenden Nachteile (zB Möglichkeit der Manipulation, geringere Verhandlungsdynamik, Gefahr aus Versehen vertrauliche Information preiszugeben; im Einzelnen zum Pro & Con der Einzelgespräche s. Kap. 3.11) bedarf die Führung von Einzelgesprächen besonderer Sorgfalt.

Zur Auftragsklärung gehört es, die **Erwartungen der Konfliktparteien** zu klären, das **12**
Ziel des Vermittlungsgesprächs, die wesentlichen Grundprinzipien der Mediation (Kap.
1.1) und insb. die Rolle der Mediatoren (Kap. 2.12) zu verdeutlichen und die Vertraulichkeit (Kap. 4.3) zu erklären sowie die Bedingungen, unter denen Vertraulichkeit gewährleistet ist, zu erläutern. Es versteht sich von selbst, dass (gut ausgebildete und erfahrene) Mediatoren Vertrauen in sich und das Mediationsverfahren haben. Im Rahmen der Auftragsklärung sollten die Parteien allerdings auch über Risiken und ggf bestehende **Handlungsalternativen** informiert werden. Hierbei sind insb. die Unterschiede
der Mediation zur Rechtsberatung (Kap. 4.1) sowie zu einem gerichtlichen oder anderen Drittentscheidungsverfahren (Kap. 2.19) deutlich zu machen.

Teilweise wird auch vertreten, vor Abschluss des Vertrages in den **Inhalt des Konflikts** **13**
einzugehen, um die Sinnhaftigkeit einer Mediation (als Instrument der Konfliktregelung) aus der Sicht der Streitparteien in Erfahrung bringen zu können. Insoweit soll es
darum gehen, die Themen und Ziele zu erfragen – und damit den Konfliktparteien ihre
Orientierung bewusst machen zu helfen. Diese spezielle Art von Coaching (Kap. 3.4)
und Klärung kann interessante Einblicke geben, weshalb und wofür die Konfliktparteien
en die Aufarbeitung ihrer Themen für wichtig erachten. Weiter sind die Antworten auf
die Frage ergiebig, für wie realistisch es die Protagonisten erachten, bei der Bearbeitung
erfolgreich sein zu werden.[6] Diese Vororientierung im Rahmen der Auftragsklärung ist
nicht Bestandteil der Mediation; sie bedeutet keinen Einstieg in die Konfliktbearbeitung

---

6   Hertel, Auftragsklärung in der Mediation mit „Mediationsqualität", Konfliktdynamik 2012, 84 ff.

selbst! Wohl aber erfährt der Mediator, welche Themen voraussichtlich in der Mediation zur Sprache kommen werden.

14 Allerdings gibt es in einigen Arbeitsfeldern der Mediation **Ausnahmen von dem gleichzeitigen Beginn** und der gemeinsamen Stoffsammlung. Dies ist insb. im Bereich strafrechtlicher Konflikte im Rahmen eines Täter-Opfer-Ausgleichs (Kap. 5.16) der Fall sowie zumeist dann, wenn die Medianten nicht selbst Auftraggeber der Mediation sind (Rn 11) häufig der Fall ist. Hier sind Vorgespräche geradezu notwendig, insb. um die Bereitschaft und Motivation der Konfliktbeteiligten, an dem Mediationsverfahren teilzunehmen, einschätzen zu können.

15 Auf dem Weg bis zum Zustandekommen der Mediationsvereinbarung passiert also viel im Kontakt zwischen Streitparteien und Mediatoren und den ggf personenverschiedenen Auftraggebern. Alle Seiten sollen sich ihrer Sache sicher sein können. In diesem Ablauf kommt deshalb der ersten persönlichen Begegnung eine große Bedeutung zu. Die Gestaltung des **Settings** ist Sache des Mediators. Folgende Gesichtspunkte sind insb. zu beachten:

- Ort,
- Räumlichkeit (Ersatzräume – Pausen- und Ausweichraum),
- Gestaltung von Atmosphäre im Raum,
- Technische Ausstattung,
- Vorbereitung der Sitzordnung,
- Dauer der ersten und weiterer Sitzungen sowie deren Frequenz,
- Co-Mediation,
- Anwälte und andere Beistände.

3.1.2.1 Ort

16 Die Wahl des Ortes ist von großer praktischer und atmosphärischer Bedeutung. Das erste Kriterium ist die Entscheidung, ob die Mediation in Räumen des Mediators, einem anderen – für die Konfliktparteien – **neutralen Ort** oder bei einem der Konfliktparteien bzw beim Auftraggeber stattfindet. Am wenigsten problematisch ist es, wenn die Mediatoren über eigene geeignete Räumlichkeiten verfügen (dazu Rn 18). In jedem Fall sollte der Ort der Mediation für keine der Konfliktparteien einen „Vorteil" darstellen, also neutral sein. Mediationen finden mitunter auch in Hotels/Tagungsstätten, einem Gemeinderaum oder Bürgerschaftszentrum oder an einem besonderen Ort wie in einem Kloster statt. Allein die Bereitschaft der Auftraggeber, finanzielle und personelle Ressourcen einzusetzen, gibt den aufgezeigten Freiheiten einen Rahmen.

17 In der Wirtschaftsmediation wünscht der (von den Konfliktparteien verschiedene) Auftraggeber häufig, dass die Mediation bei ihm **im Unternehmen** stattfindet. Grund kann zB die Größe der beteiligten Gruppen und die eingesetzten personellen und zeitlichen Ressourcen sein, insb. die Bindung der Mitarbeiter, sofern die Mediation im Rahmen der Arbeitszeit stattfindet.

3.1.2.2 Räumlichkeiten

18 Was erwarten die Konfliktparteien? Was brauchen die Mediatoren für die sach- und fachgerecht durchzuführende Mediation? Da kann das Wohnzimmer bei einer nachbarschaftlichen Streitigkeit durchaus passend sein. In der Regel erwarten die Konfliktparteien allerdings ein professionelles **Ambiente**, wenn sich Mediatoren als Dienstleister am Markt anbieten. Wünschenswert und sinnvoll ist es, wenn die Mediatoren neben dem Raum, in dem die Mediation stattfindet, über einen zweiten separaten Raum verfügen,

um ggf Einzelgespräche führen zu können. Nützlich ist auch ein Empfangsraum, in dem sich eine wartende Partei aufhalten und wohlfühlen kann. Nehmen neben den Konfliktparteien auch deren Anwälte oder andere Dritte (s. Kap. 2.18) an der Mediation teil, sollten diese für getrennte Gespräche in separaten Räumen unterkommen können. Bei Gruppenmediationen ist die Dimension der benötigten Räumlichkeiten entsprechend größer, wobei kein Auftraggeber erwartet, dass die Mediatoren solche Räume vorhalten. Hier ist es üblich, diese für den Einzelfall anzumieten, wobei der Auftraggeber mit den Kosten belastet wird.

3.1.2.3 Gestaltung von Atmosphäre im Raum

Streitparteien sind vom Konflikt gestresst. Zusätzliche Aufregung kommt hinzu, wenn 19 sie nicht wissen, was in der Mediation auf sie zukommt. Dieses Wissen ist eine gute Orientierung, um den Mediationsraum **atmosphärisch passend** zu gestalten. Da gibt es kein Richtig oder Falsch; die Gestaltung muss auch zu der Persönlichkeit der Mediatoren passen. Blumen im Raum erzeugen eine angenehme Wirkung; Papier und Schreibwerkzeug sowie ein Getränkeangebot (Wasser, ggf Kaffee/Tee insb. für Pausen) sind ein Zeichen von Kundenorientierung. Wichtig ist die **Botschaft**: Ihr seid willkommen und bei mir gut aufgehoben – ich kümmere mich um euer Wohl! Symbolisch liegt in dieser Art von Kümmern auch ein Zeichen von Allparteilichkeit – denn die Zuwendungen kommen den Streitparteien in gleicher Weise zu.

3.1.2.4 Technische Ausstattung

Visualisierungen sind in einer Mediation sehr wichtig (Kap. 3.13). Die Mediatoren 20 müssen deshalb entsprechende Materialien und **Visualisierungstechnik** vorbereiten. Das kann ein Flipchart sein, es kann aber auch eine Pinnwand gebraucht werden. Erfahrungsgemäß benötigt man den entsprechenden Platz, um visualisiertes Material sichtbar zu halten, auch wenn zB am Flipchart weiter geschrieben wird. Was Mediatoren im Einzelfall an Technik benötigen, hängt auch von ihrer **Arbeitsweise** ab. Wer etwa bei Teamkonflikten von den Medianten gern Bilder malen lässt, der muss Papier und Malmaterial vorrätig haben. Ein gut bestückter **Moderatorenkoffer** (Moderationskarten unterschiedlicher Farbe und Größe, verschieden farbige Eddings und Marker, Pin-Nadeln, Klebeband, usw) ist eigentlich unverzichtbar.

3.1.2.5 Vorbereitung der Sitzordnung

Zunächst ist zu klären, ob die Mediation im **Stuhlkreis** stattfinden soll oder an (Konfe- 21 renz-) **Tischen**. Es spricht grundsätzlich alles für die Kreisform bzw das Dreieck, ob diese im offenen Stuhlkreis oder an einem Tisch realisiert wird, ist letztlich von den Vorlieben der Mediatoren abhängig. Auch hier gilt es zu sehen, wer die Konfliktparteien sind und was die Mediatoren diesen „zumuten" können und welches Setting die Mediatoren als Handlungsverantwortliche mit ihrer Persönlichkeit vertreten können. Manche Mediatoren bevorzugen den offenen Stuhlkreis, um insb. das nonverbale kommunikative Geschehen im Auge zu behalten. In Unternehmens- und anderen Wirtschaftskonflikten erwarten die Beteiligten regelmäßig, dass sie an Tischen sitzen und arbeiten können. Der Tisch gibt aber auch in anderen Kontexten den Parteien gerade in der ersten Sitzung häufig mehr Sicherheit und signalisiert eine eher professionelle Arbeitsatmosphäre. Das gilt umso mehr, wenn Anwälte an der Mediation teilnehmen (schon allein der Akten wegen, die diese mit sich zu schleppen pflegen). Es spricht auch nichts dagegen, die Sitzordnung den Dynamiken der verschiedenen Phasen der Mediation anzupassen (zB offener Stuhlkreis im Rahmen der Exploration). Wenn die Mediation im Stuhlkreis stattfindet, ist es der Konzentrationsfähigkeit der Konfliktparteien förderlich, wenn sie

Abstellflächen für Unterlagen, Papier, Schreibzeug und Getränke in Reichweite vorfinden.

22 Die **Anordnung der Konfliktparteien** zueinander und zu den Mediatoren sollte ebenfalls „gestaltet" sein. Die Mediatoren müssen so sitzen, dass sie die Streitparteien gleichzeitig im Blick haben können und diese eine gute Sicht zu bereitgestelltem Flipchart oder Pinnwand haben (insb. ohne sich umdrehen oder mit dem Rücken zu einer Türe sitzen zu müssen). Aussagekräftig ist es, wenn die Medianten im Übrigen ihren Platz selbst bestimmen können. Diese Wahl kann allerdings auch – unnötigen – Stress erzeugen. Die Sitzposition der Konfliktparteien zueinander wird klassisch so gestaltet, dass sie mit Blickrichtung auf die Mediatoren nebeneinander sitzen (Sitzordnung im Dreieck). Diese Sitzordnung signalisiert Allparteilichkeit und Gleichrangigkeit (was insb. in Hierarchie- und Rollenkonflikten angeraten ist). Ob die Mediatoren bei einer Co-Mediation sich gegenüber oder nebeneinander sitzen, entscheidet sich letztlich danach, auf welche Weise beide besser miteinander und den Parteien arbeiten können.

3.1.2.6 Dauer der ersten und weiteren Sitzungen sowie deren Frequenz

23 Die Praxis, wie lange eine Mediationssitzung dauern sollte, geht ebenfalls sehr auseinander. Im deutschsprachigen Raum beläuft sich die **Dauer einer Mediationssitzung** mit Rücksicht auf die Konzentrationsfähigkeit nicht nur der Mediatoren, sondern auch der Konfliktparteien etwa 1,5 bis 2 Stunden.[7] Anders ist dies aber insb. in Wirtschaftsmediationen, vor allem weil beide Parteien einen längeren Anreiseweg haben. Hier finden Mediationen oft in Tagesklausuren statt. Hierbei ist das Thema dann nicht Dauer der Einzelsitzung und Frequenz, sondern das der **Pausengestaltung**. Pausen dienen zunächst der Erholung, aber auch dem Fortgang der Konfliktbearbeitung. Pausen können mithin unterschiedliche bzw mehrere Funktionen gleichzeitig haben, sei es zur kurzen Erfrischung, sei es zur Entspannung und Regeneration oder weil in der Pause der Konflikt – zum Beispiel auf einem Spaziergang – in anderer Weise bearbeitet werden soll. In solchen Pausen passiert mitunter Entscheidendes, was in der Mediationssitzung wieder aufgegriffen werden kann.

24 Letztlich werden die Mediatoren die Dauer der Mediationssitzungen ebenso wie die Pausen nach ihrer Arbeitsweise, Vorstellungen und Erfahrungen gestalten. Wichtig ist, dass der **Zeitrahmen** vor Beginn feststeht und sich alle Teilnehmer darauf einstellen können. Wenn die Terminfindung schwierig ist (etwa bei Teamkonflikten und anderen größeren Gruppen) lassen sich mit entsprechenden Pausen auch zwei Mediationseinheiten von 1,5 – 2 Stunden hintereinander schalten oder es kann auch sinnvoll sein, einen ganzen Tag mit produktiven Pausen zu planen. Nicht vergessen werden sollte dabei, dass die **Zeit zwischen zwei Mediationssitzungen** sehr wertvoll sein und die Konfliktbearbeitung positiv beeinflussen kann. Die Parteien nehmen nach einer Mediationssitzung viel mit auf den Weg, was nachwirken kann; mitunter kann man ihnen „Hausaufgaben" aufgeben, die bis zur nächsten Sitzung bearbeitet werden.

25 Manche (situative) Konflikte lassen sich in einer Sitzung mediieren, andere komplexere, insb. Beziehungskonflikte, bedürfen für ihre Regelung oder gar Lösung nicht nur mehrerer Mediationssitzungen, Zeit und Entwicklungsraum und dauern oft mehrere Wochen und Monate. Mediation hat insoweit viel mit einer **Prozessbegleitung** gemein, denn die Parteien entwickeln sich – nicht allein durch die Erfahrungen in der Mediation – ständig weiter und verändern sich. So ist es gerade in unternehmensinternen, insb. Teamkonflikten, oder in Trennungs- und Scheidungsverfahren nicht selten, dass sich die Parteien in mehreren Mediationssitzungen über mehrere Monate hinweg, am Anfang

---

7 In einigen angelsächsischen Ländern ist es in manchen Mediationsfeldern (zB iRd der sog. commercial mediation) üblich, 4 Stunden als Mediationseinheit inkl. der Pausen vorzusehen.

durchaus intensiver, später in größeren Abständen zur Mediation treffen, um zunächst die Themen zu sammeln und die „brennendsten" anzugehen, später auch zu klären, welche Vereinbarungen im Alltag funktionieren bzw angepasst werden sollten. Solche **follow-up Sitzungen** sind auch in anderen Mediationsfeldern sinnvoll und sollten den Parteien angeboten werden.

3.1.2.7 Co-Mediation

Die **Co-Mediation** (Kap. 3.12) gilt zwar mittlerweile **als Qualitätsmerkmal** (s. Kap. 2.12 Rn 27), sie scheint aber, obwohl „eigentlich" als sinnvoll oder gar notwendig erachtet, nicht nur an der Terminfindung, sondern auch an den vermutlich höheren Kosten (bzw der Notwendigkeit der Einnahmenteilung) zu scheitern. Die Vorteile der Co-Mediation sind aber für eine fachlich angemessene Mediation „unbezahlbar", in komplexen Verfahren, insb. mit mehreren Parteien, unverzichtbar, weshalb die Mediatoren ein Mandat eher ablehnen sollten, wenn eine befriedigende Kostenregelung nicht gefunden werden kann. Hält ein Mediator die Co-Mediation für notwendig, findet aber diesen Co nicht (weil keine zeitliche Verfügbarkeit u.a.), sollte man sich gründlich überlegen, ob der Auftrag nicht doch abgelehnt wird. 26

3.1.2.8 Anwälte und andere Beistände

Lassen sich die Konfliktparteien von ihren Anwälten oder sonstigen Dritten begleiten, müssen die Mediatoren sich darauf einrichten. Insoweit wird auf auf Kap. 2.18 verwiesen. 27

3.1.3 Verabredungen mit den Konfliktparteien

Wesentlicher Teil der **Auftragsklärung** ist die verbindliche und damit vertragliche Vereinbarung über Rolle und Aufgaben der Mediatoren einerseits (hierzu Kap. 2.12) und Rechte und Pflichten der Konfliktparteien (Medianten) andererseits, insb. die Vertraulichkeit (hierzu Kap. 4.3) sowie die Kosten der Mediation. Eine **schriftliche Mediationsvereinbarung** (Kap. 4.4) ist nicht immer üblich (zB im Täter-Opfer-Ausgleich, Kap. 5.17) oder erforderlich, in einigen komplexeren Vermittlungen allerdings unerlässlich. 28

Wer auf Mediationsordnungen und andere allgemeine Geschäftsbedingungen (s. Kap. 4.4) verweist, muss nicht nur aus rechtlichen Gründen deren Inhalt erörtern, da das, was Mediation bedeutet und wie diese abläuft, noch nicht zum Allgemeinwissen gehört. Da die wenigsten Konfliktparteien bereits Erfahrung mit einem Mediationsverfahren haben, empfiehlt es sich, die Parteien über die weiteren **Verfahrensschritte** zu informieren: Standpunkte vortragen – Klärungen – Lösungen suchen und Verständigung finden (hierzu Kap. 3.2). Inhaltliche Aspekte des Konflikts werden in den meisten Mediationsfällen – wenn überhaupt – nur kurz behandelt (s.o. Rn 13 f), um entscheiden zu können, ob man den Fall annehmen will/kann. 29

Nun kann es losgehen ... (zum Ablauf des Mediationsgesprächs s. Kap. 3.2). 30

3.2 Ablauf einer Mediationssitzung – Mediationsleitfaden

Literatur: Gläßer, U./Kirchhoff, L., Interessensermittlung, ZKM 2005, 130 ff; Kessen, S., Phasen der Mediation – Interessen und Bedürfnisse als Kernelemente, in: Henssler/Koch (Hrsg.), Mediation in der Anwaltspraxis, 271 ff; Kessen, S./Troja, M., § 13 – Die Phasen und Schritte der Mediation als Kommunikationsprozess, in: Haft/v. Schlieffen, Handbuch der Mediation, 2. Aufl. 2009, 293 ff.

3.2.0 Vorbemerkungen

1 Die Art und Vorgehensweise der Vermittler ist davon abhängig, welchem Grundmodell der Vermittlung man folgt, von den Funktionen, Aufgaben und der– sehr grundlegend – Haltung der Mediatoren sowie von den einzelnen den Mediatoren zur Verfügung stehenden Interventionen aus dem Methodenkoffer. Der nachfolgende Verfahrensablauf basiert auf dem Modell der moderierenden, interessensgestützten Mediation (facilitative, interest-based mediation; s. Kap. 1.1.3.4). Mediation ist nicht nur ein informelles Zusammentreffen zur Diskussion streitiger Punkte, sondern ein strukturiertes Konfliktregelungsverfahren zwischen mindestens zwei Parteien, dasd durch einen Dritten geleitet wird. Dabei kommt es nicht darauf an, in wie viele einzelne Phasen man das Verfahren teilt[1] und wie man diese bezeichnet; wichtig ist viel mehr, dass das Mediationsverfahren in den aufeinander bezogenen Verfahrensschritten einer methodisch begründeten, spezifischen Logik zur Konsensfindung folgt. Dadurch ist es möglich, die in Konflikten verhärtete und bislang im Hinblick auf eine einvernehmliche Regelung oder Lösung gescheiterte Kommunikation der Parteien so zu strukturieren, dass die Parteien die offenen Fragen (s. Kap. 2.8.1) konstruktiv bearbeiten, neue Perspektiven entwickeln und einer interessensgerechten Lösung zuführen können. Im Wesentlichen geht es also darum, durch **Neugestaltung der Kommunikation** (mitunter weitreichende) **Veränderungsprozesse** zu ermöglichen.[2]

2 In der Mediationsliteratur und -praxis finden sich unterschiedliche Verfahrensmodelle. Grundlegend unterschiedlich erfolgt die mediative Bearbeitung offener Fragen und Konflikte in öffentlichen Diskursen mit einer mitunter schwer feststellbaren Zahl von Beteiligten (hierzu Kap. 5.14). Aber auch die Vermittlung in individuellen Konflikten mit zwei oder mehreren Streitparteien, im Bereich der Wirtschaft und Arbeitswelt, in der Familienmediation, in Nachbarschaftsstreitigkeiten, zwischen peers in der Schule oder in strafrechtlich relevanten Konflikten im sog. Täter-Opfer-Ausgleich usw bedarf der Anpassung an die **spezifischen Kontexte**. Dies betrifft zB die Form der Mediationsvereinbarung, die spezifische Art der Themensammlung oder den Zeitpunkt von separaten

---

1 Vgl zB die 9-Phasenmodelle von Haynes (Fundamentals 1994) und Kovach (Mediation 1994) oder das 12-Phasenmodell von Christopher Moore (Mediation Process, 1986, 32 ff).
2 Kessen/Troja 2011, 294.

Trenczek

Treffen mit den Konfliktparteien. Das hier vorgestellte, interdisziplinär wie international praktizierte Verfahrensmodell hat sich in unterschiedlichen Zusammenhängen bewährt und ist gleichzeitig flexibel genug, um die spezifischen Anforderungen des Arbeitsfeldes und Konfliktgegenstandes bzw das Verhalten und die Bedürfnisse der konkreten Parteien zu berücksichtigen. In dem konkreten Mediationsverfahren gibt es kein rigoroses „man-nehme-Rezept". Wichtig ist eine sensible, spezifische **Mediatorenhaltung** (hierzu Kap. 2.12.4 und 2.13), die auf die Interessen und Bedürfnisse der Parteien Rücksicht nimmt. Dabei ist für die Akzeptanz des Verfahrens durch die Parteien essentiell, dass die einzelnen Verfahrensschritte und Interventionen transparent gemacht werden und sich die Mediatoren stets der Zustimmung der Beteiligten versichern.

Zunächst muss zwischen dem eigentlichen Mediationsgespräch und der vorausgehenden Vorbereitungsphase (hierzu, insb. zur Auftragsklärung, ausführlich Kap. 3.1) bzw der nachfolgenden Umsetzungsphase unterschieden werden. Das Vermittlungsgespräch im engeren Sinne gliedert sich nach dem hier vorgestellten Modell in fünf wesentliche Schritte (vgl Übersicht: Mediationspyramide, Anhang 7.7):

1. Eröffnung (MOS)
2. Standpunkte und Sichtweisen
   a) Sichtweisen der Konfliktparteien
   b) Zusammenfassung, Gemeinsamkeiten und Aufstellen einer Agenda
3. Exploration
   a) Konflikterhellung
   b) Entwicklung von Optionen
   c) ggf Einzeltreffen mit den Parteien
4. Verhandlungen und Lösungserarbeitung
5. Vereinbarung und Beendigung

Diese 5 Schritte sind schon deshalb nicht als starres Korsett zu verstehen, weil sie – abhängig von dem Konfliktstoff – mehr oder weniger intensiv bearbeitet werden und gelegentlich ineinander übergehen. Während die beiden ersten Phasen und die 5. Phase zum Abschluss der Mediation idR nur einmal durchlaufen werden, werden die einzelnen Konfliktthemen in der 3. und 4. Phase jeweils gesondert behandelt und die einzelnen Lösungsoptionen erst in der 5. Phase wieder in eine Gesamtlösung zusammengeführt.[3]

Im Unterschied zu manchen anderen Autoren verzichten wir hier darauf, die **Interessensklärung** (zum Unterschied zwischen Positionen und Interessen, s. 3.2.3 sowie Kap. 2.7) als eigenständige Phase zu bezeichnen, denn diese kann in verschiedenen Phasen erfolgen, auch wenn dies schwerpunktmäßig im Rahmen der Exploration der Fall ist. In der Anfangsphase mag es zunächst darum gehen, die Verfahrensinteressen der Parteien anzusprechen, später geht es dann um substantielle, den Streitgegenstand betreffende Interessen. In manchen Fällen legen die Parteien ihre Interessen von Beginn an auf den Tisch, in anderen ist es sehr mühsam, die hinter den Positionen versteckten Interessen im Rahmen der Konflikterhellung herauszuarbeiten. Die Mediatoren müssen dabei während des gesamten Verfahrens nicht nur die zwei unterschiedlichen Konfliktebenen, die sog. **Sachebene** (der vorgegebene bzw scheinbare Konfliktstoff) und die **Beziehungsebene** zwischen den beteiligten Personen,[4] im Blick und bei der Bearbeitung des Konflikts auseinander halten, sondern sich stets vergegenwärtigen, dass der Prozess selbst (die **Verfahrensebene**) einerseits durch die Interaktionen der Beteiligten geprägt wird,

---

3 Unberücksichtigt bleiben hier die Zeiterfordernisse: einige Konflikte lassen sich in einer Sitzung mediieren, andere, komplexere Fälle bedürfen uU mehrfacher Sitzungen.
4 Hierzu ausführlich Kap. 2.1 und 2.8; grundlegend Watzlawick/Beavin/Jackson, 2003.

andererseits durch die Mediatoren durch gezielte Interventionen gestaltet werden soll, wobei beide Aspekte den (Klärungs-)Prozess laufend dynamisch verändern.

3.2.1 Eröffnung

5 Wesentliches Ziel der Eröffnung (Mediator Opening Statement, MOS) ist nicht nur die bloße Information über Personen und Verfahren, sondern das Herstellen von Vertrauen und einer **positiven Grundstimmung**. Es ist oft der erste Eindruck, der für das weitere Verfahren entscheidend ist. Wann nach der Begrüßung welche der nachstehend und in der Übersicht im Anhang (s. 7.12) aufgelisteten Punkte im Einzelnen erläutert werden, ist stets vom persönlichen Stil der Mediatoren sowie vom konkreten Einzelfall abhängig, davon, in welcher Verfassung die Parteien gekommen sind, ob sie nahezu platzen, etwas sagen zu müssen oder erst einmal zuhören und sich orientieren wollen, bevor sie sich zu Wort melden. Gerade weil das Verfahren innerhalb der Grundstruktur flexibel dem konkreten Einzelfall angepasst werden muss, ist Transparenz für die Akzeptanz wesentlich, Rollenklarheit notwendig und die Vereinbarung von Kommunikationsregeln unverzichtbar, ebenso wie das laufende Werben um Vertrauen in das Verfahren und die Ermutigung in das Gelingen der Konfliktlösung.

3.2.1.1 Begrüßen – Vertraut machen mit Personen, Raum und Zeit

6 Der Mediator bzw die Mediatoren stellen sich und die Anwesenden mit Namen vor, insb. die begleitenden Anwälte und ggf anwesende „unbekannte Gesichter", und geben ihrer Zuversicht Ausdruck, dass die Parteien ihre Fragen bzw ihren Streit mit seiner/ ihrer Unterstützung einvernehmlich regeln werden. Anbieten von Kaffee/Tee, Wasser etc., Hinweis auf Toilette, Pausen wenn notwendig; Hinweis auf Zeitbudget, Probleme mit Parkuhr, Mobiltelefon ausstellen, um solche potenziellen Störungen zu vermeiden. Um **Vertrauen** aufzubauen, kann es hilfreich sein, wenn die Mediatoren etwas von sich „preis geben" (das, was man ja auch von den Parteien erwartet), zB ihre beruflichen Erfahrungen, wo sie ihre Mediationsausbildung gemacht haben, durchaus auch etwas „Privates", um für die Parteien als Person greifbar zu sein und um eine tragfähige (Arbeits-)Beziehung herzustellen, ohne der Vertrauen nicht möglich ist.

3.2.1.2 Auftragsklärung, Ziele verdeutlichen und Grundsätze benennen

7 Soweit die Auftragsklärung (hierzu Kap. 3.1) nicht bereits ausführlich im Vorfeld erfolgt ist, ist dies (zB bei Spontanmediationen) zu Beginn des Gesprächs unverzichtbar. Aber selbst wenn vor dem ersten Treffen eine schriftliche Mediationsvereinbarung unterzeichnet worden ist (s. Kap. 4.4.2.3), empfiehlt es sich, zu Beginn der Mediation hierauf kurz zu verweisen und dabei die Ziele des Vermittlungsgesprächs, die Rolle der Mediatoren („... *bin kein Richter und kein Schlichter* ...", s. Kap. 2.12) und die Grundprinzipien der Mediation (Kap. 1.1.3.2) in der gebotenen Kürze in Erinnerung zu rufen. Ebenso kann man in kurzen Worten auf Ablauf des Mediationsgesprächs und die nächsten Schritte (Standpunkte vortragen, Themen sammeln, Klärungen herbeiführen, Lösungen suchen und Verständigung finden) hinweisen, damit die Parteien orientiert sind und Vertrauen in das Verfahren entwickeln.

8 Wenn man – aus welchen Gründen auch immer (Arbeitsfeld, Parteien waren schon einmal in einer Mediation, Zeit, ...) – Gesprächsregeln nicht aushandeln möchte, ist zumindest der nicht oberlehrerhafte Hinweis auf die wichtigsten – unter Erwachsenen eigentlich selbstverständlichen – **Kommunikationsregeln** unverzichtbar (sich nicht gegenseitig unterbrechen, sich nicht beschimpfen, ...): „Jeder von Ihnen hat die Gelegenheit, seinen Standpunkt vorzutragen. Dabei hat die andere Partei die mitunter schwierige Aufgabe, zuzuhören, nicht zu unterbrechen, bevor sie an der Reihe ist. Vor Ihnen liegt auch ein Block und Stifte, so dass Sie sich Notizen machen können, um nichts zu ver-

gessen. Im Übrigen wollen wir die selbstverständlichen Kommunikationsregeln einhalten, also keine Beleidigungen, etc."

Die Mediatoren vergewissern sich stets der Zustimmung der Parteien. Sie klären, ob   9
diese damit einverstanden sind, sich auf Grundlage der Regeln durch das Verfahren von
den Mediatoren leiten zu lassen. Gerade in hoch eskalierten Konflikten sind Störungen
nicht unwahrscheinlich, gerade deshalb ist die ausdrückliche Akzeptanz der Verfahrensregeln am Beginn so wichtig. Das schafft Entlastung und man kann ggf im Gespräch
später wieder auf die Selbstverpflichtung verweisen. Sollte nicht bereits in der Vorbereitungsphase eine schriftliche Mediationsvereinbarung geschlossen bzw zugesandt worden sein, so kann die Unterschriftsleistung auch hier als ausdrückliches Zeichen des
Einverständnisses hier erfolgen.

3.2.2 Standpunkte der Konfliktparteien und Strukturierung der Themen

3.2.2.1 Sichtweisen der Konfliktparteien

Die Parteien erhalten die nacheinander Gelegenheit, ihre Sicht des Konflikts (bzw im   10
Hinblick auf die offenen Fragen) und der augenblicklichen Situation zu schildern. Hier
geht es noch nicht um eine tiefere Befassung mit dem Konflikt, sondern dies dient „lediglich" der ersten Informationsgewinnung, insb. für die Mediatoren weil diese idR bislang noch kaum über inhaltlichen Informationen verfügen (vgl Kap. 3.1). Gleichzeitig
ist die Gegenseite gezwungen zuzuhören — und tut dies vielleicht zum ersten Mal, auch
um zu überprüfen, was bei den Mediatoren ankommt. Deshalb sollte man bereits hier
das aktive Zuhören (insb. das kurze, bewertungsfreie „Loopen"/Wiedergeben der verstandenen Information) nutzen (zu den Interventions- und Kommunikationstechniken s.
Kap. 3.3 und 3.7). Es erlaubt den Parteien ihre Sichtweise in einem relativ sicheren Umfeld möglichst ohne Unterbrechungen zu artikulieren und ggf Gefühle und Gedanken zu
ventilieren.

Bereits in dieser frühen Phase kann es zu emotionalen Ausbrüchen und Vorwürfen   11
kommen, welche es für die andere Partei schwer machen zuzuhören. Es wird deshalb
geklärt, wer mit dem Bericht des Konflikts aus seiner Sicht beginnen soll.[5] Die andere
Partei wird mit Hinweis auf bereit liegende Schreibmaterialien gebeten, sich ihre Einwürfe zu notieren, und ihr versichert, dass sie anschließend ebenso die ununterbrochene
Möglichkeit hat, den Konflikt aus ihrer Sicht darzustellen. Es ist wichtig darauf zu achten, dass der Konfliktrahmen nicht von einer Partei bestimmt wird. Deshalb müssen
beide Parteien ermuntert werden, sich zunächst auf sich zu konzentrieren und nicht auf
die Äußerungen der anderen Partei zu reagieren.

Da man zu Beginn der Mediation nicht weiß, wie stark emotional der Konflikt aufgeladen ist oder ob es den Parteien gelingt, konstruktiv miteinander zu verhandeln (was oft   12
nicht der Fall ist, denn sonst hätten sie den Konflikt bereits ohne Einbeziehung eines
Dritten gelöst), empfiehlt es sich, die **Kommunikation** zunächst (nahezu) ausschließlich
über die Mediatoren laufen zu lassen (A ←→ M ←→ B). Die Mediatoren behalten „die
Fäden in der Hand". Sie geben das Verstandene mit eigenen Worten kurz zurück und
stellen ggf offene Fragen (hierzu Kap. 3.8.1), um Missverständnisse zu vermeiden (s. aktives Zuhören, vgl Kap. 3.7): *„Damit ich das besser verstehen kann, können Sie mir
noch einmal erklären, wie...".* So haben die Mediatoren den Gesprächsverlauf weitgehend unter Kontrolle, destruktive Einwürfe der Parteien können reformuliert (vgl Kap.
3.7) bzw freundlich zurückgewiesen, das konstruktive Eingehen auf die andere Partei

---

5 Diese Frage ist auch nicht immer gleich zu beantworten. Am Besten, man fragt die Parteien; bringt das keine
Einigung, könnte man mit einer die Allparteilichkeit unterstreichenden Begründung vorschlagen, die Partei
beginnen zu lassen, die den Kontakt zu den Mediatoren gesucht hat, bzw gerade die andere Partei oder „Ladies first" usw.

zugelassen und die direkte Kommunikation im weiteren Verlauf Schritt für Schritt weiter aufgebaut werden (in der Exploration werden die Parteien ggf ausdrücklich dazu aufgefordert, s. 3.2.3).

13   In einer Co-Mediation kann es hilfreich sein, wenn ein Mediator den Blick- und Gesprächskontakt zu der/n Partei/en hält während die zweite Mediatorin sich kurze Notizen zur Vorbereitung der nachfolgenden Phase macht.

3.2.2.2 Zusammenfassung, Common Grounds und Agenda-Setting

14   Die Mediatoren fassen die Konfliktdarstellungen zusammen und stellt die wesentlichen unstreitigen Punkte dar, allerdings ohne die negativen Konnotationen und Schwingungen, die in den Botschaften der Streitparteien enthalten waren. Es ist dabei wichtig, dass sich die Parteien wiedererkennen und sicher sind, verstanden worden zu sein. Anschließend ist es hilfreich, die (noch) **bestehenden Gemeinsamkeiten** zu betonen, womit der Fokus bereits frühzeitig auf die Interessen der Parteien gelegt wird. „Vielleicht wundern Sie sich, aber ich sehe einige Gemeinsamkeiten zwischen Ihnen, ..." Dies kann zB die Aufrechterhaltung der Beziehung (Eltern- oder Partnerschaft, Wirtschaftsgesellschaft, Handelsbeziehung, etc.) sein, das Ziel hohe Gerichts- und Anwaltskosten zu vermeiden, oder bestimmte, nicht bestrittene Sachverhalte im zugrundeliegenden Streit. Gelegentlich mag dies nur auf einer abstrakten Ebene möglich sein („gemeinsame Wohl des Kindes", etc.) oder allein in der zu würdigenden Tatsache liegen, das beide Parteien erschienen sind und offenbar versuchen wollen, eine einvernehmliche Regelung zu erarbeiten. Das Auffinden von „Common grounds" ist hilfreich für das Schaffen einer positiven Gesprächsatmosphäre und die Entwicklung weiterer Perspektiven.

15   Die Mediatoren haben dann die (für angehende Mediatoren vielleicht mit am schwierigsten zu lösende) Aufgabe, den Streitstoff mit und für die Parteien zu ordnen, die wesentlichen Streitfragen (issues) aufzulisten und in eine (Arbeits-)Reihenfolge nach ihren Prioritäten zu bringen. Das Aufstellen der Themensammlung (sog. **Agenda**) ist eine wichtige kompetenzgestützte Serviceleistung. Die Gliederung hilft, den häufig für die Betroffenen überwältigenden und lähmenden Gesamtkonflikt („Eisberg") in kleinere überschaubare und zu bewältigende Teile („Eiswürfel") zu zergliedern. UU ist eine Strukturierung mit Unterpunkten notwendig. Die Mediatoren sollten dabei die Anliegen, Sichtweisen und Positionen der Parteien mit ihnen zusammen in bewertungsfreie Themen und damit in einer für beide Streitparteien akzeptablen Weise „positiv" umformulieren (reframing; s. Kap. 3.7) und sie für alle Beteiligten nachvollzieh- und sichtbar (zB Flip-Chart, Meta-Plan-Karten) auflisten. Die Visualisierung (hierzu Kap. 3.13) vermittelt den Parteien die Gewissheit, dass keines ihrer Anliegen vergessen wird. Droht die Diskussion, sich im Kreise zu drehen, weil die Parteien alles mit allem verknüpfen, kann freundlich aber bestimmt darauf hingewiesen werden, dass zuerst Thema a) und dann danach b) behandelt, ganz bestimmt aber nichts vergessen werde. Abgearbeitete Fragen können sichtbar als erledigt gekennzeichnet werden.

16   In der deutschsprachigen Mediationspraxis wurden die Themen statt in einer gemeinsamen „Konfliktagenda" häufig in getrennten Listen/Spalten gesammelt. Dies ist kein Problem, wenn es wie zB in der Trennungs- und Scheidungsmediation ein klassisches Set von mit dem Konflikt verbundenen Fragestellungen gibt (zB Vermögensausgleich, Unterhalt, elterliche Sorge und Umgang, Hausratsauflösung, u.a.m.)[6] und es im We-

---

6   Hierzu Trenczek, Trennungs- und Scheidungsmediation, Regelungsbedürftige Aspekte und Vereinbarungsmöglichkeiten, Zeitschrift für Kindschaftsrecht und Jugendhilfe 2007, 138–142.

sentlich darum geht, welche Themen für die Parteien am dringlichsten sind.[7] Werden die für die Parteien relevanten Themen getrennt gesammelt, wird allerdings dadurch auch die Trennung schon visuell betont, statt die gemeinsamen Themen hervorzuheben, in denen ein Einigungsbedarf besteht. Die Themensammlung ist ja sehr von der Wahrnehmung der Konfliktgeschichte abhängig, die Festlegung der Agenda ist deshalb nicht bloß eine einfache Auflistung offenkundig zu benennender Streitthemen. Bewährt hat sich — und im internationalen Raum mittlerweile üblich — deshalb eher die durch die Mediatoren geleitete **gemeinsame Themensammlung**, insb. weil es erst einmal darum geht, herauszuhören, was den Parteien alles auf den „Nägeln brennt". Auch das ist wieder eine wichtige kompetenzgestützte Serviceleistung der Mediatoren für die im Konflikt verfangenen Parteien.

Die Formulierung und Struktur der Agenda erfordert – in beiden Vorgehendweisen – also besonderes Geschick und Können (s. Kap. 2.12). Dabei hilft, wenn die Streitthemen nicht rückwärtsgewandt festgehalten, sondern mit einer Entwicklungsmöglichkeit für die Zukunft formuliert werden: „Welche Themenbereiche sollen angesprochen, möchten Sie hier geregelt haben? Was muss passieren, damit Sie von hier zufrieden weggehen?" Eine gute Agenda ist zukunftsorientiert, ergebnisoffen und allparteilich formuliert. Die Themen sind also nicht so wie von den Parteien – mitunter mit einem negativen Unterton, mit Schuldzuweisungen etc. – genannt 1:1 aufzuschreiben, sondern „kunstvoll" so umzuformulieren, dass alles Negative, Schuldanklagende und in die Vergangenheit gerichtete Forderungen außen vor bleiben. Wichtig ist die das Thema klar beschreibende, ggf in Frageform vorgenommene Charakterisierung der verschiedenen Streitpunkte. Dabei dürfen die einzelnen Themenpunkte immer erst dann visualisiert und damit vorläufig „fixiert" werden, wenn beide Parteien ihre Zustimmung zu der konkret vorgeschlagenen (bewertungsfreien, ergebnisoffenen und zukunftsorientierten) Formulierung gegeben haben. Diese von den Mediatoren angebotene Konfliktagenda kann dann anschließend korrigiert bzw durch gezieltes Nachfragen (*„Fehlt noch etwas?"*) ergänzt werden. 17

Im Hinblick auf die **Prioritätensetzung** ist es wiederum wichtig, im Konsens voranzugehen, was für die Parteien nicht leicht ist, da „alles mit allem zusammen hängt". Damit sich nicht eine Partei aufgrund der Reihenfolge der Themenbearbeitung übervorteilt fühlt, ist es in diesem Zusammenhang wichtig darauf hinzuweisen, dass auch bei der nachfolgenden Exploration der einzelnen Streitthemen ggf. erarbeitete Einigungslinien und Lösungsoptionen unter dem Vorbehalt einer Gesamtregelung stehen. Häufig werden die brennenden Themen zuerst angesprochen, gerade bei einer Mediation über einen längeren Zeitraum können sich Prioritäten ändern (zB bei einer Mediation im Trennungsfall wird den Eltern in der dritten Sitzung bewusst, dass sie noch keine Umgangsregelung für die bevorstehende Urlaubszeit getroffen haben). Erscheint ein Konsens aufgrund des bisherigen Verlaufs der Mediation schwierig, ist man mitten in der Mediation und Klärungshilfe. Für andere hat sich mitunter als vorteilhaft erwiesen, die (scheinbar) leichten Fragen zuerst zu klären. Wenn man mit dieser Hypothese richtig liegt, können erste mit dem Konsens verbundene Erfolgserlebnisse und Einigungslinien geschaffen werden, die die Parteien später nicht aufs Spiel setzen wollen. 18

---

7 Es gibt eine Vielzahl von Vorgehensweisen, wie die Themen benannt und gelistet werden. Sind die Themen erst einmal im Raum, wahrgenommen und erfasst, hat sich zB bewährt, dass die Parteien abwechselnd jeweils zwei Themen-Überschriften nennen und danach Partei A aus der Liste von B, und Partei B aus der Liste von A zwei bis drei Themen auswählt, mit denen die Arbeit beginnen soll.

3.2.3 Exploration

19 Ausgehend von der aufgestellten Agenda werden die nachfolgenden beiden Phasen (Exploration und Verhandlungen) für jeden einzelnen Streitpunkt getrennt durchgeführt. Die Exploration stellt gewissermaßen das Verbindungsglied zwischen der Problemdefinition und der Problemlösung (vgl Mediationspyramide, Anhang 7.7) dar. Scheitern die Verhandlungen in einer späteren Phase, so liegt dies häufig daran, dass der Konflikt in der Explorationsphase nicht ausreichend erhellt worden ist und später aufgrund nicht bearbeiteter Punkte wieder aufbricht.

20 Die Exploration ist die idR (zeit-)intensivste Phase der Mediation, in der es darum geht, den Konflikt in allen seinen Facetten zu erhellen und dabei Verständnis für beide Parteien entwickeln zu lassen. Das kann nur gelingen, wenn die hinter den mitunter verhärteten (Rechts-)Positionen stehenden „wirklich wichtigen" **Interessen** der Parteien offen gelegt werden und Verständnis für die Bedürfnisse der anderen Partei entwickelt wird. Die Interessenklärung wird mitunter als das Kernelement und Herzstück der Mediation bezeichnet.[8] Die Klärung der Interessen ist kontinuierlicher Bestandteil der (facilitative, interest-based) Mediation. Gläßer & Kirchhoff weisen deshalb zu Recht darauf hin, dass sie, wann immer sie von den Parteien eingebracht werden, festgehalten und wertgeschätzt werden sollen.[9] Die von den Mediatoren bewusste, durch entsprechende Interventionen gezielte Interessenklärung findet insb. in der Explorationsphase statt. Nur wenn die hinter den Positionen stehenden Interessen sorgfältig erfasst und transparent gemacht werden, können Wertschöpfungspotentiale und Einigungsspielräume erarbeitet werden. Die Interessenklärung dient der zukunftorientierten Suche nach Lösungsoptionen, wobei die Interessen als Maßstab für die Qualität der Lösung fungieren.[10] Interessen kommen auf den unterschiedlichen Ebenen (zB persönliche und institutionelle, ideelle und wirtschaftliche) vor, sei es im Hinblick auf Verfahren und Vorgehensweisen (Fairness, Vertraulichkeit, Kommunikationsregeln, Kosten) oder die Inhalte des Konflikts (Sach- und Beziehungsebene, real-materielle und psycho-soziale Interessen). Ihre Vielfalt ist zu berücksichtigen und nicht zu werten. Was für die Parteien im Konflikt wichtig ist, entscheiden nur sie selbst. Das Formulieren der Interessen fällt den Parteien aber nicht immer leicht. Ohne sie zu etwas zu drängen, geben die Mediatoren die Gelegenheit zur Selbstreflexion in einem vertraulichen Setting. Es geht um die unterhalb der Oberfläche liegenden Aspekte des Konflikts (vgl Eisbergmodell; s. Kap. 2.1), wobei die Mediatoren sich jeder zuschreibenden Analyse und therapeutischen Interventionen enthalten müssen. Die Mediatoren achten darauf, dass die verbalisierten Anliegen, Sorgen, Wünsche, Ziele möglichst greifbar-konkret (nicht: „Weltfrieden"),[11] positiv (nicht: „ich will nicht, dass …"), zukunftsgerichtet und lösungsoffen (re-)formuliert werden, um einerseits das Verständnis zwischen den Parteien zu fördern und andererseits als sinnvolle Arbeitsgrundlage für die Bewertung der späteren Lösungsoptionen zu bilden. Anders als die sich gegenüberstehenden (Ausgangs-)Positionen und Forderungen muss die Verwirklichung der Interessen der einen Partei die der anderen nicht zwangsläufig ausschließen. Freilich decken sich die Interessen der Parteien nicht immer; im Rahmen der Mediation geht es nicht darum, Harmonie zu erzwingen, sondern darum, unter die Oberfläche zu schauen, um die gleichgerichteten wie auch die divergierenden Interessen und damit mögliche Wertschöpfungspotentiale und Einigungslinien herauszuarbeiten.

---

8 Gläßer/Kirchhoff ZKM 2005, 130 ff, Kessen, in: Hensseler/Koch (Hrsg.) 2004, 271 (277); Kovach Mediation 2004, 187; Kessen/Troja, in: Haft/v.Schlieffen 2009 § 13, 303.
9 Gläßer/Kirchhoff ZKM 2005, 132.
10 Gläßer/Kirchhoff ZKM 2005, 131.
11 Vgl Sandra Bullock als „Mrs. Undercover" („Miss Congeniality" USA 2010; Regie Donald Petrie) auf dem Laufsteg.

Trenczek

In der Explorationsphase sind die Mediatoren mit ihrer ganzen mediativen Persönlich-   21
keit wie mit ihrem professionellen **Gesprächsführungsrepertoire** gefordert. Die Vermittler achten auf die nonverbale Kommunikation (Mimik, Körpersprache) ebenso wie auf
sprachliche Äußerungen. Insb. kann es hilfreich und notwendig sein, dass Gehörte zusammen zu fassen, zu „loopen" (wieder zu geben) oder (positiv) umzuformulieren.
Durch das Zurücksenden der Botschaften tritt der Zuhörende den aktiven Beweis an,
dass er den Sender verstanden hat. Falls sich Missverständnisse eingeschlichen haben,
kann dies sofort bemerkt und korrigiert werden. Dieses „Handwerkszeug", die Grundtechniken der Mediatoren (nonverbale Kommunikation; Aktives Zuhören, lösungsori-
entiertes und zirkuläres Fragen, Paraphrasieren/Loopen/Spiegeln, Reframing, Doppeln,
usw, ausführlich Kap. 3.3, 3.7 bis 3.11) sollte man in der Mediationsausbildung erlernen, in der Praxis der Mediation aber nicht unreflektiert einsetzen, sondern mit sich
führen und bedarfsgerecht, ebenso gezielt wie intuitiv, anwenden können. Wichtig ist in
allererster Linie nicht die Technik, sondern die hierin zum Ausdruck kommende **Haltung**.

Auch die Exploration selbst unterteilt sich häufig in zwei ineinander übergehende Teil-   22
phasen: Zunächst geht es um den vertieften Austausch von Informationen und Sichtweisen und dann um die Entwicklung von Optionen. Während man zunächst den Blick
in die Vergangenheit wagt, um den Konflikt zu erfassen (nicht um etwas analytisch zu
erklären, zu therapieren etc.), wird dann der „Schalter umgelegt", um zukunftsorientierte Lösungsoptionen zu gerieren.

3.2.3.1 Konflikterhellung – vertiefter Austausch von Informationen und Sichtweisen

Hier werden die ggf unterschiedlichen Wahrnehmungen und Interessen der Parteien   23
thematisiert. Es erlaubt den Parteien, ihre Sichtweisen nochmals detailliert darzustellen,
Hintergründe zu erläutern, Motivationen und Interessen offen zu legen und Verständnis
einzufordern. Häufig in Form narrativer **Dekonstruktionen** der erlebten Geschichte
kann Schritt für Schritt eine gemeinsame Geschichte als Ausgangspunkt künftiger Lösungsoptionen konstruiert werden[12] (zum Konstruktivismus als erkenntnistheoretische
Grundlage der Mediation vgl Kap. 2.10.1). Es sollen durchaus auch die Emotionen der
Konfliktpartner in Bezug auf den konkreten Streitfall zur Sprache kommen. Die Vermittler fragen – respektvoll neugierig[13] – ggf nach, und zwar so, dass die Fragen zunächst ihrem Verständnis dienen und gleichzeitig der eigentlich gemeinte Konfliktpartner in Ruhe zuhören kann: *„Ich möchte sicher gehen, Sie richtig verstanden zu haben, … Damit ich das besser verstehen kann, können Sie beschreiben, wie es dazu gekommen ist? Können Sie mir sagen, was Sie gedacht, gefühlt,…. haben als…? Sind alle
Belange angesprochen worden, zB wenn man nicht nur auf die materiellen Schäden
blickt? Frau B., Sie haben noch wenig gesagt. Möchten Sie noch etwas loswerden?"*

Bei allem Respekt vor den Wahrnehmungen und Erfahrungen, es ist wichtig, den   24
Schwerpunkt nicht auf die Vergangenheit oder die damit zusammenhängenden Gefühle
zu legen, sondern **zukunfts- und ressourcenorientiert** nachzufragen, nach Wünschen,
Interessen und Bedürfnissen. Die Parteien müssen darin unterstützt werden, ihre eigenen Interessen zu artikulieren und gleichzeitig sich zu öffnen für ein vertieftes Verstehen
der Wünsche und Bedürfnisse der anderen Seite. Es geht also auch hier um eine **Balance
von Selbstbehauptung und Wechselseitigkeit**, die durch die über die Mediatoren gesteu-
erte Kommunikation besonders gefördert werden kann. Die systemische Betrachtungsweise von Konflikten (Kap. 2.10.2) erlaubt es den Mediatoren, dynamische Konfliktab-
läufe zu analysieren, eine Perspektive auf die Wechselwirkung des Verhaltens der betei-

---

12 Vgl Nothhafft, Mediation oder: Das Geheimnis des weitesten Weges, in EWE 4/2009, 548.
13 Kessen/Troja, in: Haft/v.Schlieffen 2009 § 13, 307.

ligten Konfliktparteien zu entwickeln und transparent zu machen. Auch wenn ohne Blick in die persönliche Geschichte, insb. ohne ein Verstehen und Anerkennung der subjektiven Wahrnehmung und vor allem von empfundenem Leid, eine Zukunft nicht möglich ist,[14] Schuldzuweisungen und die Frage nach den Ursachen helfen zumeist nicht weiter. Durch sog. „zirkuläres Fragen" (s. Kap. 3.8) kann dagegen der Blick auf wechselseitige Anteile am Konflikt, auf den Regelkreis des miteinander Agierens und aufeinander Reagierens, auf die Vernetzung des Verhaltens im Kontext gerichtet werden (Perspektivenwechsel):[15] *„Können Sie sagen, was Sie zum Konflikt beigetragen haben? Herr A., was glauben Sie, stört Frau B. an ihrem Verhalten? Woran merken Sie, dass Frau A. verärgert war? Frau A., was meinen Sie, was Herrn B. über... denkt? Angenommen, Frau B. würde in einer anderen Abteilung arbeiten, was wäre anders...? Angenommen, Sie wollten noch mehr geärgert werden, was müsste B. dafür tun? Wie meinen Sie, erklärt sich Frau B. ..."* Für die Weiterführung des Mediationsprozesses kann es häufig erforderlich oder nützlich sein, nach der augenblicklichen Befindlichkeit oder Stimmung der Konfliktparteien zu fragen; auch dies ist eine Form der Wertschätzung der Person und eine Rückmeldung über das gerade Gehörte: *„Wenn Sie das von Herrn X. hören, was denken Sie, was geht in Ihnen dann vor? Wenn Sie das so hören, was empfinden Sie dabei?"*

3.2.3.2 Entwicklung von Optionen

25 In einem nächsten Schritt sollte der Blick auf eine **Vielzahl von Lösungsoptionen** gelenkt und gewohnte Denkmuster überwunden werden. Die Mediatoren müssen (methodisch) in der Lage sein, die Parteien zu **kreativen Denken** anzuregen, um den Blick nicht gleich wieder zu verengen: *„Nun wollen wir den Blick wieder in die Zukunft richten. Was ist für Sie – im Zusammenhang mit ... – wichtig? Was wollen Sie mit dem Verkauf erreichen? Welche Wünsche, Sorgen ... haben Sie im Hinblick auf ...? Was muss passieren, damit Sie von hier zufrieden weggehen?"* Bei der Unterstützung der Suche nach neuen Ideen nutzen Mediatoren verschiedene Interventionstechniken, um unbewusste Ressourcen freizulegen, Phantasie und Kreativität anzuregen (Kap. 3.14).[16] Das reicht von einfachen Verfahren (zB Einsatz des Brainstorming- oder Meta-Plan-Verfahrens), Frageformen (hierzu Kap. 3.8), mitunter auch Provokationen (zB zunächst paradox erscheinend: wie kann man das noch schlimmer machen? – um im zweiten Schritt dessen Gegenteil zu konkretisieren) bis hin zu komplexen Verfahren (zB Analogietechnik, Synektik[17]). Es geht vor allem darum, von eingefahrenen Denkmustern abzuweichen (sog. „lateral thinking"),[18] bisherige Lösungswege zu verlassen, den Kopf von den traditionellen Bewertungsmustern und Verteilungsschemen frei zu bekommen und schöpferische Prozesse durch freie Gedankenassoziationen in Gang zu setzen. Die strikte Trennung von Ideensuche und Bewertung ist unabdingbar für gute, zukunftsgerichtete Lösungen (s. Kap. 2.7.2.3). Die Qualität der Interessenklärung im Rahmen der Exploration ist deshalb die entscheidende Voraussetzung dafür, ob und wie gut eine Einigung in dieser vorletzten Phase erreichbar ist.[19]

26 Die Konfliktpartner erarbeiten für sie denkbare Lösungsmöglichkeiten, die von den Mediatoren gesammelt und zur Diskussion gestellt werden: „Was bin ich bereit zu tun?

---

14 Vgl Birgmeier, Die Geschichtlichkeit des Menschen und die Rolle des Mediators, EWE 4/2009, 518; Montada, Mediation – Pfade zum Frieden, EWE 4/2009, 508.
15 Hierzu Wüstehube, Perspektivwechsel – Der Weg auf den Stufen der Anerkennung, perspektive mediation, 2/2005, 66–72.
16 De Bono 1992, ders. 2010; Knies 2006; Sellnow, Kreative Lösungssuche in der Mediation, ZKM 2000, 100 ff.
17 Vgl Gordon, Synectics, 1961.
18 Hierzu De Bono 1970 und 1992.
19 Kessen/Troja, in: Haft/v. Schlieffen 2009, § 13, 316.

Was erwarte ich vom anderen? Wie könnte der Kuchen zum beiderseitigen Vorteil vergrößert werden?" In diesem Stadium ist nicht vorschnell auf konkrete Lösungen zuzustreben, sondern es ist darauf zu achten, dass möglichst vielfältige, kreative Optionen angedacht werden. Faire Lösungen sind nur möglich, wenn die Interessen und Bedürfnisse von den Parteien wechselseitig verstanden und Ernst genommen werden. Diese Wechselseitigkeit ist durch Fragen (hierzu Kap. 3.8) ebenso zu unterstützen wie zuvor die Wahrnehmung und Offenlegung der jeweils eigenen Interessen der Parteien: *„Was gefällt Ihnen von den Ideen der anderen Seite, was könnten Sie davon für sich nutzen? Herr A., wie müsste Ihre Forderung, Ihr Vorschlag,... aussehen, damit diese/r von Frau B akzeptiert werden kann. Frau B., was müsste geschehen, damit Herr A. (bzw Sie) den Streit als gelöst ansehen?"*

Mediatoren versuchen durch ihre Interventionen, Blockaden zu lösen, sie dürfen **keine**   27 (inhaltlichen) **Lösungen vorgeben**, denn sie kennen die Lebenswelt/-wirklichkeit der Medianden trotz intensiver Interessenklärung nicht wirklich, jedenfalls nie so wie die Parteien selbst. Falls der Prozess sonst zu scheitern droht, können sie die Erarbeitung der Lösungsoptionen kreativ unterstützen, sollten aber nie eine bestimmte Lösungsmöglichkeit vorschlagen, sondern allenfalls mehrere Lösungsoptionen mit Hinweis auf die Erfahrungen in anderen Fällen darstellen. Auch hier hilft mitunter das Erzählen von Geschichten und Metaphern: „Wahrscheinlich hat diese Geschichte überhaupt nichts mit ihnen zu tun....."[20]

Soweit schon zu diesem Zeitpunkt mögliche Lösungsoptionen erkannt werden, sind sie   28 (vorläufig) festzuhalten. Im Hinblick auf nicht (so) stark konfliktbeladene Verteilungsstreitigkeiten können hier erste Verhandlungen geführt und Verständigungs- und Kompromisslinien ausgelotet werden. Wichtig ist es aber in jedem Fall zur Vorbereitung der späteren Bewertung und Auswahl der Lösungsoptionen, die für beide/alle Parteien relevanten wesentlichen **Fairnesskriterien** (Kap. 2.9) und Gütekriterien für eine gute Lösung zusammen zu tragen. Vielfach sind diese bereits in den herausgearbeiteten Interessen angelegt, sollten aber vor der Verhandlungsphase (nachfolgend Kap. 3.2.4) noch einmal explizit herausgearbeitet werden.

3.2.3.3 Einzeltreffen mit den Parteien

In der deutschen Mediationspraxis, insb. im Bereich der Familienmediation, war die   29 Durchführung von getrennten Treffen mit den Konfliktparteien lange Zeit umstritten (Kap. 3.11). Im internationalen Bereich, insb. in der Wirtschaftsmediation oder im Täter-Opfer-Ausgleich, sind Einzeltreffen gängige Praxis, erfordern freilich stets das Einverständnis der Parteien.

Gegen separate Treffen scheinen zunächst eine Reihe von Gründen (Mangel an Trans-   30 parenz, Möglichkeit der Manipulation, Gefahr, aus Versehen vertrauliche Information preiszugeben, geringere Verhandlungsdynamik) zu sprechen. Diese weisen allerdings auf eher unspezifische **Gefahren** unprofessionellen Verhaltens hin. Der – nicht routinemäßige, sondern im Einzelfall – gezielte Einsatz von Einzelgesprächen mag andererseits hilfreich sein zur Vorbereitung der gemeinsamen Verhandlung (insb. Klärung des Auftrages, des Streithintergrundes und Strukturierung der Informationen), zur individuellen Risikoeinschätzung (Klärung der Nichteinigungsalternativen: BATNA, s.Rn 35) oder zur methodischen Entlastung. So kann es auch in anderen Phasen im Mediationsverfahren gelegentlich zur Deeskalation notwendig werden, Einzelgespräche mit den Kontrahenten einzuschieben, wenn zB die Diskussion zu hitzig geworden ist und das Gespräch außer Kontrolle zu geraten droht. Das Gleiche gilt bei grundsätzlich destruktivem Verhalten oder Nichteinhaltung der Regeln durch eine oder beide Parteien oder wenn eine

---

20 Vgl den gleichnamigen Titel von Watzke 2008.

Partei nicht offen sprechen kann oder will oder weil die Parteien unverändert an ihren Ausgangspositionen festhalten und sich ihre unterschiedliche Sichtweisen sich in keiner Weise angenähert haben. Nicht zu unterschätzen ist die entlastende Funktion und ordnende Wirkung der Einzelgespräche, sie geben den Parteien eine Auszeit und die Gelegenheit, das bisher Geschehene in Ruhe zu verarbeiten.

31 Gerade weil die Einzelgespräche von außen nicht kontrolliert werden können, ist die strikte Einhaltung der professionellen Standards unabdingbare Voraussetzung für die Glaubwürdigkeit und Zuverlässigkeit der Vermittler und des Mediationsverfahrens über den konkreten Einzelfall hinaus.

32 Üblicherweise bleiben die Vermittler mit einer Partei im Verhandlungsraum, während die andere Partei den Raum verlässt (Angebot zur Pause, Zigarette, Kaffee etc.), mit der Bitte, sich über das bislang Geschehene und mögliche Perspektiven Gedanken zu machen (ggf konkreten Auftrag erteilen, Schadensummen zu konkretisieren, Berater/ Anwalt zu kontaktieren, usw). Selbst wenn ein separates Treffen nur wegen einer Partei „notwendig" erscheint, müssen die Mediatoren sich jeweils mit beiden Parteien einzeln treffen. Die Einzelgespräche sind mit beiden Parteien zumindest annährend gleich lange zu führen. Die Einhaltung von Zeitvorgaben signalisiert, dass die Allparteilichkeit eingehalten wird. Die separaten Treffen unterliegen der **Parteivertraulichkeit** (vgl Kap. 4.3). Das zwischen den einzelnen Parteien und den Mediatoren Gesagte kann nur von der jeweiligen Partei in die gemeinsamen Verhandlungen eingebracht werden. Selbst wenn den Mediatoren ausdrücklich gestattet bzw sogar darum gebeten wird, bestimmte Informationen in die gemeinsamen Verhandlungen einzuführen, sollte es vorrangiges Ziel sein, die Parteien zu motivieren, relevante Informationen selbst zu offenbaren.

33 Die Vermittler müssen darauf achten, nicht die Spur einer Einseitigkeit oder Voreingenommenheit aufkommen zu lassen. Sie können den Parteien allerdings durchaus ihre Empathie und ihr Verständnis für die Situation zum Ausdruck bringen, ohne damit in irgendeiner Weise eine Zustimmung zu den Sichtweisen und Forderungen zu verbinden. Die Mediatoren sollten sich deshalb zunächst nach den Befindlichkeiten der Partei erkundigen: *„Wie ist es Ihnen bislang ergangen? Wie sind Sie mit dem bisherigen Verlauf zufrieden?"* Die Mediatoren haben auch die Gelegenheit, die Motivationen und Prioritäten der Parteien besser zu ergründen und zu verstehen sowie uU bestehende, nicht ausgesprochene Vorbehalte und Absichten („hidden agendas") zu erkennen.

34 Mitunter ist die Erinnerung an die Gesprächsregeln erforderlich, die in einem Einzelgespräch gesichtswahrend vorgenommen werden kann. Die Vermittler können dabei die Parteien im Hinblick auf angemessene Vorgehensweisen und Kommunikation coachen, wiederum ohne Partei zu ergreifen (Kap. 3.4). Die Mediatoren unterstützen die Parteien darin, ihre Situation zu überblicken und die für sie notwendigen Entscheidungen zu treffen (**Empowerment**). Ggf sind die Parteien zu ermutigen, neue Sichtweisen aufzunehmen und „über ihren Schatten zu springen".

35 Durch Einbringen intersubjektiv nachprüfbarer („objektiver") Kriterien können gerade in einem Einzelgespräch die bisherigen Vorstellungen der Partei „auf den Prüfstand" gestellt und daraufhin untersucht werden, inwieweit diese realistisch sind (reality testing). Die Einzelgespräche erlauben es den Mediatoren, die Grenzen der Einigungsbereitschaft auszuloten und die (Nichteinigungs-)Alternativen bei einem Scheitern der Mediation anzusprechen: **BATNA** – Best Alternative To an Negotiated Agreement (bzw WATNA – Worst Alternative).[21]

---

21 „Best alternative to a negotiated agreement", hierzu Kap. 2.7.2.5; grundlegend Fisher/Ury 1981, 101 ff.

Trenczek

3.2.4 Verhandlung und Lösungserarbeitung

In dieser 4. Phase werden die Optionen und Lösungsvorschläge gemeinsam bewertet, **36** wobei die zuvor erarbeiteten Interessen als Qualitätsmaßstab dienen. „*Welcher Vorschlag gefällt Ihnen am besten? Welcher dient Ihren Interessen gleichermaßen? Kann es eine Kombination von Lösungsvorschlägen geben?"* Ggf ist es notwendig, zwischen einer Übereinstimmung in Grundfragen und noch offenen Punkten im Detail zu differenzieren.

Gute Lösungen sind realistisch, ausgewogen und konkret: Wer macht Was bis Wann? **37** Die Mediatoren dürfen sich bei der **Lösungsfindung** nicht scheuen, genau nachzufragen und hierbei „unbequem" zu sein. Es kann durchaus vorkommen, dass die Parteien aufgrund des positiven Verlaufs der Mediation und der „guten Stimmung" schnell eine harmonische Lösung bevorzugen, ohne ins Detail gehen zu wollen. Sobald die Parteien aber wieder im Alltag stecken, mögen die „schönen", im Überschwang der positiven Gefühle gefundenen Lösungen sich nicht als tragfähig erweisen. Da ist es besser, ein Konflikt bricht in der Mediation aus, als wenn die Parteien alleine sind. Es ist deshalb auch ratsam, die Parteien nie in der jeweiligen Sitzung zu einer endgültigen Zustimmung zu bitten, sondern stets eine angemessene Bedenkzeit zu geben, bevor einer Unterschrift geleistet wird.

Die abschließenden Verhandlungen können in manchen Mediationsfeldern, insb. in der **38** Wirtschaftsmediation, mitunter durchaus Züge eines wechselseitigen Feilschens annehmen. Es geht hier im klassischen Sinne um ein Geben und Nehmen, um Leistung und Gegenleistung, Zugeständnisse und Kompensationen (distributive bargaining). Es lohnt sich freilich immer der Versuch, kreative Verhandlungslösungen zu suchen, die die Verteilungslogik und die Nullsummenspiele (Gewinn der einen Partei ist der Verlust der anderen) überwinden oder zumindest den (zu verteilenden) Kuchen vergrößern, Zugeständnisse und Kompensationen unspezifisch zu entwickeln, die nicht unmittelbar mit dem Streitthema in Verbindung stehen. Fehlt zur Einigung nur ein kleiner Schritt, kann diese Lücke mitunter durch ritualisierte Formen der Entscheidungsfindung geschlossen werden (vgl Kap. 3.15).

Mitunter (insb. im angelsächsischen Raum) finden die abschließenden Verhandlungen **39** in Formen der „shuttle diplomacy"[22] und des „caucus" statt, dh die Mediatoren pendeln zwischen verschiedenen Räumen, in denen sich die Parteien mit ihren Beratern/Anwälten befinden (Kap. 3.11).

3.2.5 Vereinbarung und Beendigung

Abschlussvereinbarungen sollten schriftlich fixiert werden. Die Lösung muss genau for- **40** muliert werden (W-W-W): Wer macht was bis wann, um den Konflikt beizulegen oder den Schaden zu beheben? Ggf sollte festgehalten werden, wie die Einhaltung der Vereinbarung kontrolliert wird und was passieren soll, wenn eine Partei ihre Pflichten aus dem Vertrag nicht erfüllt (zB Vollstreckungsmöglichkeiten, Mediationsprozess fortsetzen bzw ihn wieder aufgreifen). In komplexen Streitfällen werden die Vereinbarungen im Mediationstermin nur kurz skizziert und anschließend mitunter gemeinsam mit den Anwälten der Parteien entworfen, jedenfalls mit diesen abgestimmt bzw zur Prüfung zugeleitet (zu rechtlichen Aspekten der Abschlussvereinbarung vgl Kap. 4.4.3).

Ist die Abschlussvereinbarung formuliert, wird sie, ggf Satz für Satz, vorgelesen und von **41** den Konfliktpartnern gebilligt. Es empfiehlt sich nochmals nachzufragen, ob alle Themen der Agenda behandelt und geregelt sind. Ggf muss geklärt werden, ob auch das

---

22 Vgl zB Margulies, How to Win in Mediation, New Jersey Lawyer Dec. 2002, 53 f.

Verhandlungsergebnis vertraulich bleiben bzw wem das Ergebnis mitgeteilt werden darf oder soll (Kap. 4.3). Wenn alle Einzelheiten angenommen wurden, fragen die Mediatoren, ob die Vereinbarung auch insgesamt gebilligt wird. Die Vereinbarung wird unterschrieben.

42 Ggf bietet sich noch ein **Rückblick** an, wie die Konfliktpartner das Vermittlungsgespräch erlebt haben und wie sie jetzt im Augenblick die weitere Beziehung sehen. Möglich ist auch die Vereinbarung eines follow-up Termins zur Auswertung der mit der Vereinbarung gemachten Erfahrungen. Die Mediatoren wertschätzen das Engagement der Parteien, weisen ggf nochmals auf die Vertraulichkeit des Verfahrens hin und beenden formell das Verfahren – oft mit einem symbolischen Handschlag.

43 Die Parteien haben in der Mediation einen für sie wichtigen Konflikt einvernehmlich geregelt. Das hat sie – und die Mediatoren – mitunter viel Arbeit und Kraft gekostet. Ein solches Ergebnis kann dann auch abschließend mit angemessenen Ritualen gewürdigt werden.

3.3 Methoden der Mediation

Literatur: Ballreich, R./Glasl, F., Mediation in Bewegung, 2007; Besemer, Ch., Mediation. Die Kunst der Vermittlung in Konflikten, 2009; Diez, H., Werkstattbuch Mediation, 2004; Glasl, F./Weeks, D., Die Kernkompetenzen für Mediation und Konfliktmanagement, 2008; Glasl, F., Konfliktmanagement, 2011; Klappenbach, D., Mediative Kommunikation, 2006; Rosenberg, M., Gewaltfreie Kommunikation, 2001; Schreyögg, A., Konflikt-Coaching, 2002.

Stichworte:

3.3.1 Metamodelle für Mediations-Interventionen

In der Fachliteratur[1] sind **Modelle** zu finden, mit denen die Fülle von Konflikt-Interventionen in einem Ordnungsrahmen erfasst werden soll (zu den unterschiedlichen Vermittlungsansätzen vgl Kap. 1.1.3.4). Je nach den Zielsetzungen der Modelle gelangen sie zu unterschiedlichen Zuordnungen. Ken Thomas[2] geht von den zwei Achsen aus (s. Abb. 1): „Kümmert sich um sich selbst – kümmert sich um andere"; jede Achse kennt Abstufungen dieser Haltung von „sehr wenig" bis „sehr stark". 1

---

1 S. Riskin 2004 und Boulle 1996, zitiert bei Alexander, Mediation – ein Metamodell, perspektive mediation, 2/2004, 72–81.
2 Thomas, Overview of conflict and conflict management, in: Dunnette (ed), Handbook of industrial and organizational psychology, 1976, 889–935.

2

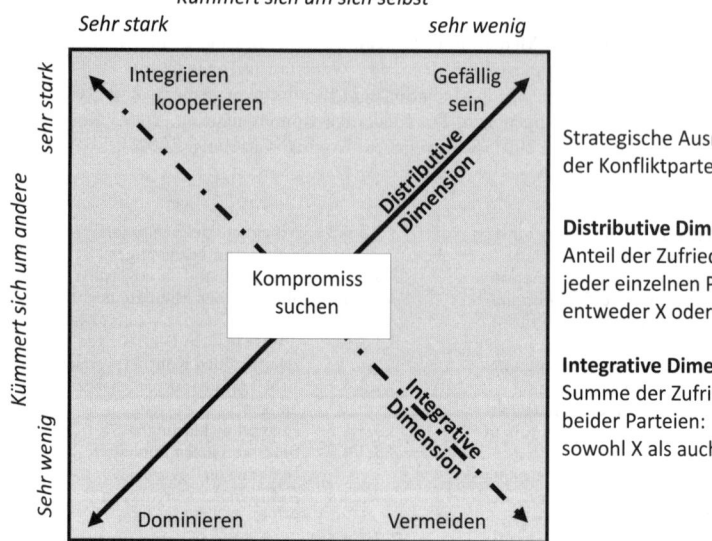

Abb. 1: Metamodell von Ken Thomas

3   Die Achse „Kümmert sich um sich selbst" ist mit der inhaltlichen Ausrichtung, die Achse „Kümmert sich um andere" mit der Prozessachse identisch. Diesen Achsen lassen sich Methoden des Konfliktmanagements, die mehr auf das Trennende versus Verbindende, oder auf Inhalt versus Prozess gerichtet sind, zuordnen. Ähnliche Modelle finden sich bei Robert Blake, Herbert Shephard und Jane Mouton[3] und bei Gerhard Schwarz.[4]

4   Nadja Alexander greift in ihrem „Mediation-Metamodell"[5] die Differenzierung in distributives und integratives Intervenieren auf und unterscheidet (s. Abb. 2, Rn 5) ebenfalls die Dimensionen Inhalt und Prozess. Und darin differenziert sie, ob die Drittpartei eher aktiv oder passiv interveniert. Diesen Dimensionen ordnet sie verschiedene Techniken zu, denn bei Expertenberatung, beim Aushandeln eines Vergleichs, bei Schlichtungen durch Weise oder bei moderierender Mediation kommen jeweils andere Methoden zum Einsatz.

---

3   Blake/Shepard/Mouton, Managing intergroup conflict in industry, 1964.
4   Schwarz, Konfliktmanagement, 1995.
5   Alexander, Mediation – ein Metamodell, perspektive mediation, 2004/2, 72–81.

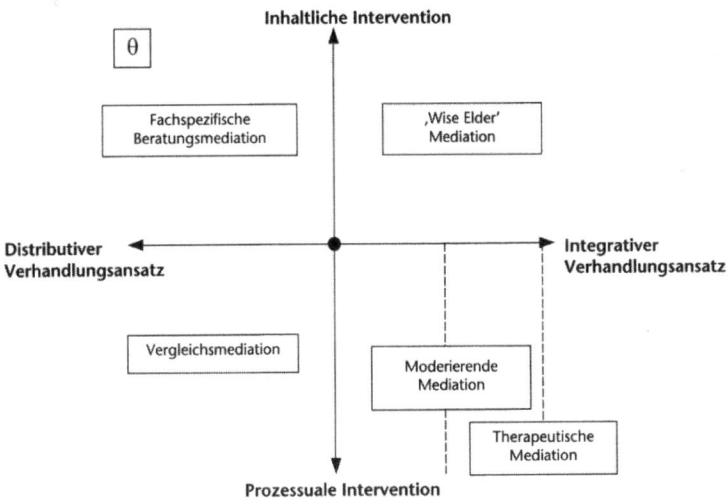

Abb. 2: Das Meta-Mediationsmodell von Nadja Alexander

Nadia Dörflinger-Khashman[6] hat das Alexander-Modell noch um die Dimension 5 „Transfer und ko-kreatives Wachstum" erweitert.

	Process	Settlement Mediation	Facilitative Mediation	Trans-formative Mediation	Transfer-oriented Mediation
Intervention Dimension		Positional Bargaining	Interest-based Negotiation	Dialogue	Co-creative generation of self & system growth
	Inhalt	Expert Advisory Mediation	Wise Counsel Mediation	Tradition-based Mediation	(?)

InteractionDimension

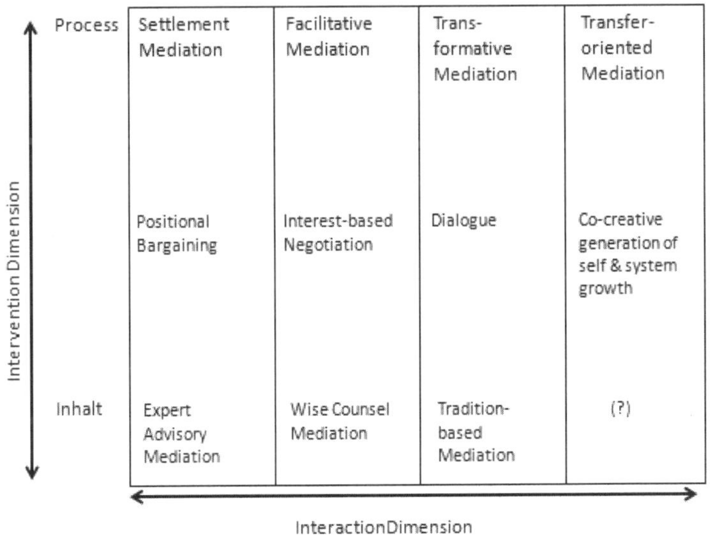

Abb. 3: Das Metamodell von Nadia Dörflinger-Khashman

---

6 Dörflinger-Khashman, Modelle von Mediation: Orientierung beim Navigieren in unbekannten Gewässern, perspektive mediation, 2011/1, 14–18.

6 Das hier vorliegende Kapitel geht von dem Kontingenzmodell aus, das auf den fünf Diagnosedimensionen fußt, die in Kap. 2.5 in diesem Buch beschrieben werden. Konfliktmanagement und Mediation müssen sich immer an der konkreten Ausgangssituation orientieren, die durch die Diagnose erfasst wird. Dem dient mein Handlungs-orientiertes Modell spezieller Mediationsmethoden.

3.3.2 Basismethoden der Mediation

7 Es gibt einige grundlegende Methoden, die bei jedem mediativen Handeln zur Anwendung kommen können. Diese Basismethoden,[7] auf die hier nur kurz hingewiesen werden kann (hierzu ausführlich Kap. 3.7), fördern eine dialogische Kommunikation, wie zB:

- Fragestellungen verschiedener Art (offen, geschlossen, zirkulär, sokratisch, suggestiv, Ressourcen-bezogen, Lösungs-fokussiert, metakognitiv usw);

- Paraphrasieren von Aussagen (zusammenfassend, neutralisierend, entgiftend, drastifizierend, wortwörtlich, usw);

- Spiegeln von wahrgenommenen Gefühlen (in fragender Form);

- Reframing,[8] dh konstruktives Umdeuten eines Sachverhalts, wodurch dieser in einen anderen Kontext gestellt wird.

8 Neben diesen Methoden, mit denen die verbale Kommunikation unterstützt wird, gibt es Basismethoden für die Klärung der non-verbalen, körpersprachlichen Kommunikation.[9] Spezielle Methoden der Mediation für die Besonderheiten der konkreten Konfliktsituation werden im folgenden Abschnitt 3.3.3 kurz dargestellt.

3.3.3 Dimensionen der Konfliktdiagnose als Ansatzpunkte für Interventionen

9 Die in Kap. 2.5 dieses Buches vorgestellte ganzheitliche Konfliktdiagnose ergibt ein Bild
1. der **Streitpunkte** bzw strittigen Themen („Issues"), die den Konfliktparteien wichtig sind,
2. des **Konfliktverlaufes**, des **Eskalationsgrades**,
3. der **Stakeholders** bzw **Konfliktparteien** und deren Binnenstruktur,
4. der formellen und informellen **Beziehungen zwischen den Parteien**,
5. der **Grundeinstellung** der Parteien zum Konflikt und ihrer **Strategie-Kalküle**.

An diesen fünf Diagnosedimensionen können Interventionen der Konfliktbehandlung ansetzen. Jede Intervention wirkt sich nicht nur auf die gewählte Diagnosedimension aus, sondern hat „Mehrfachnutzen": Wenn zB Streitpunkte (Dimension 1) inventarisiert und ausgetauscht werden, wirkt sich dies auch auf die Beziehungen der Konfliktparteien (Dimension 4) aus, weil dadurch Empathie entsteht; und wenn beispielsweise eine kritische Episode geklärt wird, wirkt sich dies nicht nur auf die Eskalationsdynamik (2) aus, sondern gleichzeitig auf die Issues (1) und auf die Beziehungen zwischen den Parteien (4), usw.

---

7 S. Ballreich/Glasl, 89 ff; Diez, 158–183; Besemer, 21 f.
8 Klappenbach, 199 ff.
9 S. Argyle, Körpersprache und Kommunikation, 1992; Bartussek, Körpersprache in der Mediation, DVD 2 der Reihe Business-Mediation, Concadora-Verlag, 2005.

3.3.3.1 Streitpunkte als Ansatzpunkte für Konfliktbehandlung

Für die Arbeit an den Streitpunkten gibt es u.a. folgende Möglichkeiten: 10

3.3.3.1.1 Inventarisieren der Streitpunkte

In getrennten oder gemeinsamen Gesprächen können in einem „Brainstorming", mittels 11
Moderationskarten uä die Listen der strittigen Themen erstellt und ausgetauscht werden. Das gegenseitige Kennenlernen der Streitpunkte verbessert das Verständnis füreinander und ist die Grundlage für weitere Interventionen.

3.3.3.1.2 Streitpunkte auswählen („Issue-Konsens")

Voraussetzung für jede weitere Bearbeitung der Konfliktthemen ist, dass sich die Partei- 12
en darauf einigen, welche Punkte eigentlich strittig sind (hierzu ausführlich Kap.
3.2.2).[10] Damit kann ein Konflikt über den Konflikt beendet werden, der u.a. darin besteht, dass jede Seite nur ihre Themen behandelt haben möchte. Es hat sich bewährt,
dass die Parteien abwechselnd jeweils zwei Themen-Überschriften nennen und danach
Partei A aus der Liste von B, und Partei B aus der Liste von A zwei bis drei Themen
auswählt, mit denen die Arbeit beginnen soll.

3.3.3.1.3 Fraktionieren und Dimensionalisieren komplexer Issues

Große, pauschale und vage Streitpunkte können nur schwer besprochen und geklärt 13
werden. Sie sind deshalb in kleinere, konkrete Subthemen aufzugliedern („fraktionieren"). Dimensionalisieren bedeutet, dass die Aufgliederung noch weiter nach inhaltlichen Dimensionen erfolgt, wenn zB „Delegieren" in die Dimensionen „informieren,
Ziele vereinbaren, mit Kompetenzen ausstatten, begleiten, kontrollieren" usw zerlegt
werden. Jedes Subthema kann nun konkret, gezielt und deutlich besprochen werden.
Nach der Klärung einiger Unterthemen können durch Generalisierung Zusammenhänge
und Muster erkannt werden.

3.3.3.1.4 Flexibilisieren von Issues

Eiseman[11] hat praktische Methoden entwickelt, mit denen bei extrem polarisierten Po- 14
sitionen noch Kompromisse oder Synthesen gefunden werden können. Manchmal kann
es hilfreich sein, die Konfliktparteien noch extremere als die bereits eingenommenen Positionen fantasieren zu lassen,[12] um sie dann erklären zu lassen, warum sie solch extreme Standpunkte nicht einnehmen würden. Damit können Zuschreibungen und Unterstellungen aufgelöst werden. Auch das Dimensionalisieren von Issues dient dazu, Positionen in Bewegung zu bringen.

3.3.3.1.5 Transponieren (Ersetzen) von Issues

Wenn die ursprünglichen Streitpunkte vielleicht unlösbar sind, werden sie durch andere 15
ersetzt, zB bei einem Konflikt zwischen Personalvertretung und der Unternehmensleitung über gesundheitsschädliche Arbeitsbedingungen ist eine Lösung technisch unmöglich und die Verhandlung geht nunmehr die Höhe von Gefahrenzulagen. Manchmal ist
dies die einzige Möglichkeit zum Aufweichen eines unlösbaren Gegensatzes, wodurch
die Parteien die Ersatzlösung akzeptieren, obschon ihr ursprünglicher Interessengegensatz ungelöst bestehen bleibt.

---

10 S. Ballreich/Glasl, 221 ff.
11 Eiseman, Reconciling „incompatible positions", Journal of Applied Behavioral Science, vol. 4, 1978,
133-150.
12 Glasl, 354.

3.3.3.1.6 Aushandeln von Lösungen

16 Wenn eingefrorene Positionen und Forderungen in Bewegung gekommen sind, kann über Lösungen verhandelt werden. Je mehr schon an der Beziehung zwischen den Parteien gearbeitet worden ist, desto eher kann das Forderungsverhandeln zu einem Angebotsverhandeln werden.

3.3.3.2 Konfliktverlauf, Eskalation als ansatzpunkte für Interventionen[13]

Mit den folgenden ausgewählten Interventionen wird an den psychosozialen Mechanismen gearbeitet, um zu de-eskalieren bzw einer weiteren Eskalation vorzubeugen.

3.3.3.2.1 Analyse dramatischer Wendepunkte im Konfliktverlauf

17 Mediatoren können die Ereignisse, die von den Parteien als relevant erlebt wurden, in Interviews mit den einzelnen Konfliktparteien sammeln, ordnen, mithilfe der sog „Konflikt-Partitur"[14] visualisieren und präsentieren. Gemeinsam werden daraus einige besonders eskalierende Episoden ausgewählt und analysiert: Welche Personen waren dabei am meisten aktiv? Welche Issues bildeten damals den Kern des Streits? Was wollten die Parteien in der Situation erreichen bzw verhindern? Wie haben sie damals die Situation wahrgenommen? Welche Handlungsalternativen hatten sie gesehen? – Diese Analyse ermöglicht eine Klärung der subjektiven Perzeptionen für die anschließende Arbeit an Issues und Beziehungen.

3.3.3.2.2 „Mikro-Analyse kritischer Episoden"[15]

18 Diese Methode dient dem vertieften Klären von Episoden, die zu wesentlichen Eskalationssprüngen geführt haben. Mit den Personen, die in vorderster Reihe aktiv involviert waren, wird ihr subjektives Erleben mit 6 Arbeitsschritten genau rekonstruiert:

1. Wie hat die Person O, die sich in der ausgewählten Episode als „Opfer" gefühlt hat, das Geschehen subjektiv erlebt?

2. An welche Verhaltensweisen des „Täters" erinnert sich O?

3. Wie erinnert sich der „Täter" T an sein eigenes Verhalten?

4. Wie hat der „Täter" T bei seinem Tun die Situation wahrgenommen, was hat er dabei gedacht, gefühlt und gewollt – und was hat er nicht gewollt? – T wiederholt jeweils, was er von O gehört hat und O das von T Gesagte, ohne dass darüber diskutiert wird.

5. Die Parteien fassen am Ende zusammen, was für sie der wichtigste Erkenntnisgewinn in diesem Gespräch gewesen ist. In der Regel erkennen die Beteiligten, dass nicht alle negativen Wirkungen auf böse Absichten zurückzuführen sind, sondern dass die Diskrepanz zwischen Absicht, Verhalten und Wirkung für negative Unterstellungen Raum geboten hatte.

6. Die Beteiligten vereinbaren Änderungen ihres Verhaltens.

Eine ähnliche Wirkung wird mit dem „U-Prozess" erzielt, der in seinen Grundzügen in 3.3.3.4.12 beschrieben wird.

3.3.3.2.3 Reflektieren der „hier und jetzt" auftretenden eskalierenden Mechanismen

19 Während in der Mediation Aspekte des Konflikts besprochen werden, können immer wieder die psychosozialen Mechanismen auftreten, die schon in der Vergangenheit zur Eskalation geführt haben. Dann ist es ratsam, die Analyse der Vergangenheit kurz ru-

---

13 S. Kap. 2.1.
14 Glasl, Konflikt-Partitur, in: Knapp (Hrsg.), Tools für Konfliktlösung, 2012.
15 S. Glasl, Mikro-Analyse kritischer Episoden, in: Knapp (Hrsg.), Konfliktlösungs-Tools, 2012, Bd. 2, Kap. 13 und 14.

hen zu lassen und auf das einzugehen, was hier und jetzt auftritt. Indem diese Verhaltensmuster erkannt und bewusst gemacht werden, kann das Wirken der eskalierenden Mechanismen aufgehoben werden.

3.3.3.2.4 Einer künftigen Eskalation vorbeugen

Den Konfliktparteien kann mit Hinweisen auf die Eskalationsstufen[16] und die Wirkung der psychosozialen Mechanismen gezeigt werden, wie sich der bestehende Konflikt verschlechtern könnte. Das konfrontiert sie mit der Frage, ob sie die Verantwortung für eine weitere Eskalation auf sich nehmen wollen und kann Anstoß geben zu einer gründlichen Besinnung der Konfliktparteien; das mag eine Begrenzung der Eskalation zur Folge haben.   20

3.3.3.3 Interventionen, bezogen auf die Konfliktparteien
3.3.3.3.1 Arbeit an den deformierten seelischen Funktionen

Wenn es sich bei den Konfliktparteien um Individuen handelt, wird es darum gehen, Einfluss zu nehmen auf deren Denken, Fühlen, Wollen und Handeln, weil diese durch die psychosozialen Mechanismen deformiert worden sind. Dafür kommen vielfältige Gesprächsmethoden aus Supervision und Coaching[17] zum Einsatz, die das Reflektieren des Verhaltens und dessen Motive zum Ziel haben.   21

3.3.3.3.2 Arbeit an Partei-internen Rollen und Beziehungen

Bei Gruppen als Konfliktparteien ist es oft notwendig, das Selbstbild einer Partei kritisch zu reflektieren (s. 3.3.3.4.4), des Weiteren an den Rollen und Beziehungen innerhalb der Konfliktparteien zu arbeiten und eventuell zu verändern, interne Entscheidungsprozesse anders einzurichten, die Position der Exponenten gegenüber der Hintermannschaft zu verändern, usw. Für diese Interventionen sind Methoden aus der Gruppendynamik[18] zu nutzen, mit denen Formen der Kommunikation und der Einflussnahme, wie auch Wege der Entscheidungsfindung usw geklärt und gestaltet werden können.[19]   22

3.3.3.3.3 Rollenverhandeln im Team

Die klassische Methode des Rollenverhandelns im Team von Roger Harrison[20] (s. 3.3.3.4.10 und 3.3.3.4.11) ist sehr hilfreich für das Klären und Bearbeiten der gegenseitigen Rollenerwartungen in einer Gruppe. Sie ist konsequent auf die Zukunft und auf konkrete Verhaltensänderungen ausgerichtet.   23

---

16 S. hierzu Kap. 2.1 sowie das Übersichtsblatt der 9 Stufen der Eskalation im Anhang 7.1.1.
17 Schreyögg, 98 ff.
18 S. Ballreich/Glasl, 277-308; Antons, Praxis der Gruppendynamik, 2000.
19 Ballreich/Glasl, Konfliktbearbeitung mit Teams und Organisationen, Lehrfilm mit 5 DVDs, 2010; Ballreich, In Gruppen arbeiten, Gruppen leiten, 2012.
20 Harrison, Role negotiation: a tough minded approach to team development, in: Burke/Hornstein (eds.), The social technology of organization development, 1971.

Jedes Teammitglied schreibt 1 Blatt mit eigenem *Namen* (zB An: *ANNA*) Alle Gruppenmitglieder gehen zu den Blättern der anderen und schreiben in die Felder A, B, C - Das gewünschte konkrete Verhalten (mit dem Namenskürzel des „Absenders") - Nur Verhalten, das die Mitglieder des Teams verändern können - Nur Verhaltensweisen, die die Funktionsausübung betreffen (nicht die Privatsphäre betreffend) Die Plakate werden vorgelesen, Klärungsfragen werden beantwortet, Zusagen werden gemacht und am Rande neben jedem Wunsch unterschrieben. Bei diesen Gesprächen wird nicht über Vorfälle in der Vergangenheit gesprochen, weil es sonst zu Rechtfertigungen führen könnte.	**An: *ANNA*** **Damit ich, der Absender dieses Wunsches, meine Funktion gut erfüllen kann, bitte ich Dich, Anna, zeige folgendes konkretes Verhalten:** **A) neu / öfter / deutlicher:** **B) nicht mehr / weniger:** **C) unverändert wie bisher:**

Es werden Protokolle gemacht und nach einiger Zeit genau überprüft.

Abb. 4: Rollenverhandeln im Team von Roger Harrison

24 Die vier Arbeitsschritte sind:

1. Jedes Gruppenmitglied bereitet ein Flipchartblatt mit dem eigenen Namen vor, wie dies in Abb. 4 wiedergegeben ist.

2. In etwa 20 Minuten gehen alle zu den Blättern der anderen Teammitglieder und schreiben zu A, B und C konkrete gewünschte Verhaltensweisen.

3. Danach geht jede Person zu ihrem Blatt, liest vor den anderen laut, was die Kollegen geschrieben haben. Wenn sie verspricht, den Wunsch zu erfüllen, unterschreibt sie am Rande die betreffenden Punkte.

4. Die Blätter mit den Wünschen und Unterschriften werden als Fotoprotokoll dokumentiert, und nach kurzer Zeit wird die Erfüllung der Versprechen überprüft.

3.3.3.3.4 Stärkung der Mandate der Vertreter

25 Wenn die Parteien Gruppen bzw Teams sind und die Konfliktbearbeitung über Vertreter geht, kann es geboten sein, erst den Handlungsspielraum, dh das Mandat der Vertreter zu klären und zu erweitern. Oft müssen erst noch Konflikte innerhalb der Parteien bearbeitet werden, ehe sie sich den Konflikten mit der Gegenpartei stellen können. Sobald die Konfliktparteien mit der Lösung ihrer eigenen internen Probleme einige Fortschritte gemacht haben, kann an den gegenseitigen Beziehungen gearbeitet werden.

3.3.3.4 Ansatz bei den Beziehungen zwischen den Konfliktparteien

26 Interventionen für die Arbeit an den Beziehungen zwischen den Konfliktparteien können auf die formellen Beziehungen oder auf die informellen Beziehungen gerichtet sein.

3.3.3.4.1 Arbeit an den formellen Beziehungen

27 In Organisationen sind die formellen Beziehungen durch einen Gesellschaftsvertrag, das Organigramm, Verfahrensvorschriften, Funktionsbeschreibungen, usw definiert. Wenn

die Konfliktparteien durch Interventionen der Mediation wieder gesprächsfähig geworden sind, können sie an den formellen Positionen und Beziehungen gemeinsam Veränderungen vornehmen. Schließlich ist es eine wichtige positive Funktion von Konflikten, dass durch sie nötige Veränderungen in der Organisation signalisiert werden. Wenn die Beteiligten wieder miteinander statt gegeneinander arbeiten, kann ein Prozess der Konfliktbehandlung überleiten in einen Prozess der Organisationsveränderung. Dafür kommen die bewährten Methoden der mediativen Organisationsentwicklung[21] zum Einsatz, auf die hier nur hingewiesen werden kann. Für das Arbeiten an den informellen Beziehungen ist die nachfolgend beschriebene Auswahl von Schlüsselinterventionen wichtig, die auf Kognitionen (Perzeptionen und Denken (3.3.3.4.2), Emotionen (3.3.3.4.6 bis 3.3.3.4.8), Intentionen (Antriebe, Motive, Bedürfnisse (3.3.3.4.9) und Verhaltensweisen (3.3.3.4.10 bis 3.3.3.4.12) gerichtet sind.

3.3.3.4.2 Perzeptionsklärungen[22]

Weil die Wahrnehmungsfähigkeit der Konfliktparteien durch psychosoziale Mechanismen beeinträchtigt ist, haben sie sehr unterschiedliche subjektive Bilder (Perzeptionen) der Streitthemen, der beteiligten Personen oder Gruppen und der Ereignisse. Deshalb werden die Perzeptionen entweder in getrennten Einzelgesprächen oder in gemeinsamen Sitzungen ausgesprochen, gegenseitig ausgetauscht und miteinander verglichen. Dadurch können die Unterschiede sichtbar: Wie sind die Unterschiede zu erklären? Inwiefern liegt es am Verhalten der Partei A, dass dies auf B anders wirkt als von A beabsichtigt war? Was kann künftig getan werden, um eine bessere Übereinstimmung von Absicht und Wirkung zu erzielen? – Das Gespräch kann auch mit sog. „zirkulären Fragen" geführt werden (hierzu ausführlich Kap. 3.8): Wie mögen Ihre Kunden über Sie denken? Diese und ähnliche Methoden bewirken einen „Perspektivenwechsel".[23]   28

3.3.3.4.3 Bewusstmachen impliziter Denkmuster

Für nachhaltige Wirkungen ist entscheidend, dass die Konfliktparteien auch erkennen und bekennen, welchen Denk-, Deutungs- und Zuschreibungsmustern[24] sie bisher verhaftet gewesen sind, durch die sie der Gegenpartei negative Absichten unterstellt haben. Für diesen Zweck gibt es auch Instrumente, mit denen Denkstile[25] gemessen werden können.   29

3.3.3.4.4 Auflösen der stereotypen Selbst- und Feindbilder

Dies ist eine intensive Form der Perzeptionsklärung. Die Drittpartei kann die Parteien getrennt anhören, ohne dass die Gegenpartei anwesend ist, und kann anschließend jede Seite mit dem Fremdbild der Gegenpartei konfrontieren. Oder es kann eine Konfrontation der Parteien herbeigeführt werden. Je weniger der Konflikt eskaliert ist, desto eher können die Parteien in einer direkten Begegnung an der Klärung der stereotypen Bilder arbeiten. Für die Klärung der Feindbilder hat sich die Methode von Blake, Shephard und Mouton[26] bewährt, die aus folgenden fünf Schritten besteht: 30

21 Kerntke, Mediation als Organisationsentwicklung, 2004; Glasl/Kalcher/Piber (Hrsg.), Professionelle Prozessberatung, 2008; Baumgartner/Häfele/Schwarz/Sohm, OE-Prozesse, 1996.
22 Glasl/Weeks, 123 ff.
23 Wüstehube, Perspektivwechsel – Der Weg auf den Stufen der Anerkennung, perspektive mediation, 2/2005, 66–72.
24 Glasl, Wie transdisziplinäre Kooperation gelingen kann, in: AGAVA (Hrsg.), Gemeinsam gegen Gewalt – wer gemeinsam? 8. Schweizer Kongress gegen Gewalt und Machtmissbrauch, 2009.
25 S. Hollander, Denkstilmessung als Handwerkszeug für den Mediator, in: Brinkmann/Korteweg, Mediation im interkulturellen, grenzüberschreitenden, öffentlichen Bereich, 2007, 52–88.
26 Blake/Shephard/Mouton, Managing intergroup conflict in industry, 1964; s. die Demonstration dieser Methode in dem Lehrfilm Ballreich/Glasl, Konfliktbearbeitung mit Teams und Organisationen, DVD 4/Szene 10, 2010.

1. Die Parteien A und B erarbeiten getrennt, was sie in aller Subjektivität als Stärken und Schwächen der eigenen Partei (Selbstbild) und der Gegenpartei (Feindbild) sehen.
2. Beide Parteien stellen einander nur die Feindbilder vor; dazu werden nur Klärungsfragen erlaubt, aber keine Diskussionen.
3. Partei A nimmt das von der Gegenpartei B erarbeitete Feindbild mit, Partei B das von A präsentierte Feindbild, und jede Partei sucht nun zu erklären, was sie selbst mit ihrem eigenen Verhalten dazu beigetragen haben könnte, dass sie von der Gegenpartei so wahrgenommen wird.
4. Die beiden Parteien treffen wieder zusammen, präsentieren einander die gefundenen Erklärungen für den eigenen Anteil am Entstehen der Feindbilder und bestätigen gegebenenfalls die Ergebnisse.
5. Im Anschluss daran können mit dem Rollenverhandeln (s. 3.3.3.4.10 und 3.3.3.4.11) Verhaltensänderungen vereinbart werden.

3.3.3.4.5 Perspektivenwechsel und Empathie durch Rollentausch

31   Die Methode „Rollentausch"[27] wird in Mediationen eingesetzt, damit eine Partei eine Situation aus der Perspektive des Gegners sieht. Dazu setzt sich jede Person auf den Stuhl des anderen, fühlt sich in dessen Haltung ein und spricht in Gegenwart des Partners aus, wie sie die Situation sieht und wie sie sich in dieser Rolle fühlt. Dadurch kann ein hohes Maß an Empathie entstehen.

3.3.3.4.6 Wahrgenommene Emotionen spiegeln

32   Manche Gefühle werden von den Konfliktparteien verbal ausgedrückt, aber viele äußern sich körpersprachlich[28] in deren Mimik, Gestik und Körperhaltung (hierzu Kap. 3.12). Wenn die Dynamik der Emotionen das Verhalten stark bestimmt, ohne dass dies den Betroffenen ganz bewusst ist, können Mediatoren ihre Beobachtung als Frage einbringen und dadurch Bewusstwerdung auslösen. Daraus können sich Verhaltensänderungen ergeben.

3.3.3.4.7 Selbstmanagement durch Gefühlsmanagement

33   Mediatoren können die Konfliktparteien in getrennten oder gemeinsamen Gesprächen mit „Gefühlsmanagement"[29] darin unterstützen, die Ausdrucksweise ihrer Emotionen so zu steuern, dass dies möglichst keine unerwünschten Wirkungen auslöst. Deshalb wird unterschieden,
1. wodurch eine Emotion ausgelöst worden ist,
2. auf welche Weise sich die Emotion geäußert hat,
3. welche Wirkung eigentlich erzielt werden sollte und
4. welche Wirkung tatsächlich eingetreten ist. Durch diese Reflexion kann eine bessere Übereinstimmung von Absicht und Wirkung erreicht werden.

3.3.3.4.8 Doppeln von Emotionen

34   Eine wirksame Methode, Gefühle bewusst zu machen, ist das „Doppeln" empathisch wahrgenommener Gefühle (und auch Gedanken und Bedürfnisse) der Konfliktparteien. Thomann und Prior haben diese (in der Gestalttherapie entwickelte) Technik weiter entwickelt (hierzu ausführlich Kap. 3.5).[30] Sie legen besonderen Wert darauf, dass Klä-

---

27   Miles, Learning to work with groups, 1959.
28   S. Argyle, Körpersprache und Kommunikation, 1992; Bartussek, Bewusst sein im Körper, 2000.
29   Kernstock-Redl/Pall, Gefühlsmanagement, 2009.
30   Thomann, Negative Gefühle ausdrücken, perspektive mediation 1/2005, 36 ff; Thomann/Prior, 153–177.

rungshelfer/Mediatoren die Zustimmung der betroffenen Partei einholen und sich neben sie begeben, bevor sie stellvertretend verbalisieren (dh „doppeln"), was vermutlich die Gefühle dieser Person sind; und es ist unerlässlich, dass sich die „gedoppelte" Person dazu ausspricht, wie sehr dies tatsächlich zutrifft. Dadurch kann die unbewusst wirkende Dynamik des Konflikts bewusst gemacht und ins Konstruktive gelenkt werden.

3.3.3.4.9 Methoden der Gewaltfreien Kommunikation[31]

Der Ansatz von Marshall Rosenberg – ursprünglich gar nicht für Mediation entwickelt – hat sich für Mediationen als sehr fruchtbar erwiesen (hierzu ausführlich Kap. 3.9). Emotionen werden als wichtiges Signal verstanden, weil ihnen gefährdete oder frustrierte Bedürfnisse zugrunde liegen. Durch das genauere Aufspüren der Gefühle können die bislang unbewussten eigenen Bedürfnisse wie auch die der Gegenpartei erkannt werden; daraus ergeben sich gegenseitige Bitten, das Verhalten auf die Erfüllung der Bedürfnisse auszurichten.   35

3.3.3.4.10 Verhaltensänderungen durch Rollenverhandeln zwischen Gruppen

In 3.3.3.3.3 ist bereits diese Methode dargestellt worden. Für die Arbeit mit zwei verfeindeten Gruppen X und Y habe ich sie wie folgt noch weiter entwickelt, indem ich die „Bitten um Verhaltensänderung an..." noch mit der Version „Angebote von eigenen Verhaltensänderungen an..." ergänzt habe.[32] Die Arbeitsschritte sind nunmehr: 36

1. Die Gruppen X und Y erarbeiten getrennt ein Blatt, auf das sie die Wünsche A, B und C an die andere Gruppe schreiben; und auf einem zweiten Blatt schreiben sie ihre Verhaltensangebote, dh was bietet Gruppe X der Gruppe Y an, künftig A) neu, öfter oder deutlicher zu tun; B) nicht mehr bzw weniger zu tun; C) unverändert wie bisher zu tun und vice versa. Jede Gruppe bestimmt zwei Delegierte, um ihre Ergebnisse vorzustellen und Vereinbarungen mit den Delegierten der anderen Gruppe auszuhandeln.

2. Die Delegierten nehmen vor den anderen Gruppenmitgliedern Platz, und zuerst präsentiert jeder Delegierte die Verhaltensangebote seiner Gruppe an die andere Gruppe und antwortet auf Klärungsfragen.

3. Dann präsentieren die Delegierten die Wünsche, die ihre Gruppe an die andere Gruppe hat und beantworten Klärungsfragen.

4. Schließlich verhandeln sie, welche Wünsche wie erfüllt werden sollen.

5. Die Delegierten besprechen sich kurz mit den übrigen Mitgliedern ihrer Gruppen, ob sie die Ergebnisse mittragen.

6. Zuletzt teilen die Delegierten die Ergebnisse dieser Gruppenberatung mit und unterschreiben als Abschlussritual die einzelnen Punkte, die vereinbart worden sind.

Nach einiger Zeit wird die Umsetzung der Ergebnisse kontrolliert.

3.3.3.4.11 Rollenverhandeln zwischen zwei Personen

Wenn die Konfliktparteien nicht Gruppen, sondern nur zwei Individuen sind, gestaltet sich das Rollenverhandeln sinngemäß einfacher, weil nicht Delegierte sondern die Betroffenen direkt miteinander verhandeln. Sie tauschen die Blätter aus, auf denen geschrieben steht, welches Verhalten zu A, B und C sie sich von der anderen Person wünschen. Und sie tauschen auch die konkreten Verhaltensangebote zu A, B und C aus. Alle Vereinbarungen werden protokolliert und nach kurzer Zeit überprüft.   37

---

31 Rosenberg
32 S. die Demonstration dieses Verfahrens in dem Lehrfilm von Ballreich/Glasl, Konfliktbearbeitung mit Teams und Organisationen, DVD 4/Szene 11.

3.3.3.4.12 Der mediative U-Prozess

38 Der Ansatz des mediativen U-Prozesses[33] integriert die Arbeit an den Kognitionen, Emotionen und Bedürfnissen (Intentionen) in einer organischen Schrittfolge und leitet über zur Suche nach Handlungsoptionen, die eine Befriedigung der erkannten und anerkannten Bedürfnisse zum Ziel haben. Dabei kommen Methoden zur Anwendung, wie sie hier bereits beschrieben worden sind. Sie fördern einen Perspektivenwechsel[34] und ein kritisches Reflektieren der Denkmuster (Kognitionen), die Entwicklung eines gegenseitigen empathischen Erspürens der eigenen und fremden verletzten Gefühle, und das Bewusstmachen der gefährdeten bzw frustrierten Bedürfnisse. Als Frucht dieses Prozesses können die Konfliktparteien Handlungsoptionen finden und vereinbaren.

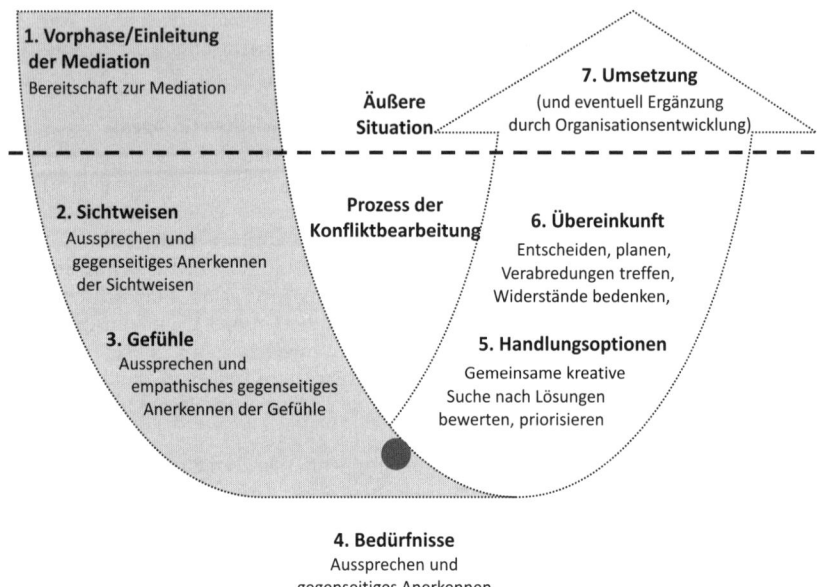

Abb. 5: Der mediative U-Prozess von Rudi Ballreich und Friedrich Glasl

Die hier beschriebenen Interventionen sind nur einige wenige ausgewählte Möglichkeiten und Beispiele, die jedoch unbedingt zum Methodenrepertoire von Mediatoren gezählt werden müssen.

3.3.3.5 Das Arbeiten an den Grundeinstellungen und am Strategie-Kalkül

39 Schon bei den ersten Schritten der Konfliktbehandlung wird eigentlich an den Grundeinstellungen und am strategischen Kalkül der Konfliktparteien (auf den Konflikt als Ganzes bezogen) gearbeitet. Die Parteien haben ja bestimmte Haltungen angenommen und bestimmte Ziele gewählt, weil sie keine Klarheit über die Einstellungen und Ziele der Gegenpartei hatten. An den allgemeinen Grundeinstellungen gegenüber dem Konflikt zu arbeiten bedeutet, dass man den Parteien hilft, realistisch die möglichen Folgen

---

33 S. Ballreich/Glasl, 249 ff, 287 ff; Glasl, 57 ff.
34 Wüstehube, Perspektivwechsel – Der Weg auf den Stufen der Anerkennung, perspektive mediation 2/2005, 66–72.

ihrer Einstellung und ihrer Interaktionen zu sehen. Dadurch kann eine Änderung der Grundhaltung erreicht werden.

Mit den Konfliktparteien können auch die in der Organisation vorhandenen Konfliktregulatoren, dh Verfahren für das Behandeln ernsthafter Differenzen verbessert werden.

3.3.3.6 Generelle Überlegungen

Jeder Konflikt hat seine eigenen Formen und seine eigene Dynamik. Darum ist für jeden   40
Einzelfall zu prüfen, welche der fünf Diagnose-Dimensionen die besten Ansatzstellen für Intervention der Konfliktbehandlung bietet. Es ist evident, dass eine Methode, die zB bei den Perzeptionen ansetzt, nicht nur kognitive, sondern auch emotionale Wirkungen zeigt, weil die verschiedenen seelischen Funktionen in der Realität miteinander vernetzt sind. Dennoch ist es hilfreich, sich gut zu überlegen, wo direkt angesetzt werden soll und welche Wirkungen dabei zusätzlich auftreten mögen. Die genannten Beispiele sollten nur grundlegende Möglichkeiten illustrieren. So gut wie alle Interventionsmethoden können in den verschiedenen Phasen eines Mediationsprozesses zum Einsatz kommen. Denn schon bei den Erstkontakten oder beim Einleiten einer Mediation sind Interventionen erforderlich, die beispielsweise zur Klärung einseitiger Perzeptionen beitragen, oder zum Bewusstmachen feindseliger Emotionen bzw frustrierter Bedürfnisse. Je nach der Phase des Prozesses werden diese Interventionen dann jeweils unterschiedlichen Stellenwert und Gewicht und mehr oder weniger zentrale Bedeutung haben.

3.4 Coaching & Mediation

Literatur: Haeske, U., Konflikte im Arbeitsleben, Mit Mediation und Coaching zur Lösungsfindung, 2003; Klappenbach, D., Perspektiven mediativer Kompetenzentwicklung, 2012; Klein, S., Wenn die anderen das Problem sind: Konfliktmanagement, Konfliktcoaching, Konfliktmediation, 2006; Schmidt-Tanger M./Stahl T., Change Talk, Coachen lernen! Coachen-Können bis zur Meisterschaft, Erscheinungsort, 2005; Schreyögg, A., Konfliktcoaching: Anleitung für den Coach, 2011.

1 Die **Definition des Begriffs** Coaching, früher nur im Sport verwendet, ist heute vielfältig; bezeichnet grundsätzlich die **Unterstützung im Prozess** der Entwicklung von Fertigkeiten im Beruf. In der heutigen Zeit ist auch eine Beratung für die Umsetzung von persönlichen Zielen einschließlich der Unterstützung zur eigenständigen Bewältigung von Veränderungen gemeint. In diesem Beitrag geht es nicht um das „klassische" Einzelbzw Gruppencoaching,[1] vielmehr soll der Einsatz des Coaching in der Mediation beschrieben werden. Im ‚**Mediations-Coaching**' geht es darum, die Medianden auf die Mediation vorzubereiten und im Prozess zu unterstützen, und zwar insbesondere im Hinblick auf ihre eigenen Veränderungen, die besonders in der transformativen Mediation (s. Kap. 1.1.3.4) angestrebt werden wie auch bei emotional belastenden Umständen. Das bedeutet für den Mediationscoachee, sich zunächst selbst zu verstehen, anschließend den anderen zu verstehen und schließlich unterschiedliche Perspektiven einnehmen zu können, um ein ganzheitliches Bild zu erhalten (zur Balance von Selbstbehauptung und Wechselseitigkeit in der Mediation Kap. 3.2.3.1). Auf dieser Grundlage sind dann nicht nur andere umfassendere inhaltliche Entscheidungen möglich, sondern auch neue und andere Verhaltensweisen.

2 Das Mediations-Coaching kann – wie in der sog. Collaborative Practice (CP)[2] – dadurch erfolgen, dass die Coaches die Sitzungen gemeinsam mit den Medianden vor- und nachbereiten oder sie sogar zusätzlich in die Sitzungen begleiten. In letzterem Fall entsteht der Effekt, des ‚**Sich-beschützt-Fühlens**', der sehr dazu beiträgt, eine produktive Arbeitsatmosphäre in den einzelnen Mediationssitzungen zu schaffen.

3.4.1 Coaching in der Vorbereitung der Mediation

3 Bei der Vorbereitung mit dem Coach besteht Gelegenheit, alle noch offenen Fragen besonders zur Kommunikation im Rahmen des Ablaufs der Mediation und die persönlichen Chancen und Risiken zu besprechen. Sinn des Mediations-Coachings ist eine **Antizipation** dessen, was die Medianden erwarten, damit sie ausreichend Zeit haben, sich über ihre eignen und die Belange der anderen Medianden Gedanken zu machen. Das beinhaltet auch, mit dem Coach über die Ergebnisse von Fachberatungen (Recht, Steu-

---

1 Vgl zB Böhmer/Klappenbach 2007; Mattiessen/Janssen, Schlüsselqualifikationen kompakt. Ein Arbeitsbuch für Personalauswahl und Personalentwicklung, Bern, 2007.
2 Collaborative Practice (CP), der Prozess des kooperativen Verhandelns mit Unterstützung von Experten wie Coaches, Anwälten, Finanzberatern, Kinderexperten etc., s. www.cooperativepraxis.de.

Lenz

ern, Finanzen, Gesundheit, Therapie, etc.) zu sprechen, um diese gut in den Gesamtkontext der Mediationeinbeziehen zu können.

Eine Wirkung, wie auch beim klassischen Coaching, ist, dass die Gedanken, die ausge- 4
sprochen werden, **im Gehirn anders verarbeitet** werden als beim stillen darüber Nachdenken (s. Kap. 2.2). Eine weitere Wirkung ist, dass durch die inhaltlichen Inputs und Formate, die im Mediations-Coaching genutzt werden, bereits **eine Weiterentwicklung** stattfindet. Diese wiederum unterstützt den Mediationsprozess an sich. Ohne den Anlass der Mediation würde sonst in den meisten Fällen gar kein Coaching in Anspruch genommen werden.

Ein Beispiel: 5

In einer Abteilung braut sich ein Konflikt mit dem Chef zusammen. In der Mediation ergibt sich damit für ihn als Mediand A und sein Team als Medianden B1, B2, B3, B4, B5, etc. ein **asymmetrisches Setting** („einer gegen viele") (s. Kap. 2.11). Um das von vorneherein zu kompensieren, kann der Chef im Rahmen eines Mediations-Coachings etwas über sich und seine Verhaltensweisen sowie die seiner Mitarbeiter im Rahmen einer Typologiebestimmung erfahren. Das schult ihn nicht nur für die Mediation, sondern auch für seine Führungsaufgaben. Er erkennt, warum er mit manchen Mitarbeitern leichter umgehen kann als mit anderen und wie er sich auf die Unterschiedlichkeit grundsätzlich und im Rahmen vor allem der Mediation einstellen kann. So wird das tragfähige Mediationsergebnis noch zusätzlich nachhaltig unterstützt und die **Führungskompetenz** erweitert.

Im Zuge der Antizipation des Mediationsverfahrens erläutern die Coaches im Mediati- 6
ons-Coaching den Ablauf und wie die weitere Vorbereitung stattfinden wird. Zunächst geht es darum, dass der Coachee aus seiner Sicht entlang den Phasen der Mediation (s. Kap. 3.2) seine Belange darlegt. Das bedeutet, dass er seine Themen benennt, erkennt, welche Interessen, Bedürfnisse und Werte er hat und welche Optionen aus seiner Sicht in Betracht kommen. Der Coach setzt dabei, getragen von der **mediativen Haltung**, alle Techniken (s. Kap. 3.3 und 3.7) ein, die er auch als Mediator einsetzen würde. Er hört zu, ist empathisch, paraphrasiert, etc. (s. Kap. 3.9 und 3.10). Dann bittet er den Coachee sich vorzustellen, einer seiner Mitarbeiter zu sein. Dann beginnt der Ablauf erneut. Er benennt die Themen, von denen er annimmt, dass sie für den/die Mitarbeiter eine Rolle spielen. Damit vollzieht er bereits vor der Mediation das erste Mal einen **Perspektivenwechsel**. Im nächsten Schritt versucht der Coachee sich so in die Mitarbeiter hineinzuversetzen, dass es auch gelingt, mögliche Interessen zu finden. Auf dieser Grundlage werden Optionen gesucht, die es für die Mitarbeiter geben könnte. Dann lässt der Coach den Coachee wieder in seine eigene Situation schlüpfen und fragt nach, wie er zu den Themen, Interessen, Bedürfnissen, Werten und Optionen steht. Damit erlebt er erneut den Perspektivenwechsel. Das kann der Coach verstärken, indem er den Coachee auch den **Sitzplatz wechseln** lässt, um die jeweilige Perspektive einzunehmen. Um die Taktung zu erhöhen, geht nun den Coach in die Rolle der Mitarbeiter. Auf diese Weise kann ein Dialog entstehen. Der Coach gibt dem Coachee eine Rückmeldung, wie er als Mitarbeiter empfinden würde. Nach einer passenden Zeitspanne stoppt der Coach den Prozess und geht mit dem Coachee auf die **Meta-Ebene**, um zu analysieren wie es ihm dabei gegangen ist und welche Erkenntnisse er gewonnen hat. Je nach Reflektiertheit des Coachees kann er nun schon einschätzen, was ihn in der Mediation erwartet und er kann lernen, wie er damit umgeht. Diese Wirkung kann durch geeignete weitere Coaching-Formate verstärkt werden. Gleichzeitig kann das zu einem Umdenken im **Führungsverhalten** führen. Je nachdem, wie viele Teammitglieder an der Mediation teilnehmen, wird dieser Prozess wiederholt. Auch denkbar ist, wenn es eine Kleingruppe innerhalb des Teams gäbe, sich in diese hineinzuversetzen.

7 Nach einer solchen Mediations-Coaching-Sitzung benötigt der Coachee eine **Zeit**, um über diese Erkenntnisse nachzudenken. In der nächsten Coachingeinheit kann darauf aufgesetzt werden. Das kann dazu führen, dass es weitere Themen für den Chef gibt, dazu weitere Interessen und auch weitere Optionen.

8 Auch für die Gruppe, das Team, kann der Ansatz des Mediations-Coaching sinnvoll sein. Hier kommt am ehesten die Form eines Workshops in Betracht, zB als vorbereitendes Kommunikationstraining (s. Kap. 2.8). Damit wird eine **gleiche Basis** für alle Beteiligten geschaffen. Es werden Formen gefunden, durch die sich auch die sonst im Team zurückhaltenden Mitarbeiter ausdrücken. Das schafft Klarheit für die Gruppe und wirkt auch nach der Mediation selbst deutlich nach. Auf diese Weise kann – wie beim Einzel-Coaching mit dem Chef – jeder sich selbst besser verstehen und damit auch den anderen. Diese neuen Erkenntnisse haben dann **Zeit, vor der Mediation zu wirken**. So sind alle weniger angespannt, weil sie Gelegenheit hatten, ihre Emotionen zu verarbeiten. Das wiederum ermöglicht einen deutlich reflektierteren Einstieg in die und einen achtsameren Umgang während der Mediation mit sich und den anderen.

3.4.2 Coaching während der Mediation

9 In der Nachbereitung der einzelnen Sitzungen haben die Coachees im Mediations-Coach einen Ansprechpartner, der sie auffängt, wenn es eine sehr emotionale und/oder sonst wie anstrengende Sitzung war. Dadurch, dass im Coaching dann aktiv weitergearbeitet wird, können die eher aufwendig zu organisierenden Mediations-Plenarsitzungen auf ein Mindestmaß beschränkt werden. Gleichzeitig wird der **Lerneffekt**, der ja gerade beim transformativen Mediationsansatz gewollt ist, intensiv verstärkt.

3.4.3 Coaching in der Nachbereitung der Mediation

10 Nach dem erfolgreichen Ende der Mediation schafft der Mediations-Coach einen **geschmeidigen Übergang** zurück in den alltäglichen Ablauf. Andere erforderliche Personalentwicklungsmaßnahmen können – sofern nicht schon in der Mediation selbst geschehen – geklärt, bestimmt und eingeleitet werden. Da es gerade bei Mehrparteien-Konflikten unterschiedliche Bedarfe zum Erhalt des Mediationsergebnisses gibt, ist das mit dem Verfahren verknüpfte Coaching eine ideale Möglichkeit, dies individuell und die Vertraulichkeit wahrend zu tun.

11 Der scheinbare Mehraufwand wird durch die Schnelligkeit in und Nachhaltigkeit der Mediation mehr als kompensiert. Je nach Stil der Mediation kann das Coaching **integraler Bestandteil** sein oder quasi „**hinter den Kulissen**" stattfinden. Für die Unterstützung einer Einzelperson kann der Coach, der nicht an den Sitzungen teilnimmt, in dieser Zeit telefonisch zur Verfügung stehen. Eine unauffällige Intervention bei „Notfällen" wäre dann, für den Coachee eine Pause vorzuschlagen und mit dem Coach zu telefonieren. Allein diese Intervention zu haben beruhigt. Meistens wird sie dann gar nicht benötigt. Und wenn doch, kann eine Blitz-Reflexion sehr hilfreich sein.

12 Diese Idee findet sich auch im Modell des „**Mediativen Beraters**[3] im Unternehmen" (s. Kap. 5.8). Hierbei werden dafür ausgebildete Mediatoren (s. Kap. 2.13), wie oben für die Coaches beschrieben, tätig. Die Coaches sind Mitarbeiter im Unternehmen (s. Kap. 2.14).

3.4.4 Mediations-Coaching für eine Partei allein

13 Wenn eine Mediation nicht zustande kommt, weil die andere Konfliktpartei dem nicht oder noch nicht zustimmt, kann das Mediations-Coaching eine Unterstützung sein, um

---

3 Zitat aus Lenz, Triadisches Verstehen 2006, 249.

- das Zustandekommen des Konflikts zu ergründen,
- die Gründe nachvollziehen zu können, die ihn aufrecht erhalten,
- den eigenen Anteil am Konflikt verstehen zu können,
- das eigene Veränderungspotential zu eruieren,
- Maßnahmen zu identifizieren, um die Veränderung einzuleiten und nachhaltig zu vollziehen.

Hier kann der Mediations-Coachee sich selbst besser verstehen lernen mit seinen Denk- und Handlungsmustern. Dazu gehören auch die eigenen Glaubenssätze (Beliefs).

3.4.5 Glaubenssätze und ihre Wirkungen

Das Gute an Glaubenssätzen ist, dass sie veränderbar sind. Sinnvoll für das Mediations-   14
Coaching, wie für die Mediation selbst, ist es, die positiven Beliefs zu verstärken und die negativen zu modifizieren und wenn möglich in förderliche zu modifizieren.

Glaubenssätze entstehen aus Referenzerfahrungen und stehen in engem Zusammenhang   15
zu den Werten. Ein Belief wird nie gegen einen eigenen Wert verstoßen, da dieser grundlegender ist. Anhand der Formulierungen des Mediations-Coachees, durch Generalisierungen oder Behauptungen lassen sich die Glaubenssätze identifizieren. Unterstützende Beliefs können durch Wiederholung verstärkt werden. Weitere Möglichkeiten sind, den Mediations-Coachee neue Referenzerfahrungen zu machen, ihm Argumente zu benennen oder sich auf Referenzen zu beziehen. Negative Beliefs können durch Hinterfragen der Grundlagen oder Gegenbeispiele aufgelöst werden.[4]

Wenn das Mediations-Coaching der Vorbereitung einer Mediation dient, sind positive   16
Glaubenssätze letztlich die Grundlage für eine nachhaltige Lösung. Denn ein freiwilliges Einhalten von Vereinbarungen bedingt nicht nur im Wege der prozeduralen Gerechtigkeit mit einbezogen worden zu sein, sondern auch, dass das Ergebnis mit den eigenen Werten und Beliefs übereinstimmt.

3.4.6 Mediations-Coaching als Intervention

Ein Mediationsverfahren stellt hohe Anforderungen an die Medianden. Sie sollen sich   17
hier im Ablauf der Mediationsstruktur (s. Kap. 3.2) klar artikulieren, um ihre Themen zu benennen, ihre dahinterliegenden Interessen erkennen zu können, um anschließend – getragen vom Perspektivenwechsel – kreativ eine Fülle von Optionen zu sammeln, die dann einen Reality-Check unterzogen werden, um erst danach die Grundlage der eigentlichen Verhandlung zu bilden. Schon die Themenbenennung scheint oft sehr schwierig, da die Medianden zu diesem Zeitpunkt noch positionell sind. Hier kann zB über die Meta-Ebene der Blick geweitet werden. Durch den Wechsel von emotional-assoziiertem Zustand zum rational-dissoziierten wird oft erst ein Artikulieren möglich. Falls das im Rahmen der Mediation nicht möglich ist, könnte ein Mediations-Coaching als Intervention (s. Kap. 3.7) dazwischen geschaltet werden. Besonders in der Phase der Interessenfindung ist das eine wirksame Methodik. Es ist für Medianden, die bisher über ihre Werte nachgedacht oder ihre Glaubenssätze reflektiert haben, extrem schwer bis unmöglich dies zu tun, während ihnen ihr Konfliktpartner gegenübersitzt. Im Übrigen braucht es dafür auch Zeit. Der Zeitbedarf der Medianden kann hier sehr unter-

---

4 Bandura, Self Efficacy in Changing Societies, 1999; Fryser/Schwing, Systemisches Handwerk. Werkzeug für die Praxis, 2010; Dilts, Die Veränderung von Glaubenssystemen: NLP-Glaubensarbeit, sowie Identität, Glaubenssysteme und Gesundheit: Höhere Ebenen der NLP-Veränderungsarbeit, und Professionelles Coaching mit NLP: Mit dem NLP-Werkzeugkasten geniale Lösungen ansteuern, 2009.

schiedlich sein, was auch eine Indikation für ein Mediations-Coaching wäre (s. Kap. 3.1).

3.4.7 Mediator und/oder Coach

18 Dabei stellt sich dann die Frage: Können Mediatoren im Mediationsprozess in die Rolle des Coaches für den einen oder anderen Medianden schlüpfen (s. Kap. 2.12)? Verlieren sie damit ihre Allparteilichkeit (s. Kap. 2.13)? Wo ist die Grenze? Wenn man einen Blick auf die Definition des Coachings wirft, so zielt sie auf die Entwicklung individueller Lösungskompetenz ab. Der Coachee bestimmt das Ziel. Der Coach verantwortet den Prozess. Der Coachee soll neue Erkenntnisse gewinnen und Handlungsalternativen entwickeln. Und zwar im Hinblick auf die Wechselwirkung seines Handelns in Bezug auf sein Umfeld.

19 Bei der Mediation ist das Ziel eine nachhaltige und tragfähige Konfliktregelung und Befriedigung der Medianden. Die Konkretisierung des Ziels erfolgt durch die Medianden. Die Mediatoren verantworten den Prozess. Im transformativen Mediationsansatz wird parallel dazu ein Erkenntnisgewinn und ein Lerneffekt angestrebt. Dieser tritt beim facilitative und evaluativen Ansatz in den Hintergrund.

20 Aus diesem Grunde ergänzen sich Mediation und Coaching hervorragend. Wenn es sich dabei um die gleiche Person handeln würde, hätte sie beide Prozesse zu verantworten, den Entwicklungsprozess und den Konfliktlösungsprozess, Wenn man es ganz genau betrachtet, wäre diese Person sogar für – zumindest bei einem dualen Konflikt – für drei Prozesse zuständig: den Entwicklungsprozess der Partei A, den Entwicklungsprozess der Partei B und den Konfliktlösungsprozess von A und B.

21 Wenn es sich dabei gerade nicht um die gleiche Person handeln würde, wäre die Rollenklarheit gewahrt und ein zusätzlicher Stimulus gesetzt. In der Praxis ist es für einen im Coaching geschulten Mediator möglich, auf der ganzen Klaviatur der Möglichkeiten spielen, um das Beste aus beiden Welten in der Mediation zu vereinen.

3.5 Mediation und Klärungshilfe

Literatur: Thomann, C./Schulz von Thun, F, Klärungshilfe 1, 2004; Thomann, C., Konflikte im Beruf. Methoden und Modelle klärender Gespräche, 2004; Thomann, C./Prior, C., Klärungshilfe 3 – Das Praxisbuch, 2007; Prior, C., Teamgespräche Konfliktdynamik 1/2012; Prior, C., Klarheit ist der natürliche Feind des Konflikts, Pflegemagazin Oktober 2004.

3.5.1 Einleitung

Gehört die Klärungshilfe unter das Dach der Mediation? Oder ist Klärungshilfe etwas ganz anderes? Ähnlich oder sogar exakt gleich ist vieles, angefangen beim gemeinsamen Anliegen: Zerstrittene Konfliktparteien durch eine allparteiliche, neutrale Moderation bei der selbstständigen Erarbeitung von guten und tragfähigen Lösungen zu unterstützen. Wenn man aber wesentliche Grundpfeiler der Mediation blickt, wie beispielsweise das „Prinzip Freiwilligkeit" (hierzu 3.5.3.1 und 1.1.3.2.1), das „Recht auf Einzelvorgespräche" (vgl Kap. 3.13) oder das Maß, wie sehr der Moderierende sich selber machtvoll ins Gespräch einmischen darf, dann werden (scheinbar) unüberbrückbare Unterschiede deutlich. Um diese Unterschiede geht es in diesem Kapitel. Doch für alle die, die Klärungshilfe überhaupt nicht kennen, ein kurzer Überblick.

3.5.2 Was ist eigentlich Klärungshilfe?

Statt die Interessen und Bedürfnisse zu ermitteln, um auf deren Basis eine gute Lösung für einen Konflikt anzustreben, steht bei der Klärungshilfe das **authentische Streitgespräch** der Parteien im Zentrum. Es geht über 50% der Zeit nur um die wechselseitigen Vorbehalte, Vorwürfe, Kränkungen, Missverständnisse... kurz: es geht um die schwierigen Tatsachen und Gefühle, die es den Parteien bisher unmöglich gemacht haben, selber gute Lösungen für ihr Zusammenleben oder Zusammenarbeiten zu finden. Ziel ist es, durch diesen sogenannten „Dialog der Wahrheiten" (s.u. 3.5.2.1.4) die Parteien lang-sam in die tieferen Dimensionen ihrer Begegnung zu begleiten, um dort durch wechsel-seitiges Verstehen kleine, aber entscheidende Veränderungen zu bewirken – im Idealfall sogar die Auflösung des Konfliktgrundes. Dieser liegt nicht nur in den unpassenden Or-ganisationsstrukturen oder der problematischen Kommunikation, sondern immer auch in den **schwierigen Gefühlen** der Betroffenen.

3   Dies bedeutet allerdings für alle ein gutes Stück emotionaler Arbeit. So ist eine „**Bezie-hungsreparatur**" im Sinne der Klärungshilfe nicht nötig, wo von vornherein klar ist, dass die Parteien „nur" eine gute, faire Lösung brauchen und sich danach trennen. An-dersherum: Klärungshilfe ist nur da angebracht, wo die Konfliktparteien nach der Lö-sungsfindung die Lösung noch zusammen „leben" müssen, also zB bei Elternschaft, ge-meinsamem Wohnen und bei innerbetrieblichen Konflikten (dem Haupteinsatzgebiet der Klärungshilfe).

4   Bedingt durch diese „hautnahe" und intensive Gesprächsbegleitung mitten hinein in das Bermudadreieck der gestörten Beziehungen ist es für den Klärungshelfer eine wichtige Voraussetzung, seine eigenen Gefühlsdimensionen (seine „innere Not" und seine „schützende Aggressionsebene") in der Ausbildung (und darüber hinaus in Supervision und Intervision) zu beforschen und zu integrieren. Es gilt: „Ich kann schwieriges Ver-halten bei anderen nur dann kompetent begleiten, wenn ich meine eigenen schwierigen Seiten bei mir selber auch gut kenne und mag."

5   Weiterhin ist ein kommunikations- und tiefenpsychologischer Theoriehintergrund eine sinnvolle Ergänzung, um die im Dialog aufgewühlten Gefühle durch eine passgenaue Erklärung wieder beruhigen zu können. Hier gilt: Es darf nur der aufschneiden (schwie-rige Gefühle ergründen), der auch wieder zunähen kann (beruhigen durch Erklären – s. 3.5.2.1.5 und 3.5.3.2.3).

3.5.2.1 Das Vorgehen

6   Klärungshilfe gliedert sich in folgende sieben Phasen, die sogenannte „Bridge over trou-bled water".

3.5.2.1.1 Auftragsklärung: Abklären von Situation und Motivation, Schaffen von Vertrauen, Planen der Klärung

7   In der Auftragsklärung (zu 95% am Telefon) liegt der Fokus darauf, zu überprüfen, ob der Fall überhaupt für Klärungshilfe geeignet ist. Ist Klarheit und Wahrheit gewollt und in seinen Konsequenzen möglich? Wer ist in einem hierarchischen System der Richtige, der eine Klärung tragen kann? Ist der Chef bereit, von Anfang bis Schluss dabei zu sein und sich möglicher Kritik zu stellen? Was geschieht, wenn sich am Schluss zeigt, dass das Eis zu dünn ist für eine weitere Zusammenarbeit? Wer muss alles dabei sein? Und wer besser nicht? Wie viel Zeit sollte eingeplant werden?

3.5.2.1.2 Anfangsphase (in der Mediation wäre es Phase 1): Optimale Bedingungen gestalten

Die Konfliktparteien und der Klärungshelfer treffen erstmalig aufeinander und lernen 8 sich gegenseitig kennen. Die Vorgeschichte und der Ablauf der Klärung werden kurz erläutert, Hindernisse beseitigt und Bedingungen abgeklärt.

3.5.2.1.3 Selbstklärungsphase (in der Mediation Phase 2): Verstehen und Themen sammeln

Der eigentliche Einstieg in die Konfliktinhalte geschieht in dieser Phase. Die Anwesen- 9 den schildern der Reihe nach ihre subjektive Sichtweise auf das Miteinander. Der Klärungshelfer hat die Aufgabe, alle und alles genau zu verstehen und die eigentlichen Themen zu erkennen. Am Schluss der Selbstklärung – in der **Diagnose des Ist-Zustands** (s. 3.5.3.2.1) – fasst er die Themen dann zusammen und setzt Prioritäten für deren Behandlung.

3.5.2.1.4 Dialog der Wahrheiten (Phase 3): Zueinander finden durch Auseinandersetzung

Diese „heiße" Dialogphase ist das Zentrum der Klärung und nimmt 50% der gesamten 10 Zeit ein. Der Klärungshelfer führt die Parteien in ein Streitgespräch, das ohne ihn eskalieren oder absterben würde. Er fühlt sich in alle ein und hilft ihnen durch die Methoden des Dialogisierens und Doppelns, sich vollständig auszudrücken und zu ihren schwierigen Gefühlen zu stehen. Das bewirkt ein vertieftes gegenseitiges Verstehen.

3.5.2.1.5 Erklärungs- und Lösungsphase (Phase 4): Emotionen beruhigen und Lösungssuche ermöglichen

Immer wieder verstehen sich die Konfliktparteien allein durch den Dialog. Ist dies nicht 11 der Fall, beruhigt der Klärungshelfer jetzt die Stimmung durch eine Erklärung der Konfliktursachen und -mechanismen (s. 3.5.3.2.3). Die dadurch entstandene nüchterne Atmosphäre befähigt dann, menschen-, sach- und situationsgerechte Lösungen zu verabreden.

3.5.2.1.6 Schlussphase (Phase 5): Abrunden und Abschließen durch Aus- und Rückblick

Bevor alle auseinander gehen, erfolgt noch ein Blick nach vorne: Wie geht es weiter – 12 was muss jetzt schon für die Nachsorge verabredet werden? Und ein Blick zurück: Was gibt es noch zu sagen – zu beanstanden? Danach folgen eine Schlussrunde und der Abschied.

3.5.2.1.7 Nachbegleitung – Begleitung und Beratung bei der Umsetzung ist wichtig

Alle weiteren Kontakte mit dem Klärungshelfer sind eine Form der Nachsorge: nachfol- 13 gende Klärungssitzungen, Coaching, Nachfragen usw. Die Nachsorge unterstützt die Nachhaltigkeit der Veränderungen.

3.5.3 Klärungshilfe versus Mediation – Diskussion der Unterschiede

Mediation ist ein weiter Begriff ist, unter dem viele, sehr unterschiedliche Vorgehens- 14 weisen und Haltungen Platz finden. Was für die einen oberste Priorität hat, ist für andere undenkbar oder schlichtweg falsch. Es soll trotzdem eine Gegenüberstellung „Mediation – Klärungshilfe" versucht werden, um die Besonderheiten der Klärungshilfe pointiert herauszuarbeiten. Es beginnt mit dem für die Mediation zentralen Begriff der „Freiwilligkeit". Dann wird auf den „Machtgebrauch" in der Klärungshilfe eingegangen, dann die zentrale Rolle des Vorgesetzten für eine Klärung im hierarchischen Kontext betrachtet und abschließend weitere kleinere Unterschiede beleuchtet.

3.5.3.1 Freiwilligkeit

15 „Mediation ist ein freiwilliges Verfahren".[1] Provokativ gesagt: Klärungshilfe nicht. Wir akzeptieren auch Verpflichtung, Zwang und sogar Erpressung. Warum? Die Klärungshilfe will die „Machtverhältnisse" der Alltagsrealität im Klärungsgespräch abbilden und in ihren positiven Ausprägungen (Fürsorgepflicht) stärken statt schwächen. Das Wort „Macht" an sich löst bei vielen Mediatoren allergische Reaktionen aus, was allerdings eine nüchterne Diskussion schwierig macht. Es sei trotzdem versucht. Es gilt zwei grundsätzliche Fälle zu unterscheiden: den hierarchischen Kontext, wie in Firmen, Ministerien usw, und den symmetrischen Kontext, wo die Konfliktgegner gleichberechtigt Partner sind.

3.5.3.1.1 Freiwilligkeit in hierarchischen Systemen

16 In der Hierarchie hat der Vorgesetzte die Fürsorgepflicht für seine Mitarbeiter. Diese besagt, dass er Störungen auf der Beziehungsebene, die die sachliche Zusammenarbeit behindern oder gar die Mitarbeiter gesundheitlich einschränken, beseitigen muss. Für diese Beseitigung braucht es in komplexen Fällen ein klärendes Gespräch über das, was vorgefallen ist – idealerweise gleich mit allen Beteiligten. Die Fairness verlangt, dass die Beteiligten und Betroffenen die Möglichkeit haben, wechselseitige Vorbehalte und Vorwürfe zu verstehen und angemessen darauf zu reagieren. Statt „hinten herum" oder zwischen den Zeilen gilt es, „vorne herum" zu klären, was die Zusammenarbeit so schwierig gestaltet.

17 Im Grunde ist eine Klärungshilfe damit vom Status eine ganz normale Arbeitsbesprechung (Klausur, Teamtag, Teamcoaching), bei der es um alltägliche Personen-, Sach- und Strukturfragen geht. Solche Gespräche sind sinnvollerweise nicht freiwillig, sondern im Interesse aller verpflichtend. Stellen Sie sich jetzt einen Chef vor, der Spannungen im Team besprechen und klären möchte, aber als Voraussetzung für eine Mediation jeden seiner Mitarbeiter fragen müsste, ob er denn bereit wäre, sich an der Problembeseitigung zu beteiligen. Was soll er tun, wenn alle, mehrere oder gar nur einer nein sagen? Auf ein gemeinsames Gespräch verzichten und Einzelgespräche führen und sich dabei immer weiter im Wald der widersprüchlichen Darstellungen verlieren? Oder seine Klausur ohne einen mediativen Profi moderieren und damit auf das Potential der Konfliktvermittlung verzichten?

18 Abgesehen davon: Wie freiwillig und bar jeden Gruppen- und Chefdrucks ist denn das „Ja" der Mitarbeiter, die gefragt werden, ob sie bei einer Mediation mitmachen wollen? Ist es nicht ehrlicher und damit konstruktiver, wenn in der Anfangsrunde jeder sagen darf, was er wirklich denkt (zB „Ich halte absolut nichts davon, bin gezwungen hier zu sein")?

19 Wir begleiten allerdings nur die Führungskräfte, die ihre „Macht" für Klärung einsetzen wollen und nicht für Unterdrückung oder gar Zerstörung. Ein Chef muss bereit sein, auch die emotionalen Komponenten unerschrocken zu thematisieren, muss sich aufrichtig für die Sichtweisen seiner Mitarbeiter interessieren und sich selber und seine Führung der Kritik stellen – wir unterstützen nämlich auch die Mitarbeiter, sich situationsgerecht und prägnant auszudrücken. Der Auftraggeber muss sozusagen das Herz am rechten Fleck haben. Wir prüfen dies ausführlich in der Auftragsklärung und begleiten in der Praxis nur die Hälfte der Anfragen – die andere Hälfte ist eben nicht „koscher" oder geeignet (s. 3.5.3.3).

---

1 Startseite des BAFM (http://www.bafm-mediation.de/ April 2012). Zur gleichen Zeit beim größten deutsche Mediationsverband BM (bmev.de) unter der Überschrift: Definition von Mediation: „Grundsätze und Merkmale – Mediation ist gekennzeichnet durch Ergebnisoffenheit, Vertraulichkeit und Freiwilligkeit." http://www.bmev.de/index.php?id=definition-mediation0 veröffentlicht.

Und eines ist klar: Der Chef muss die Klärung freiwillig wollen. In diesem Punkt drückt   20
sich in unseren Augen das gesamte Freiwilligkeits-Prinzip der Mediation im hierarchischen Kontext aus. Wenn er von irgendjemand gezwungen wäre, zB in der Hierarchie
über ihm, so müsste dieses zur Klärung kommen – wir führen dann eine „Vorklärung"
in der Führungsmannschaft zwischen Chefchef und Chef vor der eigentlichen Klärung
durch. Wäre die Führungskraft von seinen Mitarbeitern gezwungen, so wäre sie auch
nicht freiwillig und eine Klärungshilfe nicht möglich – im hierarchischen Kontext ist
diese Form des „Zwangs von unten" aus unserer Erfahrung bedauerlicherweise nicht zu
akzeptieren (vgl 3.5.3.1.3 Freiwilligkeit in gleichberechtigten Beziehungen).

Nun wird auch deutlich, warum wir in der Klärungshilfe nur mit dem Chef ein Vorge-   21
spräch führen und ihm empfehlen, die Mitarbeiter wie zu einer Klausur einzuladen („Es
geht um ein offenes Gespräch über die Zusammenarbeit – extern moderiert"). Er soll
sogar nicht einmal für die Teilnahme werben oder gar Überzeugungsarbeit leisten – einfach nur (verpflichtend!) einladen.

Wir fördern also in hierarchischen Systemen den kompetenten Umgang mit Konflikten,   22
indem wir den Chefs bei der Erfüllung ihrer Pflichten helfen, statt sie durch die Notwendigkeit einer „Pseudofreiwilligkeit" bei den Mitarbeitern in ihrer Glaubwürdigkeit
zu schwächen oder gar mit dem Thema Konflikte ganz allein zu lassen.

3.5.3.1.2 Privat – Persönlich

Kann man einen Mitarbeiter überhaupt zwingen, über seine Gefühle zu sprechen? Ist   23
das nicht seine Privatsphäre und hat damit nichts in einem beruflichen Gespräch zu suchen? Schon gar nicht gezwungenermaßen? Hier ist die Unterscheidung von privat und
persönlich wichtig, um den rechten Pfad nicht zu verlassen und als Führungskraft kraftvoll handeln zu können.

Privat ist: Familie, Ehe, Kindererziehung, Religion, Finanzen, Hobbies, Lebenseinstel-   24
lung, Sexualität, Krankheiten, der eigene Körper, usw. All dies ist als Privatsphäre gesetzlich und moralisch geschützt und darf vom Arbeitgeber nicht angesprochen werden,
ohne die ausdrückliche Erlaubnis vom Mitarbeiter – und hat dementsprechend nichts in
einem Klärungshilfegespräch zu suchen.

Persönlich sind sämtliche Kenntnisse, Fertigkeiten, Einstellungen, Haltungen, Motiva-   25
tionen und eben auch Gefühle des Mitarbeiters, die die Arbeit, das Produkt, die Kollegen oder den Chef betreffen. All dies ist zwar sehr intim, hat aber eine mittel- oder unmittelbare Auswirkung auf den sachlichen Output der Arbeit. Wenn nun noch dazu im
Team gearbeitet und damit miteinander kommuniziert werden muss, dann ist es unumgänglich, „Störungen" zu thematisieren, die die Kollegen oder den Chef betreffen, um
eine Verbesserung der Zusammenarbeit zu bewirken. Verweigert ein Mitarbeiter dies,
so ist damit ebenso umzugehen wie mit einer Verweigerung in anderen Arbeitsangele-
genheiten.

3.5.3.1.3 Freiwilligkeit bei gleichberechtigter Beziehung

In einem **symmetrischen Kontext**, also wenn zwei oder mehr gleichberechtigte Parteien   26
(Geschäftspartner, Ehepaare, Nachbarn ...) einander gegenüber stehen und niemanden
über sich haben (denn dann wäre es eine hierarchische Klärung – s. 3.5.3.1.1), ist keine
Verpflichtung wie oben möglich, wohl aber Zwang oder gar Erpressung. Es könnte
nämlich eine Partei der anderen mit unangenehmen Folgen drohen („ich verkaufe meine
Anteile, mein Haus an deinen größten Konkurrenten", „ich lasse mich scheiden"), für
den Fall, dass sie nicht bereit wäre, ein klärendes Gespräch zu führen. Wir akzeptieren
auch diesen (zugegeben nicht gerade optimalen) Ausgangspunkt für eine Klärungshilfe.

27 Das Gespräch wird dann in der Anfangsrunde mit der Feststellung gestartet, dass Partei B offenbar nicht freiwillig da sei, dankt für ihr Kommen und bittet sie, mit ihrem Stuhl einen halben Meter nach hinten zu rücken – „Partei A kann Sie anscheinend zum Hiersein zwingen, sie kann aber nicht veranlassen, dass Sie hier was sagen". Dann hört man ausführlich Partei A zu, warum sie unbedingt dieses Gespräch will und worum es ihr überhaupt geht. Man sollte genau verstehen, wie sie die Entwicklung erlebt hat. Wenn Partei B nach wie vor nichts sagen möchte, wäre das Gespräch dann vorbei. Bisher hat aber noch jede Partei B das Wort ergriffen und die Gelegenheit genutzt, ihre subjektive Sicht der Wahrheit der Situation zu schildern – „Ich muss das jetzt mal richtig stellen – es ist ja ganz anders." Und dann hört man zu und will voll und ganz verstehen. Im Anschluss steht die Frage, ob Partei B interessiert ist zu hören, was Partei A zu dieser Darstellung zu sagen hat, womit wir im Dialog der Wahrheiten sind. Der Autor hat in all den Jahren weder erlebt, dass eine Partei B nicht ins Gespräch eingestiegen wäre noch sich hinterher darüber beschwert hätte.

28 Die Klärungshilfe respektiert die **realen Machtstrukturen** und unterstützt die Betroffenen im erzwungenen Gespräch. Wenn wir das nicht machen, dann streiten die Parteien eben alleine oder zerren sich vor Gericht. Da ihnen diese Wege sowieso immer offen stehen, ist Klärungshilfe eine weitere Option.

3.5.3.2 Mehr „Machtgebrauch" in der Klärungshilfe

29 „Machtgebrauch"[2] meint den Einfluss, den der Konfliktvermittler auf das Geschehen nimmt, indem er sich mit seiner persönlichen Meinung, mit direktem Feedback oder gar mit einer Interpretation der Situation ins Gespräch einmischt – wie viel er also jenseits seiner allparteilichen Moderationsrolle „macht". Hier gehen wir Klärungshelfer weit – für viele Mediations-Kollegen viel zu weit.

30 Eines ist uns sehr bewusst: Die sich uns anvertrauenden Menschen sind in einer **emotionalen Ausnahmesituation**, die oft existentielle Ausmaße hat. Sie sind jenseits aller Verhärtungen vollkommen offen und ungeschützt. Das macht sie empfänglich für Rückmeldungen von uns Konfliktexperten. Dementsprechend verantwortungsvoll und sensibel müssen wir hier agieren und unsere „Macht" einsetzen, um nicht mehr Schaden als Nutzen zu bewirken. Sich aber aus Sorge vor Fehlern ganz herauszuhalten, halten wir für Vergeudung von Chancen.

Drei Methoden stechen hier besonders hervor: Die „Diagnose", das „Doppeln" und die „Erklärung".

3.5.3.2.1 Diagnose

31 Nach der Selbstklärung („in der Mediation die Phase 2") ist es die Aufgabe des Klärungshelfers, die Themen für den Dialog zu benennen. Andere Schulen der Mediation machen dies, indem sie die in Phase zwei benannten Anliegen (Was wollen Sie hier besprechen? Welche Interessen treiben Sie dabei an?) möglichst neutral darstellen. In der Klärungshilfe gehen wir über diese explizit genannten Anliegen noch hinaus, indem wir die unserer Meinung nach mitschwingenden Themen (Vorwürfe – „Du hast mich in Stich gelassen!", Kränkungen „Seither rede ich nur noch das Nötigste mit dir", persönliche Themen – „Ich fühle mich sowieso nicht dazugehörig", Gruppenthemen – „unser Umgang mit Konkurrenz") auch benennen. Dies machen wir auch dann, wenn diese Themen nur zwischen den Zeilen zu hören waren und nicht explizit benannt wurden. In der Klärungshilfe wollen wir den Parteien die Chance geben, auch über diese, das Miteinander torpedierende Themen ins Gespräch zu kommen. Selbstverständlich entschei-

---

2 Den Begriff „Machtgebrauch" geht dem Zusammenhang auf Tilman Metzger zurück.

den letztlich die Parteien (oder der Hierarch), ob wir als Klärungshelfer die Situation richtig verstanden haben und über was dann der folgende Dialog gehen wird.

Nach der Vorstellung der Themen legen dann übrigens auch wir als Gesprächsleiter 32 fest, über welches Thema der erste Dialog geht: Und es ist immer das zwischenmenschlich heißeste, akuteste, hierarchisch höchste Thema – und nicht etwa ein einfach zu klärendes. Warum? Wir wollen nicht lange um den heißen Brei herum reden, sondern das dominanteste Thema erforschen und beruhigen. Besonders auch, weil dieses die Klärung aller anderen Themen färben, negativ beeinflussen oder gar blockieren würde.

3.5.3.2.2 Doppeln

Das Doppeln ist eine Methode, bei der der Moderator im Dialog in erster Person für die 33 Parteien spricht. Er verlässt dazu seinen Platz, geht neben der Partei in die Hocke und spricht den jeweiligen Gegner direkt an – und zwar als wäre er die Konfliktpartei selber, für die er spricht – „Du, Rudi, hast in meinen Augen die letzte Chance, die ich dir gegeben habe, leichtsinnig vertan". Nach einer gedoppelten Sinneinheit überprüft der Moderator, ob er richtig lag („Stimmt das so?"). Wenn ja, kann er weiterdoppeln. Bei einem Nein bittet er den Gedoppelten, die Aussage zu korrigieren. Nach dem Doppeln geht der Moderator wieder auf seinen Platz und fragt beim Angesprochenen nach, was dieser dazu sagt. Wir doppeln so oft, wie es nach unserer Einschätzung der „Klarheit und Wahrheit" des Dialogs dienlich ist – bis zu 50 Mal in einer zweitägigen Klärungshilfe! Indem wir Zwischentöne und Andeutungen verstärken, Verschlucktes und Übersprungenes hör- und besprechbar machen, bestimmen wir entscheidend, wie der Dialog verläuft und wo er langsamer und tiefer wird. Wir mischen damit maximal mit, ja tauchen förmlich ein. Wir sprechen die andere Partei kurzfristig so direkt an, als wäre es für diesen Moment unser eigenes Anliegen. Dabei lässt es sich nicht verhindern, dass wir uns mit eigenen Beobachtungen und Ansichten selber einbringen. Aspekte unserer Lebens- und Konfliktgeschichte werden ein Teil des Dialogs. Dies ist nur möglich, wenn wir bei der Überprüfungsfrage („Stimmt das so?") auf 100% Zustimmung achten und bei kleinstem Zögern sofort das Gesagte zurücknehmen und korrigieren lassen.

Warum doppeln wir überhaupt, wenn die Gefahren der „Verunreinigung" des Dialogs 34 so groß sind? Der **Gewinn** übersteigt nach unserer Erfahrung das Risiko bei Weitem.

■ Der Gedoppelte erhält maximale Unterstützung, indem sein Anliegen, gerade auch in den „unerhörten" Aspekten, noch einmal formuliert wird, ja vielleicht sogar in einer Deutlichkeit, die er sich selber nicht getraut hätte.

■ Er kann sich dabei von sich selber etwas dissoziieren und überprüfen, ob er es so gemeint hat – und fühlt sich damit größtmöglich verstanden und vertreten.

■ Daraus resultiert eine erhöhte Bereitschaft, dem anderen zuzuhören – ja oft sogar eine Neugierde, was der andere wohl dazu sagt.

■ Dadurch, dass beim Doppeln der Klärungshelfer auf ruhige und sachliche Weise schwierige Vorwürfe ausspricht, kann der Angesprochene leichter und offener zuhören, als wenn es der „verhasste" Gegner mit unterschwelligen Emotionen anspricht.

■ Bei verhärteten Konflikten haben sich zudem Allergien auf non- und paraverbale Eigenheiten der Parteien gebildet („Wenn die nur mit dieser piepsigen Stimme anfängt, geht bei mir der Rollladen runter"), so dass auch hier deutlich mehr transportiert werden kann, wenn es der als neutral und vielleicht sogar sympathisch erlebte Klärungshelfer formuliert.

- Das Doppeln zudem ist die sichtbarste und klarste Form der Allparteilichkeit. Bei keiner anderen Methode wird so deutlich, dass der Klärungshelfer alle verstehen und vertreten kann.

- Außerdem bleibt durch das Doppeln der Moderationsstuhl frei von jeglichem Verdacht der Parteilichkeit, da der Klärungshelfer heikle Aspekte von dort ins Gespräch einfließen lässt, wo sie hingehören – nämlich vom Platz der Parteien aus.

- Kaum eine andere Methode bietet die Möglichkeit, so elegant den Gesprächsverlauf zu verlangsamen, zu pointieren und zu vertiefen wie das Doppeln.

3.5.3.2.3 Erklärung

35 Ein solcher „Dialog der Wahrheiten" endet oftmals nicht mit großem gegenseitigen Verständnis und einer friedlichen Stimmung, sondern regelmäßig im Graben des „realen" Kontakts. Die Sonne scheint lediglich in 40 % der Fälle nach dem Dialog und ist auch eher ein „Abfallprodukt" des eigentlichen Ziels im Dialog, bei dem es vorrangig um die Beforschung der „Wahrheit der Beziehung" geht.

36 Bevor die Parteien aber in der Lage sind, in die Lösungsphase (Phase 5) überzuwechseln, ist es notwendig, die aufgewühlten Emotionen wieder zu beruhigen und innere Distanz zu ermöglichen. Dazu erklären wir Klärungshelfer ihnen (quasi von „außen"), wie wir die konflikthafte Entwicklung zwischen ihnen sehen. Nach dem Motto: „Wie ist es dazu gekommen, dass es jetzt so schlimm ist?". Dies machen wir nach folgenden **Grundprinzipien** mit: wertschätzend, sinnstiftend, verbindend und systemisch. Wertschätzend, sinnstiftend und verbindend erklären sich von selber. Systemisch heißt: Wir sprechen keinem die „Schuld" an der Entwicklung zu oder etablieren gar Opfer und Täter, sondern zeigen die gegenseitige Verstrickung und kommunikative Verwicklung auf.

37 Gleich nach der Ankündigung („Ich möchte Ihren Dialog hier mal unterbrechen und Ihnen sagen, wie ich das Ganze von außen sehe – bitte nicken Sie, wenn es für Sie stimmt.") lehnen sich die Parteien in Ihrem Stuhl zurück und sind in der Regel begierig darauf zu hören, was wir als „Experten" denken. Wir beginnen unsere Erklärung mit einer Schilderung der bisherigen Entwicklung und verweben dabei langsam beide Wahrheitsstränge A und B zu einer gemeinsamen Geschichte. Dann verallgemeinern wir das konkrete Geschehen („Ist typisch für Ihre Situation!") und nehmen noch mit der „Zerstörung der idealen Lösung" jeglichen Druck heraus, jetzt edler agieren zu müssen als möglich. Bei passender Gelegenheit ergänzen wir die Erklärung mit einem kommunikationspsychologischen Modell, wie beispielsweise dem Riemann-Thomann-Kreuz, dem Wertequadrat, dem Teufelskreis, dem Nachrichtenquadrat, u.a.[3]

38 Seite an Seite (statt wie bisher gegeneinander) blicken die Parteien bei der Erklärung auf die Ent- und Verwicklung ihrer Beziehung und bekommen so innere Distanz zu ihren Gefühlen – im Idealfall sogar ein neues Verständnis füreinander. Danach sind sie bereit (und oft sogar erpicht darauf), auf sachliche Weise konstruktiv an den Lösungen ihrer Probleme zu arbeiten. Fast mehr noch als bei der Diagnose und ähnlich wie beim Doppeln nehmen wir beim Erklären massiven Einfluss auf das Gespräch und die Parteien, indem wir in dieser sensiblen Phase eine Interpretation des Geschehens anbieten – zwar eine systemische und wertschätzende, aber eben doch eine subjektive Sichtweise, durch uns und unsere Geschichte gefärbt. Was wir sagen, wird in der Regel mit großer Offenheit gehört und lange behalten. In diesem Moment können wir nicht nur aufgewühlte Emotionen beruhigen, sondern auch Erlebtes kognitiv zugänglich machen.

---

3 S. dazu: Prior, Das Erklärungshaus – Zusammenfassen und Erklären", in: Knapp, Konfliktlösungs-Tools, 2012, 265 ff.

3.5.3.3 Der Chef muss bei einer Klärungshilfe immer dabei sein!

Und dabei bleiben – nicht nur für einen „einrahmenden" Besuch am Anfang und 39 Schluss! Warum legen wir so großen Wert darauf, dass der oberste, am Konflikt beteiligte und für eine Klärung motivierte Hierarch dabei sein muss? Weil für die Konfliktlösung letztlich der Chef zuständig ist und diese Verantwortung nicht delegieren kann, grundsätzlich nicht! Was er delegieren kann, ist die Moderation eines klärenden Gesprächs, aber er muss sich persönlich ein Bild davon machen, was sich in dem von ihm verantworteten Bereich auf der strukturellen und zwischenmenschlichen Ebene ereignet hat und vielleicht zu Irritationen führt. Erst auf Basis dieser entstandenen Klarheit kann er sach- und menschengerechte Maßnahmen einleiten und diese dann auch effektiv nachhalten.

Abgesehen von dieser Verantwortung für die Lösung ist er allein schon durch seine her- 40 ausgehobene Rolle als Chef meist (unbewusst) mitverantwortlich für die konflikthafte Entwicklung in seiner Abteilung – durch aktives Tun oder Nicht-Tun. Als in diesem Sinne Konfliktbeteiligter sollte er entsprechend am Gespräch teilnehmen, sich die Auswirkung seines Handelns anhören, sie nachvollziehen und wo stimmig sich dafür entschuldigen. Und natürlich sollte er auf der anderen Seite auch das Recht haben, seine Perspektive und Beweggründe erklären und rechtfertigen zu können. Nur so lernen seine Mitarbeiter verstehen, wie Entscheidungen und Handlungen zustande gekommen sind. Nicht selten ist es übrigens die Angst des Chefs vor dieser offenen Begegnung, die ihn vor einer Klärung zurückschrecken lässt.

Jetzt taucht vielleicht die Frage auf: Ja, wie ist es denn mit der Offenheit der Mitarbei- 41 ter? Ist die nicht sofort auf ein Minimum reduziert, wenn der Chef dabei ist? Ja und nein. Ja – denn natürlich sind erst einmal alle Beteiligten vorsichtiger und verschlossener, als wenn sie allein unter sich wären. Dies liegt allein schon daran, dass in den meisten institutionellen Kontexten eine Offenheit über Hierarchiegrenzen hinweg unüblich und damit ungewohnt und ungeübt ist. Zudem ist eine Klärungshilfe ein „echtes" Gespräch zwischen Mitarbeitern und Vorgesetzten – mit allen denkbaren Konsequenzen in der Folge, wie jede andere Besprechung auch. **Nein** – die Offenheit leidet offensichtlich kaum, denn seit Jahren erlebt der Autor, dass in den Klärungsgesprächen (auch über mehrere Hierarchieebenen hinweg) bereits in der Selbstklärungsphase eine solche Offenheit herrscht, die ich mir kaum größer denken kann. In der Schlussrunde höre ich dann auch regelmäßig, wie dankbar gerade die anfänglich skeptischen Mitarbeiter sind, dass das Management sich die Zeit genommen hat und wie sehr sie erstaunt sind über die entstandene, vertrauensvolle Atmosphäre. Der Nachteil der anfänglich relativen Verschlossenheit und Vorsicht wird bei weitem vom Vorteil des direkten Dialogs mit einem der „Konflikt-Hauptverantwortlichen", dem Chef, aufgewogen.

Zwei Anmerkungen noch dazu. Erstens: Man unterstützt die Offenheit gerade auch da- 42 durch, dass am Anfang darauf hingewiesen wird, dass jeder Mitarbeiter für sich abwägen muss, wie weit er sich einbringen und damit öffnen möchte. Denn diese Klärung ist ja letztlich nichts anderes als eine normale Arbeitsbesprechung, in der er auch „Tacheles-Reden" und „Diplomatie" in eine gute Balance bringen muss. Zweitens: Es ist eine weit verbreitete Überzeugung, dass man mit seinem Chef nicht ehrlich und offen reden darf, ohne Nachteile zu erleben. Das mag tatsächlich vielerorts zutreffen und ist dummerweise auch in vielen Köpfen von Mediatoren fest verankert. Damit geht allerdings der Blick verloren für die genügend große Anzahl von Führungskräften, die aufrichtig an Kritik interessiert sind und Verantwortung für ihr Tun und Lassen übernehmen wollen. Natürlich ist nur mit solchen Vorgesetzten eine Klärungshilfe überhaupt möglich – deswegen muss die Motivation des Auftraggebers in der Auftragsklärung so gründlich geprüft werden. Und es ist klar, dass sich nur bei solchen Vorgesetzten die anfängliche Skepsis der Mitarbeiter in Offenheit, Vertrauen und Dankbarkeit wandelt.

3.5.4 Weitere Unterschiede

43 Der erweiterte Blick auf die Freiwilligkeit, der forcierte „Machtgebrauch" mit Diagnose, Doppeln und Erklären und die zentrale Rolle des Chefs sind wesentliche Unterschiede zu anderen mediativen Schulen. Es gibt darüber hinaus weitere zu erwähnende Aspekte.

3.5.4.1 Umgang mit eskalierenden Gefühlen

44 Wir legen besonders Wert auf einen authentischen und konstruktiven Umgang mit eskalierenden Gefühlen und Verhaltensweisen, wie beispielsweise Wut, Aggression, Geringschätzung, Überheblichkeit usw. Wir betrachten diese als eine psychologisch sinnvolle und berechtigte Schutzreaktion auf eine im Konflikt erlebte innere Not (Hilflosigkeit, Ohnmacht, Trauer ...) und begleiten die Konfliktparteien durch sachliches und ruhiges Doppeln durch diese notwendige aggressive Form der Begegnung. Wir helfen den Parteien sozusagen beim authentischen Streiten. Erst wenn die Vorwürfe genau ausgedrückt, verstanden und ehrlich beantwortet sind, erst dann wenden wir uns der verletzten Seite zu, um das in ihr verborgene Potenzial der Versöhnung zu bergen. Anders gesagt: Wir sind davon überzeugt, dass statt einem zu frühen und unglaubwürdigen „Es macht mich so traurig, wie wir miteinander umgehen" eher ein „Ich bin stinksauer darüber, was du dir wieder mal rausnimmst" hilfreich ist.

3.5.4.2 Direktes Gespräch

45 „Halt, die Parteien dürfen doch nicht direkt miteinander sprechen! Die müssen doch über mich kommunizieren." Eine Mediatorin reagierte verwirrt, als wir in der Klärungshilfe-Weiterbildung den direkten Dialog üben wollen. Nach ihrer Schule der Mediation muss sie verhindern, dass die Parteien direkt miteinander ins Gespräch kommen – die Gefahr sei zu groß, dass die eitrigen Beziehungsblasen wieder destruktiv aufbrechen. Genau mit diesem, für ihre Beziehung typischem Aufbrechen alter und neuer Wunden aber wollen wir in der Klärungshilfe die Parteien nicht allein lassen. Deswegen fordern wir sie auf, sich direkt auf die Äußerungen des anderen zu beziehen („Was sagen Sie dazu?"), ihm unmittelbar zu antworten („Wie reagieren Sie darauf?") – und helfen ihnen dann dabei, sich beim Ausdrücken und Zuhören direkt in die Augen zu schauen (s. 3.5.3.2.2 Doppeln).

3.5.4.3 Keine Einzelvorgespräche

46 Wie auch manch andere Schulen, so führen wir lediglich mit dem Chef ein ausführliches Auftragsklärungsgespräch und lehnen weitere Einzelvorgespräche mit allen anderen Beteiligen klar ab. Neben den üblichen Gründen (Vermeidung drastifizierter Einzelschilderungen mit der damit verbundenen Lähmung und gefährlichen Parteinahme – Gefahr des Mitteilens von Geheimnissen mit der daraus folgenden Vertrauensproblematik) wollen wir vor allem keine „Kropfentleerung" vorab. Die emotionale Wucht der Vorbehalte, Enttäuschungen und Vorwürfe, die ein wichtiger Teil der „Wahrheit" der Beziehung sind, wollen wir im Beisein aller entladen und ergründen, um sie für eine Auflösung der tieferen Konfliktursache nutzen.[4]

---

4 Thomann/Prior, Vorgespräche – mit wem und mit wem nicht?, ZKM 5/2006, 136 ff.

3.5.4.4 Bewusste Lösungsvermeidung in über 75% der Gesprächszeit

Wir räumen der Lösungssuche lediglich die letzten 25% der Gesprächszeit ein – die ers- 47
ten drei Phasen (Anfangsphase bis Dialog) verbringen wir ohne Lösungssuche – ja, wir
schieben sogar nebenbei gefundene Lösungen in einen Speicher (Flipchart), ohne näher
auf sie einzugehen, und wenden uns wieder unserem **Hauptanliegen** zu: dem **Verstehen
und Klären.** Unsere Erfahrung hat uns gelehrt, dass Lösungen umso leichter zu finden
sind, je ausführlicher die Beziehungs- und Strukturdynamiken geklärt wurden – so
leicht sogar, dass wir in der Regel nur fragen müssen: „Was wollen Sie sich gegenseitig
anbieten?". Wir nennen die Lösungsphase deswegen auch LLL: das „Land-der-leichten-
Lösungen". Es ist ein bisschen wie bei Momo von Michael Ende, die im Zeitkanal den
grauen Verfolgern nicht durch schnelleres Rennen, sondern durch Verlangsamung ent-
kommt.[5]

3.5.4.5 Am Block arbeiten, statt mehrere kleine Gespräche

Um genügend Zeit und Ruhe für die Vertiefung der emotionalen Themen zu haben, ar- 48
beiten wir in der ersten Sitzung die gesamte „Bridge over troubled water" ab. Besonders
der Dialog bedarf der zeitlichen Entschleunigung, um den aggressiveren Gefühlen die
angemessene Wertschätzung einräumen zu können – es braucht einen Schutzraum für
ein kontrolliertes Abbrennen des Sprengstoffs. In der Regel dauert eine Klärung zwischen zwei Parteien zwischen vier und sechs Stunden, im Team (bis zu 70 Personen)
zwischen einem und zweieinhalb Tagen. In der Folge kommt es dann nicht selten zu
weiteren Terminen (nach drei bis sechs Monaten), die eine ähnliche Struktur haben wie
der erste, aber oft weniger lang dauern.

3.5.5 Missverständnisse

Da die Klärungshilfe vielen nur aus Büchern oder Vorträgen bekannt ist, ist es nicht 49
verwunderlich, dass es auch genügend Missverständnisse gibt.

■ Klärungshilfe heißt **auf keinen Fall** „Anzünden um jeden Preis". Wir helfen lediglich
  die Aggression, die sowieso im Raum ist, auszudrücken – dies auf eine ruhige, angemessene Weise: sachlich über Emotionales, statt emotional über Sachliches. Wir
  wollen ausdrücken statt ausagieren, aushalten statt verdrängen. Wir sind keine
  Schlammsuhler, die nur den negativen Kontakt als echten Kontakt erleben.

■ Klärungshilfe ist selbstverständlich **keine Methode für alle Konflikte** – sie ist nicht
  der Hammer, der alles zu einem Nagel macht! Klärungshilfe ist nur dort angezeigt,
  wo die Parteien überhaupt Spannungen auf der Beziehungsebene haben und wo
  nach der Lösungsfindung diese Lösung auch noch gemeinsam „gelebt" werden
  muss, es also nicht von vornherein schon klar ist, dass eine Trennung erfolgt. Außerdem ist Klärungshilfe nur dann möglich, wo der oberste Hierarch „Klarheit und
  Wahrheit" will und hinterher auch zu Konsequenzen bereit ist. Erfüllt die Konflikt-
  anfrage aber diese Kriterien, dann ist in nahezu allen Konstellationen mit der Klärungshilfe eine gute Basis gelegt für eine gelungene Lösungssuche.

■ Klärungshilfe ist **keine einmalige Hauruckaktion** und dann sind die Parteien sich
  selbst überlassen. Wir bevorzugen als Bild: Zuerst eine kraftvolle „Rohrreinigung"
  (da braucht es Zeit, um durchzukommen – s. 3.5.4.5) und dann die Pflege des
  Rohrleitungssystems – also: Nachbegleitung nach geeigneter Zeit (3–6 Monate),
  Coaching und Beratung der Führungskraft, nicht selten weitere Klärungen im Umfeld des ersten Systems.

---

5 Vgl Ende, Momo, 1973.

- Auch wenn die Klärungshilfe für Beobachter so wirkt, als ob sich in ihr die zwei Welten Wirtschaftskontext und Therapie auf ideale Weise verbinden – die Klärungshilfe ist **keine Therapie**. Wir wahren die Privatsphäre unserer Klienten (s. 3.5.3.1.2) und vertiefen auf keinen Fall die sichtbar gewordene Not hinein in den lebensgeschichtlichen Hintergrund (also nicht: „Woher in Ihrem Leben kennen Sie dieses Gefühl der Hilflosigkeit?") – denn dort würde Therapie beginnen.

- Eine Klärungshilfe ist auch **durchführbar ohne** „Doppeln" und andersherum ist auch die Methode Doppeln in anderen Vermittlungsverfahren einsetzbar.

3.5.6 Zum Schluss

50 Um das vielleicht größte Missverständnis auszuräumen: Wer mit der Klärungshilfe Menschen begleiten möchte, muss kein Psychologe sein. Unsere Erfahrung mit Ausbildung zeigt, dass auch andere Grundberufe (Juristen, Ingenieure, Geisteswissenschaftler, Handwerker...) bewegende und bereichernde Klärungsarbeit vollbringen können. Zwei Aspekte aber sind wichtig. Erstens ist es enorm hilfreich, dass ich mich als Klärungshelfer fortwährend selber mit kommunikationspsychologischen Theorien und Modellen beschäftige. Nicht nur, um in der Erklärungsphase Passendes anbieten zu können, sondern auch, um durch sie mein eigenes Erleben und Handeln im Alltag bewusster und vertiefter wahrnehmen und reflektieren zu können. Zweitens, und vor allem aber, ist es gerade für die Klärungshilfe unerlässlich, mich als Person in all meinen Aspekten selber kennenzulernen und anzunehmen. Dies gilt für meine eigenen sozial schwerverträglichen Reaktionsweisen, die auch bei mir als Profi in meinen eigenen Konflikten aktiviert werden (zB Kälte, Härte und Verachtung). Und es gilt umso mehr auch für die eigene seelische Not (Missverstanden-Sein, Bedürftigkeit und Ohnmacht), die man immer wieder in schwierigen Situationen erleben muss. Ohne diese Arbeit an einem selbst bliebe die Methode ein tönendes Erz, eine gellende Zimbel.

51 Zurück zur Anfangsfrage: Gehört Klärungshilfe unter das Dach der Mediation, oder ist sie etwas ganz anderes? Klärungshilfe ist eine spezifische, exakt beschriebene Methode der Konfliktvermittlung und gehört klar unter das Dach des mächtigen Begriffs „Mediation". Dies drückt sich formell auch darin aus, dass der Erfinder der Klärungshilfe (Christoph Thomann) und der Autor seit 2010 Mitglieder im BM sind und zukünftige, von uns ausgebildete Klärungshelfer auch dort ein Zuhause haben werden.

3.6 Mediation und Supervision

Literatur: Engel, F./Nestmann, F./Siekendiek, U., Das Handbuch der Beratung, Bd.1, 2044; Pühl, H., Handbuch der Supervision, 1990; Pühl, H., Mediation in Organisationen, 2003; Pühl, H., Konfliktklärung in Teams und Organisationen, 2010.

3.6.1 Einleitung

Im Kontext dieses Buches erübrigt es sich, Mediation zu definieren. Um Missverständ- **1** nissen vorzubeugen, sollten wir dies für die Supervision aber vornehmen.

Der geschichtliche Ursprung der Supervision entwickelte sich im Zuge der Professionalisierung der US-amerikanischen Sozialarbeit. Anfangs ging es noch um die Ausbildung von ehrenamtlichen Helfern bei der Zuteilung von Geldern an Hilfsbedürftige. Charakteristisch war der Kontrollaspekt nach dem Motto: „Bekommen auch wirklich nur die Anspruchsberechtigten ihre Leistungen?" Im Zuge der Ausbildung von Sozialarbeitern wurde sie seit ca. 1920 fester Bestandteil als Praxisbegleitung junger Sozialarbeiter. Dieses Meister-Schüler-Verhältnis hat sich inzwischen in allen Therapie- und Methodenausbildungen als bewährt durchgesetzt und nennt sich **Ausbildungssupervision**.[1]

Die andere Richtung wird als **Fortbildungssupervision** bezeichnet. Letztere hat ihre **2** Wurzeln in der sogenannten **Balintarbeit**, benannt nach ihrem Begründer Michael Balint, einem ungarischen Arzt und Psychoanalytiker. Er versammelte Hausärzte um sich, um mit ihnen im geschützten Rahmen über ihre Patienten zu sprechen. Später arbeitete er auch mit Eheberatern und ausgebildeten Sozialarbeitern. Kennzeichen dieser Arbeit war, dass die Teilnehmer ausgebildet waren und im Beruf standen. Ziel war nicht die Ausbildung, sondern die Verbesserung ihrer Arbeit durch die Reflexion in einer Gruppe.

Besonders in den 1970er Jahren erlebte diese Form der Supervision neue Impulse, und **3** zwar durch die Betonung des institutionellen Kontextes als konstituierende Größe für jegliches berufliche Handeln. Im Zuge dieser Entwicklung gewann die Teamsupervision erstmals Bedeutung. In den letzten Jahres hat das Coaching einen Boom erlebt, in früheren Zeiten firmierte dies unter der Bezeichnung Leitungssupervision.

Ausbildungssupervision	Berufsbezogene (Fortbildungs-)Supervision	**4**
■ Meister-Schüler-Verhältnis	■ ausgebildete Kollegen unter Leitung	
■ Erlernen einer therapeutischen Methode	■ Verbesserung der Berufsarbeit	
■ Kontrollaspekte	■ Selbstreflexion	

Die Unterscheidung in diese beiden Supervisionsintentionen hat ganz praktische Aus- **5** wirkungen, wie sich bei den Standards des Bundesverbandes Mediation zeigt. Hier hat sich nämlich genau an dieser Stelle ein Missverständnis von Supervision eingeschlichen. Im Bemühen, mit anderen Beratungsverfahren zu kooperieren, haben sie in ihren Aus-

---

1 Pühl 1990.

bildungsstandards Supervision verankert. Sicherlich eine richtige Entscheidung, um das Erlernen der Methode durch einen Fachmann zu begleiten. Als Supervisoren haben sie aber nicht gestandene alte Mediationsmeisterinnen und -meister ausgesucht, sondern Supervisoren, die einige Fortbildungsmodule in Mediation absolviert haben. Umgekehrt wäre ein Schuh draus geworden: Erfahrene Mediatoren, die sich in Supervision fortgebildet haben – wie die nachfolgenden Ausführungen zeigen.

Die Paarung von Supervision und Mediation kann man unter verschiedenen Gesichtspunkten betrachten.

3.6.2 Welchen Beitrag kann Supervision im Rahmen der Mediationsausbildung leisten?

6 Hierbei handelt es sich um **Ausbildungssupervision**, dh, ein Kollege sucht im Rahmen seiner Ausbildung (allein oder als Gruppe) einen erfahrenen Mediator, der ihn dabei unterstützt, das Verfahren anhand selbst durchgeführter Praxisfälle methodisch umzusetzen. Da alle Mediationen ihre eigenen Spezifika aufweisen, ist es sinnvoll, mindestens zwei Prozesse kontinuierlich begleiten zu lassen. Bereits nach der ersten Mediationsanfrage sollte der Ausbildungskandidat seinen Mediationssupervisor aufsuchen, um den Beginn (Pre-Mediation) zu planen und im weiteren, im Wechsel zwischen den einzelnen Mediationssequenzen, um die jeweilige Sitzung nachzubereiten (Was ist gut gelaufen, was könnte/sollte man anders machen?) und die nächste Sitzung vorzubereiten. So wird der erfahrende Kollege zum Vorbild in der Handhabung des Mediationsverfahrens und vermittelt zudem die dazugehörige Haltung.

3.6.3 Supervision als Qualitätssicherung in laufenden Mediationsprozessen

7 Je komplexer Mediationsprozesse sind, je größer ist für den Mediator die Gefahr, die Übersicht zu verlieren. Hier bietet sich die Unterstützung durch Supervision von erfahrenen Mediationskollegen an, entweder
- als kollegiale Supervision (Intervision) oder
- durch Unterstützung eines verfahrenen externen Mediators (möglichst mit supervisorischer Kompetenz).

Auf zwei neuralgische Phasen im Mediationsablauf sei speziell verwiesen: Da ist zu Beginn die Auftragsklärung (was ist das Anliegen, wer gehört dazu, müssen noch weitere Verfahren integriert werden wie Coaching, Supervision etc?) und des Weiteren, im Prozess selbst, der Umgang mit neuen Themen (wie muss umgesteuert werden, sind die richtigen Protagonisten an Bord etc.?).

3.6.4 Wie lassen sich beide Verfahren kombinieren?

8 Unter dem Stichwort „Komplexberatung"[2] finden sich zahlreiche Beispiele, wie Mediation und speziell Teamsupervision kombiniert werden kann, ja sollte. Da Mediation in (fast) allen Fällen als eine Art von **Krisenintervention** verstanden werden kann, dh, in einem bestimmten Bereich ist die Kommunikation zwischen den Beteiligten unterbrochen, so dass sie nicht mehr verhandlungsfähig sind, bietet es sich geradezu an, in eskalierten (Team-)Konflikten einen Verfahrenswechsel zu machen und auf Mediation umzusteigen. Denn erst wenn die Beteiligten wieder in der Lage sind, miteinander zu kommunizieren, lässt sich in der Supervision sinnvoll an Fällen oder an der Optimierung der Teamstrukturen arbeiten. Es finden sich zahlreiche Belege dafür, dass die Supervision mit ihren Möglichkeiten bei eskalierten Konflikten an ihre Grenzen stößt. Da bietet sich

---

2 Vgl Pühl 2003 und 2010.

die Integration von einer Mediationsphase zur Herstellung der Arbeits-(Kommunikations-)fähigkeit regelrecht an.

3.6.5 Mediation und Supervision als Beratungsverfahren

Die Frage, um die es hier geht, lautet: Lassen sich Supervision und Mediation in einen 9
größeren Kontext stellen? Es scheint sich der – zugegebenermaßen – recht diffuse Begriff der Beratung anzubieten. Dabei ist bekannt, dass sich Supervision explicit als Beratungsverfahren definiert, während die Mediationsvertreter hier sehr zurückhaltend bis ablehnend sind. Vermutlich weil sie fürchten, dass durch den Beratungsbegriff ihr hoher Wert der Neutralität bzw Allparteilichkeit Schaden nimmt, mit dem bekannten Argument, dass alle Ratschläge auch „Schläge" sind. Vielleicht spielt aber auch Angst oder Unkenntnis eine Rolle, sich mit verwandten Beratungsverfahren in Beziehung zu setzen. Wie zu zeigen sein wird, findet auch in der Mediation mehr Beratung statt als bisher als solche benannt.

Um den Beratungsbegriff zu entzaubern, sollten wir uns die Mühe machen, der Bedeu- 10
tung auf dem Grund zu gehen. Ein Hinweis auf die Etymologie von Beratung ist klärend: „Die Herkunft des Wortes ‚Rat' führt zu einer indogermanischen Wurzel, die das Stapeln, Zurechtlegen und Zusammenfügen von Bauklötzen meint.... Das Wort 'Rat' meint letztlich die Mittel, die zum Lebensunterhalt notwendig sind. In diesem Sinn kommt es vor in: Un-rat, Vor-rat, Haus-rat, Ge-rät und Hei-rat. Beraten meint also, die notwendigen Mittel beschaffen."[3]

Dh, dass Beratung im ursprünglichen Sinn intransitiv ist. Es gibt noch keine Spaltung in Subjekt und Objekt, in Berater und Ratsuchender, in aktiv und passiv, in gebend und nehmend, man geht mit sich zu Rate oder berät sich gemeinsam.

Vermutlich durch die späte Einführung der Vorsilbe „be-" wird eine Richtung vorgege- 11
ben und die Einwirkung auf eine Sache oder Person definiert, zB be-leuchten, be-kämpfen, be-zeichnen. Und damit erhält der ursprüngliche Wortsinn transitiven Charakter und die Spaltung in Experte und Klient.

intransitiv	Transitiv
raten	jemandem raten
mit sich zu Rate gehen	einen Rat geben
etwas gemeinsam beraten	einen Ratschlag geben
etwas beratschlagen	jemanden beraten

12

Das könnte eine Erklärung sein, warum gerade die Mediatoren vor dem Beratungsbe- 13
griff zurückschrecken. Aber dabei wollen wir es nicht belassen. Eine hilfreiche Differenzierung findet sich im Handbuch der Beratung:[4] Sie schlagen eine „Doppelverortung von Beratung" vor, und zwar gehen sie davon aus, dass alle in der Beratungsbranche Tätigen über **feldunabhängige Beratungskompetenzen** verfügen müssen. Es scheint sowohl in der Supervisions- als auch in der Mediationsszene unbestritten, dass zu diesem Kompetenzen gehören

■ wie man eine konstruktive Arbeits- und Vertrauensbeziehung aufbaut;

■ wann und mit welchen Konsequenzen man etwas anspricht;

■ wie man mit Konflikten und Widerständen umgeht;

---

3 Bausch, Das Gruppenberatungsmodell in der Praxisbegleitung von Erwachsenenbildnern, in: Education permanente, Revue de la FSEA, No 1, 1985, 13–18.
4 Engel u.a., 2004, 35.

- auf welchem Wege Veränderungen initiiert und evaluiert werden;
- wie kulturelle Vielfalt und Pluralität berücksichtigt werden;
- welche sozialen Kontexte in welcher Form zu integrieren sind.

Damit gehören die feldunabhängigen Beratungskompetenzen ganz sicherlich zu den Schlüsselqualifikationen.

14   Das zweite Bein der Doppelverortung sehen die Autoren im **handlungsfeldspezifischen Wissen**, also in unserem Falle dem von Supervision und Mediation.

---

(1) Beratungs- und Interaktionswissen

Kommunikationsmodelle, Handlungsmodelle, Veränderungsmodelle, Kontextmodelle, Prozessmodelle, Beratungsmethodologie, Beratungsmethoden etc.

(2) Handlungsfeldspezifisches Wissen

Faktenwissen zur jeweiligen Problemlage, Kausalmodelle, Interventionsformen, gesetzliche Grundlagen etc.

Abb. 1: Doppelverortung von Beratung (Engel u.a. 2004, S. 35)

15   **Zusammenfassend** lässt sich festhalten, dass Mediation und Supervision ein gutes, sich ergänzendes Paar bilden in Ausbildung, der Qualitätssicherung laufender Prozesse und in der Kombination beider Verfahren. Voraussetzung für ein respektvolles Miteinander ist die Wahrung der Eigenständigkeit beider Verfahren durch die Aus- und Weiterbildung der Berater in **Mediation und Supervision**.[5]

---

5   Dazu gab es eine vielversprechende Arbeitsgruppe aus ausgebildeten Mediatoren und Supervisoren, die zu dem Ergebnis kam, dass sowohl für das Angebot Mediation wie auch Supervision eine Ausbildung nach den jeweiligen Standards der Berufsverbände vorliegen muss. Vgl Kunkel, Zum Verhältnis von Mediation und Supervision, DGSv-aktuell 2/2004, und Info Mediation.

3.7 Kommunikation in der Mediation

Literatur: Locke, J., An Essay Concerning Human Understanding,1690, dt. Versuch über den menschlichen Verstand, Bd. 1, 2006, Zweites Buch, Kapitel XXI, Ziffer 51, 519.

Wie an anderer Stelle bereits angesprochen (vgl Kap. 2.8.2.2), bestimmen der bewusste, zielorientierte Einsatz von Kommunikationsmethoden und die **rollenadäquate Haltung** des Mediators (hierzu Kap. 2.12 und 2.13) maßgeblich die prozessfördernde Wirkung seines kommunikativen Handelns. Engagement und Konzentration sowie eine angemessene Nähe-Distanz-Relation zum Geschehen und den Beteiligten definieren den Energielevel, mit dem der Mediator das Gespräch führt. **1**

Was bedeutet dies für die professionelle Gestaltung der Rolle „Mediator" im konkreten Kommunikationsprozess? Für das Standing im konkreten Kommunikationsgeschehen ist vor allem wichtig, dass der Mediator sich wie jeder Moderator im laufenden Prozess in Bezug auf seine eigene Gefühlswelt möglichst um die emotionale Null-Linie bewegt. Jeder Mediator sollte in Bezug auf seine eigene Emotionalität die für ihn wesentlichen Bezugspunkte zur „Neutralisierung" bewusst haben und sich entsprechend seiner Rolle und seinem Auftrag konditionieren können. Das alles geschieht mit dem Ziel, die „versprochene" Dienstleistung, einen Mediationsprozess professionell zu steuern, zu erfüllen. Die emotionale Null-Linie ist die ausgewogene, flexible Profi-Ziellinie. In einer ersten Reflexion werden nun unter 3.7.1 zunächst der Zusammenhang zwischen Gesprächsführung und Prozess-Steuerung in der Mediation grundsätzlich beleuchtet und das phasenübergreifende Interventionsmuster der Phasenbögen vorgestellt. Im zweiten Schritt werden anschließend – quasi vor die Klammer der einzelnen Mediationsphasen gezogen – die zentralen Methoden der Gesprächsführung kurz skizziert (vgl den Überblick zu Interventionen unter Kap. 3.3, zum Ablauf der Mediation Kap. 3.2). **2**

3.7.1 Gesprächsführung und Prozess-Steuerung

Die prozesssteuernde Gesprächsführung entlang des Phasenmodells und seiner einzelnen Phasenbögen wird Schritt für Schritt durch den reflektierten Einsatz von Interventionen gestaltet. Vor der näheren Beschäftigung mit einzelnen Interventionstechniken macht es Sinn, sich zunächst mit der prozesssteuernden Wirkung gesprächsführender Interventionen allgemein vertraut zu machen. **3**

3.7.1.1 Wirkungsbereiche der Interventionstechnik

Für die Prozess-Steuerung des Mediators ist es nützlich, grundsätzlich **drei Interventionsrichtungen** zu unterscheiden: Fragetechnik, Methoden der Paraphrase und Arbeit auf der Meta-Ebene. Mit dieser bewussten ersten Differenzierung werden die Weichen für den Ablauf der nächsten kommunikativen Prozesseinheit gestellt. Eine Frage des Mediators spielt den Ball der Prozess-Steuerung auf die Seite der Konfliktbeteiligten und die Antwort des Gegenübers und Adressaten gestaltet den nächsten Gesprächsab- **4** schnitt. Paraphrasieren lässt den Ball der Prozess-Steuerung auf den Wellen der Gesprächsführung hin und her tanzen, dadurch, dass der Mediator mit eigenen Worten das auf der anderen Seite Gesagte zusammenfasst und dem Gegenüber die Möglichkeit eröffnet, seine Paraphrase zu bestätigen oder zu korrigieren. Der nächste Gesprächsabschnitt wird somit gemeinsam gestaltet. Wenn der Mediator auf der Meta-Ebene agiert, aus dem inhaltlichen Kontext aussteigt und etwas über die Kommunikation, den Status quo im Gesamtprozess, zu den vereinbarten Regeln, zu der aktuell wahrnehmbaren Aufregung (...) sagt, dann liegt der Ball der Prozess-Steuerung ganz in seinen Händen und er gestaltet den nächsten Gesprächsabschnitt. Es ist für die Konzeption des kommunikativen Prozesses mithin nicht beliebig, ob der Mediator eine Frage stellt, paraphrasiert oder auf der Meta-Ebene arbeitet. Vielmehr bestimmt er den weiteren Gesprächsverlauf und die Art der Steuerung wesentlich durch seine Entscheidung für eine dieser drei grundsätzlichen Weichen der Interventionstechnik. Erst nachdem er diese Weichenstellung vorgenommen hat, wählt er bewusst eine Frageform, eine Methode der Paraphrasierung, einen Bezugspunkt für seine Meta-Kommunikation aus. Für die Gesprächsführung im Mediationsprozess lassen sich daraus folgende drei Reflexionen ableiten und zusammenfassen:

3.7.1.1.1 Interventionstechnik und Prozess-Steuerung

5 Im voranstehenden Absatz (Rn 4) wurde das kommunikative Handeln mittels Interventionstechnik als Ballspiel dargestellt. Dieses Bild des „kommunikativen" Ballspiels wird im Folgenden weitergeführt und soll die interaktiven Varianten in ihrer Wirkung auf die weitere Spielentwicklung (= Mediationsprozess) verdeutlichen.

Fragen: Den Ball spielen und an die Medianten abgeben.
Paraphrase: Der Ball tanzt auf den Wellen der Kommunikation hin und her.
Meta-Hinweise: Die Mediatorin hat den Ball.

3.7.1.1.2 Gestaltung der Phasenbögen mit Interventionstechnik

6 Aus der Komposition dieser drei Spielzüge (kommunikativen Weichenstellungen für die Prozess-Steuerung der nächsten Gesprächseinheit) ergibt sich der Spielverlauf (Phasenbogen) zwischen Entwicklungs- und Ergebnisorientierung (s. Darstellung des Kommunikationsmodells Mediation in Kap. 2.8.3).

Fragen: Maximale Entwicklungsorientierung, die Medianten teilen sich mit, entscheiden etwas, sind aktiv.
Paraphrase: Flexible Steuerung zwischen Entwicklungs- und Ergebnisorientierung, ausgewogenere Aktivität im Verhältnis Mediator, Medianten.
Meta-Hinweise: Maximale Ergebnisorientierung auf Inhalts-, Erlebnis- und Prozessebene, die Mediatorin gibt Hinweise, ist aktiv.

3.7.1.1.3 Interventionsmuster für alle Phasenbögen

7 Das übergeordnete Interventionsmuster für alle Phasenbögen im Mediationsverfahren lässt sich entsprechend als kommunikative Spielzüge verbindende Strategie beschreiben und als schematische Vorstellung des Kommunikationszyklus eines Phasenbogens so aufbauen (s. Abbildung zum Kommunikationsmodell Mediation in Kap. 2.8.3):

Interventionsteil 1: Ergebnisorientierung/Meta-Hinweise/Ball bei Mediatorin: „Ziel ist, Thema ist, der nächste Schritt ist ..."
Interventionsteil 2: Entwicklungsorientierung/Fragen/Ball wird zu den Medianten gespielt: „Was möchten Sie in Bezug auf das Ziel, das Thema ansprechen? Was genau ist wichtig daran, (dass) ...?"

Interventionsteil 3: Entwicklungs- und Ergebnisorientierung/Paraphrase/Ball tanzt auf den Wellen: Austausch über ..., Konkretisierung ..., Vertiefung, Erhellung ..., Reduktion auf das Wesentliche ... Verhandlung, Verständigung auf ..., Zusammenfassung als ...

Interventionsteil 4: Ergebnisorientierung/Meta-Hinweise/Ball bei der Mediatorin „Das Ziel ist erreicht, das Thema hat ein Ergebnis, der Schritt ist gemacht."

Beispiel Interventionsmuster Phasenbogen: Phase 1:

Interventionsteil 1: „Bevor wir einsteigen und von Ihnen genauer hören, worum es geht, lassen Sie uns kurz darüber sprechen, wie wir hier zusammen arbeiten wollen. Ziel ist es, einen Rahmen zu schaffen, der unseren Gesprächsprozess trägt, Sie auf das Mediationsgespräch vorbereitet und im konkreten Geschehen orientiert."

Interventionsteil 2: „Was wäre Ihnen wichtig für das Mediationsgespräch? Was sollten wir vielleicht vorab vereinbaren? Was brauchen Sie, um gut einsteigen zu können?"

Interventionsteil 3: Austausch (...) etwa über Kommunikationsregeln, Vertraulichkeit, Kosten, Verfahrensgrundsätze und Rollen (...), jeweils bis hin zu einer konkreten konsensualen Vorstellung bzw Vereinbarung.

Interventionsteil 4: „Das ist unser Gesprächsrahmen, unsere Arbeitsgrundlage, dieses erste Ziel des Mediationsverfahrens haben Sie erreicht, dieses Fundament haben Sie miteinander ausgehandelt und die Einstiegsphase mit einem übereinstimmenden Ergebnis abgeschlossen. Jetzt können wir starten und uns dem Grund Ihres Hierseins widmen."

3.7.1.2 Einsatzmodus für Interventionstechnik

Die gesamte Reflexion unter 3.7.1.1 dient der Orientierung des Mediators und verfolgt das Ziel und den Nutzen, Bewusstheit für dessen kommunikatives Handeln aufzubauen. Selbstverständlich agieren Mediatoren im konkreten Prozess völlig frei, flexibel, prozessorientiert und verknüpfen häufig diese drei Richtungen der Interventionstechnik. Hier ein Beispiel für einen vernetzten Einsatz von Interventionstechnik: Wenn starke Eskalation im Gesprächsprozess stattfindet und die Einschätzung ist, es wäre günstig, diese Dynamik zu unterbrechen, dann könnte der Mediator im ersten Schritt auf die Meta-Ebene und deutlich machen, was gerade passiert: „Stopp, Augenblick mal, ich möchte eben kurz deutlich machen, was gerade passiert: Es geht hoch her und Sie besprechen offenbar Dinge, die eine große Bedeutung für Sie haben und Ihnen entsprechend unter die Haut gehen. Wichtig für unseren Prozess wäre, dass alle alles mitbekommen, und das ist schwierig, wenn Sie gleichzeitig reden. Ich konnte jedenfalls gerade nicht alles hören und verstehen. Lassen Sie uns kurz besprechen, wie wir weitermachen." Mit diesen Meta-Hinweisen hat er sein Ziel erreicht, die Dynamik zu unterbrechen und die Aufmerksamkeit der Beteiligten auf die Reflexionsebene zu dem, was gerade passiert, zu lenken. Dieses Ergebnis verknüpfend könnte der Mediator dann mit einer Frage weitermachen und den Beteiligten den Ball zurückspielen, sie auf diese Weise mit in die „Prozess-Verantwortung" nehmen und das Thema selbst weiterentwickeln lassen, „Wie möchten Sie diesen Punkt weiter erörtern? Was wäre Ihnen wichtig für das weitere Gespräch?"

Wenn im weiteren Verlauf deutlich wird, dass die Beteiligten angesichts ihrer inneren Verfassung für eine Antwort auf diese Frage jetzt gerade keine kreativen Kapazitäten frei haben und sie überwiegend schweigen bzw ausweichend oder unsicher erwidern, könnte der Mediator das (wenige) Gesagte kurz paraphrasieren, so den Ball wieder aufnehmen und das Gesagte dann selbst weiterentwickeln auf der Meta-Ebene, also zB Vorschläge zum weiteren Vorgehen machen und ggf ein paar bewährte Gesprächsregeln zur Abstimmung formulieren. Die unter 3.7.1.1 vorgenommene Auffächerung gesprächsführender Interventionstechniken in drei Interventionsrichtungen und Steuerungsoptionen sowie die daraus abgeleitete Beschreibung des phasenübergreifenden Interventionsmusters sind somit als Strukturmodelle bzw -elemente zu betrachten, die als

8

9

vernetzte Kommunikation im Mediationsprozess lebendig werden, ihren individuellen Ausdruck finden, ihre Passung erfahren.

10 Um dieses Ziel der lebendigen, vernetzten Kommunikation zu erreichen, hilft es, im ersten Schritt die Wirkungsweisen und die Möglichkeiten des Einsatzes von Interventionen einmal ganz grundsätzlich und „technisch" zu denken und im Kopf ein solches Interventions-„muster" als Kommunikations-„gerüst" in das Phasenmodell und seine fünf Gesprächsbögen gedanklich hinein zu bauen. Im Zuge dessen wird das Übergeordnete deutlich, etwa dass es Sinn macht, am Anfang und Ende jeder Phase einen **Meta-Hinweis zum Prozess** zu geben, den Einstieg in die Phase eher mit Fragen zu gestalten, um „den Sack ganz auf zu machen", und im weiteren Verlauf dann zunehmend auf Methoden der Paraphrase zurückzugreifen, um auf das Wesentliche zu vertiefen, Komplexität zu reduzieren, das Verständnis abzusichern, zusammenzufassen und „den Sack wieder zuzubinden". Außerdem wird sichtbar, wie sich der Mediatore den Ball der Gesprächsführung immer wieder zurückholen kann; die persönliche Prozess-Sicherheit sollte durch diese Basis-Reflexion zu mediativer Interventionstechnik im Nachhinein deutlich steigen.

3.7.1.3 Interventionstechnik und Hypothesenbildung

11 Alle Interventionen im Rahmen professioneller Gesprächsführung sind **Angebote,** es macht also nichts, wenn sie nicht „ankommen" und deutlich wird, dass der Angesprochene die letzte Intervention gerade als für ihn nicht günstig einordnet. Die wahrnehmbare Tatsache, dass zB eine Frage gerade nicht als hilfreich empfunden wird, gibt der gesprächsführenden Rolle vielmehr den wichtigen Hinweis, dass ihre gedankliche Hypothese zum aktuellen Prozessgeschehen, die zu ihrem – bewussten und zielgerichteten – kommunikativen Handeln in Gestalt dieser Frage geführt hat, zu korrigieren ist. Damit ist unbedingt zu rechnen, dass Mediatoren ihre Hypothesen im Prozess ständig verändern. Vielleicht ist das sogar die intellektuelle Hauptaufgabe und Herausforderung für diese Rolle: Bevor der Mediator kommunikativ handelt, stellt er (innerlich oder kommuniziert als Meta-Hinweis) eine **Hypothese** dazu auf, was günstig für den weiteren Prozessverlauf im Sinne des nächsten Phasen- bzw Entwicklungsziels wäre, gibt dieser Hypothese durch eine dazu passende Intervention kommunikativ Ausdruck, überprüft seine Hypothese auf diese Weise durch die Replik/Antwort auf sie und bestätigt bzw korrigiert seine Hypothese flexibel und selbstverständlich in Abhängigkeit und entsprechend der Reaktion auf sie.

12 Im Fall der Ablehnung einer Intervention bildet sich der Mediator folglich eine weitere Hypothese dazu, warum diese Frage zB offenbar nicht gepasst hat und vermutlich eine Zumutung, Überforderung oder etwas Uninteressantes für das Gegenüber war, und macht entsprechend dieser neuen Hypothese ein neues Angebot. Wenn der Mediator also zB nach seiner abgewehrten Frage: „Wie haben Sie das Ganze erlebt?" (Antwort: „Na, wie schon ...") die Hypothese bildet, es ist zu früh für den Adressaten, auf die emotionale Ebene zu gehen (was er ursprünglich hypothetisch für einen möglichen nächsten Schritt gehalten hatte), dann wird er vielleicht zunächst zurück auf die Sachebene führen und konkretisierend fragen: „Was war zentral für Sie in diesem Moment?" Wenn seine Hypothese statt dessen ist, sein Gegenüber möchte an sich schon über Emotionen reden, es fällt ihm nur schwer, selbst etwas dazu zu formulieren, dann wird er weiter diese Ebene ansteuern und etwa von Fragetechnik zu einem Hinweis auf der Meta-Ebene wechseln und sagen: „Vielleicht sind wir gerade an einem wichtigen Punkt angekommen, nämlich wegzugehen von dem, was passiert ist, hin zu dem, wie das alles für Sie persönlich war, das ist ein echter Schritt vorwärts" (und dann den Ball wieder rüberspielen ...), „wie ist das für Sie, wenn ich das so sage, wie sehen Sie das?"

Es wird deutlich: Durch Hypothesenbildung, neue Anschlussangebote und vernetzte In-   13
terventionstechnik lässt sich „Prozessgold" aus jeder Antwort, aus jeder Interventions-
wirkung schürfen. Und genau darum geht es, zu arbeiten mit dem, was ist, was von den
Medianten sprachlich zurückkommt oder was für alle wahrnehmbar ist. So, vielleicht
nur so, gelingt der „Loop of Understanding", der Kreislauf des Verstehens (s. Kap.
2.8.2.1, Rn 17 f). Egal, wie viele Schleifen gedreht werden.

3.7.2 Grundtechniken mediativer Gesprächsführung

Unter 3.7.1 wurde der Zusammenhang zwischen Gesprächsführung und Prozess-Steue-   14
rung mittels bewusstem Einsatz von Interventionen dargestellt und die grundsätzliche
Wirkung der drei Weichenstellungen Fragetechnik, Paraphrase und Meta-Kommunikation auf den weiteren Gesprächsverlauf und die Entwicklung des übergreifenden Interventionsmusters der kommunikativen Phasenbögen verdeutlicht. Hier noch einmal einige allgemeine **Anmerkungen zu Interventionen** an sich. Unterschieden werden einfache
und komplexe Interventionen. Einfache Interventionen funktionieren durch rein verbal-
sprachliche Äußerungen, komplexe Interventionen machen noch etwas dazu, zB wird
beim Doppeln das Setting verändert (vgl zu den einzelnen Methoden der Gesprächsführung unter Ziffer 3 passim, insbesondere Kap. 3.3 und 3.10, 3.15).

Für alle Interventionen gilt: 15

■ Die Zielsetzung der Intervention sollte klar sein.

■ Die prozess-steuernde Wirkung sollte bewusst sein.

■ Die Rahmenbedingungen für die Intervention (zB Zeit) sollten auf Stimmigkeit ab-
geklopft werden.

■ Die prozessuale Absicht sollte mehr oder weniger offen ausgesprochen und für alle
nachvollziehbar sein.

■ Ein für alle wahrnehmbares (ggf messbares bzw überprüfbares) Ergebnis sollte
durch die Intervention angesteuert werden.

■ Die konkrete Intervention sollte nach dem Motto: „weniger ist mehr" ausgewählt
sein.

■ Die Formulierung sollte so knapp wie möglich ausfallen.

Ergänzend dazu an dieser Stelle steht die (wiederholte) Bemerkung, dass einzelne Inter-   16
ventionen den Sinn und Zweck haben, der Funktionalität eines Gesprächsprozesses zu
dienen. Ihr Einsatz erfolgt mithin genauso, wie es der konkrete Prozess braucht und
nützlich erscheinen lässt. Der Mediator passt also in der gesprächsführenden Rolle seine
eingesetzten Methoden der aktuellen Situation an und nicht umgekehrt. Er fühlt sich
frei, (theoretisches) methodisches Handwerkszeug im Zuge seiner anwendenden Praxis
zu verändern und flexibel einzusetzen.

Mediation braucht wenige Methoden der Gesprächsführung. Sicherlich ist der Einsatz   17
spezifischer Methoden im individuellen Einzelprozess hilfreich und es ist nützlich, einen
wohlgefüllten Handwerkskoffer an Kommunikations- und Moderationstools in sich zu
verankern. Es geht jedoch erfahrungsgemäß in der Praxis ganz wesentlich darum, ausgewählte Methoden **feinstofflich** zu platzieren und durch diesen hoch sensiblen, auf
Passung fokussierten Einsatz im Gespräch Kohärenz herzustellen, Komplexität zu reduzieren und die Beteiligten auf einfache Erkenntnisse und Bezugspunkte zurückzuführen.
Das ist mit wenigen schlichten, wiederkehrenden Methoden leichter zu erreichen als unter Einsatz des gesamten Methodenkoffers.

3.7.2.1 Frageformen und Fragetechnik

18 Fragen ist eine Kunst (hierzu Kap. 3.9). An dieser Stelle soll nur kurz auf die zwei **Frageformen** eingegangen werden: offene und geschlossene Fragen. Geschlossene Fragen beginnen regelmäßig mit einem (modalen) Hilfsverb. Auf sie wird kurz geantwortet – mit ja, nein oder einer Floskel aus dem Graubereich „vielleicht, weiß nicht, mal sehen", zwischen ja und nein. Offene Fragen dagegen sind so konstruiert, dass sie nicht einfach mit ja oder nein beantwortet werden können. Sie beginnen mit einem Fragewort, einem „W-Wort" und laden dazu ein, breiter auszuholen und sich mitzuteilen.

- Geschlossene Frage: Haben Sie alles, was Sie brauchen, um die Aufgabe zu bearbeiten?

- Offene Frage: Was war denn gestern los an der Ampel?

Für die Mediation besonders interessant ist der Einsatz von offenen Fragen, da diese Frageform das Prinzip, die Medianten maximal aus sich selbst schöpfen zu lassen und sie nicht inhaltlich zu beraten, vortrefflich unterstützt.

19 Mit dem Einsatz von **Fragetechnik** wird bewusst ein Fokus, ein bestimmter Antwortbereich angesteuert, wenn intendiert wird, dass die Antwort ein Ziel beschreibt, die vorhandenen Ressourcen benennt, in die Zukunft gerichtet ist. Dieser Fokus kann mehr oder weniger direkt/indirekt formuliert werden: Was streben Sie für 2012 an?/Welche Ziele haben Sie für 2012? Was könnte der Beitrag Ihrer Firma sein?/Welche Ressourcen könnte Ihre Firma beisteuern? Was wäre für den weiteren Weg wichtig?/Was wäre in Zukunft wichtig?

20 Außerdem können offene Fragen zu **konkretisierenden Fragen** erweitert werden, indem zu dem Fragewort noch eine sprachliche Wendung der Präzisierung hinzufügt wird: Was genau ist passiert? Wer im Einzelnen war dabei? Wann ist es das letzte Mal so gewesen?

Wenn beabsichtigt wird, dass Beteiligter A etwas sagt zu dem, was Beteiligter B gerade gesagt hat, dann kann ich die **zirkuläre Fragetechnik** einsetzen: Sie haben gehört, was B gerade ausgeführt hat, was war neu für Sie? Was haben Sie von B gerade verstanden, können Sie noch einmal mit Ihren Worten zusammenfassen, was B wichtig ist?

21 Wenn dem Gesagten eine andere Wendung gegeben werden soll, dann kann die Methode des **reframing** (Umformulierung) mit Fragetechnik eingesetzt werden. Reframing bedeutet vom Wort her, den Rahmen einer Aussage zu verändern, also den Kontext oder die Bedeutung des Gesagten in eine neue Umgebung zu stellen. Wenn zum Beispiel ein Beteiligter sagt: „So geht das doch nicht …", dann könnte der Mediator ihn fragen: „Wie würde es denn aus Ihrer Sicht funktionieren?/Was wäre denn aus Ihrer Sicht möglich?" Mit dieser reframenden Fragetechnik in der Form einer offenen Frage versucht der Mediator, die Gedanken seines Gesprächspartners weg von dem, was nicht geht, hin zu dem, was für ihn ginge, zu führen und ihn so auch mental vom Rahmen oder Fenster des Unmöglichen in den Rahmen, das Fenster des Möglichen hinüberzubringen. Diese Technik eignet sich unter anderem sehr gut für Blockaden oder Killerphrasen, wie im obigen Beispiel benannt. Wichtig sind für das Gelingen „der Wendung" oder des „Perspektivwechsels" die mediative Haltung der reframenden Person, hier insbesondere die Akzeptanz des Widerstandes, und das echte Interesse an der Antwort, sowie der sprachliche Feinschliff. Am besten werden für das reframing ein oder zwei Stichworte von der zu reframenden Phrase aufgenommen, um die herum dann die Frage aufgebaut wird.

- Das führt erheblich zu weit./Wie weit würden Sie gehen?

- Das passt nicht ins Bild./Was passt zu Ihrer Vorstellung?

- Das ist doch alles graue Theorie./Was lässt sich aus der Praxis dazu sagen?

3.7.2.2 Paraphrasieren/Zusammenfassen

Als **Paraphrasieren** wird die Methode bezeichnet, das Gesagte mit eigenen Worten zu- 22
sammenzufassen. Wer paraphrasiert, „loopt" das Gesagte, „spiegelt" dem anderen im
Rahmen dieser Verständnisschleife zurück, was er verstanden hat, und gibt ihm so die
Möglichkeit, die Zusammenfassung zu bestätigen oder zu korrigieren. Missverständnisse können so zeitnah aufgelöst werden (s. hierzu Kap. 2.8.2.1, Rn 17, 18).

Zusammenfassen kann in sehr unterschiedliche Weise und mit unterschiedlicher Zielset- 23
zung vorgenommen werden, paraphrasieren hat neben der zentralen Bedeutung, Kommunikation abzusichern und wechselseitiges Verständnis abzugleichen, viele weitere
Möglichkeiten und Funktionen, aus denen der Mediator auswählen und die er parallel
verfolgen kann, zB: strukturieren, entschleunigen, wertschätzen, deeskalieren, neutralisieren, normalisieren, fokussieren, reduzieren, vertiefen, Ebenen wechseln, konfrontieren, drastifizieren, provozieren.

Als **aktives Zuhören** wird die Technik des Paraphrasierens mit einer bestimmten Hal- 24
tung bezeichnet (vgl Anhang 7.1.4). Aktives Zuhören impliziert Offenheit und Interesse
für die Situation, eine fragende Haltung, unbedingte Akzeptanz und positive Einstellung
zum Gesprächspartner und ein transparentes, stimmiges Verhalten des Gesprächsführenden selbst. Für Mediatoren drückt sich dies in ihrer Allparteilichkeit aus (vgl Kap.
2.13, 2.14).

Häufig wird Paraphrasieren bzw aktives Zuhören in der Mediation als **reframing** einge- 25
setzt, dann formulieren Mediatoren in ihrer Wiedergabe des Gesagten bewusst etwas
um (vgl reframing mit Fragetechnik unter 3.7.2.1). So neutralisieren sie etwa einen Vorwurf oder fassen phasenzielorientiert einen Beitrag als Thema oder Interesse zusammen.
Oder sie benennen den qualitativen Kern einer überzogenen Darstellung.

Beispiele:

- „Herr Meyer zählt jede Zahl hinterm Komma." // „Herr Meyer geht nach Ihrer Darstellung
  sehr präzise vor." (Fragende Haltung: Stimmt das?)
- „Herr Meyer quatscht hinter dem Rücken schlecht über andere." // „Direkte Kommunikation ist wichtig für Sie." (Fragende Haltung: Ist das so?)
- „Dieser Schlendrian muss aufhören, hier kommt jeder, wann er will." // „Sie möchten eine
  klare Absprache zum Arbeitszeitbeginn treffen." (Fragende Haltung: Habe ich Sie da richtig
  verstanden?)
- „Ich weiß nicht, wie wir das alles schaffen sollen, wenn keiner den Überblick hat und Ergebnisse nicht abgeglichen werden." // „Es geht Ihnen um Transparenz und Austausch." (Fragende Haltung: Trifft das zu?)

Das alles tun Mediatoren als Orientierungshilfe für die Medianten, sie sollen dazu ange- 26
regt werden, auf der Ebene zu reflektieren, die die Mediatoren Ihnen anbieten. Manchmal ist eine reframende Frage eine Überforderung und die Konfliktbeteiligten brauchen
die Vorarbeit der Umformulierung seitens der Mediatoren, um sich an diesem Angebot
innerlich zu orientieren, damit ihnen das Umdenken, das Hineinspringen in einen neuen
Rahmen, ein neues Fenster, gelingt. Und dann bestätigen sie die (um)formulierte Hypothese und sagen, „ja, genau das ist es", oder sie korrigieren und sagen: „nein, darum
geht's mir nicht, wichtig für mich ist vielmehr…", und benennen dann inhaltlich etwas
anderes. In beiden Fällen hat die seitens der Mediatoren vorgenommene Umformulierung ihnen geholfen, den für sie wichtigen Punkt gedanklich zu fassen zu kriegen und
zu formulieren.

3.7.2.3 Arbeit auf der Meta-Ebene

27 Durch Hinweise auf der Meta-Ebene kann der Mediator den Prozess verdeutlichen, wie er sich ihm gerade aktuell zeigt. Das macht er stets mit positiver Konotation und ressourcenbasiert. Er sagt also genau das zu dem Prozess, was er hypothetisch für aufbauend, balancierend und motivierend erachtet. Was den aktuell schwingenden Grundbedürfnisse der Beteiligten und den damit verbundenen emotionalen Lagen gerade gut tut. Herrscht nach seiner Wahrnehmung auf Seiten der Beteiligten Verwirrung, gibt er Orientierung: „Lassen Sie mich gerade kurz deutlich machen, wo wir stehen und wohin wir wollen ..." Wenn Zuversicht nötig erscheint, wird er anerkennen, was wir schon erarbeitet haben: „Wir treten gerade ein bisschen auf der Stelle ... lassen Sie mich in einem kleinen Exkurs zusammenfassen, was wir schon alles geschafft haben ..." Wenn Miterleben gebraucht wird, könnte er sagen: „Das ist jetzt echt schwer, ich merke, wie Sie das herausfordert und wie heikel dieser Punkt ist. Ich kann Ihnen versichern, es bleibt nicht so und es kommt etwas dabei heraus, wenn wir da dran bleiben. Ich sehe, was ich Ihnen gerade zumute und auch zutraue." Wenn Ungeduld und Sorgen sich breit machen, wird er Respekt zeigen, das Ende, die Grenze des Wartens ansagen und das Ziel benennen, in dessen Dienst die Geduld gefordert ist: „Ich sehe, wie gern Sie einen Schritt weitergehen möchten. Danke für Ihre Geduld und Respekt, dass Sie so lange schon zuhören, ohne selbst etwas zu sagen. Ich bitte Sie noch um fünf Minuten, ... es ist wichtig für unseren Prozess, dass ich kurz noch abschließe und wir auch die Erfolgsfaktoren aus Sicht von ‚X' vollständig aufgelistet haben, um dann insgesamt draufzuschauen und darüber nachzudenken, wie eine Lösung aussehen könnte." Wenn es eskaliert, kann der Mediator Wertschätzung geben und etwa sagen: „Sie sind jetzt an einem wichtigen Punkt ...", und damit gleichzeitig Deeskalation bewirken.

28 Auf der Meta-Ebene haben Mediatoren alle Möglichkeiten, aus dem aktuellen Geschehen einmal auszusteigen und zusammen mit den Beteiligten von einer höheren Warte auf das kommunikative Treiben zu schauen. Das bringt häufig große Entlastung, befreiende Distanz und Anschluss an den Grund des Hierseins, an den eigenen Pursuit of Happiness[1] (vgl Kap. 2.8.1.1), an das, was jeder Beteiligte für sich in diesem Prozess erreichen möchte. Und dann geht es gestärkt weiter.

29 Mit den Basismethoden offener Fragetechnik, feinsprachlichem aktivem Zuhören und unterstützenden Hinweisen auf der Meta-Ebene entsteht die mediative Gesprächsführung und der kommunikative Prozess wird sich in einer Weise entwickeln, dass er den Beteiligten Nutzen bringt, unabhängig vom Ausgang und Ergebnis der Verhandlung.

---

1 Locke, An Essay Concerning Human Understanding,1690, dt. Versuch über den menschlichen Verstand, Bd. 1, 2006, Zweites Buch, Kapitel XXI, Ziffer 51, 519.

Geier

3.8 Die Kunst des Fragens

Literatur: Kessen, S., Fragen in der Mediation, Familiendynamik, Interdisziplinäre Zeitschrift für systemorientierte Praxis und Forschung 28/2003, Heft 3, 356–375; Kessen, S./König, U., Eisenbahntrasse Gasteinertal. Einige Anmerkungen zur Kunst des Wartens, ZKM 2002, Heft 3, 128–134; Kessen, S./Troja, M., Die Phasen und Schritte eines Mediationsverfahrens als Kommunikationsprozess, in Haft, F. /v. Schlieffen, K., Handbuch Mediation, 2. bearb. Aufl. 2009, 293–320; Kessen, S./Voskamp, B., Präzise Interessenklärung, Perspektive Mediation 2010, Heft 2, 66–71.

Er: „Wer bist Du wirklich? Und was warst Du vorher?
Was hast Du getan, und was hast Du gedacht?"
Sie: „Wir hatten ausgemacht: keine Fragen."
(Humphrey Bogart und Ingrid Bergmann in „Casablanca")

3.8.1 Fragen: Im Sinne einer Einleitung

Respektvoll und neugierig zu fragen ist neben dem Loopen und Paraphrasieren die 1 zweite zentrale Technik der Mediatoren (vgl Kap. 2.8, 3.3, 3.7). Da jede Frage bereits eine Intervention ist,[1] können die Mediatoren mit ihren Fragen den Gang der Konfliktmittlung entscheidend beeinflussen. Wenig hilfreich formulierte Fragen, die den Parteien uninteressant, sinnlos oder gar manipulativ erscheinen, verhindern vor allem, dass die Beteiligten zu weiteren Erkenntnisgewinnen gelangen. Nach Kindl-Beilfuß[2] zeichnen sich solche Fragen häufig durch die folgenden Merkmale aus:

- Häufig Ja-Nein-Fragen.
- Es wird mit einseitigen Annahmen gearbeitet.
- Dem Befragten wird ein Problem unterstellt.

Hilfreich formulierte Fragen hingegen sind generell: 2

- verständlich (in der Sprache der Konfliktparteien formuliert);
- offen (sie engen den Spielraum möglicher Antworten nicht unnötig ein);
- interessant (sie sprechen sowohl kognitive als auch affektive Seiten an).

---

1 Tomm, Die Frage des Beobachters. Schritte zu einer Kybernetik zweiter Ordnung in der systemischen Therapie, 5. Aufl. 2009.
2 Kindl-Beilfuß, Fragen können wie Küsse schmecken. Systemische Fragetechniken für Anfänger und Fortgeschrittene, 2009, 15 f.

3   Sämtliche Techniken in der Mediation dienen dazu, dass bei den Beteiligten etwas Neues entsteht und sie in ihrem Konfliktregelungsprozess einen Schritt weiterkommen können. Da Fragen sehr **starke Interventionsmittel** sind, lauern die folgenden Gefahren
grundsätzlich auch bei gut formulierten Fragen:

■   Der Befragte wird durch die Frage animiert und gelenkt, in eine bestimmte Richtung
zu denken;

■   der Befragte wird eventuell zu einer persönlichen Aussage aufgefordert, ehe er sie
von sich aus so oder anders geben konnte;

■   dem Befragten wird möglicherweise eine notwendige Reflexionszeit genommen, da
jede Frage im persönlichen Gespräch zumeist eine sofortige Reaktion verlangt.

4   Der Respekt gegenüber den Konfliktbeteiligten wird ausgedrückt durch die **Haltung des
Mediators**, die von **einfühlendem Verstehen** und persönlicher **Wertschätzung** geprägt
sein sollte (vgl Kap. 2.12; 2.14). Das notwendige Zusammenspiel zwischen eingesetzten
Kommunikationstechniken und der Art und Weise, wie sie verbal und körpersprachlich
begleitet werden, wird im Kontext von Fragen in der Mediation offensichtlich. So kann
eine technisch perfekt formulierte Frage die Konfliktbeteiligten dennoch nicht erreichen.
Die Angesprochenen müssen auch das Vertrauen entwickeln können, ihre tradierten
Konflikt- und Kommunikationsmuster verlassen und sich auf eine Reise des Überlegens
und Neu-Denkens einlassen zu können.

5   Zu viele hintereinander gestellte „**Warum-Fragen**", denen ohnehin das Vorurteil anhaf-
tet, den Gesprächspartner in die Vergangenheit und in eine Verteidigungshaltung zu lo-
cken, stoßen bei diesem relativ schnell auf Widerstand, da er sich ausgefragt und wenig
verstanden fühlt.[3] Das Gefühl einer fehlenden Wertschätzung kann sich auch dann
beim Befragten einstellen, wenn die Frage offensichtlich nur die Neugierde des Fragers
befriedigen soll und nicht auf die Bedürfnisse des Berichtenden eingeht. Die Bereitschaft
des Konfliktbeteiligten, sich auf eine Frage einzulassen, ist verstärkt gegeben, wenn die
Frage im Anschluss an einen Loop bzw eine Paraphrase erfolgt, welche Empathie und
Wertschätzung signalisiert und abgleicht, ob Sender und Empfänger noch das gleiche
Verständnis über eine bestimmte Situation oder Aussage besitzen. Folglich gilt zumeist
der Grundsatz in der Mediation: **Erst loopen, dann fragen.**

6   Ohne Absicht auf Vollständigkeit behandelt dieser Beitrag im Folgenden – nach der
grundlegenden Unterscheidung zwischen offenen und geschlossenen Fragen – einige
Funktionen von Fragen in der Mediation. In der Mediation kommt es weniger auf die
einzelne Frage an, sondern vielmehr auf die Haltung des Fragenden und die Zielrichtung seiner Frage. Jede spezifische Situation erfordert ihre eigenen Fragen.

3.8.2 Offene und geschlossene Fragen

7   Fragen lassen sich grundsätzlich in zwei Arten einteilen: offene und geschlossene Fragen.

---

3   Allerdings kommt es bei den Warum-Fragen auch und besonders auf die Haltung des Mediators beim Nachfragen an.

Kessen

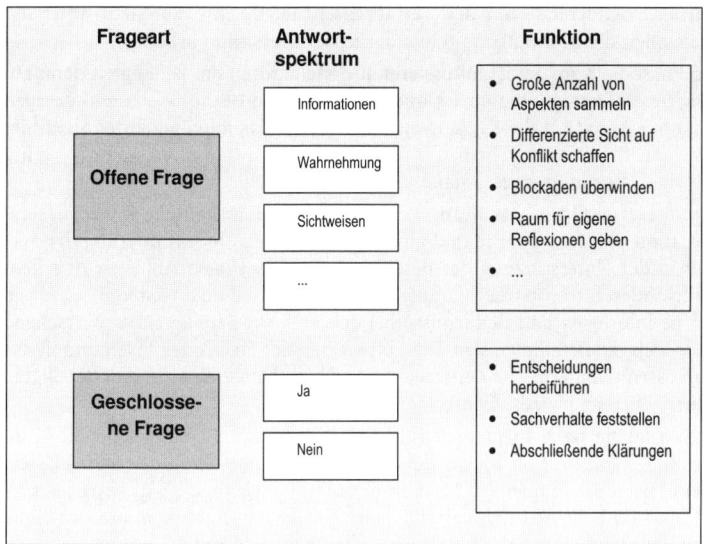

Frageart	Antwort-spektrum	Funktion
Offene Frage	Informationen	• Große Anzahl von Aspekten sammeln
	Wahrnehmung	• Differenzierte Sicht auf Konflikt schaffen • Blockaden überwinden
	Sichtweisen	• Raum für eigene Reflexionen geben
	...	• ...
Geschlosse-ne Frage	Ja	• Entscheidungen herbeiführen • Sachverhalte feststellen
	Nein	• Abschließende Klärungen

Offene Fragen helfen dabei, ein differenziertes Bild über den Konflikt zu bekommen   8
und die Bereitwilligkeit der Konfliktparteien zu fördern, sich zu öffnen. Um eine möglichst große Anzahl von Problemaspekten zu sammeln, eignet sich die W-Fragetechnik:
Was?, Wie?, Wer?, Wo?, Warum?, Wann?, Welche?, Womit?, Woher?, Wozu?.

Geschlossene Fragen werden häufig verwendet, um bestimmte Sachverhalte unmissver-   9
ständlich zu klären: „Haben Sie an dieser Sitzung teilgenommen?", „Können Sie mit einer Erhöhung von 10 % leben?". Sie können nur mit ja oder nein beantwortet werden.

3.8.3 Funktionen von Fragen

3.8.3.1 Fragen zur Leitung durch die Phasen der Mediation

Mit ihren Fragen führen die Mediatoren die Konfliktbeteiligten durch die verschiedenen   10
Phasen der Mediation und strukturieren damit den Kommunikationsprozess (zum Ablauf der Mediation s. Kap. 3.2).[4] Damit durchbrechen sie die im Alltag erlernten, tief
verwurzelten Gesprächsmuster, wo Menschen häufig bewerten, sich solidarisieren, interpretieren, bagatellisieren und sich aufgefordert sehen, Lösungsvorschläge anzubieten.
Die festgelegte Struktur einer Mediation darf jedoch nicht dazu verleiten, den Kommunikationsprozess als eine starre Abfolge sich immer nur wiederholender Gesprächs- und
Fragemuster zu verstehen. Die Herausforderung für die Mediatoren besteht darin,
durch ihre Fragen eine **systematisch aufgebaute und zielorientierte Konfliktkommunika-
tion** zu unterstützen und gleichzeitig in den klaren Strukturen ein hohes Maß an Flexibilität zu sichern, welche sich an den Bedürfnissen und Interessen der Beteiligten orientiert.

In der hinsichtlich ihrer Bedeutung für den gesamten Kommunikationsprozess und der   11
intensiven mediativen Arbeit oft unterschätzten ersten Phase der Mediation (s. Kap.
3.2.1) unterstützen die Mediatoren die Beteiligten bei der Herausarbeitung der jeweili-

---

4 Kessen/Troja, Die Phasen und Schritte eines Mediationsverfahrens als Kommunikationsprozess, in Haft/
   v.Schlieffen, Handbuch Mediation, 2. Aufl. 2009, 293–320.

gen **Interessen und Bedürfnisse auf der Verfahrensebene.** Diese Phase steht unter der Leitfrage: Wie wollen die Beteiligten miteinander in der Mediation arbeiten?

12 In der zweiten Phase (s. Kap. 3.2.2) fokussieren die Mediatoren die Beteiligten dann auf eine **Sammlung** jener **Themen,** die im Rahmen der Mediation besprochen und geregelt werden sollen, ohne bereits in die Klärung einzusteigen ("Was muss aus Ihrer Sicht hier besprochen werden?", "Welche Themen wollen Sie in der Mediation klären?"). Hier lautet die Leitfrage: Worum geht es genau?

13 Die Phase der **Interessenklärung** (s. Kap. 3.2.3) stellt in jedem Fall ein weiteres Herzstück der Mediation dar. Die Chance und gleichzeitig die zentrale Anforderung der Mediation besteht in der Unterstützung der Beteiligten, ihre jeweiligen Anliegen zu erkennen und für alle anderen transparent darzulegen, um dann in einem weiteren Schritt zu erkennen, welche Interessen und Bedürfnisse bei den anderen Beteiligten vorherrschend sind. So können sich die Beteiligten von den Fixpunkten der Positionen lösen und in das Gebiet der Interessen wandern. Die Leitfrage dieser Phase lautet: Was ist den Beteiligten bei den einzelnen Themen jeweils wichtig?

14 Bei der **kreativen Suche nach Lösungsoptionen** (s. Kap. 3.2.3.3) entwickeln die Konfliktbeteiligten eine Vielzahl von Ideen, die für das zu lösende Problem hilfreich sein können. Dabei kreisen die Fragen der Mediatoren um die Leitfrage "Was wäre jetzt alles denkbar?", und sie bedienen sich verschiedener Kreativitätstechniken, um gewohnte Denkmuster zu überwinden und neue Optionen entstehen zu lassen.

15 Bei der **Bewertung und Auswahl von Optionen** (s. Kap. 3.2.4) dienen die erarbeiteten Interessen und Bedürfnisse als Bewertungskriterien unter der Leitfrage: Was ist alles machbar? Am Ende stehen realisierbare Vorschläge, mit denen alle Beteiligten leben können. Die Mediatoren unterstützen in dieser Phase mit ihren Fragen die Beteiligten, die Realitätstauglichkeit sowie die Folgewirkungen von Entscheidungen ausreichend zu reflektieren.

16 Am Ende einer Mediation stehen schließlich die Fragen nach einer **tragfähigen Vereinbarung** und danach, wie diese umgesetzt werden kann.

3.8.3.2 Fragen zur Unterstützung der Beteiligten, die eigene Sichtweise zu klären

17 Insbesondere zu Beginn einer Mediation stellen Mediatoren viele **öffnende Fragen,** um den Konfliktbeteiligten einen möglichst weiten und bildhaften Raum für ihre Themen zu ermöglichen: "Können Sie mal beschreiben, wie Sie das erleben?". Anfangs geht es ebenfalls darum, jene Informationen zu sammeln, die für die Beteiligten für die weitere Arbeit relevant sind: "Wie viel Zeit investieren Sie denn im Schnitt dafür?", und auch, um zu erkennen, ob alle Beteiligten über die gleichen Fakten verfügen und diese ähnlich bewerten.

18 Die Mediatoren können und sollen auch jene **Informationsfragen** über Sachverhalte und Zusammenhänge stellen, die sich keiner der Beteiligten mehr traut zu stellen (weil das allen klar sein müsste) oder die außerhalb bzw unterhalb der jeweiligen Bildschirme liegen und bereits fälschlicherweise zu den "unstreitigen Sachverhalten" abgelegt wurden. Das intensive Nachfragen, was genau jeweils darunter verstanden wird, bietet sich insbesondere bei Begriffen an, die auf der einen Seite schnell allseitige Zustimmung finden und auf der anderen Seite ein breites Interpretations-Spektrum öffnen, zB Fairness, Gerechtigkeit, Vertraulichkeit.

19 Schildern die Konfliktbeteiligten nacheinander ihre Versionen des Konflikts, besteht eine Herausforderung für die Mediatoren darin, die Sichtweise einer Person nicht als Rahmen für die Darstellung der anderen zu verwenden: "Was sagen Sie denn dazu?", "Wie sehen Sie das?" oder doppelt problematisch: "Stimmt das?". Sie müssen vielmehr im Geiste wieder einen Schritt zurück gehen und sich von dem gleichen Ausgangspunkt

wie bei der ersten Partei nun einer zweiten Schilderung zuwenden. Dabei benötigt die zweite Person häufig verbale Unterstützung, um den Konflikt tatsächlich aus ihrer ursprünglichen, eigenen Sicht zu schildern und eben nicht als Stellungnahme zur Darstellung zuvor: „Was hätten Sie geantwortet, wenn ich Sie als erste gefragt hätte?". Der Anteil geschlossener Fragen steigt signifikant in dem Maße, wie der Frager zur **Vermeidung kognitiver Dissonanzen** bemüht ist, seine eigenen Hypothesen bestätigt zu sehen, ohne dass bereits in ausreichendem Maße Interessen und Bedürfnisse des Befragten sichtbar geworden sind: „Wenn Sie sagen, dass Sie mit Herrn Müller nicht mehr zusammenarbeiten können, glauben Sie, dass es für Sie sinnvoll ist, in einem anderen Bereich zu arbeiten?". Mit einer solchen Frage drängt der Mediator den Konfliktbeteiligten geradezu auf die Lösungsebene, bevor er Kriterien für eine solche herausgearbeitet hat.

Um den Blick darauf zu lenken, was sich hinter den oftmals sehr allgemein und generell 20 formulierten Aussagen der Konfliktbeteiligten verbirgt, bieten sich dagegen **Klärungs-** oder **Konkretisierungsfragen** an:

- „Das gefällt mir weniger gut." – „Weniger gut als was?"/„Woran machen Sie das für sich fest?"

- „Ich bin dann immer so unsicher, deshalb bringe ich mich in unseren Sitzungen immer so wenig ein." – „Was macht Sie so unsicher?"

Gleichzeitig sind Mediatoren bemüht, eine wechselseitige Transparenz darüber herzustellen, was der eine ausdrücken will und was bei dem anderen ankommt: „Warum haben Sie jetzt so reagiert, nachdem Sie das von Herrn F gehört haben, was ist genau bei Ihnen passiert/angekommen?" oder „Was genau hat Sie so verärgert oder was hat diese Verärgerung bei Ihnen ausgelöst?".

3.8.3.3 Fragen zur Stärkung der Eigenverantwortlichkeit

Das Prinzip der **Eigenverantwortlichkeit** (Kap. 1.1.3.2) in der Mediation unterscheidet 21 diese fundamental von den meisten anderen Konfliktregelungsansätzen. Allerdings ist dieses Prinzip oftmals leichter formuliert als realisiert. Obwohl von den Beteiligten zunächst vehement eingefordert, werden sie diesem Prinzip in kritischen Phasen, in denen keine Lösungen sichtbar sind, schnell untreu und erwarten nunmehr von den Mediatoren inhaltliche Hilfestellungen bis hin zu konkreten Vorschlägen. Entsprechend gefragt ist eine Haltung von Mediatoren, die sich nicht selbst, sondern die Konfliktbeteiligten in den Mittelpunkt stellen. Dahinter steht die zentrale Haltung von Mediatoren, die Konfliktbeteiligten als Experten für ihre jeweiligen Probleme und Bedürfnisse zu sehen. In den Konfliktbeteiligten stecken zudem vielfältige kreative Ressourcen: diese gilt es zu wecken. Wenig hilfreiche Fragen von Mediatoren wie zB: „Könnten Sie sich vorstellen, dass Sie (...) tun?", ignorieren das Prinzip der Eigenverantwortlichkeit und veranlassen die Beteiligten, in einer abwartenden Haltung zu verbleiben und das Denken dem Mediator zu überlassen. Dagegen zeigen Fragen wie: „Woran würden Sie erkennen, dass (...), zB Sie einen Schritt voran gekommen sind?" den Beteiligten, dass sie nicht nur die Regelung des Konflikts selbst erarbeiten müssen und die alleinige Zuständigkeit für die Lösung besitzen, sondern dass sie auch für die Konsequenzen ihres Handelns verantwortlich sind. Diese können den Fortgang oder die Beendigung der Mediation betreffen: „Die Mediation ist ein freiwilliges Verfahren. Welche sinnvollere Vorgehensweise zur Regelung Ihres Konflikts erkennen Sie für sich?/Was werden Sie morgen anders machen?" oder durch permanente Störungen durch eine oder mehrere Konfliktbeteiligte ausgelöst werden, die die Mediatorin auf der Meta-Ebene hinterfragen kann: „Was genau bewegt Sie, dass Sie diese Situation nicht aushalten können?" oder „Was ist wichtig für Sie, um sich auf diese Form des Miteinander-Arbeitens einlassen zu können?". Nach dem Motto: „Dringendes vor Wichtigem" dienen Fragen in solchen Situationen, die jeweiligen Interessen und Bedürfnisse auf der Verfahrensebene herauszuarbeiten, um eine Fortführung der inhaltlichen Arbeit (wieder) zu ermöglichen.

22 Ein kurzfristiges Aufflackern der Eigenverantwortlichkeit mit nachfolgend umso schneller Abgabe derselben verbirgt sich häufig hinter **Ja, aber-Sätzen** der Beteiligten: „Ich habe schon mehrere Versuche unternommen, hier in der Abteilung etwas in Sachen Kommunikation zu verändern, aber das klappt sowieso nicht." Die daraufhin gestellte Frage: „Warum hat es nicht geklappt?" würde nur die Unterstützungsbedarfe des Sprechers verstärken und nicht nach den bereits vorhandenen Ressourcen suchen. Letzteres gelingt eher mit folgenden Fragen: „Welche Versuche haben Sie unternommen?"/ „Wenn ich Sie richtig verstehe, haben Sie immer wieder die Energie gezeigt, an der bestehenden und aus Ihrer Sicht unbefriedigenden Situation etwas zu verändern. Woher haben Sie diese Energie genommen und was war dann gut für Sie?"/„Was hat dabei auch (und evtl nur temporär) gut funktioniert?" **Ressourcenorientierte Fragen** richten den Fokus auf die Beteiligten, in deren Händen auch die Verantwortung für die Konfliktregelung liegen sollte.

3.8.3.4 Fragen zur Klärung von Interessen und Bedürfnissen

23 Für die meisten Menschen in unseren Kulturkreisen gehört der häufige Einsatz von Fragen zur Alltagskommunikation. Doch nur wenige Fragen sind wirklich hilfreich, um die Beteiligten in der Mediation darin zu unterstützen, zu ihren jeweiligen Interessen und Bedürfnissen vorzudringen, so u.a.:

- Warum/Wieso ist das für Sie (so) wichtig?
- Was ist für Sie daran (so) wichtig?
- Was würde sich für Sie verändern, wenn
  a) XY erfüllt/gegeben wäre?
  b) XY nicht erfüllt/gegeben wäre?
- Was bedeutet (...) für Sie?
- Was verbinden Sie mit (...)?

24 Da **Emotionen** die Kinder der Bedürfnisse sind, dienen alle Fragen, die die vorhandenen Gefühle sichtbar werden lassen, der anschließenden Präzisierung dessen, was den Beteiligten wirklich wichtig ist: „Wie fühlen Sie sich?/Was empfinden Sie, wenn Sie (...)?"

25 Die **Wunderfrage** hilft oft, verstecktere und leisere Interessen und Bedürfnisse sichtbar zu machen. Ihre Komplexität stellt die Beteiligten allerdings auch vor besondere Herausforderungen: „Über Nacht ist ein Wunder geschehen, und das Problem ist beseitigt/ gelöst/verschwunden. Das haben Sie gar nicht mitbekommen, da Sie geschlafen haben. Wenn Sie nun morgens aufwachen: Woran merken Sie, dass ein solches Wunder geschehen ist?" Wenn ich mit einer Wunderfrage arbeite, begleite ich die Antwortenden dabei auf ihrer Reise durch den Tag, um jene Stellen und Situationen aufzuspüren, an denen sie das Wunder merken, und unterstütze sie bei der Klärung der dahinter liegenden Interessen und Bedürfnisse.

26 Vielseitig und effektiv einsetzbar sind **Skalenfragen** in der Mediation: „Auf einer Skala von 0 bis 10 – und 0 bedeutet: (...), und 10 bedeutet (...): Wo sehen Sie sich auf dieser Skala?" Besonders wirkungsvoll wird diese Fragetechnik, wenn sich die Beteiligten auf einer ausgelegten Skala im Raum aufstellen. Vielen Konfliktbeteiligten fällt es deutlich leichter, ihr Befinden mittels einer abstrakten Zahl als verbal auszudrücken. Aus vielfältigen Gründen verzichte ich auf Fragen, was der jeweilige Skalenwert für die dort stehende Person bedeutet und warum sie sich dorthin gestellt hat. Die Stärke von Skalenfragen liegt dagegen darin, Veränderungen sichtbar werden zu lassen. Mit der weiterführenden Frage: „Sie stehen gerade auf der 4. Nächste Woche stelle ich Ihnen die gleiche Ausgangsfrage und dann gehen Sie auf die 5. Was hat sich dann für Sie verändert?" lassen sich Interessen und Bedürfnisse herausarbeiten, deren Verwirklichung kleine positive Veränderungen bedeuten würden. Mit der Variante: „Sie stehen gerade auf der 4. Nächste Woche stelle ich Ihnen die gleiche Ausgangsfrage und dann gehen Sie auf die 3. Was hat sich dann für Sie verändert?" kann der Mediator vorhandene Ressourcen verdeutlichen, die die Konfliktbeteiligten noch besitzen und derer sie verlustig gehen könnten. Mit der Skalenfrage lässt sich auch transparent für alle die Wegstrecke bestimmen, die noch vor den Beteiligten liegt: „Welche Zahl wollen Sie erreichen, damit Sie sagen können: ‚Damit kann ich gut leben‘?"

3.8.3.5 Fragen zur Unterstützung eines Perspektivenwechsels

Der konstruktive Umgang mit Konflikten erfordert einen Perspektivenwechsel von der 27 linken auf die rechte Seite:

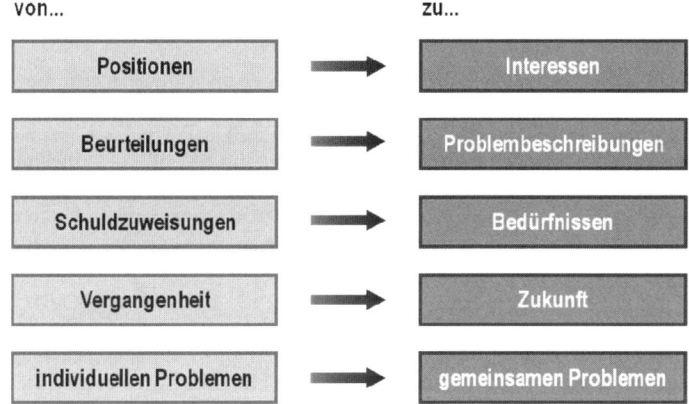

Frau H ist die Abteilungsleiterin von Herrn K. Dieser ist sehr verärgert, weil ihm Frau 28 H kurz vor Feierabend drängende Notfallaufgaben auf den Schreibtisch legt, die für ihn Überstunden am Abend bedeuten. Im Rahmen der Mediation legte Herr K schnell klar: „Ich will um 17 Uhr Feierabend haben. Da muss dann Schluss sein." Um herauszufinden, welche Interessen und Bedürfnisse hinter der von Herrn K formulierten Position liegen, bieten sich Fragen an, die die Aufmerksamkeit darauf lenken, was für Herrn K bedeutsam ist: „Was bedeutet Ihnen gerade 17 Uhr?" oder „Was macht für Sie den Unterschied zu zB 17.05 Uhr?". Zielen Fragen jedoch hier schon auf die Lösungsebene: „Können Sie auch mal länger als 17 Uhr bleiben?", „Welche Möglichkeiten sehen Sie, die Arbeit anders zu verteilen?" oder „Gehen die anderen Mitarbeiter auch alle um 17 Uhr?" oder verleiten Herrn K zu Beurteilungen und Schuldzuweisungen: „Warum glauben Sie, können Sie oft nicht um 17 Uhr gehen?" oder „Was müsste sich ändern, dass Sie um 17 Uhr gehen können?" oder sind wenig wertschätzend: „Für wie angemessen sehen Sie Ihre Forderung in einem modernen Unternehmen?", fehlt für Herrn K die Unterstützung, seine eigenen Bedürfnisse klarer zu erkennen, und für Frau H die Transparenz, warum Herrn K das eine oder andere so wichtig ist.

In alltäglichen Kommunikationen und insbesondere in konfliktreichen Situationen be- 29 urteilen Einzelne das Verhalten von anderen und/oder weisen ihnen eine Schuld zu: Herr S: „Mein Kollege ist neuerdings dann immer gleich eingeschnappt." Um einen **Perspektivenwechsel** zu unterstützen, bieten sich u.a. folgende Frageoptionen an:

- „Was bedeutet das konkret für Sie?": Je nach Betonung mit unterschiedlicher Gewichtung auf dem Wort „konkret" oder „Sie" wird der Befragte angeregt, sich wieder auf sich selbst und seine Situation zu konzentrieren.

- „Wie reagieren Sie, wenn Ihr Kollege Ihnen signalisiert, dass etwas für ihn nicht in Ordnung ist?": Hier wird Herr S zu einer Reflexion des eigenen Verhaltens und einem Nachdenken über die Gründe des Verhaltens des Kollegen angeregt.

- „In welchen Situationen erleben Sie ihn offen und Ihnen zugewandt?": In konfliktbehafteten Situationen sehen die Beteiligten vorrangig das, was nicht funktioniert und was aus ihrer Sicht negativ erscheint. Die positiven und funktionierenden Seiten einer Zusammenarbeit müssen häufig erst wieder bewusst sichtbar gemacht werden.

- „Wie haben Sie früher Ihren Kollegen erlebt?": Diese Fragevariante geht bewusst in die Vergangenheit, um anhand der Beschreibung einer Zeit, in der das Arbeitsverhältnis der beiden zueinander möglicherweise besser war, Rückschlüsse auf die Bedürfnisse von Herrn S zu erhalten: „Was haben Sie damals als angenehmer in der gemeinsamen Arbeit erlebt/empfunden?" oder „Was hat sich aus Ihrer Sicht seit damals verändert?".

30 Wenn sich die Konfliktbeteiligten in der linken Hälfte der oben aufgelisteten Gegenüberstellung bewegen, ist ihr Denken häufig geprägt von negativen Ereignissen und Begleiterscheinungen des Konflikts. Daher können entsprechende Fragen ihre Aufmerksamkeit wieder auf Details und Aspekte richten, die sie in ihrer Konfliktwahrnehmung bereits ausgeblendet haben. So kann der Mediator die Beteiligten auffordern, darüber nachzudenken, was das – nach wie vor – **Gute an der derzeitigen Situation** oder an den anderen Personen ist: „Was schätzen Sie an den Mitarbeiterinnen und Mitarbeitern in Ihrer Abteilung/an der Zusammenarbeit im Team?" In gleichem Maße können Fragen, die in eine anzustrebende Zukunft gerichtet sind, die Motivation der Beteiligten zur Teilhabe an einer entsprechenden Konfliktregelung fördern.

31 Um einen Perspektivenwechsel anzuregen, sind viele Arten von **systemischen Fragen** hilfreich. Sie berücksichtigen die Gesamtheit des Systems und aller Akteure, fokussieren auf die individuellen und systemischen Ressourcen und ermöglichen es so den beteiligten Personen, neue Denkräume zu gewinnen. Typisch für systemische Fragen sind zum einen die Anregungen zum Denken in Metaphern, Analogien, Bildern oder Filmen und zum anderen die Frage nach Unterschieden.

32 **Zirkuläre Fragen** („Reden über den Konfliktpartner in dessen Beisein") zielen darauf ab, Unterschiede zwischen Wahrnehmungen sowie zwischen Selbst- und Fremdbild sichtbar werden zu lassen. Häufig führt bereits das Aufzeigen von unterschiedlichen Wahrnehmungen und Bedeutungszuweisungen zu Veränderungen der jeweiligen Sichtweise.[5] Das zirkuläre Fragen stellt eine Reflexionshilfe dar, um die spezifischen Verknüpfungen von Verhaltensweisen, Interaktionen, Deutungen und Reaktionen der Konfliktbeteiligten für alle zu verdeutlichen: „Was glauben Sie (Y), wie würde Q das Problem im Betriebsklima beschreiben/was ist für Q das größte Problem?", „Was wäre denn für Ihre Kollegin ein Zeichen, dass es in die richtige Richtung geht?", „Was denken Sie, Herr A, wie wirkt Ihre Forderung, dass die Kinder auch über Nacht bei Ihnen bleiben sollen, auf Ihre Frau? Wie wird sie darauf reagieren? Und wie würden Sie wiederum darauf reagieren?". Zirkuläre Fragen können auf der einen Seite zu einem dynamischen, interaktiven Kommunikationsprozess führen, da die Perspektiven häufig von den Konfliktbeteiligten gewechselt und miteinander in Beziehung gesetzt werden. Auf der anderen Seite können sie aber auch zu einer beträchtlichen Unübersichtlichkeit führen, die Konfliktbeteiligten schlichtweg überfordern und in der Verknüpfung der Beziehung

---

5 Simon/Rech-Simon, Zirkuläres Fragen. Systemische Therapie in Fallbeispielen, 4. Aufl. 2001.

zwischen den Beteiligten über das für die Regelung eines Konflikts erforderliche Maß hinausgehen. In der Mediation ist der Einsatz des zirkulären Fragens meist nur effektiv, wenn sich die Kontrahenten soweit angenähert haben, dass sie sich als Bestandteil eines gemeinsamen Konflikt sehen, ansonsten kann die Frage nach der Sichtweise des anderen auch eine kontraproduktive Trotzreaktion hervorrufen: „Ist mir doch egal, wie Herr L das sieht. Ich will (...)". Entsprechend geht es in der Mediation darum, dass die Beteiligten sich zunächst selbst wieder als autonome Individuen erleben, bevor sie sich in der Beziehung zu anderen sehen.

Allen systemischen Fragen ist gemeinsam, dass sie die Beteiligten an einer Mediation 33 zum Nachdenken anregen und keine vorgefertigten Statements abrufen. Damit werden die **tradierten und etablierten Kommunikations- und Konfliktmuster** verändert und durchbrochen und eine neue Perspektive auf den Konflikt kann Raum gewinnen.

3.8.3.6 Fragen zum Ansprechen der Verfahrensebene und der Meta-Ebene

In kommunikativ herausfordernden Situationen findet die Auseinandersetzung immer 34 auf zwei Ebenen statt: auf der **inhaltlichen Ebene** sowie auf der **Verfahrensebene**. „Eine häufige Ursache für Konflikte und ein nachhaltiges Aneinander-vorbei-reden liegt genau darin begründet, dass die jeweiligen Gesprächspartner nicht auf der gleichen Ebene kommunizieren".[6] Diese Ebenen zu differenzieren und präzise herauszuarbeiten, wo sich die Beteiligten gerade befinden, kann durch entsprechende Fragen der Mediatoren gefördert werden. Ebenso kann die Art und Weise, wie über eine inhaltliche Frage gestritten wird, viele Aufschlüsse über die vorhandenen Bedürfnisse der Beteiligten liefern. Die Herausforderung für die Mediatoren liegt hier weniger in einer spezifischen Formulierung einer Frage, sondern vielmehr darin, sich mit ihren Fragen von der Nahbetrachtung eines inhaltlichen Disputs zu lösen und auf die **Meta-Ebene** zu begeben, um es den Beteiligten so zu ermöglichen, ihren eigenen Konflikt wie aus einer Vogelperspektive betrachten zu können. Situationsadäquat angepasst an die jeweilige Situation ist wertschätzend zu fragen, warum die Beteiligten sich so verhalten, wie sie sich verhalten: „Was lässt Sie die Situation so erleben?" oder „Was ist das, was Sie so (wahrgenommenes Gefühl einsetzen, zB wütend, ärgerlich, fröhlich) macht/werden lässt?"

3.8.3.7 Fragen zur Überwindung von Blockaden

Aus der systemischen Beratung und Therapie stammt die Technik des **lösungsorientier-** 35 **ten Fragens**, die besonders geeignet ist, Blockadesituationen aufzulösen, die auf der inhaltlichen oder der Verfahrensebene liegen können. Beim Einsatz lösungsorientierter Fragetechniken in der Mediation geht es nicht um die Lösung des Konfliktes. „Lösung" meint hier vielmehr die „Auflösung" einer Blockade innerhalb schwieriger Gesprächssituationen. Mithilfe lösungsorientierter Fragen können die Mediatoren den Konfliktbeteiligten aus einer resignierenden oder destruktiven Haltung heraushelfen, indem ihnen ihre eigenen Handlungsmöglichkeiten wieder deutlich werden. Dabei geht es nach der konkreten Darstellung eines Problems oder einer Blockade darum, die Zielvorstellungen einer Person herauszuarbeiten und einen ersten Blick in einen Lösungsraum zu werfen. Anschließend soll das ressourcenorientierte Fragen dazu führen, dass sich die betreffende Person die in ihr selbst vorhandenen oder durch sie aktivierbaren Möglichkeiten zur Verbesserung der Situation und zur Problemlösung bewusst macht und nutzt. Die Mediatoren führen die Konfliktbeteiligten vom Problemraum: „Was genau ist das Problem?" über den Lösungsraum: „Was wollen Sie erreichen?" in den Ressourcenraum:

---

6 Kessen/Voskamp, Präzise Interessenklärung, Perspektive Mediation 2/2010, 67.

„Was benötigen Sie, um (...)?"/„Was können Sie (der andere; die anderen) tun, um (...)?".[7]

36 In ähnlich gelagerten Kommunikationssituationen, die dadurch geprägt sind, dass Sicht-weisen scheinbar unverrückbar und diametral aufeinanderprallen, bieten sich „**Ange-nommen-Fragen**" als Loslösung aus einer festgefahrenen Blockade an, damit die Betei-ligten über die Entwicklung von Visionen wieder denk- und kommunikationsfähig wer-den: „Angenommen, in einem Jahr stellen Sie fest: Alles läuft hervorragend. Was hat sich dann für Sie verändert?/Welche Erwartungen haben sich für Sie erfüllt?" Wenig hilfreich – um aus solchen Blockadesituationen zu gelangen – erweisen sich in der Regel Fragen nach den Wünschen der Beteiligten, da diese sich schnell wieder auf die verfes-tigten Positionen konzentrieren werden.

3.8.3.8 Fragen zum Hinterfragen von Wahrnehmungen und Annahmen

37 Konflikte beschreiben üblicherweise komplexe soziale Systeme, die selten aus linearen Ursache-Wirkung-Verknüpfungen bestehen. Die beteiligten Personen nehmen die kom-plexe Konfliktwirklichkeit zumeist nur selektiv wahr. Angesichts der mit Konflikten oft einhergehenden Unsicherheit und Unübersichtlichkeit, reduzieren die beteiligten Perso-nen eine solche Komplexität, indem sie auf kognitive Strukturen und emotional und ideologisch geprägte mentale Modelle zurückgreifen. Die Reduktion der Komplexität nimmt in dem Maße zu, je schwieriger der Konflikt erlebt wird. Die Konfliktbeteiligten konzentrieren sich auf bestimmte Ausschnitte, die sie individuell und unabhängig von größeren Zusammenhängen bewerten. Bezugspunkt der Beurteilung ist dann nicht eine komplexe äußere Wirklichkeit, sondern ihr Bild der Wirklichkeit, abhängig vom jewei-ligen Blickwinkel und der verfolgten Absicht und entsprechend den eigenen kognitiven Strukturen, die von persönlichen Erfahrungen, dem sozialen Umfeld und Wertvorstel-lungen geprägt sind.[8] Typischerweise suchen die Beteiligten dann auch nur noch nach Bestätigungen für die eigene Sichtweise oder Annahme und vermeiden kognitive Disso-nanzen, die sich durch eine bewusste Suche nach Gegenargumenten ergeben könnten.

38 Die Mediatoren initiieren Denkanstöße, indem sie gezielt Annahmen hinterfragen: „Was wäre das Schönste/Schlimmste, was aus Ihrer Sicht passieren könnte?", „Wie würde es aussehen, wenn (...)?", „Was könnte (würde) schlimmstenfalls geschehen, wenn (...)?" und nach Ausnahmen forschen: „Gab es irgendwann einmal einen Mo-ment/Situationen, wo Sie das Gefühl hatten, die Zusammenarbeit mit Ihrem Kollegen funktioniert? Was war dann/damals anders?". Wenn den Beteiligten nur Bestätigungen für das Fehlverhalten des anderen einfallen, können die Mediatoren gezielt nach Positi-vem fragen: „Was schätzen Sie an Ihrem Kollegen?", „Was kann er besonders gut?". Vielfach basieren Interpretationen von Beteiligten in einer Mediation, die aus ihrer je-weiligen Sicht logisch und folgerichtig abgeleitet wurden, bereits auf nicht ausreichend hinterfragten Grundannahmen: „Würde das Herr B auch so beschreiben/bewerten?", „Was könnte gegen Ihre Annahme sprechen, dass (...)?". Damit die Beteiligten auch we-niger offensichtliche Aspekte für sich (wieder-)erkennen können, kann es ihnen helfen, bestimmte Abläufe wie in einem Video anzusehen: „Stellen Sie sich bitte Ihren Arbeits-tag als Film vor. Was fällt Ihnen auf, was bisher nicht zur Sprache gekommen ist?".

39 Um Klarheit über das **subjektive Erleben** der Konfliktbeteiligten zu gewinnen, ist es sinnvoll, Fragen zu stellen, die von den üblichen Mustern abweichen. Damit bewegen sich die Mediatoren im Spannungsfeld zwischen Empathie und kritischer Distanz. Ei-

---

7 Kuhlmann/Rieforth, Das Neun-Felder-Modell. Strategisch-lösungsorientiertes Vorgehen im Mediationspro-zess, Zeitschrift für Konfliktmanagement 2/2004, 52–56.
8 Troja, Umweltkonfliktmanagement und Demokratie. Zur Legitimation kooperativer Konfliktregelungsver-fahren in der Umweltpolitik, 2001.

nerseits signalisieren sie einfühlendes Verstehen, andererseits fordern sie durch ihre Fragen eine Reflexion heraus, die dazu führen kann, dass die betreffende Person den Absolutheitsanspruch ihrer mentalen Modelle selbst in Zweifel zieht.

3.8.4 Fragen der Mediatoren an sich selbst, bevor sie eine Frage stellen

Fragen spielen in der Mediation eine wichtige Rolle, doch sollten ihre Anwendungen 40
grundsätzlich interessenorientiert und hilfreich für das Gegenüber sein. Eine hohe Kunst des Fragens in der Mediation liegt oftmals darin, zunächst einmal nicht zu fragen, sondern achtsam erst das aufzunehmen und wiederzugeben, was die Beteiligten bereits geäußert haben, was jedoch häufig noch nicht von allen wahrgenommen und gehört wurde; mitunter noch nicht einmal von dem Sender selber. An einer solchen Stelle eine weitere Frage zu stellen, würde mit sehr hoher Wahrscheinlichkeit dazu führen, dass das bereits Gesagte, doch noch nicht Gehörte, in Vergessenheit geraten wird. Eine neue Frage führt die Beteiligten leicht und schnell in neue Räume, und sie erhalten keine Chance, die Dinge im Raum vorher hinsichtlich ihrer Bedeutsamkeit zu erkennen, zu besprechen, zu klären und ihren jeweiligen Erkenntnisprozessen zuzuführen. Insofern sollten Mediatoren – wenn sie in einer bestimmten Situation in der Mediation eine Frage stellen wollen – zunächst einige **Fragen an sich selbst** richten:

- Vollständigkeit: Habe ich durch Loopen und Paraphrasieren schon alles erfasst, was ich glaubte gehört und wahrgenommen zu haben und stehen dadurch diese Aussagen den Beteiligten für ihren gemeinsamen Kommunikationsprozess zur Verfügung? Oft offenbaren die Konfliktbeteiligten in Nebensätzen, am Ende von Sätzen, durch besondere Betonungen, körpersprachliche Signale und vieles mehr zentrale Ich-Botschaften und Hinweise auf ihre entscheidenden Interessen und Bedürfnisse, die unbeachtet liegen bleiben würden, wenn die Mediatoren sie nicht sorgsam aufheben und transparent machen und damit den Beteiligten zur Verfügung stellen würden.

- Funktion: Welche Funktion hat diese Frage, die ich gerade stellen möchte? Wohin zielt sie? Dient sie tatsächlich der gemeinsamen Konfliktregelung der Beteiligten oder im extremen Fall nur der Befriedigung der Neugier des Mediators?

- Veränderung: Was würde sich durch eine Beantwortung verändern:
  a) für den Befragten?
  b) für die Mediatoren?

- Wirkung: Wie kann die Frage auf den Befragten sowie die übrigen Beteiligten wirken? Wie kommt sie an? Engt sie das theoretisch mögliche Antwortspektrum bereits durch ihre Formulierung ein?

Die aufgeführten Fragen dienen dem Reflexionsprozess des Mediators hinsichtlich des eigenen Handelns und der Antwort auf die Frage, ob eine Frage in einer konkreten Situation als die geeignete Intervention erscheint.

Eine den Beteiligten zugewandte Haltung können die Mediatoren dadurch stärken, dass 41
sie sich im Anschluss an Aussagen der Konfliktbeteiligten selbst die folgenden inneren Fragen stellen:

- Was ist dieser Person in dieser Situation/in diesem Moment wichtig?
- Warum sagt sie das und warum so?
- Warum sagt sie mir das?
- Wer ist gemeint? Zu wem sagt sie das tatsächlich?

Woran können wir letztlich erkennen, ob wir eine gute, also hilfreiche und unterstüt- 42
zende Frage gestellt haben? Ein wesentliches Kriterium ist sicherlich die Zeit, in der eine Antwort erfolgt. Antwortet der Gefragte wie aus der Pistole geschossen, können wir si-

cher sein, dass wir lediglich bereits vorgefertigte Statements abgefragt haben, die kein weiteres Nachdenken oder Reflektieren erforderlich gemacht haben. Fällt dem Befragten jedoch die Antwort schwer und er muss überlegen, kann er sich keiner vorgefertigten Muster bedienen, sondern er dringt in einen Raum vor, in welchem er vorher noch nie oder schon länger nicht mehr gedacht hat, und es entsteht etwas Neues in seinem Denken: dann können wir üblicherweise mit unserer Frage sehr zufrieden sein.

3.9 Gewaltfreie Kommunikation

Literatur: Holler, I., Mit dir zu reden ist sinnlos ... Oder?", 2010; Holler, I., Trainingsbuch Gewaltfreie Kommunikation, 6. Aufl. 2012; Rosenberg, M., Gewaltfreie Kommunikation, 9. Aufl. 2011.

3.9.1 Wie stellt sich die Dynamik in einem Konflikt dar?

In einem Konflikt möchte jede Seite **Recht bekommen**. Gerade wenn es emotional brennt, wenn es schmerzt, wenn man verletzt ist oder die Wut in einem hochsteigt, dann steht hinter dem „Recht haben wollen" in erster Linie, dass man **gehört und ernst genommen** werden möchte – und das alles, ohne verurteilt zu werden. Dieser Wunsch ist in einer solchen Situation besonders groß.

Hier entsteht ein Dilemma: Kulturell geprägte **Gewohnheiten** lassen die Streitparteien nicht selten mit einem Konflikt so umgehen, dass dem Gegenüber die **Schuld zugewiesen** wird. Das Gegenüber macht es jedoch genauso, und so kommt es zu Feindbildern, die verschärfend wirken. Dann geschieht das, was man gerade nicht möchte: Durch das gegenseitige Angreifen gehen die Aussichten, vom Gegenüber gehört zu werden, gegen null. Genau das, was man so **dringend brauchen** würde, wenn die Emotionen hochkochen, genau das verhindert man durch die eigenen Angriffe und Vorwürfe: Gehört werden, ernst genommen werden, **verstanden werden**.

Zumindest wird man nicht mehr von der anderen Konfliktpartei gehört – jedoch vom Mediator. Dieser übernimmt in einer **Mediation** genau die hilfreiche Rolle, die die Streitenden selbst nicht mehr erfüllen können: Jede einzelne Person neutral und allparteilich anzuhören und ernst zu nehmen.

Konflikte entstehen also dann, wenn Streitparteien glauben, sie müssten das Gegenüber schwach machen, um selbst stark zu sein und bestehen zu können. Dann beharren sie auf ihren **Standpunkten** und sind nicht (mehr) bereit, das Gegenüber genauso ernst zu nehmen und wertschätzend zu betrachten, wie sie es sich für sich selbst gerne hätten.

Diese eskalierende Dynamik kann sich erst dann in ein **konstruktives Miteinander** umwandeln, wenn ein gegenseitiges Anhören und Ernst nehmen auf **Augenhöhe** gelingt.

3.9.2 Was beinhaltet die GFK und wie kann sie in einem Konflikt konstruktiv wirken?

Die GFK ist ein Kommunikations- und Konfliktklärungsverfahren, das von Dr. Marshall Rosenberg (USA) entwickelt wurde. Seit vielen Jahren wird es von GFK-Fachleuten auf der ganzen Welt zur Klärung von Konflikten eingesetzt. Die GFK beruht auf zwei grundlegenden Elementen: Das ist zum einen die **Aufrichtigkeit** und zum anderen die **Empathie:**

- **Aufrichtigkeit** – bedeutet das **aufrichtige Ansprechen** von Vorfällen, die einen selbst stören und sich dabei mit der eigenen Befindlichkeit zu zeigen ohne jemanden anzugreifen.

- **Empathie** – meint das **empathische Anhören** anderer Menschen, mit denen man im Konflikt steht. Empathisches Anhören bedeutet dabei, auf Gefühle[1] und Bedürfnisse/Anliegen[2] hinter Anschuldigungen und Vorwürfen zu hören. Es **bedeutet** ausdrücklich **nicht,** dass man mit irgendeinem **Verhalten** des Gegenübers **einverstanden** ist.

6 Gelingt es in einem Konflikt, immer wieder zur Aufrichtigkeit und zur Empathie zurückzukehren, dann wandelt sich die Konfliktdynamik weg von der Eskalation hin zur Verständigung. So wird bei den Beteiligten eine **Kooperationsbereitschaft** geweckt, die es in der darauffolgenden Phase auch notwendig braucht. Denn dann geht es darum, konkret praktische Konfliktlösungen zu erarbeiten, die für alle Beteiligten zufriedenstellend sind.

3.9.2.1 Die innere Haltung in der GFK

7 Ein weiteres grundlegendes Element in der GFK stellt die **innere Haltung** dar. Welche Vorstellungen hat man davon, was Menschen motiviert und zu Entscheidungen führt? Welche Wege findet man in der zwischenmenschlichen Kommunikation sinnvoll? Wie denkt man über Konfliktursachen und deren Klärung?

8 Die GFK geht davon aus, dass die grundlegendste **Motivation** eines Menschen darin liegt, **Beziehung** zu erleben, zu sich selbst und zu anderen Menschen. Wir sind nicht als Einzelgänger geboren, sondern als **soziale Wesen,** die ein **Miteinander** brauchen. Deshalb ist auch Kommunikation für uns so wichtig. Kommunikation jedoch nicht als ein „Mehr" an Informationen, wie es heutzutage manchmal scheint.

9 Was es stattdessen braucht, ist ein „Mehr" an Beziehung miteinander, Beziehung, die von **Gleichwertigkeit** bestimmt ist; menschliche Verbindungen, die von **Interesse** aneinander und von gegenseitiger **Wertschätzung** getragen werden. Darüber hinaus geht die GFK davon aus, dass das Handeln von Menschen dadurch motiviert wird, Bedürfnisse zu berücksichtigen und zu erfüllen, die eigenen und auch die der anderen.

Das sind die wesentlichen Grundannahmen in der inneren Haltung der GFK.

10 Um diese innere Einstellung in der Kommunikation und in einem Konflikt praktisch zu verwirklichen, stellt die GFK die **Bedeutung der Sprache** in den Vordergrund: Was an Worten aus unserem Mund kommt, hat jedes Mal eine Wirkung – auf uns selbst und auf unser Gegenüber. In einem Konflikt verstärkt sich diese Wirkung – in die eine oder in die andere Richtung. So gestalten wir mit unserem sprachlichen Ausdruck unsere Beziehungen. M. Rosenberg hat zur inneren Haltung der GFK ein passendes **sprachliches Modell** entwickelt: das Vier-Schritte-Modell. Damit kann man aufrichtig und einfühlsam[3] kommunizieren und so auch Konflikte klären.

3.9.2.2 Das Vier-Schritte-Modell in der GFK

11 Dieses Sprachmodell ist geprägt von Selbstverantwortung – daher wird auch jede Schuldzuweisung vermieden. Es umfasst die folgenden vier Schritte.

---

1 Die Begriffe Gefühl, Empfindung und Emotion werden synonym verwendet.
2 Die Begriffe Bedürfnisse und Anliegen werden synonym verwendet.
3 Empathie und Einfühlsamkeit werden synonym verwendet.

- Erster Schritt – Auslöser beobachten und wahrnehmen ohne zu bewerten.
- Zweiter Schritt – Gefühle benennen ohne Interpretation.
- Dritter Schritt – die Bedürfnisse/Anliegen identifizieren ohne sie mit Handlungen zu vermischen.
- Vierter Schritt – Konkrete Bitte/Handlungsabsicht/Kontaktbitten, aktive Handlungssprache statt vager Aussagen.[4]

Die GFK legt nahe, zwischen „Lösungsbitten" und „Kontaktbitten" zu unterscheiden. 12
Bei den Lösungsbitten geht es um konkrete Handlungen. Manchmal ist dafür im Gespräch noch nicht die Zeit gekommen. Bei den Kontaktbitten bleiben wir vorerst auf der Ebene der Beziehung und fragen nach dem, was gehört wurde oder wie es dem Gegenüber im Gespräch geht. Dadurch kann der Austausch klarer oder auch tiefergehend werden.

3.9.3 Welche Rolle kann die GFK in einer Mediation spielen?

In den vielen Jahren der Anwendungspraxis hat sich die GFK als sehr wirkungsvolles 13
Instrument herausgestellt, um eine Mediation zu einem zufriedenstellenden Abschluss zu führen.

Hier kommen verschiedene integrierende Elemente zum Tragen: 14

- Die **innere Einstellung** des Mediators.
- Das Herausarbeiten **klarer Beobachtungen** in der Mediationsphase 2 „Konfliktdarstellung".
- Das Erforschen der **Gefühle und Bedürfnisse**, die hinter den festgefahrenen Positionen liegen in der Mediationsphase 3 „Konflikterhellung".
- Der **Perspektivwechsel mit den Kontaktbitten**: Das gegenseitige Hören ebenfalls in Mediationsphase 3 „Konflikterhellung".
- Die **konkrete Handlungssprache** der GFK in den Mediationsphasen 4 und 5, den Lösungsphasen.

3.9.3.1 Die innere Einstellung des Mediators

Die innere Haltung der GFK geht davon aus, dass **Menschen** mit ihrem Verhalten und 15
durch ihre Handlungen **Anliegen erfüllen** möchten. Insofern werden jeder Person gute Absichten zugestanden, auch wenn durch das eigene Verhalten Frust und Schmerz ausgelöst werden, weil dennoch Bedürfnisse auf der Strecke geblieben sind. Hier gibt es keine Schuldigen, sondern nur die allzu menschliche Erfahrung, dass etwas misslungen ist. Es macht dann viel Sinn, aus solchen Erfahrungen zu lernen: Wie können beim nächsten Mal möglichst alle Anliegen der Beteiligten berücksichtigt werden?

In der Mediation erleichtert diese Haltung die **Allparteilichkeit**. Auch Mediatoren sind 16
nicht in jedem Moment frei vom sehr verbreiteten, kulturell geprägten Schulddenken. Und so kann es immer wieder eine Herausforderung sein, während der Mediation keine Partei zu ergreifen und niemanden zu verurteilen.

Gelingt es dem Mediator, sich vom **Schulddenken** zu **befreien**, entsteht eine innere Of- 17
fenheit für Menschlichkeit, die nicht mehr die Frage nach den Schuldigen stellt, sondern nach dem, was Medianten wichtig ist und wie es ihnen geht.

---

4 Eine detaillierte Beschreibung der GFK-Elemente findet sich bei Holler, Mit dir zu reden ist sinnlos ... Oder?, 54 ff.

18 Diese innere Haltung der GFK im Kopf und im Herzen zu behalten, hilft dabei, sich die Fähigkeit des allparteilichen und empathischen Aufnehmens aller Streitparteien zu bewahren.

3.9.3.2 Das Herausarbeiten klarer Beobachtungen in der Mediationsphase 2 „Konfliktdarstellung"

19 In dieser Phase kann man den ersten Schritt der GFK anwenden: Beobachten ohne zu Bewerten. Dieses Verstehen der **Konflikt auslösenden Vorfälle** hinter gegenseitigen Vorwürfen und Schuldzuweisungen ist der erste Schritt zur Klärung des Konflikts. Die Aufgabe des Mediators besteht darin, gemeinsam mit den Medianten die bewertungsfreien Tatsachen hinter den subjektiven Sichtweisen herauszuarbeiten. So entstehen erste gemeinsame Ausgangspunkte.

Beispiel aus einem Konflikt in einer Unternehmensabteilung:

Mediant: „Meine Vorgesetzte sagt heute hü und tut morgen hott..."

Mediator: „Was haben Sie denn genau von Ihrer Vorgesetzten gehört?"

Mediant: „Naja, sie hat mir eine Beförderung zum Teamleiter versprochen. Zum Ende des letzten Jahres. Aber nichts ist geschehen."

Mediator zur anderen Konfliktpartei, der Vorgesetzten: „Können Sie das bestätigen. Ist das so passiert?"

Mediant: „Teilweise ja ..." usw – erläutert seine Sichtweise.

20 Auch in dieser Phase werden die Konfliktparteien selbstverständlich bereits empathisch begleitet. Die Kunst besteht jedoch darin, die Empathie so zu dosieren, dass die Konfliktparteien durch den Mediator abgeholt werden, ohne dass man schon in dieser anfänglichen Phase an einem Punkt, oder bei einer der Beteiligten in die ganze emotionale Tiefe des Konflikts „hineinrutscht".

3.9.3.3 Das Erforschen der Gefühle und Bedürfnisse, die hinter den festgefahrenen Positionen liegen, in der Mediationsphase 3 „Konflikterhellung"

21 Eine Konfliktklärung lebt ja nicht unwesentlich davon, dass man sich in die Karten schauen lässt, besonders in die „Herzkarten". Und so kann in dieser Phase der Mediator die Medianten mithilfe des zweiten und dritten GFK-Schrittes zu ihren Empfindungen und Bedürfnissen führen. Dabei ist es besonders wichtig, **echte Gefühle** zu benennen und auch hier wieder keine indirekten Schuldzuweisungen (Ich fühle mich missachtet = Du missachtest mich) auszudrücken. Bei den **Bedürfnissen** kommt es darauf an, **keine Handlungen** oder **Personen** hineinzumischen. Denn es geht hier vor allem um die Klärung der tieferen Hintergründe, um sich selbst besser zu verstehen und innere Verhärtungen aufzulösen. Handlungsschritte (auch vom Gegenüber) werden dann in der nächsten Phase besprochen.

Das obige Beispiel wird weitergeführt:

Mediant: „Ich fühle mich ganz schön missachtet."

Mediator übersetzt: „Das klingt so, als wären Sie unzufrieden und enttäuscht, weil es Ihnen um Wertschätzung geht?"

Als Mediator sagen Sie in dem Fall nicht: „Verstehe ich sie richtig, Sie hätten gerne Wertschätzung von Ihrer Vorgesetzten?" –

sondern: „Verstehe ich Sie richtig, Sie hätten gerne Wertschätzung?"

Oder statt: „Sie möchten also, dass Ihr Mitarbeiter sie ganz klar versteht, stimmt das?" –

sagen Sie: „Sie möchten also klar verstanden werden, stimmt das?"

3.9.3.4 Der Perspektivwechsel: Das gegenseitige Hören ebenfalls in Mediationsphase 3 „Konflikterhellung"

Sind beide Parteien in ihren eigenen Emotionen und Anliegen ein Stück weit gehört 22 worden, ist es Zeit, den Perspektivwechsel – das **gegenseitige Hören und Verstehen** – immer mal wieder einfließen zu lassen. So wird die Beziehung zueinander verstärkt geklärt. Neben dem oben beschriebenen empathischen Paraphrasieren[5] kommt hier eine der Kontaktbitten des vierten GFK-Schritts zum Einsatz: „Was ist bei Ihnen angekommen?". Damit ermutigt der Mediator oder die Mediatorin die Konfliktparteien, einander zuzuhören und **mit eigenen Worten wiederzugeben,** was der anderen Seite wichtig ist. Hier geht es erneut darum, die Konfliktparteien von Schuldzuweisungen sich selbst oder der anderen Seite gegenüber weg und zu Gefühlen und Bedürfnissen hin zu führen.

Das obige Beispiel wird weitergeführt:

Mediator: „Was ist jetzt bei Ihnen angekommen? Was ist Ihrer Vorgesetzten wichtig?"

Mediant: „ Ja, sie sagt, dass ich sie irgendwie nicht richtig verstanden hätte."

Mediator: „Vielen Dank erstmal. Ich habe von Frau Klein gehört, dass ihr Klarheit wichtig ist. Was haben Sie jetzt verstanden, würden Sie es bitte nochmal wiedergeben?"

Mediant: „Ich höre was von Klarheit? Ja, das hätte ich allerdings auch gerne."

So kommen die Medianten allmählich weg vom Recht haben müssen, denn sie werden 23 ja jetzt gehört und verstanden, sogar vom ehemaligen „Feind". Denn dass der Mediator einen verstehen kann, das hat man jetzt erlebt, aber das Gegenüber? Um hier Vertrauen in ein weiteres konstruktives Miteinander zu gewinnen, auch und gerade für die Zeit ohne die Unterstützung des Mediators, ist es wichtig, das Gehörtwerden von der anderen Streitpartei ebenfalls zu erleben.

3.9.3.5 Die aktive Handlungssprache der GFK in den Lösungsphasen der Mediation

Auch in den Lösungsphasen kann die GFK hilfreich sein. So wie im Konfliktgespräch 24 im vierten GFK-Schritt ganz konkret machbare Lösungen verhandelt werden, geht es auch in den Lösungsphasen der Mediation darum, praktische Lösungen so unmissverständlich wie möglich zu beschreiben. So allgemein, wie in der vorangegangenen Phase die Anliegen formuliert wurden, um die Beziehung zu klären, so konkret wird es in dieser Phase auf der **Sachebene,** wenn es um das Aushandeln von **alltagstauglichen Resultaten** geht. Ähnlich wie im ersten GFK-Schritt werden dabei die konkret machbaren Tatsachen formuliert.

Das obige Beispiel wird weitergeführt:

Mediator: „Was können Sie denn jetzt tun, damit sich Klarheit in Ihrem Miteinander zum Thema Beförderung niederschlägt?"

Mediant: „Wir könnten meine Beförderung vielleicht mal schriftlich festhalten ..."

Mediator: „Um es noch ein bisschen praktischer zu machen, wann und wo möchten Sie sich denn zusammensetzen, um das zu tun?"

Dann machen die Konfliktparteien mit Unterstützung des Mediators ganz konkrete 25 Vorschläge, die später in die Schlussvereinbarung münden.[6]

---

5 Empathisches Paraphrasieren bedeutet das Wiedergeben des Gesagten in eigenen Worten und ggf in der Übersetzung in Beobachtungen, Gefühle und Bedürfnisse. S.a.Rosenberg, Gewaltfreie Kommunikation, 108 ff.
6 Detaillierte Ausführungen über das Zusammenwirken von Mediation und GFK bei Holler, Mit dir zu reden ist sinnlos ... Oder?, 105 ff.

3.9.4 Fazit

26 So kann die Gewaltfreie Kommunikation den Mediationsprozess an vielen Punkten kommunikativ begleiten, um letztendlich Antworten zu finden auf die Fragen:

- Wie geht es den Medianten?
- Was ist ihnen wichtig?
- Was können sie tun, um die Lage für alle Seiten zu verbessern?

27 Sind diese Antworten gefunden, dann stehen die Chancen gut, dass der Konflikt geklärt werden konnte und die Mediation damit gelungen ist.

3.10 Körpersprache

Literatur: Bartussek, W.S., Bewusst sein im Körper, Training für Alltag und Bühne, 3. Aufl. 2010; Watzlawick, P., Menschliche Kommunikation, Formen, Störungen, Paradoxien, 1969.

■ KÖRPERSPRACHE umfasst   1

> alle Signale (bewusste und unbewusste)
> des Körpers (seiner Körperteile und seiner Energien)

■ KÖRPERSPRACHE vermittelt

> direkte Botschaften (gedankliche und gefühlsmäßige)
> über alle Beteiligten (über sich selbst und über die anderen)

■ KÖRPERSPRACHE informiert

> ununterbrochen (von 00.00 bis 24.00 Uhr, ein Leben lang)
> meist wahrheitsgemäß (spontan und auf mehreren Ebenen)

Körpersprache ist ein Teil der nonverbalen Kommunikation.   2

Diese wiederum umfasst die Gesamtmenge aller Signale, die im Menschen eine Wirkung erzielen (abgesehen von den jeweiligen Inhalten des gesprochenen Wortes). In einer Mediation sind alle Beteiligten der **Gesamtwirkung** aller dieser nonverbalen Signale in Raum und Zeit ausgesetzt. Deshalb ist hier nicht nur von der Körpersprache die Rede, sondern darüber hinausgehend von allen nonverbalen Aspekten, um deren umfassende Wirkung in der menschlichen Kommunikation deutlich vor Augen zu führen.

Es erscheint nämlich nur ein **ganzheitlicher Ansatz** zu diesem Thema wirklich sinnvoll – denn mit ein paar aufgesetzten oder einstudierten Gesten ist es sicher nicht getan.

Wann immer sich ein Mensch in einem konkreten Beziehungsfeld befindet, gibt der   3 Körper diesem Bezogensein einen direkten Ausdruck. Solche spontanen Signale sind immer ein **authentisches Spiegelbild** der aktuellen, momentanen Verfassung der Betroffenen, oft auch verbunden mit dem Ausdruck einer persönlichen, prinzipiellen Grundhaltung. Wir wissen, dass manch eine Geste oder ein Blick mehr aussagen kann als 1.000 Worte.

Neben der Erfahrung, dem Know-how und dem richtigen Werkzeugkoffer auf der ver-   4 balen Ebene, entscheiden letztendlich auch die nonverbalen Aspekte über den Erfolg oder Misserfolg einer Mediation.

3.10.1 Voraussetzungen

3.10.1.1 Prinzipien der nonverbalen Kommunikation

5 Nach Paul Watzlawick[1] können wir „nicht nicht kommunizieren", dh, wir kommunizieren immer, ob wir es wollen oder nicht.

Der nonverbale Anteil in einem Gespräch beträgt ca. 70–90 %, davon wiederum bleiben etwa 70–90 % unbewusst. Es lohnt sich also auf alle Fälle, diese unbewussten Wirkweisen zu erforschen, um sie in einer Mediation nutzbringend für alle Beteiligten gezielt einsetzen zu können.

Der bewusste Umgang mit der Körpersprache stellt immer noch ein großes Potenzial für die Steigerung der **Erfolgsquoten** in der Mediation dar. Gleichzeitig liegt darin aber auch eine große Herausforderung, denn unser Körper erzählt unterbrochen in riesiger Vielfalt, was uns als ganzheitliches Wesen ausmacht. Nur, um all die Signale wahrnehmen und richtig deuten zu können, das braucht ein gezieltes Training.

6 Watzlawicks einfaches Kommunikationsmodell beschreibt zwei Ebenen zwischen Sender und Empfänger, die Inhalts- und Beziehungsebene:[2]

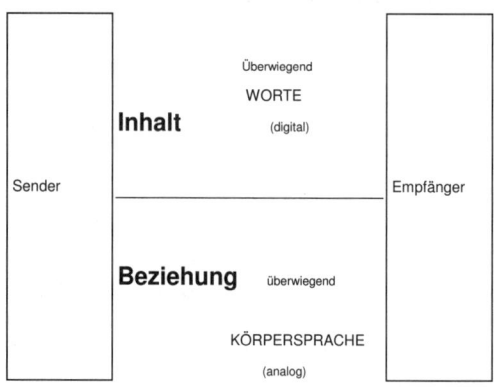

Signale der Inhaltsebene können umso besser verstanden werden, je positiver die Beziehung der Gesprächspartner verläuft.

7 Die Beziehungsebene wird durch alle nonverbalen Signale bestimmt, während die Inhaltsebene durch die gesprochenen Worte definiert wird. Damit die Worte, also der Inhalt verstanden und zielführend behandelt werden kann, ist es unbedingt notwendig, dass die Beziehungsebene gut funktioniert, also Sender und Empfänger ein Mindestmaß an Offenheit haben, was sich an deren Körpersprache ablesen lässt. Bei jeder kleinsten Irritation, auf die der Mensch seinem Instinkt gemäß auf subtile Weise mit einem der drei Überlebensmechanismen (Flucht, Kampf oder Totstellen) reagiert, ist die **Beziehungsebene** belastet und die **Sachebene**, also der inhaltliche Fluss gestört. Die Herausforderung für den Mediator ist, zu erkennen, wann welcher Schutzmechanismus mit seinen meist subtilen Signalen auftaucht, um dann entsprechend reagieren und intervenieren zu können. Dazu sollte die Beobachtungsfähigkeit des Mediators möglichst die gesamte Vielfältigkeit der nonverbalen Signale mit einbeziehen.

---

1 Watzlawick, Menschliche Kommunikation, Formen, Störungen, Paradoxien, 1969.
2 http://www.paulwatzlawick.de/axiome.html.

Bartussek

3.10.1.2 Die Vielfalt nonverbaler Signale

Einen Überblick über all jene nonverbalen Signale, die den Menschen bezüglich Verständnis und Reaktion auf das gesprochene Wort beeinflussen, bietet die „Neuner-Matrix". Ohne Anspruch auf Vollständigkeit, hat sie sich dennoch bewährt, da zumindest eine Ahnung von der unendlichen Vielfalt der Wirkfaktoren vermittelt werden kann. 8

Die meisten Signale sind **objektiv messbar**, zB in cm, sec oder dB. Jedes Signal ist für sich alleine genommen immer mehrdeutig. 9

Die Neuner-Matrix:[3]

eher sicht- bar	Bewegung	Raum	Körper
	Gestik	Territorium	Haltung
	Mimik	Distanz	Schwerpunkt
	Blickkontakt	Berührung	Muskelspannung
	Berührung	oben/unten	Körperbau
	Gang/Auftreten	Position im Raum und zu-	Alter
	Tempo	einander	Geschlecht
	Unwillkürliches	Zeit	Accessoires
	Hautfarbe	Umgang mit Zeit	Kleidung
	Schweiß/Zittern	Zeitpunkt	Frisur
	Ticks/Gebrechen	Zeitdauer	Schmuck
	Weinen/Lachen	Initiative	Abzeichen
	Gähnen	vorher/nachher	Make-up
	Puls		Möbel/Ausstattung
	Geruch		Statussymbole
eher hör-/ spür- bar	Ton	Energie	Sonstiges
	Stimmlage	Atem	Kulturkreis
	Tonfall	Ausstrahlung	Rituale
	Pausen	Präsenz	Biowetter
	Zwischentöne	Erdung	Mondphasen
	Tempo	Charisma	Sozialisation
	Lautstärke		
	Akzent		
	Wortwahl		
		dynamisch/statisch	
	eher dynamisch		eher statisch

Abb. 1: Selbstverständlich erheben die hier angeführten Begriffe keinerlei Anspruch auf Vollständigkeit, auch Mehrfachzuordnungen sind möglich

Um diese Vielfalt an Signalen während einer Mediation wahrnehmen zu können, braucht es so etwas wie den eigenen „externen Beobachter", „Fahrtenschreiber" oder „stillen Zeugen". 10

Dieser hat im Idealfall den Über- und Rundum-Blick, eine Zeitspur und viele weitere Spuren für all die oben angeführten Beobachtungskriterien von sich selbst und von allen anderen Beteiligten. Diesen „externen Beobachter" zu etablieren bedeutet natürlich entsprechende Übung.

---

3 Bartussek, ZKM 5/2004, 203

Wohl gemerkt: es handelt sich dabei um die **Signale** selbst und nicht um deren Interpretation, geschweige denn um mögliche individuelle Reaktionen auf diese Signale. Es geht speziell darum, die spontanen Deutungen von den auslösenden Signalen zu unterscheiden.

Normalerweise reagiert man in alltäglichen Begegnungen meist auf der Ebene der Interpretationen: „Du siehst aber heute traurig aus!" – Stattdessen gilt es, sich bewusst zu machen, welche Signale wahrgenommen werden, aufgrund derer man dann glaubt, dass der andere möglicherweise traurig sei.

11 Um Missverständnisse zu vermeiden bzw im Nachhinein zu klären, oder um den Beginn eines Konfliktes in einer Art „Micro-Analyse" zu untersuchen, erscheint es hilfreich das Modell „Der Drei-Stufen-Prozess" zu verwenden. Das Wort „**Prozess**" mit seiner Doppelbedeutung ist durchaus bewusst gewählt. Denn es handelt sich hier nicht nur um einen inneren Ablauf, sondern tatsächlich um eine Art Prozess, der mit einem Urteil endet, welches entsprechende Folgen für alle Beteiligten nach sich zieht.

12 Zwischen der Aktion (körpersprachliches Verhalten) der Person A und der darauf folgenden Re-Aktion der Person B liegen unendlich viele mögliche Fehlerquellen:

1. Möglicherweise habe ich das Signal nicht richtig erkannt, weil es zu klein, zu subtil oder zu kurz war oder ich in meiner Aufmerksamkeit abgelenkt war.

2. Möglicherweise habe ich dieses, von mir vielleicht mangelhaft wahrgenommene Signal auch noch falsch interpretiert oder habe einfach von mir auf andere geschlossen.

3. Möglicherweise ist meine Bewertung dieser Interpretation inadäquat, von meinem persönlichen Wertesystem gesteuert bzw nicht auf den entsprechenden Kulturkreis des anderen bezogen.

4. Möglicherweise ist meine gesetzte Handlung trotz aller korrekt vollzogenen Schritte dennoch unpassend.

13 Möglicherweise ist daher die Reaktion der Person B völlig unadäquat, was wiederum in der Person A Verwirrung, Unsicherheit oder Ärger auslösen kann usw.

Der Drei-Stufen-Prozess[4]:

Ihn nützen und die eigenen Reaktionen überprüfen

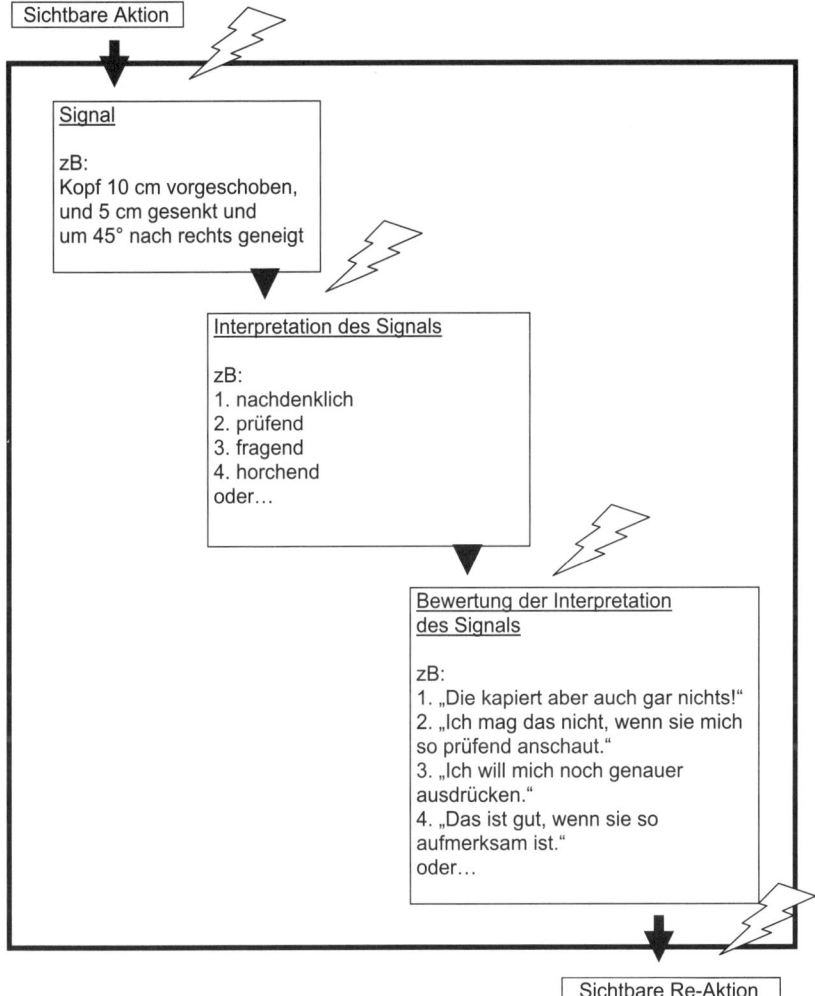

Abb. 2: Missverständnisse können aus Fehlern in der Wahrnehmung und Verarbeitung der Signale oder aus vorschnellen Urteilen (Vor-Urteilen) entstehen. Durch rechtzeitiges Innehalten, Nachprüfen und Klären jedes einzelnen Schrittes kann eine Eskalation der Situation verhindert werden

Obwohl jedes Körpersprachesignal für sich – wie ein Symbol – also **immer mehrdeutig** 14 und es jeweils von Persönlichkeit und Situation abhängig ist, welche Botschaft dahinter steht, gibt es klare Prinzipien des menschlichen Verhaltens, die in jedem Individuum zu

---

4 Bartussek, Bewusst sein im Körper, 124.

finden sind. Es ist wichtig, sich diese Prinzipien immer wieder bewusst zu machen, um die Interaktionen zwischen den Medianden untereinander oder von diesen zum Mediator erkennen und steuern zu lernen.

3.10.1.3 Die Einfluss-Ebenen auf die nonverbalen Signale

15 Damit sind zunächst nicht so sehr die Wirkung nonverbaler Signale zwischen den Menschen gemeint, sondern die Wechselwirkung, die zwischen drei wesentlichen Aspekten jedes einzelnen Menschen besteht und zum Entstehen nonverbaler Signale maßgeblich beiträgt:

- die Ebene des physischen Körpers,
- die Ebene der Gefühle und Empfindungen,
- die Ebene der Gedanken.

16 Das sei hiermit durch das KGG-Modell veranschaulicht:

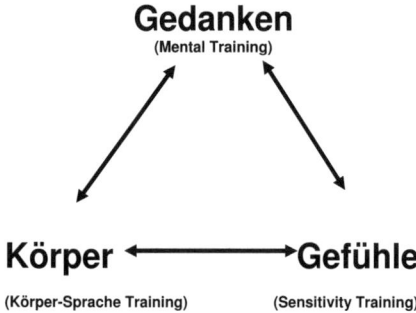

Abb. 3: Das KGG-Modell

Jedes Training bedeutet:
1. konsequentes Wiederholen,
2. in sinnvoller Regelmäßigkeit und
3. gezielte Steigerung bzw Erweiterung.

17 Wenn man in dem obigen Dreieck, das das KGG-Modell repräsentiert, Pfeile einzeichnet, um anzudeuten, welche Aspekte einander beeinflussen, dann wird man feststellen, dass diese Pfeile in alle Richtungen weisen. Das bedeutet, dass, wenn man an der eigenen Körpersprache etwas ändern will, man an allen drei Ecken beginnen kann:

18 Wenn man

- die Haltung des Körpers, aber auch
- die Gedanken, wie auch
- das Fühlen verändert,

werden die nonverbalen Signale jedes Mal anders aussehen.

Um Veränderung, also Neues zu erreichen, muss dies geübt werden. Das bedeutet Training, mit all den dazu gehörenden Konsequenzen.

In diesem Falle also geht es um ein „**Bewusstseins-Training**".

3.10.2 Drei essenzielle Aspekte in der Mediation und die nonverbalen Zusammenhänge

Über die Körpersprache ist es also möglich, von „außen abzulesen", wie gut eine Me-   19
diation verläuft – am Körperausdruck der Medianden, genauso wie an den Körpersi-
gnalen des Mediators. Dieser kann seinerseits durch bewusste Arbeit an sich selbst, wesentlich zum Erfolg seiner Arbeit beitragen.

3.10.2.1 Die eigene Persönlichkeit

Um für die Aufgaben in der Mediation optimal vorbereitet und gerüstet zu sein, bedarf   20
es einer Reihe von Eigenschaften, Fähigkeiten und individueller Charakteristika, die
sehr mit der eigenen **Persönlichkeitsstruktur** verwoben sind.

So ist es unabdingbar, sich als Mediator mit den eigenen Verhaltensmustern gezielt aus-   21
einander zu setzen. Diese wiederum hängen maßgeblich mit den persönlichen Kind-
heitsprägungen zusammen. Meist entscheiden die Kindheitserfahrungen bspw über den
ersten Eindruck, über Sympathie oder Antipathie und somit darüber, welches signifi-
kante, körpersprachliche Verhalten spontan in der Mediation ausgelöst wird. Sich dessen nicht nur sofort bewusst zu werden, sondern damit auch adäquat umgehen zu können ist Voraussetzung dafür, sich dem Ziel der **Allparteilichkeit** erfolgreich nähern zu
können.

3.10.2.1.1 Der Bewusstwerdungsprozess

Im menschlichen Unbewussten sind all unsere Verhaltensmuster gespeichert, die vom je-   22
weiligen Gegenüber immer wieder unbewusst – wie auf Knopfdruck – ausgelöst werden
und danach automatisch ablaufen. Dazu gehören u.a. all die Verteidigungs- und Angriffsmechanismen, die sich sowohl sehr deutlich als auch äußerst subtil über die Körpersprache äußern können.

Dazu ist es hilfreich, sich das sogenannte „Sçcysh-Phänomen" bewusst zu machen. Das   23
ist jener hypothetische, gegenseitige Informationsaustausch zwischen zwei Menschen
(im Modell dargestellt durch zwei Eisberge), der im ersten Augen-Blick einer Begegnung
mit einer anderen Person unbewusst und in Bruchteilen einer Sekunde stattfindet und
sich danach kontinuierlich fortsetzt. Damit wird es erklärbar, warum wir andere Menschen spontan als sympathisch oder unsympathisch erleben oder uns gar auf den ersten
Blick hin verlieben können. Sofort wird sich dementsprechend unsere Körpersprache
verändern und den weiteren Verlauf der Begegnung mitbestimmen. Weil der Großteil
dieses Mechanismus unbewusst abläuft (Teil des Eisbergs unter dem Wasser), ist es gerade in der Mediation so wichtig, den Wirkkreislauf der „self-fulfilling prophecy" zu
erkennen und nötigenfalls zu durchbrechen. Die Macht der eigenen Erwartungshaltung
(die Prophezeiung) ist oft so groß, dass man mit all seinen nonverbalen Signalen unbewusst selbst alles dazu beiträgt, dass sich die eigene Erwartung erfüllt, dass man Recht
behält und dass man sich zufrieden auf die Schulter klopfen kann mit dem Satz: „Ich
habe es ja gleich gewusst." Das ist die Kraft der Gedanken. Man sollte es daher nicht
dem Unbewussten überlassen, ob diese Kraft die Mediationsarbeit boykottiert oder unterstützt. Zu nutzen sind alle drei Zugänge des KGG-Modells, um sich dem Idealbild
eines in sich ruhenden Mediators anzunähern.

„Das Sžçysh-Phänomen"[5]

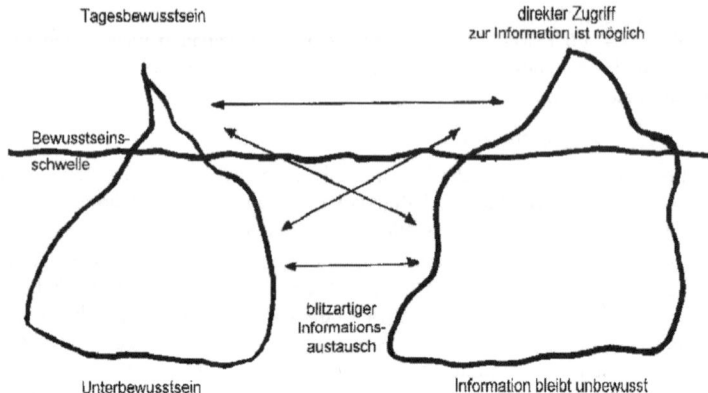

Abb. 4: Je höher der Grad an Bewusstheit, desto freier kann ich mich entscheiden, wie ich mich adäquat verhalte

24 Dieses Modell also beschreibt, wie es zwischen zwei sich begegnenden Menschen energetisch spontan „zischt", sobald sich ihre Blicke treffen (sžçysh!), sei es bewusst oder unbewusst, positiv oder negativ.

Ein Augen-Blick genügt also, die Gesamtmenge an Information (auch den unbewussten Teil) wahrzunehmen und zu beurteilen, dh als eine „Wahrheit zu nehmen" und ein „Urteil" zu fällen: „Du bist mir unsympathisch." Es ist faszinierend, wie das mit einmal hinschauen funktioniert.

25 Für die Arbeit des Mediators an sich selbst ist es wichtig, folgendes zu beachten: Man bemerkt am anderen vor allem jene Eigenschaften, für die man selbst besonders empfänglich bzw resonanzfähig ist, die man also selber auch hat. Es ist sehr aufschlussreich, sich selbst auf diese Weise in den Menschen der Umgebung gespiegelt zu sehen.

26 Ein weiterer Aspekt der eigenen Persönlichkeit hängt mit dem Ur-Instinkt im Menschen zusammen, sich bei Unsicherheit und Bedrohung zu schützen. Es sind dies die Überlebensstrategien, die allen Lebewesen auf diesem Planeten gemeinsam sind. Dafür ist im Gehirn jener Teil (Amygdala) zuständig, der für das Überleben der Spezies Mensch verantwortlich ist und von den Psychologen auch das Reptilien-Gehirn genannt wird. Wichtig ist zu wissen, dass dieses Reptilienhirn gegenüber dem Denkhirn **vorrangig** ist. Das bedeutet, je stärker unser Reptiliengehirn aktiviert wird, desto schwieriger bis unmöglich wird das sachliche Denken und Verstehen.

27 Das Reptilien-Hirn kennt ausschließlich diese drei Überlebensmechanismen („F-F-F"):
- Fight (Kampf);
- Flight (Flucht);
- Freeze (Tot stellen)!

28 Für den Mediator bedeutet das, bei sich selbst klar wahrnehmen zu können, wann der eigener Körper beginnt, auf Schutzmechanismen umzuschalten. Wiederum gehört es zu der **eigenen Persönlichkeit**, ob man eher die Flucht, den Kampf oder das Totstellen be-

---

5 Bartussek, Bewusst sein im Körper, 16.

vorzugt. Ab diesem Zeitpunkt kann man nicht mehr ganz frei und souverän die Mediation leiten.

Gleichzeitig sollten von jedem Mediator die kleinsten Anzeichen für eine dieser drei Reaktionen bei den Medianden ebenfalls erkannt werden. Denn ab diesem Zeitpunkt besteht die Gefahr, dass die inhaltlichen Aspekte der Mediation nicht mehr sachlich verstanden bzw behandelt werden können.   29

Achtung: Es beginnt meist mit ganz subtilen Signalen.

3.10.2.1.2 Das Bewusstseinstraining

Um für die Aufgaben in der Mediation optimal gerüstet zu sein, bedarf es einer Reihe   30
von Eigenschaften und Fähigkeiten, persönlicher Charakteristika, die mit folgenden
Worten beschrieben werden können:

- in sich ruhend,

- in der eigenen Mitte, zentriert, geerdet,

- geschützt, stabil, sicher,

- stabil, kraftvoll, souverän,

- offen, durchlässig, gelassen,

- authentisch, konsequent, klar,

- engagiert, energisch, energetisch,

- präsent mit Ausstrahlung,

- positiv in der Haltung,

- etc.

Diese Qualitäten verkörpern zu können, bedeutet eine bewusste innere Arbeit an sich   31
selbst, deren Wirkung dann in weiterer Folge über die eigene Körpersprache erkennbar
wird.

Der Begriff Körpersprache setzt sich aus sichtbaren, hörbaren, riechbaren und subtil   32
spürbaren Signale zusammen. Letztere haben etwas mit der den Menschen innewohnenden **Energie** zu tun. Um diese kann im Gespräch manchmal ein richtiger Kampf entstehen, bis einer der Beteiligten seine ganze Energie verloren hat. Genau das soll in einer
erfolgreichen Mediationssitzung natürlich vermieden werden.

Es stellt sich die Frage, wie kann nun das anfangs erwähnte, wünschenswerte Erscheinungsbild des **in sich ruhenden**, souveränen Mediators erarbeitet werden?

Für die persönliche Entwicklung in die gewünschte Richtung ist es möglich, an jeder be-   33
liebigen Ecke des oben angeführten KGG-Dreiecks anzufangen, um letztendlich körpersprachlich authentisch und überzeugend zu wirken (nicht nur so zu erscheinen, sondern
so wirksam zu werden).

Um das angestrebte Ziel zu erreichen braucht es – wie erwähnt – ein Bewusstseins-Training.

Somit stehen die drei Ecken des KGG-Modells auch für drei mögliche **Trainingsansätze**:
Körpersprache-Training, Sensitivity-Training, und Mental-Training. Dabei gelten die
selben Voraussetzungen wie im sportlichen Training, um wirkliche = wirksame Veränderungen zu erreichen.

Diese sind also: 34

- regelmäßiges Üben,

- in sinnvollem Zeitrahmen,

- mit Konsequenz und Disziplin

- sowie definierten Etappenzielen,
- eine gezielte Steigerung bzw Bewusstseinserweiterung.

Erst dadurch wird das Training den gewünschten Erfolg mit sich bringen, speziell auch für den Umgang mit Konflikten.

35 Der Beginn an der Ecke K (= Körper, Körpersprache) bedeutet, bewusst und gezielt Gesten und Haltungen einzusetzen, die für anstrebenswert und für die Mediation als hilfreich erachtet werden, wie etwa offen, aufrecht und zugewandt zu sein. Wird die Gebärde ganz bewusst vollzogen, so wirkt der Ausdruck auf die eigene, innere Befindlichkeit zurück und hat einen klärenden und unterstützenden Effekt. Es ist dies ein erstes, wichtiges Werkzeug für den Mediator, welches immer dann angewandt werden kann, wenn das eigene Befinden positiv beeinflusst werden soll. Allerdings besteht hier die Gefahr, dass die Aktionen „aufgesetzt" und unauthentisch wirken, vor allem, wenn nicht alle Signale die gleiche Botschaft senden, sondern **inkongruent** sind. Dieser Gefahr kann mit bewusster Übung entgegengewirkt werden, wenn man folgendes beachtet: Wann immer eine bestimmte Haltung bewusst eingenommen wird, braucht es noch einige Augenblicke des „In-sich-hinein-Spürens", um die gewünschte Wirkung für sich selbst erlebbar zu machen. Der Vorteil dieser körperlichen, also „äußerlichen" Korrektur ist, dass eine rasche Veränderung möglich ist: Angenommen, man bemerkt, dass die momentane bisher unbewusste Sitzhaltung viel zu verschlossen ist für die Anforderungen der Mediation. Dann öffnet man einfach ganz mechanisch die Arme, Beine und den Oberkörper. Nun braucht man allerdings unbedingt jene kurze Zeit, die das **Körperempfinden** benötigt, um zu dieser neuen Haltung auch das dazu gehörende Gefühl und die damit sich einstellenden passenden Gedanken, also die veränderte innere (Geistes-) Haltung entstehen zu lassen.

36 Der Nachteil ist, dass die Veränderung möglicherweise nicht nachhaltig ist, dh nicht dauerhaft bleibend. In unserem Beispiel würde der Mediator mithilfe des „externen Beobachters", des „Fahrtenschreibers", nach einiger Zeit feststellen, dass er wieder in der verschlossenen Sitzhaltung gelandet ist und müsste sich neuerdings in der Position verändern. Sofern diese Korrekturen klein sind, kann er das ohne Weiteres unbemerkt immer wieder durchführen. Dies setzt allerdings zusätzliche Konzentration auf die Körperreaktionen voraus.

37 Natürlich kann man diese Veränderungen nur im wohldosierten Maße vollziehen. Allgemein gilt, dass solche neue, bewusst gewählten Verhaltensmuster längere Zeit wiederholt und geübt werden müssen, bis sie selbstverständlich zur Verfügung stehen.

Zusammenfassung:

38 Diese subtile Methode der Selbst-Steuerung von **„außen nach innen"** ist schnell wirksam, überall einsetzbar, aber meist nicht nachhaltig. Sie ist gleichzeitig praktizierbar mit dem Weg von **innen nach außen:** Dieser bedeutet eine grundlegende Erforschung der eigenen (bis zu 90% unbewussten) Verhaltensmuster und benötigt unter Umständen eine professionelle Begleitung, kann aufwändig und langwierig sein, aber ist – wenn erfolgreich beschritten – dauerhaft wirksam. Die eigene, authentische Körpersprache wird sich wie von selbst in die angestrebte Richtung verändern und als hilfreiche Komponente in jeder Mediation zur Verfügung stehen.

39 Auch an der Ecke G (= Gedanken) kann angefangen werden zu trainieren. Denn der subtilste Einflussfaktor auf die Körpersprache sind die eigenen Gedanken. Man spricht davon, dass Gedanken Kräfte seien, dass es Gedankenenergie gäbe. Sicher ist, dass das Denken den Körper beeinflusst und dies wird sichtbar, spürbar, erlebbar durch die Körpersprache.

Allein das klassische Beispiel mit dem halb leeren oder halb vollen Glas zeigt klar, dass 40 – je nach Sichtweise – der Betrachter sehr unterschiedliches Verhalten an den Tag legen wird. Das wiederum wird dementsprechende Folgen für alle Beteiligten haben.

Überprüfen sollte man daher die eigene Erwartungshaltung, um festzustellen, ob in dem 41 Mediationsfall das Glas eher „halb leer" oder „halb voll" gesehen wird. Je nachdem wird der Mediator über das Verhalten, die Ausstrahlung, die innere und daher auch äußere (Körper-)Haltung, die Medianden beeinflussen (Einfluss = Energie, die in die anderen Beteiligten hinein fließt). Mental kann man einerseits klare innere Bilder kreieren, zB über den gewünschten Mediationserfolg, andererseits kurze, positive Sätze formulieren, die sogenannten **Affirmationen**, die dazu beitragen das angestrebte Ziel auf allen Ebenen, innerlich und äußerlich, zu erreichen. Die Verwendung von Affirmationen und inneren Bildern bringt mehr Klarheit bzw Kraft und wird über den Körperausdruck sichtbar. Die Auswirkungen dieser Gedankenarbeit werden an den nonverbalen Signalen der Betroffenen erkennbar werden.

Empfehlenswert ist es also, sich zur Verbesserung der eigenen körpersprachlichen Wir- 42 kung auch mit mentalem Training zu beschäftigen, um es an sich selbst, aber vielleicht auch mit den Medianden anzuwenden. Aber wohl gemerkt, auch diese Technik muss trainiert werden.

Bei der anderen Ecke G (= Gefühle) wird mit einem **Sensitivity-Training** angefangen. 43 Dabei geht es darum, sensibler, spürlicher zu werden, bezogen auf feine Körperempfindungen im eigenen Körper, wie auch auf jene Dinge, die „in der Luft liegen". Dazu gehört es auch, dem eigenen Bauchgefühl zu vertrauen. Oder, noch einmal anders ausgedrückt, nicht nur die linke Gehirnhälfte, den analytischen Teil, sondern auch die rechte Gehirnhälfte, den intuitiven Anteil, mit einzubeziehen. Wichtig ist jedenfalls, jene Signale des eigenen Körperempfindens zu deuten, mit denen der eigene Körper zu uns spricht. Das ist ein völlig neues Verständnis bezüglich des Begriffes Körpersprache – der eigene Körper spricht zu uns selbst.

Im Zuge eines solchen Sensitivity-Trainings kann man erstaunliche Botschaften des 44 Körpers wahrnehmen und entschlüsseln lernen. Dafür gibt es viele mögliche Ansätze, wie die Feldenkrais Methode, Eutonie nach Gerda Alexander, Autogenes Training, Taiji, Qui Gong, Yoga oder ähnliches.

Diese Feinfühligkeit braucht man, um auch die kleinsten Signale zu erkennen.

Das ist so ähnlich wie bei den Verkehrsschildern im Straßenverkehr. Sie haben jeweils eine bestimmte Botschaft für den Autofahrer, unabhängig davon, wie groß sie tatsächlich sind. Doch wenn sie zu klein sind, werden sie übersehen und bleiben unbewusst. Das könnte schlimme Folgen haben.

Leider sind wir im Kommunikations-Alltag oft so unterwegs, dass wir die Vielzahl an kleinen und kleinsten körpersprachlichen Signalen gar nicht wahrnehmen. Es geht oft um das Erkennen kleiner oder zeitlich nur kurz aufscheinender Signale. Der Mediator sollte **bewusst und sensibel**, bewusst sensibel sein.

Das kann entscheidend sein für den Mediationserfolg.

Um zu üben, dem eigenen Gefühl zu vertrauen, kann man gleich zu Beginn der nächsten 45 Mediationssitzung damit anfangen:

Statt in der gewohnten Sitzordnung Platz zu nehmen, lädt man alle Beteiligten ein, zu erspüren, in welchem **Abstand** und wo im Raum die Medianden und der Mediator selbst sich am wohlsten fühlen. Es lohnt sich, das am Beginn einer Sitzung bewusst anzusprechen und sich Zeit zu nehmen, um miteinander die optimale Sitzordnung zu erfühlen.

46 Im Zusammenhang mit dem subtilen Fühlen kann man nun wiederum an der Ecke K (= Körper) weitermachen: Eine bewusste Veränderung der Körperposition alleine hat, wie schon erwähnt, noch keine effektive Wirkung. Vielmehr braucht es wieder einige Augenblicke, des „In-sich-hinein-Spürens", um die gewünschte innere Wirkung der äußeren Haltungsänderung in sich selbst wahrnehmen zu können. Es ist eben nicht der äußere Schein, sondern das innere Fühlen, welches sich auf die Gesprächspartner überträgt. Auf diesem Prinzip beruht nun ein weiteres ganz einfaches Werkzeug, um sich bei einer Präsentation sicherer zu fühlen: Wo immer man stehend agieren oder intervenieren muss, sollte man sich auf **beide Beine**, mit ihrem Schwerpunkt in der Mitte (also nicht Standbein – Spielbein), stellen. Wenn man dann die gewohnte Standbreite um ein bis zwei Zentimeter vergrößert – was von außen betrachtet kaum einen Unterschied ausmacht – und nun in sich hinein spürt, kann man eine erhöhte Stabilität und Sicherheit als inneres Gefühl entstehen lassen. Dieses wird sofort das Auftreten verstärken und subtil, aber dennoch spürbar auf das Gegenüber wirken. Wichtig ist, dass man sich immer wieder dieser kraftvollen Haltung be-sinn-t.

47 Ziel dieses Bewusstseinstrainings ist es, einerseits immer mehr wahrzunehmen an sich selbst, an den anderen Beteiligten und immer sensibler zu werden für die subtilen Signale, andererseits die eigene Persönlichkeit soweit zu stärken, dass der Mediator stabil in der **Mitte** ruht, selbst dann, wenn die Konfliktparteien in heftige Emotionen geraten. Nur so kann er die Anforderung der Allparteilichkeit erfüllen.

3.10.2.2 Die Allparteilichkeit

48 In der Phase vor der Begegnung mit den Medianden kann sich der Mediator körperlich und energetisch vorbereiten, um ganz bei sich und in der Mitte anzukommen, indem er drei kleine Werkzeuge anwendet, die „Die Essenziellen Drei":[6]

Die Essenziellen Drei

1. die Augen schließen
2. den Boden spüren
3. den Atem wahr-nehmen

49 Mit Schritt 1 löst er sich von den Umwelteinflüssen, die wir mit den Augen (etwa 70% aller Sinneseindrücke) ständig aufnehmen, und aktiviert das innere, geistige Auge, um sich selbst von innen her wahrzunehmen.

Mit Schritt 2 verbindet er sich mit dem Boden auf dem er steht, mit der Realität, dem Fundament, findet seinen Standpunkt, den er vertritt, zu dem er steht!

Mit Schritt 3 kommt er ganz im **Hier und Jetzt** an, indem er den Atemfluss beobachtet, wie dieser das Außen mit dem Inneren verbindet. Er soll seinem Atem, der auch seine Lebensenergie darstellt, erlauben, den Bauchraum zu bewegen. Der Becken-Bauch-Bereich ist die Mitte, in der der Mediator ruhen kann.

Jetzt ist er gesammelt und zentriert, kraftvoll und stabil und kann sich auf diese Weise sicher fühlen, um sich für die anstehenden Konfliktthemen zu öffnen.

50 Sollte er während der Mediation wahrnehmen, dass er „außer sich gerät", „sich in etwas verliert" oder „zerstreut" wirkt, statt in seiner Mitte zu bleiben, dann kann er ganz bewusst ein weiteres einfaches, aber bewährtes Mittel anwenden:

Er macht **drei tiefe Atemzüge** und spürt dabei die Atembewegung bis zum Bauch. Er gewinnt Zeit, Energie und kommt wieder ganz bei sich selbst an. Wenn er wirklich im Hier und Jetzt, in der Gegenwart (Präsens) ist, also ganz präsent ist, dann ist er für alle Anwesenden ein Präsent.

---

6 Bartussek, Präsent sein im Beruf, Übungs-CD, 2012.

3.10.2.2.1 In der Mitte bei sich

Für die angestrebte Allparteilichkeit gilt es also, in der eigenen Mitte zu ruhen. Da es sich dabei um das energetische Zentrum handelt, kann man sich in der Stabilität und **Ausstrahlung** durch ein mentales Bild unterstützen.

Dazu dient das Licht-Kugel-Modell: 51

Im Idealfall kann man sich die Form des eine Person umgebenden Energiefeldes bei einem sitzenden Menschen wie eine Kugel (bei stehenden Personen wie ein Ei) vorstellen, das im Normalfall bis etwa Armlänge in allen Richtungen über die Körperoberfläche hinaus reicht.

Wo immer wir uns hin bewegen, begleitet sie uns. Als Ausdruck dafür, ein strahlendes Wesen zu sein, kann man sich dieses Energiefeld mit hellem, weißen Licht erfüllt visualisieren („Ausstrahlung").

Natürlich erstreckt sich die „Licht-Kugel" oder das „Licht-Ei" auch unter den Füßen in 52 den Boden und sorgt so für die **Erdung.** Wenn man in der eigenen Mitte ist, bedeutet das in diesem Modell, dass das Zentrum der Licht-Kugel örtlich mit dem Zentrum des eigenen Körpers (etwas unterhalb des Nabels, im Bauchinneren) zusammenfällt:[7]

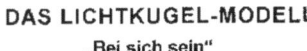

DAS LICHTKUGEL-MODELL

„Bei sich sein"

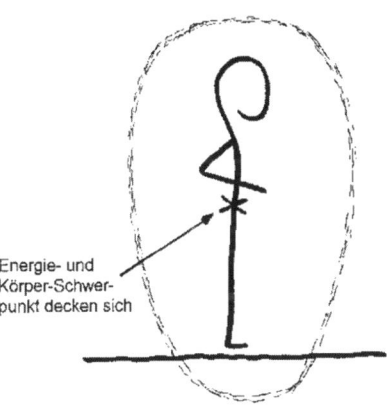

Energie- und
Körper-Schwer-
punkt decken sich

In sich ruhend

Abb. 5: Das Lichtkugelmodell

Will man auf die vorgeschlagene Art und Weise den Energie-Schwerpunkt in der Kör- 53 permitte halten, gilt es, einen Teil der Konzentration immer wieder auf diese **Lichtkugel** zu lenken, während die Mediations-Sitzung weitergeführt wird. Erscheint das zu viel zu sein, denke man an die erste Autofahrstunde. Damals schien auch alles eine Überforderung zu sein, während man inzwischen wahrscheinlich nicht nur exzellent Auto fährt, sondern gleichzeitig telefoniert, die Sonnenbrille sucht, eine CD wechselt, mit der Beifahrerin flirtet, sich die Nummer des Rasers merkt, der einen gerade überholt hat und den von rechts heran rollenden Ball des kleinen Kindes auf dem Gehsteig registrieren.

---

7 Bartussek, Bewusst sein im Körper, 24.

3.10.2.2.2 In der Mitte und bei den anderen

54 Diese **Zentriertheit** stellt einen Schutz dar, sich nicht in die Emotionen der Medianden hineinziehen zu lassen, oder aufgrund von Sympathie oder Antipathie in eine Parteilichkeit hineinzukommen. Aus der kraftvollen Position in der Mitte heraus kann man nun die Aufmerksamkeit und Zuwendung beiden Parteien gleichermaßen angedeihen lassen.

Das zeigt sich schon durch eine entsprechende Sitzordnung, wobei nicht nur die Distanz zwischen den Sitzenden wichtig ist, sondern speziell die Zuwendung gleichermaßen verteilt sein sollte. Der Mediator sollte sich selbst und den Medianden immer wieder die Zeit, die sie brauchen um nachzuspüren und ganz bei sich anzukommen, schenken.

55 Das Wort **Zuwendung**, das für uns auch so viel wie Wertschätzung, Respekt oder Fürsorge bedeutet, weist auch darauf hin, dass wir uns körperlich zu den Menschen, mit denen wir sprechen hin-wenden, hin-drehen sollen.

Man sollte darauf achten, dass nicht nur der Kopf, sondern auch der Oberkörper den jeweiligen Gesprächspartnern zugewandt wird.

Der Kopf symbolisiert in der Körpersprache die Ebene des Wissens und der Information, während der Brustkorb mit dem Herzen maßgeblich ist für die Beziehungsebene.

Auch die Sitzhaltung sollte beobachtet werden, wie weit vielleicht eine unbewusste Zuneigung zu einem der beiden Gesprächspartnern durch einen ge-neigten Oberkörper zum Ausdruck kommt.

56 Jeder Mensch hat das Bedürfnis wahrgenommen, gesehen zu werden, was durch einen bewussten Blickkontakt vermittelt wird. Der Faktor Zeit spielt dabei wiederum eine wichtige Rolle: Jedem der beiden Partnern sollte gleich viel, gleich langer Blickkontakt gegönnt werden. Die **Offenheit** – Haltung der Arme und Beine – muss für beide Medianden in gleicher Weise erlebbar werden. Wenn ein Bein über das andere geschlagen ist, entsteht eine Haltung, die automatisch einem der beiden Gesprächspartnern gegenüber zugewandter wirkt als gegenüber dem anderen. Ruhen hingegen beide Füße am Boden, ist die Haltung nicht nur symmetrisch und offen, sondern man kann sich auch bewusst besser **erden**, was wiederum den Mediator stärker und gelassener werden lässt. Wichtig: Die äußere Haltung spiegelt direkt auch die innere Haltung wider. Wenn man sich also so hinsetzt, dass der Oberkörper aufrecht ist (statt sich zurück zu lehnen = Ablehnung), wirkt man aufgerichtet, aufrichtig (= authentisch) und ist für beide Konfliktparteien gleichermaßen präsent.

3.10.2.3 Die Begleitung

57 Diese Bewusstseinsarbeit an sich selbst ist aber nur ein Teil der Anforderungen an den Mediator, der die nonverbale Ebene für erfolgreiche Lösungen mit einbeziehen möchte. Zusätzlich geht es natürlich auch darum, die Körpersprache der Medianden wahrzunehmen, zu verstehen und adäquat darauf zu reagieren oder zielgerichtet zu intervenieren.

58 Jeder Mensch hat seine eigene **Komfort-Zone**, in der er sich sicher fühlt und daher das Reptilien-Hirn abgeschaltet ist. Da kann er sich wohl fühlen, erholen, genießen, auftanken und sich öffnen. Genau um dieses Sich-Öffnen geht es in jeder Mediationssitzung.

Wenn Informationen fließen sollen, müssen, technisch gesprochen, Sender und Empfänger eingeschaltet, also offen sein. Bezogen auf den Menschen bedeutet es aber immer ein Risiko, sich zu öffnen. Denn jede Öffnung macht auch verletzlich und ist potenziell gefährlich.

Bartussek

Ob und wie weit sich Medianden öffnen, ist auf verschiedenen Ebenen des Körpers erkennbar:

Füße, Beine, Becken, Oberkörper, Arme, Hände, Mimik (Augen, Mund). Jeder Körperteil für sich repräsentiert einen Aspekt des menschlichen Wesens und vermittelt somit eine subtile Botschaft. Meist sind die Botschaften der Füße und Beine maßgeblicher, dh, sie werden wahrhafter erlebt als die anderen. Außerdem ist wesentlich, wie frei der **Atem** fließt und auf welchem Niveau sich der Muskel-Tonus befindet.

Es geht hierbei um Vertrauen: Dazu kann der Mediator durch das eigene körpersprachliche Verhalten und durch die Gestaltung der **Gesamt-Atmosphäre** essenziell beitragen, so dass sich die Klienten mehr und mehr in ihre Komfort-Zone bewegen. Erst dann werden sie sich genügend öffnen und fähig sein, sich inhaltlich auf die zu mediierenden Sachverhalte wirklich einzulassen. 59

3.10.2.3.1 Abholen und Öffnen

Prinzipiell geht es immer wieder darum, die Medianden dort abzuholen, wo sie im Moment sind. Bevor also versucht wird die Körpersprache der Medianden zu analysieren und zu interpretieren (= Kopf-Arbeit), empfiehlt es sich, eine intuitive Methode anzuwenden, bei der dem eigenen Körper und dessen Empfindungen vertraut wird. Sie basiert auf dem schon bekannten „Von außen nach innen gehen": 60

Man vollzieht „äußerlich" die Haltung des Gegenübers bewusst nach, spürt „innerlich" in sich hinein und kann so über die Fähigkeit der Empathie und der Körperwahrnehmung das Befinden der anderen an der Mediation Beteiligten **nachempfinden**. Dies ist eine ganz andere, tiefere Art, die anderen und deren innere Situation und Haltung zu verstehen.

In dieser bewusst nachempfundenen Haltung kann man nun die Betreffenden „dort abholen, wo sie gerade sind", indem man selbst, Beispiel gebend **vorangehend**, die eigene Haltung nun allmählich in die erwünschte Richtung hin verändert. Meist geht es darum, sich mehr und mehr zu öffnen. 61

Das entspricht einer nonverbalen Einladung, ebenfalls die Haltung zu ändern, sich zu entspannen, zu öffnen etc., der gefolgt werden kann – oder auch nicht.

Dieses Übernehmen der Haltung anderer muss aber respektvoll und achtsam vollzogen werden und darf nicht manipulativ geschehen.

Wie man selbst als Mediator die eigene Körpersprache erlebt, als eine Mischung von spontanen, unbewussten Signalen und gezielt eingesetzten Gesten, Gebärden und Haltungen, so kann das natürlich auch auf die Medianden zutreffen. Aber möglicherweise findet man bei ihnen eher Signale der Abwehr, der Abgrenzung oder des sich Versteckens (Poker-Face) – was ja auch wichtige Botschaften sind. 61

Um sich immer weiter öffnen zu können, braucht es für die Medianden mehr und mehr Vertrauen, und dieses wiederum hat mit Respekt zu tun. Ein deutsches Wort für **Respekt** ist Achtung. Achtung bedeutet gleichzeitig auch „aufgepasst". In diesem Fall geht es um das Aufpassen auf die Grenzen aller Beteiligten. Geachtet werden muss also auf alle feinen Signale, die die Grenzen der anderen markieren. Als Mediator sollte man selbst sehr achtsam und klar mit den eigenen Grenzen umgehen. Diese lassen sich mit Haltung, Gebärde und entsprechendem Tonfall signalisieren. 62

Das Wahrnehmen nonverbaler Signale soll jedoch nicht dazu verleiten, vorschnell zu interpretieren. Ein guter Körpersprache-Kenner stellt stattdessen **zum richtigen Zeitpunkt die richtige Frage**. Dazu gibt es drei verschiedene Arten von Frageformen, die man je nach Situation anwenden kann: 63

64 Die **direkte Frage**, bestehend aus drei Teilen, erlaubt größtmögliche Klärung durch:
1. die Beschreibung des wahrgenommenen nonverbalen Signals;
2. das Deutungsangebot und die Ich-Botschaft über die eigene Reaktion;
3. die Nachfrage, wie es dem Gesprächspartner tatsächlich geht.

Zum Beispiel:

Ad 1. „Ich habe an Ihnen wahrgenommen, dass Sie sich zurückgelehnt und die Beine überkreuzt haben".

Ad 2. „Ich interpretiere das als Rückzug und Ablehnung und fühle mich irritiert."

Ad 3. „Stimmt das? Wie ist das für Sie?"

Vorteil: Sehr genaue Rückmeldung über die tatsächlichen inneren Beweggründe des körperlichen Verhaltens.

Nachteil: Nur in bestimmten Situationen und nur bei Personen einsetzbar, die mit dieser Art von Kommunikation umgehen können.

65 Die **indirekte Frage** ist eine weitere Möglichkeit, die eigenen Interpretationen der Körpersprache der Medianden mit Hilfe von allgemeinen Formulierungen zu überprüfen.

Zum Beispiel:

„Wie geht es Ihnen damit?" oder „Was halten Sie davon?" oder „Was sagen Sie dazu?"

Vorteil: Jederzeit und überall anwendbar.

Nachteil: Möglicherweise nur vage Auskunft über innere Beweggründe.

66 Das **aktive Schweigen** ist die dritte Art, mehr über die mögliche Bedeutung eines wahrgenommenen Körpersignals zu erfahren.

Zum Beispiel:

Im Redefluss innehalten bzw eine Art Gedankenpause einlegen. Damit wird dem zuhörenden Gesprächspartner Raum und Zeit gegeben, das auszudrücken, was ihn gerade (innerlich) bewegt und sich daher als (äußerliche) Bewegung gezeigt hat.

Vorteil: Völlig unauffällig, gibt dem anderen die Gelegenheit, anzusprechen, was ihm auf der Zunge liegt.

Nachteil: Möglicherweise gibt es aber gar keine Rückmeldung über innere Beweggründe.

67 Wichtig ist es also, wenn man glaubt, körpersprachliche Signale verstanden zu haben, sich um die verbale **Erfolgskontrolle** zu bemühen.

Beobachtet werden muss jede kleine Veränderung in Richtung mehr Öffnung und Entspannung. Selbst wenn die Gesamthaltung der Medianden immer noch eine geschlossene ist, so ist man dennoch gut unterwegs!

3.10.2.3.2 De-eskalieren und entspannen

68 Ein wichtiger körpersprachlicher Parameter, der meist zu wenig Beachtung findet, ist die **Körperspannung**, der Muskeltonus.

Wenn während eines Gespräches die Emotionen hoch gehen und die Gefahr der Eskalation besteht, ist meist auch eine Veränderung der Muskelspannung zu beobachten. Umgekehrt genügt oft die Tatsache, dass zwei Menschen ein unterschiedliches Spannungsniveau haben, um Irritation zu erzeugen oder einen Konflikt zu schüren.

Auf einer fiktiven Skala von 0–7 (0 = geringste, 7 = maximale Muskelspannung) sind dem Muskeltonus entsprechende, positive oder negative Emotionen zuordenbar:[8]

---

8 Bartussek, Bewusst sein im Körper, S. 121

Die Körperspannungs-Skala:
Spannungszustände wahrnehmen und darauf richtig reagieren

negativ	Minimale Muskelspannung	positiv
Ohnmacht durch Schreck, Angst	0	Ohnmacht durch Freude, Glück
Erschöpfung, Betrunkenheit	1	Erholung, Freudentaumel
Gleichgültigkeit, Unbekümmertheit	2	Lockerheit, Gelassenheit
Unachtsamkeit, Zerstreutheit	3	Wachsamkeit, Präsenz
Beunruhigung, Misstrauen	4	Erwartung, Hoffnung
Irritation, Verdacht	5	Gespanntheit, Neugier
Stress, Hektik	6	Freude, Erregung
Hysterie, Panik	7	Jubel, Ekstase
	Maximale Muskelspannung	

Abb. 6: Um das Aneinanderprallen unterschiedlicher Spannungszuständen zu vermeiden hilft es, den anderen spannungsmäßig „dort abzuholen", wo er gerade ist, allerdings ohne dabei in der gleichen Emotion zu sein

Ziel ist es, für ein gutes Gespräch möglichst bei allen Beteiligten ein ähnliches Spannungsniveau her zustellen. Das bedeutet für den Mediator, die eigene Muskelspannung derjenigen der Medianden anzupassen, ohne jedoch die Emotion zu übernehmen. Emotional bleibt der Mediator immer in der gelassenen, klaren Offenheit. Damit kann er wiederum das Prinzip, die anderen dort abzuholen, wo sie sind, übernehmen. In diesem Falle begegnet er den anderen eben auf dem entsprechenden Spannungsniveau, um sie von dort wieder zur **Normalspannung** zurück zu begleiten. **69**

Das Negativ-Beispiel ist uns allen bekannt: Je gelassener und entspannter Person A sich gibt, während Person B sich ärgert, desto wütender wird Person B, die Situation eskaliert.

De-eskalierend wirkt es hingegen, wenn der Mediator mit den oben beschriebenen neuen Erkenntnissen bei einer wütenden Person ebenfalls in einen hohen Muskeltonus geht, während er dennoch klar und sachlich mit seinem Gegenüber weiter spricht. Allmählich verringert er seine Muskelspannung, vielleicht auch die Lautstärke, und kommt so mit dem Gesprächspartner gemeinsam zurück in die normale Lage. Das gleiche funktioniert auch bei Menschen, die in ihrer Traurigkeit oder Depression mit sehr geringem Muskeltonus unterwegs sind. Auch hier hilft wohl kaum eine kraftvolle, aufmunternde Geste, sondern eher ein sich gleichermaßen Entspannen, um sich auf den Gesprächspartner einzustimmen und ihn von dort in eine aktivere körperliche Gesamthaltung zu begleiten. **70**

Fazit:

Wann immer der Mediator das Gefühl hat, dass die Mediation nicht richtig läuft, ins Stocken gerät, ist es empfehlenswert, nonverbale Aspekte zu verändern. Das können feine Haltungsänderungen oder Maßnahmen sein, wie etwa: **71**

Miteinander aufstehen, die Füße vertreten, die Sitzordnung ändern, eine Pause einlegen, etwas trinken, lüften oder ähnliches.

Natürlich besteht auch die Möglichkeit, die Mediationssitzung kurz zu unterbrechen, um gezielte Körperübungen einzuschieben, sei es um zu lockern, zu entspannen, zu aktivieren oder um die linke und rechte **Gehirnhälfte** miteinander zu verbinden. Dazu eignen sich bestimmte Übungen aus dem Bereich der Kinesiologie, wodurch es leichter wird, außer den rationalen Überlegungen auch intuitiv-kreative Varianten bei der Lösungsfindung einzubeziehen.

Es sollte stets darauf geachtet werden, dabei selbst ganz **präsent**, also kraftvoll, zentriert, geerdet und offen zu bleiben.

Wichtig, nicht zu vergessen: Ein ganz spezielles (nonverbales!) Wundermittel ist das **Lachen**. Lachen befreit, entspannt, öffnet und verbindet! Wenn es mithilfe des Mediators gelingt, mit entsprechendem Humor an die Sache heran zu gehen, hat er – und damit alle Beteiligten – gewonnen, sobald die Medianden herzhaft miteinander lachen.

3.11 Einzelgespräche/Shuttle/Mediaton mit elektronischen Medien

Literatur: Ballreich, R./Glasl F. (Hrsg.), Konfliktmanagement und Mediation in Organisationen, 2010; Hagen, S., Unter vier Augen bitte: Professionelle Einzelgespräche führen, 2010; Mentzel, W., Mitarbeitergespräche erfolgreich führen – mit Arbeitshilfen online: Einzelgespräche, Meetings, Zielvereinbarungen und (...), 2010; Montada, L./Kals, E., Mediation. Lehrbuch für Psychologen und Juristen, 2001.

3.11.1 Verfahrensdrehscheibe/Einigung auf ein Verfahren einen Lösungsweg zu finden

Einzelgespräche sind häufig der **Ausgangspunkt** für eine Mediation (s.a. Kap. 3.1 1
Rn 11) in der Phase der Entscheidung (s. „Verfahrensdrehscheibe" im Lösungspfeil
Rn 7), was überhaupt mit dem Problem/Konflikt geschehen soll. Hier werden Informationen gesammelt, um analysieren zu können, ob sich der Fall für Mediation **eignet**.

Wenn dem so ist, dann können im Rahmen von **Einzelgesprächen** die Entscheider kontaktiert werden, um das Verfahren einleiten zu können oder – sofern die Medianden 2
auch die Auftraggeber sind – dieses entscheiden. Danach können die weiteren Beteiligten angesprochen werden, die an den Tisch kommen müssen, um eine nachhaltige Lösung finden zu können. Bei sehr konflikthaften Parteien sind die Einzelgespräche oft die einzige Möglichkeit, damit nach und nach **Gesprächs-** und dann auch **Mediationsbereitschaft** erzeugt werden kann.

3.11.2 Pre-Mediation/Einigung auf einen Lösungsweg

In der Pre-Mediation (s. „Lösungspfeil" Rn 7) sind die Einzelgespräche Grundlage der 3
Vorbereitung der Mediation (s. Kap. 3.2) selbst. Das kann im **Shuttle-Modus**[1] sein, besonders wenn die Parteien sehr skeptisch oder gar verfeindet gegenüberstehen, weil vorher noch andere vorbereitende Maßnahmen, wie zB ein **Mediations-Coaching** (s. Kap. 3.4.) oder Workshops o.ä. stattfinden sollen, oder weil es inter- bzw transkulturell angemessen ist.

3.11.3 Main-Mediation/Einigung auf einen Lösung

In der Main-Mediation (s. „Lösungspfeil" Rn 7) geben Einzelgespräche den Mediatoren 4
die Möglichkeit, jeweils mit einer Seite Details zu vertiefen, um ein noch besseres Verständnis für diese Partei zu entwickeln und sie zu unterstützen (s.a. Anhang 7.1.11).
Auch eine scheinbar festgefahrene Situation kann so wieder aufgelöst werden, indem zB
die tatsächlichen rechtlichen Chancen geschützt durch die Vertraulichkeit des Einzelge-

---

[1] Shuttle bedeutet jeweils mit der einen und dann mit der anderen Seite Einzelgespräche zu führen.

sprächs im Wege der Prozessrisikoanalyse (s. Kap. 2.16) mit den Beteiligten und ihren zuständigen Anwälten erörtert werden können. Der Risikoanalyse-Baum wird dabei gemeinsam im Plenum gestaltet, damit alle Beteiligten von den gleichen Voraussetzungen ausgehen. Die jeweilige prozentuale Zuweisung der Risikobewertung erfolgt von jeder Partei separat und vertraulich. Sie wird der anderen Seite auch nicht offenbart, sondern dient der eigenen Einschätzung, was passieren könnte, wenn die Mediation nicht erfolgreich abgeschlossen werden würde. (s. Kap. 3.2.)

5 Für die **klassische Shuttle-Main-Mediation** sind die Einzelgespräche unabdingbar, da hier der Hauptteil der Main-Mediation aus ihnen besteht. Davor gibt es im Plenum eine gemeinsame Einführung und die Darstellung der Positionen durch die Medianden und oft Ausführungen zu rechtlichen Standpunkten durch die Anwälte oder andere Spezialisten. Dann wird in den Shuttle-Modus übergegangen. Abschließend trifft man sich wieder im Plenum.

3.11.4 Post-Mediation/Einigung auf die Umsetzung der Lösung

6 In der Post-Mediation (s. „Lösungspfeil" Rn 7) dienen die Einzelgespräche der **Vorbereitung des Mediationsabschluss-Vertrages** und der Analyse aus der Sicht des jeweiligen Betroffenen, um das Verfahren endgültig mit der Unterschrift zu beenden und mit der Umsetzung der Vereinbarung beginnen zu können.

3.11.5 Post-Mediation/Evaluation und Qualitätsmanagement

7 Abschließend finden Einzelgespräche noch einmal zu **Evaluation** der gesamten Mediation statt.

Das wird hier noch einmal anhand des **Lösungspfeils** plastisch:

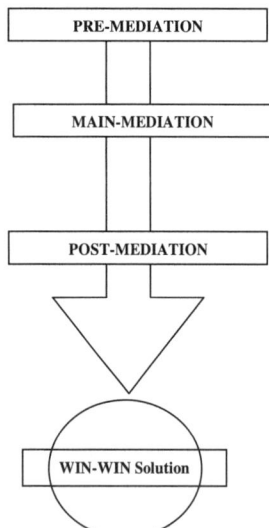

Struktur der Mediation

PRE-MEDIATION

MAIN-MEDIATION

POST-MEDIATION

WIN-WIN Solution

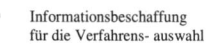

Verfahrensdrehscheibe

- Informationsbeschaffung für die Verfahrens- auswahl
- Prüfung der Eignung des Falles für Mediation

Einzelgespräche für:
- Kontaktaufnahme mit den anderen Konflikt-beteiligten (für deren Entscheidung zum Mediations-Verfahren)
- Mediatorenauswahl (bei großen Verfahren)
- Vorbereitung im engeren Sinne

Einzelgespräche für:
- Klassisches Shuttle
- Klärung der rechtlichen Situation und anderer Vorgehensweisen als Alternative zum Abbruch

Einzelgespräche für:
- Gestaltung des Mediationsabschluss-Vertrages
- Evaluierung des Verfahrens
- Qualitätsmanagement

3.11.6 Pre-Mediation Paper

Im Pre-Mediation-Paper sollen die Konfliktbeteiligten auf etwa einer DIN A4-Seite kurz   8
und möglichst konkret erläutern, worin der Konflikt ihrer Ansicht nach besteht und wie
es dazu gekommen ist. Die Zielrichtung, der Nutzen und die Sinnhaftigkeit des **Pre-Mediation-Papers** werden in den Vorgesprächen erläutert.

Ziel der Pre-Mediation-Papers ist es einerseits, den Mediatoren eine **Übersicht über den**   9
Konflikt zu geben, um das Verfahrensdesign gestalten und im Vorgehen weiter entscheiden zu können. Andererseits ermöglicht es den Medianden einen Fokus auf den Konflikt und ihren Beitrag zu bilden.

Es sollen dabei keine Anschuldigungen gemacht oder Lösungsvorschläge genannt wer-   10
den. Falls das den Gestaltern des Pre-Mediation-Papers nicht gelänge, wäre das un-
schädlich, da diese Unterlagen nicht an die andere(n) Konfliktpartei(en) weitergegeben
werden, sie bleiben **vertraulich** beim Mediator. Grund dafür ist, dass der Effekt, der bei
Gerichtsverfahren dadurch entsteht, dass jede Seite wieder auf das reagiert, was die andere Seite geschrieben hat, um sich zu verteidigen und kontradiktorisch argumentiert,
der Mediation nicht förderlich ist.

Die Mediatoren können idR durch die Pre-Mediation-Paper bspw sondieren, welche es-   11
sentiellen Informationen noch von den Beteiligten beigebracht werden sollten. Außerdem gewinnen sie aus dem Pre-Mediation-Paper nicht nur einen **Einblick in die Entstehung und Entwicklung des Konflikts**, sondern ebenfalls in **rechtliche, wirtschaftliche
und persönliche Aspekte.** Zusätzlich können sie aus der Form der Aufbereitung Rückschlüsse auf die Ersteller ziehen. Zum Teil wird die Vorbereitung durch Vorabinforma-
tionen kritisch betrachtet (s. Kap. 3.2.3.4 Rn 28–33). Hier ist zu unterscheiden, um
welche Art Mediation es sich handelt. Eine komplexe Wirtschafts-Mediation oder eine
Mediation im öffentlichen Bereichmit vielen Beteiligten, die schon seit Jahren streiten,
auf diese Weise nicht vorzubereiten wäre geradezu unseriös. In diesen Zusammenhängen spielen eben oft materiellrechtliche Themen eine große Rolle und diese sind professionell zu behandeln. Anders sind Konflikte zu betrachten, bei denen ein emotional-per-
sönlicher Schwerpunkt vorhanden ist. Hier wäre ein Vorgehen mit Pre-Mediation-Papers eher kontraproduktiv. Es ist also durch die Mediatoren in jedem Einzelfall erneut
über das Verfahrensdesing zu entscheiden.

3.11.7 Beratung/Erst- und Zweitkontakt

Die Berater müssen wenn sie wegen eines Konflikts angefragt werden, zunächst klären,   12
um welche Art Fall es sich handelt und **welches Vorgehen sinnvoll** ist. Zu diesem
Zweck gehen sie mit neutraler und allparteilicher Haltung anhand der Liste zum Erstkontakt vor:

Basisinformationen   13

- Fragen:
  - Was ist der Bedarf bei einer **Wirtschaftsmediation** des betroffenen Unterneh-
    mens?
  - Was sind die **Bedürfnisse** der Beteiligten?
  - Was soll der **Nutzen** für diesen Medianden /Unternehmen sein?
- Verhalten:
  - Keine inhaltlichen Lösungen offerieren, sondern geeignete Verfahren vorstellen.
  - Welche Pro- und Kontraargumente mit dem Entscheider abwägen.

■ Falls Mediation in Betracht kommt:
- Klären, ob der Fall grundsätzlich mediierbar ist.
- Beteiligte der Mediation sondieren.
- Klären, ob die Medianden in der Lage sind zu diesem Zeitpunkt an der Mediation teilzunehmen.
- Finanzierung besprechen.
- Potenzielle Termine für ein Mediationstreffen erbitten.

14 Unabhängig welche **Beratung** eine Person oder ein Unternehmen in Anspruch nimmt, um zu klären, wie sie oder es mit der schwierigen Situation/dem Konflikt umgehen soll: Im Rahmen des Erstkontakts (das erste Einzelgespräch) werden oft die **Weichen gestellt** für das weitere Procedere. Aus Sicht der Berater ist der Initiator der „Erstkontakt" und die Betroffenen sind der „Zweitkontakt". Sie werden daher in unterschiedlicher Weise vorgehen. Umso wichtiger und entscheidender ist hier, kompetente Berater zu haben, die die Fülle des **ADR-Kontinums** (hierzu Kap. 1.1.2) kennen und darüber hinaus auch die Größe haben, das geeignete Verfahren zu empfehlen, selbst wenn sie dieses selbst nicht anbieten und dies eine Weiterempfehlung bedeutet.

15 In der Regel gibt es mehrere Alternativen zum Vorgehen. Die Argumente für und gegen ein mögliches Verfahren werden im besten Falle nach dem **Bedarf** und den Bedürfnissen der Kunden abgewogen und nicht nach denen der Berater. Dazu ist es wiederum erforderlich, diese eruieren zu können. Ein Mediator kann das, da er es gewohnt ist, Interessen zu ermitteln. Ein guter Berater mit mediatorischer Qualifikation wird folglich den Bedarf desjenigen ermitteln, den er berät und auch andere Verfahren als die Mediation, falls sie denn besser geeignet wären.

16 Derjenige, der zur Beratung geht, ist entweder selbst betroffen oder als Führungskraft/Entscheider **verantwortlich für die Konfliktlösung**. Letzterer ist in der Regel der Initiator der Mediation. Der **Zweitkontakt** findet dann entweder mit dem zweiten möglichen Medianden statt (sofern der Initiator selbst potenzieller Mediand ist) oder mit den beiden (mehreren) Medianden je einzeln (wenn der Initiator zB ein Vorgesetzter, ein Vertreter der Personalabteilung, der Schulleiter oder der Bürgermeister ist).

17 Ein möglicher **Aufbau eines Zweikontakts** sieht bei einem Telefonat zB wie nachfolgend aus:

■ „Guten Tag Herr .../Frau ..., mein Name ist ..."

■ „Ich rufe an, da ich ein Gespräch hatte mit Herrn .../Frau ... (Initiator) erhalten habe, betreffend einer Situation, die ich gerne mit Ihnen besprechen möchte. Hätten Sie jetzt gleich dafür Zeit?"

3.11.8 Vertraulichkeit der Erstgespräche/innerhalb der Mediation

18 Die Vertraulichkeit hat zwei **Wirkungsrichtungen**: nach **innen** und nach **außen**. Die Vertraulichkeit nach innen meint diejenige, welche die Mediatoren den Beteiligten eines Einzelgesprächs gegenüber dem Plenum zusichern. Dies soll den Beteiligten die Möglichkeit geben, den Mediatoren weitere Hintergründe und ggf Implikationen zu offenbaren, die diesem helfen, den Konflikt besser zu verstehen und damit die **Verfahrensleitung zu optimieren**. Damit haben die Beteiligten die Sicherheit und können entscheiden, was in das Plenum getragen werden soll oder muss, um eine tragfähige Lösung zu finden. Diese Auswahl findet erst nach der Darlegung gegenüber den Mediatoren statt. Der nach innen **geschützte Raum** ist so einerseits eine notwendige Voraussetzung für das Vertrauen der Medianden gegenüber den Mediatoren offen zu sein. Anderseits ermöglicht er den Medianden auch die Zeit für sie Wichtiges und gleichzeitig Unangeneh-

mes äußern zu können. Damit können sie anschließend überlegen, wie sie damit im Hinblick auf das Plenum umgehen wollen. Das alles in einem Arbeitsschritt im Plenum machen zu sollen wäre in vielen Fällen unmöglich.

3.11.9 Vertraulichkeit der Erstgespräche/außerhalb der Mediation

Die Vertraulichkeit nach außen umfasst den Schutz der Beteiligten gegenüber allen, die 19
nicht an der Mediation teilgenommen haben. Das umfasst zB die Äußerung, dass eine Mediation stattgefunden hat, sowie deren Spezifikationen, wie Beteiligte, Konfliktgegenstand, Ergebnis etc. (s. Kap. 3.2). Als Basis für die Erstgespräche ist diese Vertraulichkeit sehr wichtig, da ein Mediand insb. im **innerbetrieblichen Kontext** wissen muss, was der Chef erfährt, ob es **Einträge in die Personalakte** geben wird, wer noch oder eben gerade nicht von der Mediation erfährt, um sich wirklich vertrauensvoll beteiligen zu können.

Im **zwischenbetrieblichen Kontext** ist es essentiell, auf diese Vertraulichkeit (s. Kap. 4.3) 20
bauen zu können, insb. bei der Abklärung, ob eine Mediation stattfinden soll, da bei den anderen möglicherweise in Betracht kommenden Verfahren jedes im Einzelgespräch offenbarte Detail „schädlich" im Sinne der Ausnutzung durch die Gegenseite sein könnte.

Bei Anwälten bestehen vielfach Bedenken, die Mediation könnte zur **Ausforschung** der 21
eigenen Mandantschaft missbraucht werden: Wichtige bisher nicht bekannte Informationen, die in einem Gespräch offenbart wurden, könnten in einem möglichen Gerichtsverfahren zulasten der Gegenseite verwendet werden. Auch könnten vertrauliche Informationen dazu verwendet werden, mit diesem Wissensvorsprung der Konkurrenz die berühmte Nasenlänge voraus zu sein (s. Kap. 4.4).

Grundsätzlich besteht diese Gefahr bei jeder Art von Verhandlung. Jedoch wird sie für 22
einen möglichen Erfolg, der in der Verhandlung erreicht wird, hingenommen. Nichts anderes kann in der Mediation gelten. Um sich hierbei zusätzlich abzusichern ist gibt es entsprechende Regelungen in den Mediations-Verfahrensordnungen,[2] welche die Vertraulichkeit solcher Informationen geregelt. Sie muss dazu von den Medianden entweder für die Mediation als Grundlage vereinbart werden, um wirksam zu sein, oder wurde schon präventiv in einer Klausel in einem zwischen den Parteien geltenden Vertrag festgelegt. Die Vertraulichkeit ist zudem in § 1 Abs. 1 und § 4 MediationsG festgeschrieben.

3.11.10 Einzelgespräche per Telefon, Videokonferenz oder E-Mail

Das oben Gesagte gilt grundsätzlich für alle Formen der Kommunikation. Es macht für 23
den Kontaktaufbau und das sich darauf gründende Vertrauen allerdings einen erheblichen Unterschied, ob das Gespräch technisch als **Telefonat**, Videokonferenz, E-Mail oder **persönlich** geführt wird. Wenn dieses besteht, können ergänzend diverse technische Mittel eingesetzt werden.

Am Telefon verstärkt sich durch das Ausschalten des **optischen Eindrucks** zwar der 24
akustischer Sinn, aber die visuellen Signale sind ein sehr wichtiger Indikator. Der Körper ist schwerer zu beeinflussen als die Sprache (s. Kap. 3.10). Noch mehr auf den Punkt gebracht heißt das: Der Körper lügt weniger als der Mund. Die **Einschätzung des Mediators**, die mit beiden Eindrücken erfolgen kann optisch und akustisch ist damit vollständiger und „runder".

---

2 So zB in § 4 Abs. 3 der BMWA-Verfahrensordnung, s. http://www.bmwa.de/downloads/0verfahrensordnung_10_04.pdf.

25 Eine **Videokonferenz** gibt auch einen optischen Eindruck, wäre also dem reinen Telefonat vorzuziehen. Da das für einige Medianden aus unterschiedlichen Gründen nicht möglich ist, sollte der Telefonkontakt, der dann meistens die Alternative ist, soweit wie möglich auf das Vereinbaren von Terminen beschränkt werden.

26 Per **E-Mail** sind sowohl der optische wie der akustische Eindruck weggefiltert. Hier liegt der Vorteil in der asynchronen Bearbeitung und der Möglichkeit, sich bei Antworten viel Zeit nehmen zu können (s. Kap. 3.16). Für die Vorbereitung von Unterlagen und dem Austausch von Zahlen, Daten und Fakten (s. Kap. 3.13) ist diese Art damit sehr nützlich. Die E-Mail-Variante ist zB als Form des „Chattens" auch bei gleichzeitiger Anwesenheit der Beteiligten, also synchron, möglich. Dazu ist erforderlich, dass alle annähernd gleich gut und schnell mit der Tastatur umgehen können. Ansonsten gilt sonst das zum Telefon Gesagte.

27 Eine ganze Mediation nur per Telefon, E-Mail oder Videokonferenz (zur Online Mediation s. Kap. 3.16) zu führen, hat in erster Linie den **monetärer Ersparniseffekt** wie auch die Vereinfachung, sich nicht zur gleichen Zeit am gleichen Ort befinden zu müssen. Das ist für **international tätige Unternehmen** auch im Hinblick auf die Ökologie eine Überlegung. Bei allem ist jedoch zu berücksichtigen, dass letztlich immer Menschen an der Mediation beteiligt sind und Menschen als System komplex sind. Das sollte im Hinblick auf den Kern der Mediation und ihrer **Qualität** berücksichtigt werden.

28 Ein **guter Mix** aus Telefon bzw Videokonferenz, E-Mail und persönlichem Gespräch kann für Mediation sowohl in der Pre-, wie auch in der Mail-Mediation enorm unterstützend sein. Grundsätzlich gilt **je materiell gelagerter** ein Konflikt ist, desto leichter können die Entscheider und Medianden mit den technischen Hilfsmitteln umgehen. **Je beziehungsgeprägter** ein Konflikt ist, je länger er schon andauert und je komplexer er insgesamt ist, desto mehr ist das persönliche Gespräch erforderlich.

3.12 Co-Mediation

Literatur: Bernhardt, H.P./Winograd, B., Interdisziplinäre Co-Mediation: Zur Zusammenarbeit von Rechtsanwälten und Psychologen in der Trennungs- und Scheidungsmediation, in: Haft/v. Schlieffen (Hrsg.), Handbuch Mediation, 2009, 879; Paul, Ch./Schwartz, H., Interdisziplinäre Co-Mediation, in: Henssler/Koch (Hrsg.), Mediation in der Anwaltspraxis, 2004, 245; Troja, M., Lehrmodul 3: Co-Mediation, ZKM 2005, 161–164.

Zusammen ist man weniger allein und es ist oft ein gutes Gefühl, als Mediator eine [1] zweite Person neben sich zu haben, mit der man gemeinsam das Verfahren leitet. Welche Gründe und Kriterien es gibt, welche Voraussetzungen für eine Co-Mediation bestehen und wie eine Co-Mediation tatsächlich umgesetzt werden kann, wird im Folgenden näher beleuchtet.[1]

3.12.1 Kriterien für Co-Mediation

Empirische Forschungsergebnisse zum Thema Co-Mediation sind rar.[2] Eine Mitglieder- [2] befragung der Bundesarbeitsgemeinschaft für Familienmediation (BAFM) 2011 hat ergeben, dass 13% der befragten Mediatoren in der Regel in Co-Mediation und 33 % sowohl einzeln als auch mit Co-Mediator zusammen arbeiten.[3] In der Mitgliederbefragung der BAFM 2007 gaben 94 % der befragten Mediatoren an, ausschließlich positive Erfahrungen mit Co-Mediation gemacht zu haben.[4] Die Befragung wurde nur unter BAFM-Mitgliedern durchgeführt. Die Beteiligung an der Befragung schwankt zwischen 12 % der BAFM-Mitglieder im Jahr 2007[5] und 10,3 % der BAFM-Mitglieder im Jahr 2011.[6] Die Studien liefern daher keine repräsentativen, wissenschaftlich auswertbaren Ergebnisse, aber ein Stimmungsbild zur Frage der tatsächlichen Verbreitung der Co-Mediation. Im Folgenden werden nun Kriterien und Gründe für Co-Mediation erläutert, die sich aus plausiblen theoretischen Argumenten sowie Praxiserfahrungen des Autors und von Mediatoren ergeben, wie sie in Supervisionen, kollegialer Beratung und Erfahrungsberichten in der Literatur diskutiert werden.

---

1 Der Beitrag beruht auf einem früheren Text, Troja ZKM 2005, 161–164. Für ihre Mitarbeit an dem Text danke ich Sophia Neumaier.
2 Bernhardt/Winograd, Interdisziplinäre Co-Mediation: Zur Zusammenarbeit von Rechtsanwälten und Psychologen in der Trennungs- und Scheidungsmediation, in: Haft/v. Schlieffen (Hrsg.), Handbuch Mediation, 2009, 879.
3 Kiesewetter/Zurmühl ZKJ 2012, 80.
4 Kiesewetter/Zurmühl ZKM 2008, 107, 109.
5 Kiesewetter/Zurmühl ZKM 2008, 107.
6 Kiesewetter/Zurmühl ZKJ 2012, 80.

3.12.1.1 Komplexität wahrnehmen und methodisch damit umgehen

3   Mediatoren müssen sich in ihrer Arbeit auf drei verschiedene Ebenen konzentrieren. Sie müssen die inhaltliche Ebene der Konfliktgegenstände erfassen, die psychodynamische Ebene zwischen den Parteien beobachten und entsprechend intervenieren und schließlich den strukturierten Ablauf der Mediationsphasen sicherstellen. Dies kann eine Person bei eskalierten und/oder komplexen Konflikten schnell überfordern. Die Co-Mediation bietet hier die Chance, dass der jeweils nicht im Vordergrund aktive Mediator Aspekte des Geschehens wahrnimmt und aufgreift, die der im Gespräch aktiv eingebundene „Co" mitunter gar nicht wahrnehmen kann.

4   Gerade in schwierigen Mediationsgesprächen besteht die Gefahr, dass sich der Mediator selbst in den Konflikt verstrickt, tatsächlich parteilich wird oder zeitweise einen inneren Widerstand gegen eine Partei aufbaut. Je höher das Konfliktniveau, desto stärker sind diese Tendenzen. In diesen Fällen kann der aufmerksame Co-Mediator dem Gespräch eine andere Richtung geben. Der Wechsel zur anderen Person wirkt in der Gesprächsführung für die Parteien mitunter schon aus sich heraus entlastend. Auch wenn beide Mediatoren in die gleiche Richtung arbeiten, ist der Wechsel des unmittelbaren Gesprächspartners für die Partei eine äußerliche Möglichkeit für einen neuen Ansatz, die Gelegenheit, aus einer inneren Denkblockade oder Gesprächssackgasse herauszukommen.

5   Hinzu kommt, dass in solchen Konflikten Methoden hilfreich sein können, die nur zu zweit umsetzbar sind.[7]

3.12.1.2 Viele Konfliktbeteiligte

6   In vielen Mediationsfällen, vor allem außerhalb der Trennungs-/Scheidungsmediation, nehmen auf der Seite der Konfliktparteien mehr als zwei Personen an einer Mediation teil. Bei innerbetrieblichen Konflikten und Teamkonflikten sowie bei der Mediation im öffentlichen Bereich sind Vielparteienkonflikte sogar die Regel. Auch bei einer Wirtschaftsmediation zwischen zwei Unternehmen nehmen auf beiden Seiten oft mehrere Personen teil, zB Entscheidungsträger, Projektverantwortliche, Rechtsanwälte usw. Je größer die Gruppe, desto größer ist in der Regel auch die Komplexität des Gruppengeschehens. Um diesem auch auf Mediatorenseite gerecht zu werden, ist ab einer bestimmten Gruppengröße ein Mediationsteam von zwei oder mehr Personen notwendig. Die psychologische Forschung zur Gruppendynamik hat gezeigt, dass Gruppen mit fünf Personen sehr arbeitsfähig sind.[8] Nehmen an einer Mediation wesentlich mehr Personen teil, empfehlen sich oft Arbeitsphasen in Untergruppen. Diese arbeiten zum Teil parallel und müssen von unterschiedlichen Mediatoren betreut werden. Eine Gesamtgruppe von mehr als zehn Personen lässt sich – je nach Erfahrungshintergrund – zwar noch alleine moderieren, eine intensive Mediationsarbeit inklusive der notwendigen vertiefenden Gespräche, der Visualisierung der Ergebnisse usw ist alleine aber schwierig.

3.12.1.3 Kommunikative Ergänzung

7   Zu den Aufgaben von Mediatoren gehört es, das Konfliktgespräch zu leiten aber auch zu intervenieren und umzuformulieren sowie den Konfliktbeteiligten zum Teil schwierige Fragen zu stellen. Nur wenn sich die Streitenden vom Mediations-Team gut verstanden fühlen, werden solche Interventionen akzeptiert und wirken konstruktiv. Dieser notwendige vertrauensvolle Kontakt beruht auf der von den Medianden (zum Teil unbewusst) wahrgenommenen inneren Haltung der einzelnen Mediatoren. Kommunikati-

---

7 Keydel/Knapp ZKM 2003, 57, 59.
8 Sader, Psychologie der Gruppe, 6. Aufl. 1998, 62.

onstechniken wie aktives Zuhören und Paraphrasieren wirken dabei unterstützend.[9] Trotz aller Professionalität bleiben die Mediatoren glücklicherweise als Personen unterschiedlich. Sie lösen in einzelnen Momenten unterschiedliche Gefühle von Sympathie und Antipathie bei den Konfliktbeteiligten aus. Die Beteiligten können in verschiedenen Situationen unterschiedlich gut an den einen oder anderen im Mediations-Team anknüpfen. Die Co-Mediation eröffnet die Möglichkeit, diese unterschiedlich guten Zugänge zu den einzelnen Konfliktpartnern zusammen zu führen. Dabei geht es natürlich um subtile Unterschiede. Grundvoraussetzung einer Mediation ist es, dass jedes Mitglied im Mediationsteam von jeder am Konflikt beteiligten Person als allparteilicher und vertrauensvoller Gesprächspartner wahrgenommen wird.

Die Zusammenarbeit im Mediationsteam kann ferner für die Parteien ein Modell für 8 achtsamen und kooperativen Umgang sein und diese somit indirekt, in positiver Weise beeinflussen.

3.12.1.4 Fachliche Ergänzung

Mediatoren haben in der Regel eine Zusatzausbildung in Mediation. Sie kommen aber 9 aus unterschiedlichen Grundausbildungen und/oder Berufen, zB in den Bereichen Personalarbeit, Betriebswirtschaft und Unternehmensberatung, Psychologie, Jura, Steuerberatung, Bau und Planung, Pädagogik, Sozialarbeit usw. Über den Weg der Co-Mediation lassen sich unterschiedliche Fachkompetenzen bei der Leitung eines Mediationsverfahrens kombinieren.

Die berufspolitisch motivierten Diskussionen, in denen unterschiedliche Berufsgruppen 10 Mediation als eine Tätigkeit definieren wollten, die ausschließlich von dem jeweils eigenen Berufsstand ausgeübt werden sollte, haben keine theoretische oder empirische Grundlage. Dagegen werden mittlerweile die (auch rechtlichen) Möglichkeiten und Vorteile der interdisziplinären Co-Mediation erkannt[10] und weiterentwickelt, immer unter Berücksichtigung der Grenzen zB zu therapeutischen Ansätzen und denjenigen, die durch das Rechtsdienstleistungsgesetz gegeben sind.

Die Kombination unterschiedlicher fachlicher Kompetenzen in der Co-Mediation birgt 11 die Chance, fachspezifische Themen und Problembereiche in einem Konflikt schneller zu verstehen und für die Parteien angemessen zu erfassen. Die eigene Fachkompetenz erleichtert es dem Mediationsteam zu erkennen, ob die Parteien über ihre Situation und die Konsequenzen unterschiedlicher Handlungsalternativen ausreichend informiert sind und wie fehlende Informationen in das Verfahren eingebracht werden können. Auch bei der kritischen Diskussion von Lösungsoptionen und ihrer Umsetzbarkeit kann die Fachkompetenz des Mediationsteams konstruktiv einfließen. Die Herausforderung besteht jedoch darin, die Rolle als Mediator beizubehalten. Die eigene Fachkompetenz verleitet dazu, auch eine beratende oder gutachterliche Rolle zu übernehmen. Das verändert die gesamte Dynamik des Verfahrens und kann nicht nur die Allparteilichkeit gefährden, sondern auch dazu führen, dass die Energie der eigenverantwortlichen und einvernehmlichen Konfliktlösung durch die Streitparteien abnimmt. Eine weitere Herausforderung besteht darin, den Konflikt nicht auf diejenigen Aspekte zu reduzieren, die aus Sicht der eigenen Fachdisziplin relevant und bearbeitbar erscheinen. Beiden Tendenzen wird durch die Zusammenarbeit mit Mediatoren aus einem anderen Berufsfeld entgegen gewirkt. Insgesamt gilt für Mediatoren aller Disziplinen in einem Team, dass die zentralen

---

9 Ripke ZKM 2004, 70–72.
10 So auch Henssler, Anwaltliches Berufsrecht und Mediation, in: Henssler/Koch (Hrsg.), Mediation in der Anwaltspraxis, 2004, 100; Paul/Schwartz, Interdisziplinäre Co-Mediation, in: Henssler/Koch (Hrsg.), Mediation in der Anwaltspraxis, 2004, 254.

Leistungen in der Mediation im Vergleich zum Ursprungsberuf ein anderes Verständnis der eigenen Rolle erfordern.[11]

12 Gute Erfahrungen mit Co-Mediation, bei der Personen aus juristischen und aus psychosozialen Grundberufen kooperieren, wurden vor allem in der Praxis der Familienmediation gemacht.[12]

3.12.1.5 Geschlechterrollen

13 Unterschiede zwischen Männern und Frauen in Konfliktverhalten und -kommunikation sind sowohl für den Prozess der Konfliktbearbeitung als auch für die Konfliktlösung bedeutsam. Übliche, auch in der Literatur dokumentierte Zuschreibungen „typischer" Unterschiede zwischen Männern und Frauen betreffen zB Rezipienzsignale (Lächeln, Nicken, Hmhm-Sagen etc.), Anteile von Themenarbeit oder Gesprächsarbeit, Stimmeinsatz, Formulierung in Aussagen und Forderungen oder Fragen, Blickkontakt, Raum einnehmen usw. Solche Unterschiede ergeben sich aus sozialen Rollen und Verhaltensweisen von Sicherheit und Unsicherheit und lassen sich nicht biologisch begründen (es gibt genügend Männer und Frauen, die jeweils als Gegenbeispiel dienen können). Sie folgen aus der Verteilung beruflicher und privater Rollen in der Gesellschaft und damit den gesellschaftlichen Vorstellungen von Männlichkeit und Weiblichkeit, die von Männern und Frauen weitergetragen werden.[13] Das Konfliktverhalten wird durch das soziale Geschlecht (gender), dh das in der Sozialisation verinnerlichte Rollenverhalten sowie gesellschaftliche Rollenmuster beeinflusst. Deutlich erkennbar bzw teilweise sogar offen ausgesprochen wird dies insbesondere in der Familienmediation (s. Kap. 5.1, 5.4). Gender-Aspekte machen in allen Mediationsfeldern zwangsläufig einen Teil der Konfliktwirklichkeit aus. Beispielsweise werden Vorschläge von einer Frau anders wahrgenommen werden als von einem Mann.[14]

14 Das gemischtgeschlechtliche Mediationsteam als generelle und ausschließliche Antwort auf diese Herausforderung greift jedoch zu kurz. Das zeigt sich schon daran, dass die Mediationspraxis, auch die der Trennungs- und Scheidungsmediation, auch ohne Co-Mediation auskommt. Das theoretische Ideal, immer als Mediator und Mediatorin gemeinsam aufzutreten, kann aus Praktikabilitätsgründen häufig nicht umgesetzt werden. Genderaspekte, die in der Mediation zum Tragen kommen, können auch durch einen entsprechend geschärften Blick des mit diesem Aspekt vertrauten Mediators erkannt und entsprechend in den Prozess mit eingebracht werden.[15]

15 Der Vorteil einer gemischtgeschlechtlichen Co-Mediation liegt einerseits darin, dass männliche und weibliche Konfliktparteien unterschiedlich gute Anknüpfungspunkte und das Gefühl von Empathie bei der Mediatorin und beim Mediator finden.[16] Andererseits besteht die Chance, dass das Mediationsteam geschlechtsspezifische Kommunikation bewusst machen kann: Es kann durch das eigene Kommunikationsverhalten so-

---

11 Bernhardt/Winograd, Interdisziplinäre Co-Mediation: Zur Zusammenarbeit von Rechtsanwälten und Psychologen in der Trennungs- und Scheidungsmediation, in: Haft/Schlieffen (Hrsg.), Handbuch Mediation, 2009, 907.

12 Paul/Schwartz, Interdisziplinäre Co-Mediation, in: Henssler/Koch (Hrsg.), Mediation in der Anwaltspraxis, 2004, 255 f; Hohmann/Morawe, Praxis der Familienmediation, 1. Aufl. 2001, 223 f; Friedrichsmeier, Der Rechtsanwalt als Mediator, in: Haft/Schlieffen (Hrsg.), Handbuch Mediation, 2009, 849.

13 Heilmann, Sprache und Sprechen zwischen den Geschlechtern: Konfliktverhindernd? Konfliktproduzierend? Konfliktlösend?, in: Heinrich-Böll-Stiftung (Hrsg.), Konflikt und Geschlecht. Dokumentation einer Tagung am 15./16.11.2002 in Berlin, 33–42.

14 Regenhard, Abschied von der männlichen Organisation? Neue Organisationskonzepte und Geschlechterordnung, in: Riebe/Düringer/Leistner (Hrsg.), Perspektiven für Frauen in Organisationen, 2000, 26.

15 Boer/Troja ZKM 2010, 53–57.

16 Bernhardt/Winograd, Interdisziplinäre Co-Mediation: Zur Zusammenarbeit von Rechtsanwälten und Psychologen in der Trennungs- und Scheidungsmediation, in: Haft/Schlieffen (Hrsg.), Handbuch Mediation, 2009, 902.

wie durch die Fragen und Interventionen die Erwartungen an weibliches und männliches Konflikt- und Kommunikationsverhalten verändern. Ein mögliches Ziel ist, dass dadurch beide Geschlechter auf Seiten der Konfliktparteien sowohl kooperatives als auch dominantes Gesprächsverhalten als Mittel erkennen und etwas bewusster wählen können.

3.12.1.6 Kulturelle Unterschiede

Kulturelle Unterschiede beeinflussen die Wahrnehmung, die Intentionen und Handlungen in Konflikten. Ein Mediator ohne den kulturellen Hintergrund, vor dem sich der zu bearbeitende Konflikt abspielt, hat nur begrenzte Möglichkeiten, diesen Teil der Konfliktwirklichkeit zu erkennen, zu verstehen und angemessen damit umzugehen. **16**

Bei Mediationen mit Medianten, die einem anderen Kulturkreis als der Mediator entstammen, ist es oft Voraussetzung für die Akzeptanz des Mediationsverfahrens und des Mediators in seiner Vermittlungsrolle, dass ein Vertreter des relevanten Kulturkreises mit Bezug zur jeweiligen Lebenswelt im Mediationsteam vertreten ist. Dies wird von den Parteien mitunter sogar als wichtiger angesehen als der Abstand und die Neutralität des Mediations-Teams.[17] So werden Mediationen bei internationalen Kindschaftskonflikten (s. Kap. 5.2) oft durch ein Mediations-Team durchgeführt, das sich aus Vertretern der betroffenen Nationalitäten oder Kulturen zusammensetzt.[18] Akzeptanzfragen können selbst innerhalb eines Kulturkreises zB bei unterschiedlichen Dialekten auftauchen. **17**

Ähnlich wie beim Thema Gender ist auch bei interkulturellen Konflikten das Problem nicht immer allein durch ein interkulturelles Mediationsteam gelöst. Erfahrungen aus dem internationalen und politischen Bereich zeigen, dass mitunter ein Mediator nur dann Akzeptanz findet, wenn sie keinem der betroffenen Kulturkreise angehört. Die Co-Mediation kann dann darin bestehen, dass Experten oder Vertreter der betroffenen Kulturen für den Mediator beratende Funktion haben und gegebenenfalls als Dolmetscher fungieren, ohne dass sie im Vermittlungsgespräch selbst eine leitende Funktion haben. **18**

3.12.2 Voraussetzungen für Co-Mediation

Zwei Mediatoren sehen und hören mehr als einer und bringen unterschiedliche Kompetenzen ein. In den genannten Fällen scheint Co-Mediation auf den ersten Blick eine große Entlastung wenn nicht gar Erfolgsvoraussetzung zu sein. Aber sagt man nicht „Zu viele Köche verderben den Brei"? Damit dies nicht geschieht und eine Co-Mediation gelingen kann, braucht es die im Folgenden besprochenen Voraussetzungen. **19**

3.12.2.1 Gemeinsames Mediationsverständnis

In der Co-Mediation sind die Mediatoren Teamspieler. Doch nicht jeder stimmt gerne sein Vorgehen in der Mediation, sei es in der Vorbereitung oder ganz situativ im Mediationsgespräch, mit einer zweiten Person ab. Eine Entlastung ist Co-Mediation nur, wenn man sich beruhigt zurücknehmen und dem oder der „Co" den notwendigen Raum geben kann. Wichtig ist also, die eigene Teamfähigkeit selbstkritisch zu prüfen. Ist man innerlich wirklich überzeugt, dass auch eine andere Art und Weise als die eigene zum Ziel führen kann? Wenn man da Zweifel hat, kann es sinnvoll sein, besser ohne Co-Mediator zu arbeiten. **20**

---

17 Honeyman/Goh/Kelly Negotiation Journal 2004, 489–511.
18 Carl/Paul/Walker, Das deutsch-amerikanische Mediationsprojekt, in: Paul/Kiesewetter (Hrsg.), Mediation bei internationalen Kindschaftskonflikten, 2009, 147-160; http://www.bmj.de/SharedDocs/Downloads/DE/pdfs/Verstaendigung_deutsch_polnische_grenzueberschreitende_Mediation_Deutsch.html.

21 Durch Differenzen zwischen den Co-Mediatoren beim Mediationsverständnis kann die Vermittlungsrolle schnell konterkariert werden. Diese übertragen sich nämlich, größtenteils unbewusst, auf die Parteien.[19] Im Vorfeld einer Co-Mediation ist daher zu prüfen, inwieweit ein gemeinsames Mediationsverständnis vorliegt. Dies lässt sich an der inneren Haltung und den Wertvorstellungen des Mediators zB bezogen auf die Grundhaltungen[20] Empathie, Wertschätzung und Authentizität und an dem Verständnis von Interessen und der Bedeutung der Interessenermittlung in der Mediation festmachen. Mediationsstile können sich sehr danach unterscheiden, welchen Stellenwert sie der Interessenermittlung beimessen und wie Interessen vom Mediationsteam sprachlich gefasst und in der Arbeit verwendet werden. Die Interessen und Bedürfnisse können intensiv und unter Berücksichtigung der emotionalen Resonanz angesprochen, erforscht und eher lösungsoffen formuliert werden. Die Verhandlungen können sich aber auch näher an den ursprünglichen Ansprüchen und Forderungen oder konkreten Sachproblemen orientieren. Das Interessenverständnis bestimmt das Ziel des Mediators in der Arbeit.

22 Sind Teamfähigkeit und ein gemeinsames Mediationsverständnis gegeben, so können sich unterschiedliche Temperamente gut ergänzen. Solange das Mediations-Team mit Blick auf die Gesprächshaltung und die Interessenermittlung ein gemeinsames Ziel hat, sind auch unterschiedliche Interventionen während der Mediation integrierbar. Das gilt selbst, wenn noch wenig Kooperationserfahrung vorliegt. Andernfalls wird Co-Mediation zur zusätzlichen Belastung statt zur Entlastung und es gilt das Zitat von Mark Twain: *„Als sie das Ziel aus den Augen verloren hatten, verdoppelten sie ihre Anstrengungen"*.

3.12.2.2 Akzeptanz und Bezahlung

23 Weitere Voraussetzung für das Gelingen einer Co-Mediation ist neben der inneren Bereitschaft des Mediationsteams natürlich die Bereitschaft der Konfliktparteien, einen oder mehrere Co-Mediatoren zu beauftragen und je nach Absprache auch zu bezahlen.

24 Wird die Co-Mediation vom Mediationsteam von vornherein als bewährter und für die Qualität und Effektivität förderlicher Ansatz vermittelt, besteht oft eine große Bereitschaft, eine zweite Person zu akzeptieren – auch mit Blick auf Fragen des Vertrauens und der Vertraulichkeit – sowie die Mehrkosten zu tragen. Letzteres findet seinen Grund darin, dass nach Aussagen mancher Medianten die Honorarkosten im Vergleich zu den Konfliktkosten oft nicht im Vordergrund stehen. Handelt es sich nicht um eine gleichberechtigte Co-Mediation, kann ein entsprechend niedrigerer Personensatz für den Co-Mediator angeboten werden. Bei schlechter Auftragslage oder noch geringer Praxiserfahrung kann das geringere Honorar im Einzelfall durch die höhere Zahl an Fällen, die sich durch die Zusammenarbeit mit Kolleginnen und Kollegen ergibt, kompensiert werden. Am Anfang der Mediatorentätigkeit sind oft nicht die Honorare, sondern die ersten Referenzen wichtig. Daraus ergeben sich attraktive Lösungen für beide Seiten: eine Unterstützung durch einen Co-Mediator bei einem eigenen oder vom „Co" akquirierten Mediationsfall für die erfahrene Mediatorin und ein Lernfeld und erste Referenzen für den Co-Mediator. Vermieden werden sollte, dass durch die geringe Bezahlung des „Co" ein falsches Preissignal für die Dienstleistung Mediation gesetzt wird. Dies lässt sich zB dadurch beheben, dass die Co-Mediation als Teil der Gesamtausbildung verstanden und so auch nach außen kommuniziert wird.

---

19 Sader, Psychologie der Gruppe, 6. Aufl. 1998, 192 ff.
20 Vgl Rogers, Entwicklung der Persönlichkeit, 15. Aufl. 2004, 51, 259–261.

3.12.2.3 Kooperationspartner

Wer schon einmal kurzfristig auf der Suche nach einem Co-Mediator war, weiß, wie   25
überschaubar der Kreis der Personen ist, mit denen man sich eine Co-Mediation in einem bestimmten Fall gut vorstellen kann. Um dauerhaft und flexibel Co-Mediation anbieten zu können, bedarf es entweder im eigenen Unternehmen eines Teams mit mehr
als einer Hand voll Mediatoren oder eines Netzwerks fester Kooperationspartner. Kriterien für die Zusammensetzung dieses Teams können zB ein gemeinsames Mediationsverständnis, unterschiedliche fachliche Kompetenzen, der Anteil an Männern und Frau-
en sowie die regionale Verteilung sein. Immer mehr Mediatoren bilden solche Netzwerke. Die Gratwanderung dabei verläuft zwischen der notwendigen Flexibilität und Diversität im Team einerseits und der Identifizierbarkeit, dem überzeugend vermittelbaren
gemeinsamen Profil andererseits.

3.12.3 Umsetzung der Rollen- und Aufgabenteilung

Die Ausgestaltung der Rollen- und Aufgabenteilung in einer Co-Mediation kann unter-   26
schiedlich sein. Sie reicht von der rein beobachtenden Begleitung über die Unterstützung
und gelegentliche Intervention bis hin zur völlig gleichberechtigten Co-Mediation. Welche Aufteilung im konkreten Fall gewählt wird, sollte im Mediations-Team genau besprochen werden und auch die Wirkungen auf die Konfliktbeteiligten sollten bedacht
werden. Die Frage, ob Co-Mediation stattfinden soll, wird mit den Konfliktbeteiligten
im Vorfeld vereinbart.

3.12.3.1 Gesprächsführung und Visualisierung

Die Rollen und Aufgaben bei der Gesprächsführung, Visualisierung und gegebenenfalls   27
Protokollierung werden je nach dem Grad der Verantwortung in der Co-Mediation aufgeteilt.

Eine gängige Methode besteht darin, dass ein Mediator das Gespräch leitet, Fragen   28
stellt, zusammenfasst und umformuliert, während der andere Mediator Ergebnisse der
Gesprächssequenzen auf einer Flipchart oder Pinnwand notiert. Je nach Phase, in der
sich die Mediation befindet, sind diese Ergebnisse neutrale Themenformulierungen, lösungsoffen und positiv formulierte individuelle Interessen oder konkrete Lösungsoptionen usw. Diese Arbeitsteilung kann für beide Mediatoren entlastend sein. Auch für die
Konfliktbeteiligten ist die Rollenteilung direkt nachvollziehbar. Voraussetzung dieser
Aufgabenteilung ist, dass das Mediations-Team gut aufeinander eingespielt ist oder ein
vollkommen übereinstimmendes Mediationsverständnis hat. Bei der Vermittlung in
Konflikten erfüllen sprachliche Umformulierungen (in abstraktere oder konkretere Themen, in Ich-Botschaften, in Interessen, in positive Formulierungen statt Verneinungen
etc.) anders als in der Moderation (s. Kap. 3.8) und in der Beratung eine zentrale Funktion für Deeskalation und die Förderung von Kooperationsbereitschaft. Es ist wichtig,
dass nach einer Zusammenfassung genau die Formulierung visualisiert wird, die im
Prozess des Paraphrasierens durch den jeweils aktiven Mediator herausgearbeitet wurde. Dieser muss sich insoweit vollkommen auf seinen „Co" verlassen können. Es macht
einen Unterschied, ob der „Co" zB bei der Interessenklärung wie erhofft „handlungsfähig sein, bis endgültige Software vorliegt und läuft" notiert, oder weniger interessenorientiert „schnelle Fertigstellung einer lauffähigen Software". Derjenige, der visualisiert,
muss die angestrebte Zielrichtung der Formulierung erkennen. Je weniger gut sich das
Team untereinander kennt, desto wichtiger ist der Blickkontakt und das Aufeinander-
achten. Nur so wissen beide, wann und was visualisiert werden soll.

In einer gleichberechtigten Co-Mediation können sich die Mediatoren bei Gesprächs-   29
führung und Visualisierung abwechseln, zB wenn von einer Person oder Gruppe zur

nächsten gewechselt wird oder entsprechend der Arbeitsschritte, die in einer Sitzung anstehen.

30 Es ist ebenso denkbar, dass eine Mediatorin sowohl das Gespräch führt als auch die Ergebnisse auf der Flipchart visualisiert. Werden zur Visualisierung Karten benutzt, so kann der „Co" diese gegebenenfalls an der Pinnwand anbringen. Aufgabe des „Co" bei dieser Aufteilung ist es, den Blickkontakt zu den anderen Konfliktbeteiligten zu halten, auf nonverbale Signale zu achten, diese gegebenenfalls aufzugreifen, nachzufragen, sowie Ergänzungen und weitere Formulierungsvorschläge zu machen. Das Team muss bereits in der Vorbereitung der Mediationssitzung untereinander klären, ob die gerade leitende Mediatorin mit solchen Interventionen flexibel umgehen kann oder sie sogar wünscht. Auch bei dieser Aufteilung kann in einer gleichberechtigten Co-Mediation die Rollenaufteilung im Verlauf des Gesprächs wechseln.

3.12.3.2 Umsetzung von Methodenvielfalt

31 Methoden, die nur in Co-Mediation umsetzbar sind, weil die Mediatoren dabei unterschiedliche sich ergänzende Rollen einnehmen, sind vor allem bei komplexen oder eskalierten Konflikten sowie solchen mit vielen Beteiligten erforderlich oder zumindest hilfreich.

32 Zu diesen Methoden zählen u.a. Gespräche über das Konfliktgeschehen im Mediationsteam zB im Sinne eines Reflecting-Team. Die Parteien hören sich diese Gespräche an und formulieren im Anschluss daran ihre Gedanken dazu.

33 Auch die Arbeit mit Innen- und Außenkreis ist möglich. Ein Mediator spricht mit einer oder mehreren Parteien einzeln, während die anderen Parteien anwesend sind. Nach der Sequenz spricht der „Co" mit der/den anderen Person(en) über das Gehörte.

34 Eine weitere Methode, die nur in Co-Mediation ausgeführt werden kann, ist die Führung paralleler Einzel- oder Gruppengespräche (s. Kap. 3.13). Gerade bei Vielparteienkonflikten ist die Co-Mediation notwendig, da intensives Arbeiten immer wieder Untergruppen erfordert. Anders als in einer Moderation (s. Kap. 3.8) für eine Gruppe, die auf der persönlichen Ebene gut zusammenarbeitet, müssen bei einer Mediation auch die Gespräche in den Untergruppen parallel von den Mediatoren geleitet werden. Hier ist die kommunikative Vermittlungstätigkeit, das konstruktive Umformulieren und die Gesprächsführung über Paraphrasieren und Fragen notwendig. Beide Mediatoren müssen das Vorgehen in den Gruppen und die Form der angestrebten Ergebnisse klar miteinander absprechen. Nur so kann die Zusammenführung in der Gesamtgruppe gelingen. Je weniger Erfahrung in der Zusammenarbeit vorliegt, desto mehr Zeit muss das Mediations-Team für solche Absprachen einplanen.

3.12.3.3 Vor- und Nachbereitung

35 Wichtigste Grundlage für die Vorbereitung einer Mediationssitzung ist die Auswertung der geführten Gespräche und die Nachbereitung bereits durchgeführter Mediationssitzungen. Ein Mediations-Team kann die Co-Mediation hier zur Qualitätssicherung nutzen. In vielen Fallkonstellationen können die Verfahrensinteressen der Konfliktbeteiligten nicht nur in der Mediation selbst besser berücksichtigt werden, sondern auch dadurch, dass das eigene Handeln sowie das weitere Vorgehen im jeweiligen Fall unmittelbarer im Team reflektiert werden kann. Erfahrungen mit Supervision (s. Kap. 3.6) zeigen aber auch, dass bei dieser Reflexion Außenperspektiven enorm hilfreich sein können.

3.13 Visualisierung

Literatur: Hartmann F./Bauer E., Bildersprache, Otto Neurath Visualisierungen, 2006; Schumann H/Müller W., Visualisierung, Grundlagen und allgemeine Methoden, 2000; Weckert, A. u.a., Praxis der Gruppen und Teammediation. Die besten Methoden und Visualisierungsvorschläge aus langjähriger erfolgreicher Mediationstätigkeit, 2011; Wortmann M.,Visual Tool – Visualisieren leicht gemacht! Die Kraft der Bilder für Menschen im Wirtschaftsleben, 2010.

3.13.1 Nutzen

Visualisieren ist eine wirkungsvolle **Technik für die Mediation** in allen Bereichen. Egal, 1
ob es sich um einen dualen oder einen Mehrparteien-Konflikt handelt, die Visualisierung gibt den Medianden und den Mediatoren einen guten Überblick, wirkt beruhigend auf das gesamte Plenum, da alles für alle jederzeit sichtbar ist und **entschleunigt** entscheidend das Verfahren.

Zu unterscheiden sind dabei – wie bei der klassischen Moderation – vorbereitete **Mate-** 2
rialien und Materialien, die gemeinsam mit den Medianden erstellt werden. Zu ersteren zählen zB auch Flipcharts, die in Teilen vorbereitet sind und dann gemeinsam in der Mediation ergänzt werden. Es bietet sich an, einen **Medienmix** (s. Kap. 3.11 Rn 28) zu verwenden. Welche Technik und welches Medium in welcher Phase der Mediation eingesetzt werden, hängt von dem Konflikt, den Konfliktbeteiligten und dem **Grad der Eskalation** ab.

3.13.2 Pre-Mediation

In der Vorbereitungsphase (sog. **Pre-Mediation**; hierzu Kap. 3.1) werden im Rahmen 3
der vorbereitenden Einzelgespräche (s. Kap. 3.11) schon Informationen gegeben, die – sofern autorisiert – bereits als Übersicht gestaltet werden können wie zB ein **Organigramm**, ein **Genogramm**, eine **Zeitlinie**, in der die Ereignisse eingetragen sind, bei denen sich die Medianden einig sind, Fotos zu Objekten, Grafiken etc. Ein Beispiel hierzu wäre auch eine Spinnwebanalyse.

4

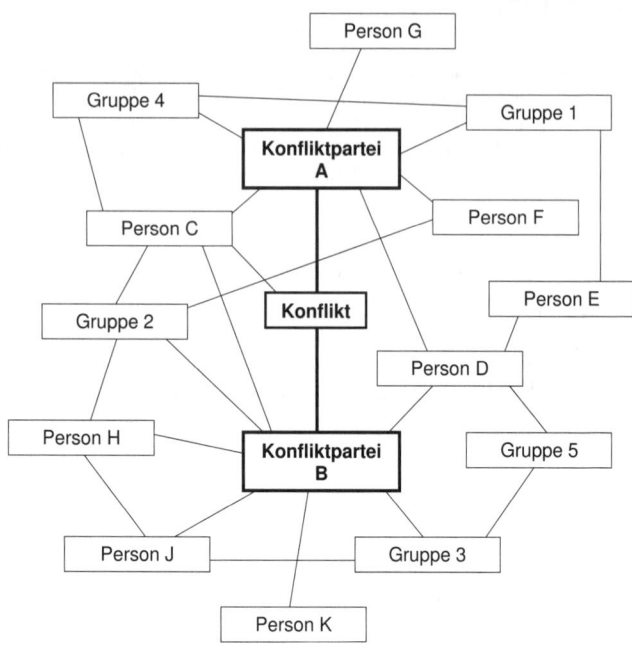

Abb. 1: Spinnweb-Analyse

3.13.3 Einleitung/Opening der Main-Mediation

5   In der ersten Phase der **Main-Mediation** (zum Ablauf des Mediationsgesprächs s. Kap. 3.2) können die **Spielregeln,** nachdem sie mit den Medianden festgelegt wurden, aufgeschrieben werden. Für viele ist das eine gute Orientierung. Manche Mediatoren haben die Spielregeln auch schon als Plakat gedruckt mit ihrem Firmenlogo oder als Flipchart, welches sie mitbringen. In manchen Fällen ist es auch nicht erforderlich, die Kommunikationsregeln zu verschriftlichen.

6   Wenn, dann sollten die **Formulierungen positiv** gewählt werden (s. Kap. 3.2, Rn 14). Also „Die Medianden lassen sich gegenseitig aussprechen", statt „Die Medianden unterbrechen sich nicht". Das Gehirn ist zwar intelligent und versteht Begriffe wie „kein", „nicht" oder „un-…", aber das Unterbewusstsein macht sich ein Bild von dem, was nicht passieren soll wie bei „Fall nicht hin" und bums – schon ist es passiert. Deutlicher wird es, wenn Sie jemanden bitten, jetzt nicht daran zu denken, dass in der Mitte des Raumes beispielsweise ein 2,50 m langes rosa Krokodil mit einem lila Halsband liegt. Na, sehen Sie es auch?

7   Als nächstes könnte das **gemeinsame Meta-Ziel** formuliert werden. Wichtig ist dabei zu wissen, dass es dabei um ein Prozessziel und nicht um ein inhaltliches Ziel geht. Der kleinste gemeinsame Nenner wäre zB, dass beide das **Kommittment** abgeben, an einer für beide Seiten guten Lösung arbeiten zu wollen. Vielleicht geht es auch konkreter wie „Herstellung einer guten Gesprächsbasis, um als Eltern gemeinsam Entscheidungen für die Kinder treffen zu können" (in einer Trennungs- und Scheidungsmediation) oder „Erhalt der Geschäftsbeziehung verbunden mit einer Umsatzsteigerung von x%" (in einer Wirtschaftsmediation).

3.13.4 Statements/Positionen

In der zweiten Phase des Mediationsgesprächs, in der die Positionen benannt werden, 8 gilt es die **Themen zu identifizieren** (hierzu Kap. 3.2.2). Diese können auf verschiedene Weise visualisiert werden. Bei einer nach A und B getrennten **Liste** liegt der Vorteil darin, dass sich die Medianden damit gut identifizieren können und alle erkennen können, wo es Übereinstimmungen gibt und welche Unterschiede bestehen. Der Nachteil liegt darin, dass der Strich die Trennung symbolisiert und bei einer Mediation ja auch schon hinlänglich bekannt ist, dass es einen trennenden Konflikt gibt.

9

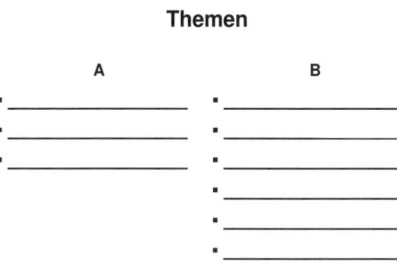

Abb. 2: Themen-Liste

Um den Nachteil zu eliminieren, kann man einfach auch eine **gemeinsame Liste** schrei- 10 ben. Dabei wird klar, dass alle Themen, unabhängig von wem sie stammen, besprochen werden müssen. Eine **Zuordnung** zu den Personen ist nicht notwendig, könnte aber über unterschiedliche Farben erfolgen.

11

Themen

- _____
- _____
- _____
- _____
- _____
- _____
- _____
- _____

Abb. 3: gemeinsame Themenliste

Bei der gemeinsamen Liste entsteht das Problem, dass in der europäischen Kultur davon 12 ausgegangen wird, dass alles, was oben steht, wichtig ist und die Priorität dann abnimmt. Das gilt auch für die erste Darstellung bei einer getrennten Listung. In dieser Phase findet aber zunächst eine **Sammlung** statt. Eine **Priorisierung** (s. Kap. 3.2.2 Rn 17) kann, wenn man das möchte, erst danach durchgeführt werden. Bei dieser Form kommen weitere Themen immer weiter nach unten. Das führt dazu, dass es auch mehrere Seiten Flipchart geben könnte.

Jedenfalls ist es grundsätzlich wichtig, alles, was zu der jeweiligen Phase gehört, auch 13 gleich **aufzuhängen** und nicht nur das Flipchart umzublättern. Das wiederum erfordert auch Mittel zur Verfügung zu haben, die Flipcharts aufhängen zu können. Das können Magnete sein, wenn ein Gegenmagnetstreifen an der Wand schon vorhanden ist oder ein Kreppband oder ein Tesafilm. Da im Weiteren die **Pinnwände** noch anders genutzt werden sollen, ist es sinnvoll, diese frei zu halten.

14 Eine günstige Darstellung, um in der Sammlungsphase gleich die sprichwörtlichen zwei Fliegen mit einer Klappe zu schlagen, ist das **Mindmap**. Hier können zu den Ober-Themen gleich Unter-Themen (am besten in einer anderen Farbe) sortiert werden – unabhängig vom wem sie stammen.

15

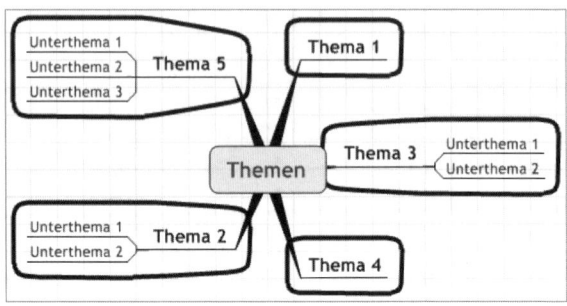

Abb. 4: Mindmap

16 Eigentlich ist das Mindmap eine Kreativtechnik (s. Kap. 3.14). An dieser Stelle stellt die Darstellungsform einen **Musterbruch** (s. Kap. 3.8) dar. Auf diese Weise wird ein neuer **Denkprozess** (s. Kap. 2.2) eingeleitet und das ist für den weiteren Verlauf der Mediation förderlich. Bei allen drei Formen ist darauf zu achten, dass es sich auch um Themen oder Regelungspunkte handelt und nicht um Positionen, Angriffe, Untergriffe, Forderungen, Juristische Ansprüche oder gar Beleidigungen. Diese negativen Formulierungen müssten – wenn geäußert – zuvor empathisch aufgenommen und in geeigneter Weise hinterfragt werden, um dann in adäquater Form aufgeschrieben zu werden (zum reframing insoweit Kap. 3.2 Rn 16).

17 Eine Position kann durch **Chunking up**, also abstrahieren, um eine Stufe höher zu einem Thema gemacht werden. Beispielsweise wäre die Forderung: „Ich will den blauen BMW". Das Thema wäre dann „Auto". Dazwischen und damit vor der Visualisierung liegt die Verbalisierung, denn nur wenn sich der Mediand auch mit seinem Thema identifiziert, wird er der Umformulierung zustimmen. Zu erwarten, dass Medianden automatisch selbst Themen benennen oder auf die Frage: „Was sind ihre Themen?" diese dann auch in sofort übertragbarer Weise benennen, ist illusorisch. Da die Filpcharts über die gesamte Mediation – unabhängig wie viele Sitzungen sie dauert – sichtbar bleiben, ist auf die **positive Formulierung** größter Wert zu legen, denn sonst bleibt der negative Impetus, den die Medianden aufgrund ihres Konflikts ohnehin haben und der Weg zu einer zukunftsorientierten Lösung wird erschwert oder gar unmöglich gemacht.

18 In dieser Sammlungs-Phase ist es sinnvoll alles, was von den Medianden gesagt wird, einzuordnen. Das betrifft das **Streitige** und das **Unstreitige**. Das, worüber sich die MediandInnen nicht einig sind, wird auf die Themenwand aufgenommen. Das, worüber sie sich einig sind, findet sich auf dem ZDF-Papier, (Zahlen-Daten-Fakten-Papier).[1] Hier erfolgt die Darstellung möglichst bildlich.

---

1 Das ZDF-Papier wurde von Lenz entwickelt, um möglichst alle Informationen aufnehmen zu können, den Prozess dadurch weiter wirksam zu entschleunigen und nicht zuletzt auch, um über die bildliche Darstellungsweise als Musterbruch neue Denkwege zu ermöglichen.

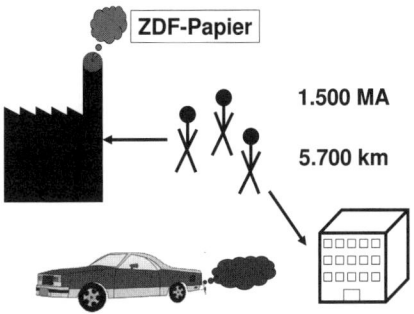

Abb. 5: ZDF-Papier

Auch hier liegt der Grund wieder in der **Anregung des Gehirns** der Medianden. Sie se- 20
hen das, was sie selbst gesagt haben, in einer anderen Form und es passiert etwas mit
ihnen (s. Kap. 2.2).

3.13.5 Interessen/Perspektivenwechsel

Dieses Neue macht den Weg frei für die nächste Phase der Interessen und Bedürfnisse in 21
der es gilt, den Perspektivenwechsel zu erreichen. Als Intro kommt die „3" in Betracht,
so wie unten dargestellt. Zunächst malt der Mediator eine „3" auf ein Flipchart und
fragt: „Was sehen Sie?" Auf die Antwort: „Eine „3". Bestätigt er dies und malt unter
die große „3" eine kleine „3" mit Pfeil, der nach oben deutet. Dann bittet er die Medianden, sich die „3" um 180 ° gedreht vorzustellen, quasi an der Decke hängend und
nach unten blickend. Die Antwort der Medianden ist dann: „Ein „E". Auch hier bestätigt der Mediator und malt es über die große „3" mit einem Pfeil nach unten und erläutert: „Das ist die **typische Situation in einer Verhandlung.** Beide sehen auf dieselbe Sache und beide sehen etwas völlig unterschiedliches." Dadurch setzt ein erstes Verstehen
über die **unterschiedlichen Perspektiven** bei den Medianden ein. Der Mediator fährt
fort: „Und was würde zB ein Berater sagen, der von hier auf die ganze Angelegenheit
blickt?" und deutet dabei von links nach rechts, sowie wie er den Pfeil malt. Die
prompte Antwort der Medianden: „Ein „M"." , wird wieder bestätigend aufgenommen
und visualisiert durch das „M" mit dem Pfeil nach rechts. Nun ahnen die meisten Medianden schon, was nun kommt und sagen manchmal von sich aus: „Und der Berater
auf der anderen Seite sieht ein „W". Der Mediator komplettiert daraufhin das Bild und
fragt: „Und was haben alle?". Die Antwort der Medianden kommt in der Regel wie aus
der Pistole geschossen: „Recht." Der Mediator nickt und erläutert: „Genau, wie Sie beide." Dabei malt er die Pfeile außen herum, „und deshalb würde ich jetzt gerne Ihre unterschiedlichen Perspektiven vorstellen und gerne wissen, was jedes Thema für Sie eine
Bedeutung hat und warum das so ist, einverstanden?".

22

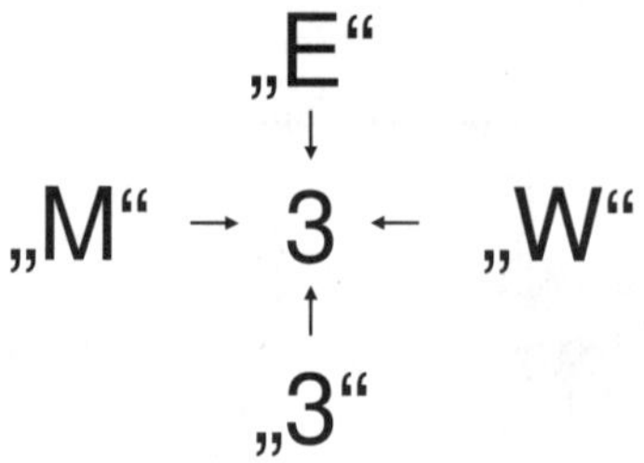

$$\begin{array}{ccc} & \text{„E“} & \\ & \downarrow & \\ \text{„M“} & \rightarrow \ 3 \ \leftarrow & \text{„W“} \\ & \uparrow & \\ & \text{„3“} & \end{array}$$

Abb. 6: Bild 3-E-M-W

23 Auch andere **Visualisierungen** wären hier denkbar, wie eine Flasche, hinter der ein Geldstück liegt. Für einen der Medianden ist das erkennbar, für den anderen gerade nicht, da die Flasche direkt davor steht. Gleiches gilt für denjenigen, der die Fensterseite sieht, wogegen der andere auf die Wand mit der Tür blickt.

24 Sobald die ersten Interessen gefunden sind, können diese zusätzlich zu den Themen auf dem Mindmap in einer **neuen Farbe** hinzu geschrieben werden oder man nimmt für jedes Thema ein neues Flipchart und schreibt die Interessen dann in der gleichen Mindmap-Form auf wie vorher bei den Themen.

25

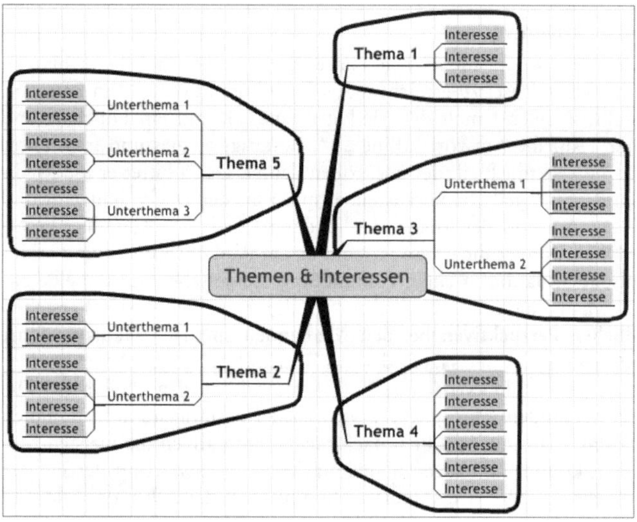

Abb. 7: Interessen-Charts

26 Auch wenn Interessen mehrfach vorkommen, werden sie aufgeschrieben. Das zeigt dann nämlich ganz deutlich, wo die **Schwerpunkte für eine Lösung** liegen. Wenn auf dem Interessen-Chart mehrfach Stabilität, Kontinuität, Tradition, Sicherheit stehen, wird die Lösung anders aussehen wie bei einer Häufung der Begriffe Flexibilität, Innovation, Abenteuer, Herausforderung; denn die Interessen sind die Kriterien für eine gute Lösung (s. Kap. 3.2.4 Rn 34).

Wenn alle Interessen gefunden sind, kommt der nächste Schritt hin zu den Optionen, 27
die diese Interessen verwirklichen würden. Hier haben die Mediatoren zunächst die
Auswahl aus der Fülle der Kreativtechniken. Die **Auswahl** ist abhängig von verschiedenen Faktoren abhängig, wie zB der Anzahl der Beteiligten, der Komplexität des Falles,
ob der Schwerpunkt des Konflikts eher materiell oder beziehungsorientiert gelagert ist,
etc.

3.13.6 Kreativtechniken

Neben dem allseits bekannten, oft aber unglücklich anmoderierten „**Brainstorming**" 28
gibt es das artverwandte „**Brainwriting**". Weitere Techniken sind die „**6-3-5-Methode**",
das „Collective Notebook", das „Mind Mapping", die **Osborne-Checkliste** und die
„Bisoziation". Die Technik der „**6 Hüte**" von De Bono ist im Kap. 3.14 ausführlich beschrieben.

3.13.6.1 Brainstorming/Brainwriting

Durch eine klare und spezifische Fragestellung wie: „Welche – vielleicht auch utopi- 29
schen – Ideen fallen Ihnen ein, um alle gefundenen Bedürfnisse und Bedarfe unter einen
Hut zu bringen?" Die Mediatoren sorgen für die Einhaltung der Regeln. Die wichtigste
ist, **Kritik zurückstellen**. Die Medianden sollen in dieser Phase möglichst viele Ideen
sammeln. Dazu gehören auch Ideen, die im ersten Moment albern oder unrealistisch
klingen. Oft sind es gerade solche „seltsamen" Ideen, die weiterentwickelt werden und
schließlich zu Innovation und kreativen Lösungen führen.

Die Mediatoren dokumentieren alle Ideen indem diese **schlagwortartig auf Karten** no- 30
tiert und sofort auf eine **Pinnwand** gehängt werden. Damit sind sie für alle sichtbar und
dienen der weiteren Inspiration. Außerdem geht so kein Gedanke verloren, der in einer
späteren Phase von Nutzen sein könnte. Die Medianden sollten nicht nur ihre eigenen
Ideen einbringen und weiterentwickeln. Gerade durch die Kombination mit und **Veränderung von Gedanken** des oder der anderen Medianden können in sehr kurzer Zeit viele interessante und kreative Ideen entstehen. Gerade unkonventionelle und radikale Ide-
en erhöhen die Wahrscheinlichkeit, dass die Medianden ihr konvergentes, analytisch-lo-
gisches Denken und die damit verbundenen **Denkblockaden** für einen Moment überwinden. Oftmals ist Humor ein guter Weg, um eine offene und kreative Atmosphäre zu
schaffen.

3.13.6.2 Die 6-3-5-Methode

Die 6-3-5-Methode ist eine **Variante des Brainwritings**. Der Name der Methode leitet 31
sich aus den drei wesentlichen Eigenschaften der Methode ab: 6 Teilnehmer erhalten jeweils ein Blatt, auf dem sie 3 Ideen notieren und die Blätter dann insgesamt 5 Mal wei-
terreichen. In kurzer Zeit können **im Idealfall 108 Ideen** entstehen. Die Aufforderung,
bestehende Ideen aufzugreifen und weiterzuentwickeln, macht die 6-3-5-Methode zu einer konstruktiven Kreativitätstechnik.

Bevor die Durchführung der 6-3-5-Methode beginnt, werden die Blätter vorbereitet. 32
Dazu wird die Papierfläche in eine gleichmäßige Tabelle aus 3 Spalten und 6 Zeilen aufgeteilt, so dass am Ende genau 18 Kästchen vorhanden sind. Jeder Mediand enthält anschließend jeweils eines dieser **Arbeitsblätter**.

In jeder Runde werden die Medianden aufgerufen, die oberste noch freie Zeile, beste- 33
hend aus 3 Kästchen, mit ihren Ideen zu füllen. Dabei sollten sie die **Ideen der Vorgän-
ger aufgreifen**, erweitern und/oder weiterentwickeln. Nach einer festgelegten Zeit von
beispielsweise 5 Minuten beenden die Mediatoren die Runde. Die Medianden reichen
ihr Arbeitsblatt im Uhrzeigersinn an ihren Sitznachbarn weiter und eine neue Runde be-

ginnt. Im Idealfall sind nach 6 Runden genau 6 x 18 = 108 Ideen entstanden. In der Praxis ist die Anzahl aufgrund von doppelten oder leeren Einträgen wahrscheinlich etwas geringer. Dennoch sollten nun zahlreiche Ideen vorliegen. Die Methode funktioniert auch mit 4 oder 8-9 Medianden.

3.13.6.3 Collective Notebook

34 Das Collective Notebook ist eine Variante des Brainwritings. Die Collective-Notebook-Methode ist **auf einen längeren Zeitraum angelegt** und die Medianden müssen bei der Durchführung nicht am selben Ort sein. Die Grundidee besteht darin, dass die Medianden über einen bestimmten Zeitraum von einigen Tagen oder Wochen ein Notizbuch bei sich tragen und ihre Ideen und Gedanken zur Ausgangsfrage darin notieren. An einem vereinbarten Termin werden die Ideen und Gedanken schließlich ausgetauscht und diskutiert. Eine Variante des Collective-Notebooks besteht darin, ein einziges, öffentliches Notizbuch zu verwenden, welches an einer gut erreichbaren Stelle zB **auch virtuell** ausliegt.

35 Collective-Notebook eignet sich besonders für **komplexe Probleme**. Durch den relativ langen Durchführungszeitraum haben die Medianden einen deutlich geringeren Zeitdruck. Durch die individuelle Auseinandersetzung mit dem Thema können Teams aus Mitgliedern **verschiedener Kulturen**, Fachgebieten und Sprachen gebildet werden.

3.13.6.4 Mind Mapping

36 Mind Mapping (s. Rn 12-14) ist eine vielseitige Kreativitätsmethode, bei der es darum geht, Gedanken schriftlich **in Bildern zu erfassen** und zu strukturieren. Mind Maps helfen dabei, Wissen und Informationen zu ordnen und in Beziehung zu setzen. Dadurch erhalten der Mediator und die Medianden einen Überblick und können ihr Thema sicht- und greifbar bearbeiten. Beim Mind Mapping geht es darum, Wissen und Gedanken nicht in linearer Textform sondern **in grafischer Form** festzuhalten.

37 Dazu wird in der Mediation gemeinsam ein zentraler Begriff überlegt und auf dem Flip Chart im Querformat in die Mitte geschrieben. Dann werden Schlüsselbegriffe assoziiert. Eine Analogie für eine Mind Map ist ein Baum. Das zentrale Thema entspricht dem Stamm. Von diesem Stamm zweigen verschiedene Äste und Unteräste ab. Die Begriffe können nach Belieben gruppiert, hervorgehoben und ergänzt werden, zB durch Farben, Symbole und Bilder.

Obwohl das Mind Mapping klassischerweise eine Kreativitätstechnik ist, ist sie für die Themenfindungsphase sehr nützlich und eine wirkungsvolle Alternative zu den diversen Listenformen.

3.13.6.5 Osborn-Checkliste

38 Die Osborn-Checkliste ist eine Kreativitätstechnik, die sich durch spezifische schematische Fragen besonders für die Verbesserung oder **Weiterentwicklung von Ideen** in der Mediation eignet. Sie eignet sich nicht so gut zu Beginn eines Innovationsprozesses. Sie kann mit zwei oder mehreren Medianden angewendet werden. Die Osborn-Checkliste besteht in der Abarbeitung von bestimmten Aufgaben und damit verbundener Fragen. Sie sollte vollständig bearbeitet werden.

39 Sie enthält die zehn folgenden Punkte:

1. Anders verwenden! Wie könnte x (wo)anders eingesetzt werden?
2. Anpassen! Was ähnelt x? Was könnte übernommen werden?
3. Ändern! Welche Aspekte/Merkmale von x können verändert werden?
4. Vergrößern! Können Sie x vergrößern/verstärken/erhöhen/verlängern/...?

5. Verkleinern! Können Sie x verkleinern/abschwächen/verkürzen/verfeinern/...?

6. Ersetzen! Was können Sie an x ersetzen/austauschen?

7. Umstellen! Können Sie Teile von x tauschen, die Reihenfolge ändern oder Ursache-Wirkung umdrehen?

8. Umkehren! Können Sie das Gegenteil von x machen? Wie sieht das Spiegelbild von x aus?

9. Kombinieren! Können Sie x mit anderen Ideen verbinden? Kann x Teil von etwas Größerem sein? Können Sie x in kleinere Teile aufspalten?

10. Transformieren! Können Sie x zusammenballen/ausdehnen/komprimieren/verflüssigen/...?

3.13.6.6 Bisoziation

Bisoziation steht für die Verknüpfung von vermeintlich unterschiedlichen Domänen, um gewohnte Denkpfade zu verlassen. Die Grundidee der Bisoziation ist es, das **Problemfeld mit einem problemfernen Beziehungsfeld zusammenzubringen.** Durch das externe Bezugssystem erfolgt dadurch eine Problementfernung. Nach der Auseinandersetzung mit dem externen Bezugsystem erfolgt anschließend eine Wiederannäherung an das Problem mit neuen Inspirationen und Ideen. **40**

Der Unterschied zwischen Assoziation und Bisoziation ist: Die **Assoziation** bleibt in der Regel im selben Denkrahmen und weist eine gewisse Linearität auf, bei der Bisoziation werden jedoch Verbindungen und Analogien zwischen zwei völlig verschiedenen Bezugsrahmen erzwungen. **41**

Nach der Formulierung der Ausgangsfrage, die von den Mediatoren zusammen mit den Medianden formuliert wird, wird Domäne willkürlich festgelegt. Hierzu werden passende Visualisierungen wie Fotos, Gemälde, **Illustrationen** etc. beschafft. Jeder Mediand hält schriftlich jene **Gedanken,** Ideen und Gefühle fest, die er mit dem Bild assoziiert. Die Notizen werden am Ende gesammelt und ausgetauscht (zB mit Hilfe von Karteikarten und Pinnwänden). **42**

Anschließend werden **Analogien** zwischen der ursprünglichen Ausgangsfrage und den Ergebnissen sowie Erkenntnissen der Assoziationsphase herausgearbeitet. Die so entstehenden Analogien werden schriftlich festgehalten und gesammelt. Die entstandenen Analogien werden nun ausgetauscht, diskutiert, bewertet und – sofern sie sinnvoll sind – in die **Ursprungsdomäne transferiert.** Im Erfolgsfall liegt nun mindestens eine Lösungsmaßnahme vor. **43**

3.13.7 Optionen bewerten – grob und fein

Sobald der Kreativprozess abgeschlossen ist, werden die Optionen auf ihre **Durchführbarkeit** hin geprüft. Dafür gibt es eine ebenso große Fülle an **Beurteilungstechniken.** Hier kommen zur zunächst groben Vorsortierung einer größeren Menge von Optionen in Betracht einfache Priorisierungen mit Klebe-Punkten oder nach Noten sowie PMI-Methode (Plus – Interessant – Minus-Methode). Günstig ist auch die PMI-Methode in der Reihenfolge PIM, also Plus, Interessant und Minus aufzuhängen. Erforderlich sind dann mindestens **zwei Pinnwände.** Eine, um die Optionen auf Karten zu sammeln und eine, um sie dann in dieser Reihenfolge zunächst in die drei Kategorien zu clustern (umzusortieren). **44**

45

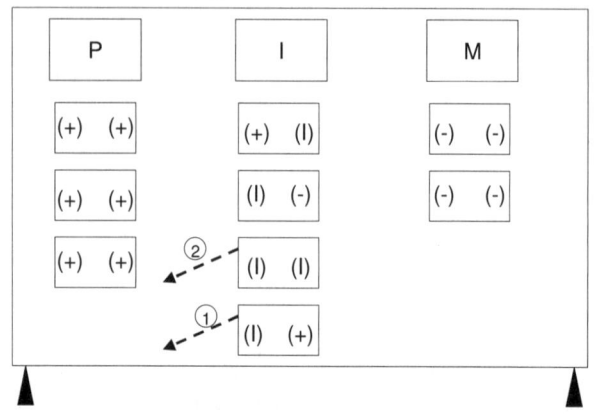

① Die besten Optionen mit (I) und (+) im Bereich I können nach Bedarf in die Rubrik P umsortiert werden.

② Die zweitbesten Optionen im Bereich I mit (I) und (I) können auch hinzugenommen werden, wenn es nur sehr wenige (+) und (+) Optionen gäbe

Abb. 8: PMI Pinwand sortiert nach PIM

46 Für die Durchführung sollten die gesammelten Ideen auf einer für alle Medianden gut sichtbaren Tafel, einem Flip-Chart oder ähnlichem dokumentiert sein. Anschließend händigt der Mediator jedem Medianden eine zuvor festgelegte Anzahl von **Klebepunkten** aus. Die Medianden werden dann aufgerufen, ihre Klebepunkte auf die Ideen zu verteilen und anzubringen. Sobald alle Medianden ihre Klebepunkte angebracht haben, werden die Ideen anhand ihrer Klebepunktzahl sortiert. Die Ideen mit den meisten Klebepunkten werden anschließend weiterentwickelt. Ideen ohne Klebepunkte werden verworfen. Ideen, die nicht zu den Top-Ideen gehören, aber mindestens einen Klebepunkt erhalten haben, werden als Reserve-Alternativen aufgehoben.

3.13.7.1 Dotmocracy

47 Die oben dargestellte Methode firmiert auch unter Dotmocracy. Es handelt sich dabei um eine **Gruppenmethode zur demokratischen Ideenbewertung.** Die Grundidee ist die, dass jeder Mediand eine gewisse Zahl an Stimmen (zB in Form von Klebepunkten – daher auch der Name) bekommt, die er auf die generierten Ideen verteilen kann. Dabei sollten je Mediand pro Idee nicht mehr als zwei Stimmen vergeben werden, damit das Endergebnis nicht zu stark durch einzelne Medianden verzerrt wird. Am Ende werden die besten Ideen ausgewählt und weiterverwendet. Ideen ohne Punkte werden aussortiert. Die verbliebenen Ideen dienen als Reserve, falls sich bei der Weiterentwicklung der Top-Ideen Probleme ergeben.

48 Als Methoden für den **Reality-Check** (s. Kap. 3.2.3 Rn 33) im Detail bieten sich an die „SWOT-Analyse"[2], die „SMART-Methode[3]" oder alternativ dazu die neue „BIRMA-Methodik"[4].

---

2 SWOT-Analyse (engl. Strengths, Weaknesses, Opportunities und Threats).
3 SMART-Methode (engl. Specific, Mesurable, Achivable, Realistic, Time).
4 BIRMA-Methodik (Beschreibung, Implikation, Ressourcen, Messkriterien, Alternative).

3.13.7.2 BIRMA-Methodik

In „Birma" steht B wie Beschreibung, was mit dieser Idee gemeint ist. I steht für Implikation, also alles was schiefgehen könnte. Das A am Ende von BIRMA steht für die Alternativen, die es zu den **Implikationen** geben könnte, damit die Idee doch funktioniert. Es geht hier in der Phase der Überprüfung darum zu sehen, was für die Medianden wirklich realistisch machbar ist. R bezeichnet die **Ressourcen**, die für die Umsetzung benötigt werden. M sind die Messkriterien, die in einen Vertrag aufgenommen werden würden, um überprüfen zu können, ob alle wechselseitigen Verpflichtungen eingehalten wurden.

Ein Beispiel:

Die Option auf der Karte lautet „Jour Fix". Bei der Beschreibung käme die Erläuterung dessen, der die Idee hatte. „Wir könnten doch jeden Dienstag um 10:00 Uhr ein Treffen machen und alle wichtigen Dinge besprechen." Das wäre zunächst die Beschreibung. Dann käme der Einwand (Implikation) der anderen Medianden: „Dienstagvormittag ist unser Hauptgeschäft. Das geht gar nicht." Daraufhin fragt der Mediator nach: „Was wären denn die Alternativen zu Dienstag, 10:00 Uhr?", und fügt die Antwort: „Na, zum Beispiel Mittwoch um 16:00 Uhr oder Donnerstag 17:00 Uhr in die Spalte „Alternative" ein. Als Ressourcen werden aufgenommen: 1 h Zeit, Raum, beide Medianden, Agenda, Protokoll, Catering. Diese zu konkretisieren und auch eine konkrete Zeit festzulegen, gehört dann schon in die Phase der Verhandlung. Vorher werden noch Messkriterien bestimmt: Feste Terminplanung unter Berücksichtigung von Urlaub, Fortbildung und Krankheit wöchentlich 1 h. Beiden zugängliches Protokoll. Kontrolle der Umsetzung 1 x monatlich.

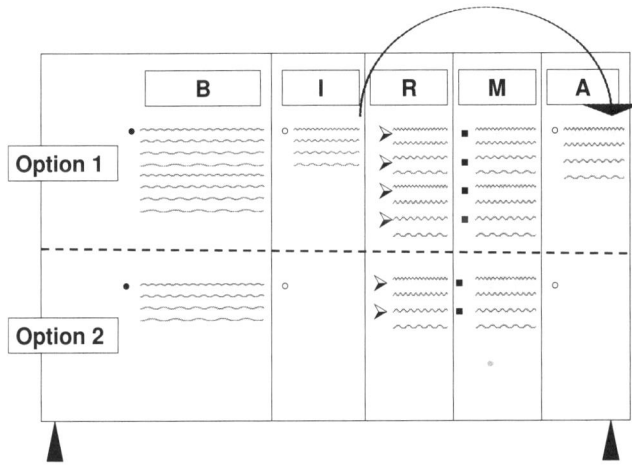

Abb. 9: BIRMA

3.13.7.3 SWOT-Analyse

Die SWOT-Analyse ist eine Situationsanalyse. In ihr werden die **Stärken, Schwächen,** Chancen und Risiken eines Produktes, einer Dienstleistung oder eben auch einer Idee, die in der Mediation gefunden wurde, festgehalten.

Schlussendlich soll die Mediation mit einer **Vereinbarung** enden (Kap. 3.2.5). Als Vorbereitung für einen juristisch fundierten Vertrag oder auch für die Fälle, bei den Regelungen im zwischenmenschlichen Bereich gefunden wurden, die sich einer juristischen

Vollstreckung entziehen würden, wird ein „**Memo**" oder „Memorandum" verfasst. Dies ist die Verschriftlichung der Mediations-Lösung in den Worten der Medianden (zum ansonsten ggf bestehenden Problem der unzulässigen Rechtsberatung, s. Kap. 4.4). Diese kann zB von den Mediatoren auf einem **Laptop** geschrieben und über einen **Beamer** an eine Leinwand projiziert werden, damit die Medianden selbst formulieren und mitlesen können.

3.13.8 Umgang mit den Materialien

53 Wie bei der Moderation ist im Vorfeld zu **planen**, welche Medien und Methoden eingesetzt werden. Gleichwohl ist es bei der Mediation wie im Projektmanagement: Man plant und es kommt anders. Dafür ist man dann aufgrund der guten Planung auch gut gerüstet. Dazu gehört **ausreichend Material** (Papier, Flipcharts, Moderationskarten, Nadeln, Stifte, etc.) zu haben und gerade bei den Stiften diese auch auf ihre **Funktionstüchtigkeit** hin überprüft zu haben. Bei den Stiften empfiehlt es sich solche mit einer schrägen Spitze zu nehmen.

54

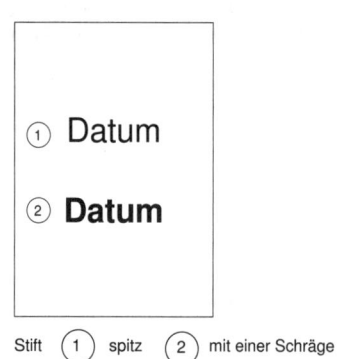

Abb. 10: Bild Unterschied spitz und schräg

55 Ferner ist es im Hinblick auf die Fortsetzung der Mediation gut, die einzelnen Flipcharts laufend zu nummerieren sowie mit einem Datum und einem Aktenzeichen zu versehen, sonst weiß man – zumindest wenn man mehrere Mediationen parallel zu bearbeiten hat – nicht mehr, welche Charts zu welcher Mediation gehören und wie dort die jeweilige Reihenfolge war. Diese Angaben sollten dann auch auf der Banderole stehen, damit man nicht irgendwann einen Ständer voller zusammengerollter Flipcharts hat und nicht weiß, welche man nun zur Mediation mitnehmen soll.

56 Als optischer Anker kann man dann alles, was in einer Sitzung gestaltet wurde, fotografieren und den Medianden als Anhang zu einer E-Mail zukommen lassen. Hier ist zum einen der Aspekt der Vertraulichkeit zu beachten (s. Kap. 4.2) wie auch der Umstand, dass es in vielen Mediations-Verfahrensordnungen kein offizielles Protokoll gibt (s. Kap 4.4).

3.14 Kreativität in der Lösungsphase

Literatur: Hauschildt, J./Salomo, S., Innovationsmanagement, 5. Aufl. 2010; Hillman, D. Gibbs, D., Genial!: Die 100 genialen Erfindungen des 20. Jahrhunderts, ohne die unser Alltag nicht mehr vorstellbar ist, 1998; Montada, L./Kals, E., Mediation: Lehrbuch für Psychologen und Juristen, 2001; Novak, A., Neue Ideen mit System: Innovative Kreativitätstechniken nach Edward de Bono, in: Crisand, E./Raab, G. (Hrsg.), Reihe Arbeitshefte Führungspsychologie, Band 39 2011; Schiffer, K. J., Wirtschaftsschiedsgerichtsbarkeit – Die erfolgreiche außergerichtliche Streitlösung, 1999; Sellnow, R., Kreative Lösungssuche in der Mediation, ZKM 3/2000, 100–105.

3.14.1 Einleitung – Kreativität in der Mediation

Soll eine Mediation gelingen und zur **dauerhaften Befriedung** eines Konfliktes beitragen, dann müssen Ideen entwickelt, überprüft und umgesetzt werden, dh sie müssen in der zukünftigen Realität der Konfliktpartner zu wirken beginnen. **1**

In allen Phasenmodellen der Mediation ist die Entwicklung von Optionen und Ideen erst späteren Phasen vorbehalten. In dem verbreiteten fünf- oder sechsphasigen Modell wird die Kreativität in Phase vier verortet. Aus dem einfachen und leicht nachvollziehbaren Grund, dass nach eskalierten Konflikten die Konfliktbeteiligten erst wieder ihre volle **Handlungsautonomie** zurückerhalten müssen. Dazu und damit ein, bis dahin sicher noch fragiles, Wiederanerkennen des Anderen und seiner Ideen überhaupt erst wieder möglich wird, dienen die Phasen eins bis drei und die vielfältigen Interventionen des Mediators in seiner Rolle als Vermittler. Aber selbst wenn diese ersten Phasen gut gelaufen sind, gelingt die Phase vier mit der Entwicklung von Optionen weder immer, noch besonders gut oder gar herausragend innovativ. **2**

3.14.2 Probleme

Mehrere Probleme sind allgemein mit kreativem Denken und Kreativität verbunden. **3**

3.14.2.1 Anfeindungen

Zum einen ist jede kreative und neue Idee Anfeindungen ausgesetzt, schlichtweg weil sie mit Arbeit verbunden ist und zum **Ausbruch aus Routinen** aufruft. Der Ausbruch aus dem Gewohnten verspricht darüber hinaus nicht automatisch, dass mit der neuen Idee nun alle Probleme gelöst seien. Ganz im Gegenteil: Neue Wege sind erst einmal eine **black box**, niemand weiß im Stadium der Entwicklung, ob die neue und andere Herangehensweise wirklich erfolgversprechend ist und zum Ziel führt. In betrieblichen und unternehmerischen Kontexten, gerade auch in hochinnovativen Industrien, wird daher mit einem Innovationsmanagement gearbeitet, das kurz gesagt versucht, die Risiken **4** und Gefahren mit den Chancen und Hoffnungen auf durchschlagende Innovationen an die Ressourcen des Unternehmens anzupassen.[1]

3.14.2.2 Vorsicht

5 Eine zweite Problematik ergibt sich aus der allgemein menschlichen Tendenz, auf Neues kritisch und manchmal sogar abwertend zu reagieren. Das kann damit zusammenhängen, dass neue Wege unerprobt und deswegen potenziell gefährlich sind. In ihrer stammesgeschichtlichen Entwicklung konnten Menschen in den sogenannten Naturvolkzeiten, als Gefahren für Leib und Leben noch überall lauerten, nur durch Vorsicht vor neuen Situationen überleben. Wenn es dort hinten jenseits der Lichtung raschelte, war das Überleben durch den vorsichtigen Rückzug gesicherter als wenn man die eigene Neugierde befriedigte, indem man hinging und nachschaute, ob dort wirklich der Tiger saß.

3.14.2.3 Zerreden

6 Ein dritter Aspekt betrifft die Problematik, hauptsächlich in Gruppendiskussionen, man kann sie aber auch bereits in Zweiergesprächen bemerken, den Fokus, das Thema zu behalten und sich mit verschiedenen Aspekten nacheinander möglichst umfänglich und erschöpfend zu beschäftigen. Man kommt „vom Hölzchen aufs Stöckchen", zerredet den ursprünglichen Fokus und weiß hinterher gar nicht mehr, worum es eigentlich gegangen ist und warum man so viel Zeit gebraucht hat für das Wenige, was man dann schließlich erreicht hat.

3.14.3 Lösungen

7 Mediatoren haben viel mehr Macht, Einfluss und Verantwortung als in den Publikationen der noch jungen Disziplin um die Jahrtausendwende durchschien. Montada und Kals nennen das „Mythen in der Mediation", wie bspw die seinerzeit noch herrschende Auffassung der „Neutralität" des Mediators oder das „Postulats Gebot zur methodischen und inhaltlichen Zurückhaltung der Mediatoren".[2]

8 Mediation in Deutschland ist volljährig geworden, die verfügbaren und angewendeten Interventionen verweisen ursprüngliche Postulate – die vielleicht nichts weiter waren als die Feigheit vor der Aufgabe – in das **Reich der Mythen**. Auch und gerade in Phase vier sind methodische und inhaltliche Interventionen seitens der Konfliktvermittler notwendig. Ohne gute, gut durchdachte und auf ihre Praktikabilität hin untersuchte Optionen und schließlich verabschiedete Lösungen finden Mediationen keinen guten und nachhaltigen Abschluss für die Konfliktbeteiligten. Man ist schließlich zusammen gekommen, weil es so, wie bisher, auf keinen Fall mehr geht. Also muss Neues her, ein neuer Umgang miteinander; dies kann eine Verabredung darüber sein, wie in Zukunft mit Informationen im durch Konflikte fast lahmgelegten Vorstandssekretariat umgegangen wird oder ein Ausgleich der Interessen zwischen Wachstum des Flughafens und Ruhebedürfnis der Anwohner.

9 Deswegen ist die oben unter „**Anfeindungen**" genannte Gefahr, dass neue Ideen per se abgelehnt werden, nicht allzu virulent. Jeder Konfliktbeteiligte weiß, dass es um neue Ideen gehen muss. Seitens der Mediatoren ist es aber sicherlich nicht fehl am Platze, das in der Diskussion immer mal wieder in Erinnerung zu rufen. Wie innovativ sollten die Ideen sein, die in der Kreativitätsphase entwickelt werden? Es ist nicht auszuschließen, dass es Mediationen gibt, in denen vielleicht sogar **hoch-innovative Ideen** entwickelt werden. In den meisten eskalierteren Konflikten scheint es jedoch darum zu gehen, in

---

1 S. Hauschildt/Salomo, 2010.
2 Montada/Kals, 2001, 37

der Mediation wieder einen Umgang von Menschen miteinander zu erreichen, der üblicherweise gepflegt wird. Es geht in der Regel nicht darum, die Welt der Informationsbeschaffung durch das World Wide Web oder die Anwenderfreundlichkeit von Mobiltelefonen durch ein Smartphone zu revolutionieren. Das heißt: Das Maß an Innovationen in der Lösungssuche für Konflikte ist begrenzt. Einfach auch deshalb, weil die Fragestellungen nicht darauf aus sind, die Welt zu revolutionieren, sondern den Umgang von Menschen miteinander wieder auf eine vertrauensvolle, auf die Zukunft gerichtete Zusammenarbeit zu richten.

Der zweite oben erwähnte Stolperstein für kreatives Denken ist die Vorsicht bei neuen 10 Ideen. In Mediationen erscheint dieser Aspekt meiner Erfahrung nach in einem anderen Gewand: Die Medianden sind in der Ideenentwicklungsphase. Es kommt eine Idee auf den Tisch, die mit sofortigem **Stirnrunzeln** eines Konfliktbeteiligten beantwortet wird. Es erfolgte zwar der Hinweis des Mediators, in dieser Phase noch nicht zu bewerten (zum idealtypischen Ablauf der Phase vier später mehr), sondern nur zu sammeln; und trotzdem folgt dem nonverbalen Stirnrunzeln die wortreiche Ablehnung der Idee in Bausch und Bogen. Es gibt mehrere mögliche Gründe und Lösungen für dieses Verhalten:

Die Idee ist in allen ihren Implikationen, vor allem aber auch den positiven Aspekten, 11 dem Nutzen und Wert, noch gar nicht richtig verstanden worden, was häufig bei neuen Ideen geschieht. Hier hilft der nochmalige Hinweis des Mediators, dass es in diesem Schritt lediglich um Sammeln von Optionen geht und erst in einem nächsten Schritt die Ideen bewertet werden.

Die geäußerte Idee kann allerdings für den spontanen Kritiker auch ein negatives Ge- 12 fühl ausgelöst haben. Möglicherweise beruht dies darauf, dass der Kritiker befürchtet, „über den Tisch gezogen zu werden", also negative Folgen für sich befürchtet, sollte die Idee umgesetzt werden. Oder eventuell noch schlimmer: Er traut seinem Konfliktpartner nicht zu, Ideen **zum gemeinsamen Win-Win** zu entwickeln, sondern sieht ihn noch als Konfliktgegner, der alles für ein Win-Lose tut. Als Mediator weiß man noch nicht sicher, was den Kritiker der Idee antreibt. Eine Möglichkeit ist es, direkt nachzufragen. Die zweite Möglichkeit besteht darin, es für den Augenblick auf sich beruhen zu lassen und zu sehen, wie sich diese Phase der Suche nach Optionen weiter entwickelt. Kommt das Verhalten im weiteren Verlauf häufiger vor und hilft der Hinweis nicht, dass wir uns später mit der Bewertung der gesammelten Ideen beschäftigen werden, dann ist es ein Indiz dafür, dass noch nicht genügend **Vertrauen** zwischen den Medianden herrscht. Auch wenn Ideen nur sehr spärlich fließen, kann das ebenfalls ein Hinweis für noch fehlendes Vertrauen sein. Dann sollte das sogenannte iterative Verfahren gewählt werden und man muss nochmal eine oder zwei Phasen zurück und sich gemeinsam anschauen, was man dort gemacht und eventuell versäumt hat. Der Konfliktvermittler hat das Recht – und auch die ganz ausdrückliche Pflicht – dies im Sinne der **methodischen Kompetenz**, die auf seiner Seite liegt, zu tun und einzufordern.

Das dritte genannte Problemfeld ist die Tendenz, Themen, Vorschläge und Ideen zu zer- 13 reden. Hier ist die Moderationskompetenz des Vermittlers gefragt, die richtigen Fragen zu stellen, und immer wieder darauf hinzuweisen, was das Thema und was gerade zu bearbeiten ist. Darüber hinaus möchte ich im Folgenden einige methodische Hilfsmittel schildern, die helfen können, die Phase vier zu strukturieren und erfolgreich zu gestalten.

3.14.4 Methodische Hilfsmittel

3.14.4.1 Trennen von Ideenentwicklung und Bewertung von Ideen

14 In so gut wie allen mir bekannten Publikationen zu Kreativität, zur Gestaltung von Kreativitätsworkshops, zur Phase der Kreativität in Verhandlungen und zum Ablauf der Phase vier in Mediationen wird darauf hingewiesen, dass bei der Ideenentwicklung zu trennen ist zwischen **Sammeln und Bewerten**. Dieser Hinweis ist richtig, wichtig und es ist immer wieder notwendig, ihn zu kommunizieren. Ideen müssen die Möglichkeit haben, sich zu entfalten. Noch gar nicht richtig ausgesprochen, geschweige denn verstanden zu sein, und schon vom Gesprächspartner, womöglich negativ, bewertet zu werden, tötet jeden kreativen Prozess und jede kreative Bemühung.

3.14.4.2 Six Thinking Hats

15 Die vom auf Malta geborenen und meist in London lebenden Kreativitätsguru Edward de Bono in den 1980er Jahren entwickelte Methodik der Six Thinking Hats hat schon früh vereinzelt den Weg in die Mediationsliteratur gefunden.[3]

16 Der ursprüngliche Impetus für de Bono, diese mittlerweile durch Managementtrainings mit über einer halben Million Teilnehmern weltweit vermittelten und bekannten Technik zu entwickeln, lag in der Aufgabe, einen Beitrag über die Schwierigkeit im **Brainstorming** zu verfassen. Dabei hatte er in vielen Kreativitätsrunden erfahren, dass die wohlfeile Aufforderung im Brainstorming, auf vorhandene Ideen aufzubauen und nicht zu bewerten, nicht richtig funktionierte. Gerade der – negative – Hinweis, nicht zu bewerten, sagt noch nicht, was man stattdessen tun sollte, und der – positiv gemeinte – Ratschlag, auf Ideen aufzubauen, war zu schwach, um den negativen auszugleichen. Das Gehirn funktioniert am besten, wenn man ihm sagt, was es tun soll, und nicht, was es nicht tun soll. Ursprünglich war die Methode also gedacht, um **Kreativitätsprozesse** und den inhaltlichen Output zu steigern. Dazu wird sie auch heute noch genutzt, es haben sich allerdings darüber hinaus weitere positive Folgen herausgestellt, die eben dazu führten, dass sie weitflächig geschult und eingesetzt wird.[4]

17 Die Hüte, die symbolisch aufgesetzt werden, seien im Folgenden kurz skizziert:

18 **Weißer Hut:** Er fragt nach Informationen; diejenigen, die wir haben und diejenigen, die wir noch brauchen. Es geht hierbei nicht um Wahrheit, sondern um Informationen, und diese können sich auf der Bandbreite von „Hörensagen" bis „wohlabgesicherte Zahlen, Daten und Fakten" bewegen. Daher wird unter weiß auch nach der Quelle der Informationen gefragt. Ebenso können die Sichtweisen von anderen betroffenen Personen hier unter weiß identifiziert und betrachtet werden.

19 **Gelber Hut:** Dieser Hut repräsentiert die optimistische Sicht. Er sucht nach Werten, den Vorzügen, dem Nutzen einer Idee oder Situation und muss begründet werden können.

20 **Schwarzer Hut:** Hier werden Gefahren, Risiken und Probleme identifiziert: Was kann schiefgehen? Wie alle anderen Hüte sehr wichtig, jedoch häufig überbetont und auch er muss, wie der gelbe, begründet werden.

21 **Roter Hut:** Wie die Wärme im Kamin steht dieser Hut für Gefühle, Intuitionen und Ahnungen. Er gibt Emotionen den Platz im Prozess des Denkens, der ihnen häufig vorenthalten wird. Emotionen kann man nicht begründen.

22 **Grüner Hut:** Wie im Frühling, wenn alles wächst, blüht und gedeiht, steht dieser Hut für neue Ideen, Alternativen, neue Chancen und Möglichkeiten. Er fährt gegen die

---

3 Schiffer, 1999; Sellnow, 2000.
4 Ausführlicher dazu Novak, 2011.

Novak

„Einbahnstraßen" im Denken. Er kann auch als Fehlerkorrektur genutzt werden – also nach dem schwarzen Hut.

Blauer Hut: Hier ist der Manager oder Moderator des Denk- und Diskussionsprozesses 23 gefragt. Er stellt sicher, dass es ein definiertes Thema und ein Ergebnis gibt; er fordert die Regeln ein.

Durch die große Verbreitung der Technik kann es gut sein, dass man in Mediationen – 24 zumindest im Unternehmensbereich – mit Medianden zusammen arbeitet, die die Six Hats kennen. Dann ist die Moderation einfach. Aber auch mit ungeübten Teilnehmern ist die Arbeit mit den Six Hats nicht übermäßig schwierig. Beachtet werden muss, dass es kein Rollenspiel ist, wie fälschlicherweise in unseriösen Veröffentlichungen behauptet wird.[5] Statt das einem Teilnehmer ein Hut zugewiesen wird, wie das in einem Rollenspiel wäre, denkt jeder mit genau dem einen gerade geforderten Hut nach, über das Thema, das gerade im Fokus steht. Nur das bringt das gewünschte **parallele Denken** und damit auch die Balance ins eigene Denken, und eine Idee, der man vielleicht – rein emotional – ablehnend gegenüberstand, wird auf einmal doch brauchbar und man verändert seine ursprüngliche Sichtweise darauf.

Der unmittelbare Nutzen, der sich sofort einstellt, ist die **Strukturierung** des eigenen 25 Denkens oder der Diskussion mit anderen. Besonders wertvoll ist die Technik bei der Bewertung von Ideen.

3.14.5 Idealtypischer Ablauf der Phase 4 in Mediationen

Wenn man, wie schon erwähnt, die Kreativitätsphase in Mediationen unterteilt in die 26 Schritte: Sammeln von Optionen und Lösungsmöglichkeiten und als zweiten Schritt: Bewertung der gesammelten Ideen, dann würde ein idealtypischer Ablauf mit den Six Thinking Hats folgendermaßen aussehen:

Im ersten Schritt werden zu den Themen, die in vorangegangenen Phasen der Mediation 27 diskutiert und festgelegt wurden, Ideen gesammelt. Zur Anwendung kommt hier nur der grüne Hut – **Ideen, Optionen, Alternativen** entwickeln. Sinnvollerweise werden die Ergebnisse visualisiert.

Im nächsten, dem zweiten Schritt sollen die Ideen auf ihre Nützlichkeit hin untersucht 28 werden. Da hier immer die Gefahr des Zerredens besteht, kann hier mit einer **Sequenz der Six Hats** gearbeitet werden. Diese besteht aus:

Blauer Hut: Was ist die Idee? Gefolgt von einem gelben Hut, der sich um die positiven 29 Aspekte, Werte und Nutzen der Idee kümmert. Danach folgt ein schwarzer Hut mit der Frage danach, was schief gehen kann, wo Probleme und Schwierigkeiten auftreten mögen? Danach folgt eventuell ein grüner Hut, der sich hier nur damit beschäftigt, wie die gerade unter schwarz gefundenen Punkte in den Griff zu bekommen sind, also die Funktion der Fehlerkorrektur des grünen Hutes. Danach ein weißer Hut, der danach schaut, ob es noch Informationen zu dem Vorschlag geben muss und woher die bezogen werden können. Eventuell sollten auch die Sichtweisen von anderen gesehen werden, die von der Idee mit betroffen sein können. Gefolgt von einem roten Hut, der das Bauchgefühl zu der Idee abfragt. Als letzter Hut in dieser Sequenz folgt ein blauer Hut mit den Fragestellungen: Was machen wir mit der Idee? Wollen wir sie umsetzen? Wenn „Ja", dann wie, mit welchen nächsten Schritten? Sollte das Ergebnis sein, dass die Idee nicht weiter betrachtet und umgesetzt werden soll, dann wird auch das notiert.

Mit diesem strukturierten Verfahren können die gesammelten Ideen recht schnell be- 30 wertet und abgearbeitet werden. Wichtig ist immer, dass jeder Teilnehmer unter dem

---

5 Es wird gerne behauptet, jeder in einer Gruppe solle sich einen anderen „Hut" aufsetzen, beispielsweise hier: http://www.kstoolkit.org/DeBonos+Six+Thinking+Hats (Abruf August 2012).

gleichen Hut denkt und spricht, so dass wir zu einem **parallelen und sich gegenseitig ergänzenden Gedankenaustausch** kommen. Und es sollte auf jeden Fall zu jeder Idee einen abschließenden blauen Hut geben, der sagt, was mit der Idee weiter geschehen soll. Damit bekommt man dann die Daten, die in der abschließenden Phase 5 der Mediation, der Ergebnissicherung und gemeinsamen Verabredungen für die Zukunft benötigt werden.

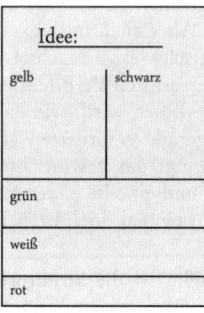

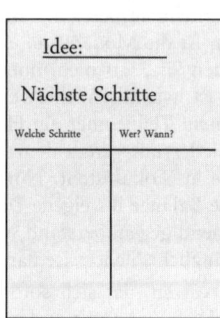

3.14.6 Wenn es keine Ideen gibt

31 Es kann in Mediationen die Situation auftauchen, dass es keine, zu wenige, oder nicht wirklich zu einer Lösung führende Ideen gibt. Wenn von den Medianden gar keine Ideen entwickelt werden können, ist zu vermuten, dass sie noch nicht so weit sind – aus welchen Gründen auch immer. Dann sollte man, wie oben bereits erwähnt, im Prozess noch einmal zurückgehen. Die einfachen Kreativitätsmethoden, die im Folgenden geschildert werden, würden in einem solchen Fall wahrscheinlich auch nicht helfen. Die Ideen sollten schon von den Konfliktpartnern entwickelt werden, auch wegen der vollen **Handlungsautonomie**, die ja durch die Mediation wieder zurückerlangt werden soll. Allerdings ist nicht auszuschließen, dass der Mediator hin und wieder auf die Sprünge helfen und seinerseits Ideen anbieten kann.

32 Um den Ideenreichtum zu vergrößern, gibt es einige leicht zu lernende und anzuwendende Kreativitätstechniken, ebenfalls von Edward de Bono, die im Folgenden beschrieben werden.[6]

3.14.6.1 Systematisch Alternativen sammeln: Die Konzeptextraktion

33 Man stelle sich vor, man müsse an einer Deckenlampe des Wohnzimmers eine Glühbirne auswechseln. Natürlich denkt man sofort an die Leiter. Der Blick in die Kammer lässt einen ratlos zurück, bis einem einfällt, dass die Leiter dem Nachbarn ausgeliehen wurde, und er sie offensichtlich noch nicht zurückgebracht hat. Die Suche nach Alternativen beginnt. Dabei sucht mane nach anderen Hilfsmitteln, die nach oben befördern. Genau das ist es, was ein Konzept leistet; es ist die allgemeinere Beschreibung der konkreten Idee, hier der Leiter. Wenn wir dieses Konzept Hilfsmittel, die nach oben zu befördern nehmen und dann nach konkreten Ideen suchen, die dieses Konzept befriedigen, sind wir auf der Suche nach Alternativen mittels der Konzeptextraktion. Sofort fallen einem andere Ideen dazu ein: Man kann einen Stuhl nehmen, man steigt auf den Tisch, man baut sich mittels einer anderen Person eine Räuberleiter, usw.

34 Die Suche nach Alternativen mittels der **Konzeptextraktion** ist einfach und praktikabel. Es geht eigentlich darum, vom konkreten Gegenstand oder der konkreten Idee zur all-

---

6 Teilweise entnommen aus Novak, 2011, 23–31.

gemeinen Beschreibung dessen zu gehen, was der Gegenstand, die Idee beinhaltet, um dann weitere konkrete Ideen zu entwickeln. Immer dann, wenn jemand sagt, das geht nicht, dann können Sie das Konzept hinter der spezifischen Idee extrahieren, um andere alternative Ideen zu entwickeln. Ideen sind spezifisch und konkret, man weiß, was man jetzt in diesem Augenblick tun soll: Bezogen auf das Glühbirnen-Beispiel ist die Leiter eine konkrete Idee. Hinter dieser verbirgt sich das Konzept: Ein Hilfsmittel, das nach oben befördert. Das Konzept ist nicht spezifisch, man weiß nicht genau, was man tun soll. Es ist eine allgemeinere Beschreibung, die man dazu nutzen kann, weitere konkrete Ideen zu sammeln.

Beispielsweise könnte in einer innerbetrieblichen Mediation zwischen Geschäftsführung 35 und Betriebsrat die Idee unter dem grünen Hut aufgekommen sein, dass für die nächsten Sitzungen der beiden der **Justitiar der örtlichen Gewerkschaft** dazu gebeten wird. Sehr schnell wird die Idee von der Geschäftsführung zerredet, bzw in letzter Konsequenz abgelehnt. Nun könnte man sich gemeinsam auf die Suche nach anderen Ideen machen, man kann aber auch sagen: Okay, diese spezifische Idee mit dem Justitiar scheint nicht zu funktionieren, aber dahinter steckt doch ein Konzept: Wir brauchen eine dritte Partei, die unsere nächsten Sitzungen begleitet. Der Justitiar der Gewerkschaft soll es nicht sein. Aber welche anderen dritten Parteien lassen sich denn denken? Und schon kann ein ganzes Bündel weiterer Ideen zu dem Konzept entwickelt werden, von denen sicherlich einige dabei sind, die von beiden Partnern getragen werden.

Wichtig bei dieser Technik sind zwei Hinweise: Konzepte sind nicht richtig oder falsch, 36 sie können im **Abstraktionsgrad** unterschiedlich sein. Solange sie das Ziel erreichen und ermöglichen, konkrete Ideen zum Ziel zu entwickeln, solange sind sie nutzbar und damit wertvoll. Zweitens geht es hier, wie bei allen Methoden zur Ideenentwicklung, in diesem Schritt darum, Ideen zu finden. Welche von diesen tatsächlich zu nutzen sind und welche vielleicht mit bestimmten Wertvorstellungen oder anderen Kriterien nicht zusammenpassen, wird in einem späteren Schritt herausgefunden. Dazu können, wie oben geschildert, gut die Six Thinking Hats genutzt werden.

3.14.6.2 Technik des Zufallsworts

Auch wenn oben davon geschrieben wurde, dass man in Mediationen weniger auf der 37 Suche nach den hochinnovativen, vielleicht die Welt revolutionierenden Ideen ist oder auch der Erfolg einer Mediation von solchen Ideen abhängt, soll hier noch eine Kreativitätstechnik beschrieben werden, die genau dies ermöglicht. Neben diesen völlig neuen Ideen kann diese Technik auch dazu dienen, **neue Richtungen des Denkens** zu eröffnen, aus denen dann neue Ideen entstehen können. Und dies braucht man auch in Mediationen hin und wieder, auch und gerade in der Phase vier.

Zufälle spielen bei der Entwicklung neuer Ideen und wichtiger Entdeckungen manches 38 Mal die entscheidende Rolle.

So haben die **post-it-notes** des Unternehmens 3M den Weg in die weltweite Büro- und Konsumentenwelt durch einen reinen Zufall gefunden: Ursprünglich sollte der zuständige Chemiker einen Klebstoff entwickeln, der unglaublich stark klebt. Was nach seinen verschiedenen Experimenten herauskam, war leider das genaue Gegenteil von dem gewünschten Klebstoff: Da klebte fast gar nichts, der einzige Vorteil war, dass der Klebstoff wiederverwendbar war und sich rückstandsfrei ablösen ließ. Niemand wusste jedoch, was man mit diesem verunglückten Kleber anfangen sollte. Später erinnerte sich jedoch ein Kollege an diesen nutzlosen Kleber, als er in seinem Kirchenchor saß: Er hatte es sich zur Gewohnheit gemacht, die Kirchenlieder in dem Kirchenbuch mit Papierstreifen zu markieren. Das Problem war nur, dass diese Papierstreifen immer herausfielen, so bald er das Liederbuch in die Hand nahm und aufschlug. Also trug er einige

Tropfen dieses verunglückten Klebers auf die Papierstreifen, die sich dann bei Bedarf rückstandsfrei ablösen ließen, ohne die empfindlich dünnen Seiten des Liederbuches zu beschädigen.[7]

39 Die Entwicklung der **Stichsäge** soll dem Umstand zu verdanken sein, dass ein Heimwerker Pause machen musste. Er quälte sich mit einer normalen Säge ab, um einen Kurvenschnitt in ein Brett zu sägen. In der Pause sah er seiner Ehefrau zu, die an der Nähmaschine Gardinen nähte und betrachtete die senkrecht eingespannte Nadel, wie sie flink auf und ab sauste und auch noch Kurven nähen konnte.[8]

40 Hinter allen diesen zufälligen Entdeckungen steht ein Prinzip, um auf neue Ideen zu kommen. Das Prinzip ist der Zufallseinstieg, der eine der **provokativen Techniken** des Lateralen Denkens ist. Provokativ deswegen, weil wir unser Gehirn dazu bringen, neue Ideen zu entwickeln durch eine Technik, die auf den ersten Blick unsinnig erscheint und nicht funktionieren kann.

41 Eine neue Idee wird entwickelt, während sich das Denken mit einem Fokus, einem Thema beschäftigt. Von außen tritt plötzlich ein Reiz auf, der gedanklich mit dem Thema verbunden wird, mit dem sich der Denker gerade beschäftigt (in den Beispielen oben suchte der Kirchenchorbesucher nach neuen Anwendungen für den verunglückten Klebstoff und der Heimwerker nach einer Lösung dafür, wie man einen Kurvenschnitt in ein Brett sägen kann). Genau diese Methode des zufälligen Reizes macht man sich zunutze für den Zufallseinstieg. Das Battelle-Institut in Frankfurt am Main hat in den 1970er Jahren einige Kreativitätstechniken entwickelt, darunter die sog. Reizwortanalyse – das Prinzip dieser Technik ist dem Zufallseinstieg ähnlich. Es geht darum, einen neuen Einstieg zum Thema zu finden.

42 Die einfachste Art des Zufallseinstieges ist ein **Zufallswort**. Zufallswörter können alle alltäglichen Substantive sein wie Stuhl, Tisch, Löwe, Telefon, Sonnenschirm, Glas etc., die es erlauben, Assoziationen zu bilden. Man nimmt den allerersten Aspekt, den man mit dem Wort verbindet, und arbeitet von diesem aus, indem man eine Verbindung zum Thema herzustellen versucht. Man schaut wohin das führt. Manchmal entstehen bei dieser Methode sehr konkrete Ideen, manchmal lediglich neue Richtungen, mit denen es sich allerdings lohnt, weiterzuarbeiten.

43 Der Mediator kann sich eine Liste von Zufallswörtern anlegen, beispielsweise 60 Wörter, die er nummeriert. Dann denkt er sich eine Zahl aus oder schaut, an welcher Zahl sich der Sekundenzeiger der Uhr befindet und nimmt dieses Wort. Oder aber er schlägt die Zeitung auf, zeigt mit dem Finger auf eine beliebige Stelle und nimmt das nächste Substantiv. Er kann sich auch ein Wörterbuch nehmen oder per Zufallsgenerator vom PC aus ein Wort vorschlagen lassen.

44 Das schrittweise Verfahren ist folgendes:
1. Nehmen Sie sich ein Thema vor, zu dem Sie neue Ideen brauchen.
2. Ein Zufallswort wird nach dem oben geschilderten Verfahren zufällig ausgewählt, beispielsweise das Zufallswort Kakerlake.
3. Welche Eigenschaft, welche Assoziation oder welches Merkmal verbinden Sie mit Kakerlake? Beispielsweise: kriecht überall rein. Nehmen Sie die erste Eigenschaft, die Ihnen in den Sinn kommt.
4. Und nun überlegen Sie, was Sie damit in Bezug auf Ihr Thema machen können.
5. Denken Sie eine Minute darüber nach und schreiben sich die Ideen auf.

---

7 Hillman/Gibbs, 1998, 181.
8 Berichtet von einem Mitarbeiter der Robert Bosch GmbH, Power Tools.

6. Nun nehmen Sie eine weitere Assoziation oder Eigenschaft, die Sie mit Kakerlake verbinden und schreiben sich Ideen dazu auf.

Wichtig ist dabei, dass ein Zufallswort immer zufällig ist und niemals ausgesucht. Würde man es eines aussuchen, das vermeintlich zu dem Thema passt, wäre man wahrscheinlich auf der Suche nach einem Wort, das man mit einer sowieso bereits existierende Idee im Kopf verbinden könnten. Dies würde allerdings kaum eine neue Idee produzieren. Es ist sogar so, dass Zufallswörter für die Technik am besten funktionieren, je entfernter sie von dem Thema zu sein scheinen. Wenn sich der Mediator fragt, wie er denn dieses Zufallswort mit dem Thema zusammenbringen soll, dann bekommt er meist wirklich neue Ideen.

3.14.6.3 Weitere Kreativitätstechniken

Neben diesen beiden einfach anzuwendenden Techniken gibt es noch eine ganze Reihe weiterer Methoden, um neue Ideen zu entwickeln. Diejenigen, die in Mediationen recht leicht angewendet werden können, sollen im Folgenden kurz beschrieben werden. Denn so bunt die Mediationsfälle mittlerweile sind, so bunt können auch die Methoden und Techniken sein. Außerdem kann es auch vorkommen, dass man mit Konfliktpartnern zu tun hat, die in den einen oder anderen Techniken bewandert sind – dann sollte man als Mediator gut an das **bereits vorhandene Wissen anknüpfen.**

Im anderen Zusammenhang bereits oben erwähnt ist das klassische **Brainstorming.** Hier werden die Teilnehmer gebeten, Ideen zur Lösung gemeinsam zu entwickeln und auf den bereits gehörten und sinnvollerweise visualisierten Ideen aufzubauen.

Eine schriftliche Variante des **Brainstorming** ist das **Brainwriting:** Hier werden die Teilnehmen gebeten, ihre Ideen selbst auf Papier oder Metaplankarten aufzuschreiben. Zu den Ideen können dann weitere Varianten aufgeschrieben und so der Ideenpool erweitert werden. Zum **Brainwriting** gibt es verschiedene Varianten wie beispielsweise die 6-3-5–Methode: Diese Zahlen stehen für 6 Teilnehmer, die in Einzelarbeit auf einem entsprechend vorbereiteten Blatt Papier 3 erste Ideen aufschreiben, sie jeweils an ihren Nachbarn weitergeben, die an den aufgeschriebenen Ideen weiterarbeiten und die Varianten der Lösungen so erhöhen. Dies geschieht eben genau fünf Mal, so dass 108 Ideen (6 Teilnehmer mal 3 Ideen mal 6 Zeilen) entstehen können. Bei weniger als sechs Teilnehmenden kann die Technik variiert werden.

Eine weitere, stark auf Visualisierung bauende Technik ist das, gerade auch in Wirtschaftskreisen bekannte **Mindmapping.** Hier kann in die Mitte, beispielsweise eines braunen Metaplanpapiers, das Thema geschrieben werden, zu dem es neue Ideen braucht. Die Teilnehmer werden nun gebeten, in einem ersten Schritt allgemeinere Varianten der Lösungen zu nennen, die dann in einem zweiten Schritt konkretisiert werden.

Die **Osborne-Checkliste** ist darauf aus, mittels strukturierter Fragen aus bestehenden Produkten, Prozessen oder Ideen weitere neue Ideen zu entwickeln. Um sich keine Fragen überlegen zu müssen, kann die sog. **SCAMPER-Liste** angewendet werden. Jeder Buchstabe dieser Liste steht für eine Aufforderung zum Nachdenken über: Ersetzen (Substitute), Kombinieren (Combine), Abändern (Adapt), Steigern oder Vermindern (Modify), Finde weitere Verwendungen (Put to another use), Entferne (Eliminate), Kehre um, stelle auf den Kopf (Reverse).

Die Vielfalt der Techniken ist groß; über die genannten hinaus gibt es noch weitere wie beispielsweise TRIZ, Provokationstechniken, Bionik, Synektik, Herausforderung, Konzeptfächer, Hypothetische Projektlandschaft.[9]

45

46

47

48

49

50

51

---

9 Um einen Überblick zu bekommen, empfehle ich eine Suche im Netz, beispielsweise auch auf Wikipedia unter dem Stichwort Kreativitätstechniken, wo man auch weiterführende Literaturangaben findet.

52 Wie mit allen Methoden und Techniken ist es hilfreich, sie erst einmal für sich selbst auszuprobieren und **erste Erfahrungen** damit zu sammeln. Dabei kann der Medaitor bei Technik des Zufallswortes oder der Konzeptextraktion dem oben erprobten Verfahren folgen, bevor er die Medianden damit vertraut machen. Je genauer die „Anweisungen" sind, die er dabei gibt, desto besser werden die Ergebnisse (das menschliche Hirn funktioniert am besten, wenn es möglichst genau weiß, was es tun soll). Vor ausgefeilten Techniken allerdings, wie beispielsweise den Provokationstechniken oder auch TRIZ sei gewarnt – hierfür sind in aller Regel mehrstündige Unterweisungen und einige Übungen nötig, um gute Ergebnisse zu erzielen.

53 Da es bei Kreativität auch immer hilfreich ist, möglichst viele Ideen zu entwickeln, sollte erstens keine Beschränkung der Ideen erfolgen und zweitens Ordnung und Struktur durch gute Visualisierung erhalten bleiben. Und für alle Kreativitätstechniken gilt: Es gibt keine Garantie dafür, dass sie immer funktionieren. Gehen Sie eher spielerisch damit um – die **Neugierde** auf etwas Neues ist es, das antreiben sollte.

3.15 Die Phase der Lösungsfindung im Mediationsverfahren – Von der Optionensammlung zum Einigungsentwurf

Literatur: Gläßer, U./Kirchhoff, L., Lösungsfindung – Teil 1, ZKM 2007, 88 ff und Teil 2, ZKM 2007, 157 ff.

3.15.1 Einführung

Wie der Abschnitt eines Mediationsverfahrens, in dem die Parteien mit Unterstützung 1 des Mediators von einer noch ungeordneten und nicht bewerteten Sammlung von Lösungsoptionen zu einem – idealerweise – konsensfähigen Einigungsentwurf gelangen, in der Praxis verläuft, hängt stark von den Themen, der Komplexität und der Dynamik des konkreten Mediationsfalles ab: Nicht selten gelingt eine Lösungsfindung schnell und unkompliziert, da sich in den vorangegangenen Arbeitsschritten der Mediation Kooperationsbereitschaft aufgebaut und vielleicht auch schon ein Einigungsszenario abgezeichnet hat. Manchmal sind die Parteien nach einer sorgfältigen Interessenermittlung und damit einhergehender Veränderung der Wahrnehmung ihrer Situation/ihres Konfliktes sogar völlig selbstständig dazu in der Lage, zu einer für sie passenden Lösung zu gelangen – und verzichten deshalb auf die weitere Unterstützung durch den Mediator. In anderen Fällen tauchen dagegen gerade in der Phase der Lösungskonkretisierung nochmals unvermutete neue Themen, Kontroversen oder gar Blockaden auf, die ohne eine systematische Berücksichtigung und Intervention seitens der Mediatoren die Einigungschancen erheblich senken würden.

Entsprechend schwierig ist diese Phase der Lösungsfindung[1] abstrakt zu beschreiben 2 bzw zu unterrichten.[2]

Dieser Beitrag soll den Lesern möglichst viele Werkzeuge und Interventionsalternativen 3 als methodische Basis für eine flexible, fallangemessene Gestaltung der Lösungsfindungsphase an die Hand geben.

Zunächst wird die Aufgabenstellung der Lösungsfindungsphase kurz umrissen (2.). 4 Dann werden unterschiedliche Ansätze und Instrumente der Optionenbewertung dargestellt (3.) und erörtert, was bei der Verhandlung und Zusammenstellung von Einigungsentwürfen zu beachten ist (4.). Anschließend werden einige Herausforderungen und Blockaden, die in dieser Mediationsphase auftreten können, in den Blick genommen (5.). Den Abschluss bildet ein zusammenfassendes Fazit (6.).[3]

---

1 In den meisten Phasenmodellen stellt dieser Abschnitt die vorletzte Phase des Mediationsverfahrens dar – die letzte Phase ist in der Regel dem formalen Abschluss des Verfahrens gewidmet – und wird entsprechend in den gängigen fünf- bzw sechsteiligen Phasenmodellen als Phase 4 b bzw Phase 5 bezeichnet.
2 Entsprechend findet sich auch deutlich mehr Literatur zu Methoden der kreativen Ideenentwicklung als zur Bewertung von Optionen und Zusammenstellung von Einigungsentwürfen; siehe dazu nur exemplarisch die Beiträge im Kapitel „Handlungsoptionen und Lösungsmöglichkeiten", in: Knapp (Hrsg.), Konfliktlösungs-Tools, 2012, 287 ff.
3 Ich danke meinem Kollegen Lars Kirchhoff für die gemeinsame Entwicklung vieler Gedanken (nicht nur) zur Phase der Lösungsfindung, die u.a. in unserem dazu gemeinsam verfassten Lehrmodul niedergelegt sind; s. Gläßer/Kirchhoff, Lösungsfindung – Teil 2, ZKM 2007, 157 ff. Viele der dort formulierten Inhalte finden sich auch in diesem Beitrag wieder.

3.15.2 Aufgabenstellung dieser Mediationsphase

5 In der Phase der Lösungsfindung gilt es, die im vorangegangenen Mediationsabschnitt gesammelten bzw kreativ generierten Optionen[4] zu systematisieren, zu bewerten, häufig noch zu konkretisieren und zu einem allseitig akzeptablen Einigungsentwurf zusammenzustellen.

6 Dieser Einigungsentwurf sollte alle in der Bestandsaufnahme identifizierten regelungsbedürftigen Themen enthalten, möglichst alle Interessen berücksichtigen und von allen Beteiligten als ausgewogen und fair empfunden werden. Darüber hinaus ist darauf zu achten, dass die gefundene Einigung auch rechtlich und faktisch umsetzbar ist.

7 Insofern baut die Phase der Lösungsfindung stringent auf den Produkten der vorangegangenen Phasen (Themenliste, Interessenprofile, Optionensammlung) auf, weswegen es sehr sinnvoll ist, diese Phasenprodukte auch in visualisierter Form für alle sichtbar im Mediationsraum verfügbar zu haben.

8 Zugleich tauchen nicht selten auch noch in dieser Phase – teilweise im Gewand von Lösungsideen oder auch Widerständen gegen solche – neue Themen oder Interessen auf. Diese gilt es dann zu identifizieren und die entsprechenden Visualisierungen zu ergänzen.

9 Gerade bei einer größeren Zahl an regelungsbedürftigen Themen, bei höherer Komplexität der Interessenprofile der Beteiligten und/oder bei Vorliegen lösungsbegrenzender Rahmenbedingungen (Zeitdruck, knappe Ressourcen, Notwendigkeit der Involvierung Dritter etc.) benötigt also auch diese Arbeitsphase eines Mediationsverfahrens ein systematisches und präzises Vorgehen sowie entsprechende Zeit.

3.15.3 Ansätze und Instrumente der Optionenbewertung

10 Das in der Phase der Optionensammlung zusammengetragene Ideenmaterial muss im ersten Abschnitt der Phase der Entscheidungsfindung inhaltlich evaluiert werden. Die Bandbreite an Methoden, mit denen an diese Aufgabe herangegangen wird, ist – sowohl von Mediator zu Mediator als auch von Fall zu Fall – beträchtlich. Sie reicht von der bloßen Frage „Was gefällt Ihnen denn nun am besten?" bis hin zu mehrschrittigen, aufwändig visualisierten Bewertungssystematiken. Im Folgenden werden primär spontan-intuitive Ansätze (3.15.3.1) den systematisch-kriteriengeleiteten Methoden (3.15.3.2) der Optionenbewertung gegenübergestellt;[5] bereits vorab sei allerdings angemerkt, dass sich in der praktischen Mediationsarbeit diese beiden Ebenen gut ergänzen können.

3.15.3.1 Spontan-intuitive Bewertungsansätze

11 Nicht selten wird die Optionenbewertung mit der Aufforderung an die Parteien, eine spontane Einschätzung ihrer Präferenzen und Abneigungen vorzunehmen, eingeleitet. Dazu können Fragen wie „Haben Sie bereits eine Lieblingslösung?" oder „Gibt es Optionen in der soeben erstellten Sammlung, die für Sie überhaupt nicht in Betracht kommen?" dienen.

12 Statt in rein verbaler Form kann eine derartig spontan-intuitive Optionenauswahl auch auf visueller Ebene erfolgen. So können die Parteien beispielsweise die fünf Optionen, die ihnen am attraktivsten erscheinen oder über die sie am dringlichsten im Sinne einer weiteren Ausarbeitung diskutieren wollen, durch die Vergabe von Klebepunkten kennzeichnen. Eine andere Möglichkeit ist, dass die Parteien zunächst nur die Optionen

---

4 S. dazu bspw den vorangehenden Beitrag von Novak (3.14) in diesem Band oder Gläßer/Kirchhoff, Lösungsfindung – Teil 1, ZKM 2007, 88 ff.
5 S.a. Gläßer/Kirchhoff, Lösungsfindung – Teil 2, ZKM 2007, 157 ff.

markieren, die aus ihrer Sicht keinesfalls in einem Lösungsentwurf enthalten sein sollten.

Etwas differenzierter geht die sog. PMI-Methode vor, nach der die gesammelten Optionen mit +/Plus (positive Bewertung), -/Minus (negative Bewertung) und !/Interessant gekennzeichnet werden.[6] Ähnlich funktioniert die Markierung der Optionen mit „Gut", „Schlecht" und „Neutral". Bei beiden Methoden können die drei Kategorien durch Klebepunkte in unterschiedlichen Farben symbolisiert werden.[7]   **13**

Die nähere Betrachtung der genauen Bezeichnung der dritten Kategorie („Interessant"   **14** versus „Neutral") zeigt, wie stark der weitere Verfahrensverlauf durch die Wahl einzelner Worte gesteuert werden kann: Nach „neutralen" Optionen gefragt, wählen die Parteien in der Regel die Ideen aus, die für sie weder positiv noch negativ besetzt sind. Aus Sicht der jeweiligen Partei besteht hinsichtlich einer als „neutral" bewerteten Option kein großes Umsetzungsinteresse und kein weiterer Diskussionsbedarf; die Option kommt aus ihrer Perspektive, wenn überhaupt, als „Füllmaterial" für einen Einigungsentwurf in Betracht. Insofern kann die Gut/Schlecht/Neutral-Kategorisierung tendenziell zu (erneuter) Polarisierung und auch Positionierung führen. Mit der Kategorie „Interessant" werden dagegen typischerweise gerade diejenigen Optionen belegt, die noch nicht ausreichend durchdacht erscheinen oder in denen sowohl Potentiale als auch Risiken gesehen werden – und die deshalb diskussions- oder auch variationsbedürftig sind. Unter den Begriff „Interessant" können in diesem Sinne sowohl tendenziell eher positive als auch eher negative Spontanbewertungen gefasst werden; in jedem Fall ist die Bewertung erläuterungsbedürftig und führt damit zu vertieften Gesprächen über Lösungsansätze. Insofern impliziert das Kategoriensystem der PMI-Methode, dass eine gemeinsame Weiterbearbeitung des als „Interessant" bewerteten Optionenmaterials erfolgen muss und wird.

Um möglichst viel Authentizität zu gewährleisten, ist bei all diesen Bewertungsvarianten   **15** darauf zu achten, dass jede Partei ihre Spontanbewertung ganz subjektiv, also nur aus der eigenen Perspektive heraus, vornimmt, und hier nicht schon ein vermittelnder Abgleich mit der Interessenlage der anderen Beteiligten oder gar ein Abstimmungsprozess zur Findung einer gemeinsamen Bewertung stattfinden muss. Hierfür ist es oft hilfreich, wenn der Mediator die Parteien auffordert, die gesammelten Optionen möglichst schnell und unbeeindruckt von den Einschätzungen der anderen Beteiligten zu bewerten. Die intuitiven Bewertungsansätze verfolgen das – legitime und notwendige – Ziel, die in der kreativen Phase der Ideensammlung entstandene Optionenfülle wieder zu reduzieren. Allerdings liegt in der Filterwirkung spontan-intuitiver Auswahlvorgänge die Gefahr, dass die vorangegangenen Arbeitsschritte des Mediationsverfahrens entwertet und auch die Möglichkeiten einer gemeinsamen, kreativen Lösungsoptimierung reduziert werden. Insbesondere durch Bewertungen, die ohne nähere Begründung erfolgen, können Parteien sich unreflektiert auf bestimmte Lösungskorridore beschränken oder sogar wieder in frühere Positionen(kämpfe) zurückfallen.

Um derartigen Rückschritten in der Konfliktbearbeitung vorzubeugen, sollten – vor al-   **16** lem in einem frühen Stadium des Bewertungsvorgangs – Vetorunden, also die Ermächtigung der Parteien, ungeliebte Optionen aus der Optionensammlung (final) zu eliminieren, vermieden werden. Denn das Wegstreichen von Optionen der jeweils anderen Seite, der vielleicht gerade diese Optionen wichtig sind, wird leicht als antagonistischer oder gar aggressiver Akt empfunden.

---

6 S. dazu bspw Risse, Wirtschaftsmediation, 2003, 338 f; Sellnow, Kreative Lösungssuche in der Mediation, ZKM 2000, 100 ff (104).

7 S. dazu die Arbeitsweise von Troja als Mediator in dem Lehrfilm „Wirtschaftsmediation – Konflikt in einer Gemeinschaftspraxis" (2006).

17 Umgekehrt kann eine (zu) schnelle und unsystematische Auswahl einiger weniger Optionen dazu führen, dass sich die Parteien zu früh auf bestimmte Lösungen fixieren und dadurch Ideenmaterial und Wertschöpfungspotenzial verschenken.

18 Aus all diesen Gründen sollte die Bewertung der Optionen nicht (nur) intuitiv, sondern systematisch und kriteriengeleitet vorgenommen werden. (s. 3.15.3.2) Dies schließt allerdings nicht aus, den Bewertungsvorgang zunächst mit einer Spontanbewertung zu beginnen, um – v.a. bei einer sehr großen Zahl an gesammelten Optionen – eine gewisse Fokussierung herbeizuführen. Allerdings sollten derartige vorläufige Bewertungen klar als unverbindliche „Ersteinschätzung" oder „Momentaufnahme" bezeichnet und auch entsprechend reversibel visualisiert werden. Als Übergang zu einer systematischeren Betrachtung der Optionen sollten die Parteien in jedem Fall ihre Bewertungen erläutern; diese Begründungen können dann wiederum als Anknüpfungspunkte für die Explizierung von Bewertungskriterien dienen.

3.15.3.2 Systematisch-kriteriengeleitete Bewertungsansätze

19 Wie unter Punkt 2. bereits erwähnt, sollte ein im Rahmen einer Mediation erarbeiteter Einigungsentwurf an folgenden Kriterien gemessen werden:

- Vollständigkeit hinsichtlich der regelungsbedürftigen Themen,

- Berücksichtigung möglichst aller Interessen aller Beteiligten,

- Fairness aus der Perspektive jedes Beteiligten,

- rechtliche und faktische Realisierbarkeit.

20 Während Vollständigkeit und Fairness erst mit Blick auf das Gesamtgefüge eines Einigungsentwurfs sinnvoll beurteilt werden können und deshalb hier unter 3.15.4 besprochen werden, können die Bewertungskritierien der Interessenberücksichtigung und Realisierbarkeit bereits an die einzelnen Optionen angelegt werden.

21 Das bereits in der Verfahrensstruktur angelegte Potential der **allseitigen Interessengerechtigkeit** im Sinne einer „win-win(-win...)-Lösung" ist ein zentrales „Alleinstellungsmerkmal" mediativer Konfliktlösung und Entscheidungsfindung.[8] Daher sollten Mediatoren entsprechende Aufmerksamkeit und Präzision sowohl auf die Phase der Interessenermittlung als auch auf den Aspekt der (möglichst vollständigen) Interessenverwirklichung in der Lösungsfindungsphase verwenden.

22 Dafür ist ein doppelter Abgleich der Ideensammlung mit den Interessenprofilen vorzunehmen:

23 Zunächst ist sorgfältig zu prüfen, ob es Optionen gibt, die gegen Interessen von Beteiligten verstoßen. Hierfür ist jede Option mit allen Interessen kritisch zu vergleichen. Interessenwidrige Optionen sollten zunächst eingeklammert und später – falls im Einzelfall möglich – nachgebessert werden.

24 Im Gegenzug ist sicherzustellen, dass kein Interesse unberücksichtigt bleibt. Dazu muss zusätzlich überprüft werden, ob zu sämtlichen aufgelisteten Interessen korrespondierende Optionen existieren, die diese Interessen – zumindest ansatzweise – verwirklichen. Finden sich Interessen ohne Anknüpfungspunkte auf der Ideenliste, ist die Ideensammlung mit Blick auf diese Interessen zB im Wege eines zusätzlichen Brainstormings gezielt zu vervollständigen.

25 Nicht selten beginnen die Mediationsbeteiligten während dieses systematischen Abgleichs zwischen Optionen und Interessen aus eigenem Antrieb, daran zu arbeiten, vielversprechende, aber bislang noch zu pauschal gefasste oder abwandlungsbedürftige Op-

---

8 S. dazu insg. Gläßer/Kirchhoff, Interessenermittlung – Spannungsfeld zwischen Emotion und Präzision, ZKM 2005, 130 ff.

tionen zu konkretisieren und/oder zu variieren und dadurch spezifische Elemente für eine zukünftige Einigung herauszuarbeiten.

Neben der Interessenverwirklichung ist die **Umsetzbarkeit**, also die rechtliche und tatsächliche Realisierbarkeit, das zweite wesentliche Bewertungskriterium für Lösungsoptionen. 26

Hinsichtlich der **rechtlichen Realisierbarkeit** ist – unter Beachtung der unter den Mediationsbeteiligten geltenden Verteilung von Inhalts- und Verfahrensverantwortung – zu unterscheiden zwischen der rechtlichen Ausgestaltung und Optimierung einer Lösung auf der einen und der grundsätzlichen Legalitätsgrenze auf der anderen Seite. Ersteres, also die finalisierende, detaillierte Ausformulierung eines Mediationsergebnisses unter Berücksichtigung von gegebenenfalls einschlägigen Formerfordernissen, ist eher der Abschlussphase einer Mediation zuzuordnen; auch ist es keineswegs zwingend, sondern bei nichtjuristischen Stammberufen eher davon abzuraten, dass die – primär verfahrensverantwortliche – Mediatoren an der rechtlichen Umsetzung einer Lösung mitarbeiten.[9] 27

Dagegen sollte die Beachtung klarer Legalitätsgrenzen bei der Lösungsfindung auch für Mediatoren eine Selbstverständlichkeit sein. Denn schon aus Gründen der Ökonomie und Nachhaltigkeit wäre es falsch, wenn in die Erarbeitung einer Lösung investiert würde, die sich dann wegen eines Verstoßes gegen geltendes Recht oder die guten Sitten gem. §§ 134, 138 BGB als nichtig herausstellt. Wenn Mediatoren also eine Option identifizieren, die gegen diese Normen verstoßen könnte, sollten sie eine Ausnahme von dem Grundsatz der Inhaltsabstinenz machen und dafür Sorge tragen, dass die Rechtskonformität dieser Option – gegebenenfalls unter Hinzuziehung externen Rechtsrates – sorgfältig geklärt wird. 28

Die **tatsächliche Realisierbarkeit** einer Option kann insbesondere daran scheitern, dass ihre Umsetzung faktisch unmöglich ist, dass keine (ausreichenden) Ressourcen – Geld, Personal, Zeit etc. – dafür zur Verfügung stehen oder dass die für die Umsetzung notwendige Mitwirkung oder Genehmigung Dritter nicht erlangt werden kann. Alle von den Parteien spontan – häufig in Form von Einwänden wie „Das funktioniert doch sowieso nicht ...“ – vorgebrachten faktischen Umsetzungshürden sollten respektvoll, aber sorgfältig hinterfragt werden. Denn im Zuge einer kritischen Überprüfung, woran genau die Umsetzbarkeit einer Option in den Augen der Parteien (vermeintlich) scheitert, wird nicht selten deutlich, dass auf den ersten Blick unmöglich erscheinende Szenarien unter Umständen doch Realisierungspotential in sich bergen, das – insbesondere unter Aufbietung gemeinsamer Kreativität und/oder Anstrengung bzw. Überzeugungskraft – aktiviert werden kann. So können oftmals Realisierungshürden durch kreativen Ressourcenmobilisierung doch (noch) überwunden werden. 29

Die Optionen, die im Zuge der kriteriengeleiteten Bewertung auch nach kreativer Überprüfung als nicht interessengerecht, nicht legal oder ansonsten nicht realisierbar erscheinen, sollten trotzdem nicht einfach gestrichen oder anderweitig aus der Optionensammlung entfernt werden. Es lohnt sich vielmehr, diese Optionen auf einem gesonderten Flipchartblatt oder einer eigenen Pinnwand zu visualisieren – sie also gleichsam auf einer Art „Wertstoffhalde" zu deponieren –, da sie so bei Bedarf später nochmals aufgegriffen und auf weiterverwendbare oder weiterführende Aspekte hin ausgewertet werden können. Denn manchmal können auch aus auf den ersten Blick „unbrauchbaren" Ideen (durch entsprechende Variation) noch sinnvolle Einigungselemente gewonnen werden. 30

---

9 Hier sind, je nach Stammberuf des Mediators, die Grenzen des Rechtsdienstleistungsgesetzes zu beachten; zu Möglichkeiten und Grenzen nicht-anwaltlicher Mediatoren, Rechtsdienstleitungen zu erbringen, s. Lewinski, Grundriss des Anwaltlichen Berufsrechts, 3. Aufl. 2012, 254 f.

31 Am Ende der – sei es spontan-intuitiv oder systematisch-kriteriengeleiteten – Optionen-bewertung bleibt eine Reihe von ausgewählten Optionen übrig, die nun als Bausteine für einen Einigungsentwurf dienen.

3.15.4 Aushandlung und Zusammenstellung des Einigungsentwurfs

32 In dem nächsten Schritt der Lösungsfindung gilt es nun, die für interessengerecht und umsetzbar befundenen einzelnen Einigungselemente zu einem vollständigen, tragfähigen, von allen Parteien als fair empfundenen und möglichst auch wertschöpfungsopti-mierten Einigungsentwurf zusammen zu stellen.

33 Nur sehr selten ergibt sich ein solcher Einigungsentwurf durch schlichtes Zusammenfügen der ausgewählten Optionen. Zumeist verbleiben auch nach der systematischen Bewertung eine Vielzahl unterschiedlicher Optionen, aus denen zum einen weiter ausgewählt werden muss und die zum anderen vielfältige Kombinationsmöglichkeiten bieten.

34 Die Zusammenstellung von Lösungspaketen ist in der Mediation also der zentrale Ort des Verhandelns und Optimierens.[10] Mit dem Ziel, das vorhandene **Wertschöpfungspo-tential** auszuschöpfen, sollte – jedenfalls zunächst – integrativ verhandelt werden.[11]

35 Dafür gilt es zum einen auszuleuchten, ob durch die Einbeziehung zusätzlicher Werte die Verhandlungsmasse, also der zwischen den Parteien zu verteilende „Kuchen", insgesamt vergrößert werden kann.[12]

36 Zum anderen ist darauf zu achten, welchen relativen Wert bzw welche relativen Kosten ein Verhandlungsgegenstand für die eine und für die andere Seite hat. Hier kann Wertschöpfung insbesondere durch die Berücksichtigung unterschiedlicher Beschaffungskosten, unterschiedlicher Liquiditätsbedürfnisse oder unterschiedlicher Zeit- oder Risiko-präferenzen der Parteien realisiert werden.

37 Je besser es gelungen ist, gemeinsam die Verhandlungsmasse zu vergrößern, je spürbarer die Bereitschaft der Beteiligten ist, die jeweiligen Präferenzen und Prioritäten wechselseitig zu berücksichtigen, desto leichter fällt in aller Regel der Schritt der anschließenden distributiven Verhandlung – also der Verteilung von Nutzen und Lasten.

38 Das Gesamtbild dieser Verteilung muss aus Sicht aller Parteien das Kriterium der **Fairness** erfüllen. Dabei ist zu beachten, dass Vorstellungen von Fairness und (Verteilungs-)Gerechtigkeit höchst individuell und subjektiv sind. So können in einer Verhandlung über eine „faire" Gewinnverteilung zwischen Gesellschaftern bei den einzelnen Beteiligten sehr unterschiedliche Fairness-Kriterien im Vordergrund stehen – zB Leistungsprinzip (wobei hier ggf wiederum unterschiedliche Leistungsbemessungen zB anhand von Zeiteinsatz, Umsatzanteil oder Akquiseerfolg eine Rolle spielen können), Seniorität, Bedürftigkeit oder formale Gleichbehandlung.

39 Wird ein Einigungsvorschlag auch nur von einer Seite als „nicht fair" empfunden, sollte deshalb ein Ebenenwechsel stattfinden, indem der Mediator die Parteien dazu auffordert, in einem ersten Schritt ihre Fairnessmaßstäbe explizit zu formulieren. Nicht selten wird erst durch diese Explizierung bewusst, dass das Fairnessempfinden der verschiedenen Beteiligten tatsächlich von ganz unterschiedlichen Kriterien geprägt ist – was ein wesentlicher Erkenntnisschritt auf dem Weg zu einer einvernehmlichen Einigung sein kann. Zudem kann auch deutlich werden, dass hinter dem Einwand mangelnder Fairness ein missachtetes oder bislang übersehenes Interesse steht. In einem zweiten Schritt

---

10 S. dazu anschaulich Kessen/Troja, Mediation als Kommunikationsprozess, in: Haft/v. Schlieffen (Hrsg.), Handbuch Mediation, 393 ff (415 ff).
11 S. dazu generell Schwartz/Troja, Verhandeln, ZKM 2010, 186 ff (187 f).
12 S. zu dieser Strategie der „Kuchenvergrößerung" (engl.: „expanding the pie") exemplarisch die Fallbeschrei-bung aus dem Bereich der Familienmediation von Paul/Walker, Den Kuchen vergrößern, ZKM 2008, 185 ff.

Gläßer

sollten sich die Parteien dann idealerweise auf die abstrakten Maßstäbe einigen, die in ihrem Fall zur Bewertung der Fairness gelten sollen. An diesen gemeinsam und ausdrücklich festgelegten Maßstäben werden dann die konkreten Lösungsszenarien gemessen.

Im Umgang mit Zahlungsforderungen ist die Verhandlung über abstrakte Kriterien, aus   40
denen sich eine angemessene Zahlungssumme ergeben soll, besonders wichtig. Denn sobald eine konkrete Zahl im Raum steht, wirkt diese als sog. „kognitiver Anker", die – unabhängig von der Rationalität oder Willkür ihres Zustandekommens – als Orientierungsfaktor, an dem alle weiteren bezifferten Vorschläge nolens volens gemessen werden, einen erheblichen Einfluss auf das weitere Gespräch ausübt.[13] Um derartigen Ankereffekten möglichst vorzubeugen und eine rationalere Entscheidungsfindung zu unterstützen, hat es sich als sehr sinnvoll erwiesen, wenn Mediatoren darauf hinwirken, dass die Parteien statt einer anker-orientierten Basarverhandlung vor der Nennung konkreter Zahlen zunächst darüber diskutieren, welche Berechnungsmaßstäbe für eine Zahlungsforderung im jeweiligen Fall sinnvoll erscheinen. Gelingt eine Vorab-Einigung über solche abstrakten Maßstäbe, dann kann der Sachverhalt anschließend unter diese Maßstäbe „subsumiert" werden, was in der Regel zur einvernehmlichen Feststellung einer allseitig als angemessen anerkannten Summe führt.

Ist es gelungen, ein von allen Beteiligten grundsätzlich akzeptiertes Einigungsszenario   41
auszuhandeln, muss dieses auf seine **Vollständigkeit** hin überprüft werden. Hierfür spielt die in der zweiten Phase der Mediation erarbeitete Themenliste eine zentrale Rolle: Alle in dieser Phase als regelungsbedürftig identifizierten Themen sollten im Einigungsentwurf berücksichtigt sein.

In einem abschließenden Schritt ist die **Nachhaltigkeit** bzw Tragfähigkeit des Einigungs-   42
entwurfs abzusichern. Hierfür sollte der Mediator die Funktion eines sog. „agent of reality"[14] einnehmen.

Dies kann dadurch geschehen, dass der Mediator die Einbeziehung von Sichtweisen   43
dritter, nicht an der Mediation beteiligter – aber unter Umständen von den Mediationsergebnissen mehr oder weniger betroffener –, Personen zur Lösungsüberprüfung anregt. Dafür kann eine Überprüfungsfrist eingeräumt werden, innerhalb derer die Parteien den Einigungsentwurf mit Dritten, zB ihren Rechtsanwälten, Steuer- oder Unternehmensberatern, aber auch ihren Ehepartnern etc., durchsprechen können. Eine solche Einbeziehung Dritter in die Entscheidungsfindung beinhaltet zwar die Gefahr, dass bestimmte Diskussionen oder Zweifel nochmals aufflammen, da die Außenstehenden die einzelnen Mediationsschritte nicht miterlebt haben und die dabei stattfindenden inneren Prozesse manchmal nur schwer nachvollziehen können. Diesem Risiko steht aber die Erfahrung gegenüber, dass viele dieser Gespräche mit Dritten ohnehin spätestens im Nachgang einer Einigung stattfinden würden; dann geäußerte (Fundamental-)Kritik an der mühsam erarbeiteten Lösung verunsichert die Mediationsbeteiligten oft noch viel stärker und kann v.a. kaum noch konstruktiv integriert werden.

Die Perspektiven Dritter können (zunächst) aber auch mittelbar durch zirkuläre Fragen   44
(„Könnte Ihre Prokuristin Einwände gegen diese Lösung haben?", „Was würden Ihre Kinder zu diesem Einigungsentwurf sagen?" etc.) einbezogen werden. Dabei ist natürlich im Blick zu behalten, dass die Antworten auf derartige Fragen immer nur Hypothesencharakter haben.

---

13 S. dazu exemplarisch Wagner, Heuristiken und Mediation, ZKM 2007, 172 ff (175 mwN).
14 Zu den unterschiedlichen Funktionen des Mediators s. Bühring-Uhle/Kirchhoff/Scherer, Arbitration and Mediation in International Business, 2006, 186 ff.

45 Mediatoren können die Parteien auch durch bestimmte Fragen zu einer systematischen Nachhaltigkeitskontrolle bewegen. Um zu verhindern, dass in einer „Einigungseuphorie" bestimmte kritische Punkte übersehen werden, sollte der Mediator als „Advocatus Diaboli" vor allem zu einer Reflexion möglicher Schwächen und Bedrohungspotentiale des Lösungsszenarios anregen.[15]

46 Bei einer solchen, bewusst kritischen Reflexion ist zu berücksichtigen, dass die Tragfähigkeit eines Lösungsentwurfs nicht nur von rationalen Aspekten gefährdet werden kann. Selbst wenn bestimmte Einigungsentwürfe im Abgleich mit der Themen- und Interessensammlung vollständig und interessengerecht erscheinen, kann es sein, dass Parteien innere Widerstände gegen ein bestimmtes Lösungsszenario empfinden – oder die Sorge haben, dass andere für die Umsetzung der Einigung relevante Personen mit der skizzierten Lösung nicht leben könnten. Solche Widerstände können, auch wenn sie oft von den Parteien selbst schwer formuliert und erklärt werden können, die Nachhaltigkeit einer Lösung empfindlich beeinträchtigen. Deshalb sollten sie nicht als unerheblich oder irrational vernachlässigt, sondern gezielt aufgespürt werden. Dafür bieten sich Fragen wie die folgenden an: „Versetzen Sie sich einmal in Ruhe in die von Ihnen skizzierte Lösungssituation ... Können Sie sich das wirklich vorstellen? Gibt es etwas, was Sie an dem Bild stört oder was Ihnen Sorgen macht? Gibt es andere Menschen, die Schwierigkeiten mit der Situation haben könnten? ... Stellen Sie sich vor, es ist heute in einem Jahr und die von Ihnen heute für gut befundene Lösung hat sich wider Erwarten doch nicht umsetzen lassen. Was könnten die Gründe dafür gewesen sein? ... " Auf diesem Weg können bislang übersehene oder unausgesprochene Bedenken sichtbar gemacht und in der Ausgestaltung der Einigung noch berücksichtigt werden.

3.15.5 Mögliche Herausforderungen und Blockaden

47 In diesem Unterkapitel sollen abschließend ausgewählte Herausforderungen und Blockaden, die in der Phase der Lösungsfindung auftreten können, sowie Umgangsmöglichkeiten damit aufgezeigt werden.

48 Nicht selten werden im Zuge der Zusammenstellung von Lösungspaketen bzw Einigungsentwürfen nochmals **neue Optionen** ins Spiel gebracht. Angesichts der Durchlässigkeit des Phasenmodells sind derartige „verspätete" Ideen grundsätzlich zu begrüßen. Zugleich ist darauf zu achten, ob diese Optionen Hinweise auf zusätzliche, noch nicht erfasste Interessen beinhalten. Ist dies der Fall, sollten diese Interessen unbedingt präzise herausgearbeitet und in die schriftlichen Interessenprofile aufgenommen werden.

49 Auch nachdem in der vorangegangenen Phase 3 eine ausführliche Interessenermittlung stattgefunden und selbst wenn die Kooperationsbereitschaft spürbar zugenommen hat, kann es geschehen, dass sich Mediationsbeteiligte in der Phase der Entscheidungsfindung, insbesondere wenn es um die Zusammenstellung von Lösungspaketen geht, überraschend und geradezu vehement auf rechtliche Argumente oder faktische Machtausübung zurückziehen, um den Einigungsentwurf zu ihren Gunsten zu beeinflussen. Ein solcher **Rückzug auf die Ebene des Rechts oder der Macht**, hinter dem oft die unreflektierte Angst steht, in der Endphase der Mediation „doch noch über den Tisch gezogen zu werden", kann schnell zu einem allseitigen Rückfall in konfrontative Argumentationsmuster und damit letztlich zu erneuter Eskalation führen. Hier sollten Mediatoren zum einen empathisch und respektvoll die hinter dem genannten Verhandlungsverhalten stehenden Sorgen herausarbeiten. Zum anderen sollte deutlich gemacht werden, dass das Mediationsmodell mit seinen aufeinanderfolgenden Arbeitsschritten darauf an-

---

15 Hier besteht eine Parallele zu der v.a. im Wirtschaftskontext oft gebrauchten sog. SWOT-Analyse, bei der ein Szenario systematisch auf seine Stärken (Strengths), Schwächen (Weaknesses), Chancen (Opportunities) und Bedrohungspotentiale (Threats) untersucht wird; s. dazu Risse, Wirtschaftsmediation, 2003, 339.

gelegt ist, die **Interessen aller Beteiligten** als zentrale Kriterien der Lösungsfindung zu berücksichtigen. Deshalb wird idealerweise solange an der Optimierung der Lösung gearbeitet, bis alle Beteiligten ihre Interessen darin auch in ausreichendem Maße wiederfinden. Wenn sich alle Beteiligten an diesem „Versprechen der Mediation" orientieren, ist eine zusätzliche „Aufmunitionierung" mit Argumenten oder Strategien aus der Macht- oder Rechtssphäre schlicht nicht notwendig.

Fruchten derartige Appelle, sich wieder vertrauensvoller auf die mediative, interessen- 50 orientierte Vorgehensweise einzulassen, nicht, kann es zielführend sein, auf die Metaebene zu wechseln und gemeinsam mit den Parteien eine Kosten-Nutzen-Analyse des eingeschlagenen rechts- oder machtbasierten Verhandlungspfades vorzunehmen („Was können Sie mit diesem Verhandlungsverhalten bestenfalls erreichen? Was könnte schlimmstenfalls eintreten?"), um ein reflektierteres Vorgehen zu befördern.

Bisweilen werden Vorschläge einer Seite, die aus Sicht der Mediatoren als beidseitig in- 51 teressengerecht erscheinen, von der anderen Seite beharrlich abgelehnt, ohne dass inhaltliche, rationale Gründe dafür erkennbar werden. Hier kann es sich um das kognitive Phänomen der sog. „reaktiven Abwertung" handeln: Eine Vielzahl psychologischer Experimente hat gezeigt, dass Vorschläge, die von einem (vermeintlich) feindlich gesinnten Gegenüber gemacht werden, unwillkürlich deutlich negativer aufgenommen werden als inhaltsgleiche Vorschläge von als neutral oder freundlich empfundenen Akteuren.[16] Angesichts dieses – gerade in bereits länger andauernden Konfliktsituationen – weit verbreiteten Mechanismusses empfiehlt es sich, die geäußerten Ideen grundsätzlich ohne namentliche Zuordnung auf der Flipchart zu visualisieren, um das Optionenmaterial von den jeweiligen Urhebern zu distanzieren und damit eine „entpersonalisierte" Bewertung zu ermöglichen. Um einzelnen, potenziell brauchbaren Ideen ausreichend Gehör zu verschaffen, können Mediatoren diese Vorschläge bei Bedarf auch in ihren eigenen Worten wiedergeben und eine kriterienbasierte Diskussion derselben anregen.

Nicht zuletzt kann es aber auch einfach sein, dass die gefundene Lösung zwar inhaltlich 52 gut, aber schlicht die **Zeit** dafür **noch nicht reif** ist. Gerade wenn Parteien lange in und mit einer Konfliktsituation gelebt, sich damit/darin auch „eingerichtet" und auf den Konflikt eine beachtliche Energie verwendet haben, fällt – so paradox dies auf den ersten Blick erscheinen mag – der Abschied von diesem Konflikt manchmal schwer. Hier ist eine systemische Betrachtungsweise hilfreich und empathiefördernd, die danach fragt, welche Funktion der Konflikt in dem Leben der Beteiligten erfüllt (hat). Was würde bzw. müsste sich im Leben(-sgefühl) und/oder in der Selbstwahrnehmung der Beteiligten ändern, wenn der Konflikt gelöst wäre – und mit welchen vielleicht gemischten oder gar negativen Gefühlen wäre dies verbunden?

Manchmal bedeutet die Lösung eines Konflikts auch die endgültige(re) Trennung von 53 einer Tätigkeit, Lebensphase oder anderen Person. Die Bereitschaft, dies zu akzeptieren, entsteht zumeist nicht über Nacht und ist oft mit einem Trauerprozess verbunden.

In solchen Fällen kann der Mediator nur Respekt und Verständnis zeigen, Zeit geben 54 und gegebenenfalls auch gemeinsam mit den Beteiligten ein passendes Abschiedsritual entwickeln.[17]

3.15.6 Fazit

In der Gesamtschau setzt sich die Phase der Lösungsfindung methodisch also aus meh- 55 reren, nacheinander geschalteten Arbeitsschritten zusammen. Welche dieser Arbeitsschritte in einer konkreten Mediation in welchem Umfang und welcher Ausgestaltung

---

16 S. dazu exemplarisch Wagner, Heuristiken und Mediation, ZKM 2007, 172 ff (175 f mwN).
17 S. dazu Lack-Strecker, Rituale und Zeremonien in der Mediation, ZKM 2005, 4 ff.

verwirklicht werden sollten, kann nur anhand der jeweiligen Fallkonstellation und -dynamik entschieden werden.

56   In jedem Fall ist es hilfreich, wenn alle Mediationsbeteiligten darauf gefasst sind, dass in dieser Phase erhebliche, teilweise mühevolle Detailarbeit sowie nicht selten auch kontroverse Aushandlungen erforderlich sein können. Denn ansonsten ist es für Parteien und auch für Mediatoren, die noch wenig Erfahrung mit praktischen Mediationsverläufen haben, eine unschöne Überraschung, wenn gegen Ende einer Mediation nochmals viel Zeit und Aufmerksamkeit aufgewendet werden muss, nachdem man sich doch in der Euphorie einer gelungenen, kreativen Optionensammlung schon fast am Ziel gewähnt hatte.

57   Wieviel seitens der Mediatoren in die unter 3.15.4 beschriebene kritisch-systematische Bewertung und Überprüfung von Einigungsszenarien investiert wird, hängt letztlich von der Definition der eigenen Mediatorenrolle sowie davon ab, ob unter persönlichem Erfolg eher eine schnelle Einigung oder eine sorgfältig reflektierte, selbstbestimmte, nachhaltige Entscheidungsfindung verstanden wird.

3.16 E-Mediation und Online-Mediation

Literatur: Trénel, M./Märker, O., Online-Mediation: Konstruktiv streiten im Internet, in: Vitamin M – Gesellschaftliche Relevanz von Mediation, Dokumentation des Jahreskongresses 2003 in Frankfurt am Main, Hrsg: Bundesverband Mediation e.V. Kassel, Bundesverband Mediation e.v, 125–127, 2004; Wacker, U., Online-Mediation, ZKM 4/2001, 265–269; Brauns, H., Seminararbeit, Online-Mediation, http://www.jurawelt.com/studenten/seminararbeiten/342; Rohde-Liebenau, B., Online-Mediation ist im Alltag angekommen, ZKM 2003, 155.

Software und Portale – eine Auswahl: www.jurawiki.de/OnlineMediation; www.juripax.com, gut eingeführtes Portal im Bereich Scheidung mit weitgehend automatisierten Abläufen, zB Fall-Manager und Online-Fragebogen; Online-Mediations-Plattform – Binaryobjects und BMWA.

3.16.1 Vorbemerkung

Ziel ist es alle erprobten und wertvollen Aspekte des klassischen Mediationsverfahrens 1 im Web abzubilden und die technischen Möglichkeiten des Internets zu nutzen. Mediationen könnten dadurch schneller, kostengünstiger und innovativer gemacht werden. Es soll ein Werkzeug zur Verfügung gestellt werden mit dem sich Mediationsprozesse komplett oder nur phasenweise im Internet durchführen lassen. Ebenso könnten Präsenzverfahren vor Ort online unterstützt werden.

Ein Mediator führt die Medianten zusammen und leitet sie durch das Verfahren. Er ist wesentlicher integraler Verantwortlicher des Verfahrens.

Das 5-Phasenmodell wird vollständig abgebildet. 2

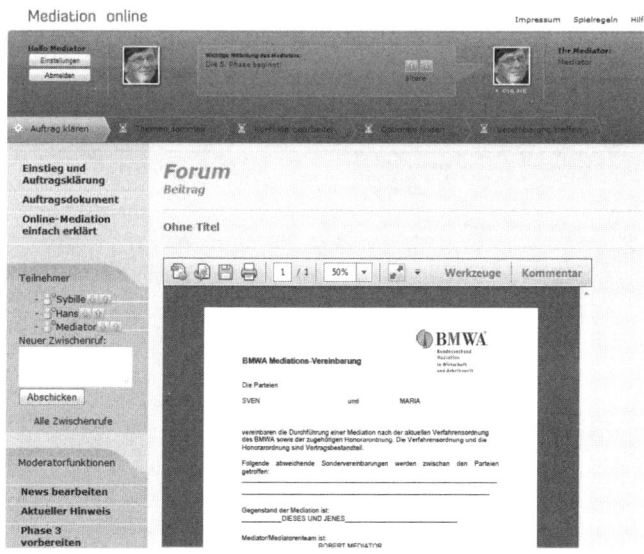

Abb. 1: Einstieg Bild: Phase 1-01

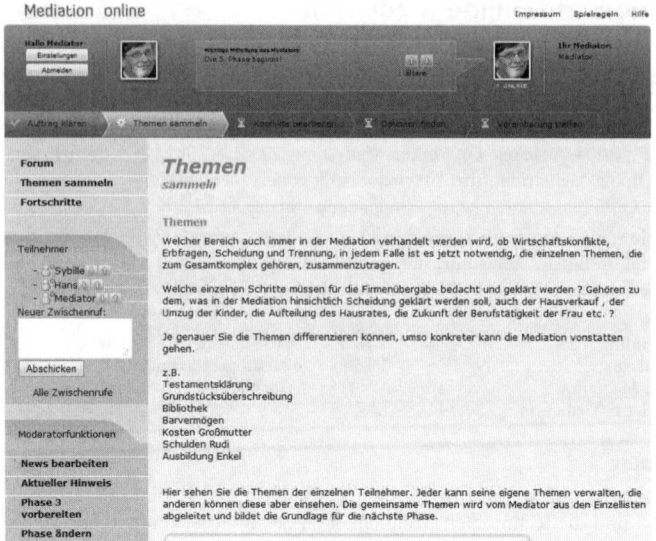

Abb. 2: Themen sammeln Bild: Phase 2-02

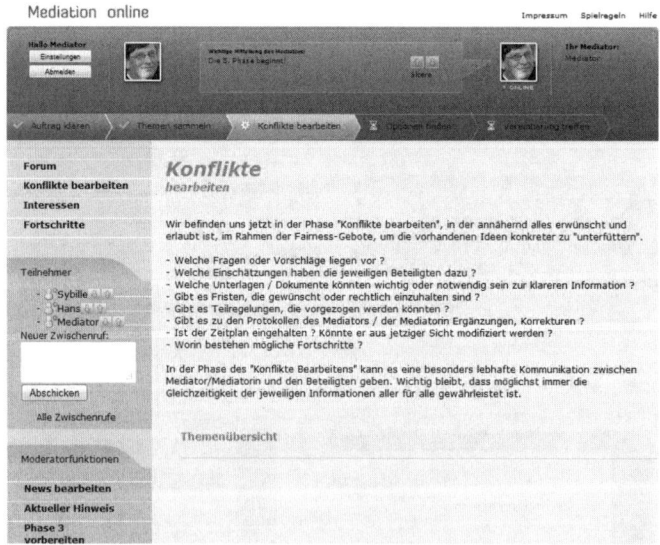

Abb. 3: Konflikte bearbeiten Bild: Phase 03-01

Abb. 4: Optionen finden Bild: Phase 04-01

Abb. 5: Vereinbarung treffen Bild: Phase 05-01

Der Mediator entscheidet in jedem Verfahren und in jeder Phase welche Hilfsmittel und zusätzlichen Dialogwerkzeuge eingesetzt werden.

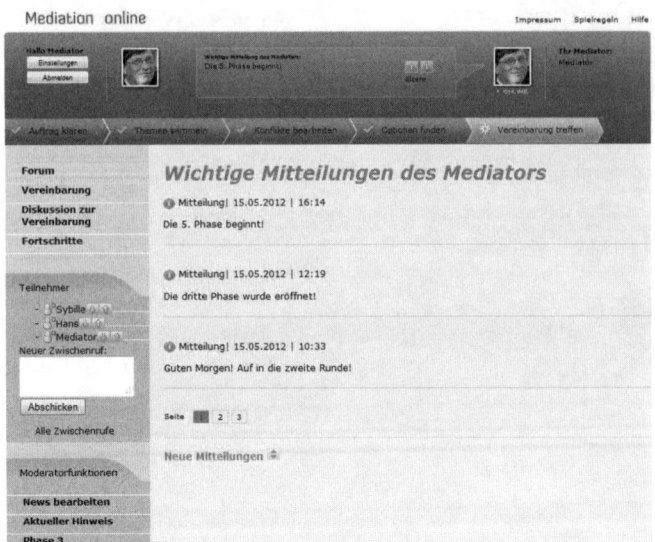

Abb. 6: Hinweise

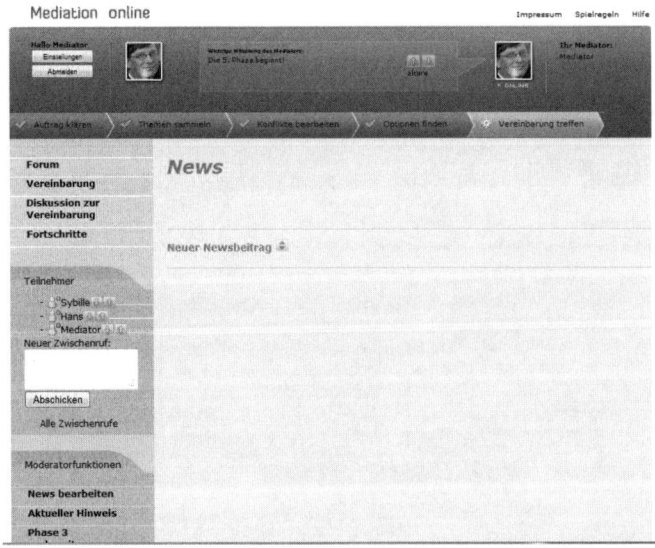

Abb. 7: News

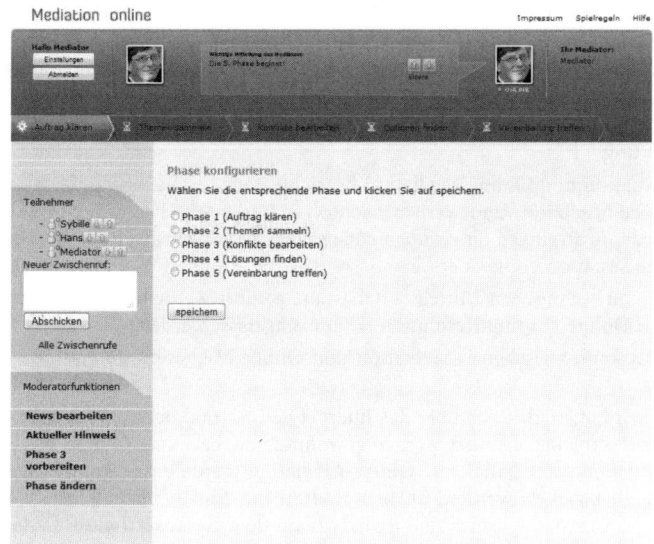

Abb. 8: Phase 1-03

Die Plattform wird in zwei Stufen realisiert. Die erste Ausbaustufe stellt für den einzel- 3
nen Mediator das 5-Phasen-Modell mit einer Reihe von Werkzeugen zur Verfügung.
Die Teilnehmer können sich im System anmelden und unter Leitung des Mediators und
Nutzung der zur Verfügung gestellten Dialogwerkzeuge ihre Interessen verdeutlichen
und Lösungen für die identifizierten Probleme entwickeln.

Die zweite Stufe wird die gleichzeitige Nutzung von einander abgetrennter Verfahren
durch prinzipiell viele Mediatoren und Teilnehmer ermöglichen. Darüber hinaus sind
zahlreiche zusätzliche Werkzeuge angedacht die den Prozess optimieren können. Die
Erfahrungen und Wünsche der Mediatoren sowie die der Medianten werden miteinfließen.

Der Mediator steht bei dieser Form von E-Mediation im Mittelpunkt. Er eröffnet oder 4
schließt die einzelnen Phasen nach Absprache mit den Medianten. Der Internetnutzer ist
nicht auf sich allein gestellt, bzw. standardisierten und automatisierten Abläufen ausgesetzt.

Die Konfliktparteien suchen sich den Mediator ihres Vertrauens.

1. Ein Mediator führt die Medianten zusammen und leitet sie durch das Verfahren. Er
   ist integraler Bestandteil des Verfahrens.

2. Der Mediator entscheidet in jedem Verfahren und zu jeder Phase mit den Medianten, welche Hilfsmittel und zusätzlichen Dialogwerkzeuge eingesetzt werden

Dialogwerkzeuge können jeweils flexibel in das Verfahren eingebunden werden. 5

Das Mediationsverfahren ist webbasiert und kann daher von jedem Ort 24 Stunden genutzt werden.

Die technische Basis der E-Mediationsplattform ist das Dialog-Management-System discourse-Machine von Binary Objects aus Berlin. Auf der Grundlage dieses DMS sind bereits zahlreiche Großgruppenbeteiligungsprozesse zum Beispiel in Berlin, Hamburg,
Köln und München realisiert worden. Daneben wurden mit diesem System eine Reihe

Schluttenhofer 429

von firmeninternen Dialog-Workflows implementiert. Für die E-Mediation-Plattform wird das DMS um einige Werkzeuge erweitert. Die Plattform läuft in der Testphase erste Ergebnisse auf dem Kongress in Ludwigsburg 2012.

3.16.2 Begriffsklärung

6   Die Begriffe E-Mediation und Online-Mediation bezeichnen eine Erweiterung der klassischen Face-To-Face-Mediation und werden nachfolgend erläutert. Diese Begriffsklärung dient auch dazu, in streitigen Situationen entscheiden zu können, welches Verfahren für die jeweilige Situation geeignet erscheint.

7   Alle Verfahren die mit technischen Mitteln auf Distanz geführt werden, können unter dem Begriff **ODR = Online-Dispute-Resolution** zusammengefasst werden. Innerhalb von ODR kann zwischen E-Mediation und Online-Mediation unterschieden werden.

8   **Online-Mediation** wird ausschließlich über das Internet geführt und bedient sich häufig automatisierter Prozessabläufe. Benutzt werden gewohnte bzw bekannte Online-Werkzeuge wie E-Mail, Foren und Chatrooms. Online-Mediation wurde entwickelt für Geschäfte, die online abgewickelt werden, dh hier findet beim Einkauf kein physischer Kontakt statt und die Geschäftspartner sind irgendwo auf dem Globus zuhause. In dieser Art von Online-Mediation geht es überwiegend um den Bezug von Waren und Dienstleistungen; es stellt eine kundenfreundliche Reklamationsvariante dar.

Es gibt sicherlich noch andere Gebiete, auf denen Online-Mediation mit automatisierten Prozessen angewandt werden kann. Darauf soll hier aber nicht näher eingegangen werden.

9   **E-Mediation** bezeichnet einen Weg, bei dem die Mediation von einem persönlich ausgewählten Mediator mit technischen Mitteln durchgeführt werden kann. Mit individuellen Programmen bzw Online-Portalen, die sowohl online wie offline von einer nicht beschränkten Anzahl von Beteiligten benutzt werden, können die Beteiligten strukturiert an einer Lösung arbeiten. Innerhalb von E-Mediation kann auch die Online-Mediation zeitweise ergänzend sinnvoll sein.

3.16.3 Was ist E-Mediation

10   Die E-Mediation findet in **virtuellen Räumen** statt. Die Anwesenheit der beteiligten Menschen ist zeitlich und örtlich nicht gebunden. Jeder der Beteiligten hat jederzeit und unbeschränkt Zugang zum Mediationsverfahren. Das gesamte Verfahren wird im Internet durchgeführt, kann aber zu jedem Zeitpunkt durch Face-to-Face-Sitzungen ergänzt oder zu Ende geführt werden. Die Mediation wird zum größten Teil schriftlich und asynchron geführt. Die Kommunikation läuft über den Mediator, wobei die Beteiligten entscheiden, ob direkter Kontakt gewünscht ist.

Bei entsprechend vorhandener Technik und Erfahrung der Beteiligten mit den Programmen sind auch **Videokonferenzen** möglich.

Die Struktur und Vorgehensweise entspricht der Klassischen Mediation. Die 5-Stufen werden im Internet dargestellt und Stufe für Stufe bearbeitet, dh der Mediator öffnet sozusagen das Mediationshaus mit den fünf virtuellen Räumen. Wann der nächste Raum geöffnet wird, bestimmen die Konfliktbeteiligten in Abstimmung mit dem Mediator.

3.16.4 Vorteile der E-Mediation

- Die Beteiligten sind **flexibel** in ihrer Entscheidung, wann und wo sie teilnehmen.   11
- Die Beteiligten haben **mehr Zeit** für eine Antwort – das kann für den Verlauf hilfreich sein.
- Es entstehen **keine Irritationen** durch Gesten und Kleidung.
- Die nicht physische Präsenz kann **emotional entspannend** wirken.
- Es gibt eine **Zeit- und Kostenersparnis**, da keine Reisekosten bei langen Anfahrtswegen enstehen.
- Es ist **kein Urlaub** oder eine Unterbrechung von Arbeitszeiten nötig.
- Der Wunsch nach Einigung kann durch **schriftliche Form** gefördert werden.
- Gute Software-Lösungen bieten die Möglichkeit, Bilder, Grafiken und Diagramme darzustellen bzw einzubinden. Manchmal sagen **Bilder** mehr als Worte und können vielleicht vorhandene Nachteile der Schriftform aufwiegen.
- Die gesamte Mediation ist am Ende **dokumentiert**.

3.16.5 Probleme der E- Mediation

Der hohe technische Anteil kann bei Teilnehmern zu Problemen führen, die nicht bemerkt werden. Das sind bspw Stimmungslagen oder Störungen der Befindlichkeit, die wegen des fehlenden physischen Kontakts nur „zwischen den Zeilen" wahrnehmbar sind. Hier ist eine besondere Wachheit des Mediators gefordert. Denn nicht alle Beteiligten sind es gewohnt, sich schriftlich auszudrücken — und die Fähigkeiten des flüssigen Schreibens bzw die Tippgeschwindigkeiten sind höchst unterschiedlich.   12

Chat-Rooms sind in dieser Konstellation wenig hilfreich zumal der **Datenschutz** sichergestellt sein muss.

3.16.6 Zusammenfassung und Ausblick

Die E-Mediation ist noch ein junges Medium, das gerade mal den Rubikon – aus der Sicht von Kindheits- bzw Wesensentwicklung betrachtet – überschritten hat und jetzt seinen Platz in der Mediationsmethodik erkundet.   13

Mit steigender Akzeptanz von alternativen Streitbeilegungsverfahren in der Bevölkerung werden die Möglichkeiten der E-Mediation in den verschiedenen Gebieten der Mediation genutzt werden und hilfreich sein.

Wenn die E-Mediation in der Praxis häufiger eingesetzt wird, werden uns auch bald aussagekräftige Erfahrungen und Ergebnisse vorliegen, inwieweit dieser Weg den persönlichen Kontakt ersetzen oder ergänzen kann.

Die E-Mediation kann eine durchaus ernst zunehmende Alternative bieten, um Konflikteflexibel, effektiv und zeit- und kostensparend zu lösen.

Die Mediation mit der persönlichen Anwesenheit aller Beteiligten von Angesicht zu Angesicht wird damit um ein weiteres Werkzeug erweitert. Entscheiden werden die beteiligten Menschen, ob und welchen Nutzen sie von internetgestützten Werkzeugen in der Mediation erkennen können.

3.17 Marketing für Mediatoren – Der Mediator als Unternehmer

Literatur: Berndt, R., Marketing: Marketing-Management, 2005; Bleicher, K., Das Konzept Integriertes Management, 1994; Bruhn, M., Kommunikationspolitik, Systemischer Einsatz der Kommunikation für Unternehmen, 2005; Meffert, H., Marketing-Management. Analyse – Strategie – Implementierung, 1994; Tomczak, T./Kuß, A./Reinicke, S., Marketingplanung, 2009.

3.17.1 Grundsätzliches

1 Mediation – auch im Zusammenhang mit dem neuen Mediationsgesetz – wird immer öfter in Anspruch genommen. Ein **Markt für Mediationsdienstleister** ist in den letzten Jahren entstanden. In diesem Zusammenhang stellt sich auch die Frage nach der Professionalisierung des Mediationsfelds. Ein gezieltes und strukturiertes Marketing für Mediation kann sowohl zur Entwicklung des Markts für Mediation als auch zur Professionalisierung von Mediation beitragen. Für Mediatoren ist es sinnvoll, sich über die persönlichen Erfolgsfaktoren als Mediatoren, der eigenen Positionierung am Mediationsmarkt und der Differenzierung zu anderen Mediationsanbietern Gedanken zu machen. Genau diese Schritte sind für ein systematisches Marketing wesentlich.

2 Es gibt aber auch eine eher ablehnende Haltung zu Marketing und dem Gedanken, Mediation in den Kategorien von Markt, Kunden, Produkt und Positionierung zu denken. Sehr verbreitet ist die Auffassung, dass gute Mediatoren (hierzu Kap. 2.12) genug Aufträge erhalten: *„Sie müssen sich nur um die gute Qualität kümmern und brauchen deshalb kein Marketing".* Ein professionelles Marketing jedoch vermag zur Schärfung des Mediationsangebots jedes Anbieters und der Mediation insgesamt beitragen und damit absatzfördernd wirken. Es kann ebenso das Anliegen und die Vision vieler Mediatoren unterstützen, möglichst viele Menschen für eine alternative Konfliktlösung zu interessieren.

3 Trotz der beschriebenen eher kritischen Haltung gegenüber dem Thema Marketing steigt in den letzten Jahren das Interesse von Mediatoren für Marketing. Mediation hat sich **von einer Methode zu einem Produkt** mit einem eigenen Markt entwickelt. Damit stellen sich Mediatoren neuen Aufgaben, um sich professionell mit dem Produkt Mediation zu positionieren, sich mit einem eigenen Markenauftritt darzustellen und damit Orientierung für potenzielle Kunden zu schaffen und den Nutzen und die Qualität von Mediationsdienstleistungen besser zu kommunizieren. In diesem Beitrag wird gezeigt, dass ein systematisches Marketing für die Verbreitung der Idee von Mediation sinnvoll und absatzfördernd sein kann. Es trägt dazu bei, dass der Interessent oder Kunde die Beschaffenheit und die Qualität des Mediationsangebots besser beurteilen kann. So kann er ein Produkt auswählen, das seinen Bedürfnissen optimal entspricht.

3.17.2 Mediation als Dienstleistung

Für das Marketing von Mediation ist wichtig zu berücksichtigen, dass Mediation eine   4
Dienstleistung ist. Das besondere Merkmal von Dienstleistungen ist **Immaterialität.** Als
Anbieter von Mediation verkaufen Mediatoren das Leistungsversprechen, eine professionell durchgeführte Mediation oder auch eine professionell durchgeführte Ausbildung
in Mediation zu erbringen. Eine weitere Besonderheit besteht darin, dass Mediatoren
den Auftraggebern **kein inhaltliches Ergebnis zusichern** können. Daraus ergibt sich eine
große Unsicherheit beim potenziellen Kunden, der die Qualität des Produkts vor dem
Kauf nur schwer beurteilen kann. Der Kunde kann allenfalls Qualitätskriterien zusammentragen, anhand derer er versucht, die Qualität und die Beschaffenheit des Angebots
zu beurteilen. Eine zentrale Aufgabe des Marketings für Mediation als Dienstleistung ist
es daher, die Unsicherheit beim Kunden so gut es geht zu reduzieren und Vertrauen in
die Leistungsfähigkeit des Mediators und der Mediation aufzubauen.

3.17.3 Definitionen von Marketing

Für Marketing gibt es viele Definitionen. Zwei von ihnen lauten: 5

- **American Marketing Association 1985:** „Marketing ist der Prozess der Planung und
  Durchführung der Entwicklung, Preisgestaltung, Verkaufsunterstützung und des
  Vertriebs von Ideen, Gütern und Dienstleistungen im Rahmen von Austauschbezie-
  hungen, die individuellen und organisationalen Zielen gerecht werden.“[1]
- **American Marketing Association 2008:** „Marketing bezeichnet die Aktivitäten, In-
  stitutionen und Prozesse zur Schaffung, Kommunikation, Bereitstellung und zum
  Austausch von Angeboten, die einen Wert haben für Kunden, Auftraggeber, Partner
  und die Gesellschaft insgesamt.“[2]

Die Definitionen machen deutlich, dass Marketing eine Aktivität ist, um über die **Besonderheit und dem Nutzen eines Produkts** für den Kunden zu kommunizieren.

3.17.4 Informationsgrundlagen der Marketingplanung

Ein systematisches Marketing braucht als Grundlage Informationen über den Unterneh-   6
mer und die Umwelt seines Unternehmens.

3.17.4.1 Entwicklung einer Vision

Für jedes unternehmerische Handeln ist eine Vision von grundlegender Bedeutung. Sie   7
gibt die Richtung und den Rahmen vor, die in den nächsten Schritten konkretisiert und
ausgefüllt werden. Eine Vision ist „eine ganzheitliche, vorausschauende Vorstellung von
Nutzen für die Gesellschaft. Als Leitstern prägt sie das unternehmerische Handeln“[3]
oder „ein konkretes Zukunftsbild, nahe genug, dass wir die Realisierbarkeit noch sehen
können, aber schon fern genug, um die Begeisterung der Organisation für eine neue
Wirklichkeit zu wecken.“[4]

Die Vision soll sehr allgemein und kurz gehalten sein. Sie kann in zwei Sätzen formu-   8
liert werden und beinhaltet die Gründe des unternehmerischen Handelns. Der Autobau-
er Audi zB formuliert seine Unternehmensvision kurz und prägnant: „Vorsprung durch
Technik“. Für Mediation könnte eine Vision lauten: „Wir wollen einen Beitrag zu einer

1 Tomczak/Kuß/Reinicke, Marketingplanung, 2009, 5.
2 S. Fn 1.
3 Bleicher, Das Konzept Integriertes Management, 1994, 102.
4 Boston Consulting Group 1998, zitiert nach Lombriser/Abplanalp, Strategisches Management, 4. Aufl. 2005,
224.

effizienteren Kommunikation in der Gesellschaft/in Organisationen/in Unternehmen leisten".

9 Zur Formulierung der Vision werden folgende Fragen gestellt:

■ Warum mache ich das, was ich tue?

■ Warum gibt es mich und soll es mich geben?

■ Warum möchte ich das machen, was ich mache?

■ Welchen Nutzen biete ich?

3.17.4.2 Interne Analyse

10 Bei der internen Analyse geht es darum, die Stärken und Schwächen in Bezug auf die Persönlichkeit und die fachliche Kompetenz als Mediator und Unternehmer zu definieren.

Die Analyse der Stärken und Schwächen ist Teil der Informationsgrundlage für die spätere **Positionierung** sowie die Kommunikations-, Distributionspolitik, Produkt- und Preisgestaltung. Die interne Analyse erlaubt, alle Stärken und Schwächen erst einmal zu notieren, um dann in einem weiteren Schritt zu entscheiden, welche Stärken nach außen kommuniziert werden. Die Schwächen sollten ebenso identifiziert werden.

11 Folgende Stärken könnten bei Mediator X vorliegen:

■ Stärken als Person: guter Netzwerker, sehr gute Kommunikationsfähigkeiten, Charisma, Ausstrahlung, Sympathie, selbstbewusstes Auftreten.

■ Stärken als Mediator: gut ausgebildet in Mediation, Erfahrung in unterschiedlichen Kontexten, langjährige Berufserfahrung.

■ Stärken als Unternehmer: Führungsqualitäten, Marketingkompetenz, Gesetzeswissen.

12 Folgende Schwächen könnte ein Mediator X haben:

■ Wenig Mediationserfahrung.

■ Keine rechtlichen Kenntnisse.

■ Unsicheres Auftreten gegenüber der Hierarchie.

■ Angst vor Konflikten in Teams.

13 Aus diesen Schwächen, die zugleich Stärken sein können, würde sich eine Positionierung als Mediator für Teams und Gruppen nicht empfehlen. Ebenso könnten Mediationen in stark hierarchisch geprägten Organisationen nicht die priorisierte Zielgruppe sein. Der Mediator könnte aber durch Co-Mediation diese Schwächen kompensieren. Das würde die Pflege eines Netzwerks bedeuten und die Positionierung mit einer Mediatorin oder einem Mediator zusammen für ein ganz bestimmtes Mediationsangebot.

3.17.4.3 Externe Analyse

14 Im ersten Schritt der externen Analysewird bestimmt, in welchem Marktsegment man tätig sein möchte. Für Mediatoren könnte sich die Frage stellen, ob man im Fort- und Weiterbildungsmarkt tätig ist, in der direkten Konfliktvermittlung oder sich auf das Thema Konfliktmanagement in Organisationen spezialisiert. Nachdem der Markt identifiziert wurde, werden die Mitbewerber in diesem Markt herausgefunden, die ähnliche oder gleiche Strategien verfolgen oder sich auf ähnliche Kundenbedürfnisse konzentrieren. Daraus ergeben sich die Merkmale des Leistungsangebots.

15 Zur externen Analyse gehört auch, die technologischen, politisch-rechtlichen, gesamtwirtschaftlichen und demographischen Entwicklungen zu berücksichtigen, da diese Auswirkungen auf den avisierten Markt haben können. Für Mediation ist das Mediati-

onsgesetz eine politisch-rechtliche Entwicklung, die große Auswirkungen auf den Markt haben wird. Eine weitere gesamtwirtschaftliche Tendenz kann der zunehmende Wunsch von Menschen sein, mitbestimmen zu wollen. Die erhobenen Daten der externen und internen Analyse sind die Grundlage für die Unternehmens- und Geschäftsfeldplanung.

3.17.5 Marktorientierte Unternehmensplanung

Die Marktorientierte Unternehmensplanung erfolgt in 4 Schritten: 16
1. Gegenwärtiges Produktangebot – wo?
   Mit welchen Produkten bin ich gegenwärtig in welchen Märkten tätig? Dabei kann es eine Überlegung sein, Mediation für eine spezielle Zielgruppe anzubieten und somit als Spezialist wahrgenommen zu werden.
2. Zukünftiges Produktangebot – wohin?
   Mit welchen Produkten will ich zukünftig in welchen Märkten tätig sein. Hierbei könnte ein Aspekt sein, welche Fortbildung ich mache, um zukünftig ein weiteres mediationsnahes Produkt anbieten zu können oder welche Kooperation eingegangen werden sollten, um das Produktangebot zu erweitern.
3. Zeitrahmen – wann?
   Hierbei geht es um die Entscheidung, ab wann Produkte am Markt angeboten werden.
4. Strategische Grundausrichtung – wie?
   Sie ist eine Grundsatzentscheidung, die sich in allen Produkten widerspiegeln sollte. Es gibt die Entscheidung zwischen der Kostenführerstrategie als günstiger Anbieter und der Differenzierungsstrategie als qualitativ hochwertiger Anbieter. Zwischen den extremen Strategien gibt es eine Reihe von Schattierungen wie zB „gute Qualität zu einem fairen Preis".

3.17.6 Marktorientierte Geschäftsfeldplanung

Für das Marketing ist es wichtig, Geschäftsfelder zu definieren. Strategische Geschäfts- 17 felder sind: *„Ein möglichst isolierter Ausschnitt aus dem gesamten Betätigungsfeld eines Unternehmens. Das strategische Geschäftsfeld entsteht i.Allg. durch die Zusammenfassung von untereinander möglichst homogenen Produkt/Markt-Kombinationen. Die Anzahl der strategischen Geschäftsfelder sollte übersichtlich und handhabbar bleiben (unter zehn), so dass es oft zweckmäßig und erforderlich ist, weiter (zB in Zielgruppen) zu segmentieren."*[5]

Nach Ralph Berndt könnten für einen Markenartikelhersteller folgende Kriterien zur 18 Bildung von Geschäftsfeldern relevant sein: das Produkt, die Problemlösung, die Technologie, die Wettbewerber, die Nachfrager.[6] Für jedes Geschäftsfeld wird im Folgenden eine Positionierung und die Instrumente des Marketings – Preis, Produkt, Kommunikation und Distribution – definiert.

3.17.6.1 Die Marketingziele

Von zentraler Bedeutung für das Marketing ist dessen Orientierung an einem wider- 19 spruchsfreien Zielsystem. „Ohne diese Ausrichtung droht die Unternehmens- und Marketingstrategie zu einer reaktiven Anpassung an Umweltveränderungen (...) zu degenerieren."[7]

---

5 Gabler, Wirtschaftslexikon, http://wirtschaftslexikon.gabler.de/Definition/strategisches-geschaeftsfeld.html.
6 Vgl Berndt, Marketing: Marketing-Management, 2005.
7 Meffert, Marketing-Management. Analyse – Strategie – Implementierung, 1994, 78.

20 Ziele werden als angestrebte Zustände verstanden. Sie können durch bestimmte Handlungen hergestellt werden. Ziele übernehmen somit eine wichtige Steuerungs-, Kontroll- und Koordinationsfunktion. Um diese Funktion erfüllen zu können, sollten sie spezifisch und messbar sein. Die formulierten Ziele sollten folgende vier Dimensionen abdecken:[8]

1. Das **Zielobjekt** ist zB ein einzelnes Produkt. Es geht um Produkt-Markt-Kombinationen.

2. **Zielinhalte** sind bspw Umsatz, Marktanteil, Image, Bekanntheit und Kundenzufriedenheit.

3. Beim **Zielausmaß** geht es darum, das Ausmaß eines bestimmten Zielinhalts so genau wie möglich zu bestimmen.

4. Der **Zeitraum** gibt an, in welcher Zeitspanne das Ziel erreicht werden soll.

3.17.6.2 Die Positionierung

21 Die Positionierung bedeutet, die Gemeinsamkeiten und Unterschiede mit den direkten Konkurrenten auf der Grundlage der erhobenen Daten der internen und externen Analyse klar zu benennen.

22 Des Weiteren muss entschieden werden, welche (kaufentscheidungs-) relevanten Bedürfnisse beim Kunden angesprochen werden sollen. Dabei ist es wichtig, Grund-, Zusatz- und Nebenbedürfnisse zu unterscheiden. Der nächste Schritt ist, zu klären, welche die relevante Zielgruppe ist und wer die Kaufentscheidungen trifft. Für Mediation in Unternehmen und Organisationen entscheiden die Konfliktparteien sich für einen Mediator. Die Kaufentscheidung trifft hingegen die Personalabteilung.

23 **Hierzu ein Beispiel:**

Die Mediatorin Valerie Hoffmann, 38 Jahre

Ergebnisse der internen Analyse: Sieben Jahre Berufserfahrung als Personalentwicklerin im Mittelstand mit Kenntnissen innerbetrieblicher Prozesse und Strukturen. Davon hat sie fünf Jahre Führungserfahrung. Sie kennt innerbetriebliche Konfliktlagen und Ansätze der innerbetrieblichen Konfliktlösung. Seit vier Jahren ist sie ausgebildete Mediatorin und anerkannt vom Bundesverband Mediation. Sie verfügt über ein gutes Netzwerk von Mediatoren mit ähnlichem Erfahrungshintergrund in Mediation. Sie hat Aufbauseminare zum Thema „Konfliktmanagement in Teams und Gruppen" belegt. Innerbetrieblich hat sie zwei zweitägige Seminare zum Thema „Konfliktmanagement in Teams und Gruppen" durchgeführt. Sie verfügt nach vier Jahren Mediatorentätigkeit über eine praktische Erfahrung in der Durchführung von Mediationen. Mit hocheskalierten Konflikten hat sie weniger Erfahrungen.

Ergebnisse der externen Analyse: Valerie Hoffmann wird aufgrund ihrer beruflichen Erfahrung und persönlichen Interessen im Markt für Mediation in Organisationen und Unternehmen tätig sein. Dieser ist von großen Instituten, welche regional und überregional tätig sind und freiberufliche Mediatoren, die eher regional agieren, geprägt. Die Berufserfahrung der Mediatoren in diesem Markt reicht von zwei bis 20 Jahren. Viele der erfahrenen Mediatoren sind auch als Ausbilder für Mediation tätig und bei Verbänden anerkannt. Andere Mediatoren sind auch als Trainer, Coach und Supervisoren tätig. Besonders Diplom-Psychologen und Anwälte sind in dem Markt der Mediation für Unternehmen und Organisationen tätig.

Aus der Gegenüberstellung der internen und externen Analyse wird das **Profil von Valerie Hoffmann** erarbeitet, welches ihre Positionierung im Markt deutlich macht, indem es die Gemeinsamkeiten und Unterschiede zu den Konkurrenten beschreibt. Dadurch entsteht ein geschärftes Profil von ihr, welches ihrer Zielgruppe verdeutlicht, durch welche ihrer angebotenen Leistungen sie die kaufentscheidungsrelevanten Bedürfnisse anspricht und zufriedenstellt: Sie ist Spezialistin für Konfliktlösung im innerbetrieblichen Kontext für Einzelpersonen und Teams und

---

8 Vgl Tomczak/Kuß/Reinicke, Marketingplanung, 2009, 126 f.

Gruppen. Ihre langjährige Erfahrung innerbetrieblicher Abläufe und Prozesse ermöglicht ihr, praxisnahe und zukunftsfähige Ergebnisse zu erarbeiten, ohne inhaltliche Vorgaben zu machen. Ihr Fokus liegt auf der langfristigen Wiederherstellung der Arbeitsfähigkeit von Teams, Gruppen und Abteilungen in Unternehmen. Sie kann Personalverantwortlichen den innerbetrieblichen Ablauf für Konfliktmanagement vermitteln und die Einführung interner Konfliktmanagementsysteme unterstützen. Durch ihr aktives Netzwerk ist sie in der Lage, ein Team von Mediatoren zusammen zu stellen. Damit kann sie auch Konflikte in größeren Teams und Gruppen bearbeiten

3.17.6.3 Die Marketinginstrumente – die vier Ps

Zur Verwirklichung der Marketingziele werden bestimmte Marketinginstrumente ge- 24
nutzt.
Die 4 wesentlichen Marketinginstrumente sind:

- Product (Produktpolitik);
- Price (Preispolitik);
- Promotion (Kommunikationspolitik);
- Placement (Distributionspolitik).

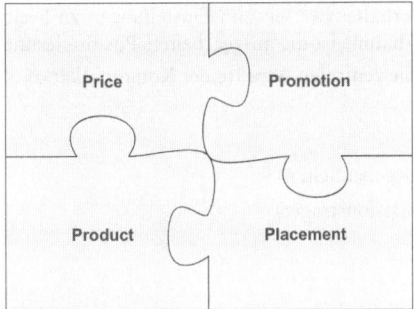

Abb. 1: Die vier Ps des Marketings

Die ausgearbeitete Positionierung ist die Grundlage für die Ausgestaltung der vier Ps 25
und muss sich in allen Instrumenten wiederfinden. Dabei ist es wichtig, das Zusammenwirken der vier Marketinginstrumente zu berücksichtigen. Dies wird auch als Marketing-Mix bezeichnet, da Kunden die einzelnen Instrumente des Marketing-Mix in ihrer Gesamtheit wahrnehmen. Die vier Instrumente sind nicht trennscharf, was zur Folge haben kann, dass Maßnahmen zum Beispiel sowohl Teil der Produkt- wie der Preispolitik sind. Maßnahmen sollten immer wieder auf Ihre Wirksamkeit und Aktualität überprüft werden.

3.17.6.3.1 Product – Produktpolitik

Nachfrager kaufen keine Produkte, sondern einen Komplex von Nutzenkombinatio- 26
nen.[9] Ähnlich wie in der Mediation ist im Marketing der Perspektivenwechsel wichtig, um herauszufinden, welchen Nutzen die Kunden brauchen und auf welche der Kundenbedürfnisse die Fähigkeiten des Mediators eingehen können. Oft bleiben die Dimensionen der Kundenbedürfnisse bei der Erstellung des Produktangebots unberücksichtigt. In der Mediation könnte zB bei einem Teamkonflikt der Grundnutzen für den Kunden

---

9 Vgl Tomczak/Kuß/Reinicke, Marketingplanung, 2009, 224.

sein, den Konflikt in einem Team zu lösen und damit die Arbeitsfähigkeit wieder herzustellen. Ein gewünschter Zusatznutzen könnte sein, eine Kommunikationsfähigkeit in der Mediation zu erwerben, die für die Lösung zukünftiger Konflikte hilfreich ist. Weitere Zusatznutzen könnten eine angenehme Atmosphäre, ein angenehmer und empathischer Mediator oder verkehrsgünstige Anbindung sein. Entsprechend der Kundenbedürfnisse und der Positionierung sollten die Produkte ausgestaltet sein.

3.17.6.3.2 Price – Preisgestaltung

27 Die Preisgestaltung ergibt sich aus dem Preis und der definierten Gegenleistung. Die Preispolitik verfolgt als **Verkaufspreispolitik** hauptsächlich das absatzpolitische Ziel, mit der Verkaufspreisgestaltung wie Skonto, Bonus und Rabatt Kaufanreize zu setzen. Der Kunde wird sich dann zum Kauf entscheiden, wenn der Nutzen größer ist als der zu zahlende Preis. Bei der Entscheidung für einen Preis sollte die Positionierung mit einbezogen werden. Der gewählte Preis sollte in das Preisgefüge des Markts passen.

3.17.6.3.3 Promotion – Kommunikationspolitik

28 Eine wichtige Voraussetzung für den unternehmerischen Erfolg eines Anbieters – des Mediators – besteht darin, dass der potenzielle Kunde die angebotenen Problemlösungen des Anbieters wahrnimmt. Mit Kommunikation ist allgemein die Übermittlung von Informationen gemeint, um Meinungen, Verhaltensweisen und Einstellungen zu beeinflussen. Basis für jede Kommunikationsmaßnahme ist die ausgearbeitete Positionierung. Folgende Fragestellungen charakterisieren die zentralen Aspekte der Kommunikation:[10]

- Wer (Organisation und Unternehmen)
- sagt was (Kommunikationsbotschaft)
- unter welchen Bedingungen (Situative Gegebenheiten)
- über welche Kanäle (Medien, Kommunikationsträger)
- zu wem (Zielgruppe)
- in welchem Gebiet (Einzugsgebiet)
- mit welchen Kosten (Kommunikationsaufwand)
- mit welchen Konsequenzen (Kommunikationserfolg).

29 Instrumente der Kommunikation sind:

- Corporate Identity: Logo, Name und Farbgebung, welches sich überall wiederfindet zum Zwecke der Wiedererkennung und Identifizierung;
- Werbebriefe oder E-Mails;
- Anzeigen in Zeitschriften;
- Informationsmaterial, wie Flyer, Broschüren;
- eine professionell gestaltete und aktuell gehaltene Homepage;
- Messeauftritte;
- Werbespots;
- Sponsoring (sind eher für größere Unternehmen interessant);
- persönlicher Verkauf in Informationsgesprächen oder Informationsveranstaltungen können für Mediatoren eine der wichtigsten Kommunikationskanäle sein.

---

10 Vgl Bruhn, Kommunikationspolitik, Systemischer Einsatz der Kommunikation für Unternehmen, 2005, 36; Meffert, Marketing – Grundlagen marktorientierter Unternehmensführung. Konzepte – Instrumente – Praxisbeispiele, 2000, 685.

3.17.6.3.4 Placemement – Distributionspolitik

Die Distributionspolitik entscheidet darüber, in welcher Form dem potenziellen Kunden   30
das Produkt zugänglich gemacht wird. Bei Mediation handelt es sich oft um einen Di-
rektvertrieb, da es zwischen Nutzer und Anbieter keine Absatzmittler gibt. Ausnahmen
könnten Plattformen wie die Mediatorenlisten der Mediationsverbände BAFM, BM,
und BMWA oder Mediator-finden.de sein. Auch Netzwerke und Partnerschaften können für die Distribution hilfreich sein. Das Empfehlungsmarketing ist sicher ein wesentliches Element der Distribution für Mediation.

3.17.7 Zusammenfassung

Für das Marketing von Mediation ist es wichtig, eine Marketingstrategie zu entwickeln   31
und diese in allen Marketingaktivitäten konsequent und kontinuierlich zu verfolgen.
Einzelne spontane Aktionen zur Vermarktung kosten Energie und Geld, ohne nachhaltig zu wirken. Der Kern der Marketingstrategie sollte sein, den möglichen Kunden den
Nutzen der angebotenen Dienstleistung zu vermitteln. Den Kunden interessiert weniger,
was Mediation ist als vielmehr, was Mediation kann, welchen Nutzen der Kauf der
Dienstleistung Mediation erbringt und was sich durch den Kauf und Inanspruchnahme
von Mediation für den Kunden verändert.

Neben der Erklärung von Mediation empfiehlt sich bei der Produktbeschreibung, den   32
Schwerpunkt auf den Nutzen des Kunden zu legen. Die Erklärung der einzelnen Phasen
und der Einsatzfelder von Mediation sind hierbei zweitrangig. Für ein erfolgreiches
Marketing ist dieser **Perspektivwechsel** – weg vom Anbieter hin zum Nutzen des Kunden – wichtig. Darin besteht auch die Gemeinsamkeit von Mediation und Marketing.
Auch in der Mediation ist der Perspektivwechsel wichtig, um eine Konfliktlösung zu ermöglichen.

Zentrale Aufgaben des Marketings von Mediation ist es, die **Unsicherheit des Kunden**   33
vor dem Kauf **zu reduzieren.** Qualitätsindikatoren zur Verfügung zu stellen und ein kla-
res Angebot zu formulieren, kann dieser Unsicherheit begegnen. Für den Kunden sind
Informationen hilfreich, die Rückschlüsse auf die fachliche Kompetenz ermöglichen.
Beispiele dafür sind allem voran die Anerkennung in einem der Verbände, aber auch
Veröffentlichungen, Feedbacks von Kunden, welche bereits eine Mediation bei ihnen
gemacht haben, Referenzen, eine professionell gestaltete Homepage, Erreichbarkeit am
Telefon und per E-Mail etc.

Für das Produkt und die Positionierung von Mediation ist die **Person des Mediators**   34
wichtig. Der Kunde muss der Person und der Kompetenz des Mediators vertrauen. Deshalb empfiehlt es sich, die Kompetenzen und Stärken des Mediators in den Markt und
an den Kunden zu kommunizieren. Nichts ist so konkret wie der Mensch, mit dem man
reden kann.

4 Recht

4.1 Recht und Mediation

Literatur: Ripke, L., Recht und Gerechtigkeit in der Mediation, in: Haft/v. Schlieffen, Handbuch der Mediation, § 7, 2009, 161 ff; Trenczek, T./Tammen, B./Behlert, W., Grundzüge des Rechts, 3. Aufl. 2011.

4.1.1 Überblick

1   Das Verhältnis von Recht und Mediation betrifft eine Reihe von Aspekten, die auf ganz unterschiedlichen Ebenen liegen, weshalb diese in diesem Handbuch auch in verschiedenen Beiträgen behandelt werden. In diesem ersten Kapitel des Abschnitts 4 soll zu Beginn eine Orientierung gegeben und die Verbindung hergestellt werden. Der Beitrag beschäftigt sich zunächst mit einigen grundsätzlichen Fragen über das Verhältnis von Recht und Mediation und den insoweit wesentlichen Begriffen (Recht, Gerechtigkeit, Fairness, ADR usw), um einige wesentliche Gemeinsamkeiten und Unterschiede herauszuarbeiten, bevor die Konsequenzen für die Praxis herausgearbeitet und konkrete Hinweise zum Umgang mit Rechtsfragen in der Mediation gegeben werden. Berufsrechtliche Stellung und Pflichten der Mediatoren werden detailliert im Kap. 4.2 abgehandelt. Klärungen zum rechtlichen Schutz und der Aspekt Vertraulichkeit finden sich im Kap. 4.3, Ausführungen zu Mediationsvereinbarungen, -klauseln und Mediationsordnungen sowie den rechtlichen Aspekten einer Abschlussvereinbarung zwischen den Medianten in Kap. 4.4. Der Beitrag 4.5 beschäftigt sich mit dem Verhältnis von Mediation und gerichtlichen Verfahren. Eine Einführung in die Regelungen des neuen (deutschen) MediationsG findet sich in Kap. 4.6.

4.1.2 Recht und Gerechtigkeit durch Verfahren

2   Recht und **Gerechtigkeit**, so hört man immer wieder, seien zwei verschiedene Dinge.[1] Und in der Tat, bereits bei Hegel kann man 1821 in den „Grundlinien der Philosophie des Rechts" lesen, dass das Recht das sei, „was gleichgültig gegen die Besonderheit" bleibt.[2] Der Begriff „gleichgültig" verweist zum einen auf eine Bedeutung im Sinne von „desinteressiert". Und tatsächlich zeigt sich das Recht der individuellen Biografie des Einzelnen, seiner „Besonderheit", gegenüber weitgehend desinteressiert. Nicht das konkrete Individuum in seiner jeweiligen psychosozialen Existenz, sondern eine abstrakte Rechtsperson ist das Subjekt im Recht. Zum anderen ist damit aber auch angesprochen, dass das Recht unbeschadet aller individuellen Besonderheit für jeden Einzelnen „gleich gültig", also gleichermaßen gültig ist.[3]

3   Gerechtigkeit und **Fairness** werden oft synonym verwendet,[4] obwohl der Gerechtigkeitsbegriff mitunter eher eine inhaltlich-materiell(rechtlich)e Konnotation aufweist und

---

1   Vgl auch Ripke 2009, 161 f.
2   Hegel, Grundlinien der Philosophie des Rechts, 1821 (Berlin 1981), § 49.
3   Trenczek et al/Behlert 2011, 74 ff.
4   Vgl. Klinger/Bierbrauer, Verfahrensgerechtigkeit ZKM 2006, 36.

Fairness sich auf das Verfahren bezieht. Für John Rawls war ein faires Verfahren die Grundlage für die Gerechtigkeit und das Recht schlechthin,[5] ein Ansatz der sich im angelsächsischen Recht des Common Law wieder findet. Dieses gründet viel weniger als das deutsche Recht auf materielle Rechtspositionen, sondern ist traditionell stärker prozessorientiert und entwickelt seine materiell-rechtlichen Orientierungen weitgehend über das case-law der Präzedenzfälle. Es nimmt deshalb nicht Wunder, dass die Mediation in den USA in den späten 1960er Jahren zwar nicht neu erfunden, aber doch zumindest wieder entdeckt wurde (Kap. 1.1 Rn 5 ff). Nach dem Fairnessparadigma ist die Gewährleistung eines fairen Verfahrens für die Gerechtigkeit konstitutiv. Während in der Form der idealisierten **Verfahrensgerechtigkeit** die Prozeduren so beschaffen sind, dass ein inhaltlich-materiell gerechtes Ergebnis garantiert wird, kommt es nach dem Modell der sog. reinen Verfahrensgerechtigkeit allein auf das faire Verfahren als solches an, ohne dass dies durch ein gerechtes Ergebnisses dokumentiert werden müsste. Gerechtigkeit ist per se durch das faire Verfahren begründet.

Im deutschsprachigen Raum hat sich u.a. der Rechts- und Sozialpsychologe Günter **4** Bierbrauer seit Anfang der 1980er Jahre aus einer interdisziplinären Perspektive Gedanken über die **Verfahrensgerechtigkeit** gemacht.[6] Aber auch das Recht selbst – und zwar in Form der Europäischen Menschenrechtskonvention, die in Deutschland als unmittelbar anzuwendendes Recht gilt – formuliert in Art. 6 EMRK ausdrücklich das „Recht auf ein faires Verfahren". **Fairness als Verfahrensprinzip** kann also in einem Rechtsstaat (Art. 20 Abs. 3 GG) überhaupt nicht infrage gestellt werden. Es fragt sich aber, ob sich Gerechtigkeit (allein) durch das Verfahren herstellt. In der deutschen Rechtsliteratur scheint überwiegend die materielle Richtigkeit der Entscheidung im Vordergrund zu stehen und mehr die Justizförmigkeit des Verfahrens als das Konzept der Fairness Beachtung zu finden.[7] Und bei Niklas Luhmann wird das Recht im Wesentlichen auf seinen formalen Gehalt und seine Funktionalität reduziert („Legitimation durch Verfahren").[8] Das Recht als „Generalisierung und Stabilisierung von Verhaltenserwartungen" benötigt im Hinblick auf die Regelung von Konflikten ein separates, nachgeschaltetes System der Konfliktentscheidung.[9] Die **Gerechtigkeit** wird als Legitimationsgrundlage des Rechts insoweit gar nicht benötigt.

Eine andere Perspektive eröffnet sich hingegen, sobald der soziale Kontext des Rechts **5** mit in den Blick genommen wird, innerhalb dem sich seine gesellschaftliche Wirklichkeit erst konstituiert; gemeint ist der sog. **soziale Rechtsfrieden.** Dabei geht es nicht um die Regelungsfunktion des Rechts auf einer Makroebene im Hinblick auf gesellschaftliche Konflikte, über dessen Genese sich die Konsens- und Konflikttheorien so trefflich streiten.[10] Vielmehr geht es um die **Funktion des Rechts im konkreten Einzelfall.** Für Gustav Radbruch war Recht nicht nur der „Inbegriff der generellen Anordnungen für das menschliche Zusammenleben", sondern auch „die Wirklichkeit, die den Sinn hat, der Gerechtigkeit zu dienen".[11] Gerechtigkeitskonzepte können allerdings keinen Anspruch auf eine universellen Gültigkeit erheben.[12] Gerechtigkeit wird, wenn überhaupt, dann im partizipatorisch-dialogischen Verfahren hergestellt. Um es mit den Worten des

---

5   Rawls, Justice as Fairness, The Philosophical Review, vol. LXVII, 1958, 164 ff; vgl auch ders. A Theory of Justice, 1971 (dt. Ausgabe, Frankfurt 1975).
6   Bierbrauer, Gerechtigkeit und Fairness im Verfahren; in: Blankenburg et al. (Hrsg.) 1982, 317; Bierbrauer/ Gottwald/Birnbreier-Stahlberger (Hrsg.), Verfahrensgerechtigkeit – Rechtspsychologische Forschungsbeiträge für die Rechtspraxis, 1995; s.a. Klinger/Bierbrauer ZKM 2006, 36 ff.
7   Vgl Hörnle, Justice as Fairness – Ein Modell auch für das Strafverfahren?; Rechtstheorie 2004, 175 ff mwN.
8   Luhmann, Ausdifferenzierung des Rechts 1981, 133; ders. Legitimation durch Verfahren, 6. Aufl. 2006.
9   Luhmann, Rechtssystem und Rechtsdogmatik, 1974, 24.
10 Vgl. Trenczek et al. 2011, 36 ff.
11 Radbruch, Rechtsphilosphie, Bd. 16 1932 (Neuauflage Heidelberg 1999), 34.
12 Hofmann, Einführung in die Rechts- und Staatsphilosophie, 2000, 210.

amerikanischen Sozialphilosophen Michael Walzer zu sagen: „*Gerechtigkeit ist ein menschliches Konstrukt; und es steht keineswegs fest, dass sie nur auf eine einzige Weise hergestellt werden kann*".[13] Zu beachten ist dabei, dass die normativen Aspekte des Gerechtigkeitskonstrukts unterschieden werden müssen von seinem subjektiv, psychologischen Gehalt.[14] Gerade hierin liegt ein wesentlicher Kern interpersoneller Konflikte – und ein entscheidender Ansatzpunkt für die Mediation zur Konfliktlösung im konkreten Einzelfall (s. Kap. 2.9).[15] Gerechtigkeit ist nicht da, sie ist allenfalls in der Interaktion von Menschen herstellbar. Auf der Grundlage des **interaktionistischen Fairnessparadigmas** wird ein Konflikt mit einem gerechten Ergebnis gelöst, wenn das Verfahren von den beteiligten Personen als fair akzeptiert und erlebt werde. Wenn fair gespielt wird, wenn keine Regeln verletzt werden, kann das Ergebnis – im Sport wie in jedem anderen Wettbewerb – als gerecht akzeptiert werden.[16] Empörung, Frustration, Trauer, Wut, das Gefühl der Ohnmacht ebenso wie der Wunsch nach Vergeltung entsteht, wenn unfair gehandelt und das Vertrauen in die Regeln verletzt wurde. Für den Bereich der Konfliktregelung bedeutet dies: Konflikte können nicht gelöst werden, wenn das subjektiv empfundene Unrecht nicht geäußert, die unterschiedlichen normativen Überzeugungen sowie die über die Rechtspositionen hinausreichenden Interessen und Bedürfnisse der Betroffenen nicht in einem fairen Verfahren verhandelt werden.[17] Die wahrgenommene Verfahrensfairness ist ein wesentlicher Faktor für die Akzeptanz des Ergebnisses als gerecht – im Gericht wie in der Mediation.[18] Mediatoren arbeiten freilich anders als Richter, geht es doch in einer Mediation nicht um Wahrheits- oder um eine Schuldfeststellung. Erkenntnistheoretisch ausgestattet mit einer **konstruktivistischen Weltsicht** (Kap. 2.10) müssen, ja dürfen Mediatoren nicht ermitteln, ob etwas wahr ist oder nicht, sondern sie arbeiten mit Wahrnehmungen und den subjektiven Gerechtigkeitsvorstellungen der beteiligten Personen (Kap. 2.12). Die Neuro- und Kognitionswissenschaft lehrt uns, dass die Fähigkeit zur Wahrnehmung auf der Fähigkeit basiert, die gesamte Erfahrung so zu organisieren, dass sie Sinn macht (s. Kap. 2.2). Nie können wir die Wirklichkeit „an sich" erleben. Wahrnehmung ist ein aktiver Prozess, somit gleichzeitig immer subjektiv und selektiv, Interpretation und Konstruktion. Entsprechendes gilt für die Gerechtigkeit. So wie wir unsere eigene Wirklichkeit konstruieren, stellen wir Gerechtigkeit in der Interaktion mit anderen Menschen her – oder eben auch nicht. Leider gelingt der Prozess der Herstellung gemeinsamer Konstruktionen nicht immer. Gerade in Konfliktsituationen ist die Selektivität der Wahrnehmung besonders stark und die Kommunikation zumeist gestört. Es bleibt dann offenbar nur der Gang zum Gericht. Die Klage wirkt zumeist wie eine Kriegserklärung. Der Konflikt eskaliert, eine interessensgerechte Lösung für beide Parteien rückt in weite Ferne.

4.1.3 Recht und ADR

6 Mediation und andere Formen der „Alternative Dispute Resolution" (ADR) haben sich in Abgrenzung zur justiziellen Konfliktregelung im Gerichtsverfahren entwickelt (Kap. 1.1). Insbesondere Mediation zeichnet sich durch ihre **transdisziplinäre** Basis und Ausrichtung aus, dh, für sie sind die Erkenntnisse aus unterschiedlichen Wissenschaftsdiszi-

---

13 Walzer, Sphären der Gerechtigkeit 1994, 30.
14 Klinger/Bierbrauer ZKM 2006, 36 ff; Montada, Gerechtigkeit als Gegenstand der politischen Psychologie; Zeitschrift für politische Psychologie 1999, 3 ff; Müller, Gerechtigkeitskonflikte in der Mediation – Subjektive (Un-)Gerechtigkeit und divergierende Gerechtigkeitsvorstellungen am Beispiel von Trennung und Scheidung, 2004
15 Montada, Mediation – Pfade zum Frieden, EWE 2009, 501 ff (502).
16 Montada EWE 2009, 501 ff (503).
17 Montada EWE 2009, 503 ff.
18 Klinger/Bierbrauer ZKM 2006, 38.

Trenczek

plinen konstitutiv (s. Kap. 1.1.3). Auch das Recht spielt in der Mediation mitunter eine Rolle, freilich in aller Regel nicht die Hauptrolle (s. Rn 9 ff). Mediation und Recht sind gleichwohl kein Gegensatz.[19] Dennoch wird das Verhältnis häufig als „nicht einfach" oder gar „schwierig" beschrieben, auf Spannungen oder Konflikte hingewiesen. Dies liegt aber weniger am Verhältnis von Recht und Mediation, vielmehr hat dies nicht nur in Deutschland vor allem berufsständische Gründe, verschärft dadurch, weil nach dem alten RBerG die „geschäftsmäßige Besorgung fremder Rechtsangelegenheiten" grds. den Rechtsanwälten und Notaren vorbehalten war. Hätte man hierunter auch die Mediation gerechnet, wären andere, insb. psychosoziale Berufsgruppen weitgehend aus dem Mediationsgeschäft gedrängt worden,[20] obwohl gerade letztere entscheidend zur Entwicklung und Methodik der Mediation beigetragen haben (zur aktuellen Rechtslage s. Rn 10). 7

4.1.3.1 Positionen vs. Interessen

Die Behauptung, Rechtsberatung gehöre zum „Kern der mediativen Aufgabe" oder Mediation sei per se als **Rechtsberatung** und Besorgung fremder Rechtsangelegenheiten anzusehen, hatte ein (auch methodisch) sehr schlichtes Vermittlungsmodell im Blick, welches der justiziellen Verfahrenslogik verhaftet blieb. Es mag auf die traditionell kompromiss- und vergleichsorientierte Tätigkeit von Rechtsanwälten und Richtern zutreffen, es hat aber mit dem, was als (interest based, facilitative) Mediation angesehen und praktiziert wird (hierzu Kap. 1.1.3.4), wenig gemeinsam. Es geht in der Mediation nicht nur oder vorrangig um die Klärung rechtlicher Verhältnisse, sondern um die Klärung der hinter den Rechtspositionen stehenden **Interessen** (hierzu ausführlich Kap. 2.7 und 3.1.3). Nicht rechtliche Fragen, sondern ökonomische, soziale und persönliche Bedürfnisse stehen in der Mediation im Vordergrund, ganz gleich, ob es sich um eine Familienmediation, um eine Wirtschaftsmediation, um die Mediation in Nachbarstreitigkeiten oder in strafrechtlich relevanten Konflikten handelt. 8

Die Existenz des Strafrechts als solches, zivilrechtliche Haftungsprozesse wie übrigens auch die sog. „Compliance-Strategien" in Unternehmen weisen schon auf das **begrenzte Steuerungspotential des Rechts**[21] im Hinblick auf menschliches Verhalten hin, entsprechende Erwartungen werden immer wieder enttäuscht.[22] Vielmehr spricht man mittlerweile von der Kraft der „indirekten" Verhaltenssteuerung vorwiegend durch informelle, insb. ökonomische Steuerungsmechanismen.[23] Deutlicher formuliert es der Kriminologe Fritz Sack: „*In einer Gesellschaft mit ökonomischem Primat ist Geld – die Rechnungseinheit instrumenteller Rationalität oder des Risiko-Nutzen-Kalküls – und nicht Moral die dominante Steuerungs- und Handlungsressource*".[24] Nicht Moral oder Recht steuern (alleine, vorrangig, ...) das menschliche Verhalten, sondern vor allem Interessen. Man mag dies beklagen, sollte aber nicht übertreiben. Denn es heißt freilich nicht, dass das Recht keine verhaltenssteuernde Kraft besitzt – ein solcher Umkehrschluss bietet 9

---

19 Damit hat Hess, Rechtsgrundlagen der Mediation, in: Haft/v.Schlieffen, Handbuch der Mediation, § 43, 2009, 1055) völlig recht, fraglich ist aber seine These, ob eine sachadäquate Streitbehandlung stets auch rechtliche Fragestellungen einbeziehen muss.
20 Vgl zB Duve, Rechtsberatung durch Mediatoren im Spiegel der Rechtsprechung, Betriebsberater 2001, 692 ff; Henssler, Mediation und Rechtsdienstleistungsrecht, ZKM 2006, 132 ff.
21 Gemeint sind hier Rechtsnormen und Gesetze im materiellen Sinn in Abgrenzung zu anderen (sozialen, kulturellen) Normen oder wirtschaftlichen und sozialen Interessen und Bedürfnissen von Personen (zu Begriff, Funktion und System der Rechtsnormen s. Trenczek et al. 2011, 30 ff.
22 Vgl zB in Trennungskonflikten Day/Sclater/Kaganas, in: Bainham u.a. (Hrsg.), Children and Their Families, 2003, 156: „... the law failed in its attempt to change human behaviour".
23 Franzius, Die Herausbildung der Instrumente indirekter Verhaltenssteuerung im Umweltrecht der Bundesrepublik Deutschland, 2000.
24 Sack, Von der Nachfrage- zur Angebotspolitik auf dem Feld der Inneren Sicherheit, in: Dahme/Otto u.a. (Hrsg.), Soziale Arbeit für den aktivierenden Staat, 2003, 249 ff.

sich in keiner Weise an und ist empirisch widerlegt (s. zum Recht als Orientierungsrahmen s. 4.1.3.2).[25] Es liegt aber in der Natur der Sache, dass Konflikte, die an das Recht herangetragen werden, eben nur rechtlich bearbeitet werden können, womit allerdings der Bezug zur den Lebenswelten verloren gehen kann.[26]

10 Der **Schwerpunkt einer Mediation** liegt deshalb nicht in der rechtlichen Bewertung oder Gestaltung, die rechtliche Seite einer Streitfrage verliert im Rahmen einer interessenbezogenen Mediation schnell an Bedeutung, weshalb überwiegend rechts- und vergleichsorientiert arbeitende Vermittler, („reine") Anwalts- und Richtermediatoren recht schnell an die Grenzen ihrer Vorgehensweise stoßen.[27] Im Rechtsdienstleistungsgesetz (§ 2 Abs. 3 Nr. 4 RDG) wurde klargestellt, dass Mediation nicht als Rechtsdienstleistung zu qualifizieren ist, sofern die Tätigkeit nicht durch rechtliche Regelungsvorschläge in die Gespräche der Beteiligten eingreift.[28] Unverändert Bestand hat allerdings die Regelung, dass grds. nur Rechtsanwälte und Notare Parteien rechtlich beraten dürfen.[29] In der Praxis wird es oft nicht ausbleiben, dass im Rahmen einer Mediation von den Parteien Rechtsfragen eingebracht und an die Mediatoren heran getragen werden. Dies ist zwar nicht immer der Fall – nicht jeder Konflikt ist ein Rechtsstreit –, es ist aber durchaus üblich, dass die Parteien zumindest zu Beginn eines Verfahrens auf Rechtspositionen bestehen, im Verlaufe des Verfahrens ihre Standpunkte überdenken und schließlich vor Abschluss einer Vereinbarung ihre (rechtlichen und sonstigen Nichteinigungs-)Alternativen (sog. BATNA[30]) überdenken. Und schließlich mündet die erfolgreiche Mediation stets in eine Vereinbarung, einen Vertrag, dessen Inhalt das wechselseitige Verhältnis der Parteien ggf neu regelt. Freilich muss dieser (nicht notwendig schriftliche) Vertrag nicht immer von den Mediatoren formuliert werden, vielmehr sollte die Vereinbarung inhaltlich von den Parteien selbst getroffen oder den sie begleitenden Anwälten verfasst, das erzielte Ergebnis darf von den Mediatoren lediglich dokumentiert werden (§ 2 Abs. 6 S. 3 MediationsG; s. Kap. 4.4.3). Das Recht spielt also in vielen Fällen eine „Rolle", welche ist freilich noch nicht ausgemacht und muss zunächst geklärt werden. Bevor im Nachfolgenden konkret auf die rechtlichen Anforderungen und den Umgang mit Rechtsfragen in der Mediation eingegangen wird, ist aber ein weiterer grundsätzlicher Aspekt zum Verhältnis von Recht und Mediation zu erörtern.

4.1.3.2 ADR/Mediation im Licht des Rechts

11 Freiheitliche Gesellschaften wie Deutschland, Österreich und die Schweiz garantieren in ihren Rechtsordnungen die allgemeine **Handlungsfreiheit** ihrer Bürger.[31] Sie dürfen tun und lassen, was sie wollen, solange sie nicht gegen Rechtsnormen verstoßen. Im Rechtsverkehr spricht man insoweit von **Privatautonomie**, im Hinblick auf Verträge gilt die Vertragsfreiheit (§ 311 BGB), dh, so lange die gesetzlichen Regelungen eingehalten wer-

---

25 Hierzu vgl aus der neueren Forschung zB Bussmann, Verbot elterlicher Gewalt gegen Kinder – Auswirkungen des Rechts auf gewaltfreie Erziehung; in: Deegener/Körner (Hrsg.), Kindesmisshandlung und Vernachlässigung. Ein Handbuch, 2005, 243 ff.
26 Sessar, Verbrechen als soziale Konstruktion, in: Karliczek, (Hrsg.), Kriminologische Erkundungen, 2004, 32 ff (64).
27 Freilich können auch Juristen in einer gründlichen Mediationsausbildung transdisziplinäre Kompetenzen erwerben. Was Juristen mitunter als Vorkenntnisse im Hinblick auf das Recht (zB als Nichteinigungsalternative) einzubringen haben, haben sie im Hinblick auf andere Mediatorenkompetenzen zumeist nachzuholen. Unabhängig von der beruflichen Grundprofession bedarf es für die Herausbildung der spezifischen Kompetenzen und Mediatoren-Haltung eines längeren Zeitraums (s. Kap. 2.14).
28 Hierzu Trenczek et al. 2011, 159 ff.
29 Rechtsdienstleistung ist jede Tätigkeit in konkreten fremden Angelegenheiten, sobald sie eine rechtliche Prüfung des Einzelfalls erfordert (vgl § 2 RDG).
30 „Best alternative to a negotiated agreement", hierzu Kap. 2.7; grundlegend Fisher/Ury, Getting to Yes, 1981, 101 ff.
31 Hierzu Trenczek et al. 2011, 89 ff sowie 221 ff. Anders ist dies für den Staat, insb. die öffentliche Verwaltung, insoweit gilt das Prinzip des sog. Gesetzesvorbehalts.

den (zB Formvorschriften nach §§ 126 ff BGB, keine rechtswidrigen und sittenwidrige Geschäfte §§ 134, 138, 242 BGB, u.a.m.), können die Vertragsparteien ihre Verträge frei gestalten. Der größte Teil des Rechts ist deshalb **dispositv**, dh, die Parteien können hiervon einvernehmlich, also im **Konsens** abweichen. Gesetzliche Vorschriften, die „ohne wenn und aber" eingehalten werden müssen, sind (relativ seltenes) zwingendes Recht. Auch wenn das staatliche Recht in den seltensten Fällen zwingende Vorgaben macht, werden die Rechtsnormen, obwohl als generelle Verhaltsnormen konstruiert, in vielen Einzelfällen eine Orientierung geben (können) und stellen für den Fall, dass zwischen den Parteien keine konsenuale Lösung gefunden wird, eine Nichteinigungsalternative (BATNA) dar. Der Staat hat die im Rahmen der Privatautonomie getroffenen Regelungen grundsätzlich zu respektieren und tritt nur ins Geschehen, wenn die Parteien es wollen (zB durch Einreichung einer Klage) oder wenn die durch die öffentliche Sozialkontrolle abgesicherten Gesetze, insb. strafrechtliche Normen, verletzt werden.[32] Das deutsche BVerfG hat mit Nachdruck auf den **Vorrang einvernehmlicher Regelungen** hingewiesen.[33]

Kennzeichnend für den „Alternativcharakter" der Mediation und anderer ADR-Verfahren ist die Informalisierung, der nicht-öffentliche und nicht an die starren Formen einer Prozessordnung gebundene Verfahrensablauf, der in der Regel sogar mit einer **Privatisierung der Streitregelung** durch außergerichtliche Mediatoren (die in der Vielzahl gerade nicht über juristische Grundqualifikation verfügen) verbunden ist. Das kann durchaus Befürchtungen bei den traditionellen Rechtsunternehmern in Justiz und Anwaltschaft schüren, sei es aus Sorge um den eigenen Kontroll- und Bedeutungsverlust oder aus Sorge um den Schutz der Nutzer. Die hierzu formulierten Befürchtungen des freien Spiels der Kräfte zulasten der Schwachen, für die Mediation nur eine Form von Billigjustiz darstelle („second class justice")[34] oder gar eine Unterminierung des staatlichen Gewaltmonopols sei, bauen allerdings einen schrecklichen Popanz auf. Es wird übersehen, dass die Entstaatlichung und Informalisierung der Streitregelung weder mit einem Bedeutungsverlust des Rechts einhergeht noch identisch ist mit der Beseitigung der öffentlichen Verhaltens-/Sozialkontrolle. Mediation erlaubt zwar eine außergerichtliche, informelle, aber keine völlig außer-rechtliche (willkürliche) Konfliktbearbeitung. Mediation findet nicht außerhalb der Rechtsordnung statt. Das jeweilige (nationale) Recht setzt Grenzen, es wirkt als Orientierungs- und Ordnungsrahmen. Es schreibt zT eben durch das sog. „zwingende Recht" verbindlich, nicht-dispositiv fest, was Recht und Ordnung ist.[35] **12**

Die **Rechtskontrolle durch staatliche Gerichte** ist unabdingbarer Teil des Rechtsstaates. Der justizförmige Weg des Gerichtsverfahrens und die richterliche Determination des Konflikts sollen als Ausfluss des verfassungsrechtlichen Verhältnismäßigkeits- und Subsidiaritätsgebots[36] – in einem Kontinuum unterschiedlicher Streiterledigungsverfahren – **13**

---

32 BVerfGE 81, 242 ff: „Auf der Grundlage der Privatautonomie, die Strukturelement einer freiheitlichen Gesellschaftsordnung ist, gestalten die Vertragspartner ihre Rechtsbeziehungen eigenverantwortlich. Sie bestimmen selbst, wie ihre gegenläufigen Interessen angemessen auszugleichen sind und verfügen damit über ihre grundrechtlich geschützte Position ohne staatlichen Zwang. Der Staat hat die im Rahmen der Privatautonomie getroffenen Regelungen grundsätzlich zu respektieren.".

33 BVerfG Beschluss vom 14.2.2007 – 1 BvR 1351/01, Rn 35: „Eine zunächst streitige Problemlage durch eine einvernehmliche Lösung zu bewältigen, ist auch in einem Rechtsstaat grundsätzlich vorzugswürdig gegenüber der richterlichen Streitentscheidung".

34 Edwards, Alternative Dispute Resolution. Panacea or Anathema? Harvard Law Review vol. 99 1986, 668 (679); Fiss, Against Settlement; Yale Law Journal, vol. 93 1984, 1073 (1087 f); Jennings, Court-Annexed Arbitration and Settlement Pressure: A Push Towards Efficient Dispute resolution or „Second Class" Justice?; Ohio State Journal on Dispute Resolution; vol. 6, 1991, 313; vgl dagegen aber Ray, Community Mediation Centers: Delivering First class Services to low income people; Mediation Quaterly 1997, 71 ff.

35 Zu den Grenzen der Privatautonomie vgl Trenczek et al., Grundzüge des Rechts 2011, 221 ff.

36 Hierzu Trenczek et al. 2011, 91 ff.

tatsächlich ultima ratio (letztes Mittel) sein.[37] Dabei soll ADR das staatliche Gerichts-system nicht ersetzen, sondern niedrigschwellig ergänzen. Mediation ist eine zusätzliche Option, eine wesensmäßig andere, qualitativ aber ebenso hochwertige Verfahrensalter-native für die Konfliktbeteiligten, der Rechtsweg soll nicht ausgeschlossen werden. Das Recht ist und bleibt Schutzgarant und wird im Hinblick auf die Nichteinigungsalterna-tiven (sog. BATNA) vielfach ein latenter Entscheidungs- und Kontrollmaßstab sein. Al-lerdings ist die Rechtsnorm eben nur eines von mehreren Kriterien, einen Streit verbind-lich beizulegen. Das Recht knüpft im Hinblick auf die inhaltliche Streitentscheidung notwendig an in der Vergangenheit liegende Bedingungen an, es ist insofern rückwärts-gerichtet und verliert bei einer interessenbezogenen Verhandlung und Mediation im Hinblick auf eine nachhaltige Regelung bzw Lösung für die Zukunft häufig an Rele-vanz. Freilich zeichnet sich die Güte eines Mediationsverfahrens nicht per se in seiner Rechtsferne aus.[38] Von nachhaltiger (Prozess-, Ergebnis- und Struktur-)**Qualität** kann man sprechen, wenn das Verfahren den Geboten der Fairness, das Ergebnis der Gerech-tigkeitsvorstellungen (Kap. 2.9) und den Interessen der Parteien entspricht und ggf vor-handene Machtungleichgewichte (welcher Art auch immer) ausbalanciert werden konn-ten. Recht muss nicht im Gegensatz zu den Interessen der Parteien stehen. Andererseits garantiert das Recht aber eben keine interessengerechte Lösung des Konflikts, ja viel-fach steht eine (Rechts-)Positionen bezogene Verhandlungsführung einer interessenge-rechten Lösung im Wege.

14 Das mitunter bemühte (düstere Assoziationen weckende) Bild vom Mediationsverfah-ren im „Schatten des Rechts"[39] ist so überzeugend nicht. Vielmehr finden Mediation und andere ADR-Verfahren „im Licht des Rechts" statt.[40] Die Heterogenität der Wert-präferenzen machen in einer offenen, pluralistischen Gesellschaft ein Mindestmaß an Einheitlichkeit und Verbindlichkeit von Normen für den sozialen Kontakt unverzicht-bar.[41] Im Sinne des systemtheoretischen Ansatzes ist das positive Recht geradezu die Voraussetzung der modernen Zivilgesellschaft, deren Charakteristika u.a. die Privatau-tonomie einschließen. Davon zu unterscheiden ist allerdings die Frage, inwieweit die öf-fentliche Verhaltenskontrolle die Autonomie der Parteien in bestimmten Lebens- und Konfliktgefügen respektieren und damit Freiraum (oder gar Entbürokratisierung), gege-benenfalls die Disposition von Normen, zulassen kann, ohne dass das Recht seine Funktion als Orientierungsmaßstab für soziales Handeln verliert. Die autonome Kon-fliktregelung lebt freilich davon, dass im Hintergrund Zwangsmittel bereitgehalten und zum Schutz des Schwachen aktiviert werden (können). Zum Wesen des Rechts als In-strument der öffentlichen Sozialkontrolle gehört seit Immanuel Kant notwendig der staatliche Zwang.[42] Daran soll und wird sich nichts ändern. Befürchtungen im Hinblick auf die Abschaffung des **staatliche Gewaltmonopols** sind mit nichts zu begründen, kön-nen und dürfen doch Zwangsbefugnisse ohnehin nicht mit einer Privatisierung verbun-

---

37 Zum Vorrang einvernehmlicher Regelungen s.o. BVerfG 14.2.2007 – 1 BvR 1351/01, Rn 35.
38 Letztlich spiegelt sich in einer solchen Position nur eine Rechts- bzw Juristenfeindlichkeit mancher Mediato-ren aus dem psychosozialen Bereich wider, der der Unfähigkeit mancher Juristen, die sozialen und psycholo-gischen Anteile der Mediation als unverzichtbar wahrzunehmen, in nichts nachsteht.
39 Mnookin/Kornhauser, Bargaining in the Shadow of the Law – The Case of Divorce; Yale Law Journal, 1979, 950 ff; Spittler, Streitregelung im Schatten des Leviathan; Zeitschrift für Rechtssoziologie, 1980, 4 ff.
40 Trenczek, Streitregelung in der Zivilgesellschaft; Zeitschrift für Rechtssoziologie, Bd. 26, Dez. 2005, 3 ff.
41 Vgl zB Luhmann, Positivität des Rechts als Voraussetzung einer modernen Gesellschaft, in: Lautmann u.a. (Hrsg.), Die Funktionen des Rechts in einer modernen Gesellschaft, Handbuch für Rechtssoziologie und Rechtstheorie, Bd. I 1970, 175 (177 f); Frehsee, Täter-Opfer-Ausgleich aus rechtstheoretischer Perspektive, in: Bundesministerium der Justiz (Hrsg.), Täter-Opfer-Ausgleich, Bonner Symposium, 1991, 51 ff (56 ff); vgl auch Zippelius (Hrsg.), Verhaltenssteuerung durch Recht und kulturelle Leitideen, 14. Aufl. 2004.
42 Hierzu ausführlich Trenczek et al. 2011, 31 ff; Frehsee 1991, 59; Rössner, Autonomie und Zwang im Sys-tem der Strafrechtsfolgen, in: Arzt et al. (Hrsg.), Festschrift für Jürgen Baumann, 1992, 270 ff; Wesel, Juris-tische Weltkunde, 7. Aufl. 1994, 43.

den werden. Vielmehr geht es darum – wenn man überhaupt von einem „Schatten des Rechts" sprechen will – dass *das Recht stärker durch seinen Schatten wirkt als durch den tatsächlich exekutierten Zwang.*[43] Hierin liegt das – über die kurzfristig system-funktionale Brauchbarkeit durch Fallentlastung hinausreichende – Potential der Mediation und anderer ADR-Verfahren für die Streitregelung in der Zivilgesellschaft (civil society; s. Kap. 1.1.4).[44] Das Recht setzt also Grenzen und respektiert innerhalb dieser die Privatautonomie, sofern es hierbei gerecht und fair zugeht.

4.1.4 Mediation und Recht

Die weitaus meisten Vermittler, insb. in Familienberatungs- und gemeinnützigen 15 Schlichtungsstellen sowie im außergerichtlichen Tatausgleich (ATA bzw TOA), verfügen über eine psycho-soziale Grundqualifikation, nicht aber über eine juristische Ausbildung, auch wenn mittlerweile zunehmend Rechtsanwälte und andere Juristen in einigen Teilbereichen der Mediation (insb. Wirtschafts- und Familienmediation) als Mediatoren aktiv sind. Aus der in 4.1.3 genannten Problemstellung ergeben sich deshalb zwei wesentliche Fragen für die Mediatoren:

■ Über welche Rechtskenntnisse sollten Mediatoren verfügen?

■ Wie soll sich ein Mediator verhalten, wenn an ihn Rechtsfragen heran getragen werden?

Der erste Punkt betrifft wiederum zwei Aspekte, die nachfolgend als „Recht *in* der Mediation" sowie „Recht *der* Mediation" behandelt werden, bevor auf die praxisrelevante Frage des Umgangs mit Rechtsfragen in der Mediation eingegangen wird (4.1.5).

4.1.4.1 Recht in der Mediation

Mediatoren sind funktional keine Rechtsberater oder Streitentscheider, selbst wenn sie 16 aus dieser Berufsgruppe stammen sollten (hierzu Kap. 2.12 Rn 8 ff). Die individuelle Rechtsberatung und Rechtsgestaltung ist nicht-anwaltlichen Mediatoren weiterhin verwehrt (§ 2 Abs. 3 Ziff. 4 RDG). Mediatoren müssen die Parteien aber bei Eintritt in das Mediationsverfahren zutreffend über die **rechtlichen Rahmenbedingungen des Mediationsverfahrens** und seine Alternativen beraten können. Gerade im Hinblick auf die zu regelnden Streitpunkte und Einigungsoptionen sind zudem entsprechende (Grund-)Kenntnisse des jeweiligen Arbeitsfeldes, nicht nur des materiellen, sondern auch des Verfahrensrechts nicht nur hilfreich, in manchen Arbeitsfeldern der Mediation insb. mit Blick auf die **Grenzen der Dispositionsfreiheit** sogar unerlässlich. Geht es in der Trennungs- und Scheidungsmediation v.a. um familienrechtliche Fragen (wo liegen die Grenzen der Vereinbarungsmöglichkeiten zB im Hinblick auf die elterliche Sorge, Unterhalt etc.?), bedarf der Mediator im ATA und in Nachbarschaftsstreitigkeiten auch zuverlässiger Kenntnisse über das Strafrecht und das strafrechtliche Verfahren.

Im Einzelnen sollten Mediatoren über das folgende (v.a. zivil-)**rechtliche Grundwissen**[45] 17 verfügen:

■ Kenntnis über die wichtigsten Rechtsbegriffe;

■ Grundkenntnisse über rechtlich erhebliches Verhalten/Rechtsgeschäfte (zB auch Rechtsstellung von Minderjährigen, Geschäftsfähigkeit, Verjährung von Ansprüchen usw);

---

43 Frehsee 1991, 59; s.a. Rössner 1992, 270 ff.
44 Trenczek, Streitregelung in der Zivilgesellschaft, Zeitschrift für Rechtssoziologie, Bd. 26, Dez. 2005, 3 ff.
45 Hierzu Trenczek et al. 2011, 208 ff.

- Grundlagen der Privatautonomie (und insb. seiner Grenzen) und des Vertragsrechts (zB im Hinblick auf Ergebnisvereinbarungen am Ende der Mediation);
- Grundkenntnisse über Zugang, Verlauf und Kosten eines gerichtlichen Verfahrens.

18 Im Hinblick auf strafrechtlich relevante Konflikte sollten Mediatoren die **strafrechtlichen Grundlagen**[46] beherrschen, insb. erforderlich ist die Kenntnis über:

- Konsequenzen strafbaren Verhaltens und Grundlagen des Schadenersatzrechts (zB gesamtschuldnerische Haftung bei unerlaubten Handlungen);
- Verlauf des Strafverfahrens;
- Rolle und Rechte der Verfahrensbeteiligten, insb. Polizei, Staatsanwaltschaft und Gericht, Beschuldigte, Verletzte und Zeugen.

4.1.4.2 Recht der Mediation

19 Von Mediatoren wird mit der Konfliktvermittlung eine (kommerzielle oder gemeinnützige) Dienstleistung angeboten, deren Durchführung stets auf einer vertraglichen (nicht notwendig schriftlichen) Vereinbarung beruht. Mediatoren müssen deshalb über die **rechtlichen Rahmenbedingungen ihrer eigenen Vermittlungstätigkeit** Bescheid wissen. Hierzu gehört insb. die Kenntnis über

- Essentialia der Mediationsvereinbarungen (zB Parteiautonomie, Vertraulichkeit, Verzicht auf Zeugenbenennung, Einrede der Hemmung von Fristen, Honorarregelung usw);
- Mindest- und Qualitätsstandards des Mediationsverfahrens;
- Rechte und Pflichten der Mediatoren, berufsrechtliche Fragen (Kap. 4.2);
- Vertrauensschutz – Zeugnispflicht/-verweigerungsrechte (Kap. 4.3);
- Haftungsrisiken.

20 Das **nationale Recht der Mediation** ist durchaus unterschiedlich geregelt. In Deutschland trat am 26.7.2012 das Mediationsgesetz in Kraft, durch welches einige wesentliche Aspekte und vor allem Verhaltenspflichten für Mediatoren (zB Schweigepflicht und Zeugnisverweigerungsrecht, s. Kap. 4.2) geregelt wurden (hierzu ausführlich Kap. 4.6; zum Berufsrecht für Mediatoren s. Kap. 4.3).

21 In Österreich wurde die Mediation bereits mit dem EheRÄG 1999 zur Regelung von Scheidungskonflikten eingeführt. Mit dem zum 1.5.2004 in Kraft getretenen ZivMediatG wurde erstmals in Europa ein eigenständiges Mediationsgesetz erlassen, womit insb. auch Kriterien für die Ausbildung der Mediatoren geregelt wurden (hierzu Kap. 1.2.2.1).

22 In der Schweiz wurden einige Mediationsbestimmungen in die am 1.1.2011 in Kraft getretene Zivilprozessordnung (ZPO) aufgenommen, womit den Parteien neben den traditionellen Schlichtungsverfahren vor einem Sühnerichter eine weitere Möglichkeit eröffnet wurde, ihre Konflikte außergerichtlich zu bereinigen (hierzu Kap.1.2.2.3).

4.1.5 Umgang mit Rechtsfragen in der Mediation

23 Wie sollen sich Mediatoren verhalten, wenn an sie Rechtsfragen heran getragen werden? Im Hinblick auf diese Frage muss man sich zunächst die vor allem im Kap. 2.12 beschriebene Funktion und **Rolle der Mediatoren** vor Augen führen (vgl. auch § 1 Abs. 2 MediationsG). Mediatoren haben keine Entscheidungsgewalt im Hinblick auf den Streitgegenstand, sie sind weder Schlichter noch Richter noch (Rechts-)Berater (bzw im Hinblick auf andere Professionen: Erzieher, Therapeuten usw), sondern Initiatoren

---

46 Hierzu Trenczek et al. 2011, 558 ff.

für neue Regelungsprozesse. Ihre Funktion besteht im Wesentlichen darin, den Klärungs- und Verhandlungsprozess zwischen den Parteien unterstützend zu begleiten, in dem sie die spezifische Struktur und Methode der Mediation als systemische Konfliktintervention einsetzen. Diese beinhaltet insb.:

■ Gesprächsmoderation: Neugestaltung und Steuern der Kommunikationsverläufe;

■ Verfahrenskontrolle: Agenda-Setting, Strukturgebung, Führen und Leiten;

■ Klärungshilfe: unterstützende Problemdefinition, systemische Wahrnehmungsrekonstruktion, Interessens- und Bedürfnisanalyse, Klärung der Nichteinigungsalternativen.

Soweit es sich um dispositives Recht (s. 4.1.3.2) handelt, steht es den Parteien aufgrund der Parteiautonomie frei, ihre Verhältnisse selbst zu regeln. Selbstverständlich können die Parteien über die ihnen zustehenden Rechte nur dann frei disponieren, wenn ihnen diese Möglichkeit bewusst ist und sie über ihre Rechte informiert sind. Gerade in komplexen, rechtlich beeinflussbaren Konfliktfällen ist deshalb der das Mediationsverfahren begleitende Rechtsrat durch Rechtsanwälte, andere rechtliche Berater und Justitiare erforderlich. Hierauf müssen (juristische wie nicht-juristische) Mediatoren die Parteien hinweisen (§ 2 Abs. 6 S. 2 MediationsG). Allerdings sollte stets auch darauf hingewiesen werden, dass die Rechtsnorm nur eines von mehreren Kriterien ist, einen Konflikt verbindlich beizulegen (s. Rn 8 ff). Für die Mediation bleibt deshalb festzuhalten: Wichtiger als die (vor)schnelle Beantwortung einer Rechtsfrage ist, dass die Mediatoren die Parteien dabei unterstützen zu ergründen, weshalb ihnen die Antwort auf eine bestimmte Rechtsfrage wichtig ist. **24**

Selbst- und professionskritische Juristen wissen, dass sich Rechtsthemen, einerseits aufgrund der Auslegung sog. unbestimmter Rechtsbegriffe[47] sowie andererseits im Hinblick auf die Ermessenserwägungen[48] bei Rechtsfolgeentscheidungen nur selten eindeutig beantworten lassen und noch seltener eine verlässliche Prognose im Hinblick auf das gerichtliche Entscheidungsverhalten abgegeben werden kann („*vor Gericht und auf hoher See ist man in Gottes Hand....*"). Mediatoren – auch wenn sie in Rechtsfragen geschult und sonst als Rechtsanwalt tätig sein sollten – sind jedenfalls bei einer über die bloße allgemeine (nicht auf einen konkreten Sachverhalt bezogene) Rechtsauskunft (zB allgemeiner Hinweis, dass das Familiengericht stets das letzte Wort bzgl des Kindeswohls hat, oder darauf, dass auf Unterhalt während der Trennungszeit nicht verzichtet werden darf) hinausreichenden Rechtsberatung stets in Gefahr, ihre **Allparteilichkeit** zu verlieren. Mag sich ein Berater noch so „objektiv" (was immer das sein mag) zu gerieren vermögen, ein Rat (*„tue das und lasse jenes"*) enthält immer eine Wertung, ist damit „neutral" nicht möglich und mithin – vor allem auch in der Wahrnehmung der Streitparteien – stets parteilich. Schon deshalb sind Mediatoren gut beraten nicht zu beraten, weder rechtlich noch sonst im Hinblick auf den konkreten Streitgegenstand. Die Aufgaben der Mediatoren (insb. § 2 Abs. 6 S. 2 MediationsG) und insb. das Verbot der Vor-, Während- und Nachbefassung in § 3 Abs. 2 MediationsG schließt das Verbot der (Rechts-)Beratung insoweit mit ein (s. Kap. 4.6.7.10). **25**

Mediatoren können ihrer Funktion und ihrem allparteilichen Auftrag nur gerecht werden, wenn sie sich – unabhängig von einer ggf vorhandenen juristischen Qualifikation – darauf beschränken **26**

■ die Parteien umfassend über das Mediationsverfahren und seine Alternativen zu unterrichten,

---

47 Zu den Auslegungsmethoden und dem und den Umgang mit (den seltenen) Beurteilungsspielräumen ausführlich Trenczek et al. 2011, 124 ff.
48 Hierzu Trenczek et al. 2011, 131 ff.

■ dafür Sorge zu tragen, dass die Parteien im Hinblick auf den Streitgegenstand und die Rechtslage umfassend informiert sind bzw Zugang zu entsprechenden Rechtsinformationen haben.

27 Werden Mediatoren mit konkreten Rechtsfragen konfrontiert, so empfiehlt es sich,

■ auf ihre (allparteiliche) Rolle hinzuweisen, mit der sich eine Rechtsberatung nicht verträgt,

■ die Relevanz der Rechtsfrage erörtern: Warum ist diese Frage für Sie wichtig? Welche Konsequenzen ziehen Sie daraus, wenn das Recht diese oder jene Auskunft gibt?,

■ auf die Möglichkeit verweisen, Rechtsrat durch Rechtsanwälte von außen einzuholen,

■ ggf die Einholung eines juristischen Sachverständigen-Gutachtens anregen.

28 In einer Mediation müssen (auch anwaltliche) Mediatoren darauf achten, dass die Streitparteien **Zugang zu** ihnen verpflichteten (parteilichen) **Rechtsberatern** und Anwälten haben (vgl § 2 Abs. 6 S. 2 MediationsG), einerseits, damit sie in bewusster Kenntnis der ihnen zustehenden Rechte ihre Entscheidungsalternativen abwägen können und andererseits, damit sie selbst als Mediatoren nicht in Gefahr geraten, durch über allgemeine Rechtsinformationen hinausreichende Rechtsberatung ihre Allparteilichkeit zu verlieren. In der Praxis täuschen sich manche Anwaltsmediatoren immer wieder selbst, wenn sie davon ausgehen, rechtliche Bewertungen und Mediatorenrolle trennen zu können. Sie sehen es mitunter nur als die Parteien unterstützende Dienstleistung an, die von den Parteien verlangt werde oder weil sie das Verfahren, wenn die Parteien „ratlos" seien, mit eigenen Vorschlägen vor dem Abbruch „retten".[49] Das gelegentlich zu hörende Argument, Parteien müssten sonst „doppelt bezahlen" (weshalb man aus der Befürchtung, das Mediationsmandat zu verlieren, den Rechtsrat lieber gleich mitliefere) missachtet nicht nur die Fragilität der Allparteilichkeit und die Dynamik des Mediationsprozesses, sondern mag auch mit dem Hinweis begegnet werden, dass Mediation in Verfahren und Ergebnis eben etwas Anderes (nichts Schlechteres) als eine Rechtsberatung bzw -entscheidung leistet und dass durch eine einvernehmliche Regelung nicht nur sog. Transaktionskosten (zB im Unternehmen durch gebundene Mitarbeiter, Reibungsverluste, Stress und sonstige emotionale Kosten von Streitverfahren), sondern auch die Kosten einer justiziellen Auseinandersetzung (zB Gerichts- und Verfahrenskosten, Dauer und Umfang des rechtsanwaltlichen Tätigkeit) vermieden oder reduziert werden können (s. Kap. 2.12).

---

49 Ponschab EWE 4/2009, 559.

4.2 Berufsrecht für Mediatoren

Literatur: Greger, R., Der „zertifizierte Mediator" – Heilsbringer oder Schreckgespenst?, ZKM 2012, 36; Hofmann, F., Vertraulichkeit in der Mediation – Möglichkeiten und Grenzen vertraglicher Beweisverwertungsverbote", SchiedsVZ 2011, 148; Prütting, H., Rechtsstellung des Rechtsanwalts als Schiedsrichter – Private Gerichtsverfahren mit anwaltlichen Schiedsrichtern – gilt das Berufsrecht?", Anwaltsblatt 2012, 28.

4.2.1 Grundsätzliches

Unter Berufsrecht werden diejenigen Rechtsvorschriften verstanden, die **Zugang und** 1
Berufsausübung der freien Berufe regeln. Vorbilder sind die Bundesrechtsanwaltsordnung, die Bundesnotarordnung, die Patentanwaltsordnung, das Steuerberatungsgesetz und die Wirtschaftsprüferordnung. Mit dem Mediationsgesetz und der darauf fußenden Rechtsverordnung ist kein kodifiziertes Berufsrecht für den „zertifizierten Mediator" zu erwarten, weil das Gesetz von einem funktionalen Mediatorenbegriff ausgeht, an den die Rechtsverordnung vermutlich auch anknüpfen wird (s. Kap. 4.6). Aktuell gibt es nur ein Berufsrecht, das die Rechtsprechung gestaltet hat. Das wird sich voraussichtlich fortsetzen, wobei der tätigkeitsbezogene Pflichtenkatalog im gerade verabschiedeten Mediationsgesetz ganz sicher neue Orientierungspunkte setzt. Darüber hinaus setzt im Regelfall das Berufsrecht der Herkunftsberufe von Mediatoren Rahmen, die auch für die Tätigkeit als Mediator wirksam sind. Neben den Berufsordnungen der freien Berufe sind das auch die Tätigkeitsbedingungen anderer Berufe wie der Richter, von Beamten etc. Damit soll in diesem Beitrag differenziert werden zwischen:

1. Mediatoren, die als Freiberufler an ein Berufsrecht im Herkunftsberuf gebunden sind;

2. Mediatoren als (Güte-)Richter;

3. Mediatoren, die Beamte sind;

4. Mediatoren, die Angestellte im öffentlichen Dienst sind;

5. künftige zertifizierte Mediatoren;

6. von Berufsverbänden anerkannte Mediatoren;

7. andere Mediatoren.

4.2.1.1 Mediationsansätze

2 Auch im Hinblick auf die berufsrechtlichen Fragen sind die unterschiedlichen Mediationsansätze zu berücksichtigen. Insoweit wird hier Bezug auf Kap. 1.1.3.2 (Rn 23 ff) sowie 4.1.1 (Rn 2) genommen. Der **interessenbasierte-moderierende Ansatz** (interest-based, facilitative mediation) steht der „reinen Lehre" inhaltlich am nächsten (Kap. 1.1.3.4). Danach soll der Mediator eine zukunftsorientierte Win-Win-Lösung herbeiführen, das Verfahren begleiten und moderieren. Seine allparteiliche und unparteiliche Haltung zeigt sich in jedem Stadium des Verfahrens. Diese Form des Rollenverständnisses ist die in Deutschland vorherrschende Auffassung von Mediation. Auch das Mediationsgesetz geht von diesem Format aus (Kap. 4.6). Dieser Beitrag bezieht sich allein auf das Berufsrecht solcher Mediatoren, die dem interessenbasiert-moderierenden Ansatz folgen.

4.2.1.2 Folgen für das Berufsrecht

4.2.2. Europäische Rechtssetzung

3 Für die Entwicklung des Berufsrechts in Deutschland sind die europäischen Initiativen von entscheidender Bedeutung. Auch wenn sie nicht unmittelbare Rechtswirkung in der Bundesrepublik hatten und haben, haben sie dennoch Eingang in die (berufs-)rechtlichen Bedingungen gefunden.

4.2.2.1 Grünbuch vom 19.4.2002

4 **Ziel des Grünbuchs** war es, eine umfassende Konsultation zu rechtlichen Fragen einzuleiten, die sich im Zusammenhang mit der alternativen Streitbeilegung auf dem Gebiet des Zivil- und Handelsrechts stellen. Zitat aus der Eingangsbegründung: *„Für die Institutionen der Europäischen Union schließlich stellt die alternative Streitbeilegung eine – mehrfach bekräftigte – politische Priorität dar. Es ist an ihnen, diese Art der Konfliktlösung zu fördern, die für ihre Entfaltung günstigsten Rahmenbedingungen zu schaffen und sich für die Qualitätssicherung einzusetzen. Diese politische Priorität ist vor allem im Zusammenhang mit der Informationsgesellschaft unterstrichen worden. Die Bedeutung der neuen Online-Schlichtungssysteme (ODR für Online Dispute Resolution) für die Beilegung grenzübergreifender Streitigkeiten über das Internet ist allgemein anerkannt. Dieses Grünbuch bietet die Gelegenheit, die alternative Streitbeilegung der breiten Öffentlichkeit nahe zu bringen und gleichzeitig die in diesem Bereich auf Ebene der Mitgliedstaaten und der Gemeinschaft unternommenen Initiativen und Arbeiten in einem deutlicheren Licht erscheinen zu lassen."*[1]

5 Der Ansatz des Grünbuchs ist also weiter, schließt die Mediation als Teil von ADR ein. Einige Stichworte aus dem Grünbuch sollen verdeutlichen, dass sich die europäischen Vordenker mit den wesentlichen berufsrechtlichen Aspekten beschäftigt hatten: 2.1.1 ADR im Rahmen eines gerichtlichen Verfahrens; 2.2.2. Bereich Familienrecht; 2.3.3 Arbeitsrecht; 3. Qualität von ADR; 3.2.1 ADR und Rechtsschutz; 3.2.1.2 Verjährungsfristen; 3.2.2.1 Vertraulichkeit; 3.2.3.1 Ausbildung; 3.2.3.2 Zulassung; 3.2.3.3 Haftung

4.2.2.2 European Code of Conduct for Mediators

6 Der europäische **Verhaltenskodex für Mediatoren**[2] vom 2.7.2004 ist von Repräsentanten der Betroffenen (stakeholders) mit Unterstützung durch die Europäische Kommission entwickelt worden. Er stellt eine Reihe von Prinzipien auf, denen sich die einzelnen Mediatoren freiwillig und in eigener Verantwortung unterwerfen können. Der Kodex soll auf alle Arten von Mediation in zivil- und handelsrechtlichen Angelegenheiten an-

---

1 eur-lex.europa.eu/LexUriServ/site/de/com/.../com2002_0196de01.pdf (abgerufen am 13.3.2012).
2 http://ec.europa.eu/civiljustice/adr/adr_ec_code_conduct_en.pdf sowie ZKM 4/2004, 148.

wendbar sein. Institutionen, die Mediationsdienste anbieten, können sich ebenso an den Kodex binden, indem sie von den Mediatoren, die unter der Schirmherrschaft ihrer Organisation handeln, verlangen, den Kodex zu achten. Institutionen haben die Möglichkeit, über die Maßnahmen zu informieren, die sie ergreifen, um die Achtung des Kodexes durch einzelne Mediatoren zu fördern, zum Beispiel durch Schulung, Bewertung und Kontrolle.

Die Befolgung des Kodexes lässt die berufsrechtlichen Regelungen der Mitgliedsstaaten unberührt. Den Institutionen, die Mediationsdienste anbieten, steht es frei, ausführlichere Kodizes zu entwickeln, die an ihr spezielles Tätigkeitsfeld oder die Art der von ihnen angebotenen Mediationsdienste angepasst oder auf spezielle Bereiche wie Familienmediation oder Verbrauchermediation zugeschnitten werden. **7**

Diesem Verhaltenscodex kommt dadurch große Bedeutung zu, dass die großen **Mediationsverbände** die darin festgelegten Grundsätze für die von ihnen zertifizierten Mediatoren verbindlich gemacht haben. Deshalb sollen die **Überschriften** der Artikel hier zitiert werden: **8**

1. Kompetenz und Ernennung von Mediatoren
1.1 Zuständigkeit
1.2 Ernennung
2. Unabhängigkeit und Unparteilichkeit
2.1 Unabhängigkeit und Objektivität
2.2 Unparteilichkeit
3. Mediationsvereinbarung, Verfahren, Mediationsregelung und Vergütung
3.1 Verfahren
3.2 Faires Verfahren
3.3 Ende des Verfahrens
3.4 Vergütung
4. Vertraulichkeit

Auf einzelne Inhalte wird nachfolgend eingegangen, sofern es um das Berufsrecht geht, das die Berufsverbände geschaffen haben (s. Rn 40 ff).

4.2.2.3 EU-Mediationsrichtlinie

In der Richtlinie 2008/52/EG des Europäischen Parlaments und des Rates vom 21. 5.2008 über bestimmte Aspekte der Mediation in Zivil- und Handelssachen[3] gibt die EU auf: *„Die Mitgliedstaaten setzen vor dem 21. Mai 2011 die Rechts- und Verwaltungsvorschriften in Kraft, die erforderlich sind, um dieser Richtlinie nachzukommen..."* **9**

Nach Artikel 1 ist es **10**

(1) **Ziel dieser Richtlinie** [...], den Zugang zur alternativen Streitbeilegung zu erleichtern und die gütliche Beilegung von Streitigkeiten zu fördern, indem zur Nutzung der Mediation angehalten und für ein ausgewogenes Verhältnis zwischen Mediation und Gerichtsverfahren gesorgt wird.

(2) Diese Richtlinie gilt bei **grenzüberschreitenden Streitigkeiten** für Zivil- und Handelssachen, nicht jedoch für Rechte und Pflichten, über die die Parteien nach dem einschlägigen anwendbaren Recht nicht verfügen können. Sie gilt insbesondere nicht für Steuer- und Zollsachen sowie verwaltungsrechtliche Angelegenheiten oder

---

3 Amtsblatt der europäischen Union vom 25.4.2008 163/3 ff.

die Haftung des Staates für Handlungen oder Unterlassungen im Rahmen der Ausübung hoheitlicher Rechte („acta iure imperii").

Die Richtlinie enthält dann Hinweise an die Gesetzgeber in den Mitgliedsländern, wo Regelungsbedarfe gesehen werden. Die Aspekte decken sich mit denen des Grünbuchs.

11 Der **deutsche Gesetzgeber** hat die Richtlinie durch das deutsche Mediationsgesetz erst Ende 2011 mit einem einstimmigen Beschluss des Bundestages in 3. Lesung umgesetzt und im Juni 2012 – nach einer Anpassung auf Anregung des Vermittlungsausschusses abschließend beschlossen. Auch der Bundesrat hat dem zugestimmt, so dass das Gesetz noch im Juni 2012 in Rechtskraft gehen konnte (Einzelheiten dazu s. Rn 37 ff).

4.2.3 Deutsches Berufsrecht für Mediatoren

12 Das bundesdeutsche Berufsrecht ist in seiner allgemeinen Bedeutung **Richterrecht**, dh durch Rechtsprechung entstanden und geformt. Das Mediationsgesetz (s. Kap. 4.6) übernimmt einen Großteil dieser Grundsätze und ergänzt sie. Damit sind Standards für das Mediationsverfahren kodifiziert worden, die wegen ihres rein funktionalen Bezugs (unmittelbar) kein Berufsrecht darstellen[4] (s. Kap. 4.6). Hinzu kommt künftig der sog. „zertifizierten Mediator", der in Konkurrenz zu den etablierten Anerkennungen stehen wird. Die im Laufe der Jahre herausgebildeten berufsrechtlichen Strukturen werden also auch künftig von Bedeutung sein. Dieses gilt uneingeschränkt für die „anderen" Mediatoren gem. Ziff. 7 in Rn 1.

4.2.3.1 Für alle Mediatoren gültig

13 Zunächst soll das Berufsrecht dargelegt werden, das uneingeschränkt für alle gilt, die als Mediatoren (unternehmerisch) tätig werden. Soweit Berufsordnungen der Grundberufe gelten, wirken diese ergänzend bzw. überlagern diese.

4.2.3.1.1 Qualifikation

14 Bis zum Inkrafttreten des RDG wurde in der Rechtsprechung wiederholt die Auffassung vertreten, Mediation sei Rechtsberatung und damit den Rechtsanwälten vorbehalten. Mit § 2 Abs. 3 Ziff. 4 RDG ist jetzt geklärt, dass Mediation **keine Rechtsberatung** ist, sofern die Tätigkeit nicht durch rechtliche Regelungsvorschläge in die Gespräche der Beteiligten eingreift. Damit ist auch ein Stück Berufsrecht geklärt: Die Tätigkeit des Mediators wird als Interessen klärende, die Parteien („nur") unterstützende Mediation (facilitative mediation; s. Kap. 1.1.3.2) verstanden.

15 Eine weitere Frage ist die, ob sich nur der Mediator nennen darf, der eine „angemessene" Ausbildung absolviert hat. Einen gesetzlichen Schutz der **Berufsbezeichnung** gibt es (noch) nicht; er wird sich künftig auf den „zertifizierten Mediator" beschränken.[5] Ein allgemeingültiges gesetzliches Verbot lässt sich nur aus dem UWG herleiten. Nach einem Urteil des Bundesgerichtshofes[6] darf sich nur Psychologe nennen, wer ein Diplom in Psychologie hat. Der Verbraucher gehe bei der Bezeichnung Psychologe von einer Person mit einem abgeschlossenen Hochschulstudium der Psychologie im Hauptfach aus. Der Verbraucher werde getäuscht, wenn Personen die Berufsbezeichnung führen, ohne diese akademische Qualifikation zu besitzen. In diesem Sinne könnte es irgendwann eine solche Bewertung auch beim Mediator geben, wenn eine entsprechende Einschätzung beim Verbraucher Realität ist. Derzeit ist das noch nicht der Fall. Damit gibt

---

4 Es wird eben nicht die Tätigkeit des Mediators geregelt, sondern wie das Mediationsverfahren abzulaufen hat. Daraus ergeben sich mittelbar natürlich Pflichten für den Mediator, aber eben nur indirekt, nämlich nur dann und insoweit, wie er Mediation nach der Begriffsbestimmung des Gesetzes durchführt.

5 Vgl. Greger ZKM 2012, 36.

6 BGH 1985 – I ZR 147/83.

es derzeit keine für jeden Mediator gültigen **Zulassungsvoraussetzungen.** Anders sieht das allerdings schon heute aus für Mitglieder der verkammerten freien Berufe (s. Rn 27).

4.2.3.1.2 Pflichten des Mediators

Die Rechtsprechung hat im Laufe der Jahre einen Pflichtenrahmen gezogen, der jetzt in   16
seinen Grundzügen im MediationsG verbindlich festgelegt ist. Eine **Berufspflicht** kann nach einhelliger Meinung nur aus dem Gesetz oder aus der Berufsordnung folgen, nicht jedoch aus einer Parteivereinbarung[7] (dennoch haben solche Vereinbarungen ihre zivilrechtliche Bedeutung; hierzu Rn 40 ff). An diesem von der Rechtsprechung zitierten Grundsatz[8] macht sich die Unterschiedlichkeit der berufsrechtlichen Rechtslage für Berufsmediatoren und zB Anwaltsmediatoren deutlich (s. Rn 23 ff). Damit existieren (noch) keine Berufspflichten wie die Verschwiegenheit (hierzu Kap. 4.3), die Unparteilichkeit (Allparteilichkeit), das Vorbefassungsverbot, zu Tätigkeitspflichten sonstiger Art, zur Aktenführung oder zum Betrieb des Büros eines Mediators. Das wird sich mit dem Inkrafttreten des MediationsG nicht ändern, weil das Gesetz kein Berufsrecht für Mediatoren schafft. Ob sich daran etwas für den zertifizierten Mediator ändert, wenn die Rechtsverordnung verabschiedet ist, bleibt abzuwarten. Weiterhin unterliegt der Mediator keinen werblichen Grenzen (im Extremfall allerdings denen des UWG) und darf sich zB mit anderen Dienstleistern assoziieren (allerdings gibt es ggf. bei anderen Mediatoren mit Grundberufen wie Anwalt oder Steuerberater sehr wohl Einschränkungen aus dieser Sphäre).

4.2.3.1.3 Rechte des Mediators

Als Recht des Mediators sei hier nur das Recht, sich Mediator nennen zu dürfen, er-   17
wähnt (im Übrigen s. Kap. 4.1 und 4.4). Auch künftig wird diese Tätigkeitsbezeichnung – mit Ausnahme des „zertifizierten Mediators" (s. Rn 39) – nicht geschützt sein (auf die Grenzen, die das Berufsrecht aus Grundberufen überlagernd geltend, s. Rn 19 ff).

4.2.3.1.4 Mediationsgesetz

Mit Inkrafttreten des Mediationsgesetzes gelten die dort geregelten Rechte und Pflich-   18
ten für alle Mediationen sowie die dabei tätigen Mediatoren, soweit sie nicht explizit den zertifizierten Mediator betreffen (im Wesentlichen Inhalt der noch zu erlassenden Rechtsverordnung; s. Rn 37 ff).

4.2.3.2 Berufsrecht der Grundberufe

Viele Mediatoren haben einen Grundberuf, der berufsrechtliche Regelungen auch für ei-   19
ne Tätigkeit als Mediator aufweisen. Zunächst ist zu klären, ob es sich bei der Tätigkeit als Mediator im Verhältnis zum Grundberuf um einen **Zweitberuf** handelt oder ob sie zum „originären" Tätigkeitsbereich des Grundberufs zählt. Der Kern der Abgrenzungsfrage ist, ob es einen grundlegenden Funktionsunterschied zwischen der Tätigkeit im Grundberuf und der mediatorischen Tätigkeit gibt und wie dann das Gesamtgepräge zu bewerten ist.[9]

Für den **Rechtsanwalt** ist das in § 18 BORA explizit geklärt; danach unterliegt der   20
Rechtsanwalt auch als Mediator dem anwaltlichen Berufsrecht. Eine vergleichbare Vorschrift gibt es zurzeit für Wirtschaftsprüfer, Steuerberater und andere freie Berufe nicht. Diese Berufsgruppen dürfen allerdings nur „amtlich verliehene" Berufsbezeichnungen

---

7   Hartung/Römermann, Berufs- und Fachanwaltsordnung, 4. Aufl. Rn 16 ff mwN.
8   So zB AG Rostock im Beschluss vom 1.8.2007 – I AG 6/07 zur Verschwiegenheitspflicht gegenüber dem „Mediationsgegner".
9   Prütting AnwBl 2012, 28 ff.

führen. **Wirtschaftsprüfer** und auch **Steuerberater** haben aber die Möglichkeit, auf Geschäftsbriefen und Visitenkarten auf den Tätigkeitsschwerpunkt Mediation hinzuweisen. Bei **Notaren** wird Mediation als zu § 24 Abs. 1 S. 1 BNotO (allgemeine Betreuungspflicht) gehörig gezählt, ohne dass Mediation explizit erwähnt wird.

21 Alle Grundberufe, die im weiteren Sinne mit Recht zu tun haben und freiberuflicher Natur sind (Notare, Steuerberater, Wirtschaftsprüfer) werden mit ihrem Berufsrecht auf die Tätigkeit als Mediator durchschlagen, weil Mediation als zum „originären" Tätigkeitsbereich des Grundberufs gerechnet werden muss. Bei einem **Architekten** oder einem **Arzt** bzw. **Apotheker** ist das Vorliegen eines Zweitberufs möglich mit der Folge, dass das Berufsrecht dieser Grundberufe für die Tätigkeit als Mediator nicht gilt.[10]

22 Die folgende Darstellung nimmt für sich nicht in Anspruch, vollständig zu sein, sondern will lediglich die Zusammenhänge zu und mit anderen Grundberufen und deren „Berufsordnungen" transparent machen und die aufgezeigten Grundsätze subsumieren.

4.2.3.2.1 Rechtsanwälte

23 Rechtsanwälte haben mit der BORA eine Berufsordnung, die von der Satzungsversammlung der Bundesrechtsanwaltskammer beschlossen wird. Diese gilt – wie oben dargelegt (s. Rn 20) vollumfänglich für Rechtsanwälte, die auch Mediatoren sind. Zur **Qualifikation** ist in § 7 a BORA ist geregelt: „Als Mediator darf sich bezeichnen, wer durch geeignete Ausbildung nachweisen kann, dass er die Grundsätze des Mediationsverfahrens beherrscht." Dieser Standard wird nach Auffassung der Rechtsanwaltskammern derzeit erfüllt durch eine 90-Stunden-Ausbildung, die u.a. das Anwaltsinstitut anbietet und durchführt. Die BORA enthält darüber hinaus Regelungen, die der Anwaltsmediator zu beachten hat wie Vorschriften zur Werbung, zur gemeinschaftlichen Berufsausübung mit Dritten (auch Nichtanwälten), zur Korrespondenz und Kommunikation mit dem Mandanten, zum Honorar, zur Berufshaftpflichtversicherung u.a.

24 Die **Ausbildung** erfolgt durch private Anbieter. Einem Ausbildungsanbieter, der die „geeignete Ausbildung" im Sinne von § 7 a BORA mit einer 60-Stunden-Intensiv-Ausbildung anbot, ist dieses vom Landgericht Berlin[11] wegen Irreführung (§ 5 Abs. 1 UWG) verboten worden. Die BORA enthält als einzige Berufsordnung nicht nur die klare Zuordnung von Mediation, sondern definiert auch Ausbildungsqualität (allerdings unbestimmt wenn es heißt „geeignete Ausbildung"), die zur Bezeichnung berechtigt.

25 Die **Verschwiegenheitspflicht** des Rechtsanwalts nach § 43 a Abs. 2 BRAO besteht nur gegenüber dem Mandanten und nicht dem „Gegner" gegenüber.[12]

26 Anwälte trifft ein **Verbot zur Vertretung widerstreitender Interessen** (§ 43 a Abs. 4 BRAO und § 356 Abs. 1 StGB sowie § 3 BORA). Damit ist die Interessenkollision für Anwälte ein ganz besonderes Thema.[13] Für Steuerberater findet sich eine ähnliche Vorschrift in § 6 BOStB, die dem Steuerberater jedoch bei Vorliegen einer Interessenkollision die vermittelnde Tätigkeit gestattet. In § 3 des MediationsG werden Tätigkeitsbeschränkungen für den zertifizierten Mediator relevant – aber nur für diesen (hierzu Rn 37 ff).

---

10 So etwa § 1 MBO-Ä, der die Aufgaben der Ärzte beschreibt in Verbindung mit § 3, der die Unvereinbarkeiten mit den Aufgaben eines Arztes beschreibt.

11 LG Berlin 27.7.2010 – 16 O 284/10.

12 Anwaltsgericht Rostock 1.8.2007 – I AG 6/07. Das gilt auch bei Vorliegen einer entsprechenden Vereinbarung: „Die Ausweitung der Geheimhaltungspflicht auf ein Drittgeheimnis würde dazu führen, dass dem Rechtsanwalt die Wahrnehmung seiner vordringlichsten Aufgabe, nämlich die Vertretung der Interessen seines Mandanten, verwehrt wird."

13 Vgl Offermann-Burckart, Interessenkollision – es bleibt dabei: Jeder Fall ist anders, AnwBl 2011, 809 ff.

4.2.3.2.2 Andere verkammerte Grundberufe von Mediatoren und sonstige Freiberufler

Die Berufsordnungen der **Notare, Steuerberater und Wirtschaftsprüfer** gelten in gleicher   27
Weise für Mediatoren, die gleichzeitig einen der erwähnten Grundberufe aktiv ausüben
und damit Pflichtmitglieder in den entsprechenden Kammern sind (s. Rn 20). **Steuerbe-**
ratern ist das Führen eines Zusatzes „Mediator" verboten.[14] Die Bezeichnung „Mediator" ist berufsrechtlich zulässig, wenn sie nicht als Zusatz zur Berufsbezeichnung „StB"
erfolgt. Sie muss daher vom Namen und der amtlichen Berufsbezeichnung räumlich
deutlich abgesetzt werden (zB Steuerberater Dr. Detlev Berning und weiter unten: Mediation bzw. Mediator BM). Der Steuerberater-Mediator unterliegt dem Berufsrecht der
Steuerberater. § 1 Abs. 3 StBerG enthält den Grundsatz: „Steuerberater haben sich gemäß § 57 Abs. 2 StBerG jeder Tätigkeit zu enthalten, die mit ihrem Beruf oder mit dem
Ansehen ihres Berufs nicht vereinbar ist. Sie haben sich auch außerhalb der Berufstätigkeit des Vertrauens und der Achtung würdig zu erweisen, die ihr Beruf erfordert." Er
unterliegt der Verschwiegenheitspflicht und darf widerstreitende Interessen nicht vertreten.

Auch für die **Ärzte** regelt eine Berufsordnung, was diese dürfen und was nicht. Mediati-   28
on wird in der Musterberufsordnung (MBO-Ä) nicht erwähnt. In § 3 MBO-Ä heißt es
allgemein: „Ärztinnen und Ärzten ist neben der Ausübung ihres Berufs die Ausübung
einer anderen Tätigkeit untersagt, welche mit den ethischen Grundsätzen des ärztlichen
Berufs nicht vereinbar ist. Ärztinnen und Ärzten ist auch verboten, ihren Namen in Verbindung mit einer ärztlichen Berufsbezeichnung in unlauterer Weise für gewerbliche
Zwecke herzugeben. Ebenso wenig dürfen sie zulassen, dass von ihrem Namen oder
vom beruflichen Ansehen der Ärztinnen und Ärzte in solcher Weise Gebrauch gemacht
wird." Bei Ärzten – wie auch bei Apothekern und anderen Heilberuflern – wird man im
Regelfall davon ausgehen können, dass Mediation im Zweitberuf ausgeübt wird, weil
der innere Zusammenhang zur Tätigkeit im Grundberuf nicht gegeben ist. Ein Zusammenbringen von Berufsbezeichnungen „Arzt für XX und Mediator" dürfte damit unzulässig sein. Ein Eintrag ins **Arztregister**[15] ist nicht vorgesehen, sodass eine Titelführung
als Hinweis auf ein zusätzliches Tätigkeitsfeld fraglich ist. Für die kassenärztliche Tätigkeit ist diese Qualifikation ohnehin unerheblich, weil es dazu keine Abrechnungsziffer
gibt.

Anders kann das bei medizinischen **Psychotherapeuten** sein – wenn die konkrete Ausge-   29
staltung der beruflichen Tätigkeit die Mediation als eine „Therapieform" (etwa bei
Paarkonflikten) einschließt. Gleiches gilt für Berufspsychologen – ohne verkammert zu
sein – für die das von Bedeutung ist (wie auch für Ärzte), weil sie zB durch § 203 StGB
den Schutz des Zeugnisverweigerungsrechts genießen (bei Psychologen nur, sofern sie
eine „staatlich anerkannte Abschlussprüfung" vorweisen können).

Jeder **Architekt,** der seine Tätigkeit im freien Beruf, als Beamter, als Angestellter oder in   30
Verbindung mit einem Gewerbe ausübt, ist zur Beachtung der Berufsordnung[16] verpflichtet. Die Berufsordnungen sind in der Zulassung von ergänzenden Qualifikationen
offen, sofern sie dem Kernzweck der Architektentätigkeit nicht zuwider laufen.[17]

---

14 BFH-Urteil 23.2.2010 – VII R 24/09, BFHE 228, 568,
15 Es gibt derer zwei: Bei der Kammer sowie der Kassenärztlichen Vereinigung gem. §§ 3 Ärzte-ZV und § 95 a
    Abs. 4 + 5 SGB.
16 Jede Kammer beschließt eine separate Berufsordnung; hier Berufsordnung der Bayerischen Architektenkam-
    mer vom 4.12.1972.
17 § 3 BauKaG lautet: „Er muss sich deshalb solcher Tätigkeiten oder geschäftlicher Beteiligungen enthalten,
    die geeignet sein können, den freien Bereich seiner fachlichen Entscheidungen einzuschränken oder seine
    Entscheidungen in eine durch solche Tätigkeiten oder Beteiligungen vorbestimmte Richtung zu lenken."

4.2.3.2.3 Richtermediatoren (künftig „erweitertes Güterichtermodell")

31 Der Begriff umfasst die im Rahmen der gerichtsinternen Mediation eingesetzten Richter. Diesen wird es künftig so nicht mehr geben, weil durch das MediationsG die gerichtsinterne Mediation an den Güterichter gebunden ist. Davon zu unterscheiden sind Richter, die Mediation im Zweitberuf anbieten – mit Nebentätigkeitsgenehmigung.

32 Die im Gericht tätigen Richtermediatoren unterliegen auch als Mediatoren dem Berufsrecht der Richter. Die Unterordnung von Mediation im Gericht unter den Güterichter macht das deutlich. Das Richtergesetz enthält Anweisungen, die auch der Richtermediator (und künftig der Güterichter) zu beachten hat. Von besonderer Bedeutung sind für dieses Thema einige Vorschriften, die den Richter zur Erstattung einer Strafanzeige verpflichten. So bestehen die Anzeigepflichten des Richters nach § 116 AO[18] oder § 6 SubvG[19] fort. Das galt selbst für den Fall, dass der Richter zertifizierter Mediator im Sinne des „Gesetzes zur Förderung der Mediation und anderer Verfahren zur außergerichtlichen Streitbeilegung" geworden wäre bzw wird. Der **Richtermediator kann deshalb Vertraulichkeit nicht garantieren.** In der Begründung zu § 4 des von der BReg eingebrachten Gesetztes heißt es: „Wünschen die Konfliktparteien einen umfassenden Schutz der Vertraulichkeit, steht es ihnen frei, eine außergerichtliche Konfliktbeilegung anstelle der gerichtsinternen Mediation zu wählen.[20]

33 Soweit Richter eine **Nebentätigkeitsgenehmigung** für die Tätigkeit als Mediator erhalten, erfolgt diese Mediationstätigkeit dann im Zweitberuf. Das Berufsrecht der Richter gilt insoweit nicht.

4.2.3.2.4 Beamte als Mediatoren

34 In ihrer dienstlichen Funktion werden Beamte immer häufiger als Mediatoren tätig. Das gilt schon heute bei verwaltungsinternen Konfliktlagen und bekommt langsam Bedeutung auch im Verhältnis Staat-Bürger. Diese Tendenz wird angesichts der weiten Anwendbarkeit von Mediation auch im Öffentlichen Recht zunehmen (vgl die Verweisungsmöglichkeit in Mediation auch im Verwaltungs-, Sozial- und Steuerrecht lt. MediationsG). Es ist keine Frage, dass Beamte weiterhin ihrem Dienstrecht unterliegen, wenn sie Mediationen durchführen. Das ist durchaus von Bedeutung, wie das Beamtenstatusgesetz (BeamtStG) zeigt: § 38 BeamtStG regelt die Pflicht zur Verschwiegenheit und benennt das Instrument des Genehmigungsvorbehalts durch den Dienstherren. Für bestimmte Fälle ist auch dort (wie bei den Richtern) eine Anzeigepflicht von Straftaten festgeschrieben. Was aber ist mit der Loyalitätspflicht des Beamten gegenüber seinem Dienstherren und der Verschwiegenheit bei Einsatz als Mediator? Hier wird sich sicherlich das Recht noch fortbilden.

35 Beamte können Mediation auch im Zweitberuf anbieten – sofern sie eine Nebentätigkeitgenehmigung erhalten.

4.2.3.2.5 Angestellte als Mediatoren

36 Insoweit gilt das unter Rn 34 Ausgeführte entsprechend. Unternehmensintern tätige Mediatoren unterliegen in erster Linie den Begrenzungen, die sich aus ihrem Anstellungsvertrag ergeben. Als Mediatoren haben sie sich ggf bestimmten Regeln unterwor-

---

18 Der Abs. 1 lautet: „Gerichte und die Behörden von Bund, Ländern und kommunalen Trägern der öffentlichen Verwaltung, die nicht Finanzbehörden sind, haben Tatsachen, die sie dienstlich erfahren und die auf eine Steuerstraftat schließen lassen, den Bundeszentralamt für Steuern oder, soweit bekannt, den für das Steuerstrafverfahren zuständigen Finanzbehörden mitzuteilen."

19 Der lautet: „Gerichte und Behörden von Bund, Ländern und kommunalen Trägern der öffentlichen Verwaltung haben Tatsachen, die sie dienstlich erfahren und die den Verdacht eines Subventionsbetrugs begründen, den Strafverfolgungsbehörden mitzuteilen."

20 BT-Drucks 17/5335, 17.

fen, zB im Zusammenhang mit einer berufsverbandlichen Anerkennung (s. Rn 40 ff). Da spielt der „European Code of Conduct for Mediators" (Rn 6) eine größere Rolle. Häufig wird in entsprechenden Betriebsvereinbarungen darauf Bezug genommen. Soweit Angestellte außerhalb ihres Arbeitsplatzes Dienstleistungen als Mediatoren am allg. Markt anbieten wollen, muss das arbeitsvertraglich geklärt sein.

4.2.3.3 Das Mediationsgesetz

Das Gesetz gilt mit seinen Grundsätzen (§§ 2 bis 5) künftig für alle Mediationen im Sinne des Gesetzes sowie die dabei tätigen Mediatoren. Die Vorschriften knüpfen funktional an den Mediator im Sinne von § 1 Abs. 2 MediationsG an und sind damit künftig allgemeinverbindlicher Maßstab für fach- und sachgerechtes Arbeiten. Zu Einzelheiten des Gesetzes wird auf Kap. 4.6 Bezug genommen. Hier sollen nur Stichworte angeführt werden und nachfolgend der Blick auf auslegungsbedürftige Vorschriften im Gesetz, die Klärungsbedarfe eröffnen. 37

An **Pflichten** bzw Aufgaben des Mediators nennt das Gesetz: 38

- Informationspflicht der Parteien in § 2 Abs. 2.

- Allparteilichkeit gem. § 2 Abs. 3.

- Informations- und Transparenzpflicht gem. § 2 Abs. 6.

- Tätigkeitsbeschränkungen gem. § 3.

- Verschwiegenheit gem. § 4.

- Aus- und Fortbildung des Mediators (Qualität) gem. § 5.

An **Rechten** enthält das Gesetz:

- Recht zur Beendigung der Mediation gem. § 2 Abs. 5 S. 2.

- Zeugnisverweigerungsrecht im Zivilprozess gem. § 383 Abs. 1 Nr. 6 ZPO (in Korrespondenz zu § 4 MediationsG).

Auf einige Regelungsinhalte sei an dieser Stelle eingegangen, weil sie berufsrechtlich spannend werden: 39

1. Der Mediator ist gem. § 1 Abs. 2 MediationsG eine „unabhängige und neutrale Person ohne Entscheidungsbefugnis". Damit ist die persönliche Unabhängigkeit von den Parteien gemeint. Für organisationsintern arbeitende angestellte Mediatoren kann sich hier ein Spannungsfeld ergeben.

2. Der Begriff „Neutralitätspflicht" in § 2 Abs. 3 MediationsG ist unbestimmt; Die Entwurfsbegründung sagt dazu nur: „diese ist ebenso wie die **Unabhängigkeit** unerlässliche Voraussetzung für das Gelingen der Mediation."[21] Der Begriff ist für die Mitarbeiter im öffentlichen Dienst relevant – gelten hier dieselben Inhalte?

3. Nach § 2 Abs. 6 MediationsG muss der Mediator die Konfliktparteien, die ohne „fachliche Beratung" an der Mediation teilnehmen, auf die Möglichkeit hinweisen, die Vereinbarung durch externe Berater prüfen zu lassen. Offene Frage: Wie erfüllt der Mediator seine Hinweispflicht und wie sind die anderen unbestimmten Rechtsbegriffe in dieser Vorschrift mit Leben zu füllen?

4. Die Tätigkeitsbeschränkungen in § 3 können – wie auch bei den Rechtsanwälten (s. Rn 26) – zu Auseinandersetzungen im Praxisalltag führen. Das Vorbefassungsverbot gilt auch dann, wenn ein Sozietätspartner des Mediators in derselben Sache einseitig tätig geworden ist. Von praktischer Bedeutung kann diese Beschränkung zB werden, wenn sich Wirtschaftsmediatoren mit Steuerberatern assoziieren. Die

---

21 BT-Drucks 17/5335, 15.

Streitparteien können bestehende Beschränkungen aufheben – aber nur in Kenntnis aller Umstände. Wer hat da was zu dokumentieren?[22]

5. Der von der Verschwiegenheitspflicht gem. § 4 betroffene Personenkreis ist „eng" zu verstehen[23]. Darunter fallen die Hilfspersonen des Mediators, aber nicht Dritte im Sinne von § 2 Abs. 4. Die Verschwiegenheitspflicht korrespondiert mit dem Zeugnisverweigerungsrecht in § 383 Abs. 1 Nr. 6 ZPO. Diese Vorschrift verdrängt als Lex specialis andere in den Grundberufen von Mediatoren geltende Vorschriften! Der Mediator muss die Konfliktparteien über den Umfang seiner Pflicht zur Verschwiegenheit informieren. Auch insoweit wird die Praxis zeigen, welche Anforderung an einen Nachweis gestellt werden wird. Von Bedeutung ist die Aufklärungspflicht in Fällen, in denen Ausnahmen von dieser Verschwiegenheitspflicht gelten wie etwa für Richter (Anzeigepflicht gem. § 116 AO etc.). Ob die Regelungen auch für Güterichter gelten, die Mediation betreiben, ist derzeit noch unklar.

6. Das Recht, sich „zertifizierter Mediator" nennen zu dürfen, wird von der Erfüllung bestimmter Voraussetzungen abhängen. Diese betreffen sowohl den Nachweis einer geeigneten Ausbildung als auch einer regelmäßigen Fortbildung. Diese Fortbildung wird möglicherweise verbunden mit einer turnusmäßigen Rezertifizierung. Einzelheiten wird eine Rechtsverordnung enthalten. Auch von deren Ausgestaltung wird abhängen, welche Bedeutung der zertifizierte Mediator am Markt haben wird. Je größer die Bedeutung sein wird, desto größer der Klärungsbedarf, weil Gerichte zur Ausfüllung der unbestimmten Rechtsbegriffe aufgefordert werden.

4.2.4 Privatrechtliches „Berufsrecht"

40 Mit dem wachsenden Aufkommen von Mediation und in Erwartung des Marktes ist nicht nur die Rechtsprechung bemüht worden, Rechte und Pflichten des Mediators einzugrenzen; auch die an der Verbreitung von Mediation besonders interessierten Vereine und Berufsverbände sind aktiv geworden. Deren „Rechtsetzung" wirkt nur soweit, wie deren Gestaltungsmacht reicht. Damit begrenzt sich das „Berufsrecht" der Verbände auf deren Mitglieder. Da die Verbände in vielfacher Hinsicht wegweisend tätig geworden sind, sollen diese Regeln dargestellt werden – zumal wesentliche Regelungen zur Ausführung des MediationsG erst noch kommen werden. Insoweit haben die Verbände interessante Vorbilder geschaffen.

41 Eine Relevanz können die in den Regeln liegenden Selbstverpflichtungen haben, weil bei einer Irreführung ein Verstoß gegen § 5 Abs. 1 Nr. 6 UWG vorliegen kann. Durch ein Unterlassen, sich an diese Regeln zu halten, kann eine Unlauterkeit iSv von § 5 a UWG vorliegen; zumindest liegen hier Risiken.

4.2.4.1 Bundesarbeitsgemeinschaft für Familienmediation (BAFM)

42 Ohne eine nachgewiesene Qualität keine Anerkennung. Die BAFM sagt dazu[24]: Die BAFM verpflichtet sich dem Europäischen Verhaltenskodex (s. 4.2.2.2), in dem es heißt: „Mediatoren müssen eine einschlägige Ausbildung und kontinuierliche Fortbildung sowie Erfahrungen mit Mediationstätigkeiten auf der Grundlage einschlägiger Standards oder Zulassungsregelungen vorweisen. Der Mediator hat in seinem Handeln und Auftreten den Parteien gegenüber stets unparteiisch zu sein und ist gehalten, im Mediationsprozess allen Parteien gleichermaßen zu dienen." Um Wiederholungen zu vermeiden, soll gleich auf die umfassendsten berufsrechtlichen Regelungen des BM gegangen werden. Was den Standard angeht, ist dieser grundsätzlich mit dem der beiden

---

22 Der Gesetzentwurf enthält in der Begründung die Empfehlung zur Dokumentation BT-Drucks17/5335, 16.
23 BT-Drucks 17/5335 17 in der Begründung zu § 4.
24 http://www.bafm-mediation.de/.

nachfolgend genannten Verbände vergleichbar. Es soll erwähnt sein, dass die BAFM in Vielem Vordenker und Wegbereiter in Sachen Qualität gewesen ist.

4.2.4.2 Bundesverband Mediation e.V. (BM)

Die Berufsverbände erkennen Menschen als Mediatoren an. Der Bundesverband Media-   43
tion e.v. (BM) sagt dazu: Die Standards und Ausbildungsrichtlinien des BM wenden sich besonders an diejenigen, die Mediation beruflich ausüben und darin ausbilden. Sie dienen der Verbreitung der Mediation und dem Schutz vor unprofessionellem Mediieren:

■ Sie ermutigen viele Menschen, Mediation zu lernen und erfolgreich auszuüben.

■ Sie fördern das Vertrauen von Konfliktpartnern in Mediation.

■ Sie tragen bei zur gesellschaftlichen Anerkennung von Mediation.

Auch beim BM ist **Bestandteil der Standards**[25] und damit des „Berufsrechts" das „**Ethi-**   44
sche Selbstverständnis". Das weist folgenden Pflichtenkatalog auf (auch hier wieder nur Stichworte):

■ Gewährleistung eines geschützten Rahmens.

■ Allparteilichkeit.

■ Vertraulichkeit mit der Verpflichtung, zivilrechtlich ein Zeugnisverweigerungsrecht zu vereinbaren.

■ Gewährleistung von Freiwilligkeit.

■ Verpflichtung zu „sorgfältiger Vorbereitung".

Ergänzend gilt für alle Mediatoren BM die **Mediationsordnung**.[26] Diese wirkt wie allge-   45
meine Geschäftsbedingungen im Vertragsverhältnis jedes Mediators BM zu dessen Medianden (Kunden) und stellen damit auch Berufsrecht dar (im Übrigen s. Kap. 4.4). Stichpunkte daraus:

■ Der Mediator arbeitet nach den Regeln des europäische Verhaltenskodex (s. 4.2.2.2).

■ Pflicht zur Klärung der Vergütungsfrage.

■ Pflicht zur Einhaltung verabredeter Regeln.

■ Pflicht, nicht rechtlich oder steuerlich zu beraten.

■ Pflicht zur Allparteilichkeit.

■ Tätigkeitsverbot bei Vorbefassung.

■ Verschwiegenheitspflicht.

■ Dokumentationspflicht im Hinblick auf Verjährungsfristen.

■ Beschwerderecht der Kunden bei Ombudsstelle.

4.2.4.3 Bundesverband für Mediation in Wirtschaft und Arbeitswelt (BMWA)

Die Pflicht zur Qualitätssicherung durch laufende Weiterbildung ist bei den Berufsver-   46
bänden Bestandteil der Anerkennung. Der Qualitätsstandard ist dem von BM und BAFM vergleichbar; die geforderte Ausbildungszeit liegt allerdings mit 210 Stunden leicht über dem, was die beiden anderen Verbände fordern. Am Beispiel der BMWA[27] soll die relative Wirkung dieses Berufsrechts noch einmal verdeutlicht werden: „Die Führung der Bezeichnungen Mediator/Mediatorin BMWA® bzw Wirtschaftsmediator/

---

25 http://www.bmev.de/fileadmin/downloads/anerkennung/bm_standards09.pdf.
26 In der Fassung vom 24.9.2011, zu finden auch unter www.bmev.de .
27 http://www.bmwa.de/dokumente/Standards_April_2010_3.pdf.

Wirtschaftsmediatorin BMWA®, Lehrtrainer/Lehrtrainerin BMWA® und Ausbildungsinstitut BMWA® ist an die Mitgliedschaft im BMWA gebunden und erlischt mit deren
Beendigung. Wird die Bezeichnung trotz Erlöschens der Berechtigung weitergeführt,
kann der Verband Unterlassung verlangen." Die praktische Wirkung des Titelverlustes
ist relativ, weil das Rechtsverhältnis nur zwischen Verband und Mediator existiert. Für
den Mediator wird letztlich entscheidend sein, wie viel ihm die Anerkennung des Verbandes (materiell oder ideell) wert ist.

4.2.4.4 Deutsche Institution für Schiedsgerichtsbarkeit (DIS)

47 Auch die DIS hat jüngst eine Mediationsordnung[28] erlassen. Die Deutsche Institution
für Schiedsgerichtsbarkeit e.V. (DIS) ist ein eingetragener Verein zur Förderung der
deutschen und internationalen Schiedsgerichtsbarkeit. Ähnlich dieser MediationsO hatte schon früh die Handelskammer in Hamburg das Management von Mediation übernommen und dafür Regeln vorgegeben, auf deren Einhaltung sich der Kunde verlassen
können soll.[29] Dass jetzt auch die DIS diesen Schritt getan hat, belegt den Bedarf nach
Klarheit, den auch das MediationsG bringen soll.

---

28 http://www.dis-arb.de/de/16/regeln/dis-mediationsordnung-10-medo-id19.
29 Hierzu vgl. Hamburger Mediationsstelle für Wirtschaftskonflikte, Handelskammer Hamburg, http://
www.hk24.de/recht_und_fair_play/schiedsgerichtemediationschlichtung/mediation/mediationsstelle/.

4.3 Schutz des Vertrauens – Vertraulichkeit

Literatur: Groth, K.M./v. Bubnoff, D., Gibt es „gerichtsfeste" Vertraulichkeit bei der Mediation?, NJW 2001, 338; Hofmann, F., Vertraulichkeit in der Mediation – Möglichkeiten und Grenzen vertraglicher Beweisverwertungsverbote, SchiedsVZ 2011, 148; Mähler, H.-G./Mähler, G., Missbrauch von in der Mediation erlangten Informationen, ZKM 2001, 4; Wagner, G., Sicherung der Vertraulichkeit von Mediationsverfahren durch Vertrag, NJW 2001, 1398; Wagner, G., Vertraulichkeit der Mediation, ZKM 2011, 164.

4.3.1 Bedeutung

Die **Öffentlichkeit** der Gerichtsverhandlung (§ 169 GVG) ist ein wichtiges Merkmal 1 rechtsstaatlicher Justiz. Als Errungenschaft der Aufklärung wurde ihr im 19. Jahrhundert große Bedeutung beigemessen, weil sie vor einer unkontrollierbaren Geheimjustiz schützte und die Teilhabe der Bürger an der Rechtspflege sicherte. An diesem hohen Stellenwert der Öffentlichkeitsmaxime hat sich bis heute nichts geändert. Sie ist in Art. 6 der Europäischen Menschenrechtskonvention verankert, das BVerfG behandelt sie als wesentlichen Bestandteil des Rechtsstaatsgebots und ihre Missachtung stellt einen schweren Verfahrensfehler dar, der zur Aufhebung eines auf nichtöffentlicher Verhandlung beruhenden Urteils führt.[1]

Doch die öffentliche Austragung von Rechtsstreitigkeiten hat auch ihre Kehrseite. Die 2 Erörterung privater oder geschäftlicher Verhältnisse in Anwesenheit Dritter kann für Prozessparteien ausgesprochen unerwünscht sein und unter Umständen zu einem Verzicht auf die Rechtsverfolgung oder auf den Vortrag bestimmter Tatsachen führen. Seit Langem ist deshalb besonders bei Konflikten aus dem Bereich der Wirtschaft die Tendenz verbreitet, auf die Kontrollfunktion der Öffentlichkeit zu verzichten und den Weg des vertraulichen Schiedsgerichtsverfahrens zu wählen.

Mit dem Aufkommen der alternativen Konfliktlösungsverfahren, insb. der Mediation, 3 bekam der Aspekt der **Vertraulichkeit** eine weitere Dimension. Zu den Essentialia dieser Verfahren gehört es, dass die Parteien offen miteinander kommunizieren (s. Kap. 1.1.3.2.5).[2] Die Entscheidung ihres Konflikts wird dort nicht von einer neutralen Instanz nach den Regeln des materiellen und formellen Rechts getroffen, die auch ein taktisches Vorgehen zulassen, etwa das Zurückhalten von Informationen, die in die Darlegungslast des Prozessgegners fallen.[3] Vielmehr sollen sie die Konfliktlösung hier selbst auf der Basis ihrer subjektiven Interessen, Wertvorstellungen und Bedürfnisse erarbeiten. Diese müssen also offengelegt werden können, ohne dass daraus Nachteile entste-

---

1 Grundlegend zur Bedeutung der Öffentlichkeit BVerfG NJW 2001, 1633, 1635.
2 Hartmann, in: Haft/v. Schlieffen 2009, § 44 Rn 2; Eidenmüller, Vertrags- und Verfahrensrecht der Wirtschaftsmediation, 2001, 24.
3 Vgl BGH NJW 1990, 3151, wonach keine Verpflichtung besteht, dem Gegner die Informationen zu liefern, die er zum Prozesssieg benötigt.

hen können. Diese Nachteile können nicht nur durch die Anwesenheit eines Zuhörers, sondern auch dadurch hervorgerufen werden, dass der Verhandlungspartner, der Mediator oder eine andere am Verfahren teilnehmende Person die erlangten Kenntnisse anderweitig verwertet, insbesondere in einem bei Scheitern der Mediation zu führenden Gerichtsverfahren.

4 Selbst **innerhalb des Mediationsverfahrens** kann Vertraulichkeit Bedeutung erlangen: Mit Einverständnis der Beteiligten kann der Mediator Einzelgespräche führen, deren Inhalt der anderen Seite nicht mitgeteilt wird (s. dazu Kap. 3.2.3.4; 3.11).

5 Im MediationsG hat die Vertraulichkeit trotz ihrer eminenten Bedeutung nur geringen Niederschlag gefunden. § 1 erwähnt sie zwar im Zusammenhang mit der Definition der Mediation, regelt aber explizit nur die Verschwiegenheitspflicht des Mediators (§ 4 MediationsG). Wie der Schutz der Vertraulichkeit im Übrigen gewährleistet werden kann, ist eine der schwierigsten Fragen im Bereich der alternativen Konfliktbeilegung. Allein mit den Mitteln des Rechts ist sie auch nicht zu lösen (s. Rn 28). Letztlich kann Vertraulichkeit nur durch den Aufbau von **Vertrauen** entstehen (Rn 32). Im Folgenden wird dargestellt, wie weit der rechtliche Schutz der Vertraulichkeit im Mediationsverfahren und – soweit abweichend – in anderen Verfahren der alternativen Konfliktlösung (s. Kap. 2.19) reicht, wo Schutzlücken sind und wie damit umgegangen werden kann.

4.3.2 Nichtöffentlichkeit

6 Das Gebot der öffentlichen Verhandlung gilt nur für die staatliche Gerichtsbarkeit. Schon für die Schiedsgerichtsbarkeit (s. 2.19 Rn 3) ist es, obgleich dort ebenfalls Recht gesprochen wird, in die Disposition der Beteiligten gestellt. Diese können frei darüber entscheiden, wer an der Verhandlung teilnimmt und wer nicht. In der Regel wird die Zahl der Teilnehmer möglichst klein gehalten.

7 Erst recht hat in den Verfahren der konsensualen Streitbeilegung niemand einen Anspruch auf Teilnahme an der Verhandlung. Zuhörer können im Einzelfall zugelassen werden, zB als Hospitanten zu Ausbildungszwecken. Bei Konflikten im Bereich des Verwaltungsrechts, zB bei Planungsstreitigkeiten, besteht oftmals ein so erhebliches öffentliches Interesse, dass die Beteiligten sogar Wert auf die Beteiligung der Öffentlichkeit, einschließlich der Medien, legen.[4] Im allseitigen Einverständnis können sie diese ermöglichen.

4.3.3 Verschwiegenheit des Mediators

8 Nach § 4 MediationsG ist der Mediator grundsätzlich verpflichtet, über alles, was ihm in Ausübung seiner Tätigkeit bekannt geworden ist, Verschwiegenheit zu wahren. Dies gilt nur dann nicht, wenn die Offenlegung zur Umsetzung oder Vollstreckung der im Mediationsverfahren erzielten Vereinbarung erforderlich ist, wenn vorrangige Gründe der öffentlichen Ordnung sie gebieten oder wenn es sich um Tatsachen handelt, die offenkundig sind oder ihrer Bedeutung nach keiner Geheimhaltung bedürfen. Diese Regelung gilt als Spezialgesetz auch dann, wenn der Mediator schon nach seinem Berufsrecht (zB als Rechtsanwalt oder Notar) einer Verschwiegenheitspflicht unterliegt.

9 Aus der Verschwiegenheitspflicht folgt ein **Zeugnisverweigerungsrecht** nach § 383 Abs. 1 Nr. 6 ZPO. Würde ein Mediator in einem Zivilprozess als Zeuge für Vorgänge oder Erklärungen in der Mediation benannt (was die Parteien durch entsprechende Abreden von vornherein ausschließen sollten), wäre er nicht nur berechtigt, sondern nach

---

4 Hartmann, in: Haft/v. Schlieffen § 44 Rn 7; Guckelberger Einheitliches Mediationsgesetz auch für verwaltungsrechtliche Konflikte?, NVwZ 2011, 390, 393.

§ 4 MediationsG sogar verpflichtet, die Aussage zu verweigern. Im Strafprozess haben nur die Mediatoren, die einer in § 53 Abs. 1 Nr. 3 StPO genannten Berufsgruppe angehören (insb. Rechtsanwälte, Notare, Wirtschaftsprüfer, Steuerberater), ein Zeugnisverweigerungsrecht;[5] ansonsten wird die Verschwiegenheitspflicht durch die Zeugenpflicht aufgehoben. Für die Vernehmung im Arbeits-, Familien-, Verwaltungs- und Sozialgerichtsverfahren gilt dasselbe wie im Zivilprozess (§ 46 Abs. 2 ArbGG, § 29 Abs. 2 FamFG, § 98 VwGO, § 118 Abs. 1 SGG).

Die Verschwiegenheitspflicht ist für die in § 203 StGB genannten Berufsträger auch **10** strafrechtlich abgesichert, allerdings beschränkt auf anvertraute Geheimnisse.

Eine **zeitliche Begrenzung** besteht nicht. Die Schweigepflicht besteht auch nach dem **11** Tod der Partei fort, desgleichen nach dem Ende der Berufstätigkeit des Mediators.

Auch gegenüber **ihrerseits schweigepflichtigen Personen** muss der Mediator Verschwie- **12** genheit wahren; auch zu Beratungs-, Schulungs- oder Supervisionszwecken darf er nur anonymisierte Angaben weitergeben.[6]

Bei **Entbindung** von der Schweigepflicht entfällt das Zeugnisverweigerungsrecht (§ 385 **13** Abs. 2 ZPO, § 53 Abs. 2 StPO). Sie setzt eine Erklärung aller Konfliktparteien voraus.

Ist der Mediator selbst Prozesspartei (zB im Vergütungs- oder im Haftungsprozess), **14** darf er wegen des **übergeordneten Rechtsschutzinteresses** trotz seiner Verschwiegenheitspflicht solche Tatsachen vortragen, die zur Substantiierung seines Prozessvortrags unabdingbar notwendig sind.

Bei **Verletzung** der Verschwiegenheitspflicht haftet der Mediator für einen daraus ent- **15** stehenden Schaden, sofern er nicht beweisen kann, dass er schuldlos gehandelt hat (§ 280 Abs. 1 BGB). Verliert die geschützte Partei infolge der Verletzung einen Prozess, kann sie aber hierfür keinen Ersatz verlangen, wenn dieses Prozessergebnis der Rechtslage entspricht, denn das Schadensersatzrecht dient nicht der Erlangung rechtswidriger Gewinne.[7] Hat der Mediator als Zeuge pflichtwidrig Tatsachen offenbart, auf die sich seine Verschwiegenheitspflicht bezieht, ist diese Aussage für die gerichtliche Entscheidung gleichwohl verwertbar.[8]

4.3.4 Verschwiegenheit anderer Vermittler

§ 4 MediationsG gilt nur für Mediatoren, dh dann, wenn der Vermittler beauftragt **16** worden ist, die Parteien in einem strukturierten Verfahren zu einer von ihnen selbst erarbeiteten Einigung zu führen. Für Vermittler mit einer bewertenden oder entscheidenden Rolle (zB Schlichter, Schiedsgutachter, Evaluatoren) gelten die Vorschriften des jeweiligen Berufsrechts bzw die der vereinbarten Verfahrensordnung oder die einzelvertraglichen Abmachungen.

4.3.5 Verschwiegenheit anderer Teilnehmer an der Mediationsverhandlung

Hilfspersonen des Mediators, zB Bürokräfte, nicht Hospitanten, sind kraft Gesetzes (§ 4 **17** S. 1 MediationsG) in die Verschwiegenheitspflicht einbezogen. Hierüber sollte sie der Mediator in dokumentierter Weise belehren.

Die die Parteien beratenden bzw begleitenden **Rechtsanwälte** unterliegen der Schweige- **18** pflicht nach § 43 a Abs. 2 BRAO. Dennoch sollten Sie ausdrücklich in die Vertraulichkeitsabrede der Parteien (Rn 20 ff) einbezogen werden.

---

5 BVerfGE 33, 367.
6 Hartmann, in: Haft/v. Schlieffen § 44 Rn 26.
7 Vgl zur entsprechenden Lage bei der Anwaltshaftung BGHZ 72, 328; 133, 110; 163, 223.
8 BGHSt 9, 59 ff; Hofmann SchiedsVZ 2011, 148, 149.

19 Für **sonstige Teilnehmer** (zB Begleitpersonen, Sachverständige, Hospitanten) muss die Pflicht zur Wahrung der Vertraulichkeit durch eine ausdrückliche Vereinbarung begründet werden; sie ist nicht schon aus der Zustimmung zu ihrer Anwesenheit abzuleiten. Der schuldhafte Verstoß gegen die Schweigepflicht ist eine Vertragsverletzung mit entsprechenden Folgen (Schadenersatz, ggf Vertragsstrafe). Ein Zeugnisverweigerungsrecht ergibt sich aus der Vereinbarung allerdings nicht.[9] Wenn die Parteien verhindern wollen, dass der Teilnehmer über Vorgänge in der Mediationsverhandlung später als Zeuge vernommen wird, müssen sie eine diesbezügliche Beweisaufnahme durch eine Vertraulichkeitsabrede (Rn 21) ausschließen.

4.3.6 Vertraulichkeit im Verhältnis zwischen den Parteien

20 Um zu verhindern, dass Äußerungen, die eine Partei in der Mediation getan hat, von der anderen gerichtlich oder außergerichtlich gegen sie verwendet werden, bedarf es der **vertraglichen Vereinbarung** einer Geheimhaltungspflicht. Weder das MediationsG noch ein anderes Gesetz bietet hiergegen Schutz.[10]

21 Weil die Vertraulichkeit zu den tragenden Grundsätzen des Mediationsverfahrens gehört (s. § 1 Abs. 1 MediationsG, Kap. 1.1.3.2.5 und Rn 3), kann in der Vereinbarung eines solchen zugleich eine **stillschweigende Verpflichtung** zur Wahrung der Vertraulichkeit gesehen werden.[11] Vorzugswürdig ist aber, dass der Mediator die Bedeutung der Vertraulichkeit ins Bewusstsein der Parteien rückt und auf eine **ausdrückliche**, möglichst schriftlich dokumentierte **Vereinbarung** hinwirkt.

22 Der **Umfang** dieser Vertraulichkeitszusage sollte nicht zu weit gezogen werden, ist auch klar zu unterscheiden von der umfassenden Verschwiegenheitspflicht des Mediators.[12] Den gesamten in der Mediation zur Sprache gekommenen Sachverhalt unter ein Verwertungsverbot zu stellen, würde die Rechtsverfolgung unangemessen beeinträchtigen, wegen der zahlreichen anderen Möglichkeiten der Kenntniserlangung praktisch nicht durchführbar sein und die Parteien in einer Scheinsicherheit wiegen. Die Attraktivität der Mediation würde geschmälert, wenn die Parteien damit rechnen müssten, dass die dort erörterten Tatsachen ein für allemal vom Vortrag in einem Gerichtsverfahren ausgeschlossen sein werden; das Verfahren könnte sogar eigens für diesen Zweck missbraucht werden.[13]

23 Vertraulichkeit sollte daher grds. nur für die **Vorgänge und Äußerungen in der Mediation** vereinbart werden.[14]

Beispiel:

Die Parteien verpflichten sich, über den Ablauf der Mediation und die in ihr abgegebenen Erklärungen Verschwiegenheit zu wahren. Auch in einem etwaigen gerichtlichen oder schiedsgerichtlichen Verfahren dürfen diese Vorgänge nicht vorgetragen werden.

24 **In dieselbe Richtung geht folgender Formulierungsvorschlag:**[15]

Die Vertragsparteien verzichten wechselseitig darauf, Äußerungen der jeweils anderen Partei oder des Mediators im Laufe des Verfahrens in einem späteren gerichtlichen Verfahren zu zitieren. Sie werden auch keine der am Schlichtungsverfahren beteiligten Personen oder den Mediator als Zeugen für Vorgänge während des Verfahrens benennen. Die Beweisführung mit Urkun-

---

9 Hartmann, in: Haft/v. Schlieffen § 44 Rn 27 a; aA Groth/v. Bubnoff NJW 2001, 338, 340 ff.
10 Wagner ZKM 2011, 164, 165.
11 Hartmann, in: Haft/v. Schlieffen § 44 Rn 22.
12 Hartmann, in: Haft/v. Schlieffen § 44 Rn 23.
13 Hartmann, in: Haft/v. Schlieffen § 44 Rn 27; Nelle/Hacke, Die Mediationsvereinbarung, ZKM 2002, 257, 260; Wagner ZKM 2011, 164, 166.
14 Hartmann, in: Haft/v. Schlieffen § 44 Rn 27; Groth/v. Bubnoff NJW 2001, 338, 339.
15 Groth/v. Bubnoff NJW 2001, 338, 340.

den und die Beweisführung über alle Vorgänge, die zeitlich vor dem Beginn des Verfahrens liegen und bereits vor dessen Beginn Gegenstand der Wahrnehmung bestimmter Personen waren, bleiben unter Berufung auf das Zeugnis dieser Personen zulässig.

Die **prozessuale Folge** derartiger Vereinbarungen ist, dass im **Zivilprozess**, in dem der **25** Prozessstoff zur Disposition der Parteien steht und damit auch vertraglichen Vereinbarungen zugänglich ist,[16] zB nicht vorgetragen werden darf, der Gegner habe ein Fehlverhalten eingeräumt, sich entschuldigt, ein bestimmtes Vorgehen angekündigt usw. Geschieht dies doch, hat der Gegner das Recht, die Einlassung hierzu zu verweigern, denn der Vortrag ist wegen Verstoßes gegen die Vertraulichkeitsvereinbarung unzulässig.[17] Mit seinem Bestreiten oder Zugestehen müsste der Gegner der Pflichtverletzung zum Erfolg verhelfen und seinerseits gegen die Vertraulichkeitsabrede verstoßen. Für Gerichtsverfahren, in denen der **Amtsermittlungsgrundsatz** gilt (Straf- und Verwaltungsprozess), kann eine derartige Vertraulichkeitsvereinbarung keine Wirkung entfalten.[18]

Eingeschränkt wird die Verschwiegenheitspflicht (auch ohne besondere Vereinbarung) **26** durch schutzwürdige Belange einer Partei, zB wenn sie den in einer Abschlussvereinbarung begründeten Anspruch mit Klage durchsetzen muss.

Besteht für bestimmte Tatsachen (etwa ein Geschäftsgeheimnis) ein **gesteigertes Interesse an Vertraulichkeit**, kann hierfür eine gesonderte Geheimschutzabrede (wie sie **27** auch sonst, zB bei Geschäftsveräußerungen üblich ist) getroffen werden.[19] Für den Fall einer Verletzung kann eine Vertragsstrafe vorgesehen werden.

Bei diesem Vorgehen tritt an die Stelle einer unrealistischen Globalvertraulichkeit ein **28** maßgeschneiderter Geheimnisschutz. Es ist zwar nicht auszuschließen, dass eine Partei Tatsachen, von denen sie in der Mediation erfahren hat, anderweitig verwertet. Dies kann aber auch durch eine pauschale Vertraulichkeitsabrede nicht verhindert werden: Ist die Tatsache dem Gegner erst einmal bekannt, wird er immer Mittel und Wege finden, diese Kenntnis auszunutzen.[20]

In **anderen Verfahren der alternativen Konfliktlösung** (zB Schlichtung, Evaluation) kön- **29** nen vertragliche Vertraulichkeitsverpflichtungen in gleicher Weise begründet werden wie bei der Mediation.

4.3.7 Behandlung schriftlicher Unterlagen

4.3.7.1 Außerhalb der Mediation entstandene Unterlagen

Ob die Partei solche Unterlagen in das Mediationsverfahren einbringt, liegt in ihrer frei- **30** en Entscheidung. Sie kann die Vorlage, zB wenn sich aus ihr Geschäftsgeheimnisse ergeben, von einer besonderen Abrede abhängig machen, wonach sich die andere Partei in einem etwaigen Zivilprozess nicht auf die Urkunde berufen wird. Die Unterlage ist der vorlegenden Partei zurückzugeben, nicht etwa vom Mediator zu archivieren.

4.3.7.2 Im Mediationsverfahren entstandene Unterlagen

Aufzeichnungen, die lediglich der Verfahrensförderung dienten (wie Skizzen, Berech- **31** nungen, Entwürfe), sollten bei Abschluss des Verfahrens im allseitigen Einvernehmen vernichtet werden. Schriftliche Vereinbarungen, die über das Verfahren hinaus Bedeutung haben können (zB Abschluss- oder Zwischenvereinbarungen, Vertraulichkeits-

---

16 Wagner, Prozessverträge, 1998, 608 ff und NJW 2001, 1398; Eidenmüller, Vertrags- und Verfahrensrecht der Wirtschaftsmediation, 2001, 27.
17 Hartmann, in: Haft/v. Schlieffen § 44 Rn 32; Eidenmüller, Vertrags- und Verfahrensrecht der Wirtschaftsmediation, 2001, 27.
18 Hartmann, in: Haft/v. Schlieffen § 44 Rn 36 ff.
19 Hartmann, in: Haft/v. Schlieffen § 44 Rn 30.
20 Hofmann SchiedsVZ 2011, 148, 151 f.

und sonstige Verfahrensabreden, Verträge mit dem Mediator oder beigezogenen Dritten) sind den jeweiligen Betroffenen auszuhändigen. Sofern sie nicht von der Verschwiegenheitspflicht des Mediators nach § 4 MediationsG oder einer vertraglichen Verschwiegenheitsabrede erfasst werden, ist ggf eine gesonderte Vereinbarung über die vertrauliche Behandlung herbeizuführen. Dasselbe gilt für etwaige Gesprächsprotokolle.

4.3.8 Vertraulichkeit durch Vertrauen

32 Gesetz und vertragliche Abmachungen bieten gewisse Spielregeln für den Schutz der Vertraulichkeit, können ihn aber nicht gewährleisten. Die Erfahrung zeigt allerdings, dass es trotz dieses Defizits in aller Regel gelingt, im Verlauf des Mediationsverfahrens ein vertrauensvolles Klima zu schaffen, welches auch ohne hundertprozentige rechtliche Absicherung eine offene Kommunikation ermöglicht, und dass Missbräuche des Verfahrens zur Informationsgewinnung nur selten vorkommen. Auf die Entstehung dieser Vertrauensbasis hinzuwirken ist für den Mediator wichtiger als das Herbeiführen einer ausgeklügelten, sanktionsbewehrten Vertraulichkeitsvereinbarung. Hilfreich ist es, auf eine **Reziprozität des Informationsgewinns** beider Seiten zu achten: Wenn jede Seite etwa gleich viel an vertraulichen Informationen von der anderen erfährt, gleichen sich Chancen und Risiken eines Vertrauensbruchs aus, so dass die Neigung zu einem solchen sinkt.[21]

33 Das Gesetz verlangt vom Mediator nur, dass er die Parteien über den Umfang seiner Verschwiegenheitspflicht informiert (§ 4 S. 4 MediationsG). Wesentlich wichtiger sind jedoch **vertrauensbildende Maßnahmen** mit Bezug auf das Verhältnis zwischen den Parteien. Dazu gehört, dass er sie mit Hinweis auf die Bedeutung einer offenen Kommunikation zu einer sachgerechten Vertraulichkeitsvereinbarung veranlasst und durch die Art und Weise seiner Gesprächsführung, ggf auch mithilfe von Einzelgesprächen, eine von gegenseitigem Respekt und Vertrauen getragene Verhandlungsatmosphäre entstehen lässt.

---

21 Mähler/Mähler ZKM 2001, 4, 10.

4.4 Mediation und Vertragsrecht

Literatur: Berning, D., Mediations- bzw. Interessenklauseln in Verträgen?, Spektrum der Mediation Nr. 23/III-2006, 35; Eidenmüller, H., Vertrags- und Verfahrensrecht der Wirtschaftsmediation, 2001; Hacke, A., Der ADR-Vertrag. Vertragsrecht und vertragliche Gestaltung de Mediation und anderer alternativer Konfliktlösungsverfahren, 2001; Unberath, J., Mediationsklauseln in der Vertragsgestaltung – Prozessuale Wirkungen und Wirksamkeit, NJW 2011, 1320.

4.4.1 Überblick

Der Beitrag behandelt verschiedeme Aspekte insb. des Vertragsrechts im Hinblick auf **1**
ein Mediationsverfahren. Zum einen geht es um Regelungen zur Durchführung einer
Mediation (4.4.2), zum anderen geht es um juristische Aspekte der zum Abschluss einer
Mediation zwischen den Parteien getroffenen vertraglichen Regelung (4.4.3).

4.4.2 Regelungen zur Durchführung einer Mediation

4.4.2.1 Mediationsklauseln

Eine Vielzahl von (Kauf-, Liefer- oder sonstigen) Verträgen enthalten in den Schlussvor- **2**
schriften häufig **vorsorgliche Verabredungen**, wie im Konfliktfall zu verfahren ist. Zunehmend finden sich dort auch sog. ADR- bzw spezifische Mediationsklauseln wie etwa
diese:[1]

a) Die Parteien verpflichten sich, jede Streitigkeit, die sich aus diesem Vertrag ergibt
   oder im Zusammenhang mit seiner Durchführung entsteht, in direkten Verhandlungen vor Erhebung einer Klage bei einem ordentlichen Gericht oder Schiedsgericht
   beizulegen.

b) Sollten sich die Parteien nicht innerhalb von 30 Tagen nach Zugang der Aufforderung einer Partei zur Aufnahme von Verhandlungen oder der Aufnahme der Verhandlungen nach Ziff. a.) geeinigt haben, werden sie eine Mediation nach der im
   Zeitpunkt der Anrufung geltenden Verfahrensordnung der (Name der Organisation) durchführen.

Mit solchen Verabredungen wird materiell-rechtlich der Wunsch nach einvernehmli- **3**
chen Regelungen im Konfliktfall bekräftigt. Dadurch, dass solche Klauseln Einfluss auf
das nachfolgende Verhalten im Konfliktfall nehmen, wirken sie gleichzeitig als prozess-
vertragliche Abreden, die in einem ggf von einer Partei angestrengten Gerichtsverfahren
als „**prozessuale Einrede**" geltend gemacht werden können, um die Durchführung des
Gerichtsverfahrens zu verhindern.[2] So muss das Gericht nach § 1032 Abs. 1 ZPO eine
Klage als unzulässig abweisen, wenn diese in einer Angelegenheit erhoben wird, die Gegenstand einer wirksamen Schiedsvereinbarung ist, sofern der Beklagte dies vor Beginn
der mündlichen Verhandlung zur Hauptsache rügt. Fraglich ist aber, ob der Mediationsabrede die gleichen Wirkungen wie der Schiedsvereinbarung zukommt.

---

1 Vgl. Hacke 2001, 107 ff; eine ähnlich Klausel findet sich zB für Baumediatoren: http://www.verband-der-baumediatoren.de/Mediationsklausel.pdf (Abruf am 31.5.2012) oder www.bmwa.de.
2 Hierzu Wagner, Prozessverträge: Privatautonomie im Verfahrensrecht, 1998, 11 ff.

4 Die obligatorische Verweisung auf ein ADR-Verfahren vor Erhebung einer Klage aufgrund gesetzlicher Regelung ist nicht ungewöhnlich (s. § 15 a EGZPO, hierzu Kap. 1.2 Rn 12). Soweit solche Klauseln privatinitiativ eine Mediation obligatorisch vorschreiben, ist deren **Wirksamkeit und Reichweite** umstritten.[3] Nach einer Entscheidung des LG Heilbronn[4] ist die Mediation ungeachtet der Klauselabrede keine Prozessvoraussetzung und könne deshalb einem gerichtlichen Verfahren nicht entgegen stehen. Wenn in der Mediation das Verfahren von beiden Parteien jederzeit ohne Weiteres beendet werden könne, dann sei eine Mediationsklausel kein wirksamer Klageverzicht. Ein Verweis auf den Internetauftritt einer Institution, die Wirtschaftsmediation anbiete, mache diese für den Gegner undurchschaubar, da Kosten, Dauer und Zeitpunkt der Durchführung nicht klar genug seien. Daher genüge diese nicht dem gesetzlichen Transparenzgebot. Die Mediationsklausel sei ein „durchaus vernünftiger" Appell an eine gütliche Einigung, der aber das gerichtliche Verfahren nicht hindere.

5 Angesichts des für die Mediation weitgehend geltenden **Grundsatzes der Freiwilligkeit** (hierzu Kap. 1.1.3.2.1) – zumindest im Hinblick auf eine jederzeitige Beendigung (s. § 2 Abs. 5 MediationsG) – ist in der Tat fraglich, ob eine privatinitiative Klausel mit einer verbindlich vorgeschalteten Mediation wirksam ist bzw nicht dennoch den unmittelbaren Gang zum Gericht zulässt.[5] Ein solch permanentes Kündigungsrecht nimmt der Klagebeschränkung ihre Wirksamkeit.[6] Allerdings ist auch die Vereinbarung von Schiedsklauseln grds. ein Teil der Privatautonomie und stellt damit dispositives Recht dar (s. Kap. 4.1.2.2). Auch aus Gründen der Prozessökonomie[7] ist verständlich, wenn ein Gericht den rechtshängig gemachten Anspruch als Erklärung zumindest des Klägers wertet, von dem Recht der Beendigung einer Konfliktklärung durch Mediation Gebrauch machen zu wollen. Andere Gerichte mögen das anders werten, insb. dann, wenn die Einschätzung besteht, der Rechtsstreit sei ein Fall für die Mediation. Ob im Lichte des neuen § 253 Abs. 3 Nr. 1 ZPO (Klageschrift soll Angabe enthalten, ob der Klageerhebung der Versuch einer Mediation oder eines anderen Verfahrens der außergerichtlichen Konfliktbeilegung vorausgegangen ist) Gerichte eine solche Klausel als Prozesshindernis bewerten, bleibt abzuwarten. Mit dieser Einschätzung ist die Empfehlung verbunden, auf eine Klausel bzgl einer verpflichtend vorgeschalteten Mediation nicht zu verzichten, weil eine solche zumindest den beiderseitigen guten Willen, ggf. auftauchende Konflikte im Einvernehmen mittels einer Mediation regeln zu wollen, dokumentiert. Zulässig erscheint auch eine individuelle Abrede mit der auf die Einleitung eines gerichtlichen Verfahrens vorläufig verzichtet wird, solange ein Mediationsverfahren durchgeführt wird (sog. dilatorischer Klageverzicht).[8]

6 Umstritten ist weiterhin, ob und ggf. wie die (materiell-rechtliche) Verpflichtung zur Mediation durchgesetzt (Pflicht zur Neuverhandlung) werden kann. Zwar mag man bei Nichtteilnahme an einer Mediation an Schadenersatzregelungen denken, die aber ein „stumpfes Schwert" bleiben, da die Entscheidungsfreiheit ein Wesensmerkmal der Mediation ist und deshalb keine Einigungspflicht besteht.[9] Ein **Kontrahierungszwang** ist der Mediation wesensfremd (Kap. 1.1.3.2.1).

---

3 Eidenmüller 2001, 12 ff.
4 LG Heilbronn 10.9.2010 – 4 O 259/09.
5 Trotz der ebenfalls jederzeitigen Beendigungsmöglichkeit durch jeden der Beteiligten nach § 5 I 1 BMWA-VerfO ist in der § 3 II 3 BMWA-VerfO grundsätzlich eine gemeinsame Sitzung durchzuführen.
6 Hacke 2001, 117.
7 Hierzu Moritz 2002 (http://bgb.jura.uni-hamburg.de/zivilprozess/verfahrensgrunds.htm): Der Grundsatz der Prozesswirtschaftlichkeit soll insb. zu formale Aspekte des Prozessrechts korrigieren (zB Zulassung einer Klagänderung, ausnahmsweise keine Zurückweisung verspäteten Vorbringens, Verbindung von Prozessen).
8 Vgl Eidenmüller 2002, 18 f.
9 Eidenmüller 2002, 22.

Wird in einer Klausel auf eine **Mediationsordnung** (4.4.2.3) Bezug genommen, ist diese   7
als sog. Allgemeine Geschäftsbedingungen (AGB) isd § 305 BGB zu bewerten.[10] Diese
werden nur dann Vertragsbestandteil, wenn der Verwender bei Vertragsschluss die andere Vertragspartei darauf ausdrücklich hinweist und dieser die Möglichkeit verschafft,
in zumutbarer Weise von ihrem Inhalt Kenntnis zu nehmen (§ 305 Abs. 2 BGB). Mit
Blick auf die Entscheidung des LG Heilbronn muss der Bezug auf die Mediationsordnung den Vorschriften der §§ 305 ff BGB entsprechend gestaltet werden (s. 4.4.2). Es
erscheint aber auch möglich und vielleicht sogar sinnvoll, auf diese Bezugnahme ganz
zu verzichten. Für Schiedsabreden enthält § 1031 ZPO Wirksamkeitsvoraussetzungen,
die es zwar für Mediationsklauseln so nicht gibt, die aber vorbildhaft auch für diese gelten können. Konkret bedeutet das, die Bedingungen möglichst präzise zu fassen. Das
wiederum ist aufwendig und nicht unbedingt passend für die unterschiedlichen Konfliktlagen. Aus dem Grund kann es sinnvoll sein, in Verträge lediglich eine Absichts-
klausel aufzunehmen, um dann in Kenntnis der konkreten Konfliktlage Einzelheiten zur
Mediation (individuell oder mit Bezug auf eine Verfahrensordnung) zu verabreden
(Qualifikation des Mediators; Mediation in Co-Mediation, Preise, Ort und Zeit). Hierbei besteht das Risiko, dass gerade diese Verabredungen im Konflikt schwerer zu erreichen sind.

Im Hinblick auf die Ausformulierung von Mediationsklauseln gibt es eine Vielzahl von   8
Vorschlägen. Sinnvoll erscheint, die Klausel möglichst präzise zu fassen.[11] Man könnte
verschiedene Varianten wählen:

■ Eine Klausel, die die Parteien verpflichtet, zumindest zu einem ersten Mediationsgespräch zusammen zu kommen. Das lässt die Freiheit sich zu einigen oder eben auch
  nicht. Hinsichtlich der Wahl des Verfahrens wird die Entscheidung damit vorver-
  legt.

■ Eine Absichtserklärung der Vertragsparteien, dass sie im Konfliktfall eine Lösung
  mit Mediation anstreben (also kein „Zwang" zur vorgeschalteten Mediation); diese
  kann mit der Abrede verbunden werden, dass im Konfliktfall eine den Kriterien des
  § 1032 ff ZPO (Schiedsabrede) entsprechende Vereinbarung geschlossen werden
  soll. Die Punkte eines solchen Vertrages decken sich mit denen eines Mediationsvertrages (s. Rn 12), mit Ausnahme solcher Punkte, die nur mit dem Mediator selbst
  vereinbart werden können.

■ Haben sich die Vertragsparteien bereits im Vorfeld auf eine Person als Mediator in
  potentiellen Konfliktfällen geeinigt, kann diese bereits in der Abrede benannt werden. Das wird zwar selten der Fall sein und ist auch in der Umsetzung (zB Verfügbarkeit) nicht einfach. Da eine solche Verabredung aber nur zustande kommen
  wird, wenn dieser Weg eingehend besprochen wurde, sind die wesentlichen Punkte
  eines Standard-Mediationsvertrages (Rn 19) bereits geklärt. Dh, die Parteien sind
  bereits bei Vertragsunterzeichnung über das, was Mediation bedeutet und wie eine
  Mediation abläuft, gut informiert.

Bei **internationalen Verträgen** gilt es zusätzlich, in die Mediationsklausel einen Hinweis   9
auf das für die Mediation anzuwendende Recht[12] aufzunehmen, zb: *„Die Mediation
unterliegt dem Recht des Staates (...). Die zu treffende Vereinbarung unterliegt dem*

---

10 AGB sind – häufig verkürzt auch als das sog. „Kleingedruckte" bezeichnete – von einer Partei für eine Viel-
    zahl von Verträgen vorformulierte Vertragsbedingungen (§ 305 Abs. 1 S. 1 BGB). (hierzu Trenczek et al.
    2011, 225 ff).
11 Berning, Spektrum der Mediation Nr. 23/III-2006, 35.
12 Es geht insoweit also nicht um darum, das anzuwendende Recht im Hinblick auf den Streitgegenstand zu
    definieren, da dies ja gerade ein Motiv ist, ein ADR-Verfahren zur Streitregelung zu wählen.

Recht, das auch für den Vertragsabschluss als gültig erkannt wurde. Die Sprache in der
Mediation ist (...). Der Standort des Mediationsverfahrens soll sein (...)."

4.4.2.2 Mediationsverfahrensordnungen

10 Mediationsordnungen sind von Mediationsanbietern und anderen Institutionen formulierte **Verfahrensregelungen,** die einen ordnungsgemäßen Verlauf eines Mediationsverfahrens sicherstellen sollen. Diese sollen einerseits die eine Mediation durchführenden
Mediatoren verpflichten, andererseits informieren sie die an einer Mediation interessierten Parteien über die Grundsätze und den Ablauf der Mediation. Allerdings berücksichtigen nicht alle „Mediationsordnungen", die sich im Internet finden, die üblichen und
anerkannten fachlichen Standards.

11 Seit vielen Jahren stellt die Handelskammer Hamburg eine Mediationsordnung[13] zur
Verfügung, deren Verwendung allerdings damit verknüpft ist, dass die Mediationsstelle
der Handelskammer auch das Verfahren organisiert. In diesem Sinne haben sich im
Laufe der Jahre etliche Anbieter mit einem eigenen Dienstleistungsangebot an den
Markt begeben.[14] Andere Mediationsordnungen bieten den Service, den Beteiligten an
einer Mediation Rahmenbedingungen an die Hand zu geben, die Grundlage der individuellen Absprachen sein können. So hat zB der BMWA im Februar 2002 seine Verfahrensordnung Mediation beschlossen, die allen Nutzern offen steht.[15] Der BM hat im
Jahre 2011 seine Mediationsordnung verabschiedet, die für alle Mediatoren BM verpflichtend gilt.[16]

12 Die Verfahrensordnungen der Mediationsfachverbände legen – ungeachtet ihrer Spezifik im Detail – den Fokus auf ähnliche Aspekte, um die Charakteristika und **fachlichen**
Standards eines Mediationsverfahrens (s. Kap. 1.1.3.2) transparent zu machen, unterscheiden sich andererseits in wesentlichen Elementen von der Mediationsordnung der
Handelskammer Hamburg. Im Folgenden werden die Inhalte der jeweiligen Ordnungen
mit den Überschriften/Stichworten synoptisch gegenüber gestellt:

HK- Hamburg	BMWA	BM
Mediationsstelle	Mediationsorganisation	
Einleitung des Verfahrens	Verfahrensbeginn	
	Benennung von drei potentiel-	
Ernennung des Mediators	len Mediatoren	
Aufgaben des Mediators	Grundprinzipien	Rolle des Mediators
Neutralität des Mediators	Pflichten des Mediators	Neutralität, Allparteilichkeit
Mediationsablauf	Verfahren	
Vertraulichkeit	Vertraulichkeit	Vertraulichkeit
Beendigung des Verfahrens	Verfahrensbeendigung	Beendigung des Verfahrens
Gerichtsverfahren	Gerichtsverfahren	Gerichtsverfahren, Verjährung
	Verjährung	
	Vergütung	Honorarvereinbarung
Haftungsbeschränkung	Haftungsbeschränkung	
	Mediatorenauswahl	
	allg. Mediationsunterstützung	
Kosten	Gebühren des BMWA	
		„Klärungsstelle"

---

13 http://www.hk24.de → Recht und Steuern → Schiedsgerichte/ Mediation/ Schlichtung → Mediation →
Hamburger Mediationsstelle für Wirtschaftskonflikte → Regularien der Hamburger Mediationsstelle für
Wirtschaftskonflikte.
14 Vgl. die entsprechenden Links im Anhang.
15 http://www.bmwa.de/downloads/00verfahrensordnung_08_07.pdf.
16 http://www.bmev.de/fileadmin/downloads/bm/bm_mediationsordnung.pdf.

Die **Mediationsordnung der Handelskammer Hamburg** formuliert die AGB der Media- 13
tionsstelle der Handelskammer und ist auf Wirtschaftskonflikte begrenzt. Die Mediationsstelle ist Koordinator des Verfahrens, das mit der Einreichung eines Antrags auf
Durchführung einer Mediation beginnt. Die Auswahl der Mediatoren wird von der
Stelle unterstützt und beschränkt sich de facto auf solche Mediatoren, die bei der Mediationsstelle gelistet sind; denn nur diese sind auf die Mediationsordnung verpflichtet.
Der Ablauf einer Mediation wird dann dezidiert beschrieben. Am Honorar ist gut erkennbar, dass zwei Dienstleister tätig werden, denen jeweils ein Honorar zusteht: die
Mediationsstelle und der Mediator. Die Haftungsbeschränkung in dieser Mediationsordnung erstreckt sich allein auf die Dienstleistungen der Mediationsstelle; die Mediationsordnung geht davon aus, dass die Konfliktparteien mit dem Mediator einen separaten Vertrag schließen.

Die **Mediationsverfahrensordnung des BMWA** enthält ausdrücklich die Empfehlung, 14
dass auf sie in Mediationsklauseln Bezug genommen werden kann. Auch diese Ordnung
ist als Regelwerk bei Konflikten in „Wirtschaft und Arbeitswelt" konzipiert. Anders als
bei der Handelkammer Hamburg können sich Konfliktparteien auf diese Regeln einigen, ohne dass der BMWA als Dienstleister eingebunden wird. Der Ablauf der Mediation ist weniger strikt festgelegt, legt aber Wert auf die Essentials (Standards) des Mediationsverfahrens. Bei honorarpflichtigen Dienstleistungen des Verbandes fällt die
Schiedsfunktion auf: Sollten sich die Konfliktparteien nicht auf einen Mediator einigen,
trifft der Verband diese Entscheidung (BMWA-VerfO 10.2).

Die **Mediationsordnung des BM** stellt verbindliche AGB aller vom BM anerkannten 15
Mediatoren dar, ist also für diese im Rahmen ihrer Mediationstätigkeit verpflichtend.
Jeder andere Mediator kann diese Grundsätze in sein Vertragswerk einbauen. Adressaten sind die Konfliktparteien, die sich – „einklagbar" – auf bestimmte Grundsätze verlassen können. So wissen die Konfliktparteien auch, was die Mediatoren mit ihnen
(noch) vereinbaren müssen (zB Honorar). Was der recht kurz gefasste Text im Einzelnen bedeutet, findet der interessierte Kunde in Erläuterungen zur Ordnung. Besonders
hervorzuheben ist der Hinweis auf eine **Beschwerdeinstanz** (Klärungsstelle). Diese soll
in jedem Konflikt zwischen Konfliktparteien und Mediator vermitteln.[17]

4.4.2.3 Mediationsvertrag

Der Mediationsvertrag ist eine individuelle **Vereinbarung** zwischen den Parteien und 16
den Mediatoren **zur Durchführung eines Mediationsverfahrens**. Er weist Zweck und
Umfang der Mediation aus, regelt den Ablauf des Verfahrens, die Verantwortlichkeiten
von Mediator und Parteien. Er regelt damit verbindlich die Geschäftsbeziehung zwischen Mediator und den Parteien und schafft überdies Klarheit betreffend Haftungsfra-
gen.

Es gibt **kein Formerfordernis**, so dass der Vertrag mündlich oder schriftlich geschlossen 17
werden kann. Die Schriftform hat den Vorteil, dass die Bedingungen, zu denen die Mediatoren tätig werden, durch die Form Klarheit schafft und damit die Stellung der Mediatoren in ihrer Funktion des Vertrauensmittlers stützt und im Zweifel bestimmte Regelungen auch beweisbar wären.

Mediationsverträge können einerseits in relativ kurzer Form mit Verweis auf eine anzu- 18
wendende Mediationsordnung (s. 4.4.2.2) vereinbart werden. Andererseits besteht auch
die Möglichkeit, Mediationsverträge individuell zu vereinbaren. Dann weisen sie **typischerweise folgende Inhalte** auf (ausführlich Rn 19):

---

17 Einzelheiten werden derzeit vom zuständigen Gremium (Ältestenrat) formuliert.

- die Vertragsparteien;
- alle Aspekte, die zuvor in den Mediationsordnungen dargestellt wurden;
- ggf. Absprachen zur Terminfindung, Teilnahme von Anwälten und Hinzuziehung Dritter (s. Kap. 2.18) sowie anderer Besonderheiten;
- das Honorar nebst Zahlungsbedingungen.

19 Soweit nicht auf eine Mediationsordnung Bezug genommen wird ergeben sich mit Inkrafttreten des deutschen MediationsG weitere **zwingende Vertragsinhalte:**[18]

	MediationsG
Aufgaben des Mediators *	§ 2 Abs. 2, Abs. 3, Abs. 6, § 3
Aufgaben und Rechte der Konfliktparteien *	§ 2 Abs. 1, Abs. 5
Struktur der Mediation *	§ 1 Abs. 1
Unabhängigkeit des Mediators *	§ 1 Abs. 1, § 3
Keine Entscheidungsbefugnis durch den Mediator	§ 1 Abs. 2
Einbeziehung Dritter *	§ 2 Abs. 4
Vertraulichkeit *	§ 4
Allparteilichkeit *	§ 2 Abs. 3
	§ 2 Abs. 5
Beendigung der Mediation	§ 2 Abs. 2
Freiwilligkeit *	§ 2 Abs. 6
Abschlussvereinbarung * Ende der Mediation	§ 2 Abs. 5

20 Wer durch die Verbände formulierte Verfahrensordnungen oder standardisierte Vertragsformulierungen verwendet, unterliegt mit diesen der AGB-Kontrolle gem. §§ 305 ff BGB (Rn 7). Etwas anderes gilt nur, wenn der Vertragsinhalt individuell verhandelt wurde. Da ohnehin der (schriftliche) Vertrag erst bei oder nach einem Erstkontakt geschlossen wird, kann auf diese Verhandlung Bezug genommen werden. Der Vertragstext stellt dann das Protokoll der Vertragsverhandlung dar und wird als Nicht-AGB anzuerkennen sein.

21 Die Konfliktfelder unterscheiden sich in ihrer Nähe zum Recht (s. Kap. 4.1), weshalb auch im Hinblick auf die Anwendungsfelder der (Familien-, Wirtschafts- oder sonstigen) Mediation ggf. Differenzierungsbedarfe bestehen. Beispielhaft die zwei wichtigsten Arbeitsfelder, in denen schriftliche Mediationsverträge üblich sind:[19]

- Bei **familienrechtlichen Streitigkeiten** existiert eine große Nähe zum Recht und verlangt von den Mediatoren damit eine klare Linie, bis zu welchem Punkt sie Rechtskenntnisse und -hinweise einbringen. In der konkreten Sache (Kern des Konflikts) selbst dürfen sie sich nicht rechtsberatend engagieren, wenn sie nicht ihre Allparteilichkeit verlieren wollen (vgl Kap. 2.12 Rn 8 ff; Kap. 4.1 Rn 19).

- Bei **innerbetrieblichen Konflikten** sind Auftraggeber und Konfliktparteien üblicherweise nicht identisch. Der Mediationsvertrag ist zB mit dem Arbeitgeber abzuschließen, die Teilnehmer der Mediation sind die Mitarbeiter. Hier sind neben der Auftragsvereinbarung weitere Vereinbarungen mit den konkreten Teilnehmern der Me-

---

18 Die mit * versehenen Punkte sind nach dem MediationsG vom Mediator künftig mit den Streitparteien zu klären. In den Kap. 4.3 und 4.6 finden sich weitere Details.
19 Im Bereich des außergerichtlichen Tat- bzw Täter-Opfer-Ausgleich (Kap. 5.17) in strafrechtlich relevanten Konflikten wird üblicherweise auf eine schriftliche Mediationsabrede verzichtet.

diation zu treffen. Besonderer Aufmerksamkeit bedarf hier die Klärung der Verschwiegenheit gegenüber dem Auftraggeber.

Haftungsklauseln enthalten die Verträge typischerweise nicht. Zwar haften auch Mediatoren für von ihnen zu vertretende Schäden. Da solche aus der Tätigkeit im engeren Sinne mangels Ergebnisgarantie nicht zu erwarten sind,[20] bleibt es in der Regel bei einer Haftung, wenn Mediatoren gegen ihre definierten (Verfahrens-)Pflichten verstoßen (zB Verletzung der Pflicht zur Verschwiegenheit). Interessant ist, dass die vielen mit Mediation befassten Organisationen das Feld der **Konflikte zwischen Medianden und Mediatoren** bislang nicht im Blick hatten, jedenfalls gibt es kein institutionelles Angebot zur Konfliktschlichtung (Beschwerdestelle). Diese Lücke hat jetzt der BM mit seiner Mediationsordnung geschlossen.

22

4.4.3 Rechtliche Aspekte der Abschlussvereinbarung

Kommen die Konfliktparteien zu einer Lösung ihres Konflikts, ist es üblich, dass diese Lösung schriftlich gefasst wird. Ohne dass dieses rechtlich zwingend wäre (zur Einigung reicht symbolisch häufig ein Handschlag) ist es üblich, dass die abschließende Vereinbarung in Schriftform gegossen wird. Ideal ist es, wenn die Konfliktparteien ihre Vereinbarung selbst formulieren können, um durch diesen Akt in die Vorstellungen von dem, was gelten soll, mehr Klarheit zu bekommen. In der Mediation entspricht es den – oft unausgesprochenen – Erwartungen sowohl der Auftraggeber als auch der Streitparteien, dass die Mediatoren die Vereinbarung formulieren. Allerdings gilt es Folgendes dabei zu beachten:

23

Nach § 2 Abs. 3 Nr. 4 RDG ist Mediation nur dann nicht als **Rechtsdienstleistung**[21] zu qualifizieren, wenn die Tätigkeit nicht durch rechtliche Regelungsvorschläge in die Gespräche der Beteiligten eingreift. Rechtsdienstleistung ist jede Tätigkeit in konkreten fremden Angelegenheiten, wozu in Deutschland nur Personen befugt sind, die über die erforderliche Qualifizierung verfügen, insb. Rechtsanwälte und Notare (§§ 3 ff RG). Soweit Mediatoren aber im Rahmen der Abschlussvereinbarung selbst Formulierungen vorschlagen, greifen sie in die Konflikte und (Vertrags-)Beziehung der Parteien rechtsgestaltend ein, womit sie eine Rechtsdienstleitung erbringen. Engagieren sich nicht zur Rechtsdienstleistung befugte Mediatoren bei der Formulierung der Abschlussvereinbarung inhaltlich, verstoßen sie gegen das RDG. Folgen sind ggf. die öffentliche Untersagung gem. § 9 RDG und – da ein Verstoß gegen den lauteren Wettbewerb (UWG)[22] vorliegt – besteht das Risiko, dass Rechtsanwälte und deren Standesvertretungen die strafbewehrte Unterlassung einklagen. Eine Lösung kann in der Co-Mediation mit einem nach RDG befugten Mediator liegen.

24

Greifen nach dem RDG oder anderen Gesetzen Befugte iSd § 3 RDG in die Gestaltung der Vereinbarung ein, liegt darin kein Verstoß gegen das RDG. Es kann aber gegen den Mediationsvertrag verstoßen, wenn insofern Beratungsenthaltsamkeit vereinbart ist. Allerdings ist relativierend zu berücksichtigen, dass in § 2 Abs. 6 S. 3 MediationsG die Dokumentationsoption (mit Zustimmung der Parteien) als eine Tätigkeit des Mediators verstanden werden kann.

25

Vereinbarungen sollen idR justiziabel bzw vollstreckbar sein. Im (deutschen) Mediationsgesetz sollte mit § 796 d ZPO eine Regelung eingeführt werden, nach der eine in der Mediation getroffenen **Vereinbarung** für unmittelbar **vollstreckbar** erklärt werden hätte können. Das hätte für den Fall, dass eine Partei sich nicht an die Vereinbarung hält, die

26

---

20 Amtsgericht Lübeck 29.9.2006 – 24 C 1853/06: Ein bestimmtes Ergebnis herbeizuführen ist vom Mediator weder geschuldet noch steht es in seiner Macht.
21 Hierzu Trenczek et al. 2011, 158 ff.
22 UWG = Gesetz gegen den unlauteren Wettbewerb.

andere Partei in die Lage versetzt, dass die Vereinbarung mittels Gerichtsvollzieher vollstreckt werden kann, ohne ein weiteres Gerichtsverfahren anstrengen zu müssen. Diese Vollstreckbarerklärung ist in der letzten Phase des Gesetzgebungsverfahrens **ersatzlos gestrichen** geworden, so dass es bei der alten Rechtslage bleibt. Danach kann die Vollstreckbarkeit einer Vereinbarung durch die folgenden Varianten erreicht werden: Die „klassische" notarielle Beurkundung, den Anwaltsvergleich nach § 796 a ZPO oder die Schlichtungsvereinbarung aufgrund der Schlichtungsgesetze, die die Länder gem. 15 a EGZPO erlassen haben. Nach § 794 ZPO findet die Zwangsvollstreckung statt aus Vergleichen (Vereinbarungen), die zwischen den Parteien zur Beilegung des Rechtsstreits vor einem deutschen Gericht oder vor einer durch die Landesjustizverwaltung eingerichteten oder anerkannten Gütestelle abgeschlossen sind. Wenn Mediatoren selbst als Schlichtungs- und Gütestelle eingetragen sind, könnten sie am Ende des Verfahrens eine Mediationsvereinbarung dadurch vollstreckbar machen, dass sie für eine logische juristische Sekunde ein Schlichtungsverfahren eröffnen und die von den die Mediation begleitenden Anwälten entworfene Regelung in die Form der Schlichtungsvereinbarung gießen. Ob es für die Parteien Sinn macht, das Ergebnis der Mediation vollstreckbar oder nicht vollstreckbar und damit veränderbar zu gestalten, können und müssen die Parteien am Ende der Mediation entscheiden. Die **Vollstreckbarkeitserklärung** kann dann durch ein Gericht oder durch einen deutschen Notar vorgenommen werden (§ 794 Abs. 1 iVm § 797 ZPO).

27 Die Parteien können sich alternativ zur Vollstreckbarkeit auch darauf einigen, die Abschlussvereinbarung in einer (ggf verkürzten) **Folgemediation** eventuell auftretenden Veränderungen anpassen zu wollen. In diesem Fall sollte ein Bilanzgespräch verabredet werden, in dem gemeinsam überprüft wird, ob sich im Umgang mit der Vereinbarung ein Anpassungsbedarf ergeben hat. Eine Kombination aus beidem wäre der juristisch sichere und qualitativ sinnvollste Weg.

4.5 Mediation und gerichtliches Verfahren

Literatur: v. Bargen, J. M., Gerichtsinterne Mediation, 2008; Gläßer, U./Schroeter, K. (Hrsg.), Gerichtliche Mediation – Grundsatzfragen, Etablierungserfahrungen und Zukunftsperspektiven, 2011; Greger, R., Justiz und Mediation – Entwicklungslinien nach Abschluss der Modellprojekte, NJW 2007, 3258; Koch, H., Gerichtliche Mediation – gerichtsverfassungs- und verfahrensrechtliche Rahmenbedingungen, NJ 2005, 97; Schmitt, St., Recht jenseits des Rechts, Gerichtsmediation im Lichte von Emmanuel Lévinas, 2012.

4.5.1 Übersicht

Die autonome Streitbeilegung durch Mediation und die fremdbestimmte Streitent- 1
scheidung durch ein Gericht sind völlig konträre Formen der Konfliktbehandlung. Und
dennoch gibt es vielfältige Verbindungen zwischen beiden: Mediation kann

- einer Anrufung des Gerichts zwingend vorgeschaltet sein,
- während eines Gerichtsverfahrens stattfinden,
- Anlass zu einem nachfolgenden Gerichtsverfahren geben.

In all diesen Fällen stellen sich rechtliche und methodische Fragen, auf die nachstehend
eingegangen werden soll.

4.5.2 Vorprozessuale Mediation

4.5.2.1 Gesetzliches Klagehindernis

In Deutschland gibt es keine gesetzliche Vorschrift, wonach vor Einleitung eines ge- 2
richtlichen Verfahrens der Versuch einer Streitbeilegung durch Mediation zu unternehmen ist (zum obligatorischen Schlichtungsversuch nach Landesrecht s. Rn 5 ff). In aus-
ländischen Rechtsordnungen ist dies anders. Das italienische Mediationsgesetz zB verlangt die Durchführung einer vorprozessualen Mediation für Streitigkeiten auf folgenden Gebieten: Wohnungseigentumsrecht, Erb-, Miet- und Pachtrecht, Finanz-, Bank-
und Versicherungswesen sowie Schadenersatz aus Fahrzeug- und Schiffsgefährdungs-
haftung, Arzthaftung und Presserecht.[1] Auch in Australien[2] wie in zahlreichen Bundes-
staaten der USA[3] gibt es die obligatorische Mediation, offenbar mit großer Akzeptanz
und gutem Erfolg.

---

1 Näher hierzu Pinto ZKM 2010, 183 ff.
2 Trenczek ZKM 5/2012 (im Erscheinen).
3 Marx ZKM 2010, 132 ff.

3 In Deutschland wird bisher noch nicht einmal die finanzielle Unterstützung, die wirtschaftlich schwachen Parteien für die Prozessführung gewährt wird (Prozess- bzw Verfahrenskostenhilfe, §§ 114 ff ZPO, §§ 76 ff FamFG), von einem vorhergehenden Einigungsversuch abhängig gemacht.[4]

4 Die Erkenntnis, dass die streitige Rechtsdurchsetzung vor Gericht, die mit erheblichen Belastungen für die Betroffenen wie für die Allgemeinheit sowie mit Fehlerquellen und negativen Folgewirkungen befrachtet ist, gegenüber der einvernehmlichen Konfliktlösung nachrangig sein sollte, hat in das deutsche Rechtssystem nur ganz zaghaft Eingang gefunden:

5 Nach § 15 a EGZPO kann durch Landesrecht vorgeschrieben werden, dass in bestimmten Fällen vor Erhebung der Klage ein **Schlichtungsversuch** vor einer durch die Landesjustizverwaltung eingerichteten oder anerkannten **Gütestelle** durchzuführen ist.[5] Dies betrifft Klagen über:

■ vermögensrechtliche Ansprüche bis zu 750 EUR (soweit das Amtsgericht zuständig ist),

■ näher bezeichnete Ansprüche aus dem Nachbarrecht,

■ Ansprüche wegen Verletzung der persönlichen Ehre, die nicht in Presse oder Rundfunk begangen worden sind,

■ Ansprüche nach dem Allgemeinen Gleichbehandlungsgesetz.

6 Derartige Regelungen bestehen in folgenden Bundesländern (teilweise mit Einschränkungen): Baden-Württemberg; Bayern; Brandenburg; Hessen; Mecklenburg-Vorpommern; Niedersachsen; Nordrhein-Westfalen; Rheinland-Pfalz; Saarland; Sachsen-Anhalt; Schleswig-Holstein.[6] Da bei Geldforderungen die – von der obligatorischen Schlichtung ausgenommene – Möglichkeit des Mahnverfahrens besteht, hat die Regelung nur einen verhältnismäßig geringen Anwendungsbereich. Wo sie eingreift, läuft sie oftmals leer, weil der Anspruchsgegner sich nicht auf die Schlichtung einlässt. Die Gütestelle erteilt dann eine Bescheinigung über den erfolglosen Schlichtungsversuch; diese lässt das Klagehindernis entfallen. Wurde aber Klage ohne vorangegangenen Versuch einer gütlichen Einigung erhoben, muss die Klage abgewiesen und ggf neu erhoben werden; eine Nachholung des Güteversuchs im anhängigen Rechtsstreit ist nicht möglich.[7] Gegen diese temporäre Rechtswegsperre bestehen keine verfassungsrechtlichen Bedenken.[8]

7 Die **Anerkennung der Gütestellen** wird im Landesrecht sehr unterschiedlich geregelt. Dasselbe gilt für das Verfahren bei diesen Stellen und die dafür zu entrichtenden Gebühren. Das Mediationsgesetz gilt für dieses Verfahren nicht. Schon aus Gründen der Verhältnismäßigkeit und der Kostenbegrenzung werden in ihm allenfalls ansatzweise mediative Elemente zum Einsatz kommen können.[9] Die Parteien haben aber die Möglichkeit, einvernehmlich ein anderes Verfahren der außergerichtlichen Streitbeilegung zu wählen (§ 15 a Abs. 3 S. 1 EGZPO). Handelt es sich um einen Verbraucher, kann er auch eine branchengebundene Gütestelle, eine Gütestelle der Industrie- und Handelskammer, der Handwerkskammer oder der Innung anrufen. Das Verfahren vor der

4 AA (aber vereinzelt geblieben) AG Bochum ZKM 2003, 233. S. dazu Mankowski ZKM 2003, 197. Anders dagegen in Australien Trenczek ZKM 5/2012 (im Erscheinen).
5 Zu den Erfahrungen mit dieser Regelung s. Greger SchiedsVZ 2005, 76.
6 Einzelnachweise bei Greger/Unberath, 2012, Rn 15.
7 BGHZ 161, 145.
8 BVerfG NJW-RR 2007, 1073 = ZKM 2007, 128 m.Anm. Greger.
9 Kritisch zur Verfahrensweise der Schiedsleute Siegel, Der Schiedsmann, in: Blankenburg et al. (Hrsg.), Alternativen in der Ziviljustiz; 1982, 55; Janssen Zeitschrift für Soziologie 1988, 328, 330 f; Trenczek ZfRsoz 2005, 229.

staatlich anerkannten Gütestelle bietet jedoch den Vorteil, dass aus einem dort zustande gekommenen Vergleich nötigenfalls die Zwangsvollstreckung betrieben werden kann (§ 15 a Abs. 6 S. 2 EGZPO, § 794 Abs. 1 Nr. 1 ZPO).

4.5.2.2 Klagehindernis durch Parteivereinbarung

Haben die Parteien in dem Vertrag, aus dem ihre Streitigkeit erwachsen ist, oder in einer gesonderten Abrede vereinbart, dass ihr Konflikt im Wege der Mediation oder eines anderen Verfahrens der außergerichtlichen Konfliktlösung beigelegt werden soll, kann gegen eine Klage, die vor Durchführung eines solchen Verfahrens erhoben wird, die Einrede der Unzulässigkeit erhoben werden (Kap. 4.4).[10] Die Klage wird dann abgewiesen. Es ist zunächst das vereinbarte außergerichtliche Verfahren einzuleiten. Wird dieses ohne Einigung beendet, kann die Klage neu erhoben werden. Die Parteien können aber auch vereinbaren, dass das gerichtliche Verfahren zunächst ruhen soll (§ 251 ZPO) und dieses nach dem Scheitern einer gütlichen Lösung wieder aufnehmen (§ 250 ZPO). **8**

Hat der Beklagte durch sein Verhalten die Einleitung des vereinbarten außergerichtlichen Verfahrens verhindert, kann der Kläger sogleich den Rechtsweg beschreiten. Die Erhebung der prozesshindernden Einrede wäre dann rechtsmissbräuchlich.[11] Es empfiehlt sich daher, den Anspruchsgegner unter Fristsetzung zur Mitwirkung an dem vereinbarten Verfahren aufzufordern. **9**

4.5.2.3 Prüfpflicht bei Verfahrenseinleitung

Um den Kläger (und insb. seinen Anwalt) zu einer kritischen Prüfung der Klagenotwendigkeit zu veranlassen, verlangt der mit dem Gesetz zur Förderung der Mediation und sonstiger Verfahren der außergerichtlichen Konfliktbeilegung eingefügte § 253 Abs. 3 Nr. 1 ZPO, **in der Klageschrift anzugeben,** **10**

- ob der Klageerhebung der Versuch einer Mediation oder eines anderen Verfahrens der außergerichtlichen Konfliktbeilegung vorausgegangen ist,

- und ob einem solchen Verfahren Gründe entgegenstehen.

Nach § 23 Abs. 1 S. 4 FamFG gilt dies grds. auch im Verfahren der freiwilligen Gerichtsbarkeit, insbesondere im familiengerichtlichen Verfahren.

Durch diese Vorschriften wird der Kläger veranlasst, sich vor der Einleitung des gerichtlichen Verfahrens mit den Möglichkeiten einer alternativen Vorgehensweise gedanklich und argumentativ auseinanderzusetzen. Der Rechtsanwalt dokumentiert mit der Erklärung zugleich, dass er seiner Pflicht genügt hat, den Mandanten auf den schonendsten Weg der Streitbeilegung zu führen. Dem Richter bietet sie Anhaltspunkte für die Verfahrensgestaltung, zB zur Durchführung einer Güteverhandlung nach § 278 Abs. 2 ZPO, zur Einschaltung eines Güterichters (Rn 23) oder zur Verweisung in die gerichtsnahe Mediation (Rn 15). Damit kommt der Vorschrift eine Schlüsselstellung für die Wahl der fallgerechten Konfliktlösungsmethode zu. Ihr Fernziel ist, die außergerichtliche Konfliktbeilegung stärker im Bewusstsein der Bevölkerung und in der Beratungspraxis der Rechtsanwaltschaft zu verankern.[12] **11**

Um die Vorschrift nicht leer laufen zu lassen, bedarf es konkreter, auf den Einzelfall bezogener Angaben. Pauschale Begründungen wie „starke Zerstrittenheit", „emotionale Belastung" oder „gestörte Beziehung" sind schon deswegen untauglich, weil die außergerichtliche Streitbeilegung gerade dazu dient, derartige Hindernisse zu beseitigen. Die Notwendigkeit einer Sachverhaltsaufklärung bietet dann keinen ausreichenden Grund, **12**

---

10 Greger/Unberath, 2012, § 1 Rn 178 ff.
11 BGH NJW 1999, 647 zur Schlichtung.
12 BT-Drucks. 17/5335, 20.

wenn sie durch einen Sachverständigen erfolgen könnte, denn in diesen Fällen besteht die vorzugswürdige Option eines Schiedsgutachtens, einer Adjudikation (zB in Bausachen) oder der Anrufung einer Gutachterstelle (zB bei Arzthaftungsklagen).[13]

13 Fehlen (ausreichende) Angaben, kann das Gericht sie nachfordern und die Zustellung der Klage bzw des Antrags zunächst zurückstellen. Dadurch können uU mit der Klage zu wahrende Fristen versäumt werden.[14]

14 Begründet der Kläger das Unterbleiben von Einigungsbemühungen mit der belasteten Beziehung zum Beklagten, kann dies für den Vorsitzenden Anlass sein, vor dem Eintritt in das streitige Verfahren eine Güteverhandlung anzuberaumen, bei der er den persönlich anwesenden Konfliktparteien die Nichteinigungsalternative sowie die Vorzüge und Wege der unstreitigen Konfliktlösung aufzeigt. Dies kann dazu führen, dass die Parteien unter dem Eindruck der richterlichen Autorität doch noch zu einem beziehungsfördernden gerichtsnahen oder gerichtsinternen Güteversuch motiviert werden können. Sind hingegen die vorprozessualen Einigungsbemühungen erkennbar an Persönlichkeitsstörungen, unlauteren Absichten oder einer totalen Verweigerungshaltung gescheitert, wird das Gericht sich zu einer stringenten Durchführung des streitigen Verfahrens veranlasst sehen.

4.5.3 Prozessbegleitende Mediation

4.5.3.1 Richterlicher Vorschlag

15 Nach § 278 a ZPO kann das Gericht den Parteien eine Mediation oder ein anderes Verfahren der außergerichtlichen Konfliktbeilegung vorschlagen und, wenn sie dem folgen, das **Ruhen des Verfahrens** anordnen. Entsprechendes gilt im Verfahren der freiwilligen Gerichtsbarkeit (§ 36 a FamFG), in Ehe- und Familienstreitsachen (§ 113 Abs. 1 FamFG iVm § 278 a ZPO), im arbeitsgerichtlichen Verfahren (§ 54 a ArbGG) sowie im verwaltungs-, sozial- und finanzgerichtlichen Verfahren (§ 173 S. 1 VwGO, § 202 S. 1 SGG und § 155 FGO jeweils iVm § 278 a ZPO).

16 Während des Ruhens des Verfahrens laufen die im Gesetz als Notfristen bezeichneten **Fristen** sowie die Rechtsmittelbegründungsfristen und die Wiedereinsetzungsfrist weiter (§ 251 S. 2 iVm § 233 ZPO). Die Anordnung sollte daher nicht getroffen werden, bevor die fristgebundenen Prozesshandlungen vorgenommen wurden; bei Scheitern der Mediation können diese nicht mehr nachgeholt werden, so dass die weitere Rechtsverfolgung im gerichtlichen Verfahren nicht mehr möglich ist.[15] Sonstige Fristen, insbesondere richterliche wie die Klageerwiderungsfrist, beginnen entsprechend § 249 Abs. 1 ZPO nach dem Ende des Ruhens von Neuem zu laufen.[16]

17 Die Klagepartei muss darauf achten, dass die außergerichtlichen Verhandlungen nicht „einschlafen", weil sonst die durch die Klageerhebung bewirkte Hemmung der Verjährung sechs Monate nach der letzten Verfahrenshandlung der Parteien, des Gerichts oder der sonst mit dem Verfahren befassten Stelle endet (§ 204 Abs. 2 S. 2 BGB);[17] nur solange die Parteien weiter verhandeln, dauert die Hemmung nach § 203 BGB fort.

4.5.3.2 Richterliche Anordnung

18 Nach deutschem Verfahrensrecht kann das Gericht den Parteien nur vorschlagen, nicht aber aufgeben, eine Mediation oder ein anderes Verfahren der außergerichtlichen Konfliktbeilegung durchzuführen (anders zB das englische, australische und amerikanische

---

13 Greger/Unberath, 2012, Teil IV Rn 31. Zu den evaluativen Streitregelungsverfahren s. Kap. 2.19.
14 Vgl BGH NJW 2004, 3775, 3776; 1995, 2230 mwN.
15 BGH NJW 2009, 149.
16 OLG Oldenburg MDR 2008, 763.
17 BGH NJW 2009, 1598.

Greger

Recht).[18] In bestimmten familiengerichtlichen Verfahren kann der Richter jedoch ein **Informationsgespräch** über diese Möglichkeiten anordnen (§ 135 FamFG), und zwar in Folgesachen zur Scheidung oder zur Aufhebung einer Lebenspartnerschaft sowie in Kindschaftssachen, die die elterliche Sorge bei Trennung und Scheidung, den Aufenthalt des Kindes, das Umgangsrecht oder die Herausgabe des Kindes betreffen (§ 137 Abs. 2, § 269 Abs. 1 Nrn. 5–10 iVm § 270 Abs. 1 S. 1, § 156 Abs. 1 S. 1 FamFG).[19]

Die Anordnung liegt im freien **Ermessen** des Richters. Er muss jedoch die Zumutbarkeit 19 für die Beteiligten berücksichtigen (zB bei großer Entfernung oder häuslicher Gewalt).[20] Der Richter entscheidet auch, ob er die Anordnung gegenüber beiden oder nur einem Beteiligten trifft (was nur selten sinnvoll sein dürfte). Er kann vorschreiben, dass die Beteiligten das Informationsgespräch gemeinsam oder einzeln absolvieren, dies aber auch ihnen überlassen. Auch die Auswahl der informierenden Person oder Stelle liegt in seinem Ermessen, das er freilich sachgerecht und willkürfrei auszuüben hat.[21] Er kann auch mehrere Stellen zu Wahl stellen, muss diese aber ebenfalls konkret benennen. Dass er zunächst die Bereitschaft der Benannten klärt, ein solches Gespräch zeitnah und kostenfrei, dh auch unter Verzicht auf etwaige Aufwendungsersatzansprüche zu führen, sollte sich von selbst verstehen.

Die **Erfüllung** der Auflage ist durch eine Bescheinigung der informierenden Stelle nach- 20 zuweisen. Kommt ein Beteiligter unentschuldigt der Anordnung nicht nach, kann das Gericht dies bei der **Kostenverteilung** im Rahmen der Billigkeit zu seinen Lasten berücksichtigen (§ 81 Abs. 2 Nr. 5, § 150 Abs. 4 S. 2 FamFG).[22] Bleiben beide Beteiligte dem Informationsgespräch fern, läuft diese Sanktionsmöglichkeit aber leer, ebenso de facto bei bewilligter Verfahrenskostenhilfe.

4.5.3.3 Integrierte Mediation

Nach deutschem Prozessverständnis gehört es zu den Aufgaben des Richters, die Mög- 21 lichkeiten einer „gütlichen Beilegung des Rechtsstreits" auszuschöpfen (§ 278 Abs. 1 ZPO). Die Verfahrensordnungen sehen hierfür bestimmte Verhandlungsformen vor (Güte- bzw Erörterungstermine; s. zB § 278 Abs. 3 ZPO, § 87 Abs. 1 S. 2 Nr. 1 VwGO), machen diese teilweise sogar zur Pflicht (s. zB § 278 Abs. 2 ZPO, § 54 ArbGG). Diese Güteverhandlungen sind in der Praxis sehr stark an der Rechtslage, dem mutmaßlichen Prozessausgang, orientiert. Es ist aber nicht ausgeschlossen, in diese auf eine konsensuale Lösung zielenden Verhandlungen auch **Elemente der Mediation** einzubringen, insbesondere die Phasenstruktur, die Interessenorientierung, die Kommunikationstechniken, das Setting.[23] Es steht nirgends geschrieben, dass es dem Richter versagt wäre, sich zu Güteverhandlungen mit den Parteien an einen Tisch zu setzen und mittels offener Fragen und aktiven Zuhörens einen Perspektivenwechsel auszulösen. Beflügelt durch die Erfolge der inner- und außergerichtlichen Mediation machen immer mehr Richter hiervon auch Gebrauch, vor allem in Familiensachen.[24] Die Entscheidungszuständigkeit des Richters setzt der Offenheit des Gesprächs allerdings Grenzen; eine „echte" Mediation kann der erkennende Richter nicht bieten.

---

18 Zu England s. Greger/Engelhardt ZKM 2003, 4 ff; zu USA Marx ZKM 2010, 132 ff; zu Australien Trenczek ZKM 5/2012 (im Erscheinen).
19 Näher dazu Heinemann FamRB 2010, 125; Trenczek FPR 2009, 335.
20 BT-Drucks. 16/6308 S. 229. Zur mediativen Beratung in eskalierten Elternkonflikten (Kap. 5.3) und häuslicher Gewalt Trenczek/Petzold ZKJ 11, 409.
21 Grabow FPR 2011, 33, 35.
22 Trenczek FPR 2009, 338.
23 Eingehend Trossen in: Haft/v. Schlieffen, Handbuch Mediation, § 40.
24 Näher hierzu Greger, Veränderungen im Prozessverständnis, in: Gläßer/Schroeter (Hrsg.), Gerichtliche Mediation, 2011, 357, 363 ff.

4.5.3.4 Richtermediation

22 Seit 2002 wurde in mehreren Modellprojekten erprobt, ob eine „echte" Mediation in gerichtlichen Verfahren dadurch ermöglicht werden kann, dass ein anderer als der entscheidungszuständige Richter, versehen mit entsprechender Ausbildung und Ausstattung, als Mediator fungiert.[25] Dank des großen Engagements einzelner Richterinnen und Richter und der Förderung durch die meisten Landesjustizverwaltungen konnte in diesen Projekten der Nachweis erbracht werden, dass mit einer kommunikativen, an den Prinzipien der Mediation orientierten Verhandlungsweise auch in gerichtlichen Verfahren beachtliche Einigungserfolge erzielt werden können.[26] Allerdings waren die Modellversuche wegen des Fehlens einer ausdrücklichen Rechtsgrundlage aber auch massiven Angriffen und Bedenken ausgesetzt.[27]

23 Mit dem Gesetz zur Förderung der Mediation und sonstiger Verfahren der außergerichtlichen Konfliktbeilegung hat der Gesetzgeber nunmehr die gerichtsinterne Mediation auf eine gesetzliche Grundlage gestellt. Er hat sich dabei – abweichend von den Konzepten mancher Modellprojekte – nicht für eine Gleichstellung mit der außergerichtlichen Mediation und auch nicht für eine Zuordnung zur Justizverwaltung entschieden, sondern in den Verfahrensordnungen aller Gerichtsbarkeiten die Institution des **Güterichters** geschaffen (§ 278 Abs. 5 ZPO, § 36 Abs. 5 FamFG, § 54 Abs. 6 ArbGG, § 173 S. 1 VwGO, § 202 S. 1 SGG, § 155 FGO, § 99 Abs. 1 PatG, § 82 Abs. 1 MarkenG). Dieser kann entsprechend einem in Bayern und Thüringen erprobten Modell[28] vom Prozessgericht mit einem Güteversuch betraut werden, bei dem er alle Methoden der Konfliktbeilegung, einschließlich der Mediation, anwenden kann.

24 Die Neuregelung beendet die Rechtsunsicherheit, die durch die Modellversuche in Bezug auf die Legitimität der gerichtsinternen Mediation und den Status der Richtermediatoren entstanden war. Sie stellt sicher, dass die Möglichkeiten einer mediativen Konfliktlösung auch dann noch eröffnet werden können, wenn der Konflikt bereits das Stadium der gerichtlichen Auseinandersetzung erreicht hat und eine Rückverweisung in die außergerichtliche Mediation, zB aus Gründen der Verhältnismäßigkeit, untunlich ist. Die Verankerung in den Prozessordnungen integriert das gerichtsinterne Mediationsangebot in die Rechtsprechungsfunktion der Gerichte. Sie hat zur Folge, dass das **Mediationsgesetz keine Anwendung** findet, sondern Einrichtung, Regelung und Durchführung des Güterichtersystems in die Zuständigkeit der Gerichte fallen. Außerdem bewirkt sie, dass diese Möglichkeit nunmehr flächendeckend, bei allen Gerichten zur Verfügung stehen muss. Zu den Einzelheiten des Verfahrens s. Kap. 4.5.4.

4.5.4 Güterichterverfahren

4.5.4.1 Einrichtung und Organisation

25 Bei der Funktion des Güterichters handelt es sich um eine **richterliche Geschäftsaufgabe,** die in den Geschäftsverteilungsplänen aller Gerichte bestimmten Richterinnen und Richtern zuzuweisen ist. Für diese Funktion kommen nur Personen in Betracht, die in den Grundlagen und Methoden der Mediation geschult sind. Steht an einem Gericht eine solche nicht zur Verfügung, ist vorzusehen, dass das Mediationsersuchen an den Güterichter eines anderen Gerichts (etwa der übergeordneten Instanz) gestellt werden

---

25 S. dazu v. Bargen, Gerichtsinterne Mediation, 2008, 70 ff.
26 Nachweise bei Greger NJW 2007, 3258. S. auch die Erfahrungsberichte in: Gläßer/Schroeter (Hrsg.), Gerichtliche Mediation, 2011, sowie Gottwald in: Haft/v. Schlieffen, Handbuch Mediation, § 39.
27 Vgl Prütting ZZP 124 (2011) 163, Trenczek/Mattioli Spektrum der Mediation 2012 40/2010, 4 ff; I. Schmidt, in: Joussen/Unberath, 119, 127 ff für das Arbeitsrecht, Spellbrink DRiZ 2006, 88, 90 für das Sozialrecht, Monßen ZKM 2006, 83 ff aus wettbewerbsrechtlicher Sicht. Symptomatisch für die Rechtsunsicherheit BGH NJW 2009, 1149 (Fristenlaufs während des Mediationsverfahrens).
28 S. dazu Greger ZKM 2007, 180 ff und ThürVBl. 2011, 18 ff.

kann. Die Güterichterzuständigkeit ist bei der Zuteilung der weiteren Geschäftsaufgaben angemessen zu berücksichtigen.

Die Gerichte haben auch geeignete **Räumlichkeiten** und **Ausstattungen** für die Verhandlungen der Güterichter vorzuhalten (kommunikationsfördernde Möblierung und Atmosphäre, Visualisierungsmittel, Erfrischungsgetränke). 26

4.5.4.2 Fallauswahl und -übertragung

Die Übertragung eines Verfahrens an den Güterichter liegt im **Ermessen** des Prozessrichters. Die Parteien haben hierauf keinen Anspruch, können sie aber anregen. Eine Klage, die mit dem Ziel einer Mediation erhoben wird, wäre allerdings mangels Rechtsschutzbedürfnisses als unzulässig abzuweisen, weil hierfür außergerichtliche Institutionen zur Verfügung stehen. 27

Bei der Ausübung des Ermessens sprechen insbesondere folgende Aspekte für die Übertragung: 28

- Dem Rechtsstreit liegt erkennbar ein Beziehungskonflikt zugrunde.

- Für die Konfliktbeilegung erscheint die Einbeziehung nicht prozessbeteiligter Personen oder weiterer Streitgegenstände hilfreich.

- Die Parteien könnten in einer Mediation kreative, zukunftsorientierte Lösungen entwickeln.

- Die rechtliche Aufarbeitung des Streitfalles würde den wirklichen Bedürfnissen der Parteien nicht gerecht.

- Der Rechtsstreit ist aus rechtlichen oder tatsächlichen Gründen so komplex, dass den Parteien die Chance geboten werden sollte, eine Lösung im Wege interessenorientierter Verhandlungen zu finden.

Bei der Ermessensausübung ist aber (als Ausschlusskriterium) auch zu berücksichtigen, ob

- eine interessengerechte Lösung auch, evtl sogar leichter in einem stärker am Recht orientierten Gütetermin beim Prozessgericht erwartet werden kann,

- oder der Vorschlag einer außergerichtlichen Mediation oder eines sonstigen Verfahrens der außergerichtlichen Konfliktbeilegung (§ 278 a ZPO) bessere Erfolgsaussichten bietet, aber von den Parteien aus nicht verständlichen Gründen abgelehnt wird.

Hält das Gericht eine Einschaltung des Güterichters für sachdienlich, gibt es den Parteien Gelegenheit, hierzu Stellung zu nehmen. Dies kann in einer Verhandlung (zB Güteverhandlung, mündliche Verhandlung, Erörterungstermin), aber auch schriftlich oder telefonisch geschehen.[29] Sinnvoll ist es, wenn die Mitteilung mit Informationen über die Besonderheiten des Güterichterverfahrens verbunden wird. Kommt das Gericht auch unter Würdigung etwaiger Äußerungen der Parteien zum Ergebnis, dass die Einschaltung des Güterichters sinnvoll ist, beschließt es die Verweisung an den Güterichter und übersendet diesem die Akten mit dem entsprechenden Ersuchen. 29

4.5.4.3 Verfahren des Güterichters

Der Güterichter kann den Auftrag **zurückgeben**, wenn er, ggf nach formloser Erörterung mit den Parteien, zum Ergebnis kommt, dass sich die Sache nicht für dieses Verfahren eignet oder von ihm nicht in angemessener Zeit erledigt werden kann. Anderenfalls legt er in einer **Vorerörterung** mit den Parteien bzw Prozessbevollmächtigten (vor- 30

---

29 Für eine Sondierungsverhandlung über die Behandlung des Rechtsstreits St. Schmitt, Recht jenseits des Rechts, 363 ff.

zugsweise per Telefonkonferenz) den Zeitpunkt und die Modalitäten der Güterichterverhandlung fest. Zu den Modalitäten gehören:

- die Verhandlungsmethode (wobei er primär Mediation anbieten wird),
- die Teilnehmer (maßgebliche Entscheidungsträger, evtl Drittbeteiligte, Rechtsanwälte),
- die Vereinbarung von Vertraulichkeit,
- evtl. mitzubringende Unterlagen,
- die voraussichtliche Dauer der Verhandlung.

31 In der Verhandlung versucht er die Parteien möglichst zu einer von ihnen selbst erarbeiteten Lösung zu führen.[30] Im Gesetz ist klargestellt, dass er sich hierbei der **Methoden der Mediation** bedienen kann (zB § 278 Abs. 5 S. 2 ZPO). Zeichnet sich innerhalb des vereinbarten Zeitrahmens keine Lösung ab, klärt er mit den Parteien, wie **weiter verfahren** werden soll. In Betracht kommen:

- Abbruch des Güterichterverfahrens und Rückleitung der Akten an das Prozessgericht,
- Übergang in eine Vergleichsverhandlung, in der der Güterichter mit eigenen Bewertungen der Rechtslage oder der Prozessaussichten aktiv in die Beilegung des Rechtsstreits eingreift,[31]
- Versuch einer außergerichtlichen Streitbeilegung (mit Anordnung des Ruhens des Verfahrens durch das Prozessgericht),
- Hinwirken auf einen Teilvergleich oder auf Verfahrensvereinbarungen, durch die der fortzuführende Rechtsstreit strukturiert oder entlastet wird.

4.5.4.4 Vertraulichkeit der Verhandlung

32 Die Verhandlung beim Güterichter ist **nicht öffentlich.** Ein **Protokoll** wird nur auf übereinstimmenden Antrag der Parteien aufgenommen (§ 159 Abs. 2 ZPO). Der Güterichter ist dienstrechtlich zur **Verschwiegenheit** über alle im Verfahren erlangten Informationen verpflichtet (§ 46 DRiG iVm § 67 BBG, § 37 Abs. 1 BeamtstatusG), auch gegenüber dem Prozessgericht. Sollte er später, zB nach einer Änderung der Zuständigkeit, für den Rechtsstreit zuständig werden, ist er zwar nicht vom Richteramt ausgeschlossen (§ 41 Nr. 7 ZPO gilt nur für außergerichtliche Mediatoren), kann aber wegen Besorgnis der Befangenheit abgelehnt werden oder die Selbstablehnung erklären (§§ 42, 48 ZPO). Zu **Vertraulichkeitsabreden** zwischen den Parteien s. Kap. 4.2.5.

4.5.4.5 Beendigung des Verfahrens

33 Kommt es in der Güterichterverhandlung zu einer **Einigung,** sind insbesondere folgende Optionen denkbar (deren Wahl von der Vereinbarung der Parteien abhängt):

- Prozessbeendigender Vergleich (vollstreckbar nach § 794 Abs. 1 Nr. 1 ZPO),
- Nicht richterlich beurkundeter Vergleichsvertrag nach § 779 BGB,
- Abschluss eines Vertrags, mit dem rechtliche Verpflichtungen zwischen den Beteiligten begründet, abgeändert oder beendet werden.

34 Bei der gerichtsinternen Mediation ist auch der **anhängige Prozess** in den Blick zu nehmen. Schließen die Parteien einen vom Güterichter beurkundeten Prozessvergleich, ist der Rechtsstreit beendet. In allen anderen Fällen wirkt der Güterichter darauf hin, dass

---

30 Zum Verhandlungsprofil einer gerichtsinternen Mediation St. Schmitt, Recht jenseits des Rechts, 329 ff.
31 Hierbei handelt es sich nicht um eine Rollenvermischung, sondern um den einverständlichen Übergang in ein Schlichtungsverfahren als bessere Alternative gegenüber der Fortsetzung des Streitverfahrens.

die Parteien sich auch über das weitere Schicksal des Gerichtsverfahrens verständigen (zB Zurücknahme der Klage, Erledigungserklärung, Ruhen des Verfahrens), und leitet die Akten – ohne Informationen über das Güterichterverfahren – an das Prozessgericht zurück.

4.5.4.6 Verantwortung des Güterichters

Der Güterichter ist nicht dafür verantwortlich, dass die Parteien eine der Rechtslage   35
oder den Prozessaussichten entsprechende **Lösung** finden. Als Richter trägt er jedoch Verantwortung dafür, dass in seinem Verfahren die Grundsätze der **Rechtsstaatlichkeit** gewahrt werden. Er darf daher nicht an einer Lösung mitwirken, die gegen zwingende gesetzliche Vorschriften oder gegen die guten Sitten verstoßen würde und daher nach §§ 134, 138 BGB nichtig wäre. Kann hier nicht auf andere Weise, zB Verweis auf anwaltliche Beratung, Übergang vom Mediations- in Schlichtungsverfahren, interveniert werden, bleibt nur der Abbruch des Verfahrens.

Bei der **Beurkundung eines Vergleichs** trifft den Güterichter eine gesteigerte Verantwor-   36
tung in Bezug auf Klarheit, Vollständigkeit und Vollstreckungsfähigkeit. Auf besondere Risiken, etwa bei einem Verzicht auf Rechte, muss er hinweisen, ggf rechtliche oder steuerliche Beratung veranlassen (nicht selbst erteilen). Grundsätzlich kann durch den richterlichen Vergleich eine **notarielle Beurkundung** ersetzt werden (§ 127 a BGB); der Güterichter hat dann aber dafür Sorge zu tragen, dass der Schutzzweck des Beurkundungserfordernisses gewahrt wird. Die Parteien haben keinen Anspruch auf eine solche Beurkundung, wenn ihr Inhalt über den Streitgegenstand des Prozesses hinausgeht.[32]

Die **Haftung** des Staates für amtspflichtwidriges Handeln des Güterichters (§ 839 BGB,   37
Art. 34 S. 1 GG) ist nicht nach § 839 Abs. 2 BGB ausgeschlossen, weil der Güterichter keine Spruchrichtertätigkeit ausübt. Es gilt aber die vom BGH entwickelte allgemeine Beschränkung der Amtshaftung auf besonders grobe Pflichtverletzungen von Richtern[33] sowie das Verweisungsprivileg nach § 839 Abs. 1 S. 2 BGB. Dieses kann die Haftung zB dann entfallen lassen, wenn ein Rechtsanwalt bei dem Vergleichsabschluss ebenfalls pflichtwidrig gehandelt hat.

4.5.5 Rechtsstreit nach der Mediation

4.5.5.1 Nichterfüllung der Abschlussvereinbarung

Sofern die Abschlussvereinbarung nicht als Vollstreckungstitel – in Form einer notariel-   38
len Urkunde nach § 794 Abs. 1 Nr. 5 ZPO, eines Anwaltsvergleichs nach § 796 a ZPO oder eines beim Güterichter oder einer anerkannten Gütestelle geschlossenen Vergleichs nach § 794 Abs. 1 Nr. 1 ZPO – ausgestaltet wurde, müssen die in der Mediation begründeten Verpflichtungen, falls sie nicht freiwillig erfüllt werden, gerichtlich durchgesetzt werden. Da über die Verpflichtung in aller Regel eine Urkunde bestehen wird, kann dies mit relativ geringem Aufwand im Urkundenprozess (§§ 592 ff ZPO) geschehen. Dennoch ist es unerfreulich, wenn aus einer Mediation ein Gerichtsverfahren hervorgeht. Um dies zu vermeiden, kann es sich empfehlen, ein Mediationsverfahren erst dann zu beenden, wenn zugesagte Leistungen bereits erbracht worden sind.

4.5.5.2 Streit um Auslegung oder Wirksamkeit der Abschlussvereinbarung

Will eine Partei sich nicht an eine Abschlussvereinbarung halten, weil sie ihr eine andere   39
Bedeutung beilegt als der Anspruchsteller oder weil sie sie für unwirksam hält, bleibt ebenfalls nur der Rechtsweg, sofern die Parteien sich nicht auf eine Nachmediation ver-

---

32 BGH NJW 2011, 3451, 3452 m.Anm. Zimmer.
33 BGHZ 155, 306; Koch NJ 2005, 97, 100.

ständigen können oder sich vorsorglich bereits in der Abschlussvereinbarung zu einer solchen verpflichtet haben (worauf der Mediator grundsätzlich hinwirken sollte). In diesem Fall erhebt der Anspruchsteller **Leistungsklage** auf die ihm vermeintlich zustehende Leistung. Bestreitet der Beklagte, dass die Abschlussvereinbarung ihn zu dieser Leistung verpflichtet, muss der Kläger die Richtigkeit seiner Auslegung beweisen. Dies ist bei unklaren Vereinbarungen sehr schwierig; aus diesem Grund ist auf die Abfassung von Abschlussvereinbarungen große Sorgfalt zu verwenden.[34]

40 Um die hinter der Formulierung stehenden Erwägungen zu erhellen, kann es sich als notwendig erweisen, die **Vertraulichkeit** der Mediation zu durchbrechen, zB den Mediator als Zeugen für die bei der Vereinbarung bestehenden Vorstellungen der Parteien zu benennen. Weil an der Durchsetzung der im Mediationsverfahren erzielten Einigung ein übergeordnetes Interesse besteht, lässt § 4 S. 3 Nr. 1 MediationsG die Verschwiegenheitspflicht des Mediators hier zurücktreten. Auch eine Vertraulichkeitsabrede der Parteien steht unter diesem ungeschriebenen Vorbehalt.[35]

41 Ist eine Leistungsklage nicht möglich oder will der Anspruchsgegner das Nichtbestehen einer von der anderen Seite behaupteten Verpflichtung geltend machen, besteht die Möglichkeit einer **Feststellungsklage** nach § 256 Abs. 1 ZPO.

4.5.5.3 Mediator als Prozesspartei

42 Die unerfreuliche Situation, dass sich ein Gericht mit einem abgeschlossenen Mediationsverfahren beschäftigen muss, kann schließlich auch dann eintreten, wenn gegen den früheren Mediator **Haftungsansprüche** wegen Verletzung von Vertragspflichten geltend gemacht werden. Auch in diesem Fall ist der Mediator nicht an die Verschwiegenheitspflicht gebunden.[36] Er kann also das zu seiner Verteidigung Notwendige offenbaren, auch die andere Partei als Zeugen benennen.

43 Entsprechendes gilt, wenn der Mediator klagen muss, um ihm zustehende **Ansprüche aus der Mediation**, insbesondere auf die vereinbarte Vergütung, durchzusetzen.

---

34 Abschreckendes Beispiel eines Vergleichs aus der Gerichtsmediation, der fünf Gerichtsurteile, bis hinauf zum BGH, hervorgerufen hat: BGH NJW-RR 2010, 1508.
35 Greger/Unberath, 2012, § 4 Rn 55.
36 Greger/Unberath, 2012, § 4 Rn 20.

4.6 Mediationsgesetz – Standards für das Mediationsverfahren

Literatur: Besemer, C., Mediation – Die Kunst der Vermittlung in Konflikten, 2010; Kracht, S., Rolle und Aufgaben des Mediators – Prinzipien der Mediation, in: Haft/v. Schlieffen, Handbuch der Mediation, 2. Aufl. 2009, § 12, 267 ff; Montada, L./Kals, E., Mediation, 2. Aufl. 2007; Ripke, L., Recht und Gerechtigkeit in der Mediation, in: Haft/v. Schlieffen, Handbuch der Mediation, 2. Aufl. 2009, § 7, 161 ff; Trenczek, T., Gute Mediatoren – Zur Fachlichkeit von Konfliktvermittlern, ZKM 2008, 16 ff; Unberath, H., Eckpunkte der rechtlichen Gestaltung des Mediationsverfahrens, ZKM 2012, 12 ff.

4.6.1 Übersicht

Wesentliche Verfahrensgrundsätze ergeben sich im **Mediationsgesetz** aus den Regelungen zur Definition der Mediation und des Mediators (§ 1 Abs. 1 und 2), zum Verfahren der Mediation und zu den Aufgaben des Mediators (§ 2), zu den Offenbarungspflichten sowie den Tätigkeitsverboten und -beschränkungen für den Mediator (§ 3 Abs. 2–4), den Ausbildungs- und fachbezogenen Informationspflichten (§ 3 Abs. 5) und zur Verschwiegenheitspflicht des Mediators (§ 4). Der deutsche Gesetzgeber hat damit international anerkannte Wesensmerkmale der Mediation (Kap. 1.1.3.2)[1] in großem Umfang aufgegriffen und für die Praxis als **Standards für das Mediationsverfahren** in Deutschland normativ verbindlich gemacht. 1

4.6.2 Strukturiertes Verfahren

Die Mediation ist ein **strukturiertes Verfahren** (§ 1 Abs. 1 S. 1), mit dem der Kommunikations- und Verhandlungsprozess der Parteien unterstützt und begleitet wird. Das Ver- 2

---

1 Vgl zB den Europäischen Verhaltenskodex für Mediatoren, ZKM 2004, 48.

ständnis der Mediation als ein offenes und flexibles Verfahren der Konfliktbeilegung schließt die Einhaltung einer gewissen Ordnung und einen Verfahrensablauf in einem vorhersehbaren (rechtlichen) Rahmen nicht aus.[2] So hat der Mediator, bevor er die regelungsbedürftigen Themen erarbeitet, die Parteien zunächst einmal über Inhalt, Ablauf und Ziele des Mediationsverfahrens zu informieren.[3] Er wirkt darauf hin, dass die Parteien in einer **Mediationsvereinbarung** (s. Kap. 4.4) untereinander grundlegende Kommunikations-, Verhaltens- und Verfahrensregeln vereinbaren. Darüber hinaus sollen die Parteien in einem Vertrag mit dem Mediator die Leistungspflichten der Parteien und des Mediators festlegen (sog. **Mediatorvertrag**).[4] Hierzu rechnen Fragen der Vertraulichkeit, der Kostentragung und des Honorars (Kap. 4.4). Auch soll der Mediator zu Beginn der Mediation eine erste Klärung vornehmen, ob der Konflikt, die Parteien und der Mediator selbst[5] für diese Mediation geeignet sind. Eine weitere Strukturierung ergibt sich aus den in § 2 festgelegten Regeln über das Verfahren und die Aufgaben des Mediators.

4.6.3 Mediation als vertrauliches Verfahren

3 Die **Vertraulichkeit** des Mediationsverfahrens (§ 1 Abs. 1) ist für den Erfolg einer Mediation von großer Bedeutung. Denn sie ermöglicht den Parteien, ihre Interessen und die hierfür wesentlichen Informationen offen mitzuteilen und zu gemeinsamen Sichtweisen zu gelangen, die Grundlage einer für alle Seiten als akzeptabel empfundenen Lösung sein können (zum Schutz des Vertrauens und der Vertraulichkeit ausführlich Kap. 4.2).

4.6.4 Freiwillige Teilnahme

4 In der Mediation streben die Parteien freiwillig eine einvernehmliche Beilegung ihres Konflikts an (§ 1 Abs. 1). Die Freiwilligkeit ist Ausdruck der **Selbstbestimmung der Parteien**, die für jede Mediation konstitutiv ist. In der Fachliteratur ist umstritten, ob auch der Zwang, einen Mediationsversuch zu unternehmen, mit dem Freiwilligkeitserfordernis vereinbar ist (vgl Kap. 1.1.3.2.1). Für die rechtliche Beurteilung dieser Frage ist Art. 3 lit. a) S. 2 der EU – Mediationsrichtlinie heranzuziehen. Danach kann das auf freiwilliger Basis erfolgende Verfahren der Mediation sowohl von den Parteien eingeleitet als auch von einem Gericht vorgeschlagen oder angeordnet werden oder nach dem Recht eines Mitgliedsstaats vorgeschrieben sein. Ergänzend sieht Erwägungsgrund (14) der Richtlinie vor, dass die Richtlinie nationale Rechtsvorschriften, nach denen die Inanspruchnahme der Mediation verpflichtend oder mit Anreizen oder Sanktionen verbunden ist, unberührt lassen sollte, sofern diese Rechtsvorschriften die Parteien nicht daran hindern, ihr Recht auf Zugang zum Gerichtssystem wahrzunehmen. Derartige Regelungen finden sich auch in einigen Bundesländern aufgrund der in § 15 a EGZPO eingeräumten Öffnungsklausel, nach der der Rechtsweg zu den Zivilgerichten erst nach einem zuvor durchzuführenden Einigungsverfahren vor einer „Gütestelle" eröffnet ist. Das Erfordernis der Freiwilligkeit erfährt hier insoweit eine Einschränkung, als die Parteien in Fällen einer angeordneten oder gesetzlich vorgeschriebenen Mediation diese zunächst versuchen sollen, aber jedenfalls dann beenden können, wenn sie keine Vereinbarung erreichen können.[6] Auch derartige Verfahren sind als Mediation anzusehen. Den Parteien darf allerdings in keinem Fall der Zugang zum Gerichtssystem genommen werden.

---

2   Vgl Kraft/Schwerdtfeger, Das Mediationsgesetz. Neues aus dem Gesetzgebungsverfahren, ZKM 2011, 55.
3   Vgl Ziff. 3.1. des Europäischen Verhaltenskodex für Mediatoren, ZKM 2004, 148.
4   Zu den verschiedenen Vertragstypen der Mediationsvereinbarung, des Mediatorvertrags und der Abschlussvereinbarung: Unberath, ZKM 2012, 13.
5   Vgl dazu auch Ziff. 1.2. des Europäischen Verhaltenskodex für Mediatoren.
6   BT-Drucks.17/5335, 14; vgl auch Kracht, in: Haft/v. Schlieffen 2009, 285.

4.6.5 Eigenverantwortlichkeit der Parteien

Das Erfordernis der Eigenverantwortlichkeit (§ 1 Abs. 1) unterstreicht die Bedeutung 5
der **Autonomie** der Parteien in der Mediation (Kap. 1.1.3.2.1). Die Parteien sind während des gesamten Verfahrens für ihre Absprachen und insb. für den Inhalt der abschließenden Vereinbarung verantwortlich. Eine Übertragung der Entscheidungskompetenz auf den Mediator erfolgt, anders als zB bei einem Schiedsgerichtsverfahren, nicht.

4.6.6 Auswahl des Mediators

Nach § 2 Abs. 1 wählen die Parteien den Mediator aus. Die **freie Wahl der Mediatoren** 6
ist Ausdruck der Selbstbestimmung der Parteien im Mediationsverfahren. Allerdings muss die Wahl nicht zwingend auf Initiative der Parteien erfolgen. Diese können auch einen ihnen von dritter Seite unterbreiteten Vorschlag annehmen.

4.6.7 Anforderungen an den Mediator und daraus folgende Verfahrensregeln

Das **Mediationsgesetz** legt einige grundlegende Anforderungen an die Person des Mediators fest, die mit bestimmten **Verhaltensregeln** verknüpft sind. Diese Anforderungen 7
sind teilweise ausdrücklich im Gesetz geregelt. Sie beruhen auf der Aufgabe der Mediatoren, die Parteien mit den spezifischen Strukturen und methodischen Interventionen des Mediationsverfahrens dabei zu unterstützen, die strittigen Themen zu identifizieren und Lösungsoptionen zu erarbeiten (vgl Kap. 1.1.3.2 und 2.12.2).

Zu den die Rolle der Mediatoren ausfüllenden Verhaltens- und Verfahrensregeln kommen weitere Anforderungen hinzu. So müssen die Medaitoren in eigener Verantwor- 8
tung durch eine geeignete **Ausbildung** und eine regelmäßige **Fortbildung** sicherstellen, dass sie über theoretische Kenntnisse sowie praktische Erfahrungen verfügen, um die Parteien in sachkundiger Weise durch die Mediation führen zu können (§ 5 Abs. 1). Als eine für das gute Gelingen einer jeden Mediation wichtige Voraussetzung ist die **Haltung der Mediatoren** (hierzu Kap. 2.12.4 u. 2.13) anzusehen, die der Rechtsausschuss des Deutschen Bundestags als Ausbildungsinhalt in der Begründung zur Verordnungsermächtigung des § 6 erwähnt.[7] Das **Berufsethos** der Mediatoren umfasst zum einen die Kenntnisse, die der Mediator über die Vermittlung von geeignetem Wissen, also insbesondere über eine Aus- und Fortbildung gemäß § 5 und 6 des Gesetzes erwirbt.[8] Um aus dem Fachwissen auch eine berufsethische Haltung entwickeln zu können, bedarf es der Einübung und Gewöhnung (Kap. 2.12.4). Deshalb ersetzen auch die beruflichen Erfahrungen, die Mediatoren aus einem Grundberuf als Rechtsanwalt, Richter, Steuerberater, Psychologe, Pädagoge oder Arzt mitbringen, nicht die auf einer profunden mediatorischen Praxis beruhenden spezifischen Berufserfahrungen, die erst zur Herausbildung einer mediatorischen Haltung führen.

4.6.7.1 Unabhängigkeit der Mediatoren

Nach der Gesetzesbegründung ist die in § 1 Abs. 2 normierte **Unabhängigkeit** der Mediatoren vor allem personenbezogen zu verstehen. Sie sollen von den Parteien persön- 9
lich unabhängig sein,[9] einer Partei nicht persönlich nahe stehen und nicht von einer Partei finanziell abhängig sein. Die arbeitsrechtliche Weisungsbefugnis einer Partei oder auch eine anderweitige Eingliederung in das Unternehmen einer Partei gefährden die Unabhängigkeit des Mediators. Hieraus ergibt sich insbesondere für unternehmensintern arbeitende angestellte Mediatoren ein Spannungsfeld (vgl Kap. 4.3.3.3 Rn 39). Hält man eine Mediation unter solchen Voraussetzungen für zulässig, so hat der Me-

---

7 BT-Drucks. 17/8058, 19.
8 Kracht, in: Haft/v. Schlieffen 2009, 268 f; Trenczek, Gute Mediatoren, ZKM 2008, 16 ff.
9 BT-Drucks. 17/5335, 14.

diator vor Beginn des Mediationsverfahrens darzulegen, aus welchen Gründen eine Gefährdung seiner Unabhängigkeit (gleichwohl) ausgeschlossen ist.

10 Eine Unabhängigkeit des Mediators im Sinne des § 1 Abs. 2 dürfte dann zu verneinen sein, wenn Versicherungsunternehmen nach Verkehrsunfällen einen Vermittler gegen Zahlung eines Pauschal- oder Einzelhonorars damit beauftragen, zunächst mit dem eigenen Versicherungsnehmer und sodann gesondert mit dem Unfallgegner (zumeist telefonisch) zu verhandeln mit dem Ziel, eine einverständliche Regulierung der Ansprüche aus dem Unfallgeschehen herbeizuführen. Ein solches Vermittlungsmodell führt zu einer problematischen Verschiebung des **Machtgleichgewichts** zugunsten des Mediators und gefährdet damit die Autonomie der Parteien in der Mediation. Fraglich ist zudem, ob hier nicht die für eine jede Mediation erforderliche gleichmäßige Informiertheit beider Parteien fehlt.

4.6.7.2 Neutralität der Mediatoren

11 Die Neutralität der Mediatoren (§ 1 Abs. 2) ist die Hauptquelle ihrer **Autorität**.[10] Der Gesetzgeber misst der Neutralität in erster Linie eine verfahrensbezogene Bedeutung bei, die die Mediatoren insbesondere zu einer unparteilichen Verhandlungsführung und zur Gleichbehandlung aller Parteien verpflichten.[11] Dies bezieht sich nicht nur auf die Verfahrensgestaltung, sondern zB auch auf die Weitergabe von Informationen an alle Parteien sowie die Beteiligung aller Parteien am Fachwissen der Mediatoren.[12]

4.6.7.3 Keine Entscheidungsbefugnis der Mediatoren in der Sache

12 Nach 1 Abs. 2 treffen Mediatoren **keine Entscheidungen in der Sache.** Die fehlende Entscheidungskompetenz der Mediatoren ist die Kehrseite der in § 1 Abs. 1 genannten Eigenverantwortlichkeit der Parteien. Sie bezieht sich nicht auf die Gestaltung des Mediationsverfahrens, mit dem die Mediatoren die Parteien bei der einvernehmlichen Lösung ihres Konflikts unterstützen.

4.6.7.4 Verantwortung der Mediatoren für das Verfahren

13 Die fehlende Entscheidungskompetenz in der Sache korrespondiert mit der Verantwortung der Mediatoren für das Verfahren. Sie strukturieren das Verfahren sowie den Informations- und Meinungsaustausch der Parteien und unterstützen diese bei der Erkenntnis ihrer eigenen Interessen und bei der Überwindung von Einigungshindernissen. Die (Mit-)Verantwortung der Mediatoren für das Verfahren schließt nicht das Mit-Entscheidungsrecht der Parteien auch für die verfahrensmäßige Ausgestaltung der Mediation aus (§ 2 Abs. 3 S. 3 und § 2 Abs. 4). Kluge Mediatoren werden stets gut daran tun, ihre Vorschläge und Entscheidungen zur Verfahrensgestaltung transparent und anschaulich zu erläutern, um die Zustimmung der Parteien hierzu zu erlangen und damit dafür zu sorgen, dass die Parteien **Vertrauen in die Verfahrensführung** fassen und aufrecht erhalten.

4.6.7.4.1 Führung der Parteien durch das Verfahren

14 Wesentlicher Ausdruck der Verantwortung der Mediatoren für das Verfahren ist die Bestimmung des § 1 Abs. 2. Danach führt der Mediator die Parteien durch die Mediation und damit durch einen Klärungsprozess (Kap. 2.12.2 Rn 4). In der Gesetzesbegründung des Regierungsentwurfs wird klargestellt, dass die Mediatoren die Verantwortung für das Verfahren und insbesondere für eine gelingende Kommunikation zwischen den Parteien tragen, auf die **Einhaltung von Verfahrensregeln** zu achten sowie für die Schaf-

---

10 Kracht, in: Haft/v.Schlieffen 2009, 270, Rn 10.
11 Ziff. 2.2. des Europäischen Verhaltenskodex für Mediatoren.
12 BT-Drucks. 17/5335, 14.

fung bzw Wiederherstellung einer adäquaten Verhandlungsatmosphäre zu sorgen haben.[13]

4.6.7.4.2 Informiertheit der Parteien über den Inhalt und Ablauf des Mediationsverfahrens

Nach § 2 Abs. 2 vergewissern sich die Mediatoren, dass die Parteien die Grundsätze und den Ablauf des Mediationsverfahrens verstanden haben.[14] Die Informationen, die Mediatoren den Parteien hierfür zur Verfügung stellen müssen, sollen den Parteien eine fundierte Entscheidung darüber ermöglichen, ob sie überhaupt an einer Mediation teilnehmen wollen und ob diese auch mit dem betreffenden Mediator stattfinden soll. Die **Unterrichtung der Parteien** hat grundsätzlich **zu Beginn des Mediationsverfahrens** zu erfolgen. 15

Nach § 2 Abs. 2 vergewissern sich die Mediatoren auch darüber, dass die **Parteien freiwillig** an der Mediation teilnehmen. Im Falle einer gesetzlich vorgeschriebenen oder vom Gericht angeordneten Mediation haben Mediatoren die Parteien darüber zu informieren, dass sie nicht gezwungen sind, den Streit durch eine Mediation abschließend zu beenden, dass sie den Mediationsversuch beenden können, wenn sich keine Erfolgsaussichten ergeben, und dass ihnen in keinem Fall der Zugang zum gerichtlichen Verfahren genommen werden darf. 16

4.6.7.4.3 Förderung der Kommunikation zwischen den Parteien

Die in § 2 Abs. 3 S. 2 genannte Förderung der Kommunikation der Parteien ist eine zentrale Aufgabe der Mediatoren. Voraussetzung für jede konstruktive Konfliktlösung ist die Schaffung einer gewissen wechselseitigen Akzeptanz der Streitparteien. In der Mediation haben Mediatoren für eine Atmosphäre des wechselseitigen Respekts zu sorgen. Die **Wertschätzung gegenüber allen Parteien** soll sich in ihrem Verhalten und Umgang mit den Parteien ausdrücken, insbesondere indem sie den Parteien aktiv zuhören, alles zur Sprache kommen lassen, nichts verurteilen oder abwerten und Gefühle, Widerstände und Interessen ernst nehmen, selbst wenn sie diese nicht teilen (ausführlich hierzu Kap. 2.12.2 Rn 4).[15] 17

Insbesondere in der Phase der Konfliktbearbeitung kann es zu Blockaden in der Kommunikation der Parteien kommen, wenn hier unterschiedliche Vorstellungen von Gerechtigkeit (hierzu Kap. 2.9) aufeinanderprallen. Wenn auch die Gleichheit immer wieder als Kernidee der Gerechtigkeit genannt wird, kennen wir doch weitere Gerechtigkeitsprinzipien wie die Austauschgerechtigkeit, die Verteilungsgerechtigkeit und auch die sog. Vergeltungsgerechtigkeit,[16] in deren Rahmen auch Fragen von Schuld und Verantwortung erörtert werden. Hier kann der Mediator die Parteien dabei unterstützen, derartige **Gerechtigkeitsvorstellungen** zu erkennen, zu bearbeiten und in dem Sinne zu relativieren, dass alle Parteien ertragen und respektieren können, dass es verschiedene Gerechtigkeitsprinzipien gibt, die jeweils ihre Berechtigung haben. Aufgabe des Mediators ist es hier, den Parteien plausibel zu machen, dass diese unterschiedlichen Gerechtigkeitsvorstellungen miteinander koexistieren können.[17] 18

4.6.7.4.4 Angemessene und faire Einbindung der Parteien

Mediatoren haben nach § 2 Abs. 3 S. 2 zu gewährleisten, dass die Parteien in angemessener und fairer Weise in die Mediation eingebunden sind. So haben sie dafür zu sor- 19

---

13 BT-Drucks. 17/5335, 14.
14 Vgl Ziff. 3.1. des Europäischen Verhaltenskodex für Mediatoren.
15 Vgl Besemer 2010, 54.
16 Montada/Kals 2007, 105 ff.
17 Zur Arbeit mit Gerechtigkeitsvorstellungen vgl ausführlich Ripke, in: Haft/v. Schlieffen, 2009, 169 ff.

gen, dass die Kommunikation zwischen den Parteien in einer Atmosphäre erfolgt, die die Entwicklung von Respekt und – soweit möglich – von wechselseitiger Wertschätzung ermöglicht. Unsachliche Angriffe, persönliche Beleidigungen, verbale Drohungen oder körpersprachliche Attacken haben sie in freundlicher und klar verständlicher Weise zu unterbinden. Dabei sollten sie stets deutlich machen, dass die Aussichten auf eine gemeinsame Problemlösung in dem Maße steigen, in dem es den Parteien (zunehmend) gelingt, sich wechselseitig ausreden zu lassen und einander zuzuhören. Auch haben die Mediatoren dafür Sorge zu tragen, dass ihre Informationen und Hinweise alle Parteien in gleicher Weise erreichen.

4.6.7.4.5 „Allen Parteien gleichermaßen verpflichtet"

20 Diese in § 2 Abs. 3 S. 1 normierte Pflicht der Mediatoren geht über die Pflicht, sich „nur" neutral zu verhalten, hinaus. Nach der Begründung zum Regierungsentwurf sollen die Mediatoren allen Parteien in gleicher Weise zur Verfügung stehen und ihnen allen gleichermaßen dienen.[18] Besemer spricht davon, dass der Mediator sich als „Brücke der Kommunikation" zur Verfügung stellt.[19] Wegen der über die bloße Neutralität hinausgehenden Verhaltensanforderung wird teilweise auch von einer Pflicht zur „Allparteilichkeit" gesprochen (Kap. 2.12.2 Rn 6).[20] Der in dieser Wortschöpfung enthaltene Begriff der Parteilichkeit macht zugleich das Spannungsverhältnis deutlich, in das jeder Mediator geraten kann: Einerseits sollen Mediatoren neutral und unparteilich sein; andererseits sollen sie allen Parteien als wohlmeinender und einfühlsamer „Helfer" zur Verfügung stehen. Ein derartiges Vorgehen ähnelt einem Drahtseilakt, bei einer professionellen und behutsamen Handhabung kann ein solches allparteiliches Verhalten aber erheblich zum Gelingen einer Mediation beitragen.

4.6.7.5 Verschwiegenheitspflicht des Mediators

21 Die Vertraulichkeit und der Schutz des Vertrauens werden in Kapitel 4.2 im Einzelnen kommentiert. Hier ist nur darauf hinzuweisen, dass auch vielfältige Vereinbarungen zur Vertraulichkeit allein nicht die Schaffung einer vertrauensvollen Atmosphäre herbeiführen können. Den Aufbau einer für das Gelingen einer Mediation hilfreichen Vertrauensbasis zwischen den Parteien und den Mediatoren können letztere in erster Linie durch eine neutrale, faire und einfühlsame Gestaltung des Verfahrens erreichen, in dem alle Parteien gleichermaßen Respekt und Wertschätzung erfahren.

4.6.7.6 Einbeziehung der rechtlichen Rahmenbedingungen versus Rechtsdienstleistung

22 Neben anderen Faktoren spielt auch das Recht in vielen Mediationen eine Rolle (Kap. 4.1). Gerade zu Beginn einer Mediation ziehen sich Parteien gerne auf Rechtspositionen zurück, aber auch im Laufe einer Mediation werden immer wieder Rechtsfragen an die Mediatoren herangetragen.

23 In diesem Zusammenhang stellt sich die Frage, ob und in welchem Umfang die Behandlung von rechtlichen Fragen in der Mediation zulässig ist. Nach § 2 Abs. 3 Nr. 4 RDG ist Rechtsdienstleistung „... nicht die Mediation und jede vergleichbare Form der alternativen Streitbeilegung, sofern die Tätigkeit nicht durch rechtliche Regelungsvorschläge in die Gespräche der Beteiligten eingreift." Mit dieser Regelung wollte der Gesetzgeber die **Erlaubnisfreiheit der nicht-rechtlichen Streitbeilegung** klarstellen, um der Monopolisierung der Mediation zugunsten der Anwaltschaft entgegenzuwirken. Deshalb beschränkt sich das RDG darauf, den Begriff der Mediation – ähnlich wie die Begriffe „wissenschaftliches Gutachten" (§ 2 Abs. 3 Nr. 1 RDG), „Schlichtungsstellen" oder

---

18 BT-Drucks. 17/5335, 15.
19 Besemer 2010, 54.
20 Montada/Kals, 46 ff; vgl auch Kap. 2.1.2.2 Rn 6.

„Schiedsrichter" (§ 2 Abs. 3 Nr. 2 RDG) – als feststehenden Begriff zu verwenden und sie sowie alle vergleichbaren Formen der alternativen Streitbeilegung vom Erlaubniszwang freizustellen. Mediation kann und wird auch immer wieder Rechtsinformationen enthalten und sich auf Rechtsverhältnisse beziehen sowie rechtliche Regelungsmöglichkeiten zur Diskussion stellen. Sie überlässt jedoch – im Unterschied zur Rechtsdienstleistung – den Konfliktparteien die eigenverantwortliche Gestaltung ihrer Rechtsverhältnisse. Unbedenklich ist deshalb stets **die allgemeine Darstellung rechtlicher Handlungsoptionen**. In der Begründung zum Regierungsentwurf für das Mediationsgesetz wird darüber hinaus darauf hingewiesen, dass auch eine Rechtsdienstleistung im Einzelfall nach § 5 RDG als rechtsdienstleistende Nebenleistung zulässig sein kann, wenn zB der rechtliche Regelungsvorschlag im Verhältnis zur Gesamtmediation nur einen rechtlichen Randbereich betrifft.[21]

Werden Mediatoren bei der schriftlichen Abfassung der von den Parteien erarbeiteten **24** Einigung nur als **Protokollführer** tätig, liegt darin keine Rechtsdienstleistung. In die inhaltliche Abfassung darf der Mediator durch eigene rechtliche Regelungsvorschläge dagegen nur eingreifen, wenn die Grenzen des § 5 RDG eingehalten werden.[22] Erlaubnisfrei ist zB in einer Familienmediation die Darstellung, welche Einkünfte und welche Belastungen der Berechtigten und der Pflichtigen bei der Berechnung eines Unterhaltsanspruchs grundsätzlich zu berücksichtigen sind (zB Darstellung der Düsseldorfer Tabelle und der Unterhaltsgrundsätze der Oberlandesgerichte). Dagegen liegt eine erlaubnispflichtige Rechtsdienstleistung vor, wenn Mediatoren anhand der mitgeteilten Einkünfte und Belastungen eine Bewertung der einzelnen Positionen und eine Berechnung der Unterhaltsansprüche für den konkreten Fall vornehmen.[23] Die von anwaltlicher Seite gerne aufgestellte Behauptung „Das neue Mediationsgesetz: Mediation ist und bleibt Anwaltssache!",[24] ist deshalb unzutreffend.

Eine andere Frage ist, wie der Mediator aus fachlicher Sicht mit der Einbringung von **25** „Rechtsfragen" umgehen sollte (hierzu Kap. 4.1.4). Dass in Fällen, in denen Rechtsfragen eine Rolle spielen, ein „Blick auf das Recht" erforderlich ist, dürfte unstreitig sein. Denn Mediation findet nicht fern der Praxis in einem „Elfenbeinturm" statt. Wenn die Parteien zu Beginn eines Verfahrens sich auf Rechtspositionen zurückziehen und sich damit selbst den Zugang zur Erkenntnis ihrer Interessen und Bedürfnisse erschweren, kann es zur Vermeidung von Blockierungen empfehlenswert sein, sich nicht vorschnell auf die Erörterung von Rechtsfragen einzulassen. Stattdessen können Mediatoren die Parteien um Klärung bitten, warum die jeweilige Rechtsfrage für sie wichtig ist und welche Konsequenzen sich für die Parteien daraus ergeben, wenn das Recht zu diesen oder jenen Folgen führt (Kap. 4.1.4 Rn 21). Auch hier kann ein schwieriges Spannungsverhältnis für die Mediatoren entstehen: Auf der einen Seite besteht die Gefahr, dass die Beschäftigung mit „dem" Recht für das Verfahren dominierend wird und damit die Kreativität und Phantasie der Parteien im weiteren Verlauf lähmt; das kann die Parteien daran hindern, gemeinsam für sie passende individuelle Lösungen zu finden. Auf der anderen Seite ist das Recht einer von mehreren wichtigen Vergleichsmaßstäben, die die Menschen im alltäglichen Leben häufig für ihre Entscheidungen heranziehen. Deshalb können die Kenntnis und das Verstehen des Rechts eine breitere Entscheidungsgrundlage in der Mediation schaffen und damit zugleich die Akzeptanz und Nachhaltigkeit der abschließenden Vereinbarung verbessern.[25]

---

21 BT-Drucks. 17/5335, 15.
22 BT-Drucks. 16/3655, 50.
23 BT-Drucks. 17/5335, 15 f; iE ebenso Henssler/Deckenbrock, Das neue Mediationsgesetz, Der Betrieb 2012, 160.
24 So auch der Titel des gleichnamigen Aufsatzes von Henssler/Deckenbrock, Der Betrieb 2012, 159 ff.
25 Ripke, in: Haft/v. Schlieffen 2009, 164 f.

4.6.7.7 Führung von getrennten Gesprächen mit den Parteien

26 Nach § 2 Abs. 3 S. 3 können Mediatoren im allseitigen Einverständnis getrennte Gespräche mit den Parteien führen (sog. caucus, hierzu Kap. 3.11).[26] Derartige Einzelgespräche sollen den Parteien ermöglichen, in einem geschützten Rahmen Informationen oder Gefühle mitzuteilen, die (noch) nicht für die andere Seite bestimmt sind. Darüber hinaus können Einzelgespräche eingesetzt werden, um Blockaden aufzulösen oder eine überhitzte Kommunikationssituation zu deeskalieren. Auch in Fällen von Beziehungsgewalt können getrennte Gespräche gerade zu Beginn einer Mediation erforderlich sein.[27] Wenn Mediatoren in solchen Gesprächen von beiden Parteien zahlreiche Informationen erhalten, die nicht für die andere Partei bestimmt sind, besteht allerdings die Gefahr, dass die Mediatoren zu den bestinformierten Personen im Verfahren werden. Durch die damit verbundene Verringerung der Kontrolle der Parteien können Mediatoren einen unerwünschten Machtzuwachs erfahren, der Zweifel an ihrer Neutralität und Allparteilichkeit auslösen kann. Deshalb sollten Einzelgespräche nicht leichtfertig oder lediglich zur Verfahrensbeschleunigung erfolgen. Wegen der mit solchen Einzelgesprächen verbundenen **Gefahren für die Neutralität** der Mediatoren sind die Risiken ebenso wie die genauen Modalitäten der Durchführung von getrennten Gesprächen mit den Parteien immer vor dem ersten Einzelgespräch zu erörtern. Nur dann können die Parteien eine informierte Entscheidung zu dieser schwierigen Frage treffen.

4.6.7.8 Einbeziehung Dritter

27 Nach § 2 Abs. 4 können Dritte nur mit Zustimmung aller Parteien in die Mediation einbezogen werden (s. Kap. 2.18). Unter „Einbeziehung" ist hier die persönliche Anwesenheit in der Mediation zu verstehen. Die in § 1 Abs. 1 normierte Vertraulichkeit des Mediationsverfahrens wird durch diese Bestimmung insoweit modifiziert, als die Parteien – gemeinsam – entscheiden können, ob und inwieweit sie das Mediationsverfahren für Dritte öffnen wollen. Dritte im Sinne dieser Vorschrift können insbesondere Rechtsanwälte oder andere Parteivertreter sein. Eine **anwaltliche Begleitung in der Mediation** ist daher **nur mit Zustimmung sämtlicher Parteien möglich** ist.[28] Die Vorschriften über die Vertretung vor Gericht („Anwaltszwang", zB § 78 ZPO, § 11 ArbGG) gelten in Mediationsverfahren nicht.

4.6.7.9 Ausbildungs- und fachbezogene Informationspflichten des Mediators

28 Nach § 3 Abs. 5 sind Mediatoren verpflichtet, die Parteien auf deren Verlangen über ihren fachlichen Hintergrund, ihre Ausbildung und Erfahrung auf dem Gebiet der Mediation zu informieren Die Vorschrift dient der Qualitätssicherung und der Information der Parteien. Nur wenn die Qualifikation der Mediatoren für die Parteien transparent ist, können diese eine informierte Auswahlentscheidung treffen. Die Auskunft kann sich auf Inhalte des Studiums und den ausgeübten Beruf, die Art und Dauer der Mediationsausbildung und auf die praktischen Erfahrungen auf dem Gebiet der Mediation beziehen.

4.6.7.10 Offenbarungspflichten; Tätigkeitsverbote- und Beschränkungen

29 Mediatoren haben nach § 3 Abs. 1 alle Umstände offenzulegen, die ihre Unabhängigkeit und Neutralität beeinträchtigen können. Solche Umstände sind insbesondere persönliche oder geschäftliche Verbindungen zu einer Partei oder ein finanzielles oder sonstiges eigenes Interesse am Ergebnis der Mediation.

---

26 Vgl zum Folgenden Gläßer/Kublik, Einzelgespräche in der Mediation, ZKM 2011, 89 ff
27 Vgl Trenczek/Petzold, Beratung und Vermittlung in hoch eskalierten Sorge- und Umgangskonflikten, ZKM 2011, 409 ff.
28 BT-Drucks. 17/5335, 15.

Nach § 3 Abs. 2 darf als Mediator nicht tätig werden, wer vor der Mediation in dersel- 30
ben Sache für eine Partei tätig gewesen ist (**Verbot der Vorbefassung**). Ebenso dürfen
Mediatoren nicht während oder nach der Mediation für eine Partei in derselben Sache
tätig werden (**Verbot der Nachbefassung**). Nach der Begründung des Regierungsentwurfs ist von „derselben Sache" auszugehen, wenn der Mediation und der parteilichen
Beratung der gleiche Lebenssachverhalt zugrunde liegt. In diesen Fällen scheidet die
Übernahme einer Mediatorentätigkeit, und zwar unabhängig von der Zustimmung der
Parteien, aus.[29] Denn eine Partei wird einem Mediator die für die Lösung des Konflikts
notwendige Offenheit nicht entgegenbringen, wenn sie befürchten muss, dass dieser
nach einem etwaigen Scheitern der Mediation die Interessen der Gegenpartei vertritt
und dabei das in der Mediation erlangte Wissen zu ihrem Nachteil nutzt. Aber auch in
Fällen, in denen Mediatoren vor der Mediation in derselben Sache für eine Partei tätig
waren, ist eine neutrale Durchführung der Mediation selbst dann nicht mehr möglich,
wenn sich die Tätigkeit darauf beschränkt hat, im Auftrag der Partei Möglichkeiten einer gütlichen Einigung auszuloten. Auch eine solche Tätigkeit setzt regelmäßig voraus,
dass eine einseitige Information durch eine der Parteien stattgefunden hat; sie führt dazu, dass Mediatoren von der anderen Partei nicht mehr als „unbeschriebenes Blatt"
wahrgenommen werden.

Auch die vorherige Beratung einer Partei durch einen **Sozius** oder ein anderes Mitglied 31
derselben **Bürogemeinschaft** schließt die Tätigkeit als Mediator aus (§ 3 Abs. 3). Diese
Beschränkungen gelten nach § 3 Abs. 4 allerdings nicht, wenn sich die betroffenen Parteien im Einzelfall nach umfassender Information damit einverstanden erklärt haben
und wenn Belange der Rechtspflege dem nicht entgegenstehen.[30] Die Ausnahmeregelung des § 3 Abs. 4 ist nicht nur für Rechtsanwaltspraxen, sondern auch für **psychologische Beratungsstellen** von Bedeutung: Wenn eine Partei in einer Beratungsstelle zunächst Rat sucht und im Anschluss daran eine Mediation durch einen anderen Mitarbeiter derselben Beratungsstelle durchgeführt werden soll, können die Parteien auch
hier auf der Grundlage einer umfassenden Information einer Mediation mit diesem Mitarbeiter als Mediator zustimmen. Es kann sich empfehlen, die nach § 3 Abs. 4 den Parteien erteilte Information schriftlich zu dokumentieren.

4.6.7.11 Vorzeitige Beendigung der Mediation

Nach § 2 Abs. 5 S. 1 können die Parteien die Mediation jederzeit beenden. Die Rege- 32
lung folgt aus dem Prinzip der Freiwilligkeit der Mediation.

Mit der Pflicht, den Verfahrensrahmen zu beachten und die Einhaltung der Verfahrens- 33
regeln zu garantieren, korrespondiert das in § 2 Abs. 5 S. 2 normierte **Recht der Mediatoren, das Mediationsverfahren zu beenden**, falls eine Einigung der Parteien oder eine
eigenverantwortliche Kommunikation nicht zu erwarten ist (Beispiel: schwere psychische Erkrankung oder massive Suchtabhängigkeit einer Partei). In diesen Fällen haben
die Mediatoren – soweit dies möglich ist – die beabsichtigte Beendigung der Mediation
rechtzeitig anzukündigen und darauf zu achten, dass das Verfahren nicht zur Unzeit abgebrochen wird. Liegen die Gründe für die Beendigung der Mediation in der Sphäre der
Mediatoren (Beispiel: Verlust der Neutralität nach einer missglückten Durchführung
von Einzelgesprächen), kann auch die Fortsetzung der Mediation mit einem anderen
Mediator in Betracht kommen.

---

29 BT-Drucks. 17/5335, 161.
30 BVerfG NJW 2003, 2520 ff; vgl Ziff. 2 des Europäischen Verhaltenskodex für Mediatoren.

4.6.7.12 Abschluss der Mediation bei einer Einigung der Parteien

34 § 2 Abs. 6 regelt die Pflichten der Mediatoren und das Verfahren, das diese einzuhalten haben, wenn sich die Parteien geeinigt haben und die Mediation durch eine Vereinbarung beenden wollen.

4.6.7.12.1 Pflichten der Mediatoren bzgl Kenntnis der Sachlage und Verstehen des Inhalts durch die Parteien

35 Nach § 2 Abs. 6 S. 2 wirken Mediatoren im Falle einer Einigung darauf hin, dass die Parteien die Vereinbarung in Kenntnis der Sachlage treffen und ihren Inhalt verstehen.[31] Um eine nachhaltige Akzeptanz der erzielten Einigung zu erreichen, müssen alle Parteien über die wesentlichen Tatsachen und die Rechtslage umfassend informiert sein. Aufgabe der Mediatoren ist es, den Informationsfluss zwischen den Parteien aufrechtzuerhalten und dafür zu sorgen, dass alle Parteien sämtliche für die Einigung relevanten Informationen erhalten. Der **Grundsatz der Informiertheit der Parteien** kann leicht in ein Spannungsverhältnis zu dem Grundsatz der Neutralität der Mediatoren geraten, wenn es um die umfassende Informiertheit der Parteien über die Rechtslage geht. Geht zB bei einer Familienmediation der unterhaltspflichtige Elternteil irrtümlich davon aus, dass auch auf den Mindest-Kindesunterhalt wirksam verzichtet werden kann, so mag der klärende Hinweis auf die Unzulässigkeit eines solchen Verzichts zwar noch eine außerhalb einer Rechtsdienstleistung liegende allgemeine Rechtsinformation sein. Gleichwohl kann die andere Partei den Hinweis in einer solchen Situation durchaus als einen parteilichen Ratschlag verstehen. Um hier nicht in eine unnötige Schieflage zu geraten, sollten Mediatoren stets bedenken, dass sie – jenseits der durch das Rechtsdienstleistungsgesetz gezogenen Grenzen – **nicht eine Rechtsauskunftsperson für die Parteien** sind.[32] Eine solche steht den Parteien in der Regel in der Person ihrer beratenden Anwälte zur Verfügung.

4.6.7.12.2 Pflicht zum Hinweis auf die Möglichkeit fachlicher Beratung

36 Nach § 2 Abs. 6 S. 2 sind Mediatoren verpflichtet, Parteien, die ohne fachliche Beratung an der Mediation teilnehmen, auf die Möglichkeit hinzuweisen, die Vereinbarung bei Bedarf durch externe Berater überprüfen zu lassen. Nachdem im Laufe des Gesetzgebungsverfahrens der Rechtsausschuss den Wortlaut des § 2 Abs. 6 S. 2 insofern verschärft hatte, als Mediatoren die Parteien nicht nur auf diese Möglichkeit hinweisen sollen, sondern hierauf hinzuweisen haben, besteht diese Verpflichtung ohne Einschränkungen und steht nicht im Ermessen des Mediators. Bei einem Verstoß gegen diese Verpflichtung kann in entsprechend gelagerten Fällen auch eine Haftung in Betracht kommen.[33] Soweit die Parteien in der Mediation eine Vereinbarung mit rechtlichen Folgewirkungen treffen – dies dürfte häufig der Fall sein –, sollten die Mediatoren deshalb darauf hinwirken, dass die Parteien die Abschlussvereinbarung vor der endgültigen Unterzeichnung einer **rechtlichen Kontrolle** unterziehen. Hierbei dürfte es sich in erster Linie um eine Überprüfung durch Rechtsanwälte handeln. Im Einzelfall kann jedoch auch eine fachliche Beratung durch Steuerberater, Wirtschaftsprüfer oder technische Sachverständige angezeigt sein.

37 § 2 Abs. 6 S. 2 unterstreicht zu Recht die **Rolle der Beratungsanwälte**, die für das gesamte Mediationsverfahren und insbesondere für den Fall einer anstehenden abschließenden Einigung eine wichtige Aufgabe erfüllen. Allerdings haben Rechtsanwälte, die die Parteien während einer Mediation beraten, teilweise andere und weitergehende Aufgaben, als dies bei Rechtsanwälten der Fall ist, die eine Partei ausschließlich in einem

---

31 So auch Ziff. 3.3. des Europäischen Verhaltenskodex für Mediatoren.
32 Vgl Jost, Das Mediationsgesetz und die Haftungsfrage, ZKM 2011, 170.
33 BT-Drucks. 17/5335, 16; Kraft/Schwerdtfeger ZKM 2011, 56.

laufenden Gerichtsverfahren beraten.[34] Zwar haben auch die beratenden Anwälte die Aufgabe, die Angelegenheit aus dem Blickwinkel des Eigeninteresses der sie beauftragenden Parteien zu beurteilen und ihre Klienten darüber zu informieren, was bei streitiger Durchführung des gerichtlichen Verfahrens das wahrscheinliche Ergebnis sein wird. Die Parteien haben aber ebenso einen Anspruch darauf, dass ihre beratenden Anwälte sie dabei unterstützen, dass sie, die Parteien, selbst die Verantwortung für die in der Mediation getroffenen Entscheidungen übernehmen. Versuchen die Beratungsanwälte in erster Linie, ihre Parteien von der Mediation abzubringen und das Mandat ausschließlich wie ein Prozessmandat zu bearbeiten, so verkennen diese Anwälte ihren erweiterten Aufgabenbereich und übernehmen entgegen den Wünschen ihrer mediationswilligen Mandanten die Verantwortung und setzen sich insoweit an die Stelle ihrer Mandanten. Vermeiden die beratenden Parteianwälte jedoch ein solches Vorgehen und respektieren sie den Wunsch ihrer Mandanten, so kann ihre Beratung zusätzlich zur Gleichrangigkeit der Parteien in der Mediation beitragen. Auch können hierdurch bisher unerkannt gebliebene Probleme oder unausgesprochene Vorbehalte der Parteien zur Sprache kommen, die dann ihrerseits in einer neuen Mediationssitzung eingebracht und produktiv bearbeitet werden können. Der amerikanische Mediationsausbilder Jack Himmelstein hat die mit einem solchen Verständnis erfolgende anwaltliche Beratung der Parteien als „Feuerprobe" für die in der Mediation getroffenen Vereinbarungen bezeichnet, die die Nachhaltigkeit (und Seriosität) der getroffenen Einigung noch verstärken kann.

4.6.7.12.3 Dokumentierung in einer Abschlussvereinbarung

Nach § 2 Abs. 6 S. 3 kann die erzielte Einigung mit Zustimmung der Parteien in einer 38 Abschlussvereinbarung dokumentiert werden. Eine Dokumentation der Vereinbarung dürfte sich in den meisten Fällen schon deshalb empfehlen, damit die Parteien sich über den Inhalt und die Bedeutung der getroffenen Einigung im Klaren sind und die Möglichkeit eines späteren Streits über Einzelheiten der getroffenen Vereinbarungen verringert wird. In die Abschlussvereinbarung können im Übrigen auch einzelne Verhaltens- oder Unterlassungspflichten aufgenommen werden, die nicht vollstreckbar sind (Beispiel: In einer Familienmediation verpflichten sich beide Eltern, ihrem gemeinsamen Kind gegenüber „keine negativen oder abwertenden Äußerungen über den anderen Elternteil zu machen"). Sofern eine Vollstreckbarerklärung gemäß §§ 796 a–c ZPO für die gesamte Vereinbarung oder einzelne Verpflichtungen für sinnvoll erachtet wird, kann zwar auch der Mediator in einem gewissen Umfang darauf achten, dass die vereinbarten Rechtsfolgen rechtlich überhaupt möglich sind und eventuelle Formerfordernisse eingehalten werden. Auch hier dürfte es aber in erster Linie Aufgabe der beratenden Anwälte sein, zusammen mit ihren Parteien zu prüfen, ob und in welchem Umfang die Vollstreckungsfähigkeit der in der Abschlussvereinbarung getroffenen Regelungen hergestellt werden könnte und sollte.[35]

---

34 Vgl zum folgenden Ripke, in: Haft/v. Schlieffen 2009, 169.
35 Ewig, Mediationsgesetz 2012: Aufgabe und Rolle des beratenden Anwalts, ZKM 2012, 7.

5 Arbeitsfelder

5.1. Mediation in Paarkonflikten, insb. bei Trennung und Scheidung

Literatur: Bastine, R./Ripke, L., Mediation im System Familie, in: Falk, G/Heintel, P./Krainz, E. (Hrsg.), Handbuch Mediation und Konfliktmanagement, 2005, 131–145; Haynes, J./Bastine, R./Link, G./Mecke, A., Scheidung ohne Verlierer, 2002; Haynes, J./Mecke, A./Bastine, R./Fong, L., Mediation – vom Konflikt zur Lösung, 2004; Petermann, F./Pietsch, K. (Hrsg.), Mediation als Kooperation, 2000, 52–103; Ripke, L., Erfahrungen bei Mediationen in internationalen Kindschaftskonflikten, FPR 2004/4; Ripke, L., Recht und Gerechtigkeit in der Mediation, in: Haft/v. Schlieffen (Hrsg.), Handbuch Mediation, 2009.

5.1.1 Einleitung

1 Die zunehmende Pluralisierung und Individualisierung unserer Gesellschaft hat auch Paare und Familien mit vielfältigen Folgen erfasst, die sowohl Chancen zu einem besseren Zusammenleben eröffnen wie auch das Risiko erhöhen, dass das Zusammenleben zweier Persönlichkeiten auf Dauer eben doch nicht gelingt. Wachsende Scheidungsraten als Indikator des familiären Wandels sind in allen westlichen Gesellschaften zu verzeichnen. In Deutschland kamen zB im Jahre 2010 auf rund 382.000 Eheschließungen rund 187.000 Ehescheidungen mit 145.146 davon betroffenen minderjährigen Kindern. Würden auch noch die Trennungen von nicht verheirateten Lebenspartnern und Eltern erfasst, wären die Betroffenenzahlen noch weitaus höher.

2 Trennung und Scheidung gehören zu den am meisten belastenden Ereignissen im Leben; sie sind ein oft tiefgreifender Übergang im Leben von Erwachsenen und Kindern, insbesondere wenn sie mit langwierigen konfliktreichen Auseinandersetzungen verbunden sind. Sie gefährden wichtige Ressourcen wie die materielle Lebenssicherung ebenso wie die soziale Einbettung und ideelle Werte des eigenen Lebensentwurfs, der Verantwortung gegenüber den gemeinsamen Kindern und gegenüber dem Partner. Dies alles erschwert die Lösung von Trennungs- und Scheidungskonflikten. Hilflosigkeit und Unsicherheit angesichts des Ausmaßes der Verquickung der sachlichen äußeren Bedingungen mit den subjektiven Befindlichkeiten und dem Beziehungsgeschehen sind in der Regel bei allen Beteiligten die vorherrschenden Gefühle. Der Bedarf an professionellem Rat ist hoch und die Barrieren gegenüber der Inanspruchnahme von Hilfe außenstehender Dritter gering, viele Trennungskonflikte werden mithilfe von außen gelöst. Dazu kommt, dass juristische Rahmenbedingungen eine große Rolle spielen und bei kontradiktorisch geführtem Verfahren die Konflikte verschärfen. Die Auswirkung der Trennung auf die Kinder und die Notwendigkeit der psychischen Bewältigung für alle Beteiligten wird in der Regel gesehen und anerkannt.

3 So ist nicht verwunderlich, dass sich die Mediation in Deutschland in den letzten zwanzig Jahren auf diesem Konfliktfeld als interprofessionelles Verfahren gut etablieren konnte und inzwischen bei Trennungs-und Scheidungskonflikten ein bekanntes, genutz-

tes sowie vom Gesetzgeber (§§ 135, 156 FamFG , Gesetz zur Förderung der Mediation und anderer Verfahren der außergerichtlichen Konfliktbeilegung) und von vielen Institutionen gefördertes Verfahren ist.[1] Trennungs- und Scheidungsmediation bieten den multiprofessionellen Zugang zu psychosozial und juristisch qualifizierten Mediatoren, die die prototypischen Konfliktstrukturen professionell begleiten.

5.1.2 Mediation bei Trennung und Scheidung

Mediation als Weg der Regelung von Trennungs- und Scheidungskonflikten wird vor   4
allem aus **drei Gründen** gewählt: Erstens aus dem Wunsch nach einer möglichst einvernehmlichen und friedlichen Konfliktregelung, durch die aufreibende private und gerichtliche Auseinandersetzungen („Rosenkriege") soweit es geht vermieden werden. Zweitens, um eine individuell gestaltete, auf die jeweiligen Lebensbedingungen angepasste Regelung der Scheidungskonflikte zu erreichen, bei der die speziellen Lebensumstände adäquat berücksichtigt werden (insb. hinsichtlich des Wohlergehens von Kindern, von Ressourcen schonenden Entscheidungen sowie der Berücksichtigung individueller Lebensumstände wie etwa berufliche Situationen, Belastungen durch Krankheiten, bei unterschiedlicher nationaler Zugehörigkeit der Partner mit den sich daraus ergebenden Kulturunterschieden uä). Drittens wird angestrebt, Prozess und Ergebnis der zu treffenden Entscheidungen und Regelungen weitgehend selbst zu bestimmen und zu kontrollieren.

Häufigster Anlass für eine Familienmediation ist sicherlich die traditionelle **Eheschei-**   5
dung.[2] Daneben tritt immer stärker auch die Konfliktregelung vor und während der Ehe (Namensgebung, Wohnortbestimmung oder -wechsel, Vermögenssituation) und vor allem nach Scheidungen in den Vordergrund, da durch neue Partner, Patchwork-Familien oder neue Entwicklungen und Ereignisse im Lebenslauf der Erwachsenen (zB durch Arbeitsplatzverlust, Ortswechsel) oder der Kinder (zB Schulwechsel, Erkrankungen) nicht nur eine Nachjustierung der bei der Scheidung getroffenen Entscheidungen erforderlich wird, sondern oftmals ganz neue Perspektiven entwickelt werden müssen. **Trennungen** werfen jedoch auch ohne eine juristische Scheidung oft Probleme auf, die eine professionelle Hilfe durch Mediation sinnvoll erscheinen lassen – und die von den Betroffenen auch häufiger nachgefragt werden. Das betrifft vor allem unverheiratete Eltern, aber oft auch Langzeitverheiratete, die sich ohne Scheidungsabsicht trennen. Auch können beispielsweise Konflikte zwischen Eltern und ihren Kindern, die durch eine Trennung oder Scheidung ausgelöst wurden (der 16-jährige Sohn verweigert zB jeglichen Kontakt zum ausgezogenen Vater) oder auch in bestehender Ehe auftreten, im Rahmen einer Mediation aufgelöst werden. Auch bei der Trennung gleichgeschlechtlicher Eltern („Regenbogen-Familien") treten viele Probleme auf, die häufig am besten durch eine Mediation zu regeln sind.

Wie auch generell für Mediationen gelten auch für Familienmediation die **drei** folgen-   6
den **allgemeinen Voraussetzungen** (hierzu Kap. 1.1.3.3) für eine positive Indikation: Mediationsbereitschaft, Selbstvertretungskompetenz (oder Verhandlungsfähigkeit, „firmness") und Verhandlungsbereitschaft („fairness"). Alle drei sind allerdings keine absoluten a priori-Kriterien, sondern prozessuale Bedingungen, die sich häufig erst während des Mediationsprozesses als entscheidend herausstellen.[3] Besondere Probleme

---

1 Trenczek, Einvernehmliche Regelungen in Familiensachen – Neue Anforderungen durch das FamFG; Familie, Partnerschaft, Recht 7/2009, 335 ff.
2 Haynes/Bastine/Link/Mecke 2002.
3 Bastine, Konflikte klären, Probleme lösen – die Psychologie der Mediation, in: Haynes/Mecke/Bastine/Fong, 11–45.

können sich durch familiäre Gewalttätigkeit, chronische psychische Erkrankungen oder destruktive Interventionen durch Dritte ergeben.

5.1.3 Regelungsbedürftige Themen bei Trennung und Scheidung

7 Die regelungsbedürftigen Themen können das gesamte Spektrum familiärer Konfliktfelder bei Trennung und Scheidung umfassen. Sie schließen ebenso die Aufteilung der materiellen und finanziellen Ressourcen ein wie die Beziehung zwischen den Paaren und die Beziehung zu Kindern. Ein „Metathema" ist, wie wieder genügend Vertrauen aufgebaut werden kann, damit die getroffenen Vereinbarungen eingehalten werden. Dabei schälen sich zwei große **Themenbereiche**[4] heraus:

- zu materiellen und finanziellen **Ressourcen**
    - wer benötigt wie viel zum Lebensunterhalt und wie wird diese Summe erwirtschaftet;
    - wie wird die Wohnsituation der einzelnen Familienmitglieder geregelt;
    - was wird die Wohnungseinrichtung behandelt;
    - was geschieht mit dem Vermögen bzw den Schulden;
    - wie werden die Renten aufgeteilt;
    - für wen gelten welche Versicherungen;
- zu **Rollen**
    - wie wird die berufliche Situation gestaltet;
    - wie wird die Beziehung zum weiteren Umfeld Herkunftsfamilie, Nachbarn, Freunde, gelebt;
    - wer trägt welche Verantwortung für die gemeinsamen Kinder bezogen auf zeitliche Betreuung, Kontakte zu Dritten, Gesundheitsvorsorge, Schule/Erziehung/Ausbildung, Freizeit, Sport, Anschaffungen, Feriengestaltung, um nur einige zu nennen.

Ein prototypisches Beispiel:

Sandra König meldet sich und ihren Mann, Peter, zur Mediation an. Pünktlich erscheinen sie zur Sitzung: Peter, hochgewachsen und dunkelhaarig im Anzug, wort- und weltgewandt. Sandra klein und blond in Jeans und Pullover, um Worte ringend und niedergeschlagen, berichten, dass sie eine traditionelle Ehe in Arbeitsteilung geführt haben – er als gelernter Volkswirt in leitender Stellung bei einem Weltunternehmen, sie ihren Beruf als Ärztin seit zwölf Jahren nicht mehr ausübend wegen der drei gemeinsamen Kinder und der Tatsache, dass die Familie mehrere Jahre in Brasilien lebte (Peter war Gebietsleiter für Südamerika in seinem Konzern). Zurückgekommen nach Deutschland auf einen Vorstandsposten, verliebte sich Peter in seine – ältere – Vorstandskollegin und ist auf Wunsch von Sandra vor drei Monaten aus dem gemeinsamen Haus ausgezogen. Nach einer längeren Sendepause zwischen beiden will Peter nun nicht weiter zuwarten und seine Kinder sehen sowie seine Kleider und einige Möbel haben. Sandra hält ihm vor, dass er sich in der Ehe herzlich wenig um die Kinderbetreuung gekümmert hat. Sie will ihm weder Kinder noch seine Sachen geben. Auch wenn sie von ihm zurückgewiesen wird und daher kognitiv unbedingt von ihm wegkommen will, ist sie emotional noch sehr an ihn gebunden.

8 Wie im Beispiel ist es oft in einer Ehe: Die Rollen werden komplementär verteilt. Mit der Auflösung der Partnerschaft müssen neue Rollen gelernt bzw frühere Rollen wieder aktiviert werden. Wie die zeitliche Versorgung der Kinder zwischen den Eltern gestaltet wird, hat nicht nur Auswirkung auf die soziale Integration, sondern auch auf die berufliche Situation und die ökonomische Verantwortung für die Sicherung des Lebensstan-

---

4 Vgl Trenczek, Trennungs- und Scheidungsmediation. Regelungsbedürftige Aspekte und Vereinbarungsmöglichkeiten; ZKM 2007, 138.

dards. Eltern und Paare stehen vor der großen Herausforderung, den Beziehungskonflikt verantwortungsbewusst unter dem Gesichtspunkt der intrapersonellen – inneren – Betroffenheit zu lösen. Mit dem Trennungswunsch hört die emotionale Bindung eben nicht auf – gerade die negativen Gefühle sind ein Zeichen für eine fortbestehende Beziehung. Die Kunst der Mediatoren wird darin bestehen, die Klienten von der hohen emotionalen Beteiligung wie Ärger, Wut, Angst, Schuld, zu lösen und jeden Beteiligten auf sich zurückzuführen und genau zu klären, was die Motive und persönlichen Anliegen bezogen auf die oben genannten Themen sind. Dies trägt dazu bei, dass in aller Gelassenheit geklärt wird, welche Bedürfnisse jeder einzelne hat (**empowerment**) und durch das Zuhören erkannt wird, wie es dem anderen geht (**recognition***)*.

Zurück zu unserem Beispiel: Sandra hört, dass Peter die verlorene Zeit mit den Kindern bedauert und diese nicht verlieren will. Ihm ist wichtig, als Vater präsent zu sein und seinen Kindern seine Werte weiterzugeben. Er kann nicht erklären, warum seine Liebe zu Sandra aufgehört hat und warum er sich in die Kollegin verliebt hat, das sei ihm einfach passiert. Auch wenn Sandra zu ihm viel passender erscheinen würde, könne er seine Gefühle für seine Kollegin nicht stoppen. Er möchte aber seiner Verantwortung für Sandra gerecht werden und fühlt sich ihr gegenüber verpflichtet. Peter hört, dass Sandra vor allem ihre wegen der Ehe begrabenen beruflichen Träume wieder beleben will und finanziell wie persönlich autonom werden will. Als Mutter will sie die starke Beziehung und Verantwortung gegenüber den drei Kindern aufrecht erhalten. Dabei erhofft sie sich Unterstützung von ihrer Herkunftsfamilie. Durch die Arbeit in der Mediation verändert sich das Verhalten von Beiden: Er wird nachdenklicher und sie wird selbstsicherer.

5.1.4 Recht in der Trennungs- und Scheidungsmediation

5.1.4.1 Bedeutung des Rechts

Zum Verstehen eines Scheidungs-/Trennungskonfliktes gehört auch das gemeinsame 9 Anschauen der Betroffenen, wie ein Richter unter Anwendung des Rechts die Situation voraussichtlich beurteilen würde (zur Bedeutung des Rechts ausführlich Kap. 4.1). Trennung und insbesondere Scheidung sind traditionell umfassend rechtlich geregelt und die Rechte und Pflichten der Familienmitglieder untereinander sind im Familienrecht gesetzlich normiert. Da Trennung und Scheidung so belastend erlebt werden, ist es für viele Beteiligte sehr entlastend, das Recht als eine äußere Norm zu erleben,[5] mit der die Verantwortung für das Ergebnis abgenommen wird. Die Entlastung kann darin bestehen, dass mit der gesellschaftlichen Sicht der Dinge den Betroffenen die Verantwortung für die Regelung für sie sehr verwirrender Zukunft abgenommen wird, sie kann aber auch darin bestehen, Anregung für eigene Lösungen zu bekommen (hierzu Kap. 4.2.1). Nach der Rechtsinformation wird nämlich in der Mediation mit dem Paar besprochen, ob und wo die juristische Norm mit ihrem **persönlichen Gerechtigkeitsgefühl** übereinstimmt und wo dies nicht der Fall ist. Im oben (Rn 7) vorgestellten Beispiel brachte auch für Peter und Sandra das gemeinsame Besprechen des Rechts und vor allem die Erklärung, warum ein Richter so entscheiden würde, einige Erkenntnisse. Sie wurden allerdings eher angeregt, ihre Situation eben nicht nach dem juristischen Vorgehen, sondern passend zu ihrem eigenen Gerechtigkeitsgefühl zu lösen. Was von ihnen als sehr hilfreich empfunden wurde, war die rechtliche Information über den Zugewinnausgleich, die sie noch weiter, passend zu ihrer persönlichen Sachlage, ausdifferenzierten.

---

5 Ripke, in: Haft/v. Schlieffen, 163.

10 Für viele Trennungs-und Scheidungsmediationen gilt, dass im Bereich der Vermögensauseinandersetzung eine klare rechtliche Beurteilung der Sachlage in der Regel möglich ist und das juristische Schema von den Betroffenen oft als hilfreich übernommen wird; im Bereich des Ehegatten- und Kindesunterhalts jedoch ist die Einschätzung, wie ein Richter den Sachverhalt entscheiden würde, angesichts der auch in der Rechtsprechung vorherrschenden Ideologie der Einzelfallgestaltung sehr schwierig und die Erwartung der Klienten, durch eine rechtliche Information entlastet zu werden, in der Regel nicht erfüllt.

11 Wichtig ist bei den juristischen und ökonomischen Aspekten vor allem, dass das **Prinzip der vollen Informiertheit** gewahrt wird. In der Regel wird eine Paarbeziehung unter dem Gesichtspunkt der gegenseitigen Unterstützung und Entlastung geführt: Wer im Ökonomischen stark ist (das sind nicht immer die Männer), hat das meistens während der Ehe übernommen; wer eher in sozialen Beziehungen stark war, hat diese Rolle übernommen. Dagegen ist eine völlig gleiche Aufteilung der Aufgabenbereiche in einer Paarbeziehung eher ungewöhnlich. Insb. bei Familiengründungen mit Kindern wird nicht jeder für jede Aufgabe, sei sie ökonomisch oder sozial, in gleicher Weise zuständig sein. In der Mediation wird man es daher in der Regel mit komplementären Mustern zu tun haben und mit einem damit sich ergebenden Informationsdefizit desjenigen Partners, der diesen Bereich an den anderen abgetreten hat.

12 Im gerichtlichen Verfahren ist die Informationserhebung an den professionellen Anwalt und Richter abgegeben. Durch das gemeinsame Bearbeiten des rechtlichen und somit auch ökonomischen Sachverhaltes in der Mediation wird ein gleicher Zugang und ein gleiches Verstehen der Sachlage hergestellt, was im Übrigen auch für die anderen Themen gilt. Die in der Mediation geforderte Eigenverantwortlichkeit ist ein hohes Ziel, aber unbequem zu leben – sich gerade das anzueignen, was man in den letzten Jahren an den anderen abgetreten hat, wird oft kognitiv gewollt, fällt aber schwer. Eine der Herausforderungen der Trennungs- und Scheidungsmediation besteht darin, auf der Seite des Informierten die Bereitschaft zu wecken, Geduld zu üben, bis der andere diese Dinge verstanden hat, und bei dem anderen die Bereitschaft zu wecken, sich diesem Sachverhalt aktiv zu widmen. Die Mediatorin wird daher bereits in der Eingangsphase in der Arbeitsvereinbarung mit beiden erarbeiten, dass in der Trennungs- und Scheidungsmediation die Kenntnis und das Verstehen ökonomischer und juristischer Aspekte von beiden gewünscht und dann auch im weiteren Verlauf umgesetzt wird.[6]

5.1.4.2 Abschlussverträge in der Trennungs- und Scheidungsmediation

13 Die Abschlussverträge der Trennungsmediation unterscheidet sich von denen der Scheidungsmediation: In der Trennungsmediation ist darauf zu achten, dass zeitlich befristete, danach unter Einbezug der gewonnenen Erfahrungen auch veränderbare Regelungen getroffen werden. In der Scheidungsmediation wird sich der Abschlussvertrag auf eine endgültige, wenig zu verändernde Situation beziehen. Juristisch kann dann relativ schnell geschieden werden. Für beide Ausgestaltungen gilt:

14 Familienmediation hat eine **rechtsverbindliche Vereinbarung** zum Ziel und wird mit einem gegenseitigen befriedenden Memorandum abgeschlossen. Darin sollen die Kernaussagen und Prinzipen der Mediation wie Eigenverantwortung, Freiwilligkeit, Autonomie, Informiertheit und Rolle des Mediators wie seine Allparteilichkeit auch sprachlich zum Ausdruck kommen. Das Prinzip Eigenverantwortlichkeit heißt, dass die Medianten selbst zum Ergebnis gekommen sind. So müssen sie im Vertrag auch zu Subjekten gemacht werden. Die Neutralität der Wortwahl ist wichtig. Wertungen, insbesondere Ab-

---

6 Vgl 4.1. der Richtlinien der BAFM für Mediationen in Familienkonflikten: http://www.bafm-mediation.de ->
  Organisation/Richtlinien.

Ripke/Bastine

wertungen und Verletzungen haben im Mediationsvertrag selbstverständlich nichts zu suchen, juristische Fachsprache muss in die Alltagssprache der Klienten übersetzt werden Die Wechselseitigkeit muss beachtet werden. Eine Abschlussvereinbarung sollte daher so formuliert werden, dass die **win-win-Situation** zum Ausdruck kommt. Dabei wird das win nicht immer in der gleichen „Währung" innerhalb des Themas sein. Wenn Geld gezahlt wird, zB als Unterstützung der monatlichen Lebenshaltungskosten für die Kinder oder als Unterstützung für den Partner, so hat diesen Betrag natürlich nur der eine und der andere eben nicht mehr. Die Win-Win-Situation in der Mediation wird dadurch erreicht, dass der andere seine Zufriedenheit und Anerkennung für die Erfüllung der Pflicht/Verantwortung ausdrückt, daher in einer anderen – ethischen – Währung etwas zurück gibt.

Das **Memorandum of understanding** hat im Beispiel Peter und Sandra wie folgt ausgesehen: 15

Elterliche Verantwortung für Paula, Steven und Jan:

Wir haben die Situation in der Mediation ausführlich besprochen und sind zu dem Entschluss gekommen, dass Sandra mit den Kindern ab dem nächsten Schuljahr nach Hannover in die freie Doppelhaushälfte ihrer Eltern umziehen wird. Dieser Entschluss ist Peter nicht leicht gefallen, und Sandra erkennt dies an. Wir wollen jedoch beide, dass Sandra ihre Facharztausbildung wieder aufnehmen kann und sehen, dass aus diesem Grund familiäre Unterstützung bei der Versorgung der Kinder während ihrer beruflichen Abwesenheit die beste Alternative ist. Unsere Kinder haben zu den Großeltern mütterlicherseits eine vertrauensvolle Beziehung. Sie wohnen in Hannover, sind im Ruhestand und bereit, die Versorgung zu übernehmen. Peter sieht darin eine gute Aufwachsbedingung für Paula, Steven und Jan. Die durch die Entfernung von 400 km nicht möglichen alltäglichen Besuche der Kinder beim Vater werden wir dadurch ausgleichen, dass der Vater das Vorrecht auf alle Feiertage mit Ausnahme Weihnachten erhält und größtmögliche Feriengestaltung. Bezüglich der normalen Betreuung wird Peter seine Berufstätigkeit so einteilen, dass er alle drei Wochen die Kinder von Donnerstag bis Montag betreuen kann. Ausnahmen werden wir rechtzeitig besprechen. Wir werden uns alle halbe Jahre treffen, um die Erfahrungen, die alle mit dieser Regelung gemacht haben, auszutauschen und gegebenenfalls Änderungen der Absprachen vorzunehmen.

Lebenshaltungskosten:

Peter wird Sandra für die Kinder monatlich 2.500 EUR zur Verfügung stellen und die private Krankenversicherung fortführen. Sandra ist mit diesem Betrag zufrieden und erklärt, dass sie damit den bisherigen Lebensstandard halten kann. Urlaube mit den Kindern finanziert jeder selbst. Besondere Anschaffungen und Bedürfnisse werden wir bei Anfall besprechen. Auch hier werden wir nach einem Jahr uns zusammensetzen und unsere Erfahrungen und sich bis dahin ergebenden Veränderungsbedarf austauschen.

Jeder von uns wird seine Lebenshaltungskosten aus der eigenen Berufstätigkeit sicherstellen, ein Ausgleich findet diesbezüglich nicht statt. Juristisch gesprochen heißt das, dass kein Ehegattenunterhalt gefordert oder geschuldet wird.

Vermögen:

Sandra erhält das Haus in Ladenburg als Alleineigentum. Peter wird einen Termin beim Notariat Mannheim ausmachen. Die Lebensversicherungen wird Peter weiter bedienen und sie werden bei Fälligkeit geteilt werden. Das Aktienpaket bei der Commerzbank werden wir in zwei Dritteln für Peter und einem Drittel für Sandra aufteilen. Damit soll unser Vermögen endgültig geregelt sein. Keiner von uns will darüber hinaus noch etwas vom anderen haben.

Verbindlichkeit und juristische Umsetzung:

Wir sind von der Mediatorin darauf hingewiesen worden, dass die Absprache bezüglich des Vermögens und des Ehegattenunterhaltes noch juristischer Umsetzung bedarf. Wir sind informiert, dass der Verzicht auf Ehegattenunterhalt erst für die Zeit nach der Scheidung rechtswirksam vereinbart werden kann. Wir vertrauen uns in dieser Hinsicht und wollen uns an die Absprache bereits vor der offiziellen Ehescheidung halten.

Wir werden einen Termin beim Notariat Mannheim vereinbaren – das übernimmt Peter in Absprache mit Sandra –, bei dem wir das Memorandum juristisch umsetzen werden: Zusätzlich zum Übergabevertrag bezüglich des Hauses in Ladenburg werden wir einen Ehevertrag zum Thema Vermögen/Zugewinngemeinschaft/nacheheelicher Ehegattenunterhalt abschließen. Wir beauftragen die Mediatorin, diesen Vertrag entsprechend dem Geiste des Abschlussmemorandums mit der Notarin vorzubereiten.

Nach Unterschrift des notariellen Vertrages werden wir die Ehescheidung beim Familiengericht Mannheim einleiten. Peter ist damit einverstanden, dass die Scheidung von Sandras Rechtsanwältin ... durchgeführt wird.

16   Ergebnisse in der Trennungs- und Scheidungsmediation differieren oft nicht signifikant zu den Ergebnissen im gerichtlichen Verfahren – wobei Ausnahmen natürlich zu den Highlights für die Mediatoren gehören – aber die Ergebnisse sind auf einem ganz anderen Weg zustande gekommen: Nach gemeinsamem Durcharbeiten aller Fakten und Erkennen der wichtigen persönlichen Ziele eines jeden Einzelnen und deren Abwägung. In der Scheidungsmediation wird somit in der Regel eine größere emotionale Trennung der früheren Ehepartner möglich. Der Mediator sollte darauf hinarbeiten, dass beide Partner aus ihren negativen Gefühlen gelöst werden und zu einem Verhältnis der freundlichen Distanz gelangen. Damit wird im Übrigen am ehesten vermieden, dass die Kinder in die Auseinandersetzung der Eltern hereingezogen werden.

5.1.5 Die Rolle des Familienmediators

17   Charakteristisch für Trennungs- und Scheidungskonflikte sind oftmals eine längere gemeinsame Beziehungsgeschichte mit verfestigten Konfliktstrukturen, die Beteiligung von Kindern und/oder weiteren Angehörigen, starke Ambivalenzen gegenüber einer Trennung und gegenüber dem Partner sowie die Gefährdung sehr bedeutsamer persönlicher Werte und Ressourcen. Dies schafft besondere Voraussetzungen für die Mediation und Anforderungen an die Rolle als Mediator.

18   Die Auseinandersetzungen bei Trennungen und Scheidungen werden nicht selten explosiv geführt, verbunden mit starken Affekten, massiven Vorwürfen, Feindseligkeit, Hassausbrüchen, Rachegefühlen und gravierenden Einbrüchen im gegenseitigen Vertrauen. Dabei werden Sach- und Beziehungsprobleme mit intra-individuellen Kränkungen und Verletzungen eng miteinander verquickt. Mediatoren benötigen dafür ein **hohes Maß an Konflikttoleranz**, dh die Fähigkeit, den Konflikt auszuhalten, als Chance für Veränderungen zu begreifen und vor allem, ihn bei den Konfliktpartnern zu belassen.[7]

19   Unvoreingenommenheit und Unbefangenheit des Mediators werden auch noch dadurch herausgefordert, dass jeder Mediator aus seinen eigenen Lebenszusammenhängen über eigene, nicht immer unproblematische Konflikterfahrungen in engen Beziehungen verfügt, die sowohl aus der eigenen Ursprungsfamilie (in der sich uU die eigenen Eltern in gleicher Weise wie die Medianten gestritten haben) wie aus der eigenen Partnerschaft stammen können. Um zu vermeiden, dass sich diese eigenen Vorerfahrungen auf den mediativen Prozess störend auswirken, ist ein **hohes Maß an Selbstreflexion und Selbstkontrolle** erforderlich, gegebenenfalls unterstützt durch eine externe Supervision. Gleiches gilt auch für hochgradig werthaltige Entscheidungen wie beispielsweise über die Religionserziehung von Kindern, wenn sich die Eltern darüber uneins sind.

20   Die speziellen Anforderungen, die die Mediation bei Trennung und Scheidung stellt, werden idealerweise in einer Co-Mediation (hierzu Kap. 3.12) von einer Mediatorin

---

7 Bastine, Konflikte klären, Probleme lösen – die Psychologie der Mediation, in: Haynes/Mecke/Bastine/Fong, 11–45.

und einem Mediator mit unterschiedlichen Grundqualifikationen aufgefangen – mit einer psychologisch-psychosozialen und mit einer juristischer Ausbildung, also einem Mediatorenteam aus beiden Geschlechtern und bi-professionellem Hintergrund. Damit sind einerseits die geschlechtsspezifische Perspektiven der Trennungspaare repräsentiert, wie andererseits die psychologischen und juristischen Themen der zu regelnden der Trennung oder Scheidung sachgerecht aufgegriffen werden können. Auch in Mediationen bei bi-nationalen Ehen empfiehlt sich die Co-Mediation mit Mediatoren unterschiedlicher Nationalität (bi-nationale Co-Mediatoren).[8]

Eine besondere Chance – und zugleich aber auch Herausforderung an die Durchführung der Trennungs- und Scheidungsmediation – bietet die Beteiligung von Kindern und Jugendlichen an der Mediation.[9] Zentrales Ziel ist dabei, die Bedürfnisse der Kinder bei der Regelung der Trennung zu berücksichtigen und sie einzubinden, ohne ihnen die Verantwortung für die Entscheidungen der Eltern aufzubürden. Je nach Alter der Kinder und Gegebenheiten der Familie können Kinder in unterschiedlicher Weise am Mediationsprozess beteiligt werden. 21

5.1.6 Empirische Forschung und Qualitätsmanagement

Die Mediation bei Trennungen und Scheidungen ist der am besten empirisch erforschte Bereich der Mediation. Anspruchsvolle empirische Untersuchungen mit systematischen Vergleichen zwischen Mediation und gerichtlichem Verfahren wurden in den USA schon bald nach Beginn der Etablierung der Mediation durchgeführt. Sie zeigen überzeugend, dass sich die Mediation darin bewährt hat, komplexe, hoch emotionale Streitigkeiten zu regeln und haltbare Einigungen zu erreichen.[10] Auch im deutschsprachigen Raum gibt es eine Reihe von Untersuchungen und Modellprojekten, die dieses Ergebnis unterstreichen.[11] Inzwischen wurden auch Dokumentations- und Evaluationsverfahren entwickelt und empirisch überprüft, die bei der Qualitätssicherung des Verfahrens eingesetzt werden können.[12] 22

---

8 Hierzu Ripke FPR 2004/4, 199.
9 Hierzu Dietz, et al., Familienmediation und Kinder. Grundlagen, Methodik, Techniken, 2002.
10 Kelly, Family mediation research: Is there empirical support for the field? Conflict Resolution Quarterly, 2004/22, 3–35; Bastine, Was leistet die Familienmediation in der Praxis? Empirische Evaluation der Familienmediation, in: Evangelische Akademie (Hrsg.), Familienmediation. Ihre gesetzliche Verankerung durch Wissenschaft und Politik, 2003, 116–127.
11 Bastine/Wetzel, Familienmediation: Empirische Untersuchungen und Modellprojekte in Deutschland und Österreich, in: Petermann/Pietsch, 2000, 52–103; Proksch, Kooperative Vermittlung (Mediation) in streitigen Familiensachen, 1998.
12 Bastine/Weinmann-Lutz, Qualitätssicherung und Evaluation der Trennungs- und Scheidungsmediation: Das Heidelberger Dokumentationssystem DOSYS, in: Strempel (Hrsg.). Mediation für die Praxis, 1998, 57–64; Bastine, Qualitätssicherung und -management in der Mediation: Ein Beitrag aus sozialwissenschaftlicher Sicht, ZKM, 2000/3, 37–41.

5.2. Mediation bei internationalen Familienkonflikten

Literatur: Carl, E., Möglichkeiten der Verringerung von Konflikten in HKÜ-Verfahren, Familie, Partnerschaft und Recht, 3/2001, 211–214; Erb-Klünemann, M./Kiesewetter, S., Erfahrungen einer Familienrichterin und einer Mediatorin mit internationalen Kindesentführungen, Betrifft Justiz 2011, 124–128; Kiesewetter, S., Mediation als Chance: Professionelle Dritte im Umfeld von internationalen Kindesentführungen, Perspektive Mediation 2011, 8 (3), 130–135; Paul, Ch./Kiesewetter, S., Cross-Border Family Mediation. International Parental Child Abduction, Custody and Access Cases, 2011; Paul, Ch./Kiesewetter, S., Cross-Border Mediation. Foreign and International Legal Provisions. Online Publikation, abrufbar unter: https://www.wmverlag.de/produkt/site/66099-0; Paul, Ch./Kiesewetter, S., Mediation bei internationalen Kindschaftskonflikten, 2009.

5.2.1 Einleitung

1 Dieses Kapitel beschäftigt sich mit den Besonderheiten von internationalen Familienmediationen, bei denen die Eltern aus unterschiedlichen Ländern kommen oder Eltern aus demselben Land gemeinsam im Ausland leben oder lebten. Es geht um sogenannte grenzüberschreitende Sorgerechtskonflikte, Umgangskonflikte oder Konflikte, die auftreten, wenn bspw ein Elternteil gegen den Willen des anderen sorgeberechtigten Elternteils das gemeinsame Kind über eine Grenze bringt und damit laut Haager Übereinkommen über die zivilrechtlichen Aspekte internationaler Kindesentführung vom 25. Oktober 1980 (HKÜ) eine Kindesentführung begeht. Grundlage sind die Erfahrungen und Arbeitsweisen des Vereins Mediation bei internationalen Kindschaftskonflikten – MiKK, der zunächst als Projekt der Bundes-Arbeitsgemeinschaft für Familien-Mediation im Jahr 2002 startete, das seit 2007 gemeinsam mit dem Bundesverband Mediation durchgeführt wird und 2008 zur Gründung des gemeinnützigen Vereins MiKK führte.

2 Fälle von internationalen Kindesentführungen durch einen Elternteil kommen immer häufiger vor. Schätzungen gehen davon aus, dass weltweit mehr als 100.000 Kinder jährlich durch einen Elternteil ohne Einwilligung des anderen Elternteils über eine Landesgrenze gebracht werden. Internationale Kindesentführungen, mit denen sich Gerichte, Jugendämter, Polizei, diplomatische bzw konsularische Vertretungen und andere Organisationen befassen müssen, zeigen, dass Globalisierung und internationale Migration nicht nur ökonomische und politische Folgen haben. Die seit Jahren zunehmende Zahl bi-nationaler Partnerschaften und Ehen bezeugt die Auswirkungen auch im privaten Bereich. Geraten diese Beziehungen jedoch in Krisen oder scheitern sie, sind die Beteiligten – insbesondere wenn es sich um Familien mit einem oder mehreren Kindern handelt – mit spezifischen Herausforderungen und Konfliktlagen konfrontiert, bei denen Eltern und Kinder in für sie kaum lösbare und als ausweglos erlebte Situationen geraten können. Im Fall einer Kindesentführung mangelt es der/dem Entführenden dabei häufig an Unrechtsbewusstsein. Dieser Elternteil wähnt sich oft im Recht, meint teilweise sogar, das Kind und sich selbst aus einer desolaten familiären Situation gerettet zu haben. Ein solches Vorgehen steht jedoch im klaren Widerspruch zu der Gesetzeslage. Der Fokus des HKÜ-Verfahrens, das in solchen Fällen zur Anwendung kommt, liegt auf der Rückführung des Kindes an seinen bisherigen Wohnort mit dem gewohnten sozialen Umfeld. Das Gerichtsverfahren selbst bietet nur wenige Handlungsalternativen, stellt gerade

kein Sorgerechtsverfahren dar. Es geht vom Grundsatz her darum, dafür zu sorgen, dass das Kind wieder an den Ort seines bisherigen gewöhnlichen Aufenthalts (Heimatstaat) zurückgelangt, damit die dortigen Gerichte Fragen des Sorge- und Umgangsrechtes entscheiden können. Nur dann, wenn die engen Ausnahmevorschriften der Artikel 12, 13, 20 HKÜ von der Entführerin/vom Entführer bewiesen werden, ist der Rückführungsantrag zurückzuweisen. Die existenziellen, die Familie bedrückenden Fragen etwa ihres Lebensmittelpunkts, des Sorgerechts und ganz allgemein die Frage, wie die gemeinsame Elternschaft über Landesgrenzen hinweg ausgeübt wird, bleiben dabei unbeantwortet. Hierüber entscheiden allein, und dies in der Regel im Anschluss an die Rückführung, die Gerichte des Heimatstaats. Für diese Verfahren ist in Deutschland erstinstanzlich das Amtsgericht am Sitz des Oberlandesgerichtes zuständig, in dessen Bezirk sich das Kind nun nach der Entführung aufhält. In diesen Rückführungsverfahren gilt das Gebot maximaler Verfahrensbeschleunigung (Art. 11 HKÜ, § 38 IntFamRVG), was einen besonderen Zeitdruck bedeutet, denn das Verfahren muss in jeder Gerichtsinstanz nach sechs Wochen beendet sein. Das hat auch für die Mediation zur Folge, dass sie in der Regel innerhalb dieser sechs Wochen vorbereitet und durchgeführt werden muss, um das gerichtliche Verfahren nicht zu verzögern.[1]

5.2.2 Fallbeispiel

Eine belgische Frau und ihr deutscher Mann leben und arbeiten ein Jahr lang in Neuseeland, bevor der gemeinsame Sohn geboren wird. Die Beziehung der Eltern verschlechtert sich im Laufe der nächsten zwei Jahre immer mehr – nicht zuletzt, weil die Frau in Neuseeland als französischsprachige Logopädin beruflich nicht Fuß fassen kann. Nach einem mehrwöchigen Besuch bei ihrer Familie in Belgien kommt die Frau mit dem Kind nicht mehr nach Neuseeland zurück. Der Mann, der unter diesen Bedingungen nicht in Neuseeland bleiben will und ein lukratives Jobangebot in Deutschland bekommen hat, nimmt die neue Arbeit an und geht in den nächsten Wochen kurzschlossen nach Deutschland. Die Mutter will in Belgien bei ihrer Familie bleiben und ist in großer Sorge, dass ihr Mann den Sohn zu sich nehmen will. Dieser ist durch die Entziehung, den damit verbundenen Vertrauensbruch, die Angst, den Sohn vielleicht zu verlieren, so in Sorge und verzweifelt, dass er bei einem Besuch in Brüssel den Sohn aus dem Kindergarten abholt und nach Deutschland mitnimmt.

3

Nun stellt die erschütterte Mutter einen Antrag auf Rückführung des Kindes beim zuständigen deutschen Gericht. Die Richterin prüft den Fall und kann laut HKÜ nur feststellen, dass das Kind, sollte es an den gewöhnlichen Aufenthaltsort zurückgeführt werden, nach Neuseeland gehen müsste – wo nun gar niemand mehr ist. Sie bittet den auf solche Fälle spezialisierten Verein MiKK (Mediation bei internationalen Kindschaftskonflikten e.V.) um Unterstützung bei der Einleitung und Durchführung einer deutsch-belgischen Mediation, bei der die Eltern umfassend darin unterstützt werden sollen, eine neue Perspektive für ihr Leben zu entwickeln und Vereinbarungen für die Zukunft als Eltern zu treffen.

4

Die Richterin spielt dabei eine wesentliche Rolle, denn die Eltern wissen (noch) nichts von Mediation und haben außerdem die Erwartung, dass ihre jeweiligen Rechtsanwälte dafür sorgen, dass das Kind jeweils bei ihnen bleiben könne. Die Richterin informiert also die Eltern und die beteiligten Rechtsanwälte durch ein Anschreiben über die Möglichkeiten von in diesen Fällen favorisierten bi-nationalen, zweisprachigen, bi-professionellen und gemischtgeschlechtlichen Co-Mediationen und nimmt im Anschluss daran telefonisch Kontakt mit den Anwälten auf. Diese – wissend, dass das HKÜ-Verfahren nicht im Sinne ihrer Mandanten, geschweige denn im Sinne des Kindes beendet werden kann – sind froh über diese Initiative und unterstützen und bestärken ihre Mandanten darin, eine Einigung im Rahmen einer Mediation zu versuchen. Diese findet dann im Vorfeld zur mündlichen Anhörung an zwei aufeinander folgenden Tagen statt.

5

---

1 Vgl Erb-Klünemann/Kiesewetter, 124–128.

6 Die Mediatoren, ein deutscher Mediator mit juristischem Hintergrund und eine belgische Mediatorin, die als Psychologin arbeitet, führen die Mediation durch. Die Eltern können sich darauf einigen, dass die Mutter nach Deutschland zieht und beide getrennt, aber am selben Wohnort, leben werden, um die Betreuung des Sohnes abwechselnd übernehmen zu können. Der Vater sichert zu, die Mutter dabei zu unterstützen, beruflich Fuß zu fassen, was ihr als Tochter eines Deutschen – und damit sehr gut Deutsch sprechend – viel leichter fallen sollte als in Neuseeland. Beide sind sich weiterhin einig, dass Voraussetzung für Reisen des Sohnes nach Belgien eine sogenannte Mirror-Order ist.[2] Es wird also vor einem deutschen sowie einem belgischen Gericht eine verbindliche Erklärung geschaffen, damit gesichert ist, dass sowohl die deutschen als auch die belgischen Behörden diese Vereinbarung unterstützen.[3]

5.2.3 Besonderheiten von Mediationen bei Kindesentführungsfällen

7 Der wesentliche Unterschied internationaler im Vergleich zu nationalen Familienmediationen, dass die Eltern in verschiedenen Ländern, wenn nicht gar auf verschiedenen Kontinenten wohnen und dass sich die Frage stellt, wer von beiden den Alltag mit dem Kind gestaltet und wer auf die Rolle des nichthauptbetreuenden Elternteils in der Ferne reduziert ist, verstärkt das Gefühl des Alles-oder-nichts. Die großen Distanzen, aber auch die finanziellen Ressourcen, die notwendig sind, um regelmäßig Kontakte und Besuche zwischen den Ländern gestalten zu können, lassen große Ängste vor dem Verlust des Kindes neben dem Verlust der gemeinsamen Familie entstehen und verschärfen den Konflikt. Allein der Umstand, dass eine Kindesentführung stattgefunden hat, weist auf das Ausmaß der Konfliktstärke hin, darauf dass die Kommunikation abgebrochen ist und einseitig Fakten geschaffen werden. Ein weiterer verunsichernder Faktor sind die unterschiedlichen involvierten Rechtssysteme und deren Unkenntnis. Ein bspw US-amerikanischer Vater, der mit dem deutschen Rechtssystem konfrontiert wird, bewegt sich auf unbekanntem Terrain, er spricht die Sprache ggf nicht und hat große Sorgen, ob und wie er seine Rechte in Deutschland umsetzen kann. Gleiches gilt für eine deutsche Mutter, die bspw mit dem italienischen Rechtssystem und der italienischen Sprache konfrontiert ist.

Das Vertrauen zwischen den Eltern ist nach einer Entführung erschüttert, wenn nicht gar völlig verloren gegangen. Der Zeitdruck, der durch das HKÜ-Verfahren entsteht und auch dadurch, dass verhindert werden soll, dass sich das Kind vom anderen Elternteil entfremdet, macht diese Mediation zusätzlich zu einer großen Herausforderung für die Eltern, aber auch für die Mediatoren: In diesen Verfahren ist es angezeigt, analog der Breslauer Erklärung zur bi-nationalen Kindschaftsmediation vom Oktober 2007[4] in Co-Mediation zu arbeiten – einerseits, um beide Kulturen und Sprachen der Eltern abzubilden, anderseits als bi-professionelles Co-Mediatorenteam, das den psychosozialen sowie den juristischen Hintergrund mitbringt und sich aus einem Mann und einer Frau zusammensetzt. Eine solche Zusammenarbeit erleichtert, sowohl für die persönlichen Besonderheiten als auch für die ggf kulturellen und religiösen Hintergründe beider Eltern sensibilisiert zu sein. Mediatoren in diesem Bereich sollten Respekt sowie Neugier und Offenheit und einen selbstreflektierten Umgang mit den eigenen Urteilen und Vorurteilen mitbringen, um wertschätzend und sensibel mit den Bedürfnissen, Befürchtungen und Besonderheiten der Eltern umgehen zu können.

---

2 S. dazu Nehls, Rechtliche Grundlagen bei internationalen Kindesentführungen sowie bei internationalen Sorge- und Umgangsverfahren, in: Paul/Kiesewetter 2009, 13–32.

3 Kiesewetter 2011, 8(3), 131.

4 Kiesewetter/Paul/Dobiejewska Spektrum der Mediation 2008, 37; Kiesewetter/Paul/Dobiejewska FamRZ 8/2008, 753 f; Kiesewetter/Paul/Dobiejewska Das Jugendamt 3/2008, S. 134; Kiesewetter/Paul/Dobiejewska mediationsreport 1/2008, S. 3, abrufbar unter http://www.mikk-ev.de/deutsch/kodex-und-erklarungen/breslauer-erklarung/ (27.2.2012).

5.2.4 Motivierung zur Mediation

Besonders herausfordernd ist in diesen Fällen die Frage der Motivation. Im Gegensatz **8** zu „normalen" nationalen Familienmediationen, bei denen die Mediatoren in der Regel von zwei zur Mediation motivierten Parteien um einen Termin gebeten werden, ist dies in den Kindesentführungsfällen ganz anders und die Vorbereitungsphase (Stufe 0) sehr umfangreich: Viele der Eltern haben noch nie von Mediation gehört und erhalten erstmals durch die zuständige Zentrale Behörde und dann nochmals durch das Gericht einen Hinweis darauf, dass sie den Konflikt auch eigenständig, umfassend und ohne Richter beilegen können, indem sie sich durch hierauf spezialisierte, professionelle Mediatoren unterstützen lassen. Gerade die hohe Autorität, die Richter innehaben, und auch der Druck des Gerichtsverfahrens helfen dabei, dass die Eltern sich zumindest informieren. Selbst wenn es dann in der Mediation nicht zu einer Regelung und Einigung kommt, ermöglichen die gemeinsamen Gespräche, sich wieder anzunähern, die Erfahrung des respektvollen Umgangs miteinander zu machen und das Gesicht zu wahren. Die Begleitforschung zum deutsch-französischen Mediationsprojekt[5] hat gezeigt, dass, selbst wenn keine Einigung erzielt werden konnte, die Eltern die Erfahrung sehr schätzen und diese sich positiv auf die künftige Kommunikation ausgewirkt hat.[6] Letzteres wird auch von HKÜ-Richtern berichtet.[7]

5.2.5 Enge Kooperation mit den juristischen Berufsgruppen

Als eine Besonderheit in diesen Mediationen ist die enge Kooperation mit den Gerich- **9** ten, Rechtsanwälten und beteiligten Behörden wie bspw den Zentralen Behörden nach dem HKÜ hervorzuheben. Dabei ist unbedingt darauf zu achten, dass die Mediationsvereinbarung in beiden involvierten Rechtssystemen Bestand haben kann und es ist zu prüfen, ob eine rechtliche Verbindlichkeit und Vollstreckbarkeit in beiden Ländern (mirror order) angestrebt und ggf durch die Gerichte und mithilfe der Verbindungsrichtern des Europäischen Justiziellen Netzes für Zivil- und Handelssachen und der Haager Konferenz für Internationales Privatrecht umgesetzt werden kann und soll. Eine weitere Besonderheit ist das mögliche Bestehen von strafrechtlichen Verfahren gegen den entführenden Elternteil – hier bedarf es einer gesonderten Abklärung im Vorfeld der Mediation, damit diese überhaupt stattfinden kann und dieser Elternteil nicht während der Mediation festgenommen wird. Es ist also ggf mit dem andern Elternteil und der Staatsanwaltschaft zu klären, ob die Strafverfolgung für die Mediation ausgesetzt werden kann und sollte.[8]

5.2.6 Vorbereitung und Begleitung der Mediation durch MiKK

Der gemeinnützige Verein Mediation bei internationalen Kindschaftskonflikten e.V. **10** („MiKK") ist seit 2002 auf solche Fälle spezialisiert.[9] Der Verein berät Eltern und alle beteiligten Professionellen kostenfrei und ist auf die Vermittlung und Anbahnung einer internationalen Co-Mediation spezialisiert. Dabei kann MiKK inzwischen auf ein weltweites Netzwerk von besonders geschulten internationalen Familienmediatoren zurück-

---

5 Carl/Alles, Das deutsch-französische Modellprojekt professioneller Mediation – Entwicklung, Evaluation und Perspektiven, in: Paul/Kiesewetter 2009, 117–133.

6 Elsen/Kitzing/Böttger, Professionelle binationale Co-Mediation in familienrechtlichen Streitigkeiten (insbesondere Umgang). Endbericht der Begleitforschung zum Modellprojekt durch das ARPOS-Institut, 2005, abrufbar über: http://www.mikk-ev.de/wp-content/uploads/Arpos_Endbericht.pdf (Zugriff 4.3.2012); Kiesewetter/Paul, Mediationen bei internationalen Kindschaftskonflikten: Handwerkszeug und Besonderheiten, in: Paul/Kiesewetter, 2009, 34.

7 Vgl Kiesewetter, 2011, 8(3), 130–135.

8 Vgl Kiesewetter, 2011, 8(3), 134.

9 www.mikk-ev.de.

greifen, die in über 20 verschiedenen Sprachen mediieren. Die Zusammenstellung eines internationalen Co-Mediatorenteams erfolgt dabei wie oben beschrieben analog der Breslauer Erklärung.

5.3 Mediation in hoch eskalierten Partnerkonflikten/häusliche Gewalt

Literatur: Borst, U./Lanfranchi, A. (Hrsg), Liebe und Gewalt in nahen Beziehungen, 2011; Dietrich, P. S./Paul, S., Hochstrittige Elternsysteme im Kontext von Trennung und Scheidung, in: Weber/Schilling, Eskalierte Elternkonflikte, 2006, 13 ff; Krabbe, H., Mediation bei hocheskalierten Trennungskonflikten und die Einbeziehung von Kindern, ZKM 3/2010, 72 ff; Trenczek, T./Petzold, F., Beratung und Vermittlung in hoch eskalierten Sorge- und Umgangskonflikten, ZKJ 11/2011, 409 ff.

5.3.1 Einleitung

Die Beschäftigung mit der Theorie und der Praxis des Umgangs mit hoch eskalierten 1 Partnerkonflikten führen die Mediatoren zu einer Haltung von Demut, stoßen sie doch bei den Konfliktinszenierungen hochstrittiger Paare bisweilen an ihre Grenzen. Allmachtsphantasien, man müsse nur die richtige Methode, die richtige Technik anwenden, um eine Veränderung iS einer Kooperation bei diesen Parteien bewirken zu können, lassen sich oft nicht umsetzen, da es diesen Parteien unbewusst darum geht, ihren Konflikt zu erhalten statt ihn mit professioneller Hilfe beizulegen. Dies erscheint für diese Parteien als die einzig verbleibende Lösung.

In der Regel kann man nach einem Zeitraum von drei Jahren bei gut 90% der Tren- 2 nungs- und Scheidungsfamilien einen deutlichen Rückgang dominierender negativer Emotionen und strittiger Themen feststellen. Der Anpassungsprozess ist für diese Familien zwar noch nicht abgeschlossen, jedoch auf einem guten Weg. Bei den hoch eskalierten Konflikten bleibt diese positive Entwicklung aus. Die Konflikte bestehen über Jahre, gerichtliche sowie außergerichtliche Interventionen zeigen nur geringe Wirkung. Dabei ziehen diese Streitparteien professionelle Helfer aus dem Bereich der Jugendhilfe und Familiengerichtsbarkeit in großer Zahl mit ein und fordern von ihnen hohen professionellen Aufwand. Obwohl hoch eskalierte Familien nur einen geringen Teil der Konfliktparteien ausmachen, sind sie doch in der Lage, Ressourcen der Gerichte und sozialen Dienste überproportional zu belasten.

5.3.2 Merkmale

Welche Merkmale ein Paar aufweisen muss, um als hoch eskaliert klassifiziert zu wer- 3 den, ist **diagnostisch unklar**. Definitionsversuche sind dabei rein phänomenologisch zu verstehen, wie zB „stark emotionalisiertes familiäres Umfeld", „wechselseitige Schuldzuweisungen", „Verweigerung von Kooperation und Kommunikation", „wiederholte Gerichtspräsenz". Es handelt sich dabei um eine erste Einordnung zur Orientierung des Mediators.

5.3.3 Fragestellungen

4 Die Mediation mit hocheskalierten Familien führt zu folgenden Fragestellungen:

- Was sind Entstehungsbedingungen hoch eskalierter Trennungskonflikte?
- Welche Ziele und welche Grenzen sollte die Mediation bei hochstrittigen Trennungskonflikten beachten?
- Wie könnte die praktische Umsetzung der Mediation bei Hochstrittigkeit aussehen?

5.3.4 Was sind Entstehungsgründe hocheskalierten Partnerkonflikten?

5 Johnson weist in ihrem Erklärungsansatz darauf hin, dass in den Fällen von Hocheskalation **Konflikterhaltungsmechanismen** greifen.[1] Diese wirken der Beilegung des Konflikts auf unterschiedlichen Ebenen entgegen. Sie sind anzutreffen auf der intra-psychischen Ebene, der inter-psychischen Ebene und der sozialen Ebene.

5.3.4.1 Intra-psychische Ebene

6 Auf der **intra-psychischen Ebene** halten persönliche Krisen einer oder beider Parteien den Konflikt am Leben. Bei diesen Menschen hat das Stresserleben eine gewisse Intensität überschritten. Es besteht ein dramatisches Ungleichgewicht zwischen den Anforderungen der Realität und den eigenen Gestaltungsmöglichkeiten. Das psychische Gleichgewicht ist verloren gegangen, die gewohnten Bewältigungsmechanismen versagen, Symptome von Stressbelastung und funktioneller Beeinträchtigung treten ein. Figdor erläutert, dass diese Menschen in eine unerträgliche psychische Situation geraten sind. In dieser psychischen Ausnahmesituation müsse dieser Mensch notwendige unbewusste Abwehrmechanismen installieren, um wieder ein gewisses Maß an psychischem Gleichgewicht zu erlangen.[2]

5.3.4.1.1 Narzistische Krise

7 Krisen auf der intra-psychischen Ebene können in **narzistischer oder traumatischer Form** auftreten. Die Krise in narzistischer Form bezieht sich auf die Persönlichkeit des Ehepartners, auf seinen Selbstwert.[3] Es besteht bei ihm eine doppelte Selbstwertregulation: nach außen besteht ein positives bewundernswertes Selbstbild, bis hin zur Grandiosität, nach innen besteht ein negatives Selbstbild, geprägt von Selbstzweifeln und Minderwertigkeit. Hinter der extrovertierten aggressiv herablassenden Fassade verbergen sich bei diesem Elternteil Gefühle von Hilflosigkeit, Angst, Scham. Sieg oder Niederlage in streitigen Punkten bedeuten für ihn Sieg oder Niederlage der eigenen Person.

5.3.4.1.2 Traumatische Krise

8 Die **traumatische Krise** eines Elternteils entsteht durch massive Überforderungen.[4] Die jetzige Krisensituation kann nur überlebt, nicht aktiv bewältigt werden. Im Rahmen der aktuellen Krise sind frühere ungelöste Traumata neu aktiviert worden. Frühere traumatisch verlaufene Krisenerfahrungen waren lange verdrängt und vergessen worden, werden nun jedoch in der aktuellen Lebenssituation „getriggert" und als gegenwärtig erlebt. Dieser Partner phantasiert die Gegenwart als Katastrophe, von der aktuell eine große Bedrohung ausgeht.

1 Johnston, Sackgasse Scheidung. Wie geht es weiter? 1991, 1 ff.
2 Figdor, Scheidungskinder – Wege der Hilfe, 2007, 7 ff.
3 Lammers, Narzisstische Persönlichkeitsstörungen, Seminarunterlagen, 2008, 3 ff.
4 Reddemann, Imagination als heilende Kraft zur Behandlung von Traumafolgen und ressourcenorientierte verfahren, 2009, 11–22.

Liegen Anzeichen einer persönlichen Krise narzistischer oder traumatischer Form vor, 9
sollten die Mediatoren davon ausgehen, dass sich dieser Elternteil den Handlungsanforderungen der gegenwärtigen Situation in der Mediation nur begrenzt gewachsen fühlt.

5.3.4.2 Inter-psychische Ebene

Die Erklärungsansätze auf der inter-psychischen Ebene beziehen sich vor allem auf das 10
Bestehen eines starren **„Attributionsmuster"** zwischen den Konfliktparteien.[5]In diesem
Muster machen die Partner jeweils die andere Seite für ihre Konflikte verantwortlich
und erwarten folgerichtig nun auch von ihr die Übernahme von Verantwortung für die
Lösung des Konflikts. Der jeweils anderen Seite werden feste, globale, negative Persönlichkeits- und Verhaltensmuster zugeschrieben; hinsichtlich der eigenen Seite wird die
Richtigkeit des eigenen Tuns, der eigenen Person herausgestellt. Das Problem zwischen
den Partnern wird auf diese Art und Weise zum Problem des jeweils anderen Elternteils.
In diesem Muster der gegenseitigen Beschuldigungen kann keine Seite wegen der hohen
subjektiven Bedeutung nachgeben. Das Muster bleibt erhalten, der Konflikt eskaliert
zwangläufig.

5.3.4.3 Soziale Ebene

Konflikterhaltungsmechanismen auf der **sozialen Ebene** sorgen dafür, dass Herkunftsfa- 11
milien, neue Partner, Freundeskreis, Arbeitskollegen als Verbündete mit einbezogen
werden. Sie verschärfen ihrerseits die Konflikte. Gleiches gilt auch für das professionelle
Umfeld. Unter den Fachleuten können sich zunehmend aggressive Strategien entwickeln, wenn diese sich von der Dynamik hochstrittiger Partner mitreißen lassen und ihre moderaten kooperativen Strategien ausblenden.

5.3.5 Welche Ziele und welche Grenzen sollten Mediatoren bei eskalierten Partnerkonflikten beachten?

Ein erstes Ziel könnte sein, den Anspruch auf „kooperative Elternschaft" zurückzustel- 12
len zugunsten einer **„parallelen Elternschaft".**[6] Wenn es in der Mediation gelingt, dass
jeder Elternteil seine eigene Elternverantwortung gegenüber den Kindern, ungestört
vom anderen Elternteil wahrnehmen kann, ist bereits ein wichtigster Schritt zur Deeskalation getan. Durch diese Vereinbarung bewahrt jeder Elternteil zumindest seine Beziehung zu den Kindern, von denen nicht so viel Bedrohungspotential ausgeht. Parallele
Elternschaft kennzeichnet die Grenze für das, was den Konfliktbeteiligten möglich ist.

Ein zweites Ziel könnte sein, eine **emotionale Entflechtung** zwischen den Parteien zu er- 13
reichen und sie darin zu unterstützen, den Blick auf die jeweils andere Seite aufzugeben
zugunsten einer Entwicklung von alternativen Handlungsmöglichkeiten auf der eigenen
Seite.

Als drittes Ziel könnte es sinnvoll sein, Konzepte der **therapeutischen Arbeit** stärker in 14
die Mediation mit einzubeziehen, da oft Selbstwertverletzung und Kränkungen eine
große Rolle spielen. Der Mediation könnte eine psychotherapeutisch ausgerichtete Sitzung vorangehen, um die Partner zunächst zu stabilisiert. Auf der Basis von Stabilität
kann dann die Mediation dazu genutzt werden, die eigenen Themen und Bedürfnisse
stärker zu explorieren und erste konstruktive Verhandlungsschritte und Vereinbarungen einzuüben.

Als weiteres Ziel sollte das Verfahren verändert werden und zT ein anderes Setting in 15
der Mediation mit hoch eskalierten Partnern etabliert werden. Dem **Beziehungsaufbau**
des Mediators mit jeder Seite sollte mehr Platz und Zeit gewährt werden, um auf der

---

5 Dietrich/Paul, 84 ff.
6 Weber, Neue Herausforderungen für die Erziehungsberatung, FKJ 8/9 2009, 324 ff.

Basis eines stabilen Kontaktes die anstehenden Konflikte regeln zu können.[7] Im Verlauf einer Mediation sollte die Möglichkeit von Einzelgesprächen stärker in Betracht gezogen werden. Im Schonraum des Einzelsettings ist es für die Parteien bisweilen leichter, Kontakt zum Mediator aufzunehmen und sich ihm zu öffnen. Auf dieser Vertrauensbasis sind dann Gespräche mit der anderen Seite wieder möglich (hierzu 3.2.3.4).

16 Zudem sind Aufbau und Absprachen über Rahmenbedingungen und **Kooperationen** mit den anderen professionellen Helfern und Institutionen notwendig, um nicht von den Parteien untereinander ausgespielt zu werden.[8]

17 Schließlich sollte der Mediator über die **Grenzen von Mediation** nachdenken. Wenn den streitenden Eltern die Inszenierung ihres Konfliktes als einzige Möglichkeit verblieben ist, um ein gewisses Gleichgewicht, eine gewisse Stabilität zu erhalten, werden Grenzen der Mediation sichtbar. Professionelle Angebote lassen diese Personen unbeeindruckt. Die Mediation stößt dann an ihre Grenzen.

5.3.6 Praktische Umsetzung der Mediation bei Hochstrittigkeit

18 Die allgemein angewandten Prozessstufen, Methoden und Techniken der Mediation reichen nicht aus. Zusätzliches **psychotherapeutisches Wissen** sollte in der Mediation genutzt werden, das Setting (Einzel- und gemeinsame Gesprächssequenzen) sollte flexibel gehalten werden, zusätzliche Prozessstufen sollten eingebaut werden. In der Mediation mit hochstrittigen Eltern kommt den Phasen des Vorlaufs sowie der Entwicklung von Fairness- und Gerechtigkeitskriterien (hierzu 2.9 und 3.2.3.3) eine große Bedeutung zu. Darüber hinaus sind kurzfristige, kleinschrittige Vereinbarungen im Verlauf des gesamten Mediationsprozesses zur weiteren Stabilisierung notwendig und sinnvoll.

5.3.6.1 Vorlauf

19 Bereits im Vorlauf der Mediation kann den Konflikterhaltungsmechanismen der Parteien entgegengewirkt werden. Bezogen auf die intra-psychische Ebene der hocheskalierten Parteien bemüht sich der Mediator um einen stabilen Kontakt zu jeder Partei.[9] Die ersten Sekunden der Kontaktaufnahme mit ihnen sind oft bereits entscheidend. Vom allerersten Moment an müssen sich die Mediatoren darüber bewusst sein, dass die Art und Weise, wie sie den Kontakt auf nehmen, die Beziehung zu jedem Partner und die weitere Zusammenarbeit entscheidend beeinflusst. Die **Beziehung zwischen Mediatoren und Partei** ist als ein grundlegender, übergeordneter Wertefaktor wirksam, der bisweilen mehr als einzelne isolierte Methoden und Techniken über den Erfolg der Mediation entscheidet. Dies lässt sich am ehesten im geschützten Rahmen des Einzelgesprächs mit jeder Partei (hierzu 3.11) erreichen. Da oft der geringe Selbstwert eines Elternteils betroffen ist, ein schwaches Ich anzutreffen ist, sollte der geschützte Raum eines Einzelgesprächs genutzt werden. In der Kontaktaufnahme mit einem Elternteil in narzisstischer Krise gestalten die Mediatoren eine respektvolle **Grundhaltung auf gleicher Augenhöhe**,[10] verzichten auf Wertungen, offenbaren eigene Fehler, folgen nicht dem Wunsch nach Sonderbehandlung, kündigen Enttäuschungen an, benennen positive Eigenschaften und Ressourcen. Zugleich bemühen sie sich darum, den Stress im Gespräch zu reduzieren. Das Einzelgespräch im Vorlauf wird darüber hinaus dazu genutzt, von der

---

7 Hierzu vgl die Vorgehensweise der Waage Hannover in Fällen hoch eskalierter Sorgerechts- und Umgangskonflikte, Trenczek/Petzold, 409 ff.
8 Vgl hierzu insb. Trenczek/Petzold, 409 ff.
9 Vgl Reddemann, Imagination als heilende Kraft zur Behandlung von Traumafolgen und ressourcenorientierten Verfahren, 2009, 24 ff.
10 Lammers, Narzisstische Persönlichkeitsstörungen, Seminarunterlagen 2008, 5.

„Spiel- und Inszenierungsebene" einer Partei zu wechseln in die konkrete Realität des Einzelgesprächs („back to reality").[11]

In der Begegnung mit Eltern in traumatischer Krise bieten die Mediatoren eine klare, beruhigende, zuversichtliche Zuwendung an, bauen eine **interpersonelle Sicherheit** auf. Sie führen dabei die Unterscheidung zwischen real bedrohlichem Äußerem und subjektiv erlebter innerer Bedrohung ein. Sie bieten Erklärungen an für die bestehenden Ängste, normalisieren sie, unterstützen bei dem Elternteil seine Fähigkeit zur Selbstberuhigung (Psychoedukation). **20**

Im ersten Kontaktgespräch begegnen die Mediatoren oft Personen, die intensive Emotionen wie Wut, Hass, Zorn, Verzweiflung zeigen. Sie haben bisweilen ihre Kontrolle über ihr eigenes emotionales Erleben sowie die entsprechenden Verhaltensweisen verloren. Sie haben eine hohe Grundspannung mit intensivem Erleben von Stress, kombiniert mit emotionalen Ausbrüchen. Durch diese intensiven, unterregulierten Emotionen bringen sie sich immer wieder in Notlagen. Die Mediatoren können mit ihnen Strategien und Techniken des **Emotionsmanagements** erarbeiten, damit sie lernen, ihre eigenen Emotionen wahrzunehmen und zu regulieren. **21**

Bezogen auf Konflikterhaltungsmechanismen auf der inter-psychischen Ebene können die Mediatoren auch gemeinsame Gespräche mit den Parteien vereinbaren, um das starre Konfliktmuster zu lockern und zu verändern indem sie die Aufmerksamkeit jeder Seite auf den eigenen Anteil, auf die eigene Seite verlagern. Jede Seite bekommt so den eigenen Bereich wieder in den Blick und kann lernen, wieder **Verantwortung für die eigene Person** zu übernehmen. **22**

Bei innerfamiliärer Gewalt ist ein emotional hoch aufgeladenes Verhalten zu beobachten, das die Handlungsmöglichkeiten der beteiligten Familienmitglieder erheblich einschränkt. Die psychologische Wirkung von Gewalt gründet auf der zwingenden Unterwerfung der persönlichen Bedürfnisse eines Familienmitglieds, des Partners unter die **Gewaltdynamik**.[12] **23**

Der Zugang der Mediation zu gewaltgeprägten Familiensystemen/Paarbeziehungen sollte den Blick richten auf die Ressourcen der Beteiligten, den Aufbau von Beziehungen, die Stärkung des Selbstwerts, sowie Veränderungen in der Struktur.[13] Als technisches Rüstzeug sollten die Mediatoren zum einen die Belastungssituation der Eltern wahrnehmen, klären und Stopp-Signale vereinbaren („Welche Regeln sollen gelten für den Fall von Gewaltausbrüchen hier in der Mediation, zu Hause?[14]). Zum anderen sollte der Mediator kurzfristige Verhandlungen und Vereinbarungen anbieten im Sinne Struktur gebender Interventionen zur Veränderung innerfamiliärer Strukturen, zur Grenzziehung nach außen, zur Schaffung von wahrnehmbaren Ordnungen in zeitlicher, räumlicher und finanzieller Hinsicht.[15] **24**

Auf der sozialen Ebene können Mediatoren festlegen, wie die weiteren Konfliktbeteiligten in die Mediation einbezogen werden, ohne den Mediationsprozess zu dominieren. Sie können den Personen aus dem sozialen Umfeld die Rolle von Unterstützungs- und Beratungspersonen im Sinne eines **„Hilfs-Ichs"** zuordnen. Die streitenden Parteien erhalten so die Gelegenheit zum unmittelbaren Austausch mit ihren Unterstützungsperso- **25**

---

11 Lammers, narzistische Persönlichkeitsstörungen, Seminarunterlagen 2008, 7 ff.
12 Flury, Gewalt in Familien verstehen und verändern – Ein systemisches Konzept innerfamiliärer Gewalt, in: Borst/Lanfranchi, 14 ff.
13 Flury, in: Borst/Lanfranchi, 23 ff.
14 Riehl-Emde, Liebe und Gewalt in Paarbeziehungen. Wann ist Paartherapie induziert und was ist dabei zu beachten, in: Borst/Lanfranchi, 91 ff.
15 Flury, in: Borst/Lanfranchi, 29 f.

nen während der Mediationssitzung. Dies kann in Pausen fernmündlich per Handy oder unmittelbar in separaten Räumen der Mediationspraxis geschehen.

26 Insgesamt lässt sich feststellen, dass die Vorlaufphase bei Hocheskalierten wesentlich mehr Aufwand erfordert. Sollte auch dieser Aufwand im Vorlauf keine Wirkung bei den hochstrittigen Paaren zeigen, könnte dies bereits für eine Kontra-Indikation von Mediation sprechen. Die Mediatoren sollte sich in diesen Fällen gestatten, die Mediation nicht anzunehmen. Die Entscheidung gegen eine Durchführung von Mediation könnte dann als die einzig richtige verbleiben.

5.3.6.2 Stufe Fairness und Gerechtigkeit

27 Zusätzlich sollten die Mediatoren die Prozessstufe „Erarbeitung von Maßstäben für Fairness und Gerechtigkeit" in den Mediationsverlauf (hierzu 3.2.3.3) mit einbauen. Gerade hoch eskalierte Konfliktparteien werfen sich oft vor, durch die andere Seite ungerecht behandelt worden zu sein. Hier kann die Aufforderung der Mediatoren an jede Seite zu überlegen, was sie selbst denn als fair und gerecht betrachtet, hilfreich sein und durch den **Perspektivwechsel** zur Beruhigung beitragen.

5.3.6.3 Vorläufige Vereinbarungen

28 Während des gesamten Mediationsprozesses sollten die Mediatoren hocheskalierten Parteien die Gelegenheit bieten, begrenzte vorläufige Vereinbarungen zu treffen. Auf der Basis **eingegrenzter Vereinbarungen** werden die Parteien im Laufe der Mediation immer stärker befähigt, längerfristige Festlegungen treffen zu können. Die Parteien erfahren auf diese Weise, dass sie wieder Einfluss auf ihre Lebensgestaltung nehmen können und dass Vereinbarungen zwischen ihnen doch möglich sind. Zu den ausgehandelten Vereinbarungen sollten noch zusätzliche Aspekte hinzugefügt werden: Sicherheitsaspekte, Laufzeit und Dauer der Vereinbarung, Überprüfbarkeit/mögliche Überprüfungstermine, Umgang bei Nichteinhaltung/mögliche Sanktionen, Rückfluss der Ergebnisse an die weiteren Konfliktbeteiligten.

5.3.7 Resümee

29 Abschließend lässt sich feststellen, dass Familien-Mediation auch mit hoch eskalierten Konfliktparteien möglich ist. Dazu sind Veränderungen in der herkömmlichen Prozessgestaltung einer Mediation notwendig. Zusätzlich sollte **therapeutisches Fachwissen zur Psychodynamik** der beteiligten Konfliktparteien mit einfließen. Die Mediation mit diesem Klientel stellt insgesamt hohe Anforderungen an den Mediator. In Zeiten von Beschleunigung müssen die Mediatoren für **Entschleunigung** sorgen, eine bisweilen geduldvolle Aufgabe für alle Beteiligten.

5.4 Mediation beim Generationenwechsel in Familienunternehmen

Literatur: Boos, F./Lenglacher, M., in: Boos,F./Heitger, B. (Hrsg.), Veränderung – Systemisch, 2004, 183; v. Schlippe, A./Groth, T., in: Deissler, K. (Hrsg.), Familienunternehmen beraten – Positionen und Praxisbeispiele, 2006, 109–125; Simon, F./Wimmer, R./Groth, T., Mehr-Generationen-Familienunternehmen, 2005, 92; Wimmer, R./Domayer, E./Oswald, M./Vater, G., in: Familienunternehmen – Auslaufmodell oder Erfolgstyp?, 2. Aufl. 2005, 262.

Der Generationenwechsel ist eine herausfordernde Phase im Lebenszyklus eines Unternehmens. Steuer- und rechtliche Berater werden in einem Übergabeprozess fast immer um Rat gefragt, um die Nachfolge rechtlich und steuerlich möglichst optimal zu gestalten. Konfliktträchtige zwischenmenschliche Themen werden dabei jedoch oft nicht angesprochen oder es wird versucht, ohne die dahinterliegenden Anliegen gründlich erforscht zu haben, auf der Sachebene dafür Lösungen zu finden. Um eine nachhaltige und professionelle Lösung für die Zukunft zu erzielen, ist es wichtig, neben den Sachthemen auch die emotionalen Themen im Zusammenhang mit der Nachfolge (Erwartungen, Befürchtungen, Ängste, Ansprechen von Tabuthemen, Rolle der Übergeber nach der Übergabe, wirtschaftliche Versorgung der Übergeber, fairer Ausgleich zwischen Geschwistern ...) zu klären. Auf verstärkte, offene Kommunikation aller Betroffenen ist in dieser Zeit besonders zu achten, um Missverständnisse und Phantasien zu verhindern. Je mehr Transparenz und Offenheit möglich ist, desto größer sind die Aussichten auf eine gelungene Übergabe. **1**

Die Einbeziehung von Mediatoren und deren Kompetenzen im Umgang mit zwischenmenschlichen Themen kann neue Perspektiven eröffnen und dabei unterstützen, tragfähige Lösungen zu entwickeln. Statt aus Angst vor einem Streit wichtige Fragen zu verdrängen und dadurch die notwendige Betriebsübergabe zu verzögern, werden die Beteiligten ermutigt, unterschiedliche Sichtweisen zu Themen als Chance zur Weiterentwicklung zu sehen und daher zuzulassen. **2**

Unternehmen mit Fremdmanagement sind wesentlich häufiger bereit, sich im Übergabeprozess durch Prozessberater (Mediatoren zur professionellen Bearbeitung von Konflikten und Organisationsberater zur systematischen Anpassung und Optimierung der Organisationsstrukturen) unterstützen zu lassen als Familienunternehmen. Das ist bedauerlich, da die vor allem in Familienunternehmen vorhandene Neigung zur personifizierten Darstellung von Problemen und die meist fehlenden Strategien zur Klärung der emotionalen Fragen gerne zu einem Verhalten führen, welches für das Unternehmen gefährlich und für alle Beteiligten unbefriedigend ist.

5.4.1 Familienunternehmen und ihre Besonderheiten

Mehr als 80 % der österreichischen und deutschen Unternehmen sind Familienunternehmen, bei denen eine sehr enge strukturelle Verbindung von Familie, Unternehmen und Eigentum in einem gemeinsamen System ein charakteristisches Interaktions- und **3**

Kommunikationsmuster bewirkt. Je nach Zugehörigkeit werden sieben mögliche Rollen – mit sehr unterschiedlichen Strukturmerkmalen – unterschieden:[1]

1. Familienmitglied, Anteilseigner, im Unternehmen tätig.
2. Anteilseigner, im Unternehmen tätig.
3. Familienmitglied, im Unternehmen tätig.
4. Familienmitglied, Anteilseigner.
5. Anteilseigner.
6. Im Unternehmen tätig.
7. Familienmitglied.

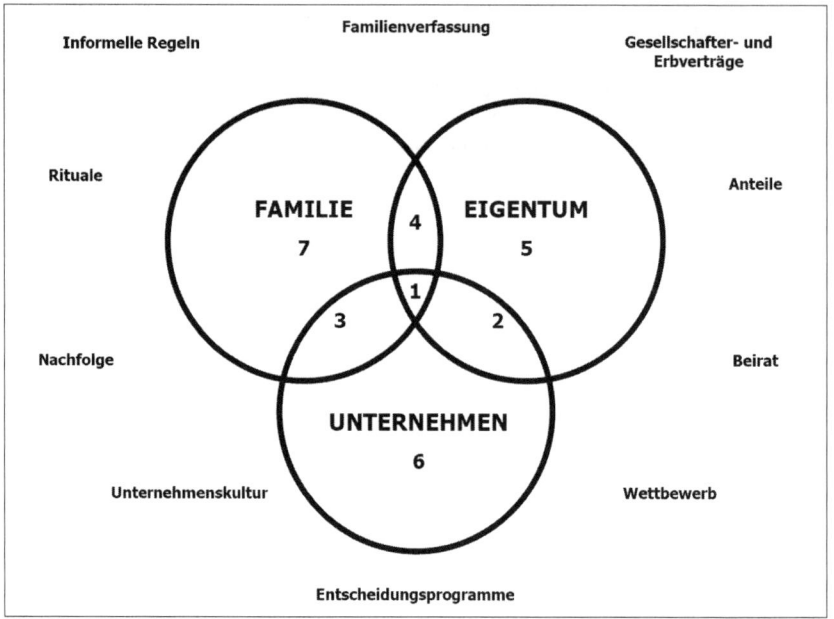

Abb. 1: Blickwinkel auf Familienunternehmen. Co-Evaluation der beteiligten Systeme mit jeweils unterschiedlichen Rationalitäten[2]

Bei Betrachtung der Abbildung wird klar, dass bei Entscheidungsprozessen in Familienunternehmen immer wieder zwischenmenschliche (familiäre), ökonomische (unternehmerische) und juristische (Eigentum) Prinzipien einen großen Einfluss haben. Besonders in Veränderungsprozessen – wie zB beim Generationenwechsel – ist es daher schwer „die optimale Lösung" zu finden, da eine für das Unternehmen ökonomisch sinnvolle Lösung nicht unbedingt das Optimum für den rechtlichen Bereich darstellt oder von der Familie als angemessen und fair angesehen werden muss.

4   In den drei beschriebenen Systemen Familie, Unternehmen und Eigentum sind auch sehr unterschiedliche Kommunikationsmuster zu finden, die sich besonders im Umgang mit Konflikten bemerkbar machen. Während in der Familie eher eine informelle, meist

---

1   Simon/Wimmer/Groth, Mehr-Generationen-Familienunternehmen, 2005, 92.
2   V. Schlippe/Groth, in: Deissler (Hrsg.), Familienunternehmen beraten – Positionen und Praxisbeispiele, 2006, 109–125.

mündliche Kommunikation mit starker Personenorientierung vorherrscht, sind im Unternehmen formalisierte, schriftliche (Protokolle, Berichte etc.) mit Funktionsorientierung und zusätzlich informelle Kommunikationsformen üblich. In der Regel werden Konflikte nicht als Chance gesehen, die Unterschiede und Potenziale zeigen, durch deren Bearbeitung qualitativ höherwertige nachhaltige Lösungen gefunden werden können und Weiterentwicklung möglich ist. Die Nähe und wechselseitige Verflechtung unter den Familienmitgliedern, „der hohe Stellenwert von persönlicher Loyalität und das große Machtgefälle führen häufig dazu, dass es keinen moderaten Umgang mit Konflikten gibt. Kleine Konflikte werden so lange übergangen oder hinuntergeschluckt, bis die Spannung zu groß wird und der Konflikt eskaliert. Um die Explosion beim nächsten Mal zu vermeiden, wird wieder geschluckt. Dieses Muster der Konfliktvermeidung und -eskalation ist in Familienunternehmen häufig anzutreffen."[3]

Ein strukturiertes Change-Projekt „Generationenwechsel", das optimalerweise über einen Zeitraum von 3–5 Jahren laufen sollte, wird in vielen Unternehmen nicht durchgeführt. In diesem Zusammenhang notwendige Entscheidungen werden aus Sorge um die Familienbeziehungen häufig nicht oder verspätet getroffen. Wenn es dann zur Übergabe kommt, fehlt oft die entsprechende Zeit, die neue Führungsmannschaft optimal zusammenzustellen und auf die neuen (Führungs-)Aufgaben in entsprechender Art vorzubereiten. Dazu kommt noch, dass viele Übergeber das Unternehmen auch gegründet oder als „Gründerpersönlichkeiten" (oft charismatische Persönlichkeiten, die ihrem Unternehmen einen unverwechselbaren Stempel aufgedrückt haben)[4] geführt haben und die Organisationsstrukturen auf den Pionier perfekt zugeschnitten sind. Das Unternehmen befindet sich inzwischen oft in einem Entwicklungsstadium, in dem weniger personenbezogene Regelungen/Strukturen notwendig sind. In einem geordneten Übergabeprozess kann eine Struktur entwickelt werden, die auf die Bedürfnisse und Fähigkeiten der Nachfolgegeneration zugeschnitten ist.

5.4.2 Nutzung 3-Kreis-Modell in der Mediation

Mit dem oben beschriebenen 3-Kreis-Modell kann bei der Bearbeitung von Konflikten in Familienunternehmen auf unterschiedliche Weise gearbeitet werden. Die Grafik und die einzelnen Positionen sind sehr einfach zu erklären und können als hilfreiche Struktur im gesamten Mediationsprozess eingesetzt werden. Allein das Wissen um die teilweise widersprüchliche Wirkung der drei Systeme bringt Klarheit für die Betroffenen und wirkt entlastend. Um die unterschiedlichen Sichtweisen der Betroffenen deutlich zu machen kann auch während des Prozesses immer wieder auf die Grafik hingewiesen werden oder mit unterschiedlichen Moderationsverfahren damit gearbeitet werden.

Zur Verdeutlichung folgender konkreter Fall:

- Die Teilnehmer der ersten gemeinsamen Mediationssitzung (es gingen ein Auftragsklärungsgespräch mit dem Übergeber und Einzelgespräche mit den beiden Söhnen voraus) sind: Der Übergeber, zwei Söhne als potenzielle Übernehmer, die im Unternehmen mitarbeitende Ehefrau des Übergebers und der Steuerberater des Unternehmens.

- Der Mediator erläutert die Besonderheiten in Familienunternehmen anhand eines Flipcharts mit dem 3-Kreis-Modell (kurzer Vortrag von ca. 15 Minuten).

---

3 Boos/Lenglacher, in: Boos/Heitger (Hrsg.), Veränderung – Systemisch, 2004, 183.
4 Wimmer/Domayer/Oswald/Vater, Familienunternehmen – Auslaufmodell oder Erfolgstyp?, 2. Aufl. 2005, 262.

Hubner 519

■ Die Namen der Anwesenden und sonstiger Schlüsselpersonen werden vom Mediator in das 3-Kreis-Modell auf dem Flipchart eingetragen (die Entscheidungsfindung erfolgt gemeinsam mit den Teilnehmern der Mediationssitzung).

■ Der Mediator fragt die Anwesenden, was durch den Vortrag und die namentliche Zuordnung ausgelöst wurde. Die Antworten werden vom Mediator auf Moderationskärtchen notiert – die beschrieben Kärtchen werden für alle gut sichtbar auf den Tisch gelegt oder auf einer Pinnwand geclustert. Anschließend werden die Rückmeldungen gewürdigt und bei Bedarf die nächsten Schritte dafür festgelegt (so kommen zB manche Antworten in den Themenspeicher, vielleicht macht es auch Sinn, diskutierte Maßnahmen im Maßnahmenplan festzuhalten ...).

■ Wenn bei der Bearbeitung von Themen Spannungen auftreten, die der Mediator auf die Vermischung von Unternehmens- und Familiensystem zurückführt, kann der Hinweis auf das 3-Kreis-Modell (indem das Thema zB gemeinsam mit den Beteiligten aus den unterschiedlichen Positionen betrachtet wird) vielleicht mehr Klarheit bringen und zu einer Deeskalation führen. Dies wirkt sich wiederum günstig auf die Arbeitsfähigkeit der Beteiligten aus. So kann zB bei der Bearbeitung des Themas „Faires Gehalt für Übernehmer mit unterschiedlicher Ausbildung" der Hinweis günstig sein, dass im Familiensystem Gleichbehandlung trotz unterschiedlicher Ausbildung als passend angesehen wird während im Unternehmenssystem jedoch das Leistungsprinzip gilt, wo unterschiedliche Leistungen/Ausbildungen/Erfahrungen sich in der Entlohnung auswirken. Diese Klarstellung kann dazu führen, dass, ein schon lange vorhandenes Tabuthema offen und konstruktiv angesprochen werden kann und ein – für den Mediationsprozess wichtiger – Perspektivenwechsel gelingt.

5.4.3 Was kann Mediation im Übergabeprozess bewirken?

7 Sind Mediatoren mit wirtschaftlichem Know-how in einen Übergabeprozess eingebunden, wird das auf mehreren Ebenen von Vorteil sein. Durch ihr Fachwissen und ihre Fähigkeiten im Bereich Kommunikation und Konfliktmanagement gelingt es ihnen, bei emotional besetzten Themen die komplexen Zusammenhänge und Muster aufzeigen, die Auslöser für einen damit in Zusammenhang stehenden Konflikt sein können. Dadurch wird ein Weg, der „weg von der Personifizierung des Problems" hin zu einem „welche strukturellen Gründe gibt es für das Problem?" geschaffen. Durch das Aufzeigen der dahinter stehenden Gefühle und Bedürfnisse der beteiligten Personen kann Verständnis und die Basis für nachhaltige Lösungen geschaffen werden. Außerdem kann die Konfliktkultur im Unternehmen generell gestärkt werden, wenn die Beteiligten neue Wege kennen lernen, konstruktiv an kontroversen Themen zu arbeiten und dieses Verhalten auch in Zukunft im Arbeitsalltag (zB bei Besprechungen) einsetzen. So kann zB die vom Mediator sehr konsequent vorgenommene Unterscheidung zwischen Interpretationen/Beurteilungen und Wahrnehmungen (Fakten, die zu sehen oder zu hören waren) mit der Zeit auch von den Medianden als hilfreich erlebt werden. Es könnte sogar soweit gehen, dass sich die Medianden wünschen auf diese Unterscheidung auch bei künftigen Teammeetings konsequent zu achten. Diese Entscheidung könnte dann in den Maßnahmenplan oder die Mediationsvereinbarung aufgenommen werden. Dadurch könnte eine nachhaltige, positive Veränderung in der Kommunikationskultur einer Organisation bewirkt werden.

8 Weitere Themen, die in Übergabeprozessen im Rahmen der Mediation eine Rolle spielen können, sind:

■ Übergeber, die informell weiterführen und die notwendige Entwicklung der Nachfolger behindern. Dabei spielen oft Themen wie Machtverlust, scheinbarer Statusverlust, Autoritätsverlust innerhalb der Familie, welche Rolle wollen/sollen Übergeber nach der Übergabe im Unternehmen spielen u.a. eine Rolle. Sie brauchen dann vielleicht Unterstützung dabei, in ihr Leben sinnvolle Aufgaben zu integrieren, die außerhalb des Unternehmens liegen. Wenn der Wunsch nach beruflicher Betätigung noch vorhanden ist und die Beziehung zwischen Übergeber und Übernehmer dies zulässt, kann es für ein Unternehmen ein großer Gewinn sein, wenn Übergeber ihre Erfahrung weiterhin zur Verfügung stellen. Die Entscheidungsmöglichkeit, ob von dieser Option und in welchem Ausmaß Gebrauch gemacht wird, sollte bei den Übernehmern liegen.

- Wertschätzung für bereits Geleistetes gegenüber Übergeber.

- Sicherstellen, dass Erfolge der nachfolgenden Generation auch dieser zugerechnet werden.

- Umgang mit eigenen/neuen Ideen der Übernehmer und bisherigen Strategien des Unternehmens.

- Entscheidungsfreiheit bei Berufswahl und Gestaltungsfreiheit bei der Lebensplanung von Kindern respektieren.

- Fachliche/persönliche Eignung und Entwicklungsbedarf der Übernehmer.

- Fairness – Gleichgewicht im Geben und Nehmen zwischen Übergeber und Übernehmer.

- Wirtschaftliche Absicherung Übergeber versus günstige wirtschaftliche Start- und Überlebensbedingungen für Übernehmer.

- Gerechter Ausgleich innerhalb der Familie (mit Offenheit und Transparenz Erbstreitigkeiten für die Zukunft vermeiden).

- Akzeptanz der Nachfolger (Mitarbeiter, Kunden) – Beiträge, die Übergeber und Übernehmer leisten können.

- Stellung/Rolle Fremdgeschäftsführer.

- Stellung/Rolle der Geschwister/(Ehe-)Partner von Übernehmer und Übergeber.

- Angemessene Entlohnung.

- Wissensmanagement im Rahmen des Übergabeprozesses.

- Führungsstil und Rollenverständnis Übergeber/Übernehmer.

- „Richtiger" Zeitpunkt für Übergabe – Rolle der Übergeber nach der Übergabe.

Abschließend ist aus Erfahrung zu bemerken, dass Mediation im Übergabeprozess bedauerlicherweise oftmals erst bei hohem Leidensdruck (zB massive Konflikte, Unternehmensgefährdung durch Führungsvakuum) in Anspruch genommen wird. Eine „präventive Begleitung mit mediativen Methoden" zur Klärung der sachlichen und zwischenmenschlichen Themen kann dazu führen, dass ein gemeinsames Bild der Übergabe erzeugt wird, das von allen Beteiligten mitgetragen wird und die Wahrscheinlichkeit für eine gelungene Betriebsübergabe enorm erhöhen.

5.5 Gesellschafterkonflikte – Mediation im Spannungsfeld von Individual- und Kollektivinteressen

Literatur: Eyer, E., Im Mittelstand ist die Grenze zwischen Wirtschafts- und Familienmediation fließend, ZKM 2000, 277 ff; Gläßer, U/Kirchhoff, L., Lehrmodul 2: Interessenermittlung. Spannungsfeld zwischen Emotion und Präzision, ZKM 2005, 130 ff; Neuvians, N., Mediation in Familienunternehmen, ZKM 2011, 93 ff; v. Schlippe, A., Familienunternehmen verstehen. Gründer, Gesellschafter und Generationen, 2008; Schwartz, H./ Zierbock, P., Nachfolge in Familienunternehmen, ZKM 2001, 224 ff.

5.5.1 Komplexes Konfliktgefüge

1   Gesellschafterkonflikte gehören zu den anspruchsvollsten und spannendsten Handlungsfeldern von Mediatoren. Sie speisen sich aus dem **Spannungsfeld von Kollektiv und Individuum**, dessen konfliktbegründende Wirkung hier in anschaulicher Ausschnitthaftigkeit sichtbar wird.

5.5.1.1 Spannungsfeld von Individual- und Kollektivinteressen

2   Individuen gründen eine Gesellschaft, weil sie sich vom Zusammenwirken im Kollektiv einen Gewinn versprechen, der über die kumulierten Gewinne der einzelnen Gesellschafter hinausgeht. Dieser Gewinn entsteht durch die Reduktion von Fixkosten (ein Taxi kann von zwei Taxifahrern tags- und nachtsüber genutzt werden) und durch die Integration von Einzeldienstleistungen in eine attraktivere Gesamtdienstleistung (Rechtsanwälte, Steuerberater und Wirtschaftsprüfer bieten Service „aus einer Hand"). Wie reibungslos die (Zusammen-)Arbeit in einer Gesellschaft funktioniert, hängt davon ab, in welchem Maße sich die individuellen Zielvorstellungen der Gesellschafter mit dem gemeinsam verfolgten Gesellschaftszweck decken. Dabei können die mit der Gesellschafterstellung verbundenen individuellen Zielvorstellungen beruflicher (bereichsspezifische Profilschärfung) oder privater (Sicherstellung eines angemessenen Lebensstandards) Natur sein oder eine Mischform von beiden Ebenen (Verstärkung des berufspolitischen Engagements zur Klientenakquise und zur Steigerung der eigenen Reputation) darstellen. Der gemeinsam verfolgte Gesellschaftszweck ist regelmäßig vielgestaltiger als es die meist abstrakte Formulierung im Gesellschaftsvertrag („Gegenstand der Gesellschaft ist die gemeinschaftliche Berufsausübung ...") nahelegt. Seine Einzelelemente finden zum Teil Ausdruck in Strategiepapieren, bleiben aber meist selten auch unausgesprochen. Diesbezügliche implizite Annahmen der Gesellschafter können im Einzelfall weit auseinander liegen („Wir sollten die größte Beratungsgesellschaft Norddeutschlands werden." – „Wir sollten als kleine aber feine Beratungsgesellschaft unsere Führungsposition im Bereich X ausbauen.") und sich über die Zeit verändern.

3   Gesellschafterkonflikte können daraus entstehen, dass Gesellschafter meinen, ihre individuellen Zielvorstellungen seien nicht miteinander vereinbar. Wenngleich diese empfundene Unvereinbarkeit einen häufigen Grund von Gesellschafterkonflikten darstellt, liegt hierin nicht ihr Spezifikum. Zum Konflikt individueller Zielvorstellungen tritt – als Besonderheit von Gesellschafterkonflikten – die **Schnittstelle von individuellen und kol-**

lektiven Zielvorstellungen hinzu. Das Ziel der Gesellschaftermediation besteht für gewöhnlich darin, die durch ihre Miteigentümerstellung eng und langfristig miteinander verbundenen Gesellschafter dabei zu unterstützen, die hinter dem konkreten Konfliktanlass stehenden Spannungen zu identifizieren und mittels des zweischrittigen Prozesses einer individuellen und kollektiven Interessenklärung zu entschärfen. Gelingt dies, finden die Gesellschafter anschließend in der Regel zügig eine Lösung für ihren konkreten Konflikt.

Der für eine Gesellschaftermediation anlassgebende konkrete Konflikt entsteht meist,   **4** wenn absehbar wird, dass sich die Umstände der Zusammenarbeit in der Zukunft verändern werden. Insbesondere das bevorstehende Ausscheiden oder der Eintritt eines Gesellschafters, aber auch eine Verschiebung der beruflichen oder privaten Prioritäten einzelner Gesellschafter oder eine Veränderung des für die Tätigkeit der Gesellschaft relevanten (wirtschaftlichen) Umfelds führen klassischerweise dazu, dass die Grundlagen des Zusammenwirkens neu überdacht werden müssen. Unter dem Druck des Tagesgeschäfts bleibt eine konzeptionelle Neujustierung allerdings meistens aus. Stattdessen treffen Gesellschafter auch grundlegende Entscheidungen nicht selten nach Intuition, Tagesform und Opportunität: Die Mandate des ausscheidenden Altgesellschafters fallen demjenigen zu, der sie sich nimmt, bei guter wirtschaftlicher Lage wird kurzfristig ein neuer Partner aufgenommen, um einen Kapazitätsengpass auszugleichen, klassische Controlling-Aufgaben übernimmt derjenige, der sich ihnen gewachsen fühlt. Werden solche Entscheidungen nicht bereits auf der Grundlage einer systematischen Analyse der Interessen aller Beteiligten getroffen (hier bietet sich die konfliktpräventive Gesellschaftermediation an), so produzieren sie Unzufriedenheit bei Gesellschaftern, die sich übergangen oder über Gebühr belastet fühlen. Unsystematisch oder implizit getroffene Entscheidungen können unversehens zum Ausgangspunkt von Konflikten werden, die sich ausweiten.

5.5.1.2 Besondere Komplexität von Gesellschafterkonflikten

Welche Faktoren begründen die besondere Komplexität von Gesellschaftermediationen?   **5** Führt man in der Mediation den konkreten Konflikt zurück auf das dahinterliegende Spannungsfeld aus kollektiven und individuellen Interessen, so zeigt sich oft, dass die Gesellschafter für eine nachhaltige Konfliktbeilegung Entscheidungen von gesamtstrategischer Bedeutung treffen müssen. Angesichts des mit kollektiven Entscheidungsprozessen verbundenen Aufwands und der Tragweite von Strategiefragen liegt nichts näher als die Flucht ins Tagesgeschäft. Sind die Gesellschafter (wie die meisten Menschen im Hinblick auf den Ausgang offener Prozesse) überoptimistisch und hoffen, dass der Konflikt sich von allein löst, scheuen sie die Auseinandersetzung mit konflikthaften Themen und verdrängen sie die Kosten schwelender Konflikte auch aufgrund der mit ihrer Messbarkeit verbundenen Schwierigkeiten, so läuft der Konflikt Gefahr, zu eskalieren, bevor er einer systematischen Bearbeitung zugeführt wird. Darüber hinaus steht bei gesellschaftsstrategischen Entscheidungen für jeden einzelnen Gesellschafter potentiell viel auf dem Spiel: Wer zum Eigentümerkreis einer Gesellschaft gehört, kündigt seine Zugehörigkeit ungern (und nicht selten nur unter großen Verlusten) auf. Er müsste sich anschließend neu orientieren oder in einem Wettbewerbsfeld, das desto überschaubarer ist, je höher der Spezialisierungsgrad der Gesellschaft ausfällt, zur Konkurrenz wechseln.

Je eskalierter der Konflikt, desto wahrscheinlicher ist es, dass die Gesellschafter zu Be-   **6** ginn der Mediation eine Trennung erwägen. Eine Trennung kann im Ergebnis diejenige Option sein, die den Interessen der Gesellschafter am meisten entspricht. Insofern, als das Verb „befrieden" sich aus dem mittelhochdeutschen Wort „vriden" herleitet, das für „Umzäunen" steht, kann eine Trennung als Abgrenzung in einer Konstellation, die an einer mangelnden Sphärentrennung krankt, durchaus langfristige Befriedungswirkung haben. Auch eine Trennung ist in Verlauf und Ergebnis mediativ gestaltbar: Von einer klareren Verantwortungsaufteilung zwischen den Gesellschaftern über die Umwandlung einer Gemeinschaftspraxis in eine Praxisgemeinschaft bis hin zur Auflösung der Gesellschaft sind vielfältige Optionen denkbar. Steht die Absicht der Trennung von vornherein im Raum, erschwert dies gleichwohl die Konfliktbearbeitung in der Mediation. Die Gesellschafter nehmen Gestaltungsentscheidungen über das „Wie" einer zukünftigen Zusammenarbeit und die Grundsatzentscheidung über das „Ob" in der Regel als interdependent wahr. Im Rahmen der mediativen Konfliktbearbeitung müssen sie gleichwohl unabhängig voneinander betrachtet werden – das Entscheidungsgelände ist in diesen Situationen bisweilen sehr unwegsam.

7 Zusätzliche Komplexität gewinnt die Gesellschaftermediation, wenn es sich bei dem konfliktbetroffenen Unternehmen um ein **Familienunternehmen** handelt. In diesem Fall kommt zu den beschriebenen Schwierigkeiten eine **Rollenvielfalt der Beteiligten**[1] hinzu, die sich zugleich als Mitgesellschafter und als Familienmitglieder gegenüberstehen. Diese Rollenverflechtung kann sich in paradoxen Erwartungen niederschlagen, die die Konfliktbeteiligten – bewusst oder unbewusst – aneinander richten.[2]

8 Mit der Beschreibung des Spannungsfeldes von Individual- und Kollektivinteressen und der komplexitätssteigernden Faktoren in Gesellschafterkonflikten ist die Ausgangslage der Gesellschaftermediation umrissen.

5.5.2 Mediation als Verfahren zur Bewältigung von Komplexität

9 Die Gesellschaftermediation ist ein Verfahren der Entscheidungsfindung im Konflikt, das in vielen Fällen über die reine Konfliktbearbeitung hinausgeht (zur Definition der Mediation s. Kap. 1.1.3.2). Die Verfahrensstruktur ermöglicht es je nach dem Bedarf der Gesellschafter, auch Fragen der Vereinbarkeit von individuell und kollektiv verfolgten Zielen zu prüfen und hierfür interessenorientierte Strategien zu entwickeln. Bei einer Gesellschaftermediation ist es unerlässlich, zwischen Individual- und Kollektivinteressen zu trennen.

5.5.2.1 Beispiel: Ein neues Vergütungsmodell in der Anwaltskanzlei?

10 Scheidet ein Partner aus einer Rechtsanwaltsgesellschaft aus und sollen dessen Gewinnanteile verteilt werden, so begreifen seine Partner dies häufig als eine willkommene Gelegenheit, ihre angejahrte Gewinnverteilungsregelung neu zu überdenken.

11 Wie soll es sich auswirken, dass die wirtschaftsrechtliche Tätigkeit von Partner D bei gleichem Arbeitseinsatz dreimal soviel Gewinn abwirft wie die familienrechtliche Tätigkeit von Partner F? Soll der wachsende kanzleiadministrative Aufwand, den Partner C stillschweigend übernommen hat, separat vergütet werden? Welche Vergütungsrelevanz haben die Akquiseaktivitäten, denen Altpartner A auf dem Golfplatz nachgeht? Und wie soll es sich vergütungsmäßig niederschlagen, dass die Umsatzzahlen von Partner B sinken, aber seine Aufsätze in Fachzeitschriften der Kanzlei großes Renommee einbringen? Im Partnerkreis stehen sich solidarisch-paritätische und individualistisch-leistungsbezogene Ansätze unversöhnlich gegenüber. Der Seniorpartner schlägt eine Mediation vor.

---

1 Neuvians ZKM 2011, 93–94.
2 Die Paradoxien entstehen aus der Tatsache, dass „Menschen sich in ihren Bezugssystemen Verhaltenserwartungen ausgesetzt sehen, die sie gleichzeitig an sich gerichtet erleben, die jedoch einander ausschließen." Sie lauten: „Sei gleichzeitig Familienmitglied und Unternehmer!" und: „Sei gleichzeitig gerecht in beiden Systemen!" (von Schlippe, Familienunternehen verstehen. Gründer, Gesellschafter und Generationen, 1. Aufl. 2008, 24, 26).

5.5.2.2 Interessenorientierte strategische Neuausrichtung im Gesellschafterkonflikt

Der Mediator tritt in eine komplexe Situation ein und sieht sich Befürchtungen ausge- **12** setzt, mit denen er arbeiten muss. Diese Befürchtungen haben unter anderem[3] eine vermutete Unverbindlichkeit der Mediationslösung und die Gefahr der Übervorteilung Einzelner zum Gegenstand. Hier hilft neben der interessenorientierten Anpassung des Verfahrensdesigns (Welche Form von Ergebnisverbindlichkeit erwarten die Beteiligten? Wie soll sichergestellt werden, dass eine Entscheidung nicht unter Druck getroffen wird?) das wertschätzende Normalisieren: Die Gesellschafter befinden sich in einer höchst komplexen und gegebenenfalls eskalierten Konfliktsituation, die sie unter Umständen in Teilen als existenzbedrohend empfinden. Hier sind Vorbehalte legitim (ihr Fehlen wäre bedenklich) und bieten Anhaltspunkte für die Gestaltung des Mediationsprozesses, der nicht selten (zu Recht) als Strategiemeeting angekündigt wird.[4]

In Variation des klassischen Phasenmodells der Mediation (hierzu Kap. 3.2) bietet sich **13** bei Gesellschafterkonflikten nach einer Sammlung der regelungsbedürftigen Themen (im Beispiel unter anderem die Gewinnverteilung mit den untergeordneten Fragen der Vergütungsrelevanz unterschiedlicher Tätigkeiten) folgendes Vorgehen an: Der Mediator initiiert zunächst eine Klärung der mit dem regelungsbedürftigen Thema im Zusammenhang stehenden individuellen Interessen. Anschließend gleichen die Gesellschafter ihre individuellen Interessen mit ihrer Vorstellung des gemeinsam in der Gesellschaft verfolgten Interesses ab. Erst dann kann mit der Suche nach stimmigen Lösungsoptionen begonnen werden.

Bei der Klärung der individuellen Interessen der Gesellschafter darf zunächst ruhig ein **14** sehr breiter Fokus gewählt werden. In dem oben geschilderten Beispielsfall wäre im Rahmen einer einzelfallangepassten Methodik die Frage denkbar, welchen Beruf jeder Gesellschafter ergriffen hätte, wäre er nicht Anwalt geworden. Ein solches Vorgehen stellt auf Verfahrensebene sicher, dass alle Beteiligten zu Wort kommen. Inhaltlich können sich hier überraschende Antworten ergeben, die die Aufmerksamkeit der Gesellschafter auf die Persönlichkeiten ihrer Mitgesellschafter lenken, die ihnen beim für die Konfliktbearbeitung notwendigen Perspektivwechsel helfen und mit denen der Mediator weiter arbeiten kann: Welche Eigenschaften eines Opernsängers/Rennfahrers/Hirnchirurgs tragen Sie in den Anwaltsberuf? Welche Stärken eines Opernsängers/Rennfahrers/Hirnchirurgs kommen in Ihrer Person dem Gesellschafterkreis zugute? Dem Mediator obliegt es bei einem solchen Vorgehen, die Antworten auf diese Fragen anschließend trichterartig zu verdichten, so dass sie als Bezugspunkte für die weitere Diskussion dienen können.

In einem zweiten Schritt kann der Mediator den Fokus enger fassen und die Gesell- **15** schafter einzeln danach befragen, welche Zwecke eine neue Vergütungsregelung erfüllen müsse – und warum. In der Regel offenbaren sich spätestens an dieser Stelle Unterschiede in der Auffassung der Gesellschafter davon, welche Interessen sie im Kollektiv verfolgen: Während ein Partner aus dem Arbeitsrecht sich um die Profilschärfung seines Tätigkeitsfeldes bemüht, arbeitet ein Partner aus dem Familienrecht daran, das Beratungsangebot der Kanzlei inhaltlich zu erweitern. An diese Unterschiede kann nun eine systematische Erarbeitung eines Kanzleileitbilds anknüpfen, die Bezug nimmt auf die individuellen Interessen der Gesellschafter und deren Produkt eine präzisere und konsensgetragene Vorstellung über den im Kollektiv verfolgten Zweck darstellt.

Vor dem Hintergrund individueller Interessenprofile der einzelnen Gesellschafter und **16** einer Aufstellung der im Kollektiv verfolgten Interessen lassen sich nun Optionen für

---

3 Eine Sammlung weiterer denkbarer Vorbehalte findet sich bei Schwartz/Zierbock ZKM 2001, 224–226.
4 Neuvians ZKM 2011, 93, 94.

die Ausgestaltung eines interessengerechten Vergütungsmodells finden. An dieser Stelle unterscheidet sich die Gesellschaftermediation nicht wesentlich von Mediationen in anderen Kontexten. Der „konstruktive Umweg"[5] der Interessensammlung hat für gegenseitiges Verständnis gesorgt und Material für die Generierung von Optionen und für deren Bewertung geliefert. Kreativitätstechniken wie systemisch-zirkuläre Fragen (Wie handhaben andere Kanzleien diese Frage? Was würde Ihr kleiner Sohn Ihnen an dieser Stelle raten?; hierzu ausführlich Kap. 3.9) beflügeln den Einfallsreichtum der Gesellschafter, die anschließend aus verschiedenen Optionen ein Lösungsmodell für ihre konkret regelungsbedürftige Frage entwickeln müssen.

17 Hierbei trägt die Visualisierung von Ist- und Soll-Zustand[6] zur Anschaulichkeit bei (s. Kap. 3.15). Auch bieten gezeichnete Symbole (Beispiel: ein blaues Quadrat steht für unmittelbar umsatzrelevante Tätigkeiten; ein gelber Kreis steht für notwendige, aber nicht umsatzrelevante Aufgaben; ein grünes Dreieck steht für Tätigkeiten ohne Bezug zu kollektiv verfolgten Zielen) bei der vorsichtigen Annäherung an eine Lösung in einem semantischen Minenfeld von konflikthistorisch negativ besetzten Begriffen oft konsensfähige Bezugspunkte („Gehört das Verfassen von Aufsätzen nicht eher ins grüne Dreieck?" anstatt: „Die Aufsätze sind doch Ihr Privatvergnügen!").

18 Bevor sie die Abschlussvereinbarung unterzeichnen, sollten die Gesellschafter grundsätzlich einzeln externen Rechtsrat in Anspruch nehmen, der auch prüfen sollte, ob für eine Änderung des Gesellschaftsvertrages eine notarielle Beurkundung erforderlich ist.

5.5.3 Fazit

19 Gesellschafterkonflikte beziehen ihre besondere Komplexität aus dem Spannungsfeld von Individual- und Kollektivinteressen. Eine systematisch-interessenorientierte Vorgehensweise in der Mediation ist dazu geeignet, diese Komplexität anschaulich und handhabbar zu machen.

---

5 Gläßer/Kirchhoff ZKM 2005, 130.
6 Eyer ZKM 2000, 277, 280.

5.6 Grundlagen der Organisationsmediation

Literatur: Ballreich, R., Organisationsverständnis als Grundlage der Konfliktbearbeitung, in: Ballreich, R./Glasl, F., Konfliktmanagement und Mediation in Organisationen, 2011; Ballreich, R./Glasl, F., Konfliktbearbeitung mit Teams und Organisationen. Ein Lehrfilm zur Team- und Organisationsmediation, 2010; Ballreich, R., Mediation als Organisationsentwicklung, in: Ballreich, R./Glasl, F. Konfliktmanagement und Mediation in Organisationen, 2011; Ballreich, R./ Glasl, F, Konfliktmanagement und Mediation in Organisationen. Ein Lehr- und Übungsbuch mit Filmbeispielen auf DVD, 2011; Glasl, F., Konfliktmanagement., 2011; Kerntke, W., Mediation als Organisationsentwicklung, 2004; Schulz von Thun, F., Miteinander reden 2: Stile, Werte und Persönlichkeitsentwicklung, 1992.

Konflikte in Organisationen haben nicht nur mit den zwischenmenschlichen Verwer- 1
fungen zu tun. Arbeitsabläufe, Regeln der Zusammenarbeit und andere organisationale Gegebenheiten spielen meistens eine wichtige Rolle. Deshalb sollten Mediatoren für diese Arbeit Kenntnisse der Organisationszusammenhänge besitzen. Für tiefer gehende Interventionen sind auch Methoden der Organisationsentwicklung wichtig. In diesem Artikel werden die Zusammenhänge von Konflikt und Organisation skizziert und einige Ansätze der Organisationsmediation beschrieben. In Ballreich/Glasl (2010 und 2011) sind die theoretischen Modelle und die praktischen Mediationsansätze genauer beschreiben und teilweise im Film demonstriert.

5.6.1 Konflikte und Konfliktpotenziale in Organisationen verstehen

5.6.1.1 Systemisches Organisations- und Konfliktverständnis

Soziale Konflikte entfalten sich zwar zwischen Menschen, aber in Organisationen erfül- 2
len die Menschen bestimmte **Funktionen**, zB als Teamleiter, als Sachbearbeiter oder als Betriebsrat. Und sie reagieren aufeinander auch als Vertreter ihrer Arbeitsaufgaben, ihres Teams oder ihrer Abteilung. Diese Funktionen sind durch die Aufbaustruktur der Organisationen vertikal einander über- und untergeordnet. Durch die Aufteilung in Bereiche, Abteilungen und Teams entsteht aber auch eine horizontale Gliederung nebeneinander. An diesen Schnitt- bzw Verbindungsstellen zwischen Oben und Unten sowie zwischen den gleich gestellten Mitarbeitern, Teams und Abteilungen zeigt es sich, wie gut die Zusammenarbeit gelingt. Die Menschen sind dabei durch ihre Funktionen verantwortlich für die **Gestaltung der Prozesse**, die eine Organisation am Leben erhält: Kernprozesse der Produktion oder Dienstleistung, unterstützende Prozesse und Managementprozesse. All das wird gesteuert von strategischen Planungen und Programmen, aber auch von offiziellen und heimlichen Spielregeln, die wichtige Elemente der Unternehmenskultur darstellen. Abb 1. zeigt die miteinander verflochtenen **Systemelemente einer Organisation**.

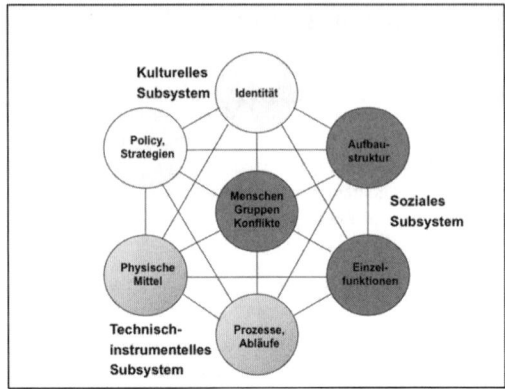

Abb. 1: Systemelemente und Subsysteme einer Organisation

3   In und zwischen diesen organisationalen Gegebenheiten gibt es natürliche **Spannungs-felder**, die anfällig sind für die Entfaltung von Konflikten, zB:

■   zwischen der Zentrale und den produktiven Bereichen,

■   zwischen Linien- und Stabsstellen,

■   in Veränderungsprozessen zwischen alten und neuen Werten,

■   in Fusionen zwischen „unseren" und „euren" Werten,

■   zwischen Qualitäts- und Kostenorientierung.

Die Menschen vertreten in ihren Verantwortungsbereichen den einen oder den anderen Pol und wenn es ihnen nicht gelingt, diese Spannungsfelder auszubalancieren, dann geraten sie in Streit miteinander. Sie nehmen Äußerungen persönlich und reagieren emotional.

4   Um die Einbettung eines Konfliktes in die Organisation besser sehen und verstehen zu können, ist die Kenntnis der spezifischen **Konfliktpotenziale** der einzelnen Systemelemente hilfreich. Abb. 2 zeigt dazu einige Beispiele.

Subsystem	Systemelement	Konfliktpotenziale
Kulturelles Subsystem	Identität	Gesamtidentität versus Teilidentitäten Alte Werte versus neue Werte
	Policy und Strategie	Negativ wirkende heimliche Spielregeln Wie werden neue Strategien akzeptiert?
Soziales Subsystem	Aufbau-Struktur	Wie fühlen sich die Mitarbeiter in der Organisation „beheimatet"? Schnittstellen zwischen Teams und Abteilungen
	Menschen, Gruppen, Klima	Führungsstile, Betriebsklima, informelle Bündnisse, Vertrauen – Misstrauen,
	Funktionen, Organe	Unklare Verantwortung, Befugnisse, Tätigkeiten
Technisch- instrumentelles Subsystem	Prozesse, Abläufe	Abhängigkeiten durch die Prozesslogik Planung und Lenkung der Arbeitsprozesse
	Physische Mittel	Budgetverteilung, Räume, Ausstattung

Abb. 2: Systemelemente und typische Konfliktpotenziale

Zum Verständnis der vernetzten Dynamik der einzelnen Systemelemente und ihrer Kon- 5
fliktpotenziale kann noch der Blick auf die **Entwicklung der Organisation** dazukommen. Denn hier lassen sich Phasen unterscheiden, die sich jeweils durch kulturelle, soziale und auch technisch-instrumentellen Gegebenheiten unterscheiden und typische Muster bilden:[1]

- Die Pionierphase, in der sich die Organisation wie eine große Familie organisiert.

- Die Differenzierungsphase, in der die Organisation wie ein Apparat durchstrukturiert wird.

- Die Integrationsphase, in der sich die einzelnen Bereiche der Organisation selbstständig organisieren und wie in einem Organismus zusammenwirken.

- Die Assoziationsphase, in der sich die Organisation wie ein Mitglied in einem Biotop mit dem Umfeld vernetzt.

Spannungen und Konflikte entfalten sich vor allem beim Übergang von einer Phase zur 6
nächsten. Denn das Alte ist noch nicht überwunden und das Neue ist noch nicht sicher etabliert. Manche Mitarbeiter oder Gruppen hängen noch an den gewohnten Verfahren, Umgangsformen und Werten, andere setzen sich schon für das Neue ein. Das erzeugt sozialen Zündstoff. Mediatoren, die sich mit den grundlegenden Mustern einer Entwicklungsphase auskennen, können anhand von bestimmten Phänomenen in einem Organisationskonflikt schneller zur Hypothese kommen, dass hier zB eine Übergangssituation von der Differenzierungsphase in die Integrationsphase vorliegt. Solche Hypothesen helfen beim Einschätzen der Situation und beim Planen der nächsten Schritte.

5.6.1.2 Von der Organisationsdiagnose zur Konfliktdiagnose

Der Blick auf die organisationalen Konfliktpotenziale reicht aber nicht aus, um die ver- 7
netzte Dynamik eines Organisationskonfliktes zu verstehen. Ergänzend dazu ist es wichtig, den Konflikt genauer anzuschauen. Das Modell der **Konflikt-Diagnosedimensionen**[2] ist eine große Hilfe, um die wesentlichen Faktoren im Konfliktfeld zu strukturieren und die Vernetzungen zwischen ihnen zu bemerken. Dieses differenzierte diagnostische Verstehen ist wichtig, um passende Vorgehensschritte in der Mediation zu finden und vor allem auch, um die Konfliktparteien beim Verstehen und Auflösen ihrer psychischen Verhärtungen und sozialen Verstrickungen unterstützen zu können.

---

1. Streitpunkte
Welche Themen spielen in den Auseinandersetzungen eine wichtige Rolle?

2. Konfliktverlauf
Wie hat sich der Konflikt entwickelt und welche markanten Wendepunkte gab es dabei?

3. Konfliktparteien
Wer sind die relevanten Konfliktparteien und welche Stakeholder sind außerdem für die Konfliktbearbeitung wichtig?

4. Die Beziehungen der Konfliktparteien zueinander
Welche Interaktionsmuster und Beziehungsdynamiken gibt es zwischen den Konfliktparteien?

5. Grundeinstellung der Beteiligten zum Konflikt
Welche Grundeinstellungen prägen das Verhalten der Beteiligten im Konflikt und wie sieht ihr Strategiekalkül aus?

Abb. 3: Die fünf Dimensionen der Konfliktdiagnose

---

1 Genauer beschrieben in Glasl/Lievegoed, Dynamische Unternehmensentwicklung, 2012; Haupt, in: Kerntke 2004.
2 Beschrieben in Glasl, 2011 und Ballreich/Glasl 2011.

Mediatoren werden möglichst bald die Konfliktparteien in diese Diagnoseprozesse einbeziehen. Denn sowohl das Verstehen der Problembereiche als auch die Planung von Veränderungsschritten sollte in der Verantwortung der Betroffenen liegen.

5.6.2 Situativ passende Ansätze in der Organisationsmediation

8 Jeder Konflikt ist anders und das Vorgehen in der Mediation sollte sich idealerweise an der speziellen Situation orientieren und nicht an den Vorlieben der Mediatoren.[3] Entscheidend für die Wahl des **Mediationsansatzes** ist nicht nur die Einschätzung der Stärke der Konflikteskalation oder ob es sich um einen heißen oder kalten Konflikt handelt. Auch die zur Verfügung stehende Zeit oder andere Rahmenbedingungen sowie die kulturellen und rechtlichen Gegebenheiten sind zu berücksichtigen. Die nachfolgend beschriebenen Mediationsansätze sind für Organisationskonflikte besonders wichtig.

5.6.2.1 Transformative Mediation

9 Situationen, in denen die Beteiligten auch nach einer Mediation weiter zusammen arbeiten müssen, erfordern einen Ansatz, der sowohl Lösungen für die sachorientierten Streitfragen ermöglicht, als auch an der Verbesserung, bzw Heilung der Beziehungsprobleme arbeitet. Dafür ist transformative Mediation die erste Wahl, denn sie strebt tiefer gehende Verwandlungen in den beteiligten Menschen und in ihrer Beziehungsgestaltung an. Emotionale Zuspitzungen und Einseitigkeiten im Verhalten können dadurch überwunden werden und gegenseitiger Respekt und Anerkennung entwickeln sich. Der **mediative U-Prozess** ist dafür ein wirkungsvolles Vorgehen, denn er setzt bei der schrittweisen Transformation der Sichtweisen, Gefühle und Bedürfnisse an.[4] Auf jeder Stufe unterstützen die Mediatoren durch ihre Fragen und ihr Paraphrasieren und Spiegeln sowohl den Selbstausdruck jeder Konfliktpartei als auch die Hinwendung zu den Anderen (s. hierzu Abb. 5, Kap. 3.3).

10 Dieser Prozess hat mehrere Wendepunkte, die nur erreicht werden, wenn die Beteiligten automatisch und zwingend wirkende mentale, emotionale und verhaltensorientierte Muster überwinden. Die Bereitschaft, sich auf die Mediation einzulassen, die Perspektive der Anderen einzunehmen, sich empathisch in die Anderen einzufühlen und deren Bedürfnis-Not zu verstehen, sind Auswirkungen dieser Transformationen. Das führt auch zur Veränderung des zwischenmenschlichen Feldes. Denn das Eis ist gebrochen, die soziale Atmosphäre lädt zur Begegnung ein und die Menschen schauen sich wieder in die Augen. Sie haben auch gelernt, ihre eigenen Sichtweisen, Gefühle und Bedürfnisse auszusprechen sowie die der Anderen zu verstehen. Diese Form der Mediation ist nicht nur zwischen zerstrittenen Kollegen oder zwischen Führungskräften und ihren Mitarbeitern möglich, sondern auch in Teams sowie zwischen Teams oder Abteilungen.

5.6.2.2 Lösungs-fokussierte Konflikt-Moderation

11 Wenn ein Konflikt noch nicht sehr stark eskaliert ist, kann gleich zu Beginn einer Mediation lösungsfokussiert gearbeitet werden.[5] Es ist auch möglich, im Verlauf einer Konfliktbearbeitung zB zwischen dem Betriebsrat und der Unternehmensleitung oder zwischen einer Führungskraft und seinen Mitarbeitern nach der transformativen Bearbeitung von Themen lösungsfokussiert weiter zu arbeiten. Das **lösungsfokussierte Ange-**

---

3 Das wird als Kontingenzansatz bezeichnet. S. dazu Fisher, Der Kontingenzansatz in Mediation und Beratung, in: Ballreich/Fröse/Piber (Hrsg.), Organisationsentwicklung und Konfliktmanagement, 2007.

4 Das Vorgehen ist genauer beschrieben in Ballreich, Mediation zwischen einzelnen Personen, in: Ballreich/Glasl, 2011. In Ballreich/Glasl 2010 wird im Film ist jeweils eine ganze Mediation mit dem U-Prozesse zwischen zwei Abteilungsleitern und zwischen zwei Teams gezeigt.

5 S. dazu Bannink, Praxis der Lösungs-fokussierten Mediation, 2009.

bots- und Nachfrageverhandeln ist dafür besonders gut geeignet.[6] Mediatoren haben dabei eine moderierende Funktion. Die Parteien werden aufzufordern, mit Blick auf ihre eigene Situation zu überlegen: „Um welche konkreten Handlungen möchten wir die Anderen bitten, damit wir unsere Arbeit besser ausführen können?" Und mit Blick auf die Situation der anderen Partei sollen sie überlegen: „Was sind wir bereit, den Anderen anzubieten, damit sie ihre Arbeit besser ausführen können?" Diese Bitten und Angebote werden dann im Gespräch präzisiert und ggf verändert. Wenn diese Methode im richtigen Moment eingesetzt wird, dann können damit sehr viele Themen geklärt werden und das gegenseitige Geben trägt mit zur Verbesserung des sozialen Klimas bei.

5.6.2.3 System-therapeutische Mediation

Um in der Organisationsmediation nachhaltig wirkende Veränderungen zu erreichen, 12 genügen lösungsfokussierte und die Beziehungen transformierende Ansätze oft nicht, denn in und zwischen den konfliktparteien sind starke systemische Muster wirksam, die nur schwer zu verändern sind. Damit sind zB konfliktbedingte soziale Arrangements gemeint, die mit fixierten Rollenmustern und rigiden heimlichen Spielregeln zusammenhängen und in einem Team zB zu **Sündenbockphänomenen**, Abschottung von der Umwelt oder sozialen Zwangssystemen führen können. Aber auch zwischen Einzelnen etablieren sich im Streit systemische Teufelskreise von Angriff und Gegenangriff, die eine Eigendynamik entfalten und die Betroffenen ohne ihren bewussten Willen immer tiefer in den Konflikt hineintreiben (Schulz von Thun 1992).

Man kann von System-therapeutischer Mediation sprechen, wenn an der Veränderung 13 dieser Tiefenschichten eines Konfliktes gearbeitet wird. Die Aufdeckung dieser systemischen Mechanismen geschieht gemeinsam mit den Betroffenen. Für die Überwindung der **systemischen Muster** und die Etablierung von konstruktiven Verhaltensweisen sind dann neben systemischen Interventionen, wie zB die paradoxe Intention, auch Ansätze der transformativen Mediation und der mediativen Organisationsentwicklung hilfreich.

5.6.2.4 Mediative Organisationsentwicklung

Die streitenden Menschen in einer Organisation bewegen sich in konkreten Arbeitspro- 14 zessen, sie erfüllen bestimmte Funktionen für das Ganze der Organisation, sie sind in offiziellen und informellen Strukturen eingeordnet und die Kultur der Organisation prägt ihr Verhalten mit. Dieses **systemische Umfeld eines Konfliktes** sollte in der Mediation immer mit bedacht werden. Konkret heißt das für Mediatoren, durch Fragen diese Zusammenhänge bewusst zu machen und zB bei der Klärung der Bedürfnisse nicht nur die persönliche Ebene zu sehen, sondern auch die Organisationale: „In Ihrer Führungsrolle ist es Ihnen wichtig ...!" „In Ihrer Verantwortung für diese Aufgabe ist es Ihnen wichtig ...!" Diese Betrachtungsweise führt bei der Suche nach Lösungen dazu, dass auch Arbeitsabläufe, Verantwortlichkeiten, Befugnisse oder Strukturen verändert werden. Wenn diese Klärungen im Sinne der System-therapeutischen Mediation auch die **Tiefenschicht der Organisationskultur** betreffen, dann wird auch an den handlungsleitenden heimlichen Spielregeln gearbeitet. Daraus ergeben sich Maßnahmen, um die negative Normen und Regeln überwinden und neue Regeln und Werte zur Wirksamkeit

---

6 Die Methode ist für den Einsatz zwischen einzelnen Personen, in und zwischen Teams beschrieben in: Ballreich, Mediation in Gruppen und Teams, in: Ballreich/Glasl, 2011. In Ballreich/Glasl 2010 wird im Film wir eine Mediation zwischen zwei Teams mit dieser Methode gezeigt.

zu bringen.[7] Für diese Arbeit brauchen Mediatoren Kenntnisse und Methoden der Organisationsentwicklung.

5.6.2.5 Konfliktmanagementsysteme etablieren

15 Die konfliktfreie Organisation gibt es nicht, denn die Spannungsfelder in Organisationen sorgen immer wieder dafür, dass zwischen den arbeitenden Menschen Konflikte entstehen. Deshalb kann als eine Folge von Konfliktinterventionen bei den Verantwortlichen einer Organisation die Frage bewusst werden: „Wie können wir grundsätzlich einen konstruktiveren Umgang mit Spannungen und Konflikten lernen?" „Wie entwickeln wir als Menschen Konfliktfähigkeiten und als Organisation **Konfliktfestigkeit?**" Daraus ergeben sich Maßnahmen, die zur Entwicklung eines systematischen Konfliktmanagements führen.[8] Konkret heißt das zB:

■ Qualifizierung der Führungskräfte und Mitarbeiter beim Umgang mit Konflikten: Führen von Mitarbeitergesprächen, Entwicklung von Konfliktkompetenz, dialogische Gesprächsführung.

■ Systematische Durchführung von Teamklausuren und Feedbackgesprächen zur Verbesserung der Zusammenarbeit.

■ Schnitt- bzw Nahtstellenworkshops.

■ Einrichtung von ersten Anlaufstellen bei Konflikten (Ombudsstelle, Konfliktlotsen).

■ Ausbildung von organisationsinternen Mediatoren.

■ Bewusste Arbeit an der Veränderung der Organisationskultur, dh der heimlichen Spielregeln, die das Verhalten in der Kommunikation und im Konflikt steuern.

■ Vernetzung aller Faktoren, die für den Umgang mit Konflikten wichtig sind.

16 Diese Form der Konfliktarbeit in Organisationen verlangt von Mediatoren Organisationsentwicklungs-Kompetenzen, bzw Organisationsentwickler brauchen dazu Mediationskompetenzen. Durch diese Aktivitäten geschehen aber tiefgreifende und nachhaltig wirkende Veränderungen in Organisationen. Denn der konstruktive Umgang mit Konflikten bleibt nicht bei der Fähigkeitenentwicklung der Mitarbeiter stehen, sondern er wird auch in Strukturen, Prozessen und gelebten gemeinsamen Werten realisiert. Wenn das möglich ist, dann wurden Konflikte als Chance genutzt, um tiefgreifende Veränderungen in der Organisation zu bewirken.

---

7 In Ballreich 2011 sind viele Methoden der mediativen Organisationsentwicklung beschrieben. In Ballreich/ Glasl, 2010, ist im Film die U-Procedur, eine mediative Form der Prozessverbesserung mit zwei zerstrittenen Teams gezeigt, bei der das Zusammenwirken der kulturellen Faktoren mit den sozialen und technisch-instrumentellen sichtbar wird.

8 Zur Vertiefung s. Faller, Einführung von innerbetrieblichen Konfliktmanagementsystemen in Organisationen, in Ballreich/Fröse/Piber, Organisationsentwicklung und Konfliktmanagement, 2007.

5.7 Die Praxis der Konfliktbearbeitung in (Groß-)Unternehmen

Literatur: Europa-Universität Viadrina/PricewaterhouseCoopers (Hrsg.), Konfliktmanagement – Von den Elementen zum System, 2011 – abrufbar unter http://www.europa-uni.de/de/ forschung/institut/institut_ikm/publikationen/EUV_PwC_Studie_Konfliktmanagement-Systeme_ 2011_DRUCK-V15.pdf; Gläßer, U./Kirchhoff, L./Wendenburg, F. (Hrsg.), Konfliktmanagement in der Wirtschaft – Ansätze, Modelle, Systeme, 2013.

5.7.1 Einführung

In jedem Unternehmen existiert ein bemerkenswertes **Spektrum von Konflikten** – es 1 reicht von Auseinandersetzungen in Teams oder hierarchieübergreifenden Streitigkeiten über eskalierende Differenzen mit Blick auf Rollen und Strategien auf der Leitungsebene bis hin zu Problemen zwischen Abteilungen oder Konzerngesellschaften. Derartige **unternehmensinterne Konflikte** werden durch eine Vielzahl an Vorgehensweisen bearbeitet. Die Bandbreite der zum Einsatz kommenden **Verfahrensarten** reicht von selbstbestimmten Verhandlungen zwischen einzelnen Mitarbeitern, Abteilungen oder Konzerngesellschaften über die Einschaltung unternehmensinterner Autoritäten bzw Ressourcen (Gespräche mit Vorgesetzten, Einbeziehung der Personalabteilung oder des Betriebsrates, beratende, vermittelnde oder schlichtende Intervention von Ombuds- oder anderen Vertrauenspersonen, Tätigwerden von unternehmensinternen Mediatoren etc.) bis zu der Beauftragung externer Experten für Coaching, Supervision, Mediation, Unternehmens-, Team- und Führungskräfteentwicklungsmaßnahmen oder gar der Einleitung (arbeits-)gerichtlicher Prozesse.

Die Weichenstellung, welche Verfahrensweisen in einem konkreten Unternehmen für 2 bestimmte Konfliktsituationen bzw -konstellationen präferiert werden, wird nicht immer im Wege einer **reflektierten und systematischen Verfahrenswahl** getroffen, sondern beruht häufig auf tradierten Verfahrenspfaden oder individuell-intuitiven Entscheidungen der zuständigen Akteure. Bisweilen fehlen den Entscheidungsträgern auch Informationen über verfügbare, unter Umständen besser geeignete Verfahrensalternativen oder es bestehen Vorurteile bzw Fehlvorstellungen bezüglich bestimmter Verfahrensarten. Nur sehr selten werden Konfliktbearbeitungsprozesse routinemäßig Controllingmaßnahmen unterzogen.

Dieser Beitrag soll aktuelle Entwicklungen der Systematisierung der Konfliktbearbei- 3 tungspraxis in Unternehmen vorstellen und aufzeigen, welche Rolle Mediation und Mediatoren dabei einnehmen (können).

4 Dafür wird auf der Basis von empirischen Befunden und erhobener Unternehmenspraxis (2.) ein Kategoriensystem von sog. **Konfliktmanagement-Komponenten** vorgestellt (3.), in das sich die unterschiedlichen Konfliktbearbeitungsaktivitäten innerhalb von Unternehmen einordnen lassen und das – unter Hinzufügung weiterer Faktoren – zu einem vollständigen **Konfliktmanagementsystem** ausgebaut werden kann (4.). Im Sinne eines handlungsorientierten Fazits und Ausblicks werden abschließend der Praxis entstammende Beobachtungen und Empfehlungen formuliert und wichtige Gestaltungsfragen markiert (5.).

5.7.2 Zunehmende Systematisierung der Konfliktbearbeitung in Unternehmen

5 Eine 2005 von der Europa-Universität Viadrina (EUV) und PricewaterhouseCoopers (PwC) initiierte, insgesamt fünfteilige Studienserie, die den gegenwärtigen Paradigmenwechsel der Konfliktmanagement-Praxis in der deutschen Wirtschaft über ein gesamtes Jahrzehnt hinweg begleiten soll, macht sichtbar, dass sich in vielen an der Langzeituntersuchung beteiligten Großunternehmen eine zunehmende Systematisierung des Umgangs mit Konflikten entwickelt.

6 Die erste, noch auf Konflikte zwischen Unternehmen beschränkte Studie „**Commercial Dispute Resolution – Konfliktbearbeitungsverfahren im Vergleich**"[1] zeigte, dass – zum damaligen Zeitpunkt – die tatsächliche Konfliktbearbeitungspraxis deutscher Großunternehmen nicht mit den bestehenden Einschätzungen der verschiedenen Verfahrensarten überstimmte: Obwohl die Verfahren der Schiedsgerichtsbarkeit, Schlichtung und Mediation in der Gesamtbewertung als deutlich vorteilhafter eingeschätzt wurden als das staatliche Gerichtsverfahren, wurde in der überwiegenden Zahl der Konflikte mit anderen Unternehmen nach gescheiterten Verhandlungen nicht auf die genannten außergerichtlichen bzw Schiedsverfahren zurückgegriffen, sondern zumeist direkt Klage vor einem staatlichen Gericht erhoben.

7 Den Ursachen dieser erheblichen Diskrepanz zwischen Haltung und Handeln mit Blick auf Konflikte zwischen Unternehmen ging die als vertiefende Folgeuntersuchung angelegte, 2007 veröffentlichte zweite Studie „**Praxis des Konfliktmanagements deutscher Unternehmen**"[2] im Wege einer qualitativen Befragung der Entscheidungsträger nach. In dieser Befragung wurde deutlich, dass die Gründe für die zögerliche Nutzung von außergerichtlichen Konfliktbearbeitungsverfahren wie insbesondere Schlichtung oder Mediation in der Wirtschaft nicht nur in Informationsdefiziten oder fehlenden Verfahrenserfahrungen der Entscheidungsträger lagen, sondern oft auch in einem mangelhaften Konfliktmanagement – verstanden als ein systematischer Umgang mit Konflikten, der den generellen Anforderungen an bewusst gesteuertes und steuerndes Management-Verhalten entspricht. Dies galt sowohl für den sog. „**business to business**"-**Bereich** als auch für unternehmensinterne Konflikte.

8 Um den kooperativen Informations- und Erfahrungsaustausch zu fördern und dadurch die Optimierung des Konfliktmanagements in Unternehmen voranzutreiben, wurde 2008 der **Round Table Mediation und Konfliktmanagement der deutschen Wirtschaft** (RTMKM) gegründet, dem mittlerweile weit über 30 deutsche Unternehmen angehören und der vom Institut für Konfliktmanagement der Europa-Universität Viadrina wissenschaftlich begleitet wird.[3]

---

1 Der Volltext dieser Studie ist abrufbar unter http://www.euv-frankfurt-o.de/de/forschung/institut/institut_ikm/publikationen/Studie_Commcercial_Dispute_Resolution_2005.pdf; s. dazu auch Gläßer/Kirchhoff, Konfliktbearbeitung deutscher (Groß-)Unternehmen, ZKM 2005, 188 ff.

2 Der Volltext dieser von Wellmann/Kraus/Kampherm verfassten Studie ist abrufbar unter http://www.euv-frankfurt-o.de/de/forschung/institut/institut_ikm/publikationen/Studie_KMS_II_2007.pdf; s.a. dazu Wellmann/Kraus/Kampherm, Praxis des Konfliktmanagements deutscher Unternehmen, ZKM 2008, 149 ff.

3 Nähere Informationen zum Round Table finden sich unter www.rtmkm.de.

Die konstruktiven Konfliktmanagement-Ansätze innovativer Unternehmen zu doku- 9
mentieren, analysieren und systematisieren, dadurch einem Praxistransfer zugänglich zu
machen und zukunftsweisende Modelle und Empfehlungen zu erarbeiten, war die Zielsetzung der Anfang 2011 veröffentlichten dritten Studie „**Konfliktmanagement – Von
den Elementen zum System**",[4] deren zentrale Befunde im Folgenden näher vorgestellt
werden. Sie beschreiben die aktuelle Praxis der Konfliktbearbeitung im Unternehmen
und zeigen gleichzeitig die zu erwartenden Entwicklungslinien der kommenden Jahre
auf.

5.7.3 Die Komponenten des Konfliktmanagements – ein Ordnungs- und Baukastensystem

Konfliktmanagement besteht aus einer Vielzahl **sehr unterschiedlicher Elemente**, wie zB 10
Ombudspersonen, Mediatorenlisten, Vertragsklauseln oder Falldokumentationsbögen,
welche ebenso unterschiedliche Funktionen erfüllen. Um eine übersichtliche Zuordnung
dieser einzelnen Elemente entsprechend ihrer jeweiligen Funktionen vornehmen zu können, wurde ein System von sogenannten **Komponenten** erarbeitet, in das sich die wesentlichen Maßnahmen bzw Akteure unternehmerischen Konfliktmanagements einordnen lassen. Die Reihung der Komponenten ist an der idealtypischen Chronologie der
Konfliktbearbeitung orientiert.

Die vorgestellten Komponenten sind dabei sämtlich als **funktionsorientierte Kategorien** 11
zu verstehen, die im Sinne eines „Baukastensystems" jeweils verschiedene, unterschiedlich aufwändige Elemente enthalten, die – passend zur Konfliktart und Unternehmens-
größe – für die konkrete Ausgestaltung des Konfliktmanagements in einem Unternehmen genutzt werden (können).

5.7.3.1 Konfliktanlaufstellen

Konfliktanlaufstellen, wie zB innerbetriebliche Konfliktlotsen, Ombudspersonen, die 12
Personal- oder auch die Rechtsabteilung, sollen auftretende Konflikte möglichst frühzeitig erfassen und dazu beitragen, dass ein Konflikt dem jeweils passenden der verfügbaren Verfahren zugeleitet wird.

5.7.3.2 Systematik der Verfahrenswahl

Die Auswahl eines **Konfliktbearbeitungsverfahrens** sollte nicht rein intuitiv oder ge- 13
wohnheitsbasiert, sondern kriteriengeleitet erfolgen. Es existieren unterschiedlich elabo-
rierte Auswahl-Systematiken von einfachen „Checklisten" oder „Wenn-dann-Schema-
ta" bis hin zu sehr differenzierten computerbasierten Fallzuweisungsinstrumenten.

5.7.3.3 Konfliktbearbeiter

Für die Durchführung des ausgewählten Konfliktbearbeitungsverfahrens müssen quali- 14
fizierte **Verfahrensexperten** zur Verfügung stehen. Dafür können – je nach Verfahrens-
art und Konfliktkategorie – zB Mitarbeiter der Personal- oder Rechtsabteilung, geschulte interne Mediatoren oder externe Coaches oder Mediatoren herangezogen werden.

5.7.3.4 Verfahrensstandards

Aus Gründen der Einheitlichkeit und Qualitätssicherung darf die Art und Weise der 15
Durchführung eines Verfahrens nicht ins subjektive Belieben des individuellen Konflikt-
bearbeiters gestellt sein. Vielmehr sollte der zu erwartende Ablauf eines Verfahrens und

---

4 Der Volltext dieser Studie ist abrufbar unter http://www.europa-uni.de/de/forschung/institut/institut_ikm/
publikationen/EUV_PwC_Studie_Konfliktmanagement-Systeme_2011_DRUCK-V15.pdf.

die Rolle, die der Konfliktbearbeiter dabei einnimmt, durch **Verfahrensstandards** definiert und transparent gemacht werden. Als Verfahrensstandards können selbst gestaltete unternehmensinterne Richtlinien dienen oder Verfahrensordnungen nationaler Verbände oder internationaler Organisationen in Bezug genommen werden.

5.7.3.5 Dokumentation/Controlling/Qualitätssicherung

16 Über die Verfahrensstandards hinaus müssen – entsprechend allgemeiner Managementregeln – auch für den Umgang mit Konflikten Instrumente des **Controlling und der Qualitätssicherung** eingeführt werden, um eine systematische Steuerung und Weiterentwicklung des unternehmerischen Konfliktmanagements zu ermöglichen. Grundlage dafür ist eine konsequente Dokumentation der gewählten Konfliktbearbeitungsformen und ihrer Effekte.

5.7.3.6 Innen- und Außendarstellung/Kommunikation

17 Voraussetzung dafür, dass verfügbare Konfliktmanagement-Strukturen bei unternehmensinternen Konflikten auch tatsächlich genutzt werden, ist ihre Bekanntheit und Akzeptanz in der Belegschaft. Dafür bedarf es einer unternehmensintern allgemein zugänglichen, leicht verständlichen, transparenten **Darstellung bestehender Angebote**, die im Konfliktfall durch zielgruppenspezifische Kommunikation ergänzt werden muss.

5.7.4 Zusammensetzung der Komponenten zu einem Konfliktmanagement-System

18 Je nach Bedarfs- und Ressourcenlage in einem Unternehmen können Konfliktmanagement-Strukturen selbstverständlich dadurch aufgebaut werden, dass (zunächst) – entsprechend der am dringendsten benötigten Funktion – nur ein einzelnes Element einer Komponente etabliert wird. Von einem **Konfliktmanagement-System** kann nach dem der zitierten Studie zugrunde liegenden Verständnis allerdings erst dann gesprochen werden, wenn alle sechs der oben aufgeführten Komponenten durch entsprechende Elemente realisiert worden sind und eine Steuerungsinstanz als siebte Komponente hinzutritt, die die einzelnen Elemente systematisch vernetzt und ihr funktionales Zusammenspiel regelt.

19 Die Steuerungsinstanz benötigt ein **Regelgefüge**, das das Zusammenspiel der Akteure, Instrumente und Prozesse der Konfliktprävention und -behandlung be- und vorschreibt. Das gesamte Gefüge des Konfliktmanagements sollte strukturell und explizit in dem unternehmerischen Leitbild, bzw der offiziellen **Unternehmenskultur,** eingebettet sein. Erst, wenn all diese Kriterien erfüllt sind, ist der Sprung von einzelnen Elementen bzw Komponenten hin zu einem umfassenden Konfliktmanagement-System vollzogen.

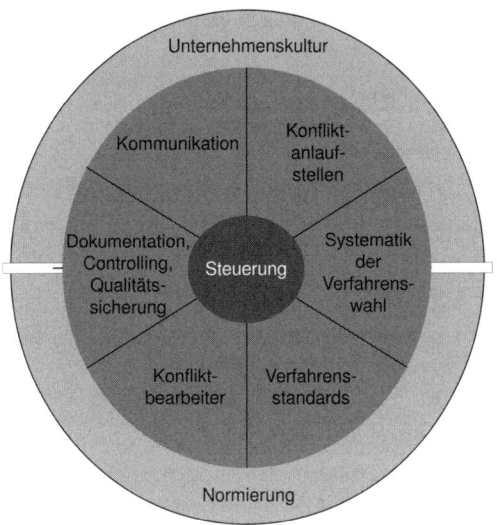

In der unternehmerischen Praxis erfüllt dieses Modell, das gewissermaßen als systemati-   20
siertes Destillat der bisherigen **best practice** zum Thema zu verstehen ist, unterschiedliche Funktionen – je nach dem Etablierungsgrad von Konfliktmanagement in einem
konkreten Unternehmen.[5] Für Unternehmen, die das Thema Konfliktmanagement neu
für sich entdecken, bietet es einen Referenzrahmen zur Bestandsaufnahme und Einordnung bestehender und Planung notwendiger Strukturen. Sofern bereits ein Programm
existiert, erlaubt das Modell eine gezielte Stärkung und angemessene Vernetzung der
einzelnen Komponenten. Für Unternehmen, die bereits ein vollumfängliches Konfliktmanagementsystem etabliert haben, bietet es den Boden für Controlling- und Qualitäts-
sicherungsmaßnahmen sowie eine nahtlose Integration in das unternehmerische Risiko-
management.

5.7.5 Fazit und Ausblick

5.7.5.1 Beobachtungen

Die im Rahmen der Studie „**Konfliktmanagement – Von den Elementen zum System**"   21
untersuchten Unternehmensstrategien und -praktiken im Bereich Konfliktmanagement
zeigen, dass für die (Weiter-)Entwicklung unternehmerischen Konfliktmanagements bis
hin zum Aufbau eines vollständigen Konfliktmanagement-Systems vielfältige Ansatzpunkte und Möglichkeiten bestehen, wobei unterschiedliche Akteure als sog. Fach-,
Prozess- und Machtpromotoren zusammen wirken müssen.[6]

Zugleich wurde deutlich, dass es in den letzten Jahren sehr häufig ausgebildete Media-   22
toren waren, die in ihren jeweiligen Funktionen innerhalb der Unternehmen als Pioniere
mit großem persönlichen Einsatz zum einen daran gearbeitet haben, die bis dato vorhandenen Konfliktbearbeitungsstrukturen im Sinne eines interessenorientierten Konfliktmanagements zu optimieren und auszubauen, und zum anderen darauf hingewirkt

---

5   S. ausführlich Kirchhoff, Konfliktmanagement(-systeme) 2.0, Konfliktdynamik 1/2012, 4 ff.
6   S. dazu die Fokusstudie „Konfliktmanagement – Etablierungsprozesse und -strategien" von von Oertzen/
    Nöldeke im Volltext der dritten Studie (s. Fn 4), 56 ff, sowie Gläßer/Hammes/von Oertzen, Konflikte im Fo-
    kus, PERSONAL 5/2011, 48 ff.

haben, dass bei Bedarf für die Bearbeitung bestimmter Konfliktkonstellationen auch externe Mediatoren herangezogen wurden.

5.7.5.2 Handlungsempfehlungen

23 Die empirischen Befunde zur Konfliktmanagementpraxis im Unternehmen legen eine Reihe von Empfehlungen nahe, deren Beachtung zu einer möglichst effizienten Etablierung bzw **Optimierung der Konfliktmanagement-Strukturen** beitragen kann.[7]

5.7.5.2.1 Erfassung und Vernetzung bestehender Strukturen und Akteure

24 In der **Planungsphase** vor der Einführung neuer Konfliktmanagement-Strukturen sollten alle im Bereich Konfliktbearbeitung bereits existenten Stellen, Verfahren, Funktionsträger und deren Rollenbezeichnungen sorgfältig erfasst werden, um Funktionsüberschneidungen und (unbeabsichtigte) Konkurrenzen zu vermeiden. Diese Übersicht über die schon bestehenden Strukturen und Akteure ist die Grundlage sowohl für eine Bedarfsanalyse als auch für eine passgenaue, effiziente Einbindung der vorhandenen Ressourcen in ein neues, maßgeschneidertes Gesamtgefüge. Wesentliche Synergieeffekte entstehen, wenn die existenten Konfliktmanagement-Elemente koordiniert werden und hinsichtlich der praktizierten Ansätze und Methoden, der eingesetzten Begrifflichkeiten sowie des dahinter stehenden Grundverständnisses kompatibel sind.

5.7.5.2.2 Bekenntnis der Unternehmensleitung

25 Nur mit einem ausdrücklichen, verbindlichen und möglichst langfristigen **Bekenntnis der Unternehmensleitung** lassen sich neue Konfliktmanagement-Strukturen nachhaltig etablieren. Fehlt ein solches Bekenntnis, besteht die Gefahr, dass Konfliktmanagement-Initiativen trotz bester konzeptioneller Anlage in der **Pilotphase** stecken bleiben. Essentieller Bestandteil des Commitments der Unternehmensleitung ist ein definiertes Budget – insbesondere für die Arbeitsentlastung der Konfliktmanagement-Promotoren im Bereich ihrer normalen Aufgaben, Aus- und Fortbildung, Schaffung von Informationsplattformen etc.

5.7.5.2.3 Verstetigung von Funktionen und Strukturen

26 Die Pilotphase der Etablierung von Konfliktmanagement-Maßnahmen wird häufig von einzelnen, besonders engagierten und oft auch charismatischen Pionierpersönlichkeiten getragen und vorangetrieben. Wenn diese Akteure für den Bereich Konfliktmanagement nicht mehr zur Verfügung stehen – weil sie aus dem Unternehmen ausscheiden oder weil sie sich anderen Aufgaben widmen (müssen) – können Probleme wie Wissensverlust, Motivationsabfall bei den übrigen Beteiligten oder Unterbrechung von wichtigen Kommunikationssträngen inner- und außerhalb des Unternehmens entstehen. Um den Fortbestand von Konfliktmanagement-Aktivitäten unabhängig von konkreten Personen zu sichern, ist es notwendig, die von Pionierpersönlichkeiten wahrgenommenen Funktionen frühzeitig zu analysieren und durch die Etablierung entsprechender – von individuellen Personen unabhängiger – Rollen und Strukturen zu verstetigen.

5.7.5.3 Aktuelle Gestaltungsfragen

27 Die Praxis und der Diskurs zum Thema Konfliktmanagement im Unternehmen entwickeln sich kontinuierlich weiter.[8] Nachdem die letzten Jahre von der Herausarbeitung

---

7 Aufgrund des begrenzten Umfangs dieses Beitrags werden hier nur einige ausgewählte Empfehlungen präsentiert; der vollständige Empfehlungskatalog findet sich im Volltext der dritten Studie (s. Fn 4), 69 ff; s.a. dazu Gläßer, Konfliktmanagement – Von den Elementen zum System, ZKM 4/2011, 100 ff.
8 S.a. Gläßer/Kirchhoff/Wendenburg (Hrsg.) Konfliktmanagement in der Wirtschaft – Ansätze, Modelle, Systeme, 2013.

von Modellen und Strukturen geprägt waren, werden im nächsten Wegabschnitt aus unserer Sicht die folgenden fünf Fragen besondere Relevanz entfalten:

■ Welche **Qualifikationen und Fähigkeiten** sind für welche Rolle im unternehmerischen Konfliktmanagement notwendig?

■ Wie sieht der „**(Kosten-)Alltag**" des Konfliktmanagements aus? (Hier sind gerade in Großunternehmen, in denen Unternehmenseinheiten jeweils eigene Budgets verwalten, pragmatische und doch zugleich essentielle Entscheidungen, zB über die Freistellung von Akteuren oder die Kostenverrechnung zwischen verschiedenen Unternehmenseinheiten, zu treffen.)

■ Wie lassen sich **Kostenerfassung, Controlling und Qualitätssicherung** in der Konfliktbearbeitung als Instrumente der Rückkopplung, Erfolgsmessung und Systemverbesserung in bestehende Management-Systeme integrieren?[9]

■ Und schließlich: Welcher **unternehmerischen Ethik** bzw übergeordneten „Philosophie" sollen Konfliktmanagement-Maßnahmen eigentlich dienen – und was bedeutet dies für so unterschiedliche Fragen wie den Inhalt von Betriebsvereinbarungen, Personalauswahlentscheidungen oder die Haltung und organisationelle Autonomie der für das Konfliktmanagement im Unternehmen konkret verantwortlichen Personen?

---

9 Diese Fragestellung wird im Mittelpunkt der vierten EUV/PwC-Konfliktmanagement-Studie stehen, die voraussichtlich 2013 veröffentlicht werden wird.

5.8 Mediation in der Unternehmensberatung/Externe Mediatoren im Unternehmen

Literatur: Augustin, K., Betriebsnachfolge perfekt geregelt, 2005; Ballreich, R./Glasl F. (Hrsg.), Konfliktbearbeitung mit Teams und Organisationen, 2012; Mutzeck, W., Methodenbuch Kooperative Beratung, Supervision, Teamberatung, Coaching, Mediation, 2008; Proksch, S., Konfliktmanagement im Unternehmen, Mediation als Instrument für Konflikt- und Kooperationsmanagement am Arbeitsplatz, 2010; Robrecht, T., Organisation ist Konflikt, 2012.

1 Mediation in der Unternehmensberatung ist in zweierlei Weise nützlich. Zum einen als **Dienstleistung**, die von den Unternehmen, die beraten werden, in Anspruch genommen werden kann, um größere Auseinandersetzung oder gar Gerichtsverfahren zu vermeiden. Der Unternehmensberater fungiert dabei in unterstützender Form als Case Developer[1] (Fallentwickler) oder Processprovider.[2] Zum anderen in Form von „**Management by Mediation**", also dem Beraten mit mediativem Know How.

5.8.1 Management by Mediation– präventiv und reaktiv

2 Der mediativ geschulte Unternehmensberater wird seine Mediationskompetenz direkt in die Beratung integrieren. Das bedeutet, seine Beratungen wie in der Mediation zu **strukturieren**, also Besprechungsthemen festzulegen und dann die dahinter liegenden Interessen zu identifizieren. Anschließend die möglichen Optionen sondieren und nach dem vorher mit dem Mandanten erarbeiteten Bedarf abzugleichen. Dabei setzt er sein gesamtes Fach Know How ein, allerdings mit **Empathie** (s. Kap. 3.9) und in einer mediativen Weise, die auch die andere Seite – seien es Mitarbeiter oder Vertragspartner – mitberücksichtigt. Er wird auch die möglichen unangenehmen Konsequenzen berücksichtigen und **gemeinsam** mit dem Mandanten **abwägen**, welche Optionen warum wie sinnvoll wären. Dann werden die Optionen gemeinsam weiterbearbeitet. Dabei entsteht eine Identifikation mit der Lösung wie bei der Mediation. Dieser Ansatz ist ein **präventiver**, also um Konflikte zu vermeiden (s. Kap. 2.6) . Dieses Vorgehen steht im Gegensatz zu den Beratern, die schon wissen, was der Mandant möchte noch bevor er ausgesprochen hat, und die Lösungen vorgeben, die sie allein getragen von ihrer **Fachkompetenz** sinnhaft finden. Diese „Top Down Variante" entspricht in keiner Weise dem mediativen Verständnis.

3 Alles ist ausgerichtet am Bedarf des Mandanten. Das wiederum bedeutet, dass ein Kernelement dieser Beratung zunächst die **Bedarfsermittlung** ist. Diese wiederum ist **ganzheitlich** ausgerichtet. Sie umfasst sämtliche Aspekte des Unternehmens und/oder der Person, also die wirtschaftlichen, juristischen, steuerlichen, technischen, persönlichen (beruflich wie privat) und ggf weitere. Hier ist der systemische Ansatz ein wesentlicher Punkt der **Beraterphilosophie**.

---

1 Case Developer ist der Fallentwickler für die Mediation. Er ist mehr als nur ein Initiator, der oft nur die Idee gibt, sondern bereitet das Verfahren mit vor, bis er an den Mediator oder das Mediationsteam übergeben kann (s. hierzu Lenz, Processproviding in Pre-Mediation am Beispiel des Flughafens Wien, 2005, 43).
2 Der Processprovider ist derjenige, der mit Mediations Know How die Mediation organisatorisch begleitet (s. hierzu Lenz, Processproviding in Pre-Mediation am Beispiel des Flughafens Wien, 2005, 43, 56).

Die **reaktive** Variante für den Unternehmensberater bedeutet, Konflikte aufzulösen, die 4
Medianden zu befrieden und eine Win-Win-Lösung zu erreichen. Das können sie in
zweierlei Weise bewältigen. Zum einen, indem sie ihre Mediationskompetenz dafür nutzen, selbst mit den Beteiligten – quasi in einem Shuttle-Modus (s. Kap. 3.11) – zu sprechen. Zum anderen, indem sie die Konfliktkonstellation analysieren und Mediation als
geeignetes Verfahren identifizieren und empfehlen.

Das fällt Unternehmensberatern, die viel näher an Schwierigkeiten im Unternehmen 5
sind, viel leichter als zB Rechtsanwälten, die meistens erst eingeschaltet werden, wenn
bereits eine **hohe Eskalationsstufe** erreicht ist. Dann geht es darum, das „Recht durchzusetzen". Zu diesem Zeitpunkt sind die Beteiligten meist nicht mehr an einer guten Lösung interessiert, sondern wollen dem anderen beweisen, dass er Unrecht hat. Hier haben Unternehmensberater die Chance, frühzeitig Probleme zu erkennen, und können
dann minimal invasiv intervenieren und entsprechend beraten. Wenn die **Empfehlung
zur Mediation** von jemandem kommt, dem die Entscheider im Unternehmen vertrauen,
wird sie in aller Regel auch umgesetzt. Hier kommen dann die externen Mediatoren ins
Spiel. Die Unternehmensberater fungieren hier entweder als **Case Developer** und sind
auch bei der Mediatorensuche behilflich oder begleitet die Mediation sogar als **Processprovider**.

5.8.2 Externe Mediatoren

Externe Mediatoren haben den Vorteil, einen **unverstellten Blick** auf das Unternehmen 6
und auf die Konfliktsituation zu haben. Gleichzeitig haben sie den Nachteil, selbst bei
bester Vorbereitung, nicht genau wissen zu können, wie das Unternehmen „tickt". Wer
jemals als Mitarbeiter neu in ein Unternehmen gekommen ist, weiß, dass es auch bei
bester Einarbeitung und Offenheit bei allen Fragen ca. ein halbes Jahr dauert, bis man
verschiedene Zusammenhänge erkennen und verstehen kann. Mitarbeiter kennen ihr
Unternehmen, ihre Abteilung und oft auch die sogenannte „hidden agenda[3]". Interne
Mediator haben den Vorteil, das Unternehmen und seine Zusammenhänge gut zu kennen. Ihr Nachteil ist die „Betriebsblindheit", die unweigerlich nach einiger Zeit eintritt,
da der Vergleich fehlt. Daraus ist das Konzept des „Mediativen Beraters im Unternehmen" entstanden.

5.8.3 Der mediative Berater im Unternehmen

Hierbei werden Mitarbeiter des Unternehmens für die **mediative Beratung** ausgebildet, 7
was ein wichtiger Teil der Implementierung im Unternehmen (s. Kap. 2.14) darstellt.[4]
Die Ausbildung der mediativen Berater ist im besten Falle eine komplette professionelle
Mediationsausbildung.[5] Je nach Größe des Unternehmens können sie dann sowohl als
mediative Berater oder – sofern keine **Interessenkollisionen** entgegenstehen – auch als
interne Mediatoren agieren. Es sollte insoweit eine **Konfliktanlaufstelle**[6] geben, die das
Verfahren einleitet. Die Person oder Personen, die diese Position besetzen, sollten vor
allem von den Beratungssuchenden als vertrauenswürdig eingestuft werden, sonst ist
das ganze Konzept von vornherein zum Scheitern verurteilt. Außerdem muss das ganze
Procedere einfach zu handhaben sein und zwar für die Konfliktbeteiligten wie für das

---

3 Die „hidden agenda" umfasst die Themen, über die offiziell nicht gesprochen wird. Manchmal „existieren"
   sie sogar gar nicht. Das gleiche Phänomen tritt in der Mediation auf. Es gibt Themen, die kein Mediand benennt und doch stehen sie so deutlich im Raum wie der sprichwörtliche Elefant.
4 Lenz, Der mediative Berater im Unternehmen, in: Riefort (Hrsg.) „Triadisches Verstehen in sozialen Systemen
   – Gestaltung komplexer Wirklichkeiten" 2006, 245–252.
5 Professionell meint eine von den Fachverbänden BM, BMWA oder BAFM anerkannte 200 Stunden-Ausbil-
   dung.
6 Manchmal werden die mediativen Berater trotzdem auch direkt angesprochen.

Unternehmen. Für die ersteren ist u.a. wichtig, dass es bei der Inanspruchnahme keinen Eintrag in die Personalakte gibt, und für das Unternehmen ist entscheidend, dass die Methode wirksam ist und kostentechnisch (s. Kap. 2.15) kalkulierbar. Dabei können **Rahmenverträge** mit den externen Mediatoren und/oder **Pauschalen**, zumindest in einer Pilotphase, helfen.

8

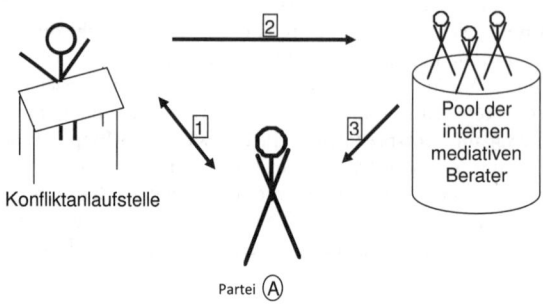

Abb. 1: Das Modell des mediativen Beraters

9 A ist hier eine Konfliktpartei. Er wendet sich an vertrauensvoll an die **Konfliktanlaufstelle**. Diese berät ihn und lässt ihn – sofern der Fall geeignet ist – für sich einen mediativen Berater aussuchen. Der mediative Berater arbeitet mit der Person A, indem er die **Mediation antizipiert** und **Coachingelemente** einfließen lässt. Dadurch kann A befähigt werden, seinen Konflikt mit der Person B[7] alleine zu lösen. Sollte das, zB weil die Eskalation schon zu hoch ist, nicht möglich sein, kann der mediative Berater von A nun in Abstimmung mit ihm an die Konfliktanlaufstelle zurückmelden, dass diese Kontakt mit der Person B aufnehmen möchte. Auch B wird nun beraten und kann sich einen mediativen Berater aus dem Pool aussuchen. Dieser ist nicht identisch mit dem mediativen Berater von A. Nun arbeiten B und sein mediative Berater in gleicher Weise wie zuvor A mit seinem Berater. Der Vorteil ist, dass dabei jeweils immer **nur zwei Terminkalender** zu koordinieren sind. Danach besteht wieder die Chance, dass A und B, nun durch die mediative Beratung gestärkt, alleine ihren Konflikt lösen können.

10

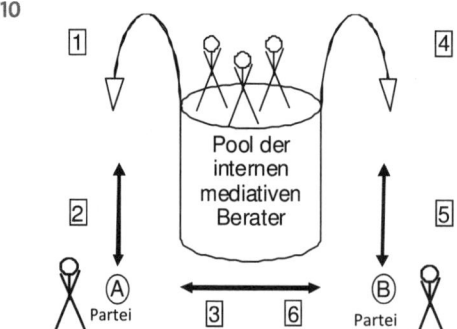

1 = Auswahl mediativer Berater für A
2 = Mediationsberatung für A
3 = Klärungsgespräch zwischen A + B
4 = (sofern noch erforderlich) Auswahl mediativer Berater für B
5 = Mediationsberatung für B
6 = Klärungsgespräch zwischen A + B

Abb. 2: Pool der internen mediativen Berater

---

7 Dieses Vorgehen ist auch möglich wenn der Konflikt zB mit einer Gruppe C besteht.

Wenn es den Konfliktparteien A und B nicht möglich erscheint, ihren Konflikt gestärkt **11** durch die mediative Beratung oder ein entsprechendes **Coaching** (s. Kap. 3.4.) zu bearbeiten, können sie sich in einem 4-er-Setting mit ihren mediativen Beratern zusammensetzen. Das entspricht dann dem Modell der Collaborative Practice (s. Kap. 3.4 Rn 2). Unternehmensberater können in diesem Prozess – je nachdem wie groß das Unternehmen ist und welches Konfliktmanagement schon aufgesetzt ist – grundsätzlich sowohl die Konfliktanlaufstelle sein, also auch mediative Berater. Dabei müssen sie immer mögliche **Interessenkonflikte** überprüfen. Wenn sie vorher das Management beraten haben, werden sie gut als Case Developer fungieren können, nicht jedoch als mediativer Berater (s. Kap. 2.17) eines Betroffenen.

5.8.4 Kombimodell – mediative Berater und Mediation

Bei allen Modellvarianten geht es um **Effizienz**. Ist es auch in diesem Setting (Kap. **12** 5.8.3) nicht möglich, zu einer tragfähigen Lösung zu gelangen, wird das wiederum an die Konfliktanlaufstelle rückgemeldet. Diese ermöglicht es dann A und B, aus dem Pool der externen Mediatoren einen Mediator auszuwählen. Im Regelfall ist dann das Mediationsgespräch (sog. Main-Mediation) durch die Vorbereitung mit den mediativen Beratern in **einer Sitzung** durchzuführen. Auf diese Weise ist das Verfahren logistisch und von den Kosten her für das Unternehmen kalkulierbar (s. Kap. 2.15). Es gibt in diesem Kombi-Modell einen Pool von internen mediativen Beratern und einen **Pool von externen Mediatoren**.

13

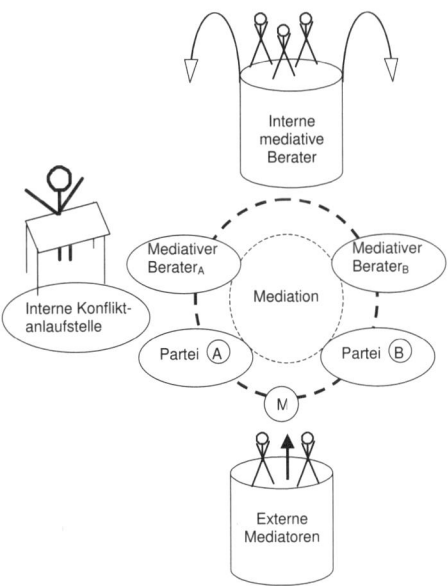

Abb. 3: Kombimodell

Für die Medianden gibt der **stufenweise Aufbau** Gelegenheit, Schritt für Schritt zu entscheiden und den passenden Modus für ihren Konflikt zu finden.

5.8.5 Implementierung der Mediation

14 Nach einer erfolgreich durchgeführten Mediation durch externe Mediatoren kann es durch seine weitere Beratung zur **Implementierung der Mediation** als Konfliktmanagement-Tool kommen (s. Kap. 2.14). Auch die davor durchgeführten Vorbereitungsmaßnahmen wie die mediative Beratung, das Mediations-Coaching oder das CP-Setting sollten in das Unternehmens-Konfliktmanagement eingebunden sein. Insofern bietet sich eine Zusammenarbeit von Mediatoren, Coaches, CP-Spezialisten und Ausbildern bzw Ausbildungsinstituten sowie Unternehmensberaten an, denn für die Implementierung sind nicht nur ein solides Konzept, sondern auch entsprechende Schulungen und diverse weitere Maßnahmen erforderlich. Gerade Unternehmensberatern mit OE[8]-Hintergrund ist der systemische Ansatz vertraut.

---

8 OE bedeutet Organisationsentwicklung.

5.9 Mediative Kompetenzen für Führungskräfte in Organisationen

Literatur: Erpenbeck, J./Heyse, V., Grundstrukturen menschlicher Kompetenzen, 2010; Kreuser, K./Heyse, V./Robrecht, Th., Mediationskompetenz, 2012; Kreuser, K./Robrecht, Th./Erpenbeck, J., Konfliktkompetenz, 2012; Kreuser, K./Robrecht, Th., Führung und Erfolg, 2010; Robrecht, Th., Organisation ist Konflikt. Kompetenzbasiertes Handeln für Beratung, Führung und Mediation, 2012.

Organisationen sehen sich Erwartungen zahlreicher Interessensgruppen ausgesetzt. 1 Würde die Organisation versuchen, allen Ansprüchen gerecht zu werden, ginge sie im Sog der **Erwartungen** sehr schnell unter. Würde sie versuchen, alle an sie gestellten Erwartungen zurückweisen, könnte sie für ihre relevanten Umfelder keinen Nutzen bieten und wäre überlebensunfähig Deshalb ist jede Organisation gefordert, **Erwartungen zu erfüllen und zu frustrieren.**[1] Um in diesem Spannungsfeld existieren zu können, benötigen Organisationen Klarheit über ihren Daseinszweck, der **Mission**, welche die grundsätzliche Ausrichtung der Organisation beschreibt. Operationalisiert wird die Mission durch **Ziele.** Um die Mission zu erfüllen und die Ziele zu erreichen werden **Funktionen** benötigt, damit die Verantwortung für die Zielerreichung und die dafür erforderliche Umsetzung von Aufgaben an Personen adressierbar ist. Schließlich benötigen die Personen, welche die Funktion wahrnehmen, spezifische Fähigkeiten, um ihre Aufgaben zu erfüllen sowie die Bereitschaft, dies auch zu tun. **Fähigkeiten und Bereitschaften** sind die Bausteine der **Kompetenz.**

5.9.1 Definition von Kompetenz

Kompetenzen sind Dispositionen zu **selbstorganisiertem Denken und Handeln** und er- 2 möglichen **sicheres Handeln in unsicheren Situationen.**[2] Darin unterscheidet sich Kompetenzhandeln von Routinehandeln. Diese Kompetenzbetrachtung basiert auf KODE (Kompetenz-Diagnostik und Entwicklung) mit seinen vier Grundkompetenzen:

- **Personale Kompetenz (P):** Fähigkeit, sich selbst gegenüber klug und kritisch zu sein, produktive Einstellungen, Werthaltungen und Ideale zu entwickeln.

- **Aktivitäts- und Handlungskompetenz (A):** Fähigkeit, alles Wissen und Können, alle Ergebnisse sozialer Kommunikation, alle persönlichen Werte und Ideale auch wirklich willensstark und aktiv umsetzen zu können.

- **Sozial-Kommunikative Kompetenz (S):** Fähigkeit, sich mit anderen zusammen- und auseinander zu setzen, kreativ zu kooperieren und zu kommunizieren.

- **Fach- und Methodenkompetenz (F):** Fähigkeit, mit fachlichem und methodischem Wissen gut ausgerüstet, schier unlösbare Probleme schöpferisch zu bewältigen.

---

1 Robrecht, 2012.
2 Erpenbeck/Heyse, 2010.

5.9.2 Kompetenzen für Führungsaufgaben

3 Die Sicherung von Existenz und Zukunft einer Organisation ist Aufgabe des Managements. Es entwickelt Strategien, definiert Ziele und kontrolliert ihr Erreichen. Das Management definiert die Grenzen, schützt diese vor Übertretung und sanktioniert Grenzverletzungen. Um die **Funktion Management** auszufüllen, sind starke Ausprägung von A- und F-Kompetenzen erforderlich. Innerhalb dieser Grenzen befindet sich das Spielfeld, in dem die Ergebnisse erzielt werden. Um die darin enthaltene (Entfaltungs-)Freiheit zu entwickeln und zu nutzen, ist die **Funktion Führung** erforderlich. Sie ermöglicht es, dass zur Zielerreichung die Kompetenzen der Mitarbeiter bestmöglich zur Wirkung kommen. Die Funktion Führung erfordert eine starke Ausprägung von P- und S-Kompetenzen. Da Führungskräfte sowohl die Funktion Führung als auch die Funktion Management wahrnehmen müssen, erfordern Führungsaufgaben die Berücksichtigung **formaler und sozialer Aspekte**. Je nach Kompetenzausprägung wird meist eine der beiden Seiten stärker genutzt. Bei starker Betonung der A-Kompetenzen werden formaler Aspekte favorisiert. Bevorzugt eine Führungskraft eher soziale Aspekte, verfügt sie meist über ausgeprägte S-Kompetenzen.

Formale Aspekte der Funktion Management	**Soziale Aspekte** der Funktion Führung
Grenzen definieren	Freiheit gestalten
Ziele, Ergebnisse	Bedürfnisse, Werte
Regeln, Normen	Sinnhaftigkeit, Nutzen
Verträge, Sanktionen	Feedback, Vertrauen
Zwang, Druck	Freiwilligkeit, Sog

5.9.3 Kompetenzausprägungen in Führungsstile

4 Diese Vorliebe eines sozialen oder formalen **Führungsstils** ist in normalen Situationen unproblematisch. Kritisch wird es, sobald die **Führungskraft** unter starkem **emotionalen Druck** steht und nach Entlastung strebt. Oft wird dabei die Kompetenz mit der stärksten Ausprägung noch verstärkt. Folge der **Überdosierung** des Kompetenzeinsatzes ist meist **Eskalation**.

Betrachten wir eine Führungskraft, die formale Führungsaspekte bevorzugt und deren Mitarbeiter über die Missachtung ihrer Bedürfnisse und Werte klagen. Nehmen wir an, dass sich unsere Führungskraft durch das Klagen ihrer Mitarbeiter emotional belastet fühlt und nach Entlastung strebt. Der erste „Führungsreflex" ist eine **Verstärkung** ihrer **Führungskompetenz**, indem sie auf Ziele, Ergebnisse, Regeln, Normen und Verträge hinweist und vielleicht sogar Sanktionen androht. Das führt bei den Mitarbeitern dazu, dass sich ihr Gefühl der Missachtung verstärkt, sie dann noch mehr klagen und unsere Führungskraft noch formaler wird. So entsteht ein typischer Teufelskreis.[3] Auch beim sozialen Führungsstil führt die eine Übertreibung der S-Kompetenzen in die Eskalation. Oft handelt es sich dabei um Führungskräfte mit starkem **Harmoniebestreben**. Statt einer klaren Ansage, wie zB Einfordern von Ergebnissen oder Ankündigung von Sanktionen, erfolgt verstärkter Einsatz weichgespülter Sprache mit Wünschen statt Weisungen. Häufig sehnen sich so geführte Mitarbeiter nach Klarheit und Orientierung. Wird es ihnen verwehrt, sind mangelhafte Ergebnisse die Folge.

Dies zeigt, dass **situationsgerechte Führung** die Gestaltung einer **dynamischen Balance** zwischen formalen und sozialen Aspekten erfordert. Damit ist jede Führungskraft auch immer gefordert, ihren Kompetenzeinsatz bewusst zu dosieren. Nur über regelmäßige

---

3 Vgl Anhang 7.1.7.

Robrecht

Reflexion lässt sich der Gefahr von Kompetenzübertreibung mit Eskalationsfolge wirksam begegnen.

5.9.4 Mediative Kompetenzen für Führungskräfte

Mediative Kompetenzen beschreiben die Fähigkeit und Bereitschaft, Konfliktparteien 5 darin zu stärken, ihre eigene **Konfliktkompetenz** zu entwickeln oder wiederzufinden, um dann einen souveränen Umgang mit den eigenen Konflikten zu gestalten.[4] Da Mediatoren keinen inhaltlichen Einfluss nehmen dürfen und Führungskräfte genau das tun müssen, können diese beiden Rollen nicht in Personalunion gelebt werden. Die rollenbedingte **Ergebnisverantwortung** der Führungskraft hat grundsätzlich Vorfahrt gegenüber den Anliegen der Konfliktparteien. Dennoch kann eine Führungskraft ihre **mediativen Kompetenzen** dort zum Einsatz bringen, wo im Führungshandeln soziale Aspekte im Vordergrund stehen. Hier nun ein Einblick in mediative Kompetenzen eines **balancierten Führungshandelns**:

5.9.4.1 Aktives Zuhören

Das aktive Zuhören ist eine sehr anspruchsvolle Kommunikationsfähigkeit, die permanente Übung und **Selbstdisziplin** erfordert, um das Ziel (des aktiven Zuhörens) zu erreichen: Hören, was gesagt wird, Befindlichkeit erspüren und auch das Unausgesprochene, das zwischen den Zeilen mitschwingt, wahrnehmen, ansprechen, es dabei ernst nehmen, indem es der eigenen Bewertung entzogen wird. Damit entsteht ein Verstehen, das weit über das gesprochene Wort hinausgeht und Begegnung auf einer zutiefst menschlichen Ebene ermöglicht. Dieses Verstehen ist die Basis für ein erfolgreiches Miteinander. Doch damit immer noch nicht genug der Herausforderung, denn für Führungskräfte gibt es eine weitere, die durch den Druck ihrer **Ergebnisverantwortung** erzeugt wird. Dieser sorgt dafür, dass während des Zuhörens ganz automatisch die Suche nach möglichen Lösungen erfolgt. Dabei besteht die große Gefahr darin, dass die **Lösungsfalle** zuschnappt und die Lösung von heute die Probleme von morgen erzeugt oder das eigentliche Problem nicht löst, sondern stabilisiert.

5.9.4.2 Empathie

Empathie ist eine grundlegende menschliche Fähigkeit. Wie die letzten zwei Jahrzehnte 7 der Gehirnforschung gezeigt haben, verfügt unser Gehirn über sogenannte **Spiegelneuronen**, die in der Lage sind, die gesamte Palette menschlicher Gefühle zu imitieren.[5] Das zeigt sich deutlich an Körperreaktionen beim Anschauen von Filmen: Obwohl die einzige Aktivität des Zuschauers die Beobachtung ist, wird das Beobachtete dennoch in seiner ganzen emotionalen Fülle miterlebt. Ob Edgar Wallace, Fußballspiel oder Liebesromanze: Ohne unsere Spiegelneuronen wäre all dies ziemlich langweilig. Wir verfügen also über die angeborene Fähigkeit, das Erleben anderer Menschen nachzuempfinden. Diese Fähigkeit ist für Führungsaufgaben von unschätzbarem Wert, weil es durch Empathie möglich wird, Motivationen zu erkennen und dann auch gezielt zu nutzen. Übungen zum aktiven Zuhören wirken hier Wunder, denn das aktive Zuhören ist die Basis der Empathie.[6]

5.9.4.3 Reframing

Reframing bedeutet, Dinge aus einer anderen Perspektive zu betrachten und ihre Bedeutungsvielfalt zu erweitern und neue **Handlungsmöglichkeiten** zu entdecken. Jedoch 8

---

4 Kreuser/Heyse/Robrecht, 2012.
5 Vgl Kap. 2.2.
6 Robrecht, 2010.

Robrecht   547

fällt es uns Menschen schwer, mit **Bedeutungsvielfalt** umzugehen, weil unser Gehirn nach Eindeutigkeit sucht. Da es besonders Führungskräfte gelernt haben, Situationen sehr schnell zu bewerten, wird diese Eindeutigkeit besonders zügig erreicht. Dieser Bewertung folgt emotionales Erleben, da das Gehirn überprüft, wie sehr das Erlebte mit den eigenen **Wertemaßstäben** übereinstimmt. Bei hoher Übereinstimmung werden **Glückshormone** wie beispielsweise **Dopamin** und **Oxytocin** ausgestoßen und der Mensch fühlt sich wohl. Wird jedoch eine große Diskrepanz festgestellt, wird **Adrenalin** ausgestoßen und gleichzeitig **Serotonin** blockiert. Das führt zu einem Frusterleben aus Trauer und/oder Wut. Diese Körperreaktionen schränken die Wahrnehmungs- und Handlungsmöglichkeiten stark ein und reduzieren Kompetenzen. Damit wird deutlich, wie sehr der Mensch durch die Bewertung, die er einer Situation gibt, sein eigenes Erleben steuert.[7] Deshalb stabilisiert das Zulassen von **Bedeutungsvielfalt** kompetentes Handeln und ermöglicht einen Ausstieg aus der destruktiven Dynamik wechselseitiger **Schuldzuweisungen.** Um aus dem emotionalen Gefangensein auszusteigen, sind Fragen hilfreich wie „Was ist das Gute am Schlechten?" oder „Was wird mir durch das Schlechte ermöglicht?" Diese Art der Betrachtung hat nichts mit „Schönreden" zu tun, sondern dient dem Selbstschutz vor emotionaler Überhitzung. Wem es gelingt, seine eigene emotionale Temperatur zu steuern, dem wird es auch gelingen, in Verbindung mit aktivem Zuhören und empathischer Zuwendung andere Menschen in ihrer **Emotionalität zu steuern.**

5.9.4.4 Ambiguitätstoleranz

9 Für Mediatoren gehören widersprüchliche Situationsbeschreibungen zum Alltag. Normalerweise erzeugt Widersprüchlichkeit einen Drang zur **Wahrheitssuche,** schnellen Entscheidungen oder anderen Ausprägungen von **Lösungsfallen.** Deshalb gehört die **Akzeptanz von Mehrdeutigkeiten** zu den wichtigen Fähigkeiten eines Mediators. Auch der Führungsalltag ist voller komplexer Situationen und ständiger Veränderung. Kausale Ursache-Wirkungsketten sind die Ausnahme. Ein unüberschaubares Netz von Wirkung und Wechselwirkungen ist Normalzustand.[8] Die damit einhergehende Ungewissheit erfordert insbesondere von Führungskräften das Ertragen können von Widersprüchlichkeiten, Mehrdeutigkeiten, ungewissen und unstrukturierten Situationen. Dies beschreibt Ambiguitätstoleranz als eine Fähigkeit, Widersprüchlichkeit solange auszuhalten, bis die gefundenen Lösungen tatsächliche Lösungen sind und keine **Lösungsfallen.** Fehlt diese Fähigkeit, können unlösbare Widersprüche auf Dauer zu Erkrankungen führen.

5.9.4.5 Konfliktfähigkeit

10 Bei diesem weiten Feld ist besonders für Führungskräfte die Bereitschaft wichtig, aktiv in Konflikte hineinzugehen. Das erfordert ein Standhalten unbequemer Konfliktsituationen, indem Grenzen deutlich sichtbar gemacht werden. Dazu bedarf es der Fähigkeit, die eigene **emotionale Temperatur** zu regeln. Eine emotionale Überlastung kann die **Handlungsmöglichkeiten** bis auf die drei **Grundreflexe** von Kampf, Unterwerfung oder Flucht reduzieren. Vorbeugung schaffen **Reframing** und regelmäßige **Reflexionen.**[9] Je ausgeprägter die damit einhergehende **Selbstbeherrschung** wird, desto souveräner wirken die Verhaltensweisen, besonders in kritischen Situationen.[10]

---

7 Vgl Kap. 2.10.
8 Erpenbeck/Heyse, 2010.
9 Vgl Kap. 3.6.
10 Kreuser/Robrecht/Erpenbeck, 2012.

5.9.4.6 Klare Kommunikation

Hier schließt sich nun der Kreis zum aktiven Zuhören. Klare Kommunikation erfordert 11
ein Bewusstsein dafür, dass jeder der vier Stufen im **Sender-Empfänger-Modell** von gemeint, gesagt, gehört, verstanden einen Filter darstellt, der Missverständnisse erzeugt.[11]
Besonders in schwierigen Situationen, wenn die Kommunikationspartner Eskalation
vermeiden wollen, wird Kommunikation oftmals unklar und schwammig. Damit passiert genau das, was vermieden werden sollte, nur zu einem späteren Zeitpunkt. Deshalb ist die einzige Chance in einer größtmöglichen Klarheit beim Senden mit gleichzeitiger Überprüfung, was der Filter verändert hat. Das kann ein mehrmaliges Senden in
unterschiedlichen Variationen erfordern, so lange, bis die Sendung in einer für den Sender akzeptablen Form empfangen wurde. Das erfordert nicht nur Empathie, sondern
auch viel Geduld im Dialog. Mit einiger Übung gelingt es dann, klar in der Sache und
sanft zu den Menschen zu sein.

5.9.5 Fazit

Führungskräfte, die im Sinne der Organisation erfolgreich ihre mediativen Kompeten- 12
zen in ihr Führungshandeln integrieren, verfügen über eine ausgeprägte **Selbstklarheit**.
Sie zeichnen sich durch einen **balancierten Führungsstil** aus, der ihnen eine situationsbezogene Differenzierung von formalen und sozialen Führungshandeln ermöglicht. Damit
sie ihre Kompetenz sichern, bedienen sie sich regelmäßiger **Selbstreflexion** mit und ohne
Unterstützung Dritter. Belohnt wird ihr Führungshandeln durch eine hohe Qualität der
Arbeitsergebnisse ihrer Mitarbeiter sowie deren Engagement und **Loyalität**.

---

11 Vgl Kap. 2.8.

5.10 Mediation in Planen und Bauen

Literatur: Duve, H., Streitregulierung im Bauwesen, 2007; Franqué, R., in: Flucher/Kochendör-fer/Minckwitz/Viering, Mediation im Bauwesen, 2003; Hamacher. P./Erzigkeit, I./Sage, S., So funktioniert Mediation im Planen + Bauen, 2. Aufl. 2011; Holznagel, B./Ramsauer, U., in: Haft/v. Schlieffen (Hrsg.), Handbuch Mediation, 2002; Kostka, C., in: Nidostadek, A., (Hrsg.), Praxishandbuch Mediation, 2010; Wagner, Ch., Mediation im privaten Baurecht: Eine Alternative zum Bauprozess, BauR 2004.

1   Es gibt wohl kaum eine andere Gewerbebranche die so **konfliktanfällig** ist wie die Planung und Projektabwicklung von Bauvorhaben. Wesentliche Gründe hierfür sind die **Komplexität**, der hohe Personaleinsatz und die involvierten Vermögenswerte. Der Prozess beginnt bereits mit der planungsrechtlichen Standortfestlegung für eine bauliche Nutzung, wie zB Shopping Center, Industrieeinrichtungen oder Wohngebiete und reicht bis zum Abriss der Gebäude und die damit verbundenen Revitalisierungsmaßnahmen.

2   Die folgenden Ausführungen zum Begriff **Planen** umfassen die Chancen der Mediation bei der Durchführung von **Bebauungsplanverfahren** als planungsrechtliche Grundlagen für die Realisierung von Bauvorhaben auf kommunaler Ebene.

Im Kapitel zum Thema **Bauen** werden die Möglichkeiten der Konfliktklärung mit Mediation bei Streitigkeiten zwischen den einzelnen an der Abwicklung des **Bauprojektes** beteiligten Unternehmen aufgezeigt.

5.9.1 Mediation im Rahmen der kommunalen Siedlungsentwicklungsplanungen

3   Stadtentwicklung ist geprägt durch Planungen neuer Wohn- und Gewerbegebiete, Einzelhandelseinrichtungen, Verkehrswege und Infrastrukturvorhaben. Die geplanten Nutzungen bzw die damit verbundenen Auswirkungen, zB Lärm, Bodenversiegelung, Veränderung der Landschaft führen in den Kommunen häufig zu kontroversen Diskussionen. Es bilden sich unterschiedliche **Bürgerinitiativen** pro und contra zum geplanten Vorhaben, die Verbände und Behörden formulieren Ihre Anforderungen, der Bauherr befürchtet wirtschaftliche Einbußen.

4   Die Kommune ist nach dem Baugesetzbuch verpflichtet, bei **Stadtentwicklungsplanungen** einen Bebauungsplan aufzustellen, wenn es die städtebauliche Ordnung erfordert.[1] Im Rahmen des Bebauungsplanverfahrens sind Behörden, Verbände und Öffentlichkeit zu beteiligen. Die öffentlichen und privaten Interessen sind gerecht untereinander und gegeneinander abzuwägen.[2]

Es ist Aufgabe der kommunalen Verwaltung, die **unterschiedlichen Interessen** unter einem Hut zu bringen. Dabei stehen die Mitarbeiter im Spannungsfeld von wirtschaftlichen, politischen und öffentlichen Interessen. Es ist die Quadratur des Kreises, wenn Verwaltungsmitarbeiter, die im Auftrag der Politik handelt, die unterschiedlichen Interessen der Betroffenen gerecht abwägen sollen.

---

1   § 1 Abs. 3 BauGB.
2   § 1 Abs. 7 BauGB.

       Erzigkeit

Werden im Zuge der Durchführung des Bebauungsplanverfahrens divergierende Positionen erkennbar, ist die Unterbrechung des Verfahrens jeder Zeit für die Konfliktklärung in einer Mediation möglich.[3]

Mediation in **kommunalen Planungsprozessen** wird zusammen mit der Umweltmediati- 5
on auch als **Mediation im öffentlichen Bereich** bezeichnet. Charakteristisch für diese Verfahren ist die große Anzahl der Betroffenen sowie die Tatsache, dass im Mediationsverfahren keine Entscheidungen getroffen werden, sondern die Ergebnisse Grundlage für die politischen Beschlüsse sind. Vor diesem Hintergrund ist die positive Einstellung der politischen Gremien zu geplanten Mediationsverfahren ein wichtiges Kriterium.

Die Ergebnisse der Mediation ersetzen somit keine politischen Beschlüsse. Die getroffe- 6
nen Vereinbarungen aus der Mediation dienen als Entscheidungsgrundlage für die politischen Gremien. Die Inhalte der Mediationsvereinbarungen können als planungsrechtliche Festsetzungen gemäß § 9 Baugesetzbuch verbindlich im Bebauungsplan aufgenommen oder im Rahmen eines öffentlich-rechtlichen Vertrages gesichert werden. Die damit verbundenen Beschlussvorschläge für die politischen Gremien werden von der Verwaltung vorbereitet.

Die gesetzlich vorgesehenen **Verwaltungsverfahren** auf der einen und das Verfahren der Konfliktbearbeitung auf der anderen Seite müssen in einer Wechselbeziehung zueinander gebracht werden. Das nachfolgende Umsetzungserfordernis muss bei Ausgestaltung und Durchführung der Mediation bereits mitbedacht werden, umgekehrt müssen die Mediationsergebnisse ihrerseits bei der Durchführung des nachfolgenden Verwaltungsverfahrens berücksichtigt werden.[4]

Hieraus ergeben sich auch die Anforderungen an Sachkompetenzen des Mediators. Die 7
Frage, ob ein **Mediator Fachkompetenzen** im Themenbereich der Konfliktbearbeitung benötigt, ist ein kontrovers diskutiertes Thema. Hier wird die Auffassung vertreten, dass Grundlagenwissen im Planungsrecht sowie Kenntnisse über die politischen und administrativen Rahmenbedingungen bestehen sollten. Eine gewisse Sachkompetenz hilft entscheidend bei der Konfliktanalyse und der Strukturierung des Prozesses.[5]

Das folgende sehr verkürzt wiedergegebene Praxisbeispiel skizziert einige Grundmerk- 8
male der Mediation in kommunalen Planverfahren:

Ein Bauträger beabsichtigt in Abstimmung mit den politischen Gremien in einer hessischen Mittelstadt ein Einkaufszentrum in Stadtrandlage zu errichten. Als planungsrechtliche Grundlage wird die Aufstellung eines Bebauungsplanes beschlossen. In der frühzeitigen Behörden- und Öffentlichkeitsbeteiligung werden erhebliche Einwände von örtlichen Einzelhändlern, der angrenzenden Nachbarkommune sowie dem Einzelhandelsverband vorgetragen.

Die politischen Gremien beschließen in Abstimmung mit dem Projektträger das Bebauungsplanverfahren zu unterbrechen und einen Mediator mit der Konfliktklärung zu beauftragen. Ein wesentlicher Grund für diese Entscheidung ist die bevorstehende Kommunalwahl. Negative Presseberichte sollten im Zusammenhang mit dem geplanten Einkaufszentrum und dem damit verbundenen Grundstücksverkauf der Stadt an den Bauträger möglichst vermieden werden.

Am Mediationsprozess nehmen folgende Personen teil:

Projektträger, Bürgermeister und Stadtplanungsamtsleiter der Projekt-Kommune, Bürgermeister und Stadtplanungsamtleiter der angrenzenden Kommune, 2 Vertreter der innerstädtischen Einzelhändler, 1 Vertreter des Einzelhandelsverbandes. Die Verhandlungen konzentrierten sich im Wesentlichen auf das Thema Existenzsicherung. Die Interessen der Beteiligten sind im Kern wie folgt zusammenzufassen:

---

3 Hamacher/Erzigkeit/Sage, So funktioniert Mediation im Planen + Bauen, 2. Aufl. 2011, 76.
4 Holznagel/Ramsauer, in: Haft/v. Schlieffen (Hrsg.), Handbuch Mediation, 2002, 1124.
5 Hamacher/Erzigkeit/Sage, So funktioniert Mediation im Planen + Bauen, 2. Aufl. 2011, 71.

Projekt – Kommune: Nach den Ergebnissen eines vorliegenden Einzelhandelsgutachtens sind in der Projekt-Kommune erhebliche Defizite hinsichtlich der Versorgung der Bevölkerung mit Waren des täglichen Bedarfs zu verzeichnen. Die Kaufkraft der Kommune wird von den umliegenden Städten abgeschöpft. Mit der Ansiedlung des Einkaufszentrums soll die Versorgung der Bewohner sichergestellt werden. Außerdem beabsichtigt die Kommune, durch den Verkauf des Grundstückes die Situation des Finanzhaushaltes zu verbessern.

Angrenzende Kommune: Es wird befürchtet, dass die in der Nachbarkommune vorhandenen kleinen Lebensmittelmärkte nicht mehr mit den Angeboten im Einkaufzentrum konkurrieren könnten. Die Schließung der Geschäfte hätte zur Folge, dass keine Nahversorgung mit Lebensmitteln, insbesondere für die „nicht motorisierte Bevölkerung" mehr vorhanden wäre.

Interessensgemeinschaft der Einzelhändler in der Innenstadt und Einzelhandelsverband: Ein Einkaufszentrum direkt vor den Toren der Stadt wird vermutlich für einige Geschäfte in der Innenstadt die Schließung zur Folge haben. Weitere Umsatzverluste sind für die betroffenen Einzelhändler nicht zu verkraften.

Bauträger: Das Konzept des Einkaufszentrums hat sich in unterschiedlichen Kommunen bewährt. Die Konkurrenz zur Innenstadt sowie zu der Nachbarkommune ist nicht beabsichtigt. Als bekannter bundesweit agierender Konzern sind positive Presseberichte für das Image und damit auch für das Umsatzvolumen ein wichtiges Anliegen.

Das bedeutsamste Ergebnis des Verhandlungsprozesses ist die Einschränkung der zulässigen Sortimente im geplanten Einkaufszentrum. Damit konnte sichergestellt werden, dass durch den Betrieb des Einkaufszentrums die Existenz der Einzelhandelsbetriebe der Projekt-Kommune sowie der angrenzenden Kommune nicht beeinträchtigt werden. Das Verhandlungsresultat wurde Bestandteil des Bebauungsplanes, der nach Beendigung der Mediation weiter bearbeitet wurde. Das planungsrechtliche Verfahren konnte ohne wesentliche Einwende abgeschlossen werden.

9   Mediation im öffentlichen Bereich ist nicht nur bei Großprojekten wie Flughafen, Müllverbrennungsanlagen oder Windkrafträder zielführend, sondern unterstützt die Verwaltung auch bei der täglichen Planungsabwicklung. Die Durchführung von Mediationsverfahren zur **Konfliktklärung** bei **Stadtentwicklungsprozessen** konnte sich bisher nicht durchsetzen.[6] Der Prozess um Stuttgart 21[7] hat eine politische Diskussion zur Notwendigkeit von Konfliktklärungsprozessen bei öffentlichen Planverfahren angeregt. In den nächsten Jahren wird sich zeigen, ob in der praktischen Umsetzung die Chancen der Mediation genutzt werden.

5.9.2 Mediation in der Projektabwicklung

10   Die Möglichkeiten sich während der Abwicklung eines Bauvorhabens zu streiten sind unerschöpflich. In der **Projektabwicklung** handelt es sich bei den Streitparteien überwiegend um die Konstellation Bauherr als Auftraggeber (AG), Bauunternehmer als Auftragnehmer (AN) sowie die Architekten und Ingenieure. Die Konflikte bei der Projektabwicklung haben ihre Schwerpunkte in den Bereichen Nachträge, Behinderung, Vergütung und Mängel.[8]

11   **Nachträge** resultieren aus zusätzlichen Leistungen, die im Rahmen des Baufortschrittes notwendig werden aber nicht Bestandteil der vertraglichen Leistungsvereinbarung sind. Zur Einhaltung des Terminplanes ist die sofortige Ausführung der Leistungen erforderlich. Die Leistungsbeauftragung und Vergütungsvereinbarung erfolgt jedoch erst viel später. Der AN befürchtet die ausgeführten Leistungen nicht angemessen honoriert zu bekommen. Der AG wird misstrauisch, vermutet die Ansprüche auf Mehrvergütungen

---

6   Kostka, in: Nidostadek (Hrsg.), Praxishandbuch Mediation, 2010, 357.
7   Der geplante Bau eines Durchgangsbahnhofs in Stuttgart führte 2011 zu intensiven, teilweise gewalttätigen Bürgerprotesten.
8   Duve, Streitregulierung im Bauwesen, 2007.

seien überhöht, weil der Auftragnehmer seine knapp angebotenen Leistungen im Nachhinein aufzubessern versucht. Hinzu kommt noch, dass der AG den Architekten beschuldigt, er habe nicht sorgsam genug geplant und ausgeschrieben. Der Architekt reagiert bei der Rechnungsprüfung mit Streichung der Mehrforderung des AN, obwohl die Leistungen ausgeführt wurden. Der Konflikt nimmt seinen unaufhaltsamen Verlauf. [9]

Eine **Behinderung** liegt dann vor, wenn der AN seine Leistungen nicht zum vereinbarten 12 Termin ausführen kann, weil zB andere Firmen den Zugang zur Montagestelle erschweren oder die Planzeichnung noch nicht fertig gestellt ist. Aus rechtlichen Gründen ist der AN verpflichtet diese Behinderung beim AG schriftlich anzuzeigen. Der AG akzeptiert die Behinderungsanzeige meistens nicht, denn es könnte die Voraussetzung für Nachtragsforderungen sein. Der AG ist misstrauisch, der AN verärgert über die behindernden Unternehmen an der Baustelle und die Reaktion des AG. Hier entsteht nicht nur eine Konfliktsituation zwischen AG und AN sondern es sind weitere Unternehmen betroffen.

Bei der Durchführung von Bauvorhaben muss der AN erheblich in finanzielle Vorleis- 13 tungen gehen. Sehr häufig werden die Zahlungen von Seiten des AG nicht eingehalten aufgrund von angeblich vorliegender **Mängel**. Die Abwicklung weiterer Leistungen durch den AN sind zögerlich, denn er benötigt das Kapital für Materialien und Arbeitslohnzahlungen.

Die beschriebenen Konfliktsituationen zeigen deutlich, dass in der Abwicklung von 14 Bauvorhaben neben den technischen und juristischen Problemen **misstrauische Verhaltensweisen** eine große Rolle spielen. Dabei ist dem Thema Machtungleichgewicht eine besondere Aufmerksamkeit zu widmen. Hat der AG überhaupt ein Interesse an einer Win-Win Lösung? Es kann für den AG vorteilhaft sein, einen Baukonflikt auszusitzen und sich letztendlich für einen Bauprozess zu entscheiden. Denn selbst bei berechtigten Ansprüchen kann der AG darauf spekulieren, dass der AN Vergütungsabschläge von ca. 50 % gegenüber dem AG hinnimmt, um eine (zeitnahe) Klärung zu erreichen.

In baubegleitenden Mediationen hat sich die Durchführung der **Kurz-Mediation** bewährt. Häufig geht es um begrenzte Konflikte, die einer kurzfristigen und schnellen Klärung bedürfen, damit atmosphärische Störungen vermieden und Bauverzögerungen sowie dadurch bedingte Mehrkosten im Ansatz vermieden bzw begrenzt werden können.[10]

Das folgende sehr verkürzt wiedergegebene Praxisbeispiel skizziert einige Grundmerk- 15 male der Mediation in der Projektabwicklung:

Im Rahmen einer internationalen Ausschreibung für die Planung eines bedeutenden Bauwerks erhält ein renommiertes Architekturbüro den Auftrag, als Generalunternehmer das Gebäude zu einem garantierten Maximalpreis bis zu einem bestimmten Termin Bezugsfertig herzustellen. Ein wichtiger Partner zur Abwicklung des Vorhabens ist ein Ingenieurbüro für Gebäudetechnik (AN).
Beide Unternehmen haben schon in der Vergangenheit große Bauvorhaben gemeinsam erfolgreich abgewickelt. Als von Seiten der Gebäudetechnik Abschlagszahlungen fällig werden, überweist das Architekturbüro nur einen Teilbetrag. Die Architekten behaupten: „Die erbrachten Leistungen sind unbefriedigend. Außerdem hat der Projektsteuerer des Architekturbüros zusätzlich die Koordinationsleistungen des Ingenieurbüros übernehmen müssen." Die Ingenieure behaupten: „Die Leistungen wurden vertragsgerecht erbracht. Die Koordinationsfehler wurden nach Auswechselung des eigenen Projektleiters behoben."

---

9 Franqué, in: Flucher/Kochendörfer/Minckwitz/Viering, Mediation im Bauwesen, 2003, 142.
10 Wagner, Mediation im privaten Baurecht: Eine Alternative zum Bauprozess, BauR 2004, 221.

Um die Abwicklung des weiteren Bauvorhabens nicht zu gefährden entscheiden sich die Beteiligten für eine Mediation. Das Mediatorenteam wird auf Anfrage der Konfliktbeteiligten aus einem Juristen und einer Architektin gebildet. Von Seiten der Streitparteien sind jeweils der zuständige Projektleiter sowie ein Ingenieur anwesend. Die Parteien tragen in der ersten Sitzung die Fakten weitgehend widerspruchsfrei vor und verdeutlichen ihre jeweiligen Standpunkte. Hieraus ergibt sich die Bearbeitung folgender Themen: Verantwortung in der Projektsteuerung klären, Kooperation in der Projektabwicklung regeln, Termine für Abschlagszahlungen vereinbaren, Vergütung der erbrachten Leistungen sichern.

Das Misstrauen zwischen den Beteiligten ist sehr deutlich im Raum spürbar. Gebrochen wird das Eis zwischen den Parteien im Dialog um das Thema „Kooperation in der Projektabwicklung regeln". Im Gespräch werden fehlende Kommunikationsschnittstellen festgestellt sowie Misstrauen gegenüber der Fachkompetenz des neuen Projektingenieurs (Gebäudetechnik) geäußert. Insbesondere mit der Vereinbarung den Projektingenieur durch einen den Architekten bereits vertrauten Mitarbeiter des Unternehmens zu ersetzen, konnte in der 1 1/2 tägigen Mediation die Vertrauensbasis wiederhergestellt werden. Die Vereinbarung zu den Abschlagszahlungen wird zwischen den Unternehmen außerhalb der Mediation vertraglich geregelt.

16 Die Kommunikation im Baubereich ist sehr stark von **fachspezifischem Vokabular** geprägt. Dabei sind Inhalte des Bauvertrages und technische Definitionen für das Verständnis der Konfliktsituation von Bedeutung. Für die Nachvollziehbarkeit der komplexen Zusammenhänge sowie als Vertrauensvorschuss gegenüber den Streitenden sollte der Mediator nach Auffassung der Autorin eine Feldkompetenz im Baubereich haben, zB Baujurist, Bauingenieur oder Architekt. Je nach der Konfliktsituation kann auch eine technisch/rechtlich besetzte Co-Mediation von Architekten/Bauingenieur und Juristen sinnvoll sein.

17 Da es wohl keine Baustelle ohne Streitigkeiten gibt, bietet es sich an in den Bauverträgen bereits eine **Mediationsklausel** aufzunehmen, dh die Vertragsparteien verpflichten sich bei Meinungsverschiedenheiten ein Mediationsverfahren durchzuführen, bevor der gerichtliche Weg beschritten wird.

18 Trotz der umfangreichen Konflikte im Baubereich und der damit verbundenen langjährigen Bauprozesse hat sich die Mediation zur Konfliktbearbeitung bisher nicht durchsetzen können. Es besteht jedoch bei den Baubeteiligten ein dringender Bedarf für schnelle und **baubegleitende** außergerichtliche **Streitbeilegungsverfahren.**[11]

---

11 Duve, Streitregulierung im Bauwesen, 2007.

Erzigkeit

5.11 Mediation in Schulen/peer-mediation

Literatur: Arnold, R., Ich lerne, also bin ich – eine systematische Diaktik, 2005; Doppler, K. Change Management, 2005; Edelstein, W., Mediation in der Schule, 2006; Faller, K. Mediation in der pädagogischen Arbeit, 1998; Faller K./Kerntke, W., Konflikte selber lösen, 2009; Faller K./Faller, S., Kinder können Konflikte klären, 2002; Faller, K./Kneip, W., Das Buddy-Prinzip, 2007.

Zeiten des Wandels sind Zeiten der Mediation. Dieser Satz gilt auf jeden Fall für das Bildungswesen. Die schulische und vorschulische Erziehung steht vor großen Anforderungen und ist in einem ständigen Veränderungsprozess. Die Mediation ist seit Beginn der 1990er Jahre mit diesen Veränderungen verbunden und zu einem Element der Schulentwicklung geworden. `1`

5.11.1 Die Debatte um einen anderen Unterricht

Seit es die Schule als Institution gibt, diskutieren die Pädagogen darüber, was der „beste" Unterricht ist. Dabei sind es vor allem zwei Fragen: `2`

1. die Diskussion, ob die Interessen des Kindes oder die Anforderungen der Gesellschaft im Vordergrund stehen sollten;
2. ob Fachwissen und Detailkenntnisse oder Kompetenzen wichtiger seien.

Diese Diskussion, die in der Vergangenheit oft als Entweder-Oder mit stark gegensätzlichen Auffassungen geführt wurde, ist in den letzten Jahren eher zu einem Sowohl-Als-Auch geworden. Der Schulkompromiss der großen Parteien in Nordrhein-Westfalen ist dafür ein gutes Beispiel. `3`

Einen wesentlichen Anteil dazu hat die Diskussion über die Ergebnisse der Pisa-Studie 2000 beigetragen. Das Besondere dieser Studie im Vergleich zu anderen Leistungsuntersuchungen lag darin, dass nicht Faktenwissen, sondern die **Handlungskompetenzen** in der Aneignung und im Umgang mit Wissen im Mittelpunkt der Befragung standen. Die OECD[1] fordert daher, das der umfassende Begriff „Kompetenzen" den tradierten Begriff „Wissen" ablösen und Schule sich von der bloßen Wissensvermittlung auf die Entwicklung umfassender Kompetenzen umstellen soll.

Sie definiert folgende **Schlüsselkompetenzen** als übergeordnete Lernziele: `4`

1. die Fähigkeit, die kognitiven und technischen Instrumentarien der Gegenwart zielbewusst einzusetzen (Fachkompetenz);
2. die Fähigkeit, autonom zu handeln (Selbstkompetenz);
3. die Fähigkeit, in heterogenen Gruppen zu arbeiten (Sozialkompetenz).

Hintergrund dieser Zielsetzung für Schule und Unterricht sind die Veränderungen in der Arbeitswelt und die Veränderungsprozesse in der Zivilgesellschaft. In der heutigen und zukünftigen Lebens- und Arbeitswelt ist Wandel das Normale. Es geht darum, neue Entwicklungen frühzeitig zu erkennen, die eigenen Möglichkeiten realistisch einzuschätzen, die unterschiedlichen Informationen sinnvoll einzuordnen und entsprechend han-

---

[1] OECD: Bildung auf einen Blick. OECD-Indikatoren 2002.

deln zu können. Und damit sind weitere Kompetenzen notwendig: **Kreative Unruhe, Selbstwirksames Verhalten, Konfliktfähigkeit, Perspektivenwechsel und Kommunikation.**

5 Die Pisa-Studie[2] hat der Entwicklung von Kooperation und Kommunikation als fächerübergreifende Kompetenzen eine hohe Bedeutung zugemessen. In dem Bericht heißt es: *„Für die Entwicklung von Kooperation und kommunikativen Verhaltensweisen spielt die Institution Schule eine wichtige Rolle. Schule stellt einen Lebensraum dar, der Schülerinnen und Schülern Gelegenheit für vielfältige soziale Erfahrungen bietet. Die ständige Interaktion mit Gleichaltrigen eröffnet den Jugendlichen zahlreiche Möglichkeiten, Kontakte zu knüpfen, Beziehungen aufrecht zu erhalten und Konflikte zu lösen. Lehrkräfte und vor allem auch ältere Mitschülerinnen und Mitschüler können dabei als Modelle wirken und bieten so die Möglichkeit für soziales Lernen. Der Klassenverband stellt ein Setting dar, innerhalb dessen verschiedene Verhaltensweisen erprobt werden können."*

5.11.2 Vom sozialen Lernen zum Lernen als sozialer Prozess

6 Reformorientierte Pädagogen erkannten zu Beginn der 1990er Jahre recht schnell, dass die Mediation ein hervorragendes Lernfeld ist, um soziale Kompetenzen zu erwerben.

5.11.2.1 Streitschlichtung an Schulen

7 Interesse fanden vor allem die Projekte der Peer-Mediation aus den USA, Kanada und Neuseeland. Grundlage dieser Projekte ist das Konzept der **Peergroup-Education (PGE)**.[3] PGE geht von der Erkenntnis aus, dass Kinder und Jugendliche sehr stark von Gleichaltrigen – von ihrer Peergroup – beeinflusst werden. Dieser Einfluss wird allerdings von Eltern und Pädagogen oft negativ bewertet. PGE setzt nun genau an diesem Punkt an und macht daraus ein positives, pädagogisches Konzept. Dies zeigte sich gerade im Umgang und in der Vermittlung von Konflikten durch Gleichaltrige:

■ Schüler können oft sehr viel schneller und effektiver im Konflikt unter Gleichaltrigen vermitteln;

■ sie verstehen in der Regel die Positionen der einzelnen Konfliktbeteiligten besser als Erwachsene;

■ sie können sich leichter in ihre Situation versetzen und sprechen ihre Sprache;

■ Gleichaltrige werden sehr viel leichter als neutrale Person anerkannt als Lehrkräfte und Sozialarbeiter.

8 Ab Mitte der 1990er Jahre begann die Verbreitung der Peer-Mediation. Erst waren es nur einige engagierte Schulen. Immer stärker wurde diese Entwicklung dann von den Kultusministerien unterstützt und teilweise sehr aktiv vorangetrieben. Besonders intensiv wurde die Peer-Mediation in Hessen unter der Leitung von Helmolt Rademacher und in Berlin unter der Leitung von Ortrud Hagedorn umgesetzt. Heute gehört Peer-Mediation in allen Schulen, die Wert auf Soziales legen, zum Standardprogramm.[4]

---

2 Pisa 2000, 299.
3 Goodlad/Hirst, Peer Tutoring, 1990.
4 S.a. Faller 1996, 1998, 2002.

Streitschlichtung in der Schule

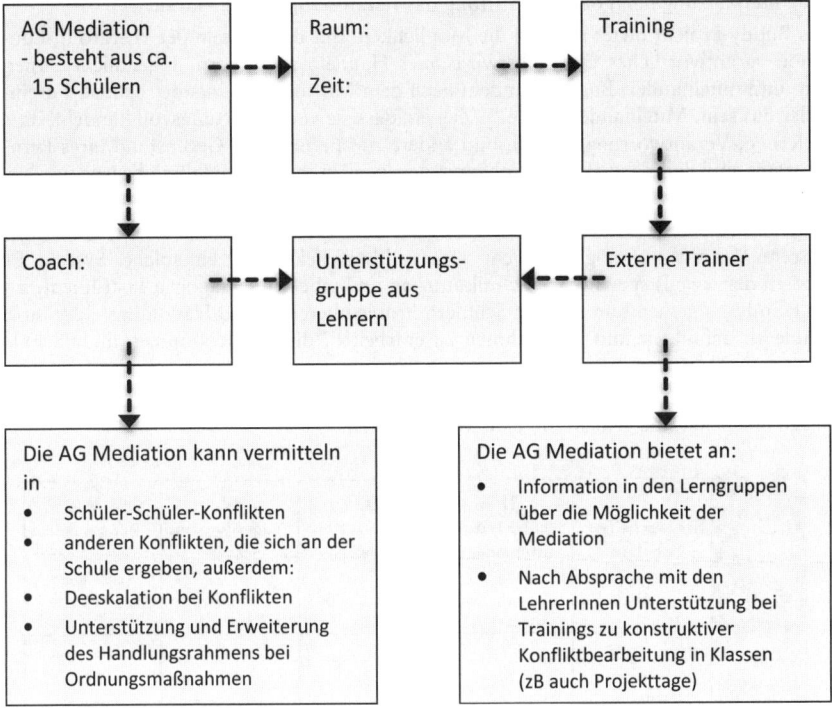

Abb. 1: Streitschlichtung in der Schule

Dabei zeigen alle wissenschaftlichen Untersuchungen, dass der entscheidende Punkt für die Entwicklung sozialer Handlungskompetenz die Übernahme sozialer Verantwortung und das aktive selbstverantwortliche Handeln ist. Indem diese Schüler bei anderen schlichten, entwickeln sie sich selbst weiter. Dieser Zusammenhang ist in den Streitschlichter-Projekten vielfach belegt.[5] 9

Gleichzeitig wurden – auch wieder in Hessen – begleitende Programme für den Unterricht entwickelt. So wurden ein Programm für die Vorschulerziehung, Grundschulprogramme, ein Eingangsprogramm 5. Klasse und ein Sensibilisierungsprogramm für die 7./ 8. Klassen an vielen Schulen in den Unterricht integriert.

---

5 Rademacher, Leitfaden konstruktive Konfliktbearbeitung und Mediation: Für eine veränderte Schulkultur, 2005.

5.11.2.2 Buddy-Projekt

10 Um die Lernchancen aus der Peer-Mediation für Erziehung und Unterricht an der Schule noch breiter und gezielter nutzen zu können, haben der Autor und Winfried Kneipp mit Unterstützung der Vodafone-Stiftung das Buddy-Projekt[6] entwickelt.

Das Buddy-Projekt bietet Lehrern die Möglichkeit, mit den Mitteln der Peergroup-Education verantwortliches und selbstwirksames Handeln zu fördern. Jugendliche lernen von- und miteinander. Buddys handeln nach dem Motto: „**Aufeinander achten. Füreinander das sein. Miteinander lernen.**". Ziel ist, dass sie verantwortungsvoll handeln, dass sie lernen, Verantwortung für sich und andere zu übernehmen. Gegenstand ihres Lernprozesses sind dabei die akuten Probleme, denen sie in ihrem Schulalltag begegnen.

11 In diesem Kontext wird die Vermittlung sozialer Handlungskompetenz zu einer Kernaufgabe von Schule. Dies braucht jedoch, wie alles Lernen, ein System, das eine angemessene Vermittlung möglich macht. Das Buddy-Projekt bietet ein solches System. Es setzt an der jeweils spezifischen Schulkultur an und gibt den Pädagogen Instrumente an die Hand, um gemeinsam mit den Schülern Problembereiche und Handlungsfelder ihrer Schule zu definieren und Maßnahmen zu erarbeiten, die den Ressourcen ihrer Schule angepasst sind.

12 Dazu hat der Autor das „15-Felder-Modell" entwickelt. Dieses Modell ist aus zwei Ansätzen erarbeitet, die gemeinsam eine Matrix bilden.

Kompe-tenzver-mittlung	I Schüler helfen Schülern Peer-Helping	II Schüler lernen miteinander Peer-Learning	III Buddys leiten Buddys an Peer-Coaching	IV Buddys beraten Schüler Peer-Counseling	V Buddys vermitteln bei Konflikten Peer-Mediation
A Altersübergreifend Cross Age	1 Schüler als Paten	4 Schüler als Tutoren	7 Erfahrene bilden jüngere Buddys aus	10 Buddys beraten jüngere Schüler	13 Buddys unterstützen Streitschlichter
B Von Gleich zu Gleich in Peergroups	2 Schüler als Helfer	5 Schüler helfen beim Lernen	8 Buddys unterstützen Buddys	11 Buddys beraten Peers	14 Buddys schlichten Konflikte
C Im gegenseitigen Austausch Reverse Role	3 Schüler helfen sich gegenseitig	6 Schüler lernen voneinander	9 Austausch zwischen Buddy-Gruppen	12 Buddys beraten sich gegenseitig	15 Buddys geben Feedback zur Schlichtung

Entwicklung ➤➤

Abb. 2: 15-Felder-Modell

---

6 Faller/Kneipp, Das Buddy-Prinzip, 2007.

1. Drei Interaktionsformen zwischen Peers   13

   a) **Erfahrung hilft: das Cross-Age-Modell**
   Ältere Schüler unterstützen Jüngere in ihrem Lernprozess oder helfen ihnen bei Problemen

   b) **Von Gleich zu Gleich: das Peer-to-Peer-Modell**
   Die Buddys als qualifizierte „Helfer" unterstützen Gleichaltrige

   c) **Ich helfe dir, du hilfst mir: das Reverse-Role-Modell**
   Schüler unterstützen sich gegenseitig. Das Reverse-Role-Modell eignet sich besonders für den Einsatz im Unterricht. Je nach Thema oder Fach ist ein Schüler entsprechend seiner Stärken Buddy für den anderen und umgekehrt.

2. Fünf Unterstützungsebenen für Buddy-Projekte

   – **Ebene 1:** Schüler helfen Schülern (Peer-Helping)
   Schüler unterstützen sich gegenseitig und bewältigen Gemeinschaftsaufgaben

   – **Ebene 2:** Schüler lernen miteinander (Peer-Learning)
   Buddys helfen anderen Schülern beim Lernen

   – **Ebene 3:** Schüler betreuen andere aktive Schüler (Peer-Coaching)
   Erfahrene Buddys leiten neu beginnende Buddys bei Projekten an

   – **Ebene 4:** Schüler beraten andere Schüler (Peer-Counseling)
   Buddys, die in einem speziellen Training ausgebildet und regelmäßig begleitet werden, beraten andere Schüler im Rahmen einer schulübergreifenden Buddy-Gruppe bei Problemen

   – **Ebene 5:** Schüler vermitteln in Konflikten anderer Schüler (Peer-Mediation)
   Schüler arbeiten als Streitschlichter an der Schule

Das Buddy-Projekt[7] wurde in den letzten Jahren in mehr als 1.000 Schulen umgesetzt.

5.11.2.3 Peer-Lernen als sozialer Prozess

Aus den Ergebnissen der Hirnforschung und aus sämtlichen modernen Lerntheorien 14 kennen wir die Bedeutung des Wechselspiels von Inhalten und Beziehungen als Voraussetzung für Lernprozesse. Es lag daher nahe, die positiven Effekte aus den Streitschlichterprojekten auch auf das Lernen im Unterricht zu übertragen. Und so entstanden viele Unterstützungs- und Kooperationsprojekte zum Lernen in Schule und Unterricht, die den Peergedanken in den Vordergrund stellen. **Das Lernen als sozialer Prozess** kann nun in acht Projektebenen systematisch in den Schulablauf integriert werden.

5.11.3 Kooperative Bildung

Schulmediation ist aber nicht nur Pädagogik, sondern wird zunehmend auch bei Projek- 15 ten im **Bildungsbereich** nachgefragt. Bei Ganztagsschulen, Integration der vorschulischen Erziehung, Veränderung der Schulkultur oder Berufsorientierung haben wir es mit Problemen zu tun, die allgemein mit Veränderungsprozessen zusammenhängen. Aber es gibt einen speziellen Aspekt, der zum Scheitern vieler Projekte führt – die unterschiedlichen oder oft gegensätzlichen pädagogischen Sichtweisen von Lehrkräften, Erziehern und Sozialpädagogen.

Hintergrund ist die Bildungsexpansion seit den 1980er Jahren, die zu einer Professiona- 16 lisierung, aber auch zu einer Segmentierung der pädagogischen Arbeit geführt hat. Unterschiedliche Herangehensweisen wie der situationsbezogene Ansatz der Erzieher, die analogen und gruppenbezogenen Techniken der Sozialpädagogen und das systematische Vorgehen der Lehrkräfte stehen zB in vielen Ganztagsschulen entweder unverbunden

---

7 www.buddy-ev.de.

nebeneinander oder scharf gegeneinander. Die Komplexität und Problemdichte im Bildungswesen hat aber derart zugenommen, dass positive Ergebnisse nur in der **Kooperation aller Beteiligten** erreicht werden können.

17 Dafür hat der Autor das Konzept „Kooperative Bildung[8]" entwickelt. Ziel ist, alles auf die Entwicklung des Kindes zu konzentrieren und in gegenseitiger Wertschätzung die unterschiedlichen Herangehensweisen und Ressourcen zur Förderung von Kindern und Jugendlichen einzusetzen.

5.11.4 Interne und externe Schuldmediation

18 Mediation hat sich also im Bildungsbereich in der pädagogischen Arbeit, der Entwicklung der Schulkultur und der Kooperation von Vorschule, Schule und Jugendarbeit etabliert. Dabei entsteht ein weites Feld für interne Schulmediatoren. Leider ist das im Moment eine von der Schulverwaltung noch wenig genutzte Ressource. Es gibt zwar viele Lehrkräfte, die sich als Schulmediatoren fortgebildet haben. Dazu hat der Bundesverband Mediation auch entsprechende Standards entwickelt. Aber es gibt nur an wenigen Schulämtern Strukturen für den Einsatz von Schulmediatoren über die eigene Schule hinaus. Denn ein Großteil der Konflikte könnte von internen Schulmediatoren bearbeitet werden. Externe Mediatoren könnten dann gezielt für besondere Fälle oder für Trainingsmaßnahmen geholt werden.

Ein System interner und externer Mediation ist eine attraktive Möglichkeit für Schulen und Schulverwaltung, um die pädagogische Arbeit zu beleben und Bildungsreformen umsetzen zu können.

---

8 www.medius-gmbh.com.

5.12 Mediation in Miet-, Wohnungseigentums- und Nachbarschaftsbereich

Literatur: Rosenberg, M., Gewaltfreie Kommunikation. Eine Sprache des Lebens, 6. Aufl. 2005; Böhme, R., Techniken des einfühlenden Verstehens, einschließlich aktives Zuhören und paraphrasieren in den Konzepten von N. Feil und C.Rogers, 1998.

5.12.1 Einleitung

Im nachfolgenden Beitrag geht es um Konfliktbeilegung bei Nachbarschaftsstreitigkei- 1 ten. Auftraggeber ist die idR Wohnungswirtschaft. Es wird dargelegt, dass mit der inneren Haltung als Mediator, der üblichen Gesprächsführungskompetenz und mittels einer empathischen Grundhaltung im Sinne der Gewaltfreien Kommunikation (GFK) Teile der Bevölkerung erreicht werden, die aus eigenem Antrieb nicht den Weg in die Mediation finden würden. Dort, wo klassische Mediation häufig nicht umgesetzt werden kann, führen mediationsähnliche Methoden zu konstruktiven Konfliktlösungen und ermöglichen eine Integration zwischen wirtschaftlichen Interessen auf Seiten der Wohnungswirtschaft und Förderung der Konfliktkultur unter deren Mietparteien. Besonderheiten bei Streitigkeiten zwischen Wohnungseigentümern werden ausdrücklich hervorgehoben. Ein Praxisbeispiel wird die Haltung und Herangehensweise bei verhärteten, vorurteilsbehafteten Konflikten verdeutlichen.

5.12.2 Wohnung als Urhütte

Nachbarschaftskonflikte sind im weitesten Sinne Beziehungskonflikte, mit Menschen, 2 die in relativer Nähe und in gewisser Dauer zusammenleben. Das gilt für Mieter genauso wie für Wohnungseigentümer, die Eigentum in Mehrparteienhäusern bewohnen oder für Hauseigentümer mit an ihr Grundstück grenzenden Nachbarn.

Je nachdem, ob es sich um Mieter, Wohnungs- oder Hauseigentümer handelt, können 3 Intensität der Gefühle, Schwerpunkt der Bedürfnisse und/oder Ansprüche an das Ergebnis einer Konfliktlösung variieren. Haltung und Verantwortung zum Objekt sind zT abhängig davon, wie intensiv eine Person ihr Eigentum oder ihren Mietraum zu schützen versucht. Das Wissen um diese möglichen Schwerpunktverlagerungen hilft, die Bedürfnisse der Beteiligten klarer herauszuarbeiten und ggf die Konfliktdynamik zu erhellen.

Ob Mieter oder Eigentümer – in der Praxis zeigt sich, dass Menschen beim „Wohnen" 4 grundlegende Gemeinsamkeiten haben.

Wohnung steht für das unantastbare Innere; für einen Ort des Rückzugs und der Ent- 5 spannung. Psychologisch ausgedrückt bedeutet Wohnen so viel wie: Sich die Gewissheit des Geschützt-seins real und symbolisch zu bewahren. Die Wohnung ist die Arche Noah dieser psychologischen Urhütte, die uns im Sturm gefährdeten Ozean des Lebens vor dem Kentern bewahren soll.

Mediatoren und Konfliktmanagern, die in diesem Bereich arbeiten, haben es demnach 6 mit einem intimen und schützenswerten Ort und mit sensiblen und angreifbaren Menschen zu tun. Menschen, die sich in ihrem Rückzugs- und Schutzort in ihrer Selbstbestimmung bedroht fühlen, greifen zu urwüchsigen und naturalistischen Verteidigungs- und Angriffsmechanismen, statt sich kulturell überformter solidarisch-kooperativer Konfliktlösungspraktiken zu bedienen. Das Gefühl von Ohnmacht und Hilflosigkeit, sowie unsere Kultur des Rechtsschutzes, verstärken zudem den Impuls nach Delegation des Problems. Innere Vorgeben, denen man mit mediationsähnlichen Methoden begegnen kann.

5.12.3 Setting

5.12.3.1 Freiwilligkeit

7   Bei Mieterstreitigkeiten, die ein Wohnungsunternehmen als Auftraggeber an den Mediator zur Bearbeitung abgibt, fehlt es idR an dem Kriterium der „Freiwilligkeit". Da sich die am Konflikt Beteiligten jedoch meist in einer seelischen Not befinden, gelingt es meist, diese zu einem Erstgespräch und in der Folge zu einer Offenheit und Fortsetzung dieses Konfliktlösungswegs zu gewinnen. In diesen Konstellationen arbeiten die Mediatoren eher als Konfliktmanager denn als klassische Mediatoren.

8   Treten Wohnungseigentümer mit dem Wunsch nach Mediation an den Mediator heran, arbeitet er im klassischen Setting. Wenn Rechtsanwälte bei Nachbarschaftsstreits für ihre Mandanten eine Mediation empfehlen, klären die Mediatoren zusammen mit deren Mandanten, wer an den Einzel- oder gemeinsamen Gesprächen teilnimmt.

5.12.3.2 Rollenklärung

9   Da Nachbarschaftsstreitigkeiten idR keine klassischen Mediationen sind, bekommen Einzelgespräche einen hohen Stellenwert. Zudem greifen die Mediatoren manchmal steuernd ein. Sie arbeiten daher „mit den Mitteln der Mediation", begegnen allen Beteiligten grundsätzlich mit der Haltung aus der Mediation – Allparteilichkeit, Vertraulichkeit, Augenhöhe der Beteiligten untereinander, Gesprächsregeln und verstehen sich in diesen Konstellationen als Konfliktmanager. Sie klären somit von Fall zu Fall, ob die Parteien eine Mediation wünschen oder ob mit den Mitteln der Mediation gearbeitet werden soll. Dort wo Mediation nicht explizit gewünscht oder gar abgelehnt wird, beginnt die Mediation mit Einzelgesprächen.

10 In Konstellationen, in denen sehr klar heraus gearbeitet ist, dass es sich um eine objektivierbare Störung handelt (zB Bedrohung, Beleidigung aber auch wiederholte Ruhestörungen) und die störende Partei nicht zur Beendigung der Störung bereit ist, wird die Allparteilichkeit aufgegeben. Dh die Mediatoren geben Anregungen zum weiteren Vorgehen zB an den Auftraggeber oder auch dessen Rechtsanwalt oder ersuchen bei Einrichtungen, Ärzten, Kirche oder Polizei um Unterstützung. Parallel dazu arbeiten sie mit denjenigen, die für sich eine selbstverantwortliche Lösung für die Situation suchen, weiter.

5.12.3.3 Bedeutung der Einzelgespräche

11 Einzelgespräche schaffen Vertrauen und bauen die Fremdheit gegenüber dem Ansatz der selbstverantwortlichen Konfliktlösung ab. Hier schaffen die Mediatoren durch empathisches Zuhören diejenige Entlastung, die die Grundlage für die weiteren Entscheidungen der Parteien bildet. Das können konkrete Handlungen oder die Korrektur der inneren Haltung (zB Abbau von Zuschreibungen oder Verurteilungen) sein. Es kommt nicht in jedem Fall zu einem gemeinsamen Gespräch, da es in einigen Fällen sinnvoll ist, die bislang vorhandene und meist von einer Seite ungewünschte Nähe aufzulösen und die Parteien zu trennen. Es gibt auch nicht immer eine schriftliche Vereinbarung zwischen den Parteien, da viele diesen Akt als zu formal und für die neu geschaffene Beziehung störend erleben.

5.12.3.4 Weitere Rahmenbedingungen

Der Auftraggeber übernimmt die Kosten der Konfliktbearbeitung. Die Mediatoren füh- 12
ren die Gespräche grundsätzlich in neutralen, wohnortnahen Beratungsräumen, um den
Beteiligten den nötigen emotionalen und räumlichen Abstand zum Konflikt zu gewäh-
ren. Es gibt jedoch Themen, die einen Hausbesuch notwendig machen, zB bei „Lärm"
oder Baulichkeiten, von denen die Mediatoren sich vor Ort ein visuelles oder auch
akustisches Bild machen müssen. Auch wenn einige Vor-Ort-Termine vordergründig
und gemessen am Konflikt nicht notwendig erscheinen, sind sie es dennoch, da nur so
bei den Parteien das Gefühl von Ernst-genommen und Verstanden-werden entsteht und
das Vertrauen für die folgende Zusammenarbeit schafft.

Bei Gesprächen in der Wohnung einer Partei wird sehr bewusst eine Arbeitsatmosphäre 13
geschaffen. Sie sollte daher gebeten werden, den Fernseher, das Radio und auch das
Mobiltelefon auszuschalten, so dass eine konzentrierte Gesprächsatmosphäre erreicht
wird.

5.12.4 Methoden

In der Praxis haben sich Methoden herauskristallisiert, die helfen, den Konflikt nach- 14
haltig beizulegen.

Alle Beteiligten leiden unter dem aktuellen Zustand. Dem kann der Mediator mit der 15
Haltung der Gewaltfreien Kommunikation,[1] die sowohl der Mediation als auch dem
Konfliktmanagement zugrunde liegt, insofern gerecht werden, als dass jedes Gefühl und
das damit verbundene Bedürfnis seine Richtigkeit aus dem Blickwinkel des Betroffenen
hat. Durch emphatisches Zuhören[2] und dem Übersetzen von Vorwürfen gelingt es
rasch, zunächst die Themen und die Grundbedürfnisse zu benennen.

Bereits im ersten Einzelgespräch sollte die Visualisierungen gebraucht werden – auf Pa- 16
pier oder als Skulptur, so dass die Partei aus dieser distanzierten Position ein anderes als
das innerlich abgespeicherte Bild der Konfliktdynamik oder der Konfliktthemen erkennen kann. Dabei sind Fragen wie: Innenansicht des Hauses – wer wohnt wo, wie lange?
Wo sehen Sie sich in der Konstellation? Welche Rolle/Funktion haben Sie? Was sind Ihre Themen? Wo würden Sie gern nach der Bearbeitung stehen? Wie könnten Sie dorthin
kommen?

Der Mediator kann den Parteien „Hausaufgaben" aufgeben, zB ihre Aufmerksamkeit 17
bis zum nächsten Termin auf etwas Bestimmtes zu richten; bestimmte Handlungen vorzunehmen (zB zu grüßen) oder zu unterlassen (zB den Kontrollblick durch den Spion
bei Geräuschen im Treppenhaus) und die dazu entstehenden Gefühle zu beobachten.
Geht die psychische Belastung (zB Verfolgungsphantasie) soweit, dass eine Partei einen
ganz anderen/sicheren Ort zu Gesprächen braucht, kann ein Treffen auch an öffentlichen Orten (zB im Café, bei einem Spaziergang) stattfinden. Durch aktive Beteiligung,
zB im Rahmen eines Brainstormings, greift der Mediator steuernd in die Lösungssuche
ein, um Denkblockaden zu lösen, Ideen für neue Umgangsformen im Mit- bzw Nebeneinander zu finden. Steuernd eingreifen kann auch heißen, dass der Mediator als „Clea-
ringstelle" fungiert, zB wenn eine Partei nicht in der Lage oder nicht gewillt ist, ihr als
störend herausgearbeitetes Verhalten zu verändern.

Die Konfliktbeilegung endet idR mit einer schriftlichen Vereinbarung der erarbeiteten 18
Ergebnisse. Ist den Beteiligten eine schriftliche Vereinbarung zu formal und belastet sie

---

1 Rosenberg, Gewaltfreie Kommunikation. Eine Sprache des Lebens, 6. Aufl. 2005.
2 Böhme, Techniken des einfühlenden Verstehens, einschließlich aktives Zuhören und paraphrasieren in den
  Konzepten von N. Feil und C. Rogers, 1998.

eher die Beziehung, kann das Mittel des Protokolls gewählt werden – so sind die gefundenen Ergebnisse fixiert, doch weniger vertrags-formal.

5.12.5 Erfolg

19 Maßstab für den „Erfolg" ist das Erleben der Beteiligten. Übereinstimmend berichten die Beteiligten, dass die Konfliktbearbeitung entlastet und eigene Entscheidungen stärkt. Als Erfolg gilt nicht nur, wenn die Parteien sich in einem gemeinsamen Gespräch geeinigt haben. Entscheiden sich die Betroffenen gegen ein gemeinsames Gespräch oder dafür, sich in Zukunft „aus dem Weg", ist das auch ein Erfolg. Denn eingeübter Reiz-Reaktions-Muster werden korrigiert. Um im Störungsfalle handlungsfähig zu sein, verabreden die Parteien, wie sie sich gegenseitig informieren, ohne dem anderen „zu nahe zu kommen". ZB kann in der Anfangsphase der Konfliktmanager der Überbringer der Bitten sein, oder die Parteien legen sich einen Zettel in den Briefkasten, um über die Störung zu informieren. Manchmal spüren die Parteien den Erfolg erst nach Abschluss der Bearbeitung; wenn es zu weniger oder keinen Beschwerden mehr kommt. Ob den Parteien die Einhaltung ihrer Zusagen gelingt, wird in einem Nachfolgetermin besprochen, der einige Monate nach Abschluss der Bearbeitung stattfindet.

20 Es ist ein Erfolg, wenn ein Beteiligter durch Umzug eine räumliche Trennung sucht. Dadurch übernimmt er Eigenverantwortung, bei der die eigenen Bedürfnisse das Handeln bestimmen und Haltungen wie „denen das Feld nicht überlassen" oder „nicht klein beigeben" verändert werden.

5.12.6 Praxisbeispiel – Kinderlärm

21 Ein Wohnungsunternehmen beauftragt den Mediator eine Beschwerde zu bearbeiten. Ein Ehepaar (73 Jahren) schreibt: „Vor sechs Monaten ist eine alleinerziehende junge Frau mit einem 4-jährigen Kind über uns eingezogen. Seit dieser Zeit gibt es tagsüber, nachts und am Wochenende große Unruhe. Das Kind rennt pausenlos durch die Wohnung, die junge Mutter kümmert sich nicht darum. Es knallt und poltert über uns. Das Klopfen an die Decke oder die Heizung, um auf die Störung aufmerksam zu machen, ist erfolglos. Wir leben seit 46 Jahren unauffällig im Haus und haben uns noch nie beim Vermieter beschwert. Wir sind beide herzkrank und halten diese Rücksichtslosigkeit nicht länger aus. Am letzten Wochenende war der Krach in der Mittagszeit so intensiv, dass ich hoch gegangen bin, um die Einhaltung der Ruhezeit zu mahnen. Es hat mir ein Mann aufgemacht und mir gesagt, dass das hier doch kein Altersheim ist; seine Freundin könne jetzt nicht zur Türe kommen. Ich bin sprachlos in unsere Wohnung zurück gegangen. So kann das nicht weitergehen. Bitte helfen Sie uns."

5.12.6.1 Erstkontakt

22 Der Mediator sollte beiden Mieter gleichzeitig schreiben. Meist reagieren beide Parteien innerhalb einer Woche und wünschen einen Termin bei sich zu Hause; mit welcher Partei er zuerst spricht, ist nicht entscheidend, da beide Raum zur Darstellung des bisherigen Geschehens und ihrer Belastungen erhalten. In diesem Falle ist es sinnvoll, das Erstgespräch vor Ort zu führen. Der Mediator kann sich ein Bild von der jeweiligen Lebenswelt machen. Ist er bei der alleinerziehenden Mutter, erlebt er das Bewegungsmuster des Kindes, sieht, ob Teppich in der Wohnung liegt, wo die Spielecke des Kindes ist und wie diese ausgestattet ist. Ist er bei dem Ehepaar, kann er erleben, wie sich Geräusche von oben in der unteren Wohnung anhören und welche Geräusche als zu belastend empfunden werden. Bei den Hausbesuchen lernt er die Bedürfnisse der jeweiligen Partei sehr schnell kennen.

5.12.6.2 Inhalte, Vorgehen

Einzelgespräch mit dem Ehepaar: Sie stellen die Erziehung der jungen Mutter infrage, 23
behaupten, dem Kind würden keine Grenzen gesetzt und die Mieterin sei rücksichtslos.
Zudem beobachten sie, dass verschiedene Männer die Wohnung betreten und zu sehr
später Nachtstunde wieder verlassen, was die mangelhafte Erziehung bestätigt und Gedanken an die Einschaltung des Jugendamtes aufkommen lassen.

Einzelgespräch mit der jungen Mutter: Sie fühlt sich bevormundet durch die Nachbarn. 24
Sie erklärt die Zeiten ihres Kindes – bis 14.00 Uhr Kindergarten, ab 14.30 Uhr zu Hause, bis 15.00 Uhr Mittagsruhe, ca. 18.30 Uhr Bettzeit. Die Nachbarn hätten einen ruhigen Vormittag und ab ca. 19.00 Uhr Ruhe. Sie fühle sich durch das Lärmprotokoll kontrolliert, da die Nachbarn wüssten, wer zu ihr wann zu Besuch komme. Sie habe Anspruch auf Privatleben und ihr sei die freie Entwicklung ihres Kindes wichtig.

Man hat es hier auf beiden Seiten mit negativen Zuschreibungen zu tun: „schlechte 25
Mutter" versus „neugierige/kontrollierende Rentner mit Langeweile". Beide Parteien
wünschen sich Würdigung und Verständnis für ihre Belastungen, Wertschätzung ihrer
(Erziehungs-)Werte und eine Verhaltensanpassung der anderen Partei. Der Mediator
muss zunächst beiden Parteien in **Einzelgesprächen** solange einfühlend zuhören, bis der
Eindruck von ausreichender Wertschätzung, von Ernst-genommen-werden, von Verständnis der Belastung und Einschränkung für das eigene Leben entstanden ist. Erst
dann haben die Parteien die Bereitschaft, vom Mediator zu hören, wie es der anderen
Seite geht und erst dann hören sie zu, wenn er ihre Vorwürfe und Zuschreibungen so
übersetzt, dass sie darin ihre unerfüllten Bedürfnisse gespiegelt bekommen und annehmen können.

Der Mediator soll den persönlichen Sinn der eigenen Werte thematisieren, die im Leben 26
der Betroffenen ein stabilisierendes und Orientierung gebendes Korsett bilden. Er arbeitet die Gemeinsamkeiten heraus – im Fall sind die Bedürfnisse sehr ähnlich – und über-
mittel im Wege der **Shuttle-Diplomatie** diese mit Zustimmung der jeweiligen Seite an
die andere Partei. Dadurch, dass er Bedürfnisse und Wünsche hinter den Vorwürfen der
anderen Partei darlegt, gelingt Verständnis, nämlich, dass der jeweils andere sich nicht
absichtlich störend oder bewusst schädigend verhält. Ist die emotionale Ebene befriedigt, sind die Parteien offen für Experimente wie die „Hörprobe". Das Ehepaar ist bereit, die Nachbarin im Beisein des Mediators in ihre Wohnung zu lassen, während das
Kind oben läuft und Geräusche macht. So erfährt die Mieterin, wie verändert die in ihrer Wohnung erzeugten und als „normal" erlebte Geräusche bei den Nachbarn ankommen. Sie erlebt, dass der Laminatboden wie ein Klangkörper wirkt und kann so die Belastung des Ehepaars besser nachfühlen.

Durch das persönliche Gespräch zwischen den Mietern können alle ihre Fragen oder 27
Bitten an den oder die andere richten, zB „was das immer für ein Poltern" ist oder
„dass die Wohnungstüre doch nach 22 Uhr mit dem Schlüssel auf- und zugeschlossen
werden möge, da die Türe sonst sehr laut und störend ins Schloss falle".

Generell werden Geräusche, die der andere zuordnen kann, nicht mehr als zu stark be- 28
lastend erlebt. Gleichzeitig verringert sich die Fremdheit zwischen den Beteiligten. Das
ist neben der Objektivierung der Geräusche und der nötigen Absprachen, die größte
Chance einer langfristigen Befriedung.

5.12.6.3 Bearbeitungsabschluss

Die Bearbeitung endet in diesem Falle mit einer schriftlichen Vereinbarung, die beide 29
Parteien unterschreiben. Dann beginnt die Phase, in der das neue Miteinander „geübt"
wird. Der Auftraggeber bekommt die Vereinbarung und einen Abschlussbericht. Nach
ca. 1-2 Monaten sollte sich der Mediator bei beiden Mietern melden, um nachzufragen,

ob das Zusammenleben sich eingespielt hat. Die Bearbeitung solcher Konstellationen dauert idR 4 Monate, da verloren gegangenes oder nie vorhandenes Vertrauen zurückgewonnen oder aufgebaut werden muss.

5.12.7 Schlussbemerkung

30 Dass ein „Nachbarschaftskonflikt" sich auch als einseitiges psycho-soziales Problem entpuppen kann, soll hier nur benannt jedoch nicht weiter erörtert werden.

31 Es ist erfreulich, dass Mediatoren mit ihrer Arbeit Bevölkerungsgruppen erreichen, die der Mediation skeptisch gegenüber stehen und manchmal von einer eigenverantwortlichen Konfliktbehandlung weit entfernt sind. Empathie eröffnet Zugänge und verhindert Verhärtungen. Unternehmen der Wohnungswirtschaft nehmen die Tatsache ernst, dass es sich um intensive Beziehungskonflikte handelt und übernehmen die Kosten der Beauftragung. So werden nicht nur echte Alternativen zum Klageweg eröffnet, sondern es vollzieht sich ein Wertewandel im Kleinen im Sinne der Mediationsbewegung – häufig jenseits des üblichen Mediationssettings.

5.13 Mediation in der Landwirtschaft

Literatur: Borst, U., Psychische Störungen und Familienunternehmen, in: von Schlippe/Nischak/ Hachimi, Familienunternehmen verstehen, 2008; Danzinger, J., Landwirtschaftliche Betriebe – Ein Zukunftsmarkt für Mediation, VDM, 2008; Dirscherl, C., Liebe vergeht – Hektar besteht?, Landinfo 7/2006, 34-35; Fahning, I./Rolfes, H., persönliche Mitteilung, 2012, Große Nachfrage nach Ländlicher Familienberatung, Ländlicher Raum, 2001, 58–59; Groth, S./Vater, T., Die Familie in Familienunternehmen, Family Business Review, Band 10, Nr. 4, 2007, 397–410; Groth, S., Loslassen – Abgeben – Neugründen, in: Fink-Keßler, Hofübergabe als Prozess und seine Begleitung, Der kritische Agrarbericht, ABL Bauernblatt 2005; Nödl, M., Mediation – ein Weg zur nachhaltigen Lösung und Vermeidung von Konflikten, auch in der Landwirtschaft, Agrar- und Umweltrecht, Heft 2, 2010, 33–40; Sigel, A., Loslassen – Abgeben – Neugründen, in: AgrarBündnis (Hrsg.), Der kritische Agrarbericht 2005; Tann, M./Trenczek, Th., Konflikte in der Landwirtschaft, in: Erfolgreich führen mit Herz und Verstand, 2009, 187 ff; Wehinger, M., LAG Baden-Württemberg, in: Wilczek, Mediation in Familienbetrieben, 3. Stuttgarter Mediationstag, Forum 2, 2011.

5.13.1 Einleitung

Methoden und Ablauf einer Mediation in der Landwirtschaft unterscheiden sich nicht 1 grundsätzlich von Mediationen in anderen Wirtschaftsbereichen. Allerdings gibt es spezielle Faktoren, die eine Mediation auf dem landwirtschaftlichen Betrieb komplexer und damit für alle Beteiligten anspruchsvoller macht. Das trifft in erster Linie auf den **landwirtschaftlichen Familienbetrieb** zu.[1] Hier leben Menschen unterschiedlicher Generationen eng zusammen. Einher gehen die unterschiedlichen Wertevorstellungen der jeweiligen Generationen; eine ausgeprägte Tradition wird gelebt und weiter vererbt. Hinzu kommt die „Kontrolle" aus dem dörflichen Kontext heraus. Eine Trennung zwischen Betrieb, Familie und Eigentum ist kaum möglich, weil der Ehepartner häufig Miteigentümer des Betriebes ist. Konflikte werden aus der Familie in den Betrieb getragen, und umgekehrt. Somit wirken sich familiäre Konflikte stets auch auf die Arbeitsbedingungen auf dem Betrieb aus. Eine Trennung dieser Konflikte ist sehr schwierig und häufig nur mit einer externen Hilfe zu bewerkstelligen. Eine katalysierende Wirkung auf das Konfliktpotenzial hat der Faktor Zeit bleibt kein Raum für das Austragen von Streitigkeiten.

Eine weitere Besonderheit im landwirtschaftlichen Umfeld ist der Zugang zur **bäuerli-** 2 **chen Gesellschaftsschicht.** Der Ruf nach einer externen Hilfe im zwischenmenschlichen Bereich dauert lange. Die vielfach verbreitete und ebenso gelebte Machtposition des Familienoberhauptes unterdrückt und beherrscht vorhandene schwelende Konflikte.[2] Es dauert eine gewisse Zeit, bis eine persönliche Öffnung erfolgt und Raum zur Äußerung über Gefühle vorhanden ist. Dieser Zugang wird durch die Vorbildung des Mediators erleichtert. Aus der Landwirtschaft kommend hat der Mediator einen Vertrauensvorschuss.

---

1 Tann/Trenczek, Konflikte in der Landwirtschaft, in: Erfolgreich führen mit Herz und Verstand, 2009, 187 ff.
2 Danzinger, Landwirtschaftliche Betriebe – Ein Zukunftsmarkt für Mediation, VDM, 2008.

3 Somit ist zur Bewältigung von Konflikten neben der klassischen Familienmediation auch eine Wirtschaftsmediation erforderlich. Um die unterschiedlichen Tätigkeitsfelder- für Mediatoren auf dem landwirtschaftlichen Betrieb zu differenzieren, ist eine Einteilung nach innerbetrieblichen und außerbetrieblichen Konflikten sinnvoll.

5.13.2 Innerbetriebliche Konflikte

4 Das Konfliktpotenzial in landwirtschaftlichen Betrieben wurde in einer empirischen Umfrage regional in Österreich untersucht.[3] Auch die Auswertungen der ländlichen Familienberatungen in Deutschland zeigen ein ähnliches Bild.[4]

5 Am häufigsten werden Generationskonflikt, Hofübergabe/Betriebsentwicklung, Ehe-/ Paarkonflikte und Streitigkeiten mit außerbetrieblichen Personen genannt. Zusätzlich spielen finanzielle Sorgen und Arbeitsbelastung bis hin zu psychischen Problemen eine Rolle. Daher lassen sich die im landwirtschaftlichen Familienbetrieb vorherrschenden Konflikttypen grob in fünf Gruppen einteilen:[5] Generationskonflikt, Partnerkonflikt, Wertekonflikt, Zielkonflikt und Geschwisterrivalität.

5.13.2.1 Generationskonflikt

6 Die häufigsten Ursachen für einen Generationskonflikt in der Landwirtschaft lassen sich auf wenige Bereiche eingrenzen. Es sind die **Hofnachfolge**, die **Altersversorgung** und/oder das Rollenverständnis auf dem landwirtschaftlichen Betrieb. Bei näherer Betrachtung lassen sich dessen Ursachen differenzieren in:[6] den Termin der Übertragung des Betriebes auf den Nachfolger verknüpft mit den Perspektiven für den Altenteiler, den Vater-Sohn-Konflikt und das Konfliktfeld zwischen Schwiegermutter und Schwiegertochter (Rollenverständnis).

---

3 Danzinger, Landwirtschaftliche Betriebe – Ein Zukunftsmarkt für Mediation, VDM, 2008.
4 Wehinger, LAG Baden-Württemberg, in: Wilczek, Mediation in Familienbetrieben, 3. Stuttgarter Mediationstag, Forum 2, 2011.
5 In Anlehnung an: Borst, Psychische Störungen und Familienunternehmen, in: von Schlippe/Nischak/Hachimi, Familienunternehmen verstehen, 2008.
6 Fahning/Rolfes, persönliche Mitteilung, 2012, Große Nachfrage nach Ländlicher Familienberatung, Ländlicher Raum, 2001, 58–59.

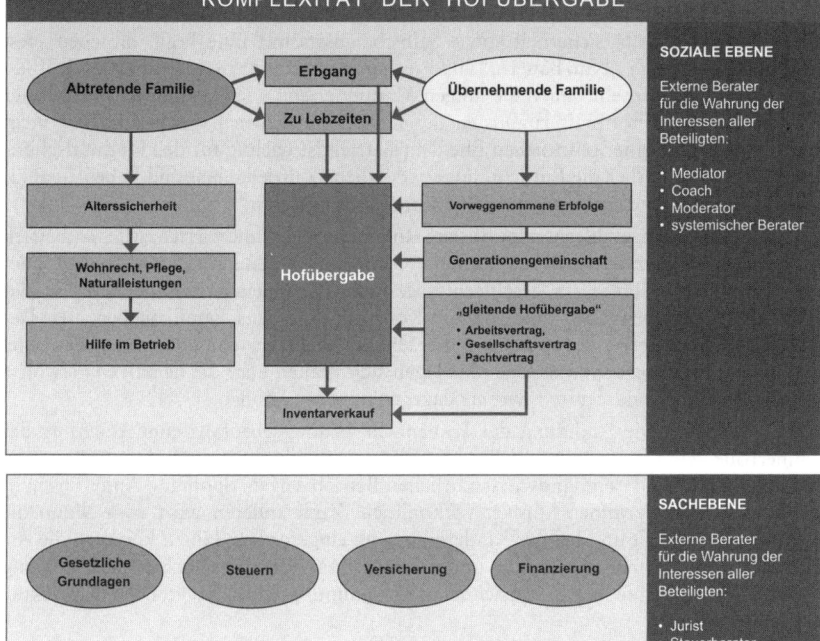

Abb. 1: Komplexität der Hofübergabe differenziert nach sozialer Ebene und Sachebene

Auf der einen Seite steht die Generation, die den Hof besitzt und von der übertragen **7** wird. Auf der anderen Seite steht der Teil der Familie, der den Betrieb übernehmen möchte. Vor allem bei einer „frei geplanten" Hofübergabe, also noch bevor dem Betriebsinhaber die Entscheidung aus gesundheitlichen Gründen oder gar Tod abgenommen wird, kommt es häufig zu Konflikten und kommen die größten Unsicherheiten bzw Problembereiche zum Tragen. Wird der Hof, der Betrieb nicht gezielt oder strukturiert übergeben, streiten sich später oft die Erben(-gemeinschaften), manchmal so lange, bis der Betrieb ruiniert ist.

Häufig wird bei der **Hofübergabe** Rat auf der Sachebene eingeholt. Es werden Experten **8** aus den Bereichen Recht (Jurist, Notar), Steuern (Steuerberater), Finanzierung und Versicherung (Banken) befragt. Erfahrungen der Berater in ähnlich gelagerten Fällen sind wesentliche Grundlage für die EmpfehlungenSomit wird eine Lösung der Probleme eher auf der fachlichen Ebenegesucht. Bedürfnisse und Gefühle der beteiligten Familienmitglieder können dabei zu kurz kommen.[7] Daher ist eine externe Hilfe, zB durch Mediation, für die zwischenmenschliche Ebene eine ideale Ergänzung bei der Planung und Durchführung einer Hofübergabe.[8]

---

7 Sigel, Loslassen – Abgeben – Neugründen, in: AgrarBündnis (Hrsg.), Der kritische Agrarbericht 2005.
8 Tann/Trenczek, Konflikte in der Landwirtschaft, in: Erfolgreich führen mit Herz und Verstand, 2009, 187 ff.

5.13.2.2 Partnerkonflikt

9 Nach einer Untersuchung von Dirscherl schätzen moderne Landwirte an ihren Frauen Selbstständigkeit, Selbstsicherheit sowie Selbstbewusstsein.[9] Eine Frau, die eben „fest im Leben steht". Die „Nur-Bäuerin" als Frau an der Seite des Bauern hat als Leitbild heute ausgedient. Zu sehr haben die jungen Männer erlebt, wie Großmütter und Mütter ihre Eigenständigkeit oftmals zugunsten des Hofes aufgegeben haben – und das nicht immer zum Wohle einer glücklichen Ehe. Der Betrieb ist wichtig für den landwirtschaftlichen Nachwuchs, aber die Einsicht, dass persönliche Zufriedenheit und Lebensqualität mehr als der Hof sind, hat sich inzwischen breit durchgesetzt.[10]

10 Dennoch herrschen **geschlechterspezifische Rollen** auf dem landwirtschaftlichen Betrieb vor. Sie werden geprägt durch die dörfliche Gemeinschaft. Auf dem Land sind Männer und Frauen noch stärker in geschlechtsspezifische Gruppen eingebunden als in der Stadt. Diese Gruppen üben eine gewisse Kontrolle über das Familienleben aus. Der Stammtisch wacht etwa darüber, dass die Männer nicht zu sehr „unter den Pantoffel geraten". In Frauengruppen dagegen beklagen sich Frauen über die negativen Gewohnheiten der Männer und beraten, wie sie dagegen angehen können.[11]

11 Es wird deutlich: Die Änderung der Frauenrolle bedingt ebenfalls eine Änderung der Männerrolle. Zum einen sollte die Frau Verständnis für die termingerechte- und wetterabhängige Arbeit auf dem landwirtschaftlichen Betrieb zeigen. Spontane Änderungen in der Planung von Terminen können vorkommen. Zum anderen wird vom Mann die Mithilfe im Haushalt und bei der Kindererziehung eingefordert. Hinzu kommen die Aspekte, über die Männer und Frauen in der Schwerpunktsetzung verschiedener Meinung sind. Diese unterschiedlichen Ansichten und Spannungsfelder können zu Konflikten führen.

5.13.2.3 Wertekonflikt

12 Auf vielen Höfen stehen der Betrieb und die Arbeit an erster Stelle, weit vor allen persönlichen und familiären Bedürfnissen.[12] Die eigenen Visionen, Lebenspläne können wegen des Fortbestandes und der Entwicklung des Hofes möglicherweise nicht gelebt oder umgesetzt werden. Strebt man trotzdem nach mehr Individualität, steht man im Konflikt mit seinen **anerzogenen und vorgelebten Werten.** Auch der Ehepartner erlebt diesen Wertekonflikt. Der (Ehe-)Partner fühlt sich zurück gesetzt und die Partnerschaft erhält eine zu geringe Wertschätzung.

13 In den modernen Familienbetrieben werden die Partnerschaften auf einer anderen Grundlage aufgebaut. Die Bereiche Familie und Freizeit erhalten die gleiche Aufmerksamkeit wie der Betrieb. Damit einher geht der Aufbau einer neuen Familienkultur. Dort werden wichtige Freiräume für die Partnerschaft, die Familie und für persönliche Entspannung etabliert.[13] Jetzt stehen die Menschen mit ihren Bedürfnissen und Zielen im Mittelpunkt. Das erfordert eine Veränderung der Betriebsorganisation und Neugestaltung der Arbeitsabläufe.

---

9 Dirscherl, Liebe vergeht – Hektar besteht?, Landinfo 7/2006, 34–35.
10 Dirscherl, Liebe vergeht – Hektar besteht?, Landinfo 7/2006, 34–35.
11 Goldbrunner, Ländliche Familienberatung, Gesamthochschule Essen 2009, http://www.eo-berg.de/eob/dcms/sites/lfb/leben_meistern/generationen/verschiedene_werte/wertekonflikte.html.
12 Hirt, Sich von der Arbeit nicht auffressen lassen, http://www.eo-bamberg.de/eob/dcms/sites/lfb/leben_meistern/Partnerschaft/arbeitseinteilung.html, 2009; Groth/Vater; Die Familie in Familienunternehmen, Family Business Review, Band 10, Nr. 4, 2007, 397–410.
13 Hirt, Sich von der Arbeit nicht auffressen lassen, http://www.eo-bamberg.de/eob/dcms/sites/lfb/leben_meistern/Partnerschaft/arbeitseinteilung.html, 2009.

5.13.2.4 Zielkonflikt

Dieser Konflikt steht im Spannungsfeld zwischen Fortbestand des landwirtschaftlichen   14
Betriebs und dem Wohlergehen der Familie bzw einzelner Familienmitgliedern. Die Familie steht eng mit dem Erfolg des Familienbetriebs in Verbindung. Ohne die Familie scheint der Hof nicht tragbar. Deshalb werden wichtige Entscheidungen oder andere Möglichkeiten nicht zeitgemäß oder umfassend getroffen.[14] Obwohl möglicherweise ein Familienmitglied leidet, weil es bspw nicht seinen beruflichen Neigungen nachgehen kann, belässt man es lieber so wie es ist. Dieser Konflikt mündet in einen **Loyalitätskonflikt**, wenn zB der Mutter das Wohlergehen des Kindes am Herzen liegt und der Vater vom Kind erwartet, in seine Fußstapfen zu treten.

5.13.2.5 Geschwisterrivalität

Sie basiert auf der persönlich empfundenen Bevorzugung des anderen. Auch wenn El-   15
tern aus ihrer Sicht gerecht zu beiden Seiten sind, kann trotzdem ein Ungerechtigkeitsempfinden vorhanden sein. Ein solcher Konflikt kann über Jahre unterschwellig vorhanden sein und erst Jahre später zum Ausbruch kommen. Insbesondere bei Hofübergaben nach der nordwestdeutschen Höfeordnung (Norddeutschland) werden die weichenden Erben mit sehr niedrigen Abfindungen „abgespeist". Diese gesetzliche Regelung sichert die Zukunft des Hofes, weil der Hof als Ganzes übergeben wird und keine überhöhten finanziellen Forderungen von den Erben gestellt werden können. Kommt es nach Jahren dann zu einer Stilllegung des Betriebs, kommen die empfundenen Ungerechtigkeiten zu Tage, die Begehrlichkeiten wachsen und der Konflikt tritt zutage.

5.13.3 Externe Unternehmenskonflikte

Externe Konflikte, also Streitigkeiten mit außerbetrieblichen Personen, Organisationen   16
oder Unternehmen können sein:

- Nachbarschaftsstreitigkeiten;

- Konfliktfelder mit Verbänden (Naturschutzverbände, Landschaftspflege, Nahrungsmittel);

- anderen Unternehmen (Lieferanten, Kunden, Bezugs- und Absatzgeschäft) oder

- anderen Organisationen (Genehmigungsbehörden, Behördengänge bei Bauvorhaben).

Speziell hierzu hat Nödl eine Zusammenfassung erstellt.[15] Er teilt die Konflikte nach öf-   17
fentlichem Recht und Zivilrecht ein.

Nach **Rechtsformen** betrachtet dominieren die landwirtschaftlichen Einzelunternehmen   18
(überwiegend Familienbetriebe) mit einem Anteil von rund 91 %, gefolgt von den Personengesellschaften und juristischen Personen mit einem Anteil von knapp 7 bzw knapp 2 %. Die beiden letztgenannten Rechtsformen bewirtschaften aber über insgesamt 33 % der Fläche. Sie sind vor allem in Ostdeutschland von größerer Bedeutung.[16]

Die Unternehmensformen „Personengesellschaft und juristische Person landwirtschaftli-   19
cher Betrieb" sind als eigenständige Organisationen zu betrachten. Die vorherrschenden Konfliktfelderunterscheiden sich nicht deutlich zu anderen Wirtschaftsunternehmen. Daher werden sie an dieser Stelle nicht näher betrachtet.

---

14   Groth, Loslassen – Abgeben – Neugründen, in: Fink-Keßler, Hofübergabe als Prozess und seine Begleitung, Der kritische Agrarbericht, ABL Bauernblatt 2005.
15   Nödl, Mediation – ein Weg zur nachhaltigen Lösung und Vermeidung von Konflikten, auch in der Landwirtschaft, Agrar- und Umweltrecht, Heft 2, 2010, 33–40.
16   DBV Situationsbericht 2011/12, Kap. 3.4 Betriebsgrößen und -Formen, 105.

20 Zusammenfassend lässt sich sagen, dass Mediation in der Landwirtschaft in Bereichen Generationskonflikte, Hofübergabe, Paar- und Familienkonflikten sowie Nachbarschaftstreitigkeiten sehr gut zur Konfliktbeseitigung und auch zur Konfliktvermeidung eingesetzt werden kann. Vorausgesetzt, die Mediation wird auf die Bedürfnisse des landwirtschaftlichen Betriebs abgestimmt.

5.14 Mediation im öffentlichen Raum

Literatur: Hütter, A./Zillessen, H., Konfliktmanagement im öffentlichen Bereich. Das konsensorientierte Planungsverfahren „Mobil im Rheintal", ZKM, Heft 3 2012; Kessen, S./König, U., Eisenbahntrasse Gasteinertal. Einige Anmerkungen zur Kunst des Wartens, ZKM, Heft 3 2002, 128–134; Schelp, C./Pfarr, J., Wenn um Bäume gestritten wird, geht es nie nur um Bäume. Zum Mediationsverfahren. Zukunft Landwehrkanal in Berlin, ZKM, Heft 2 2010, 57–61; Zillessen, H., Gratwanderung städtebauliche Großprojekte. Zwischen Zustimmung und Ablehnung, Brigitte Adam im Interview mit Horst Zillessen, RaumPlanung (Fachzeitschrift für räumliche Planung und Forschung), Heft 7/8 2011, 153–155.

5.14.1 Was ist unter „Mediation im öffentlichen Raum" zu verstehen?[1]

Unter „Mediation im öffentlichen Raum" versteht man all jene Verfahren, die im thematischen Spannungsfeld zwischen Umwelt, Wirtschaft, Politik und Sozialem folgende **Kriterien**erfüllen (vgl Kap. 5.20):   1

1. Bearbeitung eines im öffentlichen Raum angesiedelten absehbaren oder bereits offenkundigen Konflikts zwischen unterschiedlichen gesellschaftlichen Anspruchsgruppen.

2. Beteiligung wesentlicher betroffener Interessengruppen (zB Bürgerinitiativen, Verbände, Vorhabensträger, Vertreter aus Politik und öffentlicher Verwaltung).

3. Verhandlung/Diskussion größtenteils in direkter (**face-to-face**) **Kommunikation**

4. Verfahrensleitung durch einen externen Dritten ohne eigene betroffene Interessen bzgl der Konfliktinhalte und ohne inhaltliche Entscheidungskompetenz, der die Beteiligten professionell dabei unterstützt, dass diese eigenverantwortlich Regelungen für ihren Konflikt entwickeln.

5. Personale Trennung von Mittler- und Planer- bzw Planungsträgerrolle.

6. Ziel: Eine Vereinbarung der Konfliktbeteiligten, deren Inhalt in einen nachfolgenden politischen oder administrativen Planungs- oder Entscheidungsprozess einfließen soll.

---

[1] Bei diesem Beitrag handelt es sich um ein Gemeinschaftswerk des Teams der MEDIATOR GmbH, dh es haben zusätzlich daran mitgewirkt: Beate Voskamp, Horst Zillessen, Claudia Schelp und Jana Pfarr (Voskamp/Kessen/Zillessen/Schelp/Pfarr).

5.14.2 Potenziale und Herausforderungen

5.14.2.1 Sich der Komplexität stellen

2 Planungs-, Veränderungs- und Entscheidungsprozesse im öffentlichen Raum weisen in der Regel eine hohe **Komplexität** auf. Dieser gilt es sich zu stellen, um solche Prozesse nachhaltig erfolgreich gestalten zu können. Die in öffentlichen Verwaltungen zumeist anzutreffenden linearen Strukturen und Entscheidungshierarchien sind häufig nicht mehr in der Lage, sich den Anforderungen solcher Prozesse entsprechend aufzustellen und der vorherrschenden Komplexität adäquat zu begegnen. Gegenüber den in herkömmlichen Verfahren häufig zu beobachtenden Reduktionen und Vereinfachungen besitzt Mediation im öffentlichen Raum ein großes Potenzial, denn für die großen, wichtigen Entscheidungen gibt es keine klaren Handlungsanweisungen. Zu Beginn des **Mediationsverfahrens Flughafen Wien** äußerte sich dem entsprechend der damalige Vorstandssprecher der Flughafen Holding, Herbert Kaufmann, dass er nicht glaube, dass komplexe Planungsprojekte noch anders bearbeitet werden könnten als durch Mediation.

5.14.2.2 Sich als Projektträger adäquat aufstellen

3 Komplexe Mediationen im öffentlichen Raum entfalten in aller Regel eine hohe Dynamik und erfordern daher adäquate **Projektstrukturen** auf Seiten des Vorhabensträgers. Hier gilt es, Organisationsformen zu suchen und zu finden, mittels derer die Akteure arbeits- und entscheidungsfähig bleiben. In dem von der MEDIATOR GmbH in Kooperation mit Hütter & Partner durchgeführten **Konsensorientierten Planungsverfahren zur Verkehrslösung im Unteren Rheintal** (Vorarlberg) wurden bspw Strukturen und Abläufe mittels eines komplex und mediativ angelegten Projektmanagements organisiert. Und im Mediationsverfahren zur Zukunft des Landwehrkanals in Berlin wurde eine hierarchieübergreifende und quer zur Linienstruktur liegende eigenständige Arbeitsgruppe installiert.

5.14.2.3 Potenzial der „Frühzeitigkeit" nutzen

4 Eine frühzeitige Einbindung aller von einem Planungsgegenstand betroffenen Personen und Organisationen, so dass ein tatsächliches Mitgestalten möglich ist, erleichtert eine konstruktive Bearbeitung der anstehenden Themen und bietet die Chance, die Ressourcen aller Beteiligten für eine gemeinsame Lösung zu nutzen. Wichtige Voraussetzung ist das Herausarbeiten der Bedürfnisse der Beteiligten hinsichtlich der **Verfahrensebene** (WIE), damit diese in das Verfahrensdesign einfließen können. Derzeit scheint es auf Seiten der Vorhabensträger dafür noch einigen Mut zu benötigen, nicht mit einem fertigen Plan an die Öffentlichkeit zu gehen, sondern mit einer Haltung, die eine wirkliche Beteiligungsbereitschaft erkennen lässt.

5.14.2.4 Vertrauen als Voraussetzung für ein kooperatives Miteinander

5 Entscheidend für den notwendigen Aufbau von Vertrauen ist die Übertragung der Verfahrensleitung an einen externen Dritten ohne eigene betroffene Interessen bzgl der Konfliktinhalte und ohne inhaltliche Entscheidungskompetenz. Insbesondere zu Beginn eines Verfahrens prüfen die Beteiligten mit hoher Sensibilität, ob der eingesetzte Mediator seiner Aufgabe gerecht wird und das in ihn zu setzende Vertrauen rechtfertigt. In Haltung und Handlungen des Mediators muss von Beginn an sichtbar werden, dass:

- Betroffene und Beteiligte ernst genommen werden mit ihren Anliegen, Sorgen und Bedürfnissen – sie erfahren Wertschätzung und Respekt,
- unterschiedliche **Fairness- und Gerechtigkeitskriterien** Berücksichtigung finden,

■ Interessen und Bedürfnisse als zentrale Kriterien für die Entscheidungsfindung wahrgenommen und herangezogen werden.

5.14.2.5 Kooperation als Zielgröße

Viele sehen in einem Kompromiss, bei dem jeder ein bisschen gewinnt und ein bisschen 6
verliert, bereits das bestmögliche Ziel erreicht. **Kooperative Lösungen** hingegen sind das Ziel der Mediation und werden ermöglicht durch deren klare Fokussierung auf Interessen und Bedürfnisse (s. Kap. 1.1.3.2.3 u. 2.7). Dies steht nicht im Widerspruch zu Flexibilität, Schnelligkeit und Innovation. Ganz im Gegenteil: Das klassische Vorgehen behindert diese Größen. Ein Vertreter der Bürgerinitiative „Bäume am Landwehrkanal" drückte dies in dem von der MEDIATOR GmbH durchgeführten **Mediationsverfahren zum Landwehrkanal** einmal so aus: „... die Chance eines derartigen Forums aus 25 involvierten Behörden verschiedener Verwaltungsebenen sowie unterschiedlichen Interessensgruppen, zu gemeinsamen Beschlüssen zu kommen, wäre auf anderen Wegen nur ungleich zeit- und kostenaufwendiger, wenn überhaupt zu erreichen ...".

5.14.3 Von ersten Schritten zum laufenden Prozess: Besonderheiten

5.14.3.1 Mediative Prozessgestaltung: Das „wie" vor dem „was"

Viele Bürger werden nicht deshalb so wütend, weil sie inhaltlich anderer Meinung sind, 7
sondern vor allem über die Art und Weise, wie mit ihnen und ihren Anliegen, Sorgen und Bedürfnissen umgegangen wird. Aus mediatorischer Sicht und Erfahrung kommt dem „wie" (des Vorgehens) vor dem „was" (soll sich verändern) eine herausragende Bedeutung zu, um ein konstruktives und damit effektives wie effizientes Miteinanderarbeiten in der Mediation zu ermöglichen bzw zu unterstützen. So musste es bspw in der **Mediation zur Zukunft des Landwehrkanals** aufgrund der Vorkommnisse im Vorfeld der Mediation zunächst darum gehen, die unterschiedlichen Bedürfnisse auf der **Verfahrensebene** (WIE) herauszuarbeiten, um überhaupt eine geeignete Form des Miteinanderarbeitens zu finden. Wichtige Ansatzpunkte waren: die Verbesserung der Kommunikation untereinander, des Umgangs miteinander sowie die Schaffung von **Transparenz**. Auch im späteren Verfahrensverlauf bleibt diese Unterscheidung des „wie" und des „was" zentral für ein konstruktives Miteinander.

5.14.3.2 Innerer und äußerer Auftraggeber, Konfliktanalyse, Vorgespräche

Auftraggeber eines Vorhabens im öffentlichen Raum ist in der Regel der Leiter der je- 8
weils zuständigen Behörde, im Wirtschaftskontext oft der Geschäftsführer eines Unternehmens. Auch Unternehmen – wie die Flughafen Holding bei dem Mediationsverfahren zum Ausbau des Flughafens Wien – können Auftraggeber sein. Für die Mediatoren sind bei solchen Projekten die Konfliktbeteiligten selbst als „de facto" Auftraggeber (innerer Auftrag) meist nicht identisch mit den „de iure" (zahlenden) Auftraggebern (äußerer Auftrag). Bei der **Mediation zum Neubau einer zweigleisigen Hochleistungsbahntrasse im Gasteinertal im Salzburger Land** wurde dahingehend Neuland betreten, dass der Vertrag mit dem Mediationsteam erstmals von allen Konfliktbeteiligten unterzeichnet worden ist und auch die Kosten des Verfahrens anteilig auf die verschiedenen Konfliktbeteiligten aufgeteilt wurden.

Die Breite potenzieller Betroffenheit macht am Anfang eines Verfahrens eine **Konflikt-** 9
analyse notwendig, die vor allem die relevanten Akteure und ihr Einflusspotenzial identifizieren sowie deren jeweilige Erwartungen an das Verfahren, den jeweils wahrgenommenen Konfliktstatus sowie organisatorische Rahmenbedingungen klären sollte. Vorgespräche mit den zahlreichen Konfliktbeteiligten sind unabdingbar, um ein adäquates Prozessdesign entwerfen zu können.

5.14.3.3 Arbeitsbündnis: Instrument zur Gestaltung der Zusammenarbeit

10 Diese erste Phase eines Mediationsverfahrens schließt mit dem **Arbeitsbündnis:** Wie wollen die Beteiligten in der Mediation miteinander arbeiten?[2] Darin werden Zielsetzung des Verfahrens und der Umgang miteinander definiert sowie Zuständigkeiten, Aufgabenverteilungen, Anforderungen an **Transparenz,** Umgang mit Vertraulichkeit u.a.m. Um die Verbindlichkeit zu erhöhen und die Identifikation aller Beteiligten mit dem Verfahren zu stärken, wird das Arbeitsbündnis einvernehmlich verabschiedet – damit hat die Mediation bereits die erste Mediation in der Mediation erfolgreich abgeschlossen.

5.14.3.4 Arbeitsebenen in der Mediation

11 Die Arbeit mit großen Gruppen erfordert häufig eine Aufteilung in repräsentativ besetzte Arbeitsgruppen. Diese können je nach Aufgabenstellung dem Austausch von Informationen, der Bearbeitung unterschiedlicher Themenschwerpunkte, der Vorbereitung von Forumsbeschlüssen und nicht zuletzt dem Ausloten von Optionen für langfristige Planungsansätze dienen. Die Arbeitsergebnisse werden im zentralen Gremium, bspw dem Mediationsforum, präsentiert und ggf beschlossen. Öffentliche Veranstaltungen, die in geeigneten Abständen zusätzlich einberufen werden sollten, dienen der Rückkopplung der jeweiligen Ergebnisse mit der Öffentlichkeit.

5.14.3.5 Flexibilität in klaren Strukturen: Dynamisches Prozessdesign

12 Die prozessgestaltende Aufgabe der Mediatoren beinhaltet auch das Verweben der beiden Stränge aus inhaltlicher Arbeit („was") und Beteiligungs- und Mitgestaltungsarbeit („wie"). Dies erfordert einerseits ein strukturiertes Vorgehen und andererseits eine strukturflexible Ausgestaltung des Verfahrens. Für komplexe Verfahren ist es typisch, dass zwischen langfristiger Vereinbarung und kurzfristigen Maßnahmen zu unterscheiden ist. Sowohl im Mediationsverfahren zum Ausbau des Flughafens Wien als auch in dem zur Sanierung des Landwehrkanals wurde durch die hohe Komplexität und die dadurch bedingte Zeitdauer für das Entwickeln gemeinsamer Lösungen ein zweigleisiges Vorgehen erforderlich: In Berlin mussten einzelne Ufersicherungsmaßnahmen sowie Pilot- und Teststrecken auf den Weg gebracht werden, bevor Verabredungen über den Gesamtkanal getroffen werden konnten; in Wien ging es um das Ausloten von Optimierungsmöglichkeiten der bestehenden Lärmsituation, bevor es um das „ob" und ggf das „wie" eines Flughafenausbaus gehen konnte. Die Themen wurden in der Mediation bearbeitet, haben alle Phasen der Mediation durchlaufen und wurden umgesetzt. Diesem für Verfahren im öffentlichen Bereich typischen Erfordernis der Zweigleisigkeit lässt sich mit der Flexibilität der Mediation adäquat begegnen: Im Rahmen einer möglichst umfassenden Konfliktregelung können immer wieder kleinere **Mediationen in der Mediation** stattfinden.

5.14.3.6 Interessensammlung und Kriterienkatalog

13 Als hilfreich hat sich aufgrund der Komplexität solcher Verfahren die Zusammenstellung einer **Interessensammlung** und eines **Kriterienkatalogs**[3] mit allen Interessen und Bedürfnissen aller Beteiligten sowie den daraus abgeleiteten Kriterien erwiesen. Diese

---

2 Auf der Internetseite des Mediationsverfahrens zur Zukunft des Landwehrkanals in Berlin befindet sich ein Beispiel für ein solches Arbeitsbündnis: http://www.landwehrkanal-berlin.de/mediationsforum/arbeitsbuendnis.html.

3 Interessensammlung und den Kriterienkatalog des Mediationsforums Zukunft Landwehrkanal: http://www.landwehrkanal-berlin.de/mediationsforum/kriterienkatalog-des-mediationsforums.html, Endbericht des Mediationsverfahrens Gasteinertal, mit Kriterienkatalog: http://www.bmvit.gv.at/verkehr/eisenbahn/verfahren/schwarzachstveit/anlage1/beilage02.pdf.

dienen der Prüfung künftiger Planungs- und Umsetzungsschritte, indem sie als Anforderungen an zu findende Lösungsoptionen angelegt und im Rahmen einer interessenorientierten Verhandlung gemeinsam gewichtet werden. Sie werden damit zu **Instrumenten intelligenten Entscheidens.** Alle Beteiligten können so die Sicherheit haben, dass bei den zu treffenden Entscheidungen die für sie besonders relevanten Aspekte auf jeden Fall berücksichtigt werden.

5.14.3.7 Transparenz und Öffentlichkeitsarbeit

Da für die gesellschaftliche Zustimmungsfähigkeit zu einem Vorhaben im öffentlichen Raum auch die allgemeine Öffentlichkeit wichtig ist, sollte diese laufend über das Verfahren informiert werden und sich informieren können. Dies kann bspw über ein Informations- oder Bürgerbüro wie im Mediationsverfahren zum Abfallwirtschaftsprogramm in Berlin erfolgen oder über das Internet.[4] **14**

5.14.3.8 Abschluss von Mediationsverfahren

Am Ende einer Mediation gilt es, konsensual eine zukunftsorientierte, tragfähige Vereinbarung zu schließen und zu klären, wie diese umgesetzt werden kann. In der Mediation zum Ausbau des Flughafens Wien haben bspw alle Beteiligten einen zivilrechtlichen Vertrag unterzeichnet, durch den sie sich verpflichten, die im Mediationsverfahren erzielten Ergebnisse umzusetzen und nicht dagegen zu klagen. **15**

5.14.4 Chancen und Perspektiven

Durch angemessene Berücksichtigung und Reflexion der tatsächlich vorhandenen Komplexität von Veränderungs- und Entscheidungsprozessen können akzeptable, nachhaltige und zukunftsfähige Lösungen entwickelt werden. Angemessen hierfür sind weder die meisten tradierten Entscheidungsverfahren noch plebiszitäre Verfahren wie Volksbefragungen. Professionell durchgeführte Verfahren lassen sich sinnvoll einbetten in das politisch-administrative System, helfen eine erhöhte **demokratische Legitimation** für die zu treffenden Entscheidungen zu sichern, unterstützen die Sicherung des **sozialen Friedens** und nicht zuletzt entsprechen sie dem Selbstverständnis der heutigen Gesellschaft. **16**

Angesichts der komplexen Lebenswirklichkeiten der Industriegesellschaft, in die jede Planung heutzutage eingreift, sowie der Informations- und Kommunikationsmöglichkeiten des Internetzeitalters ist es bei absehbar kontroversen Projekten äußerst unwahrscheinlich, dass es eine Planungssicherheit ohne eine „vernünftige" Beteiligung der Bürgerinnen und der relevanten Interessengruppen, Institutionen und Organisationen geben wird. Es wird daher davon ausgegangen, dass den Möglichkeiten, die das Verfahren der Mediation bzw eine mediative Vorgehensweise für gesellschaftliche Diskurse konfliktbehafteter Themen eröffnet, künftig eine noch höhere Bedeutung zukommen wird. **17**

---

4 Als Beispiele dienen die Internetseiten www.viemediation.at des Mediationsverfahrens zum Flughafen Wien und www.landwehrkanal-berlin.de des Mediationsverfahrens zur Zukunft des Landwehrkanals in Berlin.

5.15 Mediation im Gesundheits- und Pflegebereich

Literatur: Pühl, H. (Hrsg.), Mut zur Lösung: Konflikte in Klinik, Praxis und Pflege – Ein Leitfaden zur Anwendung von Mediation, 2012.

5.12.1 Einleitung

1 Der Gesundheits- und Pflegebereich ist wie kein anderes komplexes System durch einen Widerspruch gekennzeichnet: Einerseits setzen Politik und Verbände die Rahmenbedingungen fest, in denen sich die meist freien Anbieter auf dem Markt behaupten müssen. Dabei sind nicht nur horizontale Konkurrenzen – zB um gleiche Dienstleistungen – im Spiel, sondern auch vertikale, zB Alternativmethoden versus traditionelle Anwendungen.[1] Staatliche Einrichtungen wie Krankenhäuser (Klinken, Spitäler) werden zunehmend privatisiert und von gewinnorientierten (Aktien-)Gesellschaften betrieben. Konflikte gehören hier genauso zum Alltag wie für jede andere Organisation, die sich am Markt behaupten muss. Spezifisch für das Gesundheitswesen sind allerdings die politischen und verbandlichen Vorgaben, in die der Alltag eingebunden ist und der manchmal einseitig für all die auftauchenden Konflikte verantwortlich gemacht wird. (Vielleicht kann dies ein Hinweis dafür sein, dass Mediation in diesem Feld bisher kaum angefragt wird.) Mediation kann diese Rahmung nicht verändern, aber es kann die Arbeitsbedingungen der Beschäftigten erleichtern und manchmal die äußeren Bedingungen verbessern.

2 Es übersteigt den Rahmen dieses Beitrages, alle Konfliktlinien dieses komplexen Feldes zu beschreiben. Deshalb begrenzt sich die Darstellung auf folgende Bereiche begrenzen:

- Klinik/Spital,

- Ambulante und stationäre Pflege, Altenheim,

- Arztpraxis,

wohl wissend, dass es zwischen diesen Bereichen ebenfalls zahlreiche Konfliktfelder gibt – bspw zwischen Krankenhaus und ambulanter Pflege, zwischen niedergelassenem Arzt und Altenheim und nicht zuletzt zwischen den Kostenträgern und den Leistungserbringern.[2] Hinzu kommt, dass wir es hier mit dem sensiblen Thema Tod und Sterben zu tun haben und damit immer mit ethischen Wertvorstellungen und persönlichen Erfahrungen.

5.15.2 Mediation in Kliniken

3 Bekannt ist, dass Kliniken sehr hierarchisch organisiert sind und damit einhergehende Konflikte hervorbringen. Partizipation und Diskurs sind in diesem Feld weitestgehend unbekannt, vermutlich nicht nur dem Zeitdruck geschuldet, sondern auch, weil es ethische Fragen aufwerfen würde, und damit die angstbesetzten Themen über gutes Leben und würdevolles Sterben.

---

1 Das Gesundheitssystem ist ein Haifischbecken voller Konkurrenten. Wenn man sich die Zahlen anschaut, wird verständlich, warum dies so ist: Sowohl in Deutschland als auch in Österreich umfasst dieser Sektor jährlich über 10% des Bruttoinlandsproduktes, in Deutschland über 253 Milliarden EUR und in Österreich über 30 Milliarden EUR jährlich.
2 Dazu ausführlich Pruckner, Anwendungsfelder der Mediation im Gesundheitswesen, in: Pühl (Hrsg.), Mut zur Lösung: Konflikte in Klinik, Praxis und Altenpflege, 2012, 26 ff.

Die Stationen zeichnen sich aufgrund der Wechseldienste nicht durch Teamstrukturen 4
aus, die jungen Assistenzärzte wechseln häufig und müssen teilweise vom Pflegeperso-
nal angeleitet werden, obwohl das Hierarchieverhältnis eigentlich umgekehrt ist.

Um in der Organisation Klinik dennoch eine sinnvolle Konfliktkultur zu etablieren, ist 5
ein **systematisches Konfliktmanagement** sinnvoll. Durch das Zusammenwirken verschiedener Maßnahmen sichert es eine Kultur, in der Konflikte nicht als Unfall gesehen
werden, sondern als Herausforderung an Entwicklung und Veränderung. Diese Bünde-
lung von Maßnahmen nennen wir Konfliktmanagement. Dazu können gehören:

■ **Zentrale Konfliktanlaufstellen** (zB Personalabteilung, Betriebs- bzw Personalrat,
Ombudsstelle, Mobbing-Beauftragte, Gleichstellungsbeauftragte, Patientenspre-
cher): Je nach Konfliktverständnis können diese Positionsinhaber ihren Auftrag parteilich oder im Sinne von Deeskalation mediativ gestalten. Voraussetzung dafür ist,
dass sie in Mediation fortgebildet sind.

■ **Interner Mediatorenpool** (Konfliktlotsen): In der Klinik eine breit akzeptierte und in
Anspruch genommene Konfliktkultur via Mediation zu implementieren, ist ein
meist steiniger und langer Weg. Initiativ werden oft die Personalentwicklungsabtei-
lungen, denn bei ihnen laufen die Fäden der Unzufriedenen zusammen: Vom Mitarbeiter, der zuerst in der Krankheit eine Konfliktlösung sieht oder dem Vorgesetzten,
der die Versetzung oder gar Kündigung eines Mitarbeiters als Ausweg einer Klärung
ins Auge fasst. Die Mitarbeiter der Personalabteilungen sind es deshalb, die – prä-
destiniert durch ihre speziellen Fort- und Weiterbildungen – nach alternativen Lösungen suchen. Sie kennen die Besonderheiten ihrer Mitarbeiter und lassen sich
nicht vorschnell auf die oft angebotene Täter-Opfer-Variante ein. Wenn es ihnen gelingt, zur obersten Führungsebene und zur Mitarbeitervertretung ein vertrauensvolles Verhältnis aufzubauen und Überzeugungsarbeit für ein internes Konfliktmanagement zu leisten, kann es im Laufe der Zeit Früchte tragen. Das heißt immer ein be-
harrliches am Ball bleiben, schnelle Erfolge sind nicht zu erwarten. Im Grunde hat
diese Vermittlungsarbeit bereits mediative Aspekte, geht es doch darum, scheinbar
widerstrebende Interessen (Arbeitgeber vs. Arbeitnehmer) zu balancieren. Die Ausbildung von ambitionierten Mitarbeitern zu internen Mediatoren finden wir bisher
nur als Ausnahme in Kliniken und Krankenhäusern.[3]

Ansonsten gilt hier das gleiche wie für jede andere Organisation: Die Kombination von 6
Mediation als erster Krisenintervention zur Wiederherstellung der Kommunikations-
und Arbeitsfähigkeit, Teamentwicklung, Coaching oder Organisationsberatung je nach
Bedarf oder in Kombination.

5.15.3 Ambulante und stationäre Pflege, Altenheim

Dieser Bereich wird sich in den nächsten Jahren und Jahrzehnten enorm ausweiten und 7
steht aufgrund der biographischen Entwicklung vor ungeahnten Herausforderungen:
nicht nur für die Betroffenen und Angehörigen, sondern auch für die Politik und ihre
Versorgungsinstrumente.

Für den **ambulanten Bereich** diagnostiziert Martina Pruckner[4] folgende Konfliktebenen: 8

■ Mediation bei Konflikten zwischen außerfamiliärer Pflegekraft und Klient bzw Angehörigen.

■ Mediation zur Klärung von Konflikten unter Mitarbeitern von Einrichtungen.

---

3 Beispiele dafür finden sich bei Lachmair, Mediation in Kliniken, in: Pühl (Hrsg.), Mut zur Lösung: Konflikte
in Klinik, Praxis und Altenpflege, 2012, 50 ff.
4 Pruckner, Mediation in der ambulanten Pflege und Betreuung, in: Pühl (Hrsg.), Mut zur Lösung: Konflikte in
Klinik, Praxis und Altenpflege, 2012, 85.

- Mediation zur Beilegung von Konflikten in der interdisziplinären Zusammenarbeit.
- Mediation zur Beilegung von Konflikten in der familiären Betreuung und Pflege.

9   Vieles von dem, was für die Klinik zutrifft, finden wir auch hier als Konfliktstoff, doch aufgrund der Arbeitssituation in verschärftem Maße, zB arbeiten die Pflegerinnen auf sich allein gestellt. Ein Team gibt es nur als virtuelle Vorstellung und Fallsupervision zur Besprechung der täglichen Arbeit, es ist eher die Ausnahme als die Regel. Die Pflegerinnen befinden sich im ständigen Widerstreit der Interessen: zwischen denen der Kostenträger, konkret repräsentiert durch den Träger, den Wünschen der Angehörigen, den Bedürfnissen des zu Pflegenden und letztlich den eigenen Wertvorstellungen.

10 Um den Stress für die Pflegerinnen nicht zusätzlich zu erhöhen (der Krankenstand ist bekanntlich schon jetzt sehr hoch), schlägt Pruckner vor, dass die Führungskraft der Einrichtung als Quasi-Mediator fungiert.

11 Sie begründet dies folgendermaßen: „Personalmanagement ist Führungsaufgabe. Konfliktmanagement ebenfalls ...". Bei Mediationen durch Führungskräfte wird hingegen – mit guten Gründen – zur Vorsicht geraten. Haben doch Führungskräfte in ihrer Position immer auch inhaltliche Interessen zu vertreten und Entscheidungen in eigener, nicht teilbarer oder delegierbarer Verantwortung zu treffen.[5] Vermittlungsbemühungen durch Mediatoren, die gleichzeitig auch Leitungsfunktion bei den Konfliktparteien haben, sind allerdings nicht undenkbar. Bevor aber Führungskräfte als Mediatoren in Konflikten ihrer Mitarbeiter zu vermitteln beginnen, müssen sie kritisch hinterfragen: „Ist Vermittlung angesagt? Oder eine Entscheidung durch mich als Führungskraft? Wie weit kann ich mich inhaltlich aus der Diskussion meiner Mitarbeiter hinausnehmen? Wo darf ich neutral sein? Wo muss ich Position beziehen? – Welche Verhandlungsspielräume gibt es? Für wen? – Wie ergebnisoffen kann verhandelt werden? Durch wen? – Welche Rollenkonflikte bestehen und wie könnten die Streitparteien, wie könnte ich als Führungskraft mit ihnen umgehen? – Kann ich den Streitteilen gegenüber Allparteilichkeit wahren, auch im Hinblick auf eine gemeinsame Vergangenheit? – Bin ich Teil des Konflikts oder Teil der Lösung?" Hier gilt das Gleiche wie für die Konfliktlotsen in der Klinik: Voraussetzung ist eine Aus- und Weiterbildung als Mediator und im besten Falle eine Begleitung durch einen erfahrenen Mediator.

12 Für den Bereich **stationäre Hilfe und Altersheim** gilt Ähnliches wie für die Klinik und den ambulanten Bereich: Konflikte entstehen immer da, wo Stress ist, der nicht kompensiert werden kann. Häufig beobachten wir Leitungen, denen es nicht gelingt, eine Vertrauenskultur zu etablieren. Von daher ist in erster Linie die Führungsebene ins Boot zu holen, um Mediation als Verfahren der Konfliktvermittlung bekanntzumachen. Da das ganze System Pflege tendenziell auf Misstrauen aufbaut, spiegelt sich dies auch auf der Leitungsebene.

5.15.4 Arztpraxis

13 Auffallend ist, dass Konflikte in diesem Bereich scheinbar nur unter der Hand bestehen, denn Veröffentlichungen finden sich kaum. Niedergelassene Ärzte sind in der Regel Kleinst- oder Kleinunternehmer. Die Beziehung zu den Angestellten ist meist hierarchisch-zugewandt, wobei die Aufgaben nicht immer klar beschrieben sind und der Arzt sich zuerst in seiner Profession sieht – und nicht als Führungskraft. In kleinen Praxen mag das funktionieren, in größeren hingegen kann dies eine Quelle von Konflikten sein, und zwar zwischen den Mitarbeitern, aber auch in Bezug zum Arzt.[6]

---

5   S.a. Ausführungen in Kap. 5.9.
6   Beispiele finden sich bei Pühl, Mediation in Arzt- und Physiotherapiepraxis, in: Pühl (Hrsg.), Mut zur Lösung: Konflikte in Klinik, Praxis und Altenpflege, 2012, 136 ff.

Aus der Struktur können sich folgende Konflikte ergeben, bei denen (Organisati- 14
ons-)Mediation sinnvoll ist:

■ **Fusion:** Zusammenlegung zweier Praxisteams, entweder angebotserweiternd durch
eine komplementäre Fachrichtung (weniger Konkurrenz) oder durch eine Angebots-
ausweitung derselben Fachrichtung.

  – **Mögliche Konflikte:** Wie wachsen die Mitarbeiter zweier Teams mit unterschiedlicher Kulturerfahrung zusammen, das gilt natürlich auch für die Ärzte.

  – **Lösungsmöglichkeiten:** Mediation mit den Mitarbeitern (bei ihnen manifestieren
  sich die Konflikte meist am ehesten), dann Führungscoaching für die Ärzte (sollte sich der Konflikt bei ihnen manifestieren, hier zuerst Mediation). Ein Ziel
  sollte die Etablierung fester Teambesprechungen mit allen in der Praxis Tätigen
  (Ärzte und Personal) sein.

■ **Erweiterung** von der Einzel- zur Gemeinschaftspraxis.

  – **Mögliche Konflikte:** Vergleichbar einer Fusion, nur begrenzt auf die Ärzte: Wer
  hat den Hut auf, wie finden Abstimmungen und Vereinbarungen statt?

  – **Lösungsmöglichkeit:** Mediation mit den Ärzten und anschließend Coaching zur
  Etablierung einer angemessenen Führungskultur.

■ **Übernahme:** In Einzelpraxen oftmals bedingt bei altersbedingtem Ausscheiden
durch Veräußerung an einen Nachfolger oder durch die Übernahme eines jüngeren
Kollegen, der bereits in der Praxis tätig ist.

  – **Mögliche Konflikte:** Für den letztgenannten Fall stellt sich für den älteren, abgebenden Kollegen oft das Problem des schwer Loslassenkönnens. Einerseits sieht
  er die Notwendigkeit der Veränderung, andererseits soll doch alles so weitergehen wie er es bisher auch gemacht hat – darf der neue Kollege der Praxis nun
  auch seinen Stempel aufdrücken?

  – **Lösungsmöglichkeiten:** In diesen Fällen gibt es zwei bewährte Lösungsstrategi-
  en: Die beiden Ärzte beginnen klassisch mit einer Mediation, die je nach Pro-
  zessdynamik durch ein Coaching für den abgebenden Arzt unterbrochen werden
  kann. Hier hat der ausscheidende Kollege die Chance, neue Perspektiven nach
  dem aktiven Arbeitsleben zu entwickeln und Abschied von seinem Werk zu nehmen. Danach kann die Mediation fortgeführt und Vereinbarungen zur Übergabe können entwickelt werden.

5.16 Vermittlung in strafrechtlich relevanten Konflikten

Literatur: Blad, J./Cornwell, D.J./Wright, M. (Hrsg.), Civilizing Criminal Justice 2012; Bundesarbeitsgemeinschaft Täter-Opfer-Ausgleich e.V. (BAG TOA e. V.), TOA-Standards, 6. Aufl. 2009; Trenczek, T., Mediation im Strafrecht, ZKM 2003, 104 ff; Wright, M./Galaway, B., Mediation and Criminal Justice, 1988; Zehr, H., The Little Book of Restorative Justice, 2002.

5.16.1 Grundgedanken

1   Während man Mediation in den USA und anderen Common Law Ländern vor allem in zivilrechtlichen Streitigkeiten (insb. Familien- und Wirtschaftsmediation) nutzt, ist es in Deutschland und Österreich gerade der strafrechtliche Bereich, in dem die Mediation eine besondere (quantitative wie qualitative) Bedeutung erlangt hat.[1] Nach Berichten über us-amerikanische „Victim-Offender-Reconciliation-" bzw „Mediation-" Programme[2] wurde in Deutschland der sog. **Täter-Opfer-Ausgleich** (TOA) seit 1985 eingeführt, zunächst im Jugendbereich, später seit Anfang der 1990er Jahre dann auch im allgemeinen Strafrecht. In Österreich wurde der **außergerichtliche Tatausgleich** (ATA) seit dem Jahr 1988 im Jugendstrafrecht, seit 2000 auch im allgemeinen Strafrecht bundesweit durchgeführt und massiv ausgebaut.[3] Die Verknüpfung von Mediation und TOA war vor allem im Hinblick auf das Freiwilligkeitspostulat (vgl Kap. 1.1.3.2.1 Rn 26) immer wieder umstritten.[4] Im Folgenden wird v.a. mit Blick auf das neue (deutsche) Mediationsgesetz (hierzu Rn 7) deshalb mit TOA nur noch die strafrechtliche Entscheidung bezeichnet, während Mediation das Verfahren und in diesem Zusammenhang das methodische Vorgehen im Rahmen der Konfliktbearbeitung beschreibt (s. Kap. 1.1.3.2, Rn 23).[5]

2   Eine Opfer-Täter-Thematik ist nahezu in allen eskalierten Konflikten vorhanden (vgl zB Kap. 3.3.3.2.2 „Mikro-Analyse kritischer Episoden"[6]). Beim ATA/TOA handelt es sich aber um ein spezifisches Anwendungsfeld der **Mediation in strafrechtlich relevanten Konflikten** mit weitgehend gleichen Grundsätzen und Verfahrensregeln (zu den Spezifika und Unterschieden s. nachfolgend).[7] Beschuldigten (Tätern[8]) wie Geschädigten (Op-

---

1   In Ermangelung einer offiziellen Fallstatistik schätzt man in Deutschland die Zahl der von den etwa 350 TOA-Anbietern durchgeführten Verfahren derzeit auf etwa 25.000–30.000 Fälle, von denen etwa die Hälfte mediativ bearbeitet werden. In Österreich waren es im Jahr 2000 nahezu 9.000 Verfahren. Aufgrund einiger Änderungen im Jugendstrafbereich sanken die Zahlen mittlerweile auf relativ stabile 7.000–8.000 Fälle im Jahr.

2   Herz, Neue Tendenzen in der Jugendstrafjustiz in den USA, Bewährungshilfe 1984, 240 ff; Trenczek, in: Marks/Rössner, Täter-Opfer-Ausgleich, 1989, 464 ff. Stand am Anfang der vielfach durch religiöse Gemeinden (v.a. die Mennoniten) getragenen „Victim-Offender-Reconciliation-Programme" das Ziel der Versöhnung ausdrücklich im Vordergrund, löste man sich relativ bald von dieser Überforderung und verlagerte den Blick auf die Mediation als methodische Komponente des Ausgleichs.

3   Mittlerweile wurde in Österreich auf das Adjektiv „außergerichtlich" verzichtet und nur noch von Tatausgleich (TA) gesprochen, um dessen Anwendungsbereich im gerichtlichen Verfahren zu vergrößern.

4   Vgl zB Metzger/Hagedorn Spektrum der Mediation 4/2003, 14 ff; Trenczek/Delattre Spektrum der Mediation 17/2004, 14 ff; Wandrey Spektrum der Mediation 17/2004, 26 ff.

5   Ebenso Hartmann/Steengrafe TOA-Infodienst 43/2012, 29.

6   S. Glasl, in: Knapp (Hrsg.), Tools für Konfliktlösung, 2012.

7   Vgl BAG TOA 2009; Trenczek/Delattre, Spektrum der Mediation, Herbst 2004, 14 ff; Wright/Galaway, Mediation and Criminal Justice, 1988.

8   Angesichts der Tatsache, dass die weitaus meisten Ausgleichsverfahren vor einer gerichtlichen Verurteilung im Rahmen einer Diversion durchgeführt werden, verbietet es sich aufgrund der Unschuldsvermutung (Art. 6 EMRK) im rechtlichen Sinne von „Tätern" zu sprechen. Der in Deutschland übliche Begriff „Täter-Opfer-Ausgleich" ist schon deshalb problematisch.

fern) wird das Angebot gemacht, mit Hilfe eines Vermittlers eine von allen Beteiligten akzeptierte und mitgetragene Regelung zu finden, die geeignet ist, Konflikte, die zwischen ihnen bestehen und zu der Tat geführt haben bzw durch sie verursacht wurden, beizulegen oder zumindest zu entschärfen. Der Tatausgleich ist nur ein, in Europa allerdings das vorherrschende Model der international als „Restorative Justice" genannten Bewegung.[9]

Restorative Justice (RJ) versteht sich als umfassendes – traditionelle Strafphilosophien **3** überwindendes – Gerechtigkeitsparadigma, nach dem das aus der Begehung von Unrecht (nicht nur strafrechtlich relevanten Verhaltens[10]) erfahrene Leid soweit wie möglich ausgeglichen werden soll.[11] Der Ausgleich basiert auf drei Komponenten: die aktive Teilhabe (**Partizipation**), die konstruktiv-gewaltfreie[12] **Kommunikation** und die aktive **Verantwortungsübernahme/Wiedergutmachung** des erlittenen Leids (insbesondere der emotionalen und materiellen Schäden unabhängig von ihrer strafrechtlichen Relevanz). RJ war ursprünglich (und ist es theoretisch noch heute) ein Gegenmodell zur vergeltenden (strafrechtlichen) Bearbeitung von Unrecht,[13] in der Praxis allerdings wurde der ATA/TOA in das Strafrechtssystem integriert (und cooptiert[14]), nicht zuletzt in der Hoffnung, die Defizite der strafrechtlichen Bearbeitung zu kompensieren. Nach dem „modernen" Strafrechtsverständnis westlicher Staaten handelt es sich bei einer Straftat (normativ) um eine Verletzung einer strafrechtlichen Rechtsnorm. Das Strafrecht bezweckt den Rechtsgüterschutz – bestimmte Verhaltensweisen werden dadurch verboten, dass der Staat Strafen für ihre Begehung androht.[15] Allein der Staat ist für die strafrechtliche Sozialkontrolle verantwortlich (staatliches Gewaltmonopol), einerseits für die Strafverfolgung (insb. zur Schuldfeststellung und Sanktionierung), andererseits zum Schutz der Beschuldigten vor ungerechter Strafverfolgung sowie zur Vermeidung von Selbstjustiz und Rache. Die Funktion der strafrechtlichen Sozialkontrolle besteht also vor allem im Rechtsschutz (im Hinblick auf den Opferschutz hat das Strafrecht im konkreten Fall ja versagt). Das staatliche Gewaltmonopol ist eine der großen Errungenschaften des Rechtsstaats, allerdings fühlen sich die **Opfer** von Straftaten aufgrund der nahezu ausschließlichen Täterorientierung von den staatlichen Instanzen zumeist „außen vor gelassen" und missachtet. Anstatt dass ihnen Hilfe und Unterstützung zuteil wird, kommen Opfer im Strafverfahren in der Regel nur als Zeugen und damit als Beweismittel vor. In dieser Rolle werden sie nicht selten reviktimisiert. RJ platziert das Opfer wieder in das Zentrum des Geschehens und definiert Unrecht nicht nur als Normbruch, sondern (phänomenologisch) als Verletzung des Rechtsträgers und legt den Fokus dabei auf das erlittene Leid. Straftaten sind demnach nicht nur (abstrakt-normative) Rechtsverletzungen, sondern zunächst und vor allem eine (konkrete) emotionale oder materielle Verletzungen eines Menschen.[16] Es geht um die konkreten Kon-

---

9   Pelikan/Trenczek, Victim offender mediation and restorative justice – The European landscape, in: Sullivan/ Tifft (Hrsg.), Handbook of Restorative Justice, 2006, 63 ff. Die stärker im (indigenen) Gemeinwesen („community") wurzelnden sog. Conferencing-Modelle (vgl zB die neuseeländischen Vorbilder der Family Youth Conferences, Kap. 2.21 Rn 9), haben in Europa keine vergleichbare Relevanz entwickeln können.

10 Die Begrenzung auf strafrechtliches Unrecht ist der Implementation des ATA/TOA in das Strafrechtssystem geschuldet. International werden RJ-Verfahren aber vor allem auch im Schulbereich, bei Konflikten im Gemeinwesen (vgl Kap. 5.21) und bei Konflikten am Arbeitsplatz angewendet.

11 Hierzu Domenig, Restorative Justice, TOA-Infodienst Nr. 41, 24 ff; Trenczek, Beyond Restorative Justice to Restorative Practice, in: Blad et al. 2012; Wright/Galaway, 1988; Zehr, 1985, 1995, 2002.

12 Der Begriff „gewaltfreie" Kommunikation definiert sich im restorative justice Ansatz als Gegensatz zu der Leid zufügenden Handlung und ist nicht identisch mit dem Kommunikationskonzept von Marshall Rosenberg (hierzu Kap. 3.9), auch wenn Aspekte dieses Ansatzes in der Vermittlungspraxis durchaus Anwendung finden.

13 Vgl Zehr 1985.

14 Trenczek ZKM 2003, 104.

15 Hierzu Trenczek et al. 2011, 561 ff.

16 Zum viktimologischen Forschungsstand vgl Kerner, in: Haft/v. Schlieffen, 2009, 816 ff.

flikte, um die Ärgernisse und Lebenskatastrophen der Menschen,[17] die zu weiteren Konflikten und Eskalationen führen (können), wenn sie nicht angemessen bearbeitet werden. Sie können aber nur dann angemessen bewältigt werden, wenn die konkret am Geschen (der Straftat) Beteiligten, Opfer und Täter, aktiv an der Aufarbeitung beteiligt werden (Partizipation).

5.16.2 Strafrechtliche Verortung und Mediationsgesetz

4 Mit dem Tatausgleich werden (**rechtspolitisch**) höchst unterschiedliche **Ziele** verfolgt. Er ist jedenfalls mehr als eine strafrechtlich-administrative Abwicklung des zivilrechtlichen Schadensersatzes (Restitution). Dabei geht es vor allem um

- Berücksichtigung der materiellen wie immateriellen Opferinteressen,

- Verantwortungsübernahme auf Seiten der Beschuldigten im Hinblick auf das begangene Unrecht,

- Humanisierung der Strafrechtspflege durch Vermeidung der die Reintegration des straffälligen Menschen beeinträchtigenden Folgen des Strafrechts,

- Entlastung der Justiz durch informelle Konfliktregelung (Diversion) und Kostenreduzierung.[18]

5 Mittlerweile haben moderne Strafrechtskonzeptionen in Abgrenzung zu den präventionsorientierten Legitimationen die Wiedergutmachung – neben Strafe und Maßregel – als **dritte Spur** des Strafrechts oder sogar als Strafzweck bezeichnet.[19] Allerdings entspringt der über die Begleichung materieller und (durch ein Schmerzensgeld) monetarisierter Schäden hinausreichende außergerichtliche Tatausgleich mehr den – dem Strafrecht vorgelagerten – Grundsätzen der friedensstiftenden Konfliktregelung (restorative justice, s. Rn 3).[20] Das deutsche Strafrecht hat dem Ausgleichsgedanken dennoch vor allem durch §§ 46, 46 a StGB Rechnung getragen und im Rahmen der informellen Erledigung des strafrechtlichen Verfahrens (Diversion) eine besondere Bedeutung zugemessen.[21] Nach § 155 a StPO sollen Staatsanwaltschaft und Gericht sogar in jedem Stadium eines Ermittlungsverfahrens die Möglichkeiten für einen Ausgleich zwischen Beschuldigtem und Verletztem prüfen und in geeigneten Fällen darauf hinwirken. Gleichwohl ist der TOA/TA eine in der Praxis viel zu selten genutzte Verfahrensalternative.[22]

6 Allerdings darf man nicht die Augen davor verschließen, dass der TOA/TA zumeist als **funktionales Äquivalent zur Strafe** genutzt wird. Im Hinblick auf seine strafrechtliche Berücksichtigung erfordert ein Ausgleich zwar über die Schadenswiedergutmachung hi-

---

17 Vgl Hanak et al. 1989; Christie, Conflicts as Property, British Journal of Criminology 1977, 5 ff; vgl auch ders. Limits to Pain, 1981, 92 ff.

18 Insbesondere in Österreich war der ATA im Wesentlichen als Diversionsmaßnahme geregelt, während in Deutschland der TOA quer normativ in allen Verfahrensstadien und insb. im Rahmen der Schuldbewertung (§ 46 a StGB) verankert ist.

19 Vgl zB Baumann, u.a., Alternativ-Entwurf Wiedergutmachung (AE-WGM), 1992; Hörnle JZ, 950 ff; Rössner NStZ 1992, 409 ff; Schöch (Hrsg.), Wiedergutmachung und Strafrecht, 1987.

20 Vgl Christie, British Journal of Criminology 1977, 5 ff; Trenczek ZKM 2003, 107 f sowie die Beiträge in Blad et al. 2012.

21 Vgl insb. §§ 45, 47 JGG, § 153 a Abs. 1 Nr. 5, § 155 a StPO. Der TOA ist allerdings sowohl im Jugend- als auch im allgemeinen Strafrecht nicht nur im Rahmen der Diversion, sondern zT auch als Sanktion bzw als Auflage vorgesehen; vgl § 10 Abs. 1 S 3 Nr. 7 JGG; § 56 a Abs. 2 Nr. 1 StGB. Zu den rechtlichen Grundlagen s. Rössner, in: Dölling/Duttke/Rössner, Gesamtes Strafrecht, 2. Aufl. 2011 § 46 a Rn 10 ff.

22 Würde man die österreichischen Fallzahlen unter Berücksichtigung der Bevölkerungszahlen hochrechnen, so käme man für Deutschland auf eine Zahl von etwa 80.000 Verfahren (vgl Rössner, 2000, 21 f). Anderen Untersuchungen zufolge kämen bei einer konservativen Einschätzung etwa 20% bis 1/3 der strafrechtlichen Verfahren, also mehr als 500.000 für einen Ausgleich in Betracht (Wandrey/Weitekamp, in: Dölling et al. 1998, 142 f).

naus einen **kommunikativen Prozess** zwischen Beschuldigten und Geschädigten.[23] Nicht erforderlich ist aber, dass ein Vermittler zur Konfliktregelung eingeschaltet wird, wesentlich ist allein die **autonome Verantwortungsübernahme** auf Seiten des Beschuldigten.[24] Nach der strafrechtlichen Legaldefinition muss der Beschuldigte in einem TOA sich ernsthaft bemühen, einen Ausgleich mit dem Verletzten zu erreichen und dabei seine Tat ganz oder zum überwiegenden Teil wieder gut zu machen oder deren Wiedergutmachung zu erstreben (§ 153 a Abs. 1 Nr. 5 StPO).[25] Das ernsthafte Bemühen reicht aus, eine Berücksichtigung ist also selbst dann möglich, wenn es zu keinem Kontakt zwischen den Beteiligten kommt bzw eine einvernehmliche Regelung nicht erzielt wurde. Hat allerdings eine Mediation stattgefunden, dann kann diese wie deren Ergebnis im Rahmen der justiziellen Entscheidung berücksichtigt werden. Allerdings werden in der Praxis aufgrund der Anforderungen und Sichtbegrenzungen des Strafrechtssystems Prozess und Ergebnis eines (insb. mittels einer Mediation erzielten) friedensstiftenden Ausgleichs häufig nicht angemessen wahrgenommen.[26] Es muss deshalb dafür Sorge getragen werden, dass die Nutzung der Mediation im Kontext des Strafrechts konzeptionell und methodisch aufgefangen wird (s. Rn 8 ff).

Die Mediation in strafrechtlichen Konflikten berührt damit zwei voneinander unabhängige Regelungsbereiche. In den strafrechtlichen Normen geht es um die strafrechtliche Bewertung bzw Anerkennung eines (nicht zwingend über eine Mediation erzielten) Ausgleichs im Rahmen der Verfahrensentscheidung (StPO, JGG) bzw Strafzumessung (StGB, JGG); der Begriff Täter-Opfer-Ausgleich beschreibt also im Wesentlichen eine strafrechtliche Rechtsfolge (bzw Kriterium der Strafzumessung). Das **Mediationsgesetz** befasst sich demgegenüber mit der verfahrensmäßigen Ausgestaltung der Mediation iSd § 1 MediationsG. TOA und Mediation in strafrechtlichen Konflikten sind deshalb nicht deckungsgleich.[27] An keiner Stelle nimmt das MediationsG bestimmte Anwendungsfelder von den Regelungen aus, sondern verwendet vielmehr einen funktionalen Mediations- bzw Mediatorenbegriff (hierzu Kap. 4.6). Selbstverständlich findet deshalb das MediationsG auf die Vermittlungsverfahren im Rahmen der sog. TOA-Programme Anwendung, wenn und soweit sie beanspruchen, Mediation zu betreiben.

7

5.16.3 Mindeststandards in der Vermittlung strafrechtlich relevanter Konflikte

Im Hinblick auf konzeptionelle Mindeststandards und den konkreten Ablauf eines Ausgleichs kann an dieser Stelle im Wesentlichen auf die von dem TOA-Servicebüro und der BAG TOA herausgegebenen **TOA-Standards** verwiesen werden.[28] Im Folgenden werden nur einige wenige Aspekte hervorgehoben:

8

---

23 BGH 7.12.2005 – 1 StR 287/05, NStZ 2006, 275; BGH StV 2003, 274; BGH StV 2002, 651; vgl Rössner, in: Dölling et al. 2011 § 46 a Rn 23.

24 BGH StV 2002, 651; vgl Rössner, in: Dölling et al. 2011 § 46 a Rn 24.

25 Im Hinblick auf § 46 a Nr. 1 StGB setzt allerdings ein erfolgreicher Täter-Opfer-Ausgleich grds. voraus, dass das Opfer die Leistungen des Täters als friedensstiftenden Ausgleich akzeptiert (BGH 31.5.2002 – 2 StR 73/02, NStZ 2002, 646).

26 Vgl Frehsee, Schadenswiedergutmachung als Instrument strafrechtlicher Sozialkontrolle, 1987; Trenczek ZKM 2003, 104 ff.

27 Ebenso Hartmann/Steengrafe TOA-Infodienst 43/2012, 27 f.

28 BAG TOA (Hrsg.), TOA Standards, 6. Aufl. 2009. Soweit die TOA-Standards eine Ausbildung als Sozialarbeiter/-pädagoge, Psychologe oder Pädagoge fordern und damit Personen mit anderen Quellberufen ausschließen (zB [frühere, insb. Straf-] Juristen/Amtsanwälte/Rechtspfleger, Dipl.-Kriminologen; Vikare/Theologen, Kriminalsoziologen und andere Sozialwissenschaftler, etc.), die ebenso über die für das Arbeitsfeld erforderlichen spezifischen fachlichen Qualifikationen, insb. eine anerkannte Mediationsausbildung mit Schwerpunkt Vermittlung in strafrechtlichen Konflikten, verfügen (können), entspringen sie überholten berufsständischen Interessen und Dünkel und sind damit aus fachlicher Sicht wertlos. Zu fachlichen Standards vgl Trenczek, TOA – Grundgedanken und Mindeststandards, in: Trenczek/Greive 1992, 5 ff sowie ZRP 1992, 130 ff.

9 Für die Vermittler in strafrechtlichen Konflikten gilt grds dasselbe wie für andere „gute" **Mediatoren** (vgl Kap. 2.12). Weil aber – anders als im zivilen Kontexten – die Rollen der Beteiligten (hier das Opfer, dort der „Täter") klar verteilt sind, müssen sich die Vermittler besonders um **Rollenklarheit**, insbesondere eine allparteilich, mediative Haltung bemühen. Sie sind weder Richter noch Schlichter, noch Erzieher oder Resozialisierungshelfer. Der Datenschutz und die Vertraulichkeit der Konfliktklärung muss wie in einer zivilen Mediation (hierzu Kap. 4.3) gewahrt werden, die Inhalte des Ausgleichsgesprächs dürfen grds nicht und das inhaltliche Ergebnis nur mit ausdrücklicher Zustimmung der Beteiligten an die Justiz zurück gemeldet werden.

10 Von einer von einer freiwilligen Teilnahme an der Mediation kann im Hinblick auf den Beschuldigten aufgrund der drohenden Anklage bzw Sanktionsmöglichkeiten nicht gesprochen werden. Sofern in § 1 Abs. 1 MediationsG davon die Rede ist, dass die Beteiligten „freiwillig und eigenverantwortlich eine einvernehmliche Beilegung ihres Konflikts anstreben", gilt im Hinblick strafrechtlicher Konflikte nichts anderes als in anderen Feldern der Mediation (vgl Kap. 1.1.3.2.1 Rn 26): Selten nimmt jemand an einer Mediation völlig „aus freien Stücken" teil, niemand soll aber zur Teilnahme oder zu einer Einigung gezwungen werden, was bleibt ist die Möglichkeit, zwischen verschiedenen Optionen wählen zu können. Der ATA/TOA muss deshalb für beide, Täter und Opfer, **Angebotscharakter** haben. Weder dürfen Täter unter Druck gesetzt werden oder im Verfahren Nachteile durch eine Ablehnung des Ausgleichsversuchs erleiden, noch dürfen Opfer für die Zwecke der „Erziehung" oder „Resozialisierung" des Täters missbraucht werden. Beide müssen ausdrücklich einem Ausgleichsversuch zustimmen. Deshalb ist – anders als im Bereich der zivilen Mediation (hierzu Kap. 3.1.3.4 sowie 3.13) – die Einladung zu einem vorausgehenden **Einzelgespräch** obligatorisch.

11 Beim ATA/TOA steht der partizipativ-kommunikative Prozess der Konfliktklärung und -bewältigung im Vordergrund. Im Idealfall geschieht das durch die **direkte Kommunikation** der Betroffenen in einem gemeinsamen Ausgleichsgespräch, welches durch allparteiliche Mediatoren geleitet wird. Im Ausnahmefall kann allerdings auch die indirekte Vermittlung infrage kommen. Entscheidend sind insoweit vor allem die Interessen der betroffenen Opfer.

12 Als generell für eine Konfliktbearbeitung geeignet können alle schädigenden Ereignisse und damit **Deliktskonstellationen** angesehen werden, sofern eine natürliche Person betroffen wurde. Ist die Geschädigte eine juristische Person, ist im Einzelfall zu prüfen, wer konkret davon betroffen ist und ob es in der Institution einen Ansprechpartner gibt, der über einen Verhandlungsspielraum verfügt und persönlich zu einem Vermittlungsgespräch bereit ist. Weder Deliktsschwere noch strafrechtliche Vorbelastungen des Täters schließen einen Ausgleichsversuch von vornherein aus oder lassen Prognosen über die Erfolgsaussichten der Mediation zu. Die – insgesamt sehr hohe – Teilnehmerbereitschaft der Beteiligten[29] wird nicht von der strafrechtlichen Bewertung des zugrundeliegenden Delikts beeinflusst, vielmehr scheint die abstrakte Trennung zwischen schweren und leichten Delikten, zwischen Verbrechen und Vergehen den Perspektiven (der Erfahrungswirklichkeit) der Beteiligten nicht gerecht zu werden. Vor allem ist es angesichts der Interessenlage geschädigter Opfer nicht gerechtfertigt, bestimmte Tatbestände (und damit Störungen sozialer Beziehungen) oder Vorstrafen belastete Täter von dem Versuch eines Konfliktausgleichs auszugrenzen. Die Praxis hat in zahlreichen Fällen nachgewiesen, dass auch schwere Delikte und eskalierte Konflikte wie die im Rah-

---

29 In den sich an der TOA-Statistik des TOA-Servicebüros (vgl Kerner/Hartmann, 2008, 23 ff) beteiligten Projekten sind mehr als 75% der Beschuldigten (bis über 90% der jungen Beschuldigten und etwa 75–85% der erwachsenen Beschuldigten) sowie etwa 55% der Opfer bereit, an einem TOA teilzunehmen, in etwa 20% der Fällen werden Opfer nicht erreicht oder lehnten die Beschuldigten zuvor einen TOA ab.

men der häuslichen Gewalt durchaus geeignet sind, mediativ bearbeitet zu werden.[30] Die Beteiligten sollten so früh wie möglich über die Möglichkeit eines außergerichtlichen Ausgleichs informiert werden. Über die „**Geeignetheit**" eines strafrechtlich relevanten Konflikts für die Konfliktbearbeitung können nur die Parteien entscheiden, es ist Sache der Justiz zu entscheiden, welche Konsequenzen (strafrechtlich) aus einem durchgeführten Ausgleich zu ziehen sind (s. Rn 7). Sog. „Selbstmeldern" in den nicht über die Justiz zugewiesenen Fällen sollte ein niedrigschwelliger Zugang zur Mediation ermöglicht werden.

Voraussetzung für die Konfliktbearbeitung ist im Hinblick auf einen ATA/TOA die 13 grundsätzliche Bereitschaft der Beschuldigten, Verantwortung für ihr (verletzendes) Verhalten zu übernehmen. Insofern bedarf es eines Grundkonsenses über den zugrunde liegenden Sachverhalt, ein formelles Geständnis ist nicht erforderlich. Eine Vermittlung ist aber ungeeignet, wenn der Beschuldigte den Sachverhalt grundsätzlich bestreitet. Insoweit hat der Opferschutz eindeutig Vorrang.

Aufgrund der besonderen, strafrechtlich zugeschriebenen Rolle wie auch psychischen 14 Belastungssituation von Beschuldigten und Geschädigten ist ein **besonders sensibles,** insbesondere die Viktimisierungserfahrungen der Opfer berücksichtigendes **Vorgehen** der Vermittler erforderlich. Das gilt insb. in hoch eskalierten, gewaltsam ausgetragenen Konflikten (zB häuslicher Gewalt).[31] Die Beteiligten sollten zudem ermutigt werden, Unterstützer (Familienangehörige, Freunde aber auch Rechtsanwälte oder andere Beistände) zum gemeinsamen Vermittlungsgespräch mitzubringen.

Anders als in zivilen Konflikten ist die Mediation im Hinblick auf den Ausgleich nicht 15 ergebnisoffen (zur begrenzten Ergebnisoffenheit auch in der zivilen Mediation s. Kap. 1.1.3.2.8). Die Rollen von Geschädigten und Beschuldigten sind verteilt, der Beschuldigte hat bereits seine Verantwortung für die Schädigung des Opfers grundsätzlich eingeräumt, die verletzende Tat steht als solche nicht mehr zur Disposition. Sind aber Opfer und Beschuldigte grundsätzlich zur Teilnahme bereit, kommt es in 90% der Fälle auch tatsächlich zu einem Ausgleich.[32] Welchen Ausgang die Vermittlung aber konkret findet (zB ob sich ein Beschuldigter entschuldigt), darf aber nicht – auch nicht von den Fall zuweisenden Stellen – vorgegeben werden. Konkretes Ergebnis der Konfliktregulierung sind neben einer Entschuldigung häufig materielle Wiedergutmachungsleistungen (Restitution) des Täters. Als **Ausgleichsleistungen** kommen – abhängig von der Art der Schädigung – auch Arbeitsleistungen des Beschuldigten für den Geschädigten oder für gemeinnützige Zwecke, aber auch Kombinationen dieser Leistungen, gemeinsame Unternehmungen sowie symbolische Wiedergutmachungsleistungen, wie zB ein Geschenk an den Geschädigten, in Betracht.[33]Wie auch in der sonstigen Mediation sollten die Vermittler auch in diesen TOA-Fällen keine Lösungsvorschläge machen.

Die Allparteilichkeit der Vermittlung (Kap. 1.1.3.2.2) muss durch entsprechende **orga-** 16 **nisatorische Rahmenbedingungen** unterstützt werden.[34] Der Vermittlung in strafrechtlich relevanten Konflikten sollte deshalb innerhalb einer Einrichtung/Institution eine eigenständige, klar umrissene und spezialisiert wahrgenommene Aufgabe sein. Von einer

---

30 So sind mittlerweile 60% des Fallaufkommens der Waage Hannover e.V. Fälle häuslicher Gewalt.

31 Zu den Standards zur Bearbeitung von Fällen aus dem sozialen Nahraum mit Gewalthintergrund erarbeitet, vgl http://www.toa-servicebuero.de/files/Standards%20haeuslgewalt.pdf.

32 Nach der Statistik des TOA-Servicebüros kommt es nur in rund 10 % der Verfahren zu einem Abbruch bzw zu keiner einvernehmlichen Regelung (vgl Kerner/Hartmann 2008, 30 ff).

33 Nach der TOA-Statistik standen insoweit die Entschuldigung sowie materielle Schadensersatzleistungen im Vordergrund (vgl Kerner/Hartmann 2008, 32 ff).

34 Angemessen konzipierte und ausgestattete Projekte werden durch das Gütesiegel des TOA-Servicebüros zertifiziert, vgl http://www.toa-servicebuero.de/toa_guetesiegel. Bislang haben nur 16 Träger das Gütesiegel erhalten.

Vermischung mit anderen Arbeitsfeldern ist abzuraten. Keinesfalls darf ein ATA/TOA von Personen durchgeführt werden, die bereits in anderer als der vermittelnden Funktion mit den am Geschehen beteiligten Personen arbeiten (zB als Jugendgerichts-, Betreuungs- und Bewährungshelfer oder Opferhelfer; Verbot der Vorbefassung des Mediationsanbieters, § 3 Abs. 3 MediationsG). Erforderlich ist zudem eine die Besonderheit der Vermittlungsarbeit berücksichtigende, flexible Organisationsform, zB von Arbeitszeiten (Abend- und Wochenendtermine) und Dienstfahrten.

17 Vorteilhaft hat sich erwiesen, einen **Opferfonds** zur Gewährung zinsloser Darlehen einzurichten, um finanzielle Wiedergutmachungsleistungen mittelloser Täter zu ermöglichen und Geschädigten eine sofortige Wiedergutmachungsleistung zukommen zu lassen.

5.17 Mediation in sozialrechtlichen Konflikten

Literatur: Becker, U./Friedrich, N., Mediation in der Sozialgerichtsbarkeit, Abschlussbericht zur Evaluation eines Modellprojekts, MPISoc Working Paper 3/2009, 2009 (Download unter http://www.mpisoc.mpg.de/ww/de/pub/forschung/publikationen/working_papers.cfm); Friedrich, N., Mediation in der Sozialgerichtsbarkeit, 2011; Kilger, H., Mediation im Sozialrecht, § 20, in: Henssler, M./Koch, L. (Hrsg.), Mediation in der Anwaltspraxis, 2. Aufl. 2004, 671–692; Kilger, H, Mediation im Sozialrecht, § 29, in: Haft, F./v. Schlieffen, K. (Hrsg.), Handbuch Mediation, Verhandlungstechnik, Strategien, Einsatzgebiete, 2. Aufl. 2009, 715–727; Schoop, A./Rüssel, U., Mediation im Gesundheitswesen – Bericht über ein Pilotprojekt in Niedersachsen und Bremen, ZKM 2008, 68–70; Schümann, I., Mediation außerhalb und innerhalb des sozialgerichtlichen Verfahrens, SGb 2005, 27–33.

5.17.1 Konfliktgegenstände und -konstellationen in sozialrechtlichen Konflikten

Das Sozialrecht verwirklicht das in Art. 20 Abs. 1 Grundgesetz (GG) verankerte Sozial- **1** staatsprinzip. Der Erfüllung dieser Aufgaben dienen die sozialen Rechte,[1] die in den §§ 3 bis 10 des Ersten Sozialgesetzbuches (SGB I) näher beschrieben und in den besonderen Teilen des SGB konkretisiert werden. Einen großen Teil des Sozialrechts machen die fünf Zweige des Sozialversicherungsrechts aus: die Krankenversicherung (SGB V), die Unfallversicherung (SGB VII), die Rentenversicherung (SGB VI), die Pflegeversicherung (SGB XI) und die Arbeitsförderung (SGB III). Sie stellen auf Zwangsmitgliedschaft beruhende, beitragsfinanzierte Systeme der Vorsorge dar, die gegen einschneidende Wechselfälle des Lebens wie Krankheit, Arbeitsunfall, Alter, Pflegebedürftigkeit oder Invalidität absichern. Daneben gehören zum Sozialrecht Leistungen der sozialen Entschädigung und der sozialen Hilfen wie beispielsweise die Sozialhilfe, die als Basissystem der sozialen Sicherheit das Existenzminimum absichert.[2]

Das Sozialrecht ist – im Gegensatz zum allgemeinen Verwaltungsrecht – in erster Linie **2** **Leistungsverwaltungsrecht:** Es geht um Dienstleistungen wie zum Beispiel die ärztliche Behandlung, Sachleistungen wie das Zur-Verfügung-Stellen einer Prothese oder Geldleistungen in Form einer Rente. Gewährt werden Sozialleistungen der Sozialversicherung von den jeweils zuständigen Sozialversicherungsträgern, während andere Aufgaben beispielsweise von den Kommunen wahrgenommen werden. Sozialleistungen werden dabei überwiegend nicht von dem Sozialleistungsträger selbst, sondern unter Einbeziehung Dritter wie beispielsweise Ärzte, Krankenhäuser, Optiker und Apotheken (Leistungserbringer) erbracht.

Im Hinblick auf die an einem sozialrechtlichen Konflikt Beteiligten gibt es zunächst **3** zwei **Konfliktkonstellationen:**[3] Größtenteils stehen sich ein Bürger und eine Sozialbehörde gegenüber. Hier wurde die Sozialverwaltung zuvor in einem Verwaltungsverfahren tätig und traf ihre Entscheidungen hoheitlich durch Verwaltungsakt. Streitgegen-

---

1 Vgl § 2 Abs. 1 S. 1 SGB I.
2 Vgl Igl/Welti, Sozialrecht, Ein Studienbuch, 8. Aufl. 2007, § 1.
3 Vgl Friedrich, Mediation in der Sozialgerichtsbarkeit, 113 ff; Schümann, SGb 2005, 27.

stand ist dann beispielsweise die Einstufung in eine Pflegestufe oder die Gewährung einer Krankenbehandlung oder es wird über das Versicherungsverhältnis selbst gestritten. In der zweiten Konfliktkonstellation streiten ein Leistungserbringer und ein Sozialleistungsträger miteinander. Hier geht es regelmäßig um vertragliche Aspekte wie die Leistung und Vergütung von erbrachten Sozialleistungen oder die Einhaltung von Nebenpflichten wie zum Beispiel bestimmte Modalitäten bei der Abrechnung. Weitere Konfliktkonstellationen gründen darin, dass das Sozialversicherungssystem beitragsfinanziert ist und ein Unternehmer bspw über die Nachforderung von Gesamtsozialversicherungsbeiträgen infolge einer Betriebsprüfung oder über die Höhe der Beiträge zur gesetzlichen Unfallversicherung streitet. Daneben kann es zwischen zwei Sozialleistungsträgern zum Rechtsstreit kommen, wenn ein Leistungsträger gegenüber einem anderen Erstattungsansprüche geltend macht, weil er vorläufig oder unzuständig Leistungen an einen Versicherten erbracht hat.

5.17.2 Besonderheiten sozialrechtlicher Konflikte

4   Die typische Konfliktkonstellation in sozialrechtlichen Streitigkeiten ist ein Konflikt zwischen einer natürlichen Person – dem Versicherten bzw Leistungsberechtigten – und dem Sozialleistungsträger. Bürger und Sozialbehörde stehen in einer langwährenden **Dauerbeziehung:** Häufig geht es bei den Streitigkeiten um Rechtsansprüche, die auf Beitragsleistungen aufgrund einer unfreiwilligen Mitgliedschaft beruhen. Der Bürger ist auf die Beziehung zur Sozialverwaltung angewiesen und kann sie entweder gar nicht oder nicht ohne Schwierigkeiten durch eine andere ersetzen, so durch den Wechsel der gesetzlichen Krankenversicherung. Streitgegenstand ist regelmäßig ein Leistungsanspruch, der für den Leistungsberechtigten eine hohe emotionale Bedeutung hat, weil er nach einem arbeitsreichen Leben oder nach einem Arbeitsunfall geltend gemacht wird. Aus diesen Tatsachen folgt, dass im Gegensatz zu allgemeinen verwaltungsrechtlichen Streitigkeiten, **Beziehungskonflikte** in sozialrechtlichen Streitigkeiten stärker eine Rolle spielen. Deren Beilegung im Rahmen eines Mediationsverfahrens haben auf die zukünftige Beziehung und/oder Folgekonflikte Auswirkungen.

5   Die Sozialverwaltung bedient sich bei der Ausführung ihrer gesetzlichen Aufgaben typischerweise der **öffentlich-rechtlichen Handlungsform** des Verwaltungsakts. Der Bürger muss dagegen unter Wahrung von Fristen Rechtsbehelf einlegen, will er den Eintritt formeller Bestandskraft und damit dessen Unanfechtbarkeit verhindern.[4] Dies hat zur Folge, dass Mediation in der Regel während eines Verwaltungs- oder eines Gerichtsverfahrens stattfindet.

Eine andere Konsequenz ist die hohe **Verrechtlichung** des Konfliktes, die daraus erwächst, dass sozialrechtliche Konflikte üblicherweise und von Anfang an in rechtlichen Kategorien definiert werden.[5] Dies unterscheidet sie von Konflikten, bei denen dies erst im Konfliktverlauf geschieht, beispielsweise in Familienkonflikten durch die Forderung von Unterhaltszahlungen. Die Verrechtlichung sozialrechtlicher Konflikte führt dazu, dass es bei der Konfliktbehandlung durch die Mediation darum geht, ob es neben den rechtlichen noch wesentliche nicht-rechtliche Aspekte wie Beziehungsaspekte gibt, die bei einer rechtlichen Betrachtung des Sachverhalts unberücksichtigt bleiben würden (vgl 5.17.4).

---

4   Vgl Dörr/Francke, Sozialverwaltungsrecht, Ein Grundriss, 2. Aufl. 2006, 205 f.
5   Vgl Friedrich, Mediation in der Sozialgerichtsbarkeit, 52 ff.

5.17.3 Besonderheiten für das Mediationsverfahren

Die Beteiligung des Sozialleistungsträgers an dem Konflikt bedeutet zweierlei: Zum ei- 6
nen wird er als Behörde immer durch einen (rechtskundigen) Bevollmächtigten vertreten und zum anderen ist er – zumindest mittelbar – staatlicher Akteur und damit an
Recht und Gesetz gebunden.

5.17.3.1 Strukturelles Ungleichgewicht

Eine Besonderheit für das Mediationsverfahren ist die **Beteiligung einer Behörde** am 7
Konflikt und das sich daraus ergebene strukturelle Ungleichgewicht: Die Verwaltungs-
behörden verfügen über ihren eigenen Rechtsstab und zahlreiche Erfahrungen im Umgang mit sozialrechtlichen Streitigkeiten. Sie sind im Vergleich zum Bürger problemlos
in der Lage, die während einer Mediation anfallenden Kosten zu tragen. Solche Transaktionskosten umfassen nicht nur die finanzielle, sondern auch die emotionale Belastung. Kann eine Konfliktpartei Transaktionskosten leicht tragen, verfügt sie über eine
größere Verhandlungsmacht.[6] Auch die Einstellung zum Risiko oder zum Verhandlungsgegenstand kann zu einem Ungleichgewicht führen. So geht es beispielsweise bei
zahlreichen sozialrechtlichen Streitigkeiten für den Leistungsberechtigten um existentielle Dinge, die persönliche Bedeutung für ihn haben, während der ihm als Verhandlungspartner gegenüber stehende Behördenvertreter die Interessen seiner Behörde wahrnimmt. Dies führt dazu, dass der Behördenvertreter im Gegensatz zum Leistungsberechtigten stärker strategisch vorgehen kann.[7]

Der **Grundsatz der Selbstbestimmung** in der Mediation verlangt ein gewisses Gleichge- 8
wicht zwischen den Konfliktparteien. Entsprechend gibt Art. 3.1. des europäischen Ver-
haltenskodexes dem Mediator die Pflicht auf, eine ungleiche Machtverteilung zwischen
den Konfliktparteien zu berücksichtigen. Ist eine Konfliktpartei nicht in der Lage, ihre
Interessen wegen eines extremen und zu seinen Ungunsten bestehenden Machtungleich-
gewichts angemessen zu vertreten, kann dies insbesondere durch eine **anwaltliche Begleitung** gewährleistet werden.[8] Die anwaltliche Beratung und Begleitung in sozialrechtlichen Konflikten liefert einen Beitrag zur Ausbalancierung eines Kräfteungleichge-
wichts durch fehlende Kenntnis der Rechtslage und damit der eigenen Rechte und
gleicht ein ggf mangelndes Verhandlungsgeschick gegenüber der Behörde aus.

5.18.3.2 Gesetzmäßigkeitsgrundsatz

Eine andere Besonderheit für das Mediationsverfahren ist die Tatsache, dass die betei- 9
ligte Sozialbehörde an den Grundsatz der Gesetzmäßigkeit gebunden ist. Der Grundsatz
der Gesetzmäßigkeit beansprucht Geltung für alle Situationen, in denen die Sozialverwaltung bei der Erfüllung ihres gesetzlichen Auftrags dem Bürger gegenüber tritt und
setzt damit auch den **verfassungsrechtlichen Rahmen** für die Beteiligung an einem Mediationsverfahren.[9]

Der Grundsatz der Gesetzmäßigkeit besitzt seine Gültigkeit auch im Bereich von Ermes- 10
sensentscheidungen. Die Sozialverwaltung hat ein ihr eingeräumtes Ermessen entsprechend dem Zweck der Ermächtigungsnorm auszuüben und die Entscheidung nach sachlichen Gesichtspunkten zu treffen. Für die gütliche Einigung bedeutet das, dass beispielsweise keine Sozialhilfe gewährt werden kann, wo kein Anspruch besteht. Auch
darf der Einigungsversuch nicht dazu führen, dass einem Bürger im Rahmen einer Er-
messensentscheidung etwas entgegen der Verwaltungspraxis zugesprochen wird, das er

---

6 Vgl Breidenbach, Mediation. Struktur, Chancen und Risiken von Vermittlung und Konflikt, 1995, 107 f.
7 Vgl hierzu Röhl, Rechtssoziologie, Ein Lehrbuch, 1987, § 55, 546.
8 Vgl Mähler/Mähler, Zur Rolle des Rechts und der Rechtsanwälte, in: Duss-von Werdt, dies. (Hrsg.), Mediation: Die andere Scheidung, Ein interdisziplinärer Überblick, 1995, 53, 57.
9 Vgl v. Mutius, Verwaltungsmediation, SchlHA 2007, 122, 127.

unter gleichen Umständen außerhalb der gütlichen Einigungsbemühungen nicht erhalten würde.

11 Dennoch steht der Grundsatz der Gesetzmäßigkeit einer gütlichen Einigung nicht entgegen. Vielmehr können sich durch eine umfassende **Erarbeitung von Sachverhalt und Interessen** Lösungen ergeben, die den Interessen der Beteiligten gerecht werden, ohne über einen gesetzlichen Anspruch hinauszugehen oder einen Verzicht auf ihn dazustellen. Auch können begleitende Maßnahmen, die Art der Leistungsgewährung, die Eröffnung anderer Leistungsansprüche oder eine vollständige Beratung für den Bürger eine befriedigende Lösung darstellen. Schließlich kann die umfangreiche Erörterung des Sachverhalts ergeben, dass ein atypischer Fall vorliegt, so dass sich der Behörde der gesamte Ermessensspielraum eröffnet.[10]

5.17.4 Interessenorientierte Behandlung und Beilegung sozialrechtlicher Konflikte

12 Ziel eines Mediationsverfahrens in sozialrechtlichen Konflikten ist ihre interessenorientierte Behandlung und Beilegung, die über eine (rein) rechtsorientierte Problembehandlung hinausgeht, indem neben der rechtlichen Behandlung des Konfliktstoffs weitere Interessen einbezogen werden. Hierzu gehören wirtschaftliche und geschäftliche Interessen, persönliche Interessen wie Wertschätzung und Anerkennung, aber auch allgemeine Interessen.[11] Relevant ist die Einbeziehung weiterer Interessen insbesondere dann, wenn solche nicht-rechtlichen Interessen im Vordergrund des Konflikts stehen.[12] Im Falle sozialrechtlicher Streitigkeiten werden diese vielleicht nicht immer im Vordergrund stehen, da aufgrund der hohen Verrechtlichung des Streitstoffs rechtliche Interessen immer eine große Rolle spielen werden.[13] Ausreichend ist aber, wenn neben den rechtlichen Aspekten wichtige nicht-rechtliche Interessen betroffen sind. Die wissenschaftliche Begleitforschung des Modellprojekts „Mediation in der Sozialgerichtsbarkeit" in Bayern konnte zeigen, dass in zahlreichen Fällen **wirtschaftliche** bzw **geschäftliche Interessen** der Konfliktparteien und ihre **zukünftige Zusammenarbeit** thematisiert wurden.[14] Regelmäßig kam es zur Einbeziehung von **persönlichen Kerninteressen** des klagenden Bürgers. So wurden beispielsweise die existenziellen Belange oder ein besonderer Schicksalsschlag des Klägers in der Mediation behandelt[15] und es spielten häufig Aspekte wie die Anerkennung oder Wertschätzung eine Rolle.[16] Ein wichtiger Gesichtspunkt in diesem Zusammenhang war dabei die Behandlung eines **vorangegangenen Verwaltungsverfahrens**, in dem es zu Unstimmigkeiten zwischen dem Bürger und dem Sachbearbeiter gekommen war.[17] In solchen Fällen stand beispielsweise der Vorwurf einer fehlenden Mitwirkung des Bürgers oder eines fehlerhaften Verwaltungshandelns im Raum, der in der Folge (weitere) Kommunikationsstörungen nach sich zog.

13 Die typischen Behandlungs- und Regelungsinhalte sozialrechtlicher Konflikte im Rahmen eines Mediationsverfahrens zeigt die folgende Graphik:

---

10 Vgl Clostermann/Josephi/Kleine-Tebbe/Niewisch-Lennartz/Vogelei, Gerichtsnahe Mediation im öffentlichen Recht. Zu dem Projekt Gerichtsnahe Mediation in Niedersachsen, SGb 2003, 266, 272.
11 Vgl Friedrich, Mediation in der Sozialgerichtsbarkeit, 174 ff.
12 Vgl Hacke, in: Duve/Eidenmüller/ders. (Hrsg.), Mediation in der Wirtschaft. Wege zum professionellen Konfliktmanagement, 2003, 283, 285 f.
13 Vgl auch Clostermann/Josephi/Kleine-Tebbe u.a. SGb 2003, 266, 267.
14 Vgl Becker/Friedrich, Mediation in der Sozialgerichtsbarkeit. Abschlussbericht zur Evaluation eines Modellprojekts, MPISoc Working Paper 3/2009, 33 f, 84 und 86 f.
15 Vgl Fn 14, 31 f und 84.
16 Vgl Fn 14, 32 und 83 f.
17 Vgl Fn 14, 32 und 84.

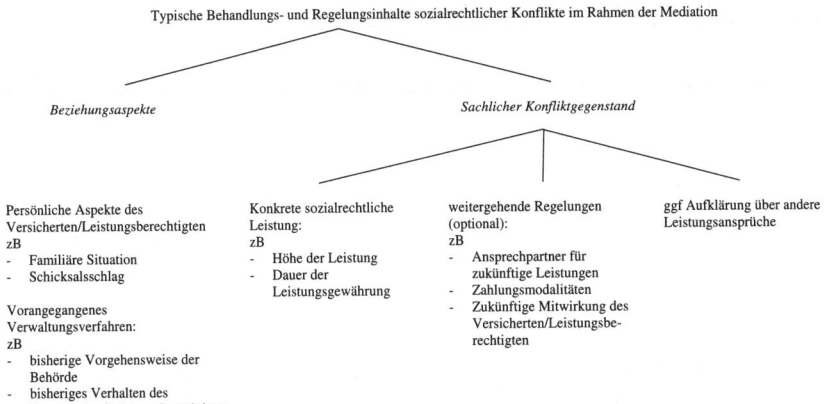

Typische Behandlungs- und Regelungsinhalte sozialrechtlicher Konflikte im Rahmen der Mediation

Beziehungsaspekte   *Sachlicher Konfliktgegenstand*

Persönliche Aspekte des Versicherten/Leistungsberechtigten zB	Konkrete sozialrechtliche Leistung: zB	weitergehende Regelungen (optional): zB	ggf Aufklärung über andere Leistungsansprüche
- Familiäre Situation	- Höhe der Leistung	- Ansprechpartner für	
- Schicksalsschlag	- Dauer der Leistungsgewährung	zukünftige Leistungen	
Vorangegangenes Verwaltungsverfahren: zB		- Zahlungsmodalitäten	
		- Zukünftige Mitwirkung des Versicherten/Leistungsbe- rechtigten	
- bisherige Vorgehensweise der Behörde			
- bisheriges Verhalten des Versicherten/Leistungsberechtigten			

Besteht in einem sozialrechtlichen Konflikt zumindest auf der Seite einer Konfliktpartei   14
das Bedürfnis nach einer interessenorientierten Behandlung und Regelung des Konflikts,
so führt die Durchführung eines Mediationsverfahrens in diesem Fall zu einer umfassenden und dauerhaften Lösung des Konflikts. Die Mediation führt zudem zu einer höheren Befriedung und trägt damit zur Vermeidung zukünftiger Konflikte bei.

5.18 Mediation im öffentlichen Recht

Literatur: Spellbrink, W., Mediation im sozialgerichtlichen Verfahren – Ein Zwischenruf, SGb 2003, 114 ff.

5.18.1 Zur Einleitung: Schlichtung, Moderation oder Mediation?

1 In der medialen Öffentlichkeit wird der Begriff der Mediation häufig im Zusammenhang mit einer strukturierten Begleitung politisch hochstreitiger **Großprojekte** verwendet. Auch wenn die Verankerung des Begriffs als Möglichkeit konsensualer Streitbeilegung auch positive Wirkung entfaltet, führt seine undifferenzierte Verwendung zur Irreführung und falschen Erwartungen. Der Einsatz von Dr. Geißler im Streit um das Bauvorhaben **Stuttgart 21** hatte das eine Mediation ausschließende Ziel eines Schlichterspruchs, manche **Runden Tische** (zB Runder Tisch Gewässerschutz Werra/Weser und Kaliproduktion)[1] werden strukturiert von einem Moderator geleitet und sind auf dauerhafte Prozessbegleitung ausgerichtet, andere Projekte werden professionell als Mediationen durchgeführt (Ausbau Flughafen Wien,[2] Flughafen Frankfurt).[3]

2 Gegenstand von Mediationsverfahren im **öffentlichen Recht** ist neben solchen **Großverfahren** die gesamte Palette von Konflikten unter notwendiger Beteiligung eines Trägers hoheitlicher Gewalt. Das muss keine als **Behörde** wahrgenommene Institution sein. Auch privatrechtlich organisierte Einrichtungen wie die N-Bank in Niedersachsen finden gelegentlich die Rechtsgrundlagen ihrer Tätigkeiten im öffentlichen Recht.

5.18.2 Rechtsbindung und Verfügung über den Streitgegenstand

3 Im Bereich des öffentlichen Rechts ist nicht jede Behördenentscheidung einem Mediationsverfahren zugänglich. Anders als im Zivilrecht, in dem es in der Regel in die Hand der Konfliktbeteiligten gegeben ist, ob sie auf Rechte verzichten oder Forderungen ak-

---

1 www.runder-tisch-werra.de.
2 www.viemediation.at.
3 www.tu-braunschweig.de/.../verkehr-sitzung11-flughafen-referat.pdf – umstritten.

Niewisch-Lennartz

zeptieren, ist es bei öffentlicher **Rechtsbindung** grundsätzlich nicht gestattet, Beteiligten über die gesetzlichen Grenzen hinaus entgegenzukommen. Aus diesem Grund sind immer wieder Bedenken gegen die Durchführung von Mediationen im öffentlichen Recht laut geworden, die insbesondere das öffentliche Leistungsrecht betreffen. So begründet Spellbrink seine These,[4] dass Mediation nicht in das System des öffentlich-rechtlichen Leistungsrechts passe, damit, dass der Bürger etwas – zB eine Sozialleistung – von einem Leistungsträger wolle, was ihm dieser versage. In dieser Konstellation stehen die streitenden Parteien in einem besonders eklatanten Verhältnis von **Über- und Unterordnung.** Die Behörde ist grundsätzlich nicht frei, über das Begehren zu disponieren, sie darf auch bei größter Einsicht in Notwendigkeiten oder Härten Nichts bewilligen, worauf kein **Anspruch** besteht.

Aber auch in Bereichen mit abgeflachterer **Hierarchie** zwischen Bürgern und Behörden bleibt das objektive Rechtdie inhaltliche Schranke jeder Vereinbarung, auch wenn zB im Bau- Planungs- und Immissionsschutzrecht eine Vielzahl von **Ermessens- und Ausnahmevorschriften** bestehen und Dispensmöglichkeiten eröffnet werden. Nur bei Wahrung des rechtlich gestalteten öffentlichen Interesses – wie des Naturschutzes – und der Interessen Dritter – wie der von Nachbarn – kann ein Interessensausgleich im Wege der Mediation gelingen. Über das Bestehen oder Nichtbestehen eines Rechts kann keine Mediation durchgeführt und keine Vereinbarung geschlossen werden.   4

Das unterscheidet indessen öffentlich-rechtliche und privatrechtliche Mediationen nicht.   5
Auch hier sind Ausgangspunkt des Mediationsverfahrens nicht **Rechtsansprüche** sondern die Positionen, die von den Streitparteien eingenommen werden. In einem verwaltungs- oder sozialrechtlichen Mediationsverfahren um **Leistungsanspüche** ist deswegen nicht die Berechtigung des Anspruchsgegenstand sondern der Versuch, den hinter dem Leistungsbegehren stehenden Interessen des Bürgers gerecht zu werden. Das kann – gelegentlich – auch durch Erfüllung des Leistungsanspruchs erfolgen, wenn sich im Zuge der Mediation – insbesondere aufgrund der Mündlichkeit des Verfahrens – seine Berechtigung ergibt. In der Regel ist es das Ziel, alternative Lösungen aufgrund des behördlichen Expertenwissens oder durch die Hinzuziehung bisher nicht beteiligter Dritter zu finden oder den Konflikt durch Verstehen der jeweiligen Handlungsbedingungen oder andere immaterielle Zuwendungen wie eine Entschuldigung, einen Sachbearbeiterwechsel o.Ä. beizulegen.

5.18.3 Eignung von öffentlich-rechtlichen Konflikten für die Mediation

Die Schranken der **Rechtsbindung** eines notwendig Beteiligten schließt tatsächlich die   6
Konflikte vom Zugang zur Mediation aus, die zwingend nur auf eine Lösung ausgerichtet sind, wie zB das Asylrecht.

Im Grundsatz und für die ganz überwiegende Zahl von Konflikten gilt trotz Rechtsbindung: Wenn die Beteiligten selbst eine Konfliktbeilegung anstreben, ist das Verfahren auch einer Mediation zugänglich, selbst wenn eine rechtlich tragfähige Lösung nicht erreichbar scheint. Häufig handelt es sich um Fälle, in denen die schon getroffene oder zu treffenden Entscheidung für die Behörde selbst unbefriedigend ist. Das kann darauf beruhen, dass sie sich für rechtlich gebunden hält, es kann sich aber auch um politische Vorgaben handeln, aus denen ein Ausweg gesucht wird.

---

4 Spellbrink, Mediation im sozialgerichtlichen Verfahren – Ein Zwischenruf, SGb 2003, 141 ff.

Unabhängig von der Motivation einer Partei sind folgende Konstellationen besonders-
geeignet:

5.18.3.1 Langfristig angelegte Beziehungen zwischen den Parteien

7 ■ **beamtenrechtlicher** Streit (Beurteilung, Dienstposten, Versetzung, auch: Disziplinar-
verfahren);

■ schulrechtlicher Streit (Versetzung, Verweis von, oder an eine andere Schule);

■ dauerhafter Konflikt zwischen Leistungsempfänger und Sachbearbeiter;

■ **baurechtlicherNachbarschaftsstreit;**

■ Streit in dauerhaften Aufsichts- bzw Kontrollbeziehungen (Heimaufsicht, Kranken-
hausaufsicht, Arbeitssicherheitsaufsicht);

5.18.3.2 Verteilungskonflikte

8 ■ Verteilung finanzieller (Krankenhausbedarfspläne, Subventionen) und anderer be-
schränkter Ressourcen (Verteilung von Konzessionen);

■ Stellenbesetzungen (beamtenrechtliche Konkurrentenverfahren);

5.18.3.3 Konstellationen, in denen die Behörde eine Entscheidung in Abwägung privater und öffentlicher Interessen trifft

9 ■ individuelle Bauplanungen;

■ Bebauungspläne;

■ Vorrangflächen für Windkraftanlagen in Flächennutzungsplänen;

5.19.3.4 Konstellationen, in denen die Behörde (im Ergebnis) streitentscheidend auftritt

10 ■ alle Formen öffentlich-rechtlicher **Nachbarschaftsstreite:** baurechtlich (zB Abstands-
gebote, Geschosshöhe), immissionsschutzrechtlich (Lärm-, Geruchs- Erschütte-
rungsemissionen aus gewerblicher Betätigung);

5.18.3.5 Großprojekte und komplexe Entscheidungen vorbereitende Festlegungen aus

11 ■ **Abfallwirtschaft, Altlasten, Naturschutz,** Verkehr, Gentechnologie, CO2-Reduzie-
rung, chemische Altlasten, Gesundheitsschutz, Umweltkonzepte.

5.18.4 Besonderheiten der Konstellation und der Rahmenbedingungen in öffentlich-rechtlichen Mediationen

5.18 4.1 Zahl der Beteiligten: bipolare und multipolare Konflikte

12 Öffentlich-rechtliche Mediationen zeichnen sich in der Mehrzahl dadurch aus, dass
nicht nur zwei, sondern eine Vielzahl von Beteiligten an der Lösung des Konfliktes interessiert oder an der Lösung zu beteiligten sind. Bei der Konstellationen in 5.18.3.4
und 5.18.3.5 sind in **imissionsschutzrechtlichen Verfahren** im Minimum drei Konfliktparteien beteiligt: Nachbar/Behörde/emittierender Betrieb. Häufiger wendet sich eine
Vielzahl von Anwohnern gegen die Genehmigung/weitere Genehmigung o.ä. eines störenden Betriebes, die sich mit durchaus unterschiedlichen Interessen einbringen. Hier ist
besonders zu beachten, welche Rolle die Behörde bereits eingenommen hat, ob eine Genehmigung bereits erteilt oder abgelehnt wurde, welche Position die Behörde damit bereits bezogen hat. Trotz dieser Positionsidentität mit der einen oder der anderen Seite
unterscheiden sich die Interessen der Behörde und der bevorzugten Beteiligten erheblich. Auch in Auseinandersetzungen um Strukturmaßnahmen der Öffentlichkeit: Stra-
ßenführung, Straßenbahnprojekte o.ä. handelt es sich zwar um bipolare Konflikte, am
Verfahren beteiligt sind gleichwohl eine Vielzahl Interessierter, die in der Regel an der

Mediation auch dann persönlich teilnehmen, wenn sie durch eine Bürgerinitiative und deren Sprecher vertreten werden.

5.18.4.2 Beteiligung/Einflussnahme politischer Entscheidungsträger, der Politik

Im Grundsatz sind eine Vielzahl von Konflikten im öffentlichen Recht geeignet, Interessen der Politik zu tangieren. Bei den unter 5.18.3.3 und 5.18.3.4 genannten Konflikten liegt es auf der Hand, aber bis in beamtenrechtliche Verfahren hinein (Konkurrentenverfahren, Beurlaubung von Beamten wegen Korruptionsverdachts) haben kommunale Gremien, Bürgermeister, Landräte, gelegentlich auch Ministerien nicht nur Interesse am Verfahren, sondern auch die Letztentscheidung über ein gefundenes Ergebnis, ohne selbst an der Mediation teilzunehmen (zB weil es sich um ein Gremium, den Rat einer Stadt handelt). Dies ist sowohl bei der Ermittlung der zu Beteiligenden als auch bei der Interessenexploration und der **Rückkopplung des Ergebnisses** zu berücksichtigen (s. 5.18.5.1, 5.18.5.4, 5.18.5.5, 5.18.5.6). 13

5.18.4.3 Berücksichtigung der Presse

Mediationen im öffentlichen Recht bewegen sich häufig auch im öffentlichen Raum des allgemeinen Interesses. Wie bei der Beachtung politischer Bezüge ist auch das Engagement der Medien bei der Gestaltung der Rahmenbedingungen der Mediation zu beachten (zB im Mediationsvertrag und bei der Wahl des Mediationsortes). 14

5.18.4.4 Zustimmung zum Ergebnis von nicht an der Mediation Beteiligten

Es ist nicht immer möglich, die Entscheidungsträger über den Konflikt persönlich an der Mediation zu beteiligen. Werden Mediationen über bevorstehende oder bereits erfolgte Entscheidungen durchgeführt, die nicht von der Verwaltung sondern von kommunalen Gremien getroffen werden müssen (zB Bebauungspläne, Flächennutzungspläne o.Ä.) oder sind sie bestimmten Entscheidungsträgern vorbehalten, die nicht selbst an der Mediation teilnehmen (Landräte, Oberbürgermeister, Minister), oder nehmen Vereine, Bürgerinitiativen durch Vertreter an der Mediation teil, muss das Ergebnis und der Weg dahin, die tragenden Gründe an die **letztentscheidenden Personen oder Gremien** zurückgekoppelt werden. Die besondere Dynamik des Mediationsprozesses macht ein gefundenes Ergebnis aber erst verständlich. Häufig ist es ein ganz neuer Ansatz, der bisher nicht zur Debatte stand und der daher auch schwer als „eigene Lösung" angenommen wird (s. 5.18.5.6). 15

5.18.5 Auswirkungen der Besonderheiten öffentlich-rechtlicher Mediationen auf den Verlauf

5.18.5.1 Einbindung aller am Konflikt Beteiligter

Eine endgültige Beilegung des Konflikts ist nur dann realistisch, wenn alle Beteiligten auch mit am Tisch sitzen. Häufig ist ein Vortermin zur Ermittlung der Beteiligten sinnvoll. 16

Hinsichtlich der Vertretung der Behörde ist es sinnvoll, möglichst den Letztentscheidenden mit in den Prozess einzubeziehen. Der Sachbearbeiter, der den Bescheid erstellt hat oder erstellen muss, sollte ebenso teilnehmen wie der Justizar. Eine qualifizierte Vertretung der Behörde verhindert ein Scheitern der Mediation durch Rückkopplungsfehler (auch: 5.18.4.4 u. 5.18.5.6).

5.18.5.2 Besondere Anforderungen zur Beteiligung Vieler an der Mediation

Die Beteiligung einer Vielzahl von Personen stellt hohe Anforderungen an das Zeitpotential, aber auch an die Geduld der gerade nicht agierenden Beteiligten und ist auch 17 finanziell relevant. Der Mediator steht vor der Herausforderung, alle Beteiligte mit ihren individuellen Interessen und Befindlichkeiten wahrzunehmen und ihnen gerecht zu werden. Dem kann durch die Hinzuziehung weiterer Mediatoren (Co-Mediation) und dem Einsatz von Hilfsmitteln zB Karten oder die Wahl von Sprechern für einzelne Gruppen begegnet werden.

5.18.5.3 Besondere Gestaltung des Mediationsvertrages

18 Im Bereich der Mediation bietet sich in besonderem Maße der Abschluss eines schriftlichen Mediationsvertrages an. Dies gilt insbesondere in Hinblick auf

- die Vereinbarung von **Vertraulichkeit**. Innerhalb einer Behörde ist vollständige Vertraulichkeit nur in extremen Ausnahmen denkbar. Das Ergebnis muss umgesetzt und in Verfahren, in denen die Bereitschaft zu einer Mediation besteht, von Dritten bearbeitet und gegenüber Mitarbeitern und insbesondere Vorgesetzten und Gremien legitimiert werden. Dennoch ist Vertraulichkeit auch hier sinnvoll. Sie kann im Mediationsvertrag bei der Behörde durch Formulierungen wie: „Die Vertraulichkeit gilt hier nicht gegenüber Mitarbeitern und Vorgesetzten hinsichtlich des Ergebnisses und seiner tragenden Gründe" den besonderen Bedürfnissen angepasst werden.

- den Umgang mit der **Presse**. Eine Regelung ist selbst dann sinnvoll, wenn sich bisher ein Interesse noch nicht manifestiert hat. Bei umfangreichen Mediationen kann die Vereinbarung einer gemeinsamen Presseerklärung oder -konferenz nach positivem Abschluss sinnvoll sein, um unterschiedlichen Deutungen vorzubeugen.

5.18.5.4 Einbeziehung der Rechtslage

19 Angesichts der Rechtsbindung der Behörde kann es sinnvoll sein, die Erörterung der Rechtslage in den Mediationsverlauf zu integrieren, um den Aktionsradius der klarzustellen. Dies kann bei der Erarbeitung des Sachverhalts geschehen, kann aber auch auf eine Prüfung des Ergebnisses beschränkt werden.

5.18.5.5 Emotionen der Behörde

20 Entgegen den Erwartungen verbinden Behördenvertreter den Arbeitsgegenstand, der in der Regel im Zentrum des in der Mediation bearbeiteten Konflikts steht, mit hohem emotionalem Engagement. Aussagen wie: „Ich lasse mir von Ihnen nicht drei Jahre Arbeit kaputtmachen!" sind als Reaktionen typisch. Für manche Planer stellt ein bestimmtes Vorhaben das Lebenswerk oder den Höhepunkt jahrelanger Bemühungen dar. Aber auch ein in Auseinandersetzung mit Vorgesetzten und Kollegen erarbeitetem Konzept zur Lösung eines Individualkonflikts ist mit investierter Arbeitszeit und Engagement verbunden.

5.18.5.6 Rückkopplung des Ergebnisses

21 Gelingt es nicht, die letztlichen **Entscheidungsträger** mit am Tisch zu haben, kommt der Vermittlung des Ergebnisses an die entscheidenden Gremien oder dem entscheidenden Funktionsträger für den Erfolg der Mediation maßgebliche Bedeutung zu. Hier kann es sinnvoll sein, die besonderen Interessen dieser Entscheidungsgremien/-personen zu antizipieren und Argumentationslinien zu entwickeln. Auch die Hinzuziehung des Mediators zu den Rückkopplungsgesprächen ist als Möglichkeit mit allen Beteiligten zu erörtern.

5.18.6 Resümee

Vorstehendes zeigt – in der hier erforderlichen Verkürzung –, dass Mediation im öffent-   22
lichen Recht in der Mehrzahl seiner Konflikte möglich ist. Sie bedarf allerdings der
Kenntnis von und der Rücksichtnahme auf ihre besonderen Strukturen.

5.19 Mediation im (Fußball-)Sport

Literatur: Faller, K./Kerntke, W./Wackmann, M., Konflikte selber lösen. Mediation für Schule und Jugendarbeit, 1996; Klein M.-L./Kothy, J./Labag, G., Interethische Kontakte und Konflikte im Sport, in: Heitmeyer, W./Anhut, R., Bedrohte Stadtgesellschaft. Soziale Desintegrationsprozesse und ethnisch-kulturelle Konfliktkonstellationen, 2000, 307–346; Ribler, A./Pulter, A., Konfliktmanagement im Fußball, in; Handbuch zum Projekt „Interkulturelle Konfliktvermittlung/Mediation im Fußball" 1998–2005; Ribler, A./Pulter, A.(Hrsg.), Konfliktmanagement im Fußball, 2010; Thiel, A./Ribler, A., Mediation von Konflikteskalationen in Sportorganisationen, in: Breuer/Thiel (Hrsg.), Handbuch Sportmanagement, 2005, 47–60.

5.19.1 Vorbemerkung

1 Der folgende Beitrag zeigt einen Ausschnitt der Anwendung von Mediation im System des organisierten Sports. Die Auswahl kommt durch die langjährige Tätigkeit der Autorin als Leiterin und fachliche Begleitung des Projektes „Interkulturelles Konfliktmanagement im Fußball" der Sportjugend Hessen in Kooperation mit dem Hessischen Fußball-Verband e.V. zustande.[1] In dem Projekt werden zwei Bereiche unterschieden: a) das Management von Konfliktpotenzialen (Prävention von Gewalt und Diskriminierungen) und b) das Management von Konfliktverläufen (Intervention/Nachbereitung von Konflikten nach Gewaltvorfällen, Beleidigungen und Diskriminierungen durch Spieler, Trainer oder Zuschauer). Dieser Beitrag widmet sich dem Management von Konfliktverläufen im Amateur- und Jugendfußball unter besonderer Berücksichtigung des im System entwickelten Instruments der „Fußball-Mediation" zur Bearbeitung von Rassismus und ethnisierten Konflikten.

5.19.2 Ausgangslage/Problemstellung

2 Gewalt und Diskriminierungen sind im Jugend- und Amateurfußball zwar nicht dominant, aber alltäglich. Sie schädigen nicht nur die Beteiligten, sondern erschweren auch das „interkulturelle" Zusammenleben von Einheimischen und Zugewanderten bzw. deren Familien.

3 Jedes Wochenende finden bundesweit ca. 80.000 Fußballspiele im Amateur- und Jugendfußball statt. Die allermeisten Begegnungen verlaufen friedlich. Bei einem Teil der Spiele kommt es jedoch zu **hoch eskalierten Konflikten**, die teilweise mit Gewalt ausgetragen werden.[2] Hierbei schlagen nicht nur Spieler aufeinander ein, sondern auch Eltern, Zuschauer und Trainer. Die Verletzungen reichen bis zu Schädelbasisbrüchen mit langen Krankenhausaufenthalten und Berufsunfähigkeit.

4 Viele Vereinsmannschaften kennen ihre sportlichen Gegner bereits aus vorherigen Spielen und haben vor Begegnungen ein gefestigtes Bild von ihnen im Kopf. Da kommen

---

1 Teile des Artikels wurden von der Autorin im Jahr 2008 beim Deutschen Jugendinstitut e.V. sowie bei der Buchreihe „Migration und Soziale Arbeit" des Instituts für Sozialarbeit und Sozialpädagogik e.V. (ISS) 2012 veröffentlicht.
2 Vgl Ribler/Pulter 2006.

„die Kanaken" oder „die Nazis" oder auch „die Juden". Die gesamte Weltpolitik sowie alle persönlichen Diskriminierungserfahrungen und Integrationsvorstellungen tragen die Spieler, Schiedsrichter und Trainer, die Eltern und Zuschauer auf den Sportplatz. Dies führt mancherorts dazu, dass nicht nur der sportliche Sieg angestrebt wird, sondern eine Motivation besteht, „es den Anderen – sprich den Deutschen oder den Ausländern – zu zeigen". Im Konfliktverlauf kommt es daher häufig zu gegenseitigen „interkulturellen" bzw ethnisierenden Beleidigungen oder Drohungen („Kanake"/„Nazi"/„Jude").

Diese gegenseitigen Beleidigungen werden im Spielverlauf zunächst bewusst eingesetzt **5** und haben die Funktion, den sportlichen Gegner auf dem Platz zu schwächen. Die Provokationen hinter dem Rücken des Schiedsrichters sollen die gegnerischen Spieler emotional aufregen und dazu führen, dass sie im Affekt handeln und ein Foul begehen, welches geahndet wird. Geht dieses Kalkül auf, dann werden die Entscheidungen des Schiedsrichters oft nicht nur von dem bestraften Spieler, sondern von der eigenen Mannschaft als ungerecht und – von Spielern mit Migrationshintergrund – auch als diskriminierend empfunden. Denn die vorangegangenen Provokationen bleiben ungeahndet. Aus der Sicht vieler Spieler mit Migrationshintergrund setzt sich die „Ungerechtigkeitsspirale" auch nach dem Spiel fort, indem die meist deutsch besetzten Sportgerichte „typisch deutsche" Urteile aussprächen. So erhalten Spieler mit Migrationshintergrund für vergleichbare Vorfälle härtere Strafen.[3]

Es besteht insgesamt die Situation, dass Spieler, Funktionspersonal (Trainer/Betreuer/ **6** Schiedsrichter) und die Fußball-Landesverbände selbst oft unangemessen in und nach den Auseinandersetzungen reagieren – fehlt ihnen doch professionelles Wissen über die (De-)Eskalation von Konflikten und über deren (vermeintlichen) interkulturellen Hintergrund. Da über die Sportgerichtsbarkeit diese Streitigkeiten nicht nachhaltig gelöst werden können, stehen dieselben Vereine/Mannschaften nicht selten mehrfach in einer Saison vor dem jeweiligen Sportgericht. Die Folgebegegnungen mit den sportlichen Gegnern weisen eine zunehmende Eskalationsdynamik auf.

Eine weitere „interkulturelle" Besonderheit liegt in der überproportional hohen Beteili- **7** gung von Migrantenfußballvereinen an den Konflikten.[4] Oft wirken sich auch aktuelle gesellschaftspolitische Debatten, beispielsweise über die Integration von Zuwanderern oder weltpolitische Ereignisse wie der Israel-Palästinenser-Konflikt unmittelbar auf das Fußballgeschehen aus. Klein/Kothy/Cabadag sprechen in diesem Zusammenhang vom Fußball als einem **Ort der symbolischen Austragung gesellschaftlicher Konflikte**.[5]

Um dieser Situation zu begegnen, wurden in verschiedenen Fußball-Landesverbänden[6] **8** und im Deutschen Fußball-Bund (DFB) sogenannte Gewaltpräventionsprojekte initiiert. Die zentralen Ansatzpunkte liegen bei den Projekten in der Steuerung des (Funktions-)Personals über die Qualifizierung/Anleitung zur Selbstreflexion sowie in der Steuerung der Organisationsentwicklung über die Einführung eines professionellen Konfliktmanagements.

Im Folgenden werden zunächst die Angebote des Projektes „Interkulturelles Konflikt- **9** management im Fußball" im Bereich des Managements von Konfliktverläufen/Konflikt-

---

3 Scherer/Winands, Konfliktbelastungen im Amateurfußball, in: Ribler/Pulter, (Hrsg.), Konfliktmanagement im Fußball, 2010, 51.
4 Vgl Pilz 2000, Fußball und Gewalt, Auswertung der Verwaltungsentscheide und Sportgerichtsurteile im Bereich des Niedersächsischen Fußballverbandes Saison 1998-1999, unveröffentlichtes Manuskript; Ribler/Pulter, Konfliktmanagement im Fußball, Handbuch zum Projekt „Interkulturelle Konfliktvermittlung/Mediation im Fußball" 1998–2005, 64; Scherer/Winands, Konfliktbelastungen im Amateurfußball, in: Ribler/Pulter (Hrsg.), Konfliktmanagement im Fußball, 2010, 49.
5 Klein/Kothy/Cabadag 2002, 312.
6 In den alten Bundesländern oft als Reaktion auf gewaltförmige Vorfälle, in einigen neuen Bundesländern im Rahmen des Programms „Zusammenhalt durch Teilhabe" des Bundesministeriums des Innern.

bearbeitung in Form einer Übersicht dargestellt. Anschließend folgt die Vorstellung des Instruments „Fußball-Mediation".

5.19.3 Projektbereich „Management von Konfliktverläufen/Konfliktbearbeitung"

10   Im Rahmen des Projektes „Interkulturelles Konfliktmanagement im Fußball" wurden folgende Konfliktmanagement-Verfahren entwickelt und über elf Jahre erprobt (Übersicht):

■ Fußball-Mediationen (Konfliktvermittlungen durch neutrale Dritte) in und zwischen Vereinen/Mannschaften. Es haben sich hierbei zwei Konfliktprofile herausgebildet:

   a) zum einen werden Mediationen zwischen Jugend- und Seniorenmannschaften in Fällen von gewaltförmigen und rassistischen Ausschreitungen durchgeführt;

   b) zum anderen geht es um Konflikte im Seniorenbereich, die aus der gemeinsamen Pflege und Belegung von Sportplätzen resultieren.

■ Soziale Trainings mit Mannschaften (Ziele/Inhalte: Bearbeitung von Gewalt und rassistischen Äußerungen/Handlungen):

   – Kurse für Opfer. Ziele/Inhalte: Aufarbeitung von Gewalt- und Diskriminierungserfahrungen;

   – Runde Tische, zB gegen Antisemitismus. Ziele/Inhalt: Aufarbeitung der Konflikte, Erarbeitung von zukunftsfähigen Strategien im Stadtteil/in der Region;

   – Vereins-Coachings für mehrfach auffällige Vereine. Ziele/Inhalte: Konfliktreduktion und Stabilisierung des Vereins durch längerfristige Begleitung mit verschiedenen Maßnahmen.

5.19.3.1 Rahmenbedingungen des Konfliktmanagement-Instruments „Fußball-Mediation"

11   Seit 1998 wurden im Rahmen des Projektes 53 systeminterne Fußball-Mediatoren bzw Fußball-Konfliktmanager ausgebildet. Die Ausbildung umfasst 56 Unterrichtseinheiten (UE) à 45 Minuten plus 6 UE Praxisbegleitung. Neben den üblichen Inhalten und Methoden einer Mediationsausbildung werden die systemspezifischen (Fußball-)Bedingungen und ihre Bedeutung für die Mediation und anderer Konfliktmanagementinstrumente vermittelt. Die ausgebildeten Fußball-Konfliktmanager/innen, die oft aus dem Fußball kommen (Trainer, Spieler, Schiedsrichter etc.) führen nicht nur Mediationen durch, sondern sind in den Vereinen bzw Fußballkreisen vor Ort auch präventiv tätig (zB in der regionalen Pressearbeit, beim Spieler-Coaching oder dem Besuch von problematischen Spielen).

12   Viele der oben beschriebenen Konflikte im Amateur- und Jugendfußball werden in den alten Bundesländern von den Beteiligten als „interkulturelle" Konflikte gekennzeichnet.[7] In Zeiten der Betonung unterschiedlicher „Kulturen" und der Leitkategorie der „Interkulturellen Differenz" ist dies kein Wunder. Denn bei Wahlkämpfen oder Häuserbränden, in der täglichen Boulevardpresse oder in der Politik werden in der Folge auch auf dem Fußballplatz zwei Gruppen gebildet: „wir" (die Deutschen) und „die Anderen" (die Ausländer bzw Personen mit Migrationshintergrund). Und dies unabhängig davon, ob jemand einen deutschen Pass hat oder nicht. Die Kennzeichnung der Auseinandersetzungen als „interkulturell" ist problematisch, da die sozialen und gesellschaftlichen Konflikthintergründe verdeckt und ethnisiert werden. Zudem kommt es durch die

---

7   In den neuen Bundesländern gibt es kaum Migrantenfußballvereine bzw kaum Mannschaften mit einem hohen Anteil an Personen mit Migrationshintergrund.

Etikettierungen zu weiteren Entfremdungsprozessen, die ein gemeinsames Fußballspielen erschweren.

Der Sport wird oftmals nicht nur als Spiegelbild, sondern als Brennglas der Gesellschaft 13 bewertet, da sich die dominanten „interkulturellen" Denk- und Handlungsangebote in den Fußballkonflikten zu verdichten scheinen. Die im Fußballsystem agierenden Beteiligten betonen die (vermeintlich) starken ethnischen Unterschiede und fördern dadurch die Polarisierungen zwischen „Deutschen" und „Ausländern".

In der Reflexion der Konflikte in den präventiven Kursen oder in den Fußball-Mediationen wird oft deutlich, dass es nach Aufarbeitung der „interkulturellen Wahrnehmung" um Fragen der fehlenden sozialen Anerkennung und um die gerechte Verteilung von knappen Ressourcen, also auch um strukturelle Veränderungen, geht.[8]

Da soziale und (sport-)politische Aspekte innerhalb der Konflikte oft ethnisiert werden, 15 ist es hilfreich, Fragen nach den Gemeinsamkeiten (und nicht nach der Differenz) zu stellen:

- was wünschen wir uns im Fußball?

- was beeinträchtigt diese oft deckungsgleichen Erwartungen? und schließlich

- was kann jeder ganz konkret dazu beitragen, damit wir friedlich Fußball spielen können?

Sind die Gemeinsamkeiten herausgearbeitet und gemeinsame Regeln vereinbart, beziehen sich die Beteiligten im nächsten Spiel auf diese Regeln und greifen nicht auf die nahe gelegten ethnisierenden Denkmuster zurück. Das Herausarbeiten des Gemeinsamen und der oft von allen (!) Beteiligten wahrgenommenen Ungerechtigkeiten kommen bei der Betonung der „interkulturellen Differenz" oft zu kurz. Es geht um die Erweiterung einer gemeinsamen Handlungsfähigkeit im und durch Fußball und nicht um die Durchsetzung von Partikularinteressen einzelner Spieler oder im erweiterten Sinne auch der anderen im System agierenden Fußball-Funktionsträger.

5.19.3.2 Fußball-Mediation in der praktischen Anwendung

Idealtypisch sieht die konkrete Anwendung von Fußball-Mediationen wie folgt aus: Die 17 Konfliktparteien (= KP; meist mehrere Spieler oder ganze Fußballmannschaften) werden nach den Vorfällen zu einer Verhandlung durch die Fußball-Sportgerichte geladen. Sie werden im Verlauf der Verhandlung vom (ehrenamtlich tätigen) Sportrichter gefragt, ob sie an einer Mediation teilnehmen wollen. Der Sportrichter erläutert das Ziel und den Ablauf der Mediation und stellt bei erfolgreicher Teilnahme eine Einstellung des Verfahrens oder eine Strafreduktion in Aussicht. Die KP stimmen der Mediation zu. Der Sportrichter informiert das Projekt. Von Projektseite kommen zwei im Feld erfahrene Fußball-Mediatoren und führen die Mediation durch. Anschließend beurteilen sie die Mediation mit „erfolgreich"/„nicht erfolgreich" und geben die mit den KP abgesprochenen Vereinbarungen an den Sportrichter weiter (interne Vereinbarungen bleiben in der Obhut der KP und werden nicht weitergegeben). Der Sportrichter bewertet den Vorfall auf der Basis der Beurteilung des Mediators und spricht ein Urteil im schriftlichen Verfahren aus.

Im Sinne des Managements von Konfliktpotenzialen ist das Ziel der Mediationen zwischen Jugend- und Seniorenmannschaften in der Regel die Gewährleistung eines friedlichen Ablaufs künftiger Spiele durch Einschränkung der Konfliktmittel, dh Verzicht auf Anwendung von Gewalt und durch Vereinbarung von konkreten Regeln, die ein „Fair-Play" sicher stellen.

---

8 Vgl hierzu auch Halm, Interkulturelles Konfliktmanagement, Endbericht zum Projekt, in: Goldberg/Halm/Sauer (Hrsg.), Migrationsbericht des Zentrums für Türkeistudien, 2002, 229–339.

19 In der Bearbeitung der Konflikte werden in meisten Fällen jeweils drei Gespräche mit den Beteiligten geführt; dies sind die Spieler, Trainer, manchmal Eltern und/oder Vereinsvorsitzende (je nach Vorfall). Das Vorgespräch, das in dem jeweiligen Verein stattfindet, dient dem „Dampf-ablassen" und dem Sammeln der für die Beteiligten wichtigsten Konfliktpunkte. In dem gemeinsamen Gespräch, das an einem neutralen Ort geführt wird, werden die Punkte nach den Phasen der Mediation in Anlehnung an Faller/Kerntke/Wackmann verhandelt und zum Abschluss eine Vereinbarung erarbeitet, die alle Beteiligten persönlich unterschreiben.[8] Neben diesem Großgruppen-Verfahren ist es bei einigen Konflikten sinnvoll, die „Hauptbeteiligten" ise Täter-Opfer-Ausgleichs gesondert ihren Konflikt klären zu lassen.

20 Die Punkte einer gemeinsamen Vereinbarung können beispielsweise lauten:

- Beide Mannschaften reisen ½ Stunde vor Spielbeginn an.

- Es kommen je zwei zusätzliche Betreuer pro Verein mit.

- Es wird ein erfahrener Schiedsrichter gewünscht.

- Einer der Mediatoren soll vor Ort sein.

- Die Mannschaften heißen sich gegenseitig willkommen und geben sich vor dem Anpfiff die Hände.

- Geschieht ein vom Schiedsrichter nicht bemerktes Foul oder ein verbaler Angriff, nimmt der Trainer den betreffenden Spieler selbst vom Platz.

- Der Spieler, der bei einem Konflikt am nächsten steht, beruhigt seinen Mitspieler.

- Alle entschuldigen sich nach einem Foul.

- Die Spieler des Vereins X werden die Spieler des Vereins Y nicht durch rassistische Sprüche provozieren. Im Gegenzug werden die Spieler des Vereins X nicht als Nazis bezeichnet.

- Alle Spieler wenden keine Gewalt an.

- Der Spieler B entschuldigt sich beim Spieler H für seine Provokation.

- Die Spieler akzeptieren Entscheidungen des Schiedsrichters.

- Die Trainer und mit gereisten Eltern rufen keine Beleidigungen oder Provokationen auf das Spielfeld.

5.19.3.3 Ergänzung der Fußball-Mediationen durch strukturelle Veränderungen

21 Um die gemeinsame Handlungsfähigkeit aller Beteiligten zu erweitern, werden die am Individuum ansetzenden Fußball-Mediationen und präventiven pädagogischen Maßnahmen durch die kritische Beobachtung von Verfahrensabläufen und Routinen in den Vereinen und Verbänden von Projektseite ergänzt (Kontextsteuerung/strukturelle Ebene).

22 Hier stoßen externe Kooperations- und Beratungspartner bei Vereinen und Fußballverbänden jedoch nicht selten an Grenzen, weil sich die Wahrnehmung eines Systems (hier: Fußball) immer auf sich selbst bezieht. Dh die von der Systemumwelt (zB der Kooperationspartner) beobachteten problematischen Anteile im Fußball werden entweder nicht gesehen oder anders bewertet. Hinzu kommen die sehr langen Verfahrenswege, die in ehrenamtlich geführten Organisationen Veränderungen äußerst unwahrscheinlich machen.[9] Grundlage jeder Beratung, Schulung oder Fußball-Mediation ist daher die Einsicht, dass sich nur das System selbst verändern kann. Dies schützt auch vor großen

---

8 Faller/Kerntke/Wackmann 1996.
9 Vgl hierzu auch Thiel/Meyer, Überleben durch Abwehr. Zur Lernfähigkeit des Sportvereins, in: Sport und Gesellschaft, Jahrgang 1 (2004), Heft 2, 103–124.

Enttäuschungen, die in einigen Gewaltpräventionsprojekten zu Störungen oder gar zum Abbruch der Arbeit geführt haben.

Eine weitere Barriere in der inhaltlichen Arbeit bildet die Verwechslung von Gleichheit 23 und Gleichwertigkeit. Das Ziel der Bemühungen ist demnach keine Nivellierung von unterschiedlichen Bedürfnissen durch Anpassung, sondern die gegenseitige Wertschätzung „auf gleicher Augenhöhe". Der von „deutscher Seite" oft eingeworfene Satz „wir behandeln alle gleich" kann zu Ungerechtigkeiten führen. Dies zu vermitteln stellt allerdings höchste Anforderungen an das Schulungspersonal bzw die Mediatoren. Nicht wenige freiberufliche Projektmitarbeiter scheuen daher Konflikte mit „interkulturellem Hintergrund".

Dies zeigt die strukturelle Schwierigkeit, mit der die Fußballverbände allgemein aber 24 auch die Gewaltpräventionsprojekte zu kämpfen haben: Es fehlt qualifiziertes Personal, das sich einerseits sehr gut im Mikrokosmos Fußball und andererseits in den Themenfeldern Prävention von Rassismus/Diskriminierung und Konfliktbearbeitung/Mediation auskennt. Da im Fußball auch bildungsferne Schichten erreicht werden, müssen die traditionellen Methoden der außerschulischen (Jugend-)Bildung aber auch die Methoden von Mediationsverfahren teilweise angepasst werden.

Erzieherische (Straf-)Maßnahmen werden von den Sportrichtern und anderen Fußball- 25 Funktionsträgern nicht selten belächelt und als „Weichspüler" abgetan. Hinzu kommt, dass der Sport – wie auch das kapitalistische Gesellschaftssystem – nach Gewinnern und Verlierern und die Sportgerichtsbarkeit nur nach Recht und Unrecht unterscheiden. Mediation mit dem Ziel des Erreichens von „win-win-Lösungen" erscheint dann oft als Quadratur des Kreises.

Eine Erweiterung der Handlungsfähigkeit muss vor dem Hintergrund der Praxiserfah- 26 rungen auch die organisationalen Rahmenbedingungen des Fußballs, den die Vereine und Verbände bereitstellen, reflektieren. Dies geschieht jedoch nur in wenigen Gewaltpräventionsprojekten und Fußballverbänden. Die „Schuld" an den Konflikten wird oft abstrakt „der Gesellschaft", der Schule und dem Elternhaus zugeschrieben, die eigenen Anteile des Fußballs bleiben unberücksichtigt.

Diese eigenen „blinden Flecken" müssen jedoch vor dem Hintergrund bewertet werden, 27 dass der Amateur- und Jugendfußball und auch viele der Gewaltpräventionsprojekte selbst fast ausschließlich durch Ehrenamtliche organisiert werden. Viele Fußballfunktionsträger klagen über die große Belastung und fühlen sich schlicht überfordert, wenn sie auch noch sich selbst reflektieren bzw die strukturellen Fußball-Routinen analysieren sollen. Sie fühlen sich häufig als Sozialarbeiter – jedoch ohne spezielle Ausbildung und die notwendigen professionellen Rahmenbedingungen. Hinzu kommt sicherlich eine Abwehr von unbequemen Themen, die in den Konflikten verhandelt werden (Benachteiligung, Diskriminierung etc.).

Aufgrund der beschriebenen Situation werden viele Konflikte durch die Projekte nur 28 mit den beteiligten Personen in den Vereinen vor Ort bereinigt, die „überindividuellen", strukturellen Aspekte (Konfliktpotenziale) werden übersehen bzw können aufgrund verschiedener systembedingter Abhängigkeiten auch nicht zufrieden stellend bearbeitet werden. Dies kann und sollte zB durch die systematische Auswertung von immer wieder auftretenden Konflikten problematisiert werden. Hierdurch kann auch vermieden werden, dass es zu individuellen Schuldzuweisungen kommt und die beschriebenen überindividuellen strukturellen Konfliktpotenziale unbeachtet bleiben. Die Ergebnisse dieser Analysen müssen an den Verband zurück kommuniziert werden.

5.19.4 Fazit und Ausblick

29 Im System des organisierten Sports gibt es viele Anwendungsfälle für Mediation. Der hier vorgestellte Ausschnitt „Fußball-Mediation" wurde im Rahmen eines umfangreichen Konfliktmanagement-Projektes entwickelt und ist aufgrund einer entsprechenden Ergänzung der Rechts- und Verfahrensordnung dauerhaft im Hessischen Fußball-Verband implementiert. Dies stellt im Sport eine Ausnahme dar und ist der langjährigen Zusammenarbeit mit der Sportjugend Hessen (und der Beharrlichkeit der Projektmitarbeiter) geschuldet. Eine weitere förderliche Bedingung lag zudem in der kontinuierlichen Einwerbung externer Bundesmittel, die unter anderem die Finanzierung der Fußball-Mediatoren sicherstellte.

5.20 Vermittlung im Gemeinwesen

Literatur: Götz, M./Schäfer, C.D. (Hrsg.), Mediation im Gemeinwesen, 2008; Metzger, T., Gemeinwesenmediation – Von der Analyse der Justizkrise zur modernen Mediation, perspektive mediation 2004, 31 ff; Splinter, D., Gemeinwesenmediation – Projektlandschaft und state of the art, Spektrum mediation 19/2005, 14 ff; Shonholtz, R. Neighborhood Justice Systems, Work, Structure, and Guiding Principles, Mediation Quarterly 1984, 3 ff; Trenczek, T., Streitregelung in der Zivilgesellschaft; Zeitschrift für Rechtssoziologie, Bd. 26, Dez. 2005, 3 ff.

5.20.1 Mediation im Sozialen Nahraum

Als „gemeinwesenbezogene Mediation" bezeichnet man unabhängig vom jeweiligen **1** Konflikt- und Arbeitsfeld alle konsensorientierten Vermittlungsleistungen zur Regelung der **Konflikte im sozialen Nahraum** der Bürger.[1] Dies reicht von sog. Nachbarschaftsstreitigkeiten über Konflikte zwischen Kollegen am Arbeitsplatz, Gruppen- und Teamkonflikte (insb. in sozialen Einrichtungen und Vereinen), weiter über Familien- und Generationenkonflikte, die peer-group- und Schulmediation und sog. Konfliktlotsenprogramme bis hin – womit sich der Kreis oft schließt – zu der Vermittlung in eskalierten, mittlerweile strafrechtlich relevanten Konflikten im sog. außergerichtlichen Tat- bzw Täter-Opfer-Ausgleich.[2] Es geht im Wesentlichen in der möglichst lebensnahen Umsetzung der Forderung von Nils Christie[3] darum, dass die Bürger ihre eigenen Konflikte selbst konstruktiv bewältigen können (vgl das Kap. 1.1 vorangestellte Zitat). Teilweise wird der Begriff auch synonym mit Nachbarschafts- und Stadtteilmediation verwendet,[4] mitunter wird mit dem Begriff Gemeinwesenmediation auch ein breiter politischer Bildungs- und Partizipationsauftrag verbunden (s. Rn 4 ff).[5] Teilweise, gerade im Hinblick auf öffentlich-politische, den sozialen Nahraum betreffende Planungsprozesse (zB Stadtteilentwicklung) wird die Gemeinwesenmediation auch als ein Teilgebiet der Mediation im öffentlichen Raum (hierzu Kap. 5.14) angesehen.[6]

Die Konflikte im sozialen Nahraum haben für die Beteiligten eine besondere, für ihr **2** Wohlbefinden zT essentielle Bedeutung, auch wenn die Anlässe (Beschwerden wegen Lärm, Verschmutzung, Bäumen und Sträuchern, Haustieren usw) aus der Perspektive Dritter oft nichtig erscheinen. Sie werden deshalb oft mit heftigen **Emotionen** ausgetragen und können schnell eskalieren. Andererseits haben sie zumeist einen geringen (vermögensrechtlichen) Streitwert, weshalb sich deren professionelle Bearbeitung aus wirtschaftlicher Perspektive nicht auszuzahlen scheint. Sie werden deshalb von Rechtsanwälten nicht gerne bearbeitet.[7] Obwohl diese Konflikte häufig eine besondere Dynamik

---

1 Der soziale Nahraum ist definiert als ein räumlich begrenztes, die Lebenswelt der Bewohner unmittelbar prägendes Gebiet (zB Nachbarschaft/Quartier/Kiez/Stadtteil/Stadt), vgl BM-Fachgruppe Gemeinwesenmediation in Götz/Schäfer, 2008, 123.

2 Vgl Metzger, in: Breidenbach/Henssler (Hrsg.) 1997, 183 ff; Netzig, in: Götz/Schäfer 2008, 65 ff; Pfeiffer/Trenczek, Kommunale Schlichtungsstellen, in Trenczek/Pfeiffer (Hrsg.): Kommunale Kriminalprävention, 1996, 397 ff.

3 Christie, Conflicts as Property, British Journal of Criminology, 1977, 5.

4 Zur Begriffsklärung vgl Schulz, in: Götz/Schäfer 2008, 84 ff.

5 Vgl zB das Konzept des San Francisco Community Boards Programm, Shonholtz, 1981, ders. The Citizens' Role in Justice, The Annals 1987, 42 ff; ders., Mediation Quarterly, 1984, 3 ff; vgl BM-Fachgruppe Gemeinwesenmediation, in: Götz/Schäfer, 2008, 123 f.

6 Hierzu Riehle, Stadtentwicklung, Gemeinwesen und Mediation, 2002; vgl Sellnow,, Konfliktmoderation – ein Mittel zur Bürgermitwirkung in strittigen Verkehrsfragen, Zeitschrift Verkehrszeichen 1996, 11 ff.

7 Metzger, in: Breidenbach/Henssler (Hrsg.) 1997, 184 f.

aufweisen und ihre Bearbeitung deshalb besondere (Vermittlungs-)Kompetenzen erfordern, wurden die Nachbarstreitigkeiten in Deutschland traditionell der ehrenamtlichen Schlichtung durch Schiedsleute übertragen.[8] Mittlerweile haben sich auch in Deutschland eine Reihe von gemeinnützigen Mediations- und Schlichtungsstellen etabliert (s. 5.21.3), die sich als niederschwellige Ergänzung (**Alternative**) zur gerichtlichen Streiterledigung einerseits und den kommerziellen Mediationsanbietern andererseits verstehen. Besonderes Kennzeichen dieser gemeinnützigen Mediationsinitiativen ist, dass sie sich einerseits zumindest zu einem großen Teil auf das besondere bürgerschaftliche (freiwilligen/ehrenamtlichen) Engagement stützen[9] und andererseits – in Abgrenzung zu Schlichtungs- und Schiedsverfahren – von Beginn an mit der Mediation auch methodisch einem konsequent emanzipatorischen, der Autonomie verpflichteten Konfliktbearbeitungsmodell folgen (vgl Kap. 1.1.3.2.1). Nach dem Vorbild der vor allem in den USA seit den frühen 1970er Jahren entstandenen **Community Justice, Neighborhood Justice oder Dispute Resolution Center**[10] sollen alle Bevölkerungsgruppen, auch diejenigen, die vielfach an Barrieren des Justizsystems scheitern, unabhängig von Einkommen und sozialem Status, einen angemessenen **Zugang** zu einem qualitativ hochwertigen, fairen Konfliktregelungsverfahren erhalten.

3 Im Hinblick auf die Mediation haben die Angebote gemeinnütziger Mediations- und Schlichtungsstellen eine besondere Bedeutung. Der gemeinwesenbezogene Konfliktlösungsansatz kann sogar als **Geburtshelfer der Mediation** bezeichnet werden.[11] Besonderes Merkmal der ersten US-amerikanischen Mediationsprogramme (zB Community Mediation in Massachusetts oder das Community Board Programm in San Francisco), die seit Anfang der 1970er Jahre in zivil- und auch strafrechtlich verorteten Konflikte vermittelt haben, war ihre starke Orientierung an den Bedürfnissen der Bürger im sozialen Nahraum („community", Rn 4) und ein bewusster Gegenentwurf zur juristischen Bearbeitung sozialer Konflikte. Die Community Justice Center boten ein Forum, in dem individuelle Konflikte ebenso wie soziale Probleme des Gemeinwesens erörtert werden konnten. Weder hatte das juristische Trennungsdogma (hier Zivil-, dort Strafrecht) eine Bedeutung, noch wurden Konflikte auf ihre „rechtliche Relevanz" reduziert, sondern in ihrer sozialen Relevanz erörtert. Sie entsprachen also genau dem, was man im deutschen Sprachraum vor allem in der Sozialen Arbeit als **Lebensweltorientierung** bezeichnet.[12]

5.20.2 Konzeptionelle Basis

4 Der **Begriff „Community"** ist sehr abstrakt und angesichts der Anonymität der heutigen, „modernen" westlichen Gesellschaft brüchig. Die soziale Gemeinschaft der Bürger lässt sich – entgegen der zum Teil euphemistischen Deklarationen vor allem in us-amerikanischen Sprachraum – nicht per se voraussetzen. Es scheint mitunter gar so, dass die „community" dort, wo sie am meisten beschworen wird, am wenigsten anzutreffen ist.

---

8 Zur kritischen Einschätzung der Güteverfahren vor dem Schiedsleuten vgl Bierbrauer et al., in: Bierbrauer 1978, 141; Breidenbach/Gläßer ZKM 2001, 11; Jansen, Zeitschrift für Soziologie 1988, 328 ff; Siegel, in: Blankenburg et al. 1982, 55 ff.

9 Ebenso Splinter 2005, 14.

10 Vgl Mc National Association for Community Mediation, Overview of Community Mediation, Washington 1996; Noce, Mediation and Society in Microcosm: Providing Mediation Services to Low-Income Families, Mediation Quaterly 1997, 5 ff; Primm, The Neighborhood Justice Movement; Kentucky Law Journal vol. 81, 1992–93, 1967 ff; ; Ray, Community Mediation Centers: Delivering First-Class Services to Low Income People; Mediation Quarterly vol 15. 1997, 71 ff; Shonholtz, Mediation Quarterly 1984, 3 ff; ders. The Citizens' Role in Justice, The Annals 1987, 42 ff.

11 Danzig, Toward the Creation of a Complementary Decentralized System of Justice, Stanford Law Review 26, 19731; Metzger, perspektive mediation 2004, 31 ff; Trenczek ZfRsoz 2005, 10.

12 Thiersch, Lebensweltorientierte Soziale Arbeit, Aufgaben der Praxis im sozialen Wandel, 8. Aufl. 2012.

Trenczek

Die örtliche Gemeinschaft hat in den stark regional geprägten Gesellschaften zB Norwegens und Neuseelands (beides in Entfernungen sehr ausgedehnte Länder mit zT sehr abgelegenen Gemeinden mit starken kulturellen, zT indigenen Wurzeln, sei es der Maori oder der Sami) eine andere, noch aktuelle Bedeutung als in urban geprägten Gesellschaften in Mitteleuropa (hierzu auch Kap. 2.3).[13]

Politisch-konzeptionell revitalisiert wurde die Community-Idee in den USA u.a. durch   5 den in den 1990er Jahren durch Amitai Etzioni formulierten „kommunitaristischen" Ansatz, mit dem die stärkere Verantwortlichkeit des Einzelnen gegenüber dem Gemeinwesen eingefordert wurde.[14] In Europa haben sich anstelle der zum Teil gekünstelt anmutenden Community-Philosophie stärker Konzepte einer **Bürger- bzw Zivilgesellschaft** ausformuliert, um vor dem Hintergrund einer in sich widersprüchlichen Entwicklung der Risikogesellschaft[15] neue Freiräume und Formen gesellschaftlichen Engagements und demokratischer Teilhabe (Partizipation) in der Gesellschaft zu schaffen.[16] Neben der traditionellen Mitwirkung von Bürgern in politischen Entscheidungsgremien (Gemeinderäte, ...) sind – nicht zuletzt angeregt durch die UNO Agenda 21 – v.a. auf kommunaler Ebene vielfältige Formen der Bürgerbeteiligung in politischen Entscheidungsprozessen entwickelt worden (zB Runde Tische, Bürgerforen, Bürgerbegehren, ...). Der Begriff Bürgergesellschaft ist darüber hinaus mittlerweile Ausdruck für die **freiwillig-demokratische Selbstorganisation in der Gesellschaft** unabhängig vom Staat und außerhalb des Marktes, insb. durch selbst verwaltete, nicht gewinnorientiert und/oder gemeinwesenorientiert arbeitende Zusammenschlüsse und Initiativen. Die Zivilgesellschaft richtet den Blick weg von der Staatsfixiertheit gesellschaftlicher Regelungsprozesse hin zu mehr bürgerschaftlicher Selbstregulierung im Gemeinwesen. In diesem Zusammenhang hat auch die **Entstaatlichung und Informalisierung der Streitregelung** unter unmittelbarer Beteiligung der Konfliktparteien in der Mediation wachsende Bedeutung erlangt.

Community im Sinne von **Gemeindenähe** und damit ein **niedrig-schwelligen Zugang zur**   6 **Mediation** kann im Wesentlichen durch drei Strategien (wieder)hergestellt werden:

- Bereitstellung von Mediationsdienstleistungen durch gemeinnützige Organisationen (s. Rn 7),
- Einbeziehung von Freiwilligen „volunteers"/„ehrenamtlichen" Mitarbeitern im Rahmen der Konfliktbearbeitung (s. Rn 7 f) oder
- Einbeziehung von lokalen Repräsentanten bei der Aufarbeitung von Konflikten (s. Rn 9).

Welchen inhaltlichen Auftrag sich gemeinwesenbasierte Initiativen geben, ob es sich um ein Angebot zur Regelung individueller Konflikte handelt oder auch mit einem politischer Bildungs- und Aktivierungsansatz (Graswurzelbewegung, Friedensbewegung,[17] ...) verflochten wird, ist demgegenüber zweitrangig. Entscheidend ist die **Verankerung im sozialen Nahraum** (Gemeinwesen).

Zunächst weist der Gemeinwesen-Ansatz darauf hin, dass es sich nicht um eine staatli-   7 che, sondern in aller Regel um **nicht-staatliche Einrichtungen** handelt, die sozialraumnahe Dienstleistungen anbieten. Es kann sich also um kommunale oder um privat-gemeinnützige Anbieter (freie Träger) handeln, seien es Vereine, Kirchengemeinden oder

---

13   Zur gemeinwesenorientierten Streitvermittlung in anderen Kulturen vgl Götz/Schäfer 2008, 20.
14   Etzioni, Die Entdeckung des Gemeinwesens, 1995 (Original: The Spirit of Community, 1993). Etzioni, Die Verantwortungsgesellschaft, 1997; vgl auch Dettling, Die Stadt und ihre Bürger. Neue Wege in der kommunalen Sozialpolitik, 2001.
15   Beck 1991.
16   Trenczek ZfRsoz 2003, 5 ff.
17   Vgl zB Schulz/Gilbert, Spektrum der Mediation 33/2009, 4 ff.

andere Formen der gemeinnützigen Organisation. Häufig sind die Mediationsstellen organisatorisch selbstständig (insb. eingetragener Verein), teilweise aber auch in eine Organisation (zB Kirchen, Wohnungsbaugenossenschaften) integriert. Deren Kennzeichen ist es, dass sich in deren Leitungsgremien (zB Vorständen) sowie als Mitarbeiter aktive Bürger **freiwillig/ehrenamtlich engagieren,** die mit der lokalen Gemeinschaft verbunden sind und dieser einen sozialen Dienst erweisen. Sie repräsentieren zumindest zu einem großen Teil die verschiedenen Bevölkerungsgruppen, sie sind die **peers** (englisch für Ebenbürtiger, Gleichaltriger, Fachgenosse) der Konfliktparteien, sie haben oft einen ähnlichen sozialen Hintergrund, sollten (idealer Weise) die gleiche Sprache wie die Parteien sprechen (können) und ihre (gemeinsame) Lebenswelt (Milieu) kennen: „Bürger helfen Bürgern"[18]. Von besonderer Bedeutung ist das gerade auch in den städtischen Ballungsräumen mit einem hohen Anteil von Menschen aus verschiedenen Ethnien und Migrationserfahrung einerseits[19] und einer den Mobilitätsanforderungen der Moderne geschuldeten zunehmenden Anonymisierung der Quartiere andererseits.

8 Die **Einbeziehung von** („ehrenamtlichen") **Freiwilligen** (volunteers) in der Mediation wurde von Anfang an in einigen europäischen Ländern, insb. in Norwegen praktiziert, welches im Hinblick auf die Mediation als Pionierland gilt. Dort wurde landesweit ein für die Nutzer kostenloses System sog. Konflikträte (konfliktrådet) in allen Kommunen installiert, welche sich auf hauptamtliche Koordinatoren (Konfliktratleiter) sowie eine große Zahl engagierter und geschulter Freiwilliger stützen, die in zivil- wie strafrechtlich relevanten Konflikten mediieren.[20] In Deutschland war der Einsatz freiwillig/ehrenamtlich tätiger Mediatoren zunächst sehr umstritten und löst aus (wohl vorrangig aus berufsständischer Perspektive) mitunter reflexartig Widerstand aus, wird doch der Begriff „Ehrenamtlicher" mit mangelnder Ausbildung[21], geringe Fachlichkeit und großer Fluktuation assoziiert. Im Hinblick auf die Qualität der Mediation ist aber nicht die Art der Beschäftigung und Höhe der Vergütung, sondern die Fachlichkeit und Professionalität der Mediatoren das entscheidende Kriterium.

9 Die **Einbeziehung von Dritten,** also anderen – über den Kreis der Anwälte, Beratern/ Unterstützern (Kap. 2.18) sowie den engeren Familienkreis hinausragenden – Personen wird insb. von einigen restorative justice Programmen, insb. in Neuseeland praktiziert. Diese beruhen zum Teil auf indigenden Wurzeln und sehen durch unrechtes (nicht notwendig strafrechtlich relevantes) Verhalten nicht nur das konkrete Opfer, sondern auch insb. die Großfamilie (hapū, ngare, whānau), die Sippe, der Stamm, also die soziale Gemeinschaft („community") beider, also Opfer wie Täter, verletzt. Deshalb sei deren Einbeziehung in die Aufarbeitung des Unrechts und zur Konfliktlösung in einer „Conference" notwendig. Prominente Beispiele dieser Konzeptionen sind die sog. Family Youth Conference in Neuseeland, die nach dem neuseeländischen Jugendstrafrecht obligatorisch sind[22] und hier wie auch im Erwachsenenbereich zunehmend auch ohne Opferbeteiligung als Panel bzw Tribunal durchgeführt werden. Mag dieses Konzept aufgrund indigener Traditionen grds Sinn machen, so zweifelhaft erscheint es, diese ihres

---

18 So das Motto der gemeinnützigen Mediations- und Schlichtungsstelle Waage Hannover e.V.
19 Vgl Azad/Wietfeld, Interkulturelle Gemeinwesenmediation – ein Erfahrungsbericht; Spektrum der Mediation 19/2005, 40.
20 Die Trennungs- und Scheidungsmediation wird allerdings nicht von den Konflikträten, sondern durch hauptamtliche, spezifisch ausgebildete Fachkräfte der Familienberatungsstellen (Familievern- og raadgivningskontor) durchgeführt (vgl Konfliktsraadsloven: Lov om megling i konfliktraad, Holmboe, Konfliktrådsloven, 4. Aufl. 2002, 27; http://www.konfliktraadet.no/).
21 In der Tat beschränkt sich die Ausbildung der Mediatoren (nicht nur) in den angelsächsischen Community Justice Programmen zB in den USA zumeist auf wenige 20–40 Std. In einigen deutschen Mediationsstellen verfügen die freiwilligen Mediatoren in aller Regel über eine Mediationsvollausbildung von mind. 200 Std. (s. Rn 11).
22 McElrea, Twenty years of restorative justice in New Zealand, Journal of Commonwealth Criminal Law 2011, 44, 46.

besonderen Kontextes zu entkleiden und in die westliche Gesellschaft zu importieren (zB Teilnahme von den Parteien fremden Personen in der Mediation[23]).

5.20.3 Die Praxis der gemeinwesenorientierten Mediationsstellen in Deutschland

In Deutschland haben sich einige Mediationsanbieter als gemeinnützige Vereine organi- 10 siert.[24] Mittlerweile wurden manche dieser Mediationsvereine (zB Waage Hannover) – neben Notaren und Rechtsanwälten – auch als staatlich anerkannte Gütestelle zugelassen. Seltener ist die Gemeinwesenmediation in andere **Organisationsstrukturen** eingebunden.[25] Eine auch historisch besondere Beutung hat als kommunale Einrichtung die bereits 1924 gegründete öffentliche Rechtsberatungs- und Auskunftsstelle (**ÖRA**) in Hamburg, die neben der Rechtsberatung seit einigen Jahren auch Mediation anbietet.[26] Auch andere kommunal verankerte Angebote, zB Projekt Stadtteilvermittlung bei Amt für multikulturelle Angelegenheiten (Amka) in Frankfurt/Main oder das Netzwerk interkulturelle Mediation beim ASD in Nürnberg, waren wichtige Wegbereiter für die Gemeinwesenmediation.

Die **Einbindung von ehrenamtlich-freiwillig tätigen Mediatoren** ist in Deutschland un- 11 terschiedlich ausgestaltet.[27] Zwar gibt es auch hier – wie in den angelsächsischen Ländern – Anbieter von Kurz- und Wochenendkursen von 40 Std. Mittlerweile gibt es aber auch gemeinwesenorientiert ausgerichtete Mediationsstellen (zB Frankfurt/Oder, Waage Hannover), in denen intensiv und orientiert an den üblichen Standards (200 Std.) aus- und fortgebildete Freiwillige in die professionellen Teamstrukturen (mit hauptamtlichen Koordinatoren) eingebunden sind.[28] Neue Mediatoren können mit erfahrenen Mediatoren im Rahmen der **Co-Mediation** Praxis und Erfahrung gewinnen und sind in die regelmäßigen Fallreflexion, Supervision und Teamsitzungen eingebunden. Freiwillig-ehrenamtlich Tätigkeit im Bereich der Konfliktvermittlung kann auf Dauer nur erfolgreich sein, wenn die Arbeit mit hoher Qualität angeboten wird und sie nicht nur kurzfristig Freude bereitet.[29]

Die Gemeinwesenmediation ist nicht auf ein bestimmtes Konfliktfeld beschränkt, sie 12 kann insb. in allen zivilrechtlichen **Streitfällen des täglichen Lebens** genutzt werden, sie richtet ihren Fokus aber auf den sozialen Nahraum, mitunter auch zur Verbesserung der interkulturellen Verständigung.[30] Im Wesentlichen geht es um Konflikte in

- der Nachbarschaft[31];
- Mietwohnverhältnissen, in Wohn- und Wohnungseigentümergemeinschaften (s. Kap. 5.12);
- der Familie (insb. Generationenkonflikte, Erbstreitigkeiten; zT wird die Trennungs- und Scheidungsmediation ausdrücklich ausgenommen);

---

23 In der Replikation der Conferencing-Idee durch einige australische Programme soll die Einbeziehung der örtlichen Gemeinschaft durch die Teilnahme von örtlichen Autoritäten, zB Polizeibeamte, Schulleiter oder Lehrer gewährleistet werden. Mitunter ist sogar die Polizei selber Anbieter der RJ-Programme (zur Kritik an den australischen Programmen vgl Trenczek ZJJ 2002, 293).
24 ZB Brückenschlag Lüneburg e.V., Handschlag Reutlingen e.V., Konstruktive Konfliktbearbeitung e.V. in Freiburg; Mediationszentrum Oldenburg e.V., Mediationsstelle Frankfurt/O.-Slubice e.V.; Waage Hannover e.V.
25 ZB Gilbert (Mediationsbüro Mitte in Berlin), Spektrum der Mediation 19/2005, 50; Rojahn/Rojahn, Projekt Stadtteilmediation in Hattersheim; Spektrum der Mediation 19/2005, 32.
26 Vgl http://www.hamburg.de/oera/mediation/ s.a. Hartges, Außergerichtliche Konfliktlösung in Deutschland, Modell Öra, 2003, 105 ff.
27 Vgl Splinter, in: Götz/Schäfer 2008, 194.
28 Vgl Trenczek et al. , Mediation durch Ehrenamtliche, ZKM 2004, 14 ff; Trenczek et al. 2006.
29 Vgl Splinter spectrum mediation 19/2005, 17.
30 Vgl Azad/Wietfeld Spectrum der Mediation 19/2005, 40.
31 Vgl die Fallbeispiele aus der Praxis der Waage Hannover e.V. in den Jahresberichten 2010 und 2011 (vgl www.waage-hannover.de).

- Gruppen- und Teamkonflikte (s. Kap. 5.6), insb. in sozialen Einrichtungen und Vereinen, aber auch Mehrparteienkonflikte im öffentlichen Raum;[32]

- im Gesundheitswesen, der Altenhilfe/-pflege, der Behinderten- und Jugendhilfe bzw anderen Sozialeinrichtungen/-unternehmen (zB zwischen Bewohnern, Angehörigen, Mitarbeitern) (s. Kap. 5.15);

- im Schulwesen, insb. die peer-group-[33] und Schulmediation[34] und sog. Konfliktlotsenprogramme (vgl Kap. 5.11) sowie

- bei Beschwerden von Anwohnern wegen Lärmbelästigung bei der Nutzungen öffentlicher Räume (vgl hierzu Kap. 5.14), zB bei Stadt(-teil)festen oder bei Spielplätzen in Wohngebieten.[35]

13 In Verbraucherbeschwerden (insb. Handwerkerforderungen, mangelhafte Leistungen, Nicht- oder Schlechtlieferung) werden die Mediationsstellen – anders als in anderen Ländern – in Deutschland bislang relativ selten tätig, fungieren hier gerade auch die Verbraucherzentralen als Anlaufstelle. Zudem besteht in Deutschland mittlerweile auch ein dichtes Netz von Schlichtungsstellen des Handels, des Handwerks und der Industrie.[36]

14 Die konkrete Praxis der Gemeinwesenmediation ist im Wesentlichen vom Konfliktfeld abhängig. In Nachbarschaftskonflikten sind andere Dynamiken zu beachten als im Bereich der Familienmediation oder in Verbraucherbeschwerden. Im Hinblick auf den **Fallzugang** ist allen Bereichen gemeinsam, dass zumeist nur ein Konfliktbeteiligter Kontakt mit der Mediationsstelle aufnimmt. Während einige Anbieter die Klienten motivieren, selbst die anderen Konfliktbeteiligten zur Mitwirkung zu bewegen, bieten andere die Kontaktaufnahme mit der andren Partei als Service an. Dies ist insb. im Rahmen der Gütestellen der Fall, in denen eine Partei allein ein Güteverfahren beantragen kann.[37] Gerade hier fällt auf, dass längst nicht alle Anfragen in eine Mediation münden. In vielen Fällen stellt eine Partei auch nur den Antrag, um (Verjährungs-)Fristen zu hemmen (§ 204 Abs. 1 Nr. 4 BGB) oder weil sie eine Rechtsberatung erwartet. Aber auch Einzelgespräche (hierzu Kap. 3.11) haben oft eine Konflikt bereinigende Wirkung, wenn sie dazu führen, dass zumindest eine Konfliktpartei mit dem Konflikt besser klar kommt oder wieder in die Lage versetzt wird, mit der anderen in Kontakt zu treten. Die in der klassischen Mediation ausgebildeten Vermittler mag dies zuweilen frustrieren, andererseits deutete dies darauf hin, dass ihnen in der Ausbildung mitunter ein zu rosiges Bild einer konfliktfähigen Bürgergesellschaft vermitteln wurde.[38]

15 Die **Fallzahlen** in der Gemeinwesenmediation sind derzeit noch relativ gering, genaue Zahlen sind selten dokumentiert, sie bewegen sich aber auch in städtischen Projekten in der Größenordnung von jährlich zwei Dutzend.[39] Derzeit kommen in der Praxis viele, in manchen Projekten die meisten Fallmeldungen noch über die persönlichen Kontakte der (freiwilligen) Mitarbeiter, teilweise über die gute Kooperation mit örtlichen Anwälten oder Klienten, die bereits gute Erfahrungen mit der Mediationsstelle gemacht haben. Wie auch für kommerzielle Mediationsanbieter sind Empfehlungen das Entschei-

---

32 Vgl Metzger ZKM 2001, 246 ff.
33 Behn et al. 2006.
34 ZB Schwartz ZKM 2002, 224; vgl auch das Fallbeispiel aus der Praxis der Waage Hannover e.V. im Jahresbericht 2011 (vgl www.waage-hannover.de).
35 Vgl zB Azad/Wietsfeldt, Abschlussbericht Mediationsverfahren Berliner Admiralbrücke, 2011.
36 Vgl zB auf der Internetseite des Nds. Justizministeriums (http://www.mj.niedersachsen.de) gelisteten Schlichtungsstellen.
37 Vgl die aufgrund Landesrecht (zB Nds. Schlichtungsgesetz) erstellten Güteordnungen (zB www.waage-hannover.de).
38 Vgl Splinter Spektrum der mediation 19/2005, 17.
39 Vgl den Jahresbericht 2011 der Waage Hannover e.V.; Splinter Spektrum der mediation 19/2005, 16.

dende (vgl Kap. 3.17.3.6). Die Öffentlichkeitsarbeit, insb. Flyer und Werbebriefe sowie Anzeigen und andere gewerbliche Marketinginstrumente, spielen demgegenüber noch eine geringe Rolle. Für eine kontinuierliche Fallzuweisung wichtig ist deshalb, die intensive **Vernetzung der Mediationsstelle mit Multiplikatoren im Gemeinwesen** und der **gute Ruf**, den man sich über lange Jahre harter Arbeit erworben hat. Nach Fernseh-, Radio- und Zeitungsberichten schnellt die Zahl der „Selbstmelder" kurz an und verebbt dann regelmäßig wieder. Obwohl die Mediation auch im deutschsprachigen Raum nun seit mehr als zwei Jahrzehnten kommuniziert wurde, wird sie von vielen potentiellen Nutzern immer noch mit esoterischen Übungen verwechselt, was freilich zum Teil auch im Erscheinungsbild der „Alternativprojekte" insb. in den frühen Jahren der Gemeinwesenmediation gelegen haben mag. Das wird sich mit der gesetzlichen Regelung der Mediation und dem damit gestiegenen Medien- und Publikumsinteresse aber auf die Dauer ändern. Die Befürchtung, die Gemeinwesenmediation weite sich zulasten der kommerziellen Mediationsanbieter aus, hat sich nicht bestätigt, da diese Fälle zu marktüblichen Preisen die Mediationsanbieter nicht erreichen.[40]

---

40 Splinter Spektrum der Mediation, 19/2005, 16.

5.21 Mediation in Pädagogik und Erwachsenbildung – ein Element des Lebenslangen Lernens

Literatur: Bauer, J., Schmerzgrenze. Vom Ursprung alltäglicher und globaler Gewalt, 2011; Blum, H./Beck, D., No Blame Approach, 2010; Horx, M., Das Buch des Wandels. Wie Menschen die Zukunft gestalten, 2009; Mautner, M./ÖBM (Hrsg.), Mediation verändert – Gesellschaft im Wandel, 2010; Spitzer, M., Medizin für die Bildung 2010.

5.21.1 Lebenslanges Lernens

1 Mediation und mediatives Handeln in Pädagogik und Erwachsenenbildung sind Elemente der Entwicklung der **sozialen und kommunikativen Kompetenzen** und der kontinuierlichen Verbesserung von Systemen und Kulturen. Ziele sind Offenheit, Akzeptanz und individuelle Selbstverwirklichung in Vielfalt und Diversität (s. Kap. 2.4). Im Lebenslangen Lernen werden alle Altersstufen, Hierarchie- und Funktionsebenen beteiligt und permanent weiterentwickelt. Nachhaltigkeit und Humanität sind dabei impliziter Sekundärnutzen.

2 Lebenslanges Lernen wird von der EU in allen Bereichen, Alterstufen und sozialen Gruppen gewünscht und gefördert. Einrichtungen wie „Europass"[1] und der „Lifelong Learning Award"[2] sind Beispiele dieser Förderprogramme. Die Spannweite der Projekte reicht von Kindern bis zum späteren Erwachsenenalter.[3]

3 Auch **Neuromedizin und Gehirnforschung** zeigen (s. Kap. 2.2), dass lebenslang neues Wissen und neue Kompetenzen erworben, erweitert und vertieft werden können[4] und gleichzeitig, dass die optimale Lernumgebung dann gegeben ist, wenn Menschen in verschiedenen Lebensabschnitten miteinander lernen und arbeiten, da sie einander durch ihre unterschiedlichen Stärken ergänzen und gemeinsam ein besseres Ergebnis erreichen.[5]

5.21.2 Kultur der Prävention

4 Die steigende Mobilität und die Veränderungen in Wirtschaft, Wissenschaft und Gesellschaft erfordern heute immer mehr an persönlicher Verantwortung und Beteiligung[6] und damit die **Erweiterung der sozialkommunikativen Kompetenzen**. Besonders im politischen Bereich zeigt sich die wachsende Beteiligung und Handlungsbereitschaft an Bürgerbeteiligungsverfahren,[7] in Mediationsverfahren wie zB beim Flughafen Wien[8] sowie in Bewegungen wie dem „Arabischen Frühling",[9] Occupy Wall Street, Greenpeace, Global 2000, amnesty, u.v.a.m.

---

1 S. www.europass.at.
2 S. www.lebenslanges-lernen.at.
3 Österreichischer Austauschdienst: Lifelong Learning Award, Wien, 2011.
4 Spitzer, 2010, 115 ff.
5 Spitzer 2010, 219 ff.
6 Horx, Das Buch des Wandels, 2009.
7 Hörl, Der BürgerInnenrat, in: Mautner/ÖBM 2010, 29 f.
8 S. www.viemediation.at.
9 El-Gawhary, Tagebuch der arabischen Revolution, 2011.

Deswegen wird es in allen Lebensbereichen immer wichtiger, mit Meinungsunterschie- 5
den, Spannungen, Differenzen und Konflikten besser umgehen zu können. Es ist daher
interessant das Angebot an Mediation für aktuelle Konfliktfälle zu erweitern und als
Führungsinstrument einzusetzen (s. Kap. 2.14).[10]

Gleichzeitig ist in den letzten Jahren bewusst geworden, dass die Basis prosperierender 6
Organisationen zufriedene und motivierte Mitarbeiter sind. Europaweit ist damit das
Bewusstsein für die Bedeutung der Pflege der Human Ressources und der Prävention
von Konflikten (s. Kap. 2.6), Mobbing, Burnout und anderen Risiken gestiegen.[11] In
immer mehr Betrieben wird daher präventiv und akut Mediation und mediative Kompetenz betriebsintern und -extern (s. Kap. 5.9) eingesetzt.[12]

5.21.3 Schule als lernende Organisation

Die Aufgaben einer Schule als Organisation, wie das International Business College 7
Hetzendorf (ibc-: hetzendorf)[13], sind ähnlich komplex wie die großer Betriebe und Institutionen. Ebenso vielfältig sind die organisatorischen und zwischenmenschlichen Ansprüche. Daher muss die eigene Entwicklung durch **Qualitätsmanagement** im Sinne einer lernenden Organisation gefördert werden (s. Kap. 2.17). Ein wichtiger Focus dieser
Förderung ist die **interne Kommunikationskultur**. Dafür wurde schon seit 1998 ein
Peer-Mediationsprogramm (s. Kap. 5.11) implementiert.[14] Auf der Basis dieser mediativen Kultur wird nun ein Konzept entwickelt, das sich dem Thema Prävention von Gewalt und Cybermobbing widmet. Dabei sollen alle Personen, Gruppen und Hierarchie-
ebenen beteiligt sein und haben dadurch die Chance der eigenen Entwicklung, aber
auch die Verpflichtung zur Beteiligung und Veränderung.

5.21.4 Das Programm Schulklima Plus

Das aktuelle Qualitätsentwicklungsprogramm am International Business College Het- 8
zendorf enthält zwei Schwerpunkte[15]

1. Stopp (Cyber-)Mobbing – präventive und akute Handlungsmodelle.[16]

2. Ibc-: hetzendorf – a great place to learn – Verhaltensvereinbarungen.

Der implizite Zielgedanke ist: Durch die Verbesserung des Schulklimas verbessert sich
die Lernatmosphäre und damit die Leistung der Schüler und der Lehrer, denn alle fühlen sich wohler und arbeiten mit mehr Spaß. Glücksforschung[17] und die Schulversuche
mit dem Unterrichtsfach Glück[18] geben Einblick in Motivation durch Glück.

5.21.5 Der Programmverlauf

In den Schuljahren 2009/2010 und 2010/2011 wurden vermehrt Fälle von Cyber-Mob- 9
bing, erhöhter Gewaltbereitschaft und fehlender Medienkompetenz der Schüler beobachtet. Den Schülern, besonders in den ersten Klassen (9. Schulstufe) fehlte es an Medi-

10 Mediation als Führungsinstrument in: Pechlaner, Der Konflikt ist ein weites Feld, Vortrag am Österreichi-
    schen Beratertag am 7.11.2005 unter: www.wko.at/ubit/beratertag/02_pechlaner.pdf.
11 Auch das Europäische Parlament empfiehlt „wirksame Präventionspolitiken durchzuführen" in: European
    Parliament resolution on harassment at the workplace (2001/2339(INI), Punkt 12. in: http://eur-lex.eu-
    rops.ru.
12 Wellmann/Kraus/Kampherm, in: PricewaterhouseCoopers/Europa-Universität Viadrina (Hrsg.), „Praxis des
    Konfliktmanagements deutscher Unternehmen", 2007.
13 S. www.ibc.ac.at.
14 S. www.peer-mediation.at.
15 Details, Arbeitsblätter und laufende Entwicklungen. S. www.mediation-akademie.at und www.ibc.ac.at.
16 Blum/Beck, Das Anti-Mobbing-Buch, 2008; Jannan, Das Anti-Mobbing-Buch, 2008.
17 Bucher, Glück eine Sehnsucht, die nicht altert, in: Mautner/ÖBM, 2010, 52 ff und ausführlich in: Bucher,
    Psychologie des Glücks, 2009.
18 Schubert, Schulfach Glück, 2011.

enkompetenz, an einem Rechts- bzw Unrechtsbewusstsein im Zusammenhang mit Smartphones und Internetnutzung sowie an vielen kommunikativen Kompetenzen. Zugleich bestand eine erhöhte Gewaltbereitschaft.[19] Diese Beobachtungen und das Wissen, dass fast alle Schüler Smartphones/Handys benutzen, veranlassten die Schule, das Thema auf einer gesamtschulische Ebene zu bearbeiten und im Rahmen des Programms Schulklima Plus alle Schulpartner dauerhaft in Form eines gemeinsamen Prozesses zu involvieren. Dabei sollen in Trainings alle Gruppen und Hierarchieebenen befähigt werden, Risikosituationen vorzubeugen, akute Gefahren zu erkennen und kompetent mit ihnen umzugehen.[20]

10   In einer Konferenz wurde vom Gesunde Schule Team „x.und@ ibc-:"[21] das Thema „Cybermobbing – und wie gehen wir am ibc-: damit um?" thematisiert. Dadurch wurde allen bewusst, dass die ganze Schule als Organisation auf dem Gebiet Gewalt und Cybermobbing kompetent gemacht werden muss. Der Schulleiter beauftragte dazu im Juni 2011 ein Team von Lehrern, ein Programm für die Qualitätsentwicklung (s. Kap. 2.17) unter dem Titel „Schulklima Plus" zu entwerfen. Kern dieses Teams sind Lehrer, die zugleich Mediatoren oder Coaches für die Peer-Mediatoren sind.[22] Ihre Aufgabe ist die Konzeption und Durchführung des Programms, die Bearbeitung der im Verfahren auftretenden Probleme und Konflikte und die Anpassungen im laufenden Prozess.

11   Im September 2011 starteten die Workshops zum Thema „Safer Internet 2.0" für jede erste Klasse (9. Schulstufe). Eine Trainerin des Vereins SaferInternet[23] gestaltete einen zweistündigen Workshop mit folgenden Kernthemen:

1. Was darf man im Internet und was nicht?

2. Was ist Cybermobbing und was kann man dagegen tun?[24]

3. An wen kann man sich in der Schule/außerhalb der Schule wenden?

Darüber hinaus wurden alle Klassenlehrer über die Inhalte des Workshops informiert und insbesondere die Klassenvorstände angehalten, die Klassen auf Anlassfälle und verwandte Themen im Unterricht zu beobachten und im Unterricht darauf anzusprechen. Im Oktober 2011 fand eine Schulung des Mittleren Managements (Klassenvorstände und Fachbereichsleiter) zum Thema „Stop (Cyber-)Mobbing @ ibc-:" statt. Dabei wurde ein Leitfaden für das frühe Erkennen von Problemsituationen und ein Katalog möglicher Interventionen im Akutfall erstellt. Ein weiteres Ergebnis bei dieser Schulung war die Entwicklung und der Beschluss von Regeln zur Handynutzung im Unterricht.

12   Im November 2011 fanden Klassenkonferenzen für alle ersten Klassen statt. Das Thema war: Klassenklima und spezielle Beobachtungen im Zusammenhang mit Cybermobbing. Dabei wurde das Modell der COOL-Klassen[25] übernommen, in dem es darum geht, besonders die positiven Verhaltensweisen der Schüler zu fördern und ihre Stärken anzusprechen und zu unterstützen.

---

19   Bauer 2011, 194 ff.
20   Sammer, Made in School – Selbst- und beziehungskompetent durch Mediation, in: Mautner/ÖBM, 2010, 31 ff.
21   Team aus Lehrern und Schulärztin, das sich um alle Belange und Initiativen im Feld Gesundheitsförderung der Schüler und Lehrer kümmert und diese plant und umsetzt.
22   Diese Lehrer sind entweder eingetragene Mediatoren in der Liste des Österreichischen Bundesministeriums für Justiz (www.bmj.gv.at) oder an der Kirchlichen Pädagogischen Hochschule (www.kphvie.at) in einem 4-semestrigen Lehrgang zum Coach für Peer-Mediation ausgebildet.
23   S. www.saferinternet.at.
24   Dambach, Wenn Schüler im Internet mobben, 2011.
25   COOL oder Cooperatives Offenes Lernen ist ein EU-gefördertes Modell des Unterrichts mit regelmäßigen Klassenkonferenzen aller Klassenlehrer und Mitarbeitergesprächen der beiden Lehrer des Klassenvorstandteams mit allen Schülern gibt, s. www.cooltrainers.at.

Als begleitende Unterstützungsmaßnahme wurde ein System regelmäßiger Klassenrats- 13
stunden eingeführt. Seit November 2011 kommen Peer-Mediatoren regelmäßig mindestens alle sechs Wochen in die ersten Klassen zu einer Klassenratsstunde und sprechen
mit den Schülern über ihre Gefühle, Beobachtungen und Wahrnehmungen in Bezug auf
das Klassenklima.[26] So werden mögliche Probleme frühzeitig angesprochen und können
effektiver bearbeitet werden. Im November 2011 fand eine Schulung der Klassen- und
Schulsprecher durch zwei Peermediatorencoaches statt. Danach erarbeiteten die Klassensprecher jeweils mit ihrer Klasse die Wünsche der Schüler an die anderen Schulpartner. Es wurde besprochen, was die Schüler selbst einzubringen bereit sind und fünf Regeln für das eigene positive Verhalten und den Umgang mit Handy und (Cyber-)Mob-
bing an Hand eines Arbeitsblattes festgelegt.

Im März 2012 kamen die Schul- und Klassensprecher zu einem Workshoptag zusam- 14
men. Dabei arbeiteten drei Untergruppen unter der Anleitung von Schülern an den Themen:

1. Zivilcourage – Was kann und soll man tun?
2. Projekte – Ideen und Konzepte für schülergeleitete Projekte.
3. Rolle und Aufgaben des Klassensprechers – Rechte und Pflichten.

Ein besonderes Ergebnis war dabei die Erstellung eines Aufgabenprofils und Codex für
Klassensprecher. Dieses wurden nochmals in allen Klassen präsentiert und diskutiert
und danach in der letzten Klassensprechersitzung dieses Schuljahres verbindlich beschlossen.

Im April 2012 wurden die Eltern in einem Vortrag und einer Podiumsdiskussion zum 15
Thema „Safer Internet" über die Probleme im Umgang mit den neuen Technologien
und über die Themen Gewalt und Cybermobbing informiert. Eine Gruppe von Schülern
zeigte den anwesenden Eltern, wie üblicherweise Internet und Handy von ihnen genützt
werden. Mit Hilfe eines Fragebogens formulierten die anwesenden Eltern ihre Wünsche
an Schule und Schulpartner. Am letzten pädagogischen Tag dieses Schuljahres im Mai
2012 wurden die Konzepte aller Schulpartner präsentiert, der Entwurf des Lehrerkon-
zeptes abgestimmt und mögliche Konsequenzen bei Nichteinhaltung der Verhaltensvereinbarungen erarbeitet. Danach erarbeitete das Programmsteuerungsteam erweitert um
zusätzliche Vertreter aller Schulpartner aus allen Konzepten der Schulpartner ein Schul-
konzept. Dieses wurde im Juni 2012 im Schulgemeinschaftsausschuss beschlossen. Mit
Beginn des neuen Schuljahres (2012/2013) wird dieses Konzept allen Schulpartnern bekannt gemacht und umgesetzt und laufend von der schulinternen Arbeitsgruppe weiter
betreut.

5.21.6 Conclusio – Prävention durch Mediation

Prävention (s. Kap. 2.6) ist heute in vielen Bereichen selbstverständlich. Im menschli- 16
chen Zusammenleben ist diese Idee noch nicht so etabliert. Es fehlt der Blick auf den
individuellen und gesellschaftlichen Gewinn, der durch die präventive Maßnahme der
Förderung des „**Prinzip Menschlichkeit**"[27] zu erreichen wäre. Die Möglichkeit der Verwirklichung dieses Prinzips durch Entwicklung von Kooperation und Kommunikation
ist neuromedizinisch und neurobiologisch im Menschen grundgelegt (s. Kap. 2.2). Sie
ist nicht nur möglich, sondern im Blick auf eine lebenswerte Zukunft für bis zu 10 Milliarden Menschen auf einem nachhaltig geschützten Planeten notwendig, um Probleme
und Fragen in einer Kultur der konstruktiven Kommunikation bearbeitbar und lösbar
zu machen.

---

26 Dafür erhielten die Peer-Mediatoren im Fortbildungsseminar eine Zusatzschulung.
27 Bauer, Prinzip Menschlichkeit, 2010.

17 Das hier vorgestellte Programm kann in angepasster Form von Schulen und Institutionen und den Mediatoren, die mit (s. Kap. 5.8) oder in ihnen arbeiten, umgesetzt und implementiert werden. So kann jede Einzelperson, jede Organisation, jede Partei, jeder Betrieb zu einer Entwicklung beitragen, die den Aufstieg zur höchsten Stufe der Konfliktlösung, dem Konsens, ermöglicht.[28] Erst in der Form des Konsenses ist weitreichende Autonomie, Partizipation und Demokratie möglich und es können Lösungen gefunden werden, in denen gemeinsam ganz neue Wege beschritten werden und alle Beteiligten nachhaltig gewinnen. Das ideale, begleitend-unterstützende Werkzeug dafür ist die Mediation.

5.21.7 Anhang: Zwei Beispiele aus der Schulpraxis

18 Durch die gemeinsame Entwicklung einer Kommunikationskultur (s. Kap. 3.9), in der Bereitschaft zu Offenheit und Raum für Gespräch besteht und die Beteiligten sensibel im Zuhören und in ihrer Sprache sind, kann vieles präventiv bearbeitet und konstruktiv gelöst werden. Als Nachspann zwei Beispiele aus der Schulpraxis.

5.21.7.1 Praxisbeispiel 1: Klassenklima

19 Zum Schulschluss im Juni 2011 nahm die Mutter einer Schülerin in einer 2. Klasse (10. Schulstufe) Kontakt mit dem Klassenvorstand auf weil ihre Tochter gemobbt wurde.

Da die Ferien unmittelbar vor der Tür standen, verblieb man dabei, den Beginn der 3. Klasse abzuwarten, da in dieser Stufe die Klassen neu zusammengesetzt werden. In der neuen Klasse war das Mobbing nicht mehr vorhanden, die allgemeine Stimmung in der Klasse war aber dennoch schlecht. Die Lehrer zeigten den Schülern in Feedbackform, was sie in der Klasse beobachten: Das Fehlen jeden Zusammenhalts, keinerlei gegenseitige Unterstützung, starke Trennung Jungen – Mädchen.

In einem ersten Klassenrat mit dem Klassenvorstand, in dem alle Schüler aussprechen konnten, wie es ihnen geht, kamen vor allem zwei Faktoren zur Sprache:

Es gibt eine Gruppe von Jungen, die sehr oft Mitschüler auslachen. Andere Jungen stört das kaum. Die Mädchen aber sind sehr gekränkt.

Es gibt wenig Kontakte sowie kaum gemeinsame Unternehmungen und man kennt einander fast nicht.

Dabei wurden von den Schülern selbst Verbesserungen erarbeitet:

Es soll wenigstens ein Mal pro Woche etwas Gemeinsames unternommen werden, zB Kino, Spiel, Tratschrunde.

Es soll kein Auslachen mehr geben.

Konflikte sollen offen angesprochen werden.

Gleichzeitig wurde eine Unterstützergruppe von sechs Schülern gebildet, je drei, die sich bisher immer lustig machten und drei, die sich davon betroffen fühlten. Diese Gruppe soll auf die Einhaltung der beschlossenen Verbesserungen und Regeln achten.

5.21.7.2 Praxisbeispiel 2: Dialogkultur

20 In einer 2. Klasse Handelsakademie (10. Schuljahr) kam anlässlich eines Klassenrates mit dem Klassenvorstand zur Sprache, dass sich wegen der Vielzahl an Nationalitäten in der Klasse die „Österreicher" als Minderheit fühlen. Als besonders störend wurde von ihnen empfunden, dass türkische Schüler in der Pause nicht deutsch, sondern türkisch sprechen. Im Austausch kam zur Sprache, dass diese Schüler zweisprachig aufgewachsen sind, beide Sprachen benützen und dabei in unterschiedlichen Settings jeweils vor allem eine der beiden Sprachen verwenden. Ein Beweggrund dafür ist, dass manche Themen und Inhalte für sie oft nur in einer der beiden Sprachen ausdrückbar sind oder verstanden werden können. Das konnte von allen nachvollzogen werden. Die Schüler der Klasse vereinbarten, gemeinsam möglichst deutsch zu reden und gege-

---

28 Schwarz, Gesellschaft im Umbruch-Neue Formen der Konfliktlösung, in: Mautner/ÖBM, 2010, 8 ff.

benenfalls Stopp zu sagen, wenn etwas stört. Die Offenheit und der Raum für das Gespräch im Klassenrat haben so ermöglicht, dass etwas zur Sprache kam, was latent störend vorhanden war und bei dieser Gelegenheit einer ersten Verbesserung zugeführt wurde.

5.22 Mediation in internationalen Konflikten und Friedensprozessen

Literatur: Kirchhoff, L./Kraus, A., Peace Mediation in the EU Context. State of Play of the Establishment Process, Center for Peace Mediation 2012.

5.22.1 Einleitung

1 Eine bemerkenswerte Diskrepanz kennzeichnet das Instrument der Mediation im Friedenskontext: Einerseits ist Mediation schon seit langem auf dem internationalen Parkett zuhause – seit dem zweiten Weltkrieg[1] ist sie in entscheidenden Dokumenten (wie der UN Charta) sowie in den Zielsetzungen und Selbstbildern zahlreicher Akteure (von der UNO, der EU[2] bis zum einzelnen Diplomaten) regelmäßig und oft prominent vertreten. Andererseits zeigen die aktuellen Bemühungen um eine gemeinsame Terminologie und Methodik[3] und ein besseres Zusammenspiel der Akteure,[4] dass sich dieses Anwendungsfeld erst an der Schwelle von der Pionier- zur Differenzierungsphase befindet.

2 Entsprechend ist die gegenwärtige **Peace Mediation-Arena** einerseits von einer ersten Professionalisierungswelle[5] und andererseits von der Unübersichtlichkeit teilweise konkurrierender Ansätze und Akteure geprägt. Zudem wird Mediation im internationalen Kontext sehr unterschiedlich eingesetzt: für Konfliktprävention, akutes Krisenmanagement bis zur politisch-gesellschaftlichen Neuordnung von Krisengebieten. Diese Kombination aus frühem Entwicklungsstadium (trotz langer Tradition) und großer Vielfalt von Ansätzen, Akteuren und Einsatzbereichen macht es besonders schwierig und gleichermaßen entscheidend, Erfolgsbedingungen, Standards und auch Grenzen von Mediation für diesen Anwendungsbereich zu bestimmen. Nach einem skizzenhaften Blick auf das Handlungsfeld internationaler Konflikte und die Übertragbarkeit mediativer

---

1 Natürlich hat die Vermittlung unparteilicher Dritter auch im internationalen Rahmen eine viel längere Tradition, wie die Erwähnung bei Homer (750 v.Chr.) und Sophocles (500 v.Chr.) belegt. Bercovitch/Rubin, Mediation in International Relations – Multiple Approaches to Conflict Management, 1992, 1–2.

2 Nachdem die EU mit dem „Concept on Strengthening EU Mediation and Dialogue Capacities" (2009) entschieden hat, bei internationalen Konflikten verstärkt Mediation einzusetzen, wird derzeit eine Mediationseinheit im Europäischen Auswärtigen Dienst aufgebaut. Kirchhoff/ Kraus, Peace Mediation in the EU Context. State of Play of the Establishment Process, Center for Peace Mediation 2012.

3 Umfassend Bercovitch, Theory and Practice of International Mediation, Selected Essays, 2011.

4 Exemplarisch Svensson, The Nagorno-Karabakh Conflict. Lessons from the Mediation Efforts, IFP Mediation Cluster, 2009.

5 Wichtige Impulse gehen derzeit von der UN und deren Mediation Support Unit sowie dem internationalen Mediation Support Network aus (www.mediationsupportnetwork.net). Darüber hinaus Lanz/Wählisch/ Kirchhoff/Siegfried, Evaluating Peace Mediation, IFP Mediation Cluster, 2008.

Kernelemente auf diesen Kontext werden insbesondere die methodischen Spezifika von **Peace Mediation** veranschaulicht.

5.22.2 Die internationale Arena und die Herausforderung polyzentrischer Konflikte

5.22.2.1 Rahmenbedingungen und Vielfalt an Akteuren und Materien

Durch grundlegende Veränderungen im internationalen System ist das klassische Para- 3
digma des bilateralen zwischenstaatlichen Konflikts überholt: Die heutige Realität ist gekennzeichnet von multipolaren, vielschichtigen Konflikten zwischen staatlichen, nicht-staatlichen und transnationalen Akteuren, oft in asymmetrischer Machtverteilung. Vielfältige Interdependenzen, Transaktionskosten und **spill-over-Effekte**, gepaart mit einer mittlerweile oftmals simultanen medialen Aufmerksamkeit, führen zu höchst komplexen und ebenso schwer erfass- wie kontrollierbaren Konfliktdynamiken.[6]

Einige Fakten, die das Konfliktfeld in der gegenwärtig aus 193 UN-Mitgliedsstaaten 4
und 14 Territorien bestehenden internationalen Arena umreißen: Im Jahr 2010 wurden weltweit 363 Konflikte gezählt, davon 28 Kriege oder schwere Krisen, 269 waren innerstaatliche, 94 zwischenstaatliche Konflikte.[7] Immer mehr innerstaatliche Konflikte werden dabei durch politische, militärische oder humanitäre Involvierung von nicht primär konfliktbeteiligten Akteuren „internationalisiert".[8] Trotz des mittlerweile breiten Spektrums internationaler Gerichtshöfe und verwandter Einrichtungen – vom Internationalen Gerichtshof über den Internationalen Strafgerichtshof und Ad-hoc-Tribunale bis zum Europäischen Gerichtshof für Menschenrechte – können gerichtliche Verfahren die Komplexität internationaler Konflikte nur partiell abdecken, was die äußerst geringen Fallzahlen zeigen. Außergerichtlichen Methoden kommt daher in der internationalen Arena eine besondere Bedeutung zu. Mediation wird dabei (neben den übrigen Optionen wie Fact-Finding, Good Offices und Schlichtung) mit ca. 60% am häufigsten genutzt.[9]

Auch die Drittparteien-Landschaft selbst ist komplex: Neben Staaten und Organisatio- 5
nen wie der UNO, EU, AU und OSZE sowie einflussreichen Einzelpersönlichkeiten etablieren sich zunehmend auch Nichtregierungsorganisationen (NGOs) als Mediationsakteure. Jede dieser Drittparteien bringt individuelle Potentiale, Limitationen und nicht zuletzt Eigeninteressen in das Konfliktszenario ein,[10] was zum einen spezifische Interventionsdynamiken, zum anderen hohe Anforderungen mit Blick auf Rollenklarheit und Methodik zur Konsequenz hat.

Die häufigsten Konfliktmaterien der Gegenwart sind gesellschaftliche System- oder 6
Ideologiewechsel, Ressourcenverteilung, Selbstbestimmungs- und Sezessionsbestrebungen sowie ethnische und territoriale Konflikte.[11] Umwelt- und ethnische Konflikte illustrieren die komplexe Interdependenz von Problemfeldern in internationalen Konflikten besonders gut: Die Folgen von Umweltverschmutzung und Rohstoffausbeutung halten sich nicht an Staatsgrenzen; Verantwortlichkeiten und Wirkmechanismen[12] sind so

---

6 Ausführlich Kap. 2 in Kirchhoff, Constructive Interventions, Paradigms, Process and Practice of International Mediation, 2008.
7 Conflict Barometer 2010, Heidelberg Institute for International Conflict Research 2010.
8 Touval/Zartman, International Mediation in the Post-Cold War Era, in: Crocker/Osler/Hampson/Aall (Hrsg.), Turbulent Peace – The Challenges of Managing International Conflict, 2001, 427–443, 427.
9 Bercovitch/Houston, The study of International Mediation: Theoretical Issues and Empirical Evidence, in: Bercovitch (Hrsg.), Resolving International Conflicts: The Theory and Practice of Mediation, 1996, 162.
10 S. Zartman/Touval, International Mediation, in: Crocker/Hampson/Aall (Hrsg.), Leashing the Dogs of War. Conflict Management in a Divided World, 437–454, 438 ff; Vüllers/Destradi, Mehr Engagierte, weniger Engagement? Die wachsende Komplexität internationaler Mediation, in: GIGA Focus 9, 2010.
11 Conflict Barometer 2010, Heidelberg Institute for International Conflict Research, 2010.
12 Ohlhoff, Methoden der Konfliktbewältigung bei grenzüberschreitenden Umweltproblemen im Wandel, 2003, 567.

kompliziert wie das dahinter stehende Gefüge aus ökologischen, ökonomischen, sozialen und politischen Interessen. Gänzlich anders gelagert und doch mit vergleichbaren Konsequenzen finden ethnische Konflikte, denen seit 1945 weit über 10 Millionen Menschen zum Opfer gefallen sind, in einem Schmelztiegel von Themen wie Identität, Gruppenstatus, Ressourcenzugang, Kultur und Glaubensfragen statt.[13] Nachhaltige Lösungen scheinen durch autoritäre oder adjudikative Mechanismen in beiden Bereichen kaum erreichbar; direkte Verhandlungen scheitern in ethnischen Konflikten oft an reaktiven Abwertungsmechanismen und dem allgemeinen Klima der Gewalt.

5.22.2.2 Sonderstellung der UNO

7 Die UNO nimmt im Feld der internationalen Konfliktbearbeitung eine Sonderstellung ein. Diese Stellung ergibt sich zunächst aus der UN-Charta, die in Artikel 33 ein breites Verfahrensspektrum für Konfliktparteien offeriert und neben anderen Konfliktbearbeitungsmechanismen auch Mediation aufführt.[14] Die Bedeutung der UNO resultiert zudem aus ihrer umfangreichen operativen Beteiligung an internationalen Mediationsprozessen – sei es als Mediator (zB durch den UN-General-Sekretär oder seine Vertreter) oder als unterstützender Akteur bei der Implementierung von Friedensabkommen. Mit ihrer **Mediation Support Unit** stärkt die UNO zudem seit 2006 die Rolle und das eigenständige Profil von Mediation im ganzen Feld.[15] Schließlich fungiert die UNO bei der Entwicklung von Mediationsstandards als normative Instanz. Derzeit werden gemäß der „Resolution on Mediation" der UN Generalversammlung von 2011 Richtlinien für Mediation in Friedensprozessen erarbeitet.[16]

5.22.3 Übertragbarkeiten von Modellen, Methoden und Instrumenten

8 In der klassischen Diplomatie herrschte bis vor einigen Jahren die Auffassung vor, dass Mediation eine subtile Kunst sei, die sich nicht wissenschaftlich systematisieren oder als solides Handwerk betreiben lasse, sondern vor allem auf der Erfahrung, der Intuition und dem Charisma einer (Amts-)Autorität aufbaue.[17] Die wissenschaftliche und handwerkliche Systematisierung des internationalen Konfliktmanagements hat inzwischen gleichwohl ein reichhaltiges und effektives Wissens-, Methoden- und Instrumentenspektrum hervorgebracht, das nun auch langsam in den Handwerkskoffer der modernen Diplomatie Einzug hält.[18]

9 Alle wesentlichen Diskurslinien zu Zielen, Metazielen und Ansätzen von Mediation aus dem interpersonalen Kontext finden sich in anderem Gewande auch im internationalen Bereich. Kleiboer etwa unterscheidet zwischen dem **Power-Brokerage**, dem **Domination**, dem **Problem-Solving** und dem **Transformative Model,** Peck zwischen **macht-, rechts- und interessenbasierten** Ansätzen.[19] Transformative Ansätze spielen im interna-

---

13 Special Issue on Conflict Resolution in Identity-Based Disputes, in: Journal of Peace Research 3 (38), 2001.
14 Da die Wahlfreiheit allerdings regelmäßig zu diplomatischen Taktieren und Verzögerungen führt, wäre eine konkretere Regelung des Vorgehens im Konfliktfall notwendig. Tomuschat, Article 33, MN 20, in: Simma (Hrsg.), The Charter of the United Nations: A Commentary, 2002.
15 Vgl www.cinfo.ch/org/inhalte/jobs/intOrganisationen/MSU-Annual-Report-2010.pdf. Mit Wissenstransfer zu Prozessdesign, Methoden und Instrumenten unterstützt die Website UN Peacemaker zudem die Professionalisierung von Peace Mediation: http://peacemaker.unlb.org/index1.php.
16 Diese werden als Annex zum Bericht des UN Generalsekretärs zur Implementation der Resolution 65/283, im Herbst 2012 veröffentlicht werden.
17 Vgl Roberts, Developing the Craft of Mediation. Reflections on Theory and Practice, 2007, 207.
18 Training und Coaching in Mediation ist inzwischen vielerorts integraler Bestandteil der Aus- und Fortbildungen für Diplomaten und Missionsmitglieder, zB bei den Vereinten Nationen, beim Europäischen Auswärtigen Dienst und beim Auswärtigen Amt.
19 Kleiboer, Multiple Realities of International Mediation, 1998, 188; Peck, The United Nations as a Dispute Settlement System, 1996, 10.

tionalen Bereich eine besondere Rolle, da Mediation oft für die Neuordnung politischer und gesellschaftlicher Strukturen eingesetzt wird.[20]

Zudem bestehen zahlreiche direkte Überschneidungen und Übertragbarkeiten im Hin- 10 blick auf die Methoden und Instrumente der interpersonalen Mediation. Die heutige Praxis von **Peace Mediation** basiert auf Erkenntnissen und Techniken der allgemeinen Konflikttheorie, Kognitions- und Kommunikationspsychologie, die zur Optimierung von Konfliktprozessen im Friedenskontext gezielt weiterentwickelt wurden. Im Zentrum stehen komplexe Formen der Konfliktanalyse (Akteure, Interdependenzen, Machtverhältnisse), eine differenzierte Interessenerfassung sowie Kommunikations- und Wertschöpfungstechniken.[21] Auch das Phasenmodell der Mediation dient als grobe Verfahrensstruktur für das Vorgehen im internationalen Bereich.

5.22.4 Spezifika von Peace Mediation

Aus dem politischen, institutionellen und normativen Rahmen sowie den Charakteristi- 11 ka internationaler Konflikte ergeben sich darüber hinaus spezifische methodische Herausforderungen.

5.22.4.1 Rahmenbedingungen und Charakteristika der Konflikte

Um die eigentlichen Mediationsgespräche sind in internationalen Friedensprozessen 12 mehrere Komplexitätsschichten gelagert, die Mediatoren bei der Planung des Gesamtprozesses und der konkreten Verfahrensgestaltung beachten müssen.

5.22.4.1.1 Heterogenität der Akteure und Verhandlungsebenen

Unterschiedlichste gesellschaftliche Gruppierungen müssen in die Bearbeitung interna- 13 tionaler Konflikte integriert werden, wobei nationale Regierungen oftmals eine komplett andere Perspektive vertreten als lokale Gruppen oder die internationale Gemeinschaft. Doch nicht nur die Konfliktakteure selbst, auch Auftrag- und Geldgeber von Vermittlungsprozessen sowie die Protagonisten aus Entwicklungszusammenarbeit, Sicherheitssektor und Wirtschaft verlangen nach Integration, Koordination und Verzahnung.

5.22.4.1.2 Repräsentantenprobleme und Regimeverschiebungen

Da die Verhandlungteilnehmer häufig zersplitterte Interessengruppen vertreten, kommt 14 es – durchaus den Herausforderungen der Mediation im öffentlichen Bereich vergleichbar – vielfach zu Rückkopplungsproblemen zwischen Vertreter und Gruppe. Ebenso können Vertretungsmandate aufgrund politischer Verschiebungen während langer Verhandlungsphasen entfallen oder auf andere Vertreter (mit anderen Interessen und Verhandlungsstrategien) übertragen werden.

5.22.4.1.3 Zwingende/nicht verhandelbare Rahmenfaktoren

Internationale Mediationen finden regelmäßig im Schatten normativer Rahmenfaktoren 15 statt, die entweder von den Parteien oder den Vermittlern als zwingend dargestellt werden. So können bestimmte Aspekte von Identität, Ethnizität und Religion aus Parteisicht nicht verhandelbarsein und damit den Lösungskorridor in der Wahrnehmung fundamental verengen. Aus der Perspektive der Drittpartei – so sie denn die Standards der internationalen Gemeinschaft vertritt – sind hingegen bestimmte Teile des (insbesondere humanitären) Völkerrechts zwingend, wenn es etwa um Fragen der Amnestie von Diktatoren oder die völkerstrafrechtliche Aufarbeitung ethnischer Konflikte geht.

---

20 Austin/Fischer/Giessmann (Hrsg.), Advancing Conflict Transformation. The Berghof Handbook II, 2011.
21 Beispielhaft Mason/Rychard, Conflict Analysis Tools, Swiss Agency for Development and Cooperation, 2005.

5.22.4.1.4 Gewalt und humanitäre Notlagen

16 Da **Peace Mediation** oft in gewaltgeprägten Übergangsstadien oder vor dem Hintergrund drohender humanitärer Katastrophen stattfindet, muss die existentielle Bedrohung der Beteiligten sowohl in ihren verhandlungspsychologischen als auch in ihren sicherheitstechnischen Konsequenzen berücksichtigt werden.

5.22.4.2 Konsequenzen für mediatives Vorgehen im Friedenskontext

17 Die skizzierten Herausforderungen von **Peace Mediation** erfordern maximale Klarheit und Stringenz auf der ethischen und (völker-)rechtlichen sowie auf der methodischen (Makro- und Mikro-)Ebene.

5.22.4.2.1 Virulenz ethischer und (völker-)rechtlicher Fragen

18 Der Einsatz von Mediation in der internationalen Arena erfordert einen präzisen ethisch-rechtlichen Kompass. Um das **Do no harm-Gebot** zu wahren und Friedensprozesse nachhaltig gelingen zu lassen, ist eine klare Orientierung besonders mit Blick auf die Allparteilichkeit des Mediators und die Völkerrechtskonformität von Verfahren und Vereinbarungen entscheidend. Angesichts der direkten oder indirekten Abhängigkeit von Auftrag- und Geldgebern und politischen Unterstützern der Vermittlungsaktivitäten müssen Mediatoren der (angenommenen oder realen) Erwartung widerstehen, dass die Interessen und Ziele derjenigen Akteure, die Interventionen initiieren, mandatieren oder finanzieren, besondere Berücksichtigung finden.

19 Im Hinblick auf Recht und Gerechtigkeit und die Ausbalancierung dieser Maßstäbe mit der akuten Notwendigkeit, Frieden zu schaffen, müssen international tätige Mediatoren völker(straf)rechtliche Normen kennen, die den Umgang mit Konfliktgegenständen wie Verbrechen gegen die Menschlichkeit regeln. Trotz genereller Akzeptanz der Legitimität dieser Normen wird ihre Verbindlichkeit im Einzelfall durchaus von einigen Akteuren in Abrede gestellt, so dass Mediatoren auch auf der Ebene der rechtlichen Rahmenbedingungen von Friedensprozessen mit Unwägbarkeiten und widerstreitenden Interessen umgehen müssen.

5.22.4.2.2 Methodische Konsequenzen auf der Makroebene

20 Auf der Makroebene ermöglichen systemische Herangehensweisen, die besonderen Herausforderungen des Friedenskontextes zu beantworten. **Mediatives Prozessdesign** erfordert holistisch konzipierte Verfahren, die die komplexen Strukturen, Inhalte und Dynamiken der Konflikte zum richtigen Zeitpunkt, mit den richtigen Akteuren, in der richtigen Form und an den richtigen Stellen adressieren. Teil dieser Prozessplanung ist es ebenso, Verfahren und Ergebnisse in die institutionelle, politische und gesellschaftliche Wirklichkeit zu integrieren.[22]

21 Die **Multi-Track-Diplomacy** ermöglicht es, die Vielzahl der verschiedenartigen und unterschiedlich involvierten und relevanten Akteure in einen Friedensprozess zu integrieren und miteinander abzustimmen: von lokalen Gemeinden über nationale Regierungen bis zu regionalen und internationalen Organisationen; von Religions- über Wirtschaftsakteuren bis zu Geldgebern und Medien. Die Mediationsgespräche, für die je nach Ebene interne, externe, lokale und internationale Drittparteien jeweils passgenau eingesetzt werden, werden dabei mit parallel laufenden Prozessen der Entwicklungszusammenarbeit, gesellschaftlichen Transformation, Versöhnung und Strafverfolgung (**Transitional Justice**) verzahnt.[23]

---

22 Mason, Mediation and Facilitation in Peace Processes, International Relations and Security Network, 2007.
23 Diamond/MacDonald, Multi-Track Diplomacy: A Systems Approach to Peace, 1993.

5.22.4.2.3 Methodische Konsequenzen auf der Mikroebene

Prozesskonzepte auf der Makroebene sind zweifellos essentiell, doch auch für das Ge- **22** lingen von Friedensprozessen ist letztlich entscheidend, ob die methodische Haltung und Präzision auf der interaktiven Mikroebene den Spezifika des Konfliktfelds gerecht wird. Zunächst gilt es, die entscheidenden ethischen Grundprinzipien und (völ- ker-)rechtlichen Rahmenvorgaben in das praktische methodische Vorgehen zu integrie- ren.[24] Hier müssen noch eindeutigere Richtlinien für die Rollenklarheit von Drittpartei- en ausbuchstabiert werden – gerade angesichts der häufig eingesetzten Pendel-Diploma- tie, in der die Integrität des Mediators gewährleistet sein muss. Die größte Herausforde- rung in punkto Rollenklarheit ergibt sich jedoch aus den multilateralen, interdependen- ten Beziehungsstrukturen und der strategischen Interessenpolitik, die das moderne in- ternationale politische System prägen. Da Drittparteien regelmäßig selbst vielschichtig in Konfliktkontexte involviert sind, erfordert echte Rollenklarheit in diesem Anwen- dungsbereich vor allem eine proaktive Transparenz hinsichtlich der Interessen und Zie- le, die mit einer Intervention und mit Blick auf das Ergebnis von Verhandlungen ver- folgt werden.

Um zwischen den Akteuren trotz ihrer äußerst unterschiedlichen Perspektiven und **23** Machtpositionen tragfähige Vereinbarungen entwickeln zu können, müssen ihre hetero- genen Interessen und Bedürfnisse so konkret wie möglich herausgearbeitet und berück- sichtigt werden.[25] Besonders für identitäts- und glaubensbasierte Konflikte sind Ver- mittlungsinstrumente notwendig, die kognitiv etablierte Differenzen respektvoll aber bestimmt hinterfragen und Gemeinsamkeiten konstruktiv nutzen.[26] Schließlich muss die gesamte Kommunikation und Verfahrensgestaltung auf die verschiedenen institutionel- len und kulturellen Gewohnheiten und Streitbeilegungstraditionen der Konfliktparteien zugeschnitten werden.[27]

5.22.5 Fazit

Die Perspektive darauf, was einen nachhaltigen Friedensprozess auszeichnet, wird kon- **24** tinuierlich differenzierter: Weitere relevante Akteursgruppen werden einbezogen,[28] an- stelle alles umfassender Friedensabkommen werden Übergangs-, Rahmen- und Imple- mentierungsabkommen getrennt[29] und das gesamte Design von Friedensprozessen wird zunehmend interessenorientiert gestaltet.

Die grundlegenden Konzepte und Techniken der Mediation sind mit großer Sorgfalt – **25** dann jedoch mit signifikantem Erkenntnisgewinn und Nutzen – auf das internationale System übertragbar. Die entscheidende Herausforderung ist dabei, spezifische normati-

---

24 Die existierenden Orientierungshilfen erfüllen diese Funktion erst teilweise. Bolger/Daly/Higgins, Internatio- nal Peace Mediators and Codes of Conduct: An Analysis in: The Journal of Humanitarian Assistance, Au- gust 4, 2010; Hayner, Negotiating Justice: Guidance for Mediators, Centre for Humanitarian Dialogue, 2009.

25 Kirchhoff, Linking Mediation and Transitional Justice. The Use of Interest-Based Mediation in Processes of Transition, in: Ambos/Large/Wierda (Hrsg.), Building a Future on Peace and Justice. Studies on Transitional Justice, Conflict Resolution and Development The Nuremberg Declaration on Peace and Justice, 2009, 237 ff.

26 Rothmann, *Resolving* Identity-Based Conflict in Nations, Organizations, and Communities, 1997.

27 Kraus, Culture-sensitive process design: Overcoming Ethical and Methodological Dilemmas, in: Politor- bis 52(2), 2011, 35–48.

28 Sguaitamatti/ Iff/Alluri/Mason, Business Actors in Peace Mediation, swisspeace/Center for Security Studies ETH 2010.

29 Hier ergeben sich Einsatzfelder der internationalen Mediation, die zu Zeiten klassischer Diplomatie schlicht- weg nicht existierten. Vgl. Hehn, The Internal Implementation of Peace Agreements After Violent Intrastate Conflict, 2011.

ve Rahmensetzungen und historisch, politisch oder ideologisch höchst verschiedenartige Interessen und Bedürfnisse wertschöpfend zu integrieren. Trotz aller Komplexität geht es damit auch in der internationalen Arena im Kern um das mediative Aufeinandertreffen von Menschen.

6 Ausblick

6.1 Mediation in Europa unter besonderer Berücksichtigung der Niederlande

Literatur: www.mediationeurope.net; www.imimediation.org; www.nmi-mediation.nl; www.themii.ie; www.cmap.fr; www.scottishmediation.org.uk.

6.1.1 Einleitung

In diesem Beitrag wird versucht eine Übersicht über die Unterschiede der Mediation in Europa gegeben, wobei der Begriff und das Verständnis gelegentlich sehr voneinander abweichen.[1] Dabei wird ein besonderer Blick auf die **Niederlande** geworfen, da hier belastbare Zahlen im Hinblick auf die Anzahl von Mediatoren, Mediationsfällen, dem professionellen Profil, Ausbildung, etc. vorliegen im Gegensatz zu vielen anderen Ländern. Die **EMNI**[2] und das **IMI**,[3] versuchen zusammen mit ihren Mitgliedern und Tochterorganisationen eine Datenbank aufzubauen, damit diese Informationen künftig vorliegen und einfach zu finden sein werden.

6.1.2 Anzahl der Fälle am Beispiel der Niederlande und Italien

In den Niederlanden werden die Mediationsfälle auf über 51.000 für das Jahr 2011 geschätzt. Etwa 25 % davon werden vom Gericht verwiesen. Das **Durchschnittseinkommen** eines niederländischen Mediators beträgt 37.000 EUR brutto. Von den Fällen sind 45 % Familienmediationen und 27 % im Arbeitsbereich.[4]

Eine Schätzung in Italien geht von 105.000 Fällen zwischen März 2011 und März 2012 aus, seit im März 2011 das **Mediationsgesetz** erlassen wurde. 77,2 % davon waren verpflichtend. Eine ganz andere Statistik findet man in Italien, wo nur 5,7 % der Fälle im Familienbereich stattfindet, und Erbstreit 5 %.[5] Seit dem neuen Mediationsgesetz in Italien (2011),[6] ist man verpflichtet sich in den folgenden Fällen zum Mediator zu begeben: Versicherungen, Banken- und finanzielle Dispute, Erbstreitigkeiten, Familiensachen, Medizinische Haftungsfälle, Immobiliensachen („diritti reali"), Division of assets, inheritances, family arrangements („patti di famiglia").

6.1.3 Mediatoren

Die Anzahl von Mediatoren ist in den einzelnen Ländern Europas sehr unterschiedlich. Es gibt hierfür mindestens **drei verschiedene Ursachen**. Erstens haben, manche Länder schon eine längere Tradition in Mediation als andere, wie das Vereinigte Königreich, die Bundesrepublik Deutschland und der Niederlanden, mit respektive 2.500 (UK),

---

1 S.a. die Übersicht Umsetzung der EU-MediationsRL, Anhang 7.3.
2 www.mediationeurope.net.
3 www.imimediation.org.
4 NMI Status Bericht, 2011. Statistik für Zertifizierte Mediatoren. www.nmi-mediation.nl.
5 Direzione Generale di Statistica, 2012.
6 Legislative Decree 4 March 2010 No. 28.

5.000 (BRD), und 3.500[7] (2012, Niederlanden) Mediatoren. Die Osteuropäischen Länder haben noch nicht so viele Mediatoren, aber auch noch nicht so viele Mediationen. Eine dritte Kategorie, wie Italien, erfahren in diesem Moment einen richtigen „Boost"' im Hinblick bezüglich der Anzahl von Mediatoren und Fällen. Das liegt an dem Umstand, dass das neue Italienische Mediationsgesetz die Mediation in manchen Fällen verpflichtend vorschreibt bevor man zum Gericht gehen kann. Damit hat sich die Anzahl der Mediationen und der Mediatoren vervielfacht. In den Ländern, in denen es Mediationsprojekte gibt, ist ebenfalls ein Anstieg der Anzahl der Mediatoren und der Fällen zu verzeichnen.

5 In der Niederlanden, zum Beispiel, gibt es heute fast 3.500 Mediatoren, die insgesamt 51.000 **Mediationsfälle** zu verteilen haben. Das heißt: Im Durchschnitt hat jeder Mediator nur 17 Mediationen pro Jahr[8]. In 2010 war das noch deutlicher: pro Mediator nur 10 Fälle. In Makedonien, Bosnien, Polen, Kroatien und anderen östlichen Länder sieht man ein ähnliches Bild, Italien und Slowenien sind Ausnahmen.

6 Für die große Mehrheit der Mediatoren ist die Mediation nicht ihr **Hauptbetätigungsfeld**. Die meisten ausgebildeten Mediatoren nutzen ihre Kompetenzen im Rahmen ihrer Angestelltentätigkeit oder haben eine kleine Mediationspraxis, die sie nebenbei betreiben. In den Niederlanden arbeiten etwa 21% der Mediatoren ausschließlich als Mediatoren. Ähnlich verhält es sich in Portugal, Belgien und im Balkan. In den meisten Ländern tendieren Mediatoren dazu, sich zu spezialisieren:

- Wirtschaft;
- Familie & Scheidung;
- Arbeitskonflikte;
- Öffentlicher Bereich.

6.1.4 Ausbildung

7 Die Entwicklung der Mediation in Europa und die Diversität der Mediatoren wird auch widergespiegelt in den professionellen Anforderungen, wie Zertifizierungsvoraussetzungen, Qualitätsverpflichtungen und Ausbildungsrichtlinien.

8 Das Mediationsinstitut von Irland[9] gewährt eine Zertifizierung aufgrund einer zweigeteilten Voraussetzung: 60 h Training plus 12 Fälle. Dieses Institut hat ein Partnerschaftskonzept entwickelt. Es führt einen neuen und einen erfahrenen Mediator als „season sponsored mediator" für eine Zeit zusammen. In Frankreich und Italien werden die Zertifizierungen von den IHK's vorgenommen.

9 In den Niederlanden gibt es eine enorme **Bandbreite** von Ausbildungsprogrammen von etwa 50 (Kontakt-)Stunden à 45 min = 37,5 h à 60 min, also eine Arbeitswoche bis 200 (Kontakt-)Stunden. Beide Ausbildungsschulen sind vom Niederländische Mediations Institut (NMI) anerkannt geworden. In Deutschland haben die von den B-Verbänden getragenen Ausbildungen einen Umfang von 200 Zeitstunden à 60 min.

10 Unterschiedlich ist auch die Art und Weise wie die **Ausbildungsprogramme** aufgebaut sind. In den Niederlanden, wird zuerst eine Basisausbildung angeboten. Danach kann sich der Mediator entscheiden, ob er eine weitere Ausbildung zu einer bestimmten Spe-

---

7 Die Anzahl von Mediatoren in den Niederlanden hat sich seit 2012 halbiert, weil das NMI die Kriterien geändert hat.

8 Es gibt eine große Unterschied zwischen den sogenannten registrierte unter der mehr erfahrenen zertifizierte Mediatoren: Die erste Gruppe hat in 2004 3,4 Mediationen und in 2011 14,4, Fälle gegen 6,8 (2004) und 28,9 (2011) für den Zertifizierten.

9 www.themii.ie.

zialisierung machen möchte.[10] In Deutschland und Frankreich gibt es spezialisierte Ge-
samt-Ausbildungsprogramme zum „Familienmediator" oder „Wirtschaftsmediator".

Dabei werden unterschiedliche Mediationsstile: der evaluative, moderierende, der **facia-**   **11**
litive/interessenorientierte, der transformative, narrative. In den meisten Ländern gibt
es keine Regulierung dafür oder ist es nicht definiert oder vorgeschrieben welcher Mediationsstil anerkannt ist.

Die **Zulassungsvoraussetzungen** sind differenziert. In manchen Ländern muss man Ju-   **12**
rist sein wenn man eine Mediationen machen möchte, die im Zusammenhang mit dem
Gericht steht. In anderen Ländern, wie den Niederlanden, ist dieses nicht verpflichtend.
In anderen Ländern kann jeder Mediator werden, wenn er eine qualifizierte Ausbildung
macht und ggf weitere Voraussetzungen erfüllt.

6.1.5 Qualitätskontrolle

Die **Diversität** in Europa wird auch deutlich durch die Diversität der Mediatoren und   **13**
ihrer Philosophie. Mediation in Italien definiert Mediation nicht automatisch gleich wie
in Deutschland oder in den Balkanländern. In Südeuropa hat Mediation viel mehr Aspekte von „Conciliare",[11] als – zum Beispiel – in den Niederlanden oder **Großbritanni-**
en, was der unterschiedlichen Kultur entspricht.[12]

Wegen dieser Unterschiedlichkeit ist es auch schwierig einen Vergleich zwischen den   **14**
einzelnen Ländern zu ziehen. Anderseits hat diese Unterschiedlichkeit auch etwas Schönes: Sie kann ein Quell für die Entwicklung neuer Formen und Strategien sein. Jedenfalls hat sich durch die „European Mediation Directive on Mediation" und den „Code
of Conduct" eine geteiltere Deontologie zwischen den verschiedenen Ländern und ihren
Blick auf die Mediation eingesetzt.

Die Qualitätskontrolle wird entweder vom Staat wie zB in **Österreich** durch das Justiz-   **15**
ministerium vorgenommen oder in anderen Ländern wie zB **Deutschland** von den professionellen Mediationsverbänden.

In **Belgien** ist die staatliche Mediationskommission zuständig für die Festlegung der Kri-   **16**
terien für die Zertifizierung von Mediatoren und die Zertifizierung selbst.[13]

In **Frankreich** gibt es verschiedene Anbieter von Mediationsausbildungen, wie zB   **17**
CMAP.[14] Es gibt aber kein staatliches Akkreditierungssystem.

In **Italien** können sich nach dem neuen Mediationsgesetz Mediationsorganisationen bil-   **18**
den, sofern sie beim italienischen Justizministerium registriert worden sind. Solche können auch über die italienischen Anwaltsorganisationen an jedem Gericht, jeder Handelskammer oder für bestimmte Gebiete gebildet werden.

In **Polen** gibt es keine staatliche Anerkennung von Mediatoren. Regionale Mediations-   **19**
organisationen bieten Ausbildungen an und listen auch zertifizierte Mediatoren. Diese
Listen werden den Gerichten zur Verfügung gestellt.

---

10 Nur der Verein von Scheidungsmediatoren und -Advokaten haben eine Ausbildung die direkt ausbildet für
    Familienmediator.
11 Conciliare meint schlichten mit einem zT sogar bindenden Entscheidungsvorschlag.
12 The recent Italian legislation confers on the mediator the right to make a recommendation as to the appro-
    priate terms for settlement of the dispute which a subsequent trial judge can take into account if the media-
    tion fails. To English lawyers this approach, whilst it may have advantages in facilitating settlements in so-
    me cases, has the serious demerit of diluting the role of the mediator as an independent facilitator who
    keeps confidential what he hears and thinks..He has no role of forming or expressing a judgment on the
    merits of the dispute. There is concern that under a statutory scheme such as the Italian, the mediators
    views may be based on material which is open to question, but the procedure does not and cannot sensibly
    provide for the mediator being examined and tested as to his reasoning.
13 Katie Bradford, Litigation Partner of Linklaters, London.
14 www.cmap.fr.

20 In **Portugal** gibt es kein offizielles Zertifizierungsorgan. Es gibt aber Voraussetzungen,[15] die eine Person erfüllen muss, um als Mediator in den Mediationszentren, die vom portugiesischen Justizministerium geführt werden, oder von den öffentlichen Mediationsstellen benannt werden zu können.

21 In **Spanien** kümmert sich weder eine Organisation für Mediation noch gibt es gesetzliche Vorschriften für die Mediatoren. Neutralität ist die einzige Voraussetzung um als Mediator aufzutreten. Das vorgelegte Wirtschaftsmediationsgesetz schreibt eine Haftpflichtversicherung vor und die Eintragung in ein öffentliches Register.

22 In **Russland** muss der professionelle Mediator eine nach dem Mediationsgesetz bestimmte Zusatzausbildung haben. Diese muss durch eine Urkunde von dem akkreditierten Ausbildungsinstitut bestätigt werden. Die sich selbst regulierenden Mediationsorganisationen werden für Supervision genutzt. Man kann, muss ihnen aber nicht beitreten.

23 In **Schweden** gibt es keine Kontrollorganisation für Mediatoren. Die Gerichtsverwaltung informiert die Parteien über Mediation und wie sie einen Mediator finden können. Um die Qualität der Mediation in Schweden zu verbessern, nehmen sie dabei Bezug auf den European Code of Conduct.

24 Die **schottischen** SCCMI[16] und die WSCCI[17] bieten Mediationskurse an. Teilnehmer können so den Titel zertifizierter Mediator (SCCMI) oder akkreditierter Mediator (WSCCI) erhalten.

25 In **Großbritannien** gibt es weder eine Organisation, die Mediation reguliert noch gesetzliche Vorschriften um als Mediator agieren zu können. Die meisten Mediatoren haben eine Akkreditierung durch eine Ausbildung erworben. Wenn ein Mediator benannt wird, wird darauf geachtet, ob es sich dabei um eine anerkannte Mediationsorganisation handelt und wie viel Erfahrung der Mediator auf dem Gebiet des Konflikts hat.

26 In **Deutschland** wird die Qualitätskontrolle in erster Linie durch die großen Bundesverbände[18] gewährleistet.

27 Einen speziellen Platz hat das **Internationale Mediations Institut**, IMI. Dieses Institut achtet auf die Qualität von Mediatoren weltweit. Diese können sich zertifizieren lassen, wenn sie von Kunden und Kollegen positiv evaluiert worden sind. Auch Ausbildungsinstitute können sich vom IMI anerkennen lassen.

28 Ebenfalls gibt es in Europa keine eindeutigen Qualitätserfordernisse für die **Ausbildungsinstitute**. Zum großen Teil sind es private Unternehmen, daneben gibt es an Universitäten angehängte Ausbildungen, aber auch durch den Staat anerkannte Ausbildungsinstitute. In den Niederlanden gibt es heutzutage fast 30 verschiedene Ausbildungsinstitute, die von dem Niederländische Mediations Institut (NMI) anerkannt sind. Das NMI ist verantwortlich für die Qualität von Mediation in der Niederlanden und hält ein Register von anerkannten Mediatoren vor. Das Justizministerium berät derzeit darüber ob es ein Register geben soll, das vom Gesetz verpflichtet sei.

---

15 The requirements specify that such an individual must: (i) be over 25 years of age; (ii) be fully entitled to exercise his or her civil and political rights; (iii) possess a college degree; (iv) have completed a mediation course recognised by the Portuguese Ministry of Justice; (v) have no criminal record; and (vi) possess a good knowledge of the Portuguese language. Mediators are also legally obliged to carry out their activities with independence, impartiality, credibility, competence, confidentiality and diligence, always maintaining high ethical standards. A private organisation, the Association of Portuguese Mediators, is responsible for supervising the conduct of its associates and for ensuring their compliance with the code of ethics approved by it.
16 www.scottishmediation.org.uk.
17 www.scottishmediation.org.uk.
18 BMWA, BM und BAFM.

Mediatoren organisieren sich in verschiedenster Weise. Wir unterscheiden zumindest die folgenden:

a) durch Anbieter,

b) nach geographischer Lage,

c) nach Spezialisierung,

d) nach Mediationsstil,

e) nach Grundberuf.

6.1.6 Europäisches Netzwerk – EMNI

Die Mediatoren in Europa haben sich in der EMNI (Europäische Mediations Netzwerk   29
Initiative) organisiert. Das Hauptziel ist einen Treffpunkt für Mediationsorganisationen in ganz Europa zu schaffen. Die EMNI zielt darauf ab ein Netzwerk für Netzwerken zu sein wie auch eine Organisation für Organisationen und möchte eine Stelle des Austausches für Trans-Europäische Informationen sein, ebenso wie Gastgeberin von überfachlichen Europäischen Mediationskonferenzen. Solche Konferenzen organisiert sie alle zwei Jahre. Die letzten Kongresstädte waren Helsinki, Belfast und Paris. In 2013 wird es Bratislava sein. In Zusammenarbeit mit IMI soll ein **„Europäischer Mediator"** entstehen.

6.1.7 Fazit

Europa ist in Sachen Mediation einerseits – auch kulturell bedingt – sehr unterschied-   30
lich im Hinblick das Profil, die Ausbildung und die Verpflichtung zur Fortbildung aufgestellt. Anderseits sieht man eine **Tendenz zur Nivellierung**, wenn es um die Qualitätskontrolle von Mediatoren geht. Die Umsetzung der EU Mediationsrichtlinie und die Europäische Code of Conduct haben dazu beigetragen. Ein weiterer Schritt wäre es jetzt, die unterschiedlichen Erfahrungen von Mediatoren in Europa intensiv zu teilen, um Mediation weiter zu verbreiten und noch mehr Akzeptanz zu schaffen. Der „Europäische Mediator" wird ein wichtiger Schritt dazu sein.

Abb. 1: Auszug der verschiedenen Mediationsorganisationen in Europa

Country	Organisation
FRANCE	APMF
	FENAMEF
	RMA
	ANM
	GENERATION MEDIATEURS
	CNM
	CMFM
	APMF
ENGLAND	NFM
	FMA
	RESOLUTION
	CEDR
SPAIN	DISPUTE MANAGEMENT
	ACDMAS
	CONSOLAT DE MAR
NETHERLANDS	VMG
	NMV
	NIP
	VFAS
	NVMA
	ACB
LUXEMBOURG	CMBL
	CENTRE DE MEDIATION
SCOTLAND	SMN
	FMS
	SACRO
	SCMN
	ASLRESOLUTION
SWITZERLAND	DACHVERBAND FUR MEDIATION
	INSTITUT FUR MEDIATION
	MEDIATIONSFORUM;
	KAMMER FUR WIRTSCHAFTSMEDIATION
ITALY	CIVIL AND PENAL OFFICE
	C.R.I.S.I.BARI
	ASSOCIATION OF LAWYERS FOR FAMILYMEDIA-TION
	CENTRO COPASCO DI MEDIAZIONE MEDIA-MENTE

	PROFESSIONAL ORGANIZATION-MEDIATION CENTRES
NORTH IRELAND	MEDIATION NORTHERN IRELAND
IRELAND	THE MEDIATORS INSTITUTE OF IRELAND
	THE FAMILYMEDIATION SERVICE
	GLENCREE CENTRE FOR PEACE AND RECONCILIATION IRELAND
GERMANY	BMWA
	BM
	BAFM
	CfM
	Weiter: DGM, DGMW, etc.
DENMARK	MEDIATOR ADVOKATER.DK; KONFLIKTRADENE
	FORENINGEN FOR MEDIATION OG
	KONFLIKTMEEGLING
	KONFLIKTMAEGLERE IN STATSAMTET
	POLITIFORENINGEN
AUSTRIA	VEREIN COMEDIATION
	OBM
	VEREIN ZUR FORDERUNG VON MEDIATION
	EUROPEAN INSTITUTE OF BUSINESSMEDIATION

6.2 Global Trends in Mediation

Literatur: Alexander, N. (Hrsg.), International and Comparative Mediation: Legal Perspectives, 2009; Goldsmith, J./Ingen-Housz, A./Pointon, G. (Hrsg.), ADR in Business: Practice and Issues Across Countries and Cultures, 2006; Hopt, K./Steffek, F. (Hrsg.), Mediation — Principles, Regulation and Reform in Comparative Perspective, 2012.

1 During the past three to four decades mediation has emerged as a significant dispute resolution narrative around the world. It embraces many storytellers and their stories – stories about diverse practices, communities and courts, increasing institutionalisation, regulation, accreditation, standards, research and theoretical developments. Some storytellers say that mediation is the tale of how legal systems are being rescued from their otherwise likely demise from non-affordability, inaccessibility, anonymity and over-legalisation. This is the **story of mediation as an alternative dispute resolution** (ADR) **process**. Others point to the fact that mediation in many countries is no longer alternative. Rather it is increasingly becoming a mainstream and integrated part of many legal systems, thereby extending concepts of justice, law and dispute resolution. This is the story of institutionalisation. Yet other storytellers tell the tale of the development of mediation from a life skill to a profession fuelled by the rapid growth in accreditation standards on national, regional and international levels – the story of the professionalisation of the field. Finally there are those who see mediation as the epic tale itself. Mediation is viewed as a significant tradition in its own right – moving across, influencing, and being influenced by, other major traditions of law, society and culture. Together these stories weave a tapestry of our social and cultural experience of mediation and define mediation as a narrative, a practice and a profession. This chapter draws on all of these stories in an attempt to capture the most significant and pressing developments emerging in the field of mediation globally. It identifies 10 trends that characterise the current status of professional mediation practice and are likely to play a pivotal role in shaping its future.

6.2.1 From mediator to conflict resolution professional

2 The first trend highlights the professional role of mediators and the contributions mediators can make in conflict settings. It indicates a perceptible shift in thinking about how mediators can engage with conflict beyond offering their services as disinterested third party neutrals. In my capacity as a trainer and educator of mediators, I am frequently asked about entry into the mediation profession: "Once I pass my accreditation assessment, I want to become a full-time mediator…" The mediation training market continues to boom, indicating a strong interest in mediation as a career path. However **the supply of mediators continues to outweigh the demand** for them. So where do all the mediators go? While some forge a full-time career mediating disputes between conflicting parties, many freelance mediators keep themselves in business through a combi-

nation of private work, mediation panel work for specific mediation schemes, training and consulting. Others continue to work in their traditional professional role, for example as a lawyer or psychologist or educator, while mediating part-time. Lists and panels of accredited mediators usually include many who have not conducted a single mediation since they passed their mediator assessment.

The result is an extraordinary situation where, despite poor employment prospects as   **3**
full-time mediators, enthusiasm for the profession of mediation continues to rise with would-be mediators paying large amounts of money to training organisations and accreditation bodies. At the same time, a review of professional and social networking websites indicates that mediators are beginning to sell their skills in diverse ways. For example, many mediators in the professional online network, LinkedIn, have added related roles to their mediation profile such as conflict management professional, conflict and communication coach, mentor, negotiation adviser, ADR strategist, conflict specialist, dispute resolver and so on. So it seems that 21st century mediators are **reinventing and broadening their role** to encompass a range of interventions beyond that of a "traditional" mediator working with two or more parties to help them resolve their dispute.

Similarly, employers are recognising the need to engage staff with mediation and con-   **4**
flict resolution skills. Employment advertisements and job descriptions increasingly acknowledge the importance of managing conflict in the workplace through a **range of informal approaches including preventative strategies, mentoring, coaching and interest-based interventions.** There is a greater willingness on the part of institutions and workplaces to acknowledge conflict and engage with difference proactively. As a result, newly-minted mediators, especially young graduates, can move into one of any number of **conflict-related roles** in a range of industry and organisational contexts as the first step in their career path as conflict resolution professionals. This trend recognises the abundance of opportunity that exists for professionals who wish to work in mediation and conflict resolution. It has given many in the mediation field a renewed sense of energy and anticipation.

6.2.2 The acceptance of diversity in mediation practice

The next trend explores the extent to which mediation institutions accept diversity in   **5**
mediation practice. Despite significant differences in contemporary mediation practice, many mediator-accrediting institutions around the world endorse and promote a facilitative model of mediation only. However there are indications of an **increasing acceptance of diversity** in professional mediation practice.

Historically mediators have used diverse approaches to intervene in conflict. In 1950,   **6**
the German sociologist Georg Simmel identified the ubiquitous role of the mediator, sometimes formally recognised and sometimes not, across all cultures. Highlighting the **key features** of non-partisanship of the mediator and the non-determinative nature of the process, he distinguishes between, on one hand, mediators as disinterested neutral third parties (outsider mediators), and mediators actively and equally concerned with the interests of all parties, such as family members, community elders and organisational line managers (insider mediators) on the other hand.[1]

Also adopting a **cross-cultural perspective**, the anthropologist Philip Gulliver locates   **7**
mediators' roles on a continuum based on their level of intervention. Beginning with

---

1   Wolff (ed), The Sociology of Georg Simmel, 1964, 146–149. Note the similarities with Currie's distinction between professional and traditional mediators: Currie, Mediating off the Grid, Dispute Resolution Journal 2004, 59 (2), 11–14. See discussion of Currie's model below and chapter 2.12.4.

the very passive mediator, the roles become increasingly active and interventionist. They include chairing the process, enunciating rules and norms and prompting and leading parties towards solutions.[2]

8 Yet another scholar Nabil Antaki distinguishes between **two primary world traditions in mediation:** intuitive or informal mediation on one hand and cognitive, scientific or western on the other.[3] While the former continues to be practised in Arab and other Muslim Countries, as well as much of Asia, the Pacific and Africa, the latter approach (western mediation) emerged in the United States and, according to Antaki, is spreading worldwide. He goes on to consider the development of mediation and similar processes throughout history from chthonic traditional societies to nation states and modern justice systems. Antaki also explores how mediation models vary according to whether they are serving a communitarian social structure or a mainly individualistic one.

9 Mediation commentators have built on these distinctions to develop specific **mediation models**. For example, the Mediation Meta-Model[4] identifies six contemporary mediation models that vary according to level of mediator intervention and nature of interaction (for example, negotiation style) between the parties at mediation. The resulting six models are referred to as:

- Settlement mediation;
- Facilitative mediation;
- Transformative mediation;
- Tradition-based mediation;
- Wise counsel mediation; and
- Expert advisory mediation.

10 Advocating for greater acceptance of diversity in mediation, former South African Constitutional Court judge and anti-apartheid activist Albie Sachs has pleaded eloquently for mediators to recognise their role in getting to 'ubuntu' – an African concept referring to the essence and interconnectedness of being human. Mediating on the level of " ubuntu", he suggests, can look very different in each case, depending on cultural and inter-party dynamics and what type of conflict engagement is required of the mediator.[5]

11 Thus there is strong historical and contemporary evidence of **diverse mediation practice**. Yet many mediator training courses across the globe assume a universality of process and principles and mediator accreditation standards are modelled on a western facilitative mediation approach. Not all "accredited" mediators and mediator accrediting institutions are prepared to accept models that deviate from their own, despite the fact that this contradicts the reality of much mediation practice — in both domestic and cross-border settings.

12 However this is beginning to change. Greater diversity in "accredited" mediation models will characterise the **next wave of development** in the professionalisation of mediation and mediators. Institutions such as the International Mediation Institute (IMI) are leading the way in this regard. IMI's world-wide mediator certification scheme express-

---

2 Gulliver, Disputes and Negotiation: A Cross-Cultural Perspective, 1979, 200–225.
3 Antaki, Cultural Diversity and ADR Practices in the World, in Goldsmith, Ingen-Housz/Pointon (eds), ADR in Business: Practice and Issues Across Countries and Cultures, 2006, 5 et seq.
4 Alexander, The Mediation Meta-Model: Understanding Practice, Conflict Resolution Quarterly 2008, 26 (1), 97–123. See also Riskin, Understanding Mediators' Orientations, Strategies, and Techniques: A Grid for the Perplexed, Harvard Negotiation Law Review 1996, 1, 7–51, Riskin, Decision-Making in Mediation: The New Old Grid and the New New Grid System, Notre Dame Law Review 2003, 79(1), 1–53 and Boulle and Alexander, Mediation: Skills and Techniques, 2012, 15. See also chapter 1.1.3.4.
5 Sachs, Keynote Address at the Australian National Mediation Conference, 2010.

ly recognises that mediators approach their craft in different ways and are informed, at least to some extent, by different values and principles. In another example, the Australian National Mediator Standards are based on a facilitative mediation model,[6] however, they recognise diversity of practice in what they refer to as a blended model. As professional training and education in mediation develops in sophistication, so too will offerings that challenge the standard western facilitative dogma.

6.3.3 Mediation lawyering

It is a fact of life that lawyers will be involved in many mediations, particularly where 13 they involve litigation matters. This is becoming a specialised form of legal practice known variously as mediation lawyering, mediation advocacy or mediation representation. In many jurisdictions there are **specific obligations on lawyers** in terms of statutes, rules of court and lawyer codes of conduct applicable in mediation. These obligations may relate to how to oppose a proposed court referral to mediation, whether to make representations for a different form of dispute resolution such as neutral evaluation, good faith participation in mediation, and the extent to which clients must be informed about, and prepared for, mediation and other dispute resolution options. For example, in Australia the Civil Dispute Resolution Act 2011 requires lawyers to:

1. advise clients of the requirement to file a statement to the effect that they, the clients, have taken genuine steps, such as mediation, to resolve the dispute; and

2. to assist clients in doing so.

In England and Hong Kong, court practice directions require lawyers to advise and as- 14 sist their clients in relation to the latter's obligation to reasonably engage in mediation.[7] In the American case of **Doorstop Beverages of Longwood Inc** v. **Collier**[8] the court imposed sanctions on the client's legal representative for the failure of the client to appear at mediation in circumstances in which the lawyer had failed to advise his client that the client's attendance was required.

Further forms of **pre-mediation assistance** that lawyers can offer relate to issues of ap- 15 propriate timing of, and venues for, mediation, selection of mediators, suitable practice models of mediation, pre-mediation exchange of information and client preparation for the process. In addition, legal advisers can assist the mediator and the mediation process in a variety of ways: in managing their clients expectations, in keeping lines of communication open, in acting as constructive negotiators and reality agents when they know their clients are being unrealistic. Experienced mediators know the wisdom of using the resource of lawyers in mediation to the greatest extent possible.

The new reality affords lawyers wide scope to advise in relation to mediation and sug- 16 gest it to the other side without concerns about weakening their bargaining position. At the same time, **mediation lawyering** involves a significant paradigm shift for trial lawyers and may pose challenges to lawyers in terms of their role and skills as mediation lawyers. It is a multi-dimensional shift from:

- the adversarial to the collaborative;
- win-lose to win-win;
- a past focus to a future focus;
- a focus on lawyers in the trial process to a focus on parties in the mediation process and

---

6 See chapter 1.1.3.4.
7 See the Rules of Practice 114, the United Kingdom Civil Procedure Rules and Hong Kong's Practice Direction 31.
8 928 So 2 d 482, Fla Dist Ct App 2006.

- the need to convince a third-party umpire to the need to reach a consensus with the other side in relation to a resolution of the dispute.

Thus the skills of mediation lawyering differ greatly from trial lawyering. Education and training are required to support the cultural shift needed in the legal profession. To this end, a body of literature[9] and training courses have developed around the specialisation of mediation lawyering. For example, at the time of writing, the IMI is developing a certification for approved training programs on mediation lawyering.[10]

6.2.4 ODR

17 Online dispute resolution (ODR) is another global mediation trend to watch. ODR, and specifically online mediation, challenge one of the conventional claims of mediation, namely that face-to-face problem solving is the most effective way to deal with conflict, to uncover diverse interests and address relational and symbolic aspects of the conflict. **Empirical research** casts doubt on the belief that parties need to sit physically in the same room for interest-based bargaining, deep listening and relational transformation to occur.[11] In fact, some studies suggest that parties may be less positional when they are negotiating via email or online chatting compared to face-to-face scenarios.[12]

18 Whereas mediators are referred to as the "third party", in the world of online mediation, technology is referred to as the "**fourth party**". The concept of the fourth party suggests that technology changes the communication and power dynamics of the mediation process, opening up new and imaginative ways for mediators to intervene, and parties and lawyers to engage, in the process. It also introduces new risks for users around issues such as security of the online platform, authenticity of online participants and what to do with written records of text-based ODR processes.

19 **Forms of technology** that have relevance to ODR applications and contexts include e-mail, web forums, instant messaging, chat rooms, video conferencing, mobile and smart phone technology, artificial legal intelligence, blogs, voice over Internet protocol (VoIP), avatars, social networking sites, wikis and web maps. Despite an initial focus on inexpensive and fast dispute settlement for e-commerce disputes, **dispute resolution technology** is gradually becoming more sophisticated, innovative, accessible and flexible. It is no longer seen as a tool suitable only for settling e-commerce generated business-to-consumer (B2C) and business-to-business (B2B) disputes and is increasingly used to supplement face-to-face ADR processes, especially through the use of tools such as the iPad.[13] Moreover, ODR is fast becoming part of a broader conflict management framework that encompasses local and cross-border conflicts and is accessible by all types of disputants including consumers, small and large business operators, those involved in family disputes and those with a legitimate interest in environmental issues and other matters of public concern. Around the world the growth of ODR has been steady and signs for the future are quietly positive.

20 However, a major challenge for the development of ODR is the **lack of a coherent infrastructure** within which service providers can operate. Given that many ODR provi-

---

9 See, for example, Abramson, Mediation Representation, 2010 and Hardy and Rundle, Mediation for Lawyers, 2010.
10 See www.imimediation.org.
11 See, for example, Raines, Can Online Mediation Be Transformative? 2005, 22(4) Conflict Resolution Quarterly 437 and Larson, Technology Mediation Dispute Resolution (TMDR): A New Paradigm for ADR, Ohio State Journal on Dispute Resolution 2006, 21(3), 629.
12 See, for example, Tan/Kennedy/Bretherton, Negotiating Online, 2005 at 8, available at www.mediate.com/Integrating/pg79.cfm.
13 On making the use of an iPad central to a mediation practice, see Sharp, iMediate, Kluwer Mediation Blog, April 2012, available at www.kluwermediationblog.com.

ders operate independently (that is, they are not connected with a legal or professional association), there is fragmentation in relation to benchmarks and best practice. While diversity provides choices for users, the absence of some basic uniform standards and infrastructure might deter users from using ODR. To be effective, commercial ODR services must show economic vitality and security and users must have faith in the governance structure regulating trade. There is a need for industry and government to make a concerted effort to implement an infrastructure that will allow flexibility in how ODR providers operate, while unifying basic practices and standards.

To this end, the European Parliament has issued a Proposal for a Regulation on Consu- **21** mer ODR (2011).[14] Further, the United Nations Commission on International Trade Law (UNCITRAL) has initiated preliminary work for designing a model to regulate **ODR in B2B and B2C** disputes. On international and European levels there are various networks established to assist **consumers** with ODR matters. As the ADR field has developed, issues relating to legitimacy, access to justice, supply and demand, process standards, consumer protection and practitioner accreditation have emerged. It is envisaged that they will also arise in the ODR environment.

6.2.5 The opening up of international mediation practice

The profile of cross-border disputants is changing and with it the nature of internatio- **22** nal dispute resolution and the growth of mediation in this area. The increasing accessibility of the Internet and the corresponding growth of small businesses engaging in cross-border transactions has contributed to a significantly higher volume of international transactions and dramatically changed the nature of contemporary business. Consider for example, the Pandora's box of cross-border disputes, which have emerged as a result of B2B and B2C online transactions. **Consumers** increasingly purchase goods online from the comfort of their own homes, blissfully unaware of the place from where the goods are shipped, and when and where in time, space and geography they have entered into the purchase contract. When a problem arises and consumers seek redress, they may find themselves engaged in a form of international dispute resolution. The Internet has also been responsible for the emergence of new kinds of cross-border disputes concerning the use of **domain names and intellectual property.** Insofar as these disputes are mediated online, they are also indicative of the trend towards ODR, discussed above.

Small business owners and consumers are not the only new kids on the cross-border **23** mediation block. Political and legal changes in some parts of the world have provided **traditional peoples** with a degree of self-determination which, in turn, has given them a voice in making decisions about their future, in particular in relation to how the resources attached to their land and seabed areas are used and by whom. Here village chiefs can find themselves sitting across the negotiating table from mining executives, venture capitalists and government ministers as they all sort through international issues involving different areas of law such as contract, investment, company, copyright, domain name, energy, resources and construction.

Cross-border family disputes about parenting and property division are increasingly **24** seeking alternative venues to the courts, especially in child kidnapping cases, where for example, one parent takes a child from France to Germany without the permission of the other. Thus, all sorts of people are finding themselves engaged in cross-border disputes including mums and dads, online consumers, small business operators and chiefs

---

14 Council and Parliament Proposal for a Regulation (EC) on Online Dispute Resolution for Consumer Disputes (Regulation on Consumer ODR) COM(2011) 794 ec.europa.eu/consumers/redress_cons/docs/odr_regulation_en.pd> (Last visited: 30.4.2012).

in remote indigenous villages. Increasing diversity in the characteristics and needs of disputants in cross-border disputes has enhanced the appeal of mediation as a flexible, informal and relatively cost-effective forum.

6.2.6 International institutionalisation of mediation

25 The trend towards international or cross-border institutionalisation of mediation follows the changing nature of international dispute resolution outlined above. The mid- to late-1990 s signalled the **beginning** of a **cross-border phase** of the institutionalisation of mediation. **International commercial arbitration institutions** – such as the ICC in Paris and the LCIA in London – began to offer cross-border mediation, while national organisations – such as ACDC in Sydney, ADR Center in Rome, CEDR in London, CPR in New York and JAMS in California[15] – began to extend their existing mediation services and facilities across borders. In addition, international organisations that offer international mediation services in **specialised fields** include the World Intellectual Property Organisation (WIPO) for intellectual property disputes[16] and the International Ice Hockey Federation in relation to its own sporting disputes.[17]

26 As indicated previously, e-commerce and e-conflict have contributed to a proliferation of **online dispute resolution** services (ODR) across borders. ODR service-providers for the Internet Corporation for Assigned Names and Numbers (ICANN)'s[18] Uniform Domain Name Dispute Resolution policy include WIPO, Asian Domain Name Dispute Resolution Centre (ADNDRC),[19] and the National Arbitration Forum (NAF)[20] based in the United States. The European Commission has established two cross-border networks dealing with **consumer** mediation and ODR: ECC-NET and FIN-NET.

27 In relation to **cross-border family mediation** discussed above, numerous organisations, projects and working groups have been established to facilitate and mediate disputes involving, amongst other things, alleged international child abduction, usually by one of the child's parents. These include Reunite (UK),[21] MAMIF (France),[22] and MFBE (Germany/France),[23] and the US-German Bilateral International Parental Abduction Working Group.

6.2.7 National and international professionalisation of mediation

28 In most countries, the process of professionalising the mediation field began in the 1980 s or 1990 s with schemes to accredit, certify or credential mediators. Usually these schemes were offered by dispute resolution organisations, professional bodies such as law associations, and local courts. Since 2000 there has been a significant growth in **national mediator accreditation schemes** around the world and these may be legislative, as in Austria, or industry-based, as in Australia. Generally, national mediator accreditation schemes set uniform entry-level standards, assessment protocols and continuing

---

15 ICC is the International chamber of Commerce, LCIA is the London Court of International Arbitration, ACDC is the Australian Commercial Disputes Centre, CEDR is the Centre for Effective Dispute Resolution, CEDR Solve is CEDR's Dispute Resolution Service, CPR is the International Institute for Conflict Prevention and Resolution, and JAMS is a private alternative dispute resolution provider.
16 World Intellectual Property Organisation (WIPO) has an Arbitration and Mediation Centre www.wipo.int.
17 Blackshaw, Mediating Sports Disputes: National and International Perspectives, 2002, 170.
18 Internet Corporation for Assigned Names and Numbers at www.icann.org.
19 Asian Domain Name Dispute Resolution Centre (ADNDRC) at www.adndrc.org.
20 National Arbitration Forum (NAF) at www.domains.adrforum.com.
21 See www.reunite.org.
22 MAMIF stands for Mission d'aide à la médiation internationale pour les familles. See the MAMIF website at www.enlevement-parental.justice.gouv.fr.
23 MFBE stands for Médiation familiale binationale en Europe, available at www.mfbe.eu.

training requirements for the formal recognition of professional mediators in that jurisdiction.

The trend towards the professionalisation of mediation at the national level has been **29**
followed by cross-border initiatives that aim to recognise or set **international standards** for the mediation profession. International organisations such as the ICC and JAMS-International select mediators from diverse countries for their panels, thereby recognising a variety of national and organisational standards for mediator competency and certification. The public interest initiative, IMI, has gone one step further by working with mediator accrediting institutions around the world to establish an international certification for professional mediators. The certification of mediators is based on IMI's competency certification scheme (IMI Certification Scheme).[24] Unlike most national and organisation-based accreditation schemes, which focus on entry-level standards for the recognition of mediators, IMI seeks to certify appropriately trained mediators who also can demonstrate considerable practical mediation experience.

Importantly, IMI aims to offer a trust mark of high quality mediation not by requiring **30**
uniform standards but through **"harmonising" mechanisms** such as mediator peer and client review and a code of professional conduct for mediators based on the overarching principles of transparency, trust, competence, confidentiality and impartiality. Thus IMI's goal is to harmonise mediator certification requirements in different countries and in public and private sector service-provider organisations around the world, rather than unify relevant national regulatory instruments. It is an example of an international industry-led harmonisation process. IMI continues to consult widely with mediators, mediation users, mediator credentialing bodies, mediation service providers, government representatives and others with an interest in the development of an internationally recognised mediation profession.

6.2.8 Towards an international legal framework for mediation

The trends towards international institutionalisation and professionalisation of mediati **31**
on are accompanied by a related development, namely the move towards a legal framework for cross-border mediation. To date regulatory attention has focussed primarily on **domestic issues and needs** in the field of mediation. The legalities of cross-border mediation – even though the subject of deliberated regulation in Europe, the United States and elsewhere – have attracted much less interest from the mediation community and other affected stakeholder groups. The EU Directive on Mediation[25] offers a useful example in this regard. The Directive required EU member states to regulate various aspects of **cross-border** mediation practice. There was no requirement to address domestic mediation. However a number of member states, such as Germany, saw the Directive as an opportunity to clarify their domestic legal framework on mediation, while complying with the requirements of the Directive. As a result much of the legal-political debate surrounding and shaping the German mediation law (2012),[26] was centred on domestic rather than cross-border issues. However, as the dust begins to settle on domestic regulatory activity throughout the mediation world, the focus will shift to the regulatory needs of cross-border mediation.

In working towards an **international legal framework** for mediation two different types **32**
of issues need to be addressed, namely those relating to:

---

24 See www.imimediation.org.
25 Council and Parliament Directive (EC) 2008/52 on Certain Aspects of Mediation in Civil and Commercial Matters (2008) OJ L 136/3 http://eur-lex.europa.eu/LexUriServ/LexUriServ.do?uri=OJ:L:2008:136:0003:00 08:En:PDF> (Last visited: 30.4.2012).
26 See chapters 1.2 and 4.6.

1. the **content** of cross-border mediation law, and
2. **conflicts of law.**

33 In relation to the **content** of cross-border mediation law, there are two legal instruments of particular interest and influence: the UNCITRAL Model Law on International Commercial Conciliation (MLICC) and the EU Directive on Mediation, referred to above. Between them they address a range of mediation topics including confidentiality, admissibility of mediation evidence, enforceability of mediated settlements, commencement and termination of mediation, the role of the mediator, the conduct of mediation, and the extent to which mediation may impact on the applicable statute of limitations.

34 The **MLICC** was adopted by the United Nations General Assembly in 2002 and is offered to member and non-member states for adoption. In 2011 approximately 27 jurisdictions (including a number of US states) had based their mediation law on the Model Law. The **United States Uniform Mediation Act,** also a Model Law, adopted most of the terms of the MLICC in relation to cross-border mediation in a 2003 amendment.

35 The **EU Directive on Mediation,** referred to above (s. Kap. 6.2), addresses the **content** of cross-border civil and commercial mediation law throughout the EU region.

36 The above legal instruments deal with the content of cross-border mediation law and do not address issues that may arise in relation to jurisdiction, choice of law and forum (court), and the recognition and enforcement of foreign judgments. This area of law is called **conflicts of law** and it is growing rapidly in relevance to the cross-border mediation field. For example, jurisdictional and forum issues will play a significant role in the development of European mediation law to the extent that

- courts make decisions about the recognition and enforcement of mediation clauses and mediated settlement agreements in their various contractual forms;
- mediated settlement agreements take the form of a court order, court consent award or judgment and
- courts make decisions about other aspects of mediation such as confidentiality and admissibility of mediation evidence.

37 The primary sources for the **rules applicable to conflicts** among mediation laws can be found in a number of **Regulations and Conventions** as follows.[27] On an international level, the Hague Convention on Choice of Court 2005[28] may be applicable to jurisdictional, judgment recognition and forum issues. Insofar as mediation is linked with arbitration procedures[29] and mediated settlements take the form of arbitral awards, the New York Convention on the Recognition and Enforcement of Foreign Arbitral Awards 1958 may be relevant. In Europe, the Brussels I[30] and Rome I and II[31] Regulations deal with choice of forum and choice of law respectively. In relation to choice of

---

27 For a more detailed discussion of conflicts of law regulation in creation to cross-border mediation, see Alexander, Harmonisation and Diversity in the Private International Law of Mediation: The Rhythms of Regulatory Reform, in: Hopt and Steffek (eds) Mediation — Principles, Regulation and Reform in Comparative Perspective, 2012.

28 See the Hague Convention on Private International Law 20th Session 2005, available at www.hcch.net.

29 See section 6.2.9 below.

30 See Council Regulation (EC) 44/2001 on Jurisdiction and the Recognition and Enforcement of Judgements in Civil and Commercial Matters (2001) OJ L 12/1 http://eur-lex.europa.eu/LexUriServ/LexUriServ.do?uri= OJ:L:2001:012:0001:0023:en:PDF (Last visited: 30.4.2012), referred to as the Brussels I Regulation.

31 See Council and Parliament Regulation (EC) 593/2008 on the Law Applicable to Contractual Obligations [2008] OJ L 177/6 http://eur-lex.europa.eu/LexUriServ/LexUriServ.do?uri=OJ:L:2008:177:0006:0016:En:P DF (Last visited: 8.2.2012), referred to as the Rome I Regulation. Note also, Council and Parliament Regulation (EC) 864/2007 on the Law Applicable to Non-contractual Obligations (2007) OJ L 199/40 http://eur -lex.europa.eu/LexUriServ/LexUriServ.do?uri=OJ:L:2007:199:0040:0040:en:PDF (Last visited: 8.2.2012), referred to as the Rome II Regulation.

law, Rome I may be applicable to choice of law in disputes about contracts, for example contracts containing mediation clauses, agreements to mediate and mediated settlement agreements.

Of course, **mediation clauses** may themselves contain so-called "proper law clauses" in which the parties agree upon the law they wish to apply to identified disputes. As an example, the following proper law clause is taken from the IMI's Professional Conduct Assessment Process: 38

This Professional Conduct Assessment Process will be exclusively governed by the law of any applicable mediation agreement between the parties, but in the absence of such agreement will be governed by the law of the place where the IMI Certified Mediator who is the subject of the complaint maintains his or her principal place of business (" the Governing Law").[32]

In summary, therefore, initiatives aimed at establishing a robust international legal framework for mediation will continue and are likely to attract even more attention from mediation interest groups around the world in the coming years. 39

6.2.9 Opening mediation windows in the arbitration house

Given the accelerated pace of its uptake in countries around the world, it is only a matter of time before mediation in cross-border settings matures and settles in terms of the previously-discussed trends of international legal framework, institutionalisation and professionalisation. During this growth phase, however, change and **uncertainty surround many legal issues** relevant to mediation, thereby offering lawyers and parties constant reminders of the legal unpredictability still associated with cross-border mediation. For example, how will conflicts of law rules be applied to mediation documents such as mediation clauses, agreements to mediate, mediation agreements and mediated settlements? How will courts in different jurisdictions interpret mediation laws on confidentiality, admissibility of mediation evidence in other proceedings and enforceability of mediated settlements? In many countries, the domestic law on mediation is young and the jurisprudence on these issues limited, leading to legal uncertainty on many issues. 40

In these circumstances, **arbitration processes involving mediation elements** offer an interesting entry point to cross-border mediation. These hybrid dispute resolution processes combine the opportunities associated with a flexible facilitative process such as mediation with the finality of a determinative process such as arbitration in addition to the regulatory predictability associated with the more legally-settled field of international arbitration. Some of the more popular hybrid processes include the following: 41

- **Med-arb:** A combination of mediation and arbitration, med-arb is a hybrid process that may take a number of forms. Most often it involves mediation, followed by arbitration only on those issues, if any, not resolved at mediation. An alternative approach to med-arb involves parties agreeing to mediate certain issues in the dispute and to arbitrate other issues. In med-arb it is preferable to use a different practitioner as mediator and as arbitrator in order to maintain the integrity and confidentiality of both processes and comply with natural justice rules.[33]
- **Mediation windows:** This process refers to mediations conducted within an arbitration process rather than prior to it. Generally all members of the arbitral tribunal

---

32 See the IMI website, http://imimediation.org/imi-code-of-professional-conduct.
33 Alexander, Opening the Mediation Window in the Arbitration House, Canadian Arbitration and Mediation Journal 2011, 20(2), 37.

are present during the mediation. Only one of tribunal members conducts the private mediation sessions and in the event of the arbitration resuming, that tribunal member is replaced. This variation allows all tribunal members access to joint session discussions at mediation, ensuring therefore that, should the matter not settle and the arbitration resume, the tribunal is abreast of all developments apart from ex parte communications between the now retired mediator and the parties. Where mediation windows are used the entire procedure is usually governed by the applicable arbitration legislation and any mediated settlement agreement can be readily converted into a settlement award, an option which is not always available in med-arb processes.

■ "Med-arb simultanés": This is a process offered by the Centre for Mediation and Arbitration in Paris[34] according to which an arbitration process runs simultaneously with, and independently from, a mediation process. Generally the parties set a time frame for the completion of the mediation. If the mediation does not result in a mediated settlement then the arbitration will result in an award binding on the parties eight days after the mediation deadline has expired. During the parallel processes, the mediator and arbitrator are not able to communicate with each other about the case. However at the end of each day or during breaks, the parties may consult with their legal representatives in each process in relation to the progress that has been made.

42 The trend towards use of mediation in arbitration settings is reflected in **contemporary arbitration regulation**, which increasingly provides for mediation or other settlement opportunities within the framework of arbitration. For example, Article 24 of the ICC Arbitration Rules recognise ADR and mediation as part of a case management toolbox (Article 24) that can be drawn upon to shape dispute resolution to suit the parties' needs. Arbitration rules and statutes that explicitly envisage that the same person may conduct arbitration proceedings as well as facilitate settlement discussions or mediation can be found in numerous jurisdictions including Australia, Germany, Hong Kong, Singapore, India, Taiwan and Japan.[35]

6.2.10 The mediation export explosion and its impact on harmonisation

43 The tenth and final trend identified in this chapter refers to the explosion in **exporting western mediation know-how and know-why to developing countries**, and its implications for the harmonisation of mediation practice around the world. Mediation programs for the third-world are increasingly funded through first-world aid institutions as part of economic and legal reform. Here mediation is presented as a means to various ends: to enhance access to justice, to release back into economies money tied-up in litigation, to reduce court backlogs, to enhance confidence in the court system, to increase foreign investment and cross-border trade. Hidden within and among these goals is a common theme — one rarely articulated as a project focus, yet one that is quietly and ever-so-gradually having an enormous impact on the practice and regulation of mediation around the world. This is the **cross-border harmonisation of mediation** and the ro-

---

34 See the rules for med-arb simultanés, available at www.cmap.fr.
35 See s. 27D of the Commercial Arbitration Act 2010 (NSW, Australia), § 1053 of the German Code of Civil Procedure (ZPO), ss 32-33 of the Arbitration Ordinance (Ord. No. 17 of 2010) (Hong Kong), ss 16–17 of the International Arbitration Act 1995 (Chapter 143A) (Singapore), s. 30 of the Arbitration and Conciliation Act, 1996 (India), arts 44-45 of the Arbitration Law 1961 (Taiwan), and art 38(4) of the Arbitration Law (Law No.138 of 2003) (Japan). In England see the Report of the CEDR Commission on Settlement in International Arbitration (2009), which considers the opportunities and risks involved in arbitrators engaging in mediation and other settlement attempts and has established rules in relation to the practice: available at http://www.cedr.com/about_us/arbitration_commission/.

le of international ADR consultants in this process. Here harmonisation means the process of creating compatible regulatory systems in different jurisdictions so that the impact of laws, rules, standards and other norms in each jurisdiction has a similar effect. Whether or not they are aware of it, ADR consultants working in different locations across the globe contribute to mediation harmonisation in one way or another. It is inherent in the very nature of the work they do and more specifically in the processes and resources they use.

On an organisational level, donor agencies manage their resources for maximum impact. It comes as no surprise therefore that these bodies may from time to time ask consultants to provide proposals for regional multiple-country projects based on one mediation model and one training manual. While mention may be made of cultural variation, the basic structural model and approach generally remain uniform. As a result, the structural parameters for a project establish a **framework for harmonised mediation training and practice** and, depending on the terms of reference, for accompanying mediator codes of conduct, accreditation standards, and rules and legislation relating to other aspects of mediation practice such as confidentiality and admissibility of mediation evidence.   44

In taking on these projects, ADR consultants draw on **multiple resources**, both local and international. Invariably they will also draw upon their own knowledge, training, skill, experience and personal connections. For example they may refer to or make use of documentation they have produced or used in previous projects, programs and organisations – training manuals, codes of conduct, accreditation standards, policy statements, research questionnaires, rules, legislation and so on. Exchanges with other ADR consultants involved in similar projects in different parts of the world provide another ready resource made all the more available by virtue of internet technology.   45

ADR consultants generally **keep up to date with international developments** through their networks and draw on international texts such as the UNCITRAL Model Law on International Commercial Conciliation and the EU Directive on Mediation and international documents such as the World Bank Group's Alternative Dispute Resolution Guidelines and Alternative Dispute Resolution Center Manual.[36] The way that ADR consultants do their job has a lot to do with **cross-border mobility, client and contractor expectations, and the ubiquitous presence of the world wide web** which seems to expand space while compressing time so that everything, and sometimes too much, is available at the touch of a key. In so far as mediation consultants share resources and make decisions about how to regulate mediation, mindful of what other nations are doing, they naturally contribute to the drive towards regulatory systems that are compatible and harmonised.   46

Taken collectively the consultancy work that many mediators engage in on an ad hoc or part time basis is **shaping the local and global conditions** for what mediation will look, sound and feel like in the future. Mediators in these roles should be mindful of the significant responsibility they carry for future generations.   47

---

36   World Bank Group, Alternative Dispute Resolution Guidelines, 2011 and Alternative Dispute Resolution Center Manual, 2011.

7 Anhang

7.1 Handouts

7.1.1 Eskalationsstufenkonflikt

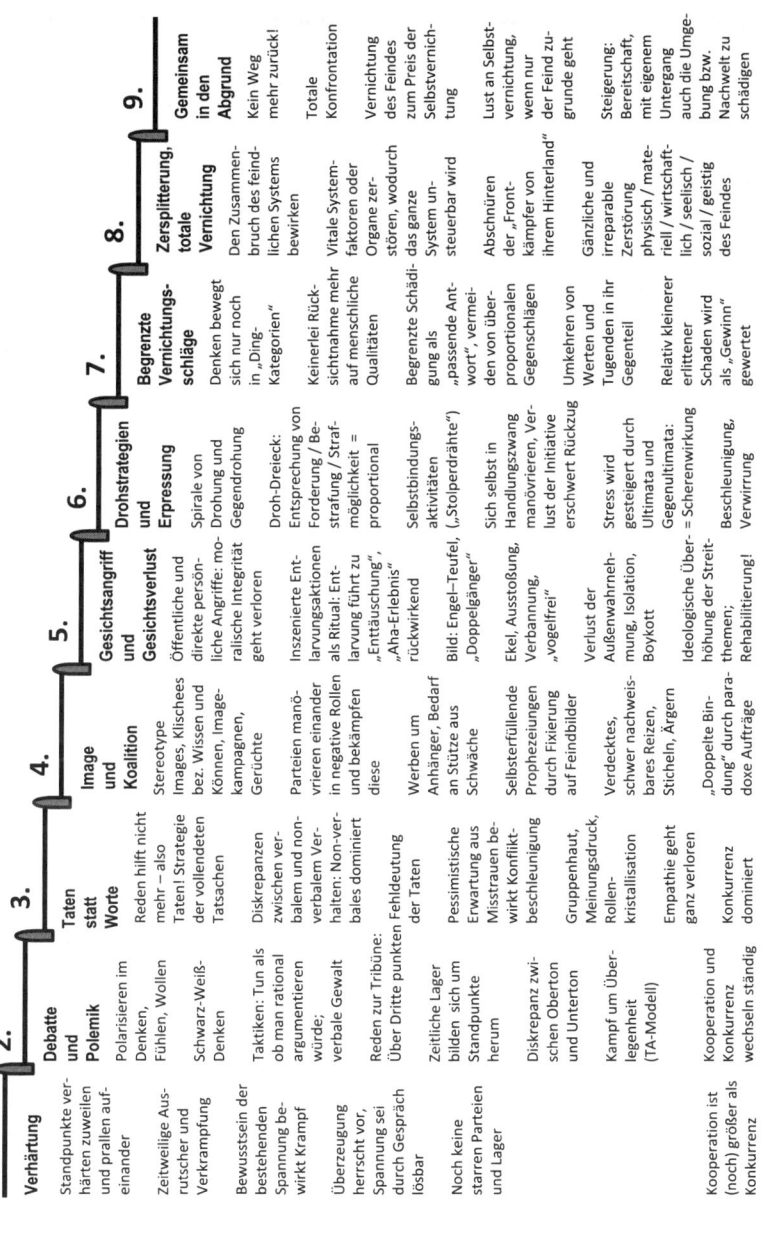

Die Stufen der Eskalation

Friedrich Glasl: Selbsthilfe in Konflikten. Bern/Stuttgart/Wien 2011

1. Verhärtung
- Standpunkte verhärten zuweilen und prallen aufeinander
- Zeitweilige Ausrutscher und Verkrampfung
- Bewusstsein der bestehenden Spannung bewirkt Krampf
- Überzeugung herrscht vor, Spannung sei durch Gespräch lösbar
- Noch keine starren Parteien und Lager
- Kooperation ist (noch) größer als Konkurrenz

2. Debatte und Polemik
- Polarisieren im Denken, Fühlen, Wollen
- Schwarz-Weiß-Denken
- Taktiken: Tun als ob man rational argumentieren würde; verbale Gewalt
- Reden zur Tribüne: Über Dritte punkten
- Zeitliche Lager bilden sich um Standpunkte herum
- Diskrepanz zwischen Oberton und Unterton
- Kampf um Überlegenheit (TA-Modell)
- Kooperation und Konkurrenz wechseln ständig

3. Taten statt Worte
- Reden hilft nicht mehr – also Taten! Strategie der vollendeten Tatsachen
- Diskrepanzen zwischen verbalem und nonverbalem Verhalten: Non-verbales dominiert
- Über Dritte punkten Fehldeutung der Taten
- Pessimistische Erwartung aus Misstrauen bewirkt Konfliktbeschleunigung
- Gruppenhaut, Meinungsdruck, Rollenkristallisation
- Empathie geht ganz verloren
- Konkurrenz dominiert

4. Image und Koalition
- Stereotype Images, Klischees bez. Wissen und Können, Imagekampagnen, Gerüchte
- Parteien manövrieren einander in negative Rollen und bekämpfen diese
- Werben um Anhänger, Bedarf an Stütze aus Schwäche
- Selbsterfüllende Prophezeiungen durch Fixierung auf Feindbilder
- Verdecktes, schwer nachweisbares Reizen, Sticheln, Ärgern
- "Doppelte Bindung" durch paradoxe Aufträge

5. Gesichtsangriff und Gesichtsverlust
- Öffentliche und direkte persönliche Angriffe: moralische Integrität geht verloren
- Inszenierte Entlarvungsaktionen als Ritual: Entlarvung führt zu "Enttäuschung", "Aha-Erlebnis" rückwirkend
- Bild: Engel–Teufel, "Doppelgänger"
- Ekel, Ausstoßung, Verbannung, "vogelfrei"
- Verlust der Außenwahrnehmung, Isolation, Boykott
- Ideologische Überhöhung der Streitthemen; Rehabilitierung!

6. Drohstrategien und Erpressung
- Spirale von Drohung und Gegendrohung
- Droh-Dreieck: Entsprechung von Forderung / Bestrafung / Strafmöglichkeit = proportional
- Selbstbindungsaktivitäten ("Stolperdrähte")
- Sich selbst in Handlungszwang manövrieren, Verlust der Initiative erschwert Rückzug
- Stress wird gesteigert durch Ultimata und Gegenultimata: = Scherenwirkung
- Beschleunigung, Verwirrung!

7. Begrenzte Vernichtungsschläge
- Denken bewegt sich nur noch in "Ding-Kategorien"
- Keinerlei Rücksichtnahme mehr auf menschliche Qualitäten
- Begrenzte Schädigung als "passende Antwort", vermeiden den von überproportionalen Gegenschlägen
- Umkehren von Werten und Tugenden in ihr Gegenteil
- Relativ kleinerer Schaden wird als "Gewinn" gewertet

8. Zersplitterung, totale Vernichtung
- Den Zusammenbruch des feindlichen Systems bewirken
- Vitale Systemfaktoren oder Organe zerstören, wodurch das System unsteuerbar wird

9. Gemeinsam in den Abgrund
- Kein Weg mehr zurück!
- Totale Konfrontation
- Vernichtung des Feindes zum Preis der Selbstvernichtung
- Lust an Selbstvernichtung, wenn nur der Feind zugrunde geht
- Steigerung: Bereitschaft, mit eigenem Untergang auch die Umgebung bzw. Nachwelt zu schädigen
- Gänzliche und irreparable Zerstörung physisch / materiell / wirtschaftlich / seelisch / sozial / geistig des Feindes

7.1.2 Wahrnehmung

Ergebnisse der Kognitionswissenschaft und Grundlagen des Konstruktivismus

> *„Wir sehen nicht, dass wir nicht sehen."*
> Maturana, H.R./Varela, F.J., Der Baum der Erkenntnis, Bern 1987, 23.

> „Jedes Ding hat drei Seiten: eine, die du siehst, eine, die ich sehe, und eine, die wir beide nicht sehen."
> Chinesisches Sprichwort

Aus der klassischen, von dem deutschen Physiologen und Physiker Hermann Ludwig Ferdinand von Helmholtz (1821-1894) in der Mitte des 19. Jahrhunderts begründeten **Wahrnehmungspsychologie** ist bekannt, dass die nackten Sinnesreize, die über das Auge, das Gehör und die anderen Sinne aufgenommen werden, unmittelbar unbewusst so „korrigiert" werden, dass **Abbilder**, dh verwertbare Erfahrungen, entstehen. Beispielsweise wird ein Auto, das auf einer Straße fährt, unabhängig von der Größe des Abbilds auf der Netzhaut des Betrachters so wahrgenommen, als habe es seine volle Größe.

Die beiden chilenischen Biologen Humberto R. Maturana und Francisco J. Varela fanden in den 1970er Jahren heraus, dass beim Sehen nur ein geringer Teil dessen, was über die Nervenbahnen in weiterverarbeitende Bereiche des Gehirn gelangt, von der Netzhaut kommt, also aus **externer Information** besteht. Der überwiegende Teil besteht aus **internen**, verarbeiteten Informationen. Die Wahrnehmung folgt also nicht allein physikalischen Gesetzen.

Unter Rückgriff auf die klassische Wahrnehmungstheorie geht die Neuro- und Kognitionswissenschaft heute davon aus, dass die Fähigkeit zur Wahrnehmung auf der Fähigkeit basiert, die gesamte Erfahrung so zu organisieren, dass sie für den Menschen Sinn macht. Es ist die Fähigkeit des Menschen, seine vergangene Erfahrung kontinuierlich mit den gegenwärtigen Sinnesreizen synthetisch zu verbinden. Die Farbe der Orange, die Größe einer uns sich nähernden Person etc. ist in unserer Wahrnehmung orange bzw. so groß wie ein Mensch, weil wir es so kennen und erwarten. Was wir erwarten, erinnern, also schon in uns haben, prägt unsere Wahrnehmung. **Wahrnehmung ist** also ein **aktiver Prozess** der Organisation und Interpretation von Informationen und nicht nur eine passive Verarbeitung von Umweltreizen durch die Sinnesorgane. Nie können wir die Wirklichkeit „an sich" erleben. Immer vermischen sich die Perzeption von Sinnesreiz und Informationsverarbeitung. Wahrnehmung ist somit gleichzeitig immer auch subjektiv und **selektiv**, ist immer Interpretation und Konstruktion. Der eine erlebt im dunklen Zelt die Beine des Elefanten, der andere die Stoßzähne und ein Dritter die großen Ohren (vgl. Peseschkian, N., Die Schaulustigen und der Elefant, 1979).

Wir konstruieren unsere eigene Wirklichkeit. Erkenntnistheoretisch basiert hierauf der sog. **Konstruktivismus**. Der Konstruktivismus lenkt den Fokus weg von den zu beobachtenden Objekten hin zu dem wahrnehmenden Subjekt, seinen internen Strukturen, seinen Filterungs- und Bewertungsprozessen. Die „unmöglichen" Bauwerke und Vexierbilder des niederländischen Graphikers Maurits Cornelis Escher (1898-1972), die auch dann noch unwillkürlich in eine andere Darstellungsebene „umkippen", wenn der Betrachter das Prinzip längst durchschaut hat, lassen die Wahrnehmung als einen subjektiv bestimmten Vorgang erscheinen, der gleichwohl gesteuert werden kann. Ein gänzlich objektiver Blick, ein Blick ohne Brille, scheint für den Menschen aber nicht möglich zu sein. **Wirklichkeit erscheint also immer als soziale Konstruktion:**

> *„Unser Wissen und unsere Erkenntnis sind für einen bestimmten zeitlichen, räumlichen und sozialen Kontext mögliche, passende, brauchbare Konstruktionen, die einen kontinuierlichen Werden und Wandel unterliegen und über die in der Kommunikation mit anderen stets ein Konsens ausgehandelt und hergestellt wird."*

> *Balgo, R., Lehren und Lernen, Der Versuch einer (Re-)Konstruktion; in: Pädagogik 7-8/1998, 58 ff*

Andererseits gelingt dieser Prozess der Herstellung gemeinsamer Konstruktionen nicht immer. Ob und inwieweit es gelingt, eine gemeinsame Geschichte zu finden, Konsens herzustellen, ist von höchst unterschiedlichen Faktoren abhängig. Gerade in Konfliktsituationen ist die Selektivität der Wahrnehmung besonders stark („Scheuklappen-Effekt"). Die ständige funktionale Anpassung der Konstruktionen von Wirklichkeit ist ein entscheidender Ansatzpunkt für die Intervention im Rahmen einer Mediation. Für Mediatoren ergibt sich aus der konstruktivistischen Herangehensweise die Verantwortung, die Vielzahl möglicher Realitätsentwürfe zu akzeptieren, Differenzen zu benennen und einen Wechsel der Perspektiven zu ermöglichen und zu fördern („Öffnen der Scheuklappen"). Mediatoren sollten nicht bewerten, sondern Freiräume schaffen für die Wahrnehmung und Austragung unterschiedlicher Sichtweisen und Interessen.

7.1.3 Kommunikation in der Mediation

Grundlagen der Mediation Kommunikation

1. Nachrichtentechnisches Kommunikationsmodell

■ Das Grundmodell der Kommunikation (Shannon/Weaver, 1949) orientiert sich an technischen Kommunikationsprozessen (zB Funkverkehr, Rundfunk) und geht davon aus, dass durch Gespräche primär Informationen übermittelt werden sollen. Im Rahmen dieses Modells wird Kommunikation als Übertragung von Nachrichten oder Informationen von einem Sender zu einem Empfänger beschrieben.

■ Ein Sender übersetzt eine Idee in erkennbare Zeichen bzw Worte (die Nachricht). Diese Nachricht kann durch Umweltgeräusche (ein „Rauschen im Kanal") mehr oder weniger gestört oder verändert werden. Anschließend wird sie wird von einem Empfänger entschlüsselt und in ihrer Bedeutung erkannt.

Kritik:

Das nachrichtentechnische Modell der Informationsübertragung beschreibt menschliche Kommunikation in einer zu stark vereinfachenden Weise. Es muss in jedem Fall durch eine **psychologische** Perspektive (interne Verarbeitungsprozesse) ergänzt werden. Zudem werden durch die Fokussierung des Kommunikations-Inhaltes wichtige **soziale** Einflussgrößen vernachlässigt.

2. Modelle sozialer Kommunikation

a.) Paul Watzlawick (Watzlawick P. et al. Menschliche Kommunikation, Basel 2003)

beschreibt die menschliche Kommunikation als input/-output-Prozess mit einem menschlichen Bewusstsein dazwischen, das weitgehend wie eine Black Box funktioniert, in der die Unterschiede zwischen Senden und Empfangen (und damit Missverständnisse) produziert werden. Dabei formulierte Watzlawick u.a. die folgenden **Kommunikationsaxiome:**

■ Man kann nicht nicht-kommunizieren (weil auch unterlassene Handlungen und Schweigen bzw auf nonverbale Weise anderen Menschen etwas signalisieren). Neben der dominierenden Sprache hat der Mensch eine Vielzahl von Ausdrucksformen, wie Blickkontakt, Mimik, Gestik, Körperhaltung, Platzierung im Raum, Kleidung, etc.

■ Jede Kommunikation hat einen **Inhalts-** und einen **Beziehungsaspekt,** sie enthält einen bestimmten Inhalt und ein bestimmtes Beziehungsangebot, wobei Letzteres den Inhaltsaspekt bestimmt. Die Wurzeln von Konflikten, die auf der Inhaltsebene ausgetragen werden, liegen häufig auf der Beziehungsebene.

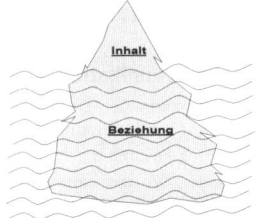

b.) Schulz von Thun (Schulz von Thun, F., Miteinander reden 1, 1995, 30) erweitert das Modell um zwei weitere Aspekte; mithin können folgende **4 Seiten einer Nachricht** unterschieden werden:

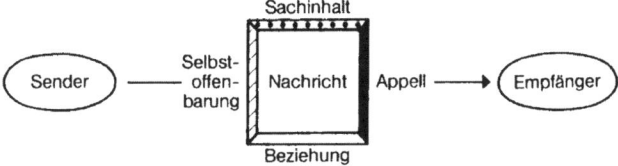

⊙ Sachaspekt:	Was teilt der Sender ich – klar und unmißverständlich – mit.
⊙ Beziehungsaspekt:	Wie behandelt der Sender seiner Kommunikation sein Gegenüber? Wie steht er zu ihm?
⊙ Selbstoffenbarungsaspekt:	Was sagt der Sender über sich selbst durch seine Art der Kommunikation und ihre Inhalte aus?
⊙ Appellaspekt:	Was soll die Nachricht bewirken? Was soll der Empfänger der Nachricht denken/tun?

Alle vier Aspekte sind prinzipiell als gleichrangig anzusehen, aber durch die Überbetonung des Sachaspekts in Alltag, Schule und Arbeitsleben sind wir im Umgang mit den anderen drei Aspekten der Nachricht nur wenig geübt. Botschaften können in einer Nachricht explizit (ausdrücklich, ausführlich beschrieben) oder implizit (mitgemeint) enthalten sein. Die Hauptbotschaft ist häufig implizit enthalten und wird in der Regel über den nichtsprachlichen Kanal gesendet.

Der Empfänger hat im Prinzip die „freie" Wahl, welchen Aspekt er empfangen will und auf welchen Aspekt er reagiert. Diese freie Wahl „verkompliziert" die Kommunikation und macht Missverständnisse nahezu unvermeidlich. So liegen Kommunikationsprobleme in der Natur des sehr komplexen Geschehens. Auf der Grundlage eines systemischen Kommunikationsmodells ist die Frage „Wer ist (an Missverständnissen) schuld? Wer hat angefangen?" nicht sinnvoll. Es scheint eine typisch menschliche „Wirklichkeitskonstruktion" zu sein, dass eigenes Verhalten meist als Folge oder Reaktion gedeutet wird („Der/die andere ist schuld!"). Watzlawick kennzeichnet diese Konstruktion als „Interpunktion von Ereignisfolgen", dh das eigene Verhalten wird als Folge und das fremde Verhalten als Ursache gedeutet. Kommunikation ist aber nicht über Kausalketten auflösbar. Niemand kann genau sagen, wie ein Diskurs, ein Konflikt angefangen hat.

Fazit

- Sprache ist nicht nur ein Hilfsmittel des Denkens, sondern enthält Theorien über die alltägliche Wirklichkeit des Menschen. Sprache ist ein Mittel zur „Konstruktion unserer Wirklichkeit".

- Sprache vermittelt eine Vielzahl von komplexen und verflochtenen Botschaften über Tatsachen, Absichten, Beziehungen und Selbstbilder.

- Die Bedeutung dieser Botschaften wird durch den Empfänger (aufgrund von Erwartungen, Befürchtungen und bisherigen Erlebnissen und einem bestimmten Selbstkonzept) konstruiert.

- Der Empfänger ist für seine Phantasien/Konstruktionen, Reaktionen und Gefühle verantwortlich. Häufig werden diese Phantasien nicht überprüft.

- Die Wahrscheinlichkeit, dass Kommunikation misslingt, ist hoch!

3. Ansätze zur Verbesserung der Kommunikation

Kommunikation kann verbessert werden, wenn der Empfänger die entschlüsselte Botschaft einer „Qualitätskontrolle" unterzieht. Dies ist nur mit Unterstützung des Senders möglich.

- **Aktives Zuhören**: drückt Wertschätzung aus und macht wechselseitigen Austausch möglich
  - Das Verstandene wird mit eigenen Worten kurz zusammengefasst und konkretisiert. Dadurch ist es möglich, Missverständnisse von Anfang an zu vermeiden. („**Paraphrasieren**")
  - Zudem achtet der/die Zuhörer/in nicht nur auf den Inhalt sondern auch auf die Selbstoffenbarungs-, Beziehungs- und Appellanteile der Botschaft und versucht implizite Bedeutungen und mitschwingende Gefühle in Worte zu fassen. („**Verbalisieren**").

- Metakommunikation
  ist *Kommunikation über Kommunikation* und dient der Überprüfung von Phantasien. Es werden Inhalt und Ablauf eines Gesprächs selbst zum Gegenstand eines Gesprächs gemacht.

- Feedback
  wird als Rückmeldung auf konkrete (Gesprächs-) Ereignisse bzw Sequenzen bezogen. Feedback orientiert sich an dem folgenden Ablauf-Schema **gewaltfreier Kommunikation**: Beobachtung – Auswirkung – Gefühl – Änderungswunsch.
  Feedback wird in Form von **Ich-Botschaften** gegeben. Ich-Botschaften haben einen hohen Selbstoffenbarungsanteil und geben etwas von dem eigenen Innenleben preis.

7.1.4 Harvard-Modell

Modell für sachgerechtes Verhandeln – sog. „Harvard-Modell"

(nach Fischer, R./Ury, W., Getting to Yes, Boston 1981, 2. Aufl. 1996; Fischer, R./Ury, W./Patton, B., Das Harvard-Konzept, Frankfurt 1997)

Menschen: Menschen und Probleme getrennt voneinander behandeln!

- Das Problem angehen, nicht den Menschen: separate the people from the problem!
- Tough on the problem, soft to the people! (Hart in der Sache, sanft im Umgang mit Menschen).
- Zwischenmenschliche Probleme von Sachkonflikten trennen (es ist nicht sinnvoll die Beziehungs-Probleme durch Zugeständnisse in der Sache lösen zu wollen).
- Fokus nicht auf (vermeintliche) Tatsachen, sondern Wahrnehmungen und Sichtweisen. Unterschiedliche Wahrnehmungen/Sichtweisen verstehen, akzeptieren.
- Emotionen (die eigenen und die des Verhandlungspartners) müssen erkannt und zugelassen werden: Dampf ablassen, um sich dann der Sache zuwenden zu können.
- Die Beteiligten eines Konflikts sind an dessen Bearbeitung/Regelung zu beteiligen. Eine Vereinbarung wird erleichtert, wenn sich beide/die Parteien gemeinsam als Urheber der Ideen verstehen.

Interessen: Nicht Positionen, sondern Interessen in den Mittelpunkt stellen!

- Hinter gegensätzlichen Positionen (Standpunkten) liegen zumeist auf beiden Seiten nicht verbalisierte Nöte, Bedürfnisse, Wünsche, Sorgen und Ängste (**Interessen**).
- Interessen können (offen oder unerkannt) gleichgerichtet/gemeinsam, prinzipiell ausgleichbar aber als auch (unveränderlich) widersprechend sein.
- Streitparteien werden selten nur von einem Interesse angetrieben.
- Positionen können aufgegeben werden, nicht aber die Interessen.
- Wer will, dass seine Interessen gewürdigt werden, muss bereits sein, die Interessen des anderen zu würdigen.

Optionen: Vor der Entscheidung, (neue) Möglichkeiten entwickeln!

- Die Suche nach der einzig richtigen Antwort erschwert die Lösung des Konflikts. Es lohnt sich, über eine Vielfalt möglicher Lösungen nachzudenken. Die Anzahl der Entscheidungsalternativen erhöhen und damit den (zu verteilenden) „Kuchen vergrößern".
- Optionen zum beiderseitigen Nutzen und Vorteil erarbeiten. Das Ergebnis muss sowohl den Eigeninteressen als auch den Interessen des Verhandlungspartners dienen.
- Herausarbeiten gemeinsamer Ziele und Interessen: Wo liegt die Schnittmenge der beiderseitigen Interessen?
- Entwicklung kreativer Optionen durch methodische Hilfen (zB Brainstorming) – erst kreatives Suchen, dann Überprüfung der Realisierungsmöglichkeit und Bewertung.
- Drohungen und Druck helfen nicht – positive Alternativen anbieten.

Kriterien: Die Entscheidung aufgrund objektiver Kriterien treffen!

- Verhandlungen bedürfen auch hinsichtlich des Vorgehens/Verfahrens gewisser (Kommunikations)Regeln; ggf. Einschaltung von neutralen Dritten als Vermittler.
- Den Streitfall zur gemeinsamen Suche nach (objektiven/intersubjektiv gültigen) Kriterien umfunktionieren.
- Kriterien müssen für die Konfliktparteien gleichermaßen (intersubjektiv) gültig sein; uU einen (sachverständigen) neutralen Dritten die vorgeschlagenen Kriterien auf ihre (wissenschaftliche) Sachbezogenheit überprüfen lassen.
- Je stärker sachbezogene Kriterien in die Verhandlungen einbezogen werden, um so wahrscheinlicher wird ein am Ende faires Ergebnis sein; Beilegung von Konflikten nur aufgrund des guten Willens sind letztlich oft nicht tragfähig.
- Die Verhandlungsstärke hängt davon ab, wie attraktiv die Optionen bei einem Scheitern der Verhandlungen sind: BATNA/WATNA = Best/Worst Alternative To a Negotiated Agreement.

7.1.5 Rolle und Funktion von Mediatoren

Mediatoren sind weder Richter noch Schlichter, sie haben keine Entscheidungsgewalt im Hinblick auf den Streitgegenstand. Mediatoren sind allparteilich-unterstützende Vermittler, sie haben aber keinen „erzieherischen" Auftrag, sie sind weder Therapeuten noch (parteiliche) Helfer und Berater, sondern **Initiatoren für neue Regelungsprozesse.** Die Aufgaben der Mediatoren bestehen im Wesentlichen darin, den Verhandlungsprozess zwischen den Parteien unterstützend zu begleiten, in dem sie die spezifische Struktur und Methode der Mediation einsetzen. Diese beinhaltet insbesondere:

- **Verfahrenskontrolle:** Starten, Steuern, Führen und Leiten durch die spezifischen Phasen des Mediationsverfahrens, Agenda-Setting, Strukturgebung.

- **Gesprächsmoderation:** Neugestaltung und Steuern der Kommunikationsverläufe, Aktives Zuhören, klientenzentrierte wie mediationsspezifische Kommunikation und Fragekunst.

- **Klärungshilfe:** unterstützende Problemdefinition: Interessens- und Bedürfnisanalyse, systemische Wahrnehmungsrekonstruktion, Sichtbarmachen von Wahrnehmungsdissonanzen, Realitätstest und Klärung der Nichteinigungsalternativen (BATNA):

  - Mediatoren sehen einen Konflikt nicht per se negativ, sondern hierin auch die Chancen zur Veränderung. Insoweit sind sie „konflikt-freundlich", sie nehmen die Konflikte in ihren unterschiedlichen Dimensionen wahr, unterdrücken und verschweigen Gegensätze nicht (wichtig insb. wenn Mediation im Unternehmen eingesetzt werden soll), sondern bemühen sich insbesondere darum, dass die Parteien alle (ggf noch nicht-sichtbaren) Aspekte des Konflikts thematisieren.

  - Die Mediatoren ermitteln nicht die Wahrheit. Sie arbeiten mit der (selektiven) Wahrnehmung der Konfliktparteien, akzeptieren verschiedene subjektive Wirklichkeiten, benennen allerdings Differenzen in den Wahrnehmungen und Sichtweisen und versuchen, einen Wechsel der Perspektiven und die Konstruktion einer gemeinsamen Geschichte zu ermöglichen.

  - Die Mediatoren bewerten und urteilen nicht. Sie nehmen alle Standpunkte, Interessen und Gefühle ernst. Die Mediatoren helfen den Beteiligten, sich über ihre Gefühle und Interessen klar zu werden und sie verständlich zum Ausdruck zu bringen. Dazu können sie auch die Mediation unterbrechen und Einzelgespräche führen.

  - Die Mediatoren dürfen kein eignes (persönliches wie institutionelles) Interesse an einem bestimmten Konfliktausgang haben. Sie sollen in diesem Sinne neutral und unparteilich sein. Sie setzen sich aber für die Interessen und Belange aller Konfliktpartei ein: sie sind „allparteilich". Sie können daher das Gespräch von sich aus abbrechen, wenn keine ethisch verantwortbare Lösung gefunden wird.

  - Mediatoren führen keine Rechtsberatung durch.

  - Die Mediatoren gehen mit dem Gehörten vertraulich um und unterliegen der Schweigepflicht.

  - Die Person des Mediators muss von allen Konfliktbeteiligten akzeptiert und respektiert werden. Es muss sich um eine Person handeln, die das Vertrauen der Streitparteien genießt oder sich erwirbt und deren Kompetenz nicht bestritten wird.

Mediatorenkrankheiten

- „Objektive Wahrheit" suchen statt mit den (konstruierten) Geschichten der Parteien zu arbeiten.

- Ermitteln und ausfragen statt widerspiegeln, zusammenzufassen, auf Unterschiede in den Perspektiven hinzuweisen.

- Interpretieren, übertragen (und gegen übertragen), erahnen, was die Partei will, statt die eigene Wahrnehmung zu beschreiben, nachzufragen und zu klären.

- Die eigene Sichtweise für objektiv halten, von eigenen Werten ausgehen, in eigene (Lösungs-)Ideen verlieben, „offenkundige" Lösungen vorschlagen, Rechtberatung.

- Emotionen keinen Raum geben, Spannungen nicht zulassen, nicht ausreichend Zeit und Raum geben, keine Geduld.

- Konfliktverantwortung nicht bei den Parteien belassen; Störungen einer Partei beantworten, statt mit Hilfe der anderen Partei auszubalancieren. Sich nichts stets der bewussten Zustimmung der Parteien versichern.

7.1.6 Beispiel einer Eröffnung

Eröffnung einer Mediationssitzung – Mediator Opening Statement

(MOS-Elemente zT abhängig von Vorgesprächen, einer vorweg zugeleiteten Mediationsvereinbarung sowie dem Arbeitsfeld; Medianten nicht „zu-texten"; ggf Informationen dialogisch vermitteln). Hier nur Formulierungsbeispiele, Mediatoren sollten ihre eigene Sprache finden

- Begrüßung und gute Atmosphäre schaffen:

  Mit Namen vorstellen, mit Namen ansprechen; Erfrischungen anbieten, „small talk", ...,

- Vorstellung der Anwesenden soweit noch nicht bekannt (zB begleitende Rechtsanwälte),

- Bisheriger Stand der Dinge bis zum jetzigen Zeitpunkt: Anknüpfen an Kontaktaufnahme bzw ersten Kontakt:

  Ich/Wir freue/n uns, dass Sie gekommen sind und sich auf die Vermittlung einlassen wollen. Sie werden dadurch sicherlich weiterkommen bei der Lösung Ihres Streites/Konfliktes ... (besser nicht von Problemen reden). Wir sind ja durch Frau/Herr ... angesprochen worden, um bei der Lösung Ihres Konflikts zu vermitteln. Es geht grob umschrieben um .....

  (ggf Erwartungen, Skepsis der Parteien ansprechen, insbesondere soweit sie in einem Vorgespräch geäußert wurden),

- Mediationsverfahren erklären:

  – Der Mediator/die Vermittlerin erklärt grob die Schritte des Mediationsprozesses: Standpunkte vortragen – Klärungen – Lösungen suchen und Verständigung finden.

  Das Ziel der Mediation ist es, Ihnen dabei zu helfen, Ihren Streitfall zu klären und eine Lösung zu finden, die Sie beide überzeugt und die in Ihrer beider Interesse ist. Dazu werden wir zunächst den Konflikt von jeder Seite schildern lassen. Sie werden beide ausreichend Zeit bekommen, Ihre Sichtweise darzustellen. Anschließend werden wir in den weiteren Phasen der Mediation gemeinsam versuchen, den Konflikt weiter zu erhellen, die Hintergründe für den Streit sowie Ihre Interessen heraus zu arbeiten. ...

  – Ziele und Rolle der Mediatoren: Die Streitenden selbst sind für Lösungen verantwortlich. Für diesen Prozess bietet der Mediator seine Unterstützung an: **Neutralität/Allparteilichkeit.**

  Meine Aufgabe als Mediator ist es, Ihnen bei diesem Klärungsprozess behilflich zu sein. Ich bitte Sie, mich bei dieser Aufgabe zu unterstützen und Verständnis aufzubringen, wenn ich in diesem Sinne intervenieren werde, um das Verfahren zu strukturieren oder den Verständigungsprozess zu fördern. Ich werde Ihnen aber nicht die Lösung Ihres Konflikts liefern, das müssen Sie selber tun. Sie kennen die Hintergründe des Streites und Ihre Interessen viel besser als ich und müssen mit einer getroffenen Vereinbarung zufrieden sein. Ich bin also kein Richter oder Schlichter, der den Streit entscheidet. Ich werde auch keine Wertungen, insbesondere keine rechtliche Beratung vornehmen oder für irgendeine Seite Partei ergreifen. Ich unterstütze Sie beide gleichermaßen, ...

  – **Vertraulichkeit:** Hinweis, dass ggf angefertigte Notizen nur zur Gedankenstütze des Mediators verwendet und später wieder vernichtet werden.

  – Vorankündigung evtl. getrennter **Einzelgespräche:**

  Das Gespräch hier wird in der Regel gemeinsam stattfinden. Es kann jedoch sein, dass Einzelgespräche mit mir notwendig werden, sei es, weil Sie zunächst mir etwas mitteilen wollen, oder weil ich es für hilfreich zur Klärung des Streits halte. Bei diesen Einzelgesprächen wird aber nichts gemauschelt, ich werde meine neutrale Rolle nicht verlassen. Alles was Sie mir hier anvertrauen, bleibt vertraulich und wird von mir nicht in das gemeinsame Gespräch eingebracht, es sei denn, sie autorisieren mich ausdrücklich hierzu. ...

  – Hinweis auf die Möglichkeit, die Mediation abbrechen zu können, mit der Bitte verbinden, Unwohlsein etc. zu melden, damit dies ggf in einem Einzelgespräch besprochen werden kann.

  – **Kommunikationsregeln** (ausreden lassen, keine Unterbrechungen, keine Beleidigungen, ...); Selbstverständlichkeiten betonen; nicht belehrend erziehen.

  – **Kostenregelung** (idR bereits in Vorgesprächen bzw in einer Mediationsvereinbarung geklärt, hierauf kann verwiesen werden),

- Organisatorisches (**Zeitrahmen,** Ausschalten des Mobilfons, ...),

- noch Fragen zum Verfahren?,

- ausdrücklich das Einverständnis einholen: Sind Sie damit einverstanden, dass ich Sie auf dieser Grundlage durch das Mediationsverfahren führe?.

7.1.7 Mediationspyramide

Die Mediationspyramide (Ablauf des Vermittlungsgesprächs)

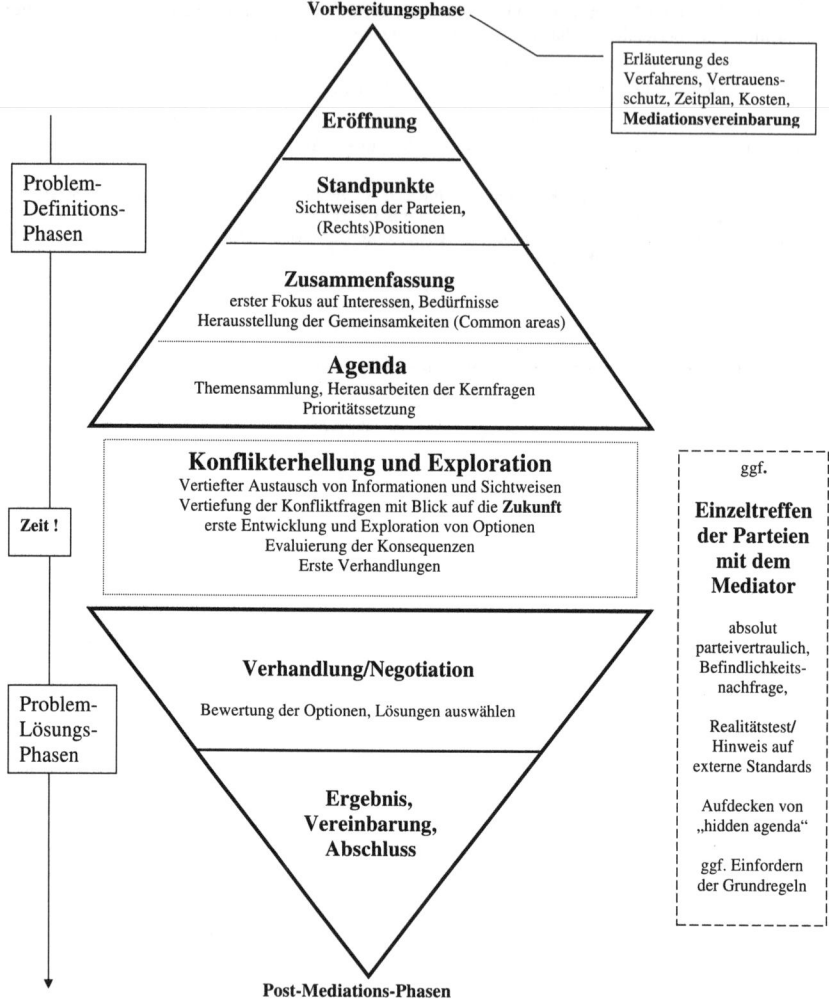

7.1.8 Grundtechniken/Interventionen der Mediation

Die Kommunikation zwischen sich streitenden Parteien, den Sendern und Empfängern von Nachrichten, gerät auch in Mediationsverfahren gelegentlich in schwierige Situationen. Hier ist es dann eine große Hilfe, wenn die Mediatoren nicht nur die Abläufe und Fallstricke von Kommunikationsprozessen (er)kennen, sondern zu deren Überwindung eine Vielzahl an Methoden (zB Prinzipien der klientenzentrierten Gesprächsführung nach C. Rogers) und Techniken der Gesprächsführung beherrschen. Dieses „Handwerkzeug", eine Auswahl von Grundtechniken (vgl. zB Praxishandbuch Mediation Kap. 3.3 u. 3.7), sollte man in der Mediationsausbildung erlernen, in der Praxis der Mediation aber nicht unreflektiert einsetzen, sondern mit sich führen und bedarfsgerecht, ebenso gezielt wie intuitiv, anwenden können. Wichtig ist in allererster Linie nicht die Technik, sondern die hierin zum Ausdruck kommende **Haltung** (zu Aufgaben und Funktion der Mediatoren vgl gesondertes Handout).

Aktives Zuhören

ist ein einfühlendes Eingehen auf den Anderen, bei dem man zu verstehen sucht, was die andere Person bewegt, fühlt und zum Ausdruck bringen möchte, ohne dass dabei der Eindruck entstehen darf, man übernehme deren Sichtweise. Es geht um das richtige Verstehen des Gesagten und der Person des Sprechenden, nicht um Zustimmung. Der Vermittler erkundet und entschlüsselt den Inhalt der Mitteilung, den Gefühlsinhalt und die Wünsche des Erzählenden. Schon durch bestätigende Reaktionen, wie nicken, lächeln, Stirn runzeln und andere Körperbewegungen oder durch verbale Laute wie ‚Oh' und ‚Aha' oder anderer sog. „Türöffner" (zB „So ist das also.", „Ich verstehe.") wird Aufmerksamkeit, Interesse und Akzeptanz mitgeteilt. Der Erzählende soll so ermutigt werden zu sprechen, fortzufahren, sich zu öffnen. Das Gespräch kann an Tiefe, der Zuhörer an Verständnis gewinnen. Der Vermittler achtet dabei auf den nichtsprachlichen Ausdruck wie Stimme, Betonung, Mimik, Blickkontakt, Körpersprache ebenso wie auf sprachliche Äußerungen. Insbesondere kann es hilfreich, ggf notwendig sein, das Gehörte zusammen zu fassen, zu loopen oder (positiv) umzuformulieren. Damit, durch das Zurücksenden der Botschaft, tritt der Zuhörende den **aktiven** Beweis an, dass er den Sender verstanden hat. Falls sich Missverständnisse eingeschlichen haben, kann dies sofort bemerkt und korrigiert werden.

Paraphrasieren („loopen", „spiegeln")

Beim Paraphrasieren wird der Gesprächsinhalt, die Aussage des Senders, mit eigenen Worten kurz wiedergegeben, um deutlich zu machen, dass das Gesagte beim Empfänger richtig angekommen, verstanden worden ist. Dies wird mitunter auch „loopen" (von Loop – Schleife) oder Spiegeln genannt (wobei es nicht darum geht, etwas „spiegelbildlich" wieder zu geben oder gar „einen Spiegel vorzuhalten"). Der ursprüngliche Sender hat damit die Gelegenheiten, Missständnisse aufzudecken; er hat die Möglichkeit, seine Aussagen zu wiederholen, bis er verstanden wird. Beim Paraphrasieren muss der Empfänger darauf achten, die Sichtweise des Anderen darzustellen, ohne die Aussage zu bewerten. Hierbei kann es hilfreich sein, „Brücken" zu benutzen („*Ich möchte sicher gehen, Dich richtig verstanden zu haben. Du sagst, dass ...*"; „*Wenn ich dich richtig verstehe, hast du vorgeschlagen ...*"). Es sollte nicht jede Aussage stereotyp gespiegelt, sondern darauf geachtet werden, nur die wesentlichen Aussagen zu wiederzugeben, da sonst die andere Person den Eindruck bekommen könnte, sich nicht richtig ausdrücken zu können.

- Verstandenes mit eigenen Worten wiederholen (ohne zu bewerten!), zB: „Habe ich Sie richtig verstanden, dass ....?"; „Sie sagen, dass ....?"
- Zusammenfassen (und evtl. strukturieren) zB: „Es geht Ihnen um .... Thema A, B + C ...?"
- Entgiften / Neutralisieren (-> Umformulieren / Reframing)
- Gefühle (die sich verbal / nonverbal äußern) ansprechen
- Interessen und Bedürfnisse benennen

Umformulieren

Beim Umformulieren („reframing") geht es darum, Elemente destruktiver Kommunikation zu neutralisieren, um einerseits die dahinter liegenden Interessen (Bedürfnisse, Ängste, ...) des Klienten sowie andererseits den Kern der Botschaft offen zu legen und für den Anderen annehmbar zu machen. Insbesondere sollen negative, abwertende und feindselige Aussagen und Bemerkungen in eine neutrale, konkrete, annehmbare Sprache übersetzt werden. Das Umformulieren kann aber auch auf verschiedenen anderen Ebenen hilfreich sein:

- Positionen → Interessen;
- Angriff auf Personen → Sachproblem;
- pauschal → konkret;
- negativ → positiv; destruktiv → konstruktiv;
- Betonung des Trennenden → gemeinsame Interessen.

Beispiel: A: Ich hasse es, dass sie von ihrem Büro dauernd hereinschaut und mich beobachtet, ... → M: Es liegt Ihnen viel daran, dass ihre Privatsphäre respektiert wird ...

Fragen

Mediatoren ermitteln nicht, es geht ihnen nicht darum, was „objektiv" richtig oder „wahr" ist, sondern arbeiten mit den Wirklichkeitskonstruktionen der Parteien, damit diese die Interessen und Bedürfnisse der Parteien wahrnehmen und einen Perspektivenwechsel zulassen können. Fragen sollten diesem Ziel dienen und „offen" (nicht nur mit ja oder nein zu beantworten) eingesetzt werden.

- Einfache Fragen zur Auflockerung (zB: „Haben Sie gut her gefunden?").
- Gezielte Fragen zu Wahrnehmungen, Zielen, Anliegen und Bedürfnissen.
- Konkretisierende Fragen (zB: „Wie ist das genau abgelaufen?").
- Fragen zu subjektiven Erklärungsmodellen und Handlungsvorstellungen.
- Fragen nicht nur nach Schwierigkeiten, sondern Interessen und Ressourcen.
- Zirkuläre Fragen (zB: „Was würde Ihr Partner wohl dazu sagen?").
- Sokratische Fragen (Was-ist-Fragen) (zB: „Was ist Gerechtigkeit für Sie?").
- Dialogisierende Fragen (zB: „Was sagen Sie dazu?"; „Wie kommt das bei Ihnen an?").
- Wunder-Frage (zB: „Stellen Sie sich vor, es passiert über Nacht ein Wunder und der Konflikt ist gelöst. Woran merken Sie das?", bzw. „Was passiert dann?").
- Paradoxe Fragen (zB: „Was müssten Sie tun, um den Konflikt zu verschlimmern?").
- Meta-kommunikative Fragen (zB: „Wie reden wir miteinander?").
- ...

Moderation – Klärungshilfe

- Für eine gute, konstruktive Gesprächsatmosphäre sorgen, Kommunikationsregeln vereinbaren;
- Verfahrenskontrolle: Starten und Steuern, Führen und Leiten durch die spezifischen Phasen des Mediationsverfahrens;
- Erstellen einer Themensammlung/Agenda, Strukturgebung, Pausen;
- Neugestaltung und Steuern der Kommunikationsverläufe;
- Regelverletzungen thematisieren, abgestufte Interventionen;
- Unterstützung bei der Suche nach Handlungs- und Lösungsoptionen;
- Vor- und Nachteile, Pro's und Kontra's auflisten, Zwischenergebnisse vorläufig festhalten;
- kreativen Prozesse fördern – Handlungsoptionen erhöhen;
- Visualisieren;
- Zusammenfassen: ordnend und strukturierend, damit die Parteien wieder Klarheit in ihre Gedanken- und Gefühlswelt bekommen und den roten Faden nicht verlieren, um einzelne Gesprächsthemen abzuschließen und einen neuen Abschnitt zu beginnen.

7.1.9 Doppeln Grundlagen und Erfahrungen

Christoph Thomann: „*Klarheit ist der natürliche Feind des Konflikts*"
Die Wahrheit fängt bei zwei Parteien [Perspektiven] an.

I. Grundlagen

In der Mediation können Mediatoren in schwierigen Gesprächsphasen und Verständnisblockaden versuchen, diese durch „Doppeln" von Gesprächsinhalten und Gefühlen bearbeitbar zu machen. Das Doppeln ist eine aus der **Klärungshilfe** (Thomann & Prior) entwickelte Intervention, deren Ziel es ist, die im Konflikt dominierende negative Erwartungshaltung der Konfliktparteien aufzulösen. Ziel des Doppelns ist einerseits zu demonstrieren, dass das Gesagte vom Mediator verstanden worden ist und zweitens, dass das Gesagte noch einmal mit anderen Worten übersetzt beim Empfänger ankommt. Dabei werden insbesondere auch bislang nicht ausdrücklich Gesagtes verbalisiert und (versteckte) Gefühle offenbart, um an den Kern des Konflikts zu kommen, was zum Teil erfordert, erst durch ein „Tal der Tränen" zu wandern und die dort lebenden „Dämonen" zu besiegen. Das Doppeln ist eine sehr machtvolle Intervention, sie darf nicht blauäugig und „munter darauf los", sondern nur umsichtig und sorgfältig eingesetzt werden.

Das Doppeln basiert auf **drei großen V**:

Verstehen: Entwicklung und Dokumentation von Verständnis, dies verlangt nach dem Ausdruck von Wertschätzung (aber) auch eine ehrliche Reaktion; Gefühle benennen heißt die Gefahren zu bannen (Prinzip Rumpelstilzchen).

Vervollständigen: Im Konflikt ist der Dialog nicht vollständig, die Situation nicht erhellt, Gefühle nicht geäußert und (Tabu)Themen werden verschwiegen; diese können durch den Doppler eingeführt, benannt werden.

Vertiefen: Es geht um das Hinabtauchen in die Tiefgründe des Konflikts, um die unter der Oberfläche liegenden Aspekte des Eisbergs (des Konflikts) zu aktivieren, zu verstehen.

Thomann: „*Mit dem Doppeln gelingt die Quadratur des Kreises ... es ist ein Dolmetscherdienst ... es verlangsamt und vertieft den Streitdialog*", und trägt damit zur Klärung und Entgiftung der Beziehung bei. „*Durch Doppeln kann auch klar werden, dass die Konfliktpartner nicht miteinander können und wollen. In jedem Fall kommt es aber zu einer Kontaktaufnahme.*"

Das Doppeln erfolgt im Hinblick auf **vier Ebenen**:

- Beobachtbares – vergangene Vorfälle, Situationen, Fakten;
- Beziehungsebene – durch Einfühlung gewonnene Vermutungen werden ausgesprochen;
- Negative Gefühle – werden beim Doppeln ohne Vorwurf nüchtern beim Namen genannt;
- Innere Not – Vorverletzungen aus anderen Lebenssituationen spielen unbemerkt in den Konflikt hinein und werden achtsam entschärft.

Das Doppeln als spezifische Methodik der Verständnissicherung erfolgt in 3 Schritten:

1. Zunächst muss die Erlaubnis bei der Person, die gedoppelt werden soll, eingeholt werden: „Darf ich neben Sie kommen und für Sie zu Ihrem Gesprächspartner etwas sagen und Sie sagen mir anschließend, ob das so stimmt?"
2. Der Vermittler stellt/setzt sich schräg neben die Person, die gedoppelt werden soll, und zwar so, dass seine Kopfhöhe tiefer als die der gedoppelten Person ist (also in die Hocke, knien, ...). Aus dieser Position spricht der Vermittler mit Blick auf den Gesprächspartner, dessen Name (Anrede Sie/Du) genannt wird, für die gedoppelte Person, z.B.: „Wissen Sie, Frau Müller, eigentlich bin ich ganz froh, dass wir heute hier das Gespräch führen. Aber ich habe das Gefühl, dass Sie mit irgendetwas hinter dem Berg halten. Ich verstehe eigentlich nicht, was der Anlass unseres Streites war ..."
3. Der letzte Schritt beim Doppeln beinhaltet die Frage nach der Zustimmung bzw. der Korrektur an die gedoppelten Personen: „War es für Sie so richtig, wie ich das gesagt habe?" Ist das nicht der Fall, ergänzt, korrigiert oder formuliert die gedoppelte Partei. Im Unterschied zum Spiegeln und Umformulieren ist das Doppeln dialoghaft angelegt.

Literatur: Thomann, C.: Klärungshilfe 1 & 2. Konflikte im Beruf. Methoden und Modelle klärender Gespräche, 2004.
Thomann, C./ Prior, C.: Klärungshilfe 3 – Das Praxisbuch, 2007.

II. Einzelheiten und Erfahrungen

Christian Prior: *„Doppeln ist wie fliegen. Man kann nicht einfach losfahren, Schlüssel rein und los, wie beim PKW, sondern muss vor dem Abheben immer erst einen Check durchführen. In der Luft ist man dann aber freier (als beim Autofahren)."*

Zeitpunkt: Doppeln erst, wenn die Parteien in den (Konflikt)Dialog eingetreten sind (also nicht zu Beginn der Mediation, bei der Themensammlung, der Darstellung der Standpunkte); man muss vorher die Parteien im Dialog beobachtet haben, wie sie miteinander kommunizieren/streiten; Doppeln i.R.d. Mediation also frühestens in der Explorationsphase.

Man kann ggf das Doppeln bereits zu Beginn eines Termins (nicht gleich zu Beginn der Mediation, aber ggf. in einem Folgetermin) über das Mediationsverfahren ankündigen: *„Es kann sein, dass ich bei Gelegenheit in ihre Rolle schlüpfen möchte, um Aspekte zu klären; ich werde dass dann aber noch einmal ansprechen."*

Bei der Frage: *„Darf ich neben Sie kommen und für Sie zu Ihrem Gesprächspartner etwas sagen und Sie sagen mir anschließend, ob das so stimmt?"* ruhig (und voll) auf dem Stuhl sitzen bleiben (nicht schon auf dem Sprung sein). Den Satz auswendig lernen und nicht abwandeln. Nicht „Sie *können* dann sagen ..."

Der Doppler darf nicht (wie ggf in therapeutischen Settings) hinter der gedoppelten Person stehen oder ihr gar die Hand auf die Schulter legen; der Doppler hockt sich (bei einem Stuhlkreis) neben die gedoppelte Person, damit der Kopf nicht höher als der des Gedoppelten ist; bei einer Tischanordnung ist es hilfreich, wenn neben den Parteien sich noch freie Stühle befinden, auf die sich der Doppelnde setzen kann.

Fragen/Klären, wie sich die Parteien ansprechen (Du/Sie, Namen, „Chef", ...) und diese Form verwenden (also „Du" auch wenn der Mediator in seiner Rolle die Parteien siezt).

Der Doppelnde muss in der Person/Rolle des Gedoppelten mit Blickrichtung zum Konfliktgegner sprechen; nur jeweils kurzer Blick zum Gedoppelten beim Einholen der Zustimmung. Nicht zu viel Text der Partei zusammen kommen lassen, damit die Inhalte nicht aufgrund der Masse verloren gehen. In einer Art „Salamitaktik" während der Dopplungen sich immer wieder die Zustimmung einholen: *„Stimmt das so?"* (dabei kurz den Blick auf die gedoppelte Person richten). *„Sie können auch nicken"* (sobald die Person zögert mit dem Nicken, dies ansprechen: *„Nein, dass war nicht so, es war ....").* Es ist nicht schlimm, wenn der Doppler vom Gedoppelten ein „Nein" erhält, denn damit ist dieser Punkt geklärt (die Wahrscheinlichkeit, dass auch der Konfliktgegner die Sache ebenso missverstanden hat, ist ja groß). Das Nein muss aber geklärt werden durch den erneuten Versuch.

Anders als beim aktiven Zuhören, dem Spiegeln/Paraphrasieren ist man beim Doppeln inhaltlich „frei", was man Doppeln will. Auch neue, bislang nicht angesprochene Themen/Aspekte können so eingeführt werden, ohne dass die Mediatorenrolle beeinträchtigt wird (Der Moderatorenplatz bleibt „sauber"). Was immer man sagt, einführt, doppelt – alles muss mit einer sehr ruhigen Stimme verbalisiert werden, auch extreme Gefühle werden so benannt.

Um die Allparteilichkeit zu halten und zu dokumentieren, muss das Doppeln gleich verteilt werden (A-B, A-B; maximal zweimal hintereinander eine Partei doppeln, dann aber auch die andere Partei). Bei der Co-Mediation/Klärungshilfe sollten die Doppler nach einer gewissen Zeit wechseln; wenn anfangs M1 die P1 und M2 die P2 doppelt, dann später M1-P2, M2-P1; möglich ist auch, dass M1 für den Gesamtprozess verantwortlich ist und M2 beide/alle Parteien doppelt.

Am Ende des Doppelns – Zurückgehen auf Moderatorenplatz und in der Rolle des Mediators die Frage an den Anderen richten: *„Wie reagieren Sie darauf"*; bei positiven Sachen: *„Glauben Sie das?"* Das Thema muss an den Anderen übergeben und ein Dialog eingefordert werden. Parteien nicht vom Thema abweichen lassen. Wenn die andere Partei vom Thema abweicht, darum bitten, nochmals auf das Thema zu sprechen zu kommen (das Andere wird visualisiert in den Speicher gelegt).

Trenczek

7.1.10 Visualisierung

Visualisieren ist eine wirkungsvolle Technik für die Mediation in allen Bereichen. Egal, ob es sich um einen dualen oder einen Mehrparteien-Konflikt handelt, die Visualisierung gibt den Medianden und den Mediatoren einen guten Überblick, wirkt beruhigend auf das gesamte Plenum, da alles für alle jederzeit sichtbar ist und entschleunigt entscheidend das Verfahren. Anhand der Phasen der Main-Mediation werden die wichtigsten Charts dargestellt.

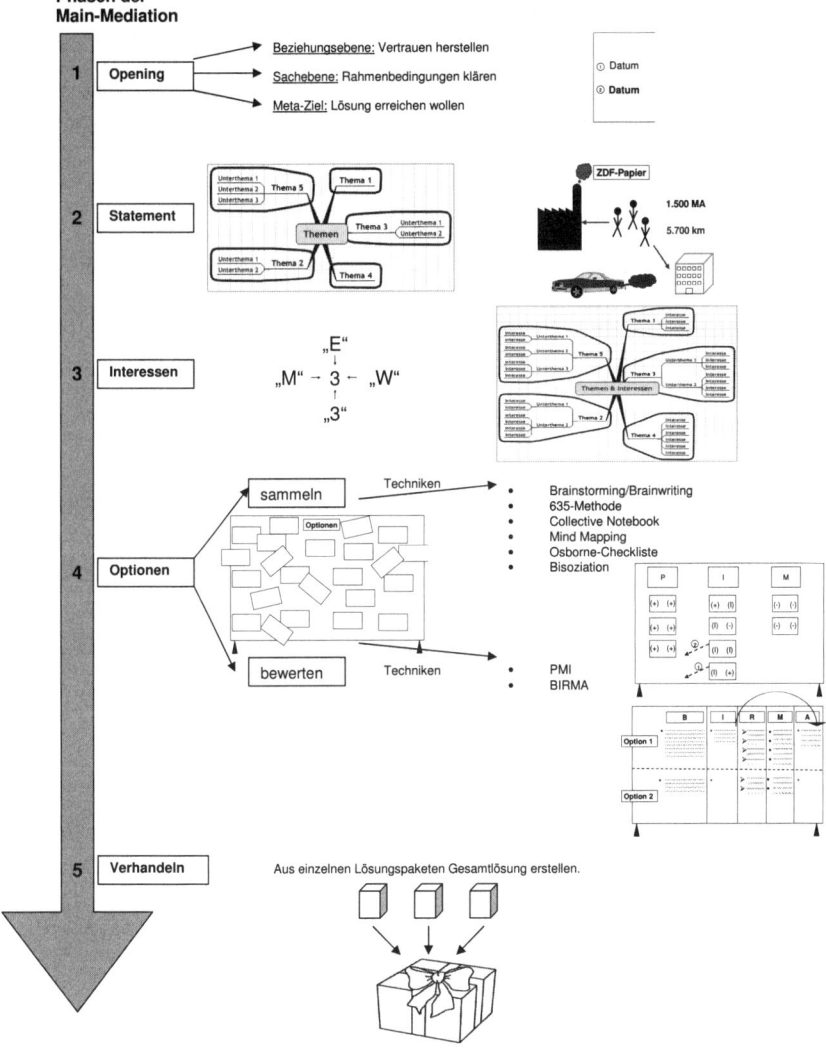

7.1.11 Das innere Team

„Willst du ein guter Kommunikator sein, dann schau´auch in dich selbst hinein!" Mit dem Modell des Inneren Teams folgen wir dieser Empfehlung und betrachten die „Innenseite" der Kommunikation genauer. Wenn wir in uns hineinhören, finden wir dort selten nur eine einzige „Stimme", die sich zu einer bestimmten Situation oder einem Thema zu Wort meldet. In der Regel stoßen wir vielmehr auf verschiedene innere Anteile, die sich selten einig sind und die alles daran setzen, auf unsere Kommunikation und unser Handeln Einfluss zu nehmen.[1]

Die Uneinigkeit der inneren Ratgeber führt bei Menschen immer wieder zu Blockaden, die sich in der Mediation bemerkbar machen. So kommt es vor, dass der Prozess stockt. Es empfiehlt sich dann, mit Einzelgesprächen Bewegung in die Situation zu bringen. Weiß eine Konfliktpartei nicht, was sie will (was ihre wahren Interessen sind, was sie bewegt – Phase der Konflikterhellung – oder welche Lösung vorstellbar ist), kann der Mediator in dem Einzelgespräch mit dem inneren Team dieser Konfliktpartei arbeiten.

Folgendes Vorgehen hat sich bewährt:

1. Der Mediator gibt seinen Eindruck wieder, in welchem Zusammenhang er unterschiedliche oder widerstreitende Kräfte wahrgenommen haben will.

2. Hinführende Eingangsfrage: Könnte es sein, dass es zu diesem Thema unterschiedliche oder widerstreitende Kräfte/Stimmen in Ihnen gibt?

3. Mit dem Klienten (so nenne ich die Konfliktpartei für dieses Modul) wird das Thema oder die Frage heraus gearbeitet, um die es im Weiteren gehen soll.

4. Ergebnis ist der Fokus = Die Frage, die der Klient an sein inneres Team richten möchte. Diese Frage wird schriftlich festgehalten und bleibt während der Sitzung gut sichtbar. Achtung: Den Frager identifizieren! (wer stellt die Frage?)

5. Dem Klienten das weitere Vorgehen erklären, wie folgend beschrieben:

   a. Der Klient benennt die „Teammitglieder", die ihn „beraten". Wer sitzt am Konferenztisch und nimmt Einfluss auf ihn? Jedes dieser Teammitglieder wird vom Klienten auf Karten geschrieben (diese können im Verlauf des Prozesses jederzeit ergänzt werden). Welche Namen der Klient diesen Teamern gibt bleibt ihm überlassen; das kann „Mutter" sein, oder „Kollege X" aber auch „Wohlfühl" oder „Sofa". Maßgebend ist allein, dass der Klient mit dem Namen einen Ratgeber verbindet.

   b. Sodann setzt sich der Klient auf einen Stuhl, vor ihm ist ausreichend Platz, um diese Ratgeberkarten vor sich auf den Boden legen zu können. Der Mediator hockt oder kniet neben ihm (Augenhöhe) und begleitet das Legen der Teamkarten beobachtend und zuhörend. Am Ende blickt der Klient vor sich auf seinen „Konferenztisch". Die Anordnung der Personen (Reihenfolge und sonstige Ordnung wie Kreis, Oval oder Chaos) legt der Klient intuitiv. Der Mediator fordert ihn auf, einfach zu tun.

   c. Dann kann die Konferenz beginnen. Der Klient als „Konferenzleiter" trägt den Fokus (s.o. 4.) vor und fordert seine Ratgeber auf, sich dazu zu äußern. Er fordert sie auf, sich auf einen Rat zu einigen, den sie ihm geben möchten. Wichtig ist der Einigungsauftrag!

   d. Das geschieht dann in der Weise, dass sich der Klient auf die Karte des Sprechenden stellt und dessen Rat nebst Begründung ausspricht.

---

1   So Schulz v.Thun: http://www.schulz-von-thun.de/index.php?article_id=93

e. Dann wechselt er auf den nächsten Teilnehmer der Runde, der dazu etwas zu sagen hat (so geht der Klient von Karte zu Karte und verleiht den Teammitgliedern Stimme).

f. Der Mediator verfolgt das Ganze und kann Verständnisfragen stellen. Als Beobachter kann er auch in der Weise intervenieren, dass er „Schweiger" identifiziert und den Klienten bittet, diesen Stimme zu geben.

g. Während sich die Mitglieder des inneren Teams gegenseitig zu überzeugen versuchen sollen, geht es für den Beobachter (also auch den Klienten) darum, die inneren Stimmen zu verstehen.

h. Es kann während der Konferenz auch zu einer Neuaufstellung des inneren Teams kommen, wenn es sich als notwendig oder sinnvoll erweist.

i. Die Diskussion ist beendet, wenn sich das innere Team einigt oder ggf auch, wenn sich Positionen schärfer abgegrenzt zeigen. Das Ende zeigt sich dadurch, dass nichts mehr passiert und auch der Mediator als Beobachter keine Fragen mehr hat.

6. Dann setzt sich der Klient wieder auf den Stuhl und sieht sich seine Konferenztruppe an. Bei Bedarf gibt er noch einmal wieder, was für ihn das Ergebnis ist. Der Mediator hört zu und versteht das, was der Klient sagt.

7. Dann sammelt der Klient die Karten ein und bestimmt über deren Verwendung (nur der Klient wirft sie in den Papierkorb – der Mediator berührt sie nicht).

8. Am Schluss geht der Blick zurück in die Mediation:
   a. Was bedeutet das Erlebte für die Handlungsfähigkeit der Konfliktpartei? Was war besonders wichtig? Gab es Wendepunkte? Was war neu oder überraschend?
   b. Wie möchte die Konfliktpartei die Einsichten in der Mediation umsetzen?

9. Sobald sich die Handlungsfähigkeit zeigt, kann der Mediator das Einzelgespräch beenden. Wie üblich folgt die Abstimmung, was aus dem Einzelgespräch in die Mediationssitzung genommen und dort geäußert wird/werden darf.

Zeitbedarf: 1 bis 1,5 Stunden

Benötigt wird ein ausreichend großer abgeschlossener Raum, in dem störungsfrei gearbeitet werden kann.

Moderationsmaterial.

7.2 Mediationsvertrag[1]

zwischen

....
- auch „Mediatoren" genannt -
und
Firma ....
- auch „Vertragspartner" genannt -

sowie als Konfliktbeteiligte
1. Herrn/Frau/Team ....
- auch „Konfliktpartei 1" genannt -
2. Herrn/Frau/Team ....
- auch „Konfliktpartei 2" genannt -.

Unter den Vertragsparteien (Mediatoren und Vertragspartner) haben Vorgespräche zur Durchführung einer Mediation stattgefunden; die Konfliktparteien haben Mediatoren kennen gelernt und sind zur Zusammenarbeit mit ihnen bereit (§ 2 Abs. 1 MediationsG). Der Konflikt wurde in seinen groben Umrissen erörtert. Die Konfliktparteien werden von ihren Anwälten in der Mediation begleitet; diese unterzeichnen mit den Mediatoren eine gesonderte, diesen Vertrag ergänzende Vereinbarung.
Mediatoren versichern, im Sinne des § 5 MediationsG hinreichend qualifiziert zu sein[2]. Sie erklären, dass sie die Mediation für eine Lösung des Konfliktes als in Betracht kommend bewerten. Vertragspartner und Konfliktparteien sind über das Mediationsverfahren informiert. Ziel der Mediation ist die einvernehmliche Lösung des Konfliktes im beiderseitigen Interesse der Konfliktparteien. Die Interessen des Auftraggebers sind insoweit ohne Bedeutung; er erklärt ausdrücklich, ergebnisoffen zu sein.
Mediationssitzungen finden nur in Anwesenheit aller Konfliktpartner statt. (Bei Teamkonflikten: Jede Konfliktpartei garantiert, dass mindestens eine anwesende Person (Partei selbst oder Vertreter) autorisiert ist, eine abschließende Vereinbarung zu Beendigung der Angelegenheit abzuschließen.) Dies gilt nicht, soweit der Mediator im Einverständnis mit den Konfliktparteien Einzelgespräche führt.
Die Beteiligten vereinbaren:

§ 1
Auftrag

(1) Auftraggeber beauftragt Mediatoren, den Konflikt der Konfliktparteien zu mediieren.

(2) Die Mediatoren unterliegen keinen Weisungen des Auftraggebers.

(3) Die Mediationssitzungen finden im Büro der Mediatoren/XXX statt.

---

1 Dieses Vertragsmuster enthält alle notwendigen Regelungsinhalte ohne Bezug auf eine Mediationsordnung. Bei Geltung einer Verfahrensordnung – wie zB für alle BM-Mediatoren zwingend – kann das Vertragsmuster deutlich verkürzt verwendet werden.
2 Ggf die Ausbildung/Anerkennung nennen. ZB Mediator BMWA, BM oder BAFM (auf Verlangen muss der Mediator gem. § 3 Abs. 4 MediationsG darüber Auskunft geben).

§ 2
Rolle und Aufgabe der Mediatoren

(1) Die Mediatoren sind unabhängig, verhalten sich allparteilich und unterstützten die Konfliktparteien dabei, gemeinsam eine Vereinbarung auszuhandeln (§ 2 Abs. 3 MediationsG).

(2) Die Mediatoren vermitteln, indem sie das Mediationsverfahren erläutern, leiten und strukturieren (§ 2 Abs. 2 MediationsG). In Bezug auf den Konflikt haben sie keine Entscheidungskompetenz und sind für das Ergebnis nicht verantwortlich. Sie schuldet dem Auftraggeber gegenüber demgemäß keinen Erfolg.

(3) Sie versichern, für keine der Konfliktparteien in irgendeiner Weise beruflich oder privat tätig gewesen zu sein. Auch eine Verbindung ihres Büros mit einer der Konfliktparteien hat nicht bestanden (§ 3 MediationsG)[3].

(4) Die Beteiligten sind darauf hingewiesen worden, dass in dem Mediationsverfahren eine individuelle Rechtsberatung durch die Mediatoren nicht stattfinden kann, sie dazu jederzeit einen Rechtsanwalt ihrer Wahl konsultieren und sich von diesem beraten lassen können (§ 2 Abs. 6 MediationsG). Dieser kann an dem Verfahren teilnehmen, sofern die andere Konfliktpartei damit einverstanden ist (§ 2 Abs. 4 MediationsG). Vor Abschluss einer den Konflikt beendenden Vereinbarung wird den Parteien empfohlen, diese mit einem Rechtsbeistand ihrer Wahl zu besprechen.

(5) Mediatoren verpflichteten sich zu absoluter Verschwiegenheit bezüglich sämtlicher Informationen, die sie im Zusammenhang mit ihrer Tätigkeit erlangt haben (§ 4 MediationsG); dieses gilt insbesondere auch gegenüber dem Auftraggeber. Die Mediatoren fertigen zu ihrer eigenen Information Protokolle von jeder Mediationssitzung an. Es besteht weder für die Konfliktparteien noch für Dritte ein Einsichtsrecht. Schriftliche Unterlagen werden sie nach Abschluss der Mediation (erfolgtem Bilanzgespräch) vernichten. Die Konfliktparteien erklären, sich schon heute zu verpflichten, Mediatoren von ihrer Verschwiegenheitspflicht nicht einseitig zu entbinden; dieses gilt unabhängig vom Zeugnisverweigerungsrecht gem. § 383 Abs. 1 Nr. 6 ZPO.

(6) Die Mediatoren werden Beginn und Ende der Mediation dokumentieren, damit Beginn und Dauer der Mediation nachweisbar sind (von Bedeutung zB für die Hemmung von Verjährung § 203 BGB u.a.)

(7) Die Mediatoren werden in dieser Angelegenheit weder als (ehrenamtlicher) Richter in einem etwaigen anschließenden (Arbeits-) Gerichtsverfahren noch in einem sonstigen Schiedsgerichtsverfahren (zB vor der IHK) zur Verfügung stehen.

(8) Für Dokumentationszwecke sind die Mediatoren ermächtigt, unter Veränderung aller vertraulichen Daten die Angelegenheit als Fall zu dokumentieren.

(9) Die Haftung der Mediatoren wird auf Vorsatz und grobe Fahrlässigkeit beschränkt.

§ 3
Pflichten des Auftraggebers

(1) Der Auftraggeber verpflichtet sich, das Honorar der Mediatoren gem. § 8 dieses Vertrages zeitgerecht zu bezahlen.

---

3 Sollte es Vorbefassungen geben oder ein Fall des § 3 Abs. 3 MediationsG vorliegt, sollten die Verhältnisse im Vertrag genau beschrieben sein mit der Ergänzung, dass die Konfliktparteien in Kenntnis dieser Umstände mit der Beauftragung der Mediatoren einverstanden sind (§ 3 Abs. 4 MediationsG)

(2) Er verzichtet darauf, das Vertragsverhältnis zu kündigen, solange keine Konfliktpartei die Mediation für beendet erklärt hat.

(3) Sollte sich während des Mediation herausstellen, dass weitere Personen aus dem Unternehmen des Auftraggebers Beteiligte im gegenständlichen Konflikt sind (dieses gilt insbesondere für Führungskräfte), verpflichtet sich Auftraggeber, alles dazu zu tun, dass diese in die Konfliktschlichtung einbezogen werden können.

(4) Auftraggeber wird grundsätzlich die von den Konfliktparteien gefundene Konfliktlösung akzeptieren und im Rahmen seiner Möglichkeiten an einer Umsetzung mitwirken. Der Gestaltungsrahmen ist wie folgt begrenzt ... (ggf Grenzen beschreiben). Vor Abschluss einer Vereinbarung, die den Auftraggeber in irgendeiner Weise berührt, sollte der Entwurf dem Auftraggeber zur Stellungnahme zur Verfügung gestellt werden.

§ 4
Rolle und Aufgabe der Konfliktparteien

(1) Die Konfliktparteien erklären, sich aus freien Stücken (§ 1 Abs. 1 MediationsG) für das Mediationsverfahren zur Bearbeitung ihres Konfliktes entschieden zu haben. Den Beteiligten ist die Bedeutung der Freiwilligkeit/Bereitschaft für den Erfolg einer Mediation bekannt.

(2) Die Konfliktparteien sind gewillt, während der Mediation offen und fair miteinander zu verhandeln. Sie nehmen persönlich an den Mediationssitzungen teil.

(3) Die Konfliktparteien verpflichten sich, im Mediationsverfahren alle Informationen, die für eine Einigung erheblich sind, offen zu legen. Sie und ihre Vertreter sind bereit, uneingeschränkt und offen mit den Mediatoren zu kooperieren.

(4) Die Konfliktpartner verpflichten sich, die Mediatoren in einem etwaigen anschließenden Gerichtsverfahren nicht als Zeugen zu benennen.

§ 5
Rechte und Pflichten aller Beteiligten

(1) Auftraggeber und Konfliktpartner verpflichten sich, allenfalls zur Fristwahrung Klage zu erheben und alle Beteiligten sowie die Mediatoren hiervon umgehend in Kenntnis zu setzen. Während des Mediationsverfahrens verpflichten sich die Beteiligten, keine neuen gerichtlichen Schritte einzuleiten; ausgenommen ist der Fall der Wahrung einer Rechtsposition (insbesondere Fristwahrung, soweit durch das Mediationsverfahren keine Hemmung eintritt). Die Beteiligten verpflichten sich, bei anhängigen Verfahren das Gericht oder die staatliche Stelle (zB Hauptfürsorgestelle) über das Mediationsverfahren zu informieren und eine Unterbrechung des förmlichen Verfahrens bis zum Abschluss der Mediation zu beantragen. Ein Beweisverfahren soll während der Mediation keinesfalls durchgeführt werden. Alle Beteiligten verpflichten sich, hierzu beizutragen.

(2) Jede Konfliktpartei (nicht aber der Auftraggeber) kann das Mediationsverfahren jederzeit ohne Angabe von Gründen schriftlich einseitig beenden (§ 2 Abs. 5 MediationsG); die Mediatoren können die Mediation nur beenden, wenn sie der Auffassung sind, dass eine eigenverantwortliche Kommunikation oder eine Einigung der Parteien nicht zu erwarten ist. Für den Fall des Abbruchs der Mediation sind die Mediatoren verpflichtet, den Auftraggeber hiervon unverzüglich in Kenntnis zu setzen. Auch für diesen Fall verpflichtet sich der Auftraggeber, die bis zur Beendigung entstandenen Kosten der Mediatoren zu tragen.

(3) Auftraggeber und Konfliktparteien verpflichten sich, im Rahmen der Mediation erhaltende Informationen vertraulich zu behandeln. Eine Verwertung in einem möglicherweise anschließenden Gerichtsverfahren ist ausgeschlossen. Die Beteiligten sind sich über dieses wechselseitige Verwertungsverbot einig.

§ 6
Verjährung

Eine Verjährung der in diesem Mediationsverfahren befangenen Ansprüche wird, soweit nicht bereits Verjährung eingetreten ist, mit Wirksamkeit dieser Vereinbarung gem. § 203 BGB bis 3 Monate nach Beendigung dieses Mediationsverfahrens gehemmt. Die Konfliktparteien klären in eigener Verantwortung, ob in ihrem speziellen Fall Ausschlussfristen gelten, die durch das Mediationsverfahren nicht gehemmt werden. Das Mediationsverfahren ist zu dem Zeitpunkt beendet, in dem a) eine Einigung zustande kommt oder b) den Parteien die schriftliche Mitteilung der Mediatoren oder einer der Parteien über das Scheitern des Verfahrens zugeht.

§ 7
Zeitlicher Umfang der Mediation

Nach dem Vorgespräch gehen die Vertragsparteien davon aus, dass auf die Mediatoren folgender Zeitaufwand zukommt:

- Zwei Vorgespräche von je ca. 1 Stunde
- ...Mediationssitzungen à 3 Zeitstunden
- 1,5 Stunden Vor- und Nachbereitung je Mediationssitzung
- Eine Nachschau (Bilanzgespräch), die nach gefundener Konfliktlösung und Dokumentation des Ergebnisses zwischen den Mediatoren und den Konfliktparteien vereinbart wird (2 Stunden)
- Der geschätzte Zeitaufwand beträgt somit ... Stunden.

§ 8
Vergütung

(1) Die Mediatoren erhalten für ihre Tätigkeit eine Vergütung die wie folgt:
 a. ein Zeithonorar von EUR ... die angefangene halbe Stunde
 b. ein Pauschalhonorar von EUR ....

(2) Dem Honorar hinzugerechnet werden Auslagen in nachgewiesener Höhe(alternativ in Hohe einer Pauschale von EUR 20,00).

(3) Dem Honorar einschließlich der Auslagen ist die Umsatzsteuer in gesetzlicher Höhe (zurzeit 19%) hinzuzurechnen.

(4) Das Pauschalhonorar wurde unter der Annahme vereinbart, dass sich der Zeitaufwand der Mediatoren auf ... Stunden belaufen wird (§ 7). Überschreitet der tatsächliche Zeitaufwand den der Vereinbarung zugrunde gelegten wesentlich (mehr als 20%), erhöht sich das Pauschalhonorar um EUR ... je angefangene halbe Stunde.

(5) Werden Mediationstermine von einem der Beteiligten weniger als 48 Stunden vor dem jeweiligen Termin ohne wichtigen Grund abgesagt, trägt die absagende Partei die gesamten Gebühren für diese Sitzung allein.

(6) Das Honorar ist unabhängig vom Erfolg der Mediation zu zahlen.

(7) Auch wenn die Mediation – aus welchen Gründen auch immer – abgebrochen wird, ist ein vereinbartes Pauschalhonorar nach Stand des Verfahrens anteilig zu zahlen (%-Anteil der geplanten (§ 7) zur tatsächlich aufgewandten Zeit).

§ 9
Zahlungsbedingungen

Auf das Honorar sind bis zuerst Mediationssitzung 50% als Vorschuss zu leisten. Mit Abschluss der Mediation wird der Restbetrag zur Zahlung fällig.

§ 10
Schriftformerfordernis[4]

1. Mündliche Nebenabreden bestehen nicht. Mündlich getroffene Absprachen werden durch diese schriftliche Vereinbarung vollumfänglich ersetzt.
2. Änderungen und Ergänzungen dieses Vertrages bedürfen zu ihrer Wirksamkeit der Schriftform.

§ 11
Salvatorische Klausel

Sollten einzelne Bestimmungen dieses Vertrages rechtsunwirksam sein oder werden, so berührt es die Wirksamkeit des Vertrages im Übrigen nicht. Die Vertragspartei verpflichtet sich vielmehr, ein rechtlich wirksame Regelung durch eine solche zusätzliche im wirtschaftlich gewollten Zweck am nächsten kommt und rechtlich wirksam ist. Gleiches gilt für eine evtl. Lücke im Vertrag.

Hannover, den

_____   _____
Mediatoren   Auftraggeber

_____   _____
Konfliktpartei 1   Konfliktpartei 2

---

4 Hier kann bei Interesse die Schlichtungsstelle des BM eingefügt werden als vorgerichtliche Beschwerdestelle

Anlage I Erklärung der die Konfliktparteien begleitenden Berater

Zusatzerklärung der Berater der Konfliktparteien

Wir, die rechtlichen Berater

Rechtsanwalt ...

als Berater von Konfliktpartei 1

und

Rechtsanwalt ...

als Berater von Konfliktpartei 2

Im Mediationsverfahren XXXXXXXXX/XXXXXXXXXXX

erklären:

■ Uns ist der Mediationsvertrag bekannt, den der Arbeitgeber unserer Mandanten (unter Zustimmung unserer Mandanten) mit den Mediatoren geschlossen hat. Die darin enthaltenen Vereinbarungen werden wir auch für unsere Tätigkeit und Rolle beachten.

■ Die Mediatoren haben uns das Mediationsverfahren mit Sinn und Zweck sowie dessen Ablauf erklärt. Wir akzeptieren, dass unsere Aufgabe in der Mediation nicht darin besteht, Rechtspositionen zu vertreten oder unsere Mandanten daran zu erinnern, weil es ausschließlich um die Streitbeilegung auf der Ebene der Interessen unserer Mandanten geht. Wir sind damit einverstanden, dass die Mediatoren uns unterbrechen, sollten wir – aus alter Gewohnheit – gegen diese Verabredung verstoßen.

■ Wir werden unsere Mandanten insbesondere darin unterstützen, die Sachlage dazustellen und überlassen es anschließend grundsätzlich den Konfliktparteien, ihre Interessen und Bedürfnisse zu formulieren. Soweit uns aus unserem Mandat Interessen des Mandanten bekannt sind, werden sie ggf darauf hinweisen.

■ In der Phase, in der Lösungsmöglichkeiten gesucht werden, können wir uns am Brainstorm beteiligen. Einigen sich die Parteien auf eine Lösung ihres Konfliktes, werden wir auf die rechtliche Zulässigkeit achten. Sofern einer von uns Zweifel an der Zulässigkeit der beabsichtigten Einigung haben sollte, werden wir um eine Unterbrechung der Mediationssitzung bitten um möglichst noch in der Sitzung zu einem übereinstimmenden Votum kommen zu können.

■ Einigen sich die Parteien auf die Vollstreckbarkeit eines oder beider Ansprüche, die sich aus der Vereinbarung ergibt, werden wir die Vollstreckbarkeit durch einen Anwaltsvergleich herstellen.

■ Wir bestätigen, dass die Konfliktparteien uns von unserem Zeugnisverweigerungsrecht zu keinem Zeitpunkt befreien können, weil sie sich gegenseitig zur Verschwiegenheit verpflichtet haben. Eine Entbindung ist also nur möglich, wenn und soweit alle Konfliktpartner entsprechende Erklärungen schriftlich abgegeben haben.

■ Wir verpflichten uns, sämtliche Aufzeichnungen, die wir während und im Zusammenhang mit der/den Mediationssitzung(en) anfertigen, – ebenso wie die Mediatoren – nach Abschluss der Mediation zu vernichten.

Berning

Die Mediatoren (sofern Rechtsanwälte) erklären:
Ich verpflichte mich, keine der Konfliktparteien jemals anwaltlich zu beraten (Mandatsschutz).

Hannover, den

_____   _____
Rechtsanwalt 1   Rechtsanwalt 2

_____
Mediatoren

7.3 Umsetzung der EU-MediationsRL

1.	**Österreich** Umsetzung: ✔ (ZivMediatG bereits vorhanden, EU-MediatG neu erlassen)	Seit 2004: <u>ZivMediatG</u>[1] für eingetragene Mediatoren. Seit 2011: <u>EU-MediatG</u>[2] für nicht eingetragene Mediatoren (im Zuge der Umsetzung) bei grenzüberschreitenden Streitigkeiten.
2.	**Deutschland** Umsetzung: ✔ (erfolgt durch Erlassung des D-MediatG)	Seit 26.7.2012: <u>D-MediatG</u>[3] (Gesetz zur Förderung der Mediation und anderer Verfahren der außergerichtlichen Konfliktbeilegung) Erste rechtliche Verankerung der Mediation in Deutschland, im Zuge der Umsetzung der EU-MediationsRL erlassen. Besonderheiten: gilt nicht nur für grenzüberschreitende, sondern sondern auch für nationale Streitigkeiten. Gerichtliche Mediation durch einen Güterichter möglich.
3.	**Belgien** Umsetzung: ✔ (keine Neuregelung notwendig)	Seit 21.5.2005: „ <u>La Mediation</u>"[4] in der <u>B-ZPO</u> (Art. 1724 bis Art. 1737 code judiciaire) Somit bestand in Belgien kein Umsetzungsbedarf, da die Mediation bereits richtlinienkonform seit 2005 in der B-ZPO geregelt ist und die Bestimmungen sowohl für nationale, als auch für grenzüberschreitende Streitigkeiten anzuwenden sind.
4.	**Bulgarien** Umsetzung: ✔ (erfolgt durch Änderung bestehender Gesetze)	Seit 17.12.2004: <u>„Zakon za Mediatsijata"</u>[5] <u>(BUL-MediatG)</u> (eigenes Mediationsgesetz) Seit 1.3.2008: <u>BUL-ZPO</u>[6] (verfahrensrechtliche Bestimmungen zur Mediation) Am 1.4.2011: Umsetzung der Richtlinie durch <u>Änderung</u>[7] des des <u>BUL-MediatG</u> Anwendbarkeit: für nationale und grenzüberschreitende Streitigkeiten.
5.	**Dänemark** Umsetzung: ✗	Gemäß Art. 1 Abs. 3 EU-MediationsRL von der Umsetzungspflicht ausgenommen. Bestimmungen zur Mediation finden sich aber in den §§ 271 ff des Justizverwaltungsgesetzes[8].

---

1 Bundesgesetz über Mediation in Zivilrechtssachen , ZivMediatG BGBl. I 2003/29.
2 EU-Mediations-Gesetz – EU-MediatG sowie Änderung der Zivilprozessordnung, des IPR-Gesetzes und des Suchtmittelgesetzes BGBl. I 2011/21.
3 Mediationsgesetz (Gesetz zur Förderung der Mediation und anderer Verfahren der außergerichtlichen Konfliktbeilegung) vom 21.7.2012, BGBl. I S. 1577.
4 Gesetz vom 21.5.2005 zur Abänderung der Zivilprozessordnung in Bezug auf die Mediation, code judiciaire, Belgisches Staatsblatt 2005009173, S. 12772, im Folgenden B-ZPO genannt, abrufbar unter: http://www.ejustice.just.fgov.be/cgi_loi/change_lg.pl?language=fr&la=F&cn=2005022136&table_name=loi.
5 Mediationsakt vom 17.12.2004 (Zakon za Mediatsijata, ЗАКОН ЗА МЕДИАЦИЯТА), State Gazette 2004/110, abrufbar unter: http://lex.bg/laws/ldoc/2135496713.
6 Zivilprozessordnung vom 20.7.2007 (ГРАЖДАНСКИ ПРОЦЕСУАЛЕН КОДЕКС), State Gazette 2007/59, veröffentlicht am 1.3.2008, zuletzt geändert durch State Gazette 2012/45, abrufbar unter: http://lex.bg/laws/ldoc/2135558368.
7 Gesetz über Mediation vom 1.4.2011, State Gazette 2011/27, abrufbar unter: http://ec.europa.eu/justice_home/judicialatlascivil/html/pdf/national_law_me_bul_bg.pdf.
8 Retsplejeloven, LBK n.r. 1053 af 29/10/2009.

6.	Estland Umsetzung: ✔ (erfolgt durch Erlassung des „LEPITUSSEA-DUS")	Seit 18.11.2009: Gesetz „Lepitusseadus"[9] = Vermittlungsgesetz (Conciliation act) Nachdem die Mediation in Estland bislang nicht gesetzlich verankert war, bestand für den estnischen Gesetzgeber voller Umsetzungsbedarf. Diesem ist er mit der Erlassung des „LEPITUSSEA-DUS", einem Vermittlungsgesetz nachgekommen. Besonderheiten: gilt sowohl für nationale, als auch grenzüberschreitende Streitigkeiten, keine Regelung zur Akkreditierung.
7.	Finnland Umsetzung: ✔ (erfolgt durch Erlassung eines eigenen Mediationsgesetzes und Änderung bestehender Gesetze)	Seit 21.5.2011: Umsetzung durch FIN-MediatG[10] (riita-asioiden sovittelusta ja sovinnon vahvistamisesta yleisissä tuomioistuimissa = Act on mediation in civil matters and confirmation of settlements in general courts) Weitere Umsetzungsmaßnahmen[11] durch: Gesetz Nr. 395/2011 zur Einführung eines § 23 Abs. 5 im 17 Kapitel der FIN-ZPO (bezüglich der Vertraulichkeit) Gesetz Nr. 396/2011 zur Änderung des § 11 des Gesetzes über die Verjährung von Verbindlichkeiten. (bezüglich der Verjährung) Besonderheiten: Gliederung des FIN-MediatG in gerichtliche und außergerichtliche Mediation, Akkreditierung nicht geregelt, Geltung sowohl für nationale, als auch grenzüberschreitende Angelegenheiten.

---

9   Vermittlungsgesetz (Conciliation Act, LEPITUSSEADUS) vom 18. 11. 2009, RT I 2009, 59, 385, abrufbar unter: http://www.legaltext.ee/et/andmebaas/tekst.asp?loc=text&dok=2012X06&keel=en&pg=1&pty-yp=RT&tyyp=X&query=lepitusseadus.

10   Act on mediation in civil matters and confirmation of settlements in general courts (riita-asioiden sovittelus-ta ja sovinnon vahvistamisesta yleisissä tuomioistuimissa) vom 29.4.2011, 394/2011, veröffentlicht im Amtsblatt (Suomen Saadoskokoelma), im folgenden FIN-MediatG genannt, abrufbar unter: http://www.finlex.fi/en/laki/kaannokset/2011/en20110394.pdf.

11   Die Gesetzte Nr. 395/2011 und Nr. 396/2011 veröffentlicht im Amtsblatt (Suomen Saadoskokoelma).

| 8. | Frankreich
Umsetzung: ✓
(durch Änderung beste-
hender Gesetze) | Vor der Umsetzung der EU-MediationsRL:
Gesetz Nr. 95-125 vom 8.2.1995[12] nur in Bezug auf die
Dekret Nr. 96-652 vom 22.7.1996[13] gerichtliche Mediation
Umsetzungsschritte:
Gesetz Nr. 2008-561 vom 17.6.2008[14],
(Bestimmungen über die Verjährung wurden zur Umsetzung von
Art. 8 EU-MediationsRL reformiert)
Verordnung Nr. 2011-1540 vom 16.10.2011[15]
(Änderung des Gesetzes Nr. 95-125 vom 8.2.1995)
Dekrets 2012-66 vom 20.1.2012[16]
(Kapitel über alternative Verfahren der Streitbeilegung außerhalb
des Gerichts wurde in die FR-ZPO eingeführt.)
Besonderheiten: Geltung sowohl für nationale, als auch für grenz-
überschreitende Streitigkeiten, Akkreditierung nicht geregelt. |
| 9. | Griechenland
Umsetzung: ✓
(erfolgt durch Erlassung
eines eigenen Mediati-
onsgesetzes) | Seit 16.12.2010: Umsetzung durch GR-MediatG[17]
(Gesetz 3898/2010 über Mediation in Zivil-und Handelssachen
vom 16.12.2010 = Διαμεσολάβηση σε αστικές και εμπορικές
υποθέσεις)
Weiter Umsetzungschritte aufgrund des GR-MediatG:
Gesetz 123/2011 über die Bedingungen für die Lizenzierung und
den Betrieb von Ausbildungseinrichtungen für Mediatoren in Zi-
vil- und Handelssachen vom 9.12.2012 ((Καθορισμός όρων και
προϋποθέσεων αδειοδότησης και λειτουργίας των φορέων κατάρτισης
διαμεσολαβητών σε αστικές και εμπορικές υποθέσεις)
Besonderheiten:
Aufgrund des neu erlassenen Art. 7 des Gesetzes 4055/2012 vom
12. 3. 2012 (4055 ΔΙΚΑΙΗ ΔΙΚΗ ΚΑΙ ΕΥΛΟΓΗ ΔΙΑΡΚΕΙΑ
ΑΥΤΗΣ), können nun auch Richter im Rahmen der gerichtsge-
bundenen Mediation als Mediatoren tätig werden.
Detaillierte Regelung über die Akkreditierung und Geltung für
nationale und grenzüberschreitende Angelegenheiten.
Der Griechische Gesetzgeber hat Art. 7 der EU-MediationsRL zu-
gunsten der Gewährleistung der Vertraulichkeit, im Gegensatz zu |

---

12 LOI no 95-125 du 8 février 1995 relative à l'organisation des juridictions et à la procédure civile, pénale et administrative, veröffentlicht im Amtsblatt Nr. 34 vom 9.2.1995, S. 2175, abrufbar unter: http://www.legifrance.gouv.fr/affichTexte.do;jsessionid=39B9214194FA2743542E35CF2DC6BE72.tpdjo03v_2?cidTexte=JORFTEXT000000350926&dateTexte=19950209.

13 Décret no 96-652 du 22 juillet 1996 relatif à la conciliation et à la médiation judiciaires (Gesetz über die Schlichtung und gerichtliche Mediation), veröffentlicht im Amtsblatt Nr. 170 vom 23. 7. 1996, S. 11125, abrufbar unter: http://www.legifrance.gouv.fr/affichTexte.do?cidTexte=JORFTEXT000000730803&dateTexte=&categorieLien=id.

14 LOI n° 2008-561 du 17 juin 2008 portant réforme de la prescription en matière civile, abrufbar unter: http://www.legifrance.gouv.fr/affichTexte.do?cidTexte=JORFTEXT000019013696.

15 Ordonnance n° 2011-1540 du 16 novembre 2011 portant transposition de la directive 2008/52/CE du Parlement européen et du Conseil du 21 mai 2008 sur certains aspects de la médiation en matière civile et commerciale (Verordnung Nr. 2011-1540 von 16.11.2011 zur Umsetzung der Richtlinie 2008/52/EG des Europäischen Parlaments und des Rates vom 21.5.2008 über bestimmte Aspekte der Mediation in Zivil-und Handelssachen), abrufbar unter: http://www.legifrance.gouv.fr/affichTexte.do?cidTexte=JORFTEXT000024804839.

16 Décret n° 2012-66 du 20 janvier 2012 relatif à la résolution amiable des différends (Dekret Nr. 2012-66 vom 20.1.2012 über die gütlichen Beilegung von Streitigkeiten), veröffentlicht im Amtsblatt Nr. 0019 vom 22.1.2012, S. 1280.

17 Gesetz 3898/2010 über Mediation in Zivil-und Handelssachen vom 16.12.2010 (Διαμεσολάβηση σε αστικές και εμπορικές υποθέσεις), Gesetzblatt A 211, im Folgenden GR-MediatG genannt, abrufbar unter: http://www.diamesolavisi.com/index.php?option=com_content&view=article&id=125:n-38982010-&catid=31:general&Itemid=46.

		den anderen Mitgliestaaten, weiter ausgelegt und zählt zu den in Art. 7 Abs. 1 „ in die Durchführung des Verfahrens eingebundene Personen", auch die Parteien selbst.
10.	**Großbritannien** Umsetzung: ✔ **England und Wales:** Umsetzung durch Änderung der ZPO und Erlassung der „Cross-Border Mediation (EU Directive) Regulations 2011" **Nordirland:** Umsetzung durch die „The Cross-Border Mediation Regulations (Northern Ireland) 2011" und einige Änderungen in den Prozessordnungen. **Schottland:** Umsetzung durch die „Cross-Border Mediation (Scotland) Regulations 2011"	**Großbritannien** In Großbritannien wurde die EU-MediationsRL einerseits für England und Wales durch den „Secretary of State" des Vereinigten Königreichs umgesetzt, andererseits für Schottland durch das „Scottish Parliament und für Nordirland durch das „Northern Ireland Assembly". Alle im folgenden genannten Regelungen beziehen sich nur auf die grenzüberschreitende Mediation. <u>Umsetzung in England und Wales</u> Am 6.4.2011 erster Umsetzungsschritt durch „The Civil Procedure (Amendment) Rules 2011"[18]. Am 20.5.2011 zweiter Schritt durch „The Cross-Border Mediation (EU Directive) Regulations 2011[19]" Besonderheiten: Keine Umsetzung von Art. 5 EU-MediationsRL, da die Förderung der Inanspruchnahme der Mediation bereits durch die „CPR 1998" und die „Family Procedure Rules 2010" gewährleistet wird. <u>Umsetzung in Nordirland</u> Neuregelung durch: „The Cross-Border Mediation Regulations (Northern Ireland) 2011[20]" Änderungen in den folgenden Prozessordnungen: „The Rules of the Court of Judicature (Northern Ireland) (Amendment No.3) 2011[21]" „The County Court (Amendment) Rules (Northern Ireland) 2011[22]" „The Family Proceedings (Amendment No. 2) Rules (Northern Ireland) 2011[23]" <u>Umsetzung in Schottland</u> „The Cross-Border Mediation (Scotland) Regulations 2011[24]"
11.	**Irland** Umsetzung: ✔ (erfolgt durch Erlassung der Verordnung „European Communities (Me-	Seit 18.5.2011: <u>Umsetzung durch die „European Communities (Mediation) Regulations 2011</u>[25] Besonderheiten: Die „European Communities Regulations 2011 gelten nur für grenzüberschreitende Angelegenheiten.

---

18 The Civil Procedure (Amendment) Rules 2011, Statutory Instruments 2011 No. 88 (L. 1), im Folgenden CPR 2011 genannt, abrufbar unter: http://www.legislation.gov.uk/uksi/2011/88/made.
19 Mediation, The Cross-Border Mediation (EU Directive) Regulations 2011, Statutory Instruments 2011 No. 1133, im Folgenden GB-MediatR genannt, abrufbar unter: http://www.legislation.gov.uk/uksi/2011/1133/pdfs/uksi_20111133_en.pdf.
20 The Cross-Border Mediation Regulations (Northern Ireland) 2011, Statutory Rules of Northern Ireland 2011 No. 157, im Folgenden NIR-MediatR genannt, abrufbar unter: http://www.legislation.gov.uk/nisr/2011/157/pdfs/nisr_20110157_en.pdf.
21 The Rules of the Court of Judicature (Northern Ireland) (Amendment No.3) 2011, 2011 No. 229, abrufbar unter: http://www.legislation.gov.uk/nisr/2011/229/made.
22 The County Court (Amendment) Rules (Northern Ireland) 2011, 2011 No. 58, abrufbar unter: http://www.legislation.gov.uk/nisr/2011/58/made.
23 The Family Proceedings (Amendment No. 2) Rules (Northern Ireland) 2011, 2011 No. 243, abrufbar unter: http://www.legislation.gov.uk/nisr/2011/243/pdfs/nisr_20110243_en.pdf.
24 The Cross-Border Mediation (Scotland) Regulations 2011, 2011 No. 234, im Folgenden SCO-MediatR genannt, abrufbar unter: http://www.legislation.gov.uk/sdsi/2011/9780111012444/contents.

	diation) Regulations 2011)	Auch im Hinblick auf rein innerstaatliche Angelegenheiten wird die Inanspruchnahme der Mediation gefördert, zuletzt durch die „Rules of the Superior Courts (Mediation and conciliation) 2010", die mit „ Order 56A" eine indirekte Verpflichtung zur Inanspruchnahme der Mediation eingeführt haben, da wie im „Explanatory Note" festgehalten, die unberechtigte Ablehnung einer Mediation durch eine Partei, negative Auswirkungen auf die Kosten haben kann. Die Akkreditierung wird nicht geregelt.
12.	**Italien** Umsetzung: ✔ (erfolgt durch die Erlassung zweier Gesetzesdekrets)	Umsetzung erfolgte in 2 Schritten: Gesetzesdekret N. 28 vom 4.32010[26] = IT-MediatG Gesetzesdekret Nr. 180 vom 5.11.2010[27] (regelt die Akkreditierung) Besonderheiten: **Art. 5 des IT-MediatG** führt für bestimmte Angelegenheiten eine **verpflichtende Mediation** ein (zB bei Streitigkeiten aus dem Bank und Kreditwesen, bei Streitigkeiten über eine Eigentumswohnung, bei erbrechtlichen Streitigkeiten oder auch bei Streitigkeiten über Fahrzeug und Bootsverkehr- Schäden usw). Nach Artikel 11 des IT-MediatG kann der Mediator den Parteien einen Einigungsvorschlag unterbreiten, wenn noch keine Einigung erzielt wurde, die Parteien dies beantragen, oder der Mediator dies für notwendig erachtet. Noch radikaler fällt in diesem Zusammenhang Art. 13 des IT-MediatG aus, da dieser sogar eine Kostenübernahme der gesamten Prozesskosten für die Partei vorsieht, die den Vorschlag des Mediators ablehnt und das Gericht in weiterer Folge den Einigungsvorschlag durch Urteil bestätigt. Das IT-MediatG gilt für nationale und grenzüberschreitende Streitigkeiten.
13.	**Lettland** Umsetzung: × (eigenes Gesetz und Änderung der ZPO geplant)	Akutell noch im Entwurfstadium Entwurf zur Änderung der Zivilprozessordnung (Likumprojekts, Grozījumi Civilprocesa likumā)[28] Entwurf für ein lettisches Mediationsgesetz (Likumprojekts, Mediācijas likums)[29] Besonderheiten: Erstmalige rechtliche Verankerung der Mediation, auch detaillierte Regelungen zur Akkreditierung.
14.	Litauen	Seit 15.7.2008: Law on conciliatory mediation in civil disputes[31] = LIT-MediatG

---

25 European Communities (Mediation) Regulations 2011, S.I. No. 209/2011, im Folgenden IR-MediatR genannt, abrufbar unter: http://0209.html.

26 Gesetzesdekret Nr. 28 vom 4.3.2010 über „Attuazione dell'articolo 60 della legge 18 giugno 2009, n. 69, in materia di mediazione finalizzata alla conciliazione delle controversie civili e commerciali", veröffentlicht im Amtsblatt Nr. 53 vom 5.3.2010, abrufbar unter: http://www.camera.it/parlam/leggi/deleghe/10028dl.htm, wird in weiterer Folge als IT-MediatG bezeichnet.

27 Gesetzesdekret Nr. 180 vom 18.10. 010 über „Registro degli organismi di mediazione e elenco die formatori per la mediazione", veröffentlicht im Amtsblatt Nr. 258 vom 11.4.2010, abrufbar unter: http://www.camera.it/parlam/leggi/deleghe/10028dl.htm.

28 Entwurf zur Änderung der Zivilprozessordnung (Likumprojekts, Grozījumi Civilprocesa likumā), Ministru kabineta am 26.1.2012, Dok.reģ.Nr. VSS-83 TA-1733, abrufbar unter: http://www.mk.gov.lv/lv/mk/tap/?pid=40240789&mode=mkk&date=2012-08-06.

29 Entwurf eines lettischen Mediationsgesetzes (Likumprojekts, Mediācijas likums,), Ministru kabineta am 26.1.2012, Dok.reģ.Nr. VSS-84 TA-1734, abrufbar unter: http://www.mk.gov.lv/lv/mk/tap/?pid=40240788&mode=mkk&date=2012-08-06.

	Umsetzung: ✔ (erfolgt durch Änderung des seit 2008 bestehenden Gesetzes für Mediation in Zivilsachen)[30]	(Civilinių ginčų taikinamojo tarpininkavimo įstatymas) Am 24.5.2011: Umsetzung durch Änderung des LIT-MediatG Amendments to the law on cociliatory mediation in civil disputes[32] (Civilinių ginčų taikinamojo tarpininkavimo įstatymo 1, 2, 4, 5, 6, 8, 10, 11 straipsnių pakeitimo ir papildymo ir Įstatymo papildymo priedu ĮSTATYMAS) Besonderheiten: Das Justizminsterium hat zur Entwicklung und Förderung der Mediation im Sinne von Art. 5 der EU-MediationsRL am 23.11.2010 einen Plan erstellt, der die wesentlichen Ziele zur Entfaltung der Mediation enthält, so zB die Notwenigkeit der Änderung des LIT-MediatG, eine zukünftige Zertifizierung von Mediatoren oder die Verteilung von Informationsmaterial zur Mediation an die Bevölkerung.[33]
15.	**Luxemburg** Umsetzung: ✔ (kein eigenes Mediationsgesetz; Umsetzung durch Änderung der FR-ZPO)	Gesetz vom 24.3.2012 zur Einführung der Mediation in Zivil- und Handelssachen in die neue Zivilprozessordnung[34]. (Loi du 24 février 2012 portant – introduction de la médiation en matière civile et commerciale dans le Nouveau Code de procédurecivile) Das Gesetz wurde am 5.3.2012 veröffentlicht und führt in Buch III der FR-ZPO einen Titel II „De la médiation" ein. Somit ist die Mediation in den Art. 1251 – 1 bis 1251 – 24 der FR-ZPO geregelt und umfasst sowol die gerichtliche, also auch die außergerichtliche Mediation.
16.	**Malta** Umsetzung: ✔ (erfolgt durch Änderung des MediatG von 2004)	Seit 21.10.2004: „Mediation Act"[35] („To encourage and facilitate the settlement of disputes in Malta through mediation, to establish a Malta Mediation Centre as a centre for domestic and international mediation, and to make provisions regulating the conduct of the mediation process.") Am 2.7.2010: „ACT No. IX of 2010"[36] („AN ACT to amend the Laws relating to arbitration and mediation matters.") Mit dem Act No. IX von 2010 wurde die Umsetzung der EU-MediationsRL durch Änderung des seit 2004 bestehenden Mediationsgesetzes vollzogen.
17.	**Niederlande** Umsetzung: ✗ (aktuell: Entwurf eines Gesetzes zur Umsetzung der Mediationsrichtlinie)	Seit 28.6.2012: Entwurf eines Gesetzes zur Umsetzung der Richtlinie Nr. 2008/52/EG über bestimmte Aspekte der Mediation in Zivil-und Handelssachen[37]

---

30 Law on conciliatory mediation in civil disputes vom 15.7.2008, Amtsblatt No X-1702, zuletzt geändert am 24.5.2011, Amtsblatt Nr. XI-1400, geänderte Version auf Englisch abrufbar unter: http://www3.lrs.lt/pls/inter3/dokpaieska.showdoc_e?p_id=404617&p_query=&p_tr2=2 .

34 Loi du 24 février 2012 portant– introduction de la médiation en matière civile et commerciale dans le Nouveau Code de procédurecivile, Amtsblatt Nr. 37 vom 5.3.3012, abrufbar unter: http://www.legilux.public.lu/leg/a/archives/2012/0037/a037.pdf.

35 Mediation act, Chapter 474, ACT XVI vom 21.12.2004, zuletzt geändert durch Act IX of 2010, abrufbar unter: http://www.justiceservices.gov.mt/DownloadDocument.aspx?app=lom&itemid=8940&l=1.

36 Arbitration and Mediation Matters (Amendment) Act 2010, ACT No. IX vom 2.7.2010, abrufbar unter: http://www.justiceservices.gov.mt/DownloadDocument.aspx?app=lp&itemid=21267&l=1.

37 Implementatie van de richtlijn betreffende bepaald aspecten van bemiddeling/mediation in burgerlijke en handelszaken (Wet implementatie richtlijn n.r. 2008/52/EG betreffende be-paalde aspecten van bemiddeling/ mediation in burgerlijke en handelszaken), Tweede Kamer, vergaderjaar 2011–2012, 33 320, n.r. 2, abrufbar unter: http://www.eerstekamer.nl/behandeling/20120628/voorstel_van_wet/f=/vj0vh0r2g0ur.pdf.

		„Implementatie van de richtlijn betreffende bepaald aspecten van bemiddeling/mediation in burgerlijke en handelszaken (Wet implementatie richtlijn n.r. 2008/52/EG betreffende be-paalde aspecten van bemiddeling/mediation in burgerlijke en handelszaken)" Besonderheiten (!): Am 18.10.2010 wurde ein Entwurf zur Umsetzung der EU-MediationsRL präsentiert, der Änderungen im Buch III des Bürgerlichen Gesetzbuchs und in der Zivilprozessordnung herbeiführen und eine Anwendung auf sowohl grenzüberschreitende, als auch innerstaatliche Streitigkeiten finden sollte. (Aanpassing van Boek 3 van het Burgerlijk Wetboek en het Wetboek van Burgerlijke Rechtsvordering aan de richtlijn betreffende bepaalde aspecten van bemiddeling/mediation in burgerlijke en handelszaken)[38] = Entwurf Dieser Entwurf wurde durch den Entwurf eines Gesetzes zur Umsetzung der Mediationsrichtlinie abgelöst, welcher keine Änderungen in der Zivilprozessordnung bzw im Bürgerlichen Gesetzbuch vorsieht und die Anwendbarkeit der 8 Artikel nur auf **grenzüberschreitende Streitigkeiten** beschränkt.
18.	Polen Umsetzung: ✔ (keine Notwendigkeit, da bereits seit 2005 richtlinienkonforme Bestimmungen in der ZPO)	Seit 25.7.2005: Akt zur Änderung der Zivilprozessordnung und anderer Gesetze[39] [Ustawa z dnia 28 lipca 2005 r. o zmianie ustawy - Kodeks postępowania cywilnego oraz niektórych innych ustaw) Durch dieses Gesetz wurde unter anderem die Zivilprozessordnung 1964 geändert. Es wurde ein neues Kapitel über „Mediation und Schlichtung" eingeführt. In den Art. 183[1] – 183[15] findet sich der Großteil der Bestimmungen zur Mediation, weitere Bestimmunen verstreut in der ZPO und im Bürgerlichen Gesetzbuch, so zB Art. 123 § 1 BGB, der die Verjährung regelt.
19	Portugal Umsetzung: ✔ (kein eigenes Mediationsgesetz, Umsetzung durch Änderung der ZPO)	Am 29.6.2009 wurde das Gesetz Nr. 29/2009[40] erlassen, womit unter anderem die EU-MediationsRL durch Änderung der Zivilprozessordnung umgesetzt wurde. Es sind dies die Art. 249.º -A - 249.º - C und 279.º -A der ZPO, die die wesentlichen Bestimmungen der EU-MediationsRL umsetzen.

---

31 Law on conciliatory mediation in civil disputes (Civilinių ginčų taikinamojo tarpininkavimo įstatymas) vom 15.7.2008, Amtsblatt No X-1702, abrufbar in Englisch unter: http://www3.lrs.lt/pls/inter3/dokpaieska.showdoc_l?p_id=330591.

32 Amendments to the law on cociliatory mediation in civil disputes (Civilinių ginčų taikinamojo tarpininkavimo įstatymo 1, 2, 4, 5, 6, 8, 10, 11 straipsnių pakeitimo ir papildymo ir Įstatymo papildymo priedu įSTATYMAS) vom 24.5.2011, Amtsblatt Nr. XI-1400, abrufbar unter: http://www3.lrs.lt/pls/inter3/dokpaieska.showdoc_l?p_id=399887.

33 DĖL TAIKINAMOJO TARPININKAVIMO (MEDIACIJOS) PLĖTROS IR TAIKAUS GINČŲ SPRENDIMO SKATINIMO PLANo PATVIRTINIMO (Förderungsplan) vom 23.11.2010, Amtsblatt Nr. 1R-256, abrufbar unter: http://tar.tic.lt/Default.aspx?id=2&item=results&aktoid=1D4481F8-CDF8-4EC8-8330-EA-EC9D448736.

38 Aanpassing van Boek 3 van het Burgerlijk Wetboek en het Wetboek van Burgerlijke Rechtsvordering aan de richtlijn betreffende bepaalde aspecten van bemiddeling/mediation in burgerlijke en handelszaken, Eerste Kamer, vergaderjaar 2010–2011, 32 555, A, abrufbar unter: http://www.eerstekamer.nl/behandeling/20110621/gewijzigd_voorstel_van_wet/f=/viqka6rxppuu.pdf.

39 Ustawa z dnia 28 lipca 2005 r. o zmianie ustawy - Kodeks postępowania cywilnego oraz niektórych innych ustaw, Dziennik Ustaw z 2005 r. Nr. 172 poz. 1438, abrufbar unter: http://lex.pl/serwis/du/2005/1438.htm.

40 Diário da República, 1.ª série — N.º 123 — 29 de Junho de 2009, abrufbar unter: http://www.gral.mj.pt/userfiles/Lei%2029-2009.pdf.

		Ein weiter Umsetzungschritt war das <u>Gesetz Nr. 3/2010</u>[41], wodurch aber lediglich der Zeitpunkt des Inkrafttretens von Art. 87 des Gesetzes Nr. 29/2009 vom 18. 1 auf den 18.7.2010 geändert wurde. Letzte Aktivität des Gesetzgebers zur Umsetzung der EU-MediationsRL war die Verordnung Nr. 203/2011[42], wodurch ein paar Ergänzungen in Bezug auf die Verjährung veröffentlicht wurden.
20.	Rumänien Umsetzung: ✓ (erfolgt durch Änderung des MediatG von 2006[43])	Seit 22.5.2006: <u>Law n.r. 192 from 2006 on mediation and on the organisation of the mediation profession</u>[44] Bei dem Gesetz 192/2006 handelte es sich um ein Gesetz, das einen Rechtsrahmen für die Mediation und den Mediatorenberuf in Rumänien geschaffen hat und somit die Akkreditierung regelt. Umsetzung erfolgt durch: <u>Gesetz Nr. 370/2009</u>[45] <u>zur Abänderung und Ergänzung des Gesetzes 192/2006.</u> <u>Ordinance no. 13/2010 regarding the transposing the directive for services.</u>[46] Durch die Änderungen des MediatG von 2006 wurden weitere Bestimmungen geschaffen und somit verfügt Rumänien über ein umfassendes Regelwerk zur Mediation, das 75 Artikel umfasst.

41 Diário da República, 1.ª série — N.º 10 — 15 de Janeiro de 2010, abrufbar unter: http://dre.pt/pdf1sdip/2010/01/01000/0018000180.pdf.
42 Diário da República, 1.ª série — N.º 98 — 20 de Maio de 2011, abrufbar unter: http://dre.pt/pdf1sdip/2011/05/09800/0288302883.pdf.
43 Law no. 192/2006 on mediation and organizing the mediator profession, as modified and added by the law no. 370/2009 and by government ordinance no. 13/2010 regarding the transposing the directive for services, abrufbar in Englisch unter: http://www.edumondemediation.ro/uploads_ro/images/515/Law192_EN.pdf.
44 Legea 192/2006 actualizata privind medierea si organizarea profesiei de mediator. Legea profesiei de mediator consolidata, Monitorul Oficial, Partea I n.r. 441 din 22 mai 2006, abrufbar unter: http://www.dreptonline.ro/legislatie/lege_mediere_profesia_mediator_192_2006.php.
45 Legea 370/2009 pentru modificarea si completarea Legii n.r. 192/2006 privind medierea si organizarea profesiei de mediator, Monitorul Oficial, Partea I n.r. 831 din 3 decembrie 2009, abrufbar unter: http://www.dreptonline.ro/legislatie/lege_modificare_mediere_organizare_profesiei_mediator_370_2009.php# .
46 OG 13/2010 pentru modificarea si completarea unor acte normative in domeniul justitiei in vederea transpunerii Directivei 2006/123/CE a Parlamentului European si a Consiliului din 12 decembrie 2006 privind serviciile in cadrul pietei interne, Monitorul Oficial, Partea I n.r. 70 din 30 ianuarie 2010, abrufbar unter: http://www.dreptonline.ro/legislatie/og_completare_justitie_interpreti_traducatori_mediere_13_2010.php

21.	Schweden Umsetzung:✓ (erfolgt durch Erlassung eines MediatG und Änderung bestehender Gesetze)	Seit 1.8.2011: Gesetz 2011:860 über Mediation in privatrechtlichen Streitigkei-ten[47] (Lag (2011:860) om medling i vissa privaträttsliga tvister) Besonderheiten: Mit dem Gesetz 2011:860 wurde die EU-MediationsRL durch ein eigenes und erstmaliges Regelwerk zur Mediation in Schweden umgesetzt. In § 1 des SWE-MediatG stellt der Gesetzgeber klar, dass die Bestimmungen nicht auf eine Mediation durch Gericht, Behörde oder Schlichtungsbehörde anzuwenden sind. Es finden sich keine Bestimmungen zur Akkreditierung im SWE-MediatG. Außerdem wurden ein paar bestehende Gesetze geändert[48], so zB die ZPO[49] (zur verfahrensrechtlichen Absicherung der Vertraulichkeit im Sinne von Art. 7 EU-MediationsRL).
22.	Slowakei Umsetzung:✓ (erfolgt durch Änderung des MediatG von 2004)	Seit 1.9.2004: Gesetz No. 420/2004 über Mediation und die Änderung be-stimmter Gesetze[50] (Z Á KON o mediácii ao doplnení niektorých zákonov) Am 9.3.2010: Gesetz Nr. 141/2010 zur Änderung und Ergänzung des Gesetzes Nr. 420/2004[51] (ktorým s.a. mení a dopĺňa zákon č. 420/2004 Z. z. o mediácii a o doplnení niektorých zákonov v. znení zákona č. 136/2010 Z. z. o službách na vnútornom trhu a o zmene a doplnení niektorých zákonov a ktorým s.a. dopĺňa zákon Slovenskej národnej rady č. 323/1992 Zb. o notároch a notárskej činnosti (Notársky poria-dok) v. znení neskorších predpisov) Besonderheiten: Im Mediationsgesetz von 2004 fanden sich bereits detaillierte Be-stimmungen über die Ausübung des Mediatorenberufs, so zB über die erforderliche Eintragung in ein Register beim Justizmi-nisterium und eine dafür notwendige Ausbildung zum Mediator. Durch die Änderung des Mediationsgesetzes wurde der Anwen-dungsbereich gemäß § 1 Abs. 2 des Gesetzes Nr. 141/2010 auf grenzüberschreitende Angelegenheiten ausgedehnt. Außerdem wurde ein paar weitere kleine Anpassungen vorgenommen.

---

47 Lag (2011:860) om medling i vissa privaträttsliga tvister (Gesetz 2011:860 über Mediation in privatrechtli-chen Streitigkeiten), SFS n.r. : 2011:860, abrufbar unter: http://www.notisum.se/rnp/sls/lag/20110860.htm.
48 SFS 2011:863 Lag om ändring i lagen (1973:188) om arrendenämnder och hyresnämnder; SFS 2011:862 Lag om ändring i utsökningsbalken; SFS 2011:861 Lag om ändring i rättegångsbalken.
49 Lag om ändring i rättegångsbalken, SFS 2011:861, abrufbar unter: http://www.lagboken.se/dokument/ Andrings-SFS/822481/SFS-2011_861-Lag-om-andring-i-rattegangsbalken?id=102982.
50 Z Á KON o mediácii ao doplnení niektorých zákonov, Amtsblatt Nr. 420/2004, abrufbar unter: http:// www.vyvlastnenie.sk/predpisy/zakon-o-mediacii/.
51 Z Á KON ktorým s.a. mení a dopĺňa zákon č. 420/2004 Z. z. o mediácii a o doplnení niektorých zákonov v. znení zákona č. 136/2010 Z. z. o službách na vnútornom trhu a o zmene a doplnení niektorých zákonov a ktorým s.a. dopĺňa zákon Slovenskej národnej rady č. 323/1992 Zb. o notároch a notárskej činnosti (Notársky poriadok) v. znení neskorších predpisov, Amtsblatt Nr. 141/2010, abrufbar unter: http:// salvia2.gurkol.net/zb.cgi?zakon=141%2F2010.

23.	Slowenien Umsetzung:✓ (erfolgt durch Erlassung eines eigenen Mediationsgesetzes)	Seit 21.6.2008: Gesetz über Mediation in Zivil-und Handelssachen[52] (ZMCGZ) (Zakon o mediaciji v. civilnih in gospodarskih zadevah) Besonderheiten: Mit dem ZMCGZ wurde die EU-MediationsRL umgesetzt. Der Anwendungsbereich bezieht sich sowohl auf grenzüberschreitende, als auch auf rein innerstaatliche Sachverhalte. Außerdem sind vom ZMCGZ alle Streigikeiten erfasst, solange sie mit der Natur des ZMCGZ vereinbar sind. Bezüglich Art. 5 der EU-MediationsRL, der Föderung der Inanspruchnahme der Mediation durch Gericht, finden sich Bestimmungen in der ZPP[53] und in dem am 30.11.2009 erlassenen Gesetz[54] über die alternative Streitbeilegung in gerichtlichen Angelegenheiten.
24.	Spanien Umsetzung:✓ (erfolgt durch Erlassung eines eigenen Mediationsgesetzes)	Am 6.12.2012: Umsetzung durch Erlassung des „Ley 5/2012, de 6 de julio, de mediación en asuntos civiles y mercantiles[55]" (Gesetz über die Mediation in Zivil- und Handelssachen) Besonderheiten: Das MediatG gilt nicht nur für grenzüberschreitende Mediationen, sondern nach Präambel II des Gesetzes für jede Mediation, die in Spanien stattfindet. In Art. 9 ist die Vertraulichkeit geregelt. Spanien legt Art. 7 der EU-MediationsRL ähnlich aus wie Griechenland, in dem die Parteien ebenfalls zur Vertraulichkeit über die im Mediationsverfahren preisgegebenen Informationen verpflichtet. Die Akkreditierung wird vom MediatG nicht geregelt. Durch das MediatG werden außerdem ein paar weitere Gesetze geändert.
25.	Tschechien Umsetzung:✓ (erfolgt durch Erlassung eines eigenen Mediationsgesetzes, aber noch nicht in Kraft)	Am 2.5.2012 erlassen, in Krafttreten am 1.9.2012: Gesetz über Mediation und zur Änderung bestimmter Gesetze (Gesetz über die Mediation)[56] (Zákon o mediaci ao změně některých zákonů (zákon o mediaci)) Besonderheiten: Das MediatG ist sowohl auf innerstaatliche, als auch grenzüberschreitende Streitigkeiten anzuwenden. Außerdem wird die Sicherstellung der Qualität der Mediation im Sinne von Art. 4 der EU-MediationsRL dadurch gewährleistet, dass der Mediator beim Justizministerium registriert sein muss. Somit wird auch die Akkreditierung vom tschechischen MediatG geregelt.

---

52 Zakon o mediaciji v. civilnih in gospodarskih zadevah, Uradni list RS, št. 56/2008 Stran 6009, abrufbar unter: http://www.uradni-list.si/1/objava.jsp?urlid=200856&stevilka=2339.

53 Zakon o pravdnem postopku (ZPP), Uradni list RS, št. 26/1999 Stran 2829, abrufbar unter: http://www.uradni-list.si/1/objava.jsp?urlid=199926&stevilka=1210.

54 Zakon o alternativnem reševanju sodnih sporov (ZARSS), Uradni list RS, št. 97/2009 Stran 12877, abrufbar unter: http://www.uradni-list.si/1/objava.jsp?urlid=200997&stevilka=4248.

55 Ley 5/2012, de 6 de julio, de mediación en asuntos civiles y mercantiles, Boletín Oficial del Estado, núm. 162 de 7 de julio de 2012, páginas 49224 a 49242 (19 págs.), abrufbar unter: http://www.boe.es/diario_boe/txt.php?id=BOE-A-2012-9112.

56 Zákon o mediaci ao změně některých zákonů (zákon o mediaci), 202/2012 Sb., straně 2850-2861, abrufbar unter: http://www.sbirka.cz/POSL4TYD/NOVE/12-202.htm, auch auf Englisch abrufbar unter: http://www.cak.cz/assets/zakon-o-mediaci_aj.pdf.

		Außerdem wurden durch das MediatG weitere Gesetze geändert, so zB das Bürgerliche Gesetzbuch[57], womit Art. 8 der EU-MediationsRL umgesetzt wurde.
26.	Ungarn Umsetzung:✓ (erfolgt durch Änderung des MediatG von 2002)	Seit 2002: „Törvény, a közvetítői tevékenységről[58]" (MediationsG) Ungarn war somit das erste Land in der EU, das ein eigenes Mediationsgesetz erlassen hat. Das MediatG von 2002 enhält Regelungen für den Mediator, zum Mediationsverfahren und auch zur Akkreditierung. Am 17.12.2009: (XII. 17.) IRM rendelet a közvetítői szakmai képzésről és továbbképzésről[59] Mit dem Gesetz von 2009 wird die Ausbildung zum Mediator detailliert geregelt. Weitere Umsetzungsmaßnahmen, so zB auf die Vollstreckbarkeit, die im MediatG von 2002 nicht geregelt ist, sind nicht auffindbar.
27	Zypern Umsetzung: ✕	Es sind keine Informationen über eine Umsetzung der EU-MediationsRL verfügbar. Zypern hat bis dato[60] nur bekannt gegeben[61], welche Behörden für die Vollstreckbarmachung der im Sinne von Art. 6 der EU-MediationsRL zuständig sind.[62]

---

57 Občanský zákoník, Zákon č. 40/1964 Sb., abrufbar unter: http://www.zakonycr.cz/seznamy/040-1964-sb-obcansky-zakonik.html.
58 2002 évi LV. Törvény, a közvetítői tevékenységről, aktuelle Version abrufbar unter: http://net.jogtar.hu/jr/gen/hjegy_doc.cgi?docid=A0200055.TV.
59 Rendelet a közvetítői szakmai képzésről és továbbképzésről, 63/2009 (XII. 17.) IRM, abrufbar unter: http://www.complex.hu/jr/gen/hjegy_doc.cgi?docid=A0900063.IRM.
60 21.8.2012.
61 EUR-Lex, access to European Union law, Zypern, abrufbar unter: http://eur-lex.europa.eu/LexUriServ/LexUriServ.do?uri=CELEX:72008L0052:DE:NOT#FIELD_CY.
62 Europäische Kommission, Europäischer Gerichtsatlas für Zivilsachen, Zuständige Behörden, Zypern, abrufbar unter: http://ec.europa.eu/justice_home/judicialatlascivil/html/me_competentauthorities_de.jsp?countrySession=18&#statePage0.

Literaturverzeichnis

Im gemeinsamen Literaturverzeichnis sind nur Buchtitel, Monographien sowie Beiträge aus Sammelwerken vermerkt, die von den Autoren mehrfach zitiert wurden. Alle anderen Quellenhinweise, insb. Aufsätze aus Fachzeitschriften, finden sich nur in den Fußnoten der jeweiligen Beiträge.

Alexander, N. (Hrsg.), International and Comparative Mediation: Legal Perspectives, Alphen (NL) 2009

Alexander, N. (Hrsg.), Global Trends in Mediation; 2nd edition, Alphen/NL 2006

Alexander, N./Ade, J./Olbrisch, C., Mediation, Schlichtung, Verhandlungsmanagement – Formen konsensualer Streitbeilegung, Münster 2005

Arnold, R., Ich lerne also bin ich – eine systemisch-konstruktivistische Didaktitik, Heidelberg 2007

Augsburger, D.W., Conflict Mediation across Cultures, Kentucky 1992

Breidenbach, S., Mediation – Struktur, Chancen und Risiken von Vermittlung im Konflikt, Köln 1995

Ballreich,R./Glasl, F., Konfliktmanagement und Mediation in Organisationen, Stuttgart 2011

Ballreich, R./Hüther, G., Du gehst mir auf die Nerven. Neurobiologische Aspekte der Konfliktberatung. DVD mit einem Booklet 2012

Bauer, J., Prinzip Menschlichkeit, München 2010

Bauer, J., Schmerzgrenze. Vom Ursprung alltäglicher und globaler Gewalt, München 2011

Beck, U., Politik in der Risikogesellschaft, München 1. Aufl. 1991

Behn , S. et al., Mediation an Schulen. Eine bundesdeutsche Evaluation, Wiesbaden 2006

Berner, W., Mehr Leistung durch den Abbau innerbetrieblicher Reibungsverluste; Praxishandbuch Unternehmensführung, Gruppe 3, 2000

Berning, D., Konflikte kosten Unternehmen Geld – aber wieviel? Sonderdruck Spektrum der Mediation zu Heft 23/2006

Berning, D./Novak, A., Erfolgsfaktoren der Kanzleinachfolge, Gabler 2010

Berning D./Schwamberger, G., Wirtschaftsmediation für Steuerberater, Wiesbaden 2008

Bierbrauer et al. (Hrsg.), Zugang zum Recht, Bielefeld 1978

Bierbrauer, G./Gottwald, G./ Birnbreier-Stahlberger, B. (Hrsg.), Verfahrensgerechtigkeit – Rechtspsychologische Forschungsbeiträge für die Rechtspraxis, Köln 1995

Blad, J./Cornwell, D.J./Wright, M. (Hrsg.), Civilizing Criminal Justice, Hook/Hampshire (GB) 2012

Blankenburg, E./Gottwald, W./Strempel, D. (Hrsg.), Alternativen in der Ziviljustiz, Köln 1982

Blankenburg, E./Klausa, E./Rottleuthner, H. (Hrsg.), Alternative Rechtsformen und Alternativen zum Recht. Jahrbuch für Rechtssoziologie und Rechtstheorie, Bd. 6, Opladen 1980

Blum, H./Beck, D., No Blame Approach, Köln 2010

Bucher, A., Psychologie des Glücks, Weinheim/Basel 2009

Boulle, L., Mediation – Principles, Process Practice, Sydney 1996

Bundesministerium der Justiz (Hrsg.), Täter-Opfer-Ausgleich, Bonn 1991

Bundesministerium des Innern (Hrsg.), Moderner Staat – Moderne Verwaltung. Wegweiser Bürgergesellschaft, Berlin 2002

Bush, R./Folger, J., The Promise of Mediation. Respoinding to Conflict Through Empowerment and Recognition, San Francisco 1994

Dambach, K., Wenn Schüler im Internet mobben, München 2011

De Bono, E., Serious Creativity. Using the Power of Lateral Thinking to Create New Ideas, New York 1992 (Deutsche Version: Serious Creativity. Die Entwicklung neuer Ideen durch die Kraft lateralen Denkens, Stuttgart 1996)

De Bono, E., Lateral thinking: creativity step by step, New York 1970 (Deutsche Version: Laterales Denken. Der Weg zur Erschließung Ihrer Kreativitätsreserven, Düsseldorf 1992)

De Bono, E., De Bonos neue Denkschule, München 2010

Dietz, H., Werkstattbuch Mediation, 2009

Diez H./Krabbe H./Thomsen, S., Familien-Mediation und Kinder. Grundlagen – Methodik – Techniken, Köln 3. Aufl. 2009

Dölling, D./Duttke, G./Rössner, D., Gesamtes Strafrecht, Baden-Baden 2. Aufl. 2011

Dölling, D. et al., Täter-Opfer-Ausgleich in Deutschland – Bestandsaufnahme und Perspektiven, Bonn 1998

Dörflinger-Khashmann, N., Nachhaltige Gewinne aus der Mediation für Individuum und Organisation, Bern 2010

Doppler, K./Fuhrmann, H./Lebbe-Waschke, B./Voigt, B., Unternehmenswandel gegen Widerstände, Frankfurt 2002

Duss-von Werdt, J., homo mediator. Geschichte und Menschenbild der Mediation, Stuttgart 2005

Duve, C./Eidenmüller, H./Hacke, A., Mediation in der Wirtschaft , Frankfurt 2. Aufl. 2011

Edelstein, W., Mediation in der Schule, Wiesbaden 2006

Eidenmüller, H., Vertrags- und Verfahrensrecht der Wirtschaftsmediation, München 2001

Engel, M., Collaborative Law, 2010

Engel, F./Nestmann, F./Siekendiek, U., Das Handbuch der Beratung, Bd.1, Tübingen 2004

Erpenbeck J./Heyse V., Grundstrukturen menschlicher Kompetenzen, Münster 2010

Europa-Universität Viadrina/PricewaterhouseCoopers (Hrsg.), Konfliktmanagement – Von den Elementen zum System, http://www.europa-uni.de/de/forschung/institut/institut_ikm/publikationen/EUV_PwC_Studie_Konfliktmanagement-Systeme_2011_DRUCK-V15.pdf, Frankfurt, 2011

Falk, G./Heintel, P./Krainz, E. (Hrsg.), Handbuch Mediation und Konfliktmanagement, 2005

Faller, K./Kerntke, W., Konflikte selber lösen, Mühlheim 2009

Faller, K./Faller, S., Kinder können Konflikte klären. Mediation und soziale Frühförderung im Kindergarten – ein Trainingshandbuch, Münster 2002

Faller, K./Kneip W., Konflikte selber lösen – Das Buddy-Prinzip, Mühlheim 2007

Ferz, S./Filler, E., Mediation, Gesetzestexte und Kommentare, Wien 2003

Fisher, R./Ury, W., Getting to Yes 1, Aufl. 1981 (Deutsche Version: Fischer, R/Ury, W./ Patton, B., Das Harvard-Konzept, Frankfurt 1997)

Fisher, R./Ury, W./Patton, B., Das Harvardkonzept, Frankfurt 23. Aufl. 2009

von Foerster, H./von Glaserfeld, E./Hejl, P./Schmidt, S./Watzlawick, P., Einführung in den Konstruktivismus, München 2. Aufl. 2010

Friedman, G., A Guide to Divorce Mediation, New York 1993

Friedman, G./Himmelstein, J., Challenging Conflict, Mediation through understanding, Washington 2009

Fuchshuber, Mediation im Zivilrecht, Wien 2004

Galaway, B./Hudson, J., Criminal Justice, Restitution and Reconciliation, Monsey/USA 1990

Gläßer, U., Mediation und Beziehungsgewalt, Baden-Baden 2005

Gläßer, U./Kirchhoff, L./Wendenburg, F. (Hrsg.), Konfliktmanagement in der Wirtschaft – Ansätze, Modelle, Systeme, Baden-Baden 2013

Gläßer, U./Schroeter, K. (Hrsg.), Gerichtliche Mediation – Grundsatzfragen, Etablierungserfahrungen und Zukunftsperspektiven, Baden-Baden 2011

Glasl, F., Konfliktmanagement, Bern 1. Aufl 1980 und 10. Aufl. 2011

Glasl, F./Weeks, D., Die Kernkompetenzen für Mediation und Konfliktmanagement, 2008

Goldsmith, J./Ingen-Housz, A./Pointon, G. (Hrsg.), ADR in Business: Practice and Issues Across Countries and Cultures, 2006

Götz, M./Schäfer, Ch. (Hrsg.), Mediation im Gemeinwesen, Hohengehren 2008

Goldberg, S./Sander, F./Rogers, N./Cole, S., Dispute Resolution, Negotiation, Mediation, and other Processes, New York 4. Aufl. 2003

Gordon, W., Synectics, The development of creative capacity, New York 1961

Gottwald, W., Streitbeilegung ohne Urteil, Tübingen 1981

Greger, R., Abschlussbericht zum Forschungsprojekt „Außergerichtliche Streitbeilegung in Bayern" Nürnberg 2004 abrufbar unter: http://www.reinhard-greger.de/ikv 2.htm

Greger, R., Abschlussbericht zur Evaluation des Modellversuchs Güterichter, Friedrich-Alexander-Universität Erlangen-Nürnberg, 2007, abrufbar unter: http://www.reinhard-greger.de/ikv 2.htm

Habermas, J., Theorie des kommunikativen Handelns, 2 Bände, Frankfurt 1981

Haft, F./von Schlieffen, K., Handbuch Mediation, München 2. Aufl. 2009

Hacke, A., Der ADR-Vertrag. Vertragsrecht und vertragliche Gestaltung der Mediation und anderer alternativer Konfliktlösungsverfahren, Heidelberg 2001

Hanak, G./Stehr, J./Steinert, H., Ärgernisse und Lebenskatastrophen. Über den alltäglichen Umgang mit Kriminalität, Bielefeld 1989

Haynes, J., Fundamentals of Family Mediation, Albany, N.Y. 1994

Haynes, A./Mecke, A./Bastine, R. /Fong, L., Mediation – vom Konflikt zur Lösung, 2004

Holler, I., Trainingsbuch Gewaltfreie Kommunikation, Paderborn 6. Aufl. 2012

Holler, I., Mit dir zu reden ist sinnlos ... Oder?, Paderborn 2010

Hopt, K./Steffek, F. (Hrsg.), Mediation, Rechtstatsachen, Rechtsvergleich, Regelungen, Tübingen 2008

Hopt, K./Steffek, F. (Hrsg.), Mediation – Principles, Regulation and Reform in Comparative Perspective, 2012

Horx, M., Das Buch des Wandels. Wie Menschen die Zukunft gestalten. München 2009

Hüther, G., Biologie der Angst – Wie aus Stress Gefühle werden, Göttingen 9. Aufl. 2009

Hüther, G., Bedienungsanleitung für ein menschliches Gehirn, Göttingen 9. Aufl. 2010

Kerntke, W., Mediation als Organisationsentwicklung, Bern 2009

Knieß, M., Kreativitätstechniken – Methoden und Übungen, München 2006

Kerner, H.-J./Eikens, A./Hartmann, A., Täter-Opfer-Ausgleich in Deutschland. Auswertung der bundesweiten Täter-Opfer-Ausgleichs-Statistik für den Jahrgang 2010; hrsg. vom BMJ, Berlin 2012

Kovach, K., Mediation – Principles and Practice, St. Paul 3. Aufl. 2004 (Erstauflage 1994)

Kovach, K., The Evolution of Mediation in the United States, in: Alexander (Hrsg.) Global Trends 2006, 389 ff

Klappenbach, D., Mediative Kommunikation, 2006

Kleve, H., Konstruktivismus und Soziale Arbeit. Einführung in Grundlagen der systemisch-konstruktivistischen Theorie und Praxis, Wiesbaden 4. Aufl. 2010

Landesjugendamt (LJA) Rheinland-Pfalz, Kindorientierte Hilfen bei Trennung und Scheidungdurch Vernetzung von Familiengerichten, Anwälten, Jugendämtern, Beratungsstellen, Kindertagesstätten und Schulen, Mainz 2008

Lenz , C., Mediation und ihre gesetzliche Verankerung in Deutschland, Wien 2008

Lenz, C./Salzer, M./Schwarzinger, F., Konflikt – Kooperation – Konsens. Über die Mediation hinaus: Das Modell der Cooperative Practice, Berlin 2010

Lenz C./Mueller A., Wirtschaftsmediation – Ein Leitfaden zur Konfliktlösung in Unternehmen und Organisationen, Berlin 2008

Lenz C./Hagen J., Wirtschaftsmediation, Hagen/Wien 2008

Lenz C./Mueller A., Business Mediation – Einigung ohne Gericht, Landsberg 1999

Maslow, A.H., Motivation und Persönlichkeit, Reinbek 2002

Mautner, M./ÖBM (Hrsg.), Mediation verändert – Gesellschaft im Wandel, Wien 2010

Mayer, C.-H., Trainingshandbuch Interkulturelle Mediation und Konfliktlösung. Didaktische Materialien zum Kompetenzerwerb, Münster 2006

Mayer, C.-H., Managing conflict across cultures, values and identities. A case study in the South African automotive industry, Marburg 2008

Mayer, C.-H. /Boness, C., Interkulturelle Mediation und Konfliktbearbeitung. Bausteine deutsch-afrikanischer Wirklichkeiten, Münster 2004

Mead, G.H., Geist, Identität und Gesellschaft. Frankfurt, 2. Aufl. 1975

Menkel-Meadow, C., Mediation – Theory, Policy and Practice, Darthmouth 2001

Mezger, E./West, K.-W. (Hrsg.), Aktivierender Sozialstaat und politisches Handeln, Marburg 2000

Montada, L./Kals, E., Mediation, Lehrbuch für Psychologen und Juristen, Weinheim 2001

Moore, C.W., The Mediation Process. Practical Strategies for Resolving Conflict, San Francisco 1986

Münder, J./Meysen, T./Trenczek, T. (Hrsg.), Frankfurter Kommentar zum SGB VIII, Baden-Baden 7. Aufl. 2012

Paul Ch./Kiesewetter S., Cross-Border Family Mediation, International Parental Child Abduction, Custody and Access Cases, 2011

Paul Ch./Kiesewetter S., Cross-Border Mediation. Foreign and International Legal Provisions, Online Publikation, abrufbar unter: https://www.wm-verlag.de/produkt/site/66099-0

Pelikan, C./Trenczek, T., Victim Offender Mediation and Restorative Justice – the European landscape; in: Sullivan, D./Tifft, L. (eds.), Handbook of Restorative Justice: A Global Perspective, London (UK) 2006, 63 ff

Ponschab, R./Schweizer, A., Kooperation statt Konfrontation, Köln 1997

PricewaterhouseCoopers/Europa-Universität Viadrina, Praxis des Konfliktmanagements deutscher Unternehmen, http://www.europa-uni.de/de/forschung/institut/institut_ikm/publikationen/Studie_KMS_II_2007.pdf, Frankfurt 2007

PricewaterhouseCoopers/Europa-Universität Viadrina, Praxis des Konfliktmanagements deutscher Unternehmen – Ergebnisse einer qualitativen Folgestudie zu „Commercial Dispute Resolution – Konfliktbearbeitungsverfahren im Vergleich", www.euv-frankfurt-o.de/forschung/institut_ikm/kernbereiche/wirtschaft/projekte/km_im_unternehmen/praxis/index.html, Frankfurt 2011

Proksch, R., Kooperative Vermittlung (Mediation) in streitigen Familiensachen, Stuttgart 1998

Pühl, H., Handbuch der Supervision, Berlin 1990

Pühl, H., Mediation in Organisationen, Berlin 2003

Pühl, H., Konfliktklärung in Teams und Organisationen, Berlin 2010

Rieforth, J. (Hrsg.), Triadisches Verstehen in sozialen Systemen, Heidelberg 2006

Robrecht, T., Organisation ist Konflikt. Kompetenzbasiertes Handeln für Beratung, Führung und Mediation, Kühbach-Unterbernbach 2012

Rogers, C.R., Die nicht-direktive Beratung, München 1972

Rosenberg, M., Gewaltfreie Kommunikation, Paderborn 7. Aufl 2007

von Schlieffen, K. (Hrsg.), Professionalisierung und Mediation, München 2010

Schoen, T., Konfliktmanagementsysteme für Wirtschaftsunternehmen, Centrale für Mediation 2003

Schnapp, F. (Hrsg.), Handbuch des sozialrechtlichen Schiedsverfahrens, Berlin 2004

Schulz v. Thun, F., Miteinander Reden, Bd. 1–3, Hamburg 1981–1998

Schulz von Thun, F., Miteinander reden, Bd. 1: Störungen und Klärungen, Reinbek 48. Aufl. 2010

Sessler, A., Außergerichtliche Streitschlichtung – Bedeutung, Vertragsgestaltung und Durchführung bei der Siemens AG, in: Eidenmüller, H. (Hrsg.), Alternative Streitbeilegung. Neue Entwicklungen und Strategien zur frühzeitigen Konfliktbewältigung, München 2011

Shonholtz, R., The Ethics and Values of Community Boards, San Fancisco 1981

Sourdin, T., Alternative Dispute Resolution, Sydney 2002

Sourdin, T., Mediation in Australia: Impacts on Litigation; in: Alexander (Hrsg.), Global Trends 2006, 37 ff

Spegel, N./Rogers, B./Buckley, R., Negotiation. Theory and Tchniques, Sydney 1998

Von Spiegel, H., Methodisches Handeln in der Sozialen Arbeit, Weinheim 3. Aufl. 2008

Spindler, G., Gerichtsnahe Mediation in Niedersachsen Abschlussbericht zum Forschungsprojekt „Gerichtsnahe Mediation in Niedersachsen", Göttingen 2006

Spitzer, M., Medizin für die Bildung, Heidelberg 2010

Thomann, C. u.a., Klärungshilfe Band 1–3, Reinbeck 2003–2007

Töpel, E./Pritz, A., Mediation in Österreich, ediation Orac, Wien 2. Aufl. 2004

Treichel, D./Mayer, C.-H., Lehrbuch Kultur. Lehr- und Lernmaterialien zur Vermittlung kultureller Kompetenzen, Münster 2011

Trenczek, T./Greive, W. (Hrsg.), Täter-Opfer-Ausgleich und Wiedergutmachung – Neue Herausforderungen für die Justiz, Loccumer Protokolle 60/91, Rehburg-Loccum 1992

Trenczek, T. et al., Bürgerschaftliches Engagement im Rahmen sozialraumnaher Schlichtung, Hannover 2006

Trenczek, T./Tammen, B./Behlert, W., Grundzüge des Rechts, München 3. Aufl. 2011

Ury, W./Brett, J./Goldberg, S., Konfliktmanagement, Frankfurt 1991 (orig.: Getting Disputes Resolved, San Francisco 1988)

Wagner, G., Prozessverträge, Köln 1998

Watzlawick, P., Anleitung zum Unglücklichsein, München 1983

Watzlawick, P., Wie wirklich ist die Wirklichkeit? – Wahn, Täuschung, Verstehen, München, 9. Aufl. 2010

Watzlawick P./Beavin, J./Jackson, D., Menschliche Kommunikation. Formen, Störungen, Paradoxien, Basel 12. Aufl. 2011

Watzke, E., Äquibrilistischer Tanz zwischen den Welten. Neue Methoden professioneller Konfliktmediation, Godesberg 1997

Watzke, E., Wahrscheinlich hat diese Geschichte gar nicht mit Ihnen zu tun, Geschichten, Metaphern, Sprüche und Aphorismen in der Mediation, Mönchengladbach 2008

Zehr, H., Retributive Justice, Restorative Justice, Elkhart (USA) 1985

Zehr, H., Changing Lenses, Scottdale (USA) 1990

Zehr, H., The Little Book of Restorative Justice, Intercourse/USA 2002 (Deutsche Version: Fairsöhnt, Schwarzenfeld 2010)

Zenk, K./Strobl, R./Hupfeld, J./Böttger, A., Gerichtsnahe Mediation in Niedersachsen. Abschlussbericht der sozialwissenschaftlichen Begleitforschung, Hannover 2007

Stichwortverzeichnis

Die fetten Zahlen verweisen auf die Kapitelnummern der Beiträge. Die mageren Zahlen beziehen sich auf die Randnummern.

Opferfond **5.16** 17
Opferschutz **5.16** 13
Opportunitätskosten **2.15** 24, 28, **2.16** 20
Optionen **3.4** 6, **3.13** 27
– Entwicklung von **3.2** 25
– Sammlung **2.18** 17
Optionsbewertung
– Interessenberücksichtigung **3.15** 24
– Interessenverstoß **3.15** 23
– PMI-Methode **3.15** 13
– rechtliche Realisierbarkeit **3.15** 27
– spontan-intuitive Ansätze **3.15** 11
– Subjektivität **3.15** 15
– tatsächliche Realisierbarkeit **3.15** 28
– Umsetzbarkeit **3.15** 26
– unterschiedliche Ansätze **3.15** 10
Optischer Eindruck **3.11** 24
ÖRA **5.20** 10
Organigramm **3.1** 10, **3.13** 3
Organisationen
– internationale **5.22** 5, 21
Organisationsentwicklung **5.6** 1, 13, **5.8** 14
– Impulsgeber **2.17** 13
– Kompetenzen **5.6** 16
Organisationskonflikt **5.6** 7
Organisationskultur **5.6** 14, **2.11** 7
Organisationsmediation **5.6** 1, 12, **2.17** 4
Organisationstheorie **2.17** 3
Ort des Mediationsverfahrens **3.1** 16
Osborne-Checkliste **3.13** 28, **3.14** 50
Österreich
– Mediation **1.2** 5, 30, **6.1** 15
– Mediation in Trennungs- und Scheidungskonflikten **1.2** 5
– Mediationsausbildung **1.2** 6
– Mediationsrecht **4.1** 21

Paralleles Denken **3.14** 24
Paraphrasieren **3.4** 6, **3.7** 22, **5.6** 9
Parteikosten **2.16** 18
Parteivertraulichkeit **3.2** 32
Partizipation **1.1** 34, **5.16** 3
Partnerkonflikt
– eskaliert **5.3** 1

– Familie **5.1** 1
– Landwirtschaft **5.13** 5
Peace Mediation **5.22** 2
Peergroup-Education (PGE) **5.11** 7
Peermediatorencoach **5.21** 13
Pendel-Diplomatie **3.2** 39, **5.22** 22
Personalabteilung **3.11** 16
Personalakte **5.8** 7, **3.11** 19
Personalentwicklung **3.4** 10
Personalmanagement **5.15** 1
Perspektiven, unterschiedliche **3.4** 1
Perspektivenwechsel **3.2** 24, **3.4** 6, 17, **3.8** 27, 29, **3.13** 21
Pflichtenrahmen **4.2** 16
Phasen der Mediation **3.2** 1 ff
– Bewertung und Auswahl von Optionen **3.8** 15
– Interessenklärung **3.2** 4, **3.8** 13
– kreative Ideensuche **3.2** 25, **3.8** 14
– Phase 1 **3.2** 5 ff
– Phase 2 **3.2** 10 ff, **3.9** 20
– Phase 3 **3.2** 19 ff, **3.9** 21
– Phase 4 **3.9** 36 ff, **3.14** 1 ff
– Phase 5 **3.9** 40
– Themensammlung **3.2** 10, **3.8** 12
Phasenmodelle **3.2** 1, **3.14** 2
Pinnwand **3.13** 13, 30
Planungsrecht **5.10** 1
Plenum **3.11** 4
Plus-Minus-Interessant (PMI) Methode **3.13** 44
Polen **6.1** 19
Portugal **6.1** 20
Positionen **1.1** 31, **2.7** 5, **3.2** 10, **3.11** 5, **3.13** 8, 16
Positionskonflikte **2.11** 22
Post-Mediation **3.11** 6
Prä-Diagnose **2.5** 1
Prävention **2.6** 20, **5.8** 2
Praxis der Mediation **1.2** 25
Pre-mediation **6.2** 15, **3.11** 3, **3.13** 3
Pre-Mediation-Paper **3.11** 8
Presse **5.18** 14, 18
Prinzipien des Harvard Konzepts **2.7** 2
Prinzip Menschlichkeit **5.21** 16